法学与经济学的"联姻"

——在中国法治经济建设视野下

周林彬　李胜兰　编著

·广州·

版权所有　翻印必究

图书在版编目（CIP）数据

法学与经济学的"联姻"：在中国法治经济建设视野下/周林彬，李胜兰编著．—广州：中山大学出版社，2021.12
ISBN 978-7-306-07291-7

Ⅰ.①法…　Ⅱ.①周…②李…　Ⅲ.①法学—经济学　Ⅳ.①D90-059

中国版本图书馆 CIP 数据核字（2021）第 171042 号

出 版 人：	王天琪
策划编辑：	嵇春霞
责任编辑：	罗梓鸿
封面设计：	林绵华
责任校对：	邱紫妍
责任技编：	何雅涛

出版发行：中山大学出版社
电　　话：编辑部 020-84110283，84113349，84111997，84110779，84110776
　　　　　发行部 020-84111998，84111981，84111160
地　　址：广州市新港西路 135 号
邮　　编：510275　　传　真：020-84036565
网　　址：http://www.zsup.com.cn　E-mail：zdcbs@mail.sysu.edu.cn
印 刷 者：佛山家联印刷有限公司
规　　格：787mm×1092mm　1/16　38.5 印张　1020 千字
版次印次：2021 年 12 月第 1 版　2021 年 12 月第 1 次印刷
定　　价：136.00 元

如发现本书因印装质量影响阅读，请与出版社发行部联系调换

目 录

序 言 ·· (1)

第一章 理论与方法 ·· (1)

本章导读 ·· (1)

第一节 法律经济学的基本范畴 ··· (2)
一、法律：静态法律和动态法律 ·· (3)
二、经济学：广义经济学 ··· (4)
三、交易成本：科斯定理 ··· (7)

第二节 行为法经济学与法律经济学 ·· (12)
一、行为法经济学的概念 ·· (12)
二、行为法经济学与主流法律经济学的观点碰撞 ······························· (14)
三、行为法经济学对主流法律经济学的启示 ····································· (16)
四、结语 ·· (19)

第三节 法律经济学的基本假设 ·· (20)
一、稀缺性 ··· (20)
二、经济人 ··· (22)
三、结论 ·· (26)

第四节 中国法律经济学的定量分析 ··· (27)
一、中国法律经济学著述中普遍缺少定量分析 ·································· (28)
二、定量分析对法律经济学研究的重要性 ·· (28)
三、中国法律经济学缺少定量分析的原因解读 ·································· (30)
四、如何理性引入定量分析 ·· (32)
五、定量分析的一般方法和步骤 ··· (32)

第二章 教学与研究 ·· (36)

本章导读 ·· (36)

第一节 中国法律经济学的现状与未来 ·· (37)
一、从"国外研究"转变到"国内研究" ··· (38)
二、从"经济研究"转变到"法律研究" ··· (38)
三、从"方法研究"转变到"学科研究" ··· (39)
四、从"理论研究"转变到"实务研究" ··· (40)
五、从"定性研究"转变到"定量研究" ··· (41)
六、从"法理学研究"转变到"部门法研究" ······································ (42)
七、从"英美法研究"转变到"大陆法研究" ······································ (42)

1

八、从"学术研究"转变到"教学研究" ……………………… (43)
第二节　中国法律经济学研究中的"非法学化"问题 ……………… (44)
　　一、经济学家"独木难支"的法律经济学 ……………………… (45)
　　二、主流法学界为何排斥法律经济学 …………………………… (47)
　　三、法律人如何从事法律经济学研究 …………………………… (49)
第三节　中国法律经济学的实务研究问题 ……………………………… (51)
　　一、我国的法律经济学更多流于"理论研究" ………………… (52)
　　二、实务研究是我国法律经济学发展的一个关键 ……………… (54)
　　三、中国法律经济学太少实务研究的原因 ……………………… (56)
　　四、如何实现理论与实务之间的良性互动 ……………………… (58)
第四节　法律经济学学科构建探析 ……………………………………… (61)
　　一、作为研究方法的法律经济学：法律的经济分析 …………… (62)
　　二、作为学科理论的法律经济学：法和经济学 ………………… (63)
　　三、作为经济学范畴的法律经济学：法经济学 ………………… (63)
　　四、作为法学范畴的法律经济学：经济分析法学 ……………… (65)
　　五、法律经济学概念的特征及其意义 …………………………… (67)
第五节　法学的不自足与法律经济学课程的设置 ……………………… (68)
　　一、法学的不自足和法律现实主义的引入 ……………………… (68)
　　二、法律经济学的成熟性、前沿性、实用性 …………………… (70)
　　三、法律经济学课程的设置 ……………………………………… (72)
第六节　法律经济学课程设置的若干问题 ……………………………… (73)
　　一、法律经济学课程设置的成熟性 ……………………………… (73)
　　二、学生需求：从"法律"到"事实" ………………………… (74)
　　三、法律经济学课程的内容和形式 ……………………………… (76)
　　四、法律经济学课程的需求 ……………………………………… (79)
　　五、法律经济学课程设置的一般性问题 ………………………… (80)

第三章　立法与司法 ……………………………………………………… (81)
　本章导读 ………………………………………………………………… (81)
　第一节　市场经济立法的成本效益分析 ……………………………… (82)
　　一、市场经济立法的经济学基础 ………………………………… (82)
　　二、市场经济立法的成本效益分析 ……………………………… (85)
　第二节　法律成本与中国经济法制建设 ……………………………… (89)
　　一、经济法律的成本构成 ………………………………………… (90)
　　二、影响经济法律成本的因素 …………………………………… (93)
　　三、降低经济法律成本的几点意见 ……………………………… (95)
　第三节　立法者的经济人角色分析 …………………………………… (98)
　　一、立法者的角色 ………………………………………………… (98)
　　二、立法者追求什么利益 ………………………………………… (99)

三、立法者选择什么法律制度 ………………………………………… (101)
　第四节　法院调解制度的成本分析 …………………………………………… (103)
　　　一、成本的合作性 ……………………………………………………… (103)
　　　二、成本的博弈性 ……………………………………………………… (104)
　　　三、成本的垄断性 ……………………………………………………… (105)
　第五节　商事审判对中国经济发展作用机制的实证研究 …………………… (106)
　　　一、相关文献综述 ……………………………………………………… (107)
　　　二、商事审判对中国经济发展作用的理论框架 ……………………… (108)
　　　三、商事审判对经济发展作用的实证分析 …………………………… (110)
　　　四、法律与经济发展"中国经验"中的"司法经验" ……………… (113)

第四章　法律与经济发展 ……………………………………………………………… (118)
　本章导读 ……………………………………………………………………………… (118)
　第一节　法律在中国经济增长中的作用 ……………………………………… (120)
　　　一、中国经济改革中法律改革的实践：六大特殊路径 ……………… (120)
　　　二、法律在中国经济增长中作用的特殊性和变化趋势 ……………… (124)
　第二节　法律与中国经济增长的"广东经验"初探 ………………………… (126)
　　　一、以法律经济学方法研究"广东经验"的意义 …………………… (126)
　　　二、法律与广东经济增长的特殊性 …………………………………… (127)
　第三节　法律制度对外商直接投资影响的研究 ……………………………… (136)
　　　一、文献综述与理论基础 ……………………………………………… (136)
　　　二、中国的法律制度对 FDI 的影响 …………………………………… (138)
　　　三、中国法律制度对 FDI 影响的实证分析 …………………………… (142)
　　　四、结论与启示 ………………………………………………………… (145)
　第四节　法律制度与民间投资增长关系研究 ………………………………… (146)
　　　一、文献综述与理论基础 ……………………………………………… (147)
　　　二、法律制度对促进民间投资的理论分析 …………………………… (148)
　　　三、模型、变量和数据说明 …………………………………………… (152)
　　　四、实证结果分析 ……………………………………………………… (153)
　　　五、结论与政策性建议 ………………………………………………… (155)
　第五节　法律与经济发展"中国经验"的再思考 …………………………… (156)
　　　一、新时代中国法治经济建设的新特点 ……………………………… (157)
　　　二、新时代法治经济建设的新趋势 …………………………………… (159)
　　　三、新时代法治经济建设中的新问题 ………………………………… (162)

第五章　代理、合同与侵权 …………………………………………………………… (166)
　本章导读 ……………………………………………………………………………… (166)
　第一节　代理制度的经济分析 ………………………………………………… (168)
　　　一、代理制度创新的法律意义和经济价值 …………………………… (168)

3

二、现代代理制度的发展趋势和特点 …………………………………… (169)
　　三、传统代理制度的理论缺陷 …………………………………………… (171)
　　四、代理制度的创新和变迁 ……………………………………………… (173)
第二节　表见代理实务问题分析：商事代理的视角 ………………………… (175)
　　一、表见代理基本类型的比较分析 ……………………………………… (175)
　　二、表见代理构成要件的主观标准比较分析 …………………………… (177)
　　三、表见代理责任分配的比较分析 ……………………………………… (179)
第三节　合同违约金的比较法律经济学分析 ………………………………… (180)
　　一、违约金规制问题的提出：传统法解释学分析的不足 ……………… (180)
　　二、主流法律经济学的分析：违约金条款并不特殊 …………………… (183)
　　三、行为法律经济学对"理性人"的根本否认与反驳的反驳 ………… (192)
　　四、结论 …………………………………………………………………… (195)
第四节　侵权法的经济分析 …………………………………………………… (196)
　　一、为什么要经济分析 …………………………………………………… (197)
　　二、现行经济分析缺陷何在 ……………………………………………… (200)
　　三、如何进行经济分析 …………………………………………………… (204)
第五节　交通事故经营性车辆停运损失的法经济学分析 …………………… (208)
　　一、司法解释第 15 条与"经营性车辆停运损失" …………………… (208)
　　二、事故造成停运损失的实质是侵害经营利益的侵权行为 …………… (208)
　　三、"经营性车辆停运损失"的认定要考虑市场的周期性 …………… (210)
　　四、对司法解释第 15 条"经营性车辆停运损失"的评析与建议 …… (211)

第六章　物权与无形财产权 …………………………………………………… (214)

本章导读 …………………………………………………………………… (214)
第一节　法律经济分析与我国物权法创新 …………………………………… (215)
　　一、经济分析有助于揭示物权法的经济本质 …………………………… (216)
　　二、经济分析有助于解释物权法的效率价值 …………………………… (217)
　　三、经济分析有助于选择提高经济效率的物权制度 …………………… (218)
　　四、经济分析有助于为物权立法、司法改革提供指导 ………………… (219)
　　五、经济分析有助于促进物权制度的市场化改革 ……………………… (220)
　　六、经济分析有助于克服物权法研究中经济与法律的脱节 …………… (220)
第二节　物权新论：一种法与经济学分析的思路 …………………………… (222)
　　一、物权与产权 …………………………………………………………… (222)
　　二、物权的经济本质及特征 ……………………………………………… (224)
　　三、物权的体系与效率 …………………………………………………… (226)
　　四、物权与可持续发展和技术创新 ……………………………………… (227)
第三节　所有权公法限制的经济分析 ………………………………………… (230)
　　一、所有权限制：法学和经济学的表述 ………………………………… (230)
　　二、公法限制之一：征用 ………………………………………………… (231)

三、公法限制之二：管制 …………………………………………… (233)
　　四、公法限制的未来 ………………………………………………… (234)
第四节　论我国国家所有权立法及其模式选择 …………………………… (235)
　　一、研究的背景与意义 ……………………………………………… (235)
　　二、国家所有权主体立法选择：全民、国家抑或政府 …………… (235)
　　三、国家所有权客体立法选择：一般和特殊 ……………………… (237)
　　四、国家所有权行使的立法选择：公共利益和权利结构 ………… (239)
　　五、国家所有权立法模式选择：私法与公法兼容 ………………… (241)
　　六、结论 ……………………………………………………………… (243)
第五节　我国农地使用权和基地使用权制度的效率分析 ………………… (244)
　　一、农地使用权的效率分析 ………………………………………… (244)
　　二、基地使用权的效率分析 ………………………………………… (248)
第六节　农民财产权收入的土地财产权结构新探 ………………………… (251)
　　一、农村土地财产权结构的理论反思 ……………………………… (252)
　　二、权利束理论与农村土地财产权结构的契合点 ………………… (254)
　　三、农村土地权利束体系的构建 …………………………………… (256)
　　四、结语 ……………………………………………………………… (260)
第七节　商事流质的制度困境与"入典"选择 …………………………… (260)
　　一、商事实践对流质的客观需求 …………………………………… (260)
　　二、商事流质在商法理论上的价值确认 …………………………… (261)
　　三、法经济学视角下商事流质的正当性证成 ……………………… (264)
　　四、商事流质"入典"的立法模式选择 …………………………… (265)
　　五、商事流质"入典"是一个不能"因小失大"的制度选择问题 …… (267)
第八节　专利权质押制度改革的创新激励效应 …………………………… (268)
　　一、现实背景、理论分析与假设 …………………………………… (268)
　　二、研究设计 ………………………………………………………… (273)
　　三、实证检验与分析 ………………………………………………… (276)
　　四、稳健性检验 ……………………………………………………… (284)
　　五、结论及启示 ……………………………………………………… (286)
第九节　论物权保护的经济分析 …………………………………………… (288)
　　一、公力保护与私力保护 …………………………………………… (288)
　　二、物权的平等保护 ………………………………………………… (289)
　　三、财产规则与责任规则 …………………………………………… (290)
　　四、公共物品的物权保护 …………………………………………… (292)
　　五、物权保护与市场效率 …………………………………………… (292)
第十节　数据财产归属的反思：基于卡尔多-希克斯模型 ……………… (293)
　　一、研究背景与意义 ………………………………………………… (293)
　　二、企业与个人间的大数据财产归属 ……………………………… (294)
　　三、企业间的数据财产归属 ………………………………………… (299)

四、结论 ………………………………………………………………（303）
　第十一节　无形资产出资的法与经济学分析 ……………………………（303）
　　　一、无形资产出资的适格 ………………………………………………（303）
　　　二、无形资产出资的程序 ………………………………………………（305）
　　　三、无形资产出资的法律责任 …………………………………………（306）

第七章　企业与金融 ……………………………………………………（308）
　本章导读 ……………………………………………………………………（308）
　第一节　法律规避的法律经济学新探 ……………………………………（310）
　　　一、法律规避的法学与经济学解读 ……………………………………（310）
　　　二、公司融资中的法律规避：特点与类型化 …………………………（313）
　　　三、合理与合法：公司融资中法律规避的两难命题 …………………（314）
　　　四、合理与合法的冲突：公司融资中法律规避的效力分析 …………（316）
　　　五、关于法律规避的法律经济学新对策 ………………………………（322）
　第二节　私人治理、法律规则与金融发展 ………………………………（323）
　　　一、文献综述与理论基础 ………………………………………………（323）
　　　二、供应链金融合同的私人治理及其类型 ……………………………（326）
　　　三、法律规则对供应链金融合同私人治理的影响 ……………………（329）
　　　四、供应链金融的治理绩效：金融发展的经验数据 …………………（330）
　　　五、结论与政策建议 ……………………………………………………（332）
　第三节　商事担保概念初探 ………………………………………………（333）
　　　一、商事担保的特征：比较法的结论 …………………………………（334）
　　　二、商事担保的经济意义：法经济学的解释 …………………………（337）
　　　三、商事担保的具体规则举要：法律适用的视角 ……………………（339）
　第四节　上市公司双层股权结构：创新与监管 …………………………（341）
　　　一、"一股一票"与双层股权结构 ………………………………………（341）
　　　二、双层股权结构在我国的实践 ………………………………………（343）
　　　三、双层股权结构的合理性分析 ………………………………………（345）
　　　四、双层股权结构的监管应对 …………………………………………（346）
　第五节　忠实义务的比较法律经济学研究 ………………………………（351）
　　　一、忠实义务的经济结构 ………………………………………………（351）
　　　二、忠实义务趋同与存续的制定法比较分析 …………………………（352）
　　　三、忠实义务趋同与存续的实证分析 …………………………………（356）
　　　四、忠实义务趋同与存续的解释：我国的特殊局限 …………………（361）
　第六节　公司高管违反信义义务责任的司法适用研究 …………………（362）
　　　一、公司高管违信责任司法适用的概述 ………………………………（362）
　　　二、公司高管违信责任适用公司法的现状与缺陷 ……………………（363）
　　　三、公司高管违信责任适用侵权法的现状与缺陷 ……………………（366）
　　　四、公司高管违信责任司法适用完善的代理法补充适用思路 ………（367）

第七节 公司治理水平与多元化纠纷解决机制选择 (371)
一、研究背景及其意义 (371)
二、模型分析 (373)
三、实证分析 (378)
四、结论和启示 (388)

第八节 企业经营环境、公司治理与企业技术创新 (389)
一、研究背景及其意义 (389)
二、理论假设 (390)
三、实证结果与分析 (392)
四、结论与建议 (404)

第九节 法律环境差异对上市公司价值的影响研究 (405)
一、作用机制与理论模型 (406)
二、实证分析 (408)
三、结论 (411)

第十节 证券发行注册制改革的路径选择 (412)
一、研究背景与意义 (412)
二、注册制权利属性的法经济学分析 (413)
三、注册制信息披露理念的法经济学分析 (415)
四、注册制改革的路径选择及政策建议 (418)

第十一节 公司控制权行使的正当性分析 (419)
一、研究背景 (419)
二、公司控制权行使正当性的理论分析 (420)
三、实证分析 (423)
四、结论与政策建议 (425)

第十二节 合伙规则的经济学分析 (427)
一、合伙的价值及基本法律问题 (427)
二、合伙债务承担规则 (429)
三、合伙纠纷的解决规则：重点讨论事实合伙 (431)
四、结论 (433)

第十三节 WTO审慎例外与中国金融监管制度创新 (433)
一、定义与判断标准 (434)
二、特点分析 (435)
三、对中国的意义 (436)
四、金融监管制度创新的思路 (437)

第八章 资源与环境 (439)
本章导读 (439)

第一节 对劳动歧视的法律经济学分析 (441)
一、劳动歧视的认定 (441)

- 二、外来务工人员劳动歧视的认定、特殊性及成本分析 (443)
- 三、反外来务工人员劳动歧视立法之建构 (444)
- 四、结束语 (447)

第二节 劳动法律制度与人力资本水平 (447)
- 一、劳动法律制度影响人力资本水平的理论分析 (448)
- 二、劳动法律制度影响人力资本水平的实证分析 (450)
- 三、结论与对策建议 (454)

第三节 构建有中国特色的自然资源产权制度 (455)
- 一、自然资源产权制度的应用价值与构建障碍 (455)
- 二、构建我国自然资源产权制度的目标 (456)
- 三、构建中国特色的自然资源产权制度 (456)

第四节 绿色贸易壁垒机制下的环保策略与法律措施 (459)
- 一、绿色贸易壁垒措施及其合法性基础 (459)
- 二、符合国际环保标准是我国环境保护的优势策略 (461)
- 三、绿色贸易壁垒体制下我国环境保护政策选择 (464)

第五节 我国环境侵害司法救济制度的完善 (466)
- 一、环境权利冲突救济机制的完善 (466)
- 二、环境民事责任制度的完善 (469)
- 三、环境侵害预防机制的完善：建立环境预防诉讼机制 (472)
- 四、结束语 (474)
- 附录：有关结论的证明 (474)

第六节 地方政府竞争、环境规制与区域生态效率 (475)
- 一、研究背景与意义 (475)
- 二、文献综述与理论分析 (476)
- 三、中国区域生态效率的测算 (480)
- 四、经验分析 (482)
- 五、结论和政策建议 (490)

第七节 环境规制与地区经济增长效应分析 (491)
- 一、研究背景与意义 (491)
- 二、文献综述 (492)
- 三、环境规制影响经济增长的作用机制 (493)
- 四、实证分析 (495)
- 五、结论与启示 (501)

第九章 国家法与民间法 (502)
本章导读 (502)

第一节 法律经济分析与中国经济法基础理论创新 (503)
- 一、交易费用理论与中国经济法调整对象理论的创新 (503)
- 二、博弈论与中国经济法性质和方法理论的创新 (504)

三、交替关系原理与中国经济法地位理论的创新 …………………… (504)
　　四、非均衡经济理论与中国经济法体系理论的创新 ………………… (505)
　　五、制度变迁理论与中国经济法的发展 ………………………………… (508)
　　六、法律经济分析与经济法基础理论的创新 …………………………… (510)
第二节　WTO规则的经济性与中国经济法的改革 ……………………… (511)
　　一、WTO规则不会成为行政法规则 ……………………………………… (512)
　　二、WTO规则主要通过市场经济调节方法实施 ………………………… (513)
　　三、WTO规则重视经济关系内容的经济调节合理合法 ………………… (515)
第三节　物权法中"习惯"研究：从"物权习惯"到"习惯物权" …… (517)
　　一、问题的提出 …………………………………………………………… (517)
　　二、物权立法与民事习惯的引入：体系、意义及其不足 ……………… (519)
　　三、法定物权与物权习惯的适用：类型、功能及其效力 ……………… (523)
　　四、物权法定与习惯物权的认定：价值、困境及其出路 ……………… (529)
　　五、总结和延伸 …………………………………………………………… (534)
第四节　法律与社会网络在契约执行中的互动关系 ……………………… (535)
　　一、法律与社会网络的互动关系类型 …………………………………… (535)
　　二、法律与社会网络在契约执行中的替代：关系型商业模式的盛行 … (537)
　　三、法律与社会网络在契约执行中的互补：契约执行的相互促进 …… (538)
　　四、法律与社会网络在契约执行中的冲突：从商业贿赂看关系的社会成本
　　　　 ……………………………………………………………………… (539)
　　五、结论 …………………………………………………………………… (541)
第五节　民间规范、地方立法与社会治理效率 …………………………… (541)
　　一、文献综述与理论基础 ………………………………………………… (541)
　　二、民间规范、地方立法对社会治理有效性 …………………………… (544)
　　三、民间规范下的社会治理效率 ………………………………………… (546)
　　四、法律与民间规范共同作用下的社会治理效率 ……………………… (547)
　　五、结论及政策建议 ……………………………………………………… (551)
第六节　我国私力救济制度的实证分析：从定性到定量 ………………… (552)
　　一、私力救济的含义及其存在的合理性 ………………………………… (552)
　　二、私力救济的需求分析 ………………………………………………… (554)
　　三、私力救济的供给分析 ………………………………………………… (561)
　　四、私力救济的个案分析：商会与"私家侦探" ……………………… (564)
　　五、结束语 ………………………………………………………………… (566)
第七节　非正式制度与产业集群发展研究综述 …………………………… (567)
　　一、非正式制度对产业集群发展的积极作用 …………………………… (567)
　　二、非正式制度对产业集群发展的消极作用 …………………………… (573)
　　三、简要评述 ……………………………………………………………… (575)
第八节　行业自治规范在我国自贸区的扩大适用初探 …………………… (576)
　　一、行业自治规范在自贸区扩大适用的具体含义 ……………………… (576)

二、行业自治规范在自贸区扩大适用的必要性与可行性分析 …………… (577)
三、行业自治规范在自贸区扩大适用的实践路径 ………………………… (580)
四、行业自治规范在自贸区扩大适用的制度完善 ………………………… (581)
第九节　中国商会立法刍议：从契约的视角 ………………………………… (584)
一、商会性质与商会法的基本定位：从身份到契约 ……………………… (584)
二、商会法的立法体例：从分立到统一 …………………………………… (586)
三、商会的设立模式：从单一到复合 ……………………………………… (587)
四、商会的外部管理机制：从多元到一元 ………………………………… (588)
五、商会的内部惩罚机制：从约定到法定 ………………………………… (590)
六、商会的职能界定：从实体到程序 ……………………………………… (591)
七、商会反竞争性：从政府规制到行业自律 ……………………………… (592)
八、商会成员企业的权利救济：从内部到外部 …………………………… (594)

后　记 ……………………………………………………………………………… (596)

序　言

一

自20世纪60年代在美国诞生以来，法律经济学（又称"法经济学"）研究即以迅猛的发展趋势覆盖了几乎整个法学领域，并成为世界各国法律（法学）教学与研究的重要内容之一。正如著名的法律经济学家波斯纳教授所指出的，"20世纪后25年法学理论方面最重大的发展也许是经济学被不断广泛运用到法学研究的各个领域，包括那些既很基本但又明显不具有经济性的侵权、刑法、家庭法、程序法和宪法"[①]。事实上，在当今的法学研究中，诸如"经济人""有限理性""资源稀缺""效率""均衡""成本收益"和"供给需求"等概念，早已为人所熟知，而讨论"囚徒困境""公共选择""财富最大化""侵权相对论"和"降低交易成本"也不再是新鲜话题。

法律经济学是当今法学研究领域的一个重要分支，虽然也遭遇过，并还在遭遇着来自传统法学研究者的质疑和批判，但是作为一个独立的交叉学科、一个独立的研究学派，法律经济学的地位却日渐牢固。这与法律经济学自身的成熟性、前沿性和实用性特点有关。

所谓的"成熟性"主要表现在以下三个方面。一是法律经济学在其主要研究进路以及基本假设、研究范式上都已建立了基本共识，有一套不同于传统注释法学的分析法律问题的思路和方法。法律经济学的研究"触角"已延伸至几乎所有的部门法领域和法理学领域。二是法律经济学领域已经发展出具有很高权威性的 Journal of Law and Economics，Journal of Legal Studies，Journal of Law, Economics and Organization，European Journal of Law and Economics，International Review of Law and Economics 等一流的学术刊物。三是从教学与课程设置来看，很多国家高等院校的法学院、商学院、经济学院、管理学院都开设了专门的法律经济学课程，也涌现了不少具有代表性的法律经济学教材。

法律经济学的"前沿性"是指，从学术研究的角度来看，虽然法律经济学研究的对象是纷繁复杂的，而且在不同国家和地区存在带有地方性的、本土特色的法律现象，但由于其背景中的经济学范式的使用，法律经济学在很大程度上实现了其研究成果在跨学科背景和国际范围上的"通约性"，使得对法律现象的研究方法和结论不再局限于一个国家、一个地区的范围。这一点从比较法的角度来看是一个巨大的进步，因为原来的比较法研究更多的是在描述各国法律制度"如何"，而对于"为何如此"的问题，答案通常无法令人满意。法律经济学可以把各种社会、经济、制度的因素通过统一的经济学范式进行模式化，从而使各国学者之间对问题的理解、分析和交流有了相对统一的理念。这一点对于学术研究知识的增量积累起到了重要作用，使得我们在某种意义上实现了自然科学领域早已经达到的"站在巨人的肩膀上"的知识生产过程，由此，法学研究的知识积累过程将会变得更加迅速，更少重复性的工作，这种国际化的学术研究无疑体现了法律经济学的前沿性。

法律经济学的"实用性"是指，它以研究行动中的而非书本上的法律为其特征，不仅

[①] ［美］理查德·A.波斯纳：《法律的经济分析》第三版序言，蒋兆康译，林毅夫校，中国大百科全书出版社1997年版。

为法学理论研究提供新的理论和方法，从而拓展了法学研究的版图，同时也为法官、律师在解决当下法律实务中的诸多"不符合先例"却"符合社会正义"的法律难题提供了旨在提高判决准确性和适应性的具体方法与思路研究。实践表明，即使是进入了法律程序，法律经济学的知识仍然有很大的用武之地。在诉讼中，法官和律师所面对的问题并非仅仅是如何注释法律，解释法律本身并非一项简单的文本解释工作。当遭遇法律的灰色地带（这种地带的现实存在也往往是法律争议会进入法院、进入诉讼程序的根源所在），我们无法断然宣称法律解释是一项价值中立的工作——在不同的、相互冲突的法律解释之间进行取舍的工作本身在很大程度上就是一个价值取舍的过程，而价值取舍则必然牵涉到对社会现实的判断，这种判断则往往需要借助法律经济学，或者更广义的社会科学的知识。法律问题的解决经常会牵涉到事实上的标准问题，而这种问题通常是实证性质的问题，没有其他学科的知识是很难理解和调查此类问题的。

二

在传统法学领域，如果单纯从学科交叉的角度来理解，那么法学与经济学的"联姻"并不仅仅见于法律经济学。因为作为部门法形态存在的"经济法"和"商法"，一定程度上也体现了"法律"与"经济"的某些结合。比如，经济法以协调纵向市场经济关系为己任，它也研究垄断和反垄断问题、税收问题、投资问题、金融问题；又比如，商法旨在协调横向市场经济关系，它也研究企业问题、合同问题、代理问题。然而，尽管存在上述交叉研究的现象，我们并不认为经济法研究和商法研究与法律经济学研究相类同。因为从本质上来讲，经济法和商法更多的是法学研究对市场经济领域的"介入"，而不是作为方法论的"经济学帝国主义"的扩张。换言之，在经济法和商法领域，作为实体社会关系存在的"经济"，更多的是充当了法律研究的对象。在此，经济学并不体现其方法论的优势和扩张。

所以，如果我们把法律经济学界定为"法律的经济分析"，那么经济法和商法似乎也可以被界定为"经济的法律分析"。可见，法律经济学给传统法学研究所带来的"新气象"，首先应该体现为一种方法论上的革新。详言之，这种方法论上的特色可以总结为以下三个方面。

一是"大胆假设"和"小心求证"。在传统的法学研究方法当中，无论是哪一个学派，几乎没有强调严格的理论假设。在他们看来，很多问题似乎都是"已然的"或者"必然的"。这种研究进路所导致的极端现象就是，古代的"法律观"可以将法律的本质和来源"唯心化"，即将法律视为"神的意志""上帝的意志"或者"宇宙的理性"等。强调实证主义的经济学则与此不同。在传统的经济学研究当中，"资源稀缺"和"经济人"是两个最基本的理论前提假设，它们共同奠定了经济学理论大厦的根基。在经济学家看来，事先进行理论前提的假设，这是理论研究贴近社会实践的一个重要环节。这在后期的新制度经济学研究当中表现更为明显。新制度经济学进一步修正了传统经济学的理论假设，认为经济人不能拥有无限理性，而是"有限理性"，而且经济人具有"机会主义"倾向；另外，现实的市场运作也存在"信息不完全""信息不对称"的缺陷。经济学在大胆进行"人性假设"的同时，对其命题的求证过程却十分小心。以定量分析为例，无论是模型的选择和设计，还是数据的采集和分析，抑或是公式的计算和验证，都有一套规范的操作程序。在经济学的研究当中，即使在旁人看来简单明了的结论，其求证也可能是极为复杂和完善的过程。

二是"斤斤计较"和"胸怀大志"。与法学研究动辄诉诸"公平正义""民主平等"所不同，经济学研究从其理论假设开始就强调资源稀缺，强调人性自利，强调成本收益，以至于在旁人看来，每一个经济学人似乎都是"斤斤计较"之徒。我们可以"合同有效违约"的例子来说明问题。"诺言必须信守"是一种古老的法律理念，也是古老的合同法原则，违约必须承担违约责任，除非法定的免除责任事由的发生。然而，在现实生活中，合同的履行可能并不能给双方带来任何的利益，或者不能给一方带来利益而让另一方受损。也就是说，当合同的履行不能带来社会财富的增加，反而招致社会财富的减少时，资源没有达到有效配置，是无效率的。因此，法律经济学提出了有效违约的概念，其含义是，当履约的成本大于履约的收益时，违约是有效率的，因而，法律应该允许。事实上，法学和经济学在制度理念上的差异远不止于此。比如，科斯教授在其著名的"交易成本"理论当中便颠覆了传统法学，认为权利界定具有绝对性的观念，提出了"侵权相对性"的思想。但是，我们并不能因为经济学注重实际利益的考量和成本收益的计较，就认为经济学缺乏"崇高的"理论品性。实际上，在"斤斤计较"的背后，经济学理论也闪耀着诸多"胸怀大志"的理想。比如对于效率问题，经济学家提出了"帕雷托效率"（帕雷托最优）。在他们看来，一种理想的效率状态应该是在没有人受到利益损害的情况下而使另外一些人的状况得到改善。尽管帕雷托最优只是一种理想状态的憧憬，但是它对于研究"效率改进"却具有重要的理论价值。

三是"化繁为简"和"小题大做"。经济学研究善于将复杂的问题简化为简单的模型，这是其很独到的一种理论魅力。比如博弈论中的"囚徒困境"模型，尽管它涉及的人物只有"囚犯A"和"囚犯B"，而涉及的行为模式也只有"坦白"和"不坦白"，但正是这种简单明了的模型，隐含了博弈论的深刻理论内涵，甚至在包括"制度起源""信息经济学"等问题中都能找到它的"影子"。经济学在"化繁为简"的同时，也具备"小题大做"的"功力"。我们可以"交易成本"概念为例来说明这一问题。科斯教授所提出的"交易成本"概念以及相关的理论内容，后来被归纳总结为"科斯三大定理"：①如果交易成本为零，则无论产权规则初始如何安排，当事人之间的谈判和交易都可以促使财富最大化的出现，即市场机会自动导致帕雷托效率；②如果交易成本不为零，那么不同的产权界定会对经济制度的运行效率以及社会的整体福利产生不同的影响，其中，能够提供较大效率激励和福利增长的产权界定是较优的选择；③在交易成本不为零的情况下，通过明确分配已界定权利可使福利在原有的基础上得到改善，并且这种改善可能优于其他初始权利安排下通过市场自由交易所实现的福利状况。然而，正是"交易成本"这个"简单的"概念，以及被"简化"后的这三个定理，几乎构成了新制度经济学和法律经济学的理论根基。我们可以发现，在科斯教授提出"交易成本"这个"小问题"之后，几乎所有新制度经济学和法律经济学的论著都不可避免地涉及"交易成本"问题——"小题大做"由此可见一斑。

三

我们从20世纪90年代初期开始从事法律经济学的教学与研究，是国内较早从事法律经济学研究的学者。30年来，我们亲历了国家经济、法律、社会等多方面的全面深化改革，参与了多项经济法律的立法研究，承担了国家社科规划办、教育部、司法部以及地方政府和企业委托的多项科研课题，出版和发表了多部（篇）科研成果，在法学专业和经济学专业常年开设了法律经济学课程（或新制度经济学课程），累计指导了数十位博士研究生和数百位硕士研究生（他们当中已有不少走上法律经济学的教学科研岗位）。而今回顾，在过去30年间，尽管国家的法律和政策经常因势变化，尽管教学任务常有调整，科研主题也时常更新，但法律经济学作为一门经济学和法学的交叉学科以及独特的研究方法，却始终如一地贯穿于我们的教研工作中，体现在每一堂课、每一篇论文、每一部专著或者每一份政府决策建议当中。

对法律经济学研究的执着与热爱，是我们"公私兼顾"的"理性选择"。

于"公"而言，我们始终期望并不断践行的是，在法律经济学研究领域深耕细作，为国家和社会的发展做出更多的理论与对策支持。事实上，从1978年我国实行改革开放，到发展商品经济，再到后来建立和完善市场经济体制的过程中，法律与经济始终是我们国家经济社会发展中的两个核心问题——经济的发展离不开法律（法治）的保障，而法律的制定与实施也必须充分关注经济规律的作用。我们相信，旨在为国家经济社会发展提供智识贡献和理论指引的法律经济学理论，可以很好地回应实践需求、承担时代使命。

于"私"而言，我们两人各自有法学研究和经济学研究的专业背景，而完美和谐的婚姻关系则让我们在拥有幸福家庭生活之外，也可以更加紧密地进行"法律（法学）"与"经济（经济学）"的学术交流。法律经济学让我们在家庭生活和工作中，有了更多共同的人生理想、学术兴趣和生活话题，这些促成了更多研究成果的出现。从这一意义上讲，我们真正实现了法律（法学）与经济（经济学）的"联姻"。

师生教学相长，科研优势互补，应是人文社会科学领域教研工作所必须坚持的原则。孔子提出，"三人行，必有我师焉"。韩愈也认为，"弟子不必不如师，师不必贤于弟子，闻道有先后，术业有专攻，如是而已"。在指导学生从事法律经济学研究过程中，我们始终注重与学生进行深入的问题研讨和科研合作。我们的教研经验为学生从事法律经济学研究提供了良好的平台，而学生们时常闪现的智慧，也启发我们对新问题、新现象的新思考。

本书收录了30年来我们独立撰写的，或者与学生合著的法律经济学主题的精选论文70余篇。这些论文的主题既包括法律经济学的基础理论与研究方法、教学安排与课程设置，也广泛涵盖公司法、证券法、金融法、物权法、合同法、侵权法、知识产权法、环境法等具体的部门法领域；既涉及国家立法、地方立法和政府公共政策，也涵盖法院司法、行政执法以及公民守法等领域；有的系统论及法律与国家经济增长的宏观问题；有的深入剖析了某一法律条文的微观适用；有的讨论的是国际法、国家法的制定与实施；有的则是研究民事习惯、商业行规的形成与演化。整体而言，尽管这些论文的研究主题和对象多有不同，但都充分体现了法律经济分析方法的运用。

本书收录的论文，写作周期跨度30年。其中，早期论文研究的一些问题，有不少在后来的法律实践中得到解决，而论文所提出的结论或对策建议的科学性、合理性，在后期国家立法修改、政策制定或制度完善过程中也已得到了充分验证。也正是因为大多数论文在写作之时具备良好的前瞻性，我们才有充分的信心将跨度如此之大的研究成果一并收入本书。在编写本书的过程中，我们主要对论文的文字表述做了精炼的"修剪"与改写，对体系结构做了精心的编排与整合，同时在每一章之前撰写了一节导读，目的是使论文相互之间具备良好的逻辑脉络，但是对于每一篇论文的核心观点（尤其是结论），则未做实质性改动，目的是想真实展示每一篇论文选题时的"动机与愿景"，如实记录每一篇论文写作的"初心"和"思维历程"，以及客观体现每一篇论文的时代价值。

真诚地希望，本书不仅仅是我们学术经历和个人研究成果的总结，同时也可以成为中国法律经济学研究发展历程的一个"缩影"，我们更加期盼，有越来越多的青年才俊加入法律经济学研究领域，为这一交叉学科的长久发展、为国家社会经济发展及法治建设做出更多的贡献。

周林彬　李胜兰

第一章 理论与方法

本章导读

法律经济学（Law and Economics）——一个法学和经济学整合的边缘学科，经过数十年的蓬勃发展，已经在法学、经济学理论研究领域及社会经济和法律实践领域显现其日益强大的影响力、生命力。一般认为，科斯《社会成本问题》一文的发表，开辟了法律经济学的新时代；波斯纳《法律的经济分析》一书的出版，则标志着法律经济学进入蓬勃发展期。伴随着中国改革开放，法律经济学在20世纪90年代进入国内。经过30多年的发展，我国法律经济学研究从相对陌生，到逐步得到认可，再到现在"蔚然成风"；法律经济学走进法学课堂和法律实践已经不是新鲜事。法律经济学作为研究方法也得到极大的认可和接受。

对法律经济学本土化基础理论探索是中国法律经济学学科成熟的标志，也是运用法律经济学解决中国法律问题的前提和基础。本章的内容是对中国法律经济学学科范畴、基本假设以及研究方法等基础理论的探索。

范畴是学科成立和成熟的标志，本章第一节"法律经济学的基本范畴"是对奠定中国法律经济学学科地位基本范畴的思考。法律经济学的基本范畴主要包括法律、经济学和交易成本。法律是法律经济学的研究对象，经济学是法律经济学的研究方法，而交易成本是法律经济学的核心概念。从动态法律和静态法律两个维度来看，法律经济学更加注重动态法律（即行动中的法），更加关注现实生活中的法律是如何运作的这个既是法律现实主义也是法律实用主义关注的命题。因此，对于法律经济学来说，既要立足于静态法律（即书本上的法），又要超越静态法律而考察法律的实施及其效果问题。经济学无疑是法律经济学学科的基本范畴。同样，经济学是发展的概念，法律经济学的问题和方法也处于变动之中。因此，经济学作为法律经济学的基本研究方法，具有广义经济学的特征，即从新古典经济学发展到融合社会学、人类学、历史学和政治学等学科更为广泛的制度经济学，这种变化恰恰是对于"正义"这个动态法律基本价值的回应。在新制度经济学的法律经济学分析框架中，科斯等学者提出的交易成本概念是法律经济学的重要范畴，它具有拨乱反正的作用。其中"科斯定理"成为法律经济分析的"理想类型"，它如同物理学中的"牛顿第一定律"，是法律经济学"科学"地位的起点。本章第一节抽象出来的法律、经济学和交易成本三个基本范畴犹如三个支点，牢固支撑了法律经济学的学科大厦。

"假设"是科学的理论体系建立的基础、理论分析的逻辑前提。以波斯纳为代表的法律经济学以理性选择理论为基础，其完全理性的经济人假设受到了来自以有限理性为假设前提的行为法经济学的抨击，本章第二节"行为法经济学与法律经济学"对行为法经济学与主流法律经济学假设进行了梳理，对行为法经济学应用进行了初步探索。行为法经济学提出了更贴近现实的有限理性、有限意志等"三有"理论以对新古典经济学的"完全理性"理论做出回应，两者的显著区别在于理性程度、偏好、期望效用理论三个方面。但是，行为法经济学和主流法律经济学并非水火不容，只是理性的程度不同、分工不同；主流法律经济学在反垄断法、侵权法、税法等领域所取得的成功则是主流法律经济学的有效性的有力证据。作者进一步分析表明行为法经济学在调解、普法教育、交通安全事故侵权等方面具有较强的解释力。本章第二节对行为法经济学理论进行梳理,并厘清其与主流法律经济学的应用边界,为理论界和实务界进一步运用法律经济学解释中国法律问题提供了清晰的理论框架。

在本章第二节的基础上,第三节"法律经济学的基本假设"是对法律经济学的基本假设进一步深入探索,并指出,法律经济学批判性地继承了经济学的稀缺性和经济人假设。首先,稀缺性是建立法学与经济学共同语境的核心所在,是法律经济学第一大基本假设。其次,以制度重要性命题为基础的修订版经济人假设与新古典经济学旧版经济人假设("理性地追求自我利益最大化")的结合体,是法律经济学的第二大基本假设。根据修订版经济人和旧版经济人结合方式的不同,又可以将其划分为嵌入型与融合型经济人假设。其中,嵌入型经济人假设以芝加哥学派为典型代表,指的是纯粹借用主流经济学的经济人假定,制度重要性命题仅仅体现在简单地将主流经济学视为外生或不变的法律制度纳入分析范畴。融合型经济人假设对主流经济学的经济人假设的修订不仅体现在加入制度重要性命题,更主要的是对经济人假设涉及的偏好、信息、知识、认知能力、人性等方面进行扩展、修正。这种区分的意义在于,表明多个版本的经济人假设在法律经济学中可以共存,研究者应该根据研究对象和研究内容选择不同的分析工具,实现法律经济学的研究目标。本章第三节是对法律经济学理论科学化和体系化问题的系统性思考,是中国学者对法律经济学基础理论研究的标志性成果。

本章第四节"中国法律经济学的定量分析"直面我国法律经济学的定量研究不足的现实,基于对定量研究重要意义的系统梳理以及我国法律经济学定量研究不足原因的理性分析,并对我国法律经济学定量研究发展提出积极建议。其中,定量研究对法学研究的重要意义包括:第一,避免传统法学方法对正义等抽象法律概念的解释陷入诡辩术的陷阱;第二,可提高法学研究的科学度,促进学科知识积累与传承;第三,为制定有效的法律、法规政策提供了客观、科学的分析依据等。而我国法律经济学定量研究不足的主要原因包括:第一,传统法学思维导致法学界对于定量研究有排斥的定式思维抑制了对于定量研究的需求;第二,定量研究过高的研究成本和不合理的收益,使得研究者望而却步。对于未来法律经济学定量研究分析,学界有必要抛弃成见、打破学科壁垒,政府应该积极推动培养法律与经济学复合型人才、建立法律数据库等,以促进法学研究中定量研究措施的实施。在定量研究的技术层面上,法律经济学定量研究的基本步骤为经验命题提出、数据收集分析、操作化处理、分析工具选择和法学审查。

第一节 法律经济学的基本范畴[①]

范畴是指人的思维对客观事物的普遍本质的概括和反映,是各个相对独立的知识领域的基本概念。据此,深入研究法律经济学的范畴,有利于我们准确认识和把握法律经济学研究的基本思想和分析思路,防止法律经济学因成为传统经济学或法学的附庸而丧失其相对独立的学科地位。可见,本论题是法律经济学的一个重大理论问题。从法律经济学的研究对象、研究方法和基本思路三个方面初步分析,我们认为,法律经济学的基本范畴主要包括法律、

[①] 本节部分内容曾以论文形式发表,具体出自周林彬《法律经济学基本范畴探析》,载《暨南学报(哲学社会科学版)》2006年第9期。

经济学、交易费用。

一、法律：静态法律和动态法律

虽然不同分析视角的法律经济学及其定义特点不一且至今尚无定论，但是，法律作为法律经济学的研究对象已是不争的事实。这里强调的是，从法律经济学角度理解法律的一个重要思路，是对法律这一法律经济学的研究对象进行多角度的认识，即应该是从静态法律与动态法律，亦即从"书本上的法"（静态法律）与"行动中的法"（动态法律）这两方面全面认识法律。

所谓静态法律，是指"书本上的法"，即立法机关颁布的法律文件中的法律条文。这里的"书本"的意义在于：包括立法、司法、执法和守法活动在内的各种法律活动的表现形式，无一例外地采取了法律文件的书面表现形式，而这种以书面形式表现的各种法律文件，作为规范现实生活中人的行为规范标准，是相对稳定的，它不以现实生活中规范对象的不同而有所不同，因而是静态法律。静态法律是传统法学研究的重点，其研究的基本思路是就法论法，其研究的基本方法是注释法学。

所谓动态法律，是指"行动中的法"，即法的运行，包括法的实施与法的实现。这里的"行动"的意义在于：包括立法、司法、执法和守法活动在内的各种法律活动，无一例外地采取了行为表现形式，诸如立法、司法、行政执法，以及合同、财产权转让等；而这种"行为"又是变化不定的，它因现实生活中规范对象的不同而有所不同，因而是动态法律。这种动态法律不是传统法学研究的重点，其研究的基本思路是就法不论法，其研究的典型方法是法律社会学和法律经济学。

我们认为，传统法学主要关注"静态法律"的研究，由此产生了传统法律研究中保守式研究（强调逻辑自足，以不变应万变）的特点。这一特点虽然有益于秩序的形成和法律的适用，但缺陷是增加了法律与社会经济关系的不一致，其典型例证是滞后立法的低效率和法律漏洞的高成本。而法律经济学主要关注的是"动态法律"，即当事人在法律约束下的理性选择行为。由此产生了法律经济学研究中开放式研究（强调逻辑不自足，以变应不变）的特点。这一特点增强了法律与现实社会经济关系的适应能力。

以财产法研究为例，无论是传统农业社会还是简单商品社会，财产流动性都无法与现代社会相比。因此，重视财产的静态安全、归属的安全就成为传统财产法的首要目标。而现代社会，由于资源的稀缺性日益突出，对财产充分利用成为经济发展的迫切之需。而对财产归属的过于强调，会增加财产权属的变动成本，对财产的充分利用造成阻碍。因此，强调财产的充分利用的各种用益物权、担保物权的日益活跃，动摇了所有权在传统物权法中的中心地位。现代物权法的主要目的不再是明确划分不同主体之间的财产权归属，而是为了充分发挥财产权利对人们创造财富的激励功能，为促进财产的利用提供各种相应的制度支持。现代财产法的一个发展趋势，是从注重财产归属的静态财产权制度的设计与运行，向注重财产利用的动态财产权制度的设计转变。这一转变反映现代财产法由"静态的安全"向"动态的安全"的运行规律，而这一规律也证实了法律经济学重视"动态法律"的研究规律。诚如波斯纳指出的，"为了更好地理解现代财产权，我们应该注意静态财产权和动态财产权分析的区别。而动态分析放弃了关于变化的瞬间调整的假设，它通常比静态分析更复杂、更深入。

所以，我们首先从动态方面入手认识财产权的经济基础是令人惊讶的"①。

法律经济学以动态法律为主要研究对象，表明法律经济学关注法律实践，强调应然与实然恰当结合，注重在分析法的实施与法的实效的基础上，如何制定出有效率的法规。为此，一方面，法律经济学研究将法律研究的重点放在立法和司法实务方面，并强调法律案例研究的重要性；另一方面，法律经济学十分注重对法律实施进行效果评估、效果预测等实证分析。例如，利用统计数据及案例探讨当前中国经济法制建设中出现的经济法律供求失衡、实施效果偏离立法预期、法律运行与社会财力支持相对不足的矛盾等经济法律高成本与低收益问题，利用定量分析与个案分析探讨目前我国公力救济与私力救济的实施情况。②

应该指出，静态法律与动态法律体现为忽略时间维度的法律与加入时间维度的法律。这种静态与动态的划分主要源于经济学③，也是由法律经济学的交叉学科特征所决定的。如前所述，波斯纳在分析财产权时就指出从经济学角度划分静态法律与动态法律来研究财产权（尤其是产权）的必要性。他认为，"静态分析将经济活动的时间维度忽略不计，而所有对变化的调整都假设为发生在瞬间。这种假设是不真实的，但它常常富有成效"④。所谓"忽略时间维度的法律"，旨在强调一定环境、一定背景下法律对规范对象行为的即时影响（包括短期影响、长期影响）以及不同环境、不同背景下法律对规范对象行为的即时影响，不考虑法律与行为之间相互影响的过程性。而"加入时间维度的法律"，则强调法律规则的演变，考虑法律与行为之间相互影响的过程性，注重法律的均衡的演变。

二、经济学：广义经济学

经济学是法律经济学研究方法，这业已成为学界的共识。问题在于，如何把握法律经济学意义上的经济学？其与传统经济学⑤是一致还是不同？

我们认为，在法律经济学研究中，应该从广义经济学的角度把握法律经济学的研究方法及其所涉及的经济学理论和概念，同时也要注意到法律经济学意义上的经济学与传统经济学亦即狭义经济学的不同。其中，"法律经济学意义上的经济学"具有两层含义：第一层含义指的是法律经济学研究中所涉及、所运用的经济学理论；第二层含义则在于，法律经济学本身就是经济学的一个分支。换言之，法律经济学在某种意义上是经济学理论家族的一个成员，即法律经济学自身就是新制度主义的一个理论分支。

（一）经济学及其要素：稀缺与权衡

在经济学的各种定义中，"稀缺"是基本核心思想，其不仅是经济学定义的关键词，而

---

① ［美］理查德·A. 波斯纳：《法律的经济分析》，蒋兆康译，林毅夫校，中国大百科全书出版社1997年版，第40页。
② 李胜兰、周林彬、邱海洋：《法律成本与中国经济法制建设》，载《中国社会科学》1997年第4期。
③ 西方经济学可以从研究均衡状态的角度来区别和理解静态分析、比较静态分析和动态分析这三种分析方法。静态分析，指的是考察在既定的条件下某一经济事物在经济变量的相互作用下所实现的均衡状态的特征。比较静态分析，是考察当原有的条件发生变化时，原有的均衡状态会发生什么变化，并分析比较新旧均衡状态。而动态分析，是在引进时间变化序列的基础上，研究不同时点上的变量的相互作用在均衡状态的形成和变化过程中所起的作用，考察在时间变化过程中的均衡状态的实际变化过程。
④ ［美］理查德·A. 波斯纳：《法律的经济分析》，蒋兆康译，林毅夫校，中国大百科全书出版社1997年版，第40页。
⑤ 这里定义的传统经济学，指经济学中的主流经济学理论，主要是指将制度因素视为外生或排除在分析范围之外的新古典经济学。

且是经济学理论的中心。① 正如萨缪尔森所言，经济学"这个定义的背后隐含了经济学的两大核心思想，即物品是稀缺的，社会必须有效地利用资源"。不难发现，正是因为资源的稀缺性，才产生追求效率②的需求与愿望。何谓稀缺？稀缺是一个相对的概念，指相对于人类（无限）的欲望，资源总是有限的。③ 用更严格的经济学语言来说，稀缺被定义为当价格为零时，需求数量超过供应数量。④ 经济学的精髓就在于承认稀缺现实的存在，研究个人和社会如何进行选择、如何最有效地利用资源。

当对经济学了解越来越深时，我们会发现，经济学的许多核心概念，比如机会成本、理性、产权、竞争等均与稀缺性有关。如布坎南所指出的那样，机会成本的概念表述了稀缺与选择二者之间的基本关系。而理性简单来说就是人们具有明确定义的目标和偏好，配置他们有限的资源，以最大化他们自己的福利或效用。正因为稀缺，必然存在竞争；由于竞争，产权就变得重要，否则公平竞争就可能荡然无存，损害经济效率。这也就不难理解"稀缺"这一概念在经济学中的重要定位。

进一步，应该如何理解经济学的本质呢？从上述定义及关于稀缺的论述，经济学的本质已呼之欲出。经济学作为一门关于在稀缺资源下如何选择的科学，其关键在于权衡（trade-off）。在稀缺资源条件下，人们通过在不同方法、不同决策之间做出选择来实现特定的目的，追求最有效地利用资源。在稀缺性、选择背后的思想，就是权衡。权衡的是不同选择的成本、收益。⑤ 微观经济学中个体消费者和生产者的决策核心在于给定预算约束下选择不同商品，从而实现效用最大化或者利润最大化。简而言之，经济学的本质在于权衡。这也是经济学与法学成功结合的根基——无论在经济关系中还是法律关系中人们都需要做出选择，进行权衡。事实上，在法律活动中也常需要权衡。比如，商事纠纷中当事人选择仲裁还是诉讼解决纠纷，取决于各自对不同解决方式的成本、收益的权衡，以选择有利于自己的纠纷解决方式。

（二）广义经济学

要掌握法律经济学的研究方法——经济学这一基本范畴的特征，掌握"法律经济学意义上的经济学"，首先要从广义经济学的认识入手。

第一，法律经济学研究中所运用的经济学是广义的经济学，其涵盖经济学的所有主要分支。

首先，法律经济学作为将经济学理论和方法运用到法律理论、法学研究的一门新兴学科，

---

① 从某种意义上说，经济学分析的基本思想在于在一定约束下追求某种目标的最优，或追求诸如休闲时间、财富、产量、幸福、健康等（这些都可以纳入到效用）最大化，或追求成本、风险等最小化。约束则包括资源禀赋、技术、偏好、制度等，简言之，稀缺性导致的约束。

② 麦乐怡将稀缺性和合理性作为经济学的基本原则。他对合理性的定义，从某种程度上说，就是人们通常所说的效率，更贴切地说，是效用最大化。参见［美］罗宾·保罗·麦乐怡《法与经济学》，孙潮译，浙江人民出版社2001年版，第11－12页。

③ 稀缺并不意味着难以得到，而仅仅意味着不付出代价就不能得到。参见［美］保罗·萨缪尔森、威廉·诺德豪斯《经济学》，萧琛、翟菲菲译，华夏出版社1999年版，第2页。

④ 正是基于稀缺性，经济学中的重要概念之一——价格乃衡量相对稀缺的一个指标。价格上升时，商品变得相对越来越稀缺；价格下降时，商品则变得相对越来越不稀缺。

⑤ 收益不仅仅是物质上、金钱上的有形收益，还包括声誉、幸福等无形收益。严格来说，个体决策权衡的是成本、效用。效用是经济学用来衡量主观满足度的一个指标。为了实现可比性、可衡量性，常以数量单位来衡量，此为基数效用论。也有通过给不同选择排序的方法来比较效用，此为序数效用论。

始终如一地强调经济学乃研究过程中的基本理论和方法。法律经济学概念中的"经济学",并非狭义的经济学,其含义随着经济学理论的发展而不断扩展,是不断发展的经济学。

其次,法律经济学历史中不同经济学家在有关法律与经济学关系的论述中的不同经济思想与理论,无一不说明法律经济学意义上的经济学范围的广度及深度。比如,法律经济学萌芽期主要运用古典经济学理论进行法律的经济分析;此外,还有马克思的政治经济学分析。在法律经济学初创期,运用法律经济学思想进行研究的经济学家则主要属于旧制度经济学派。而在法律经济学产生期,科斯、阿尔钦、波斯纳等学者的经济学理论主要来自新制度经济学。

最后,法律经济学成为独立的学科以来,用来分析法律和法律制度的形成、结构、过程、效果、效率及未来发展的经济学理论逐渐囊括新古典经济学(包括博弈论、信息经济学)、福利经济学派(包括公共选择理论)、新制度主义经济学等。

第二,从法律经济学的分支来看,法律经济学领域内的经济学内涵在不断扩展,揭示其广义的特征。行为法经济学、比较法经济学、实验法经济学、功能法经济学等新兴的法律经济学分支,也印证了行为经济学等新兴经济学理论逐渐被纳入法律经济学所运用的经济学理论体系内。

第三,从经济学的理论分类来看,法律经济学所运用的经济学包括微观经济学和宏观经济学。前者以企业、家庭等单个实体的行为为主要研究内容,包括供求理论、消费者理论、生产者理论、均衡理论等。而后者以整个经济的总体运行为研究内容,包括货币、资本和商品的总供给和总需求理论、经济增长理论、商业周期理论、通货膨胀理论等。[①]

显然,法律经济学所涉及的经济学理论体系在不断地更新、延伸,从古典经济学到新古典经济学,从马克思经济学到制度经济学,从微观经济学到宏观经济学,几乎涵盖整个经济学体系。可见,法律经济学意义上的经济学,是广义的经济学,是发展中的经济学,是与时俱进的经济学,是开放式的经济学。

概言之,从传统经济学将制度(法律)因素视为外生或排除在分析范围之外这一特点分析,传统经济学意义上的经济学与法律经济学意义上的经济学不同。如法律经济学意义上的经济学的研究对象,已经从传统经济学研究的经济要素,拓展到非经济要素的法律制度。因此,法律经济学意义上的经济学属于广义经济学的范畴,超出了传统经济学这一狭义经济学的范畴。这种广义经济学强调经济学作为一种方法论科学的重要作用。具体表现为:其一,它将传统经济学的方法,诸如供给与需求、成本与效益运用到法学领域,因而形成了经济学帝国主义现象,从而促进了其法学学科领域的发展;其二,它提出了一些对传统经济学具有革命意义的研究思路,诸如制度(包括法律)对经济的影响、制度变迁和公共选择的思路,从而促进了经济学学科的发展;其三,最重要的是,它拓展了经济学的研究内容和法学的研究方法。

综上所述,经济学作为法律经济学的基本研究方法,具有广义经济学的特征。法律经济学运用的经济学理论、方法的内涵与范围在不断扩展,除了经济理论、方法自身的不断完善、不断发展,经济学的研究领域也在不断开拓。经济学与法学、社会学、人类学、历史、政治、伦理学等学科的互相渗透,充分印证了"经济学"的广义性。同时,从经济学立场

[①] 相关论述可参见[美]保罗·萨缪尔森、威廉·诺德豪斯《经济学》,萧琛、翟菲菲译,华夏出版社1999年版,第3页。

来看，法律经济学自身就从属于广义经济学的一个理论分支，其特点在于将法律、非正式制度等制度因素内生化，扩展了新古典经济学的研究内容，创新了法学的研究方法。

三、交易成本：科斯定理

作为法律经济学核心概念的"交易成本"（也称为"交易费用"），可谓法律经济学的"中流砥柱"。从40多年的法律经济学各种文献中，不难发现，曝光率最高者非交易成本莫属。显然，如何理解交易成本、如何把握交易成本在理论和实践中的意义乃法律经济学入门的前提要求之一。

（一）交易成本

何谓交易成本？这是理论界悬而未决的争议之一。第一位将交易成本概念引入经济学分析的学者，就是法律经济学主要理论源泉——新制度经济学的开山鼻祖科斯。科斯在其经典论文《企业的性质》中认为交易成本的定义是"使用价格机制的成本"。而第一位提出"交易成本"一词的却是诺贝尔经济学奖得主阿罗，[①] 他进一步将交易成本的概念进行扩充，认为对市场失灵的研究需要纳入交易成本的分析范畴之中，交易成本通常会妨碍甚至阻止市场的形成，而这种成本就是"利用经济制度的成本"。[②] 交易成本经济学的集大成者威廉姆森以交易为基本分析单位，从有限理性和机会主义出发进一步细化和明确了该概念，将交易成本分为事前（ex-ante）的交易成本（为签订契约、规定交易双方的权利与责任等所花费的费用）和事后（ex-post）的交易成本（签订契约后，为解决契约本身所存在的问题，从改变条款到退出契约所花费的费用）。[③]

显然，交易成本的定义在不断地发展、完善，至今仍无定论。从科斯提出交易成本概念到阿罗、威廉姆森等著名新制度经济学者们纷纷从不同角度定义交易成本，交易成本的定义也逐渐突破市场应用范围而呈现泛化与具体化并存的局面。目前来说，比较广泛和一致的观点是，交易成本包括所有与制度或组织的建立或变迁有关的成本，以及制度或组织的使用有关的成本。[④] 概言之，交易成本是除新古典经济学中的"生产成本"以外交易所涉及的成本、费用。

（二）科斯定理

科斯在《社会成本问题》一文中提出了著名的科斯定理：若交易费用为零，无论权利

[①] 参见 K. J. Arrow, "The Organization of Economic Activity: Issues Pertinentto the Choice of Market Versus Nonmarket a Location", *The Analysis and Evaluation of Public Expenditures: the PPB System*, US Congress, Joint Economic Commitee, 1969, 1, pp. 47 – 64。

[②] 威廉姆森认为，正是 Arrow 的这篇论文将市场失灵的根源明确地纳入交易成本分析范畴，从而促进了交易成本分析范式的形成。参见 Wiliamson, "The Economics of Organization: A Transaction Cost Approach", *The American Journal of Sociology*, 1981, 87（3），pp. 548 – 577。

[③] 威廉姆森认为，事先的交易成本包括：度量、界定和保证产权（即提供交易条件）的费用，发现交易对象和交易价格的费用，讨价还价的费用，订立交易合约的费用。事后的交易成本包括：当交易偏离了所要求的准则而引起的不适应成本；倘若为了纠正事后的偏离准则而做出了双边的努力，由此引起的争论不休的成本；伴随建立和运作解决交易纠纷的管理机构而来的成本；安全保证生效的抵押成本。参见 Wiliamson, *The Economic Institutions of Capitalism*, New York: Free Press, 1985, pp. 20 – 22。

[④] ［瑞典］埃瑞克·G. 菲吕博顿、鲁道夫·瑞切特：《新制度经济学》，孙经纬译，上海财经大学出版社1998年版，第8页。

如何界定，都可以通过市场交易达到最佳配置。① 如果我们从交易费用为零的理想世界转向交易费用大于零的现实世界，由此可以推出"科斯第二定理"，即在交易费用为正的情况下，不同的法律权利界定，会带来不同效率的资源配置。②

进一步的问题是，在正交易费用的现实世界中，何种权利界定有利于降低交易成本、改善资源配置效率？"科斯第三定理"恰好能回答上述问题："当存在交易成本时，通过明确分配已界定权利所实现的福利改善可能优于交易实现的福利改善。"③ 即当存在正交易成本时，产权的清晰界定有利于降低交易过程中的交易成本，进而有利于提高资源配置效率、改善社会福利。

美国著名法律经济学学者考特和尤伦从法律经济学角度提出规范的科斯定理与实证的科斯定理：他们将"建立法律以消除私人协议的障碍"命名为"规范的科斯定理"。所谓"实证的科斯定理"，指的是"当双方能够一起谈判并通过合作解决其争端时，无论法律的基本规则是什么，他们的行为都将是有效率的"。

也有学者将科斯定理扩展至政治领域，提出"政治科斯定理"。有学者将科斯关于在政治市场中交易成本的高低影响产权的效率这一思想总结为所谓的"政治科斯定理"——"给定诸如投票权、院外游说权等政治权力的初始分配，在既定宪法框架下，如果没有政治的交易成本，会得到最优制度结果，并且这个结果不依赖于政治权力的初始分配"。④ 虽然"政治科斯定理"的有效性存在争议，但其给政治市场、意识形态等分析领域带来了一个崭新的思路，丰富了科斯定理的运用的同时也深化了政治市场的分析。⑤

毋庸置疑，科斯定理与交易成本有着千丝万缕的联系，后者是前者的核心概念。无论是科斯定理、科斯第二定理、科斯第三定理，还是规范的、实证的科斯定理，抑或政治科斯定理，均从交易成本出发。科斯定理的关键意义在于深刻揭示了交易成本、制度、产权之间的内在联系，其中，交易成本是科斯理论的核心。这点可从交易成本在法律经济学中的重要性中充分体现。

（三）交易成本在法律经济学中的重要性

首先，交易成本、科斯定律的提出促进了经济学家对法律制度的重视，促发了新制度经济，尤其是法律经济学的蓬勃发展。

---

① 参见科斯《社会成本问题》，载［美］R. 科斯、A. 阿尔钦、D. 诺斯等《财产权利与制度变迁：产权学派与新制度学派译文集》，刘守英等译，生活·读书·新知三联书店上海分店、上海人民出版社1994年版。事实上，"科斯定理"这一名词并非科斯本人最先提出，他只是将此作为一种常识加以描述，后来斯蒂格勒将此命名为"科斯定理"。参见［美］皮特·纽曼主编《新帕尔格雷夫法经济学大辞典》（第1卷），许明月译，法律出版社2003年版，第297页。

② ［美］罗伯特·考特、托马斯·尤伦：《法和经济学》，张军等译，生活·读书·新知三联书店上海分店1991年版，第138页。

③ ［美］约瑟夫·费尔德：《科斯定理1-2-3》，载《美国经济学家》，2001，45（1），pp. 54-61，转引自孙宽平主编：《转轨、规制与制度选择》，社会科学文献出版社2004年版，第48-49页。

④ 参见 Bhaskar Vira, The Political Coase Theorem: Identifying Differences between Neoclassical and Critical Institutionalism, *Journal of Economic Issues*, 1997, XXXI（3），pp. 761-779，转引自张建伟《"变法"模式与政治稳定性——中国经验及其法律经济学含义》，载《中国社会科学》2003年第1期。

⑤ Francesco Parisi 在政治投票模型的基础上，进一步提出了政治科斯定理的第一定理和第二定理（参见 Francesco Parisi: Political Coase theorem, *Public Choice*, 115（1-2），2003, pp. 1-36；而 Daron Acemoglu（2003）则坚持政治科斯定理并不成立。（参见 Daron Acemoglu, Why not a Political Coase Theorem? Social Conflict, Commitment, and Politics, in *Journal of Comparative Economics*, 2003, 31, pp. 620-652。

从 1937 年科斯提出交易成本的概念到 1959 年《联邦通讯委员会》初步形成科斯定理的基本思想①，再到《社会成本问题》清晰地形成了科斯定理的思想，不难看出：万变不离其宗的是交易成本。科斯在 1991 年诺贝尔经济学奖颁奖典礼上做的题为《论生产的制度结构》的演讲中，就强调他的最大贡献在于将交易成本明确地引入经济分析中②。可见，交易成本概念在科斯相关理论中尤为重要。从科斯定理的各种表述以及衍生理论中，不难发现，其根本在于昭示了交易成本、产权界定、制度之间的内在联系。科斯正是通过这种独特的逻辑、新颖的视角揭示法律、制度对经济体系运行的重大影响。

这是因为，在交易成本不为零的现实世界中，产权的界定、制度（法律）直接对经济行为、经济效率产生影响。一般的规律是，假定其他条件不变，交易成本大小与生产效益的高低成反比例关系。因此，在解决同一经济问题时，采取哪种制度又取决于哪种形式的交易成本最低。虽然这种作用不是没有人发现过，却很少有人这样清晰而巧妙地论述过。同时，这构成对法律进行经济分析的直接理由："法律所创造的规则对不同种类的行为产生隐含的费用，因而这些规则的后果可当作对这些隐含费用的反应加以分析。"③ 法律经济分析的方法，恰好通过交易成本这一媒介，找到了法学和经济学的最佳结合部和更多的共同语言（容后详述）。由此可见，随着科斯定理的影响逐渐深化、交易成本分析范式的逐渐形成，经济学研究从"黑板经济学"向现实经济学回归，将在科斯之前经济体系研究所忽视的交易成本、制度因素（包括法律）等纳入分析框架，并推动了新制度经济学的高速发展。显然，法律经济学的蓬勃发展离不开交易成本、科斯定理的提出。

其次，交易成本这一范畴对法律与经济建立起密不可分的关系具有重要的媒介作用。因为交易成本不仅仅在于其将法律制度的重要性推广为经济学的常识，更重要的在于其成为法学与经济学联姻的媒介。其表现有四：

其一，交易关系的人为性质使得它与法律关系的人为性基本一致，对法律展开经济分析成为题中应有之义。交易所反映的人与人之间的关系，被马克思等经典作家概括为"生产关系"，而交易关系的人为性质使得它与法律关系的人为性基本一致，以至于可以用马克思有关生产关系与生产力的关系原理，展开对法律的经济分析，尽管这种分析属于传统的政治经济学范畴。

其二，交易乃有成本交易这一现实交易的描述，不仅使交易更加符合经验、符合现实，而且可以使包括法律关系在内的人与人的关系，因其人为交易不同程度上的稀缺，而成为以研究如何最佳配置稀缺资源为任的经济学的分析对象。

其三，从交易成本意义上看，大部分法律是因节约交易成本而产生的。人们在一定的条件下，采取一种法律制度而不采取另一种法律制度，其根本原因之一，就在于前者的交易成本低于后者，所以节约交易成本就成为法律选择和法律改革的目的。④ 针对当前社会上盛行

---

① 张五常认为在《联邦通讯委员会》（1959）一文中所表述的思想为科斯定理的第一种表述方式，该文得出"权利的界定是市场交易必不可少的前提"。此外，张五常将前面所说的科斯第一定理视为科斯定理的第二种表述，也称之为"不变性定理"；并将"如果产权被清晰地界定而且交易成本为零，就会满足帕雷托条件（或经济效率）"作为科斯定理的第三种表述。参见张五常《经济解释》，生活·读书·新知三联书店 2002 年版，第 441—444 页。

② 参见 Coase, "The Institutional Structure of Productio", http://nobelprize.org/economics/laureates/1991/coase-lecture.html, 2006-07-10。

③ [美] 罗伯特·考特、托马斯·尤伦：《法和经济学》，张军等译，生活·读书·新知三联书店上海分店 1991 年版，第 13 页。

④ 参见 Ronal H. Coase, "The Problem of Social Cost", *The Journal of Law and Economics*, 1960, 3, pp. 1—44。

的"走后门",我们认为,"走后门"虽然有其"熟人社会"这一中国文化的根源,但由于市场主体尤其是企业在从事生产经营活动中,不仅要考虑技术、资金和人员,而且要考虑到与有关部门打交道的费用支出,诸如请客送礼之类的交际费用,因此,就导致中国企业(尤其是民营企业)的经营管理效益低的原因而言,诚如著名经济学家吴敬琏教授尖锐指出:"是中国企业的制造成本低,但交易成本高。"进一步分析,交易成本高根源于办事的制度不合理或不公平。而克服这种不合理或不公平的根本措施,是建立不用请客送礼就能办事的制度,这种制度更多地表现为规范办事人行为的有关法律制度和规范(如反商业贿赂的制度和规范)。

其四,交易费用成为法律经济学的主要理论的连接点。科斯在谈论新制度经济学的诞生时指出,人们一般将明确把交易成本引入经济分析的《企业的性质》一文视为新制度经济学的开山之作。① 其隐含意义在于:交易成本概念贯穿于新制度经济学各理论分支,成为新制度经济学的理论基石的同时也成为其各子理论的连接点。法律经济学亦以科斯的《社会成本问题》一文作为理论发祥地。产权界定、交易成本以及制度(包括法律)之间的联系,使得运用经济学方法分析法律制度在产权界定中的作用以及对交易成本、经济活动的影响成为题中应有之义,这也掀开了法学与经济学结盟的历史篇章。

(四)应该注意的问题

认识、把握交易成本这一核心基本范畴自然成为法律经济学研究的首要任务之一。但是,要正确把握交易成本这一概念,还必须注意以下几个问题。

其一,交易成本概念的一般性不能成为滥用的借口。交易成本概念的一般性主要来自"交易"概念的一般化以及交易成本定义存在泛化趋势。一方面,近代制度经济学主要代表人物之一康芒斯,将"交易"——"交易成本"一词中的关键词——这一概念从服从于生产活动的先生产后交换这一从属地位,提升到与生产概念等量齐观的重要地位,并将交易概念一般化——交易是人与人之间的活动。② 这样,"交易"不再局限于市场行为,而延伸至行政管理、政治活动、法律关系等人与人之间的活动的非市场领域。"交易"成为康芒斯制度经济学的基本分析单位,实现一般化。科斯正是在康芒斯"交易"概念一般化的基础上,提出了"交易成本"范畴。交易成本也因"交易"概念一般化而具有一般性。从这个意义上说,交易成本概念的一般性可谓"与生俱来"。③ 另一方面,从前面交易成本概念的介绍可知,交易成本的定义逐渐突破市场应用范围而呈现泛化。至今较广泛和一致的观点是,交易成本囊括所有与制度或组织的建立或变迁有关的成本,以及与制度或组织的使用有关的成本。交易成本内容的广泛性、其定义的泛化趋势由此可见。加上其在法律经济学、新制度经济学中的基石地位,交易成本概念的一般性显而易见。

然而,交易成本概念的一般性并不意味着能毫无约束、毫无忌讳地使用该概念,即交易

---

① [美]科斯、诺思、威廉姆森:《制度、契约与组织——从新制度经济学角度的透视》,刘刚等译,经济科学出版社2003年版,第10页。
② 按照康芒斯的观点,"交易"被视为"制度"的基本单位,即"制度的实际运转"是由无数次"交易"构成的,交易由平等主体之间的买卖交易、上下级之间的管理交易和政府对个人的限额交易三种交易组成。参见[美]康芒斯《制度经济学》(上册),生活·读书·新知三联书店1989年版,第7、26页。
③ 也有学者从"成本"概念的宽泛性、内容的广泛性来说明交易成本的"一般化",并指出此乃正确界定交易成本的困难所在。参见魏建、黄立君、李振宇《法经济学:基础与比较》,人民出版社2004年版,第53页。

成本应存在一定的适用范围。① 与康芒斯定义的"交易"——人与人之间的活动——的特征相对应，交易成本分析主要适用于人与人之间互动的分析。这意味着运用交易成本进行分析时，必然从微观分析着手。离开交易成本的微观分析去谈整个制度、组织的总交易成本，犹如空中楼阁，经不起推敲同时也毫无意义可言。总的来说，交易成本概念适用于人与人之间互动的分析，且以微观分析为先。

其二，交易成本范畴的非完备性、不成熟性，意味着使用该概念时最重要的事情是把握交易成本的核心思想——对正交易成本的现实世界的关注。交易成本的局限、缺陷一直是理论界争论的焦点。新制度经济学作为发展中的理论体系、作为尚未建立统一理论体系的学科，其基石的非完备性、不成熟性是必然的表现。交易成本一直以来遭受着不同学者、不同角度的批评。例如，有学者认为交易成本概念缺乏一致性，一定程度上不利于其理论的发展与延承；也有人批评交易成本对事实解释的自由度过大而有滥用之嫌；有人指出交易成本在界定与测度上存在无法逾越的障碍；也有学者质疑交易成本分析的逻辑、适用范围等；众多学者纷纷探讨如何超越交易成本的个人属性（有限理性与机会主义行为属性）、治理结构属性以及制度环境属性，也充分说明目前交易成本的缺陷所在；与交易成本息息相关的科斯定理的有效性也一直受到学者们的"声讨"；等等。

交易成本范畴远未完善，存在诸多缺陷，以交易成本范畴统一新制度经济学的工作亦远未完成。这就要求我们在运用交易成本概念的时候，关键在于抓住其思想精髓：关注现实世界，走出"黑板经济学"的桎梏，交易的成本、制度使用的成本无法忽视。面对"千疮百孔"的交易成本概念，抓住其要领的最佳方法便是视交易成本为资源控制（即稀缺资源配置问题）不确定性的反应。② 不确定性的普遍性充分说明了意识到交易成本存在的必要性。进一步来说，使用交易成本分析，便是研究"扩展约束条件下的选择"（被科斯誉为知音的张五常语）。扩展的约束条件即为正交易成本、制度相关。可见，面对非完备、不成熟的交易成本范畴，核心仍在于把握其思想精髓。

其三，交易成本分析的有效性不能绝对化。换言之，交易成本分析并非万能，也不是放之四海而皆准，它仅仅是一种异于"黑板经济学"的分析视角、一种新的分析思路。如布罗伊在《交易成本分析：用得太滥了吗？》一文中所指出的一样，虽然某些声称使用了交易成本分析的文章结论，实际上并没得到交易成本分析的支持，但这并不意味着结论本身不正确，只是得不到交易成本分析的支持而已。由此可见，交易成本分析并非万能，其重要性主要体现在此乃一种崭新的分析思路。科斯运用交易成本分析探讨了主流经济学貌似早已解决的外部性问题，提出市场方式解决外部性问题。其引人入胜的地方恰恰在于：交易成本分析"代表了一种迷人的和新颖的观点，发展了敏锐性和不确定性的理论分析方法"（Meza语）。③ 显然，如新制度经济学的一般定位所示，新制度经济学并非为了完全取代新古典经济学，而是为了完善、扩展新古典经济学理论体系。类似的，交易成本分析也只是众多分析方法中的一个，其无法也不可能完全替代其他分析方法、分析思路。因此，我们运用交易成

---

① 韦森曾指出交易成本应在特定的情况下使用，认为其只有在讨价还价的情况下才有意义。（参见韦森《哈耶克式自发制度生成论的博弈论诠释——评肖特的〈社会制度的经济理论〉》，载《中国社会科学》2003年第6期）我们认为，如韦森所言，交易成本必然存在适用范围，但其适用不仅仅局限在讨价还价上，应适用于人与人之间的活动中。讨价还价只是人与人之间互动的一种特例，后者包括讨价还价。

② [美] 皮特·纽曼：《新帕尔格雷夫法经济学大辞典（第1卷）》，许明月等译，法律出版社2003年版，第752页。

③ [美] 皮特·纽曼：《新帕尔格雷夫法经济学大辞典（第2卷）》，许明月等译，法律出版社2003年版，第313页。

本分析时，要深刻意识到其只是一种新颖的分析进路，多元化分析方法的并存是不变的定律。

第二节 行为法经济学与法律经济学[①]

以有限理性为理论前提的行为经济学直接把矛头指向了以理性选择理论为基础的新古典经济学；以新古典经济学为基础的主流法律经济学也受到挑战，在法律的经济学分析学科内部也产生了行为法经济学。然而，到底行为法经济学对目前的主流法律经济学将产生何种影响？主流法律经济学如何应对行为法经济学所揭示的主流法律经济学的局限性？法律经济学将何去何从？如何将行为法经济学应用到我国法律实践？国内学界对这些问题尚未展开有效研究，我们试图通过分析行为法经济学与传统法律经济学之间的冲突与协调来探讨以上问题。

一、行为法经济学的概念

行为法经济学的起源可追溯到1974年西蒙（Simon）对经济学中的"理性经济人"做出的系统批评[②]和提出的"有限理性"概念，并在随后的一系列学术研究中完善这一概念[③]，他认为当事人在经济决策过程中面临认知和计算能力两方面的局限性。"有限理性"的提出，引发了经济学家和心理学家开始联袂研究经济行为的发生机制和实际决策过程如何影响最终做出的决策。到20世纪70年代，丹尼尔·卡尼曼（Daniel Kahneman）和阿莫斯·特维尔斯基（Amos Tversky）通过吸收实验心理学和认知心理学等领域的最新研究成果，把心理学和经济学有机结合起来，重构了西方主流经济学（特别是新古典经济学）中的理性选择模型，形成了真正意义上的"行为经济学"学派[④]。主流法律经济学背后的经济理性选择理论（主要是新古典主义经济学）的局限也开始引起法律经济学界的注意。如托马斯·尤伦（1997）《法和经济学中的理性选择》一文对理性选择理论的批评。[⑤]桑斯坦和塞勒（1998）《法律经济学的行为方向》一文的发表，标志着行为经济学正式进入法学研究领域——行为法经济学开始闯进主流法律经济学的视野，并悄然启动了法律经济学界的"行为革命"。

（一）行为法经济学的"三有"理论及其应用

学者把行为法经济学界定为：运用行为科学和心理学的成果更好地解释法律所追求的目

---

① 本节部分内容曾以论文形式发表，具体出自周林彬《行为法经济学与法律经济学："聚焦经济理性"》，载《学术研究》2008年第2期。
② [美]西蒙：《管理行为》，杨砾等译，北京经济学院出版社1988年版，第19-20页。
③ 参见 Simon, *Models of Bounded Rationality*, Cambridge, Mass.: MIT Press, 1982。
④ 2001年克拉克奖章（美国经济学会最高荣誉）得主马修·拉宾（Matthew Rabin）、诺贝尔经济学奖得主贝克尔（Gary S. Becker）、阿克洛夫（George A. Akerlof）、卡尼曼为行为经济学的代表人。
⑤ 作者强调指出，以认知心理学为基础经济学研究至少从以下四个方面对理性选择理论提出疑问：一是当精心设计的试验中的主体知道对合作剩余的分享有违广泛接受的公平理验时，他们似乎拒绝互利的交换；二是在那些需要进行若干个阶段的交易的试验中的主体似乎并不设计理性的策略；三是绝大多数决策者的选择背离了理性选择理论的预计，例如那些从事相同价值的拍卖的主体成了"赢者诅咒"的猎物；四是实验证明人们对不确定的结果不采取决定。

标以及实现这些法律目标的手段,提高法律经济学的预测力和解释力[1];其基本思路是在质疑理性选择理论中的理性预期[2]、效用最大化、稳定偏好、拥有充分的信息处理能力四大假设的基础上[3],揭示反映人类真实行为的有限理性、有限意志、有限自利,这些因素会使得人们作出与理性选择理论相背的决策——"反常现象"。具体分析及法律例证如下:

1. 有限理性

不同于主流法律经济学的"理性经济人"的假设[4],行为法经济学以"有限理性"假设作为分析基础,认为人类行为偏离理性选择理论的完全理性主要体现在两方面。

一是决策过程中的真实判断行为表现出与理性预期所推断的无偏预测的系统偏差,即有限理性会导致人做出判断误差。启示(heuristics)和偏见(biases)通过影响行为人对未来时间的概率判断,来改变行为人的最终决策。这在行为法经济学中早已观察到,并进行了分析。启示具体包括代表性启示、现成性启示;偏见包括过于自利偏见(self-serving bias)、自信偏见、偏见的自我强化、"事后诸葛亮"偏见、固执先见、潜意识偏见等。[5]

二是人类决策偏离了理性选择理论中的预期效用理论[6]。其中,禀赋效应(endowment effect)是偏离预期效用理论的最典型例子。此外,框架效应(framing effect)、沉没成本(sunk cost)与禀赋效应一样,都对人类决策产生影响,使得人类决策行为有时出现与最大化目标不一致的现象。[7]

2. 有限意志

行为经济学已经强调,限于有限意志,人们往往不能坚持选择与最大化自身总体效用相一致的行为。行为法经济学将有限意志归结到习惯、传统、嗜好,生理欲望(cravings)以及多重自我(multiple Selves)。这三类因素导致行为人无法有效控制自己的整体效用、无法对多重效用目标进行排序,最终令决策偏离效用最大化轨迹。例如,嗜好与习惯的形成。

---

[1] 参见 Jolls, Sunstein, Thaler, "A Behavioral Approach to Law and Economics", *Stanford Law Review*, 1998, 50, pp. 1471–1550。

[2] 理性预期概念由穆特(Muth, 1961)引入,并由卢卡斯(Lucas)、普累斯科特(Prescott)等学者完善,他们完善了20世纪60年代以前对预期的定义和建模,并得到广泛的应用,最终形成理性预期学派,成为新古典经济学中的主流。这里说的新古典主义经济学,严格来说,指的是理性预期新古典主义经济学。

[3] 参见 Richard H. Thaler, "Doing Economics without Homo Economicus", in Steven G. Medema and Warren J. Samuels, *In Exploring the Foundations of Research in Economics: How Should Economists Do Economics*? 1996。

[4] 对"理性经济人"持异议的论述最早可追溯到经济学家凡勃伦,而西蒙的有限理性论可谓对理性经济人或理性选择理论的最权威的批评之一。此外,社会学、经济心理学等都对理性选择理论提出了批评。参见[英]霍奇逊《现代制度主义经济学宣言》,向以斌等译,北京大学出版社1993年版。

[5] 代表性启示指行为人夸大事件现象与本质之间的认识趋势而错误地做出判断;现成性启示指人们是通过很容易想起的事例来判断概率,结果造成较高权重被分配给突出或容易记住的信息。自利偏见、自信偏见、偏见的自我强化主要指行为人常盲目认为能够进一步改善自身的利益,或认为自己总比他人,或人们往往只按照自身的观念来表述信息或描述事实等。"事后诸葛亮"偏见、固执先见、潜意识偏见则分别指人们在事件真实发生后所做的概率判断常高于实际概率,先入为主,行为人的潜意识偏见会导致其做出错误的概率判断。参见魏建《行为经济学与行为法经济学:一个简单介绍》,载《新制度经济学研究》2003年第2期,第16–31页。

[6] 预期效用理论是传统经济学分析的奠基石之一。

[7] Kahneman 和 Tverskey 最早提出"期望理论"(prospect theory)作为预期效用理论的替代,并提出了著名的框架效应理论以及基本点(reference points),该理论指出人们在不同的基准点上表现出来的风险态度不一,而预期效用理论认为人们的风险态度不会随着基准点的变化而不同。禀赋效应说明行为人对拥有的财产功利评价要高于对未拥有的同样财产,损失厌恶就属于禀赋效应的一种。参见 Kahneman, Tverskey, "Prospect Theory, An Analysis of Decision Under Risk", *Econometrica*, 1979, 47, pp. 263–291。

3. 有限自利

行为人无论是在经济活动中还是在法律事务中，其行为除了表现出不同类型的有限理性、有限的意志力，还会表现出有限自利。贝克尔等学者的研究表明，个体决策在更多的情况下受社会规范、道德规范等影响，并没有完全追求自我利益的实现，而是追求了自我利益以外的东西，比如"公平""社会认可"等。Kaplow 和 Shavell 也曾提出人们对公平的偏好应该纳入经济决策等行为决策分析中。[1]

（二）行为法经济学在法律中的应用

有限理性、有限意志、有限自利理论在经济学中已经开展了一系列研究。行为法经济学试图将以上论断融合到法律程序、法律实体以及法律体系的分析和改善之中。目前，行为法经济学已经开始将有限理性、有限意志、有限自利方面的理论运用到法律经济分析中。其研究成果主要体现在以下四方面[2]。

第一，将有限理性分析纳入行为人决策过程中需要对不确定事件进行概率判断的法律分析中。比如，运用自利偏见、禀赋效应理论对诉讼当事人就法院审判结果进行谈判过程的分析；又比如，运用自信偏见理论研究政府对相关法律法规的制定；再比如，运用"事后诸葛亮"偏见理论对法律事实或法律规则实施研究；等等。

第二，在涉及对法律后果进行评估的法律行为决策（如制定法律和设定法律程序）分析中增加对有限理性的研究。比如，禀赋效应、损失规避对法律法规的宣传和教育影响；又比如，禀赋效应对合同法中的强制性条款的影响等。

第三，通过有限理性分析，鉴别侵权法的严格责任和过失的效率选择因素。在侵权法中，行为人不太可能具有经济学所假设的那样的算计能力，处理不确定的结果的认知的局限性可能是决定预防是单方的还是双方的相应的应选择过失责任还是严格责任的独立因素。

第四，有限自利理论的应用集中体现在行为人将偏离正常决策轨道的环境时的决策分析。比如为了追求公平与正义等法律规范所倡导的价值而愿意承担额外的货币成本、时间成本、机会成本等。又如诉讼过程中诉讼双方各自为追求胜诉或对己有利的判决等而力求通过自身的努力（包括贿赂法官）来寻求改变法庭审判结果的机会，以及法律严禁通过市场交易规则（即使这些交易对当事人而言符合成本效益原则）手段来购买人身和精神产品等。

二、行为法经济学与主流法律经济学的观点碰撞

行为法经济学理论假设与以波斯纳为代表的芝加哥学派主流法律经济学理性选择理论不同，理性选择理论也就成为两者的争论焦点。具体来说，行为法经济学与主流法律经济学的观点碰撞，集中在理性选择理论假设条件上——理性预期、效用最大化、稳定偏好、充分的信息处理能力。

（一）理性的程度

理性的概念在哲学家、社会学家、心理学家、经济学家那里争议很大。新古典主义经济

---

[1] 参见 Kaplow, Shavell, "Why the Legal System is Less Efficcient Than the Income Tax in Redistributing Income", *Journal of Legal Studies*, 1994, 23, pp. 337 - 681, 另参见魏建《理性选择理论与法经济学的发展》，载《中国社会科学》2002 年第 1 期。

[2] 参见 Jolls, Sunstein, Thaler, "A Behavioral Approach to Law and Economics", *Stanford Law Review*, 1998, 50, pp. 1471 - 1550。

学家将理性作为一种技术性术语来描述经济主体的行为特征——行为人拥有必要的能力和知识做出一致的、效用最大化的选择,即满足偏好完备性公理、反省性公理和传递性公理①,属于完全理性。以波斯纳为代表的主流法律经济学家将法律经济学的实质定义在以研究理性选择行为模式的方法论个人主义法学,以人的理性化全面发展为前提的法学思潮,其坚持利益最大化原则,依赖效率标准来衡量法律制度,认为行为人具有完全理性。②而行为法经济学中的"有限理性"理论,认为行为人受认知能力和知识等因素限制,只能实现有限的理性。由此可见,主流法律经济学与行为法经济学均承认"理性"概念,分歧在于理性的程度。

正如西蒙所说,理性选择主义者看重选择的结果而非过程,行为而非心理;行为经济学所主张的有限理性属于经验主义的理性,偏重过程而非结果,心理而非行为。新古典主义经济学的理性分别与行为法经济学中的这种经验主义的理性相区别,可以分别称其为实体主义与程序主义(或客观主义与主观主义)的二元对立。程序主义理性认为人们只能在其知识与信息的限度之内做出选择,它需要社会学和心理学的背景。行为法经济学的理性程度假设更符合现实世界人类的行为模式,揭示理论主流法律经济学的完全理性假设的缺陷。

《消费者权益保护法》③关于消费者的知情权以及经营者义务的规定、《产品质量法》关于产品责任的规定、各国对证券市场上的信息披露的规定均有力表明,消费者的有限理性而非完全理性。

(二)偏好

主流法律经济学继承了新古典主义经济学对偏好稳定的假设。行为法经济学对各种启示和偏见的分析表明,偏好并非如新古典主义经济学多假设的一样。第一,意志理论中的多重自我分析说明,行为人在任何给定环境下都有可能不具有法律经济学所主张的单一、有序、稳定、内在一致的偏好集,反而同时具有排他性的偏好集;非单一自我问题在跨期决策问题上,凸显了主流法律经济学偏好假设缺陷。第二,有限自利理论中社会规范、对自身利益以外的公平等价值的追求等都给行为人的偏好形状和偏好集带来了不稳定因素。第三,阿马蒂亚森对于"同情"和"责任"的探讨说明,人的选择与真实反映他的偏好有违,或者说人同时具有多重偏好集。

以我国对企业劳动争议的程序规定为例,《企业劳动争议处理条例》第6条规定,劳动争议必须先经过劳动争议仲裁委员会仲裁才能进入诉讼程序,这种强制性规定可能导致当事人的真实偏好被隐藏,不能排除不少当事人宁愿直接进入诉讼程序的概率。可见,该条例的强制规定使得实际上偏好不稳定的当事人的选择减少,最终的选择无法反映当事人的真实偏好。据此,弱化该强制规定或给当事人更多的选择将更能确保当事人的权利。

---

① 参见平新乔《微观经济学十八讲》,北京大学出版社2001年版,第1—14页。
② 波斯纳似乎也意识到完全理性的局限,他指出,法律经济学中所说的完全理性与新古典主义经济学中所说的存在差别,前者以制度相关为前提,后者以制度不相关为前提(可参见[美]理查德·A. 波斯纳《法律的经济分析》,蒋兆康译,林毅夫校,中国大百科全书出版社1997年版,第12—20页)。
③ 本书所提及的法律法规,若无特殊说明,均为我国的法律法规,例如,《消费者权益保护法》即《中华人民共和国消费者权益保护法》,《民法典》即《中华人民共和国民法典》,等等。若为国外法律法规,将注明国别,如《德国民法典》《法国民法典》等。

（三）期望效用理论

纽曼和摩根斯坦创建的理性期望效用函数是经济学上常用的效用函数。按照期望效用理论（expected utility theory），新古典主义经济学认为：不同期望的偏好独立于判断和评价偏好的方法和程序；不同期望的偏好纯粹是相应期望后果的概率分布的函数，不依赖对这些给定分布的描述。主流法律经济学吸收了期望效用理论，加入功利元素，认为个体总在成本收益比较上做出自身利益最大化的选择。

行为法经济学发现，人类实际行为往往偏离该期望效用理论，集中体现在三个"有限"导致个体对期望效用理论的偏离。卡尼曼和特维斯基等人通过实验研究发现，决策程序以及决策对象或环境的描述本身影响到当事人的偏好，偏好并不满足稳定性假设；有限意志分析表明，由于习惯、传统、嗜好、生理欲望、多重自我等因素，人们往往不能坚持选择与自身整体效用最大化的行为；个体对公平的额外追求等对个体偏好的影响都导致个体偏好集合出现波动性。此外，基于框架效应、禀赋效应和损失厌恶，在不确定条件下存在收益风险规避型、高概率损失风险追寻型、收益风险追寻型和低概率损失风险追寻型[①]四种不同风险态度，挑战了期望效用理论中风险偏好一致的假设。损失厌恶、框架效应、偏好逆转、后悔厌恶、过度自信等理论解释了从众、攀比、炫耀、成瘾等在期望效用理论中无法解释的现象。据此，卡尼曼和特维斯基提出"期望理论"（prospect theory）来替代期望效用理论。

以"秋菊打官司"来说，秋菊认为解决该纠纷的理想结果是"讨个说法"，即更多的是追求社会认可、他人的尊重。当村长受到治安处罚，被判处15天行政拘留时，秋菊感到迷惑。对于秋菊而言，如果是通过人民调解委员会进行调解，村长进行了赔礼道歉，并认识到自身的错误，这样秋菊在讨到说法的同时也使她的选择真实地表现其意愿与偏好。可见，在行为法经济学看来，调解等私力救济在特定条件下比行政处罚等公力救济更为有效。

（四）小结

综上所述，行为法经济学与主流法律经济学在经济理性上的分歧主要体现在：第一，完全理性是否成立；第二，偏好是否井然有序且始终一致；第三，有限理性、有限意志、有限自利是否冲击期望效用理论的适用性。行为法经济学三个"有限"理论动摇了主流法律经济学的理论根基，只有以更现实的人类行为假设为基础，才能更好地研究法律制度内容、结构、演变、效果和评估。

三、行为法经济学对主流法律经济学的启示

主流法律经济学把市场选择类推到法律等非市场选择上，其隐含的前提是，行为人针对那些价格采取相应的行为，其选择与其在市场上针对不同的价格采取不同的决定如出一辙。因此，主流法律经济学在刑法、侵权法、反垄断法、环境保护法以及政府管制等领域所具有的优势显而易见。但是，行为法经济学的出现及其前述行为法经济学对主流法律经济学理论的冲击，加之传统法学、社会学、心理学长期以来对主流法律经济学的经济理性批判等，一切都表明传统法律经济学理性选择理论的适用范围的局限性。

---

① 参见 Kahneman, Tverskey, "Prospect Theory: An Analysis of Dicision Under Risk", *Econometrica*, 1979, 47, pp. 263–291.

(一) 主流法律经济学的局限

行为法经济学大量经验分析和实验数据表明，主流法律经济学理性选择假设不能反映真实的人类行为。换言之，法律经济学的研究前提（四大基本假设）是将现实世界理想化的结果。这些假设虽然可以减少人类行为不确定性和复杂性给研究所带来的困难，有利于定量分析工具应用，但是，正如阿罗所说，理性选择理论的假设本身是极为虚弱的，它的合理性仅来自一些附加性的假设，如完全竞争、市场均衡以及同质性假设。[①]

行为法经济学的创新之处，就在于将行为理论与法律运行规律有机结合，从而将心理学研究视角与法律经济分析科学结合起来，以观察现在主流法律经济学分析的错误或遗漏，并修正主流法律经济学关于人的理性、效用最大化、持续稳定偏好及完全信息处理能力等基本假设的不足。

可见，当我们进行法律经济学分析时，要充分意识到分析的理论前提，这些理论前提存在与行为人现实选择不一致的局限——行为人并非完全理性，偏好因受有限意志、有限自利等影响而不能保持稳定有序，偏好的非稳定性、理性的有限性使得期望效用理论出现偏差。这也正是防止法学与经济学界滥用法律经济学分析的关键。

(二) 行为法经济学与主流法律经济学的融合

1. 理论根源视角

行为法经济学的研究特点是重视对人的非理性行为的研究，打破了主流法律经济学的界限及视域，在现实人的基础上发展了主流学派的理性概念。大部分行为法经济学家将行为法经济学的目的定位为通过分析更现实的人类行为来提高法律经济学的解释力和预测力。我们应意识到，正如行为经济学是经济学的一个分支，是对主流经济学的补充和发展一样，行为法经济学也是法律经济学的一个分支，是对主流法律经济学的补充和发展。

行为法经济学的三个"有限"理论，并非全盘否决行为人的理性、否决理性选择理论，只是放松了完全理性、偏好稳定、效用、效用函数、信息处理能力的假设，将有限理性、有限意志、有限自利纳入理性选择理论，用过程理性来代替主流法律经济学中的实质理性，并通过认知心理学、实验心理学、大脑和神经科学等的研究来揭示理性形成的基础和过程，以此来更好地解释决策者的实际行为。其实质只是在较传统法律经济学更现实的人类行为模式上研究行为人选择问题，仍属于效用最大化范畴，差别在于效用函数的选择。从这一意义上说，行为法经济学是对法律经济学的改善，是对主流法律经济学的继承与发展。

2. 认识论视角

一方面，正如阿马森亚·森所言，经济理性背后有着大量复杂的哲学问题；经济学理论的发展史，在一定程度上也是一部关于经济人主体认知理性能力探讨的发展史。主体认知理性能力的不同认识，构成了不同经济学流的理论基础。从古典经济学、新古典经济学的完全理性到行为经济学的有限理性，主流法律经济学与行为法经济学也类似地存在从完全认知能力到有限认知能力的发展进程。

另一方面，从认识论中的认识方法角度看，行为法经济学是对主流法律经济学的融合与

[①] 其中行为人同质性假设更是否定了经济行为的根本假设——经济活动是建立在个人差异引起的交易的收益之上的。参见 [美] 阿罗《经济理论与理性假说》，经济科学出版社1992年版。

发展。经济学理论的发展、经济学派的形成过程和方法的变化，反映了哲学认识论从唯理论、经验论到证伪主义论的发展，方法也从演绎法、经验和历史归纳法发展到证伪主义。主流法经济学在经济学中的唯理论、演绎法发展至极大推崇数学分析方法后，逐步由受经验论、经验和历史归纳法主要影响的制度分析，发展到综合利用唯理论和经验论。行为法经济学仅是修正了理性选择模式，行为法经济学仍属于证伪主义方法论。行为法经济学的有限理性等假设优化理性选择模型的同时，进一步平衡了法律经济学中理论假设的现实性和可操作性，指明了法律经济学的又一新发展趋势。

总的来说，由于行为法经济学动摇了传统法经济学对理性的理解、理性选择理论的根基，给主流法经济学的发展注入了一股新动力。传统法经济学与行为经济学的调和，是大势所趋。

（三）行为法经济学在中国法律经济学研究中的应用

行为法经济学对主流法律经济学的创新与冲击，意味着在我国法律实践中利用行为法经济学研究来补充主流法律经济学的分析，如何将行为法经济学应用到中国法律经济学研究，乃亟待探讨的课题。

首先，充分认识传统法经济学的局限，规范目前中国法律经济学领域学术研究。从20世纪90年代开始，法律经济学在我国法学界掀起了"法经济学"热潮，法律经济学在我国也从简单的理论引进阶段发展到吸收、创新阶段。与此同时，"法律经济学"也日益标签化，人们对法律经济学的理论根源及其局限性缺乏理解。行为法经济学通过对三个"有限"理论以及实证和实验方法的研究，恰好能起到启发中国法律经济学学者关注传统法经济学的背后理性选择理论的假设前提及避免研究"形而上学化"。①

其次，借助行为法经济学研究推动中国法律经济学理论的创新。行为法经济学的出现，将法律经济学的理论基础集合扩张到行为经济学理论。行为法经济学构建更现实的人类选择行为模式这一新视角，掀开法律经济学界的"行为革命"的同时，也触发了中国法律经济学学界从现实法律行为模式等社会学、心理学与法经济学、经济学的冲突点着手，进行原有理论修正或创新的"理论变革"。这样，不但促进了我国法律经济学的发展，而且有利于通过加快法律经济学基础理论研究来提升我国法律经济学在世界学术论坛上的地位。

最后，利用行为法经济学，丰富现有法律经济学对中国法律立法、执法、司法的理论与实践研究。根据前面关于行为法经济学在法律中的应用的介绍，可清楚行为法经济学在我国法律研究中的运用方向：涉及行为人需要进行概率判断的程序法或实体法，如法庭审判、契约谈判等；涉及对结果或事实进行评估的法律范畴，如合同中的强制性条款、法律法规实施等；法律行为与法律后果存在时间差的法律领域，最典型的是对犯罪行为、刑法的研究等；涉及伦理、社会道德等有限自利领域的法律范畴，如权利救济方面的法律如何考虑当事人的

---

① 美国学者施罗德尔（Schroeder）指出，法律经济学这个学术流派已经越来越形而上学化，成为一种既不能证明正确也不能证明错误的，没有多少实用处的，只需要人们接受并顶礼膜拜的玄学。他说他并非反对法律的经济分析或理性概念本身，而是反对一个法律经济学流派（波斯纳流派）对"经济"与"理性"这些术语的滥用导致的错误法律经济分析。所谓的"法与经济学"的潮流越来越变得像一种形式，一些不能被证伪的理论被用于没有经过实践验证的假说之上来获得一些没有办法证明的结论。然而，尽管对于这一潮流屡有非议，但其仍然继续兴盛，原因是那些提出非议的学者所采取的浪漫主义的哲学观点无意中重复了功利主义的错误，即试图以一些"理性的"论据反对理性概念本身。正确的批判应当是，在法律经济学领域，理性这一概念已经毫无意义。参见 Schroeder, "Rationality in Law and Economics Scholarship", *Oregon Law Review*, 2000, 79 (1), pp. 147–252。

有限自利——追求公平、正义、责任等价值。

（四）案例分析

1. 普法活动的意义

中国在法律实践中一直将法律宣传与教育作为立法、执法和司法的一个重要前提条件，试图通过普法活动来有效预防违法犯罪行为。从行为法经济学角度，其作用机理在于利用普法活动，切实地发挥法规制度降低行为人有限理性、有限意志或有限自利程度的功能。首先，普法提高人们的认知能力，主要指对法律的认知能力。行为人意识到违法犯罪行为的法律后果，将会纠正对是否实施违法犯罪行为的成本和收益的估算。其次，普法通过提高行为人的意志控制能力，减少行为人决策对期望效用理论的偏离。《刑法》的执行以及对犯罪分子的惩罚正是借助减少行为人的有限意志程度使行为决策向理性选择模式趋同来发挥其预警和防范作用。

2. 新《道路交通安全法》

2004年5月1日开始实施的《道路交通安全法》（以下简称新《安全法》）第47条规定，经过人行横道时应该避让行人，并没有采用"撞死了白撞"的做法①。这是以人为本思想的重要立法体现，也体现了行为法经济学的观点。行为法经济学指出，人们存在过度自信偏见或乐观偏见，即人们通常低估自己发生交通事故的概率，总认为自己较别人幸运。新《安全法》充分考虑了在现实生活中行人的乐观偏好，倾向于保护行人这一人数众多的群体的利益。如果采取"撞死了白撞"的做法，将机动车与行人之间发生的交通事故成本转移到行人身上，机动车驾驶者因而减少事故预防措施，行人这一群体的过度乐观偏见，将使事故发生的概率增加，行人的合法权益就无法得到保障。目前我国城市人口高度密集，在大多数城市还是以混合交通为主的交通现状下，行人作为弱势群体，从立法本意的角度来讲，相对于机动车的通行权，基于行人的有限理性，通过《安全法》保护人的生命健康权是更为重要的。

四、结语

行为法经济学从有限理性、有限意志、有限自利这一崭新的角度，弥补了主流法律经济学的理性选择理论的不足，揭开了法律经济学的新一轮发展——如何弥补其理性选择理论的局限与不足。行为法经济学提醒了法律经济学者在运用理性选择理论分析时，要充分意识到其假设前提及局限。要充分利用行为法经济学的优势，实现主流法律经济学与行为法经济学的调和，实现法律经济学在理论与实践中的进一步发展。其中，最重要的是利用基于更现实的行为法经济学研究模式，充分发挥其通过法律消除偏差（debiasing through law）的作用，即通过法律法规实现在不同程度上降低有限理性、有限意志、有限自利等对经济理性分析的约束，使主流的法律经济分析与实际情况更为接近，使法律经济学的解释力和预测力进一步提升，使法律更好地达到我们所期待的目标。

---

① 1999年8月，东北某市出台的行人与机动车道路交通事故处理办法规定，行人横穿马路不走人行横道，与机动车发生交通事故，如果机动车无违章，行人负全部责任。这一"撞死了白撞"的说法引起社会的普遍关注和争论。

第三节　法律经济学的基本假设[①]

假设（assumption）[②]是理论体系建立的基础、理论分析的逻辑前提。所谓假设，通常是指在现有事实和理论的基础上，对某些事物的存在或与其相关的规律所做的推测性的解说或虚拟性的预设，属于先验性的前提。[③]假设常以当然、先验的命题出现，是进行理论分析的逻辑起点，以便通过一定程序或分析逻辑逐渐建立或确定关于研究对象的一系列理论，进而在基本假设的基础上构建某一学科的理论体系。假设在一个学科理论中的重要性不言而喻。这在物理学、数学等自然科学中尤为明显，其在经济学、社会学等社会科学中的重要性也毋庸置疑。[④]是否如弗里德曼所言，"理论越重要，其假设也显得与现实的距离越远"，[⑤]并不是我们探讨的重点。在此剖析法律经济学的基本假设，其主要原因有三：其一，基于假设的基础性，把握好法律经济学的基本假设成为有效、准确地运用法律经济学以及分析理解法律经济学基本理论的前提之一；其二，法律经济学作为法学和经济学这两个重要学科的结合体，在研究方法上更是博采众家之长，通过介绍法律经济学的基本假设，意在澄清传统法学对法律经济学的一些无谓的误解，划清法律经济学的"行为能力"，界定法律经济学研究进路的优势和局限；其三，不少初学者误以为"法律经济学＝芝加哥法律经济学"，实际不然，芝加哥法律经济学充其量只能称为法律经济学的主流学派，法律经济学是存在着诸多流派与理论的领域。经济学作为法律经济学的主要研究工具，从根本上决定了法律经济学的基本假设与经济学理论的基本假设有着千丝万缕的联系。虽然法律经济学至今仍未形成统一理论框架，不同的法律经济学流派的分析思路各有千秋，但拨开层层表象，不难发现，法律经济学批判地继承了经济学中的稀缺性和经济人这两个基本假设。其批判性主要体现在经济人这一基本假设上。

一、稀缺性

基于法律经济学与经济学之间的"血脉"关系以及法律资源的稀缺性，我们不难发现，稀缺性不仅构成法律经济学理论体系的基本假设，也是法学与经济学两者联盟的关键。

首先，法律经济学以经济学理论和方法为分析研究工具，其无可厚非地"延续"了经济学的"血脉"——继承经济学的稀缺性假设。稀缺性是经济学的核心概念，也是经济学

　　[①]　本节部分内容曾以论文形式发表，具体出自李胜兰、黄健梅《法律经济学的基本假设分析》，载《广东社会科学》2006年第12期。

　　[②]　"假设"一词可谓来源于西方，有学者区分了均有"假设"含义的三个英文单词：assumption、postulation 和 hypothesis，分别称之为"假定"、多用于数学的"假定"以及"假说"。assumption多指前提性的、逻辑性的假设；postulation 则更多运用于数学中，具有公理性质；根据《辞海》中的解释，hypothesis 主要指 "以已有事实材料和科学理论为依据而对未知事实或规律所提出的一种推测性说明"，参见胡宗山《假设、模型、范式：方法论视角的国际关系理论》，载《欧洲研究》2004 年第 4 期。

　　[③]　参见 [英] 马克·布劳格（M. Blaug）等《经济学方法论的新趋势》，经济科学出版社 2000 年版，第 321 页。

　　[④]　纽拉特一针见血地指出："在社会科学中，我们看到的只是假设之网。"参见 [奥] 奥托·纽拉特《社会科学基础》，华夏出版社 2000 年版，第 37 – 38 页。法学理论中的"性本善"与"性本恶"之争，实际上是基本假设之争，进而演绎出不同的法治原则。

　　[⑤]　参见 Milton Friedman, *Essays in Positive Economics Part* I – *The Methodology of Positive Economics*, Chicago：University of Chicago Press, 1953, p. 3.

的基本假设。"物品是稀缺的""社会必须有效地利用资源"① 作为经济学背后所隐含的两大核心思想,一针见血地道出经济学理论的核心基本假设——稀缺性。经济学从承认人类资源的相对稀缺性出发,探讨了人们在资源禀赋、技术、偏好或制度等约束下如何在互相冲突的不同目的间配置稀缺的资源、如何做出理性选择。类似的,无论从何种角度定义法律经济学,万变不离其宗的是以经济学为分析工具。不难发现,被誉为"经济学帝国主义"产物的法律经济学,经由经济学研究方法这一基本范畴,全盘继承了经济学的核心基本假设——稀缺性。在进行法律经济学研究时,无论我们选取何种基本理论、何种分析方法,从新古典经济学的价格理论、福利经济学理论到新制度经济学的产权理论、交易费用理论、企业理论、制度变迁理论再到公共选择等理论,从均衡分析、供求分析到成本收益分析、博弈分析等,这些理论与研究方法都是经济学理论体系中的有机构成,它们都承认稀缺性假设。一言以蔽之,法律经济学的学科属性决定了其第一大基本假设为稀缺性。

其次,法律作为一种资源,主要体现在法律通过界定权利义务、规范法律程序、明确法律责任,从而给人们带来一定的(潜在)利益,这在《土地管理法》《房地产管理法》《物权法》等单行法所规定的物权上表现得特别明显。譬如,所有权、用益物权、担保物权等均能给权利者带来直接或间接的经济利益。法律"通过对权利、权力、义务、责任、法律信息、法律程序的安排,可以给人们带来实际的利益"②。更关键的是,许多法律规定的权利具备创造财富的生产力属性(诸如公司控制权、财产权等),即权利可视为资源财富存在的形式之一。科斯就明确将权利视为生产要素的存在形式。③ 广义的资源概念常在经济学、法学、社会学等学科中出现,主要指能够满足人们需要的一切财富,包括自然禀赋以及人为界定的权利等。法律经济学恰恰关注如何有效利用自然禀赋、法律权利等以满足各种社会需求。

第一,资源的稀缺性通常与"匮乏性"有关,而包括法律在内的一切制度的"匮乏性",则源于制度供给的约束条件。以经济法为例,尽管从表面上看,政府可以按照自己的意愿和需要来创设经济法规,现实生活中,经济法规也是整个法律体系中为数最多的法规群体,但是经济法的条件和成本限制了政府的选择空间,甚至扭曲了政府"理性"行为。以至于现存的许多经济法规不仅难以达到最优水平,在一定条件下还会发生相反的作用,出现了所谓经济法失败或曰政府失败的现象,比如,目前经济行政法规的泛化问题。

第二,法律需求缺口所引发的稀缺性。处于转轨时期的中国社会在不断变化,新社会现象、新事物层出不穷,例如私家侦探、内资公司在海外进行期权期货交易等,对法律的需求也与日俱增。在目前一定的自然和物质条件的制约下,法律"供不应求",可能出现稀缺。比如,截至 2005 年 12 月 31 日,我国网民人数高达 1.11 亿,2005 年全国上网费用总规模已经超过 1000 亿元,④ 而网络安全立法、虚拟财产立法等严重滞后于现实需要。全国首宗盗卖 QQ 号案侦破后定罪难问题以及垃圾邮件问题就凸现相关网络立法的"稀缺性"。

需要注意的是,稀缺性恰好是构建法学与经济学共同语境的核心。资源的稀缺,意味着

---

① [美] 保罗·萨缪尔森、威廉·诺德豪斯:《经济学》(第 16 版),萧琛等译,华夏出版社 1999 版,第 2 页。
② 张文显:《市场经济与现代法精神论略》,载《中国法学》1995 年第 1 期。
③ [美] 罗纳德·R. 科斯:《企业、市场与法律》,盛洪等译,生活·读书·新知三联书店上海分店 1990 年版,第 123 页。
④ 中国互联网络信息中心:《第十七次中国互联网络发展状况统计报告》(http://news3.xinhuanet.com/ec/2006-01/17/content 4062601.html)。

必须对其进行有效配置。就法律而言,因为稀缺,所以需要最大化行为;因为稀缺,所以需要经济学分析工具;因为稀缺,所以需要效率原则作为补充。

当我们对法律进行经济分析,"预测特定的法律规则会产生什么样的效果""解释为什么特定的法律会存在""确定应该存在什么样的法律规则",① 其主要目的在于充分利用有限的资源以求最大限度地实现法律目的与法律价值。透视这些法律经济学研究的背后,恰恰是稀缺性在主导着研究的方向。如果说市场经济要解决的是资金、劳动力、信息等生产要素的稀缺及其配置问题,那么对法律的经济分析要解决的则是该法律制度的稀缺及其创新问题。② 总而言之,稀缺性假设作为法律经济学理论体系的核心假设,不但发挥着法学与经济学的主要桥梁作用,而且也是从根本上把握法律经济学研究思想的精髓所在。

二、经济人

经济学与法学均是关于人类行为的学科,两者的基本假设也是从人的行为出发。与传统的法学假设"合理人"不同,法律经济学批判地继承了"经济人"假设。其批判性主要体现在从不同角度结合了"制度是重要的"命题(以下简称"制度重要性命题")。不同的法律经济学流派将两者结合的方式与程度不一,但都被统帅于这一修订版经济人假设。按照制度重要性命题与经济人命题结合的方式不同,可以将经济人假设划分为嵌入型与融合型。

(一)嵌入型经济人假设

嵌入型经济人假设以芝加哥学派为典型代表,指的是纯粹借用主流经济学的经济人假定,制度重要性命题仅仅体现在简单地将主流经济学视为外生或不变的法律制度纳入分析范畴。芝加哥学派以将新古典经济学的微观理论(尤其是价格理论)直接运用于法学领域而著称。这种直接运用表现为完全继承了新古典经济学中关于人类决策行为的经济人假设。经济人(economic man or homo economicus),通常指具有工具主义理性的人,被形容为"自利""理性"的,即追求自身利益最大化的理性行为者。"自利""理性"是经济人假设的焦点。芝加哥学派的主要代表者之一波斯纳对法律进行经济分析时就明确借用了经济学对人的行为的假设:"人是理性最大化者"。③

芝加哥学派将法律经济学的实质定义在研究理性选择行为模式的方法论个人主义法学,其坚持利益最大化原则,依赖效率标准来衡量法律制度,认为行为人具有完全理性——具有完全充分有序的偏好、完备的信息和无懈可击的计算能力。他们引进了新古典经济学对理性的定义。在新古典主义经济学理论中,经济人的自利化解为追求效用(或预期效用)最大化;波斯纳则将自利转化为财富最大化。这样,人们面对法律规则和制度的反应体现为:人们会选择使自身效用最大化的行为。因此,我们不难解释商业活动中的法律关系的当事人有效违约等现象。

公共选择学派中的经济人理论分支关于人的假设也是嵌入型修订版经济人假设。公共选

---

① 大卫·D. 弗里德曼将法律经济学的研究领域归结为此三大领域。参见[美]大卫·D. 弗里德曼《经济学语境下的法律规则》,杨欣欣译,法律出版社2004年版,第9页。
② 参见 Cooter, "Coase Theorem", in Eatwell, Milgate & Newman, *The New Palgrave: A Dictionary of Economics* (Vol. 1), New York: The Macmillan Press Ltd., 1987, pp. 457–460。
③ [美]理查德·A. 波斯纳:《法律的经济分析》,蒋兆康译,林毅夫校,中国大百科全书出版社1997年版,第31、12–20、14页。

择学派主要运用的经济理论为公共选择理论,是经济分析在政治领域的运用,[1]其关注的是政治领域的宪政、立法等法律制度,而非芝加哥学派所关注的司法、执法、守法领域。公共选择学派一般可分为经济人理论分支与交易经济学分支。经济人理论分支(以布坎南、约翰逊、穆勒等为代表)的分析进路与芝加哥学派类似,假设政治领域的人也是理性地追求自我利益最大化。该公共选择理论分支的基本假设可归结为:政治版经济人加上制度重要性命题。正因此,也有人称之为芝加哥公共选择分支。

需要注意的是,采用嵌入型修订版经济人假设,并不意味着他们认为行为人在现实中完全与经济人假定吻合。波斯纳曾指出:他并不认为所有的个人都是理性人,也不认为新古典主义经济学的这些假设必然是真的,但坚持理性选择模型是已被经验、实证研究所证明的、非常有效的分析方法和模型。[2] 恰如大卫·弗里德曼所言,"经济学的假设未必正确,但却很有用。"[3]

(二)融合型经济人假设

融合型经济人假设对主流经济学的经济人假设的修订不仅仅体现在加入了制度重要性命题,更主要的是对经济人假设涉及的偏好、信息、知识、认知能力、人性等方面进行了扩展、修正。与此同时,这些方面的修订也在一定程度上融合了制度重要性命题。譬如凡勃伦、康芒斯等制度主义法律经济学者拒绝稳定偏好假设,认为偏好知识系统地受法律影响,这里的偏好非稳定性假设一定程度上反映了制度重要性命题。法律经济学中的制度主义学派、新制度主义学派、公共选择学派中的交易经济学分支、行为法经济学学派等关于人类行为的基本理论假设均属于该类型,即融合型"修订版"经济人假设。根据制度重要性命题在经济人命题上的表现方式不同,可以从理性程度、偏好、人性约束这三方面来透析融合型经济人假设。

1. 理性程度之争

有限理性(bounded rationality)已经被归为新制度经济学的基本假设之一,而且有限理性与正交易成本假设紧密联系。[4] 理性经常被认为是区别人与动物的自觉的合乎逻辑的行为过程。传统的理性定义主要关注的是一种做出决定的行为过程。法律经济学中的芝加哥学派、公共选择学派的经济人分支继承了新古典经济学中的完全理性,假设行为人具有理性偏好(满足完备性、传递性公理)、拥有必要的能力和知识做出一致的、(预期)效用最大化的选择。而新制度主义学派、行为法经济学则使用有限理性定义。针对主流经济学理性选择范式中完全理性的缺陷,西蒙最早提出"有限理性"概念,[5] 他认为,人的理性也是有限的,在经济决策过程中面临认知和计算能力以及决策环境结构制约等多方面的局限性。西蒙提出,人"在主观上追求理性,但只能在有限程度上做到这点",[6] 包括制度环境在内的决

---

[1] [美]尼古拉斯·麦考罗、斯蒂文·G. 曼德姆:《经济学与法律——从波斯纳到后现代主义》,吴晓露等译,法律出版社2005年版,第100、第145页。

[2] [美]理查德·A. 波斯纳:《法律的经济分析》,蒋兆康译,林毅夫校,中国大百科全书出版社1997年版,第31、12-20、14页。

[3] [美]戴维·弗里德曼:《弗里德曼的生活经济学》,赵学凯等译,中信出版社、辽宁教育出版社2003年版,第4页。

[4] [美]戴维·弗里德曼:《弗里德曼的生活经济学》,赵学凯等译,中信出版社、辽宁教育出版社2003年版,第4页。

[5] [美]西蒙:《管理行为》,杨砾等译,北京经济学院出版社1988年版,第79-106页。

[6] 参见 Simon, *Administrative Behavior* (2nd ed.), New York: The Macmillan Company, 1961, p. xxiv.

策环境结构是有限理性的根源之一。

芝加哥学派、公共选择学派的经济人分支与新制度主义学派、行为法经济学均承认经济人中的"理性"概念，分歧在于理性的程度。理性程度之争，启发我们更现实地思考法律行为主体的理性程度。其主要意义在于：

其一，抛开理性程度的纷争，法律经济学假设人是理性的，与传统法学中假设人是"合理"（reasonable）的并不必然冲突。"合理人"作为法律拟制出来的一个假想人，具备一般社会公众所公认和期待的理智和谨慎，满足一定社会环境中的基本价值判断和基本社会规范；如考特和尤伦所言："一个人要是合理的，必须是理性的，这是个十分有力的论断。"① 合理往往包含了理性。效率原则一直是法律原则大家庭中的一员恰好说明了该点。

其二，现实生活中，个人、法人、组织、政府等法律行为主体皆存在有限理性问题。这就告诫我们：政府、立法者、执法者以及司法者并非万能。他们的有限理性一方面说明了法律本身也具有一定的非科学性。② 同时，个人、法人、组织等行为主体的有限理性，赋予政府利用法律来调节、规范与管制经济社会生活行为一个科学合理的依据。《反不正当竞争法》《消费者权益保护法》《产品质量法》《合同法》等皆是例证。

其三，关注各法律行为主体的有限理性，一方面，要求我们充分重视政府通过法律制度对经济社会生活的规范，意识到法律制度在弥补各主体有限理性缺陷中所发挥的积极作用；另一方面，要求我们客观地承认法律制度在弥补有限理性方面的局限性，尤其是政府在其中的有限作用，应该发挥市场机制、非正式制度等机制的互补作用，有效地结合政府干预和市场等自发机制。

2. 偏好稳定与否

芝加哥学派保持了经济人假设中的稳定偏好假定，将经济学的理性选择方法运用到法学领域，认为法律当事人如同经济领域中的人一样，在收集并处理信息的基础上根据自身不变的偏好选择可以使自身财富或目标函数最大化的法律行为，例如选择何种救济方式、选择何种诉讼规则等。

凡勃伦、康芒斯等制度主义法律经济学者拒绝稳定偏好假设，认为偏好知识系统地受法律影响；沿着凡勃伦、康芒斯等制度主义学者试图将行为科学研究融入对制度等的经济分析这一进路，Schmid 指出同时代的制度主义学者拒绝了稳定偏好假设，认为通过学习、认知能力的改变等会逐渐改变偏好，提出法律能系统地影响偏好知识的假设。③

行为法经济学也提出了偏好变动之说。行为法经济学则进一步从实验和认知心理学出发，指出人类各种启示和偏见的分析表明偏好并非如新古典主义经济学所假设的一样。有限意志理论中的多重自我分析以及有限自利理论中的社会规范，对自身利益以外的公平等价值的追求等，都给行为人的偏好形状和偏好集合带来了不稳定因素。人的选择与真实反映他的偏好有违，或者说人同时具有多重偏好集。

无论是制度主义学派还是行为法经济学，他们均从行为科学角度对经济人假设中的稳定

---

① ［美］罗伯特·考特、托马斯·尤伦：《法和经济学》，张军等译，生活·读书·新知三联书店上海分店、上海人民出版社1995年版，第14页。

② 法律的非科学性主要指立法者由于受到主客观条件的制约，不一定充分实现自己旨在追求法律调整社会经济活动效用最大化的立法目的，它具体表现为立法的滞后性、不平衡性、效力递减性。参见周林彬《经济立法非科学性初探》，载《兰州大学学报》1994年《法学专辑》。

③ 参见［美］尼古拉斯·麦考罗、斯蒂文·G.曼德姆《经济学与法律——从波斯纳到后现代主义》，吴晓露等译，法律出版社2005年版，第145页。

偏好进行了修正。而这些理论认为偏好的可变性一方面来源于人类行为本身的特征（譬如行为法经济学的发现大部分来自实验和心理学发现），另一方面他们或多或少地将变化的原因归于法律等制度的影响（例如制度主义学派认为法律能系统地改变偏好知识），认为偏好具有一定的内生性。在这里，偏好的非稳定性与制度性命题相结合。

偏好的非稳定性，一方面提醒我们关注偏好的内生性问题。"偏好"作为反映主观意志的范畴，一定程度上取决于人所处的客观环境，即所谓"存在决定意识"。凡勃伦、康芒斯等制度主义法律经济学者以及行为法经济学者主张偏好可变，很大程度上是基于偏好的内生性。换言之，对人的行为产生巨大影响的个人偏好，不但受到包括法律制度在内的人的生存环境的决定和影响，实际生活中，个人偏好往往不是古典经济学所言的"外生或稳定不变的"，而是社会经济制度系统的内生变量，它随着社会经济制度的变化而变化。这种个人偏好与制度系统之间的动态和互动关系，有利于对现实经济世界的理解和把握。即我们可以借助法律制度来有组织、有计划地逐步影响人们的偏好，从而更好地建立良好社会秩序。普法活动就是一个例证。

另一方面，偏好的可变性告诫我们在制定法律规章时，除了考虑利用法律引导、改善人们的偏好外，还需要考虑偏好多样性问题。偏好的可变性，不但意味着内生性、非稳定性，也意味着多重偏好的存在，即偏好多样性。偏好的多样性，意味着法律规章不能单纯建立在单一偏好的假设上，应在一定范围内给予当事人更多的规则自由选择空间，以更有效地保障当事人权利，提高社会福利。以我国对企业劳动争议的程序规定来说，《企业劳动争议处理条例》第6条规定劳动争议必须先经过劳动争议仲裁委员会仲裁才能进入诉讼程序，这种强制性规定可能导致当事人的真实偏好被隐藏，我们不能排除不少当事人宁愿直接进入诉讼程序或在经过劳动争议调解委员会调解不成后偏好直接选择诉讼程序的概率。可见，该条例的强制规定使得实际上偏好不稳定或不同偏好当事人的选择减少、最终的选择无法反映当事人的真实偏好。基于该点弱化此强制规定或给当事人更多的选择将更能确保当事人的权利，从而能使社会福利得到改善。

3. 人性的约束

简单来说，法律经济学关于人的行为假设，其基本思想是人追求制度、人性约束下的自我利益最大化。制度约束主要体现在制度环境与制度安排（治理）上（例如芝加哥学派就将制度约束加入主流经济学的经济人假设中），而人性约束除了体现在前面所说的有限理性、偏好变动，还体现在人的机会主义倾向。新制度主义学派中的交易成本经济学理论就明确将机会主义与有限理性列为人的行为基本假设之中。威廉姆森提出机会主义（opportunism）假设，将其定义为"不完全的或扭曲的信息揭示，尤其是有目的误导、掩盖、迷惑或混淆，再加上不确定性"[1]。机会主义假设实质上是"自利"假设的扩展，如威廉姆森所言，机会主义是人类自利行为的最强形式，而这种形式的自利却是我们不能忽视的。[2] 换言

---

[1] 参见［美］威廉姆森《治理的经济学分析：框架和意义》，载［美］埃瑞克·G. 菲吕博顿、鲁道夫·瑞切特《新制度经济学》，孙经纬译，上海财经大学出版社2002年版，第71页。Alchian 和 Woodward 指出威廉姆森所定义的机会主义还包括诚实的不一致。参见 Alchian, Woodward, "The Firm is Dead; Long Live the Firm a Review of Oliver E. Williamson's *The Economic Institutions of Capitalism*", *Journal of Economic Literature*, 1988, 26, pp. 65–79。

[2] 在威廉姆森看来，新古典经济学中所定义的自利，是简单地或坦诚地追求个人利益，属于中强形式的追求自利。中强形式的自利与弱形式的追求自利（即完全服从、自我否定和驯服地追求自利）均不会造成经济交易中的不确定性。而机会主义这种最强形式的自利行为是不确定性的来源，也是交易成本的来源之一。参见［美］埃瑞克·G. 菲吕博顿、鲁道夫·瑞切特《新制度经济学》，孙经纬译，上海财经大学出版社2002年版，第72页。

之,机会主义行为属于损人利己、投机取巧型的自利行为。"搭便车"、乘人之危、欺诈、隐瞒、偷懒、偷窃、委托代理中逆向选择与道德风险等均属于机会主义行为。机会主义行为的存在,使得人类行为的可预测性降低,进而大大提高了交易成本。

机会主义行为作为人的动机中最强的自利行为,其根源有三。

其一,信息不对称。信息不对称意味着双方当事人之间存在信息量的差异。这在代理人与被代理人之间尤为明显。这种信息的不对称一定程度上是制度不完善的表现,也是现实世界的真实描述。因为技术、制度设计上均无法实现所有信息的公开化、透明化,同时,人的有限理性,尤其是信息处理能力与认知能力的差异,也导致了信息不对称问题。

其二,利益的冲突性。此乃"损人利己"的根源。现实世界中,由于资源的稀缺性、(大部分)权利的排他性,在自利的本性驱动下,加上信息不对称等制度因素,人与人之间的策略行为往往表现为零和博弈(一方的收益意味着另一方的损失),甚至负和博弈(所有的参与者利益都受损)等非合作博弈。利益的冲突,导致双方"不择手段"地追求私利,以实现自身福利的增加。即在冲突的利益面前,一旦投机取巧等机会主义的收益大于成本,必然出现损人利己的行为。[1]

其三,人与人之间的相互依赖性。现代社会是社会分工不断细化的社会,而不断细化的社会分工必然不断加强人与人之间的相互依赖性。交易的频繁性恰好说明了这种相互依赖性。这种相互依赖性为机会主义行为创造了条件。相互依赖性意味着一定程度上的单边垄断或双边垄断(无论是信息或资源),这种垄断为机会主义行为创造了必要条件。[2]

无论在法律行为中出现何种属性的机会主义,我们可以借助法律制度的约束来防范或降低欺诈、偷税漏税、虚假宣传、代理人的偷懒等机会主义行为。新制度主义学派接受机会主义的行为假定,目的在于提高人的行为假设的真实性——将现实中普遍存在的机会主义行为动机纳入分析范围,从而能提高对法律制度效果分析的准确性以及预测行为人对法律制度反应的精确性。

三、结论

综上所述,可以得出以下几点结论。

第一,稀缺性与经济人作为法律经济学的基本假设,体现了法律经济学研究的核心——稀缺性,由此决定我们需要通过法律规则配置稀缺的经济资源,同时,还需要对法律资源本身的配置进行有效性的研究;经济学方法归根结底就是理性选择方法,而经济人假设则是理性选择方法的核心;这里所论述的修订版经济人假设,是法律经济学批判地继承了经济人假设的结果,将制度重要性命题从不同角度融合到经济人假设中。其中,需要注意的是,批判主流经济学的经济人假设,不能局限于其与现实世界的吻合度问题(这只是枝末问题),关键在于提出一种更具解释力、预测能力更佳的假说。即应该看到,法律经济学不同流派从不同角度、不同程度修正经济人假说、提出新假说的道路仍很长,实证研究方面将是法律经济

---

[1] 例如在日常生活消费用品的质量保障方面,早就有《产品质量法》和《消费者权益保护法》等法律法规,但是社会上仍然存在着各种各样的假冒伪劣产品,有的甚至直接威胁到人们的生命健康(例如假药),其原因就在于,假冒伪劣产品的制造商和销售商一旦"投机成功",其获得的利润将是该种正常消费品的数倍;由于被查获的概率较低,因此对于制假者和卖假者而言,潜在的收益大大超过可能承担的成本(例如因被查获而支付的罚款)。

[2] Klein、Crawford 和 Alchian 指出资产专用性引致的套牢(hold-up)问题给机会主义行为带来了可观的收益,套牢问题从某种意义上说是单边垄断结果。参见 Klein, Crawford, Alchian, "Vertical Integration, Appropriable Rents and the Competitive Contracting Process", *Journal of Law and Economics*, 1978, 21, pp. 297-326。

学未来发展的重点之一。

第二，法律经济学以个人主义为本位。首先，不同法律经济学派虽然坚持不同版本的修订版经济人假设，但万变不离其宗的是，他们均从个体行为分析出发。简言之，他们都以个人主义为本位，以个体行为为基本的分析单位。然而，以个人主义为本位，并不意味着与整体主义截然割裂。如同经济学中的宏观经济学在努力追寻微观基础一般，法律经济学中的公共选择学派等关于集体选择理论也从个人本位出发，只是各自的落脚点不同。其次，法律经济学以个人主义方法论为主，并不要求法律行为主体在决策时只考虑自身利益。例如家庭法中通常就假设父母对孩子是考虑利他因素的。最后，以个人主义方法论为主也不意味着法律行为主体的决策不受他人影响。目前关于人与人之间互动行为分析的博弈论在法律经济学领域得到广泛运用就说明了该点。①

第三，在法律经济学领域中，多种版本的修订版经济人假设共存，即不同学派百家争鸣，意味着不同法律经济学理论有不同的适用范围。这就要求我们在运用经济学理论和分析工具对法律现象进行研究时，需要权衡不同理论的优缺点、适用范围，进而结合研究目标及研究对象的特征选取恰当的理论分析工具。这些都要求我们能较好地把握不同流派的基本假设。这也是我们在此探讨基本假设的原因之一。

第四节　中国法律经济学的定量分析②

"我经常说，当你能够测量你所谈论的事情，并且用数字来表述时，你的确了解了一些事情；但是，如果你没法进行测量，没法用数字来表达，你的知识是贫乏、难以令人满意的：虽然这可能是知识的开端，但你的思想通常还没有达到科学程度，不管你的知识有多深。"③ 这是芝加哥大学法学院的兰戴斯和波斯纳两位教授在其对法律经济学影响进行定量分析的论文中的题记，而我们所要讨论的问题与此正好契合——我国法律经济学的定量分析问题。在法学界中，以"法律的生命在于经验而非逻辑"闻名的霍姆斯大法官在100多年前就曾经这样预言："对于法律的理性研究，目前还是白纸黑字的研究，但未来必然是统计学家和经济学家的天下。"④ 他们所说的"数字表述""统计"主要是指定量研究。定量研究的特点是，通过对事物可以量化的部分进行测量和分析，以检验研究者自己关于该事物的某些理论假设的研究方法。⑤

虽然上面两段引文可能有些过于绝对，不过，法学研究向来缺乏定量分析，不重视定量分析的传统却是事实，而我国法律经济学研究到目前为止仍然以规范分析和定性研究为主。我们试图通过四个问题的探讨，来探索如何让我国的法律经济学研究更具科学性、如何提高我国法律经济学研究水平：我们现在表述的是否科学？法律经济学的研究到底需不需要更多

---

① 参见 Kerkmeester, "Methodology: General", in Bouckaert & De Geest, *Encyclopedia of Law and Economics*, 1999。

② 本节部分内容曾以论文形式发表，具体出自周林彬《中国法律经济学研究中的定量分析问题》，载《制度经济学研究》2006 年第 9 期。

③ 参见 William Thomason, "Electrical Units of Measurement", in *Popular Lectures and Addresses*, 2d. ed, New York: Macmillan, 1891, pp. 80 – 81, 转引自 Landes, Posner, "The Influence of Economics on Law: A Quantitative Study", *Journal of Law and Economics*, 1993, 36, pp. 385 – 424。

④ 参见 Holmes, Jr., "The Path of Law", *Harvard Law Review*, 1920, 10, p. 457, p. 469。

⑤ 参见 Tracey E. George, "An Empirical Study of Empirical Legal Scholarship: The Top Law Schools" (http://ssrn.com/abstract = 775864)。

的科学性？需要什么程度的客观性、科学性？如果的确需要相当程度的科学性、客观性，为什么现在我们的法律经济学研究还游离于定量研究之外？最后也是最重要的问题：我们怎样才能把问题分析和解决得更具科学性？

一、中国法律经济学著述中普遍缺少定量分析

到目前为止，我国法律经济学的学术研究主要集中在规范研究，习惯于借助理论模型对论题进行阐述，却不习惯于用现实世界的数据（比如法律数据、法律、法规和法院的判决等）来验证理论模型、理论推论的正确性。

以2005年中国法经济学论坛提交的47篇参会论文构成的"小样本"为例分析。[①] 如果我们将是否有对数据的统计分析作为论文是否属于经验研究的标志，其中仅有一篇论文进行了统计数据的分析，其余大部分论文更多的是停留在要么建立精巧模型，要么凭借个案和思想实验来构建自己论证体系的阶段。

类似的，再以2004年度中国法经济学论坛提交的会议论文为例，在与会的29篇论文中，仅有4篇论文运用一定的实证数据进行分析。[②]

从上面的两个"小样本"可以看出我国法律经济学研究的大致特征是，中国法律经济学的著述，偏重于定性分析，而鲜有定量分析的内容。而这直接影响了法律经济学分析的可信度，也往往招致批评者对法律经济学研究过于理论化的指责。法律经济学曾以批评传统注释法学的形式主义起家，并且这种批评在最初吸引了大批的支持者。但是，我国的法律经济学研究却由于定量分析的缺乏被论者批评为新的形式主义，被认为不过是利用经济学的三段论取代了传统的法学三段论，[③] 实际上没有提供新的知识。

二、定量分析对法律经济学研究的重要性

如果借用毛泽东的名言"没有调查就没有发言权"来阐释定量分析的重要性，其在经济学领域可以概括为"没有数据就没有发言权"。而经济学之所以被称为社会科学中的一个王冠，原因也在于其研究方法——理论推导继之以经验的、定量的分析——最接近自然科学的研究方法。对数学工具把握与应用的高要求更是经济学的显著特征。而在国内外的主流经济学期刊，比如国内的《经济研究》《经济学季刊》，国外的《美国经济学评论》（American Economic Review）、《政治经济学期刊》（Journal of Politic Economics）上发表的论文中，70%有统计学分析、计量分析。

法律经济学的基本思路在于从经济学的视角来考察法律问题。因此，定量分析在法律经济学的研究中具有重要地位；而且，就法律经济学自身的特点来看，定量分析对于解决法律问题更有着特别的意义。

其一，传统上，法律问题的争论往往围绕公平、正义等抽象概念展开。然而，由于抽象概念无法严格界定，辩论双方经常陷入言辞辩论和偷换概念的诡辩术。[④] 定量分析可以在一

---

① 哈尔滨商业大学经济研究中心、浙江大学经济学院、山东大学经济研究中心、中国社会科学院经济研究所《经济研究》编辑部：《2005年中国法经济学论坛会议论文集》（2005年6月）。
② 浙江大学经济学院、山东大学经济研究中心、中国社会科学院经济研究所《经济研究》编辑部，《2004年中国法经济学论坛会议论文集》（2004年6月）。
③ 所谓经济学的三段论，指经济学研究依次进行"理论—假设—结论"这一空对空的论证过程。
④ 对传统分析法学此种特点进行批判的一个最典型的代表是波斯纳。参见［美］波斯纳《法理学问题》，苏力译，中国政法大学出版社2002年版，第50－51页。

定程度上消除各执一词的境况。比如，在对"高楼抛物伤人"一类侵犯人身权案是否适用举证责任倒置时，争辩的双方（往往是原被告双方）都可以举出"公平"等词语作为理由。① 但是，按照定量分析的思路进一步追问："公平"对个人（住户、受害人）而言，指的是什么？用什么标准来衡量？我们就会发现，争论的各方其实都是基于自己的价值判断进行推导。而问题的关键就在于立法者、社会公众认可的是哪种前提、哪种相关利益的分析。比如，如果社会普遍认为应该由受害人进行意外伤害保险来防范此类风险更有效率，② 那么，此时就不应该实行举证责任倒置。由此可见，定量分析可以让法学研究摆脱修辞学上的争论，转向更实在的经济利益计算；定量分析能显著提高找出争议双方的分歧所在的效率，相应法学争论也会沿着这种更为实在的路径迈向新知，为社会问题提供解决方案。

其二，虽然定量分析不能改变法律的现状，但是借助定量分析，可能从中看到法律更多的理论和实践意义。比如，学者对美国自 20 世纪 80 年代中后期以来出现的非暴力犯罪率大幅度下降的现象的定量分析表明，警力的增加、监狱人口的上升、可卡因等毒品流行度的降低、堕胎的合法化是影响非暴力犯罪率降低的主要因素。③ 显而易见，通过定量分析我们能较准确地评价法律实施效果，能较好地把握未来法律政策的方向。国内有学者用立法、行政、司法、法律执行、法律教育和职业这六个一级指标表达法律制度，每个要素都由机构、工作人员、程序、消耗资源等二级指标构成。利用这个指标体系，研究者可以对不同国家的法律制度进行测量。④ 无疑，这种定量分析对我国法治水平发展评估具有重要意义。

其三，"效果研究"的定量分析是法律经济学研究的核心内容之一。法律的实际效果如何？它的目标是否达到？无疑，统计数据和计量分析要比个案的分析更有说服力。"效果研究"为法律的社会学研究提供了一个科学、精密的经济学工具和经济效率标准。我国有关部门已开始注重法律的效果研究。比如，全国人大常委会于 2001 年对我国《证券法》执行情况进行实证调查，并揭示《证券法》在实施过程中存在披露信息不实、大股东损害小股东利益、证券机构服务存在违法经营、证券监管力度不够等不足。该结论直接引起了 2005 年《证券法》包括设立证券投资者保护基金、增加对证券咨询业监管、建立券商与客户之间"防火墙"等内容在内 40% 的条文的修订。显然，"效果研究"为完善我国相关法律制度建设提供了理论和实践支撑。

其四，从教育的角度来看，法律经济学的出现在很大程度上改变了法学教学中出现的"迷茫"状态，让法学教学可以循着一定的理论发展的主线进行，改变了之前法学教育中的"山头林立"的状态。定量分析作为经济学研究共享范式，极大地促成了主流学派的形成，同时促进了不同专业领域经济学家之间的分工以及代际的经济学家的交流，进而促进经济学的发展。正如 Ulen 在探讨法学诺贝尔经济学奖的可能性时指出："当今法学研究正朝着社会科学、自然、物理、生物学意义上的科学方法前进……开始努力建立法学理论中的统一'核'理论（core theory）、更多地关注检验法学论题相关理论真实度的经验研究方法就是第

---

① 2001 年 12 月 20 日，重庆市渝中区法院宣判了郝跃下班回家途中，被高空落下的烟灰缸砸伤头部一案，被告是楼上的 22 家住户，虽然所有被告均辩称自己不是扔下烟灰缸的"凶手"，但又举不出足以让法庭采信的证据，所以法庭判决由 22 户住户分摊，共同赔偿 8101.5 元。

② 此时实际上是由投保了的公众而非该高层住宅的居民承担损失风险；而且，这样的规则减少了诉讼的成本。

③ 参见 Steven D. Levitt, "Understanding Why Crime Fell in the 1990s: Four Factors that Explain the Decline and Six that Do Not", *Journal of Economic Perspectives*, 2004, 18 (1), pp. 163 – 190; John Donohue and Steven Levitt, "Legalized Abortion and Crime", *Quarterly Journal of Economics*, 2001, 116 (2), pp. 379 – 420。

④ 朱景文：《现代西方法社会学》，法律出版社 1994 年版，第 44 – 45 页。

一步。"① 无疑，通过强化定量研究在法学研究中的应用，可提高法学研究方法的科学度，并能更好地实现知识积累与传承。

其五，从国外法律经济学的发展来看，定量分析一直是法律经济学学者努力的方向。虽然由于各种限制（容后详述），法律经济学论文中定量研究的论文比例不如主流的经济学论文，② 远远低于主流经济学期刊普遍的 70%～80% 的比例，但是，这一比例也远远高于传统法学论文的比例。而且，就国外法学界的整体状况而言，定量研究的重要性越来越突出。③ 美国法学院协会主席 Hines 指出，"从 90 年代中期开始，美国法学界最著名的学者之间达成共识，有必要更多地强调法律的经验研究"。④ 而根据耶鲁大学法学院教授埃利克森最近的一个引证分析，"数据处理"在法律论文中的比例在逐步提升。⑤⑥ 无疑，这些定量分析为制定有效的法规、法律政策提供了客观、科学的分析依据。

其六，从法律经济学的基本精神来看，无论是立足于法学范畴的法律经济学还是立足于经济学范畴的法律经济学，定量分析等实证研究所检验过的理论、政策建议更具说服力。定量分析为我们评价某一理论、政策建议提供了更为客观的评价依据。早期法律经济学在反托拉斯、税法等领域取得的成功，离不开经济学关于垄断、税收的相关理论在现实生活中得到了确凿的经验证据支持。⑦ 又比如，死刑的威慑理论也在实证分析中得到了检验。Ehrlich（1977）的定量研究发现，每执行一项死刑能阻止 7 项谋杀；⑧ Mocan 和 Gittings（2003）的研究进一步验证了该理论，他们的定量分析结果显示，每执行一项死刑能阻止 6 项谋杀。⑨ 对我国而言，曾有学者提出废除死刑的建议，这一建议是否具有可行性，其效果如何，我们应该如何取舍，在我们做出结论或建议时，定量研究和经验研究显然不可缺少。

三、中国法律经济学缺少定量分析的原因解读

如前所述，法律经济学的定量分析对法律经济学的发展相当重要，而我国法律经济学研究到目前还是以非定量研究为主。我们认为，原因有如下几个方面。

第一，受中国人文学科研究传统的影响，把法学研究归为人文科学而非社会科学。中国

---

① 参见 Ulen, Thomas, "A Nobel Prize in Legal Science: Theory, Empirical Work, and the Scientific Method in the Study of Law", *University of Illinois Law Review*, 2002, 4, p. 909.

② 比如，作为法律经济学领头期刊的《法律研究期刊》（*Journal of Legal Study*, 1972 年由波斯纳创刊于芝加哥大学法学院）上使用了数据统计分析的论文比例不过 40%。参见 Landes, "The Empirical Side of Law & Economics", *University of Chicago Law Review*, 2003, 70, p. 16.

③ 贝克尔关于犯罪计量经济学以及犯罪预期公式的研究，就是关于法律如何影响社会和人们行为的定量分析之典型。定量分析在犯罪学研究中成为主要的研究范式。参见吴宗宪《西方犯罪学史》，警官教育出版社 1997 年版，第 111 - 112 页。

④ 参见 N. William Hines, "The President's Message: Empirical Scholarship: What Should We Study and How Should We Study It?", *AALS Newsletter*, 2005, Feb, p. 1, p. 4.

⑤ 参见 Robert C. Ellickson, "Trends in Legal Scholarship: A Statistical Study", *Journal of Legal Study*, 2000, 29, pp. 528 - 529.

⑥ 转引自吴宗宪《西方犯罪学史》，警官教育出版社 1997 年版，第 111 - 112 页。

⑦ 美国航空业放松管制、打破垄断以来，给消费者带来的价格下降、服务质量上升的好处就是一个典型例证。数据显示，飞机票价经过通货膨胀调整后平均下降了超过了 50%，每日运送乘客数上升 2 倍，年乘客数量增长 3 倍。实证数据验证了反垄断带来的消费者剩余增加、产量提高、价格下降、死角损失减少等理论结论。

⑧ 参见 Isaac Ehrlich, "Capital Punishment and Deterrence: Some Further Thoughts and Additional Evidence", *The Journal of Political Economy*, 1977, 85 (4), pp. 741 - 788.

⑨ 参见 Mocan, Gittings, "Getting Off Death Row: Commuted Sentences and the Deterrent Effect of Capital Punishment", *Journal of Law and Economics*, 2003, 46, pp. 453 - 478.

社会科学研究中最有优势的科目是传统的文史哲，而这三者都是偏向排斥冷冰冰的数字而更重联想、事实或逻辑。受到此种思维方式的影响，我国的法律经济学界虽然接受了法律经济学理论，却很难适应定量分析的方法。此外，从法律实践与法学研究的传统来看，① 受传统法学方法影响，法学研究更加重视的是"言辞功夫"，而非扎实的数据分析，这样的学科传统无疑也影响了法学院的法律经济学定量研究的产出。

第二，传统法学的思维方式不利于产生定量分析的需求。就法学研究而言，一般思路更多的是关注少数个体之间的合作与冲突问题，比如财产法关注的是财产权利在各个持有人之间的分配，侵权法关注的是加害人与受害人之间的损失分摊问题，这种传统思路很难引出对大范围的数据收集的需求。但是，由于我国法律经济学研究受到传统法学思维方式的影响，加上法律经济学在我国发展的时间较短，目前法学者仍然不习惯"用数据说话"。

第三，中国传统法学对现代经济学偏见的造就知识（特别是高等数学知识）缺乏。定量分析需要一定的数学、统计学基础和经济学基础。但是，对目前中国法学院教育的观察，中国的法学界中高等数学知识并不普及，而且，由于目前法学文献的非定量化倾向，能够持续熟练地对其进行运用的也不多。这种数学知识，尤其是计量、统计学知识的缺乏，是目前中国法学界缺少法律经济学的定量研究的一个技术上的根本原因。

第四，从事定量分析的成本和收益不对称导致我国法律经济学定量分析的产出不足。② 一方面，如前所述，对于定量分析方法的使用需要较为严格的科学训练，要求研究者具有一定的数理基础，对于传统法学研究而言，无疑，这种转换成本较高；另一方面，我国法律数据严重缺乏，在我国这样一个数据收集和报告远未完善的国家，③ 收集数据的成本高，抑制了定量研究的发展。加上前述法学杂志对定量研究的偏见，定量研究论文发表难度要大得多。可见，定量研究所需要投入的成本和收益对于研究者来说相差太远，成本远大于收益。

第五，法律问题自身的复杂性和多样性也会影响法律经济学对其进行定量研究。法律既影响经济行为，也影响文化等非经济因素；而经济行为、非经济因素等反过来影响法律以及其效果。当用定量分析法律对经济增长影响的时候，就遇到如何"隔离"法律与非法律因素对经济增长的影响；加上衡量法律的指标一直悬而未决，我国缺乏法律与经济增长定量分析的现状也就不难理解了。

正如国内学者指出，法律经济学不解决量化问题依然有助于正确理解法律，但不能指导实践，其用处不大；但是，解决量化问题难度非常大。④ 然而，如前所述，在国家层面而言，定量研究所具有的价值必然超过其成本。进一步而言，就中国这样一个有诸多"中国特色"的国家来说，坚持以经验研究、实地数据调查、数据论证为导向的法律经济学研究是我国法律经济学摆脱初级阶段、模仿借鉴的快车道。

---

① 其实，法律经济学研究这种"柿子拣软的捏"的现象并非中国独有，即使在数据统计相当发达的美国法学界，法律经济学的研究者也更倾向于那些有更大成功希望的理论项目。参见 Landes, "The Empirical Side of Law and Economics", *University of Chicago Law Review*, 2003, 70, pp. 167–180。

② 这种现象并非我国独有，Landes 在剖析美国法律经济学经验研究比例远低于经济学研究中的比例这一现象时，就指出法律经济学研究成本与收益问题是其中重要原因之一。参见 Landes, "The Empirical Side of Law and Economics", *University of Chicago Law Review*, 2003, 70, pp. 167–180。

③ 比较国家统计局出版的中国统计年鉴与美国统计署出版的美国数据年鉴就可以得出明确的结论。

④ 国内也有学者指出法律量化分析的具体困难包括：第一，公平、安全等法律价值很难量化；第二，量化问题涉及学科多，对学者要求高；第三，有时量化结果相差悬殊，因而导致无法适用；等等。参见应飞虎《法经济学若干问题的思考》，载法律教育网（www.chinalawedu.com）。

四、如何理性引入定量分析

借鉴国外法律经济学定量研究发展的经验,[①] 我们认为,我国法律经济学的定量分析可以从以下几方面着手。

一是通过推广定量研究的知识与运用,消除法学界对定量分析的主观偏见与顾虑。法学界这种偏见与顾虑主要表现在法学理论和实务界对定量分析中出现的大量的数学模型难以理解和接受,认为定量分析的价值不大。然而,比较我国和美国在处理法律问题上的方法差异就很清楚定量分析的价值。美国 2005 年 11 月发布了《简单、公平和促进经济增长:改进美国税法体系的建议》的税法改革报告,[②] 该报告对每一个问题分析和建议,都有收益—成本的计算。相比之下,我国立法到目前为止还从没出现过如此精确的报告,国家预算也仍然处于不断细化的改革之中;行政执法缺乏"精打细算"的政策性执法、政治性执法更是屡见不鲜。比如,我国对于盗版商品的打击仍然是从保护生产商的角度着眼,而缺乏全面考量。[③] 鉴于此,政府部门应该支持定量分析在政策论证中的运用,通过在顶尖国内法学杂志开设法学经验研究专栏以及定期举行法律经验研究学术研讨会等形式,来推进研究者、实务者对定量分析的认识与接受。

二是提高定量分析等法律经验研究技能。首先,我国的法学教育应该弥补法学界知识在高等数学、统计、计量等经验研究知识的不足。比如,在法学教育中全面增加高等数学课程,以及在更相关的研究生专业课程中增加统计学、计量经济学、定量研究方面的知识,如在公司法、金融法、经济法研究生课程中加入统计学、计量经济学等课程;同时,加大跨专业的交流合作,在法学研究中,引进统计学研究方面的专才。其次,国家应该鼓励支持建立专业的法律数据库,避免由于法律数据贫乏而制约了法律的定量研究。对此,国家可在国家自然科学基金、国家社会科学基金中设置法律经验研究专题项目,加速我国法律数据的收集。更重要的是,司法统计部门、国家统计署应有计划地增加、丰富司法数据、立法数据的内容。[④]

五、定量分析的一般方法和步骤

定量分析有一套相对完备的操作方法,包括抽样方法(如随机抽样、分层抽样、系统

[①] 参见 Michael Heise, "The Past, Present, Future of Empirical Legal Scholarship: Judicial Decision Making and the New Empiricism", *University of Illinois Law Review*, 2002, pp. 819 – 850。Ulen 也从经验研究的需求与供给角度剖析了美国经验法学研究增长的原因。在他看来,法律经验研究需求增长得益于法学研究者、法律实务者逐渐意识到经验法学研究的价值以及经验研究与其他法学研究明显不一样的确凿分析论证;而供给的增加则得益于法学研究者、学生、实务者的经验研究知识与技术掌握和法律数据的增加。参见 Thomas S. Ulen, "The Importance and Promise of Empirical Studies of Law", in Peter Nobel & Marina Gets, eds., *New Frontiers in Law and Economics*, 2006。

[②] 参见 Report of the President's Advisory Panel on Federal Tax Reform, Simple, Fair, and Pro-Growth: Proposals to Fix America's Tax System (November 2005)。

[③] 有报告指出,国内网吧充斥着盗版操作系统,网络游戏私服和外挂泛滥一直被软件版权人所诟病。从保护著作权人的角度来说,的确应该严厉打击各类盗版违法行为。但是,执法部门也注意到国民经济的低产值与正版产品的昂贵价格,网吧产业越来越进入微利状态,与软件操作系统的价格居高不下就形成了鲜明的对比。参见赵福军《盗版遭打击 IT 产业链受损?》,载天极网(http://www.chinabyte.com/index.xml)。

[④] Landes 的研究发现,发表于《法律研究期刊》的论文中,研究实体法的论文中只有 21% 是经验研究,而研究程序法的论文中则有 52% 是经验研究。重要原因就是,在美国,有关法院运作的各种数据有很多机构专门进行收集和整理。参见 Landes, "The Empirical Side of Law and Economics", *University of Chicago Law Review*, 2003, 70, pp. 167 – 180。另外,相类似的观点散见于苏力《送法下乡——中国基层司法制度研究》,中国政法大学出版社 2000 年版。

抽样、整群抽样）、资料收集方法（如问卷法、实验法）、统计方法（如描述性统计、推断性统计）、计量分析（例如回归分析、相关性分析）等。一般而言，法律经济学的定量分析主要围绕变量（或建立实证模型）、数据（包括样本的选择、收集及数据处理）与分析方法的选择这三大方面展开，① 包括确定研究目的、操作化处理、数据收集、选择分析工具以及法学审查五个步骤。

（一）找出经验问题，明确定量分析的目标

所有的经验研究都需要有"问题"，而且这种问题必须是可以通过实际的数据来回答的，也就是所谓的"经验问题"。这意味着定量分析前期准备工作的主要任务是，通过对研究对象、研究现象和研究问题的剖析，确定定量分析所要解决的问题。具体来说，我们需要回答好以下问题之一：定量分析所要解释的法律现象是什么？需要检验的假设或理论是什么？抑或需要预测哪些趋势？需要评估哪些法律政策？需要分析哪方面的法律效果？当我们明确定量分析、经验研究的目标后，接下来的工作就是变量选取或建模、数据收集与处理、分析方法选择等实质性的分析环节。②

（二）对理论假说进行操作化的处理

在定量分析的经验研究中，操作化（operationalize）是必不可少的一步。操作化就是研究者根据理论分析或者实证数据分析③提出的经验问题，并从中相应的（代理）变量（proxy variable），最终落实到具体的实证模型（包括函数形式、被解释变量、解释变量），对经验问题进行解说的过程。其中，这些变量必须是可以通过人们观察得到的、可收集到的、可利用的，"操作"一词的含义就在于这个可行的、可利用的步骤。比如，"正义"一词是无法直接衡量的，它的操作化定义可能是"问卷调查中原被告感觉法院是否做出了公正的判决"。又比如，依据我国的实际，我们可以根据影响我国法官公正审判行为的若干因素（如职位高低、荣誉大小、薪金多少、亲友关系等）来建构法官的效用函数，并据此通过定量分析将司法公正这一含糊的概念相对精确化。虽然变量指标的选择有一定的主观性，④ 然而不管如何，代理变量的选择是进入数据分析的关键前提，即使这种衡量是"盲人摸象"式的也无妨。

（三）确定样本范围，收集并处理数据

设定实证模型后的工作是数据收集。理论上的解释变量、被解释变量，在现实中很可能找不到理想的数据，因此，只能在可利用的数据中选择最好的变量。比如，在分析法律与经济增长关系时，我们并不能收集到直接衡量法治状况的客观数据，故只能退而求其次，利用问卷调查得到的主观数据来替代。

通常，数据来源于两种方法：一是观测数据（observational data）；二是实验数据（ex-

---

① 定量研究经典教材包括［美］巴比《社会研究方法》，邱泽奇译，华夏出版社 2005 年版；［美］平狄克等《计量经济模型与经济预测》，机械工业出版社 1999 年版；David Cope, *Fundamentals of Statistical Analysis*, West Group, 2005。
② 关于经验研究方法，可参见［美］伍德里奇《计量经济学导论：现代观点》，中国人民大学出版社 2003 年版。
③ 实证模型的建立并非直接来源于理论，而是受数据驱动，即从相关法律经济理论出发，从直觉、逻辑上确定解释变量、被解释变量或函数形式，进而在实证分析过程中根据相应的检验分析来调整、修改实证模型。
④ 比如，在违约金的分析中，需要操作化定义的就是理性违约中"理性"一词，有研究者可能用交易双方的文化水平高低、商业经验高低来作为"理性"的代理变量，也可能有学者利用专业人士的意见来衡量当事人的"理性"。

perimental data)。① 观测数据以其原始程度的不同分为第一手资料（通过研究者自己的访谈、统计等得到的资料）和第二手资料（研究者通过查阅他人的第一手资料得出的自己的二次数据库，利用相关的数据库或他人整理的数据）。实验是自然科学数据收集的主要方法，其好处在于"可控性"，也就是研究者通过随机的分配被试和有意识地控制变量的变化获得所需数据。行为法律经济学、实验法律经济学的出现，说明了实验数据亦将成为法律经济学定量分析的数据来源之一。②

收集好数据后，紧接着的工作就是对数据进行必要的处理，例如归类、核实数据的准确性，对数据的整体情况进行统计。

（四）选取合适的分析工具

定量分析结果的科学性，很大程度上取决于是否选取了适当的分析工具。这要求我们在学习、运用统计分析方法、计量分析的过程中，需要把握不同分析方法的优势与缺陷。在此基础上，根据所研究的问题、研究目标、数据类型来选择恰当的定量分析工具。③

定量分析的评价标准是信度与效度。前者是指所观测的数据本身是否具有可重复性，也就是说，这些数据的取得是否可以被其他研究者重复利用。后者指的是研究是否恰当地反映了研究者的研究目的。④ 这意味着我们需要从信度、效度方面确定定量分析结果的有效性、准确性，以确保定量分析结论的质量。例如，计量分析中常常使用的稳健检验（robust test），其主要目的就在于确保计量结果的信度与效度。

（五）定量分析的法学审查

定量分析的结果依然面临法学审查问题。而这恰是法学和其他学科的研究者的学术研究应该担负起的协助使命。具体而言，就立法机构和执法机构来说，利用法律经济学定量分析的评价标准在中国更多地取决于政治决策过程。由于中国立法和抽象行政行为是不可以进入司法审查程序的，而具体行政行为的审查标准也只是"合法性"标准，司法机构不对这些决策产生实质性约束。因此，在解决一般性问题（比如环境保护问题、铁路、航空票价听证等）的立法与执法过程方面，我国的法律经济学学者应该通过介入公共决策过程起到自

---

① 观测数据（或称非实验数据）是指并非从对个人、企业或经济、法律系统中的某些部分的控制实验而得来的数据，一般社会科学的定量研究主要利用的是观测数据；实验数据则是在可控制的实验中得到的数据，一般自然科学多利用该类型的数据。

② 实验经济学随着 2002 年乔治梅森大学的实验经济学家史密斯获得诺贝尔经济学奖得到了学界的充分肯定。实验法律经济学进一步研究可参见 McAdams, "Experimental Law and Economics", in Bouckaert & De Geest, eds., *Encyclopedia of Law and Economics*（http://encyclo.findlaw.com/tablebib.html）; Elizabeth Hoffman, "Matthew L. Spitzer, Experimental Law and Economics: An Introduction", *Columbia Law Review*, 1985, 85 (5), pp. 991 – 1036; Elizabeth Hoffman, Matthew L. Spitzer, "The Coase Theorem: Some Experimental Tests", *Journal of Law and Economics*, 1982, 25 (1), pp. 73 – 98. 行为法律经济学的经验分析也大都使用实验数据，可参见 Christine Jolls, Cass R. Sunstein, Richard Thaler, "A Behavioral Approach to Law and Economics", *Stanford Law Review*, 1998, 50 (5), pp. 1471 – 1550; Cass R. Sunstein, *Behavioral Law and Economics*, Cambridge University Press, 2000。

③ 可参见前注提及的统计学、计量经济学的教材和文献。

④ 比如，针对以 LLSV 为代表的比较金融学研究中普遍采用的指数化方法，有批评者就从这种研究的效度角度提出了批评，质疑这种指数化的方法是否过于简化了研究对象，导致结果的失真。参见 Siems, "Numerical Comparative Law: Do We Need Statistical Evidence in Law in Order to Reduce Complexity", *Cardozo Journal of International and Comparative Law*, 2005, 13, pp. 521 – 540。

己的作用。①

　　就司法机构的决策而言，我们认为，定量分析应该属于对社会事实的判断（比如前述"高楼抛物伤人案"中如果采取举证责任倒置，会对高层住宅的居民的行为产生什么影响，会对意外伤害保险产生什么影响），而原被告双方在这种问题上的看法肯定不会一致。因此，有必要将各方的不同看法通过对抗式的方式提出，以做到"兼听则明"。考虑到我国诉讼法目前的证据分类，将这类研究纳入"书证"或者"证人证言"比较合适。至于审查的标准，除了上面提到的社会科学自身的"信度"和"效度"的审查，还应该根据相应的当事人举证责任标准进行审查，最终还是要依赖法官的自由裁量。其中，有关统计数据显示，对法官据此判断举证责任是否倒置的"社会成本与收益"的高低，并据此高低来认定由原告或被告承担侵权的举证责任，是一个关键的依据。②

---

① 有学者基于"行政法模式"探讨了"二战"后美国国会建立的行政机构（agency）利用社会科学证据做出公共政策决定如何受到司法审查的问题。参见 Higginbotham, "Introduction: A Brief Reflection on Judicial Use of Social Science Data", *Law and Contemporary Problems*, 1983, 46 (4), pp. 7 – 12。

② 在美国，这类证据是通过专家证言提出的。参见 Kaye, "Statistical Significance and the Burden of Persuasion", *Law and Contemporary Problems*, 1983, 46 (4), pp. 13 – 23。

第二章 教学与研究

本章导读

大陆法律经济学自 20 世纪 90 年代被引入国内，发展至今，已取得了令人瞩目的成果，学术研究、实务研究、教学研究均获可喜进展。但必须承认的是，中国法律经济学各类研究方面的全面推进也经历了较为漫长的探索：从最初在学术研究方面偏重定性分析，到案例分析以及定量的数学模型被应用于探索解决实务问题。同样，法经济学的教学研究也基本如是，法律经济学课程的设置从专注于理论教学转向对复合型、应用型法律人才的培养。

本章第一节"中国法律经济学的现状与未来"深入地分析了中国法律经济学研究重点的八个"转变"，较全面地揭示了中国法律经济学发展规律。这八个"转变"是，从"国外研究"转变到"国内研究"，从"经济研究"转变到"法律研究"，从"方法研究"转变到"学科研究"，从"理论研究"转变到"实务研究"，从"定性研究"转变到"定量研究"，从"法理学研究"转变到"部门法研究"，从"英美法研究"转变到"大陆法研究"，从"学术研究"转变到"教学研究"。简言之，这一节最突出的贡献是提出了实现以上转变的具体思路，对中国法律经济学未来发展有重要的启示和参考价值。

在再现中国法律经济学发展各个方面的全景后，作者更加深入地剖析了中国法律经济学研究中更加偏向于经济研究的问题，并担心由此可能对法律经济学在法学界的地位产生影响。本章第二节"中国法律经济学研究中的'非法学化'问题"最大的实际应用意义在于结合我国民商法和经济法相关研究案例，为法律人如何从事法律经济学研究提供了应当注意的思路、方法与步骤：首先，我国的法律经济学研究人员需要进一步努力，打破学科壁垒，破除注释法学的保守主义思想，实现观念转变，这是第一步要做的工作；其次，加强法学界与经济学合作研究，只从法学角度或只从经济学角度分析法学问题都会造成对社会问题认识的偏颇；最后，从实际操作的角度，给出明确的法律经济学研究思路——找出传统法学分析的争议问题，将争议问题背后的经济学问题提炼出来，将经济学问题置于经济学理论的框架中，运用相关经济学模型进行分析，运用数据经验经济学证明结论的可靠性，带着得出的经济学结论回到法学的争议问题，权衡效率之外需要考虑的因素，最终得出法学结论。

如果法律经济学不能为法律实务界的问题提供解决方案，那么法律经济学的价值就无法得到体现，实务研究必须作为我国法律经济学发展的关键问题加以重视。本章第三节"中国法律经济学的实务研究问题"从法律经济学知识供给以及实务需求的角度对中国法律经济学太少实务研究的原因加以分析，并提出有针对性的促进理论与实务良性互动的建议，包括破除注释法学传统，在法律实务界普及法律经济学知识，要求法律经济学研究人员加强和法律实务界人士的合作等。

本章第四节"法律经济学学科构建探析"从学科构建的视角对法律经济学是否为一种研究方法和学科理论给出了自己的观点和理由。第一，作为研究方法的法律经济学，可以被称作法律的经济分析；第二，如果作为学科理论，法律经济学这一边缘学科实则是理论发展以及实践需求的必然；第三，从经济学范畴分析法律经济学有其自身的显著特点，包括关心的侧重点为立法和法律适用而在社会经济生活中的理性选择行为，法律外部结构的实践一致性，从更广泛的经济角度理解法律，关注思考的是"向后看"的法律，以及对经济相关的法律领域加以解释和证明；第四，从法学范畴来看，法律经济学应该是一种经济分析法学，法学家运用经济学研究法律，是从属于法学范畴的，关注的是法律条文与立法、司法活动是否一致以及解决不一致的法律方法，总体来说，研究思路为"法律—经济—法律"。尽管存在不同视角，但从另一个侧面说明了法律经济学具有多元化、动态化以及法学与经济学相结合的三个本质特征。

本章第五节"法学的不自足与法律经济学课程的设置"独辟蹊径，将法律经济学的推进与课程设置两个问题结合起来，认为法律经济学成熟性、前沿性、实用性的特点反映在教学方面，则教师应该辅之以系统教材，学生应该接受系统的法律经济学研究方法的训练，在研究的广度和深度方面，应该兼具国际视野和立足本土国情，最重要的一点是，研究应该立足于现实中的法律问题，培养具有交叉学科背景的复合型法律人才。在课程设置方面，提出中国目前适宜采取"独立课程模式"，即将法律经济学的课程作为一门独立的课程开设出来，尤其对于本科生更是如此。至于具体的课程教学实践，在课程设置方面，要以培养学生法律素质、人文素质和职业素质为基本目标；在课程结构方面，本科生阶段以法律经济学基础知识课程为主，课程可以是选修课，也可以是必修课。

课程设置问题，不应该仅仅以教师视角来确定，更应该关注学生应该学什么、想学什么、学什么有用。本章第六节"法律经济学课程设置的若干问题"就是从学生需求的视角，提出法律经济学课程设置应该从关注法律问题向关注实践事实过渡。法科学生需要社会科学的知识，这体现在：一方面，他们需要了解甚至能够利用社会科学研究结论来解决他们面对的实体法律问题；另一方面，他们还需要了解社会研究的方法论，知道怎样去评价自己或者自己的对手所利用的社会科学研究结论。因此，在法律经济学课程的内容上应当更偏重经验性知识的传授，尤其是关于有争议的法律问题，应该作为讨论重点，关注中国现实中的法律，让学生体会法律经济学分析在解决中国法律实务问题中的重要作用；在形式上，从介绍性到专题研究，美国由于法律经济学发展成熟，在教学开展上早已呈现这种趋势，基于中国的现实情况，则首先考虑将法律经济学作为一个独特的法学方法论视角，在本科生的高年级和研究生阶段可以开设部门法经济分析专题课程供学生选修。教材的编排对经济学和法律相关基本概念与原理做出说明，选取的主题应是来自更直观的、更具有经济联系的主题。

第一节 中国法律经济学的现状与未来[①]

法律经济学，这一兴起于西方学界且作为现代经济学和法学的前沿理论，因其理论的跨学科性质而日益成为一种西方学术时尚。本节强调的是，经过中国经济学界和法学界的共同努力，中国的法律经济学研究初见端倪。但是，与国外法律经济学研究相比，中国法律经济学的研究水平不高。其典型表现，一是研究成果仍停留在西方法律经济学的翻译或编译层面，至今未提出一个为符合中国实际的法律经济学理论框架；二是研究成果至今依然停留在法律经济学理论著述层面，至今未提出一个中国法律实务界所接受的法律经济学实践方案。

---

① 本节部分内容曾以论文形式发表，具体出自周林彬、冯曦《中国法律经济学的现状与未来——从八个方面转变看》，载《2005年中国法经济学论坛会议论文集》。

下文将概括当今中国法律经济学研究重点的八个"转变",以揭示中国法律经济学发展规律。

一、从"国外研究"转变到"国内研究"

中国法律经济学不能长期停留在介绍国外法律经济学著述的层面,法律是一种本土资源,在大量翻译或编译出版国外法律经济学著述后,下一步中国法律经济学的研究重点,应该从国外研究转向国内研究,即应该从中国国情出发,研究具有中国特色的"原创性"法律经济学问题。①

还应指出,古典经济学基本假设和分析工具具有一般性和普适性,不存在法律经济学研究方法(如供求分析和成本效益分析)的"国别"问题。但是,作为法律经济学重要理论基础的新制度经济学,在具有明显国别性的法律制度范畴纳入经济分析的框架,从而使法律经济学的研究内容深深地打上"国别"烙印。因此,中国法律经济学应更多地关注中国现实(而非美国现实)中的法律,将其研究的重点,从"国外"法律的研究转变到"国内"法律的研究。初步分析,实现这种转变的两个重要思路如下。

其一,纵向思路,即历史研究的思路。诸如通过中国法律制度史(尤其是近现代制度史)的研究,挖掘中国本土法律制度资源的思路。因为一项法律制度之所以能够持久,必然存在合理性基础,即现行法律制度合理与合法方面的逻辑一致性。为此,吸引更多具有中国法律史学术背景的学者加入中国法律经济学研究行列中,是必要的。②

其二,横向思路,即现实研究思路。诸如要通过中国法律制度现状的研究,挖掘中国本土法律制度资源的思路。因为法律经济学意义上的法律制度,不是书本上的法律,而是行动中的法律。行动中的法律的基本特点是,在具体国家法律环境(如立法、司法和行政执法环境)因素制约下的法律的制定和实施过程。为此,吸引更多具有中国法背景的学者加入中国法律经济学研究行列中,也是必要的。③

二、从"经济研究"转变到"法律研究"

目前,中国法律经济学研究仍以经济学研究为主,以法学研究为辅。④ 今后,中国法律经济学的研究重点应由经济研究转向法律研究。原因有二:一方面,中国经济改革深层次的实践问题,往往取决于政治与法律改革实践问题的解决;另一方面,遵循法律经济学关于

---

① 比如,中国土地所有权制度就与西方的土地所有权制度有很大的不同,一个重要的区别是,中国土地所有权制度的经济基础是公有制,所以对中国土地所有权法律制度的经济分析,必须重视公有制这一国情;又如,中国的家族秩序等独特非正式制度,有必要纳入婚姻家庭法的经济学分析的范围;再如,对中国诉讼法制度的经济分析,必须考量中国司法体制与西方司法体制的差异。

② 这方面的例证是,以研究中国法律史著称国内法学界的梁治平教授,已经出任由我国著名经济学家吴敬琏教授和法学家江平教授共同发起成立的上海法律经济研究所所长。

③ 初步分析,以中国法律为研究对象的国内法律经济学著述的作者,绝大多数为具有国内经济学和法学教育背景的学者,其中以国内经济法学者和国内商法学者为主。

④ 明显的例证是,现有的大多数法律经济学论文都源于经济类期刊(例如《经济研究》《管理世界》《经济体制比较》和《经济学季刊》等),大多数法律经济学研究机构都以经济研究机构为主(例如,北京天则经济研究所、北京大学中国经济研究中心、浙江大学经济学院的法与经济学研究中心等),而法学意义上的法律经济学的研究和法学领域的法律经济学研究机构尚不多见。而且,全国性的法律经济学学术论坛已经在经济学界开展,但在法学界仍属空白。

"制度决定经济"的这一"重法律、轻经济"的学术规律。① 此外,作为经济学范畴的法律经济学的研究重点(研究出发点与落脚点均为经济关系这一经济基础),与作为法学范畴的法律经济学的研究重点(出发点与落脚点均为法律制度这一上层建筑)的本质区别,② 是实现中国法律经济学的研究重点由"经济研究"转向"法律研究",有以下两个重要思路。

一是法学界要打破法学保守主义传统,将经济学理论和方法引入法学研究。经济学理论历来为我国法学家漠视,即使一些法学领域(如经济法学界和商法学界)的一些学者,已经出版和发表了一些用经济学分析法律的创新著述,但因其创新背离法学研究传统,在中国法学界难以形成"气候",而且许多对经济理论一知半解的法学家(往往是著名法学家),难以在我国重要的经济立法方案设计中占有主导位置。③ 为此,法学家(尤其是民商经济法学家)熟悉相关领域的经济学理论,对于提高其法学研究水平,至关重要。

二是打破学科壁垒,加强法学界与经济学合作研究。经济学与法学画地为牢是我国法律经济学研究的一个现实。法学家着重于尝试运用经济学的理论和方法来分析法学理论和具体的法学问题,而经济学家侧重于探讨与法律有关的经济学问题,这是他们本身知识结构的局限造成的。如果这种局面不得到改观,势必影响法律经济经学研究在中国的发展。

进一步分析,法律研究需要注入"效率"的元素,为此,以研究"效率"为己任的经济学,应该也必须成为法学研究的基本内容;经济研究需要注入"公平"的元素,为此,以研究"公平"为己任的法学,应该也必须成为经济学研究的基本内容;更重要的是,现代社会中许多重大的经济和法律问题具有综合性,要求众多的经济科学和法律科学用各自的理论和方法协同合作方能解决。在经济学和法学研究中积极主动地实践、完善和发展法律经济学这一边缘学科,不仅是适应国家经济建设的需要,而且是法治建设和发展的需要,更是培养高素质经济学和法学专业创新和复合型人才的需要。故此,应加强法学界与经济学界对法律经济学的合作研究。

三、从"方法研究"转变到"学科研究"

国外法律经济学的研究,目前已进入经济学与法学的边缘学科发展阶段。④ 其典型是体现边缘学科研究优势的法律经济学及相关经济学(如制度经济学)研究成果的学术创新,使得研究者屡获诺贝尔奖。⑤

但是,中国法律经济学的研究,仍处于从属经济学或法学的研究方法的发展阶段。究其原因,一是中国法律经济学研究起步较晚,加之受传统经济学和法学理论的束缚,使得经济学界和法学界将法律经济学作为经济学和法学研究方法的一种补充方法加以应用。二是中国法律经济学的基础理论研究薄弱,如前所述,至今没有建立一套符合中国国情的法律经济学

---

① "制度决定论",即认为有效率的制度是刺激经济增长的关键。诺斯认为,所谓经济增长,就是人均收入的长期增长,而一些通常被认为是影响经济增长的因素,如技术进步、规模经济、资本积累等并不是经济增长的原因,它们本身就是增长的表现,而只有经济组织和制度才是影响经济增长的最终原因。

② 法学范畴的法律经济学是用经济学工具分析法律制度,其目的是改革和完善法律制度;经济学范畴的法律经济学是研究法律制度如何产生影响,其目的是改革和完善经济制度。

③ 一个典型的例证是,我国证券法和公司法的专家论证召集人,不是法学家,而是经济学家。

④ 所谓"边缘学科",是指在两种以上不同领域的知识体系的基础上采取"跨学科的方法"(interdisciplinary approach)发展起来的综合性科学门类。法律经济学是将分属于传统法学和经济学领域的知识纳入统一的理论框架之内的边缘学科新现象,从而形成了现代经济学和法学发展的一个"前沿部门"(the frontiers of science)。

⑤ 比如,是指以"经济分析"研究"制度和法律问题"著称于世的西方法律经济学家,主要指施蒂格勒、贝克尔、布坎南、科斯、诺斯,他们分别于1984年、1989年、1991年、1992年、1994年荣获诺贝尔经济学奖。

理论体系。三是法律经济学的方法研究，有一定的现实合理性。因为"如果一个学派统一于研究方法而不是实质性的原理，那么它的寿命将会更长。方法论并不局限于实质性的问题，因而学派的成员能够更容易地适应新问题和新挑战"①。

中国法律经济学发展的一个重要路径，应该是从"方法研究"的重点，向"学科研究"重点的转变。初步分析，这种转变的基本思路如下。

第一，加强法律经济学的基础理论研究。法律经济学是建立在法律领域具体知识的研究，②它的位置是经济学或法学所不能替代，也是纯粹经济学或纯粹法学力所不能及的。因此，法律经济学有其独立的研究范围和研究方法，这是法律经济学成为一门独立学科的学术基础。未来应该加强中国法律经济学基础理论的研究，不断提炼本学科的核心范畴、基本原理和研究范式，③从而建立独立于法学和经济学的学科理论体系。

第二，注重法学与经济学的跨学科创新研究。事实上，跨学科研究已成为一种学术创新潮流，中国法律经济学研究的现实策略是，打破法学与经济学传统疆界，实现法学与经济学学术资源（包括财力资源和人力资源等）的优化配置，建立跨学科的法律经济学研究机制和机构，为中国法律经济学研究的创新研究奠定坚实的学科基础。

四、从"理论研究"转变到"实务研究"

国外法律经济学流行的一个重要原因，是法律经济学已经成为解决法律实务问题的一个重要理论和方法。诸如美国针对联邦立法进行成本效益预算的里根总统令、美国法官及律师的法律经济学专业培训，以及美国法官依据法律经济学研究思路确立的有关侵权法适用的"汉德公式"等。④

导致中国法律经济学实务应用缺失的主要原因，一是受注释法学传统的影响。因为受注释法学传统的束缚，中国法律人更注重法律条文的文字和规范解释，而忽视法外之法（如各种法律的"潜规则"）的研究。于是，侧重法律条文以外因素研究的法律经济学研究，被视为一种与实务关系不大的法理研究，虽然有学术价值，但并不能直接解决实务问题。二是中国法律实务界缺乏法律经济学知识的培训。据此，中国法律经济学研究重点要从"理论研究"转变到"实务研究"。实现这种重点转移有以下思路。

一是破除注释法学传统。就法论法的传统法学研究的认识缺陷在于只知"法律是什么"，任其发展会导致"合法不合理"；就经济论经济的规范法学研究的认识缺陷在于只知"法律为什么"，任其发展会导致"合理不合法"。而只有通过法律经济学实务研究，才有可

---

① ［美］乔治·施蒂格勒：《经济学家和说教者》，生活·读书·新知三联书店上海分店1990年版，第166页。

② ［美］理查德·A.波斯纳：《法律的经济分析》，蒋兆康译，林毅夫校，中国大百科全书出版社1997年版，第906页。

③ 法律经济学范式是以自由主义经济学和方法论为依据的范式。因此，它的理论预设是个人主义，它的核心理论包括交易成本和公共选择等理论。根据侧重点不同，法律经济学范式亦有不同进路，基本可以概括为新古典范式、新制度范式和成本效益范式（福利经济学的派生，但具有独特性）。所谓新古典范式，是指应用新古典的完全理性假设、效用理论、边际理论、供求理论分析法律；新制度范式，是指应用新制度的有限理性假设、产权理论、契约理论、演进理论分析法律；成本效益理论是福利经济学的一个派生，它的独特性在于建立了一整套成本效益的计算方法，可操作性强。可见，建立上述法律经济学基础理论体系有助于克服中国法律经济学研究表面化倾向。例如，新制度经济学进路告诉我们，人是有限理性的，政府也不例外，政府干预并不总是有效率的，事实上存在政府干预替代思路，即产权安排的思路，该结论不会出于完全理性假设的新古典经济学进路。

④ 进一步的论述，参见［美］理查德·A.波斯纳《法律的经济分析》，蒋兆康译，林毅夫校，中国大百科全书出版社1997年版，译者所作序言。

能将法律"是什么"和"为什么"二者有机地结合起来,有效解决"合理不合法"这一市场化改革中的实践难题。

二是在法律实务界普及法律经济学知识。法律是利益分配机制,只有成熟的并为大众接受的法律经济学才能在法律实务界中实施,① 因此,法律经济学知识在法律实务界中的普及是实现法律经济学从"理论研究"转变到"实务研究"的必经之路。

五、从"定性研究"转变到"定量研究"

定量分析方法,是主流经济分析方法。因此,法律经济学著述中的定量分析,为国外法律经济学著述的一个常用范式。② 这是因为,一方面,定量分析能显著提高对法律问题争论的效率,争论的双方都能找到分歧之所在;另一方面,经济学教学中大量应用数学,使得不同的老师可以出答案唯一的试题,学生可以完全重复老师的推理,因而便于主流学派的形成。正是由于不同的领域和不同代际的经济学家共享一个主流经济学,不仅促进了不同专业领域经济学家之间的分工,而且使不同代际的经济学家也可以分工,从而大大地促进了经济学的发展。在对待经济学数学化的问题上,新古典经济学可以说是定量分析的代表。

但是,中国法律经济学的著述,特别是法学领域的法律经济学研究著述,偏重定性分析,而定量分析的内容鲜有,从而使有关法学研究结论的真实性因缺乏数量分析而大打折扣,并形成了中国法律经济学与传统法学研究法律的不同风格,即所谓"规范分析"(如定性分析)和"实证分析"(如定量分析)的不同特征。③ 究其主要原因:一是中国传统法学对现代经济学偏见造就的知识(特别是高等数学知识)缺乏;二是传统法学的规范分析较之现代经济学的实证研究更为容易。实现中国法律经济学研究重点从"定性研究"到"定量研究"的转变,有以下思路。

一是消除法学界对定量分析的顾虑。这种顾虑主要表现在,法学理论和实务界对定量分析中出现的大量的数学模型难以理解和接受,定量分析的价值不大。其实这是对定量分析的误解,第一,法学规范的进步必然依靠外部学科知识的补充,因此,用经济学规范修正法学规范也有其历史必然性;第二,定量分析的价值在于,一方面,为立法界和司法界决策提供了经济学定量分析依据,另一方面,经济学数学模型的应用旨在证明某一决策的经济合理性。

二是弥补法学界知识(特别是高等数学知识)的不足。从定性分析到定量分析,转换、学习的成本高昂,也就造成规范分析的"路径依赖"。因此,需要更多资源的投入,改变长期依赖规范分析的低效率状态。弥补传统法学研究中定量分析知识不足的途径:一是在法学教育中全面增加高等数学课程;二是在法学研究中,引进数理分析方面的专才。为弥补法学界高等数学知识的不足,除了在高等教育法学中增加必要的高等数学知识,法学研究中引进数理分析方面的专才的弥补途径较为可取。

---

① 值得重提的是,美国大多数联邦法院的官员都接受了由法律经济学研究中心提供的方法与经济学短期教程的正规训练。
② 查阅国外法律经济学论文,绝大多数作者将数学模型和统计分析数据作为其论文的写作方法和思路。
③ 法律的要求是一种"规范性"的要求,而经济学是一种"实证性"观察的结果,前者是"应当如何如何(aught to be)",后者是"实际上如何如何(it is)"。可见,法学研究的重点是现行法律规则和规则的改进,而法律经济学研究的重点是现实行为和行为在法律规则下的变化及其规律。以侵权法为例,传统法学着重于恢复被侵权的正义天平,更多地考虑如何合理地补偿受害者,惩罚有过错的一方;而法律经济学则对预防的效率更感兴趣。

六、从"法理学研究"转变到"部门法研究"

"重法理学、轻部门法",是目前中国法律经济学研究的特征之一。究其原因:第一,法律经济学涉及有关法律价值和法学研究方法等具有法哲学意义上的法理学问题;第二,法律经济学首先是作为一种西方法哲学思潮被介绍到中国的,因此,中国法理学是首先接受法律经济学思想的领域;① 第三,由于受到传统法律意识的影响,提倡"理性经济人"和"追求财富最大化"的法律经济学主题与主流法学思想格格不入;第四,部门法和法理学存在学科隔阂。

但是,从研究方法的角度分析,法律经济学可以成为任何一个部门法的研究方法。法律经济学的部门法研究,不仅是法律经济学实务价值实现的保障,而且是法律经济学研究由浅入深的关键,更重要的例证在于,正是由于法律经济学的部门法研究,法律经济学的理论与实践体系才得以真正建立,法律经济学从而成为一个独立的学科。②

据此,中国法律经济学研究重点要从"法理学研究"转变到"部门法研究"。实现这种重点转移的一个重要思路是打破法律经济学研究中的法理学和部门法学的学科界限,努力实现部门法学研究和经济学的互动研究。一方面,法理学意义上的法律经济学研究,是从抽象的层面对法律现象的经济学把握,它的优点在于,相比于部门法意义上的研究,法理学意义上的法律经济学研究更关注部门法学提出的法律经济学实务问题,且深入其中。同时,部门法作为意义上的法律经济学研究,不可避免地涉及法律经济学的解释、推理等法理学范畴问题。因此,应该努力把法理学意义上的研究成果应用到部门法学领域,把部门法意义上的法律经济学问题传递至法理学领域。③ 另一方面,我国的部门法意义上的法律经济学研究目前常用的是新古典经济学和部分新制度经济学的方法,而类似于具体的部门法制度绩效评估研究少有人问津,将经济学前沿研究的成果应用到法学研究(例如,公司法和破产法的混沌理论研究,劳动法的博弈论研究等④)则更为鲜见。因此,应把更多的经济学知识应用到具体的部门法制度研究中,形成经济学和法学的良性互动。

七、从"英美法研究"转变到"大陆法研究"

法律经济学最早产生于英美法国家,从英美法传统的角度讲,法律经济学总是倾向于假

---

① 如我国著名法理学家沈崇灵和张文显教授所著的西方法理学著述,系统介绍了西方法律经济学的理论和方法,为中国法学界系统学习法律经济学理论,做出了开创性贡献。

② 国外法律经济学成为一门独立学科的标志即是部门法的法律经济学研究的全面展开,其典型是1973年波斯纳教授的《法律的经济分析》一书的出版。

③ 张文显教授在[美]贝勒斯所著《法律的原则——一个规范分析》(该书的主要特点是用法理学和法律经济学的思路分析论证部门法的基础理论)中译本的读者推介语中指出:"在当代西方法学研究中,法哲学(法理学)研究逐渐扩大和深入至具体法律领域,出现了一批从法哲学(法理学)的层面、用法哲学方法探讨部门法中一般理论的论著。这些论著提供了对部门法的伦理基础、价值基础、社会基础及发展规律的哲学反思,构成了把法哲学(法理学)与民法、刑法、宪法、程序法等部门法结合的中间学科。"

④ 国外研究关于法律与经济学的演进理论和混沌理论已有大量的文献,例如:Richard R. Nelson, Sidney G. Winter, An Evolutionary Theory of Economic Change, Cambridge, Mass.: Harvard University Press, 1982; E. Donald Elliontt, "The Evolutionary Tradition in Jurisprudence", *Columbia Law Review*, 1985, 85 (1), pp. 38 - 94; James Gleick, *Chaos: Making a New Science*, Minerva, 1996. 关于更多的介绍,可参考[美]马克·罗伊《法与经济学的混沌理论和演进理论》,载《经济社会体制比较》,2003年第1期。博弈论与法律分析介绍可参见中文译著,如[美]道格拉斯 G. 拜尔等《法律的博弈分析》,法律出版社1999年版。

定英美法的法院体制，或者法律程序，主要遵循美国的法律传统，所以限制了法律经济学学者对大陆法系法律程序进行原创性的研究。此点同样适用于中国法律经济学研究。目前中国的法律经济学著述的主要观点和思路，大都源于英美法国家的著述，且成为贴上中国法律标签的英美法律经济学著述的"中国版"。

但是，中国的大陆法文化传统，决定了应努力摆脱英美法的传统思路（如判例法研究的思路），去研究大陆法传统（如成文法传统）的法律经济学，这才是中国法律经济学最重要的研究思路。例如，判例法国家强调的是法官的自由心证，因此，在权利冲突的时候，法官运用法律经济学，做出利益衡平是判例法的重要方面；成文法强调的是法律制定，法律的效益评估是成文法的法律经济学的重要方面。关键在于，中国法律理论与实践应根据自身规律能动地修正源于英美法的法律经济学，实现中国法律经济学研究重点由"英美法"研究转变到"大陆法"的研究。实现上述转变有两个基本思路。

一是认真吸收大陆法系学者法律经济学的研究成果。除英美法系国家的法律经济学作家的经典著作外，大陆法系学者的法律经济学研究亦不乏真知灼见之作，如德国学者的制度经济学研究、日本学者对纠纷解决机制和审判制度法律经济学的研究等[①]。因此，关注国外大陆法系学者法律经济学研究的成果，应该成为未来中国法律经济学研究不容忽视的内容之一。

二是重视运用比较法律经济学的方法[②]。将具有英美法文化背景的法律经济学思想，成功引进在具有大陆法文化背景的中国法领域的一个有效方法，是比较法的方法。以至于在此有效方法意义上，可以将法律经济学的研究方法，谓之比较法的方法。诚然，在比较法中，最基本的争议是关于普通法系（英美法系）和大陆法系的本质区别问题。法律经济学有必要通过借用比较法的分析工具对这种区别进行研究。比如，虽然法律经济学在英美国家流行原因与其判例法模式相关，但在法律解释方面，英美法和大陆法并不存在绝对的对立。如大陆法系法官续造法律填补漏洞的行为、概括性条款的解释，都是成文法中包装的判例法操作方式，正是因为如此，大陆法系法官在法律解释的过程中运用法律经济分析方法，有其合理性和合法性基础。

八、从"学术研究"转变到"教学研究"

在法律经济学发达的美国，越来越多的法学院、商学院开设了法律经济学课程，一些著名的法学院（如芝加哥大学法学院）聘有全日制的经济学讲座教授，而一些著名的商学院（如耶鲁大学商学院）也聘有全日制的法学讲座教授。在中国，虽然法律经济学的学术研究已在全国广泛开展，诸如相关的学术论著及论文、学术会议、国际学术交流活动日趋增多，

---

① 参见［德］柯武钢、史漫飞《制度经济学：社会秩序与公共政策》，韩朝华译，商务印书馆2000年版；［日］棚濑孝雄《纠纷的解决与审判制度》，王亚新译，中国政法大学出版社2004年版。

② 我们认为，将具有英美法文化背景的法律经济学思想，成功引进在具有大陆法文化背景的中国法领域的一个有效方法，是比较法的方法，比较方法与法律经济学结合谓之比较法律经济学方法。比较法律经济学最初应用于移植美国法的研究。

相关的学术研究机构纷纷建立，全国性学术团体也正在筹备中，① 但与国外相比，中国法律经济学的教学研究，明显滞后于学术研究。② 这种教学研究滞后的弊端是，法律经济学的科研成果难以转化为教学内容，不仅影响法律经济学的普及，而且影响法律经济学人才培养和法律经济学实务活动的开展。

导致上述中国法律经济学研究"重学术研究、轻教学研究"的主要原因：一是法律经济学是舶来品，受中国法律传统的影响，法律经济学还需放在"实验室"进行必要的观察，因此，法律经济学研究重点也自然是在科研层面；二是国内学界还没有勇气接受一个尚未通过借鉴、模仿建立有效的适合中国实际的法律经济学理论，加之国内法学界的众多学者对西方法律经济学持怀疑态度，自然法律经济学不可能普及至教学的层面；三是法律经济学的理论庞杂，加之法律实务界迟迟未能接受法律经济学的思想，自然难以把法律经济学提升到理论教学的层面。

然则，加强法律经济学的教学，对于推进中国法律经济学研究的发展具有重要作用。这是因为，第一，法律经济学是一门技术性强的应用科学，要将法律经济学在实务界推广，需要教学和科研的双重努力；第二，法律经济学的实务运用需要普罗大众的接受，因此，一方面需要通过教学的途径达到传播的目的，另一方面需要通过教学而在法律理论和实务界树立法律经济学的理念和掌握法律经济学的基本方法。据此，中国法律经济学的研究重点，应该从学术研究转变到教学研究。促进这种转变的主要思路：一是加强法律经济学课程设计的研究，为法律经济学的教学奠定理论基础。二是在法学院、经济学院、管理学院的研究生和本科生教学中，开设有关法律经济学学位的必修课和选修课，并推动法律实务界开设法律经济学培训课程。条件成熟的，可组织编写法律经济学的全国统编教材。三是进行法律经济学教学师资的培训。有条件的大学法律、经济和管理院、系，可以招收法律经济学研究方向的博士生和硕士生。

第二节　中国法律经济学研究中的"非法学化"问题③

对于中国法律经济学研究中"重经济学研究、轻法学研究"的问题，我们谓之中国法律经济学研究中的"非法学化倾向"问题。"非法学化倾向"是造成我国法律经济学法学界处境尴尬的主要原因之一，以下将以我国民商法和经济法相关研究为例进行系统分析。

---

① 据不完全统计，国内出版有关法律经济学（包括制度经济学）学术论著，每年至少有数十部，国内发表有关法律经济学（包括制度经济学）学术论文，每年至少有百余篇，国内学者每年赴国外参加国际法律经济学年会的人数已达十几人次，著名国外法律经济学家诸如科斯教授、诺斯教授、波斯纳教授已先后来华进行学术交流，北京大学、浙江大学、中山大学已建立专门的法律经济学研究机构，上海法律经济研究所举办的法律经济学论坛达十余次，以及由山东大学和浙江大学率先主办并由国内经济学和法学界人士共同参加的全国性法经济学学术研讨会已有两届，为全国性法律经济学研究会的成立奠定了日趋巩固的学术和组织基础。

② 据不完全统计，有关法律经济学的国家级、省部级科研项目的数量远远超过有关法律经济学教学的研究项目。再以作者为例，作者近年来先后承担的国家级、省部级法律经济学研究项目（包括教育部"八五"规划课题"中国经济法律的微观经济分析"、教育部"九五"规划课题"我国经济法律成本效益综合分析"、教育部"十五"规划课题"中国法律经济学的理论与实践体系研究"和"物权法的经济分析"、国家"十五"规划课题"法律经济学基本原理研究"和"WTO规则的法律经济分析与中国经济法创新"等）6项，但仅承担一项有关法律经济学课程设计的科研课题（教育部"面向二十一世纪教学改革项目""法律经济学课程设计与法学专业复合性人才培养目标的实现"）。

③ 本节部分内容曾以论文形式发表，具体出自周林彬《中国法律经济学研究中的"非法学化"问题》，载《法学评论》2007年第1期。

一、经济学家"独木难支"的法律经济学

虽然我们不完全认为法律是一个可以自给自足的独立逻辑体系,并主张法律研究和实践都需要外部学科的支持,尤其是经济学的支持,但是,法律的确有其不可忽视和怠慢的自身发展规律。所以,法律经济学研究也不可能仅仅靠主要是经济学教育背景的经济学家来发展壮大。从我国目前的法律经济学研究来看,"非法学化倾向"已经开始显示出以下几点弊端。

第一,重复研究的弊端。法学在其自身发展中实际上已经融合了相当多的久经人类生产生活实践证实的经验知识(包括经济学知识),经济学虽然有其相当吸引人的形式化的一面,但是从法学思维和法学实践角度出发,所要考虑的问题往往不是数学公式能够解决的。甚至,有的经济学家所谓的法经济学研究成果在法学界看来只是一种重复劳动。

比如,经济学界一般认为公司组织是一种关系契约,所以经济学家(尤其是经济管理学家)有关公司组织的契约经济学理论中的不完全契约及其救济这一"公司治理"问题,从公司法相关制度(如公司章程和公司诉讼)中找答案,也是一种有效率的研究。①

第二,忽视不同研究者及其研究结论的不同出发点和不同适用范围的弊端。因为法学范畴的法律经济学是用经济学工具分析法律制度,其最终目的是改革和完善法律制度。而经济学范畴的法律经济学是研究法律制度如何对生产组织与经济表现产生影响,其最终目的是改善经济表现。虽然这种区分不是绝对的,但二者的差别还是客观存在的。

比如,经济学的企业理论对民商法研究的意义更多是其对公司法、合伙法、证券法等商事组织法的借鉴意义,而这种借鉴的着眼点是侧重于依法防范作为企业参与者的诸多不当行为,如公司法规制的公司高管的关联交易应该在多大程度上被依法禁止,证券法规制的公司高管的内幕交易的范围如何界定等约束机制问题。而经济学家眼中的企业理论则更多强调的是调动公司高管经营管理积极性的激励机制问题,也就是强调企业的参与者如何更好地决策以便为企业创造更多利润的问题。可见,法学与经济学并重的公司治理问题研究的一个基本思路,应该是侧重于经济学思路的激励机制(如权利机制)与侧重于法学思路的约束机制(如义务机制)并重的法律经济学研究思路。否则,就会因忽视对方而导致"合理不合法"或"合法不合理"的悖论。就我国法律经济学研究中的"非法学化"而言,其弊端主要在于"合理不合法"的悖论。对此"合理不合法",有必要通过法律经济学强调的"合理优先于合法"的法律适用原则,加以克服。②

第三,规则落实层面的可操作性比较差的弊端。其中突出的问题就是一些以经济学家为主要起草者的经济法律(如证券法、公司法)的立法,往往在规则落实层面出现的改革方

---

① 再比如,从契约论的观点来看,由于行为人在市场合作机制中能够做出更加有效灵活、切合自身利益和运行成本更低的契约安排,所以在一般情况下政府对于公司章程是无须多加干涉的,从而公司章程具有优先适用的效力,即"约定大于法定"的效力。然而,由于各种交易费用的存在,公司契约是不完全的,有时因交易成本过高而阻碍契约的履行,这时就需要通过公司诉讼来降低交易成本,因而公司诉讼为公司契约达成和执行提供了有效保障。

② 在法学语境中,合法是合理的前提,恶法亦是法,强调的是法律的逻辑自足和严格的规则主义。而在法律经济学语境中,合理是合法的前提,恶法不是法,强调的是法律不得违反经济规律。因此,法律经济学坚持的不是法定主义,而是合理主义。据此合理主义,可以看出民法基本原理"意思自治"强调的"约定大于法定"民法逻辑,符合法律经济学强调的"合理优先于合法"的经济逻辑。此外,可以看出传统物权法定主义原则有悖合理主义,为此可以通过约定物权的"例外"来体现合理主义,进而现代物权法采取物权法定主义"缓和说"的理论和实践,也是符合法律经济学逻辑的一种有效率的制度设计的。

案可操作性比较差的弊端。

以我国国有企业股份制改造为例，国有资产股份化这一思路是由经济学家在20世纪80年代末提出的，并且在国有企业的承包制改革失败后被中央摆上议事日程。由于这场改革方案的依法设计，并没有吸收很多法律界人士的参与，而最终匆忙出台的《公司法》《证券法》在实践中被证明基本被架空，股份制也没有为国有企业的经营效率带来脱胎换骨的改变。究其根本原因，还是在改革的当初我国对建立企业法制框架不够重视，过分强调经济学视角下的企业理论，忽视了现实的企业效率问题是一个牵涉公司法、证券法、财政法、计划法等各个法律的制度设计问题。① 其中，缺少对具体法律规则的考量，如财政法、计划法等宏观调控法缺乏可诉性规则，公司法、证券法缺乏民事赔偿责任规则，特别是诸多民商法和经济法制度出台后缺乏法律实施。所以从我国改革实践需求出发，应该强调法律人对经济学理论的审视。因为不论多么完美的经济学理论，如果要想在实践中发挥其作用，就必须考虑可操作性规则的立法和司法问题，而后者正是法律人的用武之地。

对于法律经济学来说，成熟法学的基本特点，是能够用法律来预言和解释经济规律。正如著名经济学家米勒教授在1992年中国开始依法确立市场经济体制目标后所言："中国不缺经济学，缺的是法律。"② 由此，对于中国经济体制改革的方案设计，法学家对经济问题较之经济学家更有发言权③。正是在此意义上，中国法学界大可不必因经济学在法学研究领域的出色表现而惊慌失措，而应该以积极和开放的态度迎接法律经济学这一新的法学研究方法，并将法律经济学理论和方法在中国法学研究领域的广泛应用，作为中国法学从"幼稚"走向"成熟"的决定性一步。

第四，用经济学知识解构严密的法律理论和实践体系的弊端。方法论意义上的经济学，不等于用经济现象取代法律现象，也不等于用经济学理论取代法学理论，而且法律经济学意味着经济学分析方法乃一种从属于法学研究方法的方法。因此，那种打着法律经济学旗号试图用经济学标准解构法学理论体系的思路，是错误且有害于法律实践的。

比如，围绕我国物权立法的种种争论，民法学家持自己的观点，法理学教授持自己的看法，经济学家也有自己的意见。如物权法是否违宪，物权法是保护富人财产之法，物权这一专业法律术语可以用财产权这一通俗概念替代等的说法，可以说，这些主要都是由于民法学专业知识与非民法学专业知识的不同所造成的。随着社会分工的加剧和知识的细化、专业化，社会上的每一主体都持自己手中的知识，在自己的领域与专业天地之中游刃有余，但一旦步出了自己的专业领域，就会只从自己的专业知识出发而不考虑问题的专业背景与环境，最终出现专业认识上的偏重，出现所谓职业病的"偏见"问题。

进一步分析，由于学科的"门户之见"和研究者专业知识的局限（知识存量和知识流量的限制），使得对物权的经济学和法学研究存在脱节。比如，一方面是民法学界对物权法研究还拘泥于自己理论体系的构建；另一方面是经济学界的关注由市场进入了制度层面，热衷于为产权制度出谋划策之际，却不知法学中物权研究的丰富理论积淀。这种局面既造成了产权研究与物权研究的脱节，又导致了产权观念与物权观念的混乱。在法律部门内部，民法

---

① 比如，我国公司法和证券法的可诉性差，将经济理论上存在的中小股东权利都剥夺殆尽，由此导致了我国证券市场投资者的普遍投机心理和畸高的换手率。
② 莫顿·米勒，1990年诺贝尔经济学奖获得者，美国芝加哥大学经济学教授。
③ 这一成熟的、富有理智的观点，是由经济学家盛洪《经济学精神》（四川文艺出版社1996年版第264页）所概括的观点。

学者们与法理学者们也存在相同的"隔阂"。其实，只要在物权法研究中与其他的部门法的学者一起交流思想，引入经济学等其他专业的知识，运用各自理论对对方的观点逐一"梳理"与研究，这种相互对照与借鉴的方法，可以弥补各自领域学者的理论不足与片面，有助于不同学界对共同关注现实问题和澄清概念、统一认识、互取所长①，这样才更有助于物权法的制定。

二、主流法学界为何排斥法律经济学

虽然我们承认，我国的法律经济学还处于初级阶段，研究还不够深入等因素是导致我国主流法学界忽视法律经济学研究的部分原因，但是，我国法学界自身固有的保守主义和注释法学的传统不能不说是一个重要的原因。法律的内部视角固然重要，但法律经济学的外部视角同样重要。在现实的法学研究中，我们发现，过于强调注释法学的内部视角，不注重对法律规则的实效、功能的分析已经造成了不少问题。

首先，缺少与其他社会科学的对话导致没有对法律规则的反省意识，不能跳出法律的规则层面来看法律。也就是说，缺少对法律规则所产生的实际效果的正当性思考，缺少"立法论"层面的思考。以最高人民法院于 2003 年出台的《最高人民法院关于审理人身损害赔偿案件适用法律若干问题的解释》第 3 条对共同侵权行为的规定为例，可以看出此种"立法论"思考的缺位。该解释对"共同侵权"进行了这样的分类：①共同故意；②共同过失；③无意思联络但直接结合造成同一损害后果；④无意思联络但间接结合造成同一损害后果。对前三者规定了连带责任，对最后一种则规定了按份责任。同时，该解释第 4 条还规定了"共同危险行为"。此解释出台后，我国的主流法学教材几乎不加批判地就将司法解释的规定融入民法教科书或者侵权法教科书之中，而以笔者收集的资料所见，只有中国人民大学法学院王利明教授对该规则第③项分类的连带责任从与共同危险行为的比较以及德国、日本立法例的角度进行了少见批评，②主张对无意思联络者的侵权应该采取按过错比例承担按份责任的规则，共同侵权行为应该仅限于共同故意与共同过失侵权。虽然其视角是批判性的，但是，其论据始终让人感觉不是很到位。外国立法例本身并不能为哪条规则才合理提供理由，而基于简单的"自己责任"原则，显然无法为其在共同过失与无意思联络的多人侵权之间划出界限：因为在共同过失的情况下，各个侵权人所承担的连带责任同样超出了自己过错应得的份额。显然，用纯粹的"事后"视角来观察侵权行为无法为我们合理解释现存的法律规则，也无法推导什么样的规则才是更加合理的法律规则。

此时，似乎分析已经走到了尽头？法律经济学的思路也正是发轫于此解释的困境。对于侵权法的经济分析将侵权法的目标从实现事后的矫正正义转变成考察实现事前的分配正义，或者说分配效率。如在共同侵权问题中，法律经济学将参与共同侵权损害产生的各方活动视为一个整体，要实现的是社会财富的最大化——在侵权案件中，则是事故参与各方的总成本最小化。因此，分析不仅要考虑事故本身的损失，还要考虑各方采取预防措施的成本；不仅要考虑加害人的预防成本，还要考虑受害人的预防成本。通过这一系列的分析，Landes 和

---

① 历史上法学就曾与哲学、政治学、社会学、伦理学的研究紧密结合。仅以论著为例，黑格尔《法哲学原理》同时亦是其宏大哲学体系的一部分；诺贝尔经济学奖得主哈耶克的《自由秩序原理》（又译《自由宪章》）则贯通政治学、社会学、法学诸多领域；罗尔斯的《正义论》也被法学与伦理学界一并尊为巨作。

② 王利明：《共同侵权行为的概念和本质——兼评〈最高人民法院关于审理人身损害赔偿案件适用法律若干问题的解释〉第 3 条》，载北大法律信息网（http://www.chinalawinfo.com）。

Posner 在其 1980 年发表的论文中论证了：如果共同侵权人均为过失，那么，连带责任只有在任何一个侵权人不花费最佳预防成本都会导致事故发生的情况才会实现社会成本最小化；而在多个被告中存在一个相对成本最低的可以完全防止事故发生的多人侵权情况中，连带责任会导致过度的预防成本花费。[①] 可见，法律经济学在解决规则选择问题，也即立法论问题时往往能够提出新的比较令人信服的思路，同时，由于法律经济学的分析方法是开放式的，也就为后续的新情况的讨论提供了空间。

其次，抛开立法论层面的问题不论，缺少法律经济学的外部视角会使得规则的解释论层面同样出现问题。即使是解释，在一定程度上其实还是存在着利益衡量和价值判断问题。即使在传统民法解释学中，利益衡量也是一个被认可的解释方法。[②] 也就是说，传统法学研究本身就承认了规则的适用过程，这也必然牵涉规则之外的经济与社会因素需要加以综合考量法律的成本与收益的问题。诸如，针对盗版侵权行为屡禁不止的"乱世"问题，有人主张通过强化处罚方式解决"乱世"问题。但是实践证明，严刑峻法并不能有效控制盗版行为，反而会引发严重违法行为的发生。因为从法律经济学角度分析，重刑罚的边际威慑是非常小的，甚至会适得其反。如果对犯有轻微伤害罪和谋杀罪的罪犯都处以死刑，那么刑罚对谋杀罪就没有边际威慑。如果对偷了 5 美元的小偷给予砍手之罚，那么他宁愿去偷 5000 美元。[③] 所以盗版行为的法定成本设定有一个成本效益的比较问题，不宜简单走"重刑"之路。此外，著名的例子就是侵权法中对过错判断的"合理"责任标准。对此，考特和尤伦解释为："如果预防是双方面的，即当事人双方都采取预防行为，以减少事故的严重性和可能性，那么，过失责任规则形式是合理的责任标准；如果预防是单方面的，即只有施害方可望采取行动以减少事故的概率及其严重性，那么，严格责任规则是合理的责任标准。"[④] 其实，在其他民商法领域这种标准也并不少见，"合理"一词就被广泛用于各种法律责任的判断之中，比如公司法中用来判断公司高层是否违反注意义务的"商业判断法则"（business judgment rule）就是"合理"这一标准的具体化。这些标准的大量存在意味着法院在将案件事实与法律标准进行"对接"时必须进行利弊分析，考虑经济生活现实。法律经济学在这个层面显然也是大有作为的空间。

最后，当我们要去追究法律规则在现实生活中到底在多大程度上反映现实生活及可能被遵守以及规则是否能被实现，多大程度上能实现立法者意图和达到物权法本身应具有的社会推动作用等尴尬的、更具实证性质的问题的时候，我们发现，就法律论法律的内部视角不够用了，或者可以说，这时法律本身的逻辑不够用了。比如，我国《物权法》的立法草案，可以说大部分继承了大陆法系的思路与体系，从总则到分论的精巧逻辑体系架构和对法典各个法条之间逻辑关系的精确定位。对于规则与规则的解释，在这些民法学者的眼中近乎是一个纯粹的逻辑推理过程，至于规则背后所隐藏的这样或者那样的社会生活现实，在《物权法》草案这里得到了高度的提炼。如果不脱离这些，单单从物权法草案的阅读中，读者感

---

① 参见 Landes, Posner, "Joint and Multiple Tortfeasors: An Economic Analysis"（《共同侵权和多人侵权：一个经济分析》），*Journal of Legal Studies*, 1980, 9, p. 517. 虽然作者讨论的语境是英美法系，关注的主要问题是共同侵权中的赔偿分摊（contribution）和追偿（indemnity）问题，但是，转换到大陆法系语境下，他们的分析结论对于我们确定连带责任的恰当适用范围仍然基本适用。

② 参见梁慧星《裁判的方法》，法律出版社 2004 年版。

③ [美] 库尔特·勒布、托马斯·盖尔·穆尔编：《斯蒂格勒论文精粹》，吴珠华译，商务印书馆 2010 年版，第 56 页。

④ 参见 [美] 罗伯特·考特、托马斯·尤伦《法和经济学》，张军等译，生活·读书·新知三联书店上海分店 1991 年版，第 123 页。

觉到法律是一个完全自足的、有高度自给性的体系。然而，当《物权法》引起大众空前关心时，我们要问，《物权法》为何如此？当《物权法》这样一部与多少人生活密切相关的法律出台前，当我们遭遇法律制定的"灰色地带"的时候，物权法本身就不够用了，以至于连面对"物权法草案是否违宪"这样的质问，民法学家的回应与回答也显得那么迟延和无力。

显然，有价值的学术研究不应该只局限于单一视角，一部法律特别是《民法典》此种如此重要的法典的制定，更是不能沉迷于法学家的自身逻辑世界中。只有从丰富的生活中去观察法律及反馈法律，法律才能"渐入佳境"。对于法学而言，也不能从单一角度去研究法学、制定法律，即不能仅仅是"就法论法"，要从生活的多角度来"立法"和"释法"，而法律经济学正好只有这样才能合理地回答和反击"灰色地带"的问题，使《物权法》的制定成为一部真正有价值、科学、合理并且光芒万丈的法典。

三、法律人如何从事法律经济学研究

以下几点问题是值得我们思考"法律人如何从事法律经济学研究"时应当注意的思路、方法与步骤。

要认识到法学家（尤其是民商经济法学家）熟悉相关领域的经济学理论，对于提高其法学研究水平，至关重要。但是，我国的法律经济学研究范围显然还不够广泛，运用的视角也不够宽阔。比如，在传统的民法领域，对代理、物权法、合同法等方面的经济分析还不够，在程序法方面的经济分析几乎还没有看到像样的著作。这些现象都说明，我国的法律经济学研究还需要法学界人士的进一步努力，而打破学科壁垒、破除注释法学的保守主义思想、实现观念转变则是第一步要做的工作。也就是说，要加强法学界与经济学的合作研究。

虽然目前一些法学家、经济学家开始涉足法律经济学研究，但他们研究的侧重点不同。以近年来社会广泛关注的收入分配和循环经济问题为例，从法学的角度来看，上述问题涉及的主要是经济法及其实施问题，而从经济学的角度来看，依法调节收入分配关系和循环经济关系的问题同样是一个需要考虑各种法律（如财政、税收、劳动和环境资源法）手段之间的成本收益衡量从而进行取舍的问题。此外，在考虑房地产市场价格的法律调控问题时，不仅立法和执法需要考虑成本收益问题，调控手段也要考虑执法的合法性问题。如果在经济学和法学之间有所偏废，这种重大社会问题的解决必然是不完善的。

法律人从事法律经济学研究的基本思路及步骤，此处以违约金的法律经济分析为例。从实际操作的角度，法律人进行法律经济学研究的基本思路及步骤有以下几方面。

一是找出传统法学分析的争议问题。法律人研究法律经济学的根本目的是完善法律规则，使其能够更好地适应社会经济生活的需要。因此，法律人引入法律经济学思维的起点应该是传统法解释学碰到的争议和疑难问题，亦即"真问题"。比如，在大陆法系，民法典中通常允许当事人以约定违约金"过高"或者"过低"为由请求法院调整赔偿数额。[①] 在英美法中，违约金条款被分为惩罚性违约金条款、补偿性违约金条款以及限责条款，法院不会强制执行惩罚性违约金。可以看出，相对于合同中的其他条款（比如价格条款），违约金条

---

① 《德国民法典》在第343条第1款规定："如果惩罚金不合比例地过高，法院可以根据债务人的请求将其降低至合适的数量。"《法国民法典》在1152条第2款中规定："如果赔偿数额明显过高或过低时，法官得减少或者增加原约定的赔偿数额。"《瑞士债法典》第161条规定，法院可以根据自由裁量权减少过高的惩罚金。我国合同法第114条第2款规定："约定的违约金过分高于造成的损失的，当事人可以请求人民法院或者仲裁机构予以适当减少。"我国台湾地区"民法典"第252条规定："约定之违约金数额过高者，法院得减至相当之数额。"

款受到立法者和司法者的特殊对待。在我国，法院究竟应不应该在事后（合同订立后或违约发生后）调整约定违约金数额，我国《合同法》只是给予抽象的指导，也就是所谓合理性规则，即法院或仲裁机关可以根据违约给当事人造成损失大小这一"案情"调整过高或过低的违约金。但是，什么样的案件中的违约金约定过高，什么样的案件中的违约金约定过低，需要具体考虑哪些因素，并对过高或过低的约定违约金进行合理调整，这些问题至少到目前为止还没有一位国内学者进行过全面细致的分析。因此，约定违约金数额调整的标准问题就是一个有争议的、传统法学分析至今没有解决的问题。对此争议问题的法经济学研究是必要的。

二是将争议问题背后的经济学问题提炼出来。既然要用经济学的视角来分析法律问题，那么，首先需要做的工作就是转换语境——将争议问题的法学语境转换为经济学语境。比如，无论是大陆法系还是英美法系，对违约金的规制都需要从其内容的"合理性"（不论是大陆法系的"不过分高于"还是英美法系的"合理"标准）来进行限制。而这里需要转换的问题就是将"从法学的视角来看，法律为什么要对违约金条款给予特别的规制？为什么不用一般的判断合同效力的规则来判断违约金条款的有效性？"这类问题可以转换为"从经济学的角度来看，当事人对交易条款的事前同意意味着双方认为这样做是实现双方财富最大化的手段，那么，法律在事后以合理性标准对违约金的数额进行调整是否改变了当事人事前达成的对交易剩余分配方案的不合理干预？是否会影响当事人有效率地行事？"的问题。

三是将经济学问题置于经济学理论的框架中。和法学一样，经济学是一门有着严格学科划分的学科。通常来说，在经济学研究中，文献回顾是一项相当必要的工作。而文献回顾的起点则是需要找到自己的问题在整个学科体系中的定位，找准自己的参照系。比如，违约金作为一个经济学问题，其解决必然牵涉到经济学理论，牵涉到的基本参照系则是科斯定理（零交易成本下财富最大化的理想状态）。然后，就要弄清楚自己的问题在整个经济学文献中的定位，以便查明什么是已经解决的问题（比如零交易成本下当事人的选择必然最优是已经被解决的问题），什么是未解决的问题（现实中的谈判肯定是受到交易成本制约的，因此，需要进一步考察是哪些因素影响了当事人无法达到理想状态）。按照外部性理论，违约金条款有效性的一个前提就是该条款安排的成本和收益都可以在当事人之间内部化，至少不应当产生负外部性。因为惩罚性违约金导致过多诉讼，加之诉讼成本并非全部由当事人来承担，所以惩罚性违约金对社会产生了负外部性，需要法院干预才能执行，因此不应当鼓励当事人签订惩罚性违约金条款。

四是运用相关经济学模型进行分析。进行了这样的定位和文献整理工作后，接下来要做的就是建立经济学的模型对各种考量因素进行模型化。还是以违约金问题为例，此时，需要根据之前的工作给出一些假设，并且定义相关的变量。比如，当事人在谈判时的信息不对称程度如何、当事人面临的策略行为是什么、当事人对未来的预期如何等。总之，对"当事人的平等交易是否能达到效率最大化"这一命题，经济分析的模型试图用相关的变量表示出一定的因果关系。比如，以信息不对称作为自变量，以合同违约金条款的合理性作为因变量，我们可以构建这样一个相关函数：$R = aX + b$，其中，R代表合同违约金条款的合理性大小，而X则为双方信息不对称的程度。一般的推论是，R值应该与X值呈现负相关，即信息越对称，则违约金条款的合理性越强。

五是运用数据检验经济学结论的可靠性。建模本身并不是经济学研究的目的，建模是理清思路、建立经验检验的假设步骤，用数据对经济学模型进行验证，进而得出经济学结论才是建模的目的。以违约金问题为例，此时需要做的工作就是要么去法院收集涉及违约金纠纷的案件，要么去银行、公司等企业去收集相关的合同违约金范本，对各个变量进行操作化地赋值，并且进行统计分析，比如回归分析、检验等。最后得出原来的假设是否成立的结论，如"在企业当事人之间的违约金条款通常是事前来看达到了效率最大化的"①。比如，可以调查某一区法院或者市法院的违约金条款争议案例，通过当事人双方的当事人身份（企业还是个人）、所处环境（老手还是新入行者）等来大致量化当事人的信息不对称程度，同时，以法院最后对违约金条款的支持或者调整幅度作为该违约金条款理性程度的一个代表量，通过回归方程、检验这两个变量之间是否存在负相关，从而部分得出我们开始要检验的结论。

六是带着得出的经济学结论回到法学的争议问题。从二到五的步骤是跳出规则来看法律的过程，正如我们一再强调的，法律人从事法律经济学研究的最终目的是"回归法律"，也就是说，经济学的结论最终的着力点是在对规则的抉择上。如果我们得出的经济学结论如上所述，在当事人信息比较对称时，合同违约金条款的理性程度，以及随之而来的效率是最大化的，那么，反映到法律规则层面则是：如果我们坚持效率最大化的原则，那么，法院在解释商人之间的违约金条款时应该坚持合理性的推定，不轻易干预当事人的安排。

七是权衡效率之外需要考虑的因素。当然，这种结论还是初步的，还带着"如果"，如果立法机关并不认为效率是唯一甚至是最重要的目标，而事后的个别正义是值得牺牲一般性的稳定预期来追求的目标，那么，此时，由经济学结论得出的法学结论就必须和其他非效率目标进行比较。从我国合同法立法似乎可以看出立法者对违约金个案的关注，但是，由于合同法条文的简单，需要进一步进行学术探讨来寻求立法机构的进一步更明确的表态。由于我国曾经的计划经济和国有经济占主导的体制，国家可能会更多地考虑到企业的代理人不会以比较理性的方式行事，从而通过事后的合理性检验来防止国有资产通过不谨慎甚至恶意的合同流失。此时，效率之外的因素显然就战胜了我们开始所做的当事人尤其是企业当事人通常比较理性的假设。这里的判断过程在很大程度上是一个政治过程，也就是立法过程。

八是整体权衡得出法学的结论。在权衡了经济学以效率为导向的结论和其他道德、情感等因素的影响之后，我们得出最终的法律规则或者标准。可见，由法律人的视角和法学研究的需要出发进行的法律经济学研究经历了"法律—经济—法律"这样一个过程。当然，这个过程并不以最后的结论而终止，由于社会处在不断的变迁之中，随着人类社会技术条件等方面的不断变化，上面的整个研究过程必定也是开放的。法律经济学的研究也正是由于自身的这种开放态度可以"历久而弥新"。

第三节 中国法律经济学的实务研究问题②

对于法律这样一门比较世俗的学问来说，对于通常来说比较保守的法官、律师和其他法律工作者来说，如果法律经济学不能为法律实务界的困惑问题提供答案，不能为法律实务界

---

① 严格来说，由于统计数据的抽样特点，我们能够得出的结论都不是绝对的，而是有一定"信度"和"效度"限制，比如，上面的结论可以修正为"在80%的情况中，我们可以说企业之间的合同违约金条款是达到了效率最大化的状态的"。有关"信度"和"效度"的具体介绍，可以参见任何一本社会调查教材或者计量经济学教材。

② 本节部分内容曾以论文形式发表，具体出自周林彬《中国法律经济学的实务研究问题》，载《学术研究》2006年第10期。

解决实务问题做出有益的贡献，那么，法律经济学就只是学术圈子的又一次玄思。而事实上，作为美国法律现实主义运动重要组成部分的美国法律经济学，以研究行动中而非书本上的法律为其特征，又因其为法官、律师在解决当下法律实务中的诸多"不符合先例"却"符合社会正义"的法律难题，提供了旨在提高判决准确性和适应性的具体方法和思路研究，从而使美国法律经济学作为一种法律现实主义思潮而深入美国法律人的内心，以至于如一篇回顾美国现实主义法经济学运动的书评文章开篇所说的那样，"我们现在都成为法律现实主义者了"。①

但是，以此上述场景来审视中国的法律经济学发展，会得出一个令人遗憾的初步观察结论：我国的法律经济学之所以同时被经济学和法学视为"小儿科"，特别是我国法律经济学的非主流经济学和非主流法学的现实地位，使得众多的法律经济学研究及其人员有可能被主流经济学和主流法学"边缘化"，其原因自然有"人家"的不是，但我国法律经济学缺乏实务研究，却也是我们不得不承认和认真思考的一个现实原因。

研究中国法律经济学的实务问题，首先要面对我国法律经济学研究到目前为止缺少实务研究的事实；其次将介绍国外法律经济学对实务界的影响以及由此形成的"良性循环"，以及国内学者的相关论述；最后将剖析现状成因以及提出问题解决之道的任务。

一、我国的法律经济学更多流于"理论研究"

我国法律经济学的研究到目前为止虽然取得了初步的成绩，但是，来自传统法学界和实务界的反对声音从来没有停息过。虽然国内外法律经济学界已经从理论和实践的层面对这些意见进行了不少反驳，但是，在我国法律经济学研究中存在一个尴尬的现实，那就是，作为一项智识运动，法律经济学，至少在中国，仍然没有为实务界提供太多可以"上手"的解决实务问题的方案。虽然传统法学界的法解释学分析也时常受到"过于理论化，操作性不强"的批评，②但是对于法律经济学的研究来说，这个问题显得更加急迫，因为法律经济学的长久生命力无疑在于其面对现实并服务于现实的"实践理性"的研究取向。

一方面，从国内法律经济学发展述评文章来看，③我国法律经济学显现出"重理论研究、轻实务研究"的特点。如在进行法律经济学的述评时，述评作者关注的论文和专著都是以某某理论为名的学术著作，或翻译、原创，而很少有带有实务色彩的法律经济学学术著作进入述评者的视野。或许，这从一个侧面也反映了我国法律经济学研究在实务研究上的缺乏，才使得述评者无书可述。

另一方面，从国内法律经济学的论文来看，也是理论性的文章居多，真正提出有建设性的、能够为实务人士所用的论文少。据对我国法律经济学界已经出版的文献所做的不完全统计，首先，就学术著作而言，中国大陆已出版的法律经济学译著和专著，由法理学专业人士翻译和编写的以论述法律经济学基本理论的法理学著作有25部，而由部门法专业人士翻译和编写的以论述法律经济学实务应用的部门法著作是8部。其次，就学术论文而言，据对中国学术期刊网（1994—2005年）（搜索的关键词或篇名是"法律经济学"，搜索的栏目是法律政治类）论文统计，关于法律经济学基本理论方面有265篇，关于部门法的法律经济学研

---

① Joseph William Singer, "We are all legal realists now", *Legal Realism Now*, 1988, Cal. L. Rev 76, p.465。
② 最明显的例证莫过于民法学界对德国物权行为理论的讨论。本来该理论是一个很简单的用来解决一物二卖问题的规则，但在一些深谙大陆法系德国、日本学说的学者那里，这类问题被用很多不知所云的词句讨论得玄乎其玄。
③ 比如吴锦宇、汪浩泳《略论我国法律经济学运动》，载《世界经济情况》2002年第10期，第13-16页。

究论文为 63 篇。可见,以实务研究为基本特征的部门法的法律经济学研究,滞后于以理论研究为基本特征的法理学的法律经济学研究。再以 2005 年中国法经济学论坛和制度经济学研讨会所提交的会议论文为例①,在提交的 29 篇会议论文中,甚至只是以文章是否提出比较具体的立法、执法或者司法上的建议为标准,我们能够归入法律实务类型的文章仍然不超过 5 篇。② 大量的论文更多地属于两种类型:要么是对相关领域国内外理论文献的综述和整理,③ 要么是对某种社会现象的一些演绎式的解读,类似于传统法学研究中所谓的"以案说法",只不过,这里的"案"变成了一些并非法学意义上问题的社会现象,这里的"法"变成了经济学的一些定律。④

从反对法律经济学"膨胀"趋势的批评者的声音来看,我国法律经济学发展所受到的主流法学的压力也主要来自其自身过于关注法理学或法哲学理论问题的特点。"虽然看起来很美,但是不能或者不适合解决实际问题"是主流法学界对法律经济学批评的一个重要论据。这种批评虽然有其偏颇之处,但是,我国法律经济学研究目前为止在解决法律(主要是部门法)实务问题上所做的贡献乏善可陈的确也是一个不争的事实。

美国早在 1987 年就由美国杜克法学院召开过一次以"法庭中的经济学家"(economists on the bench)为题的研讨会,⑤ 这次研讨会召开的背景就是当时法律经济学运动在美国发展得如日中天,以及当时接连有研究法律经济学背景的学者被任命为美国联邦巡回法院的法官,从而使得法律经济学的研究直接得到了实务界的认可。而这些深具法律经济学背景的学者在法庭上的表现无疑是衡量法律经济学的"实用性"的一个重要参考指标。会议上,与会人士达成的一个共识:经济学对于一个称职法官(尤其是上诉审法官)来说是必不可少的一门工具。但是,对于经济学在多大程度上可以决定法律争议的解决,各方的观点有所区别。⑥ 然而,在中国,法律经济学至今仍主要停留在理论研究阶段,法律经济学实务研究成果稀缺。虽然有所谓法律经济学应用的法院案例,但充其量是一种法律经济学的事后注释。⑦ 两相比较,我国的实务界对法律经济学的"忽视"既是我国法律经济学发展不成熟的表现,同时在一定程度上也影响了我国法律经济学的进一步深入发展——包括理论和实务的深入研究。

---

① 浙江大学法与经济学研究所、浙江大学经济学研究所、山东大学经济研究中心,2004 中国法经济学论坛、制度经济学研讨会(会议论文集)(2004 年 4 月)。
② 提出较为详细的法律实务意义上的见解的论文比较典型的较少,周林彬《我国私力救济制度的实证分析:从定性到定量》和江麟生《边防证制度的经济学分析》。
③ 比如,黄少安、王鲁华《史蒂文·莱维特法经济学思想述评》(2003 年度中国法经济学论坛论文),以及黄立君《法经济学发展历史概述》(载《制度经济学研究》2004 年第 3 期),等等。
④ 比如,沈满洪《区域水权的初始分配——以黑河流域"均水制"为例》(载《制度经济学研究》2004 年第 3 期),以及栾天虹《投资者法律保护:理论与实证研究》(浙江大学 2004 年博士学位论文),等等。
⑤ Symposium, Economists on the Bench [法庭上的经济学家], 50 Law & Contemp. Probs. 1, 1987。这次会议包括了美国不少最知名的联邦法官和法学院教授,他们都以善于利用经济分析解决问题而闻名。
⑥ Jerome Culp, "Foreword: Economists on the Bench"[前言:法庭上的经济学家], 50 Law & Contemp. Probs. 1, 1987, 4。根据作者的总结,在这个领域的专家中,波斯纳、依斯特补鲁克(Easterbrook)(两人均为联邦巡回法院法官)和曼恩(Manne)(此人所主持的 Henry Manne 项目负责对联邦法官的经济学培训)所持的观点是最强的:"法律的答案应该就是那些用经济学可以证明的答案。"而联邦最高法院大法官斯卡利亚(Scalia)以及其他一些与会的联邦法院法官所持的观点则比较持中:"经济学在某些争议中很有用,但是法官必须可以操作化这些经济性理由。"
⑦ 近年来,虽然中国最高法院围绕司法改革提出的"公平与效率"改革主题,引起了众多法官对法律经济学理论的研究兴趣,他们纷纷尝试用法律经济学理论检讨现行审判和执行制度的低效率,并在此基础上提出提高现行审判和执行制度效率的若干改革新思路。但是,至今未见一份引述法律经济学之法理的判决书。

相对于国外法律经济学在实务中的广泛应用，我国的法律经济学研究目前为止仍然没有其"实务应用"的独立呼声，更多的法律经济学著作更像是"搬运"著作，没有问题意识，没有对法律实践中问题的深切认识。即使与我国台湾地区、香港地区的法律经济学研究相比，大陆地区在这方面也落后甚多。就以关于法律经济学方面的研究文章来讲，台湾地区、香港地区的学者已经开始经常就一个具体的法律制度展开详尽的法经济学分析，而大陆学者往往甚少。①其差距不仅表现于研究问题的细微和具体，而且在于经济分析的精致程度，包括分析方法的科学与否、运用资料得翔实与否、切合实际的程度高低等。尽管如此，从最近的法理学研究已经看到了可喜的转变，有不少学者已经从一般的社会科学知识的角度开始切入"交叉学科研究的实务应用"的问题，虽然这些学者的作品更多地在强调社会学、政治学等学科的作用，但是，经济学作为社会科学的"王冠"，毫无疑问也可以借用这些理由，并且有所发展。

二、实务研究是我国法律经济学发展的一个关键

法律经济学的理论研究与实务研究实际上具有"唇亡齿寒"的密切关系，偏废其中任何一方都是不可取的做法。在我国，法律经济学发展仍处于起步阶段的时期，实现从理论研究向实务研究的转型，是我国法律经济学发展的一个关键。

第一，法律经济学的实务研究，是法律经济学广泛应用的一个重要原因。不管学术上的争论如何，运用经济原理制定和改进法律实践已在英美法国家广泛开展。如里根总统曾颁布12291号总统令，要求对新的行政规章进行强制性成本—收益分析，禁止实施社会成本超过社会收益的规章。澳大利亚法律改革委员会也认为，"法律改革，及其一般的、实际意义上的立法，必须关注其内在的经济因素。我们必须谨慎地衡量法律变革的成本与收益"。再比如，美国法官教育培训机构"联邦司法中心"长期组织对法官和律师的法律经济学专业培训。此外，一个具体例证：具有强烈法律经济学思维方式"汉德公式"在美国侵权司法中已经取得了地位。②根据一项1992年的研究，法律经济学对美国法律实务界的影响，早已超出了传统的反托拉斯法领域（在这个领域，法律经济学可以说是改变了其整个用语和思考方式），而"在侵权法、合同法、证券法损害赔偿计算中以及其他领域——甚至包括离婚案件的金钱救济的计算中，经济学都打下了自己的重重印记。经济学证据在环境和反歧视案件审理口岸中起着重要作用，并在以下实务领域中起到越来越大的作用——合同法、劳动法、税法、公司法、养老金法、律师收费等"③。

第二，法律经济学实务研究，是提升法律经济学研究水平的一个重要途径。一方面，无论是从旧法律经济学主要限于经济法律问题的研究特点看，还是从新法律经济学将研究领域从经济法律领域扩大到非经济法律领域这一研究特点看，法律实务问题始终是法律经济学的

---

① 就拿物权法领域来讲，如台湾学者苏永钦曾针对物权自治问题曾有过精细的经济分析，其调查数据和引用资料之丰富、其具体成本分析之细微、其表述方式之科学（如运用图表、函数、模型乃至会意图），大陆学者与其相比，还有很大的差距。其《物权法定主义的再思考》一文，仅自制各种图表就有18份；在物权法定主义与自治主义成本的比较分析中，仅交易成本一项，就将其分为认识成本、协议成本、规范成本、防险成本、争议成本等，并做了细致的定义；而在注释引用资料中，仅台湾地区的司法判决书就有6份。可参见苏永钦《私法自治中的经济理性》，中国人民大学出版社2004年版。

② 进一步的论述，参见［美］理查德·A. 波斯纳《法律的经济分析》，蒋兆康译，林毅夫校，中国大百科全书出版社1997年版一书译者所作序言。

③ Posner, "The Influence of Economics on Law: A Quantitative Study", 36 *J. L. & Econ*, 1993, pp. 386–387.

研究重点。具有法官职业背景的波斯纳教授的经典之作《法律的经济分析》，就是以对普通法问题研究"务实和广泛"的特点闻名于世。另一方面，法理学层面的研究固然是法律经济学研究的一个重要层次，比如，对于"效率""财富最大化""理性人"等概念和术语的规范性探讨有利于我们厘清这些概念的具体含义和适用范围。但法律经济学研究的主要力量应该是投入譬如"中国的审判委员会制度在法官素质不断提高、法院地位不断增强的现状下是否应该废除""中国的司法判决和仲裁裁决在什么条件下能够做到相对准确""中小企业的外部融资难题应该通过什么样的法律途径来解决"之类的部门法所及的实务务题。这些实务问题的研究，也会促使法理学层面的讨论更进一步，而非如同现在一样更多的"自说自话"式的"原地踏步"。而从学术研究的角度来看，研究实务问题也是法律经济学理论能够不断创新的一个重要因素。①

第三，法律经济学实务研究，有利于推进旨在普及法律经济学知识的法律经济学教学。因为法学院不是哲学系，法学院是以实务研究为其根本目的学院，如果法律经济学不能深入到实务研究，法律经济学的研究就只能浮于表面，不过是法学史上又一次法哲学思潮而已。正是由于实务研究，才使法律经济学的实用性得以凸显，并据此吸引更多法律人从实用角度学习和运用法律经济学。就教学而言，法律经济学的实用性具体表现在如下几个方面。

首先，对于有志于今后从事律师实务的法学学生来说，本科期间如果能接受良好的人文、社会科学的训练，尤其掌握法律经济学知识，其日后的律师实务工作必定会因此受益匪浅。因为现实生活中的法律问题往往不是单纯的法律问题，而是一个个现实的人际交往、商业操作的难题，一个仅仅掌握法律知识的人才是无法通盘把握他所要面对的实务问题的。而且，律师行业的现状是，非诉业务律师在中国的发展不论是从从业人数上还是收入水平上，都要优于诉讼业务律师，非诉律师，尤其是公司法务人员，其日常业务中所要进行的工作往往是和经济方面的人员合作解决现实中很大的财务、金融问题，如果不具备将法律和经济知识联系起来的能力，他们的职业前景不会乐观，而法律经济学正是这样一座沟通法律和经济的桥梁。

其次，虽然中国是大陆法系国家，法官的职能主要是解释成文法规定，但是，在诉讼中法官和律师所面对的问题并非仅仅是如何注释法律，解释法律本身并非一项简单的文本解释工作，当我们遭遇法律的灰色地带（这种地带的现实存在也往往是法律争议会进入法院、进入诉讼程序的根源所在）时，我们无法宣称法律解释是一项价值中立的工作。在不同的、相互冲突的法律解释之间进行取舍在很大程度上本身就是一个价值取舍的过程，而价值取舍则必然牵涉到对社会现实的判断，这种判断则往往需要借助法律经济学，或者更广义的社会科学的知识，一个只会在条文上进行推理的律师是无法完成这种重任的。② 法律问题的解决经常会牵涉到事实上的标准问题，而这种问题通常是事实而非法律问题，是实证性质的问

---

① 比如，行为主义法律经济学从心理学和行为经济学的理论中为部门法中的不少疑难实务问题提供了答案——比如"禀赋效应"对诉讼和解率的影响，"可得性启发"对公共安全立法中侧重于那些更明显但实际威胁不大的危害（比如核电站事故）的有力解释——这些疑难问题是传统法律经济学无法解答的，因此，法律经济学不仅是部分解构了传统法律经济学，而且在解构之后还提供自己的有体系的解释。

② 关于这一点，20世纪初在美国发展出了当时是律师后来成为联邦最高法院法官的布兰代斯在最高法院代理案件时所做的"布兰代斯案件陈词"（Brandeis Brief），这种陈词的最大特点是结合了社会科学的研究成果来论述法律问题，后来这种陈词实际上已经被美国法律实务界完全接受。参见 John Monahan, Laurens Walker, *Social Science in Law: Cases and Materials* (4th Ed.)[《法律中的社会科学：案例与材料》（第四版）], New York: Foundation Press, 1998。

题，没有其他学科的知识是很难理解和调查此类问题的。①

最后，对于今后要成为政治家、社会活动家之类社会公共服务人才②的法科学生，掌握法律经济学知识的运用则显得尤为重要。在当前中国社会处于转型和发展的过程中，经济和社会现实是社会政策制定者，尤其是立法者、执法者，必须考虑的基本问题。而由于他们从事的工作都在某种程度上具有社会控制性，③法律通常可以看作实现控制者意图的一门重要的手段。如果要通过法律来规范、引导社会，他们就必须从实证的角度去理解和调查法律在现实生活中到底可以在多大程度上实现控制者的意图。

三、中国法律经济学太少实务研究的原因

初步分析，导致中国法律经济学实务应用缺失的主要原因，可以大致分为以实务为取向的法律经济学知识的供给不足和实务界对法律经济学知识的需求不足两方面。以下将分别加以讨论。

（一）从法律经济学知识供给的角度来看

一是注释法学传统的影响。一方面，就我国改革开放以来整个法学研究和教育而言，其前20年大致可以看作一个树立法学知识专业化形象的时代。出于对之前政法不分状况的担忧，改革开放起步的中国法律教学与研究，大多数法律教学与研究都主张法学存在其自身的专业性，特别是部门法的实务教学与研究更是强调部门法学自身的"法言法语"。这种法言法语也与借鉴日本、德国等大陆法系国家和地区的法言法语著述的法律传统原因有关。④ 因此，法律经济学作为一门颠覆法学自足性，试图用另外一种学科的语言来取代法学语言的学术尝试，⑤ 虽然其在法理学界作为一种思潮和方法尚可以被容忍，但要将其引入部门法实务问题的研究，对于那些掌握部门法理论和实践话语权且热衷于"法律职业共同体"特殊利益，特别是仅有法学专业知识而基本不具备其他社会科学（尤其是经济学）教育背景的资深法官、检察官、律师、法学教授来说，"是可忍孰不可忍"。另一方面，虽然中国社会盛

---

① 关于社会科学知识在确定事实问题上的作用，参见 John Monahan, Laurens Walker, *Social Science in Law: Cases and Materials* (4th Ed.) [《法律中的社会科学：案例与材料》（第四版）], New York: Foundation Press, 1998。该书将社会科学对法律问题中事实确定的帮助主要分为两类。第一类裁判事实（adjudicative facts）即此处的所谓事实，即个案中所需要的事实，这种事实确定更近于证据法上的事实。而第二类立法事实（legislative facts）则是脱离个案的关于某一问题的社会现实，此种事实的提炼，其目的是推动解决某一问题的立法。在英美法系中，由于法官可以通过判例改变规则或者创造新的规则，因此该书将该类事实也作为律师在司法过程中可以运用的事实，但是在大陆法系，笔者认为此种事实更多的是立法活动中需要考虑的事实，虽然不排除在适用法律出现问题时法官可以通过分析此类事实来确定立法目的，从而有助于更为恰当的目的解释。

② 此种呼声近年来似乎越来越高，比如朱苏力在北京大学法学院100年院庆上的讲演，其中就希望北大可以出更多的高层领导人。其起源可能仍然是美国样本，即美国社会中法学院毕业学生在政治领域和社会活动领域占居很大份额。把中国和美国进行这样简单的类比是否合适理论上仍然值得进一步研究，即法学学生从事政治、社会活动是否一定优于其他专业的学生。

③ [美] 庞德：《通过法律的社会控制》，沈宗灵译，商务印书馆1984年版。

④ 由于我国属于发展中国家，且缺乏市场经济体制建设的成熟经验，法律主要移植自西方大陆法系国家和地区的既有成果，因此西方大陆法治传统中的注释法学和司法独立传统也影响着我国的法律理论和实务。正如博登海默所说："至少在法制生活中的某些重要时代，盛行着这样一种趋向，即把法律建成一门自给自足的科学，完全以它自己基本原理为基础，不受政治学、伦理学和经济学等学科的外部影响。"（引自[美] 博登海默《法理学——法哲学及其方法》，邓正来译，华夏出版社1987年版，第233页。）

⑤ 关于法律经济学能否在整体上取代法学用语的讨论，参见 Bruce Ackerman, *Law, Economics, and the Problem of Legal Culture*. Faculty Scholarship Series, 1986, p.145.

行"潜规则"和法律实务中对成文法律的"变通适用",但是在法学研究中,因为受注释法学传统束缚,国内法学界更加注重法律条文的文字和规范解释,而忽视法外之法(如各种法律的"潜规则")的研究,而且这种注释法学传统又从所谓"司法独立""法官非行政化"的现代法治理念中找到了依据。于是,侧重法律条文以外因素研究的法律经济学研究,被视为一种与实务关系不大的法理学研究,其虽然有学术价值,但不能直接解决实务问题的一种非主流法学观点。而且,受注释法学传统的影响所导致的一种学术研究思维惯性,在我国对国外法律经济学论文和书籍的介绍中,往往是侧重规范性、理论建构的文献,对于从实务角度出发的、不那么"诱人"的文献则介绍不多。①

二是法律经济学研究自身在实务应用上也存在不小的困难需要加以克服。抛开规范意义上的正当性问题不论,法律经济学在具体实务研究时也存在"操作化"困境。"那些致力于使法律反映合理经济政策的人,必须理解法律判决和法律规则要具有可操作性。"② 特别是不少主流法律经济学论文(主要由具有经济学教育和学术背景的学者撰写)过于看重理论化的经济学模型,过于重视经济学自身的逻辑性,在对法律现实的提炼上走得有些过头,显得过于理论化和模型化,而"一门学科如果过于理论化,人们就会只是就其他理论家提出的问题展开研究,而不是试图为理解真实世界而提出的疑问提供解答";③ 另外,现代主流经济学中形式化和数学化的不当风气常常也影响了法律经济学的研究,导致不少法律经济学研究在"符合科学性要求"的同时,却"偏离了所要分析的基本目标,无助于对法律制度进行精确解释,其结果无非是将语言的模糊[传统法学最为人诟病的地方],转换成数学公式中的'变量'"④。当然,更为具体现实的一个原因是,绝大多数法官、检察官和律师的法律专业教育背景,是他们运用经济学的一个知识和语境障碍。虽然越来越多的民商事审判需要法官掌握越来越多的经济学专业知识,但一个流行的观点是,专家型法官不等于专家,所以解决实践中有关经济专业问题所需的经济学专业知识,主要应依靠经济学专家,而不应依靠掌握经济学专业知识的法官,否则民商事审判就成为"经济学研讨会"了。

再从我国法律经济学的发展路径来看,虽然国外的法律经济学理论在 20 世纪 80 年代已经基本定型,但我国的法学界在当时除了有一些很简略的介绍,⑤ 法律经济学的介绍与推广主要由经济学家来完成,而法学界在法律经济学问题上至少在 20 年代 90 年代中期以前几乎没有什么发言权。由此,可以想象的是,从经济学家的立场出发,他们对法律经济学的介绍所戴的经济学"眼镜"必然不会有太多的"法言法语",关注的问题自然也是经济学味道很重,缺乏法学语境,难以得到法学界的回应。我国的法律经济学发展也因此形成了一定的路径依赖。由于语言的限制,我国的法律经济学研究在近 10 年不得不大量依靠经济学家选择、翻译和介绍的国外文献,不能从法学家的视角去选取自己需要的资料,从而也就造成了我国法律经济学研究中"重经济学理论,轻法律实务研究"的特点。

---

① 这种更侧重法律经济学的宏大理论建构的书籍比如罗宾·保罗·麦乐怡《法与经济学》(中译本,浙江人民出版社 1999 年版),以及麦考罗、曼德姆《经济学与法律:从波斯纳到后现代主义》(中译本,法律出版社 2005 年版)。
② [美]史蒂芬·布瑞尔:《经济推理及司法审查》,周卓华译,转引自吉林大学理论法学研究中心网站。
③ 这是诺贝尔经济学奖得主贝克尔 1997 年在芝加哥大学法学院召开的有关法律经济学发展的圆桌会议上提出的担忧。Baird, *The Future of Law and Economics: Looking Forward*, 64 U. Chi. L. Rev., 1997, 1129, p. 1137。
④ 参见郭振杰、刘洪波《经济分析法学方法论的贡献及局限》,载《现代法学》2005 年第 3 期。
⑤ 比如钟明钊、顾培东《马克思主义法的理论基础与法经济学的建立》,载《法学季刊》1983 年第 2 期。

（二）从法律经济学知识的实务需求的角度来看

法律经济学知识在实务界的主要"消费群体"是立法者、执法者与司法机构。但是在我国，这三者对法律经济学知识的需求都不太旺盛，所以，对法律经济学知识的实务需求不足也是我国法律经济学缺少实务研究的重要原因。

一方面，就立法而言，我国的立法机构还远没有实现专业化，立法过程还不够透明，立法机构进行立法通常是闭门造车，加之我国在法治建设初级阶段的立法也是更多"借鉴"而少原创性思考，这样，作为对法律条文背后人们行为更加深入思考的法律经济学知识，对于立法过程来说自然也是可有可无。[1] 比如，从增强立法民主性与科学性角度来看，我国立法机关应借鉴美国的做法，将立法的成本效益分析作为一个法定程序，引入立法（尤其是经济立法）程序中。但是，由于立法机关工作人员（包括立法草案起草者）欠缺经济学专业知识，以及成本效益分析所需的数据统计及定量分析难度大，使得法律法规的成本效益分析因立法者"有意识回避"而至今不能在中国立法中有效实践。

另一方面，从与法律人联系最为密切的司法界和律师界的需求来看，我国司法界和律师界对法律经济学的需求也同样不强。其主要原因，一是我国法学教育接受的是大陆法系的传统，大学法学教育呈现出不恰当的法学"专业化"，缺少对法科学生进行其他社会科学知识的教育，就使得主要由法科学生组成的司法界和律师界将法律视为一门纯粹的技术工具，认为法条背后的其他社会科学知识可有可无。[2] 二是我国司法界和律师界更多地关注"纠纷解决"而非"规则之治"和更多地关注"合法"而非"合理"这一消极、被动的法律适用传统，[3] 特别是我国法院审判活动不是如英美法系审判活动所表现的"造法"活动，所以我国法官无须像英美法系法官那样引经据典，为自己的判决"造法"的观点辩护，[4] 并将法律经济学这类"法外之法"知识写进判决书中。也正是由于法官将法律经济学作为一种与法律适用无关的"题外话"，相应地，律师也就很少将法律经济学这种"法外之法"写进自己的代理词或辩护词中。

四、如何实现理论与实务之间的良性互动

据此，我国的法律经济学研究如果想要摆脱"无用"的称号，如果想要跨越初级阶段

---

[1] 一个较近的例子就是 2005 年年末有关个税改革起征点的争论，在整个讨论中我们能够看到的几乎都是单一的从公平角度出发的讨论，很少看到设立不同起征点对广大民众的劳动力供给意愿会有什么影响、对个人所得税的征收效率会有什么影响。

[2] 以我国的司法改革讨论为例，我们能够看到的学术界和法官文章的呼声都是预先设定了国外的"对抗式""严格程序要求"的正当性，进而论证我国应该如何向国外模式看齐。但是，从法律经济学的视角来看，"对抗式"的强调程序正义的纠纷解决方式是与国外的经济、社会心理状况相适应的，并不存在一个绝对优势的纠纷解决办法。"纠问式"和"对抗式"都有其各自的收益和成本，我们必须深入规则背后的社会现实中去衡量和讨论这些收益和成本，对于中国这样一个多元化的社会来说更是如此。比如，辛普森案的无罪判决在美国可以被接受，但这并不意味着刘涌案的死缓判决可以被中国民众接受，我们应该避免以国外做法为圭臬的精英式殖民主义思维。

[3] 法律经济学通常是从效率角度，从规范的、"应然"的角度来审视法律规则的合理性，经济学的思维方式也是注重提炼人类行为的一般性特点；而我国的法官在案件中仍然注重案件的独特性、注重个案解决的公平与否，因此，更关注规则之治的法律经济学在我国法官这里产生不了很强烈的知识需求。

[4] 比如，"法国最高法院的判决通常很简短，直接讨论争点：判决毫不含混地表述法院结论；判词很简明扼要，只给出与法院结论直接相关的理由；文本很简明，不会提及之前的判决；最后，甚至案件的程序史与下级法院的推理都不会出现在判决中，而且，除非法院认为确有必要，经常连案件事实都不会被提及"。参见 Burnovski, Safra, *The Undesirability of Detailed Judicial Reasoning*, Law & Economics, 1999, 7 (2), p. 162。

的不成熟性，必须将自己的研究视角重点放在对实务问题的研究上，或者，至少应该在从事理论研究时注意研究相关实务问题以达到理论研究与实务操作的良性互动。

一是破除注释法学传统。这里的破除是指破除传统注释法学单纯地从逻辑实证角度来分析法律规则的正当性的做法。这种逻辑实证分析是以法律条文的自身合理性为前提的。但是，一旦采用法律之外的标准来对法律的合理性进行评判，我们就会发现大量的不合理之处客观地存在着。因此，就法论法的传统法学研究的认识缺陷，在于只知"法律是什么"，任其发展会导致"合法不合理"的恶法现象。当然，法律经济学这一"就法不论法"的法律外部研究，也并不是要完全抛弃注释法学这一"就法论法"法律的内部研究，因为只有通过法律内部研究才可能真正发现法律存在的问题，而非经济学"想象"的法律存在的问题。这种从内部视角出发的内部问题最佳发现点就是法律的实务问题研究，只有实务问题才是贝克尔所说的"理解真实世界时提出的疑问"。

比如，在新的《道路交通安全法》颁布后，出现了因为新法对机动车驾驶人责任加重而导致的机动车第三人责任险保险费大幅提高的状况以及行人违反交通规则的频率上升的趋势。此时，我们显然不能只是通过比较国外法例的做法来肯定或者否定新道路交通安全法的合理性。法律经济学对严格责任、过失责任、比较过失责任的激励分析应该是我们引入的一个重要视角。也就是说，只有通过法律经济学的实务研究，发现生活中的法律问题，进而利用法律经济学的理论和方法进行剖析和研究，才有可能将法律"是什么"和"为什么"二者有机地结合起来，实现法律实然和应然经济分析的统一，有效解决"合理不合法"这一市场化改革中的实践难题。

二是在法律实务界普及法律经济学知识。在司法实践中，我们已经能感觉到司法界在进行利益衡量时对经济学的直觉渴求，比如在最高法院起草有关执行问题的司法解释时，对于保留基本生活费用需不需要设立时限的问题，就牵涉到认真考量我国的社会保障体系不够完善这一经济现实问题。[①] 所以，一方面是法律经济学研究人员需要善于观察和挖掘现实生活中的司法界难题背后的经济学逻辑，从而也就需要加强与实务界人士的交流；另一方面还要善于将相关问题的研究成果实务化，努力说服法院采纳法律经济学的推理，进而激发实务界对法律经济学知识的需求。而且，不论是最高法院还是人民代表大会，都应该改变以前"政治挂帅"的思路，加强对法官队伍和立法机关工作人员的社会科学教育，尤其是经济学教育，充分吸收法律经济学界的研究成果，即时反映实务界疑难问题，实现实务操作与理论研究并重。

三是法律经济学研究人员，尤其是具有经济学教育背景的法律经济学研究人员，要加强和法律界人士的合作。

---

① 最高人民法院执行工作办公室副主任葛行军，在谈到执行中保留的必须生活费用是否设立期限时指出："被执行人保留必需的生活费用和必需的生活用品，这个保留期多长？这个是我们法律里边没有规定的。外国的立法例上有很明确的规定，有的规定保留必需的生活费用是3个月、6个月。我们这边没有规定，没有规定就视为要保留其生活具有连续性的这样一个期限。照理说是不够合理的，比如说你家里小孩念大学，从小学念到大学都需要支出，按照现有的规定，这种教育费用都要留下来。家里说有一栋房子买100万，家里的必须生活用品和教育费用都要扣除，要留下来，这个期限就是这样的规定。我们讨论中曾经考虑过我们国家是不是也应该有期限性规定，因为我们的社保跟不上，这不像西方高福利国家，他们3个月之后，没有了，剩下的法院这样的判决，这样的裁定可以向社会进行福利救济，而且外国的福利救济数额都很大。我们没有这种规定。所以这个是比较困难的，值得我们去思考研究。随着中国今后的发展，以后会有类似规定。"从法律经济学的视角来看，显然，不规定期限的保留不仅造成了债务人不勤于还债的动机（因为不用担心其基本生活保障），还造成了由债权人来承担本应该由全社会承担的社会保障义务。

一方面，严格地依照学术标准衡量，我国大多数法学家基本上不懂经济学，而大多数经济学家也基本上不懂法学。虽然一些法学家、经济学家开始涉足法律经济学研究，但他们研究的侧重点不同。法学家着重于尝试运用经济学的理论和方法来分析法学理论和具体的法学问题，而经济学家侧重于探讨与法律有关的经济学问题，这是他们本身知识结构的局限造成的。如果这种局面不得到改观，势必影响法律经济学研究在中国的发展。为此，通过法律经济学教学和研究，吸引更多的经济专业人士学习与专业相关的法学知识和更多的法律专业人士学习与专业相关的经济学知识，在此基础上建立法学与经济学的共同语境，十分必要。

另一方面，显而易见的事实就是，一篇满是公式和字母符号的标准化法律经济学论文可能从主流经济学理论上来说是一个重大突破，但对于律师、法官这些每天都在处理现实问题的法律人来说，却只可能是一篇"有字天书"。解决之道何在？最理想的状态显然莫过于法律经济学研究者本身同时具有经济学和法学的学位，既熟悉经济学的形式化思维方式，同时还知道法律共同体讨论问题、思考问题的"套路"。但是，由于我国的高等教育体制也存在诸多学科壁垒森严的状况，目前和今后不短的一段时期内，我国法律经济学的研究主力军还只能要么是"业余"法学家，要么是"业余"经济学家。因此，加强法律人士与经济专业人士对实务问题联合攻关，① 是法律经济学"实务化"应重视的一个问题。

四是将法律经济学的研究重点由法理学研究转向部门法研究。

首先，从研究者入手，应该努力把法理学意义上的法律经济学研究成果应用到部门法学领域，把部门法意义上的法律经济学问题传递给法理学领域。② 从打破研究分工"条块界限"而言，要打破法律经济学在法理研究和部门法研究上的界限，就要提倡部门法研究领域中传统法解释学研究人员的规范研究与法律经济学研究人员的实证研究的相互结合、取长补短。③

其次，从研究对象着手，部门法意义上的法律经济学研究不仅应该关注对部门法方面成熟理论的介绍与应用，比如有关破产法的法律经济分析对我国目前破产法起草的借鉴作用。④ 同时，还要敢于利用部门法实践来发展甚至大幅度修正原有的法律经济学理论，这一点正是部门法的法律经济学研究能够为实现我国法律经济学研究学科创新做出最重要贡献的地方。比如，在我国，在完全没有民事信托历史的基础上，直接起草的《信托法》直接规

---

① 据 Landes 和 Posner 的研究，在美国对法律经济学界有重大贡献的 30 多名顶级学者中，文章引用最多的经济学教育背景的作者是 Goetz 和 Landes，他们被引数占据了顶级法律评论的 45%。而这两位经济学作者都以与法学院作者合作闻名，前者是与 Scott，后者是与 Posner。参见 Landes, Posner, *The Influence of Economics on Law: A Quantitative Study*, 36 J. L. &Econ. 385, 1993, p. 394.

② 张文显教授在美国学者贝勒斯所《法律原则——一个规范分析》一书（该书的主要特点是用法理学和法律经济学的思路分析论证部门法的基础理论）中译本的读者推介语中指出："在当代西方法学研究中，法哲学（法理学）研究逐渐扩大和深入至具体法律领域，出现了一批从法哲学（法理学）的层面、用法哲学方法探讨部门法中一般理论的论著。这些论著提供了对部门法的伦理基础、价值基础、社会基础及发展规律的哲学反思，构成了把法哲学（法理学）与民法、刑法、宪法、程序法等部门法结合的中间学科。"

③ 比如，公司法研究应该是公司法实证研究和公司法规范研究相结合。虽然从实证法条主义的分析来看，合伙的无限责任制度与有限责任公司的有限责任制度之间的差异从法律规则来看是比较清晰的，但在公司法的实践中，"刺破公司面纱"规则的适用实际上可能抹杀了这种一般性的区别。此时，要解释这种无限责任与有限责任之间的区别，就有必要深入探讨有限责任制度作为人类法律发展史上比较晚近的制度的社会功能，尤其是其经济功能。只有这样，才可能比较清楚地从功能主义的视角出发分析清楚有限责任制度的本质及适用范围，才能为解决现实中发生的大量抽逃、转移、私吞公司资金以逃债的案例提供有力的理论支持。

④ 有关公司法的法律经济学研究的综述，参见 Cabrillo, Depoorter, "Bankruptcy Proceedings", Bouckaert & De Geest (ed.), *Encyclopedia of Law and Economics*, 1999, 7800, http://encyclo.findlaw.com/tablebib.html.

定的商事信托制度其运行绩效究竟如何？我国的这种"跳跃式"立法到底是对英美法系数百年信托制度发展的创新还是只能算一次不成功的法律移植？这些问题都需要我国的部门法学者——比如公司法、合同法、金融法的学者——通力合作，充分收集我国信托行业的实践资料，利用法律经济学的相关理论对其制度运行绩效做出说明，并且对原有的法学和经济学理论提出修正和创新。

最后，从研究思路看，应该强调问题式和案例式研究思路。因为法律经济学作为一种法学研究方法，该方法只是为部门法问题（尤其争议问题）提供了一种解决问题的思路，这一思路不过是对传统法学研究的补充和完善。正如作者在一本有关部门法经济分析的个人专著的前言中指出的："物权法的经济分析，仅针对一些在各类物权法理论和实践中重要的争议问题进行经济分析，应该采取个别问题、个别分析的研究方法，旨在提供一种解决问题的经济分析思路，以期服务于物权立法和司法，而并不构成对各类物权制度整体的否定。"① 也就是说，部门法经济分析无意破坏传统部门法理论和实践体系，更无意创造一种游离于现行法体系之外的理论和实践体系。所以部门法经济分析的问题，应该是对部门法实务中的争议问题，亦即"真问题"，而不是已经被大家接受、不存在疑问的成熟规则问题亦即"假问题"提供所谓的经济学解释。② 如此"真问题"即实务问题研究，才是有效的法律经济学实务研究。

第四节　法律经济学学科构建探析③

法律经济学从萌芽、初创、产生到发展，历经两个多世纪的演化，其丰富的理论和实践研究成果在学术界及实务界中影响深远。

按照分析方法的不同，法律经济学可划分为芝加哥学派、耶鲁学派、公共选择学派、制度学派、新制度学派、马克思法学理论学派；有学者将法律经济学划分为实证学派（positive school）、规范学派（normative school）和功能学派（functional school）；也有学者从哲学思想出发，把法律经济学区分为保守主义、自由主义、左派共产主义、新马克思主义、自由意志主义以及古典自由主义六个学派④。一般而言，国外经济学界趋向于将法律经济学称作"法律的经济分析"或"法和经济学"，认为法律经济学是归属于制度经济学的一种经济学

---

① 周林彬：《物权法新论：一种法律经济学的思路》，北京大学出版社2001年版，第3页。
② 这种对"假问题"的经济学注释，不过是一种"画蛇添足"式的低层次法律经济学研究。作者认为，以法律实务问题为法律经济学研究重点的思路和波斯纳的法律经济学思路有一定差别。因为波斯纳以证明"普通法是有效率的"命题为其法律经济学研究的重点，由此，其法律经济学研究都是在系统地论证普通法的各个成熟规则是符合效率最大化要求的，这一点从其所著《法律的经济分析》这一教科书的编排和论述可以看出，整个写作覆盖了几乎所有法律部门，尤其是对传统普通法部门的传统理论和实务问题着墨颇多。但是，我国的法治还远未臻完善，还有很多有关规则选择的重大现实问题有待我们去解决。因此，从学术资源配置最优化的角度出发，特别是从经济学，关于选择的科学的特点出发，笔者认为，我国法律经济学研究应该着重解决具有实务意义的"争议"和疑难法律问题亦即法律这一稀缺资源优化配置问题。此点，对于法学界的法律经济学研究人员来说更是应该如此。
③ 本节部分内容曾以论文形式发表，具体出自周林彬、黄健梅《法律经济学学科构建探析》，载《思想战线》2006年第2期。
④ 各个学派理论之间的观点及差异，可参见［美］罗宾·保罗·麦乐怡《法与经济学》，孙潮译，浙江人民出版社1999年版。这种划分表明，麦乐怡更多地从法哲学视野看待法律经济学。其划分基本能在法哲学思想上找到对应的流派。比如新马克思主义法律经济学与以哈贝马斯、阿尔都塞、普兰查斯等为代表的新马克思主义法学，自由主义法律经济学与以哈耶克、诺锡克等为代表的新自由主义法学。

与法学交叉的研究方法或学科理论。国外法学界也将法律经济学称作"法律的经济分析"或"经济分析法学",认为法律经济学是归属于法理学范畴的一种经济学与法学交叉的研究方法或学科理论①。

我国学界在法律经济学究竟是一种方法还是学科理论,还是一种经济学方法或学科理论,至今仍无定论。兹就主要观点及理由,评述如下。

一、作为研究方法的法律经济学:法律的经济分析

从方法论角度定义法律经济学,法律经济学是法学和经济学的一种新的研究方法,方法论意义上的法律经济学强调经济学是方法,法律是研究对象。由于法律经济学发端于借用经济学的工具和理论,而经济学的核心是研究方法,因而法律经济学的核心也在于方法。学科理论的革命首要起因于方法论的革命,加之方法论的革命对学科理论的创新具有举足轻重的作用。② 因此,将作为研究方法的法律经济学引入传统经济学研究和传统法学研究中,将有利于推进经济学和法学的理论创新。无论将法律经济学视为制度经济学的一个分支,还是将其作为法哲学的一种流派,经济学方法论乃其精髓所在。

虽然从提升法律经济学地位的角度来看,法律经济学的研究者更愿意将其谓之边缘学科,一些学者甚至寄希望于通过法律经济学的学科建设,重构法学理论和实践体系。但是,从初创阶段的中国法律经济学发展的实际出发,首先应该强调法律经济学的方法论意义。其原因在于法律经济学起源于国外,加之法律经济学的学术资源主要来自国外,特别是作为传统研究方法之补充方法的法律经济学,其引入传统经济学和传统法学招致的学术障碍,较之作为交叉学科的法律经济学引入传统经济学和传统法学招致的学术障碍,前者显然优于后者。因此,方法论意义上法律经济学,是一种流行的法律经济学观点,也是"economic analysis of law"(法律的经济分析)这一称谓被普遍认可的因由。

进一步分析,法律经济学的方法论发挥着独特的导向功能。方法论意义上的法律经济学,其核心不是分析对象的法律,而在于分析方法的经济学。正是在这个意义上,将突出方法论意义的法律经济学,谓之"法律的经济分析"。诚然,法律经济学方法为相关的经济学与法学研究提供了一种新的研究思路,但它无意也不可能以此方法否定或取代传统经济学和法学的方法。因此,方法论意义上的法律经济学,因其"低调"而受到了传统经济学和法

---

① 法律经济学的创始人之一、著名经济学家诺斯教授认为,法律经济学是一门运用经济理论(主要是微观经济学及其福利经济学的基本概念)来分析法律的形成、法律的框架和法律的运作以及法律与法律制度所产生的经济影响的新兴经济学学科。而著名法学家、法律经济学集大成者的波斯纳教授认为,法律经济学是"将经济学的理论和经验方法全面运用于法律制度分析","使法律制度原则更清楚地显现出来"的法学和经济学交叉学科。参见[美]理查德·A.波斯纳《法律的经济分析》,蒋兆康译,林毅夫校,中国大百科全书出版社1997年版,序言第25页。波斯纳在《法理学问题》一书中,以单独一章的篇幅从法理学角度介绍并分析了法律的经济学方法。参见[美]波斯纳《法理学问题》(The Problem of Jurisprudence),苏力译,中国政法大学出版社1994年版,第444-492页。显然,在法律经济学的集大成者波斯纳眼中,法律经济学作为一个独立的学科,乃经济学与法学的边缘学科,它既是非市场经济学的一个分支,也是法学前沿理论的一个组成。

② 科学界里不乏因方法论的革新而导致理论、科学飞速发展的例子。例如,在自然科学界,由于17世纪前半叶伽利略创建了实验和数学相结合的科学方法,这种方法论的创新成为近代科学产生和发展的主要动力,至今仍为推动现代自然科学向前不断发展的动力。它不仅产生了伽利略的运动学、牛顿的力学、拉瓦锡的氧化燃烧学说、法拉第的电磁理论等物理科学学说,而且产生了生理学、遗传学、分子生物学、心理学等生命科学学科。在经济学界,由于马歇尔将数学边界分析引入经济学分析,开创经济学的"边际革命",并促使数学与经济学的联姻。这一方法论的创新,产生了计量经济学、数量经济学、应用经济学等经济学分支,极大地推动了经济学的发展。

学研究的欢迎，并从法学方法论意义上将法律经济学理论作为法理学的范畴，给予其一席地位，并谓之经济分析法学，以区别于经济学研究范畴上的法律经济分析。

二、作为学科理论的法律经济学：法和经济学

作为学科理论的法律经济学，正是经济学方法不断被用于分析法律问题的结果，法律经济学也因经济学与法学两个学科的不断交流而被最终确认为独立的学科。[①] 更多的法律经济学学者认为，法律经济学是用经济学阐述法律问题的学科，是把经济学作为分析工具、把法律作为研究对象的交叉学科。[②] 换言之，法律经济学是将经济学的理论和经验方法全面运用于法律制度分析，主要研究法律和法律制度的形成、结构、过程、效果、效率及未来发展的一门法学和经济学整合的边缘学科。

法律经济学这一边缘学科的发展是理论发展、实践需求的必然。第一，法学与经济学的联盟极大地推动了各自的理论发展，并加深了人们对这两个学科的理解。法律经济学的产生激发了经济学分析方法研究范畴的扩张，推进制度、非市场现象的经济学研究。第二，现代科学技术发展的规律表明，"边缘学科"是完成科研创新项目和培养科研创新人才的必备学科条件。所谓"边缘学科"，是指在两种以上不同领域的知识体系的基础上采取"跨学科的方法"（interdisciplinary approach）发展起来的综合性科学门类。法律经济学是将分属于传统法学和经济学领域的知识纳入统一的理论框架之内的边缘学科新现象，从而形成了现代经济学和法学发展的一个"前沿部门"（the frontiers of science）。第三，从前面的论述可知（法律经济学在我国部分），我国市场经济体制改革、法治建设等实践需求呼唤法律经济学交叉学科的发展，借此为与法律相关的社会实践提供理论指导的同时培养满足社会需求的法学复合型人才。

三、作为经济学范畴的法律经济学：法经济学

我们注意到，法律经济学作为制度经济学的一个分支，最早产生于经济学领域，其后关于法律经济学的基础理论分析显示，产权理论、交易费用理论、企业理论、制度变迁理论等制度经济学的主要理论乃法律经济学中最广为运用的理论。将法律经济学视为从属于经济学的一种研究方法或学科分支，业已为经济学界所公认，并由多数经济学者谓之"法经济学"。斯蒂格勒一语道出经济学界将法律经济学纳入经济学体系的根本原因之一："法律如同其他社会制度，在经济学家的视野中，是社会生活组织的工具。"[③] 作为经济学范畴的法律经济学，强调其作为经济学分支（尤其是制度经济学分支）在发展、完善经济学理论体系上所发挥的重要作用，强调法律经济学研究者在充分理解经济学理论的基础上运用真正的

---

① Mercuro 和 Medema 在《法律经济学：从波斯纳到后现代主义》一书中就指出法律经济学正是从经济学、法学的小小分支发展为从学科意义上影响经济学、法学自身发展的学术革新。参见 Nicholas Mercuro, Steven G. Medema, *Economics and the Law: From Posner to Post Modernism*, princeton, Princeto University Press, 1997, pp. IX - X。波斯纳也曾明确指出在法学研究中最重要的交叉学科领域就是法律经济学，"Law and Economics"是交叉学科意义上更为普遍的称呼。参见 Richard Posner, *Frontiers of Legal Theory*, Cambridge, Mass.: Harvard University Press, 2001, p. 31。

② 波斯纳曾在《法律经济学运动》一文中说道："努力获得一个独立的领域并被命名为法律经济学的这一学科的目的是将经济学的研究方法与法学理论和法律制度的有关实质性知识结合起来。"他更倾向于将法律经济学定位为经济学与法学结合的交叉学科。参见 Posner, "The Lawand Economic Movement", *American Economic Review*, 1987, p. 4, 转引自〔美〕理查德·A. 波斯纳《法律的经济分析》，蒋兆康译，林毅夫校，中国大百科全书出版社 1997 年版，中文版译者序言，第 3 页。

③ 〔美〕乔治·施蒂格勒：《法经济学》，载《法经济学杂志》第 35 期。

经济学技巧与语言对法律问题进行探索,反对"幼稚"的法律经济学,反对"庸俗"的法律经济学①。

与此同时,还应注意到的是,经济学也存在学科局限性,加之经济学对法律的研究不能取代对法律的法学研究,所以明确经济学范畴意义上法律经济学研究法律(本文以下简称"法经济学")的以下特点,是十分必要的。

其一,法经济学使用的范畴是经济学范畴,而非法学范畴。因此,不能用法经济学意义上的法律概念取代法学意义上的法律概念。如法经济学更多是从企业内部管理这一角度研究合同这一经济概念,而法学更多是从企业外部财产关系(如债权关系)这一角度研究合同这一法律概念。因此,那种用合同、所有权的经济学概念,取代合同与所有权的法学概念的做法,不仅是片面的,而且容易混淆法律与经济基础的关系,所导致的后果是有害的。在法经济学研究中,"不要把法学家所使用的作为权利要求的利益和经济学家所使用的作为有利的利益二者加以混淆"②。

其二,法经济学关心的不是"书本上的法",即所谓以白纸黑字形式表现的法条,而是"行动中的法",即为立法和法律所适用而在社会经济生活中的理性选择行为。对"行动中的法"的关注,要求我们进行法律制度改革、立法时要充分了解现实中人们对法规、制度的反应,即要注重法律法规的事前分析。由此产生了法经济学研究中开放式研究(强调逻辑不自足,以变适应不变)的特点,这一特点虽然不利于法律秩序的形成,但优点是增强了法律与现实社会经济关系适应能力,超前立法的高效率恰好是该点的例证。这正是法经济学对法学研究最有价值的地方。

其三,法经济学关心的不是法律内部结构的逻辑一致性,而是法律外部结构的实践一致性。此点使法经济学成为法律改革的一个重要政策指导。相关的问题是,在法经济学中,相关经济学概念往往是多义的,或者是不甚明确的。如所有权在张五常的论著中被定义为享受某种企业组织的形式,在阿尔钦的论著中被定义为剩余价值索取权。造成这种现象的原因是,法律概念的界定与权利和利益的分配密切相关,它必须是确定和明确的;而经济学中的概念通常服务于研究内容的便利,因而会出现同一名词在不同分析背景中有不同的经济学含义。

其四,法经济学从经济学视角对现行法律采取怀疑和批判的态度。因此,法经济学坚持的不是法定主义,而是合理主义,即坚持合理是合法的前提,恶法不是法,为此应该采取"变动"的法律技术,以期及时修改或废除恶法。比如,经济学家则更多地看到法律过多的后果,害怕法律过多使政府干预能力过大,会限制社会的自由、侵犯产权,故经济学家主张适度的法律才是好法。而在法学语境中,合法是合理的前提,恶法亦是法,强调的是法律的逻辑自足和严格的规则主义,典型是具体大陆法特点的法律解释学(如所谓民法是裁判法)。再比如,在波斯纳看来,由于英美法的判例法或曰"法官造法"的变法技术,较之大陆法的成文法或曰"立法者造法"的变法技术,前者更为成熟,因此英美法就成为法经济学产生和发展的最有"希望田野",而英美法即普通法也因其合理主义的价值取向,成为一

---

① 所谓"幼稚"的法律经济学,是指在进行法律经济学分析时,仅限于对所分析的法律问题加入经济学注释,经济学理论与法学理论只作为两张皮,并没有实现两种学术资源的真正融合;所谓"庸俗"的法律经济学,指的是在对经济学一知半解的基础上进行法律的经济分析,在运用经济学理论时却没把握、理解经济学理论的前提条件及缺陷所在,出现"张冠李戴""病急乱投医"等现象。

② [美]庞德:《通过法律的社会控制》,沈宗灵等译,商务印书馆1984年版,第37页。

种有效率的法系。

其五，法经济学关心的法律改革不是服从于法学理论，而是服从于一个更大的经济理论思考，其目的是从更广泛的经济角度理解法律。所以其研究的路径是经济—法律—经济。"经济学界是从制度经济学角度看法律经济学，以至于他们对强调法律对经济重要作用的法经济学观点，有意识回避。"① 关键的问题是，法经济学将削弱政治因素对法学研究的制约：在经济人的统一标准下，厂商和消费者都是追求利润或者效用最大化的主体，他们主要受到预算或者生产资料和劳动力及市场价格因素的约束。

其六，法经济学思考的法律是"向前看"的法律，而不是"向后看"的法律，所以对案例的经济学研究重在以后问题的"处理"，而不是以前问题的"处理"。正如波斯纳指出的，经济学对侵权的分析，不重视事后补救，而看重事先预防。在法学语境中，法律具有滞后性，一方面表现在它不能对未来发生的情况做出裁判；另一方面表现在它通常是行为发生、一定的社会关系成就以后，对行为的评价以及对社会关系的调整。比如侵权法关注侵权行为发生以后何种赔偿方案是合理公平的，合同法关注合同违约行为发生以后违约责任的合理承担。

其七，经济学范畴的法经济学，更多地体现在与经济相关的法律领域，比如税法、公共事业管制、反托拉斯法、合同法、公司法、证券法等，强调从经济学角度理解制度、法律制度如何影响经济活动，其目标更多地落在通过法律来改革和完善经济制度。以我国证券法为例，2005年新一轮的证券法修改活动正在如火如荼地进行，② 众多法学家、经济学家从经济学、法学、法律经济学角度对相关问题进行充分论证，其目标正在于：使法律在现实中得到有效实施的同时应对"入世"后混业经营背景下的外资金融机构逐步全面进入中国大陆金融业对分业监管的挑战、增强证券公司自身竞争力、完善资本市场，即完善证券市场制度、上市公司和券商的经营机制。一言以蔽之，经济学视角的法律经济学注重对经济理论的准确把握，强调法律问题在经济学语境与法学语境中的差异及统一，关注相关经济体制的完善。

四、作为法学范畴的法律经济学：经济分析法学

经济学范畴的法律经济学，研究的重点是法律制度如何影响经济活动，目的是改革和完善经济制度。这里强调的是，法学范畴的法律经济学，研究的重点是法律规则、法律制度背后的经济原则，并据此原则改革和完善法律制度。因此，法学范畴的法律经济学，在运用诸多经济理论分析法律诸现象过程中，要提出符合法学理论范式的法律内容和命题。此点是法学范畴法律经济学研究的一个本质特点。在我国法律的法律经济学研究中，这种对经济理论既"置身"又"超脱"问题的解决，也是中国法律经济学研究摆脱经济学和法学相互脱节之"两张皮"困境的根本途径之一。

现代法律经济学，以法学范畴的法律经济学研究为主，其研究中贯穿的经济理论，主要

---

① 张乃根：《法经济学》，中国政法大学出版社2003年版，第18页。
② 据报道，2005年4月26日《证券法（修订草案）》由全国人大常委会组成人员进行了分组审议，修订草案共229条，其中新增加29条、修订95条、删除14条，修改的重点如后所述。

是为了佐证法学家对法律制度的某种认识。① 这种研究拓宽了法律经济学的研究范围，出现了"重经济学研究的旧法律经济学，与重法学研究的新法律经济学法学的不同"（容后详述）。典型例证是，美国芝加哥大学法学院教授波斯纳专著《法律的经济分析》的出版，不仅全面吸收了以往对法律经济学的各种研究方法和成果，而且将经济分析的视角从以往的经济法律领域扩大到非经济法律领域。更重要的是，波斯纳的法律经济分析还在现存法律体系整体的基础上构建了全面阐释法律的经济原则的宏大法律经济学体系，法律经济学才得以以经济分析法学的名义，正式成为一个独立的法学流派。而受到波斯纳的影响，研究法律经济学的法学学者，往往习惯于将法律经济学谓之"法律的经济分析"或"经济分析法学"。②

经济学范畴意义上的法律经济学，不能代替法学范畴意义上的法律经济学。为此，有必要正确认识和把握法学家运用经济学研究法律的特点。而初步分析，法学家运用经济学研究法律的特点包括以下几方面。③

其一，这种研究从属于法学范畴。虽然在法律研究中运用经济学研究的方法是新问题，但它提出的法律问题是法学界所熟悉的。如权利和义务、实体和程序这些法学问题，往往是法经济学研究的基本问题。而在国外的"法和经济学"或"法律的经济分析"著作中，大致包括财产法、合同法、侵权法、犯罪和刑法、诉讼程序法、宪法等。

其二，它关注的是"书本上的法"（如法律条文）与"行动中的法"④（如立法与司法活动）是否一致，如果不一致，就要提出解决这种不一致的法律方法和途径。只有充分考虑到各主体在某特定法律制度、法规下的理性选择行为，才能设计和制定出"书本上的法"与"行动中的法"高度一致的法律制度、法规。

其三，对法律的改革不是服从于经济学理论，而是服从于法学理论思考，所以其研究的路径是法律—经济—法律。法学范畴的法律经济学，以法律为研究对象，同时，法律也是研究目的、研究结果。结果是法学范畴，为了"使法律制度原则更清楚地显现出来"，进而发展并完善立法、司法原则，如效率原则。对各种法律问题的经济学分析，最终会回到具体的法律规则、法律制度如何改善，以有效地实现法哲学所追求的"正义""公平"等原则。

总而言之，经济学范畴意义上的法律经济学不能代替法学意义上的法律经济学，正是法学范畴意义上的法律经济学运动的广泛开展，法律经济学才得以在法学界真正确立，我们应正确认识和把握上述法学家运用经济学研究法律的特点。

---

① 如波斯纳所言，早期法律的经济分析集中在反托拉斯法和显性经济市场其他法律管制领域，他们所做的工作与经济学家们传统上所做的差异不大，均是为了更好地解释这些经济行为、经济制度。20世纪60年代以后，法律经济学已扩展至非市场领域，"经济学理论和经验主义方法全面用于法律制度的分析"，"使法律制度原则更清楚地显现出来"。参见［美］理查德 A. 波斯纳《法律的经济分析（第四版）》（上），蒋兆康译，林毅夫校，中国大百科全书出版社1997年版，序言，第25-26页。

② 著名学者钱弘道就主张以"经济分析法学"来命名这门前沿学科，认为从法学角度看，该称呼更能反映该学科的特征，同时也符合西方法学流派的命名传统。参见钱弘道《经济分析法学》，法律出版社2003年版，第45页。

③ 有学者从法学范畴的法律经济学的具体研究对象、研究目的、意识形态倾向几个方面指出法学范畴、经济学范畴的法律经济学的差异（钱弘道：《经济分析法学》，法律出版社2003年版，第45页）。美国麦乐怡教授强调"法与经济学"与"法律的经济分析"这两个称呼的差异；其中他所定义的"法与经济学"在性质上具有比较意味，注重经济哲学、政治哲学与法律哲学的互动关系，涉及关于促进一个"正义"社会的政治、经济关系的意识形态。可以说，麦乐怡教授强调法学范畴的"法与经济学"。参见［美］罗宾·保罗·麦乐怡《法与经济学》，孙潮译，浙江人民出版社1999年版，第1-5页。

④ 这里的"行动中的法"指现实中的各种法律行为，法在现实生活中的运作和实现，包括立法、司法、执法活动，用以区别于国家的立法机关颁布的法律规则，即"书本上的法"。

五、法律经济学概念的特征及其意义

综合上述四个不同视角的法律经济学概念分析，法律经济学的概念具有多元化、动态、法学与经济学相结合这三个本质特征。

一是多元化的特征。法律经济学这种法学与经济学双学科结合的特征从根源上决定了法律经济学具有多元化的特征。既可以从研究方法创新——运用经济学方法研究法律角度将法律经济学定义为"法律的经济分析"，强调作为研究方法的经济学，也可以从学科发展的规律入手，强调其是一门法学和经济学整合的边缘学科。既可以立足于研究方法——经济学范畴，将法律经济学视为"属于经济学的一种研究方法或学科分支"，称之为"法经济学"，也可以立足于研究对象——法律范畴，将法律经济学视为属于法理学、法学理论的一种研究方法或学科分支，谓之为"经济分析法学"。

二是动态的特征。研究对象法律制度的开放性以及研究方法经济学理论的演进性也预示着法律经济学概念的动态性。具体分析如下：从纵向维度看，法律经济学的发展史清晰地说明了法律经济学概念在不断地延伸。如前所述，17、18世纪萌芽期的法律经济学概念是仅限于对法律进行经济学思考的一种辅助思维。18世纪末至20世纪初期，初创期的法律经济学概念，虽未在广大经济学学者和法学者中形成共识，但业已形成一种较清晰的概念——对法律制度进行经济学分析。到20世纪30年代以来法律经济学概念开始形成，强调研究方法的"法律的经济分析"、强调学科理论的"法和经济学"、强调经济学范畴的"法经济学"、强调法学范畴的"经济分析法学"四种不同概念呈现"四足鼎立"的状态。初步分析，造成法律经济学不同概念的原因主要包括以下几方面。

（1）从横向维度看，学者的研究目的、研究背景不同，其法律经济学分析视角不同，进而所强调的概念也不同。为了研究法律制度如何影响经济活动、为改革和完善经济制度出谋献策，学者们则强调经济学范畴的法律经济学。若主要为了研究法律规则、法律制度背后的经济原则并据此原则改革和完善法律制度，学者们往往强调法学范畴的法律经济学。

（2）从研究范畴看，法律经济学概念在不断扩展。波斯纳所区分的"旧"法律经济学与"新"法律经济学就反映了法律经济学概念从主要限于反托拉斯法和显性经济市场其他法律管制的经济分析（如税法、公司法、公用事业和公共运输业管制）扩展至对包括显性市场行为和非市场行为的法律制度的全面经济学分析（包括实体法、程序法、法理学等）。[①]

（3）从研究工具看，法律经济学概念在不断更新。从早期主要运用微观经济学理论、福利经济学理论（如"旧"法律经济学），到目前主要运用微观经济学理论、福利经济学、新制度经济学理论、公共选择理论。"新"法律经济学以来出现的芝加哥学派、耶鲁学派、公共选择学派、制度分析学派等所主张的理论的不同也从不同程度上印证了法律经济学概念中的经济学理论和方法的变化。此外，同一经济学理论组成也在日新月异。以法律经济学的主要经济学理论微观经济学为例，在20世纪80年代以前，法律经济学概念中的微观经济学理论主要局限在价格理论、福利经济学理论（如关于效率标准的选择问题），到20世纪80年代以后，微观经济学中博弈理论、信息经济学理论开始被大量地用于分析特定的法律

[①] 波斯纳将20世纪60年代以前的法律经济学称为"旧"法律经济学，20世纪60年代初卡拉布雷西《关于风险分配和侵权法的一些思考》、科斯《社会成本问题》和贝克尔《人类行为的经济学研究》三篇开山之作的发表标志着"新"法律经济学的出现。参见［美］理查德·A. 波斯纳《法律的经济分析》，蒋兆康译，林毅夫校，中国大百科全书出版社1997年版，第21－22页。

问题。

三是法学与经济学相结合的特征。法律经济学所形成的多元化概念,均强调了法学与经济学的结合,差别在于所强调的结合度有所不同。强调分析方法的"法律的经济分析",法学与经济学的关系为研究对象与分析工具的关系;强调交叉学科的"法和经济学",不仅强调研究对象与分析工具的关系,更重要的是关注两个学科的全面结合,即关心这一交叉学科对经济学、法学自身发展的影响,不限于交叉学科自身的成长;强调经济学范畴和法学范畴的法律经济学者更多地关注其对经济学或法学单一范畴的影响,即法律经济学如何完善或促进经济学研究或法学研究。

探究不同视角法律经济学概念,不在于追求概念的准确性,而在于法律经济学的实用性。这种实用性主要表现在以下几点。第一,全面理解法律经济学。多元化、动态、法学与经济学相结合这三个法律经济学概念的本质特征表明,我们在进行法律经济学研究前,不能把眼光局限于单一视角,应从研究方法视角、交叉学科视角、经济学视角、法学视角全面理解法律经济学,了解不同视角所强调的内容及各自的差别与联系。第二,与时俱进地推进法律经济学理论与实践。法律经济学概念的动态性要求法律经济学学者要时刻关注和把握经济学理论发展动态及研究方法的发展,而不能局限于原先所运用的经济学理论和方法。与此同时,要尽可能地把这些新理论和新方法作为新血液注入法律经济学理论和实践体系。第三,构建法与经济学研究的共同语境。在法律经济学领域,由法学者和经济学者分工协作、联合投入,最终联合"生产"出法律经济学这一相对独立的边缘学科。这种联合性迫切地要求法学和经济学共同语境的构建,即法学与经济学之间的交流平台。这要求我们进行法律经济学研究时应注意经济学与法学的语境差异,力图使自身的研究同时符合法学与经济学的研究规范,进而有利于两个学科之间的交流与发展。第四,强调法律经济学作为一种方法论,更容易为经济学学界、法学界所接受,更有利于其在经济学领域、法学领域的发展,有助于法律经济学在我国的发展。第五,强调法律经济学作为一种交叉学科,有利于提升中国法律经济学的研究水平,实现法学与经济学学术资源(包括财力资源和人力资源等)优化配置,从而为理论创新、研究水平提高奠定坚实的基础。第六,强调法学范畴和经济学范畴双重意义上的法律经济学。一方面,有利于在进行法律经济学研究时把握法学范畴与经济学范畴的法律经济学的差异,从而杜绝经济学与法学"两张皮"的法律经济学现象。另一方面,在进行法律经济学研究时,要从经济学角度准确把握经济理论和方法,并强调法律问题在经济学语境与法学语境中的差异及统一,关注相关经济体制的完善。

第五节 法学的不自足与法律经济学课程的设置[①]

一、法学的不自足和法律现实主义的引入

在大陆法系中,继承了中世纪注释法学精神的法律教义学学习和研究思路随处可见,翻开任何一本大陆法系法学教材,我们都可以看见一套从总则到分论的精巧逻辑体系架构和对法典各个法条之间逻辑关系的精确定位。对于规则的解释,在这些学者的眼中近乎是一个纯

---

① 本节部分内容曾以论文形式发表,具体出自周林彬《从法学的不自足到法律经济学的推进》,载《中山大学学报(社会科学版)》2005年第4期。

粹的逻辑推理过程，至于规则背后所隐藏的这样或者那样的社会生活现实在这里得到了高度的提炼，如果不脱离这些，文本阅读者会感觉到法律是一个完全自足的、有高度自给性的体系。

然而，当我们遭遇法律解释的"灰色地带"的时候，当我们要去追究规则在现实生活中到底在多大程度上被遵守以及规则是否实现、多大程度上实现了立法者意图等更加实证性质（positive nature）的问题的时候，我们发现，法律的内部视角不够用了。因为这时候我们关注的不再是法律科学（a science of law）本身，而是关于法律的科学（a science about law）[1]。法律大致能够回答按照这样的规则这个问题应该如何处理，但这样一种从应然到应然的叙事和研究真的能够称之为有价值的学术研究吗？

学术界危机意识和来自社会的呼声，在20世纪初，尤其在两次世界大战之间，美国引出了法律现实主义运动（legal realism movement），这场运动的核心思想就在于把法律从所谓的"古典法律思维"（classical legal thought）的真空中剥离出来，把法律作为一种用以进行社会控制（social control）的工具，实际地去考察法院做出判决的过程究竟如何[2]，去考察法律如何或是否契合了社会经济生活的组织方式（对合同自由的反思，对公司治理问题的考察）等[3]。在这场运动中，参与者不仅有法律学者，也有大量的各种各样的社会科学学者；不仅是参与者的身份，他们所使用的研究方法和进路也完全不同于古典的法律推理，而是大量采用了社会学、人类学、经济学、统计学、心理学等各类社会科学学科的研究工具[4]。由法律现实主义运动引起的法律交叉学科研究是一场重新为法律教育与研究洗牌的过程，从更根本的意义上来说，法律交叉学科的兴起，为法律教育与研究提供了一场哥白尼式革命意义上的重新建构，而不仅仅是批判式的解构。

有学者认为，中国法学教育的未来是诠释法学教育和社科法学教育并存的局面[5]，而法律学术研究，尤其是中国法学研究的进路和希望应该是社科法学，这种判断来自对中国现实的判断，正如诸多学者论及的，中国自身独特的社会转型和数千年的历史传统，决定了中国人的生活方式不可能照搬西方。经过20多年的引进和借鉴，我们的法律从字面上来看的确是已经现代化了。可是，当我们深入社会生活中去观察我国的法治运行实践时，我国的成文法律在很大程度并没有真正契合国人的生活方式。因此，不掌握我国的国情就无法贴切地分

---

[1] 这两个概念的区分来自美国现实主义法律学者 Thurman W. Arnold, "Institute Priests and Yale Observers a Reply to Dean Goodrich", 84 Uni. Pa. L. Rev. 811（1936）, William W. Fisher III, et al.（edited）*American Legal Realism*, Oxford University Press, 1993, pp. 283 – 289。

[2] 一个有些夸张得近乎玩笑但是颇为形象的例子是"法官的判决取决于法官早上吃的是什么"。

[3] 关于法律现实主义运动的中文资料不多，笔者参考的书籍主要是 William W. Fisher III, et al.（edited）*American Legal Realism*, Oxford University Press, 1993。该书集中了大量一手的法律现实主义学者的研究成果，大致可以看出法律现实主义运动的范围和深度，并且书后附了一个详细的参考文献。

[4] Underhill Moore and Charles C. Callahan, *Law and Learning Theory*: *A Study in Legal Control. Yale L. Rev.*, 1943（53）; William W. Fisher III, et al.（edited）*American Legal Realism*. Oxford University Press, 1993, pp. 265 – 269。

[5] 参见苏力《也许正在发生——中国当代法学发展的一个概览》，载《比较法研究》2001年第3期。在此，笔者必须澄清的是，虽然该文的目的在于主张法律经济学作为"社科法学"一派中发展较为成熟且具有前沿特征的一派，但是该文并非主张诠释法学不重要。相反，诠释法学不仅在整个立法、执法、司法实践中具有重要的意义，而且从某种意义上来说，诠释法学研究中提出的问题常常是社科法学研究发现问题的重要起点。对于这一点，可以参见 Richard A. Posner, "The Future of the Student edited Law Review", *Stanford Law Review*, 1995, 47, 虽然该文中波斯纳讨论的是由学生主编的法学评论的前途问题，但是其讨论中对于法学研究中教义法学（doctrinal law research）和交叉学科法学研究的分野的判断对于我们在此的论题有重要参考意义，波斯纳本人也认可教义法学在法学研究中的重要地位，甚至，作为主要处理一般法律问题的联邦上诉法院法官，他认为这种研究是非常重要的。

析我国的问题,而要真正掌握、理解国人的生活方式和社会组织形态,仅仅掌握法律的规范分析方法是远远不够的,其他社会科学学科的实证方法必须为法律学人所了解,甚至是熟练掌握。我国法律学人至少要能够去关注,并且理解其他学科的最新研究成果,起码做到为我所用。当然,更为理想的状态是具有各种社会科学专业背景知识的学生,能够进入到法律研究领域中来,这一点也许正是美国正规法学院将本科学历作为入学基本条件之一的一个原因。①

二、法律经济学的成熟性、前沿性、实用性

法律经济学发展至今的成熟性对于教学的两个方面,即师资和学生方面都有重要的作用。从师资方面来看,由于法律经济学的研究在国内已经取得了很大的进展,各个高校的法学院和经济、管理学院都有了一批进行法律经济学研究的教员,如果辅之以系统的教材,则法律经济学课程的开设就师资而言不会有问题。另一方面,从学生接受法律经济学的角度来看,目前基于各种原因,法学院学生对于法律经济学很少有系统的了解,大部分学生甚至对法律经济学有种种误解,而有兴趣的学生,特别是本科生,由于缺乏系统的训练,导致这种兴趣往往在一段时间后消失。但是,实际上,法律经济学的成熟性保证了我们只要付出一定努力——特别是法律经济学教材的建设——就可以通过系统的法律经济学课程为学生提供这方面的训练,使得他们知道法律经济学是一个体系,有其一整套值得学习的内容。

再从学术研究的角度来看,虽然法律经济学研究的对象是纷繁复杂的、在不同国家和地区存在和实施的带有地方性、本土特色的法律现象,但是,由于其背景中的经济学范式的使用,法律经济学在很大程度上实现了其研究成果在跨学科背景和国际范围上的"通约性",使得对法律现象的研究方法和结论不再局限于一国、一个地区的范围。这一点从比较法的角度来看是一个巨大的进步,法律经济学由于其把各种社会、经济、制度的因素通过统一的经济学范式进行了模式化,从而使得各国学者之间对问题的把握和分析交流起来有了统一的理念。② 这一点对学术研究知识的增量积累起到了巨大的作用,使得我们在某种意义上实现了自然科学领域早已经达到的"站在巨人的肩膀上"的知识生产过程。由此,法学研究的知识积累过程将会变得更加迅速,更少重复性的工作,这种国际化的学术研究无疑体现了法律经济学的前沿性。

对于中国法学研究来说,上述前沿性显得尤为重要,因为中国法学一直苦于法学研究的"幼稚",相对于其他学科——不论是中国传统厚实的文史哲,还是同样移植过来的经济学、社会学等学科,法学研究到目前为止更多的还是停留于注释法律经济学视角的论文,对于中国法学这样一个主要是通过移植、通过国外先进立法来推动法治建设的国家来说,法律经济学的上述国际化的前沿性不仅对于中国法学的理论架构而言有其可借鉴性,有利于我们减少在理论架构上的重复劳动;而且,由于中国的本土国情,中国的转型时期社会现实为大量的法律经济学理论模型的实证和经验研究提供了丰富的资源,同时也为中国法学立足本土走向世界提供了一个思路。

通过法律经济学课程的开设,我们可以培养出一批具有国际视角,同时具有中国意识的

---

① Anita Weinberg, Carol Hardin, "Interdisciplinary Teaching and Collaboration in Higher Education: A Concept Whose Time Has Come", *Washington University Journal of Law and Policy*, 2004, 14, p. 15。

② 本节无意否认人类学、社会学、哲学等传统法律交叉学科对法律研究的重要性,只是,本节认为相对于这些更传统的视角,法律经济学视角就其目前的发展来看更具有比较优势,尤其是在国际化这一点上。

新型法律研究人才；而这种前沿思路和学术研究取向必然也会吸引一大批对中国法律问题怀有热情的年轻人进入法学院学习，这种类似人才引进的工程，不仅是在学生质量方面提升中国法学院的水准，而且从长远来看，必然为中国法学研究和教育提供一大批实用型人才。就法律经济学的实用性而言，主要体现在如下几个方面。

  首先，现实生活中的法律问题往往不是单纯的法律的问题，一个仅仅掌握法律知识的人才是无法通盘把握他所要面对的实务问题的。就非诉律师来说，尤其是公司法务人员，其日常业务中所要进行的工作往往是和经济方面的人员合作解决现实的财务、金融问题，如果不具备将法律和经济知识联系起来的能力，他们的职业前景不会乐观，而法律经济学正是这样一座沟通法律和经济的桥梁。另外，即使是进入了法律的程序，在诉讼中法官和律师所面对的问题并非仅仅是如何注释法律，何况解释法律本身并非一项简单的文本解释工作，当我们遭遇法律的"灰色地带"（这种地带的现实存在也往往是法律争议会进入法院、进入诉讼程序的根源所在），我们无法宣称法律解释是一项价值中立的工作——在不同的、相互冲突的法律解释之间进行取舍的工作在很大程度上本身就是一个价值取舍的过程，而价值取舍则必然牵涉到对社会现实的判断，这种判断则往往需要借助法律经济学，或者更广义的社会科学的知识，一个只会在条文上进行推理的律师是无法完成这种重任的。① 法律问题的解决经常会牵涉到事实上的标准问题，而这种问题通常是事实而非法律问题，是实证性质的问题，没有其他学科的知识是很难理解和调查此类问题的。②

  其次，同样，对于今后要成为政治家、社会活动家之类社会公共服务人才的法学学生而言，③ 掌握法律和其他学科的交叉，尤其是法律经济学知识的运用显得尤为重要。在当前中国社会处于转型发展的过程中，经济和社会现实是社会政策制定者，尤其是立法者、执法者必须考虑的基本问题。而由于他们从事的工作都在某种程度上具有社会控制（social control）的性质，④ 法律通常可以看作实现控制者意图的一种重要的手段。如果要通过法律来规范、引导社会，他们就必须从实证的角度去理解和调查法律在现实生活中到底可以在多大程度上

---

  ① 关于这一点，20世纪初在美国发展出了当时是律师后来成为联邦最高法院法官的布兰代斯在最高法院代理案件时所做的"布兰代斯案件陈词"（Brandeis Brief），这种陈词的最大特点是结合了社会科学的研究成果来论述法律问题，后来这种陈词实际上已经被美国法律实务界完全接受。参见 John Monahan, Laurens Walker, *Social Sciencein Law：Casesand Materials*（4th Ed.），New York：Foundation Press，1998。

  ② 关于社会科学知识在确定事实问题上的作用，参见 John Monahanand Laurens Walker, *Social Sciencein Law：Casesand Materials*（4th Ed.），New York：Foundation Press，1998。该书将社会科学对法律问题中事实确定的帮助主要分为两类。第一类裁判事实（adjudicative facts）即此处的所谓事实，就是个案中所需要的事实，这种事实确定更近于证据法上的事实。而第二类立法事实（legislative facts）则是脱离个案的关于某一问题的社会现实，此种事实的提炼其目的是推动解决某一问题的立法。在英美法系中，由于法官可以通过判例改变规则或者创造新的规则，因此该书将该类事实也作为律师在司法过程中可以运用的事实，但是在大陆法系，笔者认为此种事实更多的是立法活动中需要考虑的事实，虽然不排除在适用法律出现问题时法官可以通过分析此类事实来确定立法目的，从而有助于更为恰当的目的解释。

  ③ 此种呼声近年来似乎越来越高，比如最近的就有北大法学院院长朱苏力在北大法学院100年院庆上的讲演，其中就希望北大可以出更多的高层领导人。其起源可能仍然是美国样本，即美国社会中法学院毕业学生在政治领域和社会活动领域占据很大份额。把中国和美国进行这样简单的类比是否合适，理论上仍然值得进一步研究，即法学学生从事政治、社会活动是否一定优于其他专业的学生。

  ④ ［美］庞德：《通过法律的社会控制》，沈宗灵译，商务印书馆1984年版，第6页。

实现控制者的意图。①

最后，我国广泛开展法律经济学教学活动背后的动因，还可以从我国市场经济的发展中找到答案。因为市场经济就是法治经济，法治经济的发展势必增加对法律人才特别是经济法律专业（如国内与国际民商法、经济法专业）人才的社会需求；而满足经济法律人才社会需求的一个有效供给措施，是通过法律经济学的教学理论和方法，加快培养既懂法律又懂经济的复合型法律人才。这种复合型法律人才培养的一个重要效果还在于，通过法律经济学的教学，把法学和经济学的知识有机地联系了起来，据此培养学生丰厚的人文素养。

三、法律经济学课程的设置

国外法律经济学的课程设置，一般有以下两种模式："独立课程式"和"非独立课程式"。其中，"非独立课程式"，是指法律经济学作为从属传统部门法学的一种教学方法，其教学内容可以融入传统的部门法学课程中。这样做的前提是学生首先要学习经济学的基本原理和经济分析工具的应用。很多美国大学的法学院都采用这种模式。在这些学校的法学院，基础的经济学原理和不同法学领域不同经济分析工具的应用是必修课。名称带有"法律经济学"的课程通常针对某个专题方向展开，比如反托拉斯法的法律经济分析、金融法的法律经济分析，或者介绍的是法律经济分析的前沿内容，比如法律经济学中的经验研究、行为主义法律经济学。有些有条件的学校还开设了法律经济学的专题研究课程，选修该课程的学生在选课时提交自己的研究计划，并且，或者和指导老师合作完成所提交的研究任务，或者在指导老师的监督下完成所提交的研究任务，最后的研究成果是具有可发表水平的论文。②

"独立课程式"，是指法律经济学教学内容独立于传统的部门法学课程中。与上述把法律经济学的方法完全整合到法学的课程的做法不一样的是，"独立课程式"把法律经济学独立出来，作为一门独立的课程。二者的进一步区别在于，"非独立课程式"教学，将法律经济学作为从属于传统法学（特别是传统部门法学）的一种辅助教学方法；而"独立课程式"教学，将法律经济学作为独立于传统法学（特别是传统部门法学）的一种独立教学理论。比较上面两种法律经济学教学模式，我们认为，中国目前适宜采取"独立课程模式"，即将法律经济学的课程作为一门独立的课程开设出来，对本科生更是如此。这样做的原因主要有以下几点。

首先，我国的法律经济学还处在发展阶段，法律经济学的思路并没有像美国和欧洲、日本等国家那样渗透到几乎所有的主流法学教学领域，各个部门法的教学很大程度上并没有吸

---

① 这样的例子很多，比较近期的研究比如 Peter J. May, "Compliance Motivations, Affirmative and Negative Bases", *Law and Society*, 2004, 1, p.38，文章通过实证调查分析了建筑行业遵守政府安全标准的法令的正面和反面的动机。而中国的例子最近的可参见张维迎、何荣柱《诉讼过程中的逆向选择即其解释——以契约纠纷的法院判决书为例的经验研究》（载《中国社会科学》2002 第 3 期），该文章通过对法院判决书的实证分析发现了当前的法院在很大程度上并没有起到为其预设的解决复杂契约纠纷的作用。

② 美国法学院的法律经济学教学之所以出现"非独立课程式"的局面，很大程度上是因为法律经济学的研究在美国已经进入了非常成熟的阶段，这种成熟表现在两个方面。首先，法律经济学的核心研究已经定型化（这一点可以从出现了多种主流的法律经济学教科书得到证实），而在核心研究定型的情况下，法律经济学研究在近几年已经转向了更为前沿的研究内容；其次，法律经济学的学术共同体已经形成，不仅很多大学和研究机构设立了法律经济学研究中心，而且新一代的法学教授通常也都具有了相当的交叉学科研究能力，很多人具有法律博士（J.D.）和经济学博士（PhD in Economics）的双学位。在这样的基础上，美国法学院在开展法律经济学教学与研究时就显得游刃有余，不仅可以在各个部门法中直接融入相关的法律经济学分析，而且可以邀请其他学校的学者来开讲座讲述自己的前沿研究成果；不仅可以开设传统的教师讲授类型的课程，而且可以让学生在老师的指导下参与到法律经济学的研究过程中。

收法律经济学的观点,而传统的部门法教师通常也不会就法律经济学在部门法中的应用进行介绍。但是,事实上,法律经济学到目前的发展已经远远超出了商法和经济法这两个本来经济气息就十分浓厚的领域,其思路更是远远超出了"典型经济市场中人们价值最大化"这个范畴,更多的是从理性选择这个角度对人们面对法律制度提供的激励如何行动加以研究。因此,为了全面介绍法律经济学的思路,法律经济学应该成为一门独立的课程,这样做不仅是出于师资的考虑,因为目前不可能希望所有的部门法老师都能够讲授法律经济学思路,更重要的是,让学生对法律经济学有全面的认识,认识到其思路的普遍性。

其次,这样做也有利于法律经济学课程在大学中的开展,吸引更多不同学科和专业学生的参与,因为,如果仅仅将法律经济学课程融入各部门法分别讲授,那就只有法学院的学生可以参与这个思路的学习和讨论;但是,当我们把法律经济学课程作为单独的课程开设出来后,不仅可以邀请经济学、商学、管理学等方面的老师来进行教学,更重要的是可以吸引其他院系的学生参与到课程中来,让有不同学科背景的学生之间进行讨论,更能够多视角地理解问题所在,激发学生的创新思维。[1]

应该强调,我国法律经济学作为一门独立课程的教学实践,是一项复杂的系统工程,其课程设计应该注重解决以下问题。

一是法律经济学课程的设置,要以培养学生法律素质、人文素质和职业素质为基本目标,全面推进法学专业人才的素质教育。这种素质教育主要体现了我国市场经济发展对法律人才的时代要求,使学生成为既懂法律又懂经济的复合型、应用型法律人才。

二是法律经济学课程的结构,本科生阶段以法律经济学基础知识课程为主,课程可以是选修课,也可以是必修课。该基础知识课程主要包括法律经济学的概论和相关的经济学知识。而研究生阶段,设置应以法律经济学分科知识与基础综合相结合的课程为主,主要包括法律经济学基础知识,以及与此研究生专业相关的法律经济学专题。课程可以是学位课,也可以是选修课。

三是法律经济学课程的教学过程应该强调学生的辩证思维能力,引导学生从多视角来看待法律经济学问题,在相互对立的观点中提升自己的思维能力、培养创新思考和研究能力。同时,如果有条件,应当将学生引入教师承担的法律经济学或者其他法律研究项目中,让学生通过参与研究项目更加深刻理解法律经济学解决现实问题的特点。

第六节 法律经济学课程设置的若干问题[2]

一、法律经济学课程设置的成熟性

法律经济学是近几十年才慢慢地成为世界上很多大学(尤其是英美法系国家的大学)法学院的课程。但是,在许多大陆法系国家大学法学专业的教学中,越来越多地应用法律经济学的教学方法,已经成为一个明显的趋势。如在法律经济学教学和研究的发源地美国,一次广泛深入的有关法律经济学对于大学法学教育影响的研究报告,刊登在 2001 年的《法学

---

[1] 对于这一点,只要想一想美国的法学教育之所以成功,很大程度上是由于其 J. D. 教育是研究生教育,其学生都是来自法律之外学科就可以得到很好的证明。

[2] 本节部分内容曾以论文形式发表,具体出自周林彬、樊志斌《法律经济学课程设置若干问题初探》,载《制度经济学研究》2005 年第 10 期。

教育》（Journal of Legal Education）专刊上，该研究报告含有总共长达 200 多页的 14 篇文章，这些文章展示了对于该问题的不同观点。该研究报告实际上是 2000 年在美国芝加哥大学法学院举行的一个名叫"经济学在法学教育中的地位"的研讨会上提交的会议论文集锦。在此两年前，即 1998 年，美国耶鲁大学也举行过类似的研讨会（会议成果出版在 Yale Law Journal 上），Posner、Ackeman、Priest 在会上都分析了经济学在法学教学中的状况，不过，那一次的研讨会并非只是集中讨论法律经济学在法学教学中的作用，其他一些学科，比如文学、社会学、人类学对法学教育的重大影响也在讨论的范围内。

虽然法律经济学教学起源并流行于美国的大学法学与经济学之中，但是到了 1997 年，法律经济学教学研究的盛会超出了英美法教学的范围，世界各国的法律经济学者在一个名为"大陆法系国家的法律经济学的过去、现在和未来"的研讨会的大旗下齐聚一堂，互相交流其所在国家的法律经济学的教学与科研状况，各国学者纷纷报告自己国家法律经济学的教学与科研情况及其影响。

法律经济学发展至今的成熟性对于教学的两个方面，即师资和学生方面都有重要的作用。一方面，从师资方面来看，由于法律经济学的研究在国内已经取得了很大的进展，各个高校的法学院和经济、管理学院都有了一批进行法律经济学研究的教员，如果辅之以系统的教材，则法律经济学课程的开设就师资而言不会出现问题。另一方面，从学生接受法律经济学的角度来看，目前基于各种原因，法学院学生对于法律经济学很少有系统的了解，大部分学生甚至对法律经济学持有种种误解，而有兴趣的学生，特别是本科生，由于缺乏系统的训练，导致这种兴趣往往在一段时间后消沉。但是，法律经济学的成熟性保证我们只要付出一定努力——特别是法律经济学教材的建设——就可以通过系统的法律经济学课程为学生提供这方面的训练，使得他们知道法律经济学是一个一致的体系，有其一整套值得学习的内容。

二、学生需求：从"法律"到"事实"

在考虑法律经济学课程的具体设置问题时，我们首先要回答的问题是教什么、如何教。而要回答这样的问题，我们则必须首先回答学生想要什么的问题，如果学生认为法学院开设的交叉学科课程对他们没有用处，那么即使开设了这样的课程，学生也不会接受。正如任何一个没有需求的产品最终将会被淘汰出市场一样，学生没有对其形成需求的课程最终必将被淘汰出课程框架。

一般而言，社会科学知识和法律的契合点在于"事实"。因为社会科学研究的任务就是在各自的学科框架和体系之下描述社会现实、发现社会现实背后的相关关系甚至因果关系，即所谓"知其二"的问题。而法律，虽然被称为规则体系，其大部分规则背后都隐藏着某个或者多个对社会现实的假设——规则成立与否从根本上取决于其背后对于社会现实的假设是否真实，或者说，是否为民众（或者其代议机构——立法机关）所接受。因此，很自然的，社会科学就成为证伪或者证实这些法律规则背后的有关社会现实的假设的有力工具。当然，我们无意声称社会科学是唯一的这样的工具，道德哲学并非百无一用。

既然社会科学能够帮助我们建立这样或者那样的事实，那么，法学院学生为什么需要社会科学知识就变得很容易理解了，因为法科学生在处理法律理论和实务问题时需要解决的绝非仅仅是法律问题，他们还需要从事大量的相关构建事实的工作。

因此，借助国外法律与社会科学方面前沿专家提出的"法律中的社会科学（而非法律与社会科学)"的框架,从法律学习者和实践者的角度而非从社会科学家看待法律问题的角度,[①] 我们可以勾勒这样一个从法律问题到社会科学知识的流程:

实体法律问题(比如 A 商标与 B 商标是否相似、是否造成了消费者混淆从而侵犯了 B 商标所有人的商标权)→要解决的问题:相似性(法律问题)→消费者混淆(事实问题)→社会科学研究的结论(通过实地调查和统计分析得出两个产品的消费人群会混淆两个商标的经济与技术上的可能性)

上面的流程揭示的是从"法律"到"事实"、从法律规则到社会科学的运作流程。有了运作流程,必然还要牵涉运作流程有效性、可信性的评价问题,从另一个角度来看,这里的社会科学研究的结论也是一种证据,那么,根据证据法要求证据具有"相关性、真实性、合法性"的规定,我们可以看出此处有两个关键的评价点。第一个评价点是法律问题和事实问题之间的关联,也就是说,假设所提交的社会科学研究结论是真实的,它是否可以作为对法律问题做出评价的基础?此时需要判断的是证据的相关性以及合法性的问题。第二个评价点则是针对社会科学研究本身,也就是该证据的真实性问题,此时做出评价的标准已经不是法律规则,而是社会科学学科对于社会科学研究的"信度"和"效度"要求的评价体系。前者是指研究者的结论是否具有可信性,也就是研究的结论是否具有稳定性、可重复性,在上面的例子中,也就是所得出的消费者混淆可能性的结论是否由其他人来做也会得出误差允许范围内的结论。后者是指研究者的结论是否具有有效性,也就是研究的结论是否真正解决了研究者所提出的问题,在上面的例子中也就是所提交的研究是否真正测量了消费者混淆可能性这个问题。[②]

如果上面的分析是可信的,那么,我们可以得出的初步结论:法科学生需要社会科学的知识,而且,这种知识不仅仅是实体法律问题相关的社会科学知识本身,他们还必须了解社会科学的方法论,知道如何评价社会科学的研究成果。因此,法科学生对社会科学知识的需求是两方面的:一方面,他们需要了解甚至能够利用社会科学研究结论来解决他们面对的实体法律问题;另一方面,他们还需要了解社会研究的方法论,知道怎样去评价自己或者自己的对手所利用的社会科学研究结论。

接下来的问题是:法学院的学生需要什么样程度的交叉科学知识?

首先,我们显然不能期待,也没有必要期待法学院学生都成为经济学、社会学、商学、政治学等各门学科的专家。之所以说不能,是因为社会科学各门学科的发展已经到了非常成熟的阶段,要真正熟练掌握社会科学的研究,没有经过相关学科的博士生或硕士生训练是不可能达到的。说没有必要,是因为他们在今后实务或者法学研究中如果真的碰到了相当高深的社会科学研究的问题,他们可以聘请相关社会科学的专家进行深入研究,或者是与学术界的其他专家进行合作研究。当然,这里所说的没有可能和没有必要只是针对一般情况,有教学能力的综合性重点大学的法科与经济、管理学科的学生在自行钻研或者通过双学位或更多

[①] 参见 John Monahan, Laurens Walker, "Teaching Social Science in Law: An Alternative to law and society", *Journal of Legal Education*, 1985, 35, p.478.

[②] 有关社会科学研究的"相关性、合法性"问题是一个比较复杂的问题,在美国已经有了大量的判例,在此无法全面铺开,有兴趣的读者可以参阅 John Monahan, Laurens Walker, *Social Science in Law: Cases and Materials* (4th Ed.), New York: Foundation Press, 1998。有关社会科学研究的"真实性"问题是所有社会科学方法论教科书中都会详细讨论的问题,在此也不再展开。有兴趣的读者可以自行参阅社会学、人类学、心理学的相关教材。

学位的课程教学,掌握社会科学研究到能够自己亲身实践的程度也是应该被支持和鼓励的。①

其次,考虑到大部分法科学生今后必将从事实务,我们的讨论将从实务的角度出发,也就是实务中的律师对社会科学知识需要了解到什么程度? 从事实务的法科学生目标可以定位于此:他们对于客户提出的问题,有开放的、交叉学科视角的思路,知道在什么时候需要其他学科的帮助,同时,他们还要掌握有效利用这些"外部"帮助的基本工具。这样的目标落实到教学中则是:交叉学科的学习需要让学生对和法律问题相关的社会科学知识有一定的理解,知道在必要的时候跳出法律规则的逻辑本身进行思考,并且应当知道如何从其他学科中借力,知道如何寻找和运用其他学科的知识。

三、法律经济学课程的内容和形式

将前一小节的分析应用到法律经济学,可以确定的是:法律经济学的教学目标不是要让法科学子成为经济学专家,法律经济学的教学目标是让学生知道经济学知识如何可以在解决法律问题中得到应用,同时,学生还应当知道经济学视角引入的用处和局限所在。接下来的问题是学生的需求——开设什么样内容和形式的法律经济学课程。相关的问题如下。

(一) 内容:应当更偏重经验性知识的传授

根据上面的分析,法学院学生对于法律经济学课程的接受程度取决于传授的经济学知识能在多大程度上帮助他们理解和解决相关的法律问题,从法律经济学目前的发展趋势来看,我们认为,基本的、针对法学院本科生的法律经济学课程中应当传授的相关经济学知识体系应当这样来组织:经济学的基本原理和理论模型。比如个人选择理论、价格理论、厂商生产理论、信息不对称、代理理论等,通过这样的介绍,学生应当基本了解经济学看待世界的角度与方法,为进一步的专题介绍奠定基础;专题介绍的目的是让学生在解决具体的法律问题中意识到经济学知识可以如何运用到对法律规则的理解与应用中。承接上面论述到的社会科学主要为法律提供"事实"的思路,法律经济学为法律提供的"事实"大致可以分为两类。

第一类是更加理论性的事实。这类事实的最典型例子就是法律经济学研究中大量采用"理性人模型"进行推导得出的一些理想状态结果,比如完全理性的合同当事人所订立的合同必定是当事人双方价值最大化的。这类事实一般来说对于理解某个法律制度更为有用,比如根据这套交易理论对整个合同理论有一个更为深刻的经济学的理解,从而为进一步学习合同法理论打下基础。通常来说,这类理论对于实务问题的分析帮助不是太大,因为实务中出现的法律问题更多的是理想模型中被假设出去的事实不符合理想模型的要求,比如当事人在订立合同时很多情况下是不完全理性的,因此法院应当加以干预。

第二类则是更加经验性的事实。这方面最典型的例子——同时也是经济学和法律最早的联姻——是来自反垄断法领域的法律经济分析。在反垄断法的问题中,没有相关产业经济学的数据是不可能真正处理好有没有垄断这样的问题的。从目前来看,公司法、证券法以及一系列有关市场经济管制的法律(用中国法的语言表述,主要是民商法和经济法)都和经济

---

① 有关例证:笔者所在的中山大学自 2003 年起至今,已开始由法学院与管理学院为本科生设置以法务会计课程为核心课程的法学与会计学双学位课程(攻读此双学位的本科生已有 65 人),以及由管理学院 MBA(工商管理硕士)课程、政务学院 MPA(行政管理硕士)课程、法学院 JM(法律硕士)课程合而为一的"3M"专业学位研究生课程(攻读此双学位的研究生已有 108 人)。

学知识紧密联系着，无论是内幕交易问题、银行与证券分业还是混业经营问题等典型的经济法和金融法问题，都是法律与经济的结合体，经济学知识此时为法律问题的解决提供的更多是经验性的数据和相关的数据分析。通常来说，这类经济学知识对于实务问题的解决影响很大。

那么，在课程设置中我们应该更偏重理论研究还是更偏重经验研究呢？从国外的经验来看，特别是基于关于法律经济学的方法论定义的这一流行观点的立场,[①] 我们认为，法律的经济分析应当集中精力于为有争议的法律问题提供一种可以通过经验数据加以证实或者证伪的答案或新的思路或进一步的论据，而非为现有的法律规则提供一种更新的观点、视角，更无意打破现有的法律理论与体系。因此，法律经济分析应当集中于那些更有希望得出答案（经验的而非理论的）的经济法律领域，比如金融法、公司法、财产法、合同法、市场管制等市场法律领域，而不是宪法、行政法、刑法这些没有更多办法为争论提供经验答案，且属于传统的非经济或非市场法律领域，尽管这些领域也可以进行经济分析。[②] 而从现在美国顶尖法学院有关的法律经济学课程设置来看，大多数法学院的法律经济学课程更多地偏向于从实务问题出发来介绍法律经济分析可以着手的点，采取将相关的经济分析内容与传统法学教材结合的形式。

而就国内目前的法律经济学教学现状来看，一方面，一些法学院给学生开设了法律经济学课程，通常也都是采取从国外教材挑选章节进行讲授的做法，而忽视了中国法律的实例分析，形成了当今中国法律经济学教学与研究以"国外范本"为主、以"国内经验"为辅的弊端。[③] 另一方面，法律经济学课程的设置通常是挑出波斯纳或者考特和尤伦合著的教材中的一些章节进行教学，从整体上来说，这种教学缺乏系统性，也缺乏与国内现实、与法律实务问题的结合。而一些偏重实务性的法律交叉学位课程——比如法务会计课程——在实践中取得的影响较大，这也说明了法律经济学教学要向实务性知识转型的必要。

在中国法律经济学的课程设置中，应当从中国本土的法律实务问题出发，着眼于更加具有中国经验性的案例材料，即中国法律经济学应更多地关注中国现实（而非美国现实）中的法律，将其研究的重点，从"国外"法律的教学与研究，转变到"国内"法律的教学与研究。在让学生对经济学的基本理论框架有了初步了解后，主要体会法律经济分析在解决中国法律实务问题中的重要作用。为此，吸引更多的具有中国法（尤其是中国部门法）背景的学者加入中国法律经济学研究行列中，也是必要的。[④]

[①] 从提升法律经济学学术地位的角度，许多法律经济学的研究者更愿意将法律经济学谓之边缘学科，一些学者甚至寄希望于通过法律经济学的学科建设，重构整个法学理论和实践体系。但是，从中国法律经济学目前处于初级发展阶段的实际出发，应该强调中国法律经济学的方法论意义。因为法律经济学起源于国外，加之法律经济学的学术资源主要来自国外，特别是作为传统研究方法之补充方法的法律经济学，其引入传统经济学和传统法学招致的学术障碍，较之作为交叉学科的法律经济学引入传统经济学和传统法学招致的学术障碍，前者显然比后者更小。因此，方法论意义上的法律经济学，应该成为一种流行的中国法律经济学的观点。以上参见周林彬《中国法律经济学的现状与未来——从八个方面转变看》，载刘星主编《中山大学法律评论》，法律出版社2005年版。

[②] Kenneth E. Scott, "Answers are more needed than perspectives", *Journal of Legal Education*, 1983, 33, p. 285.

[③] 中国法律经济学教学与研究如果长期停留在介绍国外法律经济学著述的层面，一方面，其对中国法律的实践的关注不足，导致中国法律经济学的研究对象——中国法律，失去现实基础；另一方面，一味地介绍国外学术语境下的法律经济学著述，将有碍于国外学术资源转化为国内学术资源，并助长中国法律经济学研究中对国外理论的"盲从"之风，进而妨碍中国法律经济学研究中原创性思维的产生。

[④] 初步分析，以中国法律为研究对象的国内法律经济学著述的作者，绝大多数为具有国内经济学和法学教育背景的学者，其中以国内经济法学者和国内民商法学者为主。

（二）形式：从介绍性到专题研究

课程设置的内容已经如上所述，那么，从形式上应当如何安排呢？也就是说，在我国法学教育的现状下，法律经济学课程究竟是采取总体的综合性介绍的形式，还是采取专题研究的形式或者其他形式的问题。

在此，了解一下国外法学院的做法仍然是很有借鉴意义的。在美国法学院中，法律经济学教学的开展已经出现了以下趋势：一般很少单独开设系统的法律经济学教学课程，而是以法律经济学研讨会或者研讨班的形式来开设法律经济学课程，这种课程主要是邀请本校或者外校的学者来演讲自己的最新研究成果，学生则被要求在讲座前阅读好讲演者的相关论文，并且提交自己的评论。法律经济学的常规内容已经融入相应各个领域的部门法律课程教学之中，也就是说，常规的法学课程之中都已经融入相关部门法的法律经济分析内容（这点可以从法学院的主流案例教材中大量选取法律经济学和其他法律交叉学科论文材料得到证实）。名称仍然带有"法律经济学"的课程通常针对某个部门法专题方向展开，比如反托拉斯法的法律经济分析、金融法的法律经济分析，或者介绍的是法律经济分析的前沿法理学内容，比如法律经济学中的经验研究、行为主义法律经济学。有些有条件的学校还开设了法律经济学的专题研究课程，选修该课程的学生在选课时提交自己的研究计划，或者和指导老师合作完成所提交的研究任务，或者在指导老师的监督下完成所提交的研究任务，最后的研究成果是具有可发表水平的论文。

美国法学院的法律经济学教学之所以出现这样的局面，很大程度上是因为法律经济学的研究在美国已经进入非常成熟的阶段，这种成熟表现在两个方面：首先，法律经济学的核心研究已经定型化（这一点可以从出现了多本主流的法律经济学教科书得到证实），而在核心研究定型的情况下，法律经济学研究在近几年已经转向了更为前沿的研究内容；其次，法律经济学的学术共同体已经形成，不仅很多大学和研究机构设立了法律经济学研究中心，而且新一代的法学教授通常也都具有了相当的交叉学科研究能力，很多人具有法律博士（J. D.）和经济学博士（PhD in economics）双学位。在这样的基础上，美国法学院在开展法律经济学时就显得十分游刃有余，不仅可以在各个部门法中直接融入相关的法律经济学分析，而且可以邀请其他学校的学者来讲述自己的前沿研究成果；不仅可以开设传统的教师讲授类型的课程，而且可以让学生在老师的指导下参与到法律经济学的研究过程中来。

然而，我们无法照搬美国的模式。因为不仅法律经济学的研究还处于起步阶段，研究仍然显得非常不系统，许多从事这方面研究的学者都还处于自说自话、单打独斗的状态，特别是部门法与法理学各自为政的格局。所以，除了突进法律经济学的系统研究及相关的法理学研究外，就中国的法律经济学来说，基于中国的现实情况考虑，我们应当采取的模式应该是将法律经济学作为一个独特的法学方法论视角，编写适合中国法学教育和本科教育（不要忘记美国的法学院都是研究生教育）的法律经济学教材，特别是在本科生的高年级和研究生阶段，可以开设部门法经济分析专题课程供学生选修。

应该强调，法律经济学产生与发展的规律表明，法律经济学的部门法研究，不仅是法律经济学实务价值实现的保障，而且是法律经济学研究由浅入深的关键。更重要的例证在于，正是由于法律经济学的部门法研究，才使法律经济学的理论与实践体系得以真正建立，从而使法律经济学成为一个独立的学科。① 特别要打破法律经济学研究中的法理学和部门法学的学科界限，努力实现部门法学研究和法理学的互动研究。诚然，法理学意义上的法律经济学研究是从抽象的层面上对法律现象的经济学把握，它的优点在于比起部门法意义上的研究，前者更有利于学科基础理论的建设。但是，法学基础理论应该建立在对部门法学基础理论掌握的基础上，因此，法理学意义上的法律经济学研究应关注部门法学提出的法律经济学实务问题，且深入其中。同时，部门法学意义上的法律经济学研究不可避免地涉及法律经济学的解释、推理等法理学范畴问题。因此，应该努力把法理学意义上的研究成果应用到部门法学领域，把部门法意义上的法律经济学问题传递给法理学领域。②

四、法律经济学课程的需求

解决了学生的需求问题，课程的供给问题显然就接着浮出水面了。以下将主要讨论法律经济学课程设置的师资、教材以及教学方法问题。

在国外，师资问题只在法律经济学发展的初期讨论过，当时的情况是，法律经济学经过一批学者的大力推动，已经成为非常"时髦"的学科，然而，当时法学院中的教师结构基本上还是以传统法学方法训练出来的教授为主。因此，如何克服传统法学教授的抵触情绪，如何让传统法学教授接受法律经济学的新鲜内容，成为讨论的重点。而现在，在整个大学教育走向交叉学科研究的背景下，法学院已经不再为师资问题发愁，这一点从上一部分美国法学院所设课程的多样性就可以看出。对于中国的法学院来说，这个问题可以说是目前最大的一个问题。我们仍然拥有太少法学和社会科学双博士的毕业生，法学院现有的中生代教师中接受过系统社会科学训练的仍然是少数。真正能够开设好法律经济学课程的人才还非常紧缺。能够具体解决该现实困难的思路有：一方面，加大对法学交叉学科研究的支持力度，争取再培养出一批高素质的具有法学交叉学科背景的博士毕业生，这是治本之道；另一方面，考虑到法律经济学课程设置的现实紧迫性，可以考虑在法学院中开设基本经济学原理的课程来完成对经济学基本知识的了解过程，同时可以邀请学校其他院系从事交叉研究的学者就一些专题进行深入浅出的讲演，在此，教材的编写就成为一个重要的问题，因为教材将是学生了解所涉及的专题的背景知识的主要手段。

在教材的编写和教学方法上，通过考察以"法律经济学"为名的美国反托拉斯法、宪法和行政法、财产法、侵权法中法律经济分析的教学情况后，归纳起来有四种模式。

第一种模式是针对法学院学生的兴趣，将经济系中的中级微观经济学课程搬到法学院。

第二种模式可以称之为"应用法律经济学"，即选取大量分散的法律主题，然后利用价格理论来分析这些法律，但是，由于学生之前没有很好地掌握经济学的知识，这种讲授方法常常导致经济分析中"实证分析"和"规范分析"界限的模糊，也无法说服学生认可法律的经济分析是有益的。

---

① 国外法律经济学成为一门独立学科的标志即是部门法的法律经济学研究的全面展开，其代表是 1973 年波斯纳敏授的《法律的经济分析》一书出版。
② 张文显教授在美国学者贝勒斯所著《法律原则——一个规范分析》一书（该书的主要特点，是用法理学和法律经济学的思路，分析论证部门法的基础理论）中译本的读者推介语中指出："在当代西方法学研究中，法哲学（法理学）研究逐渐扩大和深入至具体法律领域，出现了一批从法哲学（法理学）的层面、用法哲学方法探讨部门法中一般理论的论著。这些论著提供了对部门法的伦理基础、价值基础、社会基础及发展规律的哲学反思，构成了把法哲学（法理学）与民法、刑法、宪法、程序法等部门法结合的中间学科。"

第三种模式是选取较少的法律问题进行深入的分析,用来克服前一种模式的不深入。

第四种模式是由法学教授将法律经济分析的内容融入传统的部门法领域,这种方法遭受的抵制比较少。

从我国的实际出发,针对中国法律经济学研究"重经济、轻法律"以及法律经济学为经济学界占优的偏差,中国法律经济学今后研究的重点,必须从经济学的教学与科研重点,转向法律教学与科研的重点。为此,法学界要打破法学保守主义传统,将经济学理论和方法引入法学研究。[①] 特别是要打破学科壁垒,通过整合法学与经济学理论资源,努力建立法学与经济学的共同语境,加强法学界与经济学界对法律经济学的合作教学与研究。就法学专业的法律经济学教材编写而言,要注意以下问题:教材的编排应当考虑到学生的知识背景,尤其是中国的法学教育从本科开始,很少法学院学生会接受过系统的经济学训练(当然,这个问题可以通过为法学院学生在法律经济学课程前开设经济学原理课程部分得到解决),因此教材中应当对经济学中和法律相关的基本概念和原理做出足够的说明。教材选取的法律主题应当主要来自更直观的、更具有经济联系的主题,比如公司法、证券法、经济法中的市场管制法,而非纯理论性质更强的民法、刑法、行政法等领域(这类部门法的经济分析可以供有兴趣的学生进行专题研究。条件成熟的,可组织编写法律经济学的全国统编教材)。

五、法律经济学课程设置的一般性问题

法学的发展和法治的进步是不能靠脱离社会现实的所谓法律研究和法律实践的。而社会现实的研究正是其他社会科学学科所擅长而法学研究中最为薄弱的。交叉学科的研究对于法学研究的本土化、法治的本土化来说都是必不可少的前提条件,充斥于我国现有法学研究中的"美国说""德国说""日本说""中国台湾地区说"必须继之以规则背后的经济社会现实。

法律经济学课程的设置问题从根本上来说是一个学科发展的问题,而学科发展必然需要新兴学术力量的加入。未来可从基本的法律交叉学科的教材建设开始,大力加强法学院和本校乃至外校社会科学院系的交流,为法学院的学生开设社会科学入门性课程。真正地从"社会现实、人类行为现实"这个"实事"去求得"法律规则应当如何、效果如何"这个"是"是所有法学院必须解决的问题,也是法学教育未来的必然出路。

[①] 仅以法学范畴的法律经济学研究为例,因为受传统法学"就法论法"研究传统的影响,经济学理论历来为我国法学家漠视,即使是部分法学领域(如经济法学界和商法学界)的一些学者,已经出版和发表了一些用经济学分析法律的创新著述,但因其创新背离法学研究传统,被传统法学理论斥责为"不伦不类"或"学术不规范"。结果是,不仅法律经济学在中国法学界难以形成"气候",而且许多对经济理论一知半解的法学家(往往是著名法学家),难以在我国重要的经济立法方案设计中占有主导位置。一个典型的例证是,我国证券法和公司法的专家论证召集人,不是法学家,而是经济学家。

第三章 立法与司法

本章导读

立法和司法的成本效益分析是法律经济学的核心主题,本章就中国经济法制建设和中国特色的民商事诉讼制度问题,主要运用成本效益的分析方法,探讨了市场经济立法的基本原则和路径,剖析了中国经济立法在制定和实施过程中存在的突出问题;并在对若干具体审判规则和制度的实施效果进行实证分析的基础上,进一步构建了中国特色商事审判制度与经济发展的互动机制。

本章第一节"市场经济立法的成本效益分析"分析了市场经济立法的基本原则和路径。这一节首先从节约交易费用的角度出发,强调了民法、商法、经济法对建立和发展我国市场经济有着各自不可替代的资源配置作用,并分别通过现代经济学的产权经济学理论、企业制度理论和政府干预(行政指导)理论,论证了上述各部门立法存在的必要性,从而从法律经济学的崭新角度,回应当时学界有关民法、商法和经济法孰重孰轻的争议。在此基础上,进一步提出根据各类经济立法不同的立法成本特点,在把握各类经济立法数量边界及相关成本和投入产出规律的基础上,掌握有效率的市场经济立法的基本原则和路径:一是经济立法以节约因市场失灵导致的交易费用为宗旨,因此应选择交易费用较高的领域作为加快经济立法的突破口;二是经济立法成本对市场主体而言是一种来自市场外部的外在成本即交易费用,因此应选择立法成本较低的经济立法作为加快立法的前提;三是从经济立法的供给和需求规律出发进行立法,充分利用我国市场经济发展对经济立法需求扩大的时机,不失时宜地尽快出台一些旨在降低交易费用的经济立法。

本章第二节"法律成本与中国经济法制建设"对中国经济法制建设实践进行深入剖析。针对20世纪末中国经济法制建设中出现的经济法律供求失衡、实施效果偏离立法预期、法律运行与社会财力支持相对不足的矛盾等经济法律高成本与低收益的问题,这一节综合运用公共产品理论、资源的相对稀缺性理论、交易成本理论和福利最大化理论等经济学方法,分析了中国经济法律的成本构成和影响因素,并从经济法律的立法方针、结构体系等方面,提出降低经济法律成本、完善中国社会主义市场经济法律运行机制的思路和措施。这一节引入法律经济学方法,利用中国经济法制建设的"材料",提出解决中国经济法制建设问题的方案,一方面凸显了法经济学理论在中国经济立法和执法领域的强大解释力,另一方面则开拓了经济法学研究的视角,因此具有重要的创新意义。

循着前述思路,本章第三节"立法者的经济人角色分析"进一步从立法者的角色切入,运用经济学中"理性经济人"的基本假定,从立法行为对立法者产生的成本效益的角度,对妨碍经济立法效率的两个突出问题——"经济行政法规泛化"和"经济立法难"进行深入剖析。这一节指出,受扩张政府经济管理部门权力、寻求立法者自身效用的利益驱动,出现了违反立法科学性的政府部门"经济法规泛化"现象。其原因在于缺乏一种有效的制度框架让人们去合理合法地通过立法追求利益最大化。其后果则可能造成市场领域逐渐地被政府取代,私法领域被公法领域逐步侵占,市场主体越来越失去他们本来拥有的利益。这一研究成果至今仍有重要意义。近年来，我国优化营商环境建设的重心即为政府的"放管服"改革，通过"证照分离""先照后证"和"照后减证"等系列改革，出台《国务院办公厅关于加强行政规范性文件制定和监督管理工作的通知》等政策文件，清理和废止大量行政部门规范性文件，还权于市场和企业。这一系列做法，正是前述三节关于健全市场经济立法制度、规制"经济行政法规泛化"现象的核心思想的体现。

沿着从立法效率到司法效率的思想脉络，本章第四节"法院调解制度的成本分析"分析了中国特色调解制度的成本效益，得出了应当通过克服调解制度的缺陷来完善和扩大调解制度的适用的基本结论，即对调解制度应采取积极态度。

在对具体司法制度进行成本效益分析的基础上，本主题的研究转向了更为宏大的命题：中国特色民商事司法制度与经济发展之间存在何种关系？在法经济学视角下，中国特色的商事审判制度如何形成？如何发展？如何影响经济？本章第五节"商事审判对中国经济发展作用机制的实证研究"就该命题首次提出了商事审判与中国经济发展的特殊作用机制，即商事审判通过纠纷解决、规则生成和执行政策三大职能作用于经济发展，并主要通过案件审理与判决、司法解释文件和司法政策性文件的制定与适用三个途径发挥上述职能，这一节内容还进一步对优化商事审判与中国经济发展的作用机制提出了加强法官培训，推行、完善案例指导制度，司法机关积极参与公共经济政策制定以及规范司法文件的制定与运用等建议。

第一节　市场经济立法的成本效益分析[①]

一般认为，作为规范市场主体，维护市场秩序，加强宏观调控以及完善社会保障体系的市场经济立法（以下简称"经济立法"），其根本作用是克服市场失灵，使依法调整市场经济活动的经济效益比调整前提高。这种经济立法的比较效益愈高，经济立法使市场主体以较低成本完成交易活动的比较成本就愈低，从而经济立法对市场活动的调整作用也就愈大。因此，落实我国社会主义市场经济条件下加快经济立法的改革举措，[②] 不能不涉及对经济立法成本效益分析这个根本经济问题。为此，本节试用对我国经济立法诸多现象进行经济分析的方法，亦即法律经济学的研究方法，对论题展开以下论述。

一、市场经济立法的经济学基础

分析经济立法成本效益的一个基本出发点，是经济立法能够有效地进行资源配置。虽然市场能在资源配置中有效地发挥作用，但是，随着市场交易的扩大，市场在配置有限资源方面也不是万能的，市场"有所不能"的方面在现代市场经济学中被归结为市场失灵（market failure），主要包括垄断、外部效应、公共产品供给不足、不确定性、信息不对称性等妨碍市场正常交易活动和秩序的弱点和不足。所以节约交易费用，便构成了解决市场失灵问题诸多方法（包括经济立法）的形式和内容的一个决定性因素。

可以说，节约交易费用是经济立法的根本动因。换言之，经济立法的效益性质，就是实现节约交易费用。进一步分析，市场经济活动不可缺少经济立法的理由，还来自市场主体能力的有限性和市场环境的特征。一方面，市场主体生产经营过程中的众多不确定性（价格

[①] 本节部分内容曾以论文形式发表，具体出自周林彬《市场经济立法的成本效益分析》，载《中国法学》1995年第2期。

[②] 参见《中共中央关于建立社会主义市场经济体制若干问题的决定》。

不确定、交易对象不确定、购买力不确定等）以及面临难以预料的市场竞争风险和不可抗力；另一方面，生产技术规模、经济效益和外部效应的克服都客观上构成了经济立法的必然条件。正是出于交易安全和经济两方面的原因，市场交易主体才彼此需要交换商品和服务并使经济立法不可缺少。严格意义上的市场机制，除了价格机制，还须包括产权机制、企业机制、政府干预机制。其中纯粹价格机制作用下的市场，是完全竞争的市场。在完全竞争市场条件下，交易费用为零，所以单纯通过价格进行资源配置的效率最大化与法律无关。但是，如前所述的产权机制、企业机制、政府干预机制，它们以克服市场（完全竞争市场）失灵即节约市场失灵导致的交易费用为其存在的前提，所以与这三种机制相关的制度设计即法律制度的建立，亦即经济立法，与资源配置效率有密切的关系。由于依法建立的产权规范、企业规范、政府干预规范同属经济立法的范畴，加之产权机制、企业机制、政府干预机制的不同资源配置功能，从而决定了与此相关的经济立法具有各自的特点。比如，依法界定产权的财产法，依法维护企业地位及组织管理原则的企业法、公司法等，依法确立政府干预经济的反垄断法、反不正当竞争法等，按照法学界比较流行的一种观点，则分别属于民法、商法、经济法三个相对独立又相互联系的经济法律部门。

笔者不想进一步重复或深究民法、商法、经济法在我国市场经济法律体系中的各自的地位，以及它们是否独立或谁优谁劣的问题。这里只想从市场机制的有机构成（产权、企业、政府干预）需要依法确立的市场经济规律出发，强调民法、商法、经济法对建立和发展我国市场经济有着各自不可替代的资源配置作用，绝不可厚此薄彼。基于这种对各种经济立法资源配置作用的经济学分析思路，可以进一步推论出下述民法、商法、经济法不同经济学特点和意义。

（一）归属于民法财产权制度的产权法律规范的经济学基础，是现代市场经济学中的产权经济学理论

该理论主张市场交易的实质为人们依据法律转移对各类财产（有形和无形）的法律控制权，认为产权交易为经济学的基本分析单元。强调以激励市场主体自由谈判、自主交易为产权制度建立的出发点和归宿点。所以有关确立和保护产权的民法财产权规范的经济法律实质是，通过具有排他性占有财产权（产权）的交易和让渡，以消除或减少交易中各种交易冲突，诸如买卖交易（平等交换关系）、管理交易（命令与服从关系）、配额交易（摊派关系）中，因产权关系不稳定导致的交易主体利益冲突、交易不确定性和外部效应，使交易主体在健全的产权制度的制约下，努力通过生产性努力而获取产权及其交换利益，并因为参加不劳而获的侵权性分配努力，进而影响整个社会的公平交易而受到法律的制裁。此外，由于产权经济学将依法界定的产权规范（民法财产权规范）下的产权交易谓之将市场失灵导致外在成本"内部化于市场"的解决方法，其特点是由市场交易主体在选择使其交易收益最大的生产经营活动时，把包括外在成本在内的交易费用也作为其生产经营成本加以考虑的"成本内部化"，从而使来自交易主体外部的交易费用减少与消除，即使得交易费用在产权法律规范的制约和激励下，由交易活动的相关人合理负担。诸如被现代环境立法者推崇的"污染排放权"和"拥车证"拍卖制度，实质上是由政府通过立法创造了一种代表社会价值的财产权，使通过竞价买得"排污权"的工厂和有限"拥车证"的车主，因其生产和行车对社会造成的污染这一外在成本内部化，成为排污工厂和车主必须负担的费用，一方面增加了城市防治环境污染的资金，另一方面有效地抑制了环境污染产品的过快增长。可见，以民

法财产权为基础设立的全社会完备的产权法律规范体系（包括产权交易体系），就成为市场主体自身内在的交易活动内容，进而民法的财产权制度就成为市场交易的一项基本制度，由此推及"民法机制是市场机制的法律规范"这一命题的正确性在于，民法规范（民事主体、财产权、合同）所遵循的民事主体（市场主体）在民事流转（交易活动）中自主、自愿、自力解决市场失灵问题的"私法自治"的宗旨，使得民法机制与市场机制十分接近甚至一致，以至于在这个意义上，民法可以作为市场配置资源的互补形式。其互补的含义在于，只有将民法方式和市场方式结合在一起，才能发挥资源配置的效用。如同汽车与汽油这两种互补商品结合在一起才能发挥效用这一市场经济学定律一样的道理，健全的市场机制须以健全的民法机制为其基本要素。由于商品的价格变化，通常会首先引起它的互补价格和需求量的变化，因此市场经济扩大对市场调节手段的需求表现为民事立法的增加，也是必然的。因此，加快我国经济立法以加快民事立法为第一要义，而且从民法规范尤其是财产权规范，合同规范是市场交易的前提这个意义上看，我国民事立法应超前于市场交易活动进行。

（二）归属于商法的公司法的经济学基础，是现代市场经济学中产权经济学有关企业制度的理论

该理论强调用企业内部的行政协调去替代市场上通过契约（民法合同）完成的交易，即企业（公司）和市场是两个相互替代的手段。这是因为，与市场通过契约完成交易不同，公司是依靠权威（董事会或经理机关）在公司内部完成交易，即把交易由市场移置公司内部，以节约交易费用。虽然从公司内部交易所体现的一系列购买和销售点的点分析，公司和市场活动没有大的区别，所以对市场失灵问题的公司组织解决方法，也是一种"内部化于市场"或"成本内部化"的方法，据此可以说公司法也是一种交易制度。但是，由于公司法的上述"交易内部化"的作用，使得公司内部的交易主体的法律地位（如非法人的分公司等），不能完全等同于公司外部的交易主体（如法人）的法律地位，从而依公司法从事公司内部的交易活动，诸如公司内部经营管理及专业化生产经营协作等，就有别于公司外部的交易活动，诸如公司经理代理公司对外购买生产原材料，进行投资、借款等，其依据的法定交易规则，是民法合同及代理规则，而不是商事合同及其代理规则。可见，正是这种公司内部与外部交易之分，决定了有关民法、商法的不同作用及各自独立存在的必要性。那种以商业职能与生产职能融为一体，主张我国民法和商法合一的观点，[①] 其根本缺陷是只看到了公司交易的外部性，没有看到公司交易的内部性。由于交易的内部化能够有效地降低来自交易主体外部的费用即外部负效应，使交易主体能够以低于外部交易的成本完成同样的生产经营（交易）活动，因此集中反映交易主体内部交易规则的公司法及其相关内容的其他商法规范（尤其是商事组织法），作为市场机制法律规范这一命题的正确性在于，商法是市场配置资源的替代形式。其替代的含义在于，商法有关市场主体内部交易的法律方法和市场方法在发挥资源的配置效用方面，可以互相替代。如同出租汽车和公共汽车在发挥交通工具效用方面可以相互代替这一市场经济学定律一样的道理，健全的商法机制在一定条件下同样可以起到市场机制配置资源的同样作用。由于商品之间的替代关系是一种此消彼长的关系，因此市场交易扩大对市场调节的需求时，社会的商法尤其是商事组织法的需求相应要减少；相反，当社会扩大对商法调节的需求时，市场调节应该相应减少。因此，只有当市场调节不利于节约

---

① 参见梁慧星《社会主义市场经济管理法律制度研究》，中国政法大学出版社1993年版，第16页。

交易费用时，商法的作用才能充分体现，商事立法才有必要，其必要性的核心问题是权衡市场调节的费用应高于商法调节的费用。一般认为我国建立市场体制的初期，因经验不足及市场机制不完备，不宜一味扩大市场调节的范围，因此我国商事立法应与市场交易活动同步进行。

（三）归属于经济法的反不正当竞争法、反垄断法的经济学基础，是现代市场经济学中的政府干预（行政指导）理论

该理论强调在产权机制、企业机制不能确保涉及私人产品，尤其是公共产品有效供给效率的情况下，借助政府干预的必要性。比如垄断这种对市场竞争的排他性行为，以及在此基础上形成的垄断利润，使生产因素从利润低的领域自由移动被限制，受操纵的价格结构即垄断价格不仅导致资源配置低效率，而且使市场交易主体缺少市场竞争压力并导致市场主体内部管理水平降低，由此资源浪费性支出使产出水平低于应有潜在水平。这种现象反映了市场的一种悖论现象，即市场产生竞争，竞争本身又有产生垄断的倾向，而垄断反过来又抑制竞争，因此不能依靠市场本身的力量去解决垄断这一市场悖论现象，而必须借助市场以外的力量反对垄断。这种市场以外的力量即市场机制的外部方法的典型，就是政府干预。有关政府干预的法律规范诸如反垄断法、反不正当竞争法等。作为克服市场失灵、节约交易费用的市场"内部化"法律，即民法和商法。这种不同的根本特征是，前述民法和商法是依法保证市场主体依靠自身力量解决市场失灵及由此产生的交易费用过高的问题，而经济法是依法保证市场主体以外的其他主体（如政府）的力量，克服市场失灵及节约由此产生的交易费用过高的问题。因此，虽然从克服市场失灵和节约交易费用的意义上看待民法、商法、经济法，它们都属于市场经济立法的范畴，但是，民法和商法作为强化市场主体的自身力量的法律，因市场主体主动将该法运用于交易活动而成为诱导性的法定交易规则，从而使民法和商法作为市场主体的内在力量发挥作用，此特点成为民法和商法作为市场配置资源互补形式和替代形式又一有利的证据。而经济法作为强化非市场主体（政府）力量的法律，因市场主体被动运用于市场交易活动而成为强制性的法定交易规则，从而使经济法作为市场主体的外在力量发挥作用，其作用的实质在于经济法是市场配置资源的补充形式。其补充的含义在于，运用经济法方法和市场方法配置资源，后者优先于前者，而且只有在市场方法以及与此有互补、替代关系的民法、商法手段不能有效克服市场失灵的条件下，才会产生通过政府依法干预弥补之不足的需求。因此，加快经济立法对经济法来说，是加快对民法和商法之不足进行补救的经济法规，其经济法的制定不能超前于民法和商法的制定，此点，在当前我国民法和商法机制不健全的情况下，应予以特别注意，而且从补救意义上，经济法应该滞后于市场活动及相关的民法、商法进行立法。

二、市场经济立法的成本效益分析

在依法克服市场失灵的经济立法运作中，民法、商法、经济法的立法及其实施也是有成本耗费的，诸如立法费用、执法费用等，这些费用在某些场合某些时候是非常高的。所以民法、商法、经济法在解决市场失灵问题和节约交易费用中，也就有不同的效率。从而有关民法、商法、经济法的经济立法活动，就可以放在一个成本效益模型中加以考察。

我们认为，任何经济立法都类似于某种经济行为。这表现在两个方面：其一，经济立法改变了资源分配的方式，并由此给社会带来某些经济利益；其二，经济立法又需要社会为监

督和实施立法而支出一定的费用。该费用主要包括两项：一是社会所实际负担的经济立法及实施的费用，常常表现为他人行为（立法）执法者行为，使市场主体承担的费用，诸如企业依法交纳的各种规费，企业违法而支付的罚款等；二是各项经济立法（民法、商法、经济法）与市场比较而言的成本即机会成本，即不选择市场自发调节而选择一项特定的经济立法进行交易所失去的利益，诸如企业违约而不依法履行合同所得到的违约利益等。这就说明不同经济立法的效率高低，取决于它们对市场经济活动的贡献与市场主体为实施这些经济立法所付出的代价之间的差别。这种差别可以通过不同经济立法降低交易费用的大小不同来加以认定。一项高效率的经济立法，一方面，它给市场主体的利益，大于遵守该项经济立法的人所付出的代价；另一方面，如果一项经济立法的实施，是以放弃相关的市场手段为代价，那么其与同类特点的市场手段相比，该项经济立法所带来的净收益（额外收益之和减去支出费用之和）最大，就是该项经济立法效率高的标准。比如社会保障法律制度使中老年人、残疾人、失业者得益，但同时收入高的人和企业需要依法付出一定的代价（支付保险金、纳税），而只要这种代价与社会得益相比要小，那么社会保障法的立法及其实施的机会成本要小。由此社会保障法具有高的效率。当然，在这里，"满足"或"收益"与代价或成本的数量可能在实际中较难测量。

就民法和商法而言，它们作为依法保证市场交易主体，依靠自身力量，克服市场失灵和节约交易费用的法律，其成本效益特点是民法和商法给市场主体带来的外在成本和机会成本相对要小。这是因为，民法和商法以促进市场主体自主交易为宗旨，这使得有关交易的民法和商法规范（如财产权、合同规范和公司规范），在很大程度上与市场主体交易中的追求自身经济利益最大化的偏好接近，所以市场主体往往是主动而不是被动地适用民法和商法原则，比如平等互利、诚实信用的民法原则，安全、便利的商法原则等，进行交易；由此，民法和商法的实施成本（包括违法导致的执法成本）也容易被市场主体考虑在其生产经营成本之中。比如依侵权实体法和程序法将由侵权制造的外在成本（侵权导致的经济损失）通过侵权人自己赔偿他人损失和承担部分执法费用（如败诉者承担诉讼费），即所用侵权费用化，就能有效地制约市场主体在交易中对交易对方的无端损害。此外，正是由于民法和商法的有关交易规则的实质与市场主体自身的交易规则的实质内容比较一致，因此特定市场主体选择民法和商法规范进行交易所得的收益与放弃单纯市场手段进行交易所失去的原来可以获得的利益差别不大，诸如依经济合同法规定的合同主要条款订立的书面合同费用与依交易习惯约定合同主要条款所节省的缔约费用的差额，基本上可以忽略不计；以及公司依公司法设立董事会与依交易习惯设立董事会节约的费用也可以忽略不计等，就是例证。

就经济法而言，其作为依法保证市场主体以外的其他（政府）克服市场失灵的法律方法，对市场主体所产生的外在成本和自身的机会成本较之民法和商法要大。这是因为，体现政府干预市场经济活动的经济法力量，来自市场主体控制能力之外，往往是市场主体被动地执行经济法规。这种被动性因政府的经济政策选择与市场主体的经营政策反对的偏好不一致，而变得更加明显。所以经济法所体现的交易规则因注重政府对交易活动的控制能力，而不易被市场主体接受，由此提高了经济法的执法成本，而且这种成本也不易被市场主体考虑在其生产经营成本之中，因此，有关经济法规的执行监督成本，往往由执法者自身负担，这种经济法实施成本不为市场主体考虑，是经济法成本增加的一个重要原因。近年来，我国经济行政执法机构（工商、税务、技术监督、环保卫生等）扩张及有关财政支出增加，就是一个最好的例证。此外，经济法作为强化政府干预市场经济活动力量的法律，其宗旨是约束和限制市场主体为追求自身效益最大化而将其制造的损失转嫁给其他人负担的产出最大化行动。所以约束和限制市场主体经营活动意义上的经济法规（管制法规），使得经济法选择的交易规则与市场主体交易中的追求自身利益最大化偏好不一致，从而特定市场主体选择经济法交易规范而放弃单纯市场手段进行交易所失去的可得利益，诸如放弃垄断和暴利价格而采取竞争价格，放弃依法纳税经营而从事偷税、漏税的商品交易的利益差别很大，从而经济法的机会成本，较之民法和商法的机会成本要大。

上述对民法、商法、经济法的外在成本和机会成本的比较分析，对经济立法的决策选择具有重要意义。为了说明这一意义，有必要分析外在成本和机会成本这两个概念，是如何被用来阐述最佳经济立法效果这一问题的。现在的问题是，在"市场失灵"的法律解决中，究竟有多少"失灵"问题应该依法由民法、商法或经济法解决呢？

由于市场失灵产生的各种交易费用，对市场交易主体来说，也是一种外在成本。这种外在成本市场交易主体从事一项特定交易所耗费的生产经营成本，即私人成本之和就是社会成本，即"社会成本＝私人成本＋外在成本"。在私人成本一定的情况下，社会成本的大小是由外在成本的大小决定的。如前所述，市场失灵导致的外在成本可以在一定程度上通过民法和商法的方法加以"内部化"，即外在成本因民法和商法的调整而进入市场主体自身生产经营成本的考虑之中（如违约金、赔偿金及有关合同费用摊入成本的企业账务处理），使得交易活动中社会成本与私人成本之间的差异就比较小，从而市场主体之间比较容易交易各自依民法和商法产生的法定权利，这样双方就很容易依民法、商法的规则，诸如买卖合同、公司设立规范进行财产权和经营管理权的交易。据此，也许最好的选择是通过民法和商法解决所有的市场失灵问题，现实中合同和公司大量存在于市场交易领域，就是例证。但进一步分析的结论是，由于民法和商法不能将所有因市场失灵导致的外在成本通过市场主体之间的交易变成腐朽的交易成本，即外在成本"内部化"，因此民法和商法也就无法解决所有的市场失灵问题。

如果市场主体因市场失灵而承担的外在成本，通过民法和商法加以"内部化"的可能性减少，那么外在成本将会随着民法和商法的失灵而有增无减，诸如现存的大量的因合同纠纷导致企业相互拖欠债务，以及名不符实的公司等，需要由政府出面主持依法清债和清理整顿公司的现实有效做法，就是民法和商法失灵的典型，由此产生了政府通过经济法降低市场失灵引起的外在成本的必要性。但是由于经济法的实施成本对市场主体来说，是一种不能由该主体主动自觉考虑进生产经营成本的外在成本，从而使经济法作用下的社会成本与私人成本的差异明显。在假定经立法者和执法者自身为立法及实施支出人、财、物的成本价格，即立法成本要素价格不变的情况下，一方面，当增加最后一个单位的民法和商法立法成本，即民法和商法的立法边际成本时，因民法和商法的立法成本这一对市场主体的外在成本负担在民法和商法的约束下，容易被市场主体考虑进其生产经营成本之中，所以民法和商法的立法边际成本，按照市场主体的边际私人生产成本曲线运行，就是正常的立法数量边界。另一方面，当增加最后一个单位的经济法的立法成本，即经济法的立法边际成本时，因经济法的立法成本这一对市场主体的外在成本负担不易被市场主体在经济法的约束下，被市场主体考虑进其生产经营成本之中，从而使经济法的立法边际成本，按照市场主体的社会边际生产成本曲线运行，才是正常的立法数量边界。由于被民法和商法内在化的外在成本与市场主体的边际生产成本的总和，才能真实反映经济法作用下的立法边际成本，因此，在每一项经济立法产出水平上，经济法的立法边际成本总是大于民法和商法的立法边际成本。从而在各自的立法数量最大化的限度内，民法和商法的立法成本也总是小于经济法的立法成本。这就是经济立法比较成本的一般规律。

显然，在可以将立法成本这一外在成本被市场主体自觉考虑进生产经营成本之中的地方，民法和商法的立法产出量小于经济法的立法产出量，才是有效益的。因为此间民法和商法以低于经济法的立法成本，产出比经济法更多的民法和商法。但是，在立法成本这一外在成本不能被市场主体自觉考虑进生产经营成本之中的地方，进一步扩大民法和商法的立法，非但不能降低外在成本给市场主体造成的交易负担，反而会增加这种负担。此间经济立法要达到最佳状态的关键，是诱导追求立法数量最大化的立法者，将其立法的产出限制到使社会而不是个别市场主体达到最适度的立法产出水平。这个目标可以通过立法者沿着经济法的立法边际成本曲线，而不是沿着民法和商法的立法边际成本曲线的立法活动来安排立法边界。其现实意义在于，改革强调总体受益和总体承受能力原则。由于这里的总体意指全社会成员即社会公众，因此任何一项改革措施（包括立法措施）在总体上使多数人受益和总体上使多数人能够承受损失的原则制约下，经济立法应该从社会的角度考虑立法选择。因此，集中反映社会成本效益的经济法，就必须在社会成本效益原则支配下运行，才能取得实效。因此，制定和实施经济法的立法者和执法者的任务是，设计有效的办法，使包括市场失灵导致在外在成本和立法成本在内的一切交易费用的制造者（包括市场主体和立法者、执法者），把这些费用尽可能地自觉在其生产经营成本决策中加以考虑，并计划这笔成本开支的现实性以及把它们考虑进追求立法效用或效益最大化的计算之中。如前所述，外在成本内在化可以指望市场主体主动适用民法、商法的较大可能性实现，所以节约由外在成本导致的各项交易费用的民法和商法立法成本决策的着眼点，应该放在依法保证市场主体提高自身交易能力的立法质量上。这里应该强调的是，虽然外在成本不能指望市场主体通过主动适用经济法来实现，但是经济法可以通过政府的干预限制外在成本的社会化，即限制市场主体将其扩大产出时造成的外在成本转嫁他人承担，由此，经济法通过政府限制市场主体的产出的较大可能性实现，降低立法成本，即由市场主体在被限制产出水平的约束下，以较小或较大的成本（包括外在成本）实现较小的或较大的产出。因此，节约由外在成本导致的各项交易费用的经济法立法成本着眼点，应放在提高立法质量上。

笔者认为，高质量的经济立法的一个重要条件是，以较少的立法取得较多的立法效果。这里，问题的关键是整个经济立法运行所支付的费用与其通过运行而获得收益之间的关系，倘若费用最少而收益最多，则此种经济立法质量最高。与此相关，我国经济立法运行低成本、效益的现实选择思路包括以下几方面。

其一，既然经济立法以节约因市场失灵导致的交易费用为宗旨，就应选择交易费用较高的领域作为加快经济立法的突破口。从我国的现实来分析，产权关系不明晰。无论从一般的经济规律——产权交易是市场交易的实质，明晰的产权是降低交易费用的最佳方法；还是从产权明晰是我国建立市场体制的基本物质前提这一意义上看，应该把产权立法作为当前经济立法的重点，由此，有关产权立法的典型即民事立法，尤其是民法中的物权法，应该超前于商法和经济法的制定，而且民事立法应该作为基本经济立法。

其二，既然经济立法是有成本的，而且这种成本对市场主体来说也是一种来自市场外部的外在成本即交易费用，那么应选择立法成本较低的经济立法作为加快立法的前提。基于对我国现实的以及前述各项经济立法成本效益的分析，无论是从立法及执法费用的相对量和绝对量看，还是从立法给市场主体造成的利益损失看，经济法的立法成本高于民法和商法的立法成本，所以应该把经济法的立法成本费用节约作为提高经济立法质量的重点。而且由于经济法立法成本高的直接原因是市场主体被动适用该法，因此激励或约束市场主体基于各项交易费用比较而自主选择法律适用，进而自觉将包括立法成本在内的各种外在成本，有意识地考虑进生产经营成本之中，则是提高经济立法质量的核心问题。由此经济立法的制定更应该强调立法民主化的原则，现行的那种以政府为主制定经济法律的政府立法模式，应尽快改为由人大为主的人大立法模式。

其三，经济立法的供给和需求规律决定着经济立法成本费用的高低，即社会对经济立法的需求愈大，经济立法的成本费用以及由此决定的立法价格就低；经济立法成本费用愈多，则社会经济立法的需求减少。因此，要充分利用当前我国市场经济发展对经济立法需求扩大的时机，不失时宜地尽快出台一些旨在降低交易费用的经济立法（尤其是民法和商法），这样才不失为当前提高经济立法效益的最佳方案。同时，要特别注意降低各项经济立法的成本，以免大量的经济立法伴随着大量的立法成本的出现，抑制了社会对经济立法的要求。从我国的现实分析，一个十分值得注意的现象是，立法愈多，立法及执法成本也愈高，由此产生了经济立法增长超过了社会需求增长的现象，诸如因立法者能力差导致的立法发展超过了立法机关的支付能力，因执法和司法机关能力差导致的立法发展超过了执法和司法机关的支付能力，因守法者自身素质差导致的立法发展超过了守法者的支付能力等，一方面，导致经济立法质量差及立法实施难度增加，另一方面，执法和司法机关超负荷运行，使许多经济违法案件久拖不决或处理不力。这些因素都是引起我国经济立法成本高、效益低的重要原因。上述几点，从正反面说明从经济立法的运行过程中即经济法规的立法、执法、守法诸方面努力降低立法成本，是加快经济立法的一个决定性因素。这一决定因素的落实，又取决于对经济立法成本效益进行认真分析这个认识论前提的落实。

第二节　法律成本与中国经济法制建设[①]

改革开放以来，中国各类经济法律[②]的立法数量，大大超过改革开放以前立法量的总和。经济法律的颁行，基本结束了中国社会经济生活无法可依的局面，推动了社会主义市场经济体制的建立。然而，在中国经济立法快速发展的同时，也出现了一些值得注意的问题。

一是经济法律供给与需求的失衡。一方面，民商法规范在质量、数量和体系化等方面不能满足社会的需要，表现为供给不足；另一方面，经济行政法规相对过剩，超出了立法、司法、执法机关和社会公众的承载力和支付力。

二是经济法律的实施效果与立法预期的偏离。一方面，经济立法在指导思想上对诱导性法律（以任意性规范为主的民商法）和市场自发调节信心不足，从而加大了经济法律结构中经济管制法和强制性规范的比例，其结果是加重了经济法律对公权力（主要是政府行政权力）的依赖；另一方面，强制性规范并没有带来令行禁止的预期效果，有法不依、执法不严、法不责众的问题在经济法领域普遍存在。

三是经济法律运行与社会财力支持相对不足的矛盾十分突出。改革开放以来，经济立法、司法、执法队伍不断扩大，有关的财政开支、社会财力支出日益增加，却仍然不足以维

[①] 本节部分内容曾以论文形式发表，具体出自李胜兰、周林彬、邱海洋《法律成本与中国经济法制建设》，载《中国社会科学》1997 年第 7 期。

[②] 本节所讨论的经济法律的部门法属性，泛指民商法和经济法。

持经济法律的正常运行，实践中因执法力量不足、办案经费短缺而导致的执法不到位现象仍十分普遍。

上述三个问题归结到一点，就是经济法律的低效益，即高成本与低收益现象。低收益主要表现为经济法律实施效果不理想，高成本表现为经济立法和经济法律实施的支出过多。有鉴于此，本节拟对中国经济法律成本进行分析，并据此提出降低成本、提高运行效率的现实思路。

一、经济法律的成本构成

为弥补对经济法律运作过程复杂性和不确定性的认识欠缺，有必要对经济法律的成本构成进行分析。

（一）经济法律的立法成本

经济法律的立法成本是指经济立法过程中人力、物力、财力、时间等资源的支出（这里仅讨论有形的会计成本），包括立法调查研究、拟定草案、征求意见、讨论表决、法律文本制作和发布等各项活动的费用。根据造法机制的不同，经济立法成本可以分为国家专责机关支付的费用和社会及个人直接支付的费用。前者主要是制定法的成本，后者主要指诸如习惯法等非正式规范的成本。这里涉及几个问题：

其一，在中国市场化改革的制度创新进程中，以国家立法机关为主所进行的强制性制度变迁即经济立法活动日趋增加，有关费用逐年增长，财政支出相当可观。许多政府部门为主持或参与和本部门经济职权相关的法律起草工作而支出的立法调研费，甚至超过了专门立法机关的立法费用。以《产品质量法》为例，该法自起草到通过历时 4 年 5 个月，在此过程中，人大系统的花费约为 1 亿元，出自政府部门的投入则在 2 亿元以上。[1]

其二，一些非正式经济法律规范，诸如行业和部门自律规则、自治章程、交易惯例、企业标准，由于其创设过程与日常业务活动融为一体，因而费用大为降低。

其三，专家立法模式有利于降低经济法律规范，尤其是技术性规范制定中搜集资料、分析论证等费用，并可保证立法的科学性。例如《标准化法》第 12 条，关于制定标准的部门应当组织由专家组成的标准化技术委员会，负责标准的草拟和审查内容的制定，正是基于此种意义而做出的规定。

（二）经济法律的实施成本

经济法律的实施成本是指法律实施（司法、执法、守法）过程中的投入。一是来自国家机关方面的投入，如为准备新经济法律实施而进行宣传、教育的费用，实施过程中改变人们习惯、清除旧法影响的费用，司法、执法及法律监督的投入；二是来自社会公众和个人方面的投入，如案件处理中当事人支付的金钱和劳务（举证、律师费用等），违法者支付的赔偿金、缴纳的罚款以及公众守法的成本。守法成本是指公众依照经济法律进行活动而增加的支出或放弃的利益，如企业遵守有关产品质量法律法规，接受政府部门产品质量抽查，提供受检验样品、缴纳检验费而增加的支出，这些支出被摊入生产成本后带来的产品价格上涨而使消费者承受的负担等。

---

[1] 费用数额根据相关部门年度财政支出、立法工作量占部门工作量的比例及立法经费专项拨款等资料和抽样调查统计数据估算得出，未经进一步核实。

1993—1994 年产品质量法律法规实施成本表①

单位：亿元（人民币）

司法 （法院、检察院、公安局）			行政执法 （行政职能管理部门 和行业主管部门）		守法②			
预算内财政经费支出	质量案件诉讼费补贴办案经费	律师费用	预算内财政经费支出	质量违法案件罚没款补贴办案经费	企业申办许可证支出	企业缴纳质量检验费	产品质量认证支出	企业质量体系认证
6	2.2	1.5	50	6	1	8	0.6	0.1

　　与上表相关的问题主要有四个。第一，国家机关承担了经济法律实施的主要活动及相应的大部分实施成本，受"帕金森定律"③ 支配，各项直接财政开支巨大。第二，由于违法者是司法、执法成本的直接引发者，因此，通过追究财产责任让违法者承担更多的质量法律实施成本以补贴办案经费是合理的。第三，市场主体因承担守法成本而需要支出必要的费用，但从全社会看，守法的收益，如企业加强质量管理、进行质量体系认证带来的产品质量提高、降低不良品损失等收益，显然远远大于守法成本。第四，一般认为，当前普遍存在的"有法不依""执法不严"问题的重要原因在于法律实施投入不足。所以有人主张将经济执法和司法作为经济法制的"基础产业"，在各级财政拮据状况短期内难以改变的情况下，保证对有关机构的超常投入。④ 我们认为，这种"外延式"扩大投入并非最佳方案。法律实施的投入不足，与执法过程缺少成本约束有直接联系。因此，通过精简机构、提高执法水平和办案效率，实现法律实施"内涵式"扩大投入，在当前更为必要。

（三）经济法律的机会成本

　　不同的经济法律方案实现人们既定目标的程度有所不同，而在特定的时空领域只能选择一种而放弃其他。对某种社会关系是否运用法律手段进行调整、运用何种法律规范，这些不同选择之间的效益差别和得失就构成了经济法律的机会成本，也叫选择成本。

　　经济法律的机会成本，借助守法成本与违法成本的比较，反映着经济法律的科学合理性，影响经济法律的实施成本和运行效率。通常，若违法的机会成本（违法者放弃的守法收益）高，则法律易于实施；守法的机会成本（守法者放弃的违法收益）高，则法律难以实施。

---

　　① 资料来源：各部门实施产品质量法律法规预算内财政经费支出，根据各部门年度财政经费收支总额与有关质量工作占全部工作量的比例估算得出。质量案件约占法院办理案件总数的6%，大约70%的质量诉讼案件的当事人双方聘请了律师，律师费、案件诉讼费分别约占诉讼案件标的总额的1.5%和1%。质量违法案件罚没款及企业守法成本根据工商行政管理局、技术监督局等部门资料统计整理得出。

　　② 守法成本中没有统计列出以下各项：企业加强内部质量管理增加的质量检测设备投资、因工序的延长和工作量增加而相应增加的支出；与质量管理相关的各项企业支出摊入生产成本后，产品价格上涨而使消费者增加的负担；企业因没有获得生产许可证无法进入市场而放弃的预期收益等。

　　③ "帕金森定律"反映了政府活动范围和财政预算的持续膨胀趋势。参见樊纲《市场机制与经济效率》，生活·读书·新知三联书店上海分店1992年版，第169页。

　　④ 参见司法部法制宣传司编《中共中央举办法律知识讲座纪实》，中国发展出版社1995年版，第19页。

近年来，社会普遍关注的产品质量问题，与企业遵守质量管理法规成本高，而制造伪劣产品的违法成本低，有着一定的联系。例如 20 世纪 80 年代末，产品质量监督管理的重点仍然在生产领域。以轻工行业为例，据不完全统计，企业缴纳政府部门的质量检验费、计量检定费、申办生产许可证等各种证照、标准化定升级、计量定升级、各种质量评审达标等费用，约占企业年利润的 2%；企业守法经营，内部质检成本，包括质量检测设备投资、延长生产工序、增加质检人员等费用，约占生产成本的 20%。由此使合法经营企业的利润率较之违法经营的地下工厂约低 23%，若考虑违法者偷工减料等因素，则悬殊更大。同期，流通领域监管不力，产品抽查合格率仅为 60.7%，按 1990 年社会消费品零售总额计算，其 40% 即 2900 亿元为伪劣产品的销售额，而 1990 年全国查出假冒伪劣产品标值约为 30 亿元，违法行为受追究的概率不到 1.4%，罚没款约 3 亿元，仅占查处产品标值约 10%。[①] 因此，制假售假行为由于其高收益、低风险而成为不法之徒牟取暴利的选择，守法经营的企业由于成本高昂而在市场上处于不利地位。由此导致的假冒伪劣产品屡禁不止、质量法规实施结果严重偏离立法预期的现象，便是质量管理措施不够科学带来的高机会成本的突出表现。

（四）经济法律的私人成本与社会成本

经济法律运行中全社会的总支出，称为经济法律的社会成本，它由私人成本和外在成本两部分组成。私人成本是指直接由私人支付、容易为私人所计算和考虑的费用。外在成本是指由社会或其他非受益者直接负担、不易被个人所考虑而最终分摊到个人的费用。

造成质量法律私人成本与社会成本不合理差距的原因，主要有两个方面：一是在市场进一步开放的情况下，国有企业与隐蔽、分散的伪劣产品制造者相比较，更易于监控，其结果是国有企业成了生产领域质量监督管理的主要对象，即"管住了守法者"；二是流通领域监督查处力度仍然不够，执法不严，"放走了违法者"。因此，产品质量监督工作逐步缩小生产领域强制性管理范围、加大流通领域监督力度、加重质量违法责任、严格执法的改革方向，其核心可以归结为减少守法成本，加重违法成本，缩小私人成本与社会成本的差距，从而降低质量管理的实施成本和减少违法现象。

经济法的调整方法通常是以一种与市场反向的利益不平衡来校正市场缺陷产生的利益失衡，如用财政、税收、信贷优惠来弥补市场上外部经济正效果制造者的损失，以激励外部经济正效果的产出。在实施过程中，享受优惠的市场主体所承担的私人成本将小于社会平均成本，或其私人收益将大于社会平均收益。因此，利用经济法实施中私人成本与社会成本的差异，通过资助立法费用、参与立法起草等方式承担更多的立法成本（立法阶段中私人成本大于社会平均成本），以换取"优惠政策"，进而谋取部门利益，是经济立法寻租行为的根本动因。当前中国出现一些政府部门"立法热"、经济行政法规相对过剩，原因之一便是存在着政府部门利益的寻租因素。在某种意义上，经济法规反映的"部门利益"，其经济实质即在于该部门经济法规的私人实施成本小于社会平均成本，其私人收益大于社会平均收益。

（五）经济法律的边际成本

经济法律的边际成本是指制定、实施最后一个部门的经济法律规范所支出的费用。按照

[①] 根据国家统计局编《中国统计年鉴1996》，国家技术监督局、工商行政管理局、医药管理局、轻工业部等部门统计资料调查整理得出。

边际成本规律，经济法律的供给在达到社会需求饱和状态之前，每增加制定和实施一项新的经济法律时，由于法律规范的体系化及相互支持，其边际成本呈递减趋势。如产品质量法的颁行，与标准化法、计量法形成了相互支持，从而降低了各自的实施成本；相反，如果超过了饱和状态，随着经济法律供给的增加，其边际成本呈递增趋势。当前，中国国务院及所属部、委、局制定并颁行的、旨在规范市场主体行为的各类经济管理行政法规和规章，几乎涉足市场经济各个领域，并以"行政管理向法律管理转变"为名，将许多本可以用经济手段解决的市场运作问题，通过行政法规的强制手段纳入政府管理的范畴。一些部门所依的"法"，不过是按其部门意志扩大行政权力，限制或收回宪法和基本经济法律赋予市场主体的权利的经济行政规章。这种"经济法规泛化""法规压过法律"的经济法律结构失衡现象，加大了立法和执法成本，而政府部门依法而行的"三乱"（乱收费、乱罚款、乱集资），使市场主体承受了高昂的守法成本并导致经济效率低下。这证明，政府不宜盲目和过多地介入市场运作活动。中国立法机关强调的加快经济立法，并不意味着立法"多多益善"。因此，边际成本的分析思路对于当前中国的行政法规清理工作十分必要。

二、影响经济法律成本的因素

影响中国经济法律成本的因素，主要有以下几个方面。

（一）造法机制与经济立法成本

不同的经济法律，由于所调整的社会关系及调整方法的不同，其规范的产生机制和稳定性也不相同，由此导致了不同的经济立法成本。

依大陆法的传统，民商法规范的产生一般遵循的规律是，个别意思表示、合同特别条款→普遍意思表示、合同一般条款→习惯、惯例→习惯法→制定法。这种由非正式制度规范到正式制度规范的渐变过程，反映了需求的内在性和产生的自发性，使得民商法具备了连续演进的自我发展和完善的功能。与意思自治造法功能相一致，在民商法适用中习惯法对制定法具有补充作用，当民商制定法不足以涵盖现实生活时，意思自治会产生新的规范予以补充。习惯法的适用延缓了法律立、改、废的周期，有利于保持制定法的相对稳定，从而降低立法费用。然而，旨在弥补市场缺陷的中国经济法规范通常是不可能由市场自发产生的，它是将一种经济理论结合国家一定阶段的经济形势和经济政策，通过国家意志而形成，对市场主体来说，它是外在的、强制的。在中国，由于长期以来形成的国家对经济生活干预的惯性作用，政府在经济立法活动中表现了高度的自觉能动性和造法主体的意识，由此，中国经济法律规范的发现成本较高。同时，经济法的客观性、科学性易受立法主体因素及部门和地方利益冲突等问题的影响，因而以政府为主的中国经济立法（主要指经济行政法规的制定）的机会成本较高。

（二）消费者偏好与经济法律实施成本

经济法律的实施过程，也是公众消费法律的过程。如同一般商品的需求受消费者偏好的影响一样，对法律的不同偏好，会影响人们实施法律的自觉性。由于民商法以促进市场主体自主交易为宗旨，其规范与市场主体交易中追求自身利益最大化的个人偏好接近，故而市场主体往往是主动地运用民商法。经济法则不同。为调节社会整体利益与局部利益、长期利益与短期利益、集体理性与个人理性的差异，为克服市场失序而进行的政府依法干预，通常要约束和限制市场主体为追求自身利益最大化而将其制造的损失转嫁给他人负担的（外部性）产出最大化行为，而与经营者的个人偏好不一致。市场主体遵守经济法规可能意味着放弃依市场手段进行交易的部分可得利益，或者意味着增加支出，如放弃垄断和暴利价格而采取竞争价格或服从政府最高限价带来的盈利减少，遵守有关产品标识的规定带来的支出的增加。因此，在私人的守法成本方面，经济法通常高于民商法。不同的利益驱动，造成市场主体适用经济法的被动性，因而需要专门执法机关的主动推行并相应地增加机构设置、人员配备、监督查处等一系列实施费用。

（三）公共物品、私人物品消费与经济法律实施成本

作为民商法保护对象的私权，亦即民事权利，其享有和行使具有明显的排他性，类似于经济学中私人物品的消费。同时私权的归属也极为明晰。基于对利益的高度关切，市场主体对侵害私权行为的防范与法律对私权的保护具有天然的一致性，因此，民商法实施中揭露和发现违法，协助和监督对违法的制裁，由于有市场主体的积极参与而降低了国家专责机关支付的执法费用。而作为经济法保护对象的公共利益，则具有公共物品的属性。为公共利益、集体偏好而要求个人支付，则存在收费的困难。希望在公益中获利而不情愿为此限制私利的"搭便车"（即希望私人法律成本小于社会法律成本，或私人收益大于社会收益）心理普遍存在。

经济学界关于国有经济中的"搭便车"问题，从国有企业的经营者、职工、上级主管部门和其他经济主体的行为表现、根源及带来的国有资产流失后果诸方面，已有大量论述。[①]这里要强调的是，第一，"搭便车"刺激了守法中机会主义行为的盛行，从而导致"法不责众"的群体违法效应。例如，人们常常希望生活在投资法、计划法实施带来的良好经济环境中，却又不愿放弃因减少投资而减少的私人收益。第二，"搭便车"降低了揭露、制裁侵犯公益的违法行为的积极性。抵制、投诉、查处违法需要支出成本，而收益却共享（由于公益"产权"模糊），对此，市场主体常缺少如同实施民商法、保护私权那样的利益驱动而积极性不高。同时作为公益"监护人"的政府，要想使其工作人员对公益的保护达到视同自己事务的注意程度，常须辅之以外部的激励机制。因而依法保护公共利益与依法保护私人利益相比较，前者成本要大得多。现实中技术监督等执法机关依法查处假冒伪劣产品的积极性总是低于受害者索赔的积极性，就是典型例证。为控制执法中的"搭便车"行为，奖励投诉并及时补偿高强度执法的费用不失为一种有效的办法。第三，"搭便车"是经济法领域产生权力寻租的根源之一。在私法领域，一种私权的非法扩张，常对应地触犯其他私权的边界，私权的排他性和自卫的积极性在客观上使司法、执法的不公正受到了约束。而在公法领域，对两个同样性质和情节的违法行为，司法和行政执法"自由裁量"的结果可能相差悬殊，因而出现了愈是经济法实施活动多的领域，愈容易滋生权力寻租的现象，从而增加了经济法实施不合目的性这种机会成本。因此，经济法这一公法的监督成本大大高于民商法这一私法的监督成本。

（四）商品的替代性与经济法律的机会成本

当两种以上的商品能够给消费者提供相同或类似的效用时，这些商品之间就具有替代

[①] 卢现祥：《西方新制度经济学》，中国发展出版社1996年版，第61页。

性。替代性大的商品，消费者的选择余地大，因此放弃的利益即机会成本就小；反之，商品的替代性小，机会成本就大。这一经济学观点可以类推于法律产品的替代性和机会成本的分析。比如，民商法中贯穿着私法自治的精神，任意性规范居多，意思自治原则的适用、习惯法的补充、不告不理的民事诉讼原则以及司法外解决争议措施（协商、调解、仲裁）的存在，从实体和程序上为民商制定法起到了替代规范的作用，从而使民商法具有较高的替代性。如果民商法规范不利于降低交易费用或不适合社会现实而不被接受，人们会通过契约寻找到费用较低的规范，以新的合同条款、商事惯例及司法外程序来避开法律的适用，降低对法律的需求，即适用"约定大于法定"原则，减少法律不合理带来的社会危害性，从而降低民商法的机会成本。

经济法大部分为强制性规范，实施方式以主动追究查处违法为主，奉行"法定大于约定"的适用原则，因而缺少合法的"替代物品"即替代规范。当出现不合理的经济法规范时，市场主体则处于或者守法而减损经济效益，或者违法而危害法制权威的两难境地，由此带来经济法的机会成本较高。中国的经济法规在实施中出现一些"令不行禁不止"的现象，与经济法规缺少"替代规范"有一定关系。

（五）法律供给相对过剩与经济法律成本

经济法律不仅有供给不足，还有相对过剩的问题。经济学讲的需求是指有支付力的需求。经济法律的过剩也表现为两种情况：一是经济法律相对于社会经济关系现实需要的过剩，主要是指经济法律的内容不合理，不具有操作性，过分超前或滞后于经济、文化、政治发展水平，而为社会所不需要；二是经济法律的立法相对于实施的过剩，主要是指由于社会缺乏足够的支付力，缺少足够的执法力量、物质条件和配套法律的保障，缺乏相应的意识形态准备等实施环境，使经济法律难以付诸实施而显得过剩。前者为无价值的法律供给，除造成立法、执法费用的浪费外，其守法成本将会使社会经济效率蒙受重大的损失；后者通常表现为法律实施不充分，如究责率低、"罚不当罪""罪同而罚异"等，因加大了经济法律私人成本与社会成本的差距而有悖公平。

当前，中国社会主义市场经济法律体系尚不健全，总体上存在的问题是经济法律的短缺。但是在现实中，经济行政法规则相对过剩，其产生原因主要有以下几个方面：一是在经济体制转轨与经济法律不断创新的同时，缺少对旧有法规的清理；二是政府制定经济法规的权力有滥用的情况，立法者自身效用与社会效用不一致，而社会缺少对政府有关经济立法权的监督约束机制；三是在思想上，经济立法中残存着以行政手段管理经济生活的"经济行政法"体系的影响，忽视法律体系结构的客观规律和公法与私法功能的差异，造成以体现权力控制的经济法规向私法领域渗透，以致将经济法引向"政府经济法"的方向，这不仅造成了大量经济法规的无效供给，而且使中国经济法的取向发生了问题。

三、降低经济法律成本的几点意见

对经济法律进行成本分析的意义在于研究如何降低经济法律自身的运行成本，完善经济法律的运行机制。从降低成本着眼，当前，中国的社会主义市场经济法制建设，应注重以下几个方面。

（一）成本分析的新思路

改革现行的法院调解制度，是当前我国司法改革中的一个重点。其中的一个核心问题是，是否取消或限制被誉为"东方经验"的我国独创的民事诉讼调解制度（以下简称"调解制度"）。值得注意的是，随着时代的变迁，一些人在追求依法治国的目标上出现了对"法治"的极端倾向，片面排斥非诉讼纠纷解决方式，于是法院调解制度受到了"纯粹法治主义"的挑战，在诉讼法理论与实务界出现了"取消法院调解制度肯定说"。

调解制度弊病的存在是难免的。从调解对判决的替代意义上分析，如果调解成本小于判决的成本，那么调解制度不能被限制或取消，而只有通过克服调解制度的缺陷来完善和扩大调解制度的适用性，即对调解制度采取积极态度。反之，对调解制度就应该采取取消和限制的消极态度。可见，问题的关键在于调解制度成本的比较分析。

调解制度成本是指法院调解的各种费用支出的总称。对这些费用的定性分析的初步结论是，调解制度作为一项民事诉讼制度，它的成本属诉讼成本的范畴：诉讼成本作为一种法律成本，具有制度成本的一般特征，诸如该成本的非生产性（不同于生产成本）和不确定性（难以定量）等特征。不过，运用经济学的观点分析调解制度在民事诉讼中的运作过程，应强调决定调解制度成本高低的以下成本特性。

（二）确立科学的经济法律立法方针

第一，选择民商法作为先导。既然经济法律的运行需要成本，基于法律运行中的自我增强机制，即经济法律规范体系化带来经济法律边际成本下降的规律，应当选择成本较低的民商法作为加快经济立法的先导。民商法先行颁布实施，将为成本较高的经济法的实施创造有利的环境，从而有利于对经济法高成本的遏制，形成良性循环。

第二，选择交易费用较高的领域作为突破口。在交易费用较高的经济领域，存在着对法律调整的迫切需求，有利于降低经济法律的运行成本。市场交换的顺利进行依赖于交换三要素（两个以上的平等主体、明晰的财产权、交换的契约形式）所对应的民法三大制度——民事主体制度、物权制度和债权制度的完善。从现实来看，当前市场主体的权利和义务因所有制形式不同而不平等、产权不明晰、合同信用危机的问题较为突出，这阻碍了经济交换尤其是生产要素的流动，限制了市场功能的发挥。因此，中国民法中统一的物权法和合同法应当优先制定。

第三，民商法立法可以适度超前，经济法立法一般不宜超前。一般而言，超前立法的客观性和科学性应受到更多的关注。经济法中强制性规范居多，出现不合理时所产生的机会成本（社会负效应）巨大，因此对新经济理论、新调整方法的法律采纳，应当经过充分的试误分析，切实可行后再以立法确认较为稳妥，超前立法应当慎用。而民商法在意思自治原则的作用下机会成本较小，适度超前立法，有利于在引导市场主体经济行为的过程中接受检验，实现自身的完善。

第四，考虑市场主体的承受能力，选择经济法的颁行时机。颁行新法，应在着眼于社会整体收益和长远收益的同时，充分考虑市场主体的承受能力，考虑市场主体为实施该法的支付数额及支付与受益的时间差。对于某些短期内私人成本高昂的经济法，应选择私人收益普遍增长的实施时机，并在先后次序上保持一定间隔，以便于经济法的顺利推行，保证改革的稳定发展。

第五，加强对行政立法权的约束。中国长期采用的是立法机关根据既定的立法规划供给法律的供给主导型经济立法模式，当规划供给与实际需求不一致时，便会出现经济法律供求的失衡。当前突出的表现是受扩张政府经济管理部门权力、寻求立法者自身效用的利益驱动，出现了前述违反立法科学性的"经济法规泛化"现象。因此，应当将现行的以政府为主制定经济法规的政府立法模式转变为以人大为主的人大立法模式，并加强对委任立法的约束和对经济法规的审查，严格立法程序，限制地方和部门立法。同时，由全国人大常委会根据《宪法》第67条第（7）项规定，行使"撤销国务院制定的同宪法、法律相抵触的行政法规、决定和命令"的职权，推进立法的民主化和科学化。

第六，将基本经济法律的制定作为重点。针对当前中国经济行政法规"泛化"所致的经济法律结构失衡、成本增大的低效率现象，加快基本经济法律的制定十分必要。按照宪法的规定，基本经济法律由全国人大制定，非基本经济法律由全国人大常委会制定，但二者的界限未予明确。实践中，许多重要的基本经济法律是由人大常委会制定的。这种做法有利于增强全国人大的经济立法能力和节约立法决策成本，但不利于更全面地反映公民意志，机会成本较高。所以有必要进一步界定基本经济法律的内涵和外延，并通过严格的授权立法形式规范全国人大常委会代为行使基本经济法律立法权的行为。

（三）稳定经济法律的多元化结构

发展市场经济，实现经济民主，涉及多种调节机制和法律形式，每一种机制和相应的经济法律形式只能实现有限的功能目标。因此，包括多种部门法、部门法内部多种法律渊源和多种法律程序在内的经济法律的多元化结构，由于存在选择竞争和功能互补而有利于降低经济法律的机会成本和边际成本，有利于形成一个具有自调节机制的、动态高效的、开放的经济法律体系。

民商法相对于经济法，虽然克服了强制性制度供给带来的较高的机会成本和实施成本，但是也具有较大的局限性：一是自下而上，改变经济行为效果缓慢；二是以一致同意或绝大多数同意（意思表示一致）原则为基础，虽然实施成本低，但决策成本很高；三是当经济行为的改变要求个人承担的成本过高时，即使社会收益大于社会成本，依靠民事主体的自治也难以实现这种转变；四是当经济活动的外在成本难以为民事主体考虑和依民商法无法将外在成本内在化的场合时，进一步扩大民商法的立法和适用，非但不能降低外在成本给民事主体造成的交易负担，反而会增加法律的边际成本。相对于民商法的这些局限性，经济法由于其强制性，由于注意社会整合机制、整体受益和社会成本收益等特点而更有效率。尤其在民事主体自力救济能力欠缺的情况下，政府依法进行公力救济更有现实意义。因此，中国民商法与经济法不能相互替代，应当并行发展。

（四）在经济法制建设中适当引入市场机制

经济法以国家行政机关的活动为中心，国家或政府行为的缺陷（非市场缺陷）常常会抬高经济法运行成本。经济学的理论和实践已充分证明，市场和政府两种机制的校正和弥补是双向的、相互的。因此，在中国经济法制建设中，在政府经济法律行为中适当引入市场机制，将有利于促进经济法律的高效运行。

首先，在政府运用经济法干预经济活动时引入与成本收益相关的价格约束机制。例如，依法（财政法及相关的国有资产管理法）确立国家应优先采用国有资产投资及收益手段进行宏观调控的原则，即确立国有资产所有权享有者的民事主体身份，遵守主体平等、契约自由等基本私法原则。由于国有资产进入民事法律关系的领域，受市场风险机制的影响，对政府的经济行为将产生成本约束的功能。

其次，在经济立法和实施中适当引入竞争机制，有利于扭转经济法律服务长期由国家机关垄断供给带来的低质量和高成本状况。在经济法律程序方面，我们注意到，公法程序（如行政执法程序）具有纯"公共物品"的属性，其生产费用（如行政执法费用）无法从消费者、消费价格中得到补偿，而只能更多地来自税收。私法活动的"公共物品"属性则有所下降，例如在民事诉讼中收取诉讼费，除具有防止诉权滥用的作用外，在一定程度上还补偿了司法活动的诉讼费用。而民间仲裁，其支出完全无须由国家财政负担。所以取消行政仲裁并确立仲裁的民间性质，一方面节省了财政开支，另一方面形成了与司法活动的竞争，有利于促进双方法律服务质量的提高。因此，在国家机关之间确保立法、司法、行政分工合作和相互制约的前提下，我们主张，让司法机关、行政机关参与有关经济立法活动（如授权立法、判例法）；让行政机关的重要执法活动"准司法化"（如行政执法中的"听证制度"、对经济纠纷的调解和处理）；提倡非国家机关的组织，诸如商会、律师事务所、审计事务所、会计事务所之类的社会中介机构向社会提供经济法律服务；重视当事人"自主造法"的合同机制及与此相关的行业自律制度等。这些分散法律权力、促成竞争的做法，有利于中国经济法律监督成本的节约，应大力发展。

（五）协调个人理性和集体理性

当代社会中，市场主体个人理性与社会集体理性的冲突是法律特别是经济法产生的一个重要原因。经济学的一般观点认为，个人理性与集体理性的冲突，局部最优与整体最优的矛盾，其实质在于特定行为的私人（局部）成本、收益与社会成本、收益的不一致。对此，我们当然不能简单地以集体理性否定个人理性。社会本位是在尊重个人权利基础上对个人权利本位的扬弃，而不是向义务本位的复归。因此，无视个人理性、个人偏好的经济法律，将会由于巨额的成本而难以推行。正确的做法是采用新制度经济学倡导的"激励相容"机制，在尊重、利用、满足个人利益最大化的理性选择基础上达到集体理性，"因势利导""以利导民"，这是降低中国经济法律成本的关键。

经济形态决定法律结构。在市场经济条件下，以个人是自身利益的最佳判断和维护者的假定为前提，体现个人理性，尊重个人人格独立、平等和意志自由的市场行为、市场调节机制和民商法调整方法，应当是资源配置的基础手段而优先适用；以反映集体理性为主的经济法手段，则应作为民商法的必要补充。因此，针对私法弱、公法强的状况，中国市场经济法制建设应确立一个有益的思路：以私法定位公法，公法应当与私法相容，推动公法私法化。

第三节 立法者的经济人角色分析[①]

一、立法者的角色

按照立法学的解释，立法者有双重含义，一是指有权制定、认可、修改、补充和废止法律的政权机关，即立法机关；二是指作为立法机关基本构成的领导人员和议员个人。[②] 立法者的经济人特性主要涉及立法者第二种含义，以此展开有关经济分析。当然，立法行为是集

[①] 本节部分内容曾以论文形式发表，具体出自李胜兰、周林彬《立法者的经济人角色分析》，载《人大研究》1998年第2期。

[②] 周旺生：《立法学》，北京大学出版社1991年版，第29页。

体行为而非个体行为，立法机关在立法中的作用一定大于某一立法机关领导者个人和议员的作用，所以立法机关始终是立法者的经济人特性分析的重要内容。总之，立法者的双重法学含义，对立法者的经济分析，都是不可缺少的。

立法者作为有理性的经济人，会从追求自身利益最大化的角度去选择对自己最有利的立法方案。此点用马克思的观点，谓之法律反映的是统治阶级的意志。道理很清楚，立法权是国家统治权的重要内容，所以立法者为了有利于自己统治而立法。因统治利益是一个内涵十分丰富且不确定的概念，使得我们很难具体测度统治利益的最大化标准。公共选择理论认为，在非市场决策中，人也是有理性和关心自身利益的人，经济市场上的"经济人"（市场主体）类似于他们在政治市场上活动。[①] 因此，可以认为，作为立法决策者的立法者，同经济市场上的经济人的行为相似，他们像经济人追求自身的经济利益那样追求自己的政治利益，尽管这种政治利益往往被冠以"公众利益"的桂冠。然而，"公众利益"只不过是影响立法者政治利益的一个重要因素而已。由于我国的政治体制与西方不同，因此，影响我国立法者立法行为的因素，与西方国家相比有很大差别。例如，在实行直接选举或代议制的西方国家中，"竞选取胜""连任获胜"是立法者追求自身政治利益最大化过程中的最重要因素。显然，这不适合于中国政治体制。不过与之类似的考虑也会影响我国立法者的立法决策，诸如"政局稳定""受人民群众拥护和支持""在群众中享有威信"等因素，同样是我国立法者（尤其是作为委任立法者和行政立法者的政府）追求自身利益最大化过程中所考虑的重要因素；尤其是当社会安定大局受到威胁或存在某些影响安定大局的潜在因素时，上述考虑就被放在首位。下面以我国经济立法实践为据，就经济立法者的经济人特性分析，着重说明以下问题。

二、立法者追求什么利益

经济立法者在追求"全局利益"最大化的同时，是否有自身相对独立的利益？以有益于"全局利益"为由，表述国家对市场经济活动进行宏观经济、法律调控和干预的必要性，是我国制定经济法律、法规时都要提到的观点。

"全局利益"至少有以下两种情形：一是指符合全体人民的利益；二是指符合大多数人的利益。其中，以"符合全体人民利益"为由提出制定经济法律、法规的经济学标准，是要求该经济立法所引起的重要经济活动变化，必须有人从经济法律、法规中受益，同时没有人因此受损。一项经济法律的制定和颁布实施意味着该法律所调整的一些经济关系当事人，因此依法会享有新的权利和承担新的义务，即通过法律特有的权利义务规范重新配置资源。因此，经济法律对于社会公众来说，一般是有得（权利）有失（义务）。看来比较现实的思路，是放宽"全局利益"的条件，即当一项经济法律的受益者多于受损者时，该经济法律就是符合"全局利益"的。但是，如何判定一项经济法律符合"全局利益"呢？在西方国家，这个问题的分析经常与对"投票过程"的分析相联系。[②] 有一些经济法律和政策主张之所以能赢得多数人的拥护，是因为这些经济法律和政策即被视为符合多数人的利益。我国的政治体制不同，从中可借鉴处不多，立法中"多数利益"的显示、计算和判断问题，似乎是国内学术界涉足不多的领域。

---

① ［美］史蒂文·凯尔曼：《制定公共政策》，商正译，商务印书馆1990年版，第157页。
② ［日］岩井奉信：《立法过程》，李薇译，经济日报出版社1990年版，第26页。

虽然在我国的立法过程中也有投票表决通过法律的程序和原则（少数服从多数），但从我国经济立法多年的实践来看，立法者在制定经济法律时，对"全局利益"的判断，似乎受制于立法者的直接感受、学术界与专业人员的观点、社会舆论倾向以及对立法者有较强影响力的社会利益集团的影响。这些影响力的客观存在，使得立法者的背景关系变得十分复杂；加之"立法者"不是一个抽象的概念，它由多层次的权力机关和政府部门（中央和地方）组成，使得这些出身不同背景的立法者在制定经济法律的过程中，并没有呈现出主要从"全局利益"出发考虑问题的特征，而是作为本地区、本部门利益的代言人出现，这种代言人的身份背后往往隐含着与立法权力相关的个人物质利益、个人升迁的机会等。立法者参与立法活动并不单纯是为了追求真善美等超个人主义的社会和经济目标。立法是人们相互之间一种复杂的交易结构，通过这个结构，人们希望达到各自不同的个人目标，而这些个人目标在简单的市场交易过程中无法有效实现，只能以团体（立法机关）的集体选择形式来完成。① 针对当前经济立法实践中出现的政府各个部门热心经济立法的倾向，我们提出妨碍经济立法效率的两个突出问题："经济行政法规泛化"和"经济立法难"。

"经济行政法规泛化"是指政府依法干预市场经济活动方面的强制性制度安排过多，典型表现是经济行政法规、规章的数量超过人大制定的法律几十倍。这种"泛化"现象不仅导致政府通过对市场的"合法"介入成为市场主角这一有悖市场规律的后果，而且使得政府因在经济立法中的权力过大并导致用立法寻租的现象产生。由于在我国市场化的改革过程中，各个经济行政管理部门有了自己相对独立的经济利益，而借助立法反映主体的特定利益是各国立法实践中普遍存在的现象；加之近年来随着行政手段的逐步弱化和立法地位的日益提高，政府部门通过立法争取和维护自身利益的意识也愈益强烈；于是许多政府部门就利用经济立法来确立和保护自身部门经济的行政权力，力图保护其"部门垄断"利益；有的政府部门及所属机构的工作人员，热衷于利用法定的价格双轨制及其审批特权谋取个人利益；还有的政府部门及其个人利用法定部门管理权力实行各种摊派。上述这些因素交织在一起，使得我国的部门、行业经济立法在近十多年来呈现出发散而不收敛的趋势，呈现出一种在各个部门、各个地区循环分布的倾向。经济理论中，有人认为寻租的结果有利于新的规范和制度的产生。② 我们认为，在我国市场化改革中，包括立法者在内的每个人追求自身利益最大化是经济人理性的表现，并不绝对是坏事。可以说，这也是市场经济立法的内在动力。问题是，我们现在缺乏一种有效的制度框架让人们去合理合法地通过立法追求利益最大化。特别是在许多经济资源在产权不清的情况下，③ 还得由权力（而非产权）去分配，于是一些有权力的部门就拼命抓住这个权力并让其"立法化""市场化"（价值化）。诸如在有关劳动保险立法中，就有保险公司、劳动部门、工会等机构"争着干"，由此使得有关社会保险制度这一社会急需的经济立法却因各部门利益的协调而久拖不决，由此又产生了经济立法难的低效率现象。

"经济立法难"，难就难在有关立法内容难以协商一致。因为根据我国的经济立法实践，许多经济立法草案需要在取得相关部门或地区的协调后，再提交立法机关通过。虽然这种协

---

① ［美］曼瑟尔·奥尔森：《集体行动的逻辑》，陈郁、郭宇峰、李崇新译，生活·读书·新知三联书店上海分店1995年版，第18页。
② 张曙光执行主编：《中国经济学——1994》，上海人民出版社1995年版，第156页。
③ 比如立法体制是一级立法体制，还是二级立法体制，全国人大，国务院，省、市、自治区人大各自的立法权的具体内容，至今没有十分明确的法律界定，由此提出制定统一《立法法》的必要性。

调的基本作用是积极的,即可以提高立法的质量和便于法律颁布后的有效实施。但是,也正因为立法往往涉及相关部门、地区的局部利益,因而协调过程难度较大,许多经济立法因个别部门或地区不愿放弃某些利益(权力)而迟迟不能出台,从而延长了立法的周期,也增大了立法的成本。

从上述"经济行政法规泛化"和"经济立法难"问题的分析可以看出,个别和局部利益对经济立法的干扰和影响,是客观存在的。经济立法者的立法活动也就不可避免地被打上个别和局部利益的"烙印",从而使许多立法者将自身的一些利益上的偏好渗入到经济立法活动中去。虽然立法者不能直接从某一经济立法活动中得到回报,即该立法所调整的社会经济关系和领域似乎与立法者的工资、福利、职位升迁等自身经济价值因素无涉。但是,从我国经济立法的实践来看,下列偏好因素使得立法者呈现出努力通过立法活动实现其工资、福利、职位升迁等经济、政治利益最大化的倾向:立法者对其所在选区的立法偏好因素;立法者对其上级主管部门领导的立法偏好因素;立法者对与其利害或利益相关的政府部门的偏好因素;立法者对有关立法活动的热心资助者的偏好因素等,使得立法者为了满足其工资、福利、职位升迁等自身经济、政治利益,可能采取非法和合法两方面的手段。①

非法手段,主要是指受贿,此情形容易发生在对立法热心资助的场合,其资助者往往是对立法权力及其相关权力的寻租者。当对立法者的约束主要来自上级主管部门,而立法者因部门的工作人员和所在选区的选民对他们的制约力软化时,非法的情形最为普遍。这时满足上级主管部门有关人员的利益最大化目标,实际上成了一些立法者追求的主要目标,当达到这个目标后,他们就忙于用手中的立法决策权力来交换货币,努力实现自身福利的最大化,因而就出现了个别立法者的腐败行为。②

就合法手段而言,主要是指由于职务升迁得到的利益,即当对立法者各方面的制约正常时,立法者主要应通过这方面来满足自身利益。虽然在某些情形下,即使立法者政绩很好,有时也会因为与上级主管部门和领导关系不好而得不到升迁。但一般而言,立法者为了获得提升,极大化实现自身利益,也有一种内在的政治倾向,即更乐于(偏好)选择那些使主管部门及其领导人满足的立法决策方案,于是有时就出现了在立法活动中"领导说了算""上级拍板定案"这一有悖法治的现象。

三、立法者选择什么法律制度

经济立法者会不会选择对自己不利的经济法律制度?这一问题的提出,是针对作为有理性的经济人会自觉选择对自己最有利的方案这一经济分析基本假定而言的。事实上,作为经济人的立法者在决策立法方案的过程中,往往会不自觉地选择对自己不利的立法方案。即所谓立法"适得其反"或"制度变形"的问题。③ 与此相关的另一个分析假定前提是,作为统治阶级意志的反映的法律,其立法活动应该有利于国家的统治利益,此点在国家宏观经济调控和市场管理手段的经济法律领域,表现得尤为明显。但是,为什么立法者选择的一些经济法律制度在其实施过程中会发生有悖国家利益的后果?由此是否动摇立法者作为经济人的

---

① 这一观点是受江小娟《经济转轨时期的产业政策》一书(生活·读书·新知三联书店上海分店1996年版)观点的启发而形成的。

② 这种腐败行为在我国的立法活动中表现不明显,如至今尚无一例立法者用立法决策权受贿的案件公共报道。这或许与我国的政治体制有关。

③ 陈昕主编:《社会主义经济中的公共选择问题》,生活·读书·新知三联书店上海分店1994年版,第78页。

基本假定呢？

我们认为，对于有理性的立法者来说，追求更少成本、更大收益的立法方案和目标，是自然的事情。由于立法选择也是一种公共选择，在这种非私人选择领域中，个人（包括立法者）的理性可以成为有效率的公共决策制度安排。但是，由于立法决策采取的是少数服从多数，因此多数人得利的经济法律制度，可能对少数人产生损害，而且这种损害因立法是一种强制性制度选择而具有强制性，所以会导致社会总效用的下降，并对每个人都不利。

这一被迫选择，因经济行政法规的公法性质而更为明显，所以经济法律选择领域如果更多地进入私法领域，即用经济行政法规范取代民商法规范，那么因强制性选择而损害所有私法主体利益的事情，就更容易发生。更重要的是，这种实际上由人们被迫选择的经济行政法规，表面上看是多数人选择的结果，但它不被多数人视为自己投票选择的结果（虽然我国的立法决策中的投票以少数服从多数为原则）。所以代表多数人利益的多数立法者，当他们决策经济法律制度时，针对经济法律制度对市场干预的失灵或产生的负面作用，很少意识到干预市场过度的问题，因为失控或混乱的市场，往往使立法者自然想到政府调控和管理力度不够的问题，而对此问题解决的宏观调控和市场管理制度选择，又是通过公共选择过程即少数服从多数的过程完成的。所以我们看到，政府对市场的经济法律干预过度的后果，又成为政府进一步通过经济法律干预的理由，最后导致政府及其干预领域的不断扩张，进而产生如前所述的"经济行政法规泛化"问题，这一问题又因前述立法者的立法偏好因素①而变得日益严重。其严重的后果是，市场领域逐渐地被政府取代，私法领域被公法领域逐步侵占，市场主体越来越失去他们本来拥有的利益。所以立法者通过自己的选择可能把不利于自己统治的制度（有悖于经济规律的低效率制度）通过具有强制性的经济法律特别是经济行政法规强加于市场主体。虽然在经济学上，已有关于国家干预适度问题的许多论述，并突出强调干预失败不是进一步干预的充足条件，但值得注意的是，法学界对经济法律干预的热情不减。一个主要原因，是立法者在进行立法选择时的非理性选择，即没有从成本效益的经济理性原则出发选择经济法律制度。

经济管制往往意味着对一些市场主体经营行为的一种依法限制或保护，这种限制和保护使一些市场主体获得非竞争性报酬，这些报酬进而使市场主体处于一种不平等竞争的地位。尽管该地位的确定，被认为是一种防止过度竞争的合理（尤其合乎理性）的经济法律制度安排，但是对市场主体经营行为的依法限制和保护（诸如财政法中的财政补贴制度、市场管理法及产业政策法中的许可证制度，以及价格法中的国家定价制度等），必然会损害相关的竞争主体以及消费者的权益。因此，在整个经济活动中，有些市场主体的自身利益要求得到了法律的保护，而有些市场主体的要求则未能得到法律的保护，或者一些市场主体得到的保护多一些，另一些市场主体则少一些。加之经济管制不是免费提供的（寻求和接受管制均要付成本）和管制（管理）法规也是一种特殊的商品，特别是管制（管理）法规直接或间接反映了一些部门和行业的特殊利益，它并不全部代表公共利益，其效果往往和所宣传的目标背道而驰。

而且，事实上，立法者不可能通过经济立法给予任何一个市场主体平等的保护，所以经济管制法在市场意义上是无益的。也就是说，依法管制不仅使一部分人从中获得不平等竞争的利益，而且助长了垄断及权力寻租，所以管制立法的出台，要慎而又慎。减少腐败的一个

---

① 此点是导致我国市场经济管理步入"一统就死，一放就乱"之恶性循环"怪圈"的一个重要诱因。

有效措施，就是减少依法设立的经济行政管理权（公权）的数目。当然，对管制消极意义的评述，并不等于否定对管制积极意义的肯定，在我国市场体制不健全的国情下，对市场失灵的领域加强经济管制也是必要的。而必要性的衡量标准是管制与不管制成本效益的比较，这种比较是理性经济人的立法者必须考虑的。立法者追求的利益最大化决定管制法的供给数量，尤其是决定管制对象的经济人倾向，这也应引起特别关注。关注的目的，在于强调立法者要尽可能张扬"利己不损人"的规范经济人行为，尽可能防止"利己损人"的不规范经济人行为，更要切忌"损人不利己"的不道德经济人行为。

第四节　法院调解制度的成本分析[①]

一、成本的合作性

所谓成本的合作性，是指调解制度成本的实质内容问题，是民事诉讼当事人之间围绕达成调解协议而合作的成本。这种合作成本是诉讼当事人追求诉讼中合作即达成调解协议的一种代价，它包括当事人在合法前提下，在互相让利或互相部分免责基础上，达成调解协议以及为执行调解协议所支出的人力、物力和时间。按照在交易成本低的情况下，诉讼当事人自行协商解决纠纷即用讨价还价达成调解协议的方法，比由当事人以外的法院依法强制解决当事人纠纷的判决方法更有效率这一"科斯定律"[②]的思路，我们认为，只要诉讼当事人达成调解协议的成本低于判决的成本且愿意通过调解解决他们之间的纠纷，那么在此交易成本低的情况下，当事人为此调解协议的达成和履行而共同花费一定的人力、物力和时间，就是值得的。这里的共同花费，类似于当事人在合作投资基础上分享合作收益，而有别于当事人在不调解即不合作的情况下，通过依法判决分出胜诉或败诉而分享的不合作收益。当这种不合作收益被当事人认识到不能为败诉者享有或不易为胜诉者实际享有的情况下，当事人只有通过达成调解协议这一相互合作的办法，来共同占有或实际占有通过调解协议解决相互间纠纷所带来的利益。

与此相比，判决成本是一种当事人之间不合作的成本。这种成本一个显著的特征是，判决成本为依法强加于当事人（尤其是败诉方）的一种外在成本，该外在成本往往因当事人的消极和被动承担，而不易被"内部化"，即由当事人自觉自愿地履行判决义务，而往往需要依法强制执行才能履行判决义务，从而又增加了胜诉当事人和法院的费用支出。这种费用支出，在普遍存在被执行人不能（包括主观和客观不能）履行判决义务的"执行难"现象的作用下，就成为一种实实在在的社会成本。

按照市场经济学的成本公式（社会成本＝私人成本＋外在成本）定理，社会成本是导致社会公众无端损失的一种市场的外部性，该外部性破坏了公平交易和等价有偿的市场机制，是社会不公平和市场秩序混乱的一个重要经济根源，是典型的市场缺陷。所以根据社会成本公式，我们可以通过减少私人成本和外在成本的方法，来降低社会成本。以判决成本为例，其中判决书确定的败诉方承担的民事责任和本案诉讼费（有的还包括相关的鉴定费），属依法强加于败诉方承担的外在成本。该成本如果为败诉方在判决书确定的义务履行期内主

[①] 本节部分内容曾以论文形式发表，具体出自周林彬《法院调解制度的成本分析》，载《法律适用》2001年第12期。
[②] 科斯定律是对诺贝尔经济学奖得主、美国芝加哥大学法学院教授科斯关于法律与经济关系的一个著名论断的理论。概括这一论断的基本内容是：法定权利的最初分配从效率角度看是无关紧要的，只要交换的交易成本为零。

动履行，则该外在成本就因败诉方主动承担而"内部化"于败诉方自身，成为败诉方的私人成本，亦即所谓"自作自受"。此间围绕判决义务执行而产生于诉讼当事人之间的交易成本很低，所以他们之间的交易无须通过法院强制执行就可以完成，从而也就不存在所谓外在成本的问题。

因此，判决成本"内部化"这一有效率的成本节约方法的运用，以判决义务承担人的守法意识强和主动履行判决义务为必要条件。但是，面对我国各级法院普遍存在的"执行难"现象，在判决成本不能"内部化"的情况下，强制执行判决书确定的义务，判决成本和执行成本将有可能因被执行人履行义务而成为私人成本，也有可能因被执行人不履行义务而成为外在成本。而在后一种可能的情况下，没有内部化的判决成本，再加上没有内部化的执行成本，由此社会成本的增加，是不合作的判决成本的典型例证，也是合作的调解成本的反证。因为在当事人能够达成调解协议的情况下，理性的当事人采取的理性态度是，与其在判决后或强制执行阶段面临更多费用支出的风险，不如在调解阶段通过当事人的互谅互让的合作来减少或分担这种风险。

正是在这个意义上，即调解成本低于判决成本的成本比较意义上，我们认为，假定"执行难"因我国法制建设的"渐进"性而在短期内难以根本解决，导致我国判决成本高这一结论是正确的，那么，那种以法制发达国家和地区的立法和司法例为据，主张通过调解制度与审判制度"分立"这一取消调解制度的调解制度改革方案，会增加判决的成本，是脱离我国实际的一种低效率改革方案。

二、成本的博弈性

所谓成本的博弈性，是法院调解成本的基本形式问题，是民事诉讼当事人围绕达成调解协议而讨价还价的对策成本。对这种对策成本的理论注解，就是博弈成本按照博弈论的观点，博弈分为合作博弈和非合作博弈两个基本类型。一般的规律是，合作博弈的效率高于非合作博弈的效率。从博弈论经常引用的"囚犯困境"的典型例证分析，导致是否合作博弈的主要原因，是博弈双方对对策成本的高低是否明确。

以调解成本中的对策成本为例，如果诉讼当事人即博弈双方，他们在调解中讨价还价的成本即让与对方的利益，属于自己可以承受的范围，或者因此让利使自己承担的费用支出可能小于判决和执行后自己承担的费用支出，那么该当事人达成调解协议的可能性就由小变大，从而讨价还价的对策成本就由大变小，因此我们看到达成调解协议的过程困难而结果简单，这就是一个讨价还价的博弈规律。当然，如果诉讼当事人的上述博弈成本，超过了自己承受的范围或可以预期的审判和执行成本，那么该当事人就可能采取非合作博弈即不调解的对策。这里，问题的关键在于，当事人往往不明确该对策成本的高低，所以往往因此不明确地做出了弊大于利的调解或判决选择，由此产生的久调不决或拒不调解的对策成本，往往超过了采取不调解的对策收益。

进一步深究的问题还在于，是什么原因导致当事人不明确该对策成本即所谓"执迷不悟"呢？对此借用博弈论的一个确证无疑的结论是，谈判者的权利愈明确，他们之间合作博弈的可能性就愈大；而谈判者的权利愈模糊，他们之间合作博弈的可能性就愈小。[①] 用正

---

① [美]罗伯特·考特、托马斯·尤伦《法和经济学》，张军等译，生活·读书·新知三联书店上海分店1991年版，第136页。

规的博弈论语言来分析调解，如果调解与否的对策成本是公开的信息即所谓"人所共知"的常理，当事人对调解与否就容易当机立断。当事人的权利界定了他们在调解中的地位或对策，这一观点有助于解释为什么调解协议必须在法官依法分清当事人的责任的条件下，才能有效达成这一调解经验的必要性和可行性。因为如果当事人的责任不清，那么当事人就在自己的权利和义务不明确的情况下，容易在调解中产生一种"互不相让"或"得理不饶人"的倾向，并往往把自己向对方的让利看成"害怕败诉"的软弱无能，进而就倾向于采取拒不调解或"开高价"调解的非合作博弈对策。

可见，这里的博弈的实质，是形成一个谈判的对策，并设法破译对方的动机。例如，一方当事人可能委托一位律师全权代表他参加调解，并告之律师对方当事人可能在调解中的动机。要形成一个有利于自己的调解方案，各方当事人要力求预测对方当事人在调解中会有多少让步。假如各方当事人在估计对方当事人的妥协点或风险点上犯了错误，而且每一方都将会惊奇地发现对方当事人在妥协点上并不让步，其结果必然是各方以调解不成而告终。但是，如果当事人彼此熟悉，就会减少调解失败的可能性，这里的"彼此熟悉"主要指当事人彼此熟悉的权利和义务，并据此把握对方的妥协点。而熟悉的一个基本途径，是通过法庭调查和辩论后再由法庭主持当事人进行调解。因为在此调解阶段，当事人会得到越来越多的有关判决可能产生结果的信息，他们对判决结果的估计越来越集中，从而使当事人开始认识到各自的权利和义务的位置。这种位置如果在法庭主持调解中表明当事人的责任倾向后就会变得明确，进而有利于当事人发现他们各自在调解这一合作博弈中的对策成本较之判决成本的高低，并力戒成本较低的调解失败。我们注意到，法院调解作为民诉法规定的基本原则，以前一直贯穿于民事审判的全过程，可以在诉讼终结前任何阶段适用，而《最高人民法院关于民事、经济审判方式改革问题的若干规定》第 19 条，将调解明确设置在法庭辩论终结后，目的是使调解在法律关系明确、事实清楚的基础上进行；规定调解不成的应当及时判决，以避免庭前调解的盲目、庭后调解的拖拉。因而也是有效率的。而且在法庭辩论后，一般是非已清，且在旁听人员在场的情况下，再调解达成合意也可以避免法官以压促调、以诱促调，是对关系案、人情案的制约。

正是在这个意义上，即法院审判中的调解对策成本高于审判前的调解对策成本这一成本比较意义上，我们认为，那种主张通过调解程序从诉讼程序中分离的办法来强化调解程序和诉讼程序的调解制度改革方案，其强化的结果是双双增加了调解和诉讼中的对策成本，因而也是一种低效率的改革方案。

三、成本的垄断性

所谓成本的垄断性，是调解成本的主要范围问题，指民事诉讼当事人围绕达成调解协议而形成"双边垄断"的成本，这是因为调解谈判是一个典型的"双边垄断"例证。在前述调解不成的风险明确的条件下，具有趋利避害经济人特性的当事人，只能采取这样一种理性对策，即原告只能与被告调解，被告也只能与原告调解。而且每一个诉讼当事人都渴求使调解所产生的对审判的比较利益最大化。调解的经验和教训表明，调解的有效范围越大，当事人通过讨价还价的方案就越具有竞争性，从而当事人达成调解协议所要承担的代价就越大，也就越有可能由于谁以分割可得到的达成调解协议合作利益，采取一种"谁也不要占便宜"的非理性态度，而选择替代调解对策的判决对策。

问题的关键在于，要努力防止当事人一方在调解中形成对另一方的"单边垄断"，即所谓另一方是否调解或怎样调解的决定权取决于对方。而具有垄断地位的对方在调解中往往采取了"得理不让人"的态度，如果这种态度根源于对方依法维护自身合法权益的胜诉事实无可非议，但如果胜诉方忽视了败诉方不能主动履行判决义务而导致的"胜诉者不胜"的事实，如前所述，该"胜诉者不胜"的事实，在败诉方"要钱没有，要命一条"的不合作态度下就会使审判成本高于调解成本。因此，就成功达成调解协议而言，当事人在双边垄断的有效性超过了单边垄断的有效性。

与此相关的问题是，虽然当事人双方拥有最低调解条件或保留的"双边垄断"价格的存在是调解协议达成的必要条件，而该条件的成就则取决于当事人对判决进程的预期如何。比如根据我国的民事审判法律和政策，胜诉方的诉讼费用并不能完全由败诉方补偿，所以原告的审判预期净收益就是其胜诉时判决确定的数额乘以其估计胜诉的概率再加上诉讼费用；被告的预期损失是其败诉时判决确定的数额乘以其估计败诉的概率再加上其诉讼费用。

再比如，假设被告的预期损失只有 90 000 元，那么他只有在收益高于该金额时才会同意调解。而且，最低的调解价格将随着调解成本而为原告上调和为被告下调。假定原被告的调解成本是 5 000 元，那么原告的最低调解价格就是 105 000 元，而被告的最低调解价格就是 85 000 元。这里原被告各自决定的最低调解价格，有助于形成原被告之间的"双边垄断"价格，这种垄断价格促使当事人只有通过相互充分考虑对方的最低调解价格条件后，才能分享垄断价格支配下的垄断利润，即原告最低价与被告最低价之间 20 000 元的差额利益，因为该差额利益通过原被告在调解中充分考虑和接受对方的垄断价格条件即最低调解价格条件，而由原被告共享。该共享利益就超过了原被告对判决预期收益之间的 10 000 元差额的一倍，因而使当事人通过对调解的双边垄断价格，形成必须接受对方最低调解价格条件的有效率的调解协议。

正是在这个意义上，即调解"双边垄断"的成本低于调解"单边垄断"的成本的比较意义上，我们认为，当事人在调解中形成"双边垄断"地位，根源于法庭在查明事实、分清责任的基础上，通过确保和引导当事人（尤其是被动调解方或败诉方）调解权利的正确行使的方法和途径，形成当事人对调解与否的双方决定权。在这种相互决定权基础上形成的"压制型"调解，对于防止当事人和法庭在调解中的"久调不决"这一调解低效率，是有效的。而且，由于调解的最终决定权掌握在当事人手中，故因"双边垄断"而形成来自对方当事人的调解压力，该压力既与法庭对"单边垄断"者的干预（如审判员在调解中"背靠背式"地私下告知当事人依法调解与否的利弊之参考意见）有关，也与调解自愿的本质属性不相悖。因此，那种主张取消"事实清楚，分清责任"调解原则，排除法庭在调解中的积极作用的调解制度改革方案，将因扩大当事人调解时讨价还价的范围和限制调解中"双边垄断"地位的形成，而增加了当事人"自由型"调解的成本，进而也难免成为一种低效率的改革方案。

第五节 商事审判对中国经济发展作用机制的实证研究[①]

法律与经济发展之间的关系是近年来法学界与经济学界的研究热点之一。西方三权分立

---

① 本节部分内容曾以论文形式发表，具体出自周林彬、陈胜蓝《商事审判在中国经济发展中作用探析》，载《理论学刊》2015 年第 10 期。

宪政体制下的一个主流观点是,由法律制度提供的稳定的、可预测的产权以及契约实施和独立司法,是经济发展的必要条件,法律在国家和地区经济发展中起到重要作用。但是,按照上述西方主流观点进一步分析,许多西方著述认为中国是在法律制度不完善、政府干预盛行和司法不独立情况下,呈现出改革开放30年间的经济高速发展,形成了西方学界所称的法律与经济发展的"中国之谜"。因此,在当下中国面临经济增长方式转变和司法能动主义支配下的司法改革背景中研究该论题,并据此进一步揭示法律与经济发展的"中国之谜",具有重要的理论与实践意义。

一、相关文献综述

虽然国内外学界没有商事审判在中国经济发展中作用的专题著述,但是与审判密切相关的司法与经济发展的著述有之。初步分析,国内外学界关于司法与经济发展关系的观点可以概括为以下四种理论。

(一)"原因论":司法是经济发展的重要原因

这是西方学者提出的主流观点。其中,一种观点认为,司法独立为投资者提供了稳定的预期,使其能够预见一旦发生经济纠纷,法院将如何审判。司法的稳定性、可预测性以及公正与效率的内在品质能够保护投资者的产权安全,从而使其可以放心进行投资。因此,司法独立是经济发展的一个重要原因。另一观点认为,如果缺乏有效的或可预知的法律执行机制,则在改进一国立法方面的努力就可能是徒劳无功的。[1]

(二)"结果论":司法的发展是经济发展的结果而非原因

通过对发展中国家的具体考查,一些学者开始反思上述"原因论"观点,认为司法制度与经济的发展并无关系,它只是经济发展的结果,经济增长通常在没有强有力的法院的存在下开始,提高司法质量的努力通常是经济增长的产物,而并不是促进经济增长的原因。

(三)"替补论":司法制度不完善条件下的替代与补充

西方的主流观点在解释一些国家的经济发展时无法自圆其说。尤其是"亚洲四小龙"的经济腾飞以及中国经济发展的历程明显不同于西方发达国家所总结出的以完善的司法制度环境为基础的"经验"道路。因此,一些学者开始从法律之外的因素,从发展中国家的"本土资源"中探寻其经济发展的秘密。[2]

1. 政府论

政府论强调政府(国家)在经济发展中发挥的关键作用,其认为政府的参与、政府的授权等行政性介入是各种交易活动的法律秩序,尤其是纠纷司法解决方式的有效替代。如有学者指出,中国之所以可以在法律制度并不健全的条件下开始经济发展,是因为中国经济主要依靠国有企业和出口。国有企业在与其商业伙伴发生纠纷时,可以依靠和政府的关系来保护它们的利益。那些外国企业在同这些企业做生意时,可以依靠中国政府树立一个信守承诺

---

[1] 参见 Kevin J. Fandl, esq., "The Role of Informal Legal Institutions in Economic Development", *Fordham int'l l. j.*, 2008, 32 (1), p. 21.

[2] 参见[英]阿布杜勒·帕力瓦拉、[南非]萨米·阿德尔曼《第三世界国家的法律与危机》,邓宏光、马方、覃欣等译,法律出版社2006年版,第27页。

的良好声誉的愿望,正式的法律制度相对来说并不是那么重要。①

2. 非正式制度论

政府论强调政府对法律秩序的替代,而非正式制度论则强调私人执行,包括关系、社会资本、社团(包括家族)等非正式制度对法律秩序的替代作用。在非正式制度论看来,大多数的契约及其产生的冲突并不是通过司法而是经由私人执行,私人执行中的关系、社会资本、社团(包括家族)等非正式机制一定程度上发挥着包括司法在内的正式法律制度在提供稳定、可预测产权保护、契约实施方面的功能,从而成为不少发展中国家、转轨国家经济成功不可忽视的因素。

3. 文化论

主张文化论的学者同样基于东亚国家发展的事实,认为文化差异才是决定一国经济发展的关键,其放大了诺斯关于文化/意识形态在决定制度变迁、经济绩效中的作用,将此上升到高于法律等正式制度的地位。文化论指出,儒家文化是中国、韩国等东亚国家经济成功的核心,法律的作用并不显著。很多学者进一步论述到,儒家文化、中国历史等因素决定了包括中国在内的发展中国家的"法律"概念与西方意义上的法律有着巨大差距,这在一定意义上承认了法律在经济增长中发挥着"另类"的作用。②

(四)"无关论":司法与经济发展无必然联系

该观点认为司法与经济发展之间不存在可以观察到的因果关系,并认为二者之间是相互独立、互不相关的,司法不是经济发展的必要条件,而经济发展也不必然促进或影响司法的发展,司法是独立于经济发展的社会现象。如克拉克在研究中国的法律制度时就认为,"到目前为止的证据表明,中国的经济发展并没有受到在有些领域缺乏有效的权利实施机制而受到严重阻碍",而兰德尔也指出,"海外直接投资是中国经济发展的一种重要因素,但在投资人决定是否投资时要考虑的因素中,法律的执行能力只是其中微不足道的一个"。③

二、商事审判对中国经济发展作用的理论框架

基于商事审判对中国经济发展作用的理论,我们提出商事审判在中国经济发展中作用机制的三个命题。

(一)经济发展对商事审判具有重要作用

按照"经济基础决定上层建筑"的历史唯物论和前述司法与经济发展"有关论"的逻辑,商事审判形式、内容与特点是由相关的不同阶段经济发展的内容、形式与特点所决定的。对此的详尽分析,见后述实证分析的内容。

(二)商事审判主要通过以下三个职能作用于中国经济发展

一是解决纠纷,执行契约。解决纠纷是审判的核心职能。在商事审判中,通过法官裁决

---

① 参见[美]保罗·马哈尼《从普通法与大陆法的比较看中国法制改革》,王衡涛译,载《环球法律评论》2007年第1期。

② 参见 Baum, Charles, "Trade Sanctions and the Rule of Law: Lessons from China", *Stanford Journal of East Asian Affairs*, 2001, 1 (1), pp. 46 – 74。

③ 参见 Peerenboom, *China's Long March toward Rule of Law*, Cambridge University Press, 2002, Chap 10 Rule of law and economic development。

商主体之间的各类契约纠纷,实现当事人的契约利益,推动契约的履行。在经济交易中,契约执行可以分为两种模式,第一种是依靠契约双方的自我实施(self-enforcing),这种自我实施一般发生于熟人社会中,具有"人格化交易"(personalized transaction)的特点。它的执行主要靠交易双方的声誉(reputation)或关系,但一旦超出熟人或社区的圈子,进入"非人格化交易"(impersonalized transaction)的形态,仅靠声誉和关系来交易的成本就会急剧上升,以至于很多交易无法实现。因此就需要第二种模式,即依靠第三方的强制执行。而在法治国家,这一第三方则一般为中立的且具有强制执行力的法院。因此,法院这一功能可以稳定投资者的预期,使其能够合理估算其投资回报,在发生合同纠纷时可以寻求法院的帮助以实现合同利益。

二是规则生成,界定产权。在大陆法系传统的西方国家,司法审判职能被限定于法官消极适用立法,禁止法官进行法律创制。西方理论认为,与立法作为一种分配正义相对,司法作为"纠正正义",是一种再分配的制度,因此并非生产性的活动,规则生成的职能只能由立法机关履行。但是,30年来我国一直处于经济改革与转型的阶段,改革之初,大多数经济规则尚未建立,而在改革中后期,经济活动日趋频繁以及各类新型经济关系层出不穷,粗线条的立法模式在快速发展的商事经济中,其滞后性以及法律漏洞愈加明显,而修改已有立法的高昂成本[①](包括人力、物质与时间成本)和审判实务工作的实际需要("法官不得拒绝裁判"的司法信条使法官必须在有法可依的前提下进行判决)使得司法替代立法,获取了部分的剩余立法权。[②]

三是执行政策,管理经济。在社会主义国家,受马克思主义坚持法律服务于政治主张的影响,司法被认为是贯彻国家政策的工具。因此,当党和国家政策发生变化时,司法应当进行相应的改变。[③] 事实上,中国法院具有"能动司法"的特点,集中体现在对中央经济政策的贯彻执行上,这既是中国司法的一个典型例证,同时,它又解释了中国司法可以促进经济的发展。纵观30年来的审判活动,在商事审判中执行国家经济政策,为经济发展保驾护航的政治职能从未改变过。具体如实行金融市场改革、推行国有企业改制等重大经济政策,商事审判实践均出台了相应商事司法政策以辅助经济改革目标的实现。

(三)商事审判主要通过三个途径实现其三个职能

上述商事审判三个职能的发挥,主要通过以下三个途径得以实现。

一是司法解释文件的制定与适用。司法解释是指由最高人民法院针对审判工作中具体适用法律问题做出的具有普遍法律效力的解释。它是有别于英美法系"法官造法"传统的具有中国特色的"法院造法"行为。最高法院的司法解释权来源于全国人大常委会的授权。实践中,司法解释不仅超越了对立法条文的解释,完成了对商事规则的创造与革新,[④] 而且

---

① 在我国,启动一项立法修改案需要遵循严格的程序,时间成本很高,并且立法的修改常常涉及各利益集团之间的博弈,因此立法的出台常常姗姗来迟,从而无法及时对经济关系进行有效的调整。
② 根据皮斯托和许成钢的定义,剩余立法权是指解释现有法律,适应环境变化,并且将之扩大为适用于新案例的权力。
③ 参见胡夏冰《司法权:性质与构成的分析》,人民法院出版社2003年版,第169页。
④ 这一现象也得到了越来越多的学者的关注,如袁明圣《司法解释"立体化"现象探微》,载《法商研究》2003年第2期;陈兴良《司法解释功过之议》,载《法学》2003年第8期;等等。

直接在判决书中引用。① 司法解释文件的大量出台，一方面源于在经济快速发展背景下立法的滞后与空缺，另一方面则是在法官素质普遍不高的背景下，为了统一法律适用，公正办案的需要。

二是司法政策性文件的制定与实施。司法政策性文件是指法院内部发布的，在司法解释文件之外对于司法审判工作具有指导和规范作用的司法文件，其通常以"指导意见""通知""会议（座谈会）纪要"以及"领导人讲话"的形式出现。中国的政治制度决定了司法机关必须服从党的领导。在法院，这一实现方式即主要通过制定落实司法政策性文件得以完成。实践中，司法政策性文件虽然没有直接的法律约束力，但是法院的行政审批制度，使得个案中法官也能在判决中贯彻上级领导或法院的政策意图，从而使党的政策可以在这种上传下达、层层推行的官僚制机构中得以实施。②

三是法官对案件的审理与判决。无论现代审判的职能如何变迁与扩张，解决纠纷始终是审判的核心职能，也是法院这一组织机构得以存在的制度基础。尤其在商事审判中，解决商事纠纷、维护商事交易的安全与便捷更是审判的核心理念。从法律经济学的角度看，对商事纠纷的有效解决可以降低当事人的契约交易成本，最大化合同利益。而该职能实现的基本途径，则是通过法官对商事纠纷案件的审理与判决，此点在各国的司法审判中概莫能外。

三、商事审判对经济发展作用的实证分析

下文将通过对相关数据的统计分析，从实证方面证实上述商事审判对经济发展作用机制的三个命题。

（一）商事纠纷案件与经济发展

1. 商事纠纷案件数量与经济发展

通过对历年商事纠纷案件数量与 GDP 做相关度分析，我们发现，2001 年之前，GDP 与商事纠纷案件数之间存在显著的正相关度，1997 年到 2001 年间，相关度则不明显；从 2001 年到 2008 年，GDP 与商事纠纷案件仍高度相关，但其相关度有所下降。这表明，商事纠纷案件与经济发展之间存在密切的联系，经济发展是商事纠纷案件数量变化的重要原因，从而否定了上述"无关论"的相关结论。（见表 3 - 5 - 1）

表 3 - 5 - 1　不同阶段商事纠纷案件数与 GDP 增长的相关系数

年 份	1983—2001	1983—1996	2002—2008③
相关系数	0.917	0.97	0.882

2. 商事纠纷类型与中国经济发展

实证研究发现，商事纠纷类型与数量变化与中国经济改革路径关系密切。

---

① 在审判实践中，司法解释在具体案件中适用的比例越来越高，据统计，2000 年，作为最高法院民商事裁判推理根据的司法解释，占最高法院公布的民事裁判文书的四分之一不到，2001 年这一比例上升到三分之一，2002 年接近二分之一。

② 学者概括，中国司法机构中的官僚制现象具有以下几个典型的特征：专业分工、层级化、考核与晋升、永续性、形式主义与规则限制。参见翁子明《司法判决的生产方式》，北京大学出版社 2009 年版，第 86 页。

③ 由于无法统计商事纠纷案件的数量，因此，对于 2002 年至 2008 年的情况无法做相关的统计分析，只能近似地以合同纠纷与权属、侵权纠纷案件的数量（即民商事纠纷总数减去属于传统民事领域的婚姻家庭、继承纠纷数）与 GDP 总量的增长做统计分析。

比如，"金融市场渐进式改革"与"多借款纠纷少金融纠纷"。改革早期为了扶持国有企业的发展，实施"银行资金财政化"导致大量的银行不良贷款，使借款合同纠纷长期居高不下；国家对金融市场的控制扭曲了生产要素价格，滋生了资本市场运作的潜规则，加上行政机关对资本市场的主要监管作用，导致股票、证券类纠纷案件数量整体较少。据统计，从1992年到2007年，法院受理的股票、债券与票据纠纷案件平均每年仅有8 000件左右。2000年后，随着资本市场的逐步规范化，借款纠纷开始减少，其他金融纠纷则开始增加。

又如，"国有企业强制性改革"与"多国有企业破产少私营企业破产"。从1992年开始，国家开始着力推行国有企业的公司制与资产重组改革计划，引发了国有企业的破产浪潮，法院审理的国有企业破产案件随之增加，尤其是国有企业政策性破产案件大大增加。从1993年到2007年，法院受理的破产案件超过一半为国有企业破产案件。私营企业的破产案件则很少，其重要原因就在于国有企业破产案件占用了大量的法院资源。此外，立法缺陷以及私营企业的法治观念薄弱等也是造成私营企业破产案件少的原因。而随着改革计划的逐步推进与完成，法院审理的国有企业破产案件从2004年开始逐渐减少。

以上例证研究印证了上文提出的第一个命题，即商事审判的形式、内容与特点取决于相关的不同阶段经济发展的内容、形式与特点，是经济发展的"晴雨表"。

3. 商事纠纷案件的质量与经济发展

法院审理商事纠纷案件的数量与质量是衡量商事审判解决纠纷能力的两大指标。上文所述的法院审理的商事纠纷数量不断增加表明，一方面，法院已经成为商人处理商事纠纷的重要手段，另一方面也暗示了中国司法审判具有较高的质量。在制度的实施过程中，人们需权衡投入的成本与获得的收益是否相抵。从长期来看，如果诉讼成本过高，市场主体经过权衡就会转而寻求其他的替代纠纷解决机制，而在中国的行政体系、社交网络和社会关系等可供替代的纠纷解决方式如此发达的背景下，商事纠纷案件数量仍居高不下，说明司法审判具有较高的质量。根据相关统计，1991年全国商事审判的二审改判率为41.21%，到2001年已降到29.77%。一份调查问卷也表明，① 民营企业在审判中遭遇的不平等待遇越来越少，这表明法院通过商事审判处理商事纠纷的能力在逐步提高。此外，商事审判在法定期限内结案数逐年提高的统计（见图3-5-1）表明，商事审判办案效率在逐步提高。鉴于数据的有限性，上述数据虽然不能全面代表法院办案质量的总体水平，但却是衡量法院办案质量的一个重要指标，且实证数据表明，法院在解决商事纠纷方面发挥着重要的作用，从而验证了上述"有关论"的观点。

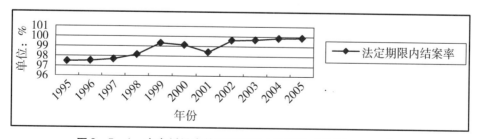

图3-5-1　商事纠纷案件法定期限内结案率（1995—2005年）

---

① 本次问卷调查的对象是民营企业家群体，共发出300份，收回126份，其中有效问卷107份。在我们设计的关于"民营企业在司法中遭遇的不平等待遇"问题中，有9.35%选择"非常严重"，11.21%选择"经常遇到"，68.22%选择"偶尔遇到"，11.2%选择"几乎不存在"。

(二) 司法解释与经济发展

1. 商事司法解释的数量、类型与经济发展

根据 2007 年颁布的《最高人民法院关于司法解释工作的若干规定》，司法解释的形式分为"解释""规定""批复"以及"决定"四种。据不完全统计，从 1979 年到 2009 年，最高法院发布的各类商事司法解释文件高达 146 件。客观数据同时表明，在经济发展的高峰期，司法解释的数量也随之增加；在经济发展的低潮期，司法解释的数量也随之下降。如 1993 年最高法院颁布的司法解释文件高达 10 件，而 1990 年仅有 2 件。而在经济发展的冷热交替期，司法解释的数量则有显著的增加，司法能动性的发挥也更积极。如 1996 年，全国面临经济发展过热，通货膨胀，市场交易秩序混乱，而该年颁布的司法解释文件亦高达 13 件，涉及企业破产、证券、合同等各个领域。从图 3-5-2 可以看到，商事司法解释文件的数量与 GDP 增长率具有明显的对应关系。

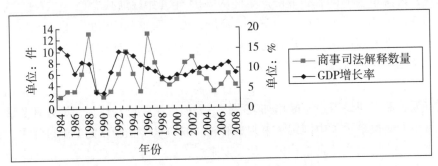

图 3-5-2 历年商事司法解释文件数与 GDP 增长率折线图（1984—2008 年）

在司法解释的类型上，合同类、担保类、企业破产改制与知识产权类的司法解释文件最多，分别占了总数的 25%、12%、8% 和 14%，期货证券类的司法解释则相对较少，仅占了 3%，这是对上述商事纠纷案件数量、类型与经济发展关系若干结论的有力回应，进一步证明了商事审判职能的能动发挥对经济发展具有重要影响。如担保类司法解释文件的大量出台就回应了上述信贷市场发展的特点。

2. 司法解释的具体内容与经济发展

进一步分析司法解释的具体内容，我们发现，司法解释不仅是对已有立法条文含义的"阐明"，而且在立法模糊或空缺领域创立了若干商事规则，在特定经济背景下还具有政策执行的意味，对经济发展具有直接的影响。以借贷类司法解释文件为例，在相关立法空白的背景下，1991 年、1999 年的两份司法解释①肯定了企业与公民间借贷关系的有效性。这一规则对金融管制背景下的企业融资有重要意义。其从制度上打开了民间借贷的大门，拓宽了企业融资的渠道，② 降低了企业融资的成本。并且，司法解释中有关民间借贷利率"不得超过银行同类贷款利率的四倍"的规定是现行立法中对于企业与公民间借贷利率的唯一规

---

① 参见《最高人民法院关于人民法院审理借贷案件的若干意见》《最高人民法院关于如何确认公民与企业之间借贷行为效力的批复》。

② 2009 年 2 月，央行对江苏、浙江、河北、湖南、内蒙古四省一区的民间借贷市场进行了抽样调查，数据表明，民间借贷资金越来越多用于生产经营，目前这一比重已达 80% 以上，占中小企业融资总量的 10% 左右。参见王镇江《央行二度调研揭开神秘面纱民间金融正名》，载《21 世纪经济报道》2009 年 5 月 4 日报道。

定——其超越了本应承担起该项职能的国家金融机关、国家立法机关而成为民间金融借贷市场规则的制定者。实践中，它已成为民间借贷机构设立借款利率的普遍标准。据调查，民间借贷抵押贷款的年利率基本维持在 11%～13% 的水平。近年来，由于银行银根紧缩，民间借贷机构利率虽然有所上升，但其标准仍以不高于司法解释的规定为限。[1]

（三）商事司法政策性文件与经济发展

1. 商事司法政策性文件的数量与经济发展

在商事审判中，司法政策性文件通常以"指导意见""通知"或"会议（座谈会）纪要"以及"领导人讲话"的形式出现。多年来，最高人民法院发布了大量的商事司法政策性文件，由于司法政策性文件属于内部资料，对其进行完全收集存在难度，而据不完全统计，最高人民法院 30 年来发布的各类司法政策性文件 1300 余件，其中商事司法政策性文件（不包含内容为管辖、执行等程序性司法政策性文件）为 87 件。从数量比例上看，商事司法政策性文件并不多，仅占全部司法政策性文件的 7% 不到。但是从商事司法政策性文件的绝对数量以及内容看，则商事司法政策性文件在商事审判中扮演着重要的角色。

2. 商事司法政策性文件的内容与经济发展

考察 1979 年到 2009 年最高人民法院发布的系列商事司法政策性文件，其呈现出以下明显的特点：首先，在商事审判的起步阶段（1979—1989 年），侧重强调商事审判工作的内部建设。在商事审判发展的第二阶段（1989—1999 年），司法政策性文件开始与特定时期的经济政策紧密联系，并侧重于对国家企业破产改制政策的贯彻执行。在商事审判发展的第三阶段（1999—2009 年），司法政策性文件数量更多，与特定时期的经济政策联系更为紧密，并侧重于对国有金融资产的保护。其重要特征在于通过将特定时期的经济政策融入司法政策性文件以回应国家经济发展的需求或辅助经济发展目标的实现。

四、法律与经济发展"中国经验"中的"司法经验"

前述对商事纠纷案件、司法解释和司法政策性文件数量、类型以及具体内容与经济发展关系较翔实的理论与实证分析，在一定意义上破解了法律与经济发展"中国之谜"中的"司法之谜"：在中国的司法语境下，司法审判（尤其是商事审判）对经济发展有重要的促进作用。在此基础上，我们得出以下几个关于法律与经济发展"中国经验"[2] 中"司法经验"的初步结论。

（一）"互动论"：商事审判与经济发展的互动作用

我们认为，在中国语境下，商事审判与经济发展之间是一种互动关系，即所谓"互动论"。司法审判的发展既是中国经济发展的结果，同时也是促进经济发展的原因；中国经济改革的阶段性特征决定了司法审判的内容、形式与特点，也是司法审判制度不断发展、完善

---

[1] 参见《青岛民间借贷利率开始"水涨船高"》，载舜网（http://www.e23.cn 2010-8-14）。

[2] 作者据已有的研究结论认为，法律与经济发展的"中国经验"主要表现为以下六大方面："渐进式改革"与"双轨制立法"，"政府主导改革"与"经济行政法规泛化"，"先交易后产权"与"先债权后物权"，"先经济改革后政治改革"与"从经济立法到宪政立法"，"从制度设计到实施"与"从立法到执法、司法"，"从正式制度到非正式制度"与"从国家法到民间法"。详尽分析参见周林彬、黄健梅《法律在中国经济增长中的作用：基于改革的实践》（载《学习与探索》2010 年第 3 期）。但是该"中国经验"的总结没有进一步揭示司法与中国经济发展的内在联系。

的外在动力与压力。与现有司法与经济发展的理论相比，上述"互动论"有以下特点。

第一，"互动论"强调了商事审判与中国经济发展之间存在着显著的相关性，"无关论"则认为司法与经济发展之间不存在必然的联系——经济发展未必对司法造成影响，而司法也未必能推动经济的发展。但是在中国语境下，商事审判与中国经济发展之间存在着密切联系，商事纠纷案件的类型和数量变化是中国经济特殊改革路径的反映，商事审判对商事纠纷的解决，则是中国经济发展的一个重要基础。

第二，"互动论"肯定了商事审判对于经济发展的重要作用，但是它不同于西方"原因论"的主流观点，该观点认为司法独立是促进经济发展的前提。中国特殊的政治架构决定了中国的司法审判不具备西方语境下与行政权、立法权三权鼎立式的"司法独立"，然而，它对党和国家一定时期内经济政策的协助执行，则是国家影响经济发展的重要途径。从经济发展规律看，市场调节这一"无形之手"与国家调控这一"有形之手"在经济发展中不可偏废。在国家调控中，如果缺少司法机关的有效配合，调控的结果必将大打折扣，如中国商事审判对国有企业破产案件的审理对于推进国有企业改革有重要意义。从此意义上讲，西方语境下的绝对的司法独立并不是促进经济发展的主要原因，一个相对独立同时又具备高度执行力和灵活性的司法机关更适应于经济转型国家经济发展的需求。

第三，"互动论"肯定了经济发展对于商事审判的决定作用，但与"结果论"不同的是，"结果论"认为司法的完善与发展是经济推动的结果，是被动的，忽略了司法对经济发展的反作用。"互动论"不但充分肯定了商事审判对于中国经济发展的影响，且该影响带有明显的能动性。从纠纷解决、规则生成到政策执行功能的发挥，从法律程序改革到实体法律改革，商事审判充分展示了对经济发展发挥作用的自觉性和能动性。其"以适应中国国情、因应时代变化、回应社会需求以及响应执政党政治倡导为主旨的司法取向，所体现的正是司法能动主义的一般性状与特质"[①]。

第四，"互动论"融合并拓展了"替补论"。"替补论"割裂了商事审判与其他制度之间的联系，认为中国经济发展的主要原因在于政府的主导和私人的自我实施。而实践证明，"非正式制度论"忽视了司法在解决纠纷方面发挥的重要作用，同时，"政府论"也没有观察到司法对政府推行政策的重要辅助作用。"互动论"则建立了"互动论"与"替补论"之间的内在联系，肯定了政府以及非正式制度对商事审判的影响，指出司法与其他社会元素之间的有效融合才是解决"中国之谜"的"司法之道"。

（二）商事审判对中国经济发展的特殊作用机制

实证结果亦同时表明，商事审判对中国经济发展的影响具有其特殊性，这一特殊性表现在司法审判发挥作用的途径以及效果两方面。

1. 商事审判对经济发展作用途径的特殊性

不同于传统英美法系国家的"司法独立"模式，也不同于传统大陆法系国家的"消极司法"模式，商事审判对中国经济发展的作用方式独具特色，体现出司法能动性特征。

其一，商事审判通过制定规范化的商事规则，适用于商事主体经济活动。

商事审判在中国经济发展中承担了"准立法者"的角色。商事审判通过制定商事司法解释的形式创造了大量的商事规则，弥补了制定法的不足，在界定产权和降低当事人契约交

---

① 顾卫东：《能动司法若干问题研究》，载《中国法学》2010年第4期。

易成本上发挥了重要作用,这是对大陆法系传统下消极的、保守的司法职能定位的创新,是司法能动性的集中体现。同时,由于其不同于英美法系国家法官在个案中的造法行为,因此又具有了典型的"中国特色"。

首先,从制定商事司法解释的主体看,制定商事司法解释的主体为法院而非法官;其次,从制定商事司法解释的程序看,商事司法解释不在个案中形成,其与全国人大立法具有相似的规范程序,需要经过立项、起草、报送、讨论、决议与发布以及施行等规范化的程序;再次,从商事司法解释的措辞看,大量商事司法解释的用语具有适用于普遍主体的一般性和抽象性特征;最后,从商事司法解释的效力看,其不但可以在商事判决书中直接引用,而且对市场经济主体具有法律效力。因此,中国的商事审判事实上分享了立法机关的部分"立法权",且实践证明,这一立法权的分享并未造成西方语境下常见的立法与司法之间的紧张关系;相反,中国法院与立法机关之间是一种良好的"分工合作"关系。

其二,商事审判通过司法政策对类型案件的处理产生实质影响,达到执行国家经济政策的目的。

商事审判在中国经济发展中还承担了"政策执行者"的角色。商事审判通过制定司法政策性文件的方式,将党和政府特定时期的经济方针、政策与目标融入其中,并借助官僚制的司法组织形式在各级法院以及法官的具体审判工作中推行,从而协助党和政府主要经济改革目标的完成。在经济转型时期,由于市场的剧烈波动,国家的经济政策在不停地调整,为了协助政策的推行,中国的法律(尤其是商法和经济法)也因之有了浓厚的"政策法"味道。通过解决经济纠纷的方式实现政策目标,则成为司法支持改革的基本手段。而此目标的实现,最便捷和成本最低的路径即通过自上而下的司法政策直接引导法官的判决。与司法解释相比,司法政策性文件具有便捷性、灵活性和效率性更强的优点,能够适应经济政策不断变化的特点;而与放任自流式的依靠法官自觉的治理模式相比,政策性文件更能在短期内统一法官的裁判思维和价值取向,尤其在法官素质普遍较低的改革初期,这种统一规范的模式则更有立竿见影的效果,从而能够在最短的时间内实现国家的经济政策目标。

2. 商事审判对经济发展作用的不均衡性

尽管商事审判对中国经济发展具有明显的促进作用,然而,实证结果亦同时表明,商事审判在经济发展中的作用发挥具有不均衡性,这一不均衡性体现在以下几方面。

其一,在不同经济领域,商事审判发生作用的能动性与效果有所不同。

比如,在证券市场领域,司法审判对于证券市场纠纷解决持相对保守和被动司法态度,未能为证券市场上中小投资者提供及时而有力的司法保护,但是这一状况正在逐步改善当中;而对借贷市场纠纷的解决,司法则发挥了积极的能动性,其有关民间借贷的相关规定直接影响了市场主体的行动,并进一步促成了民间借贷市场的形成,此外,商事审判"违背"有关行政部门规则,在个案中对企业间的借贷行为不予"惩罚"的司法态度则进一步展现了司法的能动性以及对市场经济规律的尊重;而在与特定时期经济政策紧密联系的推进银行市场改革、加强国有金融资产保护方面,司法能动性的发挥则更为积极,其效果也更为明显。

其二,商事审判对国家利益的保护重于私人利益。

从商事审判制定司法解释与司法政策性文件的行动可以发现,首先,司法能动性的发挥大多反映在与特定时期经济政策目标息息相关的领域,商事审判对党和政府的经济政策具有高度的敏感性、顺同性和及时性,而司法对于私人间商事关系的调节,则常常更为被动;其次,考察司法解释与司法政策性文件的具体内容,可以发现,在利益衡量上,对国家利益的保护总是优位于私人利益,尤其是以保护国家金融资产安全面貌出现的"国家利益",总是出现在各类司法文件中,如在司法解释中禁止企业间借贷、以保护证券市场投资者为目的证券类司法解释迟迟难以出台以及变通立法规定处置银行不良资产的政策性文件中,均体现了司法审判对国家利益的强力保护,而对国家利益的保护在一定程度上抑制了审判为私人利益提供的救济,在一定程度上导致了不公平。

(三)商事审判对中国经济发展作用机制的改进

在进一步推进能动司法,回应经济社会需求的现实背景下,应改进能动司法的方式与手段,促进商事审判与经济发展的良性互动与发展。

1. 内部作用机制改进:从"强制执行"到"共识培养"

考察司法审判内部的执行机制,依靠司法解释与司法政策性文件对法官办案进行"强制性"的指导是商事审判的主要特点,然而,由于司法审判在具体决策中缺乏对经济现实的整体考察与科学判断,因此,相关规则或政策的制定仍具有短期性。随着经济的发展,司法审判中个案的差别性和所涉利益的复杂化特征越来越明显,运用"一刀切"式的司法解释或司法政策文件事实上已不足以应对现实变化,并往往桎梏法官的思维而产生负面效果。

我们认为,在目前我国经济剧烈转型、疑难商事案件丛生的背景下,应当从培养法官在裁判思维与理念、价值衡量与选择上的同质性上入手,形成一个对社会与经济发展具备共识的法官职业共同体。具体而言,则可以从以下几方面进行改进,以提高司法审判对经济发展的促进作用。

第一,加强法官培训。对于审理商事案件的法官而言,更应侧重法官业务素质的培训。一方面,应加强法官对商事领域专业知识的培训;另一方面,应着力培养法官在价值取向上的统一性,通过提高法官对于社会和经济发展规律、方向和特点的敏感度和认识,以实现价值取向和裁判结果的统一性。

第二,继续推行、完善案例指导制度。近年来,司法改革中推行的案例指导制度,其目的正是从培养法官职业共同体的裁判思维与理念入手,以及通过个案裁判中反映出来的价值衡量与选择,从而引导各级法官的判决,这一方式既有利于克服法官对司法文件的依赖性,同时又起到了与以往以司法解释或政策统一裁判尺度相一致的效果,是有益于当前司法审判改革完善的路径选择。

2. 外部作用机制改进:从"服从模式"到"合作模式"

司法对政治的响应是司法能动的重要特征之一。而正如前文所述,商事审判对党和政府的经济政策具有过分服从与倚赖的特点,从而导致司法审判无法保持"中立"地位对案件进行居中裁判,其后果是使得对私人利益的保护让位于代表"国家利益"的利益集团,不仅不利于市场经济的长远发展,也不利于维系司法审判的中立性和权威性。因此,必须妥善处理商事审判与党政机关之间的关系。在中国现行体制下,一种可行的方法应该是将目前司法对政府的"服从模式"转向"合作模式",建立一套政府与司法良性互动与合作的作用机制。一方面,司法机关具有通过审理大量商事案件而可以收集市场主体对经济政策的态度及行为反馈的信息优势,从而可以更全面地衡量各主体的利益而提出合适的政策建议。另一方面,也可以通过此种合作博弈的模式同时遏制行政部门的专断行为,达到"约束政府"的效果。而在这种机制下,司法既不是对政治的被动顺从,也不是政治的对立,更不是政府对司法的取代，而是通过司法活动积极参与公共经济政策的制定。

3. 过渡措施：规范司法文件的运用

上述机制的改进是一个长期制度变迁的过程，它无法一蹴而就，在短期内，作为商事审判影响案件审理和经济发展的主要手段——司法解释和司法政策性文件仍将存在并产生持续性的影响，因此，加强司法解释和司法政策性文件的规范管理就成为短期内促进司法审判对经济发展产生积极影响的重要目标。

首先，应加强司法解释制定的民主性。在制定程序方面，进一步加强民众的参与，使制定程序更加透明。其次，应加强司法解释制定的科学性。在制定程序上，司法审判应展开更多的实地调研，听取一线基层法官的意见，广泛征求专家意见。最后，应慎重制定与运用司法政策性文件。由于司法政策性文件对法官办案的实质性影响及其与法治内在精神的冲突，因此，应减少对司法政策性文件的运用，尤其应避免在判决书中直接援引司法政策性文件，除非在金融危机等特殊情况下，否则，司法审判机关对于司法政策的运用应保持理性的克制。

第四章 法律与经济发展

本章导读

法律经济学作为一种源自现代西方法学与经济学研究领域，以研究法律在经济中的作用及其规律为宗旨的前沿理论，其在中国历经多年发展后，目前正经历从幼稚走向成熟、从边缘走向主流、从舶来走向本土的转变与创新发展。当前法律经济学在中国的这种转变与创新发展，关键在于如何围绕"中国情况"进行系统的思考与探究。"法律与经济发展"在中国的理论与经验正好成为一个很好的题材。

在法律与经济发展领域，西方主流观点认为，经济增长要求法律系统提供稳定的、可预测的产权以及契约实施和独立的司法。而中国却在法律制度不完善、弱产权法律保护、契约实施不力、政府干预的情况下创造了改革开放40年里平均9.5% GDP年增长率，远高于同期世界经济年均增长2.9%的"中国奇迹"，形成了法律与经济发展领域的"中国之谜"。虽然早期有研究认为法治在中国经济增长的作用并非首要，但是，我们远未能得到中国法治对经济增长不重要的结论。可见，大部分学者都不否认法律对中国经济增长的重要性，分歧在于其重要性程度。法律在中国经济发展中的重要性及其作用如何、法律与经济发展的中国之谜仍亟待深入探讨。

随着我国经济、法治的发展与改革的深化，中国对法律在经济发展中作用的重视度也与日俱增，丰富相关研究的迫切性也日益增长。这在中国法治建设目标的演进过程中显而易见。从以法律形式固定经济改革成果到全面推行法制教育，从"以法治国"到"依法执政"，从"法治政府"到"和谐法治社会"，从"全面推进法制建设"到"全面依法治国"，中国法治道路目标的转变充分阐释了法律与经济发展命题在中国的重要性。与此同时，中国丰富的经济改革、法律改革实践也为我们研究中国法律与经济增长论题提供了丰富的素材。

当目光集中在法律与中国经济发展论题上时，我们亟须解答的问题是：法律与经济发展的西方理论与经验在中国是否适用？法律与经济发展的中国经验是什么？法律在中国经济发展实践中发挥何种作用？其特殊性如何？法律在经济发展过程中的作用有多大？在中国经济发展的不同阶段，法律在经济发展中的作用如何演变？在新形势下，我们应该如何构建促进经济可持续发展的法治制度？

本章的内容，恰是在我国经济与法律改革实践大背景下，从理论与实证、法学与经济学等角度去探讨上述法律与经济发展的中国问题，尝试去推进法律经济学在中国的本土研究、创新研究，以期能抛砖引玉。

本章第一节"法律在中国经济增长中的作用"以中国改革开放前30年的经济改革与法律改革实践为基础，探究了法律与经济发展的"中国经验""中国之谜"，并深入剖析了法律在中国经济增长中所发挥的作用的特殊性，并就如何构建有利于我国经济持续增长的法律制度提出了建设性建议。该研究显示，双轨制改革与双轨制立法、政府主导改革与经济行政法规泛化、先交易后产权与先债权法后物权法、从经济改革到政治改革与从经济立法到宪政立法、从制度设计到制度实施与从立法到司法、执法，此乃我国法律与经济改革实践中的特殊性、"中国规律"所在。这一节提出法律在中国经济增长中作用的特殊性和变化趋势主要体现在法律作为经济改革的护航者、提供着"双重"激励以及中国式的特殊制度弹性这三方面，而作用的变化趋势则是向正统理论回归——逐步削弱作为政策代言人的角色，逐渐强化在约束政府、产权保护和契约实施、经济增长方式转变的导航作用。

中国地广物博，各个省、自治区的情况与发展各有不同，法律与经济发展的中国经验具体到省级层次时，其与全国的共性与特性又如何？本章第二节"法律与中国经济增长的'广东经验'初探"回答了该问题。这一节从改革开放以来广东的地方性法律与经济发展实践和特点出发，剖析了法律与经济发展之间关系的"中国经验"中的"广东经验"，从法律与经济相结合视角丰富改革开放经验总结的同时，为进一步解答法律与经济增长领域的"中国之谜"提供了地方性研究依据。该研究显示，政策先行、涉外法先行、体制外创新的"合理合法化"、私法先行这四大特殊广东实践，确保了投资主体预期的稳定性，激励了微观主体的自主创新，从而带动了广东经济的高速发展，揭示了法律在中国经济发展中作用的特殊性与一般性。

投资、出口、消费是中国经济增长的三驾马车，其中投资在改革开放前期发挥了举足轻重的作用。1978年的改革开放就是以引进外资、出口导向的外向型经济政策为先锋。为深入、细化法律与中国经济发展的作用机制和中国经验研究，我们有必要探讨法律在中国经济增长核心要素——投资——中发挥了何种作用、其特殊性如何、其作用影响多大。本章第三节"法律制度对外商直接投资影响的研究"和第四节"法律制度与民间投资增长关系研究"分别从理论和实证角度探讨了法律在我国外商直接投资、民间投资中的作用及其影响机制，并为法律与中国经济发展论题提供实证经验研究。

本章第三节"法律制度对外商直接投资影响的研究"对29个省、自治区、直辖市的实证显示，法律制度在中国引进FDI的过程中，借助法律制度作为政府政策的代言者这一特殊性，实现了产权保护和契约实施、约束政府过度干涉、提供税收和土地优惠等激励，并对FDI的区域分布与导向发挥了显著积极影响。该实证研究主要从立法——书本上的法这一角度进行了实证研究。该研究证明了法律制度作为增长的内生因素，可以通过促进外商投资来推动经济增长，法律在中国经济增长中的作用有特殊性，也有一般性，其为法律制度与中国经济增长之谜提供了一个有力的新解释。

本章第四节"法律制度与民间投资增长关系研究"利用中国29个省区的面板数据，从实证角度探讨了法律制度对民间投资的影响。其实证研究显示，法律制度从财产权保护和契约维护两个角度有效地促进了中国民间投资，法律对民间投资的影响体现在立法、司法、执法上。法律在我国经济发展中作用的重要性及其一般性规律得到经验支持。

随着经济政治改革的深入，在习近平新时代中国法治经济建设进程中，中国进入经济发展与法律改革的新时代、新阶段。我国已经由改革初期法律巩固经济改革与经济发展成果的"被动型"法治经济建设为主，转向以引领和推动经济改革和经济发展的"主动型"法治经济建设为主的新趋势。在这新时代背景下，法律在经济发展中的作用及其中国经验又将如何演变？有何新特点、新趋势、新问题？本章第五节"法律与经济发展'中国经验'的再思考"正好为我们提供了研究指引。该研究在我国改革开放40年的改革发展实践的基础上，从新时代中国法治经济建设的新特点、新趋势、新问题三个方面出发，进一步思考对法律与经济发展"中国经验"在新时代、新趋势下的发展问题。

本章从国家层次与省级地方角度、理论与实证角度、静态的法与动态的法角度、法律在中国经济发展中的特殊性与一般性角度、法学与经济学角度不同视角探讨了法律与中国经济发展的相关论题,仅为法律经济学研究、法律与经济发展的本土化研究、新时代法律与经济发展"中国经验"的推陈出新研究"抛砖引玉"。在未来的中国经济发展中,应选择何种法治经济建设模式以促进经济发展?法律与经济发展"中国经验"是回归到西方正统的法律与经济发展理论?还是在多种理论并存与制度竞争的前提下继续前行?抑或是促进各种理论的有效融合?这些法律与经济发展论题仍等待着学者们进行进一步的理论与实证研究。

第一节 法律在中国经济增长中的作用[①]

西方的主流观点认为,经济增长要求法律系统提供稳定的、可预测的产权和契约以及独立的司法。[②] 而我国改革开放以来的 30 年里保持平均 9.83% 年 GDP 增长率的事实,却被西方理论视为在法律制度不完善、弱产权法律保护、契约实施不力、政府干预盛行情况下出现的"中国奇迹"。西方理论将此视为法律与经济增长正统关系的反例,或排除在实证研究的样本之外。正如 Dam 所指出的一样,虽然有不少证据支持法律在中国经济增长的作用并非首要,但是,我们远未能得到中国法律对经济增长不重要的结论。[③] 法律在中国经济增长中的作用在国内外学术界至今仍是一个备受争议的问题。[④]

笔者认为,中国经济增长得益于中国经济体制改革,而中国经济体制改革的有效推进则主要得益于有关推进与巩固经济体制改革及其成果的一系列法律(尤其是经济法律)改革。因此,改革开放是本节不可缺少的研究背景。在总结改革开放 30 年经验及应对金融海啸、实现经济增长方式转变的当下,特别需要关注的问题在于:与西方经验相比,法律在中国经济增长中的作用存在哪些特殊性?可以采取哪些有效措施去构建有利于我国经济持续增长的法律制度?

一、中国经济改革中法律改革的实践:六大特殊路径

(一)渐进性改革中的双轨制立法改革

中国改革的特征,渐进性特征首先凸显。对此,理论与实务界已有大量论述。这里强调的是,渐进性改革在法律改革上的一个典型表现为"双轨制立法",即新法与旧法并存的一种立法制度安排。比如,在中国现行的市场主体立法中,采取的就是双轨制立法,即一种是以所有制这一经济标准为依据的旧企业公司立法模式(如现行的全民所有制工业企业法、城乡集体企业法、私营企业暂行条例和中外合资、合作、独资企业法),另一种是以责任承担方式这一法律标准为依据的新的公司与企业立法模式(如现行的公司法、合伙企业法、

[①] 本节部分内容曾以论文形式发表,具体出自周林彬、黄健梅《法律在中国经济增长中的作用:基于改革的实践》,载《学习与探索》2010 年第 5 期。

[②] 参见 Max Weber, *The Protestant Ethic and the Spirit of Capitalism*, New York: Charles Scribner's Sons, 1958, pp. xxix - xlii; Douglass North, *Institutions, Institutional Change, and Economic Performance*, Cambridge: Cambridge University Press, 1990, pp. 107 - 140。

[③] 参见 Kenneth W. Dam, "China As a Test Case: Is the Rule of Law Essential for Economic Growth?" John M. Olin Law and Economics Working paper (https://papers.ssrn.com/sol3/papers.cfm?abstract_id=880125#)。

[④] 参见 Kevine Davis and Michael J Trebilcock, "Legal reforms and development", Third World Quarterly, 2001, 22 (1), pp. 21 - 36; Frank B. Cross, "Law and Economic Growth", Texas Law Review, 2002, 80 (7), pp. 1736 - 1775。

个人独资企业法)。又如"试点立法",即经济特区、特别行政区以及部分高新科技园区(例如北京中关村科技园区)的立法。再如"先零售"(如民商事领域国务院相关的授权立法或地方立法)和"后批发"(如全国人大制定的统一基本法或全国性立法)的经济立法进程安排,也是试点立法的另一种表现。

"双轨制立法"的益处在于:第一,有利于提高改革效率,实现帕累托改善。第二,有利于减少改革阻力,实现稳定基础上的经济增长。第三,在法律(尤其是新法律)不成熟的基础上有效利用有限新旧法律之间的差别,在合法与不合法之间进行制度创新。第四,"双轨制立法"生长出一种降低初始改革立法成本,使改革立法收益累积性增加的机制。

但是,随着改革的深入,"渐近式"改革的弊端,诸如改革的不彻底、寻租盛行、市场价格机制的扭曲等,日趋明显。相应的"双轨制立法"缺陷也日趋显现。新旧法律并存以及试点立法,破坏了市场经济的市场统一性规律所要求确立的法治统一性和主体平等性原则;试点立法导致许多地方政府及政府部门为了地方利益与部门利益而纷纷依法设立不同的市场准入和退出规则;新旧法律并存导致的法律冲突的边际成本越来越高,与之相联系的边际收益日渐减少。

解决双轨制立法弊端问题的基本思路在于:一是逐步扩大改革立法中先破旧法后立新法的范围,并逐步缩短新法取代旧法的立法过渡期;对于相互之间存在密切联系的法律法规,在制定和修订过程中予以统筹协调,保持法律体系的协调有序;完善违宪审查制度和健全法规备案审查制度,对不同层级法规之间的冲突按照立法原则进行审查处理,以维护宪法的权威性和法制的统一性。二是逐步扩大全国人大有关改革创新立法的范围,并逐步减少国务院和地方有关改革试点立法的权限。三是依法将市场主体的身份法体例转变为责任法体例,将市场主体的不平等法律待遇降到最低程度。

(二) 政府主导改革中的经济行政法规改革

由于我国的人治与计划经济传统,加之社会稳定性的需求,特别是长期的集权式政权模式,我国的经济体制改革,更多地表现为政府主导改革的制度变迁。

政府主导改革,在法律改革过程中相应地表现出有关改革的经济行政法规的泛化。政府在经济体制改革方面有授权立法的权力,加之政府部门有通过经济立法巩固其部门管理权力的偏好,而且政府主导改革的力量有赖于法律的保障,因此,在中国经济改革领域出现了数量相当惊人的经济行政法规。1979—2006年,由全国人大颁行的经济类国家法仅157件,而由国务院颁行的行政性规章与规范性文件高达36737件。[①]

经济行政法规泛化的其他原因有二。其一,行政法规与经济法律相比,前者在时间和程序上具有相对优势,提高了法规的及时性和灵活性,较好地满足了制度创新、制度变迁所引致的法律需求。其二,行政法规的针对性,提高了法规实施的效率性。行政法规的出台往往是为了规范当时经济改革、经济生活中的新事物或为改革中急需解决的法律问题。

经济行政法规的泛化,不但使法律结构失衡,而且加大了行政规章的外在成本。而瑕疵的行政规章成为某些行政主体和个人渔利的"法律武器"。[②] 这种过度干预导致了资源配置的低效或者无效率。因此,我们强调以下几点我国经济行政法规的改革思路。第一,加强对

[①] 数据来源:中国法律法规信息系统。
[②] 李胜兰、周林彬、邱海洋:《法律成本与中国经济法制建设》,载《中国社会科学》1997年第4期。

经济行政立法权的约束。第二，把降低中国经济管制法制度变迁成本作为经济管制法制度创新的一个关键环节。第三，确立经济行政立法的公共利益本位原则，努力解决经济行政立法和执法中的寻租问题。

总之，随着深化改革，特别是随着中国"入世"后政府经管理体制朝着放松管制方向改革的步伐加快，中国的经济立法重点也开始从经济行政立法向民商事立法转变。

（三）"先交易后产权"改革中的"先债权后物权"改革

中国的市场化改革走了一条先易后难的改革之路，即"先交易后产权"改革之路。换言之，在不触动公有财产所有权的前提下，首先通过契约制度进行公有财产经营方式的交易改革，然后等条件成熟时再进行产权改革。

与"先交易后产权"这一特征相适应的法律改革路径为：债权立法先行于物权立法，即所谓"先债权后物权"。诸如作为《合同法》前身的《经济合同法》《涉外合同法》《技术合同法》在20世纪八九十年代就已经分别出台，《统一合同法》1999年出台，而《物权法》于2007年获得通过这一物权立法滞后于债权立法的现象，显然有悖于科斯定理所主张的"产权先于交易"之市场经济规律和"物权优先于债权"之财产法规律。

但是，债权立法先行的益处在于：第一，合同立法这种债权立法对早期公有制财产经营方式的改革起到支持和推进作用；第二，债权立法有利于流通领域改革的突破——价格改革的成功，并为其他相关领域的改革提供经济与法律基础；第三，有益于降低法律改革成本，维持经济发展。

然而，随着改革推进，"先债权后物权"的弊病逐渐凸显。一方面，交易改革及先行于产权改革所导致的产权界定不清晰及保护不力，成为生产要素市场价格不合理及腐败滋生、公有企业经营低效率与公有财产流失的重要原因；另一方面，这一路径不仅有悖于物权优先于债权这一财产法的一般规律，而且是导致现行债权法实施受阻的一个制度根源。合同执行难可见一斑。

要克服上述弊病，理顺市场主体产权关系是深化改革的要义所在。其中，产权尤其是公有产权改革立法及其配套法规的制定和实施，就成为当今中国产权法律改革攻坚阶段的关键，中国式"科斯定理悖论"正在向正统科斯定理回归，这种回归应当以保护国有资产这一国情为前提。

（四）政治体制改革中的宪政立法改革

中国改革首先从经济领域开始，从而使关于政治文明、民主建设、行政与司法体制改革等政治体制改革问题滞后于经济改革。这种改革立法例证是，改革之初经济立法数量和进展远快于宪政性立法。如1979—1984年间，国家出台的宪政性立法数量仅为38项，而经济类立法（包括行政规章）则多达364项。[①] 这不仅是由于经济立法改革比宪政立法改革的成本低，且可为既得利益集团带来收益。改革立法最初以经济立法改革为主，符合帕累托改善原则。

经济立法先于宪政立法这一改革立法路径与主张宪政的"民主论"[②] 经历了从矛盾到相

---

① 根据中国法律法规信息系统统计。
② 民主论代表的是主张从基本法律角度确保政府权力受制衡，防止独裁，保障人权、自由，以保障经济增长的观点。目前民主与经济增长之间的经验研究仍未达成共识。更为详尽的论述可参见 Cross（2002）的有关综述。

容的转变。而这种从矛盾到相容的状态转变，道出了宪政、民主对经济增长的积极作用存在前提条件这一内在逻辑。中国的改革路径，恰好充分阐释了宪政民主法律与经济增长之间的内在逻辑，也论证了中国经济改革在不触动基本政治体制下进行改革的合理性。

然而，随着改革的深化，一些阻碍改革的深层次问题，诸如妨碍市场化改革的行政管理体制改革问题，妨碍法律改革的立法和司法体制改革问题，特别是宪政立法改革问题，日益凸现。

公共选择理论认为，宪政作为制度的制度、规则的规则，在社会选择的规则系统中居于基础性的地位。如果我们进行宪政立法改革，则将会给社会带来全局性的改善。① 经济转型的核心是大规模的宪政制度的转变。在新的宪政制度下，人们遵守一个新的游戏规则，这种游戏规则能够产生更多的制度创新和更好的经济绩效。②

进一步分析，当民主与法治的问题成为制约中国市场化改革的一个重大问题时，政府只有通过大胆而稳妥的宪政改革，才能有效克服"国家悖论"的消极因素，成为中国经济增长的"发动机"。

（五）制度实施机制改革中的执法、司法改革

与经济学理论与实务界热衷于改革制度设计研究而忽视改革制度实施机制研究的"偷懒"行为相类似，中国法律理论与实务界也对改革立法给予了极大的热情。这其中既有改革立法成本低、市场化改革立法易模仿的原因，也符合立法先行于执法和司法之法治进程的规律。因此，在立法（尤其是经济立法）数量方面，我国法治水准正在与西方法治标准接近。然而这并没有带来人们所预期的法治秩序，"有法难行""有法难施""有法不依"就是突出的问题之一。

数据显示，地方法院年审诉讼量以20%以上的速度增长，诉讼涉案金额不断上升，2003—2007年这5年平均年涉案金额就占GDP的6.19%，法律对经济的影响显而易见。③从法律实施角度看，其缺陷主要是执行难。数据显示，自动履行的比例从1993年的70%下降到2003年的48%，表明行政执法不力，知识产权侵权严重就是例子。公共执法的软弱导致了大量不规范的私力救济出现，民间讨债公司的出现是例证之一。

上述法律实施机制弊端，可从"软政权"现象获得进一步认识。在"软政权"中，制度、法律、规范、指令、条例等都是一种软约束，如何执行、何时执行等都可以讨价还价。④ 软政权是制度实施中所表现出的一种极端现象，但我们要对此引以为鉴，思考法律实施机制究竟问题出在哪里。

首先，在法律实施中"上有政策、下有对策"的各种变通，法律执行中的地方和部门保护主义，其背后都体现了一种利益的纠葛。其次，法律制度实施的交易成本或制度运行成本过高，阻碍了法律制度的有效实施。再次，法律制度的设计应使法律实施更多成为一种可自我实施的机制。最后，法律与制度环境和非正式制度之间的冲突也阻碍了法律的有效实

---

① 参见盛洪《布坎南与宪政经济学》，载《中华读书报》2004年6月16日（http://economics.efnchina.com/show-2196-43047-1.html#）。
② 参见杨小凯《经济改革与宪政转型——西方研究中国经济的两派不同观点之间的争论》，载《中国经济研究中心简报》1999年第47期。
③ 数据来源：历年最高人民法院工作报告。
④ 参见卢现祥《我国制度经济学研究中的四大问题》，载《中南财经政法大学学报》2002年第1期。

施。中国数千年的人治传统，人们对人情、关系的看重，以及厌诉观念，使得人们在遇到问题时首先想到的是找关系，其后果是寻租盛行、法律在执行过程中被扭曲和异化。

因此，当前研究的一个重要改变就是从理论与实务上对制度实施问题予以关注，从立法热转向对法律实施实际效果的关注，从立法研究重点转向对司法效率、执法能力的研究重点的关注。

（六）正式制度改革中从国家法到民间法的改革

当前，人们给经济的发展注入了新的理念，认为经济发展并不是追求单纯的经济增长率，而是追求一种可持续的发展，使社会从传统关系、传统文化和社会习俗及传统生产方式向更现代方式的转变。中国经济改革已开始重视非正式制度的改革和转变，这种转变在法律改革上的相应变化是：有关改革的经济立法重点，正在从国家法规范的立法热潮走向重视民间法的制定与实施转变。诸如民商法对商业习惯和惯例的优先适用，商会和行会在社会经济中的作用逐渐被重视，各地陆续出台行业协会规章，借以发挥行业协会、商会在便利经济、规范交易、健全市场制度方面的作用。

透过法律经济学的分析视角，国家法转变到民间法的改革立法思路存在着以下必要性：正式法律制度的有效实施需要非正式制度的民间社会规范的相容、互补来为其提供支撑，市场经济体制须是多层次、全方位的社会规范系统。借助民间法的自我实施机制，弥补第三方实施机制的不足，提高法律实效，降低国家规制成本。1981—2006年，以人民调解方式解决的纠纷数为157 824 484件，有效地缓解了司法系统的压力。① 通过研究民间法等非正式制度的发展演化和作用机理来挖掘中国法治建设的本土资源，避免法律制度与非正式约束的内在背离而造成的扭曲，以实现两者互补均衡。

近来"私力救济""潜规则""民间自治团体"等议题的热闹讨论也印证了我国法学在关注中国现实时，也开始注重非正式规范亦即民间法规范的研究。② 其中，如何充分法律社会学来丰富该领域研究是未来趋势之一。这对于在中国法学本土化研究框架中总结法律与经济增长的中国经验，并据此中国经验指导建立、促进与保障中国经济持续增长的法律机制至关重要。

二、法律在中国经济增长中作用的特殊性和变化趋势

中国经济改革中法律改革的实践，俨然无法简单地从正统法律与经济增长理论中寻找答案。路径依赖是不可忽视的因素。我们认为，法律在中国经济增长中作用的特殊性和变化趋势主要体现在以下四个方面。

（一）经济改革之护航者

法律作为中国经济改革护航者的典型表现有二：其一，将在实践中行之有效的改革，通过相应法规实现制度化；其二，有时为了确保经济政策的贯彻，政府通过先出台相应法规，再开展实践。法律在中国经济改革中所起到的"保驾"作用，很大程度上有别于西方理论所强调的为经济发展构建制度基础的作用。其差异主要在于中国法律的政策导向突出。将中

---

① 数据来源：《中国统计年鉴》。
② 参见周林彬、王烨《私力救济的经济分析》，载中山大学法学院主办《中山大学法律评论》，法律出版社2001年版。

国政府对私人秩序的替代、地方政府积极参与经济活动等政府干预视为中国高速经济增长首要原因的文献,① 恰好证明了法律在为政策保驾护航方面发挥了重要作用。政府对私人秩序的替代、地方政府积极参与经济活动,这在中国实践中依然离不开相应法律对这些活动的授权与默许。

此外,中国将政治文明、民主问题暂时让位于经济改革问题的思路,决定了改革初期政府能在很大范围内利用法律来贯彻经济改革政策。"当苏联和东欧国家的议员在议会大厦激烈辩论政治问题时,中国的立法机关明确表示自己的使命是为经济改革'保驾护航'。"②

(二) 提供双重激励:合法激励与灰色激励

在中国 30 年改革开放实践中,法律为经济活动者提供了大量的激励机制。中国法律利用与经济政策的高度相关性,提供合法激励的同时也孕育了灰色激励。当然,这非当局的最优选择,实则是当局在缺乏经验、国情复杂等条件制约下的权宜之策。借助先出台相关法律法规为政策实施铺路,显然为经济主体提供了合法的激励机制。但很多情况下,中国实施的是前者。例如农村改革、私营企业的发展,都是在行政授权"试点"成功后才付诸合法化。行政权力默许的法律灰色地带增加了新政策成功的概率。这种局面,也导致了灰色激励。行政默许、国家法律的特殊"时滞"所导致的灰色地带,一定程度上鼓励了自下而上的制度创新,在此称之为"灰色激励"。而这种"灰色激励"与合法激励并存,形成了我国特殊的"双轨制"激励现象。

(三) 特殊的制度弹性

经济的持续发展,不但要求好的制度质量,更重要的是,需要能适应社会经济变化、培育包括制度创新的制度弹性。回顾过去改革开放历程,我们发现,在强势政府干预下,在一定程度上确保了制度弹性:政府干预的时效性、灵活性弥补了正式法律的僵化性、滞后性。

一方面,在缺乏普通法、三权分立土壤的中国,汲取西方发展经济经验、学习被现实证明是相对高效率的市场机制的重大决定,是政府决策、大力推行的结果。交易改革先于产权改革、经济改革先于政治改革等渐进式路径就是例证。另一方面,鉴于中国地方差异性较大,中国的法律往往倾向于抽象性、原则性,依赖于行政规章、地方性法规根据地方特性进行具体化、细化。这种立法思维,除了前述的便利了法律的为改革"保驾护航"、落实政策,实质上还赋予各级政府部门根据本土实情与变化,因地制宜,便利制度创新与提高制度适应性的权利。

显然,转轨过程需要过渡期,政府干预、充满政策味道的法律在一定条件下弥补了制度弹性不足的缺陷,发挥着特殊制度弹性作用。

(四) 法律作用变化趋势:向正统理论回归

随着双轨制立法的逐渐消失、立法重点从债权法向物权法的转移、改革重点向政治改革的转变、现代法治建设的不断推进,中国经济增长中的法律越来越向西方正统理论回归——通过法律保护产权安全、契约自由和有效实施以及限制政府过度的干预,为经济交易和投资

---

① 参见 Tom Ginsburg, "Does Law Matter for Economic Development? Evidence from East Asia", *Law & Society Review*, 2000, 34 (3), pp. 829 – 856。
② 信春鹰等:《车之两轮、鸟之双翼:改革发展中的经济与法律》,社会科学文献出版社 2004 年版,第 93 页。

提供有力的法律保障，进而减少交易成本，促进社会经济发展。不难预测，法律作为政策代言人的影响经济增长的机制在逐渐减弱，而法律影响经济增长的机制在逐渐建立与强化。具体表现为以下几点。

其一，强化法律对于政府的约束力，以对抗"国家悖论"；其二，全方面提升产权的保护度与契约实施的有效度；其三，利用法律法规引导经济增长方式的转变。目前，我国政府正在制定、落实引导经济增长方式转变的政策措施，法律法规乃重要工具之一。比如，2008年出台的《循环经济促进法》，印证了政府以法律为工具，规范政府调控、政府干预、健全法治环境的目标，而从有关节能、节水、产业结构调整等改变增长方式的立法活动中，我们显然能注意到法律在经济增长方式转变中的重要作用。

综上所述，基于中国的改革实践，可以得到法律在我国经济增长中作用的以下两点初步结论。

其一，实践显示，具有中国特殊性的法律在经济增长中发挥着积极作用。这为"中国之谜"提供了一个较为明确的答案——虽然中国法律在经济改革早期所发挥的作用与正统理论中有所相悖，但是大量的证据表明，中国法律在经济增长中的作用随着经济的发展正朝着正统法律与经济增长理论的方向收敛：逐步削弱作为政策代言人的角色，逐渐强化在约束政府、产权保护和契约实施、经济增长方式导航方面的作用。

其二，对法律在中国经济增长中作用的理论与实践的认知，在不断深化与升华。一方面，当代中国从盲目推崇法律到理性对待法律，开始认识到法律制度形成的演进性、过多立法对经济与社会的负面影响、法律实施及民众对法律的态度的重要性、非正式制度的积极作用等，就是法律与经济增长中国经验的体现；另一方面，学界正在深入研究法律在中国经济增长中的特殊作用及其规律，并据此规律指导有利于中国经济持续稳定增长以及增长方式转变的法律的制定与实施。法律与经济增长领域"中国之谜"的研究仍处于初级阶段，亟待丰富。

第二节 法律与中国经济增长的"广东经验"初探

一、以法律经济学方法研究"广东经验"的意义

法律与经济发展，是当代法学与经济学的前沿论题，备受国内外学界的关注与争议。从旨在以经济法律（主要指经济法、民商法）巩固经济改革成果的经济立法热潮，到旨在有效实施经济法律而广泛开展的经济行政执法和经济司法热潮；从旨在强化政府经济管理权力的经济行政法制热潮，到旨在维护市场主体权利的民商法治热潮，中国经济与法律改革重点的这一系列转变，充分阐释了法律与经济发展命题在中国的重要性。党的十七大提出深化经济与法律改革、实现"经济发展方式的转变"。深入探讨法律与经济增长的经验与机理，如何有效地借助法律来促进经济增长、经济发展方式的转变，显然是当前的一大热点。

法律与经济增长的主流观点认为，法律系统提供稳定的、可预测的产权以及契约和独立的司法是经济增长的必要条件。而中国的特殊国情、在弱法律环境下创造的持续高速经济增

长奇迹这一"反例"吸引了大量学者探讨法律在中国经济中的作用及其特点①,这些研究远未能就法律在中国经济增长中的作用得出结论性的论断,法律在我国经济增长中的特殊性仍亟待深入探讨。而研究我国改革开放经验的文献大都局限于经济学②或法学③单一视角,忽视了法律与经济增长之间的内在紧密关系。

一方面,广东作为中国改革开放的"窗口""试验田",改革开放以来,广东以高于全国平均年 GDP 增长率(9.79%)的 13.93% 的经济发展速度,以及广东的经济总量和财政收入名列中国各省前茅的事实,表明广东已成为名副其实的中国经济大省。④ 另一方面,广东作为中国最早改革开放的省份,其被党中央和国务院授权进行包括法律改革在内的各类改革试点及有关制度创新的时间最早、空间最广、力度最大。广东的实践为我们深入研究法律与中国经济增长的关系提供了丰富的素材。

2007 年年底,广东省委书记汪洋掀起的"继续解放思想,坚持改革开放,努力争当实践科学发展观的排头兵"广东第三次思想解放浪潮,推进了广东开创科学发展新局面的新一轮改革热潮。其中,自主创新能力的提高、和谐发展、节能减排和生态环境建设的强化、经济发展方式的转变、以人为本的科学发展等核心目标的实现,政法工作是关键。而法治与经济发展、法制与民主乃重中之重。

据此,本节从广东改革开放与立法实践的实际出发,以法律经济学理论作为分析工具,旨在探讨法律与中国经济增长之间关系的特殊规律,亦即法律与经济增长之间关系的中国经验中的"广东经验",从法律与经济相结合的视角丰富改革开放经验总结的同时,为进一步解答法律与经济增长领域的"中国之谜"、实现广东作为实践科学发展观的排头兵提供依据。

二、法律与广东经济增长的特殊性

广东作为改革开来以来我国经济、法律改革的重要区域,其法律与经济增长实践,必然

---

① 相关文献参见 John McMillan, Barry Naughton, "How to reform a planned economy: lessons from China", *Oxford Review of Economic Policy*, 1992, 8 (1), pp. 130 – 143; Tom Ginsburg, "Does Law Matter for Economic Development? Evidence From East Asia", *Law & Society Review*, 2000, 34 (3), pp. 829 – 856; Randall Peerenboom, "Social Networks, Rule of Law and Economic Growth in China: The Elusive Pursuit of the Right Combination of Private and Public Ordering", *Global Economic Review*, 2002, 31 (2), pp. 1 – 19; Kenneth W. Dam, "China As a Test Case: Is the Rule of Law Essential for Economic Growth?" John M. Olin Law and Economics Working paper (https://papers.ssrn.com/sol3/papers.cfm? abstract_id = 880125#); 信春鹰等《车之两轮、鸟之双翼:改革发展中的经济与法律》,社会科学文献出版社 2004 年版;等等。

② 相关文献参见沈坤荣《中国贸易发展与经济增长影响机制的经验研究》,载《经济研究》2003 年第 5 期;周业安、赵坚毅《市场化、经济结构变迁和政府经济结构政策转型——中国经验》,载《管理世界》2004 年第 5 期;改革开放以来金融支持经济发展经验研究课题组《改革开放以来金融支持经济发展的经验及政策建议》,载《中国金融》2008 年第 6 期;等等。

③ 相关文献参见韦华腾《广东地方立法经验可资西部大开发借鉴(上)》,载《南方经济》2000 年第 9 期;安群、李浩《五十年法治建设的教训与经验》,载《法学评论》2000 年第 1 期;彭金超《我国法治建设历程概述及若干应注意问题》,载《法制与社会》2007 年第 6 期;杨叶红、刘峰《改革开放三十年宪法发展的回顾与思索》,载《改革与开放》2008 年第 3 期;等等。

④ 1978 年,广东省 GDP 仅仅占全国的 5.1%,而到了 1998 年,该比例已经高达 10.1%,截至 2007 年年底,广东省经济总量已经占据全国总量的 12.3%,为各省之首。(数据来源:国家统计局及广东统计局网站)

先体现出全国的共性。① 在经济改革方面，广东改革路径完全契合"摸着石头过河"的中国式渐进改革。其一，广东改革的路径：从价格双轨制到市场价格机制，从农村到城市，从商业到工业，从深圳、珠海、汕头特区试点到珠江三角洲经济开放区的带动，从利改税、财政包干等财政改革到银行、证券市场等金融改革，从经济体制改革到政治体制改革，从外资企业、乡镇企业等增量改革到国企等存量改革。其二，广东改革的制度变迁类型，与强制性制度变迁相吻合，以政府主导式改革为特点。其三，广东经济改革的重点，从20世纪70年代末80年代初的农村家庭联产承包、企业承包制，向90年代初的股份制、公司制改革转移，"先交易改革，后产权改革"；从农村、城市经济体制改革，转向规范政府行为、法治政府、村务公开、村民自治等政治改革；从注重制度设计，向关注制度实施、制度实效转移。

在与经济改革相应的法律改革方面，广东的实践亦紧跟国家的相关法律改革政策、方针与路线。具体体现为，存在一定的经济行政法规泛化，地方政府规范文件数量远远多于地方性法规数量，其法律改革重点转移路线从债权立法到物权立法，从经济立法到规范行政权力、保障公民权利等政治性立法，从立法到执法、司法。

然而，基于广东在改革开放中的特殊地位，法律与经济增长广东经验的精髓在于其特殊性而非全国共性上。总的来说，凭借毗邻港澳的地缘优势与大量海外侨胞的人缘优势、求真务实的精神，广东抓住了改革开放的先机，利用中央特许的"特殊政策""灵活措施"，充分发挥经济制度、法律创新的优势，实现了30年的高速经济增长，创造了"广东奇迹"。初步分析，其特殊性主要体现在政策先行、涉外法先行、体制外创新的"合理合法化"以及私法先行这四大特征上。

（一）政策先行

广东《关于宝安、珠海两县外贸基地和市政规划设想》（1978年）以及《关于发挥广东优越条件，扩大对外贸易，加快经济发展的报告》（1979年）这两份文件初步构建了广东改革开放的基点、酝酿"先行一步"的基调。1979年7月15日，基于改革开放的战略考量，中共中央、国务院出台的（1979）50号文《中共中央、国务院批转广东省委和福建省委关于对外经济活动实行特殊政策和灵活措施的两个报告》，最终确定了广东在改革开放中的"试验田""先行一步"的特殊地位，"特殊政策""灵活措施"在广东开始进入实质性阶段。② 广东利用"特殊政策"这一尚方宝剑，为一系列经济、法律改革的制度创新提供了"合法性"的政治性保障。这从根本上道出了法律与广东经济增长的首要特征——政策先行于法律。

具体而言，在广东法律与经济改革中，广东所创造的奇迹主要归功于政府为微观主体自下而上的自主创新提供了良好的政策环境。这里的自主创新，包括制度层面的创新以及技术层面的创新。从广东农村家庭联产承包责任制到土地制度的制度创新，从广东价格体制到广

---

① 法律与经济增长的全国性特征主要表现为以下六大方面："渐进式改革"与"双轨制立法"，"政府主导改革"与"经济行政法规泛化"，"先交易后产权"与"先债权后物权"，"先经济改革后政治改革"与"从经济立法到宪政立法"，"从制度设计到实施"与"从立法到执法、司法"，"从正式制度到非正式制度"与"从国家法到民间法"。更详尽的分析请参见周林彬、黄健梅《法律与经济增长的中国经验》，载周林彬等著《法律经济学：中国的理论与实践》，北京大学出版社2008年版，第271-323页。

② 该报告指出："中央确定，对两省对外经济活动实行特殊政策和灵活措施，给地方以更多的主动权，使之发挥优越条件，抓紧当前有利的国际形势，先走一步，把经济尽快搞上去。这是一个重要的决策，对加速我国的四个现代化建设，有重要的意义。"

东外贸体制创新,从广东国有企业经营机制到乡镇企业制度创新,这些改革无不体现了农民、企业等微观主体的创新性精神与行为。而这种创新性行为得以持续出现并取得可喜成果的原因,在于政府政策文件的默许、认可与支持。而这些政府政策文件往往先行于相关法律法规。其典型表现在"政策"的法律化与法律的"政策化"上。

第一,政策的"法律化",指在法律缺失的情况下,政策成为法律的替代机制,发挥法律在稳定投资预期、确保契约实施方面的功能。如前所述,广东自下而上的自主创新在经济改革与发展中所取得的巨大成就,离不开地方政府相关政策与规范性文件的默许、支持与认可作用。换言之,在改革初期,政府充分利用政策的灵活性与及时性来弥补相关法律法规不健全、时滞性的缺陷,成为法律的替代机制,形成政策先行于法规这一有悖于法制原则的现象。

地方政府政策文件弥补了法律空白的同时,稳定了微观主体的自主创新的收益,给予创新主体有效的激励。以农村家庭联产承包制改革为例,农村家庭联产承包制乃我国典型的自下而上的诱导性制度变迁、自发性制度创新。而该新制度能否长期成功运作,主要取决于农民对农地投资回报的预期。其中,土地承包期的长短成为关键。为认可并支持农民的这一自主创新,1984年9月28日出台的《关于延长土地承包期,完善联产承包责任制的意见》,规定土地承包期一般延长到15年以上。这一创造性地方政策,在极大地稳定了农民对土地投资回报预期的同时,鼓励了市场主体的有效制度创新行为,农村家庭联产承包责任制在广东得到稳健、快速发展。基于广东的成功经验,1985年1月,中央文件《关于进一步活跃农村经济的十项政策》强调,"联产承包责任制和农户家庭经营长期不变"。1987年12月24日的《广东省农村合作经济组织承包合同暂行规定》①才从地方法规层次间接地确认土地承包政策;而2002年《农村土地承包法》、2007年《物权法》的出台,才在国家法层次确认了在实践中行之有效的土地承包政策。

第二,法律的"政策化",指将某些政策上升为法律法规层次。从某种意义上看,广东法律对经济增长的促进作用,是利用法律政策化——部分政策转换为法律——方式实现的。《广东省经济特区条例》(1980年)就是典型代表。《广东省经济特区条例》从内容上看,实际上是将外商在经济特区在土地、税收、投资方面的优惠政策、对外开放政策等以地方法规形式颁布,其中第一章第一条款"依法保护其资产、应得利润和其他合法权益"以法律形式确保了投资回报预期。我国政治体制、人治传统与法律体制背景所决定的中国强大的行政体系,而这恰是政府主导与法规体制外创新性"合理合法"化、法律政策化现象背后的根源。我们也就不难理解为何中国经济法常常被称为"经济政策法"。

从法律经济学角度分析,"政策先行"这一特征契合广东经济改革、政治体制与法律体制的特殊国情。

第一,在中国"渐进式改革"大背景下,广东作为改革先行者、试验田,必须营造创新、有弹性的制度小环境来推行改革实验,而政策的灵活性正好满足这点要求。国家给予广东"特殊政策"而非特殊的地方法律,恰是利用政策的灵活性,提高改革效率,实现帕累托改善。广东利用政策优势、政策先行于法规,通过小范围的"试错",吸取经验,试行地方性规章,再进行全国经济改革与立法的推广,成功地为改革营建制度保障、减少改革阻力的同时,释放了新市场经济主体创新的力量。

---

① 1992年《广东省农村社区合作经济承包合同管理条例》出台后,该地方性法规废止。

第二，广东"政策先行"揭示了我国政府主导的"强制性制度变迁"特点的同时，也是我国政治体制与法律体制背景的首要影响所在。我国从计划经济向市场经济的转轨，决定了计划经济体制与数千年中央集权制历史所产生的路径依赖与锁定效应不容忽视。广东作为中国的一部分，其改革实践离不开全国的大背景。社会主义计划体制——中央集权式政治制度、社会主义法制体系——乃我国也是广东改革的政治体制与法律系统的初始路径。改革前的 20 多年（1949—1976 年），党的政策高于法律，政策基本上"取代"了法律，而这时期的法律系统基本上只发挥刑法的作用，所谓的立法机关、司法机关只是庞大的政府行政系统的小枝末，完全从属于党政机关，完全为政府政策服务。此外，现代中国法律制度往往归类为有别于大陆法系（民法系）、英美法系（普通法系）的"中华法系"就是典型例证。一般认为，儒家思想指导、出礼入刑与礼刑结合、立法和司法始终集权于中央与司法和行政合一、民刑不分诸法合体与民刑有分诸法并用等是中华法系的主要特征。这些都揭示了我国强大的行政体系根源以及立法机关、司法机关深受行政影响。这也从根本上决定了广东政府在改革过程中的全方位介入。我们也不难理解为何反映政府意图的政策先行相关地方法律法规成为法律与广东经济增长的第一大特征。

政策先行为广东的高速经济发展、成功地改革试点带来诸多益处的同时，随着改革的深入，其弊端亦日益明显。这仅是在法制不健全、法律资源有限条件下的权宜之策。政府干预过多涉及法律领域，一方面，违反权力制衡、立法权与行政权分离的法治原则；另一方面，导致在很多领域政府取代市场，给予政府官员大量腐败与寻租的空间，出现资源配置低效率。虽然早期地方政府的积极参与促进了短期内的经济增长，但根据诺斯的"国家悖论"，缺乏法治政府、法治建设不利于经济的长期发展。随着国家自 1993 年以来逐步明确转换政府职能、推行法治政府、确立依法治国方针，广东自 1994 年以来，开始不断强化法治政府、依法行政。1996 年《广东省规章设定罚款限额规定》、1997 年《广东省行政执法队伍管理条例》和《广东省各级人民政府行政执法监督条例》的出台，1998 年深圳制定全国首部《深圳经济特区政府采购条例》，① 1995 年 7 月 7 日汕头市人民政府颁发的《汕头市人民政府政务活动公开制度》、2003 年《深圳市行政机关政务公开暂行规定》、2005 年《广东省政务公开条例》等我国最早地方性政务公开规定的颁布，均凸显广东对落实、推进依法行政、依法治国政策的力度与决心，以求实现法治对经济长期增长的根本性保障。

（二）涉外法先行

中央给予广东的"特殊政策"、十一届三中全会确定的"改革开放"国策从根本上决定了广东改革的另一亮点在于以出口为导向、利用外资为主的外向型经济主导。而与此相应，涉外法规先行于涉内法规。

比如，1978 年广东上报国务院的《关于宝安、珠海两县外贸基地和市政规划设想》中，就肯定了 1978 年以来广东境内"三来一补"企业的发展。《关于加强对外加工装配业务管理的暂行规定》（1983 年）、《关于鼓励县、区开展对外加工装配业务试行办法》（1987 年）、《广东省鼓励开展对外加工装配、补偿贸易办法》（1988 年）、《广东省对外加工装配业务条例》（1993 年）、《关于加强"三来一补"管理的若干规定》（1995 年）等一系列法

---

① 《政府采购法》于第九届全国人民代表大会常务委员会第二十八次会议于 2002 年 6 月 29 日通过，自 2003 年 1 月 1 日起施行。较之深圳的相关立法晚了近 4 年时间。

规的陆续出台，引导、促进了"三来一补"这一最早利用外资形式在广东的蓬勃发展。

再比如，《中外合资企业经营法》（1979年）、1979年4月中央文件《关于大力发展对外贸易增加外汇收入若干问题的规定》的制定以及中央（1979）50号文等系列政府文件的下发，为广东改革开放构建了稳定的政策环境，也为广东外向型经济发展提供了相对可预测的预期。而《广东省经济特区条例》（1980年）的出台，成为广东发展外向型经济的里程碑，以利用外资为主题的经济特区建设正式拉开序幕。随后，《广州市华侨、港澳同胞投资优惠暂行办法》（1984年）、《广东省鼓励外商投资实施办法》（1987年）、《广州市关于鼓励国内企业利用外资的优惠规定》（1987年）等出台。这些早期法规恰好消除了外商对国外对外政策不稳定的疑虑。可见，相关法规的出台，成为促进外商直接投资最有力的法律保障。

实际上，为了强化外商投资回报的预期、有效利用外资，广东早在20世纪80年代初就出台《广东省经济特区入境出境人员管理暂行规定》《广东省经济特区企业劳动工资管理暂行规定》和《广东省经济特区企业登记管理暂行规定》（1981年），《广东省经济特区涉外企业会计管理规定》（1985年），《广东经济特区涉外公司条例》《深圳经济特区涉外公司破产条例》和《深圳经济特区涉外公司破产条例》（1986年）等涉外领域的先行性法规。不难发现，这些先行性地方法规成为日后1986年年底《破产法》（试行）、1993年《公司法》、2006年《破产法》等国家法出台前的创新。

这一路径，一方面由广东改革以吸引外商直接投资为排头兵所决定。为了借助外商直接投资实现地方技术、管理、经济的起飞，相关外商投资的法规自然成为早期地方法制建设的重点。另一方面，这一路径符合在改革初期法律资源有限的情况下实现法律成本最小、收益最大化的要求。外商投资对广东经济发展发挥了重要作用。虽然我国"三资"企业法存在不少漏洞，但广东有关外资企业的相关地方性法规在引导外商直接投资的积极作用方面起到了不可缺失的作用。1979年广东实际利用外资金额为0.91亿美元，占全国实际利用外资额的30.3%，2007年广东实际利用外资171.26亿美元。广东对外开放的"窗口"作用显而易见。

总而言之，广东以外向型经济为先导的经济改革特征以及涉外法规先行的法律改革特点，充分阐释了在不同具体法律领域法律对经济的作用方式有所差异。具体分析如下：

其一，在涉外领域，法律成为投资收益预期的第一保障。

在对外贸易、利用外资领域，中国国情与国际惯例接轨，法律成为外商投资收益预期的第一保障。从"三来一补"企业与"三资"企业的发展、经济特区的建立，这些直接与外商活动有关的领域来看，我们不难发现，广东依赖于先行完善相关法律制度来促进外向型经济发展的情况。

外商与国内经济主体在本土制度方面的信息不对称，从本质上决定了明确的法律条文成为确保外商投资收益预期的首要保障。涉外法及相关地方法规有效地确保了"三资"企业在中国的顺利发展，并成功地释放了新市场经济主体的力量，给中国带来资金、技术、管理经验的同时，推进了中国国有企业改革及市场化改革，使外商投资成为中国经济增长的一个重要因素。有学者指出，1992—1998年，中国每年经济增长中大概有0.5%由外商直接投资带动，FDI每增长1%将拉动我国经济增长0.02%～0.03%。[①] 广东以远高于全国13.48%的

[①] 参见陈浪南、陈景煌《外商直接投资对中国经济增长影响的经验研究》，载《世界经济》2002年第6期。

平均年 GDP 增长率，雄踞国内地发经济发展前列，以外商直接投资为主导的外向型经济是主要原因。

其二，在涉内领域，政府成为投资收益的第一保障、法律为第二保障。

受立法资源的稀缺性、有限性制约，涉外法规先行意味着涉内法规的相对后行。该法律改革路径符合中国渐进性改革、以稳定为首要改革目标的要求。"三来一补"企业、"三资"企业的发展，属于增量改革。以法律作为利用外资的首要保障，不但满足外商直接投资的内在要求，更重要的是，增量改革的政治风险远低于国有企业改革等存量改革的风险。出于政治稳定、控制改革风险的考量，涉外法规先行，国有企业改革等涉内法规在地方改革与立法试点成功后才逐步推行成为当局的理性选择。我们也就不难理解为何关于国有企业体制改革的相关法律法规，往往在广东等地区试点改革成功、特区试点立法成功后才出台，并将相关改革创新制度化、法律化。

而涉内法律法规的相对滞后出台，说明了在非涉外领域的经济体制改革创新及成功通过法律法规制度化之前，政府的高度参与很大程度上成为法律稳定预期的替代机制。即，政府成为非涉外领域投资收益预期的第一保障。与强调政府（国家）在中国经济发展发挥了关键作用的"政府论"[①] 观点有所不同，很多情况下政府政策文件发挥了一定的法律功能。1981年《经济合同法》规定的"违反法律和国家政策、计划的合同"被视为无效合同就是例证。鉴于上位法（国家法）过于抽象、原则性，法律的具体实施往往依赖于地方法规、规章及政府文件的细化。很多情况下，经济主体根据省级、市级法律文件与政府文件进行决策，甚至地方法院依据省级、市级法律文件与政府文件而非国家法进行判决就是良好证明。

（三）体制外创新的"合理合法化"

无论是在广东的农村经济体制改革还是城市经济体制改革开放过程中，我们都可清晰地看到政府在市场导向改革中的关键性作用。由于中国的人治与计划经济传统，加之中国社会稳定性的需求，特别中国政权模式对共产党执政模式的"路径依赖"，使得中国经济体制改革模式被大多数国内外改革理论谓之政府主导改革的改革模式，该模式用新制度经济学理论解释为强制性制度变迁。广东改革也不例外，政府的高度参与，成为广东经济、法律改革的必要构成。

在广东政府主导市场化改革进程中，值得我们关注的是，广东政府支持下的法规体制外创新，即，首创性出台"违宪"地方法规与规章，打破了国家法律体制的僵化，变"合理不合法"的经济活动为"合理合法"。进言之，广东利用"特殊政策""灵活措施"的政治庇护，地方政府在一定程度上默许与当时宪法、国家法有所冲突或法律空白空间内的地区经济改革活动，继而以相应的地方法规的制定以正面支持法规体制外的创新。广东土地制度的创新就是典型。

为解决特区建设的资金短缺、无国家财政支持问题，1981年的《深圳经济特区土地管理暂行规定》一改土地长期无偿使用的局面，肯定了前期深圳以合作开发形式向外商收取费用、收取土地使用费的制度外创新。1987年《深圳经济特区土地管理条例》的颁布，广东又率先实施土地使用权的有偿转让制度公开、正式确定了国有土地使用权有偿使用制度。

[①] 该观点认为政府的参与、政府的授权等行政性介入是中国各种交易活动的法律秩序的有效替代。由亚洲发展银行资助的 Pistor 和 Wellons（1999）关于《法律在亚洲经济发展中的作用：1960—1995》一文是该观点的代表性研究。

而1988年《宪法修正案》才将"土地使用权可以依法转让"真正合法化，同年12月全国人大通过《土地管理法》的修改议案，规定"国家依法实行国有土地有偿使用制度"。深圳经济特区的这一"违宪"性制度创新，给深圳带来了巨大的财政收入的同时，提高了土地使用效率，解决了特区建设资金短缺问题。据统计，2007年广东省出让土地15 884公顷，土地出让收入1 121.71亿元。

《广东省集体建设用地使用权流转管理办法》（2005年）的颁布以及《广东集体建设用地流转实施细则》（2009年）的问世，打破了地方政府在土地一级市场的垄断局面，允许农村集体建设用地使用权直接进入市场。这一破冰之举，缓和了工业化、城市化进程中建设用地供需缺口的紧张态势，在有效利用土地的同时，规范了广东省早已存在的集体建设用地使用权的"隐性市场"，打破了地方政府土地权力寻租机制，为我国《土地管理法》等土地制度改革奠定了基础。据新华网报道，2006年广东集体用地使用权流转宗数约为2 100宗，交易面积达1 550公顷，涉及金额20亿元。这一集体用地使用权改革，虽有"违宪"之嫌，但此举给广东省带来的巨大财政收益却是不争的事实。

这些"违宪"行为，实质上是利用地方政府的强大行政支持与地方法规将符合市场经济规律、不符合当时国家法的活动，从"非法""无法"的法律空白状态转化为"合法""有法"状态。面对利用土地资金在强化广东基础设施、吸引外资方面的显著效果，抛开这种路径对现代法治进程的不利影响，我们要肯定此种法规体制外创新性"合理合法"化灰色激励的积极作用。

通过有悖国家法的地方法规的制定以正面支持法规体制外的创新表明，广东一直扮演着"立法试验田"的角色，在很大程度上发挥着为政策措施试错的作用。这种探索试验性主要体现在：一是改革开放的现实需要决定了广东应该成为"立法试验田"。中央在广东深圳、珠海、汕头建立经济特区，给予"特殊政策、灵活措施"，希望广东能够先行一步，摸索道路，积累经验。改革开放和经济特区的发展迫切需要在法律制度上做出回应。因此，可以看到，《广东省经济特区条例》，以法律形式赋予经济特区制定与其他地区乃至全国的制度政策不同的法规的权限。而经济特区制定的有关条例，不仅对经济特区的问题做出探索，也为全国经济立法的探索提供经验。如前所述，《深圳经济特区土地管理条暂行规定》将国有土地的所有权和使用权分开，率先在全国实行国有土地有偿使用的改革，后经过修改的《深圳经济特区土地管理条例》又将土地管理改革推进到可以实行协议、招标、公开拍卖等有偿使用的更高层次，不仅推动了深圳土地市场的迅猛发展，也推动了全国国有土地制度的改革，并最终将这一经验发展到《宪法修正案》上。二是中央希望广东发挥"立法试验田"的作用。由于中国的改革是"摸着石头过河"式的改革，是经验主义和实用主义的。既然如此，国家希望改革在最小成本和最小风险的前提下进行。因此，建立经济特区、局部试验、局部先行就成为必然。1993年，时任全国人大常委会委员长乔石在视察广东时指出："在市场经济体制建立过程中，广东可以成为立法工作试验田，先行一步。"广东作为"立法试验田"的角色和地位更加凸显。据统计，截至2009年3月，在广东省人大及其常委会制定和批准的553项地方性经济法规中，先行性、试验性和自主性法规近240项，占总数的43%。

（四）私法先行

私法先行于公法是广东在法律与经济改革上的另一大特殊路径。具体而言，在计划经济体制向市场经济体制转型的过程中，鉴于计划经济的路径依赖、为巩固改革成果及资源的稀缺，中央在法制建设路径上自然而然地选择了先公法后私法路径。① 而广东在改革过程中始终坚持务实求真，在实践中逐渐把握了我国市场经济改革的核心——释放个体与企业等市场主体的创造力、激励市场主体投资、促进市场交换，利用特殊政策所营建的宽松改革环境，将更多的资源与精力投放在私法领域的地方法律法规建设上。

私法先行在广东具体表现为，广东众多的先行性立法、创造性立法出现在私法领域。广东大量的先行性立法、创造性立法可视为经济改革创新在法律上的典型表现。② 而广东在私法领域建设的先行一步，彰显其创新性与特殊性。1980—1981 年短短两年的时间，广东省人大及其常委会所制定的 5 部地方法律中，就有 3 部旨在完善私法体系，私法领域的法制建设比例高达 60%。其中，《广东省经济特区企业登记管理暂行规定》的出台，很大程度上弥补了《公司法》（1993 年）迟迟未出台的空白，为建立、完善我国市场主体立法提供了可贵的经验。

与市场经济有效运行息息相关的商法领域，一直是广东经济与法律改革中的重点。公司领域的立法就是典型例证。1980 年的《广东经济特区条例》就在第二章中具体规范特区内的企业和个人注册、经营经济事业的活动。此外，该条例的第二至第五章共 19 个条款，约 73% 的篇幅，规定了企业和个体在市场经济活动中的权利。随后，《广东省经济特区企业工会规定》（1985 年）、《广东省经济特区涉外企业会计管理规定》（1986 年）、《深圳经济特区涉外公司破产条例》（1986 年）、《广东省经济特区劳动条例》（1988 年）、《深圳经济特区企业工资管理暂行规定》（1992 年）、《深圳经济特区有限责任公司条例》与《深圳经济特区股份有限公司条例》（1993 年 4 月）、《深圳特区国有企业改组为股份有限公司和有限责任公司办法》（1993 年 4 月）、《广东省公司条例》（1993 年 5 月）、《广东省公司破产条例》（1993 年 6 月）等一系列地方行法律的出台，远早于相关国家法。广东在这些私法领域的创新及试点，极大地推进了广东企业制度改革的创新。③

值得一提的是，1993 年的《广东省公司条例》，率先以法规形式提出产权明晰、管理科学的现代企业制度。据有关人士回忆，时值广东企业启动股份制改造"热火朝天"，股市也刚进入国民的视野，国有企业"路要怎么走"缺乏法律指引。广东省人大凭着国家有关部委的指导性意见，结合国外的经验，率先以地方性法规的形式倡导产权明晰、管理科学的现

---

① 20 世纪 90 年代中期以前我国起草了大量从政府管理市场和企业角度出发的法律，典型例子是 1986 年的《破产法》，本应着重债权债务人关系的法律变成了政府主导的社会稳定工具、政府干预的工具。当时理论界也是经济法"独霸一方"，民商法地位不高。直到 90 年代中后期，国家法减少干涉型经济立法、增加保障性立法，将建设重点转移到民商法上。比如 1990 年的《著作权法》，1992 年的《海商法》，1993 年的《反垄断法》《消费者保护法》《公司法》，1995 年的《票据法》《担保法》《保险法》《商业银行法》，1997 年的《合伙企业法》，1998 年的《证券法》，1999 年的《合同法》，2000 年的《个人独资企业法》等民商法快速出台。私法中的重头戏《物权法》于 2007 年年底才姗姗出台。此外，一系列从限制政府权力出发的行政法律也随着私法体系的完善而陆续出台，比如 1996 年的《行政处罚法》、1999 年的《行政复议法》、2003 年的《行政许可法》等。

② 根据《立法法》（2000 年），其所说的广东立法，主要指的是地方性法规和规章。目前，广东省（1979 年），深圳市（1992 年）、珠海市（1996 年）、汕头市（1996 年）、广州市（2000 年），连山壮族瑶族自治县、连南瑶族自治县和乳源瑶族自治县分别具有地方立法权、较大市立法权、自治条例和单行条例立法权，其中深圳、珠海、汕头还拥有特区立法权。

③ 国家于 1996 年党的十五大才正式确立"依法治国，建设社会主义法治国家"的基本方针，在依法治国、依法行政方面，广东亦保持着一贯的"先行一步"特点。全国首部政府采购条例、全国最早的地方性政务公开规定等都出现在广东。

代企业制度。尽管该法规在实施中也暴露出一些矛盾和问题，但作为我国第一部调整市场主体关系的法规，对于规范有限责任公司和股份有限公司的组织和经营发挥了重要作用，极大地促进了我国企业，特别是国有企业的股份制改造，促进了现代企业制度的形成。我国著名公司法专家王保树教授多次提到这部地方法规，认为它"开了中国现在企业制度的先河，对中国经济发展影响深远"。

1995 年广东省政府颁布的《关于现代企业制度试点企业国有资产产权界定与管理的意见》《关于现代企业制度试点中国有企业历史债务的处理意见》《关于现代企业制度试点企业实施社会保险的意见》和《关于公司董事会、监事会成员和经理的管理意见》等，在巩固广东企业制度改革成果的同时，也巩固了企业制度改革的创新、完善了商法领域的法制建设。广东乡镇企业所取得的绩效，进一步印证了"私法先行"的效率性。1984 年广东乡镇企业总收入突破 100 亿元大关，2007 年其创造的地区生产总值高达 13 050.78 亿元，占当年广东省 GDP 的比例从 1984 年的 21.8% 上升至 2007 年的 42.5%。[①]

"私法先行"这一广东特殊路径，其一，符合芝加哥法律经济学强调自愿交易对实现财富最大化的作用的论断。将资源向强调"意思自治"的私法倾斜，恰好能在法律制度存在大量空白与不完善的基础上有效地通过适当规范市场主体的权利与义务，稳定投资回报预期的同时极大地缓解了市场交易与谈判的障碍，从而实现经济绩效的快速提高。其二，也是科斯定理的寓意所在：强调私法。在交易成本不为零的世界里，法律对权利、义务的界定影响着资源的利用效率，其中产权的界定乃重中之重。借助不断健全、完善对私法领域的权利与义务的界定，逐步完善市场机制，提高资源利用及配置的效率。广东企业改革所取得的成效就是例证。显然，广东在中国政府主导型的改革这一大背景下，创造性地将法治建设的天平向私法领域倾斜，可谓生动地体现了科斯定理的寓意。其三，广东在私法领域所进行的一系列先行性试点立法，尤其是特区立法，这一实践有效地降低了改革立法成本，实现了改革立法收益的累进机制。先行性试点立法，实质上就是在信息不充分、财力不足的条件下所进行的滚动式投资。其降低改革初始投入的同时，实现了改革收益的不断累积，有效地节约了相关立法成本与改革成本。广东这一试点立法经验，成为我国节约改革立法成本的重要立法技术之一。

此外，广东"私法先行"、私法领域的一系列试点改革与实践，实质上是中国渐进式改革在广东的特别表现之一。渐进式改革不仅契合了制度变迁理论，还道出了市场制度建立的长期性以及改革的帕累托改善性质。而个体及企业是市场经济中的核心主体，如何激励个体、企业，如何释放其创新能力，乃我国市场经济改革的关键。广东恰恰通过私法领域试点改革先行，充分调动了自下而上的制度创新。广东也因此取得了骄人成绩。广东人均 GDP 自改革开放以来迅速超越全国平均水平就是铁证之一。（见图 4-2-1）

私法先行也是"经济中心主义"立法模式的一个典型表现，使得经济立法成为一段时期以来广东地方立法工作的中心，也使得广东地方立法带有明显的功利性、赶超性和片面性色彩。就广东地方立法而言，总体来看，无论是人大立法，还是政府立法，经济立法数量庞大，在民主政治和社会领域等方面的立法却明显发展不足，立法的整体结构不平衡，也由此导致了经济、政治、文化、社会的法制规范上的不平衡。

[①] 数据来源：《广东统计年鉴 2007》及《2007 年广东国民经济和社会发展统计公报》。值得注意的是，这里民营经济统计范围是指私营企业和个体经济，以及股份合作企业、其他联营企业、其他有限责任公司中的私人控股部分。

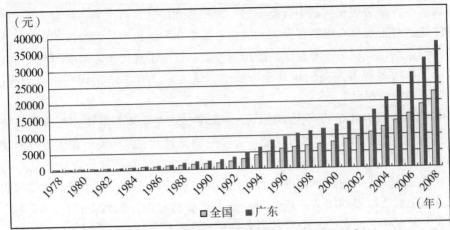

图 4-2-1　人均国内生产总值：1978—2008 年①

进一步分析，立法要在现代社会诸多利益之间求得平衡，就应当引入均衡的价值标准。如果只注重立法促进经济发展的价值，以促进经济效率和"以财富最大化的方式配置和使用社会资源"作为立法的终极价值标准，势必将滑向"经济至上""泛经济化"和功利主义的一边，也必然使立法的价值内涵发生令人难以容忍的倾斜。片面强调"经济中心主义立法"，推崇立法的效率和效益价值，往往忽视了立法的公平与平等，甚至以牺牲立法的秩序、安全和正义价值为代价。立法只有糅合各种普遍的立法价值，并实现其在各类立法中的均衡配置，才能铸就一个精神完整、四肢健全并协调自如的法制之躯，才能尽可能涵盖丰富多彩的社会生活。因此，应当推动"经济中心主义"的立法道路和模式向通过立法促进经济、政治、文化、社会全面协调可持续发展的"价值多元主义"的立法道路和模式转变。

综上所述，广东经济与法律实践为解答法律与经济增长领域的"中国之谜"提供了丰富的素材及研究。广东的实践显示，广东利用"特殊政策"与"灵活措施"的政治保障与政策环境，利用政策先行、涉外法先行、体制外创新的"合理合法化"、私法先行这四大特殊实践经验，充分释放了经济主体的创新性与积极性，借助个人、企业、政府自下而上的制度与技术层面的自主创新，利用法律改革的"试验田"地位、屡闯"黄灯"——充分利用法律灰色空间，实现了将"合理不合法"的经济活动向法律经济学所提倡的"合理合法"化转变。我们认为，正是借助这种"灵活性""求真务实性"，确保了投资主体预期的稳定性，激励了微观主体的自主创新，从而带动了广东经济的高速发展。如何从实证角度丰富法律与经济增长在广东的研究，是未来研究的另一大方向。

第三节　法律制度对外商直接投资影响的研究

一、文献综述与理论基础

（一）制度与 FDI 关系的研究

关于制度与 FDI 关系的文献，在 FDI 的区位流向因素的研究中有提及制度因素，如

---

① 数据来源：国家统计局与广东统计局网站。

Dunning 的理论中已经指出，当地的经济体制和政府战略决定了资源分配的制度框架，从而影响 FDI 的区域分布。① 此外，Abramovitz 指出东道国从 FDI 受益的充分条件是具备最低限度的社会能力（social capacity），包括基础设施的保障、必备的人力资本水平、市场自由化程度以及经济和政治的稳定性。② Uhlir 从制度角度认为，在全球化过程中，国家和地方通过制度整合和制度调整等手段，妥善地利用区域制度资源提高了地方的竞争力。③

关于我国制度与 FDI 关系的研究，Contractor 指出对跨国公司股权结构战略选择有重大影响的制度性因素，包括国家风险、东道国政府股权比例管制乃至文化差异，等等。④ 华民、蒋舒认为，跨国公司在东道国选择的投资方式取决于跨国公司的基本特征和东道国的投资环境。陈静指出，政府的外资政策规定了投资自由化程度和优惠程度两方面内容，对外资企业的所有权、经营限制、收益水平等都将产生直接的影响。⑤

（二）评价投资的制度环境的研究

由于制度因素是难以量化的，有学者就建立投资制度环境的综合指标体系做了研究，并对世界各国或一个国家内各地区的投资环境进行评估和排名。Stobaugh 选择了 8 项指标（如抽回资本和红利的限制、对外商股权的控制、币值稳定性、政治稳定性等）来评价一个国家的投资环境，并将一些国家进行排序。⑥ F. T. Haner 设计了 BERI（business environment risk index），该指标由外债偿还能力、经济管理能力和环境评级系统组成，三者比重分别为 50%、25% 和 25%。《欧洲货币》（*Euromoney*）杂志每半年定期公布一份世界各国风险等级表。⑦ 该表由经济数据、政治风险、债务指数、信用等级等 9 个指标构成，各部分比重从 5% ~ 25% 不等。该指标侧重于金融风险。美国传统基金会（The Heritage Foundation）每年公布一份世界各国经济自由度表，其评价投资环境的子报告所选用的指标有经济增长速度、政治稳定性、市场规模、货币的可兑换性外债。⑧

闵建蜀建立的体制评估法按稳定性、灵活性、经济性、公平性和安全性等来衡量中国的投资环境，它是专为中国等社会主义国家设计的。⑨ 卢现祥、徐俊武构造了一个包括市场化进程、信用与法律体系、政府职能的转变、对外开放程度、地方文化及居民行为特点的制度环境指标体系，并据此对湖北、广东、江苏、浙江的投资环境进行了评分，分析湖北与其他发达省份的差距。⑩

---

① 参见 J. Dunning, *Multinational Enterprises and the Global Economy*, Addison-Wesley, 1993。
② 参见 M. Abramovitz, "Catching up, Forging Ahead and Falling Behind", *The Journal of Economic History*, 46, 1986, pp. 385 – 406。
③ 参见 David Uhlir, "Internationalization, and Institutional and Regional Change: Restructuring Post-communist Networks in the Region of Lanskroun, Czech Republic", Regional Studies, 32 (7), 1998, pp. 673 – 685。
④ 参见 Farok J. Contractor, "A Generalized Theorem for Joint-Venture and Licensing Negotiations", Journal of International Business Studies, 1 (15), 1985, pp. 23 – 50。
⑤ 参见陈静《中国引进外商直接投资的制度变迁研究》，西北大学经济管理学院 2007 年博士学位论文。
⑥ 参见 R. B. Stobaugh, "Where in the World Should We Put that Plant?", *Harvard Business Review*, January-February, 1969, pp. 129 – 136。
⑦ 参见 F. T. Haner, *Country Risk Assessment*, New York, Praeger Publishers, 1985。
⑧ 参见 B. T. Johnson, T. P Sheehy, *Index of Economic Freedom*, The Heritage Foundation, Washington D. C. 1996, pp. 9 – 25。
⑨ 参见闵建蜀《评中国的投资环境与建议》，载《改革与进步——一个香港学人对中国经济体制改革的看法》，人民日报出版社 1989 年版。
⑩ 参见卢现祥、徐俊武《制度环境评估指标体系研究——兼评湖北省的制度环境》，载《中南财经政法大学学报》2004 年第 3 期。

(三) 文献综述小结

1. FDI 对中国经济增长作用机制的补充

我国引入 FDI 以政府为主导，在产业政策上具有一定的导向性，使其符合我国产业结构升级的方向。首先，20 世纪 90 年代初期以来 FDI 的投资项目，大多数进入微电子业、汽车业、通讯业、仪器仪表业、化工业、制药业、交通运输业等行业，引导生产要素向这些高生产率的部门转移，一方面推动了这些行业内部产品结构的升级，另一方面提高了我国的平均生产率水平。其次，FDI 的流入带动了对其配套产品的需求，从而带动了海外配套产品的供应商来华投资，在整条产业链上促进我国的产业结构升级。FDI 通过促进产业结构的提升和优化，带动经济向集约型增长模式转变，推动我国经济又好又快发展。

2. 制度与 FDI 相关文献的缺憾

关于 FDI 区位流向的理论研究，从理论或统计上分析了影响外资区位流向的因素，得出了许多重要结论，也是本节借鉴的主要依据，但是，以往研究的许多实证与理论之间、实证与实证之间的结论不一致甚至相互矛盾。在对中国的研究中，往往对变量的选取相对较少，不能全面评估影响 FDI 的因素，造成遗漏重要解释变量的失误。这些研究大都没有具体论及东道国引进外商投资的政策，实证分析仅用"有"与"没有"来设置"1""0"虚拟变量，不能够体现不同国家或地区在外资政策上的差异对于引进 FDI 的影响，对制度与 FDI 关系的解释力度有限。

建立制度环境评估指标体系的研究思路，固然将制度的因素比较全面地考虑进去，但其往往是采用被广泛认同的指标并赋予权重，具有一定的主观性和强制性；各指标之间的相关性没有考虑，容易造成重复；从长期来看，制度环境是一个动态的过程，但对制度环境的评估往往基于短期的静态分析。因此，这种方法令人怀疑是否反映了客观真实情况。

以往关于 FDI 与制度的关系的研究，或者仅归于定性分析，或者在定量分析上解释力度有限。在研究中，往往将各种正式制度与非正式制度混为一谈，没有明确地阐明各种制度影响 FDI 的作用机制，更没有从实证上验证不同的制度对于 FDI 的区位流向产生了多大的影响。作为制度的重要一项——法律制度是政府吸引外资的重要手段之一，却鲜有文献专门论及法律制度对 FDI 的影响，这是以往研究的重大缺憾。

3. 法律制度与 FDI 关系问题的提出

主流的西方经济学观点认为，有效的正式制度通过明确划分和保护产权、促进契约实施、限制政府的过度干预、促进竞争、降低交易成本，促进市场经济有效运转。我国 30 年的经济与法律改革，毫无疑问，在引进 FDI 中扮演了重要的推手角色，有关外商投资的法律法规不断出台，既证明了政策的制定者对招商引资的重视程度，也说明政府相信，完善相关法律制度会促进当地引进外资的进程。

需要说明的是，本节中所指的法律制度，是广义的法律，既包括法律，也包括有法律效力的解释及其行政机关为执行法律而制定的规范性文件。

二、中国的法律制度对 FDI 的影响

（一）中国法律制度对 FDI 影响的特殊性

统观中国改革开放以来引进外资的法律和政策变化，其与 FDI 的成长进程息息相关，总

结这一进程中具有中国特色的法律制度的特殊性，可以窥见法律制度对 FDI 的作用一二。

1. 渐进式改革与双轨制立法

在用一种制度代替另一种制度的过程中，中国走的是一条渐进式改革的道路，从特区试点到以点带面，从有限的优惠到加大激励，在渐进中递推，在递推中转变。斯蒂格利茨认为，中国把建立在广泛激励机制和市场化改革置于私有化之前，这种渐进式改革是有道理的。①

渐进式改革的突出表现之一，就是双轨制立法，即新法与旧法并存的一种立法安排。就与外资相关的立法来看，包括以下两个层面。

一是内外资立法的双轨制。我国的内资与外资企业之间的法律主体地位是不平等的，外资立法实行完全不同于内资的立法体系，是一种以所有制为基础的双轨制立法模式。一方面，为了吸引更多的外商投资，给外资企业各种各样的优惠政策，使之享受许多优于内资企业待遇，从而使外资企业在与内资企业的竞争中处于优势地位；另一方面，又出于国家经济安全等因素的考虑，对外资企业设置各种限制，包括在投资产业的限制，增加各种费用和摊派，等等。这种"超国民待遇"和"次国民待遇"并存的现象，是与世界贸易组织（World Trade Organization，以下简称"WTO"）的国民待遇规则不协调的，不利于为中外投资企业提供一个公平、公正、合理的竞争环境，因此，对内、外资立法的双轨制模式正在也理应逐渐改进。

二是区域试点立法的双轨制。我国在外资区域的逐步开放，经历了经济特区、沿海开放城市、沿海经济开放区、边境内陆城市和中西部地区、东北老工业基地的过程，率先将新制度、新法规在一定地区内进行试验，给予这些试点地区一定的优惠措施和经济自主权，尤其是外经、外贸有关的管理权，以此总结经验、试探成效，再由点到面地将新制度、新法规推广到更广泛的地区，以此降低改革阻力，保证经济运行的平稳。我国 FDI 区域政策不断重复着这样的"渐进"模式，最终在全国范围内开放了 FDI 的区域（见表 4-3-1）。

表 4-3-1　我国利用 FDI 的区域开放进程

年份	区域类型	区域数量	区域名称
1979	经济特区	3	深圳、珠海、汕头
1980	经济特区	1	厦门
1984	沿海开放城市	14	天津、上海、大连、秦皇岛、烟台、青岛、连云港、南通、宁波、温州、福州、广州、湛江、北海
1985	沿海经济开发区	3	长江三角洲、珠江三角洲、闽南厦三角洲
1988	沿海经济开发区	4	辽东半岛、山东半岛、河北、广西
1988	经济特区	1	海南岛
1990	沿海经济开发区	1	济南
1992	边境城市	13	黑河、绥芬河、满洲里、珲春、凭祥、畹町、伊宁、塔城、博乐、二连浩特、河口、瑞丽、东兴
1992	长江沿岸城市	5	重庆、岳阳、武汉、九江、芜湖

---

① 参见［美］斯蒂格利茨《社会主义向何处去》，周立群、韩亮译，吉林人民出版社 1998 年版。

续表 4-3-1

年份	区域类型	区域数量	区域名称
1992	内陆省会城市和自治区首府	18	乌鲁木齐、西宁、银川、西安、南宁、昆明、成都、贵阳、哈尔滨、长春、呼和浩特、石家庄、合肥、南昌、太原、长春、合肥、郑州
2000	中西部地区	12	内蒙古、广西、四川、重庆、贵州、云南、陕西、甘肃、青海、宁夏、新疆、西藏
2003	东北老工业基地	3	辽宁、吉林、黑龙江

2. 政府的主导性：外资行政法规泛化和地方对经济增长的追求

Pistor 和 Wellons 指出，相对高水平的政府参与和高速经济增长相适应，很可能是经济增长的关键，而我国的经济与法律制度改革正是由政府为主导的，是一种自上而下的强制性制度变迁。[①]

首先，政府拥有授权立法的权力，加之政府部门有通过经济立法巩固其部门管理权力的偏好，[②] 导致我国的外资立法作为政府外资政策的法律化，也就是先有外资政策，后有外资立法。政府通过制定政策，继而颁布法规，明确外商投资企业的行为规则，安排外商投资企业与内资企业的相互关系，从而对外商投资产生不同的导向作用。

其次，地方政府在引进 FDI 中扮演了重要的角色。中国的地方政府在一定程度上属于超级政府，它既垄断着当地大量的经济资源——地方国企的产权和极为稀缺的土地资源供应，也垄断着当地的行政资源——投资许可的批准以及投资优惠政策的掌握，甚至能帮助投资者得到金融支持。地方经济增长是中央考核地方官员政绩的首要指标，迫使地方政府加速转变职能，利用手中掌握的资源为招商引资服务以促进经济增长。

3. 地方政府的立法自主性

地方政府追求经济增长并主导引进外资，还需要中央赋予其一定的权力。由于中国的地方性差异较大，国家法往往具有原则性和抽象性，再由地方根据当地实际情况制定具体化和细化的地方性法规和行政规章，这种立法思维，实际上赋予了地方政府、地方性立法机关根据当地具体情况进行制度创新的自主性，具有灵活性、适应性与时效性的优势。这些法律法规结合当地、当时的实际情况，具有明显的政策倾向，为吸引外来投资、促进产业发展、促进经济和社会发展起到了保驾护航的作用。

（二）法律制度对 FDI 影响的机制

纵观 30 年来外资立法的进程，再结合法律制度在中国引进 FDI 中的特殊性，可以提炼出以下几点作者认为法律制度在引进 FDI 中所产生的关键作用。

1. 为引进 FDI 撑起保护伞

一是法律作为政策的代言者。政府主导改革和经济行政法规泛化的背后，是中国的立法

[①] 参见 Katharina Pistor, Philip A. Wellons, *The Role of Law and Legal Institutions in Asian Economic Development*, 1960—1995, New York: Oxford University Press, 1999。

[②] 参见黄健梅《法律与中国经济增长：理论与实证研究》，中山大学岭南学院 2007 年博士学位论文。

机关为经济改革"保驾护航"的使命,① 这大大区别于西方国家的立法与政府政策独立。可以说,在改革开放初期,外资相关法律等同于政府的外资政策,是结合我国产业政策、技术政策、地区发展政策,有重点、有选择地颁布的,经济特区和《外商投资产业目录》的设立就是典型的例子。Acemoglu 指出,经济制度和政治制度共同决定了经济绩效和资源配置。②

二是促进产权保护和契约实施。FDI 遵循的是市场经济规则,要求建立在信用和法律的基础之上,不断地降低交易费用。外资相关的法律以及 2007 年 10 月《物权法》的出台,从外部加强了产权保护和信用体系的建设,促进了契约实施,如保证不对外商投资的资产进行国有化措施等,减少了将来收益对于私人的不确定性,为 FDI 的流入撑起了第二层保护伞。

三是约束政府的过度干预。随着《行政诉讼法》(1989 年)、《国家赔偿法》(1994年)、《行政处罚法》(1996 年)、《行政复议法》(1999 年)、《行政许可法》(2003 年)等约束政府的法律相继出台,对政府的约束与监督将不断强化,为引进 FDI 撑起第三层保护伞,而第一层保护伞将日渐式微。

2. 对 FDI 提供直接激励

在我国颁布的与外资相关的法律、法规中,有相当数量是直接对外资进行税收、土地管理及其他优惠的法律、法规,是我国对外资"超国民待遇"的表现,也是法律制度对于外资最显而易见的作用,以往的研究多有涉及,可以概括为税收激励、土地政策激励以及其他一些优惠措施。

一是税收激励。我国法律给予外国投资者的优惠待遇,主要体现在税收上,包括企业所得税、关税、个人所得税优惠三个方面。

企业所得税方面的优惠主要依据 1991 年 4 月第七届全国人大第四次会议通过的《外商投资企业和外国企业所得税法》,以及 1991 年 6 月国务院颁布的该法的实施细则。外商投资企业的基本税率是 33%,设在沿海经济开放区、经济技术开发区所在城市的老市区、沿海开放城市,沿边开放城市等地区的生产性外商投资企业可按 24% 的税率征收;设在经济特区的外商投资企业、设在经济技术开发区和上海浦东新区的生产性企业则可按 15% 的税率征收。除上述税率上的优惠外,外商投资企业还可因投资行业、经营期限、投资数额和产品出口比例等符合法律要求而分别再享受"五免五减""二免三减""一免二减"或减按 10%的税率或者再投资退税等特殊优惠待遇。此外,各省、自治区、直辖市政府还根据本地实际情况对外资企业减征或免征地方所得税。

在关税方面,《海关法》规定经济特区等特定地区进出口的货物,"三资"企业等特定企业进出口的货物,可以减征或者免征关税。国务院 2000 年 10 月颁布的《关于实施西部大开发若干政策措施的通知》中规定,对西部地区外商投资鼓励类产业及优势产业的项目在投资总额内进口自用先进技术设备,除国家规定不予免税的商品外,免征关税和进口环节增值税。

在个人所得税方面,《个人所得税法》及其实施条例中规定,在中国境内的外商投资企业和外国企业中工作的外籍人员可以享受个人所得税附加减除费用。

二是土地政策激励。利用外资的土地管理与优惠,包括对土地价格的优惠,如个别地方

---

① 参见黄健梅《法律与中国经济增长:理论与实证研究》,中山大学岭南学院 2007 年博士学位论文。
② 参见 D. Acemoglu, "Why not a political Coase theorem? Social conflict, commitment, and politics", *Journal of Comparative Economics*, 2003, 31, pp. 620 – 652。

规定对外资企业土地价格核算以成本价计,对著名跨国公司高新技术企业集团公司的投资实行土地价格优惠10%以上,对产品出口企业和先进技术企业的场地使用费按优惠标准征收;在土地购买的支付方式上,可以通过分期付款、以租代买等方式取得;对外商投资企业给予工业用地土地使用费减免的优惠,优先办理房地产证手续;等等。

三是给予其他优惠的激励。除了税收和土地政策优惠,外资企业还享有优于国内企业的生产和进出口经营权,外汇管理优惠,产品优惠,产品销售、物资供应优惠,劳务费用优惠,水电、运输、通讯等条件的优惠。

3. 对外资的必要管制

我国在给予外资"超国民待遇"的优惠的同时,又基于维护经济秩序和利益的考虑,通过法律手段对外商在投资方向、资本构成、准入门槛、设立企业和经营管理等方面进行了一系列管制。具体体现在以下五方面。

一是外国投资的资本构成。外国资本,既包括现金、设备、机器,土地、厂房、交通运输工具等有形资产,也包括专利权、商标、技术资料、专有技术、劳务等无形资产。我国法律对外商出资的资本构成有一定的限制,如规定出资的实物应是企业必不可少的,是我国所需要的,而且作价要合理;出资的产权或专有技术应是中国急需的和先进的。

二是外商投资领域。为使外商投资方向与我国国民经济和社会发展规划相适应,根据国家产业政策的要求,我国对外商投资的项目除了鼓励和允许的,还规定了限制和禁止的领域。

三是出资的比例。外国投资的出资比例,关系到企业的经营管理权和投资者的权益。我国规定,在合营企业的注册资本中,外国合营者的投资比例一般不低于25%。这里对外国投资比例只规定了下线,未规定上线,允许外国投资者占多数股权。

四是审批制度。目前我国对设立外商投资企业实行审批制,审批的内容包括程序审查和实质审查。

五是监管制度。在对外商投资企业审批之后,仍要进行一定的监督管理,我国现行外资法对此做出了规定,包括外经贸部门和海关在内的年检部门对外商投资企业在生产、产品质量、市场销售等方面进行监督,对于不合格的企业,将限期整顿,逾期未改的,依法予以处罚,情节严重的,吊销其营业执照。

三、中国法律制度对FDI影响的实证分析

根据前面的分析,我们有充分的理由认为,中国的法律制度在引进FDI的进程中产生了重要影响,下面将通过实证分析来考察究竟该假设能否通过实证检验,如果有影响,那么法律制度对于FDI究竟有多大的影响?

(一) 中国FDI分布的区域不平衡特征

为了验证中国的法律制度与FDI的关系,首先关注这样的一个事实:FDI在中国的分布具有明显的区域不平衡特征。将内陆省份划分为东、中、西三个地区之后我们发现,东部地区吸收了全国85%以上的FDI,而中、西部地区的总和不超过15%,且这一差距在逐年扩大(见表4-3-2),这与改革开放后FDI在中国分布的历史趋势是一致的。

表4-3-2 FDI在中国的东、中、西部的区域分布（1998—2005年）

（单位：%）

区域/年份	1998	1999	2000	2001	2002	2003	2004	2005
东部	84.92	85.36	86.62	86.06	86.70	84.83	85.93	88.78
中部	9.52	9.13	8.83	8.54	9.50	10.90	11.02	8.00
西部	5.56	5.51	4.55	5.40	3.80	3.22	2.88	3.22

数据来源：《中国外商投资报告2006》。

FDI区域分布的巨大差异，给我们在探讨法律制度与FDI的关系时提供了一个切入点：如果地方政府主导和立法自主性的确对地方引进FDI产生了显著影响，那么法律制度就可以作为影响我国FDI区域分布的一个解释变量，与其他诸因素一起，共同影响FDI的区域分布。前面的分析已经指出，地方政府对制度资源的不同配置，是导致FDI的区域分布差异的根本原因之一，下面将通过实证方法来验证这一命题。

（二）变量选取和模型设置

若要设置实证模型，首先需要考虑一个问题，那就是如何将法律制度从影响FDI的诸多因素中剥离出来。在外资相关的法律体系所包含的三个层次的表现形式当中，宪法性规范和国家专项立法在全国范围内都具有法律效力，以国家法律和法规作为计量的口径，缺少对照，较难有说服力。经过前面的分析，我们可以结合以往关于FDI区域分布的研究，从省级层面来探讨法律制度对于FDI的影响。也就是说，省级层面的法律制度成为诸多影响FDI区域分布的因素之一，看它是否能够成为影响FDI区域分布的一个显著因子。

接下来需要考虑如何将法律制度量化。由于全国几乎每个省、自治区、直辖市都颁布了关于外资的地方性法律和政府规章，不能够根据有无颁布来设置"1""0"的虚拟变量，而且这种设置虚拟变量的方法不能够体现地方政府、立法机关对于颁布外资相关法律规章的重视程度的差异。根据对省级颁布外商投资企业类法规和政府规章的数量的描述性统计，我们发现，FDI流入量较多的省份，颁布的地方性法规和政府规章的数量也较多，下面将选取省级地方性法规和政府规章的数量来代表法律变量，考察法律制度对FDI区域分布的影响。

最后需要确定控制变量。根据对外商投资区域流向的文献综述，总结出认为对FDI区域流向有较显著作用的因素及其代表变量，包括：

（1）经济发展水平。经济发展水平不仅可以衡量某区域的总体经济运行状况，而且可以衡量该区域的消费市场潜力。经济发展水平用人均GDP衡量，它应与FDI呈正相关关系。

（2）基础设施建设。因为第三产业包括了运输通信、金融保险、房地产等服务行业，故用第三产业占GDP的比重来衡量当地的基础设施建设水平，它应与FDI呈正相关关系。

（3）对外开放程度。用外贸依存度衡量，即出口与进口总额占GDP的比重，它应与FDI呈正相关关系。

（4）劳动力成本。用平均实际工资指数衡量，外资倾向于劳动力成本更低的地区，因此劳动力成本应与FDI呈负相关关系。

（5）市场化程度。外资更倾向于流入市场经济较发达的环境，国有工业企业产值占全部工业企业产值的比重可以粗略反映某一地区市场经济的发育程度，它应与FDI呈负相关关系。

(6) 劳动力质量。用普通高等学校在校学生人数来衡量，它既能考察外资企业可以利用的人力资源，也在一定程度上反映了当地居民的受教育水平，是决定外资流向的因素之一，它应与 FDI 呈正比。

为了考察各因素对 FDI 区位分布的影响，设置多元面板数据模型如下：

$$\ln FDI_{it} = \beta_0 + \beta_1 \ln GDPP_{it} + \beta_2 TIR_{it} + \beta_3 FTR_{it} + \beta_4 WAGE_{it} + \beta_5 SOE_{it} + \beta_6 STUN_{it} + \beta_7 LAW_{it} + \varepsilon_{it} \quad (1)$$

其中，FDI 是各省实际利用外商直接投资的年流入量，作为被解释变量，以下变量均为解释变量。GDPP：人均国内生产总值。TIR：第三产业占 GDP 的比重。FTR：进出口总额占 GDP 的比重。WAGE：平均实际工资指数。SOE：国有工业企业产值占全部工业企业产值的比重。STUN：普通高等学校在校学生人数。LAW：法律变量，包括省、自治区、直辖市以及该省份内各个拥有自主立法权力的市出台的所有地方性法规和地方政府规章的数量。

β_0 为常数，β_1 为系数（i = 1，…，7），表示各变量对 FDI 的影响程度，其中 β_7 即衡量了法律变量对 FDI 的影响。ε 为随机扰动项。i 的取值范围为除海南、重庆、西藏以外中国大陆的 29 个省、自治区、直辖市，t 的取值范围是 1985—2007 年，数据来源为《新中国五十五周年统计资料汇编》（1985—2004）以及各省的统计年鉴（2005—2007）。

FDI 和进出口总额用当年人民币对美元年平均汇率折算成人民币。为了消除物价变动对各变量数值的影响，统一采用全国商品零售价格指数作为缩减指数，以 1985 年为基准年。

（三）实证结果和分析

用 Stata10.0 对模型（1）进行随机效应面板回归，结果见表 4 – 3 – 3。

表 4 – 3 – 3　描述性统计

lnfdi	Coef.	Std. Err.	z	P > |z|	[95% Conf. Interval]	
lngdpp	2.108199	0.1204154	17.51	0.000	1.872189	2.344209
tir	0.3465803	1.371549	0.25	0.801	– 2.341607	3.034767
ftr	0.40271	0.2577989	1.56	0.118	– 0.1025665	0.9079866
wage	– 0.0003039	0.0000899	– 3.38	0.001	– 0.00048	– 0.0001278
soe	– 1.309373	0.4700469	– 2.79	0.005	– 2.230648	– 0.3880983
stun	0.0109443	0.0032504	3.37	0.001	0.0045736	0.017315
law	0.0668665	0.0137157	4.88	0.000	0.0399842	0.0937487
_cons	– 5.356888	0.8495961	– 6.31	0.000	– 7.022066	– 3.691711

模型的 $R^2 = 0.7949$，除了基础设施建设（TIR）和外贸依存度（FTR），各解释变量均显著，尤其是关键的法律变量显著，各解释变量参数的符号与之前预测的一致，模型通过了稳健性检验，具有经济学上的解释意义。

通过统计分析，结合经济学含义，可以得出如下结论。

一是经济发展水平（GDPP）对 FDI 有着非常显著的影响，结合 FDI 与经济增长的实证分析，说明经济增长与 FDI 相互促进，形成良性循环。

二是劳动力成本（WAGE）对 FDI 的影响在统计上是显著的，但是影响力极其微弱。也就是说，当地的劳动力成本虽然存在影响，但不是吸引外商投资的主要因素，这与我国的现实是吻合的。

三是市场化程度（SOE）与 FDI 呈显著的负相关关系，这与预测的一致，国有工业产值占全部工业总产值的比重每增加 1%，将会使 FDI 流量减少约 1.3%，这表明外资趋向于市场经济发育程度较高的地区，而市场经济的不完善则会严重阻碍外资的进入。

四是劳动力质量（STUN）对 FDI 具有显著的正相关性，这一结论完善了之前的研究中经常遇到的劳动力质量在理论上有影响但在实证上不显著的问题，说明当地的人力资源对跨国公司的投资决策具有一定影响。

五是基础设施建设（TIR）、外贸依存度（FTR）对 FDI 存在正相关的影响，与预测的一致，但是不显著，这一点较令人意外。

六是法律制度（LAW）对 FDI 具有显著的正相关性，从实证上支持了前面的理论分析，地方性法律和政府规章是影响 FDI 区域流向的因素之一。

四、结论与启示

基于前面的理论和实证分析，我们可以得到以下几点关于法律制度与 FDI 关系的结论和启示。

（一）结论

本节基于地方政府对于当地招商引资主导性和立法自主性的研究视角，为我们研究法律制度与经济增长的关系提供了崭新的切入口，也是中国在经济与法制改革当中走出的一条具有中国特色的实践之路。理论研究证明了在改革开放 30 年的历程中，FDI 的引入对中国经济高速增长做出了重要贡献，而这与我国的经济和法律改革是息息相关的。法律制度作为政府政策的代言者，通过促进产权保护和契约实施、约束政府过度干涉、提供税收和土地优惠等激励，为 FDI 流入的方式和方向导航，为我国经济发展的总体规划服务。实证研究阐释了法律制度对于 FDI 的影响性，证明了法律制度作为增长的内生因素，可以通过促进外商投资来推动经济增长，对于法律制度与中国经济增长之谜具有一定的解释力度，对于研究法律制度在其他领域对于中国经济增长的影响具有一定的参考价值。

（二）启示

经济行政法规的泛化和双轨制立法，是改革开放早期我国在投资环境不足的情况下，利用政府主导和优惠政策来弥补这种缺陷的手段。理论和实践证明，诸如税收优惠等政策的作用是有限的，大型跨国公司在海外投资，更看重的是东道国的招商投资环境，而不仅仅是税收优惠。随着中国"入世"后逐渐向世贸规则的靠拢，以及改革开放的深入和投资环境的进一步改善，以政府为主导和双轨制立法将暴露出越来越多的问题。我国的经济增长应该以更加完善地推动产权保护和规范约束政府行为的法律体系为基础，优惠政策也理应不断地进行调整，最终过渡到推行以国民待遇原则为基础的外资政策。

法律变量的衡量存在一定的误差，这一方面是因为制度变量本身的难以量化，另一方面是囿于中国统计数据匮乏和可靠性欠佳。此外，立法数量只能衡量制度的数量，却不能衡量制度的质量，而法律实际上包括立法、司法、执法三个维度，后两者与前者同样重要，这是困扰法律制度与经济增长研究的一个难题，也是将来研究发展的方向。而 FDI 仅仅是经济增长中的一个缩影，在影响经济增长的其他要素诸如国内投资、人力资本、技术，都存在着法律制度的影响机制,这个领域还存在着很多有待研究的问题,而这也是目前国内学界研究的一个空白,需要更多学者的努力。

第四节 法律制度与民间投资增长关系研究[①]

改革开放以来,中国经济获得了举世瞩目的跨越式发展,经济增长年均增速为10%以上。之所以能保持如此长期的高速增长,一个很重要的因素在于投资对国民经济的拉动。数据显示,1981—2009年我国固定资产投资平均增速达到21%,如此高的投资增长速度极大地推动了我国的经济增长。然而,不同类型的投资在经济增长中起到的作用是不同的。有学者研究发现,政府投资在短期内可以扩大总需求,拉动经济增长,但这种作用是暂时的,长期而言,政府投资对经济增长有负作用。[②] 与政府投资不同,民间投资才是促进经济持续增长的原动力。因此,维持民间投资持续适度的增长才能保证我国经济的持续增长。[③]

从民间经济的发展历程来看,新中国成立后,我国民间投资一度经历了限制发展、逐步削弱甚至消亡的命运。党的十一届三中全会以后,民营经济逐步得到肯定,民营经济和民营投资实现了从无到有、从小到大,并逐步成长为我国经济增长的重要引擎。2009年,在我国工业总产值中,民营经济工业总产值所占比重已由1990年的45.8%上升到70.5%;在我国全社会固定资产投资结构中,民营经济固定资产投资额占全社会固定资产投资额的比重则从1990年的28.2%上升到72.9%。

中国经济体制改革的过程表明,民间投资的发展受到制度环境的很大影响。North认为,制度是一种提供适当个人刺激的有效的产权制度体系。作为产权形式较为明确的民营企业,制度环境从政策、法律、社会习俗等多个方面影响着民营企业的生存和成长。[④] 其中,法律制度作为制度环境中最为基础的组成部分之一,其好坏直接衡量了一个国家或地区制度的质量[⑤]。因此,本节提出如下问题,即在我国改革进程中法律制度对民间投资起到什么样的影响?从宏观方面,新制度经济学揭示制度变迁可以通过降低经济运行中的交易费用,从而促进投资的增加。从微观方面,公司治理理论认为私营化是通过产权的形式提供一种公司治理的内部激励机制。从长期来看,法律对产权保护的增强可以改进企业的内在效率。那么,法律制度的改善是否能够促进民间投资的增加,从而促进经济增长?下文将对这一问题进行探讨。

本节我们通过运用中国29个省区1995—2009年的面板数据,对法律制度对民间投资的影响展开实证研究。文章结构如下:第一部分为文献综述与理论基础,第二部分为法律制度对民间投资影响的理论分析,第三部分为模型设定与数据说明,第四部分为实证结果及分析,第五部分为结论。

---

① 本节部分内容曾以论文形式发表,具体出自李胜兰、郑华懋《法律制度与民间投资增长关系研究》,收录于《市场经济与转型升级——2011年广东经济学会年会论文集》(2011年)。
② 参见钞小静、任保平《经济转型、民间投资成长与政府投资转向——投资推动中国经济高速增长的实证分析》,载《经济科学》2008年第2期。
③ 对于"民间投资"的概念,学术界目前仍存在多种定义。本节所研究的"民间投资"是指内资中扣除国有经济部分所完成的社会固定资产投资,具体包括集体经济、个体经济、联营经济、股份制经济和其他经济。
④ Douglass North, "Economic Performance Through Time", *American Economic Review*, 1994, 84, pp. 359 – 368.
⑤ 参见汪德华、张再金、白重恩《政府规模、法治水平与服务业发展》,载《经济研究》2007年第6期。

一、文献综述与理论基础

(一) 民间投资与经济增长关系的文献综述

国外学者对于民间投资与经济增长这一问题的研究主要集中在实证方面的探讨。Levine 和 Renelt 检验了一系列变量与经济增长之间关系的稳健性,他们发现投资是少数几个在各种增长方程中都能够保持统计显著(并且产生正向作用)的变量之一。① 大量研究发展中国家的文献(Coutinho 和 Gallo,Serven 和 Sorlimano)显示,私人投资比公共投资对经济增长有更大的促进作用。然而,以上研究都存在样本规模较小及时间跨度较短的局限。② Khan 和 Kumar 大幅拓展了发展中国家的样本规模和时间跨度,采用动态生产函数的方法研究,发现私人投资和公共投资对经济增长都存在正向的促进作用,但是私人投资的促进作用要明显更大。③ 估计系数显示,在 1970—1990 年,私人投资每增加 1 个百分点能平均带动经济增长率上升 0.4 个百分点。

国内对民间投资与经济增长的研究尚处于起步阶段。从理论研究看,部分学者通过观察我国现实状况来分析民间投资与经济增长的关系,认为民间投资对经济增长具有拉动效应。④ 从实证方面看,一些学者以数据特征为基础,分析得出我国民间投资与经济增长存在正相关的关系。⑤ 张华嘉、黄怡胜按照固定资产投资的资金来源,利用我国 1978—1997 年相关数据分析投资总量和结构对经济增长的影响,发现随着中国改革开放的不断深入发展,使用自筹资金及其他资金来源投资和外国投资成为影响中国经济增长和经济结构的主要因素。⑥ 钞小静和任保平利用误差修正模型对中国 1978—2005 年间民间投资和政府投资的数据进行了研究,结果表明,在短期内,政府资本的产出弹性明显高于民间资本,可以在一定程度上促进经济增长。⑦ 但是从长期来看,政府资本对经济增长的产出弹性为负,而民间资本则有着相当高的正的产出弹性,是拉动经济增长的主要力量。

(二) 法律制度与民间投资关系的文献综述

对于法律制度与民间投资的关系,国外学者的研究表明,在转型经济中,由于法律对私有财产权的保护不明确,私营企业的发展存在不确定性,面临更大的风险(比如被国有化、

---

① 参见 Levine, Ross, David, Renelt, "A Sensitivity Analysis of Cross-Country Growth Regressions", *American Economic Review*, 1992, 82, pp. 942–963。

② 参见 Coutinho Rui, Gallo, G., "Do Public and Private Investment Stand in Each Other's Way", *WDR Background Paper*, World Bank, 1991. Serven, L. and A. Sorlimano, "Private investment and Macroeconomic Adjustment: Theory, Country Experience and Policy Implications", Unpublished, World Bank, 1990。

③ 参见 M. S. Khan, M. S. Kumar, "Public and Private Investment and The Growth Process in Developing Countries", *Oxford Bulletin of Economics and Statistics*, 1997, 59, pp. 69–88。

④ 参见安晓云、卢嘉瑞《民间资本发展与收入增长源泉》,载《河北经贸大学学报》2001 年第 4 期;孟耀《我国政府投资与民间投资的发展演变》,载《财经问题研究》2004 年第 2 期。

⑤ 参见于谨凯、单春红《国有投资与民间投资零和博弈关系分析》,载《财贸研究》2002 年第 5 期;仲维清、程恋军《我国的固定资产投资与经济增长质量分析》,载《科技情报开发与经济》2004 年第 11 期。

⑥ 参见张华嘉、黄怡胜《固定资产投资与经济增长——对 1978—1997 年中国经济的实证分析》,载《世界经济文汇》1999 年第 6 期。

⑦ 参见钞小静、任保平《经济转型、民间投资成长与政府投资转向——投资推动中国经济高速增长的实证分析》,载《经济科学》2008 年第 2 期。

被勒索、遇到纠纷时受到不公平待遇等),因此私营企业的再投资行为会受到限制。① 针对这一问题,国内学者也从各个方面展开研究。李涛探讨了对中小企业发展的决定因素,并实证检验了政府管制措施、法治和银行业的发展程度对世界各国中小企业发展程度的影响,发现以案件审理司法程序的正式性衡量的法治水平对中小企业的发展有着积极稳定的作用,而初始的经济发展水平、包括准入管制、劳动用工管制、征信管制、退出管制在内的政府管制措施以及银行业的发展水平和结构对中小企业的发展有着不稳定或不显著的影响。② 研究结果支持了中小企业发展的"法治论",而否定了"政府管制论"和"银行发展论"。然而,李涛的研究仅仅讨论了司法程序正式性对中小企业的影响,忽略了法治在其他方面如产权保护等的作用。白重恩、路江涌和陶志刚从财产权保护角度讨论了私营企业获得外部融资的难易程度,认为由于我国私营经济的法律地位直到2002年党的十六大召开才得以明确,法律上对私营企业财产权保护的缺失必然加剧私营企业外部融资的困难,相应的实证研究也支持了这一观点。③ 罗党论和唐清泉以中国民营上市公司为例,考察了制度环境中的地区产权保护水平、政府干预水平、金融发展水平的差异对所在地的民营上市公司政治参与的影响,发现当地方产权保护越差、政府干预越大以及金融发展水平越落后的时候,民营上市公司更有动机去与政府形成政治关系,以此作为对市场不完善下的替代保护机制。④ 卢峰和姚洋发现,由于存在资金从国有部门流向私人部门的漏损效应,加强法治会使金融资源通过不正规渠道流向非国有部门受阻,进而降低私人投资的比重。⑤ 但是卢峰和姚洋的结论引起了其他学者的质疑认为他们在衡量各地的法制建设情况时,选取的指标——各地法院每年经济案件的结案率——存在一定的片面性与主观性等问题。⑥ 徐成贤、甘斌和宋艳伟运用1991—2005年我国省级面板数据证实法治水平的提高的确促进了我国私营企业的发展。⑦

从以上文献看,我们可以得到以下几点结论。第一,民间投资是推动我国经济增长的主要力量。而制度环境尤其是法律制度对民间投资起着重要的影响。研究法律制度对民间投资的作用机制对于实现我国长期经济增长有着重要意义。第二,从现有文献看,法律制度对民间投资究竟存在正向还是负向影响仍存在一定争议,因此有必要做进一步的探讨。

二、法律制度对促进民间投资的理论分析

法律制度是指运用法律规范来调整各种社会关系时所形成的各种制度,而法律是构成法律制度的基础。La Porta 通过对多个国家的比较得出结论:高效的法律实施并不能替代完善的法律。⑧ 因此,为研究法律制度对民间投资的影响,我们有必要回顾一下民间投资方面的法律变迁。

---

① 参见 S. Johnson, John Mcmillan, Christopher Woodruff, "Property Rights and Finance", *American Economic Review*, 2002, 92 (5), pp. 1335 – 1356. Robert Cull, Lixin Colin, Xu, "Institutions, Ownership and Finance: the Determinants of Profit Reinvestment among Chinese Firms", *Journal of Financial Economics*, 2005, 77, pp. 117 – 146。

② 参见李涛《政府管制、法治、银行发展与中小企业发展》,载《经济学季刊》2004年第10期。

③ 参见白重恩、路江涌、陶志刚《中国私营企业银行贷款的经验研究》,载《经济学季刊》2005年第4期。

④ 参见罗党论、唐清泉《中国民营上市公司制度环境与绩效问题研究》,载《经济研究》2009年第2期。

⑤ 参见卢峰、姚洋《金融压抑下的法治、金融发展和经济增长》,载《中国社会科学》2004年第1期。

⑥ 参见谈儒勇、吴兴奎《我国各地金融发展差异的司法解释》,载《财贸经济》2005年第12期;陈国进、王磊《法治、金融发展与经济增长——基于我国省际数据的经验证据》,载《山西财经大学学报》2009年第1期。

⑦ 参见徐成贤、甘斌、宋艳伟《法治水平与私营企业发展》,载《经济体制改革》2010年第4期。

⑧ 参见 R. La Porta, F. Lopez-de-Silanes, Andrei Shleifer, Robert W. Vishny, "Law and Finance", *Journal of Political Economy*, 1998, 106 (6), pp. 1113 – 1155。

（一）中国民间投资立法的变化历程

从民间投资法律法规的演进上看，新中国成立到 1978 年之前，受意识形态的影响，这一时期的法律对非公有制经济处于歧视状态，这一点可以从这一时期的法律条文中体现出来。例如 1954 年的《宪法》中提到"国家对资本主义工商业采取利用、限制和改造的政策……逐步以全民所有制代替资本家所有制"。由于民营经济的法律地位问题，这一时期民间投资从受到抑制到逐步走向灭亡。

党的十一届三中全会之后，我们认识到中国还处于社会主义初级阶段，发展个体经济、私营经济是必要和有利的，并且逐步提出了非公有制经济是社会主义经济的有益补充的观点。① 随着对民营经济认识的逐渐转变，关于民间投资的法律表述也在逐渐变化。总体而言，中国在民间投资立法方面的变化呈现以下几个特点。一是法律对民间投资的范围逐步放宽。从放宽民营企业雇工和注册资金的限制，到允许民营企业从单一经营向多种领域经营的转变，再到鼓励民间投资进入铁路、电力、电信等公用事业领域，每一次转变法律对民间投资的发展限制都在逐渐减小。尤其是 1999 年《个人独资企业法》，不再对个人独资企业的雇工人数、注册资金设最低限制，更加促进了民间投资的积极性。二是民间投资的法律地位逐步提升。起初，《宪法》只是承认个体经济和私营经济的合法性，在逐渐意识到民营经济存在的重要性之后，国家从宪法层面强调"在法律规定范围内的个体经济、私营经济等非公有制经济，是社会主义市场经济的重要组成部分"，以此保障民间投资的合法地位。三是法律对民间投资的支持逐步增强。2004 年修订后的《宪法》规定：国家鼓励、支持和引导非公有制经济的发展。这一点在政府颁布的法律法规中得到进一步体现，例如国务院在 2005 年和 2010 年陆续颁布了《关于鼓励支持和引导个体私营等非公有制经济发展的若干意见》《关于鼓励和引导民间投资健康发展的若干意见》，以法律的形式引导政府政策对民间投资的支持。由此可见，中国民营经济法律地位的巨大提升为民间投资的成长创造了有利的法制环境，民营投资环境有了显著改善。民间投资的法律法规演进情况见表 4-4-1。

表 4-4-1　民间投资的法律法规演进情况

时间	法规名称	有关条文和内容
1982 年 12 月	《宪法》	在法律规定范围内的城乡劳动者个体经济是社会主义公有制经济的补充
1992 年 10 月	《宪法》	提出国家保护私营经济的合法权利和利益，对私营经济实行引导、监督和管理
1997 年 8 月	《合伙企业法》	提出有两个以上合伙人可成立合伙公司，并依法承担无限责任，但不是有限责任公司或股份有限公司
1999 年 3 月	《宪法修正案》	在法律规定范围内的个体经济、私营经济等非公有制经济，是社会主义市场经济的重要组成部分。国家保护个体经济、私营经济的合法权利和利益

---

① 参见国家计划生育委员会宏观经济研究院课题组《民营投资的进入政策体制环境研究》，载《经济研究参考》2002 年第 5 期。

续表 4-4-1

时　间	法规名称	有关条文和内容
2000 年 1 月	《独资企业法》	不再对个人独资企业的雇工人数、注册资金设最低限制。随后，国家工商行政管理局颁布了这部法律的实施细则——《个人独资企业登记管理办法》

（二）法律制度对民间投资的影响机制分析

从立法对民间投资的影响来看，法律的变迁促进了民间投资的增长。然而，我们仍不清楚法律制度具体是如何作用于民间投资的。Acemoglu 和 Johnson 在研究决定经济发展绩效的制度因素时，着重论述了财产权保护制度和契约维护制度。① 因此，我们将从财产权保护和契约维护的角度去分析法律制度对民间投资的作用机制。

首先是财产权保护与民间投资增长的关系。对于民营企业而言，对投资前景较高的不确定性会降低投资积极性。而在投资前景的不确定性中，除了由投资收益所带来的不确定性，另一个不确定性来源于政府对私人财产的掠夺。由于受传统意识形态的影响仍然较深，在民营企业没有明确的法律地位之前，民营企业难免担忧国家会重新将民营企业主界定为剥削者，进而对企业财产采取没收或者接管等措施。因此，在没有明确的法律地位之前，许多民营企业纷纷采取其他方式保护自身的财产权。例如，最普遍被私营企业采用的方式是"戴红帽"，即找一个国有或集体单位，挂靠在它下面，然后注册为全民所有制企业或集体企业，通过这种方式寻求财产权的政治保护。然而，"戴红帽"在保护企业财产权免受政府"掠夺"的同时，模糊了企业的产权，并有可能引发严重的产权纠纷，因此，真正对私营企业财产权的保护仍需要依赖法律制度，通过法律保护获得一个稳定发展的预期。②

由于私人财产权缺乏相应的法律保护，一旦私人财产受到侵占，民营企业很难通过法律的形式维护自身的权益。对民营企业财产侵害最为普遍的是来自政府部门的"乱摊派""乱收费"问题。由于对政府缺乏相关的法律约束，一些政府部门，以及与企业生产、职工生活相关的单位或者个人，利用手中掌握的权力向企业进行摊派，加重了企业的经营负担，从而限制了企业的投资行为。此外，民营企业的利益也可能受到来自权力部门腐败行为的侵蚀。鉴于这种情况，国家专门制定了有关法规和规章，明确规定禁止任何国家机关、人民团体、部队、企业、事业单位和其他社会组织向企业摊派，企业有权拒绝摊派行为，并对收取费用项目性质不明确的可申请审查其合法性。随着《行政诉讼法》（1989 年）、《国家赔偿法》（1994 年）、《行政处罚法》（1996 年）、《行政复议法》（1999 年）、《行政许可法》（2003 年）等约束政府的法律相继出台，对政府的约束与监督不断强化，民营企业的利益也得到相应保障。

财产权保护的另一个作用是帮助民营企业更容易地获取外部融资。白重恩等的研究认为，私营经济法律地位的不明确会导致金融机构对私营经济发展预期的不确定，加剧私营企业外部融资的困难。由于私营企业经营风险的增大会增加贷款给私营企业的风险程度，银行

---

① 参见 Daron Acemoglu, Simon Johnson, James A. Robinson, "Institutions as the Fundamental Cause of Long-Run Growth", Philippe Aghion and Stephen Durlauf (eds.), *Handbook of Economic Growth*, Amsterdam: North Holland, 2005。
② 参见董辅礽《"红帽子"企业命运引起社会各界关注》，载《中国经济时报》2001 年 10 月 30 日；戴园晨《迂回曲折的民营经济发展之路——"红帽子"企业》，载《南方经济》2005 年第 7 期。

基于防范贷款风险的考虑会对私有财产权得不到妥善保护的私营企业采取谨慎的贷款态度。① Cull 和 Xu 的研究表明，在我国，私营企业银行贷款的可获得性对其再投资行为有重要影响。② 因此，加强对私人财产权的法律保护可以通过改善私营企业的外部融资、降低私营企业的融资成本、促进民间投资的增长的方式。

其次是契约维护与民间投资增长的关系。契约指的是一组承诺的集合，这些承诺是签约方在签约时做出，并且预期在未来（契约到期日）能够被兑现。现实中，由于签约方在事前对未来所做的预期仅仅是基于双方的主观评估，未来所面临的不确定性在本质上不可预期，因此绝大部分契约属于不完全契约。Grout、Williamson，Tirole、Grossman 和 Hart，Hart 和 Moore 等从不同方面指出了不完全契约会导致无效投资的观点。③ 他们认为，由于契约是不完全的，因此事前的专用性投资无法写入契约。一旦自然状态实现，在这种具有双边锁定特征的再谈判过程中，投资方就面临被对方敲竹杠或攫取可占用性准租金的风险，预期到这种敲竹杠行为，投资者在事前就会投资不足。

基于上述原因，法律的干预显得很有必要。针对造成不完全契约的几类交易费用，法经济学界提出了不同的干预措施。例如，在由高昂的缔约成本造成了契约不完全的情况下，国家可以提供某种形式的默示规则，按照某种规则来调整契约不完全时当事人的权利和义务，这在司法实践中通常表现为司法解释或者判例。而如果是证实成本导致了契约不完全的话，那么法庭基于某些可证实的条款强制执行契约则通常优于提供默示规则。④

从以上分析可以看出，当法律不完善导致对民营企业的交易行为缺乏保护时，敲竹竿行为会引发民间投资的不足。随着《民法通则》《合同法》《物权法》等法律的相继出台和完善，我国法律对交易双方的权利和义务作出了明确的规定，不仅对产权保护和契约维护提供保障，而且能对机会主义行为起到威慑作用，从而在一定程度上抑制机会主义行为，提高民间投资的积极性。

契约维护对民间投资的另一个影响可能来自对劳工合同的保障。李涛发现，以劳动和就业法律对劳动力的保护程度衡量的劳动用工管制程度对中小企业的发展程度有着显著的正面影响。⑤ 其他因素不变，如果一国的劳动和就业法律对劳动力的保护程度提高 1 个单位，那么该国的中小企业对国内生产总值的贡献程度就能增加 11.15%。由于中国大多数民营企业属于中小企业，对劳工合同的保障能促进民营企业发展，从而带动民间投资的增长。

从以上理论分析可以看出，法律制度的完善，能通过财产权保护和契约维护提高民营企业的投资积极性，促进民间投资的增加。下一步，我们将借助实证分析证实法律制度对民间投资的促进作用。

---

① 参见白重恩、路江涌、陶志刚《中国私营企业银行贷款的经验研究》，载《经济学季刊》2005 年第 4 期。
② 参见 Robert Cull, Xu Lixin Colin, "Institutions, Ownership and Finance: the Determinants of Profit Reinvestment among Chinese Firms", *Journal of Financial Economics*, 77, 2005, pp. 117 – 146。
③ 参见 P. A. Grout, "Investment and wages in the absence of binding contracts: a Nash bargaining approach", *Econometrica*, 1984, 52, pp. 449 – 460. Oliver E. Williamson, *The Economic Institute of Capitalism*, New York: Free Press, 1985. J. Tirole., "Procurement and renegotiation", *Journal of Political Economy*, 1986, 94, pp. 235 – 259. S. Grossman, O. Hart, "The costs and benefits of ownership: a theory of lateral and vertical integration", *Journal of Political Economy*, 1986, 94, pp. 691 – 719. Oliver Hart, John Moore, "Incomplete Contracts and Renegotiation", *Econometrica*, 1988, 56, pp. 755 – 786。
④ 参见 A. Schwartz, "Relational Contracts in the Courts: an Analysis of Incomplete Contracts and Judicial Strategies", *Journal of Legal Studies*, 1992, 21, pp. 271 – 318. A. Schwartz, "The Default Rule Paradigm and Limits of Contract Law", *Southern California Interdisciplinary Law Journal*, 1994, 3, pp. 389 – 419。
⑤ 参见李涛《政府管制、法治、银行发展与中小企业发展》，载《经济学季刊》2004 年第 10 期。

三、模型、变量和数据说明

(一) 计量模型构建与变量说明

法律制度的保护体现在法律的制定和法律的实施两个层面。尽管民营企业面对的是全国统一的法律体系,但是法律在各省的实施情况取决于很多因素,存在较大差异。例如,Cull 和 Xu 在研究中就发现我国各个地区对私有财产权的保护很不均衡。① 而 Pistor 等认为完善的法律依赖于有效的实施。② 因此,各省区在法律实施上的差异给我们提供了一个从实证上研究法律制度与民间投资之间关系的机会。

为了实证分析法律制度对民间投资的影响,我们构建计量模型如下:

$$\ln CI_{it} = b_0 + b_1 Law_{it} + b_2 \ln GDP_{it} + XA + e_{it} \qquad (1)$$

被解释变量是各省区的民间投资数量,主要的解释变量有法律制度(Law)和经济规模(GDP),X 表示一系列的控制变量。

(1) 法律制度(Law)。在相关的文献中,卢峰和姚洋采用法庭对经济案件的结案率作为衡量法律执行效率的指标,③ 然而,这一指标引起了其他学者的质疑,认为结案率本身作为法院的一个考核指标,法院可能会优先挑选那些容易侦结的案件进行结案,因此,采用结案率这个指标衡量法律制度存在一定的片面性和主观性等问题。④ 与卢峰和姚洋不同,我们使用各省区公、检、法、司支出与当地 GDP 的比值来衡量各省区的法律制度的建设。使用这个指标的依据在于,对于一个地区而言,执法是需要付出成本的,因此法律制度的实施需要经费作为保障。由于公检法司支出主要用于公、检、法、司等部门的人员经费、装备改善、办案经费补助、普法经费等,相当于在法制建设上的投入,使用各省区公检法司支出与当地 GDP 的比值可以在一定程度上反映一个省区法制建设情况,因此我们使用公检法司支出与当地 GDP 的比值作为衡量法律制度(Law)的解释变量。为了避免使用单一指标的片面性,我们选取了另一个衡量法律制度的指标作为补充。该指标来源于樊纲和王小鲁编制的《中国市场化指数:1997—2009》,是"市场中介组织的发育和法律制度环境"的子指标——"对生产者合法权益的保护"。⑤ 由于我们研究的是民营企业的投资行为,因此该指标比它的母指标法律环境指数更适合于反映法律制度对民营企业权益的保护。此外,由于樊纲等提供的该指标的数据在 2003 年前后统计口径发生变化,我们使用的是该指标 2003—2009 年的数据。我们将在稳健性检验部分报告这一指标的回归结果。

(2) 经济规模(GDP)。经济规模是民间投资最重要的影响因素,快速增长的经济规模能创造出更多的投资机会,进而带动民间投资的快速增长。因此,我们加入经济规模作为解释变量,以反映经济发展对民间投资的需求。

---

① 参见 Cull, Robert and Lixin Colin, Xu, "Institutions, Ownership and Finance: the Determinants of Profit Reinvestment among Chinese Firms", *Journal of Financial Economics*, 77 (200), 2005, pp. 117 – 146。
② 参见 Pistor, K., Martin Raiser, Stanislaw Gelfer, "Law and Finance in Transition Economics", *Economics of Transition*, 2000, 8 (2), pp. 325 – 368。
③ 参见卢峰、姚洋《金融压抑下的法治、金融发展和经济增长》,载《中国社会科学》2004 年第 1 期。
④ 参见谈儒勇、吴兴奎《我国各地金融发展差异的司法解释》,载《财贸经济》2005 年第 12 期;陈国进、王磊《法治、金融发展与经济增长——基于我国省际数据的经验证据》,载《山西财经大学学报》2009 年第 1 期。
⑤ 参见樊纲、王小鲁、朱恒鹏《中国市场化指数——各省区市场化相对进程 2009 年度报告》,经济科学出版社 2010 年版,第 243 – 251 页。

(3) 国有经济比重（State）。我们用各省市国有工业产值与工业总产值之比来衡量各地国有经济比重。一种观点认为，中国的经济发展存在"国进民退"的现象，即随着国有经济在某一或某些产业领域市场份额的扩大，民营企业在该领域的市场份额逐渐缩小，甚至于退出该领域。我们在方程中加入国有经济比重，以验证这种国有经济对民营资本的挤出效应是否存在。

(4) 工资水平（Wage）。作为一项重要的生产成本，工资水平的高低会左右民营企业的投资选择。我们选用各省市的职工工资来衡量各地的工资水平。

(5) 基础设施水平（Infra）。基础设施包括港口、公路、铁路等内容。基础设施相对较完善的地区对于民间投资来讲更具有吸引力。因此，基础设施和民间投资存在正相关关系。我们用交通运输线路综合密度来衡量各省区基础设施水平，即（铁路营业里程＋公路里程＋内河航道里程）/国土总面积。

变量的描述性统计见表4－4－2：

表4－4－2　描述性统计

变量	观察值	均值	标准差	最小值	最大值
Law	348	0.008	0.003	0.003	0.018
$Law2$	145	3.75	2.17	0.06	10.00
CI	348	880.0	1170	8.500	8737

（二）数据来源说明

《中国统计年鉴》在1995—2006年期间提供了公、检、法、司支出的统计数据。2006年以后，各地区财政支出分类做出了调整，不再提供公、检、法、司支出的单独统计。因此，本节的研究区间分别设定为1995—2006年和2003—2009年，样本包括除西藏之外的全国29个省市。其中，由于重庆1997年才从四川划出成立直辖市，为保持数据的连续性，我们将重庆的数据并入四川进行研究。除了指标"对生产者合法权益的保护"的数据来源于《中国市场化指数》，其余所有数据均来源于历年的《中国统计年鉴》。

四、实证结果分析

（一）面板估计模型的设定形式

本节对全国29个省市1995—2006年的数据进行回归分析，在进行面板模型分析之前，需要确定具体的模型设定形式。我们需要从混合回归模型和变截距模型中最终选出一种模型进行分析。

根据$F\text{-}test$，我们在置信度为1%的条件下拒绝选用混合回归模型的原假设。因此，本节选用变截距模型。而变截距模型有随机效应模型和固定效应模型之分。为了确定是选择固定效应模型还是随机效应模型，我们进行了Hausman检验，其原假设H_0为：选择随机效应模型，检验结果如表4－4－3所示。

表 4-4-3 Hausman 检验

Test Summary	Chi-Sq. Statistic	Chi-Sq. d.f.	Prob
Cross-section random	33.07	5	0.0000

从表 4-4-3 可以看出,原假设在 1% 的显著性水平下被拒绝,因此本节选择固定效应的面板模型进行研究。

(二) 实证结果分析

我们依次估计了模型一至模型四。考虑到可能存在的异方差问题,我们采用截面加权(cross-section weights)的固定效应方法进行估计,估计结果见表 4-4-4。

表 4-4-4 面板数据估计结果

	模型一	模型二	模型三	模型四
常数项	-8.23 (-39.86)***	-7.91 (-33.05)***	-9.44 (-30.28)***	-9.34 (-21.51)***
Law	0.32 (5.802)***	0.35 (6.25)***	0.14 (1.98)**	0.15 (1.91)**
GDP	1.77 (59.8)***	1.74 (54.85)***	1.13 (11.71)***	1.14 (10.71)***
State		-0.002 (-2.53)**	-0.002 (-1.87)*	-0.002 (-1.91)**
Wage			0.70 (6.83)***	0.69 (5.99)***
Infra				-0.007 (-0.16)
Adj R^2	0.98	0.98	0.99	0.99
F-statistic	782.9	773.1	898.3	747.6
观测值	348	348	348	348

注:***、**、*分别表示在 1%、5% 和 10% 水平上显著。下同。

对比模型一至模型四可以发现,尽管加入控制变量后法律制度的系数有所减小,但其系数依然在较高的水平上保持显著,法律制度对民间投资的影响表现出相当的稳健性。对主要解释变量的进一步分析可以得到以下结论。

(1) 法律制度的建设促进了民间投资的增长。在模型一至模型四中,法律制度的系数都表现为正相关关系。我们以模型四为例进行分析。模型四的估计系数表明,在其他因素不变的情况下,公、检、法、司支出占 GDP 的比重每上升 1 个百分点,就能有效促进民间投资增加 0.15 个百分点。这一点证实了我们的理论推测,即 1 个地区在法制建设上的完善,能提高民营企业的投资积极性,促进民间投资的增长。徐成贤等(2009)通过实证研究发现,加强法治能促进私营企业的产出,[①] 我们的结论正好与其互相印证。同时,我们的研究也表明,在目前我国对民营企业法律保护仍处于发展完善的状况下,对民间投资的保护需要依赖各省区对法律制度的有效实施。

(2) 经济规模的扩大能促进民间投资的增长。对经济规模的估计系数表明,GDP 每上升 1 个百分点,民间投资相应增加 1.14%,表明经济增长对民间投资具有明显的带动作用。

(3) 国有经济对民间投资具有挤出效应,但影响十分微弱。估计系数表明,国有经济比重每上升 1 个百分点,民间投资相应下降 0.002%。我们的研究证实了"国进民退"的现象确实存在,但是影响程度较小。

综上所述,我们看到,法律制度对民间投资的促进作用在本节的经验分析中得到了证实。同时,估计结果也表明,经济规模对民间投资具有明显的带动作用,而国有经济比重成为阻碍民间投资成长的一个影响因素,但阻碍作用较小。

(三) 稳健性检验

我们将公、检、法、司支出占比的指标替代为对生产者权益保护的指数 Law_2 进行稳健性检验。模型二在模型一的基础上增加了一系列控制变量。表 4-4-5 报告了其结果。除了系数估计值的大小以外,Law_2 的符号和显著性非常一致,对生产者权益的保护促进了民间投资的增长,估计的结果具有稳健性。

表 4-4-5 稳健性分析

	模型一	模型二
常数项	-6.68 (-95.70)***	-5.69 (-9.75)***
Law	0.01 (3.84)***	0.01 (2.51)**
GDP	1.62 (195.66)***	0.90 (8.96)***
$State$		-1.14 (-6.02)***
$Wage$		0.59 (4.71)***
$Infra$		0.08 (3.39)***
$Adj\ R$	0.99	0.99
$F\text{-}statistic$	1266.8	1770.5
观测值	145	145

五、结论与政策性建议

本节回顾了中国在民间投资立法上的变化历程,并从财产权保护和契约维护两个角度分

[①] 参见徐成贤、甘斌、艳伟《法治水平与私营企业发展》,载《经济体制改革》2010 年第 4 期。

析了法律制度对民间投资的作用机制。利用各省市在法律制度实施上的差异,本节还从实证上验证了法律制度对民间投资的促进作用,研究发现,当前中国民间投资的成长不仅依赖法律的制定,同时也依赖各省市对法律制度的具体实施。因此,各地有必要通过大力推进法制建设,扩大民间投资的数量,从而更好地促进各省市的经济增长。实证分析结果具有稳健性。

本节的贡献在于分析了法律制度对民间投资之间的作用机制,并利用法律制度实施上的差异证实了法律制度对民间投资的正向影响。与此同时,本节的研究也存在一定的不足,主要体现在仍无法从实证上分析立法对民间投资的影响。下一步,我们将努力拓展研究思路,尝试利用实证分析方法对立法与民间投资的关系做出更深入的探讨。

第五节 法律与经济发展"中国经验"的再思考①

西方法律与经济发展的主流理论认为,中国在弱私有产权保护、法律实施不力、政府干预盛行的条件下保持了高速和持续的经济增长,是对主流理论强调的保护私有产权、严格遵守契约、司法独立等社会经济发展的"要素理论"亦即所谓"华盛顿共识"②的挑战,由此提出法律对中国经济发展作用不大的"中国悖论",从中也反映了法律与中国经济发展之间存在不同于西方主流理论的特殊性,亦即"中国经验"。WTO和世界银行还曾就"法律与中国经济发展"论题是不是一个代表性论题进行过激烈的争论。③可见,法律在中国经济发展中的作用至今仍是一个备受学界争议的问题。而国内有关法律与经济发展的"中国经验"的初步研究表明,法律制度对中国经济的发展有着较大影响。总结我国改革开放以来的实践经验,通过"双轨制立法"与渐进式改革模式相契合,通过授权政府部门立法与由政府主导的自上而下改革模式相配套,通过先制定有关契约的债权法律到制定产权界定的物权法律与先进行流通领域的改革后进行产权改革的经济体制改革模式相配合,以及从单一关注立法到立法、司法、执法三者并重,是法律与经济发展"中国经验"一些重要特点。④

中共中央十八届四中全会通过的《关于全面推进依法治国若干重大问题的决定》(下简称《决定》)指出,"社会主义市场经济本质上是法治经济"。因此,在法治中国建设全面展开、中国改革开放进入第40个年头的新时代的背景下,针对已有法律与经济发展"中国经验"的国内著述均发表于党的十八大之前的研究现状与不足,按照"市场经济就是法治经济"这一中国市场化改革与经济发展的法律经济学逻辑,本节重点从新时代中国法治经济建设的新特点、新趋势、新问题三个方面出发,进一步思考对法律与经济发展的"中国经

---

① 本节部分内容曾以论文形式发表,具体出自周林彬、王睿《法律与经济发展"中国经验"的再思考》,载《中山大学学报(社会科学版)》2018年第6期。
② 20世纪90年代,西方法律与经济发展的主流观点总结拉丁美洲在经济转型中的实践经验认为,完备的私有产权、可执行的契约、独立于政党和政府的司法等因素是一国经济增长最重要的"要素",即所谓的"华盛顿共识"。华盛顿共识是新自由主义的一面大旗,强调自由市场经济,主张政府角色的最小化。
③ 事实上,这一争议并不限于中国,是法律与发展研究领域的热点之一。
④ 笔者曾发表著述对法律与经济发展的经验和机理进行研究,总结出了法律与经济发展的"中国经验"及规律。笔者已有著述包括但不限于:周林彬、黄健梅《法律与经济增长:中国经验及实证研究》,载《2007年全国法经济学论坛论文集》;周林彬《法律经济学:中国的理论与实践》,北京大学出版社2008年版;周林彬、黄健梅《法律在中国经济增长中的作用:基于改革的实践》,载《学习与探索》2010年第3期;周林彬、陈胜兰《商事审判在中国经济发展中作用探析》,载《理论学刊》2011年第8期;周林彬《法律与中国经济发展的广东经验》,中国民主法制出版社2011年版。

验"的推陈出新问题,① 对于坚定新时代中国特色社会主义的道路自信、理论自信、制度自信,具有重要的理论与现实意义。

一、新时代中国法治经济建设的新特点

如前所述,中国经济改革的渐进性和政府主导的自上而下改革的特征,产生了先交易改革后产权改革、先经济体制改革后政治体制改革的改革路径特点。② 与之相对应的是,在改革初期呈现出先立法后司法、先公法后私法、先经济立法后宪政立法、先涉外立法后国内法、先实体法后程序法、先国家法后民间法的法律与经济发展的中国经验特点,或者说中国法治经济建设路径特点。③ 这些特点在改革初期有效推动了市场经济的建设,帮助中国以较低的法律成本建立了具有中国特色的市场经济法律体系,④ 促进了经济改革与社会发展。然而,随着经济改革的进一步深入,上述特点的下述弊端也开始显露并日趋明显。

其一,"先立法后司法"虽然符合立法先行于执法和司法之法治进程的规律,且通过宽松的法律实施环境为市场主体提供了更多创新的空间,然而法律制度的有效性除了取决于规则是否完善,更重要的是取决于实施机制是否完善。对于一个社会而言,"有法不依"所带来的负面效果更甚于有"无法可依",因为无法得到实施的法律将失去其稳定性和权威性,且会使人们产生不正常的预期,长此以往,将使法律丧失约束社会的功能。当下中国因知识产权法律实施不严、维权成本过高而造成的"盗版泛滥"就是例证。

其二,"先公法后私法"体现了政府主导改革的强制性制度变迁的特点,旨在通过政府的公法干预在市场不成熟时进行有效引导和扶持,克服市场缺陷和维护交易安全。但是,"先公法后私法"导致政府经济管理中"经济行政法规泛化"⑤,为政府留下了大量的"依法"管理寻租空间(当下中国在一些掌握稀缺资源权力部门存在的"塌方式腐败"案件的发生),就是例证。⑥

其三,"先经济立法后宪政立法"有效地降低了改革成本,符合帕累托改善原则,但是,随着改革的深入发展,改革的深层次治理体制问题的解决,取决于宪政改革问题的有效解决。当下中国社会经常发生的公权力侵犯私权利的侵权现象,宪法关于公私产权"不平等"规定和"重公有轻私有"财产法律制度缺陷,就是例证。⑦

---

① "推陈出新"指的是在笔者总结的法律与经济发展的"中国经验"的基础上,根据新时代法律与经济之间新的作用关系提炼新规律、新经验,对已经过时的经验进行替代。
② 中国经济改革的渐进性特征,经济体制长期采用计划经济且在政治上实行中央集权制,自上而下推行的改革开放等历史背景,这些特征很大程度上决定了我国改革先后次序的路径选择。详见周林彬、黄健梅《法律与经济增长:中国经验及实证研究》,载《2007 年全国法经济学论坛论文集》。
③ "先后"是相对的概念,且应当从整体上进行比较。更详尽的论述,请参见周林彬《法律经济学:中国的理论与实践》,北京大学出版社 2008 年版,第 271 – 323 页。
④ 所谓市场经济法律制度,主要是在宪法统帅下,由民商法、经济法等部门法所组成的调整经济关系的法律制度,包括规范市场主体、维护市场交易秩序、确认和保护财产权益、维护公平竞争市场四大方面的法律制度。经过多年的经济立法进程,我国的市场经济法律制度正逐渐建立,目前处于形成和完善阶段。详见王利明《我国市场经济法律体系的形成与发展》,载《社会科学家》2013 年第 1 期。
⑤ 仅以 1979—1989 年间的统计数据为例,政府颁布的经济行政法规的数量高达 616 件,由全国人大制定的经济法律仅为 38 件,前者是后者的 16 倍多。
⑥ 在缺乏对有效监管的情况下自然容易产生权力寻租。从 2013 年 5 月时任国家发改委副主任、国家能源局局长刘铁男被中纪委调查开始,仅 2013 年 5 月至 2014 年 9 月就有 19 名现任或曾任发改委系统官员落马,这些落马官员无一例外都掌控着稀缺资源的行政审批权。
⑦ 公权力侵犯私权的典型例证是政府征地过程中出现"强拆强征"事件。

其四,"先涉外立法后国内法"符合渐进式改革,有利于提高改革效率,实现帕累托改善,并且能够减少改革阻力。然而,"双轨制立法"在事实上提高了法律的实施成本(包括法律寻租成本)和造成市场主体不平等竞争。当下中国普遍存在的外资企业与内资企业、公有制企业与民营企业之间的不平等竞争现象,同时还导致大量境内的资金通过外资公司的"壳"进行投资的现象就是例证。①

其五,"先实体法后程序法"在改革开放之初是将有限的立法资源优先分配到对市场主体实体权利的保护上,然而却造成"重实体轻程序"的不当引导,不利于市场主体守法意识的提高,同时也无益于司法机关维护当事人的利益,正确使用法律。当下,因证券诉讼程序制度不完善导致许多中小投资者的投资权利救济难,就是例证。

其六,"先国家法后民间法"适应政府主导经济改革和经济发展的国情,有利于创建统一的市场交易规则,打破区域交易壁垒,从而降低市场交易成本,却忽视了非正式制度(民间法)在填补正式制度(国家法)空白、降低交易成本、解决纠纷等方面的重要作用。我国的市场化改革法治建设初期重视国家法而忽视民间法的弊端在于,不利于有效解决市场经济纠纷,并导致法律运行成本的增加。

为了克服上述主要产生于改革初期的"先与后"特点导致的弊端,为了落实党的十八届四中全会确立的全面依法治国战略,党中央提出了一系列推进中国法治经济建设和经济发展的新举措,形成了新时代中国法治经济建设的新特点,主要表现以下几方面。

其一,从重视公法到重视私法。由于市场配置资源强调的"市场自发调节"与私法强调的"意思自治"价值取向高度吻合,完善与市场机制有高度"亲和力"的私法制度,是依法促进与保障市场配置资源决定作用的一项重要内容。因此,良好的私法可以优化权利和义务在市场主体中的配置,有效地提高资源利用的效率。将更多的法律资源用在强调"意思自治"和"约定大于法定"的私法领域,有利于市场主体在法律制度不完备的情况下通过谈判确定各方的权利与义务,有利于发挥市场配置资源决定性作用的发挥,从而提高市场交易的效率。这一特点从党中央将编纂《民法典》作为当下中国市场经济法律体系完善的第一立法要务以及最高院最近发布的产权保护要"严格区分经济纠纷与刑事犯罪,坚决防止把经济纠纷当犯罪处理"的司法政策改革中得到印证。②

其二,从重视经济立法到重视宪政立法。公共选择理论认为,宪政作为制度的制度、规则的规则,在社会选择的规则系统中居于基础性的地位。出于减少改革阻力的考虑,中国的改革从经济领域开始,而政治体制改革的问题则被暂时搁置。随着改革的进一步深入,政治文明和民主建设必须与市场经济体制相协调,否则,不完善的宪政立法将掣肘市场经济的发展。在市场经济趋于完善的情况下重视宪政立法,符合新制度经济学国家理论揭示的"国家悖论"的判断。③当民主与法治的问题成为制约中国市场化改革深入的一个问题时,作为

---

① 立法为外商提供的若干特殊优惠条件,如税收优惠、土地使用优惠、劳动用工制度方面的便利与自主权等。内资民营企业逐步发展起来后,则使得民营企业长期处于不平等的竞争地位,许多民营企业为了获得"外资企业"的优惠待遇,则通过改变注册登记地等手段规避法律,造成"伪外资"的假象。

② 详见《中共中央关于全面推进依法治国若干重大问题的决定》及《最高人民法院关于充分发挥审判职能作用切实加强产权司法保护的意见》。

③ 国家悖论又称"诺斯悖论",即国家的存在既是经济增长的关键,又是人为经济衰退的根源。因为国家作为追求一个具有自身效用最大化的组织的同时,也是一个实现社会效用最大化的机构,国家所具有的经济人的人格特征决定了国家行为的内在矛盾。这成为社会不能实现持续经济增长的根源之一。更详细的论述请参见周林彬《法律经济学:中国的理论与实践》,北京大学出版社2008年版,第271-323页。

经济人的政府只有通过大胆而又稳妥的宪政改革，才能有效地克服"国家悖论"的消极因素，成为中国经济增长的"发动机"[①]。党的十八大以来，党中央重视宪政方面的改革立法，如 2014 年至 2017 年 3 年间两次修改《行政诉讼法》，为"民告官"进一步提供便捷；2015 年对《立法法》进行修改，进一步明晰了立法机关的权限和不同立法文件的效力关系；特别是 2018 年通过的《宪法修正案》设立了"宪法日"、宪法宣誓制度及成立全国人大宪法和法律委员会等措施来推进宪法实施。

其三，从重视立法到重视司法。改革开放至今，我国出台了大量的经济立法，特别是在 1992 年提出建设"社会主义市场经济体制后"，更是出现了经济立法的"爆炸式"增长，原因既有改革立法的成本低的原因，也符合立法先行于执法和司法之法治进程的规律。但是，在中国经济立法快速发展的同时，出现了法律的实施效果与立法预期的偏离。目前中国司法体系的负担越来越重，需要处理的诉讼量快速增加，且"执行难"的问题日益加重，提高司法系统效率亟待解决。在这种需求的推动下，新时代的法治建设更加注重法律实际效果，进一步加强我国的司法建设。如党的十八届四中全会对深化司法体制改革进行全面部署以来，我国司法系统进行了通过去除司法行政化、完善司法责任制，通过法官员额制推动司法队伍职业化，通过设立巡回法庭完善法院组织体系和管理体制等改革措施完善内部架构，提高审判效率。

其四，从重视国家法到重视民间法。中国改革从正式制度改革向非正式制度改革的转变，在法律上的一个典型表现是：有关改革的经济立法重点，正在从国家正式规范走向民间自发规范转变。随着市场经济法律体系的完善，通过国家法进行制度创新的路径将出现边际递减效应，而通过民间法实现制度创新则是一种行之有效的替代措施。民间法是一种自下而上、自发形成的非正式制度，其形成和实施的成本相对较低，通过与作为正式制度的国家法的相容、互补，民间法为国家法的有效实施提供了强有力的支撑。进一步来说，民间法的自我实施机制可以有效弥补第三方实施机制（主要指国家实施机制）的不足，可以有效提高国家法律的实效，降低国家法律实施成本。同时，民间法的演化与实施可以挖掘中国法治建设的本土化资源，避免国家法律与民间法的内在背离而造成的扭曲，以实现两者刚柔并济的互补均衡。[②] 去年公布的《民法总则》首次将习惯作为民法渊源，奠定民间法的司法适用的立法基础，而《中共中央国务院关于加强和完善城乡社区治理的意见》中关于"充分发挥自治章程、村规民约、居民公约在城乡社区治理中的积极作用"的规定，则为民间法的适用奠定了坚实的政策基础，并提供了方向指引。

二、新时代法治经济建设的新趋势

新时代中国法治经济建设的上述新特征，进一步说明市场法治对经济发展的内生性。从某种意义上说，市场法治是中国经济发展到一定程度的结果，也是经济改革、经济发展对法律改革要求的体现，这在前述法治经济建设初期的"先后"特点中得以体现。在中国经济体制转轨过程中，法律服务于经济发展，从法律为改革保驾护航到通过法律维护经济深化改

[①] 目前就宪政体制改革与经济改革的次序孰优孰劣问题尚无定论。林毅夫（2002）从长期经济发展的绩效出发，主张宪政改革后行。详见林毅夫《后发国家究竟是有优势还是劣势》，载《经济展望》2002 年第 11 期。Sachs、Woo 和 Yang 则指出了宪政改革滞后的负面效应。详见 J. D. Sachs, W. T. Woo, X. Yang, "Economic Reforms and Constitutional Transition", *Cid Working Papers*, 2002, 1 (2), pp. 28 – 85。

[②] 详见周林彬《法律经济学：中国的理论与实践》，北京大学出版社 2008 年版，第 271 – 323 页。

革，无一不体现经济的第一性。显然，法治在中国经济发展中的地位，既是手段也是目的。换言之，法律与中国经济发展之间存在一种双向互动关系，即法治是中国经济发展的结果，同时也是促进中国经济发展、深化改革的工具，由此产生法律与经济发展的"互为因果关系"或者说法律与经济发展的"双向互动"作用。这种"互为因果关系论"，不同于西方法律与经济发展主流理论中关于法律与经济发展作用，"原因论"[①] 或"结果论"[②] 的流行观点。

笔者认为，中国法治经济建设初期市场法律普遍缺失，是导致改革初期法律对中国经济发展作用不大的一个重要原因。正如前文所述，法治经济建设在改革初期呈现的"先后"特点，法律在改革初期明显滞后于经济改革和发展，法律在经济发展中的作用更多的是被动地巩固经济改革和经济发展的成果，由此较吻合西方法律与经济发展理论中的"结果论"的观点。但随着改革的深入，新时代法治经济建设表现出"从重视公法到重视私法""从重视经济立法到重视宪政立法""从重视实体法到重视程序法""从重视国家法到重视民间法"的建设路径新特点。这种新特点契合了党的十八届三中全会通过的《关于全面深化改革若干重大问题的决定》中提出的"处理好政府和市场的关系，使市场在资源配置中起决定性作用和更好发挥政府作用"这一对法治经济建设的新要求，如要求通过宪政立法推进政府管理体制改革，要求通过完善私法保障市场配置资源第一作用的发挥，等等，由此较吻合西方法律与经济发展理论中的"原因论"的观点。因此，随着经济改革与法治经济建设的深入展开，特别是在党的十八大后全面依法治国战略的实施背景下，法律对中国经济发展主动的促进作用将日趋明显，由此，新时期中国法治经济建设将呈现出如下新趋势。

由改革初期法律巩固经济改革与经济发展成果的"被动型"法治经济建设为主，转向以引领和推动经济改革和经济发展的"主动型"法治经济建设为主。

上述法治经济建设新趋势的一个典型表现，是通过市场经济立法引领和推动改革与经济发展。这是因为，我国在改革初期按照邓小平提出的"先行动后立法"的改革立法思路，大量地通过政策来推动经济改革，具有"政策先行于立法"的特点。在法律（尤其是市场法律）缺失的情况下，政策发挥法律的作用，为经济发展保驾护航。[③] 而且，在特殊的时期和领域，当政策与现行法律冲突时，政策甚至可以替代法律。[④] 所以在法治经济建设初期，一项法律的出台或者修改，其实质是将政策中的内容和规则上升为法律的形式进行确定，法律扮演了"政策代言人"的角色。

虽然政策的灵活性和及时性有利于提高改革的效率，降低改革的成本，实现帕累托改善，在改革初期有效释放了市场主体的创新性，确保了相关市场改革的顺利开展。然而，如前所述，政策先行导致立法落后于经济改革，落后于经济发展，立法变为被动地确认已经通

[①] 原因论的核心观点是，法律是促进经济发展的重要原因，这是西方学者的主流观点。持这一观点的学者认为，法律为投资者提供了稳定的预期，使其能够预见一旦发生经济纠纷，法院将如何审判。司法的稳定性、可预测性以及公正与效率的内在品能够保护投资者的产权安全，从而使其可以放心地进行投资。新制度经济学的代表人物——诺贝尔经济学奖得主诺斯教授就持此观点。

[②] 结果论认为法律发展与完善是经济发展的结果而非原因。因为西方的主流观点在面对发展中国家的实际情况时，其解释力不足。通过对发展中国家的具体考察，一些学者开始反思西方的主流观点，并提出了相反的见解，认为法律发展与经济发展并无关系，它只是经济发展的结果。持这一观点的学者认为，发展中国家的经济增长通常在没有完备法治的存在下开始，提高法治质量的努力通常是经济增长的产物，而并不是促进经济增长的原因。

[③] 在我国，"政策"主要指的是党和政府针对一定时期的特定目标而制定的规范性文件，从形式上来说，一般表现为上层党政机关向下级机关下发的"红头文件"，包括"通知""决定""宣告""声明""方案"等形式。

[④] 如广东在土地改革中率先通过政策性文件对土地的有偿出租使用进行了确认，而相关的立法直到几年后才出现。

过政策建立起来的秩序。政策先行的路径还存在违反权力制衡、立法权与行政权分离的法治原则的弊端，同时由于政策先行很大程度上就是利用政府的公权力来确保改革的顺利进行，导致在很多领域存在政府取代市场的现象。因此，通过政策推动经济改革只是在法制不健全、市场立法资源有限的背景之下选择的一种权宜之计而非常态，在市场经济法律制度相对完善的情况下，特别是新时代全面依法治国的背景下，按照习近平总书记提出的"改革要于法有据"这一"先立法后行动"的改革立法新思想，新时代中国法治经济建设的新趋势在于，通过立法进行引领和推动经济改革与发展。

进一步分析，首先，中国特色社会主义法治体系是中国法治经济的制度支持，而建设社会主义法治体系，必须坚持立法先行，实现立法与改革决策相衔接，做到重大改革于法有据、立法主动适应改革和经济社会发展。对于立法条件不成熟，需要先行先试的立法，必须履行相应的授权程序，比如我国自由贸易区建设中先是通过政策文件提出要对政府的行政审批体制进行改革，而具体调整有关法律规定的行政审批事项是通过人大常委会的授权实现的。其次，从立法程序来看，法治经济建设必须有完善的立法体制，加强党对立法工作的领导，加强人大对立法的主动同时明确立法权力的边界，同时推进科学立法和民主立法，提高立法的质量，为市场经济提供高质量的立法，这些变化及趋势都能够在我国新修改的《立法法》上有所体现。最后，法治经济建设仍然可以发挥政策的指引和导向功能，通过政策明确改革的目标以及实现目标的原则、方法，对于现行法律规定不清晰的领域，在立法允许的范围适当进行变通，使政策发挥其原有的功能。

比如，《珠江三角洲地区改革发展规划纲要（2008—2020年）》进一步确定了广东今后改革发展中的位置——"科学发展，先行先试"。在经济发展方式转型试点、新开放型经济试点、深化经济体制改革试点、民主法治制度改革试点、行政管理体制改革试点、社会管理体制改革试点、城乡区域协调发展试点这七大方面以先行性、试验性、创造性为主要特征的领域，应继续发扬政策先行的优势，在确保政策与现行法律相容的基础上，继续发挥政策的灵活性，实现"科学发展，先行先试"。同时，注意依据《决定》和《立法法》，用法治原则确定政策先行的行为边界，避免"违宪""违法"现象。为此，有三个具体表现及要求：一是要坚持法律优先原则；二是在法律缺失、法律空白领域，可自主行使政策先行等先行先试权；三是在需要突破上位法的改革试点、试验领域，政策先行应以法律保留原则为第一原则、以合法授权为第二原则。①

再比如，近年来，以依法保护产权尤其是私人产权为主要目的的财产权制度的完善，以依法约束政府为主要目的的法治政府建设的深入开展，以依法推进"大众创业、万众创新"为主要目的的商事制度改革的深入，以维护信用和惩戒失信为主要目的的企业与公民征信系统的建立，特别是在政府为提高资源利用效率、保护环境、促进从粗放型增长向节约型增长方式的转变所开展的一系列可持续发展改革措施（尤其是供给侧改革措施）的制定与实施过程中，完善相关市场经济立法（如自然资源法、环境保护法、企业破产法）、强化市场经济法律实施（如全国人大和国务院及最高法、最高检有关加强供给侧改革依法落实的相关执法检查与司法活动）成为当前党和政府依法促进经济发展主要措施，这些都较完美地阐

---

① 法律保留为第一原则、合法授权为第二原则是指如果需要突破上位法的改革试点与宪法、国家法冲突，应在获得相关特殊授权后制定相关规范性政策文件，或在得到全国人大、国务院批准后的突破宪法和国家法的地方政策文件才正式实施。而如果需要突破的上位法是部委规章、地方性法规，只要是在先行先试权范畴内，可坚定试行政策先行，以促进制度创新。

释了法律对约束政府、产权保护和契约维护这三个经济发展必备"要素"的制度构建方面的"主动型"角色作用正在强化,法律在中国经济发展中发挥重要"主动"作用的蓝图正在形成。

"主动型"法治建设新趋势的其中一个重要的典型表现是,通过司法强化法律实施来保护产权和维护契约,为经济发展保驾护航。如前文所述,"从重视立法到重视司法"是我国新时代法治经济建设的一大新特点,从现实需求来看,商事案件的数量与经济发展呈现的正相关关系(见图4-6-1)要求司法必须通过提高效率以解决纠纷,稳定市场秩序。从案件执行的情况来看,虽然我国法院每年执结案件的数量以及执行到位标的金额都在稳步上升,但是,由于新收的执行案件数量过多,案件执行率并没有呈现上升的趋势,这导致每年堆积的执行案件数量将出现上升趋势。(见图4-6-2)

在此背景下,最高法院为了落实《中共中央国务院关于完善产权保护制度依法保护产权的意见》出台的"加强产权保护的十大司法政策",以及《关于公布失信被执行人名单信息的若干规定》和《关于依法开展破产案件审理积极稳妥推进破产企业救治和清算工作的通知》的公布与实施;又如2014年新设立的知识产权法院和2017年新设立的金融法院,旨在通过审判专业化提高商事审判的效率,为市场化改革与经济发展提供强有力的司法保障。中国法院通过加强法律实施服务于法治经济建设,不仅是新时代具有中国特色"能动司法"[①]的一个重要表现,也是中国法律与经济发展实践开始契合于西方主流理论所强调的"产权论""契约论"和"司法论"的一个重要标志。

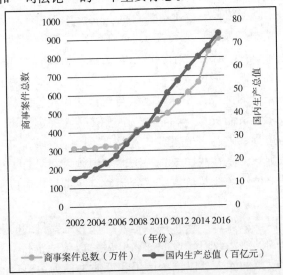

图4-6-1 商事案件数量与国内生产总值曲线(2002—2016年)
数据来源:2002—2016年国家统计局的数据及《中国法律年鉴》。

三、新时代法治经济建设中的新问题

改革开放40年,法律对经济发展的作用机制随着经济社会的发展和改革深入在不断地

[①] 能动司法指的是司法部门并非"法律传送带",应当立足于审判职能,通过加强法律的实施、完善法律的适用以回应经济社会发展的需求。从具体途径来看,中国法院在法治建设中发挥"能动司法"的方式包括在个案审判中正确适用法律、对法律存在冲突的领域发布司法解释、加强生效判决法律文书的执行。

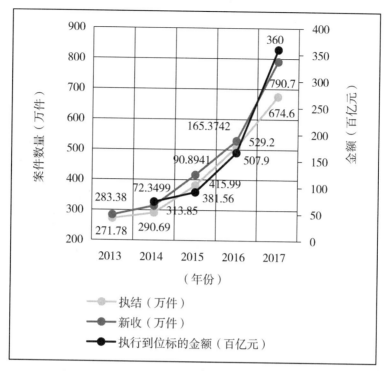

图 4-6-2　案件执行情况（2013—2017 年）
数据来源：2013—2017 年最高人民法院工作报告及国家统计局的数据。

变化，由此产生了前文所述的法律对经济发展作用的新特点和新趋势。更重要的是对法律对经济增长的"中国经验"的深化与升华，并将其与新时代的法治经济建设中的新问题结合起来进行运用，使之真正服务于当下中国经济的发展。

一方面，中国法治经济建设的实践表明，中国从盲目推崇西方市场法律到理性对待西方市场法律，逐渐认识到市场法律制度形成的演进性，过多市场管制型立法会对市场经济带来负面影响，也认识到市场法律实施中市场主体对符合市场规律的"良法善治"[①] 积极态度的重要性，以及私法（民商法）特别是非正式制度（民间规范）对依法保障与发挥市场配置资源的决定性作用和降低市场法律成本的重要作用，使得中国法学界与法律界同仁切身体会到西方经济学大师米勒教授关于市场化改革初期的"中国需要更多法律而不是经济学"著名论断的深远含义。[②] 另一方面，在纪念改革开放 40 周年的背景下，认真总结法律与经济发展的中国经验，深入研究法律在中国经济发展中的特殊作用及其规律，并据此提出有利于实现经济新常态下中国经济持续稳定增长的法律制定与实施的思路与对策，是当下中国法治经济建设中亟待解决的一个重要理论和实践问题。

笔者特别注意到，2017 年年末的中央经济工作会议将"建设法治化市场营商环境"作为振兴我国实体经济的一个重要举措，法治化营商环境建设将成为当下中国法治经济建设的

[①] 习近平总书记在党的十九大报告中提出"以良法促进发展、保障善治"，良法就是要通过科学立法、民主立法、依法立法为市场法律提供高质量立法，善治就是在具备完善、高质量立法的前提下更好地执行和实施法律。
[②] 这一成熟的、富有理智的观点，是由经济学家盛洪在《经济学精神》一书第 264 页的内容中概括出的观点。该书由四川文艺出版社 1996 年 5 月出版。莫顿·米勒，1990 年诺贝尔经济学奖获得者，美国芝加哥大学经济学教授。

"重中之重",同时也是法律促进经济发展的一个新作用点。① 据此,笔者以法治化营商环境建设为背景,提出当下中国法治经济建设理论与实践中的以下几个新问题,以深化与升华我们对法律与经济增长"中国经验"在新时代的认识。

其一,中国法治化市场营商环境建设的理论基础问题。相关的问题是,法治与营商环境的内在关系是什么?法治如何作用于营商环境?由于法治是社会主义市场经济的基石,因此营商环境的"优化"本质上就是"法治化"。营商环境的"法治化"的作用机制简言之有三点:一是通过公开透明的市场交易法律为市场主体提供稳定的预期,从而鼓励市场主体投资创业,充分使用资源创造效益最大化;二是依法明晰各级政府经济管理职权、各类市场主体及相关利益主体的权利和义务,实现市场主体各行其道、各得其所、各尽其责;三是为营商环境依提供交易缺省规则,有效降低交易成本,优化资源配置。

其二,如何处理"西方理论"和"中国经验"在法治化市场营商环境建设中的关系问题。具体而言,西方主流经济学界和法学界提出的能够推动经济发展的"法治标准"(产权保护、契约履行、政府监管、独立司法)对中国市场营商环境建设是否具有普适意义?与中国政治经济体制相契合的"市场营商环境法治化"标准应当是什么?中国如何通过自身实践,构建出比西方国家更具制度竞争优势的法治化市场营商环境?等等。总体而言,法律与经济发展的"中国经验"所呈现出的新特点和新趋势在一定程度上与西方理论相接轨,然而,这并不能够说明这些标准对中国市场营商环境建设具有普适意义,法治市场营商环境的建设要走"中国道路"。西方学者关于法律与经济发展的理论在近几年已经出现了比较大的修正,如法律与经济发展的系统学理论提出法律对经济发展的作用评估不能单一地考虑法律的因素,而是应当将法律视为一个系统,同时将政治、社会、文化等因素作为独立系统,综合考虑不同系统之间的相互作用而形成的环境。② 因此,中国法治营商环境的建设不能"唯法律论",更不能"唯立法论",而应当根据中国的实际国情,以法治为基础充分结合政治、社会、文化等因素,形成"整体大于部分"的合力。

其三,如何健全法治化市场营商环境的评估机制问题。科学地对法律与经济发展进行量化研究,从而形成完整的评估体系,是当下法律与经济发展研究中的一个难题。法律仅是所有影响经济发展的基质当中的一小部分,非法律因素的基质还包括教育水平、人口特征、自然资源禀赋、地理位置、技术水平、国内政治制度、社会和文化规范和实践,以及国际政治和经济等。③ 法律和经济发展理论试图将法律置于评估公式的中心。然而,由于众多非法律因素的存在,并且像法律制度实施情况这样的要素难以被分离以及数量化,类似的评估机制很难实现科学性。④ 法治化市场营商环境的评估不能将法律孤立考量,而应当全面考虑影响营商环境优化的组成因素,从系统性的角度对营商环境进行评估。如世界银行每年出版的《营商环境报告》就以开办企业、办理施工许可证、获得电力、登记财产、获得信贷、保护

---

① 营商环境主要是指市场主体从事相关生产经营或商业贸易活动的环境,是一个复合性的概念,包括政治、法律、社会、文化、教育、发展状况等多种因素,良好的营商环境可以为市场主体提供稳定的预期、适当的激励,并有效降低交易成本,形成充分的公平竞争。
② 参见 L. I. Xiao, "Legal And Economic Development With Sui Generis Chinese Characteristics: A Systems Theorist's Perspective", *Brooklyn Journal of International Law*, 2014, 39 (1), pp. 160 – 228。
③ 当然,这些因素通常会随着国家的政策选择反映在法律上,所以社会变革或者经济变革几乎都会涉及法律的变革。
④ 参见 John, K. M. Ohnesorge, "Developing Development Theory: Law and Development Orthodoxies and the Northeast Asian Experience", *University of Pennsylvania Journal of International Law*, 28 (2), 2007, pp. 219 – 308。

投资者、纳税、跨国贸易、执行合同、解决破产（原来称为关闭企业）等因素作为评价营商环境情况的指标。① 事实上，国内已经出现了许多对于营商环境的评估方案，然而稍显遗憾的是，这些评估方案基本都是照搬世界银行《营商环境报告》的指标，而没有根据中国及其当地的实际状况进行改进。法治化市场营商环境的评估机制必须准确找准真正构成、反映、影响营商环境的因素，同时为实现评估的科学性和准确性，应当建设利用现代经济学、统计学最新理论工具，通过数据分析、指标构建、统计回归、稳健检验、博弈分析等方法，建立具有可比性、可操作性、中央和地方、静态和动态、主观和客观相结合的中国法治化市场营商环境的指标体系。如在中央层面，能否通过不同时期的国家立法数量、具体类别、法官和律师的数量、商事纠纷案件数量、诉讼、仲裁成本、判决与裁决执行、市场准入与退出行政审批数量等方面进行量化和指数构建，来评估全国法治化市场营销环境建设的成效？如在地方层面，如何评估同一时间段中各地政府在执行、实施国家相关立法以及在地方立法方面，如何降低企业经营成本、交易成本、守法成本？等等。

其四，提出有利于法治化市场营商环境的法治改革的对策与思路问题。我国的市场经济法律已经相对完备，然而法治的内涵并不仅仅是相对完备的、静态法律制度建设问题，还包括对法律法规的质量的要求，以及对法律实施机制的要求。如我国的公司法律制度和商事登记制度体系在2014年之前就已经相对完备，并不存在立法上的缺漏。然而在实践中，当时相关规定对公司的设立门槛过高，同时设立的程序过于烦琐，不利于商事主体设立企业，因此，在2015年我国进行了商事登记制度改革，有利促进"大众创业、万众创新"。由于法治化市场营商环境的营造旨在为市场主体提供更好的交易环境，因此相关对策应当围绕市场主体的经营过程来制定。循此思路，需研究的问题至少包括：在市场准入阶段，哪些领域需要进一步依法降低企业设立成本，简化、优化市场事前监管机制（如IPO注册制改革等）？在市场经营阶段，如何落实中央关于依法保护企业（尤其民营企业）产权的政策？如何依法防控具备市场支配地位的企业操纵市场（如大型保险公司对证券市场的非法影响等）？如何依法促进国有企业与民营企业的公平竞争以推进混合所有制改革？如何依法对可能造成巨大市场风险（尤其金融风险）的新兴市场领域（如互联网金融）进行强化、优化监管？如何依法发挥商会行业协会对市场治理的积极功能以有效替代政府行政管制？在市场退出阶段，如何依法推进供给侧改革政策？如何依法强化对破坏市场秩序、损害投资者利益的企业（如虚假上市企业等）以及不符合经济转型发展需求的各类僵尸企业的债务清偿与破产重整？等等。

上述新时代法治经济建设中的新特点、新趋势、新问题的分析论证虽然不全面，但可以肯定的是，新时代法律在中国经济发展中正在扮演十分重要的"主动型法律"角色。问题在于，如何厘清各种因素在经济发展中所占的比重，而更重要的是，在未来的中国经济发展中，应选择何种法治经济建设模式以促进经济发展？法律与经济发展"中国经验"是回归到西方正统的法律与经济发展理论，还是在多种理论并存与制度竞争的前提下继续前行，抑或是促进各种理论的有效融合？因此，本节分析上述新时代中国法治经济建设新特点、新趋势、新问题的目的在于进一步思考法律与经济发展的中国经验，为新时代法律与经济发展"中国经验"的推陈出新研究"抛砖引玉"。

---

① 数据来源于世界银行历年的《营商环境报告》，需要注意该报告衡量营商环境的指标会有一些变化，如其在2014年之后便将"雇佣员工"排除在衡量的指标之外。

第五章 代理、合同与侵权

本章导读

代理、合同与侵权系从自愿市场交易到强制性交易的制度安排,其具有特殊的法学和经济学内涵。本章的主要内容是对代理、侵权以及合同等重要的民商事法律制度进行法经济学分析,从法经济学的视角阐释代理、侵权以及合同相关规则的法律意义和经济意义,揭示制度背后的法律与经济逻辑,并对相关理论的完善、制度的改进以及法律的适用提出基于交叉学科之洞见。本章在选题和内容上既包含对代理制度、合同制度、侵权制度的法经济学分析,为读者理解代理、合同、侵权等重要民商事法律制度的制度内涵和意义提供宏观和完整之视野;其研究也不乏对具体的民事法律行为及相关法律规则进行微观的具有实务意义的法经济学分析,透过法律现象的迷雾探究该法律现象涉及的法律经济学逻辑,带领读者从不同于传统法学的视角考察具体的民商事法律制度。

从经济学的角度来看,资源是有限的,因此,法律制度的安排应当符合效率的要求,以促进资源优化配置,提升社会的整体效益。对于调整人们人身和财产关系的代理、合同与侵权等民事法律制度而言,在制定规则时更应考虑如何通过合理有效的制度安排以降低人们从事社会经济活动的交易成本,提高经济效率。在权益的保护和救济规则选择问题上,[①] 法经济学的分析也启示我们从效率的角度考虑外部性问题的解决、交易成本的降低、社会成本的降低以及效率的提高等传统法学理论所忽视的问题。

本章充分关注当时民商法领域中的代理、侵权、合同等法学理论和司法实务中出现的新现象、新问题,并采用不同于当时主流的对法律进行传统的道德论证和解释的路径——一种前瞻性的经济分析的理论视角和方法,对法律制度进行新的解释。[②] 这种从交叉学科的视角对代理、合同与侵权法律制度及理论进行分析和阐释的尝试,能够在法学和经济学的互动中指出传统法学研究的不足,充实代理、侵权以及合同法律制度的理论内涵,开拓不同于传统法学研究的新的研究进路,乃至推动我国未来法学研究、法经济学研究的理论创新与实践发展。

比较法律经济分析是结合了比较法和法经济学两大法学研究方法的分析范式。对于这一前沿的法学研究方法,美国学者乌戈·马太在其《比较法律经济学》一书中进行了专门的论述。[③] 本章的主要特色即在于采用比较法和法经济学的研究范式进行研究,在研究代理、合同、侵权法律制度及相关司法实务问题时,一方面运用法经济学的研究视角和分析方法进行分析和阐释,另一方面采用比较法的研究方法,对国外相关的理论、立法和司法实践情况

[①] 关于此问题,卡拉布雷西和梅拉米德在其发表的一篇著名的论文中进行了讨论,参见 Guido Calabresi, A. Douglas Melamed, "Property Rules, Liability Rules, and Inalienability: One View of the Cathedral", *Harvard Law Review*, 1972, 85, p. 1089.

[②] 对于合同和侵权的法经济学分析,可以参见[美]罗伯特·考特、托马斯·尤伦《法和经济学》,张军等译,生活·读书·新知三联书店上海分店1991年版。此外,该书中也涉及对代理博弈的分析内容。

[③] 关于比较法律经济学的理论及其在财产、契约、侵权等私法领域的应用分析,可以参见[美]乌戈·马太《比较法律经济学》,沈宗灵译,张建伟审校,北京大学出版社2005年版。

进行比较分析，借鉴国外的经验和做法。

在比较不同地区代理、合同、侵权等法律制度的异同的过程中，结合经济分析方法的运用，以此不断加深对法律的理解。通过进行比较法律经济分析，本章更深层次地揭示代理、合同、侵权法律制度的法律意义和经济意义，寻找代理、合同、侵权等领域相关具体问题的未来理论研究和制度改进的方向，进而促进我国代理、合同、侵权法律制度功能的发挥。

本章通过对代理、侵权以及合同领域中的相关理论和实务问题进行经济分析，阐述了许多具有法律意义和经济意义的观点和结论。比如指出在法律规则的制定和法院的司法裁量过程中，不仅要考虑传统法学所强调的社会公平问题，也应考虑经济效益问题，以促进资源优化配置、更好地发挥法律制度的经济功能。即在法律制度安排和司法适用过程中要考虑效率和公平的权衡问题。

传统法学一直不懈追求公平正义的理念，而法经济学则更多关注效率。法经济学从效率的角度检视法律规则，认为应当通过有效的法律制度安排来降低交易成本，促进资源的优化配置，实现社会财富的最大化。然而，公平与效率这两大价值之间的关系并非完全对立、不可调和。

本章对代理、侵权及合同等法律制度进行经济分析，关注制度的经济功能和效率价值，也并不意味着要摒弃传统法学的研究方法和思维逻辑，对效率和公平这两种不同的价值取向进行优劣比较并做出舍此取彼的选择。法学研究引入法经济学的经济分析方法的目的，不应是仅在于确定法律制度所谓的减少交易费用、提高效率、实现财富最大化等的经济目标并将法律规则的制定和实施作为实现这些目标的工具，而应是为传统法学提供一种新的、具有建设性意义的解释和分析框架，以在传统法学面临理论争议和实践困境时提供解决方案，是以法学和经济学的交汇带来了公平价值和效率价值之间的碰撞与权衡，进而推动法学研究的新发展，促进法律制度的改进和司法适用。

立足于当事人是否有过错或者不当行为，并在此基础上分配各方当事人的法律责任，以维护社会的公平和正义，是典型的事后视角的分析思路。而法院在司法裁判过程中除了要秉持公平正义的理念，亦应关注法院的裁判对于当事人未来行为选择的影响，考虑法律适用的经济效果。[①]

司法过程在代理案件的司法裁判中，应当尊重代理人的独立地位和利益，合理分配代理人和被代理人之间的代理风险，以求有效解决代理人的激励问题，进而充分发挥代理制度的经济功能，降低代理成本，提高代理效率。针对合同的违约金条款，对于当事人基于不完全信息和对未来风险分配而事前进行协商确定的合同违约金数额，法院不应进行过多的干预。在侵权案件中，对于侵权行为所造成的损失应区分是私人成本（财富的转移）还是社会成本，对造成真正的社会成本的损失进行救济才具有效率上的正当性；在确定责任分配、损害赔偿数额时应考虑裁判结果对侵权行为人和受害人的激励作用，提高社会对未来事故的预防水平，降低事故发生的概率及其造成的损失。

综上，在我国代理和债法实践中，立法论和解释论应关注法律适用的经济效益，考虑如何通过有效运用法律规则实现效率的目标，促进法律制度经济功能的发挥。

[①] 关于事前视角和事后视角的分析思路，可参见 Barbara H. Fried, "Ex Ante/Ex Post", *Journal of Contemporary Legal Issues*, 2003—2004, 13, p. 123。

第一节 代理制度的经济分析[①]

一、代理制度创新的法律意义和经济价值

代理制度自创制以来，以其强大的生命力和经济绩效，在降低交易费用，促进民商事活动专业化、规模化，促进世界经济和工商文明的兴盛等方面，发挥出巨大的推动作用。同时，代理制度为市场主体法律行为能力与权利能力的有效结合和向纵深延伸在制度供给上迈出了关键性的一步。

（一）代理制度创新的法律意义

从民法意义上讲，"代理制度的作用，大别约有二端：一为私法自治之扩张，一为私法自治之补充"[②]。

首先是代理制度对私法自治的扩张作用。这是委托代理制度的功能所在和现实基础。随着社会经济向前发展，民商事活动日益复杂化、专业化和知识化，民事权利主体事必躬亲已不可能。私法自治范围内的顾问、鉴定人、文书员、信使等人员能辅助意思的决定和转达，但不能代行意思表示。因为权利主体生理上的统一性和不可分割性，决定了其不能完成同一时间、多个空间地域和专业领域的意思表示和交易活动，代理制度则有效地解决了这一矛盾和冲突。通过代理人的行为，被代理人可以同时与两个以上的相对人进行各种交易活动，这实现了民商事行为由一维向多维的扩展和延伸。同时，被代理人以代理人为中介，打破空间地域的隔离和交通信息的限制，完成异地法律关系的缔结，实现法律权利。此外，代理人还可以弥补被代理人专业知识技能方面的不足和欠缺，提高物质资源的经济价值，提高人力资源和物质资源的优化配置效率。总之，代理制度的扩张效应在律师业务、证券交易、企业经营等活动中无不显示出革命性色彩。

其次是代理制度对私法自治的补充作用。在一般民法制度中，限制行为能力人和无行为能力人因为意志和识别能力的欠缺，使得他们的民事权利不能具体行使而形同虚设。代理制度则在法律上肯定了二者的民事权利由其法定代理人来行使，在制度上保证了他们的民事权利能力和行为能力在时间上的统一。这样，他们自出生以来，不仅享有平等的民事权利能力，而且可以借助代理人的行为实际体现其权利能力，规正和弥合了他们因缺乏意志和识别能力而导致的实体权利和行为能力的分离，从而实现意思自治的补充和取得制度的完善。

（二）代理制度创新的经济绩效

同其他社会制度一样，代理制度不仅在整个法律体系中具有拾遗补阙的功能，而且其创新的根本原因是社会经济发展和资源优化配置的要求，即降低社会交易成本。这是代理制度产生发展的经济基础和进一步发挥功能、提高运作效率的力量源泉。概括地讲，代理制度具有以下三方面的经济功能。

（1）专业化分工效果。经济学理论认为，资源的稀缺是社会经济生活的根本问题，也

[①] 本节部分内容曾以论文形式发表，具体出自周林彬、齐建辉《代理制度的经济分析——兼论代理制度的创新与变迁》，载《兰州大学学报（社会科学版）》，1998年第2期。

[②] 李宜琛：《民法总论》，台湾编译馆1977年版，第298页。

是人类进行社会选择和制度安排的现实依据；制度安排的出发点和落脚点都是对稀缺资源的优化组合，以发挥人力、物力的最大社会价值。代理制度产生的一个重要原因是传统民法制度中民事权利实现中的时间、空间以及专业知识技能的稀缺和不足。代理制度通过主体对行为效果——经济收益的权衡和取舍，肯定和发扬了专业化分工在代理活动中的比较优势和经济价值。被代理人通过具有专门知识和技能的代理人可以获得明显的可比较利益，实现了他本人行为无法实现的潜在经济绩效。代理制度专业化分工绩效主要体现在对人和物的最佳组合上，从而充分挖掘人的主观能动性，发挥物的最大使用价值，以实现社会总体价值和福利的最大化。现代社会的诉讼、信托、金融证券企业的专职经营管理中普遍存在和应用的代理实践更加有力地说明了代理制度的专业化、职业化分工的经济功能。

（2）代理制度肯定和发展了经济的规模效益。代理制度不仅实现了本人行为能力的跨时空界限，完成一部分人的财产与一部分人的富裕体力和智力的结合，而且随着社会的发展，代理活动在实践中逐步趋向于组织化、规范化、集团化和国际化；代理活动不再限于个人，而向团体组织发展；代理人不是单纯地为某一个被代理人服务，而以自己的专门知识、才能和信誉为多个主体提供业务代理。这种集团化、组织化的社会活动蕴含着巨大的规模经济效益，它对交易成本的节省和资源、人力潜能的发挥是个体和小团体活动所无法比拟的。现代各国法律大都规定，律师执业必须加入律师事务所，并且进行专门业务的代理活动，律师事务所必须有规定数量的执业律师才能成立，充分体现了诉讼代理活动在专业化、规模化方面的内在要求和必然趋势。同时，各国法律对金融证券、外贸出口以及行政业务等专门代理机构和法人，从注册资金、从业人员、经营范围诸方面都做了详细严格的规定，更进一步突出了代理制度对规模经济的肯定和保障。

（3）代理制度能节约信息成本，降低交易费用。在市场经济条件下，商品交易从契约缔结（包括发现交易对象、认证交易客体、商定交易价格、交易方式）到交易的最终实现，整个过程都是交易主体双方就交易所涉及的各种市场信息的发现、获取和交流互换的活动。市场信息的获取和使用包含着主体的体力、脑力和时间的消耗，这些便构成社会成本的一个重要因素——交易费用或交易成本。信息资源和人力资源同样是稀缺的，要尽可能多地掌握交易信息，提高交易的安全性和增加获利机会，必须付出额外成本。如果市场主体事必躬亲，由于时间、空间的不可分割和交通通信设施的限制，信息的稀缺将会加剧，成本也会加大，从而影响交易的机会和速度规模。同时，一些专业性强、知识密集型的国际商贸活动要求在信息的收集和处理上做到更加完备准确，这对于缺乏专门技能的非专业人员来说难度之大、费用之高是不言而喻的，因此交易的现实性就会因为支付能力和利益机制的约束而大大减损。代理制度的创立则有效地弥补了这一不足和缺陷。借助代理人的行为，主体行为得以在时间上延伸、空间上扩展、专业知识技能方面补充不足，从而大大降低信息费用和交易成本，提高交易和经营的驱动力，开拓广阔的交易空间和众多的交易机会，社会总体经济效益也会大大增加。

二、现代代理制度的发展趋势和特点

代理制度的创新，完备了法律上的意思自治，释放出了巨大的社会经济潜能，当今社会，在进一步发挥其经济效能和独立的价值目标方面表现出新的演化趋势。

（一）代理范围日趋扩大

代理活动最早起源于民事活动，其理论和制度的建构、完备也是以民法领域为先导的。

现今，代理活动已经冲破门户之别，向社会生活的各个领域渗透和扩展。从部门法归属上看，有民事代理、商事代理、诉讼代理、行政代理等；从代理行为的权利内容来看，有债权代理、物权代理、经营权代理、诉权代理和政治权（如选举权和表决权）代理；从地域上看，有国内代理和国际代理；等等。代理制度愈来愈表现出独立化和多元化的趋势，这已是传统代理制度及其理论不能涵盖的了。

（二）代理活动日趋产业化

代理制度发展到近现代社会以来，其专业化和规模经济的效果日渐突出，代理活动也从个体转向组织团体并形成独立的产业。商事领域内代理已经演化为典型的代理商现象，而且法律上也赋予其一定的地位和人格，即"于一定处所或一定区域内，受商号委托，以商号的名义，出卖商品或为其他行为而受报酬的人"①。代理商以其拥有的专业知识、劳动力和在交易中形成的贸易关系、商业信用，为他人的商贸活动提供超时间、跨地域的专业化服务，成为现代经济生活不可或缺的商业产业。此外，作为市场经济标志之一的证券业务也是代理活动产业化的表现，还有律师、会计等行业也日趋产业化。

（三）代理费用日趋增大

代理活动的经济成本主要有：制度创新和配套设施费用，包括发现、拟定、修改法律文件所支付的费用，保障制度运行而设置的机构、人员和解决代理争议当事人双方支付的费用；制度遵守的成本，包括发现合适的代理人选，代理契约的谈判费用；代理人的报酬费用；被代理人与代理人行为目标偏差导致的摩擦费用，即被代理人为此支付的监督费用；剩余损失，即代理人的实际决策缺乏利益激励而与被代理人的预期目标之间的偏差导致的福利水平下降，或者代理人的"偷懒"造成的资源浪费。随着社会分工的细密，经济活动规模的扩大，以及代理关系的日益复杂，代理费用水涨船高，日趋增加。

（四）代理权和代理人利益日趋独立

代理活动自民事领域延伸到商事领域及其他领域后，表现出极大的权利自主性和利益独立性趋势。就代理商而言，作为独立的商事主体，其权利、义务的行使和承担具有鲜明的自主性和独立性。其独立性包括自主决定自己的经营活动，自由支配自己的时间；独立性的标志在于代理商可以拥有自己的营业所，自己承担营业费用，使用自己的商号和票据单证，编制自己的商事账簿，通过自己的营业活动收取佣金和报酬。代理商的独立性集中反映了商事活动的共同特征和价值目标——营利性。"商法所规定者，乃在于维护个人或团体之营利，民法重在保护一般社会公众之利益。"② 代理权一旦通过谈判授权取得，便具有其他权利一样的独立性和排他性，任何人包括被代理人都不能非法干预。代理活动已不完全是对被代理人的绝对服从和效忠，而是更注重代理活动的经济收益，这也是代理制度在现代社会进一步发展的内部机制和动力所在。

（五）代理责任日趋强化

依据传统民法理论，代理人的代理后果由被代理人承负，所以代理人对代理活动几乎没

---

① 吴陈钚：《代理商之理论与实践》，五南图书公司1980年版，第10页。
② 张国键：《商事法论》，三民书局1984年版，第23页。

有什么责任可言。现代市场经济条件下，随着代理人主体资格的要求和权利的独立化，代理行为中的代理责任——应该明确这种责任是对相对于人而言的，越来越受到重视。合伙人对外的连带责任是民法中代理人独立责任的一个突破口；股票发行中，证券金融机构承购包销制度则明确了代理人的直接责任；行政代理中，授权机关和被委托机关行政行为的连带责任也已被大多数国家的法律确认；① 代理商的商业行为及其法律责任也被相关的制度所肯定。②

（六）代理制度在我国当前的企业改革中地位显著

我国以转换经营机制为核心的企业改革对代理制度及其理论提出了新的要求，企业制度的重新整合和变迁是对代理制度的一次挑战和实证考验。企业的产权问题、市场地位和功能问题以及机制转换问题，都无可回避地涉及代理问题。③ 我国的企业制度改革大致经历了两次大的理论争议。第一次争议的中心是两权分离，即所有权和经营权（代理权）的分离。结果在经营权（代理权）的内容上，企业获得了除大型成套设备处分权以外的所有权的一切权能。但是由于代理权传统理论的局限——这一点将在下文展开论述，代理权仍是实现所有权利益的工具手段，不能摆脱所有人（其代表是国家政府）对代理人行为的干预和支配，企业的独立法人资格不能确立。第二次争议是公司制的推行。公司制理论和实践回避了代理问题，在客观上解决了我国企业投资主体单一、缺乏规模等重大问题，但企业的经营机制并没有像理论设计的那样自然得到改观。公司无疑是一系列代理关系的综合体，从股东到董事会，再到实际的生产经营者，其间包含着错综复杂的代理关系。我国企业经营不善不可否认是多种原因导致的，但代理制度的完善和代理关系的理顺是其中的关键之所在。两权分离未能从根本上确立企业的独立人格，其原因在于传统民法代理理论已不能完全涵盖现实的经济生活，而非对问题的切入点有误，企业改革仍需解决代理问题。

三、传统代理制度的理论缺陷

传统民法代理制度实现了对个体意思表示和行为能力的补充和扩张，在制度建设上是一大创举，在实践中有着节约交易费用、优化资源配置的功能，但其理论否认代理人的独立利益、代理权的权利属性及相应的对外责任，造成了逻辑上的一些误区和实践中不少的缺陷。

（一）代理权非权利说

传统民法理论一般都不承认代理权的民事权利属性，仅以抽象的、不确定的"资格"或"权限"加以解释。④ 比如"代理权既非一种权利，故现今通说咸谓代理权为一种法律上的资格或地位。详言之，代理权者，代理人得以本人名义为意思表示，而其效果则可直接归属于本人之法律上之地位或资格也"⑤。"权利否定说"的主要依据：代理权设立的目的是为本

---

① 参见我国《民法通则》第35、65条，《合伙企业法》第2条，《证券法》第26～29条，《行政处罚法》第18、55条。

② 一般国家的产品责任法都规定，消费者对因产品质量和缺陷造成人身和财产损害的，可以向销售者求偿，也可以向生产者求偿。其中，销售者也包括代理商，法律没有限制性的规定。

③ 参见张维迎《企业的企业家——契约理论》，生活·读书·新知三联书店上海分店、上海人民出版社1995年版，第5页。

④ 参见佟柔主编《中国民法学·民法总则》，中国公安大学出版社1992年版，第280页；史尚宽《民法总论》，正大印书馆1980年版，第477页。

⑤ 李宜琛：《民法总论》，台湾编译馆1977年版，第310页。

人的利益服务,而非代理人的利益,代理权因缺乏利益内容而不具权利属性;[1] 代理权的内容大多是对代理人行为的约束和限制,因此不具备权利的行为自由属性,只能是一种权限或义务而已。

(二) 代理人无利益说

笔者认为该说有待商榷。其一,权利都是以一定的利益追求为目的和归宿是毫无疑义的,但利益的内容和表现形态是多种多样的,由此而构成不同类型的权利,如物权、债权、人身权、经营权、知识产权等,利益的不同并不影响权利的本质。其二,代理活动中代理人的利益是应该肯定的,这就是代理活动的报酬或利润分成。一般民事代理虽有无偿进行的,但现代社会的代理活动总是基于一定的利益追逐而进行的。代理权的取得表面上是通过本人的单方授权行为而实现的,实质上是经被代理人和代理人双方的意思表示,在利益分成上达成一致而完成的,代理人的利益并非不存在。其三,代理法律关系包括代理人与被代理代之间的内部契约关系和代理人与相对人之间的外部交易关系。代理关系两方面的内容是相互依存、相互关联的,内部契约是外部代理交易行为的基础和依据,外部代理交易行为是对内部契约权利义务的具体实现,代理行为直接反映着代理人的相关利益。

相应地,以对行为自由的限制来否定代理权的权利属性更是一个理论误解。任何权利只有对其内容和范围加以限制和界定时才是真实具体的,这便是"权利法定原则"。权利内容中对行为自由的肯定和限制是相互统一的。诚然,代理权的内容大部分是对代理人行为的限制性规定,但是代理人独立的意思表示和行为自由也是被法律所肯定和保护的。"代理人在代理权限内就其所代理的事务除法律有特别规定外,对于第三人视为有为一切必要行为的必要,本人对代理权的限定或撤回不能对抗善意且无过错的第三人。"[2] 同样,代理权的行使也必须以明确的界限和范围为前提,否则便是越权或侵权行为。

(三) 代理人无责任说

传统代理制度囿于"代理后果归属于被代理人",从而造成了代理人对外责任制度的空缺。尽管代理制度及其理论中为确保被代理人的利益,对代理人的义务和责任规定详细而缜密,从而影响到"代理权"的权利性质;但就其实质看,这些义务和责任,如忠实义务、亲自代理义务、报告义务、保密义务及无权代理责任等都是本人和代理人之间的内部契约内容,而对外责任,即对第三人的义务和责任却被忽视。代理人行为对外没有责任,这显然与行为主体的权利、义务、责任相统一的一般原理是相背离的。

(四) 代理人主体资格虚置

从古代社会的身份法到现代社会的契约法,[3] 代理人作为契约一方当事人,其市场主体资格是不用怀疑的。但传统民法理论否认代理人的利益和权利,将其视为一个附属的、消极被动的行为者,完全丧失了主体色彩。代理人的独立意思表示和民商事活动失去了积极主动性,仅是在被代理人操纵和控制下的、为实现其利益最大化的机械运动,这势必造成代理的绩效下降和损耗。

---

[1] 一般认为,权利是以利益为内容的、以法律为保障的行为自由。
[2] 参见我国台湾地区"民法"第107、558条;《日本民法》第110、第117条。
[3] 参见[英]梅因《古代法》,沈景一译,商务印书馆1982年版,第116-118页。

传统民法代理制度及其理论不仅在逻辑上缺乏统一性，观念上有误解，更主要的是会导致交易成本的上涨和制度本身经济功能的下降。

1. 利益否定，激励不足，交易费用增加

在现实的经济生活中，任何行为主体包括代理人在内都是一个理性的经济人，他既有自己"独立的意思表示"，也有自身的价值目标和行为动机——追求效益最大化，这必然会造成被代理人和代理人行为预期之间的偏差，从而形成代理行为的一种固有成本，这就需要在制度安排上尽量消除或减小这种偏差，降低交易费用。传统代理理论从根本上否定了代理人的相关利益和代理权的权利属性，在制度安排上也留有空缺，由此便加剧了被代理人和代理人之间的利益摩擦。代理人的利益得不到应有的认可和保护，其行为也就缺乏应有的动力和激励，"偷懒"和不尽意则在所难免，可得利益的损失随之加大，代理的成本费用随之上涨。传统代理制度大多采用加强代理人对本人的义务和对其的监督来减免损失，如诚实信用、报告商情和及时请示等义务，[①] 制度费用因此而再度加大。同时，由于专业分工和经贸活动的日益复杂，监督费用有时会高到一般人难以支付的地步，从而也就影响到代理的规模和效率，社会交易活动也因此受阻。

2. 传统代理理论的风险责任不对称导致不公平和低效率

代理活动中的风险总体上分为两类。其一是道德风险，即代理人因缺乏利益激励和责任约束，其行为很难做到善意和诚实信用，这种道德上的不尽意会造成经营中的风险和利益损失。代理人的行为后果包括道德风险归属于被代理人，在制度和法理上都是显失公平的。法律虽然对代理人的越权代理和无权代理及恶意串通有严格的规定，但上述行为本质上是侵权行为，所以并没有解决"道德风险"问题，代理制度在经济上仍然是低效率的。其二是经营中的市场风险。任何生产经营活动都暗含着潜在的、不可回避的市场风险，风险的大小和分布会直接影响市场主体的经营决策和整个经营活动的规模。为了减小市场风险对经济活动的负面作用，法律上一般以保险制度和风险分担的办法来弥补。如对外保险、投资中的股权制度、企业股东的有限责任等。传统代理制度中"代理后果直接归属被代理人"，在市场风险的承负上做出了违背一般经济规律的规定，使被代理人处于极为不利的地位，由此导致不公平和低效益。一方面，被代理人得支付成倍的交易费用来获取完备的交易信息以确保交易的安全获利；另一方面，这种风险分布会影响到利用代理人完成交易的积极性，整个社会的经济福利会因此下降。

3. 人力的浪费造成资源配置的低效率

由于代理人利益的否定、地位的虚置，代理人行为与结果脱离，其积极性和主观能动性便大大挫伤，这无疑造成人力的浪费和发挥不充分，因此，以人为中心的资源开发利用的深度和广度受到限制，整个经济运行中的资源配置效率也就不能实现最优。

四、代理制度的创新和变迁

对传统代理制度进行现实的反思和质疑，进而提出制度变迁的思路，不仅是为了概念的统一和逻辑上的完美和谐，更主要的是基于代理制度在现实经济生活中更加有效地发挥节约交易费用和优化资源配置功能而考虑的。正如著名经济学家舒尔茨所说，制度变迁是由人们对稀缺资源赋予的压力增大所引致的。"人们试图对可选择的制度变迁加以考虑来作出社会

---

① 吴陈钚：《代理商之理论与实践》，五南图书公司1980年版，第 62-65 页。

选择，以增进经济效益和经济福利的实绩。"① 代理制度以节约交易费用和开发资源的潜力为生长点，而代理制度进一步发挥其功能价值，提高代理效率，根本的思路也在于如何在制度安排上降低代理活动本身的成本和损失。

（一）代理人主体制度的创新

依据一般经济学原理，降低代理成本、提高其运行效率的基本思路有二：一是加强规范和监督的法律约束力，二是引入激励机制。② 现实中传统代理制度的监督力度不可能再加强，否则就会取消代理制度。我们要做的是冲破传统代理制度的"三无"（即无权利、无利益、无责任）理论的禁锢，确立代理人行为的"三有"性和主体地位；将代理制度从民事行为中分离出来，在主体制度中寻找其恰当的位置。代理人主体制度的确立，一方面可以解决"诚实信用"等道德原则约束的软弱无力，对代理行为的效率、后果进行法律上的责任和风险约束；另一方面可以使代理人的内部激励机制得到肯定和保障，加强代理行为的独立自主性，提高代理的经济绩效。

（二）代理人权利制度的创新

代理人主体资格的确认势必要求行为权利的肯定和保护，这也是激励机制的具体化。基本思路是突破"代理人无利益"的观念，肯定代理行为与代理后果的利益关联，确认"代理权"的权利属性，使代理人和被代理人在利益上连为一体，从而最大限度地纠正二者的目标偏差，降低监督费用和效用损失。同时，内部激励机制也因利益的肯定得以加强，由此可进一步挖掘代理人的时空、专业和信息潜能，提高代理效率。

（三）代理责任制度的创新

代理人主体资格和权利的创新解决了内部激励机制和制度建设的基本问题，代理人的责任制度则着重解决代理风险的分担和法律权、责、利相统一的公平问题。传统代理制度下的定额报酬与代理行为效果相分离，代理行为则缺少相应的责任约束。代理责任制度的创新目标就是尽可能地使行为与后果挂钩，加强代理人的对外责任，具体制度可采用分成合约③、连带责任、风险分散等原理来设计和实现。

（四）代理统一制度的创新

从现代代理活动的特征和发展趋势来看，传统民法行为制度中的代理理论已经不能涵盖纷繁复杂的代理事务，代理活动的主体法色彩和独立化倾向越来越强烈。代理制度不能再拘泥于传统民法的强调归属和静态安全的框框，而要在立法和制度运行上突出动态的关联和效益，针对商事代理、行政代理、证券诉讼代理和国际代理的不同特征和内在要求进行新的主

---

① ［美］T. W. 舒尔茨：《制度与人的经济价值的不断提高》，载［美］R. 科斯、A. 阿尔钦、D. 诺斯等《财产权利与制度变迁：产权学派与新制度学派译文集》，刘守英等译，生活·读书·新知三联书店上海分店、上海人民出版社1994年版，第252页。

② 参见张维迎《企业的企业家——契约理论》，生活·读书·新知三联书店上海分店、上海人民出版社1995年版，第128页。

③ 参见张五常《交易费用、风险规避与合约安排的选择》，载［美］R. 科斯、A. 阿尔钦、D. 诺斯等《财产权利与制度变迁：产权学派与新制度学派译文集》，刘守英等译，生活·读书·新知三联书店上海分店、上海人民出版社1994年版，第137-165页。

体法的代理制度创新，以消除我国当前法律落后、无法可依、法制混乱的状况，以期为完善我国社会主义市场经济法律体系，促进经济建设和社会发展注入新的生机和活力。

第二节 表见代理实务问题分析：商事代理的视角[①]

随着代理活动日趋专业化与商业化，构建适应市场规律且相对统一的表见代理司法裁判规则，对于统一大市场规则的建立和商法体系的完善，具有理论和实践意义。从商事代理的角度和审判实践出发，并在结合比较法律经济分析的方法、借鉴国外表见代理的相关立法与司法实践经验的基础上对表见代理的类型、主观标准、责任分配三个问题进行分析，可以为我国表见代理司法裁判规则的完善提供相应启示。

一、表见代理基本类型的比较分析

商事代理又称商业代理，广义的商业代理包括经理权及其他商业代理权与代办商，狭义的则专指经理以外的商业使用人之商业代理。此处所论述的商事代理采广义说，包括了受雇佣关系约束的经理人、企业雇员的代理人行为。商事代理在特点、行为方式、效果归属及法律关系构成上均与民事代理有所不同，一方面，专业化需求使代理人法律人格体从非专业化民事主体转向专业化商事主体；另一方面，现代公司规模化需求迫使企业授予经理人及雇员代理权对外进行交易活动，以企业为本人的商事代理行为成为现代商事代理主要模式之一。表见代理更容易发生于商事领域，据统计，68%的表见代理纠纷发生在商事代理领域，发生在民事代理领域的表见代理纠纷仅占32%。在我国民商合一立法体例和现行大民事审判司法体制的背景下，有必要从实务层面探讨表见代理的基本类型，并据此构建区别于民事代理且符合商事代理规律的表见代理裁判规则。

（一）我国表见代理的基本类型

《合同法》第49条以权限范围为标准规定了行为人没有代理权、超越代理权以及代理权终止后三种表见代理情形，但司法实践中主要以权限范围作为表见代理类型化标准。笔者认为，对于以概括授权为主的商事代理，[②] 根据权限范围的类型化标准无法有效认定商事领域的表见代理，特别是对于以企业为本人、商辅助人为代理人的商事代理类型，无权、越权的边界难以辨明。在司法实践中以代理人是否有（或曾经有）获得本人授权为标准对表见代理进行类型化，符合商事代理的经济逻辑，理由在于：

第一，商事代理多为概括授权，法官难以判断代理人的代理行为是否在权限内，但对于有或无授权的判断则是直接的。第二，曾经授权及存在实质权限的事实，为本人替代代理人承受表见代理的不利后果提供了正当性。第三，有利于法官通过寻找代理责任最佳承担者。按照英美法院分配代理责任的最低成本避免者规则，本人在通过代理关系获得对代理人的控制权并通过代理分工谋求更大利益的同时，应当投入预防代理人脱离控制的成本并在代理不

[①] 本节部分内容曾以论文形式发表，具体出自周林彬、文雅靖《表见代理实务问题分析：商事代理的视角》，载《人民司法》2012年第9期。

[②] 根据授权范围不同可分为特定授权与概括授权两种，前者指本人对授权范围进行明确，后者指本人并未明确授权范围。在商事代理中，由于交易的复杂性，授权范围一般为概括的，本人给予代理人一系列代理权或在代理协议关于代理权限一款中刻意留白以节省为获得授权多次协商签约的机会成本。

利后果发生时承担代理责任。但若本人因不可能观察代理人的行为以至于预防成本投入过高时，则不要求本人承担代理的不利后果，而由代理人及第三人承担。① 进一步分析，有授权或曾经授权的事实在证据上展现了本人与代理人形成代理关系的盖然性，它与从未授权存在质的差别。曾经授权及存在实质权限的事实意味着本人应该比无权表见代理本人付出更多无效代理的预防成本，若本人没有投入足够的预防成本，就应承担基于代理人脱离控制导致静态安全偏离的风险。相反，在从未授权的情况下，就应降低本人预防成本的投入。因此，表见代理应分为有（包括曾经有）代理权的表见代理（以下简称"有权表见代理"）及无代理权的表见代理（以下简称"无权表见代理"）两个基本类型。

（二）表见代理基本类型对我国司法裁判规则完善的启示

1. 有权表见代理关系中的本人比无权表见代理关系中的本人承担表见代理不利后果的可能性大

在表见代理纠纷中，往往出现本人与第三人相关证据证明力相同，以致不能准确认定表见代理是否成立的情况。笔者认为，在有权表见代理关系中的本人比无权代理关系中的本人承担表见代理不利后果的可能性大，因为有权表见代理关系中的代理人权限更贴近于实质权限。当本人与第三人对同一事实分别举出相反证据但都没有足够的证据否定对方的证据时，有权表见代理关系中的代理人具有代理权限的证据盖然性大于无权表见代理关系中代理人具有代理权的证据盖然性，所以推定有权表见代理关系中的代理人有代理权且表见代理成立，有利于保护交易的动态安全。相比之下，推定无权表见代理关系中代理人不具有代理权且表见代理不成立，有利于保护交易的静态安全。

本人与第三人的证据证明力相同时，法官应根据民商事表见代理、商事代理中的无权和有权表见代理之区别认定授权的盖然性，其规律如下：第一，在有权表见代理场合，第三人的合理相信需要举证证明（区别于民事代理中的推定第三人善意）；第二，在有权表见代理场合，第三人善意的证明标准低于无权表见代理场合第三人善意的证明标准；第三，在有权表见代理场合，本人对抗第三人善意的证明标准高于无权表见代理场合本人对抗第三人善意的证明标准。上述思路不适用于民事代理中的表见代理，因为民事代理中的表见代理，第三人的善意是推定的，无论是有权表见代理还是无权表见代理，只要第三人尽了注意义务且仍相信代理人有代理权，就应认定表见代理成立。

2. 在有权表见代理关系中，企业作为本人比自然人作为本人承担表见代理的不利后果的可能性大

统计分析表明，我国各级法院审理的涉及表见代理案件中，代理人主体类型多为从属商辅助人（约占53%），② 表见代理类型主要是企业为本人的有权代理。对于企业为本人的表见代理的认定，司法实践中裁判规则不统一。笔者认为，在企业为本人的有权表见代理场合，企业及其代理人获得授权的证据盖然性高于作为民事代理人的自然人获得授权的证据盖然性，推定代理人有代理权。因为在企业为本人的商事代理活动中，代理人具有一种职业或职务代理权限，如拍卖商、不动产代理人、代理商、律师、合伙人、公司总经理或公司秘书等以某种代理行为作为职务或职业行为的人，其享有的代理权限可以扩大到这类代理人职业

---

① 参见 Eric Rasmusen, "Agency Law and Contract Formation", *Harvard Law School John M. Olin Center for Law, Economics and Business Discussion Paper Series*, p. 323。

② 据统计，在表见代理纠纷中，32%代理人主体类型为民事自然人，15%为独立商辅助人，53%为从属商辅助人。

或职务通常所享有的权利范围。因此，企业及其代理人拥有比自然人及其代理人更广泛的代理权存在外观，且这类企业及其代理人的代理权外观更容易让第三人信服。①

3. 企业为本人的有权表见代理认定与代理人在企业的职位（级别）相关，即企业代理人职位越高，企业承担表见代理不利后果的可能性越大

企业内部是带有阶层的纵向资源配置过程，企业高管以及普通企业职员与企业具有权限关系，该权限关系向第三人呈现的外观说服力不同。例如，企业高管以及普通企业职员在同样持有盖有公司盖章的空白合同时，其外观事实表现力依次递减。因此，在认定企业为本人的商事表见代理场合，应充分考虑代理人在企业的职位（级别），企业代理人在企业的职位越高，企业有授权的证据盖然性越大，相关的表见代理关系中企业承担表见代理后果的可能性就越大。然而，这种企业代理人级别与授权盖然性的可能性推定，不适用于民事代理，因为在民事代理中，民事代理人没有职位（级别）区别，在同为民事自然人的情况下，有代理权外观不会因为民事自然人资产情况、信用状况等不同而增加或减少。

二、表见代理构成要件的主观标准比较分析

在表见代理构成要件的认定中，难点之一是本人可归责性与第三人善意之间逻辑关系的厘清。以下讨论表见代理关系中因本人过错或第三人过错引致的表见代理主观标准或主观构成要件问题。

（一）表见代理构成要件的主观标准——折中标准

考察国外司法实践，表见代理的主观标准主要有第三人标准、本人标准及折中标准三种。第三人标准是以第三人是否善意作为衡量表见代理是否成立的主要标准。依第三人标准，在表见代理关系中，法官侧重于考察第三人是否有足够证据证明其善意，而不问本人是否具有过错或过失。美国主要采用第三人标准。本人标准，即以本人表示的可归责性亦即本人是否有过错作为衡量表见代理是否成立的主要标准。依本人标准，法官侧重考察本人是否存在向第三人表示代理人有代理权的过错，借此证明现有外观是否足以让第三人善意地认为代理人有代理权。在本人标准裁判思路下，第三人需证明本人错误或过失地向其表达了代理人有代理权的意思以表明自己的善意成立。日本主要采用本人标准。折中标准是本人标准的放宽适用，其核心是表见代理的认定应放宽本人归责要件的要求。根据折中标准，即便本人不具有可归责性，仍可认定表见代理成立。英国学者认为，在企业为本人的表见代理中，法官对企业代理人是否具有代理权的判断不应与传统民事代理情况相提并论，而应适用内部管理准则，②即企业不能以没有授权对抗第三人。

在我国司法实践中，对表见代理的认定有一元论与二元论之争，其主要区别在于本人过错是否构成表见代理成立的要件。《合同法》第49条没有规定本人的可归责性，但分析相关司法政策性文件，如1993年最高人民法院《全国经济审判工作座谈会纪要》、2009年最高法院的司法政策性文件《关于当前形势下审理民商事合同纠纷案件若干问题的指导意见》的相关规定，可以认为本人的可归责性是我国法院认定表见代理的一个裁判标准。

---

① 参见［日］西内祐介《表见代理と禁反言の法理の关系》，载《九大法学》94号，2007年版，第414页。
② 内部管理准则是英国普通法在 Royal British Bank v Turquand（1856）一案中确立的原则，它指第三人面对企业内部人员时，没有检查内部人员权限是否正确的义务。法律默认内部人员恰当使用代理权。参见 Andrew Griffiths, *Contracting with Companies*, Oxford and Portland, Oregon: Hart Publishing, 2005。

笔者认为，商事代理中表见代理的认定应采折中标准，即以第三人善意为主，兼顾本人可归责性。① 理由在于，商事代理中第三人的识别能力强于民事代理中的第三人，特别是长期进行商事交易的商主体第三人。第三人标准旨在于最大限度地保护善意第三人，但在商事领域，过分保护第三人容易导致机会主义，不利于交易安全。

（二）折中标准对完善我国司法裁判规则的启示

1. 本人制造有权表见代理外观②情况下的表见代理认定

本人制造有权表见代理外观的情况下，第三人对自己善意的证明只需达到低标准——没有遗漏重大代理权限瑕疵，即可认定表见代理成立。因为本人制造有代理权限外观的有权表见代理，意味着本人有授予代理权于代理人，或向第三人直接传达代理人有代理权的信息。此情况下，只要第三人尽了最低注意义务，则无论本人是否具有可归责性，即可认定表见代理成立。

2. 代理人制造有权表见代理外观③情况下的表见代理认定

代理人制造有权表见代理外观情况下，第三人主张善意须举证已尽最低注意义务，包括已实施预防及审查程序，如向本人确认代理人身份、签订要式合同以及向行政机关查阅代理人或本人的相关资质等。此时表见代理的认定应依据商事代理场合与民事代理场合的不同而有所不同：在商事代理场合，第三人与代理人进行交易的目的是获利，面对自称为"代理人"的合同相对人而不向本人求证或要求"代理人"提供更多身份、资历证明即与其签订合同，不符合交易惯例。实践中，第三人常以对方持有该有公章的合同为由以证明善意，但从商事惯例看，企业雇员持有盖有印章的空白合同只是企业缩短交易时间的手段之一，并不能必然得出代理人有权为该代理行为的结论，因此，对方持有该有公章之合同不能被认为是已尽了商事活动中最低注意义务。相比之下，在民事代理中，第三人只需尽最低注意义务。因为民事代理中第三人只能根据合同是否有公章或签名、代理人名片等外观判断代理人身份，不能要求民事代理中的第三人履行更多的审查程序。

3. 本人制造无权代理外观情况下的表见代理认定

在无权表见代理的情况下，也应区别本人制造外观及代理人制造外观两种情况。在本人制造外观情况下即成就了可归责性，因此只需考虑第三人的情况。无论是民事还是商事代理，本人制造外观给了第三人相信代理人具有代理权的前提假设，与第一种情况相似，第三人基于诚实信用原则只需尽最低注意义务即可。

4. 代理人制造无权代理外观情况下的表见代理认定

在代理人制造外观的无权表见代理中，第三人善意的标准较高。其一，本人没有向代理人传达任何代理人有权限的信息；其二，代理人实质上是无权代理；其三，本人知悉后不会对该代理行为进行追认。在此情况下，由于本人从未制造代理人有权限的外观，且第三人与代理人没有交易历史，因此第三人主张善意必须证明本人具有可归责性。在美国司法实践中，本人可归责性主要包括：第一，本人没有支付任何预防成本防止有人冒充其代理人；第

---

① 折中标准与表见代理二元构成要件说的区别在于，二元构成要件说以第三人善意及本人可归责为构成，缺一不可；而折中标准首先强调第三人善意，本人可归责是表见代理认定的辅助标准，但应当同时考察本人可归责性。

② 本人制造外观，指本人通过明示、默示方式向第三人表示代理人有代理权的情况。

③ 代理人制造外观，指代理人通过伪造、模仿等方式向第三人展现有代理权外观，但本人从未向第三人做出表示的情况。

二，本人知悉有人可能或已经以其代理人身份在市场中与第三人进行交易时而持放任态度，没有以合理手段通知第三人。其中，本人支付预防成本防止有人冒充其代理人，如以公示方式告知不特定第三人其代理人身份及数量、统一代理商的商标及装潢等，定期检查市场上是否存在有人冒充其代理人的情况并采取适当法律手段等，则不构成本人可归责性。①

三、表见代理责任分配的比较分析

表见代理可为有权代理，也可为狭义无权代理，由此表见代理可能产生与无权代理人责任竞合之问题。以下讨论责任竞合时的表见代理责任分配问题。

（一）表见代理责任分配的不同观点

大陆法系国家表见代理责任分配规则主要有表见代理优先说、选择权说以及折中说。

表见代理优先说将代理一般分为有权代理、表见代理、狭义无权代理，即表见代理与无权代理责任竞合时，优先适用表见代理规范，代理责任由本人承担。德国法院持此观点。选择权说主张无权代理制度与表见代理制度并行来保护第三人，第三人可以选择追究本人的表见代理责任，或选择追究代理人的无权代理责任。日本法院持此观点。折中说认为，法官应根据本人及代理人过失的轻重判定本人还是代理人承担责任。若代理人是轻微过失，则代理后果由本人承担，第三人只能追究本人的表见代理责任；若无权代理人的代理行为存在故意或重大过失情况，第三人可以追究代理人无权代理责任。

我国采选择权说。《合同法》第48条规定了善意第三人的撤销权。通说认为，表见代理要件满足后善意第三人享有选择适用狭义无权代理或表见代理制度的选择权，第三人选择后不能更改主张。② 但在实践中，选择权制度并没有很好地发挥作用，鲜有原告主张选择适用狭义无权代理制度。其原因在于：第一，狭义无权代理在商事代理领域发生频率减少。第二，狭义无权代理证明难度高于表见代理证明难度。进一步分析，根据法经济学理性人假设，在无权代理与表见代理竞合时，选择权制度由于无权代理制度在商事代理活动中的作用日渐衰弱，并不能增加第三人诉讼力量。相反，在代理人市场地位日益提高的背景下，表见代理制度僵化适用非但不能保护第三人，还可能激发本人与代理人串通的动力。无权代理与表见代理竞合时，赋予第三人选择责任主体，在民事领域能有效保护第三人利益。但在商事领域，本人与代理人是一个利益联合的内部组织，司法实践中采用的选择权说可能造成一个非效率后果，即本人与代理人串通的可能性增加，第三人的利益更容易受到损害。因此，除授予第三人选择权外，在表见代理成立时，还应赋予第三人选择由本人或代理人承担表见代理法律责任的选择权。

（二）表见代理选择权对我国司法裁判规则完善的启示

第一，在代理人责任承担能力大于本人责任承担能力时，表见代理选择权有利于第三人获得足额赔偿。在民事代理中，本人的责任承担能力往往大于代理人，因此由本人承担代理责任。然而，在商事代理中，代理人的责任承担能力未必弱于本人，在某些场合，本人是没有风险承担能力的空壳公司，严守本人承担表见代理责任的责任承担模式易产生本人与代理

---

① 参见 Chad P. Wade, "The Double Doctrine Agent: Streamling the Restatement Third of Agency by Eliminating the Apparent Agency Doctrine", *Valparaiso University Law Review*, 2007, 42, p.341.
② 参见史浩明《论表见代理》，载《法律科学》1995年第1期。

人的串通，不能有效保护第三人利益。

第二，表见代理选择权的适用符合表见代理制度保护第三人的宗旨。在商事代理中，第三人即便知道本人没有责任程度能力，也碍于制度缺陷不能获得最多赔偿。因此，赋予第三人表见代理选择权，让其在表见代理成立时主张代理人责任，有利于表见代理制度保护第三人宗旨的实现。

第三，本人与代理人的相互依赖性使代理人可以成为表见代理责任承担的主体。代理活动本质上是劳动分工的结果。在民事代理中，本人与代理人的相互依赖性较弱，本人与代理人可以看作单纯的金钱与劳动交换，从某种程度上看，即便没有代理人存在，本人与第三人仍可达成交易；在商事代理中，本人与代理人的相互依赖性增强，本人或缺乏代理人的专业知识，或不能亲自为代理行为，本人与代理人之间形成专业合作关系，从某种意义上可视为有两位股东的企业——本人货币出资，代理人劳动出资。正如股东对于企业的重要意义，本人与代理人理应为表见代理活动引发的第三人损害承担连带责任。因此，商事代理活动中的有权表见代理情况下，代理人应当成为承担表见代理不利后果的一个重要责任主体。

授予第三人表见代理选择权，可能在某种程度上打破本人为代理人承担替代责任的代理理论，但却能够最大限度地保护善意第三人，与表见代理制度设立之初衷相符。实践中，空壳公司的存在、本人与代理人的恶意合谋等影响商事代理交易安全的因素日益增多，僵化地适用选择权制度以及表见代理制度难以保障商事代理交易安全。因此，笔者建议法官可以在商法基本原则的指导下，在个别案例中允许第三人在适用表见代理制度下选择由代理人承担表见代理法律责任，以弥补现行表见代理制度的功能缺陷。

第三节　合同违约金的比较法律经济学分析[①]

一、违约金规制问题的提出：传统法解释学分析的不足

（一）违约金条款相对于其他合同条款受到了特殊对待

合同作为当事人通过交易实现各自利益最大化的手段，其从产生到消灭牵涉以下多个场景：正式订立合同前的接触、谈判；通过要约、承诺使得合同形式上成立；双方根据合同内容履行各自的义务使得对方获得期待利益；基于各种主观和客观的原因导致一方或者双方当事人不履行约定的义务；由于没有按照约定履行合同义务而承担产生的违约责任。那么合同法在其中起到的作用是什么样的呢？在整个交易中，由于市场经济通常假定当事人在完全意思自由的情形下最能够照顾好自己的利益，因此，基于合同自由原则，合同法对于整个交易过程的管制通常来说是为了保证当事人交易过程的程序公平，以维持当事人意志自由这一假定；不允许当事人从事非法交易，从而防止交易过程给社会带来负外部性（因为当事人能够照看好自己的利益并不意味着他们的利益最大化符合社会利益的最大化）。

在此视角下，当我们审视合同当事人在缔约时须具有相应的缔约能力，合同当事人的意思表示真实，合同不违反法律、行政法规的强制性规定，不损害国家或者社会公共利益的这

[①] 本节部分内容曾以论文形式发表，具体出自周林彬、樊志斌《合同违约金的比较研究与法经济学分析》，载《光华法学》（2007年卷）。

三项合同生效要件的规定的时候,① 会发现前两项是从主体认识能力和意思表示真实的角度来维持当事人意志自由的假定,而第三项要件则是为了防止合同交易带来当事人成本—收益计算之外、他们没有内部化的成本(比如毒品交易虽然使得毒贩实现了其利润最大化的目的,但是,滥用毒品会给整个社会带来大量的道德成本和经济成本)。此外,有关合同解释的一系列规则、有关合同履行的抗辩事由(不可抗力、情事变更等)、有关违约责任的损害赔偿的规定都是为了弥补当事人意思表示的不足之处,修补合同的不完全性。② 另外一类对合同的规制则来自立法机构认识到由于某些类型的合同通常牵涉交易双方谈判力量不平等、信息不对称等因素,适用一般的合同法原则进行个案规制成本太高,因此,我们将该交易领域整个划出进行特殊规制,比如消费者合同、劳动合同。

由上面的分析可以看出,在当事人对所争议的事项已经有了明确约定的情况下,合同法对于合同的规制基本只限于对合同的形式考察,而不会考虑其约定的具体内容是否合理、恰当,因为这是当事人自己进行利益权衡的问题。从逻辑上来说,不论是第三方还是法院,都不应当比当事人具有更好的判断能力。③ 但是,对于合同条款中内容毫不含混的违约金条款,不论是大陆法系还是英美法系,都施加了实质内容方面的限制。在大陆法系,民法典中通常允许当事人以约定违约金"过高"或者"过低"为由请求法院调整赔偿数额;④ 在英美法系中,违约金条款被分为惩罚性违约金条款、补偿性违约金条款以及限责条款,法院不

---

① 参见韩世远《合同法总论》,法律出版社2004年版,第176-188页。
② 有关合同不完全性导致合同法"缺省规则"属性的经典的论文,参见 Ian Ayers, Robert Gertner, "Filling Gaps in Incomplete Contracts: An Economic Theory of Default rules", *Yale Law Journal*, 1989, 99, p. 87。有关合同不完全性和违约金的关系,见后续的论述。
③ 需要澄清的是,虽然合同条款的具体内容的合理与否不是法院/第三方能够判断的对象,但是,合同条款内容的表面不合理却可以成为证明当事人意思表示有瑕疵的一个线索或者证据。在此,唯一的例外可能是大陆法上的"显失公平"或者英美法上的"不合良心"(unconscionability)规则,有关显失公平原则和违约金的关系,见后续的论述。
④ 大陆法系一般承认违约金条款有效性,比如《德国民法典》第339条至第342条承认了为各种形式违反约定的违约金的有效性。《德国商法典》第348条对商事交易中约定的违约金一律承认其有效性。《法国民法典》在1975年之前对违约金条款也是一律承认其有效性。但是,在各国的民法典中也都有对违约金数额过高时进行调整的规定,《德国民法典》第343条第1款规定:"如果惩罚金不合比例的高(disproportionately high),法院可以根据债务人的请求将其降低至合适的数量。在对违约金是否适当作判决时,应考虑债权人的一切合法利益,而不只是考虑财产上的利益。"《法国民法典》在1975年新增的1152条第2款中规定,"如果赔偿数额明显过高或过低时,法官得减少或者增加原约定得赔偿数额。一切相反的约定应视为未订立"。《瑞士债法典》第161条规定,法院可以根据自由裁量权减少过高(excessively high)的惩罚金。1942年《意大利民法典》第1382条规定,如果惩罚金的数量明显太高(manifestly too high),可以被减少。我国台湾地区"民法典"第252条规定"约定之违约金数额过高者,法院得减至相当之数额"。我国《合同法》第114条第2款规定"约定的违约金过分高于造成的损失的,当事人可以请求人民法院或者仲裁机构予以适当减少"。此外,罗马国际统一私法协会制定的《国际商事合同通则》第7.4.13条(对不履行所约定的付款)也规定,"(1)如果合同规定不履行方当事人应支付受损害方当事人一笔约定的金额,则受损害方当事人有权获得该笔金额,而不管其实际损害如何。(2)但是,如果约定金额大大超过(grossly excessive)因不履行以及其他情况造成的损害,则可将该约定金额减少至一个合理的数目,而不考虑任何与此相反的约定"。基本一样的规定也出现在可以说是《欧洲合同法》重述性质的《欧洲合同法原则》(*Principles of European Contract Law*)的4.508条中。同时,还有一些国家将违约金的数额作为损害赔偿的最低限额来对待,允许受损害方当事人请求法院在违约金的基础上增加损害赔偿额。比如,《德国民法典》第340条第2款规定,"债权人因不履行而享有损害赔偿请求权时,可以要求以取得的违约金代替最低数额的损害赔偿。不排除主张其他损害"。根据第341条第2款的规定,在债务人不适当履行时,该规定亦适用。我国《合同法》第114条第2款也规定:"约定的违约金低于造成的损失的,当事人可以请求人民法院或者仲裁机构予以增加。"

会强制执行惩罚性违约金。① 由此，我们可以看出，相对于合同中的其他条款（比如价格条款），违约金条款受到了立法者和司法者的特殊对待。

（二）补偿性是传统法学的解释重点

这种区别对待的理由何在？从传统法解释学的文献和法院的实际判决理由来看，关注违约金的补偿性是法院对违约金，尤其是过高违约金进行调整的理由。

在大陆法系上，主张依据事后的实际损失对违约金所约定的数额进行调整的理由主要是，违约金乃是双方当事人就损害赔偿额提前进行的约定，二者应当保持一定的一致性；同时，从合同公平正义的理念出发，如果违约金和实际损失之间差别太大，会违反等价有偿的原则。② 因此，大陆法系事后规制的基本前提是，事后过高（少数国家也承认过低）的违约金会过分补偿没有违约的一方，同时对违约方造成过重的负担。但是，与此相对应的是，对于实际损失高于违约金约定数额的情况，各国民法典一般没有从事后特别加以规制。③

在英美法系上，法院对惩罚性违约金的严格审查来自其合同法上的两大原则，一个是

---

① 英美法上通常只对违约金数额过高的情况进行严格审查。英国法上有关违约金条款有效性判断一般规则的经典案例是 Dunlop Pneumatic Tyre Co. Ltd v. New Garage and Motor Co. Ltd (1915) A. C. 79 一案，Dunedin 勋爵在判决中将有关法律总结如下：（1）虽然合同当事人采用的"惩罚金"或者"违约金"可以作为他们意思表示的确如此的初步证据，但是，这样的表述并非结论性的。法院必须判断所约定的付款事实上是惩罚金还是违约金。（2）惩罚金的核心是约定付款以恐吓违约方；违约金的核心是对损失的真诚的预测（genuine pre-estimate）。（3）约定的付款到底是惩罚金还是违约金的问题是解释的问题，需要根据每个特定合同的条款和固有情况进行判断，判断的时间是合同签订的时间而非违约的时间。（4）为了帮助解释，已经发展出了多个测试方法。如果可以适用于所考虑的案件，这些方法应当非常有帮助或者甚至是结论性的：（a）如果约定的数目较之于可以想到的由于违约造成的最大损失都是过高而且不合良心的，就是惩罚金；（b）如果违约仅仅是没有付款，而约定的数目高于本来应当支付的数目，就是惩罚金；（c）如果对造成的损失有的很严重有的很轻微的不同的情况约定了一个总的违约金，那么，该条款被推定为惩罚金；（d）如果违约的后果使得准确的预测不可能，这并不妨碍约定的数目是真诚的预测。相反，这正是所预测的赔偿是双方当事人讨价还价（bargain）结果的情况。Id., 86-88. 参见 H. G. Beale (ed.), *Chitty on Contracts* (28th ed.), Vol. 1, *General Principles*, London: Sweet and Maxwell, 1999, pp. 1326-1328. 美国法上，各州法院和联邦法院对于何为惩罚性违约金的判断标准不一样，但是就目前的发展趋势来看，《统一商法典》（UCC）2-718 条的规定和《第二次合同法重述》（*Restatement 2d Contracts*）356 条的更加宽松的标准已经慢慢被接受。根据 UCC 2-718（1）的规定："双方可以约定因为任何一方违约的赔偿，但是数量应当合理，在此需要考虑到双方预期的或者实际造成的违约损失、证明损失的困难以及通过其他方法取得充分救济的不方便或者不可能性。约定不合理高的违约金的条款是无效的惩罚金。"根据《合同法重述》第 356 条的规定，"违约金条款在考虑到预期或者实际损失以及证明损失的困难后是合理的"。在该条的评论 b"惩罚性违约金的测试"中说："如果违约金和实际违约造成的损失相近，那么即使违约金和所预期的其他违约造成的损失不相近，仍然合理。进一步而言，如果违约金和签订合同时所预期的损失相近，那么即使和实际损失不相近，违约金仍然合理。"从这里我们可以看出，美国法上已经抛弃了原来要求的"双方真实意图"以及"损失的不确定性"这两个要件，将损失的不确定性变成了考虑是否合理的一个因素（虽然有些法院还在重申该要件）。此外，在合理性判断的数量参考点上，较之于大陆法系纯粹从事后判断和英国从事前判断的做法，美国将预期的损失和实际损失列为并列的参考点，约定的违约金只需和其中一项相差不大就具有合理性，这样，仅从字面规定来看，美国目前的做法已经比大陆法和英国法都要宽松。当然，英美法系法院在实际案件中对待违约金条款的态度可能比大陆法系仍然更加挑剔。参见 E. Allan Farnsworth, *Contracts* (2nd ed.), Boston: Little, Brown and Company, 1990, pp. 936-943. 但是，在某些极端的案件中，当出现违约金条款从事前来看合理，但是事后却大大超过违约所造成的实际损失时，仍然有一些法院将违约金条款归为惩罚性条款因此不可以执行。参见 Eric L Talley, "Contract Renegotiation, Mechanism Design, and the Liquidated Damages Rule", *Stanford Law Review*, 1994, 46, p. 1195, p. 1203, 以及 Farnsworth 前书（第 942 页）中也提到了有法院将事前和事后合理性作为违约金有效的两个必要条件而非充分条件。

② 参见韩世远《合同法总论》，法律出版社 2004 年版，第 774 页。

③ 当然，约定的数额过低的违约金条款（也就是限责条款）可能从事前的角度受到显失公平原则的规制，但是这种干预需要满足的条件比过高时的合理性标准要严格。总体来说，对于过高的违约金条款的干预比限责条款的干预要严厉一些。

"补偿性原则"(principle of compensation),即认为合同当事人因对方违约而取得的赔偿只能是补偿性的而不能是惩罚性的,因此当事人双方不应该约定惩罚性条款。另外,一个原则是英美法上对"实际履行"(specific performance)的敌视态度,认为惩罚性违约金会具有恐吓(in terrorem)另一方当事人,强迫其履行合同义务的后果。[1]

总结而言,两大法系对违约金进行特殊对待的理由都集中在了违约金的"补偿性"上,也就是说,法院在处理当事人有关合同违约金的争议时都会将目光集中于违约金与损失之间的关系。虽然对违约金的规制在大陆法系和英美法系之间存在区别,前者一般认为违约金条款是有效的,只有在过分高于实际损失时才需要进行调整;后者则对违约金条款持相当抵触的情绪,虽然近年来态度有所缓和,但仍然坚持违约金应当与预期或者实际损失保持合理关系。但是,二者在对违约金条款需要从其内容的"合理性"(不论是大陆法系的"不过分高于"标准,还是英美法系的"合理"标准)上来进行限制却有了相当的一致性。[2]

但是,从经济学对人"经济人"的假定出发,当事人真的会约定非补偿性的违约金条款,以致需要法院在事后加以干预吗?接下来将分别从主流法律经济学与新兴行为法律经济学的理论文献出发,论证如下结论:

(1)从理性人假设出发,我们会发现,合同违约金条款在整个合同中并不占据特殊地位。在事后看来,不论是过高还是过低的违约金条款,都只是当事人在签订合同时已经分配了的风险的实现。

(2)如果我们抛弃理性人假设,那么,违约金条款从理论上来说更容易成为被攻击的对象,需要法院对违约金施加较强规制。

二、主流法律经济学的分析:违约金条款并不特殊

(一)一个简明的新古典模型分析——完全信息假设下的当事人不需要违约金条款

1. 直观的静态模型

图 5-3-1 至图 5-3-5 是"有效违约"模型的一个直观表示。"有效违约"模型是大陆法系和英美法系从补偿性出发支持干预违约金数额的基本模型。

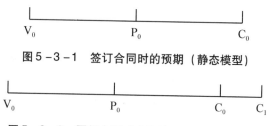

图 5-3-1 签订合同时的预期(静态模型)

图 5-3-2 履行合同成本下降——S 的超额利润

---

[1] 参见 E. Allan Farnsworth, *Contracts* (2nd ed.), Boston: Little, Brown and Company, 1990, p.935。

[2] 而在判断合理性的参照点上,从目前的规则来看,存在"事前"(ex-ante)和"事后"(ex-post)两个标准。大陆法系采取的是纯粹事后判断的态度,只考虑被违约方由于对方违约所遭受的实际损害与所约定的违约金数额之间的关系。在英美法系内,英国法以当事人订约作为参照点,采取的是事前判断的做法。美国法则近年来同时吸收了事前和事后两个参照点,但是在实际运用中,不同的法院有不同的理解。

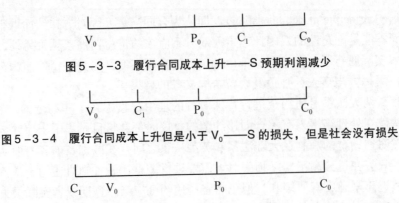

图 5-3-3　履行合同成本上升——S 预期利润减少

图 5-3-4　履行合同成本上升但是小于 V_0——S 的损失，但是社会没有损失

图 5-3-5　履行合同成本上升且大于 V_0——S 的损失，而且社会有净损失

这个模型的主要内容如下：交易双方是一个买家（B）和一个卖家（S），签订合同时，合同标的（可以是货物或者服务）对于买家的主观价值为 V_0，卖家提供这项合同标的（也就是履行合同）所预计的机会成本①是 C_0，合同价格为 P_0。② 假如这个合同是一个即时履行的合同，那么，买家通过交易得到的利益就是（$V_0 - P_0$），卖家通过交易得到的利益就是（$P_0 - C_0$），双方在这次交易中总共获得的利益（或者说整个社会通过这次交易得到的利益）就是 $V_0 - C_0$。显然，只要 $V_0 > C_0$，社会就从这次交易中获得了增加的效用，或者说增加的财富。也就是说，$V \geq C$ 是保证交易有效率的条件（见图 5-3-1）。

以上是即时交易模型，在这种情况下是不需要合同救济来保证合同履行的，但是，现代社会交易的最常见形式是跨时交易。所以下面让我们考虑跨时交易的模型，即图 5-3-2 至图 5-3-5 所表示的 S 的成本的在合同签订后可能出现的 C 最终实现的各种状态。在这个模型中，买家 B 对合同标的主观估价 V_0 是一个确定数值，也就是合同履行时所实现的数值。

从卖家的角度出发，如果他无须支付损害赔偿，那么，能够影响他是否履约的唯一限制就是机会成本 C 的变化，假设履约时 C 变为 C_1。在此，我们先假设卖家对成本的上升和下降是不能控制的。也就是说，此处成本变化的风险对交易当事人来说是外生的，但是，这种风险对他们来说是已知的。③

在图 5-3-2 和图 5-3-3 的情况中，S 的机会成本小于价格，履行合同有利可图，S 不会违约。在图 5-3-4 和图 5-3-5 中，S 的成本大于价格，履行合同对于 S 来说只能是损失，此时，如果没有其他制约，S 肯定会违约。但是，我们知道，C_1 超过 P 并不意味着该交易是无效率的，因为 B 在这种情况下获得的利益 $V_0 - P_0$ 仍然大于 S 的损失 $C_1 - P_0$（见图 5-3-4）。只有在 C_1 大于 V 的时候，如果此时 S 仍然要履行合同，那么他的损失 $C_1 - P_0$ 将会超过 B 所得到的利润 $V_0 - P_0$，社会此时会有净损失 $C_1 - V_0$，此时履行合同是无效率的（见图 5-3-5）。

那么，需要什么样的制约才能保障在图 5-3-4 的情况下 S 会履行合同而在图 5-3-5

---

① 这里使用的是机会成本概念，机会成本是指当事人选择了对资源的某种利用方法时所放弃的对该资源其他的利用方法中价值最高的一个。也就是说，机会成本是第二好的选择（second best choice）。因此，S 面临的机会成本既包括真实成本（比如制造合同标的的原材料价格），也包括日后可能出现的另外一个更高的出价人（比如有人出价让 S 用同样的原料制造另外一种价格更高的产品）。

② 这样的交易模型实际上可以模拟现实中的大部分合同。

③ 现实中有很多交易都是这种情况，比如，在期货市场上，交易者对期货价格实际上是无法控制的；再比如，生产性企业，如果简化了来看，作为其成本主要组成部分的生产原料的价格是其无法控制的。后面将考虑到双方可以控制成本变化风险的情况。

的情况下 S 应当违约呢？答案是，S 在违约时需要付出损害赔偿 $D = V_0 - P_0$，此时，只有当 $(C_1 - P_0) > (V_0 - P_0)$，也就是 $C_1 > V_0$ 时，S 才会违约，这正是合同法的常规违约救济手段——期待利益。这样的分析也是英美法有关期待利益是最佳救济手段，而强制履行、惩罚性违约金不能被允许的经济分析基础。

2. 考虑风险因素的动态模型——违约金条款是和其他条款相匹配的、合同的一部分

然而，如果当事人是完全理性、拥有的是完美的信息和对信息的处理能力，他们会在事前约定比 $V_0 - P_0$ 更高的违约金条款吗？笔者的回答是：如果存在这样的理想状态，他们不会在事前约定过分补偿的条款。

让我们接着看图 5-3-6，在上面的模型中，分析者认为，如果违约金条款约定的数额 D 高于 V_0，就会在 C_1 上升到 V_0 以上 D 之下时出现"非有效违约"的局面。但是，这种分析的最大缺陷在于：首先，分析没有考虑到，事后看似确定的 C_1 和 V_1（V 的最终实现值）在事前看来是不确定的，如果我们假设当事人是完全理性的，那么，V 和 C 的变化风险就是解释事后会出现 D_1 高于 V_1 的状况的关键；其次，当事人约定的违约金条款和价格条款是紧密相关的，不能够割裂开来进行分析。

图 5-3-6 所谓的"惩罚性违约金"

首先，V 本身在事前看来是不确定的，B 在事前对合同标的估价 V_0 实际上是一个对 V 在最终可能出现的各种值的一个期望值 VE。用数学形式来表示：

$$ve = \iint_D f(v,p)\,dv\,dp$$

其中，V 的变化区间是当事人双方都认识到的 V 可能达到的取值范围，P 则是在签订合同后、决定是否履行合同时 V 取某个值的概率。

其次，C 本身在事前看来也是不确定的，S 在事前对履约成本 C 实际上也只是一个期望值 CE。用数学形式表示：

$$ce = \iint_D f(c,p)\,dc\,dp$$

其中，C 的变化区间是当事人预期的 C 变动范围，P 则是 C 在区间中取某个特定值的相应概率 P。

这样，完全理性的当事人 B 和 S 是根据 VE 和 CE 来签订的合同，他们的合同价格 P_0 和相应的违约金条款 D 都是根据事前的 VE 和 CE 的值来确定的。由于当事人都是理性的，他们不会签订比 VE 更高的违约金条款。也就是说，违约金条款 D 必然是和 B 的期望值 VE 相符的，因为双方在事前如果约定了违约金，D 实际上是 B 向 S 展示的 B 对合同标的主观估值的期望值 VE，即 D = VE。（见图 5-3-7）

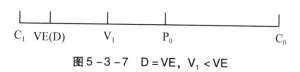

图 5-3-7 D = VE，V_1 < VE

如此看来，事后实现的 V_1 值实际上只是当事人在事前预计到的 VE 所可能取到的某一个值而已，而所谓的"惩罚性违约金"的情形只是说最后实现的 V_1 值低于当初的期望值 VE，这里的关键问题：D 却是当事人根据 VE 所制定的，S 在签订合同时的价格 P_0 也是根据 VE 这个比最终实现的 V_1 要高的 B 的主观期望值而定的。由于 VE 比 V_0 要高，P_0 肯定比按照 V1 计算时 B 愿意同意的价格要高，此时如果允许 S 只是支付 V_1 这个新的更低的"违约金"条款所规定的金额，S 实际上是在获取"高价格/低赔偿"的好处。

反过来看，如果最终的 V_1 比 D_1 高，D_1 则成为限责条款，这同样是双方事前对风险做出安排的一种事后实现状态。（见图5-3-8）如果这时的 C_1 也高于 VE，S 无须支付（V_1-P_0）的赔偿金，而只需按照违约金条款的约定支付 D，此时出现的局面实际上是"低价格/低赔偿"。法律对这种限责条款通常是不干涉的。既然如此，为什么对事后看起来是过分补偿的条款要特殊对待呢？VE 最终实现的值 V_1 都不过是当事人对风险的估计而已，法律应当尊重当事人对未来不确定性的这种安排。而且，法律应该保持对当事人风险分配安排的一致态度。

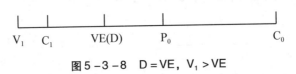

图5-3-8　D=VE，V_1>VE

因此，从事前来看，拥有完美信息、完全理性的当事人不会签订惩罚性违约金条款，因为每一个违约金条款实际上包含的是相应的更高的价格，从而也代表了受该条款保护的一方对于合同标的有相应更高的估价。而在事后出现的违约金高于或者低于实际损失的情况不过是双方已经预计到的 V 或者 C 变化风险的实现。而如果法院也是具有完美信息的主体，那么，法院可以从整个合同条款中推出双方在事前对待各自机会成本风险的态度，从而在事后准确确定 VE 值并给予（VE-P_0）的补偿。此时的理性当事人自然不会制定违约金条款，因为事前制定违约金条款本身需要耗费他们的私人成本。

3. 当事人需要制定违约金条款的现实原因——信息不完全

当然，从上面这个简明模型得出的结论是，当事人无须制定违约金条款。但是，现实中的确存在大量违约金条款以及违约金条款纠纷，其原因何在？我们认为，信息经济学可以在此为我们提供一些提示：由于法院不拥有完美的信息，可能错判，因此，当事人有动机花费私人成本来协商违约金条款；由于当事人双方对合同标的主观估价更多的可能是私人信息，存在信息不对称，因此，处于信息劣势的一方有动机通过违约金条款让对方显示出其真实的主观估价。

（1）法院在事后计算双方各自对合同标的期望值的困难——违约金存在的根本原因。

如果法院可以完全掌握当事人签订合同时的意愿，那么，从理论上来说，当事人不需要签订合同。当事人之所以花费成本去制定违约金条款（正是因为当事人知道法院在事后对签订合同时更多的是带有主观估价性质的损害赔偿数额做出错误计算的风险很高），会导致当事人没有得到其应有的损害赔偿。而法院计算损害赔偿时发生错误的风险很高主要有以下几方面的原因。

首先，因为法院的干预是事后的，其判决的依据只可能是当事人提交的客观的证据，而当事人在签订合同时对合同标的估价是纯粹主观性质的，这就会产生法院认可的损失远远低于当事人在签订合同时所期望的主观价值。对这个问题的最好说明是 Goetz 和 Scott 在1977

年的一篇论文中描述的"最有效率保险人"模型：作者在此给出的具体场景是一位狂热的、非常想要看在另外一个城市举行的其母校篮球队参加的篮球总决赛的校友 A，他联系了一批校友一同去看这场比赛，同时还和运输公司 B 签订了客运合同。假设客运公司对于这趟运输的一般价格是 500 美元，而这位校友对于看这场比赛的主观估价是 1 万美元，如果运输公司违约，根据一般的合同法救济规则，法院在客观上会认可的期待利益不可能包括这位校友如此高的特质价值（idiosyncratic value）。此时，作者给出的解决方案是让 B、为 A 的主观价值保险，由 A 在正常的运输价格外再支付一定的保险费，① 而 1 万美元的违约金条款则是违约风险实现时被保险人所遭受的损失。此时，如果法院无条件地认可这样的违约金条款，双方的效率就能实现最大化。② 而如果法院不认可这样的条款，那么 A 实际上白白多付给了 B 一笔保险费，但是当风险实现的时候却无法取得相应的补偿，因为法院通常很难通过价格条款来观察到当事人双方对于风险承担的分配。③

其次，因为诉讼是对抗制的，双方都有动机提供尽可能多的对自己有利的证据。但是，由于提供更多的证据必然需要花费更多的成本，当事人会在提供证据的成本和证据所能产生

---

① 从理论上说，保险费应当是所保风险发生的概率 P 乘以风险实现时的损失 L 再加上保险人的经营此项业务时的运营费用。当然，这里的前提是运输公司 B 认可 A 这样的主观估价是真实的，而且愿意通过收取保险费来提供这样的保险。有关合同双方信息不对称的问题将在后面谈到。

② 同时，较之于由第三方为 A 的主观价值提供的保险（如果这样的保险人——比如英国劳合社——存在的话），由于（1）交易当事人对于交易另外一方的真正主观价值的判断更容易（从而减少了 A 需要寻找第三方保险人、第三方保险人需要进行调查来计算保险费等交易成本），而且（2）B 作为提供服务的一方，通过充当保险人可以在更大的违约责任的约束下更加谨慎地履约，此时的违约风险可以最大程度的被降低，所以，B 是最有效率的保险人。参见 Charles J. Goetz, Robert E. Scott, "Liquidated Damages, Penalties and the Just Compensation Principle: Some Notes on an Enforcement Model and a Theory of Efficient Breach", *Columbia Law Review*, 1977, 77, p. 554, pp. 579 – 583。

③ 此后有诸多评论者批评 Goetz 和 Scott 的模型中交易一方对合同标的具有特质价值的情况并不是经常的情况。参见 Eric L. Talley, "Contract Renegotiation, Mechanism Design, and the Liquidated Damages Rule", *Stanford Law Review*, 1994, 46, p. 1195, pp. 1210 – 1211。作者对 Goetz 和 Scott 的模型提出了两点回应：首先是特质价值的情形很少；其次是由于竞争性市场通常存在，因此双方没有必要约定这样高的违约金，因为一旦违约，另外一方很容易寻找到替代交易，此时只需要以通常的客观期待利益（即替代交易和原来价格之间的差价）作为违约金即可。对于第一点，我们要认识到的是，现实生活中这种特质价值的情况并非少数，比如我们经常碰到的"冲洗照片如果丢失胶卷只赔付胶卷钱"的争议，在这种案例中，如果我们认可当事人自行约定的高额违约金/高额价格的合同，显然能够更有效地保护各方的利益。另外，特质价值也并非只是主观的难以判断的价值，有些合同标的的价值虽然可以客观化，但是仍然难以通过证据证明，这种例子是去年上海市第一中院判决的一起法拉利跑车延迟交付违约金纠纷案件。在该案中，原告支付了 300 万元购买法拉利跑车，但是由于跑车有瑕疵，因此拒绝受领，合同约定的延迟交付违约金为合同价款千分之三，法院在维持该违约金条款时给出了两点理由：本案标的物属于价格昂贵之消费品，合同双方当事人的买卖风险要重于一般合同，约定较高的违约金有利于维护交易安全；本案标的物的价值表现在品牌、质量及新型款式等诸多方面，从车辆牲价比分析，款式的时代性是其价格变化的重要参数。董先生（原告汽车买主）提出"随着时间的流逝，车辆的价值在降低"具有合理性。虹桥公司（被告汽车销售公司）违约给董先生造成的经济损失，不仅是金钱上的有形损失，还有车辆价值减少的无形损失。双方对违约金的约定与对交易风险的预见基本相符，虹桥公司对于董先生的实际损失高于约定的违约金亦未提出事实证据，本案并不符合调整违约金之法定条件。参见丁慧《三百万买瑕疵"法拉利"引发违约金纠纷》，载中国法院网（http://www.chinacourt.org/public/detail.php?id=111253）。在本案中，虽然法拉利跑车对于原告来说的价值是客观的，但是这种客观价值由于延迟交付从而随着时间推移而减少的主张如果不通过违约金来约定是根本无法证明的。对于第二点，首先在于竞争性市场并不像作者宣称的那样通常都会存在，很多交易的当事人在另外一方违约后是无法取得替代交易的，特别是对于具有复杂的运作结构的大型企业来说，供应链条上的任何一点小问题都可能造成无法弥补的损失；其次，即使是竞争性市场存在，取得替代交易本身是需要花费大量成本的，在有些情况下，即使竞争性市场存在，替代交易也不可能有效的取得，比如在 Goetz 和 Scott 模型中的 A，如果 B 只是在约定比赛的当天告诉他没法履行合同，A 几乎不可能有时间去寻找替代交易。这种替代交易的实际不可得在那些涉及特别时间点（比如婚礼）的交易中情况最为明显。

的胜诉价值上做出权衡。① 因此,法院通常只能得到不完全的有关双方主观价值的信息,而且判断双方就风险如何进行约定的问题比判断是否恰当履行更加困难,这也是法院通常不会过多干预价格条款的原因。

最后,由于合同法通过"可预见性""合理确定性""减损规则"② 等一系列限制对可以获得补偿的损害进行了限制,因此,虽然在判断违约金条款是否过分补偿时采取的参照点是实际损失(actual loss),但是,在现实操作中,受损害方仍然需要通过证据证明自己的损害是确定的,与违约行为存在因果联系,而且是无法合理避免的等。不仅这种证明本身是需要耗费大量成本,而且能否让自己的所有真实损失得到证明,其结果是不确定的。

其实,上面有关法院在损害赔偿问题上的判断弱势在传统法学文献中也有所涉及,比如 Farnsworth 在其合同法论著中就指出,违约金条款的确定性一般来说有以下多项好处:③ 对于合同当事人来说,提前设定好一方违约时另外一方应当支付的赔偿数额有利于让双方更加细致地计算自己履约或者违约的成本和收益,有利于双方减少由于法律要求证明损失而产生的成本;对于受损害的一方来说,违约金是他们追回由于对方违约造成的一些不为法律承认或者很难在事实上证明的损失的唯一途径;对于整个社会来说,违约金条款可以减少整个社会的司法成本,同时也可以减少当事人双方的诉讼成本。

而当事人如果不约定违约金,则是因为他们认为事前计算违约金的数额所需要的成本过高,或者是因为他们相信事后通过法院来计算赔偿额成本更低(不仅仅包括诉讼成本低,还包括法院计算赔偿额时的错误率低)。

因此,一般来说,如果当事人选择了违约金条款,肯定是因为他们考虑到了通过法院来证明他们对合同标的主观估价以及合同风险的安排要花费相当高的成本,法院在判断损害赔偿数额上能力不足。④

(2) 合同违约金的"类型展示"作用——解决当事人信息不对称问题。

类型展示(type revelation)是博弈论中用到的一个概念,指的是通过某种机制让处于信息劣势的一方知道另一方真实的私人信息。而这也正是违约金条款存在的第二大理由。

上面的分析假设了当事人双方知道对方对合同标的主观估价,也就是一方当事人无法隐瞒自己的主观估价。但是,一般而言,一方对于另外一方的主观估价是无法准确知晓的。而合同法上的损害赔偿规则中有"可预见性"原则,对受损失方可以取得的赔偿加以限制,

---

① 更精确地来说,是当提供新证据的边际成本(搜寻和提供证据所耗费的成本)和新证据的边际收益(因此增加的胜诉可能性与胜诉所获赔偿额)相等时,应当停止再多花费成本来搜寻和提供证据。有关证据法的经济分析,参见 Richard A. Posner, "An Economic Approach to the Law of Evidence" (http://papers.ssrn.com/paper.taf?abstract_id=165176)。

② 有关合同法上关于可赔偿损失的限制,参见 E. Allan Farnsworth, *Contracts* (2nd ed.), Boston: Little, Brown and Company, 1990, pp. 912 - 928。关于如何计算违约金纠纷中的实际损失,参见 Gregory Scott Crespi, "Measuring Actual Harm for Purpose of Determining the Enforceability of Liquidated Damages Clauses", *Houston Law Review*, 2005, 41, p. 1579。作者通过对案例的分析得出的结论是很限制性的结论:实际损失应该是一般情况下的期待利益损失加上不可以合理避免的并且是合理确定的不可预见的损失。

③ 参见 E. Allan Farnsworth, *Contracts* (2nd ed.), Boston: Little, Brown and Company, 1990, p. 935。

④ Alan Schwartz 在批评违约金问题上颇为有名的、由波斯纳法官判决的 Lake River Corp. v. Carborundum Co., 769 F. 2d 1284 (7th Cir. 1985) 一案时即认为,该案中"最低数量条款"的规定是为了补偿原告很高的固定成本投入,这种条款类似于供天然气、供煤、供电合同中的最低数量条款,具有很强的经济合理性。法院宣布此种条款无效导致了受损害方的损失无法完全弥补。参见 Alan Schwartz, "The Myth That Promises Prefer Supracompensatory Remedies: An Analysis of Contracting for Damage Measures", *The Yale Law Journal*, 1990, 100, p. 369, pp. 386 - 387。

尽管这样，违约方仍然可能低估自己违约对对方造成的、违约方自己没能预见但是法院认为可以预见的损失，而受损失方则可能因为"可预见性"规则无法取得完全的补偿。此时，违约金条款就有了解决信息不对称问题的甄别作用（或者称信号作用）。

违约金条款的甄别作用体现在提供违约金条款的一方可以通过"低价格/低违约金"和"高价格/高违约金"的甄别性合同区分出对合同标的主观估价不同的另一方当事人。根据 Schwartz 1990 年的论文①和 Stole 1992 年的论文②，在信息不对称的情况下，通过这种甄别性合同的设计，处于信息劣势的合同当事人在和对合同标的怀有不同主观估价的当事人交易时可以甄别出不同种类的当事人，而处于信息优势的、有选择适应自己的合同类型的自由的当事人不会选取违约金条款高于自己主观估价的合同。③ 由此得出的结论是，在存在较严重信息不对称的市场中，法院有必要认识到违约金条款的此种经济效用，不能以"过分补偿"为理由驳回支付了高价格、由此选择了"高价格/高赔偿"合同的当事人的赔偿请求。

（二）从主流法律经济学理论内部出发反驳均不成立

对于上面的不支持对违约金进行特别干预的模型，在主流法律经济学的内部也有一些反对的声音，但是，仔细分析过之后，我们认为，这些反对的理由都不成立。

1. 违约金条款的负外部性——过多诉讼和策略性阻碍新进入者

合同条款有效性的一个前提就是合同安排的成本和收益都可以在当事人之间内部化，至少不应当产生负外部性。但是，有学者主张惩罚性的违约金条款会产生负外部性，因此对其应当加以规制。

第一种负外部性来自惩罚性违约金导致的过多诉讼，由于诉讼成本并非全部由当事人承担，因此惩罚性违约金对社会产生了负外部性。Rubin 在 1981 年发表的一篇论文中④主张，由于惩罚性违约金条款不能自我实施（self-enforcing），⑤ 需要法院干预才能执行，因此不应当鼓励当事人签订惩罚性违约金条款。Posner 在 2003 年出版的教材⑥中主张，由于高违约金条款有助于有高违约风险的人取得别人的信任，从而导致过多具有高违约风险的合同被签订，带有高违约风险的当事人违约的情况更多，因此会导致更多的诉讼。

第二种负外部性来自惩罚性违约金造成的垄断效应。持该观点的学者使用的基本模型是这样的：在某个行业中存在生产商和原料提供商，生产商为了阻止将来的潜在竞争者，与原料提供商签订较高的违约金条款。这样，即使出现了对合同标的（比如对原材料提供方的

---

① 参见 Alan Schwartz, "The Myth That Promises Prefer Supercompensatory Remedies: An Analysis of Contracting for Damage Measures", *The Yale Law journal*, 1990, 100, p. 369。

② 参见 Lars A Stole, "The Economics of Liquidated Damage Clauses in Contractual Environments with Private information", *Journal of Law, Economics, and Organization*, 1992, 8, p. 582。

③ 这种通过甄别行合同来区分的不同类型当事人的做法在日常生活中最常见的例子有两个：一个是照片冲洗店使用的保价条款："胶卷如丢失或者损坏，本店只负责赔偿新胶卷的价格。如果您有特殊要求需要保价，请支付 10% 的保价金。"另一个是邮电局在邮寄包裹时使用的类似的保价条款。处于信息劣势的照片冲洗店和邮电局通过保价和不保价两类合同区分出了对合同标的具有不同主观估价的合同对方。

④ 参见 Paul H. Rubin, "Unenforceable Contracts: Penalty Clauses and Specific Performance", *Journal of Legal Studies*, 1981, 10, p. 237。

⑤ 有关自我实施合同的讨论，参见 Lester G. Telser, "A Theory of Self-enforcing Agreements", *Journal of Business*, 1980, 53, p. 27。

⑥ 参见 Richard A. Posner, *The Economic Analysis of Law* (6th ed.), Beijing: CITIC Publishing House (reprint), 2003, p. 129。

原料) 有更高估价的第三方, 由于他在进入该行业必须补偿原料提供商支付给生产商的高额违约金, 因此他在相当程度上会选择不进入该行业。由此, 原有的生产商就取得了垄断力量。①

对于 Rubin 提出的第一种负外部性, 反对者认为, 从减少诉讼的角度来看, 不对违约金条款进行调整才是最佳的减少诉讼的规则, 因为当事人知道自己订立的违约金条款会被法院一律执行。同时, 如果考虑到当事人双方事后协商的成本问题, 一个明确的执行所有违约金条款的规则比根据所谓"合理性"对违约金条款进行调整的规则会让当事人更有激励达成和解, 而非诉诸带有不确定性的法院判决。② 对于 Posner 提出的第一种负外部性, 首先的问题就是具有何种程度的高违约风险的交易不应当被鼓励, 否则, 在没有经验证据表明高违约风险的人不能签订合同的前提下, 我们不能一般化地认为高风险的合同不应当被签订。相反, 对于新入行的还没有建立起自己声誉的从业者来说, 承诺高额的违约金实际上是在补偿自己可能具有的高违约风险以及随之而来的可能无法补偿受损害方全部损失的风险。如果法院不允许这样的惩罚性违约金存在, 那么新入行者将很难与原有的具有良好声誉的从业者竞争。其次, 并非所有违约都会诉诸法院, 正如前面提到的, 明确的一律执行违约金条款的规则更能为当事人带来稳定的预期。

对于"阻碍新进入者"的模型, 首先需要知道的是, 根据我们的模型, 违约金所确定的补偿额就是对期待利益的补偿, 而对期待利益的补偿是合同违约救济的标准补偿方式, 因此, 违约金条款并不是唯一造成垄断效果的补偿手段。其次, 即使存在垄断问题, 是否应当由合同法而非由反垄断法来规制此问题也值得商榷。当然, 如果在反垄断的实践中的确发现存在合同双方故意约定过高违约金以阻碍第三方进入的情况, 反垄断执法机构可以加以干预。

2. 当违约风险不再客观——当事人可以控制自己或者对方的违约风险

在前面的模型中, 我们假设了违约风险 (也就是某一方的履约成本的变化) 外生于该合同, 也就是说, 违约风险是当事人自己无法控制的。然而, 现实中更普遍的情况是当事人一方或者双方对违约风险有一定的控制能力, 这种控制能力可以分为两类, 第一种是当事人可以通过增加或者减少投入来控制自己的违约风险, 第二种是当事人可以通过投入一定的成本控制对方的违约风险。

第一种情况最明显的例子就是 Goetz 和 Scott 1977 年论文中的最有效率保险人模型, 当一方当事人选择了更高的违约金条款, 并且支付了更高的价格作为保险金时, 另一方当事人可以通过增加自己的投入来降低违约发生的风险。显然, 此时达到的是一个更加有效的资源配置结果, 此时对模型假设的修正不构成反对违约金条款的理由。

第二种情况则是许多学者论述过的惩罚性违约金条款造成的诱发违约问题 (inducement of breach), 即合同的一方发现, 签订合同后情势的变化使得违约金条款的补偿额高于对方违约时自己遭受的损失, 该方会投入成本暗中采取难以被对方发现或者难以为法院查明的措

---

① 有关惩罚性违约金有阻碍新进入者效应的论文, 参见 Peter A. Diamond and Eric Maskin, "An Equilibrium Analysis of Search and Breach of Contract, Ⅰ: Steady States", *Bell Journal of Economics*, 1977, 10, p. 282; Philippe Alghion and Patrick Bolton, "Contracts as Barriers to Entry", *American Economic Review*, 1987, 77, p. 388; Tai-Yeong Chung, "On the Social Optimality of Liquidated Damage Clauses: An Economic Analysis", *Journal of Law, Economics, and Organisation*, 1992, 8, p. 280。

② 参见 Samuel A. Rea, Jr., "Efficiency Implications of Penalty and Liquidated Damages", *Journal of Legal Studies*, 1984, 13, p. 147。

施来引诱对方违约,从而取得过分补偿。此时,就当事人之间来看,这种恶意的零和博弈是不公平的;从社会角度来看,用以暗中诱发违约所投入的资源是一种社会浪费。因此,事后的惩罚性违约金条款不应被执行。① 然而,该理论一个明显的弱点就是,现实交易中一方不被另外一方发现或者不被法院发现其诱发对方违约的情形是比较少见的,合同法对于此种行为并非没有规制(比如双方违约原则等),是否需要通过一般性的调整违约金数额来达成这样的目的是很值得怀疑的。②

因此,就当事人可以控制违约风险而言,因为有其他合同法规则来规制诱发违约的情形,而当事人自己通过控制成本来控制违约风险是值得鼓励的行为,所以,法院没有理由单就这种可能性否认违约金条款的合理性。

3. 不完全合同理论与不可抗力、情势变更、合同目的落空

合同条款的不完全性来自当事人的理性选择,显然,就理论上能够考虑到的每种可能影响合同条款的情况(contingency)都制定相应的合同条款是不可能的,当事人在签订合同时必然基于某些影响合同标价值的情况的假设。当事人在制定合同时可能不会考虑到的情况通常有三种:发生概率非常小的事件,对合同标的价值影响比较小的事件,即使想到了但是在客观上无法核实的情况。③

在前面的模型中,当事人被假定考虑并且计算了所有可能影响合同标的价值的情况。但是,在现实生活中,双方所制定的违约金条款和其他合同条款一样,必然是具有不完全性的,事后出现的违约情形的确有可能是当事人没有考虑到的情况。然而,此时仅仅从事后实际损失与违约金约定数额的不一致来判断违约金的惩罚性或者不足显然是不够的,甚至可以说没有把握住规制违约金条款的核心问题。这里的核心问题是:如何证明所争执的违约情形不是当事人事前考虑到的情形?我们认为,证明责任应当加于违约一方,由其来证明合同的违约金条款在本案中的情形上是不完全的。此时,违约金条款是否应当被执行,取决于导致案件发生争议是否在当事人签订合同时所考虑的 V 的变化概率和区间中。也就是说,导致合同标的发生变化的情况到底属于双方所预计的风险的实现,还是属于双方在制定违约金条款(以及相应的价格条款)时没有考虑的情况。如果是前者,法院应当执行违约金条款;如果是后者,法院应当解释合同,选取产生最有效率结果的解释方法。

此外,合同法上的不可抗力、情势变更、合同目的落空等规则也从另外一个侧面保证了违约金条款不会被滥用于一些当事人没有预计到的小概率风险上。在这些规则所规制的情况中,所实现的风险足以构成没有履行合同义务方的免责事由,没有违约当然意味着无须考虑违约金的适用问题。

---

① 有关诱发违约的问题,参见 Richard A. Posner, *The Economic Analysis of Law* (6th ed.), Beijing: CITIC Publishing House (reprint), 2003, p. 129; Kenneth W. Clarkson, Roger Leroy Miller and Timothy J. Muris, "Liquidated Damages v. Penalties: Sense or Nonsense?", *Wisconsin Law Review*, 1978, 54, p. 351; Note: Liquidated Damages and Penalties Under the Uniform Commercial Code and Common Law: "An Economic Analysis of Contract Damages", *Northwestern University Law Review*, 1978, 72, p. 1055. 有关这方面的实际案例,参见陈海燕《违约金约定过高问题之探讨》,载中国法院网(http://www.chinacourt.org/public/detail.php?id=137750)(建筑方因贪图所约定的延迟违约金故意拖延复工,但在法庭上对方却难以举证)。

② 参见 Charles J. Goetz, Robert E. Scott, "Liquidated Damages, Penalties and the Just Compensation Principle: Some Notes on an Enforcement Model and a Theory of Efficient Breach", *Columbia Law Review*, 1977, 77, p. 554, 588。在此,作者也是以没有经验证据表明诱发违约很普遍,对诱发违约的观点进行了反驳。

③ 参见 Richard A. Posner, *The Economic Analysis of Law* (6th ed.), Beijing: CITIC Publishing House (reprint), 2003, p. 96。

三、行为法律经济学对"理性人"的根本否认与反驳的反驳

上面的分析都是基于主流法律经济学的思路进行的分析,得出的结论是:一般而言,如果不存在其他合同程序上的缺陷,法院不应该去干涉违约金条款所约定的数额。不过,我们也注意到,在最近10年兴起的行为主义法律经济学(behavioral law and economics)[①] 对违约金问题做出了自己的解释,行为主义法律经济学来自经济学中新兴的行为主义经济学,而这一学派的理论基础来自社会心理学有关人类决策与判断(judgment and decision making)的研究,由此我们可以看出,行为主义法律经济学对于违约金的分析必然来对交易双方在就违约金条款达成一致时是否有认知上的缺陷进行分析(也就是交易双方对违约金条款的认知是否不同于对其他合同条款的认知),从而得出法律规则应当或者不应当变更违约金条款的结论。

(一)支持法院在事后干预违约金条款的观点

Eisenberg 在 1995 年的论文中指出,不同于传统的支持对违约金条款进行限制的理由,他认为惩罚性违约金条款之所以要受到更严格的控制,并不是因为这类条款更容易是合同一方施压的结果(one-sidedness),而是因为违约金条款更容易是认知局限的产物,所以,相对于有关履行的各种条款,法院对违约金条款应当给予更多的关注。[②]

Eisenberg 认为,相对其他履行条款的设计,合同当事人在考虑违约金条款时,由于对违约的风险的认识存在很严重的认知局限,从成本收益分析的角度来看,因为人们通常认为违约概率很小,花费大量时间去考虑每种违约情况制定相应的违约金条款成本又很高,也就是说,花费大量成本去考虑违约时的各种情况制定相应的违约金条款的收益相对于成本来说非常少。因此,一般来说,交易双方通常没有很强的激励去仔细考虑违约金条款。而这种认知局限主要是以下效应作用的结果:不现实的乐观(unrealistically optimistic),人们在签订合同时通常对于合同能够被履行的概率持有不现实的乐观估计,因此不会仔细考虑违约金条款;可得性启发(availability heuristic),违约金条款是在签约的时候制定的,人们在估算违约风险的时候手头更容易得到的信息是签订合同时的很强的履约意图,因此人们通常会过分高估双方按照约定完成合同的概率;有缺陷的远视能力(faulty telescopic faculties),这种效应导致人们通常过于看重眼前的利益(履行合同的好处),不恰当地忽视今后一旦违约所造成的损失。

Eisenberg 接着举出了英国法和美国法上有关违约金的最有名的两个案例:Kemble v.

[①] 有关行为主义法律经济学的初步介绍,参见 Christine Jolls, Cass R. Sunstein, Richard Thaler, "A Behavioral Approach to Law and Economics", *Stanford Law Review*, 1998, 50, p. 1471. 有关该领域的心理学基础,参见该领域集大成者、2002 年诺贝尔经济学奖得主 Daniel Kahneman 在 1982 年和 2000 年主编的两本论文集:Daniel Kahneman, Paul Slovic, Amos Tversky (ed.), *Judgment Under Uncertainty: Heuristics and Biases*, Cambridge, UK: Cambridge University Press, 1982; Daniel Kahneman and Amos Tversky (ed.), *Choices, Values, and Frames*, Cambridge, UK: Cambridge University Press, 2000.

[②] 参见 Melvin A. Eisenberg, "The Limits of Cognition and the Limits of Contract", *Stanford Law Review*, 1995, 47, p. 211, pp. 226 – 236.

Farren① 和 Lake River Corp. v. Carborundum Co.,② 作者认为在这两个案例中,交易双方或者至少一方不可能真正意识到所签订的违约金的运作机制,这两个案例充分体现了认知局限的效果。接着,他对英美法上对于构成有效违约金条款的两大要件——"不确定性"和"合理性"进行了分析。最后得出的结论是,应当仿效大陆法系的做法,单纯地从事后是否合理的角度来判断违约金条款的有效性:如果约定的违约金和实际损失显著不相符合,那么,除非能够证明双方的确有特别的并且充分考虑过的意图在此种违约场景中适用该条款,否则该条款是不能被强制执行的。另外,Eisenberg 认为,由于交付定金的行为会让人集中精力思考该问题,而且定金是很实际、具体、生动而且就在眼前的,因此交付定金的行为很少有认知局限的问题,通常应当被强制执行。

而 Jeffrey J. Rachlinski 在 2000 年为回复对行为经济学的批评所写的一篇论文中也认为,当事人在签订合同时的"过度自信"是普遍的现象,这种过度自信导致人们高估自己的履约能力,做出过高的违约金承诺。③

另外,Marrow 在 2001 年的一篇论文④中还对紧急报警装置安装合同中的限责条款进行了个案研究,质疑了这种条款的公平性。Marrow 认为,在这种合同中,商家明显利用了消费者的认知局限进行了市场操纵,应由立法来改变这种对消费者不利的、显失公平的违约金条款。

(二) 对行为主义分析的批判

人们对于上述的分析同样存在批评。其中一种批评来自传统法律经济学,Walt 在 2002 年的一篇论文⑤中从 Goetz 和 Scott 的论文出发,认为上述行为主义的分析并没有动摇"法院

---

① 6 Bing. 141, 19 Eng. Rep. 71 (C. P. 1829) 案件的原告为一个剧院,被告为一个与剧院签约的喜剧演员,表演的报酬为每晚 3 英镑 6 先令,合同中的违约金条款:如果合同的任何一方违反了合同的任何约定,需要支付另外一方 1000 英镑。法院在判决中认为,该条款运作起来使得双方任何微小的违约都要遭受同样的高额违约金,因此构成了惩罚性违约金,法院不会强制执行该条款。

② 769 F. 2d 1284 (7th Cir. 1985) 案件的原告购买了包装机器为被告分包某种产品,由于机器的固定投入,原告坚持写入了一条最低数量条款。如果被告没能发给原告此数量的产品,需要按照该合同的包装价格支付未包装产品数量的价款。由于市场变化,被告只让原告包装了所保证数量的一半。发表法庭意见的波斯纳法官认为该条款虽然是违约金条款,但是由于原告根据该条款能够取得的赔偿是其预期利润的 2.5 倍,因此判决该条款无效。

③ 参见 Jeffrey J. Rachlinski, "The 'New' Law and Psychology: A Reply to Critics, Skeptics, and Cautious Supporters", *Cornell Law Review*, 2000, 85, p. 739, pp. 761 - 763. 对于人们无法理性地计算风险,做出过分承诺的现象,在行为经济学理论兴起之前就有学者直觉地论证过,参见 Charles J. Goetz, Robert E. Scott, "Liquidated Damages, Penalties and the Just Compensation Principle: Some Notes on an Enforcement Model and a Theory of Efficient Breach", *Columbia Law Review*, 1977, 77, p. 554, 555. 其中所引 C. McCormick 著作的一段话:"人类的特点就是容易被'希望的幻想'所迷惑,对自己在将来履行承诺的能力如此的肯定,他们的自信导致他们对于自己不能履行承诺时应受到的惩罚乐于作出过分的承诺。"在实践中也有法官这样分析金额过高的违约金条款,参见陈海燕《违约金约定过高问题之探讨》,载中国法院网(http://www.chinacourt.org/public/detail.php?id=137750)("立法者在立法时还应充分考虑我国的国情。我国无论普通公民还是企业法人或者其他组织的总体法律水平不高,在鼓励交易自由、交易稳定的同时,还是应有制度制约人们的行为,也便于法官判案。实践中高额违约金的约定有不同的原因,表面上看似乎都体现双方当事人的合意,未违反当事人的意志,但实质上高额违约金合同的签订,原因各有不同:有些是急于达成合同,而接受对自己显著不利的违约金条款;有些是为了表明自己签订合同和履行合同的诚意而接受不利于自己利益的条款;有些是轻信自己根本不会违约,会顺利履行合同,随便签订高额违约金条款。")

④ 参见 Paul Bennett Marrow, "The Unconscionability of a Liquidated Damage Clause: A Practical Application of Behavioral Decision Theory", *Pace Law Review*, 2001, 22, p. 27.

⑤ 参见 Steven D. Walt, "Liquidated Damages After Behavioral Law and Economics" (http://papers.ssrn.com/paper.taf?abstract_id=353260).

在事后判断当事人风险分配和实际损失成本很高"的前提,过度自信并不构成一个一般性的推翻"理性人"假设的命题。除非有经验研究表明行为主义分析从实验室中得到的过度自信的证据可以一般化地适用于现实的交易情形,否则,当事人理性和法院判断成本很高这两个前提应当被维持,而违约金条款也应当被一般性地执行。

另外一方面的批评来自行为主义理论本身。Hillman 在 2000 年的论文①中指出,行为主义理论本身存在着很多相互冲突的地方。就违约金问题来说,一方面,如同上面指出的人们会做出不切实际的、事后他们感到后悔的承诺,另一方面,由于制定违约金条款意味着放弃法律上给予的默认救济——期待利益的补偿,而推翻默认规则需要克服"现状偏见"(status quo bias)②,因此人们通常会仔细考虑违约金条款。而且,由于人们不喜欢模棱两可(ambiguity),他们正是为了避免事后法院救济的不确定性而约定确定的违约金条款,因此法院应当尊重当事人对于确定性的偏好。从法院来说,由于法院容易受到"后见之明"(hindsight bias)③ 和"措辞效应"(framing effect)④ 的影响,因此法院通常会高估自己在事前判断违约金条款合理性的能力,而且不能区分出真正的惩罚性违约金条款。

对于第二点批评,Jeffrey J. Rachlinski 在 2000 年的回应论文⑤中认为反对法院干预的这些理由在现存法律框架中都有了很好的解决,而过度自信是一个普遍现象,因此,法院的一般性干预是正当的。

(三) 双方争论的小结与相关的政策和实践意义

总结而言,虽然这里大部分文献都是理论性的,但是学者们提供的分析的确从经济功能的角度让我们深化了对违约金条款的认识。

1. 如果坚持理性人假设

从理论上来说,如果我们坚持当事人的理性假设,那么,违约金条款因为具有保护当事人的特质价值、减少法院裁判的不确定性、降低当事人的诉讼成本、为当事人在信息不对称的市场中甄别不同类别的交易方、公平分配合同标的价值事后发生变化的风险等经济功能而被当事人所使用。所以,从这点来看,大陆法系对违约金条款更加"友善"的态度值得赞赏,同时,法院在对违约金条款进行调整时也应当注意到违约金条款对当事人具有的此种提高效率最大化的功能,不应轻易进行干预。而且,法院对当事人就风险分配所做的约定的规制应当保持对称性,不应对限责条款和过分补偿条款采取不同的态度。

同时,对帮助客户起草交易合同的商业律师而言,一个建议就是,在基于上面提到的违

---

① 参见 Robert A. Hillman, "The Limits of Behavioral Decision Theory in Legal Analysis: The Case of Liquidated Damages", *Cornell Law Review*, 2000, 85, p. 717。

② "现状偏见"是指人们对于现有状态更加看重,因此要改变现状需要付出比"理性人"计算更多成本的现象。一个简单的例子就是人们放弃某件物品的出价会高于他为了得到同样的物品所愿意支付的价格。有关"现状偏见"在合同法上的应用,参见 Russell Korobkin, "The Status Quo Bias and Contract Default Rules", *Cornell Law Review*, 1998, 83, p. 608。

③ "后见之明"是指,相对于某事件还未发生时对其发生概率的估计,人们在该事件发生后(比如某种违约情形)会高估其发生的概率。

④ "措辞效应"是指人们对于同样事件的判断会受到该问题提问方式的影响,就违约金条款而言,法院会认为就延迟履行约定的某个数额的违约金是惩罚性的,但是却不会认为当事人为提前履行约定的奖励条款是惩罚性的,虽然二者达到的效果一样。这方面一个类似的例子是海商法定期租船合同中"滞期费"和"速遣费"条款。

⑤ 参见 Jeffrey J. Rachlinski, "The 'New' Law and Psychology: A Reply to Critics, Skeptics, and Cautious Supporters", *Cornell L. Rev*, 2000, 85, p. 739, pp. 761 – 763。

约金所具有的经济功能而起草违约金合同时，应当在合同中明确地说明起草的理由。① 比如说明自己的客户对合同具有特别的期待，并且已经通过更高的出价让对方为自己这样特别的期待进行了"保险"。否则，一旦违约，自己的当事人有可能不得不通过大量的成本来搜集证据证明自己的确是选择了这样一个"高价格/高赔偿"的合同。

2. 如果坚持行为主义的假设

传统经济学基于理性人假设提出的违约金条款会具有"惩罚性"，因此法院应当加以干预的理由——负外部性、引诱诉讼、合同不完全性——都不足以支持法院仅凭违约金条款事后的"不合理性"来进行干预，这些问题即使存在，也应当由其他部门法解决或者合同法的其他规则对此已经有了很好的解决方案。而行为经济学基于当事人面对不确定性时存在无可避免的认知偏见，提出法院因此应当在事后加以干预，这些观察从一般人的直觉来看的确有其合理性，如果人们的交易行为都是不那么理性的，而法院在有后见之明的优势下进行的干预会使得赔偿结果更加公平，那么，法院在事后的干预的确有一定的道理。

不过，这种否定当事人"理性人"假设的做法就政策层面来看还存在这样一个相关的问题：我们还需要考虑，如果这样的假设通过经验研究的确存在，我们应当在政策上采取什么样的对策。也就是说，如果认识到了人类行为存在认知局限，法律是应当顺应现实，调整自己基于理性人假设制定的规则，增加通过法律进行的干预；或者，在可能的情况下改变当前的规则，将当事人的非理性因素过滤掉，也即"将法律去偏见化"（debiasing law）；还是应当坚持现有的规则，让当事人自己通过认知局限造成的损失学习到自己的错误，自己进行纠正，也即"通过法律去偏见化"（debiasing through law）？② 这里的潜在问题实际也是家长制（paternalism）和自由放任制（liberalism）之间的取舍权衡。具体到违约金的管制，则是到底应该为法院和法律的干预留下空间，留下多少空间，还是坚持理性人假设让当事人自己通过试错认识到自己的认知偏见，自己学习更加理性地进行判断。

或许，在此我们可以转换一下视角，仍然从商业律师的角度出发，"过分自信"现象的普遍存在为商业律师的合同起草提供了这样两个启发：对于将来可能接受违约金制裁的一方，其律师应当提醒当事人注意不要轻易承诺过分高额的违约金，最好是将双方认为违约金应当适用的违约场合明确说明；对于将来可能利用违约金获得更大好处的一方，其律师可以利用对方的"过分自信"，要求订立更高的违约金条款。

四、结论

总结上面的讨论，以下结论是妥当的：在合同法其他用以控制程序性公平的手段极大丰富的背景下，法院应当一般性地执行当事人认真考虑过的、认识到了违约金条款适用结果而

---

① 参见 Michael H. Whincup, *Contract Law and Practice: the English System and Continental Comparisons* (4th ed.), Beijing: CITIC Publishing House, 2003, p. 333. 在讨论违约金问题时提供这样一个在签订延迟违约金时强调时间问题重要的文本："卖家认识到时间在本合同中很关键。经过充分、坦率的讨论，买家和卖家一起对买房由于卖方时间或者其他义务方面违约所可能造成的损失进行了真诚的提前估算。（……）"另外，在一篇比较早的从律师角度来讨论违约金起草策略的论文中，在作者最后建议的 9 项要做的事情中，有 4 项是建议在合同中明确陈述双方考虑到的事实（Recital）。比如，"陈述当事人对违约金条款进行了慎重的考虑""陈述的确是当事人的意图要纳入违约金条款""陈述促使当事人写入违约金条款的事实情况""陈述事实以表明可能的违约方知道另外一方因此会受到的很大损失"，等等。参见 Frank C. Dunbar, Jr., "Drafting the Liquidated Damage Clause-When and How", *Ohio State Law Journal*, 1959, 20, p. 221, pp. 235 – 236。

② 有关将法律去偏见化还是通过法律去偏见化的问题，参见 Christine Jolls and Cass R. Sunstein, "Debiasing Through Law", *Chicago John M. Olin Law and Economics Working Paper No. 225* (2nd Series) (http://ssrn.com/abstract_id=590929)。

约定的违约金条款,除非这些违约金条款可以被证明存在程序性公平问题。这里所说的程序性公平问题,就是我们已经讨论过的不完全理性人的问题。

另外,有必要指出在这个问题上的后续研究方向,也就是进一步的经验研究,这是一个我国法学界比较缺乏的研究传统。就法律经济学对合同违约金的分析本身而言,从上面有关违约金的法律经济学文献整理来看,各个模型和交易场景都有其假设,而模型得出的结论之间的冲突常常是由于其前提的不同。这一点最明显的例子就是在 Goetz 和 Scott 在 1977 年文章中提出的当事人之间交易费用为零的古典模型和 Eisenberg 在 1995 年提出的当事人认知能力不足的现实模型之间的冲突。前者整篇文章的基本假设就是当事人通常能够完美地、无成本(或者低成本)地知道和协商各自的利益诉求,法院在事后干预时只能依赖于客观情况,因而错误判断的概率非常高。而后者则是从当事人的过度自信这一现象普遍存在的假设出发,得出违约金条款需要法院在事后进行干预,以保证当事人不因自己的认知局限受到损失,尤其是在一方更老练地、有意识地利用对方的认知局限时,法院的干预显得更加正当。此时,Eisenberg 在此实际上已经假设了法院从客观、事后角度判断当事人主观价值的低成本和可靠性。而中国有些法官在主张支持对违约金加强管制的时候,也认为当前中国人(无论是个人还是企业)的法律水平低,经常做出不理性承诺是一个重要的原因。但是,这种从理论甚至个人感觉出发的主张到底哪一方更能站住脚的问题,以及有关当事人认知能力和法院判断能力谁更强的争论显然并不能在理论中找到答案,我们需要更多的经验研究(empirical studies)来证实或者证伪这些理论模型的前提和推论,比如传统经济分析的"理性人"假设和行为经济学的"有限理性人"假设哪一个是可以被现实证实的。其实,考虑到社会生活的复杂性,我们可以料想的是,两种假设必然都会有其特别"逼真"现实场景的情况——前者比如长期从事某一行业商事交易的商人,后者比如普通消费者的消费合同——因此,就法律政策变革的第一步来说,我们需要借助经济学、心理学、社会学研究的成果来证实或者证伪现存法律规则背后隐藏的基本假设,而且这种证实或者证伪必然不可能得出一套可以适用于各个交易领域的"大理论"(grand theory),我们需要做的是复杂化、精细化我们对于社会生活现实的认识。从某种意义上来说,这种向现实的回归可以看作传统法律经济学形式化分析达到巅峰之后的一次恰当的战略转移,也被某些学者称为新法律现实主义。①

第四节 侵权法的经济分析②

理论必须以反映、观照与引领现实作为自身的责任与价值。在西方,侵权法的危机曾引发对侵权制度法理和哲学基础的深刻反思,使得其法理学由自然法学转向实用主义、工具主义。在我国,理论界也开始逐渐突破传统道德论证对侵权法进行解释的束缚,尝试着运用经济分析的方式对侵权法进行解释。③ 两者通过各自的解释机制,都试图去解释我国侵权法的

---

① 参见 Daniel A. Farber,"Toward a New Legal Realism",*The University of Chicago Law Review*,2001,68,p. 279。

② 本节部分内容曾以论文形式发表,具体出自周林彬、毛杰《论侵权法的经济分析》,载《法制与社会发展》,2006年第1期。

③ 此处所指的解释,是指理论层次上的法律解释学,与应用层次上的法律解释相对,是法理学家对法制中的现象或活动的探讨。西方侵权法学者将传统的道德论证和经济分析都称为对侵权法的解释,属于对侵权法法理和哲学基础的探讨。

核心概念和实践中的难题，出现尤为激烈的话语霸权的争夺。如近几年来，围绕交通事故侵权损害赔偿问题，法学界进行了激烈的争论。① 又如围绕违反安全保障义务侵权责任形态，特别是其补充责任制度所展开的争论。② 基本上，就侵权法领域每次新颁布的法律法规和司法解释，如《医疗事故处理条例》《学生伤害事故处理办法》③ 等，围绕着损害赔偿的标准、责任分担等问题，不仅普通民众或从公平或从效率的角度进行激烈的争论，经济分析的学者也秉持效率优先的理念与传统道德论证的学者在同台对垒。在争论中，可以清晰窥见：传统的道德论证确实已经难以回答和应对侵权行为领域出现的新问题，但是我国法学界运用经济分析却存在重大的缺陷和诸多不成熟的地方，这就造成了经济分析也很难对侵权法律制度做出合理的解释，从而无法充分满足侵权法律制度的实践要求和社会主体的客观价值需求。运用经济分析对我国侵权法进行解释具有必要性，但是现有理论界运用经济分析的方法却有不足之处。接下来的分析即试图在回答"我国侵权法为什么要经济分析"的基础上解决"我国侵权法如何进行经济分析"的问题。我们认为，法学界运用经济分析的缺陷在于外在的"机能主义"、单一的价值目标、理论的解释侵权法。与之相反，我们提出：应内在地、多元化地、实践地运用经济分析来解释侵权法。

一、为什么要经济分析

对于经济分析"是什么"，我国法学界已经做出大量基础性研究。④ 但是，对于为什么要对我国法律制度进行经济分析，理论界却甚少追问和反思。我们认为，对"为什么要经济分析"这一问题的思考和认识决定着我们运用经济分析的方向与路径。思考越成熟，经济分析的运用将越趋向合理。在西方，经济分析方法已经成为法学理论的重要流派，渗透到各个部门法领域而不仅仅是侵权法领域，其相对传统的法学方法论来讲存在一系列优点，如更为理性、具有可操作性、相对直观和简单等。经济分析中的核心概念能为侵权法的实质内涵提供相当有力的解释和深化，并为其基本功能的实现提供强有力的操作性方案。如外部性内部化与侵权法的基本功能、交易费用与侵权法替代合同法、生产效用函数与因果关系的认定、效率标准与归责原则、汉德公式与过错认定等，所以经济分析能成为侵权法解释的有力理论。但是我们认为，在我国侵权法领域引入经济分析却并不仅仅是基于上述原因，而更是基于我国侵权法发展的内在需求。

（一）经济分析的建设性

德沃金从两个尺度：契合性和价值来评价对社会实践和整个法律的解释，解释包括法律

---

① 2003 年 10 月 28 日通过并于 2004 年 5 月 1 日生效的《交通安全法》既反映了此前法学界争论的结果，同时又引发了新一轮的争论。争论的焦点在于交通事故侵权损害赔偿应该采取什么样的归责原则，损害赔偿的额度如何把握；而争论背后所反映的价值理念则是效率与公平何者优先的问题。

② 有学者认为，安全保障义务人的补充责任制度设计一方面能够较为充分地满足受害人的损害赔偿请求，另一方面又比连带责任、经营者的单独责任更为公平、合理。而有的学者则认为应废除补充赔偿责任，认为它不仅违反了侵权损害赔偿法的基本原则和现代侵权法的基本法理和精神，而且违反了公平原则等。

③ 其他如《最高人民法院关于确定民事侵权精神损害赔偿责任若干问题的解释》《最高人民法院关于审理人身损害赔偿案件适用法律若干问题的解释》等司法解释。事实上，在西方，经济分析首先就是从侵权法领域开始的，科斯的《社会成本问题》即是围绕侵权的案例展开。

④ 关于法律经济学方面的基础理论论著和译著颇丰，代表性的有：周林彬的《法律经济学论纲》、张乃根的《法经济学——经济学视野里的法律现象》、钱弘道的《经济分析法学》、波斯纳的《法律的经济分析》、托马斯·尤伦的《法和经济学》等。

解释必须通过充分说明该实践各个组成部分之间是如何契合的来对实践进行说明，符合如此标准的被称为建设性解释（constructive interpretation）。建设性解释在某些特定形式的合理改革中处于核心地位。① 我国运用经济分析的方式对侵权法进行传统解释方式上的革命就属于这种建设性解释。表现在典型的侵权法经济分析主张：效益是侵权法各组成部分，包括归责原则、因果关系要件等共同服务或单独服务的目标。事实上，这一目标能为侵权法各要素的有机结合提供充分的基础，让各具体组成部分变得更为契合。从而一方面为社会主体对侵权法的认识和理解提供了一个统一的框架，另一方面为侵权法律制度实践者包括律师、法官等提供了一个共同对话和交流的认识平台。

就以法官群体内部来讲，它能让法官对侵权法律制度的理解和适用有更为统一的标准和准则，有利于司法实践的统一，这种结果反过来又能让社会主体对侵权法律制度有更为统一的认识。如我国法院对侵权损害赔偿数额的判决，事实基本相同的案件在不同的法院就相差甚远，一审和二审差别也很大，其中一个重要原因就是对于责任认定和范围并没有一个统一明确可操作的标准。② 我国侵权法并未建立统一的体系，统一体系的建立和实践都有赖于社会主体和实践者对侵权法认识的一致性的基本达成。侵权法合理性的社会认同度无疑需要经济分析这种建设性解释的努力。相比起来，我国传统上对侵权法的道德论证的解释方式缺陷就十分明显。传统道德论证即对侵权法的责任制度和实质内涵的解释建立在普通伦理或道德论基础如公平、正义等之上，一切建立某一侵权责任规则和制度的主张或反对意见都必须从传统的道德资源中去寻找合理和合法性论证。其缺陷具体表现在以下几方面。

其一，纯粹的道德论并不能给予侵权法律规则以明确清晰的解释。法律虽然来源于道德并独立于道德，但是法律与道德却存在着巨大的差别。法律的明确性和道德的模糊性，法律强调行为人标准的客观性与道德强调人内心的主观自律等这些差别和对立都构成了通过纯粹的道德论来解释侵权法律规则和进行合法性论证时的冲突和背离。如对于经营者未尽合理限度内的安全保障义务就应该承担补充责任这一制度，纯粹的道德论对"合理限度"内这一弹性尺度的解释就会注重对经营者主观和心理状况的判断。而法律则注重按照普通人的行为标准如法律、规章和同行业规范的安全保障义务标准来进行判断，这两者就存在冲突。显然，如果以道德论来进行解释，不同主体如原被告双方肯定会有截然不同的判断，而且法官很难有客观的认定标准和合理的说明，如此一来，诉讼效率无疑会降低。

其二，道德相对于成文的法律规则来讲，具有非正式性、非典律性特征，但是同时因此而具有解释的随意性和主观性。不同的立场和背景可以有不同的阐述，这一点在我国侵权法理论的探讨和司法实践中都有体现，如对于经营者承担安全保障义务补充责任。赞成者和反对者同样从公平和正义的观念出发，但得出的结论完全相反，如我国法院在审理侵权案件中经常会运用公平原则进行判定。公平原则由《民法通则》第 132 条规定：当事人对造成损害都没有过错的，可以根据实际情况，由当事人分担民事责任。而这个具有强烈道德规范色彩的原则并没有确定的适用范围和认定标准，在现实生活中，法官往往基于人情、省事或舆论压力等其他因素就从宽适用此项公平责任条款，从而导致侵权行为归责原则体系构成的

---

① 参见 ［美］德沃金《法律帝国》，李常青译，中国大百科全书出版社 1996 年版。
② 如在我国法院审理关于医疗事故侵权赔偿的案件中，经常会出现案件事实基本相同而处理结果相差很大的现象。以北京市法院为例，在 2006 年前已审结的医疗纠纷案件中，从整体上看，患者通过诉讼获得赔偿的比例明显呈上升趋势，但获得的赔偿数额相差悬殊，高的已达到几十万元，少的仅几百元，一个重要原因就是赔偿责任、范围的确定没有统一的认识和标准。

软化。

其三，单纯的道德论证容易导致侵权制度偏离其基本目标。不对法的实施效果进行经济理性的分析，仅凭良好的道德愿望立法往往导致事与愿违的后果。如香港的立法者出于对贫穷租房者的同情，对房租进行价格管制。由于房租过低，导致资本纷纷退出房屋租赁市场，造成大批租房者根本无法租到住房。① 单纯的道德论证往往着眼于简单的公平、正义的探讨，即侵权法"应该是什么"的判断，而忽视了人们行为实践之间复杂的因果关系，即侵权法"是什么"的研究。忽视"是什么"的研究，就容易导致法律难以转化为行动中的法律，成为一纸空文。

其四，道德作为社会的内生规则具有滞后性和演变的渐进性。和习惯一样，它并不具有社会变迁的革新性和进取性，而具有所谓的"制度惰性"。单纯的道德论能够作为传统的稳定的侵权法的解释方式，但是却很难适应社会变革对侵权法改革的需要，不能作为一种革命性的解释方式而存在。现代西方社会危害事故剧增，如交通事故、医疗事故、产品责任及环境侵害等大规模发生乃至成为社会的常态时，传统的道德论解释侵权法已经不适应时代的需要，于是才会有功利主义等学派对侵权法进行重新定位。我国社会境况与西方上述阶段类似，根据统计和专家多方面的分析，我国已经进入了事故（包括交通事故、公共安全事故、生产事故等各类事故）的高发时期，其中，与事故有关的侵权损害赔偿无疑大规模递增。② 侵权法律制度能否适应这一事故高发时期社会主体的客观需求，十分关键；西方的经验我们可以借鉴，从侵权法的法理基础开始对侵权法进行重新解释和定位。故在侵权法正待进行统一立法重新建构的情形下，仍通过传统的道德论证和阐释方式如公平和正义等对侵权法进行解释并不能适应建构性的需要，革命的时代需要革命的理论，这一点已经为我国侵权法理论界所知。已有学者开始运用经济分析的方式对侵权法进行解释，对我国传统的法学方法论进行批判和解构，开始成为对侵权法解释和论证的一种革命性和建设性力量。

（二）经济分析的前瞻性

法律不仅具有调整社会秩序的功能，也具有建构社会秩序的功能。属于民商法律部门的侵权法进行立法，应保持必要的前瞻性。所谓前瞻性，即是立法的眼光应着眼于未来，"向前看"而不是"向后看"，而经济分析从其内在的分析方法到基本假设都体现着前瞻性的品质，运用经济分析的方式对侵权法进行解释与我国侵权立法的客观需要一致。经济分析的前瞻性表现在：如在侵权损害赔偿规则上强调向前看，强调责任规则和责任范围对相关因素的激励作用，注重对未来事故和损害的预防，而不是对过去损害的填补；③ 如在损害上强调问题的相互性，注重权利的有效配置而不是既成的损害事实；④ 如在事故处理上强调行政成本

---

① 参见［美］张五常《露宿街头还是有屋可住？——租务条例宣称的意图与实际效果》，载张五常《经济解释》，商务印书馆2000年版。

② 据中国官方主办的杂志《瞭望》报道，中国已经进入了安全事故的高发期。另根据国家安全生产监督局报道，仅2004年1—5月，全国共发生各类事故366 159起，死亡52 197人。而中国新闻网称，全球约50%的道路交通伤亡事故发生在亚洲，中国已经处于交通事故高发期。

③ 如在交通事故损害赔偿责任规则的确定方面，经济分析认为一个好的责任规则应当能够产生一种激励，让道路交通的参与人自愿投入适当的预防成本，使交通事故少发生或者不发生。

④ 如对于工厂的烟尘给邻近的居民造成了财产的损失这一问题，经济分析认为这是一种权利的冲突，使居民避免受损害将损害工厂的利益，问题具有相互性，关键在于避免较严重的损害。而传统的法学思维认为工厂烟尘与邻近居民受损存在因果关系，应当承担侵权责任。类似的案例特别是相邻关系纠纷案例在我国司法实践中比比皆是。

的最小化,而不是单纯地为侵权损害赔偿而赔偿;① 如强调效率作为法律的价值,从而支配侵权法律规则的制定和执行,这种强调在侵权规则实施过程中效益的动态分析,是强调实证研究的方法而不是规范研究的方法,动态而不是静态地解释侵权法等。就以一直困扰我国侵权理论和司法界的难题——对侵权责任认定构成要件中因果关系的认定这一问题来说明。传统侵权法之所以强调因果关系的认定,实则是为了强调了加害人与受害人的结果之间存在必然的联系,给受害人的赔偿提供正当化的理由。但是在实践中,因果关系的认定却很难操作,难以客观化和标准化,尤其表现在环境侵权、医疗事故侵权、专家责任侵权等侵权领域。② 而经济分析则通过对侵权损害赔偿功能认识的改变,强调侵权损害赔偿在于预防事故的发生,向前看,并主张"问题的相互性",主张因果关系认定的虚化,将过失作为责任的决定因素,而后采用客观性的过失认定标准,这样就回避了因果关系的困扰。已经得到我国司法确认的"因果关系推定"这一原则实则就是将因果关系虚化,③ 强调过失的问题,美国学者即称这种因果关系的推定为无因果关系的责任。

二、现行经济分析缺陷何在

正是基于经济分析对我国侵权法解释的建设性和前瞻性力量,而不是其自身理论逻辑的完美与自足,我们主张运用经济分析对我国侵权法进行解释。但是必须指出的是,我国法学界将经济分析方法引入侵权法领域存在重大误区。概括起来就是如下几点。

(1) 采用外在"机能主义"对侵权法进行解释,而不是内在的解释。

所谓外在的机能主义,就是将某一外部目标强加到制度之上,如将圣诞节解释为每年度对零售业的一种促进。其表现为:先确立一个整体的目标(如社会福利最大化),将侵权法体系看作实现这一外在独立的目标的工具,然后对侵权法体系的所有构成要件如归责原则、责任范围等都进行解释,而对这些要件之间的关系进行解释则是实现这个目标的手段。如理论界现利用经济分析对侵权法进行与传统法学理论不同的解释时,主要运用效率、激励或社会福利最大化(也即社会成本最小化)等这些外在的独立的目标替代了原来的传统目标如公平、正义等;然后在此原则下对侵权法所有的构成,如因果关系的认定、过错的判定等进行重新解释,将其作为实现这一特定价值目标的手段。效率、激励等目标并不是适用于侵权法自身独有的价值目标,从经济分析的角度来看,它们适用于任何一个法律部门。这种宽泛的外在的价值目标并不能内在地对侵权法进行系统的重新解释。

其原因在于:西方机能主义的解释侵权法,有其自身的法律传统和哲学基础,而我国却与之迥然不同。英美法系现代侵权法由传统的道德论证转向功利主义解释,实则是将侵权法从一个外在的目标转向另一个外在的目标的解释。最初这个目标是道德,因为法律起源于道德判断和考虑,侵权法的合理性必须从道德资源中寻找和论证。后来,法律逐渐从道德中独

---

① 如经济分析将当事人的经济成本称为"私人成本""私人收益",将国家的成本和收益称为"公共成本""公共收益"。并认为不是在任何情形下,受害人提起索赔都具有社会价值,在很多情形下,有可能是浪费诉讼资源的"滥讼"。此时,国家可以采用成本调节措施如增加诉讼费用等,提高私人成本以抑制"滥讼"。

② 就以我国目前经常出现的医疗事故侵权纠纷来讲,由于涉及专业性的技术鉴定,医疗事故侵权中因果关系的认定是医疗纠纷审理的一大难题,环境侵权领域更是如此。

③ 如就证券民事赔偿案件而言,由于证券交易的特殊性,投资者举证的困难,如何判定被告侵权行为与原告损害之间的因果关系更是实现司法救济的难点。也正因此,理论界与实务界对于在证券民事赔偿领域实行宽松的因果关系规则,广泛适用举证责任倒置以保护投资者利益的呼声不绝于耳。我国最高人民法院2003年1月9日出台的《关于审理证券市场因虚假陈述引发的民事赔偿案件的若干规定》即采纳了因果关系推定原则。

立出来，并开始有自己独立的逻辑和生命。相应的，侵权法也不能开始只围绕道德价值进行解释和论证。以霍姆斯为标志，侵权法要从一种外在的绝对的非道德论来理解和理论化，法律应是一种实现特定公共目标的机制，侵权法应通过其独特制度即对受害人进行赔偿和对加害人行为进行阻止的方式来实现社会的公共行为标准。① 作为侵权法基础的注意义务在英美等国家的确立，实际上，基于公共利益的目的而设的，是构成公共秩序的有机部分，违反此种义务的人对他人的损害所承担的赔偿责任，不仅仅是对受害人所进行的私人赔偿责任，也是公共秩序强加给当事人的责任。后来诸多法学家如卡拉布雷西、波斯纳等人将现代经济学的概念成功替代模糊的功利主义标准，全面定位了侵权法。其特点就是认为侵权法有一个外在的公共的目标如社会福利最大化，而后侵权法的所有制度如归责原则、责任范围等都是为了实现这个目标而进行整合和建构的。

　　侵权法外在的目标由道德转向社会福利最大化，但都在追求一种外在的目标，这一点与西方的法律传统有关，从自然法学到社会法学、功利主义学派，西方法学理论都认为法律应追求一种独立于法律之外的终极价值和目标，它是比法律原则更为抽象的理念。而我国虽然也存在法律原则和法律的价值目标，但相比起来，法律之外并无神圣的信仰和对终极的价值目标的追求。深受大陆法系影响的我国法律在方法论上存在逻辑自足的假定即概念主义法学研究体系的范畴，表现在法律体系完整的一个传统的标准就是最大限度地排除非法律因素对法律的干扰，以利于法律的正确适用，从而认为法律就应该是一个相对封闭和独立的逻辑体系。② 所以排斥其他外在的因素对法律的侵入。所以运用机能主义的解释方式来对侵权法进行经济分析时，在我国就遇到了"水土不服"的问题。如果不考虑这一点，盲目机械地运用经济分析中一些标志性的关键性的词语，如效益最大化或激励等输入到侵权法，为自己的观点和理论进行自圆其说似的论证，这种外在的强加的解释和论证貌似革命，实则是脱离了我国侵权法实践的根基，没有说服力和解释力。

　　比如，汉德公式近年来频繁被我国经济分析的学者运用以主张对传统过错方法的代替，甚至有学者主张用过错代替因果关系的认定，然后用汉德公式认定过错，这种用西方经济分析中核心的概念来对我国现行侵权法理论实践进行地震似的革命，真的能很好地解释和指导我国侵权法实践吗？汉德公式的运用一是需要法官的自由裁量权和良好的经济学素养，二是以一国的统计和精算科学的发达为基础，因为汉德公式所涉及的变量包括事故的概率和预期损失都需要以准确的科学计算为前提。而这两个条件在我国目前基本尚不具备，那么汉德公式用来认定过错又具有怎样的现实操作性呢？不具备现实操作性的理论又如何为广大的侵权法实践者所认同和接受呢？

　　（2）强调侵权法价值目标和功能的一元化，偏执地将效率或预防作为侵权法的唯一价值追求和功能，忽视了侵权法制度赖以存在和发展的其他价值目标和基本功能。

　　主要表现在：第一种形式是通过努力将明显不同的价值还原成一个单一的共性价值，如有学者主张将波斯纳提出的财富极大化作为经济分析的核心概念同时也是侵权法的首要价值目标，主张财富极大化是一种超过古典功利主义的道德学说，它主张判断行为和制度是否正义和善的标准就在于它们是否使得财富极大化，这种态度容许效用、自由以至于平等这些相

---

① 参见［美］格瑞尔德·J. 波斯特马《侵权行为法解释的理论研究》，载［美］格瑞尔德·J. 波斯特马主编《哲学与侵权行为法》，陈敏、云建芳译，北京大学出版社 2005 年版，第 4—5 页。
② 参见周林彬《物权法新论》，北京大学出版社 2002 年版，第 25 页。

互竞争的伦理原则之间的协调。① 这种是伪装的多元化，试图通过提出一个单一的价值目标把其他根本不相容的价值生硬地糅合在一起，其他诸如此类的形式；另一种就是比较极端的方式，即明确提出某一价值目标如效率是侵权法的唯一价值或者完全摒弃另一价值目标，如强调侵权责任规则的预防和激励功能，进而提出作为激励机制的法律这一概念，认为社会制度包括侵权法律制度要解决的核心问题是激励问题，而将其他价值置之度外。② 如有学者认为："法律和正义无关。或许这种说法有些极端，但是无论我们理解的正义和公平是怎么样的，正义和公平还是给法律和法院的判决留下很大的空间的。在这样的空间内，法律以及法院的判决是不涉及公平和正义问题的，除非将所有的法律与法院的判决全部定义为不公平和不正义。"③ 其错误在于：

其一，非历史性，完全忽视了侵权制度产生和发展过程中的历史根基。侵权法来源于古代的复仇制度，习惯法时期的侵权法制度的特征为：在人类社会早期，对个人所加的侵害行为只会引起受害者及其血亲的复仇，举行复仇是受害人及其血亲的权利，为习惯法所保护。由于复仇制度不利于社会的安定和经济发展，后来逐渐产生了损害赔偿代替私人复仇的变通方法。受害者具有选择权，即或接受赔偿放弃复仇，或坚持复仇拒绝赔偿。最初的侵权损害赔偿应该说是对受害者放弃复仇权利的报偿，而不是对受害者损失的赔偿。④ 隐藏在这制度变迁背后的道理就是，侵权损害赔偿制度是对人类的原始冲动加以抑制并逐渐得以制度化或体制化舒展的过程，对受害者复仇的强烈冲动进行慰藉的精神抚慰实际上就是对其充分而及时的补偿。补偿所带来的心理平衡是维系侵权损害赔偿制度的基石。虽然随着历史的发展，侵权损害赔偿的功能和价值目标被重新定位，但是不可忽视的是补偿功能这一侵权法制度的心理维系基石。经济分析的学者过分强调预防功能或激励功能，将效率作为侵权法的首要目标，忽视侵权法的填补功能，典型的表现为有的城市"撞死了白撞"的交通条例进行合理性论证，其依据就在于侵权法首要考虑的应是效率，这种思维就是忽视了侵权法律制度存在的心理基础。而且侵权法制度不是独立于社会其他因素之外的产物，必须存在于并依靠其他各种社会力量如传统、民族心理和文化、政治意识形态等发挥作用。中国文化讲究因果报应、罪有应得，讲究息事宁人、重义轻利，这些在侵权法律规则里也有体现。孤立地强调效率或预防而忽视其他价值，甚至逆反整个民族心理和文化而进行法律经济分析的解释和论证，这将导致经济分析的失败。

其二，非系统性，法律制度不是孤立的，侵权法律制度和其他制度存在着既互补又替代的关系。侵权法律制度从萌芽到独立到系统的发展到危机的产生，都在与其他的法律制度发生着联系。这主要表现在：如侵权法的基本功能补偿功能在现代社会就可以被完善的保险制度或社会福利或保障制度所替代。如以美国为例，在1960年对人身损害和疾病支付的全部赔偿金额中，按侵权责任进行赔偿的仅占7.9%，而各种责任保险和社会保险所进行赔偿的金额则高达92.1%。在1967年对交通事故受害者所提供的赔偿总额中，按侵权法所进行的赔偿只占32%，而责任保险和社会保险所支付的总额却高达68%。⑤ 在这种情形下，侵权法

---

① 参见王成《侵权损害赔偿的经济分析》，中国人民大学出版社2002年版，第60页。
② 法律激励并不是笔者的自创。法律经济学强调损害赔偿责任规则的向后看，即强调法律规则的激励功能，通过激励机制去预防损害的发生。国内法律经济学的学者王成博士在其《侵权损害赔偿的经济分析》和张维迎教授的《信息、信任与法律》《作为激励机制的法律》等著作中对法律规则的激励功能理论有充分的阐述。
③ 王成：《侵权损害赔偿的经济分析》，中国人民大学出版社2002年版，第69页。
④ 参见李仁玉《比较侵权法》，北京大学出版社1996年版，第15页。
⑤ 参见[美]约翰·G. 弗莱明《侵权法在当代的作用导论》，载《美国比较法杂志》1970年第18期。

的补偿功能的重要性就相对次要。在西方社会，经济分析对侵权法进行解释和论证，强调预防而不是填补功能，是建立在社会保障制度或福利制度、保险制度完善的基础上，也即其他制度能够对侵权法的填补功能起到有效的替代的基础上的。而在我国，社会福利和社会保障制度（如社会保险问题诸多，并未社会化，社会保险不仅分散经营，而且把大部分成员排除在大门之外）并不完善，责任保险等保险制度有待完善，侵权事故中的受害者仍需要依靠传统的侵权责任规则得到救济和填补的权利。如果我们忽视了这个现实基础，过分强调侵权损害赔偿的预防而忽视其补偿功能，就是孤立地理解侵权法律制度，势必导致片面的结论。

（3）"理论的"解释侵权法而不是"实践的"解释侵权法。

所谓理论的解释，就是从处于侵权法实践者之外的视角所谓客观地对侵权法进行解释；实践的解释就是从侵权法实践参与者内在的视角来解释侵权法。需要指出的是，西方侵权法学者提出的侵权行为实践这一概念对于我们十分有启发。传统的道德论证和现代的经济分析对侵权法进行解释有赖于侵权行为实践。即使我们不可能完全和任何时候都以侵权行为实践者的身份进行解释，但是我们应努力从实践者的角度和立场出发去进行解释，脱离侵权法实践者的理论解释是无法真正影响侵权法的。参与侵权法实践的主体包括广大的侵权事故受害者、加害人、责任承担者、律师、法官等主体，他们对侵权法的理解和解释决定着侵权法的发展。不同的实践者对侵权法有着不同的解释，立足于不同的立场就会有不同的制度设计。如侵权损害赔偿最基本最简单的形态也由三个基本法律主体，即三种类型的侵权行为实践主体组成：加害人通常为赔偿义务人，被害人通常为损害赔偿权利人，以及中性之第三人。以赔偿义务人为标准而定损害赔偿制度，则所应赔偿者应是赔偿义务人所可预见之损害，且赔偿义务人之故意或过失轻重亦在考虑在内。如以赔偿权利人为标准而定损害赔偿制度，则所应赔偿者应是赔偿权利人所受之损害，与赔偿义务人之预见程度或故意、过失之轻重无关。若以中性之第三人为标准而定损害赔偿制度，则所赔偿应是该特定事故在一般情形下所可造成之损害。① 这就典型反映了立足于不同的实践者立场就会有不同的侵权制度的设计。

而我国现有理论界对侵权法的经济分析则不是从侵权行为实践者即"人"的角度出发，而是从外在的抽象价值目标甚至可以说是舶来的概念和词语来解释侵权法。社会财富极大化（或称社会成本最小化）是经济分析解释侵权法的首要价值目标，侵权法的组成部分如归责原则、责任范围等都是为了实现社会成本的最小化。加害人行为与受害人损害之间的因果关系并不重要，关键在于避免较重的损害，即除了认定加害人是一个最小成本避免损失的主体之外，加害人对受害人实施了侵权行为这个事实没有任何法律上的意义；行为人过错取决于是否符合避免损失的成本——效益原则。所以在经济分析的框架里，实际上侵权实践者的身份和立场没有意义，加害人和受害人的区分甚至都无价值。加害人和受害人共同参与到侵权损害赔偿诉讼与他们之间发生的某一事故没有任何关系，受害人和加害人参加诉讼是为了侵权法的某个特定价值目标的实现。这种方式实际上增大了经济分析方法与侵权行为实践者的距离，否认了侵权法制度的推动者和参与者在实践中的自我理解，加大了其转化为实践力量的交易成本。但是法律经济学分析方法如想发挥其建设性和革命性的力量，就必须为侵权法的实践者所掌握。真理固然重要，但掌握传播真理的规律更为重要，"言之无文，行之不远"就反映了这一事实。相比传统的法律理论，法律经济学在传播和为侵权行为实践者所

---

① 参见曾世雄《损害赔偿法原理》，中国政法大学出版社2001年版，第19页。

掌握方面存在如下缺陷：一是法律经济学分析方法论来自国外，有其独特的法哲学传统（功利主义）和历史背景，其核心的概念和基本假设与我国的侵权法实践者有一定的距离；二是经济分析的方法主要诞生并发扬于英美法系国家，有其普通法系的传统和实践基础，而中国深受大陆法系影响，侵权实践者对大陆法系侵权法律的基本概念和逻辑有着深厚的认同感，而经济分析中英美法系的一些概念和思维方式无疑与侵权实践者的既有观念产生一定冲突，从而影响经济分析的接受。

一个可能为自己辩护的理由就是认为应采用"启蒙主义"的方式运用经济分析对侵权法进行解释，即认为随着法律的日益专业化、复杂化、技术化和职业化，对法律包括侵权法进行解释已经出现"精英话语"的统制，只要少数法律职业群体人士掌握并接受了法律经济分析对侵权法的解释的合理性，那么侵权法的实践就已经接受并容纳了经济分析的解释。事实上，通过这种方式运用经济分析对侵权法进行解释并得以实现的话，那么侵权法将逐渐与广大的侵权实践者脱节，他们将会对侵权法律产生陌生的感觉，其内在的"大众话语"解释将会与精英话语对抗并造成紧张的局面，长此以往，将出现侵权法的界面与社会生活的界面严重分裂与冲突的现象。侵权法不仅难以实现其调整功能，而且存在合理性基础的危机。基于此，棚瀬孝雄教授曾提出现代社会中出现一种遵守固有生活伦理的"反侵权行为化"的动向。棚瀬孝雄认为，在与社会联系的界面中，侵权行为的扩大也引起了摩擦。只能通过金钱赔偿来解决问题的侵权行为不论如何引起与人们本来朴素的对不法期待的解决之间发生不合，而且作为赔偿前提要件的不法与人们本来就不应该去为的不法之间产生不合。这样，通常在社会生活中与法的赔偿同时进行平行的社会调整，这种二元的处理随着广义的法的深入必然会引起破绽的出现。因此，在日常生活中，侵权行为的介入受到强烈的反对，人们否定侵权行为法的介入，而出现了遵守固有生活伦理的"反侵权行为化"的动向。[①]

三、如何进行经济分析

一言以蔽之，我国现有理论界对侵权法的经济分析基本上处于外在的机能主义、单一的价值目标、"理论"解释的状态。这影响了经济分析作为我国侵权法建设性、前瞻性解释力量的发挥。鉴于此，我们提出与现有理论界取向完全不同的方向，即对侵权法的经济分析应走内在的、多元化的、实践的解释之路。

（一）如何进行内在的解释

内在的解释与外在的机能主义的解释相对，即并不试图提出一个外在的抽象目标，如财富最大化，来对侵权法进行重新定位，而是在承认我国侵权法历史和现实发展已经赋有的各种价值目标和功能的基础上，寻找和阐明这些目标和功能之间存在着内在的与经济分析方法和基本理念一致的联系。按照系统科学的一个基本原理，当认识主体处于系统之内时，其对系统的认识是真实的，但是不客观；当主体处于系统外时，其对系统的认识是客观的，但是不真实。法律作为人为设计的制度规范，不像自然科学定律一样追求纯粹的客观，应更多地追求真实。即更多的时候我们应从法律制度的内部来认识和解释法律，对于侵权法律制度也是如此。这是一条渐进的从侵权法内部瓦解传统侵权法解释方式的道路，如运用经济分析对

[①] 参见［美］格瑞尔德·J.波斯特马《侵权行为法解释的理论研究》，载［美］格瑞尔德·J.波斯特马主编《哲学与侵权行为法》，陈敏、云建芳译，北京大学出版社2005年版。

侵权法的基本功能进行解释，正确的思路应是先承认我国既有的对侵权法功能的传统认识。我国传统理论对侵权法的功能看法不一，但有个共识，那就是认为其基本功能有预防和补偿两种。经济分析应先承认这一共识，而后展开解释。可以展开如下分析：侵权法的基本功能之间并不是完全独立的，而是相互依存的，你中有我，我中有你。预防和填补并不是完全排斥的，而是在一定条件下相互依赖。如在现代社会，大规模的侵权损害事故频繁发生，如果对受害者实现完全充分的填补，使其受损的权利及时得到填补，那势必不可能，所以必须降低事故的发生概率，强调预防事故的发生。而强调预防功能就是要强调侵权法律规则的激励功能，这就与经济分析的基本理念一致，引入经济分析对侵权法的功能进行解释就是自然的了。在传统解释框架下，侵权法的基本功能填补和预防是相互独立甚至是冲突的，而通过经济分析则将两者得以内在的联系和契合，从而更好地、统一地对侵权实践进行解释，符合建设性解释"整合性法律"的标准。

从传统法学解释的内部进行经济分析，这种方法能取得与其他解释方式如传统的道德方式共同的对话空间，减少摩擦，然后再选择强有力量的突破口争取经济分析的说服力和信服力。我们认为，运用经济分析对侵权法进行解释应从如下方面突破。

首先，从对侵权法制度历史解释的合理性中去确立经济分析的信服力。运用经济分析对我国侵权法历史发展和制度演变做令人信服的解释，如侵权法功能的演变等，确立经济分析对侵权法制度历史解释的合理性，也就确立了对我国侵权法现状的解释的合理性基础。昂格尔教授认为："每一种形式的社会思想都必须尽量满足如下需要，即描述和理解历史上前后相继的某些事件是如何发生的，以及为什么发生。"逻辑和历史是辩证统一的。我们认为，通过经济分析对侵权法进行解释应遵循逻辑演绎和历史分析的结合。制度经济学派的重要人物诺斯就是通过研究西方经济发展的历史，揭示了制度在经济发展中的关键作用，从历史分析中确立了制度学派的逻辑。而我国现有理论界经济分析对侵权法的历史解释尚不充分，相比对财产权制度包括物权等经济分析方面对历史的解释来说十分不足，值得反思。

其次，从对传统道德解释无法面对的侵权法危机或新问题中寻找机会确立经济分析对侵权法解释的合理性，如针对新的复杂的侵权行为（如违反安全保障义务侵权）进行经济分析。当采用传统的道德论证来对侵权法进行解释在面对今天纷繁复杂的社会问题时已陷入了困境，一旦我们确立一套较为理想的能够合理地安排我们对于侵权观念见解的方法及其分析框架，从而使得我们的侵权理论既具有理论范式上的一般性而同时又兼备历史细节上的真实性时，我们就真正咬住了海格立斯的脚踵。另外，经济分析应主动寻找解释的空间。对于法律并未明确规定的各种新型侵权类型如网络侵权领域等，经济分析可以帮助我们预测法律制度确立的实际效益和影响；对于法律已明文规定的，但有些文义上并不明确的，我们可以通过经济分析帮助我们确定文义，如违反安全保障义务侵权中的合理限度范围的确定；即使文义上毫无解释空间，也存在类推适用和目的性限缩的可能性，这些都存在经济分析的空间。

（二）如何进行多元化的解释

即使在西方，经济分析的解释方法也不断受到批判和挑战，学者们开始重新运用和提炼个人或政治道德的范畴来解释侵权行为实践，甚至经济分析的学者也在寻求经济学解释与传统道德论证如分配正义或矫正正义的协调，以理性选择理论为出发点对经济学理论和道德理论进行研究,主张这两者可以有机地结合起来。① 法制度作为一个经历了漫长发展历程而又有着庞杂体系的系统,社会对其价值目标和功能的认识会有着新旧混杂的因素,所以试图用某种单一价值目标进行解释是不可能的。

基于此,我们认为,运用经济分析对我国侵权法进行解释,首先应承认侵权法体系可能受多个不同目标或价值的支配,确认一组核心价值并以此来解释侵权法体系。经济学应用序数概念分析问题的思路对我们有启发,应用序数概念分析问题的时候,我们无须说出 X 和 Y 的效用各为若干效用单位,只要判断两者效用的大小即可。由于许多经济问题都可归结于两种或两种以上的可能性进行选择的问题,这种问题实际上可以归结为有关论题的机会成本问题,无差异曲线分析就可以用简明的方式表示两者之间的关系。② 用层次上的法律解释就有体现,如如何通过法律解释协调权利冲突的情形。例如肖像权与新闻自由权等发生冲突,知识产权中经常出现的权利相互冲突的问题。对此就有协调权利冲突的方法如权利层级化理论的提出,其主张:权利内部是有等级序列的,强势权利优于弱势权利。③ 实际上,这种解决权利冲突的方法经不住推敲。因为冲突双方的权利都有合法的外观,做出利益评判和归属决定的依据必须是在效力上优于法律的超级规范。从法律自身是无法进行求证的,这应该是一个超出法律之外的求证过程。同理,侵权法的价值目标如效率与公平之间的冲突,也是一个在侵权法内部无法求证的过程。传统的道德求证或经济分析都是对某一价值目标的优先性进行验证和说服的过程。应该承认,解决价值冲突没有一个先验的模式,价值的协调也不存在一个或者几个确定的标准,不可能存在任何确定的分配尺度,正如无差异曲线上有无数个可能性组合一样,我们应强调侵权法实践主体价值目标的多元化选择的可能性。

基于侵权法的私法自治的特性,在侵权法制度设计上应淡化执行公共政策和目标的意愿,尊重当事人主体的价值选择,尽可能让当事方在进行权利再配置时能自愿进行转换和交换,以减少价值目标发生冲突的空间。其实这和经济分析的前瞻性的思维一致,不是"向后看",一味去追求对某一价值目标的优先性进行求证;而是"向前看",通过当事方的自由配置去化解价值目标的冲突。

遵循一种事后标准,并不事先确立一个侵权法价值目标的序列,如效率优先于公平,而是在具体的侵权纠纷发生后,由司法机构根据个案做出解释,决定不同案件下的价值目标序列,这将凸显法官的主动性和创造性。实际上,经济分析诞生于英美,与法官的实践理性和经验智慧密不可分。侵权法经济分析中的许多重要方法论都是法官在个案中确立的,如过失认定的汉德公式。

(三) 如何进行实践的解释

现有经济分析对侵权法的解释,是将"侵权法"看作一个静止不变的认识客体进行研究,而且以"启蒙主义"的精英自居对侵权法进行解释,忽视与广大侵权行为实践者的对话与交流。与之相反,我们认为,侵权法的目的是实践,是为人的正当行为确定一个标准,应立足于侵权法的实践对侵权法进行解释。

理论层次的法律解释学又可称法学诠释学,因为经典诠释学就产生于对法和《圣经》

---

① 参见 [美] 格瑞尔德·J. 波斯特马《侵权行为法解释的理论研究》,载 [美] 格瑞尔德·J. 波斯特马主编《哲学与侵权行为法》,陈敏、云建芳译,北京大学出版社 2005 年版,第 7 页。
② 参见宋承宪《现代西方经济学》,复旦大学出版社 2004 年版,第 103 页。
③ 参见谢晓尧《竞争秩序的道德解读》,法律出版社 2005 年版。

的解释,所以近现代诠释学的重要思想演变无疑影响着法律解释学的发展。我们认为,20世纪把"沟通行为理论"和"对话理论"应用于法学的哲学家哈贝马斯对法律解释的见解对我们十分有启迪。哈贝马斯主张实践理性优于纯粹理性,通过对话伦理实现两者的统一。也就是说,交往活动预设了普遍必然性知识的可能性条件,理想的实践对话的所有参与者都有权提出规范性论断,除非"更好的论证力"达成了新的理解和一致。理想的言语状况是交往行为达成一致的必要条件。法律(包括立法和司法)的正当性或说可接受性只有在符合对话理论要求的立法和司法等程序中才能得到证成。①

我们提出用经济分析替代传统的道德论证来对侵权法进行解释,意图也在于通过解释的力量影响侵权立法和司法,使得其更具有正当性或说更被广大的侵权实践者可接受,避免侵权行为法与实践参与者理性二元调整的不断分化而造成侵权法的危机。因此,在对侵权法进行经济分析的解释过程中,我们应遵循对话理论的要求,根据侵权实践的不同结构采取不同的解释方式,主要有对侵权法立法实践和司法实践的解释,具体如下:

侵权法的立法实践过程(如关于侵权法的起草、交通安全法的出台等讨论过程)属于侵权法规范的证成的对话,其对话结构是平等的,每位参与者都是规范的"作者"——他们都平等地参与规范的创造,每位参与者都想象自己是有关规范的约束对象,他们不但从自己的角度想象规范适用性,也要从他人的角度来看同一问题,把自己代入他人的位置,所以参与者的互换性应是关于规范证成的对话的基本原则。如交通安全法的讨论中,每个参与者都不仅应将自己设想成交通事故中的受害者行人,也应努力将自己想象成司机。这种互换的思考才有助于交通事故归责原则的合理性和可接受性。最应该避免的是仅仅因为我不是富人,没有小汽车,就从行人的角度思考和主张;而拥有小汽车的人就高喊着"撞死了白撞"。如在最近理论界和实务界关注的违反安全保障义务的侵权类型中,同理也存在受害人和行为人即广大的经营者(通常被描述为富人和利益享有者)两种互换性的位置,这里涉及自由和安全价值的衡量,参与者互换性思考也是导致侵权法制度合理与否的直接因素。经济分析对侵权法的解释应遵循这种对话理论换位性思考的要求。

侵权法的司法实践过程(如侵权损害赔偿诉讼过程等)属于侵权法规范适用的对话。这种对话中有两种不同性质的参与者,他们之间互换位置是较为困难的。第一种参与者是案件中的当事人,即在一般侵权结构中的受害人(或者其近亲属)和加害人,他们是适用侵权法规范的"对象";第二种参与者是社会中的所有其他成员作为中立者,法官作为他们的代表,是适用侵权法规范的主体。尽管他们两者很难进行换位思考,但是在司法过程中仍要符合合理性对话的标准和要求。所以经济分析对侵权法进行解释时强调:权利的自由配置是有效率的,即使是权利救济的配置,也应强调市场的自由配置,最大限度地复制市场。尽管诉讼作为法定的解决侵权损害赔偿的方式,但是在其过程中也应强调尊重当事人的自由意识,让司法实践中的第一种参与者与第二种参与者理性地对话,如重视调解的作用。在这一点上,英、美等国的民事司法改革实践的经验值得我们借鉴。他们首先强调适当推广简易程序,通过省略和简化普通诉讼中很多复杂和不必要的诉讼环节,提高诉讼效率并节省诉讼成本,在不损害程序正义的基础上充分考虑程序的经济性。其次是重视将非诉讼解决纠纷办法通过各种方式灵活地吸纳于诉讼机制内,典型的如通过在法院附设替代性纠纷解决方式(ADR),提高程序效益。美国自20世纪六七十年代以来,一些联邦法院逐步提供一些法院

---

① 参见梁治平《法律解释问题》,法律出版社1998年版,第18页。

附设 ADR，比如法院附设调解、法院附设仲裁、简易陪审团审理、早期中立评估等。对于第一种参与者来讲，诉讼作为一种权利救济的方式，并不是在所有情形下都是自己认为最合算或者说最有效率的方式。我们应提供和发展各种救济方式，以满足相关主体的各种不同的需要或效用，如我国绝大多数交通事故最终通过交警部门调解了结就很能证明这一点。我们应发展多种救济方式以满足权利主体方面的各种需求，进而实现救济制度的资源最佳效益。经济分析对应从侵权司法实践的这种对话结构出发对侵权法进行解释，而目前的理论较集中于对侵权法制度的经济分析，而较少对侵权法司法实践过程进行解释。在这一点上，经济分析对侵权法的解释应和其对诉讼法的经济分析紧密地结合起来。

第五节　交通事故经营性车辆停运损失的法经济学分析[①]

一、司法解释第 15 条与"经营性车辆停运损失"

《关于审理道路交通事故损害赔偿案件适用法律若干问题的解释》（以下简称"司法解释"）第 15 条规定了因机动车交通事故造成车辆的维修费用或重置费用、车辆所载货物的损失、车辆施救费用、经营性车辆的停运损失或者非经营性车辆使用中断的损失以及其他财产损失的，人民法院应予以支持。其中对"经营性车辆的停运损失"进行了专门规定，"经营性车辆停运损失"第一次在正式的司法解释中出现。

历史地看，在 1999 年最高人民法院就作出了《关于交通事故中的财产损失是否包括被损车辆停运损失问题》的批复，指出在交通事故损害赔偿案件中，如果受害人以被损车辆正用于货物运输或者旅客运输经营活动，要求赔偿被损车辆修复期间的停运损失的，交通事故责任者应当予以赔偿。但是 1999 年的司法解释由于是以批复作为载体，因此只能说是这次司法解释的前奏性的铺垫。

司法解释第 15 条与 1999 年的批复相比，对赔偿范围作了更为明确的列举式规定，其列举类型更为详细和具体，并把"经营性车辆停运损失"作为一种独立的损害类别进行列举。

由于我国法律没有对"经营性车辆停运损失"进行单独规定，因此司法解释第 15 条的相关规定势必引来法律实践和法学研究的新问题。我们将结合法律和经济两方面进行分析。

二、事故造成停运损失的实质是侵害经营利益的侵权行为

在交通事故中造成停运，进而带来停运的经营损失实质是一种对经营的侵害。如果仅仅抓住交通事故这个造成经营损失的形式，很容易让研究者忽略了停运造成经营损失的实质。无论何种行为（停水、停电、交通事故等）造成对经营的停止或干扰，进而引起经济损失，其实质都是一种对经营的侵害。

在英美法和大陆法的法律实践中，对于造成经营损失一般都有相应的侵权制度，并不倾向于把这种运营损失简单地归纳为交通事故具体损失的一种。

[①] 本节部分内容曾以论文形式发表，具体出自周林彬、张瀚《交通事故经营性车辆停运损失的法经济学分析》，载《中国审判》2012 年第 5 期。

(一) 大陆法

在德国，一种持续运营的状态被确立为一种具有绝对性的权利类型，其把持续运营的状态类型化为经营权。其法律的最初渊源来自《德国民法典》第823条第1项，该条明确了侵权法对于侵害权利之保护。在此请求权的基础上，帝国最高法院主动创设了一项关于经营的权利，该权利对于营业和运营这种持续的状态本身进行保护，其保护的客体包括经营损失，违法罢工、交通问题等造成运营的损失可以认为属于其中的一种。对于不属于该权利类型保护的经济利益损失，德国法也通过侵权法的一般条款的法益保护进行兜底。

在运营损失的问题上，和德国法相比，法国法一般通过一般条款直接进行法律适用，而没有对经营权进行创设。要承担侵害经营造成运营损失的责任，就要看其行为对造成运营损失是否存在过错（faute），只有符合《法国民法典》第1382条、第1383条的过错责任规定，才可能承担造成停止运营损失的责任。参考王泽鉴教授的观点，法国法之所以没有对造成停止运营对应的违法性要件进行权利的类型化，其原因在于法国法缺少独立的违法性要件，过失和违法性两个要件都被纳入过错的范畴，因此没有单独把交通事故等行为造成停止运营所侵害的经营性法益进行权利的类型化也在情理之中。

(二) 英美法

对于造成停止运营的经济损失问题，英美法更多的是放在经济损失的制度下解决的。在Spartan Steel v. Martin案中，建筑商过失地切断了电缆，导致钢铁厂供电停止15小时，给钢铁厂造成了利润损失。英国上诉法院对于财产的直接损失赔偿并无异议，但对于停业造成的利润损失却持有保留的态度。法官对经营利润的赔偿存在争议：Stamp法官讨论了保险制度和利润赔偿的关系，并认为如果授予利润赔偿，则可能导致潜在加害人的责任范围过大。Denning法官的分析是从政策角度出发的，其认为法律政策不应该激励企业诉讼，而应该让企业在未来更努力经营。值得注意的是，对判决持异议态度的Edmund Davies法官认为救济只给予可预见和直接的损失，而损失究竟是物理性的损失还是经济上的损失并不重要，对于一些不合理的诉讼请求应该通过加害方不负有义务和损害的远隔性（remote）来驳回。因此，利润本身的无形性并不是不予以赔偿的原因。

(三) 事故造成停运损失是侵害经营的一种表现形式

从上述有一定代表性的比较分析不难发现，对于停止运营造成经营损失，各主要国家虽然在具体的制度上有所区别，比如大陆法国家更强调权利类型或一般条款的法律适用，英美法更倾向于用经济损失理论进行个案处理，但总的来说，其对我国的制度改进仍然有下述值得借鉴的地方。一方面，停止经营造成经济损失并非交通事故侵权本身所特有，其和其他侵害经营造成经济损失并没有本质区别。显然，主要国家并不倾向于在法理上把交通事故造成的停止运营损失作为一种独立的类型，这种侵害经营的方式和其他侵害经营的方式在造成经济损失上并没有本质区别，其交通事故造成损失的形式无法掩盖其和其他侵害经营同样具有的共性。另一方面，不能简单地把经营损失和物质损失直接挂钩，不能认为赔偿物质损失就一定承担停止运营造成的经营损失。各国在规定中并没有把停止运营的经济损失捆绑于物质损失，这点在英美法区分直接物质损失和经营利益的纯经济损失上表现得尤为明显。上述Edmund Davies法官就明确表示要对物质损失和停止运营的经济损失区别对待，并且把其中的经营损失作为完全独立于物质损失的特殊类型，他的观点已经成为一种主流观点。

三、"经营性车辆停运损失"的认定要考虑市场的周期性

（一）对"经营性车辆停运损失"进行经济分析的正当性

由于司法解释第 15 条对"经营性车辆停运损失"这种侵害经营造成的损失类型首次进行了具有概念和系统的规定，并明确了其"经营性"的特征，明确规定了是在"经营活动"的状态下发生的侵权。因此，对"经营性车辆停运损失"进行经济分析就有了必要性和可行性。

"经营性车辆停运损失"的营利理念具有商法性，而商事审判的一个价值取向是实现经济效益。"经营性车辆停运损失"的实质虽然是对经营利益侵害的结果，但其强调对"营利"或"利润"之间接损失赔偿的商法思维方式和强调实物与人身损害的直接损失赔偿的民法思维方式不同。事实上，司法解释第 15 条区分了"经营性车辆停运损失"和"非经营性的使用中断损失"就体现了两种不同的法律适用思维。前者实质是对侵害经营造成经济利润损失的计算，是"用于货物运输、旅客运输或者汽车租赁等经营活动的车辆，无法从事相应经营活动而产生的损失"；后者则无非是一种因交通工具"无法继续使用而遭受的损失"，是一种不强调利润和经济效率的"获得通常的替代性交通工具已经支付的费用"。

（二）何谓社会成本：司法的裁量

社会成本可以理解为社会作为一个整体的损失。其不是简单地计算某个个体的损失或收益，而是要考虑整个社会中存在个体的损失和收益。其不仅考虑个体的得失，还要看是否具有经济学意义的"外部性"，这种外部性可能是正的，也可能是负的。从法律适用的角度看，在司法中考虑社会成本，意味着法律适用不仅考虑法律适用结果对个体的经济影响，更要考虑对整个社会的经济影响。参考前述 Bishop 和波斯纳等学者的法经济分析的主要观点，其核心问题在于区分社会成本与私人成本（财富的转移）。也就是说，我们要考虑的核心问题在于，"经营性车辆停运损失"是不是真正的社会成本，如果是，才具有救济的正当性。在一个交通事故中，涉及的财产性损失包括车辆损坏、车辆灭失、车辆所载货物损失、车辆施救费用、替代性交通工具费用和经营性车辆的停运损失。其中，直接的物质损失是当然的社会成本，包括车辆损坏、车辆灭失、车辆所载货物损失。对于由于交通事故造成需要额外的服务性费用同样是社会成本，其中包括车辆施救费用和替代性交通工具费用。因此，只要符合侵权的构成要件，对他们的赔偿就具有效率上的正当性。

对"经营性车辆停运损失"进行救济是否具有效率上的正当性，可以从以下方面出发进行考虑：对于司法解释"经营性车辆停运损失"是否赔偿的问题，关键在于看这种损失本身是不是一种社会成本。如果"经营性车辆停运损失"带来了社会成本，对其赔偿就具有正当性。根据波斯纳等的范式，如果"经营性车辆停运损失"没有带来社会成本，而仅仅是财富的转移，则不应当赔偿，因为没有救济的效率正当性。因此，对于"经营性车辆停运损失"是否为真实的社会成本，抑或仅仅是私人成本的财富转移，取决于个案所处的市场状况。

（三）交通运输淡季：私人成本的经营损失

在市场周期处于淡季的情况下，由于运输业处在"产能闲置"的状态，因此这时的"经营性车辆停运损失"未必是社会成本，对其进行救济可能产生过度投资等不良的制度激励。淡季的市场存在生产资料和劳动力等的产能闲置，比如很多车辆并没有全部开动，劳动力没有出现加班加点的状况，为应付春运、旅游旺季等增加购置的车辆没有每天开出投入运营。生产运输领域也存在产能闲置，比如海产运输的专用冷冻车辆在"休渔期"在很大程度上处于闲置状态。此时，虽然交通事故造成被侵权人的车辆无法运营，但需要运输服务的消费者可以以较低的成本获得市场上闲置的其他运输服务，其他运输服务提供者可以用极低的成本进行运营，扩大供给，并不需要扩大投资增加社会成本。这时利润只是转移给了其他经营者，并没有社会成本。因此，对于市场周期处在淡季的"经营性车辆停运损失"，其损失是一种私人成本性质的财富转移，对其救济缺乏经济效率的正当性。

（四）交通运输旺季：社会成本的经营损失

如果市场处于产能最大化的状态（典型的如交通运输的旺季），则市场无法消化经营性停运所增加的运输量，或者说整个运输市场需要额外投资购买或租用汽车等生产资料，雇佣更多劳动力或支付加班费去消化因事故产生的额外运量。显然，从整个运输市场来看，这些扩大产能的过程最终需要有人买单，也就是增加了相应的社会成本。在春运、旅游旺季等交通运输旺季，往往一票难求，交通事故如果导致运营停止，市场显然无法在不追加投资的情况下对侵害造成的停运进行消化。有时即使追加投资，也未必能够扩大供给，因为可能在这些特殊时期，劳动力早已处在加班状态，同时由于时间点特殊，也无法雇佣更多的劳动力。因此，在市场周期处于旺季的供给最大化的状态，对于"经营性车辆停运损失"的赔偿是符合效率原则的，因为可以提供减少真实社会成本的激励。

四、对司法解释第 15 条"经营性车辆停运损失"的评析与建议

（一）制度进步的体现

司法解释第 15 条首次在正式司法解释条款中提出了"经营性车辆停运损失"的法律概念。由于 1999 年的批复只有寥寥数语，受到批复的形式所限，没有办法对"经营性车辆的停运损失"及相关的其他法律概念做出系统性解释，因此难免在法律实践中对案件缺乏系统性的法律适用指导。司法解释在第 15 条中正式提出了"经营性车辆停运损失"的概念，在客观上促进了我国侵害经营的制度实践，是较大的进步。

（二）"商事审判"和"商法适用"意识的体现

对于何谓"经营性车辆停运损失"，司法解释从两个层次进行了界定，体现了最高人民法院良好的商事审判意识。一方面，从涉及损失车辆的性质上看，该车辆的性质为"经营性"。具体来说，其是用于货物运输、旅客运输或者汽车租赁等经营活动的车辆，司法解释要求车辆用于经营活动。另一方面，从损失的性质看，司法解释认为该损失是"无法从事相应经营活动而产生的损失"，其中，"无法从事"和"经营活动"两个关键词揭示了经营活动被迫中止而产生经营损失的本质。

显然，上述界定都是围绕商法的"营利性"概念做出的，离开了商法理论，这些界定在法律实践中将难以进行。由于商事审判的价值取向是实现经济效益，而经营和营利的根本目的是把社会的经济蛋糕做大、减少总体的社会成本，因此，通过把法经济分析成果用于司法提高经济效益符合司法解释本身的价值取向。

（三）有助于对"经营性车辆停运损失"的体系解释

司法解释第15条对"经营性车辆停运损失"的外围相关概念进行了界定，这些界定在客观上有助于明晰什么是"经营性车辆停运损失"。仅仅孤立地看"经营性车辆停运损失"的概念，是难以对停运损失的实质做出准确的认定的。从体系解释的法律文本解释理论出发，司法解释对相关的外围概念进行了规定。比如明确了和"经营性车辆停运损失"对应的概念——"非经营性车辆使用中断的损失"，其从概念内涵和判断标准两方面进行了规定。从概念内涵角度看，"非经营性车辆使用中断的损失"是指被侵权人正在使用的非用于货物运输或者旅客运输经营活动的车辆无法继续使用而遭受的损失，这和"经营性车辆停运损失"的"用于货物运输、旅客运输或者汽车租赁等经营活动"的营利性目的受挫遭受的损失具有本质区别。从损失的计算方式上看，"非经营性车辆使用中断的损失"的计算标准是"被侵权人为获得通常的替代性交通工具已经支付的费用确定该损失的数额"，这也和"经营性车辆的停运损失"强调运营停止造成的经济损失有所区别。

（四）"裁判规则"的建立

从前面的总结我们发现，司法解释第15条已经为"经营性车辆停运损失"案件法律适用中考虑经济因素提供了初步的基础。要通过司法程序对"经营性车辆停运损失"进行个案分析，结合市场状况分析其社会成本问题，首先需要对"经营性车辆停运损失"本身进行界定。这种界定既需要有法学概念的正式引入，又需要一定的商事审判意识，同时还需要相关平行的外围概念进行体系解释的逻辑支撑。显然，司法解释第15条已经实现了这些初步的条件。

结合前述的法经济分析，我们建议在司法解释的现有基础上纳入市场周期因素作为"酌定"裁量因素。对于"经营性车辆停运损失"，运输市场处于旺季时倾向于做出赔偿的认定，因为这时存在真实的社会成本；运输市场处于淡季时倾向于不做出赔偿的认定，因为这时不是真实的社会成本，只是财富转移的私人成本。所以，可以考虑在法律适用中进一步制定下述"酌定性"的裁判规则：对于经营性车辆的停运损失救济，要把行为主体的营业性、市场的周期性作为酌定的裁量因素；对于经营性车辆的停运损失，可以参考当地运输市场的周期性，对于侵权行为发生时运输市场处于旺季的赔偿请求，人民法院可以倾向于予以支持，对于侵权行为发生时运输市场处于淡季的赔偿请求，人民法院可以倾向于予以驳回。

（五）建立相应的商事侵权制度的必要性

诚如前述结合比较法进行的分析，交通事故中造成"经营性车辆停运损失"虽然具有自身的特点，但其实质是一种侵害经营的侵权行为，其和通过其他方式对经营状态的侵害，造成经济损失并没有本质上的区别。毕竟无论是交通事故，还是停水停电，抑或火灾风灾造成经营的停止导致经济利润的损失并不会改变侵害经营本身的性质。因此，在交通事故的司法解释中单独进行规定并不能体现侵害经营作为一类特殊的需要类型化的"商事侵权"的本质。

　　由于我国暂时没有建立起完整的商事侵权体系，侵权责任法也没有把商业领域的侵权进行必要的类型化，因此通过司法解释对该问题进行调整虽然具有进步性，但只能是一种"权宜之计"。因为侵权行为造成"经营性车辆停运损失"等经济利润损失是一种完全不同于交通事故本身的侵权行为，前述的比较法分析也表明对于这类"纯经济损失"，法院一般进行单独的类型化处理，认定了交通事故和直接物质损害赔偿，并不意味着成立了侵害经营的行为，更不意味着存在"纯经济损失"。

第六章 物权与无形财产权

本章导读

产权经济学可谓是法学与经济学结合最为密切的经济学分支,每当言及"法经济学"时,浮现在人们脑海中的总是科斯先生文章里的那几头越过栅栏在邻居家的草地上吃草的牛,这是产权经济学中关于产权界定重要性阐述的最经典案例。产权经济学旨在从产权结构或产权制度的角度研究资源配置率,研究如何通过界定、变更产权安排,如何为产权提供保护,创造或维持一个交易费用较低、从而效率高的产权制度。产权在英文中是 property rights,直译即为财产权,因此产权就是财产权。经济学上的产权毕竟并非法律上的界定,相比法学中的财产权概念较为模糊,难以明晰准确的外延,同时较为散乱,更贴近现实关系,而缺少逻辑抽象。

在中国法的语境中,财产权是与人身权对称的,是指以财产利益为内容,直接体现财产利益的民事权利,包括物权、债权,也包括知识产权中的财产权利,但在传统物债二分的财产权体系下,民法学者对于财产权的认知更多集中在物权上,而忽略知识产权,特别是互联网时代广泛应用数据的财产属性。由此可见,产权与财产权两者差异明显,但西方产权经济学理论乃立足于英美法的财产权概念,且权利的属性、客体、范围相似,因此产权经济学对于产权的大多数理论与观点对于财产权同样适用。事实上,产权经济学作为研究产权界定、流转、保护制度建立和变革的学科,方方面面都与法律息息相关,法律是实现产权资源高效配置的手段,而经济学通过清晰地揭示法律制度的经济本质为制度选择指明方向。

放眼国内法学界,物权法的研究成果汗牛充栋,但多从立法、司法,国内外与国外法的传统法学视角进行切入,使用经济学进行分析的著作凤毛麟角。原因之一是许多法学家认为经济学中的"产权"与法学中的"财产权""物权"毕竟不是同一概念,在传统法教义学中,法学的研究必须严谨地从准确的概念中展开。但更主要的原因还在于,采用经济分析的方法研究物权法需要经济学理论和物权法理论的有机结合,这要求研究者必须同时具备深厚的民法理论知识和经济学理论知识的功底,同时对于社会经济的运行要有敏锐深刻的洞察力,学科理论交叉的融会贯通再落到实处,方得响应无穷,否则法学的经济分析只能在法学研究中被贴上经济学的标签,形成经济和法律"两张皮"的"伪"跨学科研究。

本章对物权和无形财产权的法经济学分析,时间维度从 2000 年跨越至 2019 年,历经《物权法》制定以及党的十八届四中全会后的《民法典》编纂;研究范围既有涉及整个物权体系的分析,又有细分到对所有权、用益物权、担保物权,以及知识产权、数据等无形财产权等微观问题的研究。

本章第一节"法律经济分析与我国物权法创新"和第二节"物权新论:一种法与经济学分析的思路"从整体上阐述了经济分析在物权法研究中的可行性及必要性。具体而言,是从物权的经济本质、效率价值、制度选择、立法和司法的改革、经济与法律的结合诸方面,研讨对物权法进行经济分析的重要经济和法律意义,并对纯粹法学的物权法理论和实践存在的缺陷进行了反思。两节内容都把握了市场经济的重要价值取向——效率,并创新性地提出从经济学的视角看来,"可转让性"也应当作为物权的特征。

对于物权立法中争议较大的所有权的公法限制和国家所有权的问题,本章第三节"所有权公法限制的经济分析"和第四节"论我国国家所有权立法及其模式选择"进行了经济分析。基于所有权垄断性质带来的外部性和交易成本过高的问题,本书提出个人所有权在个人利益与社会利益发生冲突时,应当受到公法的限制,但必须进行利益平衡。国家所有权的立法同样遵循利益平衡的原则,但从市场经济的价值理念出发,权利的平等性与一体性是财产权利制度对国家所有权的外在要求。周林彬教授所坚持的物权平等保护的观点,在本章第九节"论物权保护的经济分析"通过财产规则与责任规则的法经济学分析进行了更为深入的分析。

本章第五节"我国农地使用权和基地使用权制度的效率分析"和第六节"农民财产权收入的土地财产权结构新探"都提出农村土地的改革应当通过加强使用和提高流转效率来实现其价值,其关于农村土地"权利束"的观点与现在进行的"三权分置"改革方案不谋而合,其思想之深远使人叹服。

担保物权的研究方面,本章第七节"商事流质的制度困境与'入典'选择"提出的商事流质的放开一直受到商事主体的呼吁,我们有理由期待前述的担保物权独立化和流质禁止的放开在不远的将来会在商事交易中实现。与此相关的,本章第八节"专利权质押制度改革的创新激励效应"则通过经济学模型的推导和证明,对《专利权质押登记办法》的实施效果进行了反思,并提出了综合性的改进措施。

对于无形财产,本章第十节"数据财产归属的反思:基于卡尔多-希克斯模型"基于法律经济学中经典的卡尔多-希克斯模型分别对"个人—企业间"和"企业—企业间"的数据财产归属问题进行分析,得出了较有代表性的观点。本章第十一节"无形资产出资的法与经济学分析"则从降低交易成本的角度,分别对无形资产出资的适格、程序和法律责任三方面提出完善建议。

整体而言,本章内容有两个鲜明的特点:一是文章选题的立意高远,20年前的选题至今看来让人耳目一新;二是论题、论点、论据结合实践中的"真问题""真案例",而非凭空而起的空中楼阁。本章内容虽然采用的是经济分析,但从未偏离其出发点和立足点——法律。法律论证逻辑的严密性和概念的准确性在本章都得到严格贯彻,经济学作为分析法律问题的工具更多的是一种手段。

第一节 法律经济分析与我国物权法创新[①]

在我国传统的物权法学领域,对物权法中的具体制度和规则的法律分析,是基本的法学研究方法。但是,其一,这种方法把具有主观色彩的抽象的分配"公平""正义",作为物权法的主要价值,而忽视了物权法促进资源充分利用和实现资源优化配置的效率价值,因而其局限性也是显而易见的。其二,这种方法过于注重法律逻辑自足,而忽视制度、规则与概念的创新。因此,至今我国物权法的制度、规则安排和理论体系,较之博大精深的罗马法和德国法传统物权理论,仍无多少新鲜元素。其三,这种方法过于注重静态财产归属关系分

[①] 本节部分内容曾以论文形式发表,具体出自周林彬、李胜兰《法律经济分析与我国物权法创新》,载《河北法学》2001年第5期。

析,而忽视动态的财产利用关系的现实。民法学界在进行我国物权理论研究时,往往热衷于引用罗马法、德国法、日本法等外国法,引经据典,不胜其多、不厌其烦,甚至达到文字模仿的程度,而忽视了从我国现实财产关系中寻找、归纳、总结活的论据。其四,这种方法注重从传承的角度对既有大陆法理论进行整理、修补、引申,而缺乏批判精神,对传统理论不能大胆质疑,小心求证。

现在一些学者都已意识到了传统大陆法研究方法的落后与陈旧所带来的弊端,并致力于方法论的更新,以此来提升物权法研究的水准。部分学者将目光投向了正在兴起的法律经济分析,并认为法律经济分析"无疑是对民法最有意义的方法之一"①。但是由于法学缺乏与经济学必要的交流与融合,特别是法学研究工作者对法律经济分析的法律理论和实践意义缺乏认识,以及对经济学理论一知半解,使法律经济分析这种法学方法论更新的自觉尚未变成具体的行动,从而运用法律经济分析的方法研究物权法的成果尚付诸阙如。

我们认为,之所以对物权法进行经济分析的意义,原因在于物权法所确立的财产归属关系与市场主体从事经济活动的效率有着密切的联系。为了揭示物权法与经济增长之间的内在联系,必须用经济学的分析方法来阐释物权法运作的经济机理。

一、经济分析有助于揭示物权法的经济本质

交易是指资源在不同市场主体之间的转让。通过市场交易使得资源从利用效率较低的人手中,转移到利用效率较高的人手中,从而改善了资源配置的状况,提高了资源利用的效率。资源的配置并不是只有市场的途径。我国就曾长期试图借助计划体制进行资源配置,此时物权制度的作用是极其有限的。但事实最终证明,只有市场价格机制,才能确保资源的移转是有效率的。当我们意识到市场是资源配置的基础机制时,建立市场经济就成为实现经济增长的必由之路。而物权制度,正是市场机制的一个必要制度前提。

产权经济学认为,交易的实质是附着于财产上的权利在不同主体之间的转让。因此:

(1)要进行有效率的市场交易,就必须确立市场主体对交易客体的权利。也就是没有物权的确立,也就谈不上权利的转让。用物权法语言来阐述,就是物权是债权的前提,物权优位于债权。我国市场经济立法中的合同立法优先于物权立法的立法安排,虽然有利于减少改革立法的阻力,但由于这种市场经济立法违反市场交易规律,因此是一种低效率的立法。这是因为,财产的归属不确定,财产的流动既失去了起点,也失去了目的。如前所述,没有物权法,仅有合同法是无法确保财产流通的有序进行的。我国统一合同法制定和颁行后违约现象有增无减的现象,与其说是"合同法失败",不如说是"物权法的失败",更切中问题的要害。

(2)权利越明晰,就越有利于交易的达成。"在谈判理论的文献中,一个确证无疑的结论是,谈判者的权利越明确,他们合作的可能就大。而谈判者的权利模糊,其合作的可能就小。"②而确定交易客体的归属关系这一谈判者权利的界定,正是物权法的任务。经济学对产权与交易关系的认识,有助于改进我国物权立法的价值趋向,即应当把物权法当作促进资源优化配置的制度安排,而不能仅仅作为确定财产归属关系的规范。

例如,在我国国有企业经营权制度设计中,以防止国有资产流失为由,国有企业法采取

---

① 孙宪忠:《抛弃"批判"立足建设》,载《世纪论评》1998年2期,第76页。
② [美]罗伯特·考特、托马斯·尤伦:《法和经济学》,张军等译,生活·读书·新知三联书店上海分店1991年版,第185页。

国务院行政法规的形式，并确定企业经营自主权依国务院有关规定行使的"法律空白"条款，① 限制了国有企业产、供、销、人、财、物方面的经营自主权，违背了物权法的排他性原则，也违背了经济学对物权的可转让性的效率要求，不利于提高国有企业资产的使用效率。

再比如，企业交易秩序的混乱，往往是企业财产权关系的混乱所致。诸如众多的国有企业敢于大胆拖欠债务的一个主要原因，是放心其所经营管理的国有资产可以在很大程度上免受法院依法强制执行，而法院则往往听命于国有资产所有权的代表即政府的意见，以防止企业职工失业和社会稳定为由，从讲政治的高度，对国有企业拖欠债务的违法行为听之任之，从而使国有企业（尤其是大中型国有企业）在合同法的软约束下，成为我国企业拖欠债务群体中的第一拖欠大户。其中，国有投资基建工程拖欠款最为严重，如根据《中国建筑业年鉴》1997年年底做出的不完全统计，该年度全国工程拖欠款总额为3 566亿元。可以看出，工程拖欠款一直呈几何基数的攀升，这对建筑业无疑是一个相当危险的信号。使《合同法》第286条关于工程款优先受偿权的规定形同虚设。"总体上，拖欠款的发生，仍以国有投资项目为主。也许正因为是国家的钱，借用者才有可能不负责任地借用，债权人才有可能不顾风险地让债权继续增加。"② 因此，理顺市场主体的物权关系，是稳定与完善市场秩序，深化市场改革进程的前提与关键。

二、经济分析有助于解释物权法的效率价值

物权法是通过将资源的各种归属和利用权利分配于不同的主体，来实现其资源配置功能的。不同的权利分配会带来不同的激励和约束机制，而激励和约束机制又将影响到物权的运作效率。例如在公有财产关系中，由于内部财产权关系的不明晰，会导致"搭便车"普遍存在，③ 使权利主体的个人收益与社会收益严重背离，从而使个人从事生产努力的激励严重不足。这正是公有财产较之私有财产使用效率低的一个主要原因。也可以据此解释为什么公用楼道的地会缺少打扫，公用楼道的灯会常明或常灭的现象。产权经济学中经常引用的"公地悲剧"更是一个明显的例子。④ 它揭示出权利归属不明的财产会受到破坏性利用与开采。又如污染日益严重的环境，我们生活的天空中日渐稀少的飞鸟与湖泊中踪影难觅的游鱼，就是活生生的例证。

比如，在建立现代企业制度的产权改革中，企业财产权利配置结构对企业经济效益的影响引人关注。传统国有企业中，一方面，企业财产所有权非人格化导致的所有权主体缺位或曰"老板缺位"问题（容后详述），缺乏确保所有者对企业财产负责的机制，从而导致国有资产流失；另一方面，经营者财产权限不明，缺乏对经营者的激励与约束机制。企业经济效益因产权关系不合理而下滑，成为国有企业亏损的一个共同原因。因此，产权改革的法律实质就是理顺企业财产归属和利用中的物权关系，通过所有权与用益权的合理配置、清晰界

---

① 参见《全民所有制工业企业法》第24条、第26～31条、第34条。
② 任健：《合同法第286条："画饼"容易"充饥"难》，载《建筑时报》2000年9月23日。
③ "搭便车"是对某些人和团体不劳而获行为的一种俗称，是现代产权经济学研究的一个重要问题。
④ "公地悲剧"是现代经济学理论在分析和论证不具有排他性的共有资源使用低效率时常用的一个例子。"公地悲剧"是一个有一般性结论的故事：当一个人使用共有资源时，他就减少了其他人对这种资源的享用。由于这个负外部性，共有资源往往被过度使用。政府可以通过管制或税收来减少共有资源的使用来解决这个问题。此外，政府有时也可以把共有资源变为私人物品。数千年前古希腊哲学家亚里士多德就指出了共有资源的问题："许多人共有的东西总是被关心得少，因为所有人对自己的东西关心都大于对与其他人共同拥有的东西。"

定,来提高企业经济活动的效率。同时,物权法所确立的权利配置也影响到权利移转的成本。

又如物权法中关于善意取得的规定,将物的所有权分配给善意取得人,有利于降低物权变动的成本,也就是我们文章后述中常常提到的交易成本。只有物权法所确立的权利配置与激励机制相兼容,并有助于降低交易成本,物权法的制度安排才是有效率的,才是符合经济发展需要的。对物权法进行经济分析,能够揭示出物权安排的经济机理,为以提高效率为目标改进物权制度提供实证依据。

应该强调指出,著名经济学家、诺贝尔经济学奖获得者诺思教授,在对西方文明国家的先进和东方文明国家的落后的经济根源的比较研究后得出的著名结论是,经济增长的根源是私法的发展,"在19世纪中叶,私法的发展把产权的解释从一种明显的反发展观转变成一种发展观。根据发展观,各种不同的财产权的有效性应该成为法律上证实损害的最高检验"[1]。可见,19世纪中叶出现的西方国家(如英国、荷兰)的法律结构中财产权制度的创新,清楚地反映了产权经济学中所说的效率标准。由于中国历史上从来没有建立起持续、有效的私有财产权制度,加之新中国成立后以公有产权为主的制度变迁,因此以私有财产权为核心内容的物权法的不发达,是中国经济落后于西方发达国家的一个制度原因。加强物权制度建设是提高经济效率的一个法律途径,而加强物权制度建设在很大程度上取决于限制政府对财产的权力,从而强调全国人大制定的物权法优位和优先于国务院制定的国有资产管理法的制度选择,就是一种有效率的立法价值选择。

三、经济分析有助于选择提高经济效率的物权制度

在考虑物权法中权利安排的价值目标时,传统法学往往以公平、正义标准来衡量。但是,公平与正义的标准又往往基于主观的价值判断,即使涉及客观的标准,也往往将利益的衡量限于经验的观察,而缺乏理论的论证。事实上,公平、正义绝不是与功利主义相悖的、仅属于古典自然法的价值目标。明显的例子是,古希腊自然法时期的先哲亚里士多德就曾认为,正义分为两种,一种是分配的正义,另一种是交换的正义。在此就已将伦理的价值追求与经济学的利益权衡联系在了一起。经济学以数理资料为基础,通过对每一项物权安排的经济绩效进行成本收益分析,能够指出哪一种权利安排更能实现机会的均等,促进经济效率。这种法的经济效率价值分析的经济实质,是揭示法所反映的物质生活条件的规律即经济规律,而规律作为一种符合事物本质的法则,它类似于大陆法理论谓之的"自然法"和英美法理论谓之的"正义法",从而通过经济分析方法研究而揭示的符合客观规律的法律,较之通过传统法学方法研究而揭示的主权国家的法律,能够更好地体现法的公平、正义本质。

例如,对于在什么样的财产上适宜设立公共所有权,令人信服的解释是,公共资源由于"外部性"与"搭便车"效应的不可避免,建立排他性的公共所有权是相对有效率的;但是鉴于"公地悲剧",所以应尽可能通过共有资源的私有,提高资源的使用效率。因此,对于具有私人物品属性的财产来说,建立私人所有权能够促进效率提高。这一结论也有充分的事实现实依据予以实证。如我国改革开放以来,政府允许在许多公共物品上建立私人所有权或独立的他物权,譬如公有土地的个人使用权、城市基础设施的私人专营权,以及国家在具有私人物品特性的竞争性资源即企业资产的归属和利用方面"有所为、有所不为"等公有产

---

[1] 卢现祥:《西方新制度经济学》,中国发展出版社1996年版,第70页。

权改革的措施和思路，显著地提高了公有资源的使用效率。

在权衡物权法的价值目标时，我们还应该看到，我国传统物权法中公有财产所有权制度，侧重于以公平、正义为目标在社会成员之间确定财产权利的归属。但是，在资源稀缺的约束条件下，面对人民群众日益增长的物质文化需求，如何更有效率地利用现有资源，保证资源能流动到效用更高的人手中，从而实现社会财富的最大化，无疑是物权法的一个重要价值追求。社会财富的最大化并不是以部分成员的利益减损为前提的，而恰恰相反，是以没有人的处境因此变得更糟糕为前提的。从本质上说，这并不有悖于公平。正如允许"一部分人先富起来"不是以让"另一部分人变得更穷"为前提一样。另外，公正的实现也不是无代价的。以牺牲经济增长来追求绝对的"公正"，更要付出巨大的成本，往往意味着共同贫穷的"公正"。

在我国旧计划经济体制下，在财产权利配置上实行单一公有制，以期实现社会公正的理想。虽然单一公有制防止了私有制导致的贫富不均，但也造成了资源利用的效率低下，经济发展停滞，整个社会陷入普遍贫困的后果。因此，物权法的价值目标中应提出效率优先、兼顾公平的价值追求，并要求在物权配置上探寻社会财富最大化的立法目标和手段。诸如一般将私权性质的物权作为实现效率的有效法律形式，而将国家所有权作为实现公平的有效法律形式，采取综合立法（如综合于物权法之中）或单独立法（如分别制定物权法和国有资产管理法）。此外，在实现其他社会价值时，应该在诸多物权法制度设计中选择成本最低的立法方式，以使权利配置的社会成本降至最低。

四、经济分析有助于为物权立法、司法改革提供指导

物权立法的滞后已成为制约我国市场经济发展的制度瓶颈。例如在制定《城市房地产管理法》时，由于房产权利与土地权利的关系、划拨土地权的流转等重要问题缺乏物权法的相应规定，该法不得不回避这些问题，致使该法对房地产市场的调控难以有效发挥，因此王家福教授指出，"时代和人民呼唤着一部社会主义的、现代化的、中国气派的物权法的制定"[①]。

我们认为，作为民法基本制度之一的物权立法，虽然因现存的政治、经济体制的障碍而导致物权立法成本较高，但以私权为基本特征的物权法因为该法与民众较强的亲和力而使物权法的实施成本低于一系列国有资产管理法规，加之物权法采取人大立法的基本法形式，所以物权法稳定性强，能创造更大的效益。可见，制定物权法显然是一种有效率的法律资源配置。进一步分析如下。

首先，不同的财产权结构会带来不同的经济效率。如物权比债权更能提供稳定的预期、产生资源投入的激励，因此在权利结构的设置就要充分考虑促进经济的增长。又比如物权法建议稿中对农地使用权的设置，改农地使用的承包合同关系为用益物权关系，就更充分地维护了农民的收益预期。

其次，由于不同的制度规则会带来不同的交易成本，而过高的交易成本会阻碍交易，也是对社会资源的浪费。因此，"能使交易成本最小化的法律是最适当的法律"[②]。制度设计应着眼于尽可能小的导致实施成本。如不动产的登记制度，针对目前多个登记机关、多头登

---

① 参见王家福《序言》，载孙宪忠《德国当代物权法》，法律出版社1997年版。
② ［美］波斯纳：《法律的经济分析》，蒋兆康译，中国大百科全书出版社1997年版。

记、登记成本高的状况，物权立法应设立单一的、与司法部门统一的登记机关，降低物权变更的成本。

最后，在现实经济生活中，社会经济的发展往往快于立法的进程，法律的制定与修改都需要一定的成本耗费。因此，在法律的空白与漏洞在所难免的情况下，物权立法的体系应保持一定的前瞻性与开放性，尽量减少物权法的制度变动成本。

五、经济分析有助于促进物权制度的市场化改革

市场关系是一种平等的交易关系，交易关系的实质是产权的交易。产权经济是市场交易的前提，没有产权就没有市场交易，没有市场交易就没有市场经济。因此，对物权的市场规律要求，一是平等，二是可交易性。物权制度在这两个方面都对市场的建立与完善有着重要意义。

首先看平等。"商品是天生的平等派"，各种权利主体要平等参与市场关系，就要相互承认权利的平等性，因此，平等性是对物权的一个基本要求。而目前立法对国家财产的特殊保护，使得市场中的非公有主体处于弱势地位。非公有的财产权的排他性、稳定性影响了人们对收益的预期，甚至加大了交易的风险。例如在市场的合同关系中，尽管有了较为完善先进的合同法，但合同纠纷、对合同违约的救济仍然难以达到应有的力度。特别是对于国有企业的违约，以保护国有资产为由的地方保护、行政干预、抗拒执行现象仍然层出不穷。国有资产过强的公法、行政保护，干扰了正常的物权关系，从而进一步影响到正常的合同关系。因此，《物权法》对于市场改革的意义甚至可能要重于《合同法》。经济学认为只有自愿的交易才能增加双方的福利，而只有平等，才能确保交易的自愿和公平。物权立法作为市场经济必需的产权交易制度安排，应该推进产权交易冲破所有制的束缚，强调对公有和私有财产的平等保护。

其次看可交易性。通过市场交易进行资源配置是提高资源利用效率的重要手段，而资源的市场交易是通过物权变动实现的，因此经济效益要求物权具有可转让性。法律经济学将可转让性视为财产权的重要效率原则之一。产权经济学则认为，如果权利的可转让性受到限制或禁止，就会导致产权的残缺，结果是财产的收益权与财产的控制权相脱离，进而使有财产收益权而无财产控制权的人（如国有企业经营者）不会或疏于考虑资源的损耗而对财产实行掠夺式经营，而有财产控制权而无财产收益权的人（如国有企业所有者）就不会或疏于考虑资产利用的效率。因此，产权残缺导致的财产所有权与经营权的"两权分离"就有可能导致财产利用的低效率。[①] 我国现实中物权转让受到种种限制的实例很多，诸如城市土地中，划拨使用权的土地占土地市场的比例很大，但是其流动性严重不足；农村土地使用权的物权地位没有确立，同样缺乏必要的流动性，难以发挥出土地规模经营的优势。这些物权制度设置中的限制，实际上都阻碍了市场化的进程，限制了市场的资源配置作用。对物权法进行经济分析，阐明物权制度促进资源优化配置的经济功能，能够帮助我们按市场经济规律的要求重点设立便于物权市场化交易的物权制度（如物权变动）。

六、经济分析有助于克服物权法研究中经济与法律的脱节

物权，本应是经济学与物权法研究共同关注的现实问题，但是，由于学科的"门户之见"和研究者专业知识的局限，使得对物权的经济学和法学研究存在着脱节。比如，一方

---

① 肖耿：《产权与中国经济体制改革》，中国社会科学出版社1997年版，第98页。

面是法学界对物权法研究还拘泥于自己的理论体系构建,"两耳不闻窗外产权"的观念满天飞,已形成取代经济学界陌生的物权概念之势;另一方面是经济学界的关注由市场进入了制度层面,热衷于为产权制度出谋划策之际,却不知法学中物权研究的丰富理论积淀。这种局面既造成了产权研究与物权研究的脱节,又导致产权观念与物权观念的混乱。而在物权研究中引入经济学分析,恰是二者运用各自理论对对方观点的逐一研究与"梳理",这种相互对照与借鉴更是"物权"与"产权"观念的"相互打通"。弥补各自领域内学者的理论不足与片面,有助于两个学界对共同关注的现实问题澄清概念,统一认识,互取所长。

由以上论述可知,在物权法的研究中引入经济学的分析方法,可以加深我们对物权法的认识,揭示出物权法和经济绩效之间的内在机理,从而改善我国的物权立法与司法活动。传统物权法研究中所使用的方法过于追求思辨性,把法律当作纯粹观念化的体系,下意识里总以为法律是客观理性的展开,结果一方面,强调法律对现实的引导,而忽视法律对现实的"摹拟";另一方面,强调法律对现实的改造和支配,忽视了现实的自主性与创造性,忽视了现实中"法外之法"的存在。

这种就法论法的研究方法,隔绝了法学与其他社会学科之间的有机联系,要么是以阐释现行法律规范为己任,要么是把现实中出现的新型财产关系归入某个已有法律概念。对法律与经济、社会之间的联系,法理学给予了较充分的认识,使得经济分析法学成为法理学的一个充满生机的学派。而具体的部门法则关注不够,致使物权法研究滞后于改革开放、制度创新的现实。

例如,我们一再提到的企业产权问题,这本是物权制度中与现实联系密切的重要问题,法学家本应大有作为,但由于方法论的创新不足,对这个问题只能满足于概念、理论之争,难有实质性贡献。产权改革的每一次突破都由经济学来推动。经济学家因其方法论的优势,在这个领域积极探索,新见迭出,成果丰富。某种程度上可以说,法学理论甚至难以紧紧跟上其步伐。因此,在物权法研究中引入经济学的一些观点、理论与研究方法,以丰富、加强物权法本学科的研究,不仅是经济发展的现实之需,也是提高法学研究水平的需要。

再比如,作为产权经济学主要理论的科斯定律,是我们对物权进行经济分析的基本工具。虽然科斯第一定律旨在说明在交易费用为零的条件下(价格机制能够正常发挥作用的完全竞争条件),资源的配置效率与产权的界定,即物权的归属无关,但是科斯第二定律则强调了在交易费用为零的条件下(价格机制不能够正常发挥作用的不完全竞争条件),资源的配置效率与产权的界定,即物权的归属有关。因此,在不完全竞争条件下的我国市场体制建设过程中,针对国有企业资方经营管理中大量存在的诸如"寻租"行为和"搭便车"行为,依据科斯定律,不能将手段作为资源配置的唯一重要方式,而应该将法律手段作为资源配置的主要方式,从而加快物权的立法和体系化、制度化建设,势在必行;从而偶然的、变动不居的经济现象只有用反映市场规律的法律规则来解释和概括,其感性的琐屑成分才会被剔除出去,而留下能够指导社会实践的理论标尺。而对经济学来说,成熟法学的基本特点,是能够用法律来预言和解释经济规律的。由此,对产权改革的方案设计,法学家对经济问题较之经济学家更有发言权。[1]

---

[1] 这一成熟的、富有理智的观点,是由著名经济学家盛洪《经济学精神》(四川文艺出版社 1996 年版)第 264 页中概括出来的。正如诺贝尔经济学奖得主、著名经济学家米勒教授所言,"中国不缺经济学,缺的是法律"。在我们看来,这种发言权取决于对法律的经济学理论背景和知识的深入理解。正是在这个意义上,我们认为,法律经济学理论和方法在中国法学研究领域的广泛应用,也是中国法学由"幼稚"走向"成熟"的决定性一步。

我们认为,科斯定律及其理论是物权经济分析的一个理论基础,在此基础上,结合我国的市场化改革和物权法制建设,应该将以下几点作为我国物权法理论和制度创新,以及下述物权法经济分析的基本观点和思路。

第一,物权是价格机制的重要法律前提。在市场化改革的进程中,应该将物权立法作为市场经济立法的核心法,优先加以制定。

第二,资源的市场配置优先于政府配置。由于市场配置所强调的谈判机制接近于体现私法特点的物权机制的特点,所以物权立法应该坚持私法规范为主的特点,以充分反映市场交易的特点。但是,针对我国市场经济中大量存在的不完全竞争,以及市场主体通过私法规范的物权方式配置资源导致的大量侵权、"寻租"及"搭便车"行为导致的市场交易成本大大超过通过国家公权力配置资源的成本,则有必要通过公力救济,诸如对物权的公法限制和单独的国有资产管理法运行机制来配置资源、降低成本。因此,物权不能纯私法化,而应以私法为主、公法为辅的规范来创设物权制度。

第三,无外部效应而行使物权与以有外部效应的方式来行使物权没有本质区别。一旦建立了完备的物权法制度,那么只要有迹象表明谈判中的成本支出小且有益于达成交易,交易谈判就能够改变物权法规则程序,而产值最大化与物权法无关。因此,不应该将物权法定原则绝对化,物权法作为一种谈判规则,应坚持私法本质属性和私法自治原则为主。必须注意,所有的法定物权都会影响人们利用资源的能力,所以物权法应确保人们从适用物权法规范中得到的收益大于因此所产生的成本。

第二节 物权新论:一种法与经济学分析的思路①

民法学界对于物权的认识的一个明显缺陷是,都侧重于权利主体对于物的关系,没有注意到由于物的存在而形成的人与人之间的关系;只强调物权的"质",没有认识到物权的"量",即权利的边界性。产权经济学认为,产权不是指人与物之间的关系,而是指由于物的存在及关于它们的使用所引起的人们之间相互认可的行为关系。产权安排确定了每个人相应于物的行为规范,每个人都必须遵守他与其他人之间的相互关系或承担不遵守这种关系的成本。② 经济学的这种理解有助于我们认识到物权的界区性、相互性。物权的界区性、相互性表现在法律上就是,或为禁止权利人为一定行为,或为要求他人容忍权利人为一定行为。一言概之,物权的经济意义就在于,为人们利用财产的行为设定了一定的边界,物权就是权利人在法律准许的范围内支配其财产,并承担相应支配结果的权利。

一、物权与产权

产权在英文中是 property rights,直译即为财产权,因此产权就是财产权。之所以在我国出现产权和财产权共同使用的情况,只是翻译和使用习惯不同而已。有些学者认为产权是一

---

① 本节部分内容曾以论文形式发表,具体出自周林彬、李胜兰《物权新论:一种法与经济学分析的思路》,载《湘潭大学学报》2000 年第 12 期。
② 参见 [美] 菲吕博滕、佩杰威齐《产权与经济理论:近期文献的一个综述》,载 [美] R. 科斯、A. 阿尔钦、D. 诺斯等《财产权利与制度变迁:产权学派与新制度学派译文集》,刘守英等译,生活·读书·新知三联书店上海分店、上海人民出版社 1994 年版,第 179 页。

个经济学概念,而财产权则是一个法律概念。① 其实,西方学者大多是从产权起源于资源稀缺的矛盾这一点上来界定产权的,正是在这个层次上,西方学者对产权做出了比较一致的初步的定义。按他们的定义,产权是指人们是否有权利用自己的财产去损害他人的利益,用德姆塞茨的话来说,"产权包括一个人或其他人受益或受损的权利。……产权是界定人们如何受益及如何受损,因而谁必须向谁提供补偿以使他修正人们所采取的行动"②。怎样使人受益或不受损,建立什么样的产权规则,显然不仅仅是经济的问题,也是政治的和法律的问题。而且,英美经济学家并没有区分经济学上的"产权"和法律意义上的"产权",正因为如此,在我国学者与科斯教授谈及这一问题时,他表示"我觉得这一点难以理解"。③

"产权"一词在英美法中并无确切的含义,只有在权利客体确定时,它才被赋予确定的含义。从产权经济学家的文献中,我们可以归纳出产权有如下三层含义。

第一,完备的产权。完备的产权是指一个物品所能包括的权利束,都集中由一个主体所拥有,权利束集中而不分离。一个完备的产权包括:使用权,即在许可的范围内以各种方式使用物品的权利;用益权,即在不损害他人的条件下可以享受从物品中获得各种利益的权利;决策权,即改变物品的形状和内容的权利;让渡权,即通过出租把用益权转让给别人,或通过出售把所有权转让给别人的权利。④ 这些权利构成完备的产权。不难发现,完备的产权在权利构成上相当于大陆法中的所有权。

第二,不完备的产权。不同时具备使用、用益、决策和让渡的产权就是不完备的产权。但是,不完备的产权不一定就是不独立的产权,产权独立的标志是产权的排他性和可转让性,否则即为"产权残缺"。同样,如果权利客体为有体物,那么不完备的产权类似于大陆法中的他物权。

第三,广义的产权。广义的产权即"产权包括一个人或其他人收益或受损的权利"。⑤ 如科斯所说的"污染权"、农夫的"免受铁路抛洒火花的权利"等。广义的产权在大陆法没有相应的概念。广义的产权更为强调在经济活动中当事人的权益边界。这种产权观才真正体现了产权学派的特色。它不强调概念,而强调现实中的权利界限清晰,不把独立的产权归结为所有权,而强调排他性和可转让性,从思维理念上看,它体现的是英美法中财产权的理念。

在我国,"产权"一词的使用较为混乱,也没有形成确定的含义。在有关"产权"的几种用法中,有以下几种情形。其一,将产权等同于所有权。如最高法院《关于贯彻执行〈中华人民共和国民法通则〉若干问题的意见(试行)》第86条规定:"非产权人在使用他人的财产上增添附属物……"其二,用产权指代所有权和用益权。如《国有资产产权界定和产权纠纷处理暂行办法》第2条将产权的定义性规定为:"产权系指财产所有权以及与财产所有权有关的经营权、使用权等财产权,不包括债权。"在这个办法中,财产权还指土地使用权、知识产权等。因此,此处的产权,其客体已不限于有体物,故不同于传统物权,其含义已非常接近英美法中的财产权概念。其三,在学术探讨时,使用产权一词的含义与前述

---

① 参见梅夏英《财产权构造的基础分析》,武汉大学法学院2000年博士学位论文,第253页。
② [美]德姆塞茨:《关于产权的理论》,载[美]R. 科斯、A. 阿尔钦、D. 诺斯等《财产权利与制度变迁:产权学派与新制度学派译文集》,刘守英等译,生活·读书·新知三联书店上海分店、上海人民出版社1994年版,第235页。
③ 经济学消息报社编:《诺贝尔经济学奖得主专访录》,中国计划出版社1995年版,第164页。
④ 参见张军《现代产权经济学》,生活·读书·新知三联书店上海分店1994年版,第244页。
⑤ [美]德姆塞茨:《关于产权的理论》,载[美]R. 科斯、A. 阿尔钦、D. 诺斯等《财产权利与制度变迁:产权学派与新制度学派译文集》,刘守英等译,生活·读书·新知三联书店上海分店、上海人民出版社1994年版,第235页。

广义的产权的含义相近。其四，经济学家给出的产权定义，似乎与我国法学界通常使用的"所有权"概念相似。他们认为，产权是一组权利，它包括"占有、使用、改变、馈赠、转让或阻止他人侵犯其财产的权利"①。事实上，我国经济学界使用的"产权"概念已基本上混同于我国法学界通行的、依据《民法通则》第71条规定的"所有权"概念。

通过对产权概念的上述归纳，我们能够较为明显地看出物权与产权的相同之处：从权利的属性看，物权与产权同为财产权利，同为对财产的支配权；从权利的客体看，物权与产权的客体都是一定的财产；从权利的范围看，完备的产权与不完备的产权的范围大致相类于物权中的对应概念。西方产权经济学理论正是立足于英美法的财产权概念，其诸多理论与观点对物权同具说服力。

但产权毕竟不能等同于物权。其间的差异有：相对于传统物权概念的确定，产权的概念一直较为模糊，难以明晰准确的外延；相对于物权的体系化，产权则较为散乱，更贴近现实关系，而缺少逻辑抽象；物权的范畴较产权小，如"污染权"作为产权，却不属于物权范畴。

对物权与产权进行上述比较之后，我们能够得出这样的结论——物权在保持确定性、体系化的同时，也应吸收产权观念的一些特点：一是现实性，注重对现实财产关系的实际调整，而不是一味进行学理演绎与抽象；二是灵活性，不固守既有理论和概念，而能不断适应社会发展；三是开放性，能够不断接纳新的权利客体、权利形态。目前，我国财产法采取大陆法系为主的物权法模式已成必然。但我们也更为迫切地希望不要因此拒绝了对其他法系相关制度范畴的借鉴、吸纳，而能够兼容并蓄。比如，与全球化现代市场经济体系相适应的现代产权体系主要由信息产权、知识产权、技术产权、金融产权、劳动力产权、房地产产权等构成，这些新兴产权的内容，应该成为我们进行物权体系和制度创新的基本依据。

二、物权的经济本质及特征

在传统物权法理论中，一般将物权的特征归纳为支配性、排他性、绝对性。从经济学角度分析，物权的设立，是为了权利主体能够更好地利用、发挥物的效用。实现物的使用价值，是实现物的效用的一种方式；而实现物的交换价值，是实现物的效用的另一种方式。以上关于物权的三点法学特征，主要立足于权利主体的意志能够不受干涉地支配客体，针对的是物的使用价值的实现。而实现物的交换价值的决定性因素，是物权具有充分的可转让性。因此，支配性、排他性、绝对性再加上可转让性这四点才共同构成物权的经济本质与特征。

1. 支配性

从经济学的角度来观察，物权的支配性或支配效力，能够降低权利行使成本。因为，物权人在行使其权利时无须他人的意思介入，即能直接决定对物的使用、收益、处置等事项。物权人对物的支配，在合法的范围内完全是其自己的事情，无须与其他人进行谈判、协商，无须请求其他人的协助、配合，这自然降低了物权的行使成本。

我们认为，传统物权法意义上的支配强调对物的直接和实际占有，然而，这种直接和实际占有的结果，是所有权与支配权合而为一个财产权整体结构，这种结构较之所有权与支配权分离的结构，前一种财产权结构更有利于实现财产的安全效率，后一种财产权结构更有利于实现财产的利用效率，而且从间接支配比直接支配更有利于实现财产效率的经济角度分

---

① ［美］托马斯·尤伦：《法和经济学》，张军等译，生活·读书·新知三联书店上海分店1991年版，第322页。

析，物权立法中对物权的支配性做扩大性解释，是有效率的。因此，《中国物权法草案建议稿》的作者在给物权下定义时，不强调物权对物权人的利益属性，不利于物权之利用效率的实现。①

2. 排他性

从法学意义上讲，排他性仅意味着将某一物权看作一独立的权利，而不是肯定在一个物上只能设立一个物权即"一物一权"为物权排他性的唯一典型。从产权经济学角度上讲，排他性只不过表明不同的产权交易主体之间必须有一明确的权利交易的界区，因为如果没有相互独立的财产权，则财产权的相互交换亦即科斯所称的财产侵权关系中的相互性，就难以通过谈判实现互惠互利。物权的功能便在于通过对主体之间行为方式进行合理的规定，从而形成一定的规则，使每一主体均能在自己的权利界限内合法地活动。据此，物权法建议稿的作者用物权排他性原则修正和取代一物一权原则，是有效率的立法主张。

从经济学角度分析，较强的私有产权比较强的公有产权更加有效率。其重要原因在于，私有产权较之公有产权，前者的排他性强。因此，物权的排他性是资源有效使用的必要条件，"只有通过在社会成员间相互划分对特定资源使用的排他权，才会产生适当的激励"②。物的排他性与物的使用效率程度，成正比例关系。物权的排他性不仅意味着权利主体可以自主决定使用其物，更重要的是，他能够排他地享有对物的利用所产生的收益，保持了个人收益与社会收益的一致性。如果社会收益大于个人收益，即意味着权利主体所创造的一部分收益为他人无偿占有，此时权利主体充分利用物的积极性就会不足，资源不仅会得不到有效利用，而且会因免费使用而导致对资源的过度使用之类"公地的悲剧"等资源利用低效率的产生。

对于物权排他性的经济意义，法学家也有明确的认识，比如王泽鉴指出："共有制度不利于物之利用。"③ 正因为共有制度无法确立共有人之间的排他性，我国台湾地区在法律及实务上通过增强排他性来改进共有制度，这些改进包括：防止共有发生，例如耕地移转共有之禁止；共有土地或建物处分、变更及设定负担限制之放宽；便于共有物分割或利用。

3. 绝对性

物权的绝对性意味着权利主体之外的任何人都是义务人，都负有承认和尊重物权的义务。物权的对世性是物权绝对性的典型体现，而排他性又是物权绝对性的必然属性，所以物权的绝对性、对世性、排他性共同反映了物权绝对主义精神。但是，从前述物权的界区性、相互性看，某一特定主体享有物权须以对他人物权的承认与尊重为前提。绝对性较之相对性更具经济合理性。物权的绝对性正是这种相互尊重的"相对"之总和，设定物权法之前，对物权的保障和认可正是通过相互协议的方式，换来对彼此物权的确认。但是，由于物权的"对世性"，与每一个相对义务人进行协议的交易成本太高，因此就有了变私人契约为社会契约的必要，促成了物权这种绝对权的制度创制。物权自诞生就具有了法律赋予的绝对性，他人对权利主体的物权的承认与尊重不再需要约定，而成为法定义务。这是降低物权保护成本的有效方式。

物权的绝对性使物权成为对世权。较之相对权的债权关系中权利人与义务人之特定性，

---

① 参见梁慧星《中国物权法草案建议稿》，社会科学文献出版社 2000 年版，第 59 页。
② ［美］理查德·A. 波斯纳：《法律的经济分析》，蒋兆康译，林毅夫校，中国大百科全书出版社 1997 年版，第 256 页。
③ 王泽鉴：《民法物权》，三民书局 1998 年版，第 58 页。

物权中任何物权主体以外的其他人都成为义务人,也就意味着所有人都能成为权利主体。因此,相对于债权产生于特定人之间,物权则具有了普遍性。这种普遍性强调物权行使的单方性,有利于依法迅速确定财产关系,实现物权制度供给的规模效应,降低了物权的设置成本。但是,物权的绝对性如果因此排斥物权关系的相对合理性即如科斯在《社会成本问题》一文中提出的侵权的相对性原则的适用,那么绝对性的物权,则有可能成为合法不合理的低效率的物权。

进一步分析,随着社会化大生产的发展,对物的绝对权已受到极大的挑战,许多新的财产并不具有绝对的排他性质,它们只是在一定领域(主要是商事领域)内具有排他性质,例如《反不正当竞争法》所创设的财产权,就是例证。[1] 这些财产权的非绝对性主要表现在:它们所对抗的主体只是市场竞争领域的主体(即商事主体),而不同于物的所有权可以对抗一切其他人;它们所对抗的侵犯行为只是商事活动中的不正当竞争行为,如伪造、冒用、盗窃等类型的行为,其他也可能有损于权利人利益的行为则不在这些财产权的对抗之中,商业秘密权就不能对抗通过正当手段获得他人商业秘密的行为,而商标权则可以对抗一切。

4. 可转让性

物权的可让渡性即财产权的流动性,指一种纯粹的财产性质的权利一般说来可以在市场进行流通。这既是物权的重要特征,也是物权的重要功能,亦即物权通过市场进行有效配置。从经济学角度讲,物权的合理界定主要是为了保证物权的可交易性。市场竞争机制表现为价格竞争机制,价格作为交易实现的经济条件,充分地反映了市场竞争秩序,通过价格在利益上的刺激,价格信号引导交易主体的行为逐渐与社会变化的供求矛盾相适应,这便是市场价格机制配置资源的基本功能方式。而这种方式之所以能发挥强有力的作用,关键是因为法律对市场交易主体的物权界定得非常明确。所以,物权之所以得到明确界定,实际上也是适应交易的需求。当代市场经济体制下资源配置出现动态化、高效化的特征,其核心便是资源的合理、充分利用。这决定了物权日益具有动态流动性。

物权的可转让性来自物的可转让性,是物权制度对物的可转让性的肯定。有效率的物权要求物权具有可转让性,为了促进资源由较小价值的用途向较大价值用途转移,物权在原则上应该是可转让的。而且,从财产的安全性角度分析,物权的转让有利于财产的动态安全,并在此基础上实现财产的保值和增值。计划经济时代曾过高估计了计划制定者的资源配置能力,认为行政性的界定足以实现物的效用,物权转让被压制在狭小的范围内,从而限制了物的流通,使人民群众的生活需求得不到满足。

从整体上要求物权具有可转让性,并不排斥对个别物权限制转让的特例。如禁止流通物,就是通过法律对物的可转让性的否定,限制了权利的可转让。如黄金、文物、毒品及枪支等,由于和社会整体利益密切相关,禁止在个人之间随意转让。这可以看作从公益的角度对物权的特殊限制,不构成对物权可转让性的否定。

三、物权的体系与效率

物权体系是根据一定的内在联系由各种物权具体制度组成的具有逻辑层次关系的整体,

---

[1] 《反不正当竞争法》有关规定实际上创设了以下几种新型的财产权类型:第一,知名商品经营者对于知名商品的名称、包装、装潢乃至与之相似的名称、包装、装潢的权利;第二,经营者对于商品的认证标志、名优标志及产地的权利;第三,经营者对于商业秘密的权利。

大陆法系各国基本上沿袭了罗马法所创设的基本物权体系，在总体上分为四类：一是对自己之物的全面支配权，即所有权；二是对他人之物在一定范围内的使用、收益的权利，即用益物权；三是为担保债权的实现而在债务人或第三人的财产上设定的物权，即担保物权；四是物的占有关系。而在具体的物权设置上，各国因国情及立法思路的不同而有所不同。

我国现行的物权体系结合了本国的具体国情，在制度构建上有自己的特色。这主要表现在：以土地使用权、土地承包经营权、自然资源承包经营权等新的物权代替传统的地上权、永佃权、用益权等物权概念；将国家所有的企业的经营权作为独立的物权形态；对物的占有缺乏规范。物权法草案建议稿已对这一"特色"有所突破，试图将土地使用权和土地承包经营权转化为基地及农地使用权、将国企经营权交由公司法等商法规范，物权不再涉及。这一思路旨在使物权立法试图更好地接纳传统大陆法理论，构建合乎法律逻辑的体系，并有意回避了公有产权改革的重大理论和实践难题。但学理设想与现实的连接，恐难以一蹴而就，仍须在磨合中前行。

大陆法系的物权法理论体系的产生和发展的经济基础是以私有制为主，这个特点决定了建立在公有制和非公有制经济基础上的中国物权法，不能完全照搬大陆法系的立法模式，对公有财产的物权法形式如国家和集体财产所有权制度采取完全取消或取而代之的态度，以及中国物权立法纯私法化的价值取向，是片面的和脱离实际的法学理想。我们认为，在我国的物权体系设置的理论研究中，一定要考虑到体系设置的效率问题，这有两方面的含义。

一方面，要考虑到怎样的物权体系更有利于发挥物的利用效率。物权的一个重要经济功能是有利于将外部性内在化。因此，效率提高的一个经济标准是，视物权能否为在它支配下的人们提供外部性较大内在化的激励。譬如，将农地的承包权专章设置为农地使用权就是着眼于使用权的设置，具有更强的稳定性和排他效力，能够为农民提供更强的生产成本激励。

另一方面，也要考虑到物权的制度设置本身也需要一定的成本，某些理论上具有合理性的制度安排，由于在现实中的实施成本过高，反而不利于效率实现。例如《公司法》的制定，在制度设置上倾向于和国际接轨，却忽视了现实因素，时至今日，我国市场主体中理应符合《公司法》规定却相去甚远者比比皆是。皆因《公司法》的实施，需要对几乎所有的公司主体进行或大或小的改造，实施成本过高，因此缺乏制度约束力。坚持立法的"中国特色"，重视现实国情的制度承受力，这是值得物权立法研讨的。具体物权的设置，如果和现实的"亲和力"较强，实施成本就较低，如《物权法》建议稿中借鉴"按揭担保"而设置的"让与担保"制度源于英美法系，但由于在现实中各地的房屋购买分期付款已出现了类似的担保方式，因此可以预见，"让与担保"的实施成本将是较低的，有助于促进房地产的开发与利用。再如《物权法》建议稿中设置的企业担保制度也系借鉴英美法中的"浮动担保"，虽为一项新制度，由于该制度实施将拓宽债权担保的形式，而不是施加更多的限制，因此也无须很多的实施成本。这样的物权设置也将会提高财产的利用效率。而相反的是，《物权法》建议稿中未将企业的经营权列为用益物权，忽视了现实中经营权的提法已广泛存在的"路径依赖"与公有制基础上的国家和集体财产所有权的既存宪法财产结构的制约，因而有必要依法将国有企业经营权纳入用益物权范畴。否则，将延续企业经营权的权利属性不定的状态，并增加企业经营权的行使成本。

四、物权与可持续发展和技术创新

在资源稀缺的约束条件下，实现经济的可持续增长，关键不在于对资源的占有，而是对资源的有效利用。通过对资源无限制占有而进行经济增长的路径，所造成的资源破坏与浪费已引起了人们的高度警觉。20世纪60年代，由30多位欧洲学者发起创立的罗马俱乐部，以《增长的极限》一书预言了依靠一味扩大资源投入而实现经济增长的发展模式的末日，举世震惊，也掀起了人们对经济的可持续发展问题的关注。而可持续发展问题，绝不仅仅是一个经济问题，也同样是一个法律问题，确切地说，也是物权法的目标设置应考虑的问题。

1. 传统增长模式与传统物权观

我们知道，传统的工业生产，追求外延式的扩大再生产模式。生产规模的扩大过分依赖于资源投入的增加，它给人们造成了这样一种认识：要想获得更高的收益，就要占有更多的资源。由此形成了传统的物权观——以占有或归属关系为核心的物权观。这种物权观的形成，有其客观历史条件。在人类对物的利用技术水平有限的条件下，人类提高收益的最简单有效的途径就是扩大资源占有。譬如在农业耕作技术有限的条件下，要想获取更多的收成，就只能扩大种植面积。我们甚至可以看到，资本主义的初期发展充分借助了扩大占有的方式，如英国的"圈地运动"。在国内资源被分割殆尽之后，不遗余力地海外扩张，建立了全球范围的殖民地——资源及劳动力市场。在全球都被分割完毕后，为了争夺占有，资本主义新兴国家甚至不惜引发世界大战。

2. 可持续发展与新的物权观

这种传统的增长模式，绝不是可持续增长的模式。两个现实因素促使了人们的觉醒：一是自然资源的急剧减少；二是人类利用资源能力的提高，对物的利用开始越来越深入、越来越精细，从综合利用直到循环利用。收益的增加越来越决定于利用技术。只要利用技术在手，废物也能产生收益，资源的占有于是变得不再重要。这孕育出了新的物权观——以利用为中心的物权观。新的物权观代表了物权制度的发展趋势，制度因素作为推动经济增长的重要动因，其设置必然要顺应并引导经济的发展。物权的利用中心化，强调对物的充分利用、有效利用，把激励功能转向物的利用人身上。通过赋予用益物权更强的排他力；设置更有助于物之利用的用益权；降低物权变动成本，使物能够更有效率地转向效用更高的用途。诸如此类的资源产权管理制度设置，将提供促进可持续发展的基本制度环境。其中，物权作为最基本的财产权，对可持续发展的维护与引导功能，是其他制度所不可代替的。进一步分析，随着环境问题的突出，社会公有资源的短缺，环境法对物权制度产生较大影响。

一方面，环境要素作为商品进入流通领域，环境资源包括环境容量具有了价值。另一方面，企业对环境的使用权的行使受到限制，物权从传统的排他的、完全由个人支配的权利，转变为具有一定义务、受社会公益限制、由国家干预的权利。国家对企业环境资源使用权的限制通过企业购买排污权来实现，排污权成为企业财产权的一部分。如何在民法理论中确认和完善排污权概念、排污权交易制度将是民商法必须面对的新问题。可持续发展法律对物权制度的冲击还体现在自然资源的所有权和使用权上。按照传统民法理论，使用权是所有权的一个权能，仅指对物的使用。然而，自然资源的使用权不仅包括对自然资源的使用，还包括对自然资源的占有和收益。更为关键的是，不可再生资源的使用权和林木采伐权实际意味着该资源所有权的转移。依法取得不可再生资源使用权的个人利用不可再生资源的过程实际上就是将不可再生资源挖掘出来并销售的过程。若干年后，即使还给所有权人一个所有权，也已是客体不存在的所有权。有权将所有权的客体卖掉的使用权还是不是使用权？客体已不存在，所有权是否还存在？自然资源使用权的特殊性迫使物权法不仅要修改使用权理论，还要修改所有权理论。总之，传统的物权形式，从保护环境和自然资源角度，应该受到一定的限制。正在制定的我国统一物权法应注意与环境和自然资源保护法的衔接，例如在不违反物权本身特质的前提下，在物权总则部分增加对环境与自然资源保护的总括性规定。

3. 物权与技术创新

物权确立了对于人对物的支配和享益的制度保障，物权主体得以利用物权的支配性与排他性来进行劳动投入与收益产出的活动。提高物之收益的途径有两条：扩大投入，既包括物质资源的投入，也包括人力资源的投入；改善投入结构，提高生产效率。前一种是数量扩张，后一种是质量提升。后一种方式，就是技术创新的方式。

人类总是有提升自身福利水平的愿望，也就能够产生扩大投入与技术创新的激励。而资源始终是稀缺的，若仅靠采食野果、获得兽皮就能满足人类的需求，技术的创新也就无从展开。问题是自然资源相对于人的需求是匮乏的。人为了生存，不得不改进生产工具，力图捕获更多的猎物、开掘更宽敞的洞穴。因此，技术创新与人对资源的需求一样，就是人的本能。而技术创新意味着生产率的提高，创新活动使个人受益的同时，也提升了整个社会的福利水平。

技术创新在一定程度上推动了社会经济增长。但仅仅是资源的稀缺并不能促使人们进行技术创新。只有物权制度的设立，能够确保创新者独享创新带来的收益时，人们才会有足够的激励投入创新活动中。也就是说，能够进行收益排他的物权制度是激励技术创新的制度前提。如果所有的技术成果没有产权，都是公共的，则该公共技术成果产权才是阻碍技术发展最可怕的敌人。需要指出的是，近代私有产权制度的产生，既促进了技术创新活动，也推动了资源占有活动。英国和荷兰仅凭借弹丸之地，建立了庞大的海外殖民帝国。然而，真正促使其崛起的，不是疯狂的殖民掠夺，而恰恰是技术革命。这有力地证明，包括物权制度在内的财产权制度应该更有效地鼓励创新活动。这样的物权观，正是以利用为中心的物权观。注重利用的物权制度正是人们为了实现可持续增长，强调利用技术因素的制度设计产物。目前，我国虽然在技术产权立法上取得了很大的发展，而且在法律执行上做了大量的工作，但由于技术产权制度在我国建立时间短，公司尊重和保护技术的意识比较薄弱，加之对技术产权保护没有上升到物权法层次，即更多运用债权方法保护技术产权的立法缺陷因素，使得侵犯技术产权的现象十分严重。而发达国家相对于我们的技术优势，在很大程度上是技术及产权制度的优势。因此，技术创新的前提是行之有效。可以说，有效的技术产权制度，技术创新的基础是产权制度创新。

首先，产权制度创新会减少社会运转费用，降低社会的交易成本。产权制度创新以国家的规模化制度供给，使得有利于技术创新的新规则的诞生，无须通过漫长的逐一谈判的社会认可过程。其次，产权制度创新顺应了生产力的发展方向。理顺后的生产关系结构，有利于技术创造力的释放。最后，产权制度创新能够为技术创新提供更强的经济激励。产权制度创新必然会反映现实生活的新需求，而新需求正是核心技术在别人手里，仍旧缺乏竞争的实力。因此，产权制度创新使技术创新者的权利需求得到承认，利益得到维护，预期得到稳定，将有效地激励技术创新活动。如随着网络技术的发展，物权法在网络空间中的制度供给如果及时，将会大大促进网络化的拓展。

第三节 所有权公法限制的经济分析①

现代社会的所有权早已不再是不受任何限制的权利。"在法律限定的范围内享有的支配权利"是所有权的题中之义。所有权的限制广义上表现在主体法、财产法、行为法等各个方面。在此我们仅对来源于公法的所有权限制进行经济分析。

一、所有权限制：法学和经济学的表述

所有权的限制是指所有人支配其所有物的既定权利受到的公法或私法上的限制，其中主要是指公法上的限制。而公法上对所有权的限制则是指经济法、行政法等限制所有人权利的规定。比如《环境保护法》《土地管理法》《城市规划法》《城市节约用水管理规定》《枪械管理办法》等之中的限制性规定大多属于此种限制。而最为典型的公法方法当属征用和管制。

在罗马法时代以及近代（日耳曼法除外），所有权的这种既定权利都是绝对的支配权。罗马法将所有权表述为"滥用"的权利；美国《独立宣言》宣示所有权为滥用的权利，这种所有权系与生俱来的；法国《人权宣言》明确认定所有权为神圣不可侵犯的权利。这种立法精神相继为欧陆各国民法所采用，称为民法最高指导原则之一。在所有权绝对原则下，所有权本质上为不可限制之权利，不仅国家对于个人所有权不得侵犯地剥夺，而且个人对其所有权的使用、收益与处分亦有绝对之自由，不受任何人干涉。否则，法律即赋予权利主体物上请求权以为保障及抵抗。所有权绝对的思想，不仅是19世纪资本主义社会发展之原动力，而且至今仍是民主社会的主要经济架构。

然而，自20世纪以来，各国开始用公法限制所有权的绝对性。法学理论将其称为所有权的社会化。它实质上是以调和个人主义支配下个人利益与公共利益的冲突为出发点，对所有权的归属和所有权的行使加以区分。"基于个人主义之思想，所有权固应属于个人，但其行使与公共利益有关，应受社会之规律。所有权之行使，惟于符合公共利益时，其个人归属方可认为系正当。易言之，所有权乃是公共预期个人在利己心之原动力，仍能为公共利益作最有效之行使，方将之委诸个人，固社会基于公共利益，自须限制或剥夺个人之所有权。所有权何以成为本质上负有条件而可以限制之权利，终于在其本身觅得理论上之正当证据。"②

经济学上对所有权限制的解释是：个人效益和社会效益会由于所有权的滥用而出现偏差。其中自然是由于外部性的存在。个人会依照对其效用最大化的方式来使用其财产，某人或许认为将他的汽车停放在露天场地最合其心意，对此法律自然无权干涉，也无须干涉，因为市场会运用其定价机制来促使该人发挥财产的更大效用。但如果该人将汽车停放在了交通要道上，法律就会出来干涉，因为此时该人的行为产生了外部成本。研究产权的经济学家大多秉承个人本位的权利观，通常都不赞成对所有权施加公法约束。他们认为对所有权的任何限制都会造成所有权的"稀释"。每个人利用财产获利的能力大小，取决于其所有权的实现程度，而对所有权施加的约束，将限制个人的行动自由，影响其发挥其财产的效用。然而，面对现实情况，经济学家又不得不承认所有权限制的合理性。因为对资源的滥用无论如何都

---

① 本节部分内容曾以论文形式发表，具体出自周林彬《所有权公法限制的经济分析》，载《中山大学学报（社会科学版）》2000年第7期。
② 谢在全：《民法物权论》，文太印刷有限公司1998年版，第235页。

是有悖于社会效益的,价格机制的调整作用也必须面对正交易费用的现实环境。此时,对所有权进行限制,实质上是绕过价格机制来分配资源。

在现实中的很多情况下,交易成本都会阻碍人们自由谈判,消除所有权绝对化带来的外部性,当外部性造成的个人效益与社会效益的偏差成为一种常态时,对所有权进行公法限制就成为一种必然的立法趋势。

二、公法限制之一：征用

国家对个人所有权限制的最大程度的表现形式是征用。我国《宪法》第 10 条第三款规定:"国家为了公共利益的需要,可以依照法律规定对土地实行征用。"可以和我国关于征用的规定相对照的是《美国宪法第五修正案》的规定。该规定准许联邦政府征用私人财产,但又有两个限制条件:征用是为了公共目标;所有者必须得到公平的补偿。规定征用私人财产的州宪法一般也附加了类似的约束。[①]

从经济意义上来理解征用,就要对征用造成的潜在无效和潜在效率进行一番比较。允许政府强制私人出卖其财产的潜在的最大无效率之一,是强制出售可能使财产从高评价使用转向低评价使用,而这在财产的自愿交易中几乎不可能发生。经济学假定财产所有者只有在他的状况能变得更好的预期下才乐意把财产出售给他人。这意味着,如果财产所有人被迫出卖他的财产,他的状况很可能没有得到改善。换句话说,正是由于财产所有人的状况不会因此改善,征用才需要强制进行。

为此,征用应是不得已而为之。宪法要求政府只有为了公共利益的改善才能征用私人财产。"政府不可以为了使觊觎 A 财产但尚未能说服他把财产出卖给自己的 B 得到该财产,而强迫 A 出卖其财产。"[②] 问题的关键依然是如何理解"公共利益"。前文中我们已经分析了政府是公共物品最有效率的供应者。也就意味着从私人手中征用来的财产应该被用作公共物品供应,即将土地从 A 处征用过来不是为了给 B 使用,而是为了供应私人不能有效率提供的公共物品,从而能从整体上增进社会福利。

但是,证明了由政府征用土地从事公共物品的供应比私人所有土地能发挥更大的价值只是说明了问题的一半。因为即使在这个前提下,政府似乎也可以从私人所有者手中按他们要求的价格购买得到包括土地在内的必要投入品来提供公共物品,而无须强制征用。因为在这种有关购买的谈判中,决定谈判结果的关键,或者说决定交易成本的关键,是谈判的人数。如果政府要和其财产位于穿过城区的新辟公路的选定线路上的每一个所有者谈判,那么,谈判的成本将是个天文数字。特别是财产所有者处于谈判的垄断地位,许多人将怀着一个坚持要获得他们所能获得的谈判合作盈余的激励。这就意味着所有者具有将价格提高到高于市场价格的强大动力,因为他知道政府不得不购买他的财产,没有别人的财产可以代替。结果是,如果政府按每个所有者的要价支付,那么总成本将会高得令人瞠目结舌。这样的购买,即使进行市场谈判,也不是一种竞争性的市场交易,谈判会严重影响政府提供相关公共物品的效率,而谈判结果也可能会超越政府的财力承担。因此,征用是一种现实的选择,而征用的补偿也不会是市场价格,但依然应该尽量和财产所有者的损失相适应。

在理论界,大部分学者是支持国家以低于市场的价格征用土地的。如有的学者认为国家

[①] 参见李进之、王久华、李克宁、蒋丹宁《美国财产法》,法律出版社 1999 年版,第 147 页。
[②] [美] 罗伯特·考特、托马斯·尤伦:《法和经济学》,生活·读书·新知三联书店上海分店 1994 年版,第 263 页。

基于其组织领导者的特殊地位而不应与私产所有者的地位平等。且《民法通则》中"应当遵循自愿、公平、等价有偿、诚实信用原则"的规定对于国家财产权的行使是不适用的。①也有学者表示:"在国家资金有限的情况下,建设项目的用地成本,是一个重要的制约因素……一般来说,非国家建设项目因着眼于经济利益,属于有较高投资回报的项目,而国家投资项目则往往在很大程度上着眼于社会效益,投资回报率可能较低。因此,国家投资项目要么不得不耗费更高的用地成本,要么不得不因为得不到所需的土地而无法实施。如果贯彻土地所有权不可交易原则,则国家无论通过土地使用权划拨、出让还是征用集体土地的方式,都可能比较容易以较低成本取得所需要的土地。"② 也就是说,国家通过行政界定获得土地资源,比通过市场界定获得土地更能节省费用。

这在理论上是确定无疑的,但恰恰是国家能够以低于市场的价格获得土地资源,往往导致了土地未能发挥应有的效用,而被低效率配置和使用。征用方式的低成本使得大量的土地需求者开始进行寻租活动,结果是根本无法保证征用土地是用于公共目的国家建设项目。很多土地被用于与公共利益无关的商贸、旅游、娱乐项目上。这些项目都属于经营性,而绝非公共物品。如山东烟台"西洋五千年旅游区"占地18 000亩,无锡"太湖影视城"的"唐城"和"三国城"分别占地15 000亩和3 000亩,以及全国各地上马的难以计数的低水平重复的类似项目。这些动辄上千上万亩被征用的集体耕地有哪一个是真正用在了政府着眼的"公共利益"上?由于征用取得土地成本低,相应地国家出让土地的价格也低于应有的市场价格,这就会导致土地的使用人忽视对资源的最佳利用,造成我国现阶段一方面土地日益稀缺,另一方面又被无效率使用乃至荒置的矛盾现象。

伴随着土地征用造成的大量土地资源的无效率使用,土地征用过程中的寻租活动也导致巨大的不经济。由于审批征用土地的官员大权在握,将土地批给从事经济开发的建设单位远比批给无利或微利的公用事业建设单位有更多获取租金的机会,因此行政者灵活变通,把商业性建设统统扣上一顶"公共利益"的帽子,而真正的"公共利益"却被抛掷脑后,于是每一条新开发的街区上酒楼商厦鳞次栉比,却唯独难见公众需要的公共厕所、休憩设施等。此外,为了获取更多租金,还将土地分割后分次审批以扩大手中的审批权限。在1992年的土地供应总量中,以有偿出让方式供应土地的不到10%,以行政无偿划拨和征用形式供应的高达90%。据有关人士估计,1992年土地交易过程中(不仅是征用)的潜在租金不会少于200亿元。③

鉴于我国土地资源浪费的情况非常严重,国家已专门成立了国有土地资源管理局对土地资源的审批使用加强管理,并注重发动群众进行监督,举报违法现象。但是,加强管理和监督并不能解决深层次的问题。可以说,只要征用成本和出让收益之间存在巨额差价,就无法杜绝土地以征用的形式落入从事私人营利的人手中。关键问题在于合理确定征用补偿费的数额。美国宪法中所说的"所有者必须得到公平的补偿"系指按市场的平均价格进行补偿,日本、新加坡等国也是如此,尽管建设用地非常稀缺,在有关征用的法律中还是规定了市场补偿的原则。尽管我国在1998年修订的《土地管理法》中大大提高了征用补偿费的金额(增加了征用补偿费的内容,包括土地补偿费、安置补偿费、安置补助费、地上附着物和青苗费),但仍低于市场价值。且征用补偿费的额度灵活性较大(从耕地被征用前3年平均年

---

① 参见胡元春、刘润生《国家资产所有权法学理论研究》,载《甘肃政法学院学报》1999年第1期。
② 王卫国:《中国土地权利研究》,中国政法大学出版社1997年版,第72页。
③ 参见万安培《中国经济转型时期的租金构成及主要特点分析》,载《经济研究》1995年第2期。

产值的 6 倍直到 30 倍），又为执行者设置了寻租机会。所以，单就我国《土地管理法》的征用制度来说，在日渐完善、合理的同时仍有两项欠缺：一是未将宪法中抽象的"公共利益"细化为可执行的具体范围；二是征用补偿的标准仍较大地低于实际价值。

三、公法限制之二：管制

我们将各类公法中政府限制所有权人行使其权利的规定统称为管制。也就是说，将征用之外的其他公法上的所有权限制都称为管制。从所有权人对财产利用的维度上讲，这种对所有权的限制可以归为三类。第一，对所有权利用深度的限制。深度限制是指法规限制财产所有人使用财产的程度。如房屋所有人可以利用自己的房屋举办舞会、听音乐，甚至练习吹小号，但以不干扰邻居的正常生活环境为限。这就意味着，即使所有人在自己的家中吹自己的小号，只要时间和音量不适宜，仍是被禁止的。对所有财产的使用绝不仅仅是所有人自己的事。第二，对所有权使用宽度的限制。宽度限制是指法规限制财产所有人使用财产的范围。如政府为了维护校园附近的秩序，创造良好的教育环境，明令校园附近的店铺不得从事游戏机室、录像厅的经营。被限制的店铺的所有人因此在使用店铺经营的范围上受到了限制。只能在相对狭小的领域内从事经营。第三，对所有权利用长度的限制。长度限制是指法规对财产所有人使用财产的期限的限制。如政府出于环境生态考虑，禁止牧场主在 5 年内将土地改为其他用途。

如前所述，管制是对所有权的限制。而对所有者利用其财产的任何约束，都会影响所有权的效用。尽管如此，对所有权的行使施加一定程度的公法管制，仍属必要。这首先是因为对财产的不相容使用引起的。作为权利客体的资源具有稀缺性和有限性，任何人占有一定的资源，便意味着其他人不能同时占有它。从这一角度，个人对资源的利用方式就绝不仅仅是私人的事，而和社会整体的福利息息相关。其次，越是稀缺的资源，对其所有权的行使就越容易被管制。如水资源，在缺水的美国西部，就受到较严格的管制，而在水资源丰富的东部地区，则无此必要。又如土地资源，往往是所有权管制的重点，也是由其稀缺性决定的。这是因为，稀缺资源如何利用，和社会整体的福利更是息息相关，必须通过公法措施使自然资源所有权及其权能的设计服从于社会整体的发展需要。

我国的土地所有权管制以我国的《土地管理法》为例，第 2 条第 2 款规定："任何单位和个人不得侵占、买卖或者以其他形式非法转让土地。"第 4 款规定："国有土地和集体所有的土地的使用权可以依法转让。"由以上规定可以看出，我国禁止土地所有权的转让，土地只能进行使用权的转让。作为土地的所有者，本应必然享有所有权中的处分权能，而我国法律对所有权转让的禁止显见是对所有权形式的重要限制。当然，我国国有土地使用权有其权利上的特殊性，已超过了作为所有权一项权能的内涵，基本上可以作为一项完整的所有权看待（但存在期限的缺欠）。法律又对使用权的转让做出了必须依照法律规定进行的限制，具体说就是集体组织转让土地使用权要经过严格的审批程序。

尽管对集体土地所有人处分其所有财产的限制会降低土地价值，减损所有者对土地的预期利润，还会妨碍农村吸收城市资金而加速乡村城市化所带来的好处，但是，在我国目前这种土地价格扭曲的不正常情况下放开对土地所有权的限制，就会导致因眼前利益而透支未来生存资源的局面。虽然总会有一天，在市场机制的作用下，农产品的稀缺会重新引导将土地投入农业之中，但这种事后调整是以巨大的资源浪费为代价的。在这样的成本收益比较之下，法律对所有权的强行限制就成为一种理性的制度选择。

这里还涉及所有者对使用权人权利的限制问题。现在，围绕土地权益发生的纠纷基本上都是所有人和使用人的矛盾引起的。如农村集体经济组织改变农户手中耕地的用途与农户发生争执时，应该保护所有者利益还是保护个别使用人的利益？解决所有者借助所有权随意干预使用人权利的办法就是使用所有人的意志接受法律的规制。具体说就是，法律对不同土地使用权的适用范围，以及土地使用权的内容、限制等本来属于所有权人意志决定的事项，直接加以规定，甚至对某些土地使用权（如农地使用权）直接由立法加以确定、调整，在法律调整的范围内明确排除所有权人随意施加意志。解决好了所有权人和使用权人之间的权利义务关系，才能冲破目前土地交易市场的瓶颈，推动土地资源的有效率流动。而在土地使用权上对所有权的限制，不能不说是现阶段我国土地资源权利关系的特殊体现。

四、公法限制的未来

对于所有权公法限制的发展趋势，在全球范围内都是有目共睹、显而易见的。在美国，"如果说在 20 世纪与本世纪之交，财产还意味着权力，那么到本世纪 70 年代中期以后，财产在法律上却意味着责任"[①]。"财产法与侵权行为法一样，正不断输入着公法因素。财产所有者的权利与义务不仅由法官发展起来的普通法决定，甚至更多的是由法律、条例以及立法和行政机关做出的决定所左右。随着社会向着控制经济发展，使用权的内容对财产所有者个人意愿的依赖与对政府的依赖同样多。"[②] 在英国，"与过去只单一的关注财产法本身相比，财产法律家现在更多地关心公法，一位代客户购房的律师可能相对来说很少在产权调查上（那完全属于私法领域）碰到麻烦，……；但他却需要花费力气仔细地去寻找公法是否在物的使用上强加了棘手的限制"[③]。同样，在德国，"迄今为止，一直存在着一种不可动摇的趋势，这就是对所有权人随心所欲处分其财产的自由，加强法律上的限制"[④]。无论是英美法系还是大陆法系，对所有权的公法限制已成为财产法发展的显著特色。

引起这种趋势并引导着公法限制的未来的根本动力在于所有权的社会化，或者更广阔地说，是私法的社会化。所有权的公法限制不是目的，而是手段，是法律得以协调各方面利益的手段。个人是社会的原子，社会是个人的集合。尽管个人利益与社会利益难免冲突，但二者毕竟相互依存。法律则要承担其对这种利益的平衡。而所有权的限制，恰恰就是法律天平中一颗至关重要的砝码。

眺望西方法律的历史进程，曾经是财产法制度根基的个人本位的价值趋向，在被弘扬至无与伦比的高度之后，在今天看来的确失之片面；反观我们自身，却是数千年来社会本位、国家本位的压制与个体理性的缺失。因此，面对我国的物权立法，审思与把握所有权公法限制的未来趋向就尤为重要。在坚持个人合法权利不受侵犯的前提下，依法构建全新的、健康的所有权社会理性规则，并由此规制所有权个体理性的过度膨胀。这样的所有权制度将是个人与社会的黏合剂，而在保护与限制所有权的过程中，完整的所有权则是权利与责任的结合体，充分体现了"自主意志、自己责任"的现代财产权利原则。

---

① [美] 伯纳德·施瓦茨：《美国法律史》，王军等译，中国政法大学出版社 1990 年版，第 306－307 页。
② [美] 伯纳德·施瓦茨：《美国法律史》，王军等译，中国政法大学出版社 1990 年版，第 306－307 页。
③ [英] F. H. 劳森、B. 拉登：《财产法》，施天涛等译，中国大百科全书出版社 1998 年版，第 117 页。
④ [德] 罗伯特·霍恩等：《德国民商法导论》，楚建等译，中国大百科全书出版社 1996 年版，第 189 页。

第四节 论我国国家所有权立法及其模式选择[①]

一、研究的背景与意义

我国物权法是否规定国家所有权制度的问题，是当前我国物权法理论和实践中的一个重大问题。《中国物权法草案建议稿》一书（梁慧星主编，社会科学文献出版社2000年3月出版，以下简称"建议稿"），以市场经济规律要求对公私财产权一体保护为由，主张放弃传统民法理论和民事立法以所有制性质划分所有权类型的做法，以公有物和公用物的物权规范取代国家所有权规范，并不规定国有企业财产权的物权规范。还有一些学者认为，正在制定中的物权法不宜单独对国家所有权及集体所有权做具体规定。我国现在急需出台物权法是不争的事实，但国家所有权问题不仅仅是法律上的问题，更多地涉及政治及国家制度，因而其解决不能一蹴而就，也绝非法学家力所能及，故这一问题应留待体制理顺以后再行解决。

我们认为，现代社会中国家既是一个政治权利实体，又能以民事主体的身份参与民事关系之中，以有效地完成其组织社会经济活动和增加社会福利。因此，国家兼有主权者和所有权主体双重身份。受市场经济自由与民主法治双重条件的制约，资本主义国家的国家所有权内容带有行政性或曰公法性的特点，但仍受私法和司法规范制约。虽然遵循物权的平等精神，理想的我国物权法，应调整国家所有权的外部关系（如国有资产交易关系）；对于国家所有权的内部关系（如国有资产管理关系），则由国有资产管理的特别立法和相关立法调整。但是，从我国社会主义公有制的国情出发，以及考虑到我国宪法环境的制约，建议稿虽然可以从所有权主体平等的角度，淡化处理国家所有权，但因建议稿也设立矿产资源、公用或公有物国家所有的物权规范，说明国家所有权均有必要和可能在物权法中单独设条规定。对我国国家所有权的立法模式及其选择这一重大法学和经济学理论和实践问题，本章运用法和经济学研究方法，结合我国物权立法和产权改革的实践，就论题进行以下几方面的研讨。

二、国家所有权主体立法选择：全民、国家抑或政府

我国的国家所有权是社会主义全民所有制的法律体现。一些学者据此认为，全民所有制决定了这种所有权主体的全民性，即国家所有权的主体是全体人民。这引发以下三点疑问。

疑问之一：人民不同于公民，亦不同于自然人。人民这一概念是特定的，有其历史的、抽象的内涵。人民作为一个集合体，不具有法律所言的独立人格。甚至可以说，人民不是一个法律范畴。所有权制度乃至物权制度如何界定这一主体？

疑问之二：全体人民作为所有权的主体，其对所有权的行使，如何落实在所有权的相关权能上？换言之，如何在物权法乃至民法制度中体现？

疑问之三：依《民法通则》第71条，所有权是所有人依法对自己财产享有占有、使用、收益和处分的权利。而诸多学者对国家所有权的概念阐释基本一致，即国家对全体人民的财产享有的占有、使用、收益和处分的权利。两个概念相对照，国家享有所有权的全部权能而非所有人，该如何解释？换言之，国家享有的四项权能的聚合，不是所有权，又应界定

[①] 本节部分内容曾以论文形式发表，具体出自周林彬、王烨《论我国国家所有权立法及其模式选择》，载《政法论坛》2002年第6期。

为何种权利？

学界的全民主体论，在立法中有以下一些依据。如我国《宪法》第9条："矿藏、水流……自然资源，都属于国家所有，即全民所有。"又如我国《全民所有制工业企业转换经营机制条例》规定："企业财产属于全民所有，即国家所有。国务院代表国家行使企业财产所有权。"我国《国有企业财产监督管理条例》规定："企业财产属于全民所有，即国家所有，国务院代表国家统一行使对企业财产的所有权。"以上规定认为全民所有即国家所有。而规定又指出国务院代表国家行使所有权，实质上肯定了国家的主体地位。可见，"全民所有"的本意是强调所有制，却导致了理解的混乱。

国家作为一个抽象的法律人格，要参与到民事关系之中，行使其所有权，必须具体化一定的议事机关和执行机关，政府机构由此担负了行使国家所有权的主要职责，使国家所有权的主体人格得到落实，意志得到实现。政府代表国家行使所有权，因此只是权利的行使者，而非享有者。政府行使的不是自身的权利，只是在履行对国家所有权主体承担的义务。这在法理上是无须质疑的。但对政府的经济分析却显示了复杂得多的现实情况。

这是因为按照公共选择理论的观点，一方面，政府作为一个为国家利益服务的群体，也有着自身的利益。这一利益阶层，虽受着职责的严格约束，仍有追求自身利益最大化的动机，距"大公无私"的公仆境界尚有距离。一旦个别政府机构运用其职权谋取集团利益，便会违背国家主体的行使意志，使国家财产遭受无效率的滥用。另一方面，政府的自身利益还表现在公务人员的自身利益上。他们的职务行为是社会福利最大化，但不单纯是社会福利最大化。在约束机制不健全的情况下，必然蕴含着道德风险，引发公务人员的"败德行为"，或曰腐败。此时履行国家财产管理职责的义务人即公务员，通过代表政府占有、使用和处分国家财产，并从中获取收益，俨然成为国家所有权主体。

比如，国有企业公司化改制后，作为国有产权代表的各级政府部门和持股法人或机构，特别是授权行使国有企业财产控制权的具体人员，虽具体拥有国有企业资产的占有、使用、收益及处分权能并成为事实上的所有者，但并没有索取其控制权使用国有企业资产收益的合法权益，从而也不承担其对国有企业资产的经营风险责任，真正的风险责任承担者仍然是国有企业资产的终极所有者——国家，即所谓"亏了是国家的，赚了也是国家的"。

我们认为，上述国有企业资产所有权主体中的国家缺位，很大程度上是由国家所有权的行使环节过多造成的。因此，要提高国家所有权的行使效率，制度选择之一就是分级所有。分级所有借鉴了财政税收的"分税制"，将在国家所有权的大前提下，细化为国家所有与地方所有。国家一级的所有权仍依法由中央政府行使，地方一级的国家所有权则由地方政府依法行使。我们认为，依法将国家财产的所有权行使在国家与地方之间进行合理分配，各司其职的基础上也可以各得其利。这样的国家所有权主体立法模式有以下优点。

（1）节约了权利行使成本。国家将一部分财产的支配、管理与收益下放到地方，由地方政府自主管理，大大减少了管理层次，减少了权利行使的环节，降低了成本耗费。

（2）形成了对地方政府的有效激励。分级所有中，地方所有财产的管理直接与地方利益息息相关，改变了以往国家利益与地方利益不一致的冲突，使地方政府产生了有效率管理财产、发挥财产最大效用的激励与约束机制。

（3）能够更有效地保护国家财产。分级所有能够改变这种收益与成本脱钩的局面，提高地方政府保护国有财产的主动性与积极性。

按照前述分级所有的国家所有权主体改革思路，在物权法规定国家所有权及其分级所有的一般法律原则的前提下,再通过专门的国有资产立法,在中央政府层面上设立统一的国有资产所有者代表机构,作为国务院的一个职能机构;地方政府的国有资产管理机构,可以参照中央机构设立,也可以自主决定。由于我国国有资产规模庞大,对国民经济整体发展具有重要影响,为保障决策的科学性,该机构的最高决策机关应实行委员会制,并吸收各有关政府部门的负责人参加。决策委员会对国有经济布局调整中的重大问题和国有企业经营管理中的重大问题做出原则规定,其具体贯彻执行则由常设机构具体负责。为增加该机构的权威性,同时也为避免该机构权力过大而带来的政府各部门权力失衡,其负责人可由国家领导人兼任。另外,我们还需要就国有资产所有者代表机构的运作专门立法,以立法方式明确其地位、功能、组织及运作。

三、国家所有权客体立法选择:一般和特殊

依照传统的民法学理论,国家所有权的客体与一般所有权的客体是基本一致的。就我国所有权立法来看,某些财产可以作为国家所有权的客体,却不能作为个人所有权的客体,如土地资源、矿产资源等。应该说,这并不代表国家所有权和一般所有权的客体在本质上有所差异,只是国家出于一定的公共利益需要,对个人所有权的客体范围做出的一种立法限制。

国家所有权的客体分类标准有多种,如有体物与无体物、动产与不动产等。在此从另一个角度,结合国家财产的经济属性及对其的实际管理情况,将国家所有权的特殊客体分为四类:资源性财产、经营性财产、行政性财产和公益性财产。其中,自然资源资产并不反映在国有资产的账面上,而后三类分别以经营性资产与非经营性资产的名义列入国有资产的总量。我国国有资产总量继续实现稳步增长。根据财政部会计决算统计,1999年底我国境内外各类企业和行政事业单位占用的国有资产总额为 90 964.2 亿元,比上年增加 8 753.1 亿元增长 10.6%。我国国有资产总量继续实现稳步增长。在全部国有资产总量中,经营性国有资产总额 66 748.4 亿元,占 73.4%,比 1998 年增长 7%;非经营性国有资产总额 24 215.8 亿元,占 26.6%,比 1998 年增长 22.3%。[①]

产权经济学理论认为,同一种财产由不同类型的权利人所有,会产生不同的利用效率;而不同的财产为同一类主体所有,也会导致不同的效用实现。一般的规律是,在经营性资产方面,国家所有权这种产权类型存在不利于经营性资产效率的实现;在公益性财产方面,国家所有权比私人所有权的效益(特别是社会效益)作用大。相比经济学的效率研究,法学理论则在注重公平之时,只强调了维护各种所有权在权利内容上的平等性,而忽视了所有权的不同主体与客体之间的差异性。正是这种差异性,导致了对客体的不同利用效率,从而也可能影响到权利的实质平等。为此,提出以下几点国家所有权客体制度创新的思路。

1. 国有资源性财产:国家所有权的分级收益

我国《宪法》第 9 条、第 10 条规定,国家所有的资源性财产既包括土地、矿藏、水等非生物资源,也包括森林、草原以及陆生动物、水生动物等生物资源。据此,在上述《宪法》规定没有修改的条件下,建议稿仅将矿产资源定为国有,不是缺乏宪法依据的越权立法,也是一种导致国家所有权客体法律体系混乱的制度安排。

应该指出,我国自然资源的国家所有程度之高是明显的,这从林业、矿产等各种职能部门的设置和各项专门法规的制定就可看出。统计仍显示出,我国耕地资源由于城市建设等原

[①] 转引自中华人民共和国财政部网站。

因,每年减少700万亩左右;草场资源更以每年1 000万亩的速度被沙化。对资源的盗采盗伐表明国有自然资源未得到有效的保护,而管理者的破坏性采伐与高成本开发也表明国有自然资源未得到有效率的使用。这就是国有自然资源所面临的现实处境。究其原因,自然资源具有较高的经济价值,又有较强的稀缺性。面对经济发展的资源需求,此类财产能带来巨大的收益。因此,自然资源的国家所有权行使,很大程度上是保护与使用、支配与收益的权衡问题。自然资源的"产权应包括两个部分:一个是对资源的收益权,另一个是对资源的控制权。如果两种权利相互分离,那么无论何时、何地、何人,由于自利行为的出现都会导致效率的损失"。目前资源性财产的国家所有权就存在这种支配与收益的分离,结果,一方面资源的实际控制权被各地方与部门条块分割,国家的整体权益得不到维护;另一方面缺乏所有者收益激励的地方与部门利益,或怠于保护国有自然资源,或变管理为占有,导致国有自然资源的流失与滥用。改变这一局面的财产法律制度,具体思路就是依据自然资源分级管理的现状,依法实行"分级收益"。这样,国家通过部分收益的下放,充分调动了地方政府管理与保护自然资源的积极性;地方在支付了管理与保护成本之后,既实现了自身的收益,也确保了国家的利益。据此,建议稿不规定自然资源使用权的立法主张,有悖经济规律。

2. 国有经营性财产:国家所有权的适度保留

经营性资产即国家作为出资者在企业中依法拥有的资本及其权益,是国家通过对各种形式的企业进行投资形成的。从总体上讲,经营性资产具有增值性,国有资产在经营性领域的投入是为了盈利。若仅从国有企业的经营绩效而言,经营性资产国家所有是低效率的。这已被现实所印证,也是世界性的共识。如前所述,国家所有权在经营性资产领域中的低效率,一是源于主体的特殊性,即国家的经济人与政治人双重身份。二是源于所有权行使的复杂性。因此,在竞争性行业领域,国家所有权的退出有助于提高经营性资产的利用效率。而现今的市场化改革中,国家所有权适度地退出经营性资产领域,正是在市场竞争中,资产有效率地重新配置的体现。

但是,市场也是有缺陷的,在一些经营领域,由于资本规模要求高,投资风险大,以及盈利预期不充分,市场也无法有效地组织资本的配置与投入。而国家由于其在资本筹集、投资周期等方面的规模优势,以及对社会效益的考虑,能够有效地发挥对市场运作的替代作用。所以从宏观经济的角度来看,国家所有权在一些领域仍有存在的必要。这些领域是:其一,经济命脉部门。如重要的国防工业、核工业与尖端科技产业领域的经营性资产,仍需为国家所有。其二,大型基本建设。如三峡工程、京九铁路、西气东输这样的基建工程,虽然建成后社会效益与经济效益巨大,但同样因为先期的投入成本太大、风险高、盈利周期过长,超过了一般市场主体的资本积聚能力与承受力,唯有国家以其规模优势和政府信用可以承担,故对基础设施中的经营性资产,也应成为国家所有权的客体。其三,公用事业企业。在资本主义私有制国家,经营性资产的国家所有权也主要集中在公用事业企业领域。这类企业即使归私人所有,国家也往往会进行较多的管制,所以公用事业企业的经营性资产也有必要为国家所有。

3. 行政性财产:国家所有的必要性

行政性资产即由国家机关占有、使用,在法律上确认为国家所有的各种有价资产的总和,是国家行使其行政职能所必需的财产。这些行政性资产都来自国家的财政投入,是国家机关运转必不可少的。

应该看到,虽然建议稿将行政性财产称为公有物,并定性为非经营性,不以营利为目的不可融通物，旨在保护公共利益的完整，但由于行政性资产的不可交易，也就存在着无效率使用乃至浪费的情况。然而，即使广泛存在上述情况，行政性资产的国家所有权也无退出的可行性。国家也下决心、花力气强化对行政性资产的管理。如何有效地行使国家所有权，管好这部分财产，不仅仅是一个物权法以至民法的问题。经济立法也不仅仅是管理财产的问题，还是管理财产管理者的问题。

4. 公益性财产：国家所有的必需

公益性财产即国家所有的供公众免费使用的公共设施。如道路、桥梁、路灯、消防设备、绿地、花园等，由国家负责拨款兴建并向社会开放，公众使用时无须再付费。对此类公益性财产，建议稿谓之公用物。其性质与前述行政性财产的性质相同。公益设施之所以要免费，第一是由于国家的职能体现，第二是由于公益设施的经济属性。公益性财产既然由国家提供，自然应归国家所有。经济学将使用时排他的消费品称为"私人物品"，将使用时不排他的消费品称为"公共物品"，并认为私人物品适于私人所有，公共物品适于国家所有。较为特殊的是，近来，在现实生活中出现了公用设施付费使用的情况。国家利用借贷等方式筹集的资金修建道路、桥梁等设施，随后通过收费或转让收费权来还贷。这实质上接近于私人在公共物品上的直接投资。这表现了国家在履行公益职能时，运用市场方式对社会资源的引入。据此，建议稿将公用物定性为不可融通物，是片面的。①

四、国家所有权行使的立法选择：公共利益和权利结构

国家所有权行使的核心问题，是"公共利益"的依法确定和实现。从宏观上理解，《宪法》确立的国家为公共利益服务的目标，都是公共利益的体现。但是，由于资源的稀缺性，国家在一定阶段所支配的财产，只能实现或服务于一部分公共利益目标。所以，从微观理解，公共利益并不具有完全的一致性。对此，马克思做过这样的说明："正是由于私人利益和公共利益之间的这种矛盾，公共利益才以国家的姿态而采取一种和实际利益（不论是单个的还是共同的）脱离的独立形式，也就是说采取一种虚幻的共同体的形式。然而这始终是在每一个家庭或部落集团中现有的骨肉联系、语言联系、较大规模的分工联系以及其他利害关系的现实基础上，特别是在我们以后将要证明的各阶级利益的基础上发生的。"②

本书认为，必须承认公共利益的一致性，特别是在人民民主专政的社会主义国家，人民群众的共同意志是存在的；同时也不能否认局部利益的冲突。但是，在共同利益一致的前提下，这种冲突是暂时的、可以调整的。所以，公共利益的确立，暂时也许对局部利益有所影响，但局部利益的牺牲是为了更好的长远发展。正如诺贝尔经济学奖得主、著名经济学家布坎南所言，"根据公共利益进行选择"的实质，是各种不同利益之间的"缔约"过程。③ 国家行使所有权的目标选择，应该是立足于不同利益特别是公共利益与私人利益的谈判与协调。因此，对于国家行使财产所有权的法律制度设置，应通过较多体现公共利益的公法（如宪法、经济法、行政法）和较多体现私人利益的私法（如民法）程序的规定与限制，促使国家成为一个"缔约仲裁人"，而非"社会计划者"。

与此相关的问题：

（1）公共利益的目标，与不同的局部利益协调一致，而非国家依法（尤其是公法）选

---

① 为了提高公有物和公用物的使用效率，应该允许公有物和公用物在法律和法规允许的范围内交易。
② 参见中央马克思恩格斯列宁斯大林著作编译局《马克思恩格斯全集》（第3卷），人民出版社1978年版。
③ 参见 J. Buchanan, "A Contractarian Paradigm for Applying Economics", *American Economic Review*, 1975.

择的个别政府部门特殊利益。比如,要依法严格限制各级政府以经济建设需要为"公益目的",征收土地和征用他人动产和不动产的行为。将符合"公益目的"的财产征收和征用,限定在法律明确规定的非生产经营项目上。而这种依法限定"公益目的"财产征收和征用行为的法律,不仅包括物权法中国家所有权规范,而且包括土地管理法、房地产管理法中的土地及房地产征收和征用规范。

(2) 虽然"公益目的"与"营利目的"本质不同,但是为了确保国有资产的高效使用,并据此扩大"公益目的"的应用范围,国家所有权的行使也要遵循市场配置的基本规律,而非计划经济的模式。因此,在依公法规范国家所有权行使行为的同时,更应该用私法规范国家所有权的行使行为,从而建议稿仅从公平补偿被征收和征用者财产损失的角度,规范国家所有权行使行为,而对源于国家所有权的、作为国家所有权行使主要财产权形式的国有企业财产权采取"分而治之"的消极态度[①]是片面的。

(3) 从经济学角度解释,公平补偿有助于政府过渡地行使国家所有权。"如果不存在公平赔偿的规定,政府早已积极地用土地替代对社会更便宜但对政府成本较高的其他投入了。"但是,何谓"公平的补偿"?由于法律观念的不同,大致存在两种认识:一种观点是应对损害给予完全补偿,即完全补偿论;另一种观点是应按社会的一般观念,客观地予以补偿,即适当补偿论。美国、法国所采用的是完全补偿论,完全补偿一般应等同于被征用财产当时的市场交易价格。因为决定一国征用采用何种公平补偿原则,与该国的国力、经济制度及相应的观念等因素有关。我国应以适当补偿作为公平补偿的原则,这一方面与政府财力较弱有关,即使有征收和征用公平赔偿的规定,但实际执行难度较大;另一方面,土地公有制的观念在很大程度上也影响着征用补偿原则的确定。因此,我国征用和征收制度在财产损失公平补偿问题上应采取适当补偿原则为宜。

我们认为,在市场经济条件下,国家所有权的行使直接目的是国有财产的有效利用。国家所有权的主体应以效益标准行使国有财产权,符合经济学关于经济人的假定,所以物权法应适用于国家所有权关系的调整。但国家所有权主体的"法定代表人"——作为民事主体的政府,却不仅仅是经济人,也是政治人、社会人。因此,国家的政治、社会职能使其经常偏离而又不得不偏离作为财产所有者的经济人特质,以使社会公平优先于经济绩效。国家在行使所有权时,往往执着于政治人特质,丢弃却效率观念、经济意识。结果是未能实现公平,又导致一部分国有财产的无效率使用。

鉴于国家主体很强的公共政治性与社会公益性,在国家所有权的制度设置上要大胆突破。而无论是国有企业财产权规范,还是公用物和公有物以及土地、矿产资源国家所有的物权规范设立,均以国家所有权基本规范的明确设立为制度前提。因此,建议稿对国家所有权淡化处理,对国有企业经营权只字不提、消极回避,而对公有物和公用物却设专条加以规定的主张可谓之该重点规范者不规范,可不规范或少规范者而详尽规范的偏差立法思路也。

在财产所有权制度的发展中,所有权的权利结构经历了由单一式到复合式的过程。如土

[①] 按照梁慧星教授在《制定中国物权法的若干问题》一文的观点,国有企业财产权应分别适用各有关法律的规定,因此不宜在物权法上概括规定"企业财产"的归属问题。对此作者的异议观点在于三个方面。其一,现代物权法的重点不是财产归属问题,而是财产利用问题。国有企业财产权问题的核心物权问题,是用益物权问题。其二,如同公用物和公益物既可以在物权法中规定,又可以在经济法和行政法中规定一样的道理,在经济法和商法中规定国有企业财产权,并不妨碍物权法首先从用益物权角度规定国有企业财产权。其三,国有企业财产权是国家所有权的第一财产权基础,也是中国特色的物权制度的核心内容之一,所以我国物权法对国有企业财产权采取只字不提的消极态度,将使物权法作为我国社会主义市场经济基本财产法的地位和作用,大打折扣。

地归土地主所有,由佃农耕作经营;机器归工厂主所有,由雇佣工人使用生产等。时至今日,以复合式形态存在的所有权比比皆是,所以,国家所有权的发展过程,就是由单一式向复合式的权利结构演变的过程。这种复合式所有权又可进一步细分为"授予式"(权能的分离借助行政关系的设置,也可称为行政式)、"让渡式"(权能的分离借助债权关系的设置,也可称为债权式)、"转化式"(权能的分离借助物权关系的设置,也可称为物权式)。就我国国家所有权的现状来看,上列几种所有权的行使结构都有存在。结合我国国有资产管理体制改革的实践,分析我国国家所有权的行使的法律模式选择,我们认为:其一,对于经营性国有财产,要更多采用"转化式"的国家所有权结构;其二,对于国有资源性财产中的土地资源,要尽可能采取由"让渡式"向"转化式"演进的国家所有权结构;其三,对于公益性财产,要尽可能由"授予式"向"让渡式"的国家所有权结构转变;其四,对于行政性财产,由政府的行政隶属关系所决定,在所有权权能分离上只能采取"授予式"的国家所有权结构。

五、国家所有权立法模式选择:私法与公法兼容

从宏观上看,市场经济的法律结构呈现出这样一种形态:在社会形态上,国家与社会相对分离,存在社会—国家的二元对立;在法律形态上,私法和公法相对分离,存在权利—权力的二元对立,并且这种分离中已出现融合的趋势。西方社会中出现国家对市场及社会经济进行管制与干预的倾向,从而出现所谓"福利国家""社会资本主义"等概念,在法律结构上即表现为私法的公法化;而在中国则进程相反,相对独立的市场经济及市民社会正逐步形成,并从公共政治国家中脱离,在法律结构上,相应私法规范的出现则表明了公法的私法化。就西方法治而言,国家所有权的公私法二元调整结构来自对私法一元论的突破。这样,一方面,普通的私人所有权受到来自公法的各种规制;另一方面,则是国家成为所有权主体。国家的特殊身份改变了所有权关系法律调整的私法一元论。就我国而言,国家所有权的公私法二元立法调整则是对公法一元论的突破。在我国所有权制度中,1986年《民法通则》的颁布是公私法分野的里程碑。作为私法规范的《民法通则》中规定了国家对资源性财产、经营性财产等的所有、管理、使用与保护的法律关系,使国家所有权成为一种民事财产权利。但在具体单行法中,这种私法关系又都转变为经济行政管理的公法关系,诸如矿业、林业、渔业资源等的国家所有权行使,都设置了相应的行政主体权限制度,主管部门拥有相应的行政职权,并可采取相应的行政制裁措施,使得国家所有权的管理、使用与救济都呈现公法的属性。这在立法体系上清晰表明了国家所有权法律调整结构的二元特征。随着市场化改革的深入,这种国家所有权二元立法模式的下述缺陷日趋明显。

首先是私法缺位的问题。《民法通则》已经对国家所有权的主体、内容、客体做出了设定,但仅限于原则规定。国家作为所有权的主体,在行使中具体化为各个政府机构,而各个具体机构的权利义务,均是依据各单项行政法及经济法设置,而非私法规范。以自然资源为例,代表国家行使矿产资源所有权的是国土资源部,代表国家行使渔业资源所有权的是农业部渔政局,皆是依据《矿产资源法》及《渔业法》的行政授权,其对国家所有权的行使、管理与保护都采取行政法途径,而无相应的私法依据。结果导致国家所有权的行使部门在民事法律关系中缺乏相应的主体资格,不能代表国家参与民事财产关系。例如,在一起海域污染的侵权赔偿案中,负有国家渔业资源管理与保护职责的海洋水产厅向污染船舶提请民事诉讼,但缺乏法律依据证明其具有民事索赔的主体资格。

其次是公法越位的问题。如果说在自然资源领域，由于国家的垄断占有地位，公法对私法缺位不得不做出的填补，以及行政界定对市场界定的替代，尚有维护社会公共利益、进行宏观管理的合理性，那么在经营性资产领域，公法的越位则有悖于公平原则。例如在债务偿还的"执行难"中，国有企业所欠的债务难以追偿，就是因为国有企业自视为"公家"，力图寻求国家公权力的特殊庇护。突出的例子还表现在国有资产的界定中。而在企业的经营财产中界定国家所有与个人、集体所有的份额，是典型的民事财产法律关系。现实中缺乏相应的民事界定法规，目前所依据的界定规范是国有资产管理局颁布的《国有资产产权界定和产权纠纷处理暂行办法》及《集体企业国有资产产权界定暂行办法》。国有资产管理局作为国有经营性财产的管理者，在界定活动中应是代表国家的一方主体，由其来制定界定规则的合理性值得质疑。试想，如果这样的规则由集体企业的投资者来订立，国有财产的管理者是否能接受？国有资产管理局做出的行政规章或办法，只能调整国有资产管理中的内部关系，而不应"出界"延伸至国家与其他主体的外部财产关系。以上《专利权质押合同登记管理暂行办法》的适用完全是出于国家本位和公法本位的思维，而忽视了基本的公平标尺。

由此可见，公法的越位往往是源于私法的缺位，而公法的越位又会进一步阻碍私法的补缺。归根结底，应依法理清国家所有权公私法二元立法模式中的合理分工、协作配合的关系。那么，国家所有权涉及的关系，究竟应交由哪种法律制度调整？首先应从国家所从事的财产活动入手考察。现代国家的财产活动，基本上都扮演着双重的角色，既行使公共权力，又参与民事关系。以德国为例，传统上公共当局的活动分为政治活动与财产活动，前者以公共当局的行政权力为基础，后者基于公共当局的民事活动。随着国家及其公共当局以私法手段履行更多的职能以来，国家的经营活动于是趋向于被视为财产活动，在财产活动中不享有特权而服从私法。在法国，公共企业曾作为公法组织，是政府的特殊机构，既享有公共当局的特权，也享有某些自治权。随着公共企业参与工商活动的加强，公共企业一定程度上丧失了公共机构的特权地位，其活动属于民法并归普通法院管辖。在英国，如果没有那些特殊因素开始起作用，那么，公共机关和公法人就非常明确地像私人一样持有或所有财产。[①] 可见，各国立法一般都对国家的两种活动进行了区分，而认可财产活动的私法属性。

国家行使其财产所有权的行为，既不是纯粹的公法活动，也不是完全的私法活动。在国家行使其财产所有权之时，凡涉及国家和与其具有行政隶属关系的代表机构及公职人员之间的关系，或者说国家与其内部人之间的关系，都属公法活动范畴。而国家及其代表机构与其他主体，或者说外部人之间的活动，则属私法行为。显然，从宏观法律制度设置的角度，规范国家财产活动的制度，从宪法到刑法、民法、经济法、行政法都有涉及。

因此，我国国家所有权的外部关系基本立法制度设置，主要是制定民法。《民法通则》第73条阐明了国家所有权的不可侵犯性，第80条、第81条还对国家所有的土地、自然资源等在使用中的保护做出了规定。应该说，国家财产的所有权人与使用权人，与其他所有权人之间，是一种平等的民事法律关系。而具体的制度设置，诸如《土地管理法》《森林法》等资源立法，作为《民法通则》有关条款的扩展与具体化，却转变成为经济立法。这些国家所有权的专门立法调整的不再仅仅是民事关系，而更多的是一种纵向的经济管理关系。行政活动对财产活动的优越，以及公法对私法的优越，造成这种行政隶属关系的存在，使得国家在其参与的民事关系中，不能真正成为平等的民事主体。从形式上看，公法的规范使国家

---

① 特殊因素指对财产的取得、用途及交易性的限制。

所有权的行使更为直接、强制，因而更为有效。在国家财产的外部关系上，要变经济管理关系为市场交易关系；在制度设置上，则要变经济管理法为民事法律。

国家所有权内部关系基本立法制度设置，主要是制定经济法。首先，对国家所有权内部关系的调整，民法显得相对乏力。民法的基本原则理念，仍受早期的个人主体思路限制。当今天所有权主体已经不再局限于个人，而是人的集合体，甚至是带有身份特征的社会有机体时，物权的调整方法便很难深入到主体内部。其次，民法调整平等的财产关系，国家所有权的内部关系中，国家及其行政机构、政府及其公职人员之间的关系都带有纵向的行政隶属性。所以，民法的调整仅限于国家所有权的外部关系。而国家所有权的主体内部关系，带有很强的行政管制性，自然应交由一系列体系化的国家财产管理法来调整。譬如，对于国家所有的经营性财产，管理者内部属纵向管制关系的，交由经济法调整，如《国有资产管理法》。而所有者、管理者与财产的经营者、使用者之间，则是平等的商事关系，交由商事组织法调整，如《公司法》。对于国家所有的资源性财产，在管理者内部，如上级主管部门与下级主管部门，仍是行政隶属关系，使用经济管理性质的法规；而对于主管部门与资源的使用者、承包经营者之间，则应改变目前的行政管理关系，制定相应的民法规范予以调整。

在有关国家所有权的立法制度设置中，无论现行的《民法通则》还是制定中的物权法，对国家所有权的最大意义就是确立了一种平等的财产权模式。资源的配置和流动，只有通过合乎经济理性的财产权制度的确定和保障，才能够有效率地进行；生产要素市场的建立与完善，同样有赖于这种财产权制度的确定与保障。私法规范重视资源的市场化平等配置和流动，对国家所有权的外部界定是有效率的。这是民法在国有资产界定和保护中的基础作用。但私法性质的民法规范，只能提供国家所有权保护的外部规则，对于国家所有权主体的内部规制，仍须主要依靠经济法和行政法。由此可见，在国家所有权立法中，私法（民事财产权法）作为维权法，着力于对所有权及其相关权利人的财产权利的维护；公法（经济法、行政法）作为限权法，着力于对权利行使者行政权力的规制。二者再加上作为最后救济手段的刑法，相互区别又相互配合，并通过"你中有我"和"我中有你"的公法与私法的兼容，即公法私法化和私法公法化的混合立法模式取他之长、补己之短，共同完成对国家所有权的法律调整。据此，那种将国家所有权的全部规范纳入物权法的框架中或排斥在物权法的框架外的立法模式选择，未免削足适履、一厢情愿。

六、结论

从某种意义上说，权利的平等性与一体性是财产权利制度对国家所有权的外在要求，是萌生中的市场经济乃至市民社会所秉持的价值理念，它是否能够完全落实到公共国家身上，仍然存在疑问。国家所有权主体所代表的公共意志、客体所承载的公共利益，国家所有权行使对行政行使的倚重，国家所有权行使不能完全丢弃的行政授权模式，以及国家所有权保护与调整的"公法情结"，都提醒我们有必要借公共权力之轨行使国家所有权内在要求的存在。面对这两种要求，尊崇财产权利的平等性是必要的，只有平等的权利安排，才能确保国有财产归属与流转关系的公平与效率；同时，认可国家所有权的特殊性也是必要的。现代财产法对财产关系调整，日益重视区分差别带来的财产交易地位差异，又开始了"契约到身份"的回溯，就是佐证。只是这一对身份的重视，不再是为不同的身份设立不同的地位，而是承认身份差异的存在，通过统一法律（如物权法和国有资产管理法）的相互联系和配合，按照私法公法化（如设立国家所有权和一般所有权限制的物权法规范）和公法私法化

(如设立国有自然资源用益物权管理的国有资产管理法规范)的总体立法思路,并采取物权法概括式立法和国有资产管理法列举式立法技术设置国家所有权制度,使失衡的公私财产权内部和外部关系,通过相互兼容,重回均衡。这种制度均衡及其立法模式选择,对于市场经济在均衡基础上的高效运转,至关重要。

第五节 我国农地使用权和基地使用权制度的效率分析[①]

农地使用权和基地使用权作为两种最重要的用益物权,在整个物权制度中具有十分重要的地位。特别是我国,在土地等主要生产资料的公有所有权的转让为法律所禁止的情况下,通过健全而发达的农地使用权和基地使用权制度优化资源配置、提高资源利用效率,就显得尤为重要。但是,由于我国现行的用益物权制度尚不完善,还没有形成一个完整的体系,其法律激励功能远未发挥出来。我们认为,在法律和经济发展之间具有须臾不可分离关系的今天,在效率原则已被确认为我国立法的首要原则的今天,以效率为标准对具有强烈经济色彩的农地使用权和基地使用权制度进行多角度的考察、分析和研究,具有非常重要的意义。基于此,本书对影响我国农地使用权和基地使用权效率的若干重要问题进行较为系统的分析,以期对我国正在进行的物权立法有所裨益。

一、农地使用权的效率分析

20世纪70年代末,针对农村人民公社土地制度的诸多弊端,我国开始了旨在提高土地使用效率的改革。到目前改革已初步完成,并被以"三十年不变"的政策予以确定。作为改革成果的农村家庭联产承包责任制,其核心内容是确立土地承包经营权。所谓土地承包经营权,是指以农业为目的(如为种植、养殖、畜牧等)而长期排他性地使用集体所有(有时也可能是国家所有)土地的权利。这一实质权利内容类似于传统物权法上的永佃权。但"永佃权"一词在我国大陆已久不使用,以永佃权代替土地承包经营权,实无必要。但土地承包经营权是典型的债权范畴概念,在农村土地承包经营实践中,此概念的歧义性较为明显,由此也给土地承包经营权制度本身的发展造成消极影响。因此,我国著名民法专家梁慧星教授主张用农地使用权取而代之。[②] 我们认为,农地使用权这一概念较准确地反映了土地承包经营权的权利性质,应予以采用。

关于农地使用权的效率问题,我们将结合我国现有的法律和政策,从以下几个方面展开分析:①农地使用权(土地承包经营权)应是物权还是债权;②农地使用权(特别是耕地使用权)是否应按人口配置并进行定期调整;③是否应允许农地使用权转让;④通过农地使用权"虚化"农村集体土地所有权的做法是否合理。

(一)农地使用权(土地承包经营权)是物权还是债权

虽然我们前述认为农地使用权符合用益物权的构成特征,而且在我国亦应成为用益物权

[①] 本节部分内容曾以论文形式发表,具体出自任尔昕、周林彬《我国农地使用权和基地使用权制度的效率分析》,载《甘肃政法学院学报》2000年第9期。
[②] 参见梁慧星《中国物权法研究》,法律出版社1998年版,第622-623页。

制度的重要组成部分，但在法学界关于农地使用权权属问题的争论仍不绝于耳。① 我们认为：仅以既存法律的规定来判断农地使用权是物权还是债权的做法无益于农地使用权制度的发展。我们的问题是，农地使用权应是债权抑或物权？

我国是传统农业大国，到现在农业人口仍占总人口的70%左右，因此农业对保持我国社会稳定至关重要。同时，鉴于我国人多地少的现实，在现有土地基础上如何最大限度地优化土地资源，提高其利用效率，也是我们所面临的紧迫任务。我们认为，将农地使用权（农村土地承包经营权）确认为债权，其弊端在于：

第一，难以形成提高农民生产经营积极性的激励机制。若农地使用权被确定为债权，则其基于承包经营合同产生，在承包经营合同关系中，发包人实际上拥有很大的干预生产经营的权利，并且这种干预权利与发包人的行政权力（或准行政权力）往往混在一起，由此导致农地承包人的生产经营自主权非常有限。同时，债权同物权相比效力较弱，并且在原则上不能对抗物权，因而产生纠纷的可能性就相对大些。② 同时，农业生产经营的长周期性，要求农用土地使用制度具有稳定性（这一点，容后详述），农村土地制度的完善，也是农用土地使用制度稳定的基础。如果将农地使用权确定为债权，则基于债权的不确定性、非排他性而会使现行农用土地制度处于不稳定的状态。承包经营合同的易发性、生产经营自主权的有限性和农用土地制度的不稳定性，势必影响农民从事生产经营的预期，难以形成有效利用资源的激励机制。因此，农地使用权应是一种物权。因为只有物权才能为农民发挥其生产积极性、有效率地利用资源提供制度上的保障，才能在发生侵害行为时，使农民不仅能以侵权人的"违约"，而且还能以其"违法"为抗辩理由，维护自己的土地权利，也才能确保农民在长期投入后（尤其是在"四荒"地使用过程中）得到合理的回报。

第二，不利于农用土地的市场性流转。在市场经济体制下，农业资源（特别是土地资源）的配置应依市场机制来实现，应当由农民自己决定是否转让对土地使用的权利。那种利用行政或准行政手段实现土地规模经营、重新配置（五年一小调，十年一大调）和所谓最优配置的做法（容后详述），忽视了农民的自主权利，从根本上讲不利于农村生产关系的稳定。转让农地使用权须经发包人的同意，实际上限制了土地使用权利的自由流转，为以行政或准行政手段配置土地资源留下了过多的余地，这在相当程度上是以牺牲效率为代价的。因为政府或农村集体经济组织本身也是"经济人"，也追求自身利益的最大化（例如官员职位的升迁、公共财产的积累以及各种"政绩"）。而这种"最大化"往往和农民自身利益的"最大化"相矛盾。"政府作为公共利益的保证人，其作用是弥补市场经济的不足，并使各经济人员所作决策的社会效应比国家干预之前更高。然而，官僚主义的过分干预必然使社会资源使用效率低于市场机制下的效率。"③ 如果将农地使用权确定为债权，这种无效率的干预就不可避免。从此角度看，农地使用权也应是一种物权，因为物权所具有的强烈的排他性特征，为排除政府或农村集体经济组织的无效率的行政或准行政干预，保证农地使用权沿着效率的目标使用和进行市场性的转让奠定了基础。

---

① 参见屈茂辉《农村承包经营权改革问题探析》，载《农业经济问题》1998年第3期；中国社会科学院法学研究所物权法研究课题组《制定中国物权法的基本思路》，载《法学研究》1995年第3期；陈甦《土地承包经营权物权化与农地使用权制度的确立》，载《中国法学》1996年第3期。

② 至1992年，全国共签订3亿多份农村承包合同，但每年仍有3 000万份合同不能兑现，合同纠纷近1 000万起。引自农业部《关于加强农业承包合同管理的意见》（1992年7月30日）。

③ ［美］理查德·A.波斯纳：《法律的经济分析》，蒋兆康译，林毅夫校，中国大百科全书出版社1997年版，第29页。

（二）农地使用权（特别是耕地使用权）是否应按人口配置并定期进行调整

目前，我国农地使用权（特别是耕地使用权）大多是按人口配置的，少部分是按劳力或人劳比例配置①，并且局部调整的时间不少于五年，整体调整的时间不少于十年，此所谓"五年一小调，十年一大调"。我们的问题是，这种做法是否有效率且可行？

如我们前面所说，在市场经济体制下，农业资源的配置应依市场机制来实现。但市场机制本身并非万能。尤其是在我国农业人口众多，土地（耕地）异常稀缺的情况下，将农地使用权完全按照市场机制配置，会产生以下弊端。

一是在我国，土地（耕地）作为人们生计的功能非常强烈，有相当部分的农民的生计只能依靠他们自己的劳动从土地上收取的孳息来维持。如果完全按市场机制配置土地，势必造成部分农民失去维持基本生活的依靠。在工业尚不能为这些人提供就业机会的情况下，将导致严重的社会不公，进而引起社会动荡。动荡不安的社会环境，将会使社会的整体运转效率降低。②

二是我国尚未有健全的权利市场配置机制，这将导致通过市场机制配置农地使用权的交易成本过高。基于此，我们认为，在我国社会环境不可能在短期发生大的改变的前提下，现行的对农地使用权（主要是耕地使用权）按人口配置的做法是可行的。就整个社会而言，其所产生的收益成本之比要大于通过市场机制配置的收益成本之比。例外的是，对不作为人的生计的"四荒"地使用权若按人口配置，则是一种无效率的做法。

因为"四荒"地使用权通过市场机制配置，实质上是一种"帕累托次优"，即没有得到"四荒"地使用权的人（主要是社区农民）的情况至少并不会因此而变得更糟；相反，因为"四荒"地使用权的标的物少则几亩，多则成千上万亩，故其易产生规模效益，通过市场机制配置，可以使其向经营能手集中，最终实现资源的最优配置。因此，按市场机制配置"四荒"地使用权，同与按社区人口配置耕地使用权一样，都是资源的有效利用方式。

农地使用权"五年一小调，十年一大调"曾是一些地方普遍的做法。③ 其理由是，既然农地使用权是按社区人口配置的，当人口变动时，自然就应重新配置。这种观点值得商榷。虽然前述我们认为按社区人口对农地使用权进行初始配置在我国特定社会环境中是一种有效率的制度，但这并不意味着对初始配置后的农地使用权进行再次调整就是同样有效率的。如果说对农地使用权按人口进行初始配置是一种有效率的制度，那只是在我国特定社会环境中（人多地少、农业人口多、工业无法解决农业人口的就业）不得已而为的较低级"均衡"而产生的效率（即帕累托次优下的效率），但这种效率是在否定了土地流转的经济因素和刺激农村人口多生和性别偏好下产生的，代价十分高昂。在农地使用权初始配置完成后，如果再按照人口的增减重新调整，则会产生以下弊端。

一是使农地使用权处于极端的不确定状况，这将极大影响权利人的预期。这一点前述多

---

① 参见张红宇《中国农村土地制度建设》，人民出版社1995年版，第13页。
② 有人认为，耕地使用权按人口配置是一种符合公平原则，但不符合效率原则的做法（参见崔建远《"四荒"拍卖与土地使用权》，载《法学研究》1995年第6期）。这种将效率和公平对立的做法值得商榷。在我们看来，公正与效率不应对立，严重违反公平原则的制度实质上是最无效率的制度，只有实现了均衡（帕累托次优，即一个人情况变好，至少不应以其他人的情况变糟为代价）的制度，才是有效率的制度。
③ 据中国土地课题组对全国300个村的抽样调查，自实行家庭联产承包责任制以来，有65.2%的村对承包土地实行再调整，而80%左右的村是基于人口增减进行的调整。参见何道峰《中国村级土地制度的改革》，载国务院发展中心农村部中国土地课题组《土地研究报告》第十部分。

有讨论,此处不再赘述。二是大大增加权利的配置成本。不断变化的农地使用权配置将使配置成本大为增加。三是助长平均主义和懒惰心态,因为不断重新调整农地使用权将使农业劳动力就业避开了市场的规范和约束,掩盖了农业劳动力过剩的危机,使其成为一种市场经济条件下社会保障功能的消极替代(无效率替代)①,这种消极替代将极大地助长农民的平均主义和懒惰心态,从而使这种制度成为最无效率的制度。② 因此,在完成农地使用权的初始配置后,实行"增人不增地、减人不减地""生不添、死不收",不再对其进行重新调整,是一种有效率的制度。

(三) 是否应允许农地使用权转让

关于用益物权的转让,我们总的看法是,能够自由转让权利的用益物权制度是一种效率的制度。但具体到农地使用权,还需强调以下几点。

第一,鉴于我国耕地减少严重、人均耕地面积少的现实,在农地使用权(特别是耕地使用权)转让时,实行农地用途管制,严格限制通过转让改变原土地的用途是非常必要的。因为,切实保护耕地不仅关系到我国经济可持续发展,而且直接涉及子孙后代的生存。如果在农地使用权转让时不实行用途管制,在目前情况下,将会造成耕地大面积减少。从长远角度看,这将是最无效率的。

第二,建立农地使用权登记公示制度,有利于其转让便捷、高效、安全地进行。登记的内容应包括所有权主体、使用权主体、位置(界线)、面积、年限、肥沃程度(或土地价值)、用途、权利义务等。

(四) 通过农地使用权"虚化"农村集体土地所有权主体的做法是否合理

目前,在我国农村土地制度中存在的一个突出问题就是土地所有权主体模糊。虽然《宪法》《民法通则》《土地管理法》都规定,除由法律规定属于国家的以外,农村土地都归集体所有,但事实上,我国农村土地所有权的主体仍然是模糊不清的。③ 虽然从理论上讲,一种有效率的农地使用权制度必须建立在完善而明晰的土地所有权制度之上,但在我国,基于历史等各方面的原因,农村土地所有权主体不可能在短期内得以明晰,它将是一个复杂而漫长的过程。或者说,目前在我国,由于诸方面的原因,界定农村土地所有权主体的成本太高。在这种情况下,我们当然不能等所有权问题解决了,再来解决使用权问题。相反,我们认为,在界定农村土地所有权主体成本过高的情况下,通过强化农地使用权来"虚化"农村集体土地所有权主体,对于提高农村土地利用效率是非常有益的。因为农地使用是一个持续的过程,农地的流转是一个现实的需要,这个过程和需要对于提高农地的利用效率是非常必要的。在土地所有权主体界定成本高昂的情况下,避开成本高昂的土地所有权主体的界定,转而通过强化具有强烈物权性的且权利界定成本较低的农地使用权,同样也可满足提高农地利用效率所必需的对持续过程和现实需要的要求。这种"虚化"农村集体土地所有权主体的做法,在我国特定的历史环境中有其存在的合理性。同时,从长远角度看,只有强化农地使用权制度,保持土地使用状况的稳定性,集体土地所有权制度的改革与完善

---

① 参见慈勤英《人口控制与土地制度改革的综合思考》,载《人口学刊》1994 年第 2 期。

② 就像小说《芙蓉镇》中的那位"运动狂"一样,总是希望通过"运动"分得"浮财",而自己却不愿付出努力和辛苦。

③ 参见慈勤英《人口控制与土地制度改革的综合思考》,载《人口学刊》1994 年第 2 期。

才能有稳定的制度基础。从这个意义上讲，通过强化农地使用权制度来"虚化"所有权主体实质上是一种"诱致型"的改革思路，它可以在避免因条件不成熟进行大规模的农地所有权制度改革而给农业发展和社会稳定带来巨大冲击的同时（即避免产生巨大的改革成本），提高土地的利用效率，并为在以后条件成熟时进行农地所有权制度改革打下基础。

二、基地使用权的效率分析

基地使用权，指以在他人土地上有建筑物或其他工作物为目的而使用他人土地的权利。基地使用权实质上相当于传统民法中的地上权。在我国目前，其内容包括国有土地使用权、集体土地使用权和宅基地使用权等。

关于基地使用权制度的效率问题，我们将结合我国现有法律法规和政策，从以下几方面展开讨论：①基地使用权划拨取得的规定是否合理；②基地使用权的现行年限限制是否合理；③基地使用权在特定情况下是否可以提前无偿收回。

（一）基地使用权划拨取得的规定是否合理

基地使用权划拨取得，是指国家行政管理机关根据法律规定，将国有土地无偿地划拨给基地使用权人使用，基地使用权因行政划拨而取得。根据《城市房地产管理法》第23条规定，下列建设用地的土地使用权，确属必要的，可由县级以上人民政府依法划拨：国家机关用地和军事用地，城市基础设施用地和公益事业用地，国家重点扶持的能源、交通、水利等项目用地，法律法规规定的其他用地。关于基地使用权划拨取得，学者虽有不同看法，但大多数学者都认为划拨取得仍有存在的必要性，只不过需要进行某方面的改进而已。[①] 我们认为，从经济分析的角度，基地使用权划拨取得则是一种低效甚至无效的制度，原因在于：

第一，基地使用权的划拨取得，助长了基地使用权取得领域内的"搭便车"行为，刺激了权力"寻租"行为。通过有偿出让的方式取得基地使用权，基地使用权人必须和政府签订基地使用权出让合同、进行登记公示。这意味着政府和使用权人之间是一种民事法律关系，必须遵循平等、自愿、等价有偿原则，必须以支付相应的出让金作为取得基地使用权的对价。这就有效地抑制了基地使用权取得领域内的"搭便车"行为和"寻租"行为。而基地使用划拨取得的法律关系在性质上则是一种行政法律关系。划拨中的当事人一方是政府土地管理部门，另一方是公民个人、法人、其他社会组织等土地使用者，双方之间的关系并非在平等的地位上进行协商的关系，而是管理者与被管理者的关系。土地管理部门在划拨中的身份是纯粹的国家行政职能行使者的身份，它将基地使用权划拨给使用者是行使自己的行政权力，申请基地使用权的一方当事人在这一关系中则处于被支配的地位，能否获得基地使用权，不决定于其意志。基地使用权人与政府土地管理部门的这种关系，一方面会使政府土地管理部门怠于谨慎、勤勉地行使自己的权力，因为这种"黑箱操作"式的划拨，由于缺少公开出让（通过投标、拍卖）所具有的社会监督，无法阻止基地使用权取得领域内的权力"寻租"行为。另一方面，由于基地使用权划拨取得对使用权人来说无须支付对价，从而助长了社会主体希望不付费取得基地使用权的"搭便车"心理。"寻租"行为和"搭便车"行为将会背离设立基地使用权划拨取得制度的初衷，使其变为无效率的制度。

[①] 因为集体或集体经济组织本身就是一个内涵极不确定的概念。参见綦好东《我国现行农地产权结构的缺陷及重构的实证分析》，载《农业经济问题》1998年第1期；叶向阳等《农村集体土地产权制度研究》，载《中国法学》1993年第6期。

第二,基地使用权的划拨取得制度,阻碍了大量存量划拨土地正常进入市场,导致了土地资源的低效利用。我国目前对划拨基地使用权的转让采取的是"先交出让金再入市"的规则。[①] 其目的是防止划拨基地使用权人滥用权利,给国家利益造成一定的损失。从其实施情况看,"先交出让金再入市"的做法,虽从一定程度上阻止了划拨基地使用权人随意转让使用权牟利的情况发生,保护了国家利益,但却因其同时阻碍了大量存量划拨土地正常进入市场,导致了土地资源的低效利用。这是因为:一方面,由于划拨土地入市时缴纳的土地使用权出让金归国家所有,划拨土地使用权人从中难以得到利益,这就使其怠于转让土地使用权,宁可低效利用甚至让土地荒了也不愿将其转让;另一方面,划拨土地使用权人为了逃避"先交出让金再入市"的规则,往往打着"联合开发"的幌子将划拨使用权非法转让,同时,一些国家机关和事业单位也以财政投入不足为理由,纷纷自行将自己使用的土地投入经营性用途,这样便形成了所谓"土地隐形市场"。"土地隐形市场"的存在,又会刺激人们竭力争取划拨土地使用权。这两种情况,或会造成土地资源在无偿使用情况下的低效利用,或会制约土地市场发展,扰乱土地市场秩序,刺激人们的过度投机行为,结果都是导致土地资源的低效或无效利用。

综上,基地使用权的划拨取得由于不符合效率原则,故应予以取消。但在取消划拨取得基地使用权制度后依靠国家财政拨款的行政机关、军事机关、事业单位以及其他公益团体的用地问题如何解决呢?我们认为,可先由国家拨付相应的资金,然后通过有偿受让取得基地使用权。这种"将右口袋中的钱掏出来放进左口袋"的做法,有助于解决划拨基地使用权制度的不符合效率原则的弊端,并且是这种制度的有效替代。

(二)基地使用权的现行年限限制是否合理

在我国,有关基地使用权年限问题有两种不同的规定:一是国有出让土地使用权实行有期性,其期限为40~70年[②];二是划拨土地使用权和农村宅基地使用权实行无期性。下面我们就这两种不同的规定展开我们的分析。

我国国有出让土地使用权实行有期性,并且土地使用权的年限采取法定主义。年限法定主义的好处在于权利预期确定,交易的安全性高,有利于发展土地市场。但预期确定并不等于预期合理,也并不意味着能保证土地资源的最有效的利用。从总体上看,国有出让土地使用权40~70年的年限相对较短:第一,40~70年的土地使用权明显短于建筑物寿命年限,[③] 会造成建筑物所有人的所有权丧失和土地所有人无偿取得建筑物所有权的情况。根据《城镇国有土地使用权出让和转让暂行条例》(简称《暂行条例》):土地使用权期满,土地使用权及其地上建筑物,其他附着物所有权由国家无偿取得。这一规定一则有违公平原则,二则意味着土地投资者投资的回收期短。这样一方面势必对土地使用权出让价格和建筑物的市场交易价格产生消极影响,另一方面难免抑制使用权的投资积极性,同时会鼓励他们的短期行为。因为使用权人考虑土地使用权期满后,国家将无偿收回土地及地上物,一般会热衷

---

① 参见梁慧星《中国物权法研究》,法律出版社1998年版,第671页。
② 参见王卫国《中国土地权利研究》,中国政法大学出版社1997年版,第169页;吕来明《走向市场的土地》,贵州人民出版社1995年版,第177页。
③ 如我国《城市房地产管理法》第39条规定:"以划拨方式取得土地使用权的,转让房地产时,应当按照国务院规定,报有批准权的人民政府审批。有批准权的人民政府准予转让的,应当由受让方办理土地使用权出让手续,并依照国家有关规定缴纳土地使用权出让金。"

于进行短期投资,特别是在使用权临近期满时,更不愿投资。这种短期行为会严重影响土地开发和利用效率。三则会导致对土地上的建筑物或其他附着物的破坏行为,影响社会财富的形成和积累。由于土地使用权期满后土地使用权及地上物所有权都将无偿收归国家,因此,大多数地上物所有权人就不会精心使用地上物,在土地使用权期满时,甚至可能发生某些破坏行为。因此,土地使用权短于建筑物使用年限,无助于土地使用权效率的提高,相反,会因使用权人难以产生合理预期而降低其利用效率,即使在年限法定的情况下也不例外。

但这并不是说土地使用权年限长于建筑物使用年限就是一定有效率的。因为如果土地使用权年限长于建筑物使用年限但不足两倍,或者土地使用年限不是建筑物使用年限的整倍数而是有余数,在这种情况下,土地资源的使用就仍然是低效率的,并且余数越小土地资源的利用效率就越低。① 因此,我们认为,国家出让土地使用权的年限应长于或等于建筑物的使用年限,若长于建筑物年限,则应为建筑物使用年限的整倍数,只有这样土地资源的利用才是有效的。

前面我们分析了基地使用权的划拨取得制度,认为其是一种无效率的制度。实质上,这制度的无效率还可通过其使用权的无期性体现出来。我们认为,划拨基地使用权的无期性并不意味着这种使用权就是永久性,而是意味着国家(或集体)可以随时决定收回使用权人的权利。② 这对于使用权人来说预期处于绝对不稳定状态,进而会影响到土地的有效利用。

(三) 基地使用权在特定情况下应无偿提前收回吗

根据《暂行条例》第 17 条第 2 款的规定,土地使用者未按合同规定的条件和期限开发、利用土地的,市、县人民政府土地管理部门应当予以纠正,并根据情节可以给予警告、罚款直到无偿提前收回土地使用权的处罚。《城市房地产管理法》第 25 条则进一步规定,超过出让合同的约定的动工开发日期满一年未动工开发的,可以征收相当于土地使用权出让金 20% 以下的土地闲置费;满两年未动工开发的,可以无偿收回土地使用权。这种因土地使用者违反出让合同,而提前收回土地使用权,实质上类似于传统民法上的地上权撤销。但是,我国的这种土地使用权提前收回,有一个最大的特点,就是国家在土地出让时所体现的是土地所有者身份,在提前收回土地使用权时,又以土地所有者和土地管理者双重身份出现。③ 规定土地使用权人未按合同规定的日期开发土地时国家可以无偿提前收回土地,其本意在于,促进土地使用权人及时开发利用土地,避免造成土地资源的闲置和浪费。但无偿提前收回土地的做法能真正达到它的目的吗?事实上,作为"经济人"的土地使用权人(在大多数情况下是地产开发商),其作为自身利益最大化的判断者最清楚极早开发利用土地会给自己带来更多的利益。但基于各种内在原因,不能按约开发利用土地的情况仍会不时出现。如果我们坚持不按约开发就要无偿提前收回土地,就会迫使土地使用权人做出不利于土地资源长期最优利用的短期开发行为或制造开发利用土地的假象以逃避国家制裁,④ 这种行为,一方面并没有改变土地资源闲置的总体状况,另一方面又造成新的资源浪费和低效

---

① 根据《城镇国有土地使用权出让和转让暂行条例》第 12 条的规定,国有出让土地使用权年限是:居住用地 70 年;教育、科技、文化、卫生、体育用地 50 年;商业、旅游、娱乐用地 40 年;综合或者其他用地 50 年。

② 据笔者了解,在甘肃省的一些农村,村委会(乡镇政府)有时会因有些农民拒交各种税费而强行收回其宅基地使用权。

③ 参见梁慧星《中国物权法研究》,法律出版社 1998 年版,第 688 页。

④ 在现实中,许多土地使用权人为逃避国家制裁,往往通过修建一些临时性建筑制造开发假象,结果造成更大范围的资源浪费。

（无效）利用的情况出现。并且，由于我国实行的是"先开发后转让"的交易规则，土地非经开发不得转让①，这就更助长了土地使用权者（地产开发商）的上述行为。因此，我们认为无偿提前收回制度并不能有效阻止土地资源的闲置，反而会促使其低效（无效）利用和造成新的资源浪费。除非取消"先开发后转让"的交易规则，否则无偿提前收回制度就是一种无效的制度。又因为在提前收回土地使用权时土地管理者和所有者身份重叠，还会产生土地管理者（所有者）希望收回土地使用权的激励，这更增进了这种制度的无效性。

第六节 农民财产权收入的土地财产权结构新探②

不断攀升的房价和推进中的城市化进程，使农民财产性收入③逐渐进入人们的视野。在北京、广州等发达城市周边的村落，通过拆迁改造制造了一个又一个造富神话，一些村民一夜之间成为百万富翁、千万富翁。对于集体经济发达地区的农民，作为集体经济组织的股东享有股份分红，同时还拥有较高水平的房屋租金、土地征用补偿款等财产性收入，土地是可以生钱的"活资本"，"村籍"比"户籍"更重要，在这些地区，甚至出现城市居民通过婚姻等方式成为村民，从而分得财产性收入的情形。但这些村在全国而言毕竟是少数，大部分农村地区的农民财产性收入水平很低。如何通过土地创造财产性收入，是中国各地农村面临的共同问题。农民财产性收入也是中国城镇化的要求，城镇化不应以农民的相对剥夺感或牺牲为代价，而需要通过土地增值的收益使农民获取在城市的生存空间。如何让农民通过"离土不离股"等渠道共享土地增值收益是当前城市化进程中农地征收、"城中村"拆除和改造问题的重中之重，也是农民对集体土地享有民事权利在经济上的实现。然而，实践中，一些地区由于没有处理好城镇化与农民利益之间的关系，从而导致大量的农地矛盾和损害农民权益的问题。这些农民财产性收入的相关问题都与农村土地财产权制度息息相关。

现有对农民财产性收入的研究主要集中于经济学领域。一方面是从农民财产性收入对城乡收入差展开；另一方面则是从为增加农民财产性收入创造条件方面展开，系统地对农民差距的影响方面展开。相比之产性收入现状、问题进行分析，并从改革农村土地制度、社会保障体系等方面提出对策下，法学界尚未对农民财产性收入展开系统和深入研究，特别是对农民财产性收入这一经济问题与财产权这一法律问题之间的关系进行的法经济学研究④尚属

---

① 《城市房地产管理法》第38条规定，转让房地产的两条件之一就是按照出让合同约定进行投资开发，属于房屋建设工程的，完成开发投资总额的25%以上，属于成片开发土地的，形成工业用地或者其他建设用地条件。

② 本节部分内容曾以论文形式发表，具体出自李胜兰、于凤瑞《农民财产权收入的土地财产权结构新探：权利束的法经济学观点》，载《广东商学院学报》2011年第4期。

③ 财产与财产性收入之间的关系是"源"与"流"的关系，应当使"财产性收入"之"财产"的范围扩大、财产权转让之方式多样化。凡是能够通过财产权流转而获得收入的财产，均应作为"财产性收入"之"财产"，包括有形财产（动产、不动产）和无形财产（知识产权等）。因此，为了促进农民增收，扩展其收入渠道，本节农民财产性收入的取得方式包括：财产权移转，一方面包括土地征收，另一方面包括投资性的财产权移转，即为了赚取买卖之间的财产增值溢价部分，例如买卖房产、买卖股票等而获得的收入；财产权的创设以及负担行为，例如为他人在自己土地上设定地役权，或者房屋出租、土地使用权入股、知识产权许可他人使用等，在不丧失财产权的前提下，将部分权利束让与他人所有。总之，即使农民财产性收入取得方式的结果造成财产权的消灭，但财产性收入的一个概括特征即"权利的孳息"，是基于财产权的转让而获得的报酬。

④ 法经济学中的产权概念的范畴虽然广于本书的财产权概念，但产权所具有的支配性、排他性、可让渡性特征，也是法学中财产权属性的本质要求，运用法经济学中产权所具有的现实性、灵活性与开放性等观念来研究财产权法律制度，有助于选择有效率的财产权制度、克服经济与法律研究的脱节。

空白。

农村土地财产权即农村土地上具有支配性的权利束的组合。农村土地财产权法律制度的核心是不动产物权规范，但之所以使用"财产权"这一术语而非"物权"，在于两方面原因：一是目前我国农民对土地的权利虽然名义上称为物权，但却不具有完整的物权效力，因此将其称为有某种"物权效力"的财产权更为准确；二是物权是一个私权概念，由于农民财产性收入的本质是财产权所产生的收入流，是一个动态的概念，所涉及的农村土地财产权体系虽然以私法调整为主，但并不是私法上的物权独自能解决的，相关的公法限制、经济政治制度以及制度的实施效果更不容忽视，这种复合性与英美法系财产权的内涵相似。本书从大陆法物权理论反思当前农村土地财产权欠缺可转让性的原因，进而从法经济学权利束的观点探寻其与大陆法物权理论的契合点，并以此为基础设计我国农村土地权利束体系。

一、农村土地财产权结构的理论反思

市场经济条件下，土地、资本等生产要素都是商品，都具有所有权。但从目前法律规定来看，农村土地作为商品的属性归集体所有而不具有流通性，且土地使用权也欠缺可转让性。财产如果不能流通，就没有价值。如果不给农村土地财产权进入市场的平等机会，会为其他利益集团利用农村土地财产权权能的缺失夺取农民利益创造空间，从而减少农民财产性收入。我国农村土地财产权转让法律制度不符合农村要素市场对土地财产权商品化的要求，主要原因可以从财产法立法传统、法律与实践的契合度以及农村土地法律制度所承载的功能等方面来分析，本书拟从财产法理论方面找寻原因。

第一，农民享有的土地使用权之所以欠缺可转让性，在于受传统大陆法物权权能分离理论的影响。《德国民法典》使物权体系形成所有权与他物权制度分野的局势。所有权是一种抽象的支配权，其所具有的完整性与弹力性妨碍了财产的自由转让，使多数情况下财产利用人无法摆脱所有权人的控制。针对所有权人保留所有权，而将对物占有、使用、收益权转让给他人的情形，大陆法系物权理论认为所有人可将所有权的权能分离出去，并就这些权能为他人创设定限物权，此种权能分离是行使所有权的表现形式。依此，所有权是定限物权的源泉，所有权优先于他物权，二者之间不是平等关系，而是依附关系。这也反映了传统大陆法物权理论在物的支配性与互换性之间的矛盾。我国的物权立法与理论承继了这种物权权能分离理论，作为用益物权的土地使用权与农民集体所有权之间存在从权利与主权利的从属关系，因此，农民在转让土地承包经营权、宅基地使用权的时候，受到农民集体同意或备案程序的限制，农民对财产的利用行为受到约束，造成产权安排不符合效率原则的产权弱化。

实质上，排他性是财产权本身具有的特征，排他性使财产权具有独立性和稳定性，各个财产权主体间应互不干涉彼此财产权的行使，财产权之间亦不存在依附关系，在各自领域内是平等的，不存在优劣之别。"所有权就标的物有统一支配力，而非物之利用、收益、处分等权能的综合，于法律限制内有自由利用之单一的内容，其情形犹如人格的自由权，非得为任何事之权能的集合，乃于一定限制内得为所欲为之单一权利。"

虽然土地承包经营权、宅基地使用权等用益物权的产生以农民集体所有权的存在为前提，但这只能说明集体土地所有权是农村土地使用权产生的一个前提条件。在农村土地使用权依法成立之后，其在法律上与集体所有权具有相同的法律地位。二者之间只存在法律上的事实联系，各权利主体的行为自由均有法律赋予的特定范围，因此二者之间不存在从属关系。即使在土地征收的情况下，集体土地所有权的消灭导致农村土地使用权的消灭，也不能

将其等同于集体所有权当然决定土地使用权的命运，而只能理解为两种权利消灭的原因在于法律的规定，权利之间不能互相创设，是立法影响权利的命运，而非权利之间的事实上的牵连关系所致。

第二，农民享有的土地使用权之所以欠缺可转让性，还在于农村土地财产权转让以土地使用权为基础。依据我国《宪法》，我国实行土地公有制，土地所有权禁止转让。由此，农村土地市场的财产权基础就是土地承包经营权、宅基地使用权等土地使用权。农村土地使用权具有基础权利的作用，可以在其上再设定地役权、抵押权等。我国《物权法》将土地使用权确定为用益物权，担保物权是在用益物权之上设立的，二者处于财产权结构的不同层次。可见，土地使用权发挥了"类似所有权"的功能，也具有与所有权类似的法律地位。这种土地财产权结构限制了农民转让财产权的方式，由于物权法定原则，若采取在使用权上再设定用益物权（地役权除外）的方式，则无法律依据，因此实践中，农民获得财产性收入的方式一般是采取土地使用权出租、入股。

根据笔者在新兴、大沥、封丘的调研，① 对于村庄土地规模化流转之外的农户个人土地转让，虽然法律规定了多种流转形式，但实践中农村土地使用权转让的主要方式依然是转包和出租（见图6-6-1）。此外，根据《广东农村统计年鉴》，2008年广东农村居民人均财产性收入为339.5元，增长8.6%，增幅同比下降32.9%。其中，集体分配股息和红利为116.2元，增长10.5%；租金收入为123.7元，增长17%；转包土地经营权收入为21.8元，增长22.3%。可见，出租与入股是广东省农村居民财产性收入的主要来源。笔者在调研中了解到，主要靠土地入股收益与物业出租收入为生的佛山南海地区的农民，其财产性收入占到总收入的比重为50%～80%。对于城郊或者离城市较近的农村成为"城中村"或者被改造为社区的地区，其土地价值倍增，要素价格的变化带来农民对土地利用形式的变化，农民对其财产的支配逐渐从实物支配向价值支配转变，例如将房屋出租或者土地使用权入股获得财产性收入。但出租、入股的转让方式由于受到期限等诸多限制，不利于财产权交易的安全与财产权类型的创新，难以满足交易实践的需求。

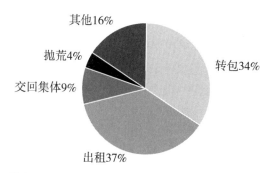

图6-6-1 自己不耕种土地时的财产权转让方式

---

① 笔者于2010年4月在广东省云浮市新兴县（农耕地区）、2010年6月在佛山市南海东秀村（已经城镇化），以及2010年7月在河南省新乡市封丘县刘王村（正在城镇化）展开调研。其中，在新兴县10个镇共发放问卷210份，回收210份，有效问卷197份，有效回收率93.8%；在南海东秀村共发放130份调查问卷，回收有效问卷126份，有效回收率96.9%；在封丘县刘王村发放问卷120份，回收有效问卷116份，有效回收率96.7%。

二、权利束理论与农村土地财产权结构的契合点

产权界定是一个演进过程,"随着新的信息的获得,资产的各种潜在有用性被不同领域的人们发掘,并通过交换他们关于这些有用性的权利而实现其有用性的最大价值。每一次交换都改变着财产权利束,即可为权利主体带来不同利益的权利的集合"。① 权利束理论起源于霍菲尔德的界定权利分析理论,他将"权利"概念分解成一组既可以被定义为相互对立,也可以被定义为相互关联的范畴,包括权利(right)、无权利(absence of right)、特权(privilege)、义务(duty)、权力(power)、无权力(disability)、豁免(immunity)、责任(liability),财产权亦适用于这种分析。Walter 等将霍菲尔德的财产权分析理论概括为,"财产所有者享有的是一系列权利、特权、权力和豁免等的复杂的集合"。② 与之相对应,不享有财产权的人则为无权利、无权力,并须承担义务和责任。

在法律现实主义运动中,权利束理论得到进一步发展,Felix Cohen 认为,包括财产权在内的法律概念是一种"超自然的存在"和"先验无意义的符号"。③ 法律现实主义的方法路径造成法律概念被普遍认为是服务于社会政治目的契约联合。财产权概念的瓦解造成财产权表现为一系列彼此独立的权利的集合,被学术界和法院称为"权利束"。更具体而言,这束权利没有确定的内核或者构成要素,随着权利束的扩张或者减少,它的内容也处于不断变化当中。法律现实主义将财产权仅仅认定为一种社会规范,法律制度可以根据其价值和信仰的需要,在任何事物上贴上财产权的标签。Thomas Grey 甚至提出,财产权的概念已经"瓦解",在发达资本主义经济中,法律专家可以完全不使用"财产权"这一术语而轻松完成对法律结构的设计与调整。④

法经济学在此基础上拓展了权利束理论,德姆塞茨提出,"当一种交易在市场中设定时,就发生了两束权利的交换。权利束经常附着在一种有形的物品或服务上。但是,正是权利的价值决定了所交换的物品的价值"。菲吕博腾和配杰威齐认为:"任何物品的交换价值都取决于交易中所包含的权利束。"⑤ 对财产权权利束的定义存在一个发展趋势,即权利束的内容越来越广,不仅包括传统的排他性的占有、使用、收益、转让权,还包括资产的安全权、管理权、剩余索取权等。并且随着交易的展开,财产权细分的各项权利束归属不同的权利主体。权利束理论认为,在市场价格机制的作用下,财产权的细分能够最有效地发挥某项权利的用途,获得最高产值。在此意义上,法经济学的权利束理论不仅洞察了财产权的本质,而且将关注的对象投向附着在同一物质资源上的各项权利。权利束理论强调财产权的各具体内容。在我国土地公有制、土地所有权欠缺可转让性的条件下,这种实用主义的思路有利于避开对集体所有权"国有化"或"私有化"等涉及我国基本经济制度的争论,而落实到农民享有的实实在在的财产权的探讨上来。同时,由于农民获得财产性收入的过程,也是其财产权转让或者细分的过程,权利束理论能够为当前财产权从完整产权向产权细分的发展

---

① 汪丁丁:《产权的经济分析》,上海人民出版社1997年版,序言,第3页。
② 参见 Walter Wheeler Cook, *Fundamental legal conceptions as applied in judicial reasoning*, New Haven: Yale University Press, 1919, p. 14。
③ 参见 Felix Cohen, *Transcendental nonsense and the functional approach*, Columbia Law Review, 1935, pp. 35 – 87。
④ 参见 Thomas C Grey, *The disintegration of property*, J. Roland Pennock, John W. Chapman, *Nomos* XXII : *property*, New York: New York University Press, 1980, pp. 69 – 85。
⑤ 参见 [美] R. 科斯、A. 阿尔钦、D. 诺斯《财产权利与制度变迁:产权学派的新制度学派译文集》,刘守英等译,生活·读书·新知三联书店上海分店、上海人民出版社1994年版。

趋势提供理论支持。随着人们对物的利用方式从支配物的使用价值向支配物的交换价值转变，所有权的各项权能日益分离，同一物上可以设立数个互相并列的物权，物权种类也随之不断发展和细化，表现为物权种类从完整的所有权至上向注重各种他物权发展，他物权越来越成为人们获得财产性收入的重要途径，通过"一物多用"，在物上设定用益物权、担保物权等，实现财产价值最大化。

由此可见，定限物权是权利束理论适用于农村土地财产权的契合点。大陆法系将所有权的权能分为占有、使用、收益和处分，但实质上所有权不仅仅表现在这四个方面，也不是这四项权能的简单相加，其不能准确描述所有权内容的全部，也越来越无法合理解释现代以利用为中心的动态的所有权运行过程，例如一种或几种权能分离出去时，所有权人仍享有所有权。所有权结构本身是个复杂的体系，依据不同标准可对其权利结构做不同划分，但所有权的核心内容在于对财产享有最终支配权，英美法的权利束理论发掘了大陆法系传统理论未注意到的方面，① 各财产权利之间是独立、平等的关系。实质上，作为定限物权的土地使用权，即便受到所有权的限制，但它毕竟首先是"一种真正意义的'物权'，而首先应被构造为'支配权'，而不是简单的排他权即可"②，既然是支配权，那么农民应当可以自主对占有、使用的农村土地进行各种形式的支配。

土地资源日益稀缺使得土地价格日益增加，农民将土地作为资产进行保值增值的意识越来越强，通过土地财产权移转来增加农民财产性收入的可期待性日渐降低，而在保有财产权的基础上创设定限物权的作用就日益凸显。定限物权是物权制度中最富有生命力、对经济生活效益影响最为直接的物权，它的运作机能在于解决资源归属与利用之间的矛盾，使静态的权利与动态的权能有机而灵活地结合起来，并且还给这种结合提供了无限组合的可能性，以实现有限财产收益的最大化，而这正是市场经济的基本法则。如果说所有权旨在实现一种稳定的财产秩序，那么定限物权的价值则在于促进和保护社会财富的创造。定限物权的本质在于财产上价值的实现，而不论该财产归属于何人所有，因此它的主体就不可能是只指向社会中的个别人员，而应为社会中具有权利能力的任何成员。财产价值是在动态中实现的，定限物权应具有可转让性，这种可转让性使社会上的个人不再是彼此孤立的，而共同体现为一个整体。"如果所有人希望把他的包含于所有权所授予的一定权能分割出来，并让与第三人，该种情形只能通过创设定限物权才能发生。"③

定限物权实质上是一种物权化的债权关系，兼具归属与转让功能，在登记方法日渐进步已达到可极大降低信息成本的条件下，只要能够对权利的设定进行登记，交易者就应保有交

---

① Tony Honore 列出了在一个成熟的、自由的法律体系中完整的所有权的"标准构成"，包括：占有权（the right to possess），即对物进行排他的支配，它是所有权的全部构造得以建立的基础；使用权（the right to use），即所有人个人的使用和对拥有物的个人享用，这里排除了下面的管理权和收益权；处分权（the right to manage），即决定对拥有物怎样和由谁使用的权利；收益权（the right to the income），即从上述对物的使用中获取利益以及通过允许他人使用而获取报酬的权利；资本权（the right to capital），即转让物的权力和消费物的自由；安全权（the right to security），所有人能够期望保持无限制的所有者状态；可转让性（the incident of transmissibility），即可将财产遗留给继承人或其他人的权利；存续性（the incident of absence of term），即所有权存续的期间；防止妨害的义务（the prohibition of harmful use）；执行责任（liability to execution），即因执行判决债务或破产，所有人的利益为偿债而被取走的责任；剩余索取权（residuary character），所有权终止后规范财产复归（reversion）的规则。参见 Tony Honore, *Making Law Bind*: *Essays Legal and Philosophical*, Oxford: Oxford University Press, 1987, pp. 161 – 192.

② 龙卫球：《物权法定原则之辨：一种兼顾财产正义的自由论视角》，载《比较法研究》2010 年第 6 期。

③ ［荷］雅各·H. 毕克惠斯：《荷兰财产法结构的演进》，载梁慧星主编《民商法论丛（第 7 卷）》，法律出版社 1997 年版，第 291 页。

易的自由,从而突破目前的物权法定原则。此外,根据拉伦茨对不同层次权利客体的归纳,第一顺位的权利客体是"法律规定之外的,但是事实存在的,而且只要它们存在就可以作为支配权的客体的客体"。第二顺位的权利客体则是"所有权和所有其他的支配权属于第二顺位的权利客体。通过法律行为进行'处分'则总是指对权利的处分,也就是说对第二顺位的权利客体的处分,而不是对支配权的客体进行处分。处分法律行为的客体是权利,而不是权利的客体"①。因此,所有权上可以设定数个定限物权,定限物权可以自由转让,并且可在定限物权上再做权利细分,进一步通过设定用益物权或者设定担保物权而展开资产证券化等。

由于在交易费用大于零的世界里,不同的产权安排会带来不同的资源配置效果。为农民财产性收入创造制度条件,财产法应当从允许农村土地财产权细分的原则出发,尽可能促进物尽其用,这需要改变《物权法》中用益物权只能在不动产、动产等"物"上设定的规定,定限物权也可以在权利上设定,从而形成不同层次的定限物权。同时,国家的作用在于,提供一系列可供市场交易当事人选择的制度清单,从而降低可能妨碍当事人通过契约进行有效率行为选择的交易成本。国家更多的干预,包括政府管制、司法裁决或者行政命令,只有在交易成本过高以至于抑制交易的情形下才予以适用。具体而言,当财产权细分的外部性所导致的社会成本过大而不能内部化时,立法者需要通过登记等配套制度降低外部成本,只有在通过配套制度仍无法实现外部成本内部化时才对财产权的细分予以限制。

三、农村土地权利束体系的构建

农民财产性收入的获得是通过财产权在要素市场的流转来实现的,市场交换是商品流的交换,同时也是权利的相互交换。布罗姆利指出:"市场是进行收益(或收入)流交换的有规则的媒介……市场定义为参与者进行未来收入流控制权转让的过程……市场关注的是未来收益和成本流所有权和控制权的交换。"② 可见,财产的定价实质上是对财产上财产权的定价,农民财产性收入水平的高低,取决于农村土地财产权可细分的权利束的多少。

权利束的设立具体表现为对农村土地的价值支配。拓展我国农村土地财产权的价值支配形式,关键在于突出农村土地作为一种资源要素所具有的资本功能。在商品经济条件下,农村土地作为生产要素可以以资本的形式参与价值分配,带来财产性收入。随着农民收入水平的提高以及农村土地市场的发展,土地的功能不再局限于保障农民的基本生活,其更重要的功能在于使农民对土地的财产权得到经济上的实现,即以效率为核心,追求土地上衍生的财产性收入。虽然近年来农民的工资性收入逐渐增加,土地的收益功能有所下降,但由于农村劳动力的就业仍然依附于土地,农民通过利用土地增加收入的空间依然较大,这种利用方式主要是价值支配,即对土地使用价值或交换价值的支配,通过财产权权利束的分离来实现,因此,农村土地财产权作为生产要素的流动性要充分发挥,需要获得法律在可转让性方面的保障及鼓励。

在农村土地资产专用性较强③的情况下,为了实现其可转让性,可以定限物权为核心创

---

① 除第一顺位与第二顺位客体之外,第三顺位的权利客体是作为一个整体可被一体处分的财产集合。
② [美]丹尼尔·W. 布罗姆利:《经济利益与经济制度——公共政策的理论基础》,陈郁、郭宇峰、汪春译,生活·读书·新知三联书店上海分店、上海人民出版社2006年版。
③ 农村土地资产专用性较强的原因主要在于其肩负了多重功能,除了要实现作为财产的经济利益之外,还需承担社会控制、政治、公共功能。

设多种权利束,以权利形态的流动性代替实物形态的不可流动性。农村土地上的权利束体系,即农村土地上存在的财产性权利束,是众多财产权(包括物权、债权、知识产权)指向某一特定农村土地的情形,如图6-6-2所示。

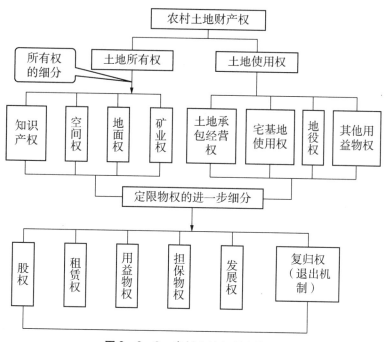

图6-6-2 农村土地权利束体系

农村土地上权利束的存在,是通过财产权的细分来实现的。依据权利束理论,财产权是一个权利束,由一组权利构成。财产权的细分则是由一束完整的财产权独立出部分权利为其他主体享有。通过细分,财产的不同属性为不同的权利主体享有。例如,农民集体通过设定土地承包经营权将农村土地的使用权转让给农户,将承包地之上一定范围以外的空间为户外广告经营者设定空间权,同时农户的土地承包经营权又可再做进一步的细分,农户可在土地承包经营权上创设具有定限物权性质的地役权,或者通过负担行为将使用权分离出去由承租人行使,从而实现财产的最优利用,提高农民作为农村土地权利主体的财产性收入水平。

需要说明的是物权权能与权利束之间的关系。在大陆法系物权理论中,占有、使用、收益、处分是所有权的四项权能,所有权权能分离产生定限物权。实际上,"所有权不是对客体的各种权能的总和,而是具有在法令限制内可以任意利用的浑一的内容的权利。基于所有权而设定地上权或抵押权时,不是构成所有权内容的一个权能的分离,而是把浑一的内容具体化的让与。当所有权和他物权归属于同一个人时,因为混同而导致后者的消灭"[①]。定限物权本身也包含占有、使用、收益、处分四项权能,只是其与所有权各权能的范围有所不同。权能是农村土地上权利束的具体作用样态,是行使财产权的各种可能性,体现了财产权的动态关系。实质上,与英美财产法同源的法经济学的权利束观点,将财产权所包含的权利束分为排他权、转让权、占有使用权等,与大陆法系具有相似性,不同之处在于各权利束之间具有相对独立性。在大陆法物权理论语境下适用权利束理论需要强调各权利束作为独立财

---

① [日]我妻荣:《新订物权法》,有泉亨补订,罗丽译,中国法制出版社2008年版,第258页。

产权具有完整的占有、使用、收益、处分权能。

图6-6-2表明了农村土地上权利束的多样性，使原本作为"定分权"的物权表现为一种"关系权"，进一步而言，是对"特定物或权利，或其延伸的可特定物或权利，就其上的财产关系加以定分的法律地位"。私法自治并不排除复杂的权利关系，当社会关系发展得日益复杂化时，只有调整社会关系的法律亦愈加复杂，才能满足人们需求的多样化。在农村土地上权利束体系的构建中，应遵循以下原则。

其一，自主处分原则，各权利束的设定是通过交易各方自主意思表示而达成的权利转让，各权利之间地位平等。例如，实践中村民转让土地承包经营权大多由双方协商一致、确定价款即可转让，并不履行经发包方同意的程序义务，可见，立法与农村交易实践不相符。基于上文的分析，土地承包经营权是具有排他性的定限物权，权利人享有支配权，无须经其他人的干涉即可自主转让。在此意义上，经发包人同意实质上是对土地承包经营权转让后的用途等方面进行监督，不影响转让行为的效力，实践中，发包方不行使监督权产生视为同意的效力。再比如，在宅基地使用权尚不具备可转让性的条件下，经由产权的细分，在交易主体之间设定地上权来协调房屋所有权与宅基地使用权异主的冲突。

其二，划定作为权利束主体的农民集体与定限物权人之间的权利界限。例如，土地承包经营权人只能将所占有的土地行使出租、入股的权利，归农村土地使用权人支配的空间范围是一定的，只能在规划的一定范围内行使权利，而超出规定范围的空间由农村土地所有权人享有，并由其支配。对农村土地使用权必要范围内空间的利用问题，无须设定物权性质的空间利用权，通过租赁合同等设定债权便可解决。对于土地承包经营权必要空间范围以外的空间，该空间权的处分权归农民集体所有。对土地使用权上必要空间范围以外的空间，构成独立的财产权客体。农民集体在不影响已有土地承包经营权、宅基地使用权等用益物权的条件下，可将空间利用权转让给他人，从而获得财产性收入，有两种方式：一是为他人创设用益物权，包括空间地上权和空间地役权。例如为了铺设高铁或者高速公路而在农地上架设高架桥，或者电力、航空对空间的使用而限制农地上林木的种植等，需支付给农民集体空间使用费。二是为他人设定债权性权利，即空间租赁权，主要适用于存续期间相对较短的空间利用情形，如发展立体农业对承包土地或者鱼塘上一定空间的利用或在农地上设置户外广告牌等。

其三，基于财产权的排他性，各权利束之间不得重叠而发生权利的交错。如果两项权利束发生交叉，则会产生相互侵犯的外部性问题，此时应当通过产权的细分来解决——将发生交叉与重叠的那项权利归属于冲突双方中的任何一方。例如，农村土地上的用益物权与矿业权虽然可以同时并存，但必须通过一定的机制诸如入股、出租等协调二者之间的权利冲突。以农村土地地下的矿产资源的利用为例，可基于不动产支撑利益，[①] 通过相邻关系来调整矿业权与农村土地财产权之间的关系。矿业权人在追求效用最大的同时造成了相邻者农民的成本负担。如果外部性不能避免，则冲突的关键就是外部成本应该由谁来承担，而物权法相邻关系制度进行冲突调和的途径就是减少外部成本，或尽量使其内部化，通过要求外部成本的制造者把这些外部成本内部化可以恢复效率。笔者认为，《物权法》关于相邻关系的规范应为任意性规范，这些具体条款已对相邻不动产权利人的权利义务关系做出明确规定，在权利

---

① 不动产支撑利益来源于美国财产法上的支撑权，即在不动产的立体利用中，因不动产之间的相互支撑而发生的权利主体之间的民事利益。

界定清晰的情况下，市场价格机制能够发挥其功能。因此，法律对民事主体交易行为的限制应当最小化，农民集体可与矿业企业谈判协商资源的利用问题。合作是有效率的，因为自愿达成的协议对合作双方都有利，所以法律不宜一概地通过征收来解决农村土地财产权与矿业权的冲突，而应当给当事人私法自治的空间，自行调整其权利义务关系。可基于意思自治采取股份合作方式，将土地使用权入股矿业企业，作为对转变农村土地用途的补偿，使农民分享矿产资源的价值收益，获得财产性收入。这种入股合作的形式，使农民依据股权参与企业决策，有利于防止矿业企业对土地的破坏性开发，以维护农村土地的永续利用。

其四，上述财产权体系强调财产权属性的综合性，而非简单地将之定性为物权或债权。实践中，越来越多的权利已不能仅仅限于在"绝对性的物权"与"相对性的债权"中寻找其法律性质，而是表现为包含着多种财产利益的综合权利。如农民将农村土地使用权入股后享有的股权，既表现为获得财产性收入的股息分配请求权，又表现为股东的表决权，还有一些附属权利，诸如作为财产权救济方式的股东代表诉讼提起权等；又如农民将土地使用权、房屋等出租获得财产性收入时，其所享有的租赁权，既表现为一种债权，又具有物权属性。① 农村土地上的权利束体系除了包括上述物权、债权等私权，还包括兼具公权、私权二重性的发展权，即发展土地的权利，它是一种可与土地所有权分离而单独处分的财产权。具体地说，土地发展权就是变更土地使用性质之权，如农地变更为城市用地，或使土地原有的使用强度升高。成都的地票交易将农村闲置建设用地复垦为耕地而形成的面积置换城市等额建设用地使用地增加量，实际上就是土地发展权的交易，即将一块土地进行非农开发的权利通过市场机制转移到另一块土地，在此情形下，农村集体依然享有复垦土地的所有权，但却将发展权转让给城市新增建设用地使用权人。由此，不仅有利于实现农村耕地连片化以及规模化经营，而且增强了集体土地所有权的效力，凸显了农村集体作为农村土地所有权主体的主体地位，同时也为农民获得财产性收入创造了新途径。

最后需要说明的是，基于自主交易形成的农村土地上的权利束体系，与"反公有产权"并不矛盾。所谓"反公有产权"，指多个权利主体对一项稀缺资源拥有正式或非正式的排他权（即排他权无须是正式法律授予的），各主体都有权干涉其他主体对财产的利用，因此导致资源的闲置或利用不足。当前农村土地财产权体系中存在着政府、农民集体、集体成员、村委会等各类主体，形成了一定的反公有困境，但这主要是法律的强制性规定造成的，与本书讨论的权利束意义上的农村土地财产权细分并不属于一个层面的问题。产权的细分只在一种情形下才形成反公有状态，即财产权不是经由交易而设定，而是依法律规定而发生时。在设定定限物权的情况下，各方基于自主交易，通过契约对财产的新的利用关系做好安排，就不会产生反公有的效率问题。反公有问题出在自由约定本身受到限制，法律对农村土地利用关系设定的限制，土地的最大潜能不能通过各种形式的财产权得以发挥，使当事人由于无法

---

① 英美法中，租赁权经历了从适用动产规则向适用不动产规则的转变，现今通行的英美财产法著作均将租赁权归入财产权，其具有对世性，且在一定条件下具有可处分性。大陆法系一般将租赁权视为债权，但具有一定的物权效力。关于承租人对租赁权的处分，各国法律有不同的规定，德、日等国采用限制模式，法、瑞士等国采用自由模式。总体而言，不动产租赁法的发展趋势是"承租人的权利逐步增多"（参见［美］斯普兰克林《美国财产法精解》，钟叔峰译，北京大学出版社2009年版，第207页），"名为债权实际上已经物权化了，比普通的物权的效力还强大，可作为土地上的物权看待"（参见崔建远《土地上的权利群论纲》，载《中国法学》1998年第2期）。具体到农村土地的利用，当事人可基于意思自治选择设定定限物权还是租赁权，如果租赁权经登记，则当事人之间的债权关系转换为物权关系，承租人的租赁权转换为用益物权性质的土地使用权（定限物权实质上即一种"物化的债权关系"）。当该用益物权性质的土地使用权期限届满时，则适用债法中调整租赁关系的规则。

完全达到交易目的而产生不小的挫折成本。在法律对财产权做出层层限制的情形下，无论新设定的财产权是以何种方式分配，各权利之间的排他性达到何种程度，交易成本都会很高，而且会产生各种策略性要挟，最终造成财产的低度利用。

四、结语

法律制度对农民财产权利的保护状况，直接影响农民的收入分配。不同的产权分配所实现的资源配置效果不同，即使实现的社会总福利是一样的，但对于交易各方而言，所实现的收入分配结构也存在差异。[①] 为了更充分地发挥资源效用最大化，使农民财产性收入水平尽可能提高，需要在财产权归属清晰的基础上设置各种不同的财产权结构，通过产权分离实现财产性收入。我国农村土地财产权本身肩负着社会目标与个人权利的价值目标，这是"历史之观念而非逻辑之观念"。若要增加农民财产性收入，在农村土地财产权承载过多功能、农村土地资产专用性较强的情况下，通过创设农村土地上的权利束体系，实现农村土地的土地动产扩展至涵盖财产性权利，"流"的外延需从物的所有权转移扩张至财产性权利的排他性让与。本书论述之流质条款需一并解决让与担保合法化的前置障碍，因此囊括了归属流质和清算流质，以对应归属型让与担保和清算型让与担保，解禁归属流质即债权人支配了物的所有权，解禁清算流质即债权人支配了物的处分权。商事流质仅发生于商事担保活动中，其与民事流质相区分的正当性根植于商事担保与民事担保的差异，同时也具有其独立性的合理依据和现实需求。据此，将商事流质定义为商事担保中设定的流质条款，约定于债务履行期限届满前，若担保人违约，即让与担保不动产、动产、财产性权利的处分权或所有权。

传统民法法理上，禁止流质条款符合情理，体现公平、等价有偿原则，我国担保物权立法对流质条款采取禁止态度，商事流质亦不例外。然而，流质非法与否不宜草率定音。笔者认为，商事流质"入典"不仅是一个立法规范选择的小问题，而且是商法条款"入典"的制度选择的大问题。新时代中国《民法典》编纂需把握其完善市场经济法律体系的"第一立法"[②] 重任的机会，构建反映现代市场经济的新规则和新制度，以面对市民社会和经济活动的各种新情况和新问题。商事流质兼具物权制度的产权激励特性和担保制度的资金融通功用，可彰显《民法典》的市场经济基本法的品格。

第七节　商事流质的制度困境与"入典"选择

一、商事实践对流质的客观需求

采取严苛的禁止流质主义，会诱发担保实践失序和法律规避的问题。当下，我国在民商事基本法中秉持一刀切的禁止流质条款，而少数的金融领域的特别条款，仅能以低位阶的行政法规、部门规章和自治规范的形式，通过架空一般条款的手段来争取"合法"空间。商事实践为了规避担保合同的禁止流质条款，往往予流质规范以"合法"外衣。

为缓解现实中非上市公司股权转让建制匮乏和非上市公司股权质押融资需要之间的矛盾，合同流质约定在商事实践中常予运用，但在典型担保物权的范畴内极易被认定为无效。

[①] 可通过科斯定理交易费用为零的情形予以说明。
[②] 《中共中央关于全面推进依法治国若干重大问题的决定》提出的"加强市场法律制度建设"要求中，编纂民法典位列第一，制定和完善其他法律法规紧随其后，因此民法典是具有基本法和先行法性质的"第一立法"。

归属于非典型担保物权的非上市公司股权质押,在实践中出现了混乱,这一情况见诸对赌协议。股份回购型对赌协议具有借贷关系搭配担保关系且许可流质规范的性质。投资方取得的股权具有所有权担保的功能和本质。可推论在债务清偿期限届满未履行合约时,债权人取得系列交易下的投资股权且有权实现担保标的物和继续追偿剩余债务,此复杂的对赌协议完全可以施加债务人以流质和一般担保物权实现的双重偿债压力。商事实践可以借用对赌协议包装股权流质条款,且司法也存在援引禁止流质条款否定某些对赌协议的模糊地带。

买卖型担保也是一大制度缺口。该交易实践常借合同买卖之表象实现融资。有学者称其为"名为买卖,实为借贷",或"买卖型担保"。作为一种非典型担保方式,其实质目的是为担保债务的履行而非买卖交易。法官对于其中的流质规范看法不一:部分案例对买卖型担保中的流质规范效力予以了肯定评价;部分案例认为买卖型担保实为融资担保的流抵条款,但仅在约定内容显失公平的前提下可撤销;也有案例认定此交易安排违反禁止流押条款而无效。

应收账款质押也存在着变相豁免流质规范的情形。《物权法》第219条规定的折价变价拍卖原则上同样适用于应收账款质权。然而,基于应收账款本身流动性差、次债务人的资信状况难以把握等原因,难以获得应收账款的清偿率以及市场价值。如将质押应收账款再行拍卖、变卖,耗时长而且易造成清偿率下降,现实中也有质押应收账款本身属性不适宜拍卖的情况。最高人民法院第53号指导性案例①认同"质权人直接收取债权方式"②。其本质即应收账款这一财产权利让与,体现的是传统担保物权的自不动产、动产担保向权利担保的发展过程中,对禁止流质条款的抛弃。

在不良资产处置问题上,以物抵债是民事债权救济的经常性手段。不良资产涉及的担保标的物常属于缺乏市场公允价格的财产,由于缺乏价格的比较标准,此时公权力机关强加交易公平与否的事后评价则难圆其说,也存在司法执行障碍。即便具备市场公允价格,合理设计流质规范的优势在于提高担保物权实现效率。适度解禁商事流质,可在确保程序正义的前提下提升不良资产处置的效率,降低因不良资产处置受阻而拉长债务违约链条、诱发系统性风险。

二、商事流质在商法理论上的价值确认

(一) 贯彻担保物权商化的理念

商事担保强调交易安全、交易效率与便捷的价值特性,以及商事担保活动的主体、行为的营利性,使其法理基础与民事担保存在较大差别。随着市场经济的发展,物权理论在民法商法之间的差异同样显著。商法上的物应着重"处分权"归属以发挥流通效能,名义上的"所有权""占有"并非关键。商事实践中物的开放性发展,导致更加强调其交易属性,而非保障基本人权属性。物之营利性交换意义的上升,人格性专属意义的不断下降,削弱了司法介入财产权纠纷的公平正义理据。

---

① 参见福建省高级人民法院(2013)闽民终字第870号民事判决书、南京市中级人民法院(2015)宁商终字第454号民事判决书。

② 参见谢在全《民法物权论(下册)》,中国政法大学出版社2011年版,第1043—1044页。

（二）包容金融惯例的理论出入

典当作为我国传统金融生活的产物曾一度被取缔改造，后因中小企业融资的迫切需要才重新进入了人民群众的生活。① 学界通说也支持典当制度的保留，其可谓我国的金融惯例。依《典当管理办法》的规定，当物估价小于 3 万的，绝当后典当行有权自行变卖或折价，损溢自负。在司法实践中，典当中的绝当规则既有被肯定的，也有被否定的，判决说理纷繁复杂。我国亟待通过立法确立并保护典当之金融惯例，结束立法禁止、行政部分许可、司法混乱的局面。

（三）指导金融创新的理论需要

融资融券（和转融通）业务是国际上成熟证券市场的一种广泛流行的交易方式。在我国，自《证券法》解除了两融业务禁令后，融资融券业务已蓬勃发展。融资融券业务转移所有权、移交表决权，以及在符合约定条件时证券公司（和证券金融公司）有权处分的制度构造，实质上违背了禁止流质条款的强制性规范。然而，司法机关在判断债权人强制处分担保标的物的合法性时，也仅依据双方合同和行政法规、部门规章的规则，遵循《合同法》的意思自治原则进行裁判。

票据买断式回购、股票买断式回购和债券买断式回购等以金融资产为标的买断式回购，又称为开放式回购，与质押式回购相比，区别在于初始交易时金融资产持有人是将金融资产卖给金融资产购买方，而不是质押冻结，因而发生金融资产的所有权或财产权益转移的交易模式，其本质为买卖型担保。

我国当下正历经金融创新的许可流质主义与立法规则的禁止流质主义相冲突的阶段。金融的本质是资产与负债在空间与时间上的分配、风险的再分配。于金融产品而言，其无谓所有权的归属而更关注风险的归属。金融创新的基本逻辑为降低体系的不稳定性，② 商事流质作为充分及时的违约救济，价值评价应从微观个体的公平上升至宏观系统的稳定。金融体系的网状结构使得金融产品存在零散个体和聚集中心，许可商事流质作为金融创新的成分，通过转移个体可预期的担保财产以弥补中心亏损，符合防范系统性风险的要求。

（四）回应营商环境的制度健全

世界银行《2018 年营商环境报告》经济体排名中，中国位列第 78 名。根据报告基础数据，在"获得信贷"指标项下"合法权利指数"等四个二级指标中，我国"合法权利指数"的得分最低，满分 10 分仅得 4 分。在世界银行的调查问卷中，对于第 2 题的让与担保的法律法规、第 19 题私力救济担保权益的可行性、第 21 题流质规范的合法性三个问题，我国都只能予以否定回答。③ 在世界银行评价体系下，禁止流质条款会阻碍商事活动，对营商环境会产生负面影响。这一评价标准得到了联合国国际贸易法委员会观点的佐证。

---

① 参见叶朋《论当代典当制度在中国物权体系中的定位——兼论不动产典当的存废》，载《商业经济研究》2011 年第 33 期。
② 参见何佳《中国金融监管与创新的逻辑》，载《中国金融》2016 年第 18 期。
③ 参见罗培新《世行营商环境评估，如何挽回我国的每一个冤枉失分点》，载上观网（https://www.jfdaily.com/news/detail? id=88033）。

英美法系国家通过制定法和普通法上的按揭和止赎制度构建了私力救济下的流质规范,[①] 并延续至今。按揭系为担保债权之偿还而设立的财产利益的让与或其他留置,[②] 具体制度操作为按揭权人先是获得按揭人的永久财产权,而后按揭权人在按揭人清偿债务后将财产权回转给按揭人作为贷款的担保;[③] 止赎是指司法机关宣告按揭人的衡平法回赎权消灭,因此按揭权人成为法定所有人的程序。[④] 而作为英美法系商法的集大成者,《美国统一商法典》第九编"动产担保交易制度"作为法典中最具革命性和最成功的一编,[⑤] 其第9-601条第1款担保权益断赎规范明确受担保方可以切断担保人对担保财产的回赎权利、获得担保财产完整的所有权,实质与商事流质无异。[⑥]

彼时,学者往往提及大陆法系国家强调法院等公权力机关介入担保财产的实现程序。[⑦] 然而,客观来看,大陆法系国家或多或少、或新或旧都对承继于罗马法的禁止流质条款予以松绑,尤其是在商事流质规范上。

德国法于《德国民法典》第1149条、第1229条明文规定了禁止流质条款,效力延及动产、不动产担保。即使德国民法形式上管制最为严厉,仍存在着缓和情况:其第1228条第2款规定在债权至少一部分届清偿期时,再行约定流质条款可被正当化;第1221条、第1259条的设定意味着存在公允价值计量或商业居间人的情况下,以民法形式商法实质的条款确认了流质规范的法律效力,第1295条许可本票、汇票及其他证券质押的逾期直接处分规则。

法国法在2006年修改《法国民法典》前后的变化显著。原《法国民法典》第2078条对动产质押、对不动产质押,第2088条对不动产担保的流质规范做出了禁止性规定。法国民法改革后,新修订的《法国民法典》第2348条、第2459条对原来的禁止流质主义予以全面推翻。此外,第2459条、第2460条规定了流质规范的清算条款,以实现对担保人与担保权人的平等保护,第2348条第2款和第3款规定了流质规范在缺乏清算价值时的实现程序,[⑧] 多层次地构建了流质规范解禁和再限制制度。

日本法对流质规范于民法领域和商法领域采取不同的法律效果评价。民法上,于《日本民法典》第349条确定禁止流质主义。而商法上,《日本商法典》第515条采纳了日本民商法学界的普遍观点,[⑨] 以法典形式确立了商事流质的特别法规则。另有《典当商营业法》规范典当商流质权。韩国法模式与日本法相似,即对于流质规范,《韩国民法典》第339条禁止民事流质,《韩国商法典》第59条许可商事流质。

2007年我国台湾地区对"民法典"物权编进行了修订。在此之前,我国台湾地区原

[①] 参见 W. R. Fisher, J. M. Lightwood, E. L. G. Tyler, etal, *Fisher & Lightwood's Law of Mortgage*, Butterworths, 2006, p. 198;参见 Edward Cousins, *Cousins: The Law of Mortgages*, London: Sweet & Maxwell, 2001, p. 165。
[②] 参见 E. H. Cartwright, *Cheshire and Burn's Modern law of real property*, Butterworths, 2000, p. 716。
[③] 参见 E. H. Cartwright, *Cheshire and Burn's Modern law of real property*, Butterworths, 2000, p. 322。
[④] [英] 黛安·查佩尔《土地法(第五版)》,影印本,法律出版社2003年版,第361页。
[⑤] 参见 Carl Felsenfeld, "But the Proposed Uniform Commercial Code Was Adopted Is the UCC Dead, or Alive and Well", *Loyola of Los Angeles Law Review*, 1993(3), p. 697。
[⑥] 参见季秀平《论流质契约的解禁》,载《河北法学》2005年第4期。
[⑦] 参见高圣平《担保物权实行途径之研究——兼及民事诉讼法的修改》,载《法学》2008年第2期。
[⑧] 参见石佳友《法国2006年3月23日改革担保制度的法令述评(纲要)》,(http://old.civillaw.com.cn/article/default.asp?id=26687)
[⑨] 参见[日]我妻荣《新订担保物权法》,申政武、封涛、郑芙蓉译,中国法制出版社2008年版,第135页;[日]三潴信三《物权法提要》,孙芳译,中国政法大学出版社2005年版,第317-318页。

"民法典"对流押和流质规范均做出了无效认定。"民法典"修订后,其第873条、第893条认可了担保合同中的流质条款,转向了许可流质主义。此外,绝当规则在"民法典"中一直具备合法性基础。

商事流质规范的许可程度选择、具体运行制度以及再限制制度设计,体现了各个国家和地区的立法逻辑与学界智慧。优化营商环境的重要一环,是解禁禁止流质条款并加之以全新构造。

三、法经济学视角下商事流质的正当性证成

物权法的经济分析需要探究物权法所确立的财产权益配置与经济主体的交易效率之间的关联性。商事担保范畴下的商事流质,其担保标的物可区分为具备公允市场价值①与缺乏市场价值②两种情形,二者的立法经济基础需要区别考量。

(一)担保标的物具备公允市场价值情形下的分析

对于担保标的物具备公允市场价值的情形,核心在于效率。商事流质基于效率之考量,是由于担保权人若不能及时受偿,易致担保制度不能发挥其应有功能,损及担保权人正当利益,无效率的直接后果即不公平。同时,具备公允市场价格即意味着市场交易相对自由,自由市场受变化多端的供给需求关系影响,公允市场价格显现的时效性、不确定性特征,无法与接受程序烦琐、成本高而效率低的传统担保财产实现制度相适应,顽固坚持交易双方折价、人民法院拍卖与变卖的担保物权实现方式是徒增社会成本、阻碍交易机会。具备市场公允价格之假设前提,交易双方自我抉择、自我担责应被充分尊重。

商事流质有利于提高商事担保的运行效率,可以简化担保物权的实现程序,节约担保交易双方二次谈判或司法清算流程的运作成本。从更长远来看,在担保财产具备公允市场价值的情形下,许可商事流质有助于构建商事担保的效率违约机制。③ 当事人在交易成本较低且市场进出自由的前提下,可衡量违约以让渡担保财产所有权的预期损益与清偿债务的资金流出之间是否存在盈余。

(二)担保标的物缺乏市场价值情形下的分析

对于担保标的物缺乏市场价值的情形,核心在于避免"劣币驱逐良币"现象。此时商事流质中的所有权控制相较于处分权控制更为重要,也更具有制度正当性。在商业领域,尤其是金融领域,信息不对称现象较为严重。在担保交易中,提供担保财产的担保人占有信息数量多、成本低,信息不对称情况难以彻底消除,只能在信息不对称假设下进行相关的制度设计及权利配置。

在担保财产清算价值信息不对称的假设下,若禁止商事流质,可以适用乔治·阿克洛夫

---

① 具备公允市场价值的担保标的物包括房地产、商品、股票、债券、买断式回购金融资产、开放式基金份额、仓单、存款单等。
② 缺乏市场价格的担保标的物包括非上市公司股权、应收账款、浮动动产(生产设备、原材料、半成品、产品等)、票据等。
③ 参见 Charles Kahn, Gur Huberman, "Default, Foreclosure, and Strategic Renegotiation", *Law and Contemporary Problems*, 1989, 52, pp. 49–61。

的逆向选择模型。① 假设融资借贷市场中优质担保财产与劣质担保财产并存，在仅有借入方知道自己的担保财产是优质还是劣质而贷出方无法分辨时，借入方鼓吹自己的担保财产是"优质担保财产"均是最好的策略。但贷出方知道融资借贷市场中所有担保财产的期望价值远低于优质担保财产的价值，② 仅会审慎选择贷出所有担保财产的期望价值，最后导致"劣币驱逐良币"现象——融资借贷市场上，只存在较小部分愿意提供劣质担保财产的借入方和接受其的贷出方，市场规模远不及中小企业资金融通需求，进而增加相关企业的借贷成本，使之转投缺乏规制的高利贷，劣质担保财产和以劣质财产作担保贷款泛滥不利于控制系统性风险。

在存在担保财产清算价值信息不对称的假设下，若允许商事流质，可以适用约瑟夫·斯蒂格利茨的信号甄别模型。③ 简化博弈分析，任何情况下借入方鼓吹自己的担保财产是"优质担保财产"都不劣于诚实声称自己的担保财产是优质还是劣质的策略，此时拥有劣质担保财产的借入方接受商事流质条款都不劣于其仅接受传统担保财产实现方式（即交易双方折价、人民法院拍卖与变卖）的策略，而拥有优质担保财产的借入方只愿意约定传统担保财产实现方式以避免超额损失。因此，对于任意给定的违约率，对于拥有劣质担保财产的借入方而言，"声称为优质担保财产"且"约定商事流质"是其纳什均衡选择。而对于拥有优质担保财产的借入方，"声称为优质担保财产"且"约定传统担保财产实现方式"也是其纳什均衡选择，二者有着明显区分的理性选择结果。因此，即使存在信息不对称，贷出方仍能通过观察交易双方约定的担保财产实现方式，就能有效分辨不同质量的担保财产，会发生信号甄别，进而解决"劣币驱逐良币"现象。

简言之，在禁止流质条款普遍适用于融资借贷市场时，提供担保标的物的借入方都会夸大财产价值、隐瞒财产缺陷，以获取更高额贷款。在许可商事流质的法律环境下，拥有劣质担保标的物的借入方会选择约定商事流质条款，一是实现增信以获取高额贷款，二是与鼓吹财产价值相配合尝试取得更高额贷款，而拥有优质担保标的物的借入方只能选择传统担保实现方式。基于二者迥异但理性的选择，贷出方可以分辨出担保标的物的真实价值，通过匹配贷款金额和风控措施，实现最大化满足企业融资需求并最小化遏制自身风险。

四、商事流质"入典"的立法模式选择

流质规范普遍存在于商事领域，而禁止流质条款的例外规则都集中于商事领域，因此，商事流质是一个现实立法需求问题。流质条款应用于商法领域，着重于商事主体的交易效率和担保制度的运行效率，对商事交易双方自身经验、风险承受能力和商业惯例予以充分尊重。国家立法和司法官员不宜僭越商事主体的身份代之做出商业判断。而流质条款于民法领域确实有违民法公平、等价有偿优先之原则，且民事担保大都为不动产按揭借贷，事关民生。民事担保应以公平为上。

流质规范的商法一般条款与民法一般条款在本质上相冲突。在《民法典》物权编中不应采取统摄商事流质的普遍的禁止流质主义，亦不应采纳侵及民事流质的普遍的许可流质主

---

① 参见 George A. Akerlof, "The Market for 'Lemons': Quality Uncertainty and the Market Mechanism", *The Quarterly Journal of Economics*, 1970 (3), pp. 488 – 500。

② 参见 Robert J. Barro, "The Loan Market, Collateral, and Rates of Interest", *Journal of Money, Credit and Banking*, 1976 (4), pp. 439 – 456。

③ 参见王健《信息经济学》，中国农业出版社2008年版，第11页。

义。民事流质与商事流质应在相对的民商合一立法体例下分别规范，应将商事流质一般条款植入《民法典》，实现对严格法定主义的缓和，保持一般条款对特别条款的概括指导，具体的商事流质特别条款则应落实于商事基本法或商事单行法。《民法典》物权编中可有如下立法模式选择。

（一）于《民法典》采取许可主义，规定民事主体例外

模仿《民法典各分编（草案）》470条商事借款合同和《民法典各分编（草案）》第476条商事保证合同的立法语言，《民法典》物权编中表述为"担保权人在债务履行期届满前，可以与担保人约定债务人不履行到期债务时抵押财产归债权人处分或所有，但是自然人之间流押、流质的除外"。

《民法典》合同编所继受之《合同法》主体可谓商事合同法。这一立法模式在《民法典》合同编是合乎逻辑的。但《民法典》物权编所沿用的《物权法》是自罗马法一脉相承的大陆法系民法物权体系。《民法典》物权编的商法一般条款中加入问题需考虑争取民法一般条款之兜底或例外空间，即将商法中交易便捷和交易效率等原则"入典"以特别规制商事主体。质押、抵押隶属于物权制度是我国《民法典》的既成安排，质押、抵押规范列于《民法典》物权编中，而《民法典》合同编并没有将质押合同、抵押合同类型化为有名合同，因此商事流质一般条款需沿用《民法典》物权编的规范选择规律，不宜采用这种一般条款立法模式。

（二）于《民法典》采取限制主义，规定商事主体除外

第一种立法模式为《民法典》直接授权商事主体有权商事流质，即模仿《民法典各分编（草案）》第187条商事动产浮动抵押的立法语言，《民法典》物权编中表述为"特殊主体在债务履行期届满前，可以与担保人约定债务人不履行到期债务时抵押财产归债权人处分或所有"，特殊主体可以设定为营利法人、合伙企业或者其他商事主体。

第二种立法模式为《民法典》间接豁免商事主体不适用于禁止流质条款，即模仿《民法典各分编（草案）》第239条商事留置的立法语言，《民法典》物权编中表述为"担保权人在债务履行期届满前，不得与担保人约定债务人不履行到期债务时抵押财产归债权人处分或所有，但特殊主体之间流押、流质的除外"，特殊主体可以设定为营利法人、合伙企业或者其他商事主体。

这两种一般条款立法模式均符合立法语言之应用先例，立法成本较低。相比之下，第二种立法模式用更少的法条实现了相同的法律规制效果，更易被立法机关采纳。

（三）于《民法典》采取限制主义，规定法律另有规定除外

模仿《民法典各分编（草案）》第177条担保物权一般规定的立法语言，《民法典》物权编中表述为"担保权人在债务履行期届满前，不得与担保人约定债务人不履行到期债务时抵押财产归债权人处分或所有，但法律另有规定的除外"。

该一般条款立法模式符合我国法律条文的立法语言中常见的准用性规范惯例。但是，所有情况下的特殊法律规则无法通过列举方式穷尽，易产生挂一漏万的后果。如依赖特别法的制定或修正，建构周全商事流质体系的成本也较高。

（四）于《民法典》采取禁止主义，商法通则或商事单行法采取许可主义

《民法典》物权编中表述为"担保权人在债务履行期届满前，不得与担保人约定债务人不履行到期债务时抵押财产归债权人处分和所有"，同时在《商法通则》或商事单行法中参考《商事通则立法建议稿》第86条规定，表述为"商人之间设定的抵押、质押，可以约定债务人不履行债务，抵押物、质物归抵押权人、质权人所有"。

该商事流质一般条款立法模式利用特别法优先原理，优点在于无须民商事基本法的改动。但《民法典》编纂提取的是民法与商法领域"公因式"，《民法典》物权编若仍采取禁止流质主义，则没有完成消解商事规则与民商事基本法之间矛盾冲突的历史任务。《民法典》作为形式理性主义的产物，在抽象民法一般条款之外，需应用立法技术来填补商法一般条款"居无定所"的问题。

综上所述，解决商事流质规范立法模式选择问题的一个重要思路，是采取商事流质规范适度加入《民法典》物权编的方式，在商事领域对流质规范予以一定程度的解禁，于《民法典》物权编的立法语言留出空白，剩余立法进入商法通则或商事单行法。有疑问的是，解禁商事流质是否会致其成为商事主体之间交易只注重效率和成本、不顾及公平正义的滥觞？其实不然。通过设计再限制制度可以实现体系化的商事流质制度，现行再限制规范已包含恶意串通无效规范、显失公平撤销规范、债权人权益受损撤销规范等，未来，再限制规范还可考量在一般条款中加入强制清算规范、营业质规范等，特别条款中构建商事活动中的流质保护措施等，真正构建起民商协调、松紧结合、一般条款特别条款有序共存的流质体系。

五、商事流质"入典"是一个不能"因小失大"的制度选择问题

在民商合一立法体例下，《民法典》编纂简单地排除与传统民法规范不同的商法规范，且将绝大多数商法规范单列入特别法这一有悖民商合一的立法体例。民法和商法的关系不能仅从普通法和特别法的角度进行理解，需要深究商法一般条款与民法一般条款之间替代、补充和冲突关系，并以此三类关系为标准，以提萃民法条款与商法条款的"公因式"为指导，尽可能采取原则性、规则性、兜底性和但书性的一般条款立法技术，最大限度地加入反映市场交易基本规律的商法条款，实现商事条款与民事条款有序共存，达到构建内容体系臻善、编纂技术昌明、法条设计简约的民法典科学立法目标。

商事流质涵盖于商事担保物权制度中，价值导向要求其在保障市场经济正常秩序和交易安全的前提下，尽可能地提升物的利用价值和流转效率。而民事担保物权则一贯延续了公平价值，强调公权力机关介入和事后恢复性救济。进言之，大多数商事担保物权一般条款（如商事流质条款）与民事担保物权一般条款之间存在冲突，属于冲突型商法一般条款，仅有少数可融入民商事基本法的商事担保物权一般条款应"入典"，而更多无法与民事担保物权一般条款和谐共存的商事担保物权一般条款应借由兜底性或但书性一般条款的立法技术，从民商事基本法中退出，由商法通则或商事单行法另行规定。

负责起草民法典的立法工作者宜在面对商事流质"入典"时，不仅要考虑交易公平，还需注意交易效率——不能视商事流质是否"入典"为一个规范选择的小问题，而应视商事流质"入典"是一个直接体现市场制度需求的商法基本制度安排的大问题。对有悖市场交易规律的一些传统民法条款，应当通过一般条款的立法技术予以"修法"，如借商事留置的立法模式，通过"但书"条款将商事流质条款加入物权编，而不应罔顾市场经济主体的

立法需求，更不宜一味采取暂不规定或留待特别法解决的立法不作为思路，由此会产生商事流质领域的民商立法冲突且无民法典与商事法律的制度接口，一而再，再而三地犯在商法规范"入典"过程中出现的"加入不足"或"加入过度"错误，使《民法典》编纂呈现出"继承有余、创新不足"的保守立法现状，使通过编纂《民法典》完善市场经济立法体系的价值大打折扣。

第八节 专利权质押制度改革的创新激励效应[①]

专利权质押制度是推动专利成果有效转化、开启知识产权财富大门、为企业创新"输血"和"助力"的重要保障。作为新型的融资手段，专利权质押融资离不开相关法律制度的保障。改革和完善专利权质押制度是解决科技型企业"融资难、融资贵"问题的关键所在，也是中国推进"大众创业、万众创新"工作的重要着力点。

国家知识产权局于2010年10月实施的《专利权质押登记办法》对1996年实施的《专利权质押合同登记管理暂行办法》进行了修改和完善。新的规定更好地保障了债权人的利益，使登记手续进一步简化和规范，促进了专利价值的变现。该办法究竟会通过哪些渠道？对创新活动产生何种影响？它对创新的影响是否依赖企业的内外部治理环境？等等，这些是本节要解决的问题。

本节将《专利权质押登记办法》作为"准自然实验"，其原因在于：首先，该办法出台的目的是促进专利权的运用和资金融通，保障债权的实现，而不是促进专利权的创造（企业创新）[②]。其次，促使该办法出台的原因是创新企业往往缺乏可用于抵押的有形资产，面临较大的融资约束问题，出台与专利这一无形资产质押制度相关的办法有助于企业获取融资。同时，新修订的《专利权质押登记办法》是为了更好地适应2007年实施的《物权法》，修改的《担保法》的有关规定，微观企业本身无法左右该《专利权质押登记办法》的出台。再次，外部融资需求程度不同的企业受到该办法的影响会存在差异。因此，本节通过双重差分方法来研究专利权质押制度改革对企业创新的影响。

本节与现有文献的区别主要体现在以下四个方面：第一，研究样本的选取；第二，加入对创新结构的影响分析；第三，作用机制的研究；第四，深入探寻内外部制度环境的影响。本节分别探讨在股权制衡度、负债率和商业信用、知识产权保护以及政府补贴不同的情形下专利权质押制度改革对企业创新的影响，这深化了对不同条件下专利权质押对企业创新作用效果的认识。本节的结论可丰富"法与金融"理论的研究，有助于深入理解专利权质押这一影响创新活动的外部法律制度如何推动中国企业创新。

一、现实背景、理论分析与假设

（一）现实背景

专利是衡量自主创新能力的重要维度。中国专利申请量于2011年超过美国和日本，成

[①] 本节部分内容曾以论文形式发表，具体出自李胜兰、窦智《专利权质押制度改革的创新激励效应》，载《金融学季刊》2019年第4期。
[②] 国家知识产权局：《专利权质押登记办法》出台的目的。

为全球最大的专利申请国,① 企业总体创新能力稳步提升。从 2011 年开始,中国境内企业专利申请量开始激增,企业专利申请总量较 2010 年增长 48%,其中,发明专利、实用新型专利和外观设计计型专利的申请量分别较 2010 年增长 49.8%、58.6% 和 33.6%。专利激增折射出中国在科技方面的进步,但值得注意的是,近年来,实用新型专利申请在数量和增长率方面都明显高于其他两类专利。②

中国专利申请取得重要进步得益于以企业为主体的技术创新体系的建立和完善,这离不开良好的制度环境做保障。

自 2008 年开展地区知识产权质押融资服务及创建综合实验区等不同层次的试点工作以来,地方政府从管理、操作和风险防范等角度,针对专利权质押融资中,可质押的专利、需要提交的文件、审查办法、申办程序、资金的使用和监控以及债务清偿等出台了较为详细的保障措施,充分挖掘知识产权的市场价值。

从 2009 年开始,越来越多的地区开始推动金融机构与企业之间开展以专利权质押融资为代表的知识产权金融服务,专利权质押融资工作取得显著进展。截至 2014 年,专利权质押金额达到 489 亿元。在 2010 年,国家知识产权局出台了《专利权质押登记办法》,进一步规范了知识产权质押登记业务。建立有效的专利权质押登记制度已越来越成为中央和各级地方政府贯彻国家知识产权战略的政策着力点。

(二)理论分析与研究假设

1. 理论分析

(1) 企业创新的影响因素。"创新"是经济组织通过创建一个新的生产函数,将生产要素和生产条件进行重新组合来进行生产经营活动,以提高生产效率并获取潜在超额利润的行为。③ 企业创新的影响因素有很多,熊彼特最先提出企业规模和市场结构是影响创新的重要因素。④ 之后的新古典增长理论基于要素投入的视角认为,企业进行研发活动主要依靠资金和技术人员的投入。⑤ 凯恩斯主义则强调政府财政补贴、税收优惠等手段在企业创新中的重要性。⑥ 而自由主义学派则认为,企业主要得依靠市场和自身优势进行创新,政府只需要制定规则来维护市场秩序,营造公平竞争环境,而不需要直接干预企业创新活动。⑦

随着研究的不断深入,新制度学派认为制度激励是影响企业创新的决定性因素。⑧ 影响技术创新的制度环境因素主要包括企业内部治理、市场环境和法律制度三个层面:①内部治

---

① 来源:WIPOIP Statistics Data Center。
② 来源:中国研究数据服务平台(CNRDS)。
③ 参见 J. A. Schumpeter, *The Theory of Economic Development*, Cambridge: Harvard U. Press, 1934。
④ 参见 J. A. Schumpeter, *The Theory of Economic Development*, Cambridge: Harvard U. Press, 1934。
⑤ 参见 P. M. Romer, "Endogenous Technological Change", *Journal of Political Economy*, 1990, 98 (5), pp. 71 - 102。
⑥ 参见 Rebelo, "Long-Run Policy Analysis and Long-Run Growth", *Journal of Political Economy*, 1991, 99 (3), pp. 500 - 521。
⑦ 参见 P. Aghion, N. Bloom, R. Blundell, R. Griffith, P. Howitt, "Competition and Innovation: An Inverted-U Relationship", *The Quarterly Journal of Economics*, 2005, 120 (2), pp. 701 - 728。
⑧ 参见 D. Acemoglu, S. Johnson, J. A. Robinson, "Institution As a Fundamental Cause of Long-run Growth", *Handbook of Economic Growth*, 2005, 1 (1), pp. 385 - 472;参见鲁桐、党印《投资者保护、行政环境与技术创新:跨国经验证据》,载《世界经济》2015 年第 10 期。

理(董事会架构、公司高管、激励机制和内部人交易等)对企业创新的影响;①②市场环境(金融发展、市场竞争和国际贸易等)对企业创新的影响;②③法律制度(投资者保护、债权人保护和知识产权保护等)对企业创新的影响。③这一领域的研究扩展有利于加深我们对技术创新和经济增长的影响机制的认识,也有利于为广大的新兴经济体国家如何制定促进企业创新和经济转型升级的政策提供经验支持。

(2)专利权质押制度改革的经济后果。专利权质押是指债务人或第三人将专利权以登记的方式做担保,若债务人不能履行到期债务,债权人有权就专利价值优先受偿。④企业创新的高风险、高投入和周期长的特点决定了其更加依赖长期和稳定的资金支持,缺乏稳定持续的资金来源是阻碍中国企业创新的一个重要因素。⑤创新企业进行研发所带来的无形资产价值较低,则会使企业进行研发活动时面临较多的融资约束。⑥《专利权质押登记办法》的出台对促进专利价值的实现、拓宽创新企业融资渠道、激发企业创新活力具有重要作用。在知识产权日益重要的时代,作为新型的融资模式,专利权质押制度对企业融资和创新的影响已越来越受到学界的关注。⑦

国家知识产权局于2010年10月实施《专利权质押登记办法》替代1996年实行的《专利权质押合同登记管理暂行办法》,现有的《专利权质押登记办法》较原来的《专利权质押合同登记管理暂行办法》在担保权益的控制和政府登记服务效率方面做出了更多的修改和完善。其价值功能主要体现在以下五个方面:①制约担保人的处分权;②质权人享有优先受偿权;③对同一专利进行重复质押的情形不予登记;④保护共有专利权的利益;⑤简化登记手续。专利权质押登记制度改革不仅进一步保障了质权人的利益,也体现了从"管理本位"到"服务本位"的行政理念的转变。

---

① 参见 M. O'Connor, M. Rafferty, "Corporate Governance and Innovation", *Journal of Financial and Quantitative Analysis*, 2012, 47 (2), pp. 397 – 413; R. Levine, L. Chen, W. Lai, Insider Trading and Innovation, *The Journal of Law and Economics*, 2017, 60 (4), pp. 749 – 800. 参见鲁桐、党印《公司治理与技术创新:分行业比较》,载《经济研究》2014年第6期。

② 参见 P. H. Hsu, T. Xuan, X. Yan, "Financial Development and Innovation: Cross-country Evidence", *Journal of Financial Economics*, 2014, 112 (1), pp. 116 – 135; Impullitti G, Licandro O, "Trade, Firm Selection and Innovation: the Competition Channel", *The Economic Journal*, 128 (608), 2017, pp. 189 – 229. 参见徐晓萍、张顺晨、许庆《市场竞争下国有企业与民营企业的创新性差异研究》,载《财贸经济》2017年第2期。

③ 参见 J. R. Brown, G. Martinsson, B. C. Petersen, "Law, Stock Markets, and Innovation", *Journal of Finance*, 2013, 68 (4), pp. 1517 – 1549; L. H. Fang, J. Lerner, C. P. Wu, "Intellectual Property Rights Protection, Ownership, and Innovation: Evidence From China", *The Review of Financial Studies*, 2017, 30 (7), pp. 2446 – 2477; 参见潘越、潘健平、戴亦一《公司诉讼风险、司法地方保护主义与企业创新》,载《经济研究》2015年第3期;姜军、申丹琳、江轩宇、伊志宏《债权人保护与企业创新》,载《金融研究》2017年第11期。

④ 参见张魁伟、许可《中小企业专利质押融资的风险规避研究》,载《财政研究》2014年第11期。

⑤ 参见唐清泉、巫岑《银行业结构与企业创新活动的融资约束》,载《金融研究》2015年第7期。

⑥ 参见 J. R. Brown, G. Martinsson, B. C. Petersen, "Law, Stock Markets, and Innovation", *Journal of Finance*, 2013, 68 (4), pp. 1517 – 1549。

⑦ 参见 B. Amable, J. B. Chatelain, K. Ralf, "Patents as Collateral", *Journal of Economic Dynamics and Control*, 2010, 34 (6), pp. 1092 – 1104; T. Fischer, P. Ringler, "What Patents are Used as Collateral? —An Empirical Analysis of Patent Reassignment Data", *Journal of Business Venturing*, 2014, 29 (5), pp. 633 – 650; W. C. Huang, P. H. Chen, C. C. Lai, "International R&D Funding and Patent Collateral in An R&D-Growth Model", *International Review of Economics & Finance*, 2017, 51 (7), pp. 545 – 561; S. Chava, V. Nanda, S. C. Xiao, "Lending to Innovative Firms", *The Review of Corporate Finance Studies*, 2017, 6 (2), pp. 234 – 289; Y. V. Hochberg, C. J. Serrano, R. H. Ziedonis, Patent Collateral, "Investor Commitment, and the Market For Venture Lending", *Journal of Financial Economics*, 2018, 130 (1), pp. 74 – 94; Mann W, "Creditor Rights and Innovation: Evidence from Patent Collateral", *Journal of Financial Economics*, 2018, 130 (1), pp. 25 – 47. 参见张魁伟、许可《中小企业专利质押融资的风险规避研究》,载《财政研究》2014年第11期。

2. 研究假设

作为知识产权战略的重要组成部分，专利权质押融资对推行知识产权金融服务，将"知识财产"变为"知识资本"，突破企业融资瓶颈具有重要作用，为实体经济的发展注入融资的"强心剂"是当前专利权质押的首要任务。① 改革专利权质押制度、实施创新驱动战略离不开法律和政策的保障。首先，要完善知识产权保护，消除知识产权权利的不稳定性；其次，还要着力营造有利于企业创新的政策环境，改革现行的补贴、税收政策，为创新企业提供标准化、便利化的公共服务。② 因此，本节主要从专利权质押制度为企业创新提供融资、发挥债权人对创新企业的监督治理的角度，来梳理其对企业创新影响的相关文献，并提出相应的假设。图6-8-1显示了专利权质押制度改革对企业创新的影响机制。

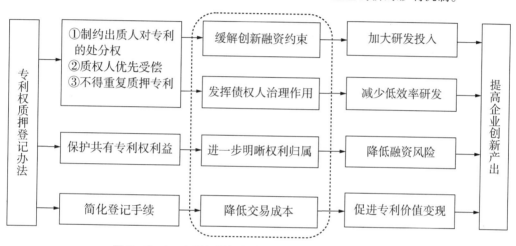

图6-8-1 专利权质押制度改革对企业创新的影响机制

（1）缓解融资约束。担保可以降低银行与企业之间的信息不对称，作为债务人向债权人传递积极信号的一种方式，它能够降低银行对发放贷款的风险预期。③ 新的《专利权质押登记办法》的规定充分保障了质权人的利益，保证了担保债权的安全，是新的《专利权质押登记办法》对原《专利权质押合同登记管理暂行办法》首先做出的重要改进和完善。

确保债权人对专利质押物的质权可以增加借款者持有的专利价值，降低他们获取贷款的成本。④ 专利权质押制度越完善，债权人权利相应能够得到保障，在此情况下，银行就愿意借出更多资金和降低资产抵押要求，⑤ 延长贷款期限和降低贷款利息，为企业贷款承担更多风险，⑥ 这促进了信贷契约的建立，缓解了创新企业的融资约束。

---

① 参见国家知识产权局《综合运用：知识产权"金钥匙"开启创新之门》。
② 参见《新常态下如何实现创新驱动与转型发展》，载中国政府网（http://www.gov.cn/xinwen/2015-11/26/content_5017200.htm）；《知识产权质押融资大有可为》，载人民网（http://www.sipo.gov.cn/ztzl/zscqzldzcywzcx/zyxw/1135687.htm）。
③ 参见A. N. Berger, G. F. Udell, "Collateral, Loan Quality and Bank Risk", *Journal of Monetary Economics*, 1990, 25 (1), pp. 21-42。
④ 参见S. Chava, V. Nanda, S. C. Xiao, "Lending to Innovative Firms", *The Review of Corporate Finance Studies*, 2017, 6 (2), pp. 234-289。
⑤ 参见T. U. V. Lilienfeld, D. Mookherjee, S. Visaria, "The Distributive Impact of Reforms in Credit Enforcement: Evidence from Indian Debt Recovery Tribunals", *Econometrica*, 2012, 80 (2), pp. 497-558。
⑥ 参见J. F. Houston, L. Chen, L. Ping, Y. Ma, "Creditor Rights, Information Sharing, and Bank Risk Taking", *Journal of Financial Economics*, 2010, 96 (3), pp. 485-512。

制度的实施效果还取决于政府效率的高低。① 良好的政府行政环境能够降低企业在经营和创新过程中的交易成本,增强企业的创新动力。② 外源融资需求程度较高的企业,对债权融资的需求通常也相对较大,③ 专利权质押制度的完善给企业创新活动带来的融资约束缓解效应会在外源融资需求程度高的企业中更为明显。因此,本节提出第一个假设:

H1:随着专利权质押制度的完善,外部融资需求更高的企业,其创新产出的增加更为明显。

(2) 完善企业内部治理。专利权质押制度对企业创新的影响还体现在其发挥债权人对企业内部的监督治理,对经理人的创新激励和对创新项目的风险评估等方面。债权人可以利用法律或契约所赋予的权利对债务企业的经营和投资行为等进行监控和管理,进而影响负债企业内部治理及投资效率,④ 即为债权治理。中国上市公司的负债主要来源于银行借款和商业信用。⑤ 这两项治理机制在专利权质押制度促进企业创新的过程中主要起到以下两方面的作用。

一方面,发挥银行债权治理对大股东的监督作用。银行作为债权人,对创新企业的监督作用主要体现在两方面:一方面,银行能够为企业创新提供长期稳定的资金支持,发挥其财务杠杆效应;另一方面,作为大贷款人,银行需要发挥债权人的职能来监督和评估创新项目,这就是企业创新过程中的银行债权治理。⑥ 银行虽然不能直接参与企业内部治理,但能够行使其控制权来约束企业的经营和财务政策等,降低债务违约的风险,⑦ 并可以通过监督大股东行为、激励管理层和完善董事会制度等提升企业内部治理水平,从而促成有利于企业创新的长效治理机制。⑧

在众多的内部治理机制中,股权制衡是企业治理的关键环节。大股东持股比例越高,其通过关联交易或转移资产等来谋取短期收益的动机就越强,这势必减少企业的研发投入。⑨ 银行可以通过降低信用等级、降低后续贷款额度或提高贷款利率等对大股东挪用资金、侵害中小股东利益的行为进行处罚,⑩ 从而减少创新的过度投资或投资不足。专利权质押制度改革进一步保障了银行等债权人的利益,有助于发挥银行对创新企业的债权人治理作用,削弱股权制衡度低带来的负面影响。基于此,本节提出以下两个假设:

---

① 参见赖敏、余泳泽、刘大勇、孟勤国《制度环境、政府效能与"大众创业万众创新"——来自跨国经验证据》,载《南开经济研究》2018年第1期。

② 参见鲁桐、党印《投资者保护、行政环境与技术创新:跨国经验证据》,载《世界经济》2015年第10期。

③ 参见姜军、申丹琳、江轩宇、伊志宏《债权人保护与企业创新》,载《金融研究》2017年第11期。

④ 参见张亦春、李晚春、彭江《债权治理对企业投资效率的作用研究——来自中国上市公司的经验证据》,载《金融研究》2015年第7期。

⑤ 参见黄乾富、沈红波《债务期限结构与现金流的过度投资——基于中国制造业上市公司的实证证据》,载《金融研究》2009年第9期。

⑥ 参见王满四、徐朝辉《银行债权、内部治理与企业创新——来自2006—2015年A股技术密集型上市公司的实证分析》,载《会计研究》2018年第3期。

⑦ 参见 G. Nini, D. C. Smith, A. Sufi, "Creditor Control Rights, Corporate Governance, and Firm Value", *The Review of Financial Studies*, 2012, 25 (6), pp. 1713 – 1761; D J Denis, Wang J, "Debt Covenant Renegotiations and Creditor Control Rights", *Journal of Financial Economics*, 2014, 113 (3), pp. 348 – 367。

⑧ 参见王满四、徐朝辉《银行债权、内部治理与企业创新——来自2006—2015年A股技术密集型上市公司的实证分析》,载《会计研究》2018年第3期。

⑨ 参见朱德胜、周晓珮《股权制衡、高管持股与企业创新效率》,载《南开管理评论》2016年第3期。

⑩ 参见 M. F. C. Gomariz, J. P. S. Ballesta, "Financial Reporting Quality, Debt Maturity and Investment Efficiency", *Journal of Banking & Finance*, 2014, 40 (1), pp. 494 – 506。

H2：在股权制衡度较低的情况下，专利权质押制度改革通过强化对大股东监督来改善内部治理，进而促进企业创新。

H3：负债率较高的企业，专利权质押制度改革对企业创新的促进作用更明显。

另一方面，商业信用治理对专利权质押制度的补充作用。除银行贷款外，商业信用这一非正规融资也是中国企业开展创新的重要资金来源。[①] 商业信用指的是企业在购买商品时通过延期付款而占用其他企业的资金，[②] 它相当于卖方为买方提供的短期贷款。当下游企业发生违约行为时，上游供应商企业可以通过减少或终止对违约企业的供货来降低损失，从而对债务企业形成一定的控制和约束力，促使其提高经营效率，即为商业信用债权治理。[③] 供应商通常只对信用状况较好的客户进行商业信用融资，其授信过程也间接向银行传递了客户信用质量，这有助于激励银行对企业放贷，从而实现企业经营过程中商业信用与银行信贷之间的互补关系。[④] 在其他条件基本相同的情况下，应付账款比重较大意味着企业销售状况较好，企业将有更多可以回收的现金，[⑤] 从而可以降低银行的信贷风险，促进企业获取创新资金，增强专利权质押制度对创新的促进作用。因此，本节提出以下假设：

H4：拥有商业信用较多的企业，专利权质押制度改革对其创新的促进作用更加显著。

二、研究设计

（一）样本选取、数据来源及指标定义

本节选取2006—2014年沪深A股上市公司为样本，剔除金融和保险类企业；剔除上市不满一年的企业；剔除ST、*ST和PT类的企业；剔除资不抵债的企业；由于《管理办法》自2010年10月1日起实行，本节剔除了2010年以后新上市的企业。根据上述标准，本节共得到10 518个微观企业层面变量的观测值以及267个宏观省级层面变量的观测值。同时，对模型中的相关连续型变量在1%的水平上进行Winsorize缩尾处理。地区金融服务水平、知识产权保护程度数据来自王小鲁等（2017）的《中国分省企业经营环境指数2017年报告》中的地区金融服务和融资成本指数以及知识产权、技术、品牌保护指数，[⑥] 其余数据均来自CSMAR数据库。由于企业经营环境指各指标是从2006年开始进行了较为系统的统计，故本节研究起点选择为2006年。为保证事件发生前后样本的可比性，本节选择《专利质押登记办法》实施前后相等数量年份进行检验，故研究终点为2014年。本节中主要变量指标的选取和衡量方法见表6-8-1。

[①] 参见石晓军、张顺明《商业信用，融资约束及效率影响》，载《经济研究》2010年第1期。

[②] 参见 M. Amiti, D. E. Weinstein, "Exports and Financial Shocks", *The Quarterly Journal of Economics*, 2011, 126 (4), pp. 1841-1877。

[③] 参见 M. A. Petersen, R. G. Rajan, "Trade Credit: Theories and Evidence", *The review of financial studies*, 1997, 10 (3), pp. 661-691。

[④] 参见 G. Kling, S. Y. Paul, E. Gonis, "Cash Holding, Trade Credit and Access to Short-term Bank Finance", *International Review of Financial Analysis*, 2014, 32 (3), pp. 123-131。参见江伟、曾业勤《金融发展、产权性质与商业信用的信号传递作用》，载《金融研究》2013年第6期。

[⑤] 参见 W. F. Wu, M. Firth, O. M. Rui, "Trust and the Provision of Trade Credit", *Journal of Banking & Finance*, 2014, 39, pp. 146-159。

[⑥] 该指数报告统计了2006年、2008年、2010年、2012年和2016年中国各省份的企业经营环境指数，2014年缺失的数据，本文采用2012年和2016年两者的平均值补齐；2007年、2009年、2011年和2013年缺失的数据分别用2008年、2010年、2012年和2014年的数据补齐。

表6-8-1 主要变量和衡量方法

变量类型	变量名称	符号	衡量方法
被解释变量	企业创新	$Ln(1+Pat)$	专利申请总量加1之和的自然对数
		$Ln(1+Inv)$	发明专利申请量加1之和的自然对数
		$Ln(1+Uti)$	实用新型专利申请量加1之和的自然对数
		$Ln(1+Des)$	外观设计型专利申请量加1之和的自然对数
		$IRatio$	发明专利申请量占专利申请总量的比率
		$URatio$	实用新型专利申请量占专利申请总量的比率
解释变量	外部融资需求程度	Dep	借鉴 Berkowitz et al.（2015）的做法，采用外部融资需求指数[1] $SA = 0.73 \times TotalAssets + 0.043 \times TotalAssets^2 - 0.040 \times Age$，改革实施前一年（2009年）末企业外部融资需求程度高于该年样本企业融资需求程度中位数的，说明该企业外部融资需求较高，取值为1，即为处理组；否则为0，即为控制组
	外部融资需求程度与事件维度哑变量的交乘项	$Dep \times Time$	外部融资需求程度与事件发生前后的时间虚拟变量的交乘项，$Time$ 为事件维度哑变量，若观测值所属年份处于2010年之后，则 $Time$ 取值为1，即为实验组；否则为0，即为对照组
控制变量	企业年龄	$LnAge$	（企业上市年份-成立年份）的自然对数
	企业规模	$LnAsset$	企业总资产的自然对数
	盈利能力	ROA	企业总资产净利率（净利率/总资产平均余额）
	营运能力	LAZ	企业流动资产周转率（营业收入/流动资产平均占用额）
	企业性质	$State$	是否为国有企业，是则为1；否则为0
	第一大股东持股比例	$Shrholder1$	企业第一大股东持股比例（单位:%）
	有形资产比率	$TanRatio$	有形资产/年末总资产
	现金流占比	$Cash\_Asset$	经营性现金流净额/年末总资产
	管理层持股比例	$Mhold$	管理层持股比例（单位:%）
	商业信用	Bus_Asset	应付账款/年末总资产
	托宾Q	$TobinQ$	年末市值A/（资产总计-无形资产净额-商誉净额）[2]

[1] $TotalAssets = Ln[$企业总资产（单位：百万元）$]$，Age 为企业上市年限。
[2] 市值A =（总股本-境内上市的外资股B股）×今收盘价A股当期值+境内上市的外资股B股×B股今收盘价当期值×当日汇率。今收盘价A股当期值和B股今收盘价当期值是截止日当天对应的A股收盘价和B股收盘价。如果当天没有交易，就取当天之前的最后一次交易收盘价。另外，CSMAR数据库于2019年对市值A的算法进行了调整，本节使用的是2019年以前的算法。

续表 6-8-1

变量类型	变量名称	符号	衡量方法
控制变量	发展能力	$Growth$	（营业总收入本年本期金额－营业总收入上年同期金额）／（营业总收入上年同期金额）
	机构持股比例	Ins	机构投资者持股比例（单位:%）
	国有化程度	$PubFixExp$	各省国有经济固定资产投资/固定资产投资总额
	对外开放程度	$Import\_GDP$	各省进口总额/GDP（全部换算成人民币单位后的比值）
	金融服务水平	$LnFinService$	各省金融服务和融资成本指数的自然对数
	年份效应	$Year$	年份虚拟变量
	行业效应	$Industry$	行业虚拟变量

（二）实证模型

本节主要通过如下双重差分模型检验专利权质押制度改革对企业创新的影响。①

$$Ln(1+Pat)_{it} = \alpha_0 + \alpha_1 Dep_i + \alpha_2 Dep_i \times Time_t + \alpha_3 Control_{it} + Industry_i + Year_t + \varepsilon_{it} \quad (1)$$

专利申请量是对企业创新活动更为直接的度量（张劲帆等，2017）。被解释变量 $Ln(1+Pat)_{it}$ 为专利申请总量加 1 后的自然对数，与之类似，其他被解释变量为发明专利申请量 $[Ln(1+Inv)_{it}]$、实用新型专利申请量 $[Ln(1+Uti)_{it}]$ 和外观设计型专利申请量 $[Ln(1+Des)_{it}]$；此外，本节借鉴尹志锋（2018）的做法，分别使用发明专利申请量和实用新型专利申请量各自占专利申请总量的比重来衡量企业的专利结构（$IRatio_{it}$ 和 $URatio_{it}$），$Time_t$ 为事件维度哑变量，若观测值所属年份处于 2010 年之后，则 $Time_t$ 取值为 1，即为实验组，否则为 0，即为对照组；Dep_i 为外部融资需求程度的哑变量，采用 SA 指数（$SA = -0.73 \times TotalAssets + 0.043 \times TotalAssets^2 + 0.040 \times Age$）来对其进行衡量（Berkowitz et al.，2015），SA 越大，企业的外部融资需求程度越高。改革实施前一年（2009 年）末企业外部融资需求程度大于该年样本企业外部融资需求程度中位数的，说明企业外部融资需求较高，此时 Dep_i 取值为 1，即为处理组；否则取 0，即为控制组。② 专利权质押制度改革对创新企业融资约束的缓解效应会因为企业外部融资需求的不同而产生差异；$Dep_i \times Time_t$ 为核心解释变量，即外部融资需求程度与事件发生前后的时间虚拟变量的交乘项，该变量的系数反映了处理组的被解释变量相对于控制组的被解释变量在专利权质押制度改革后发生了多大变化，即改革的效果；$Control_{it}$ 为相应的控制变量；$Industry$ 和 $Year$ 分别为行业虚拟变量和年份虚拟变量；ε_{it} 为扰动项，相关变量的具体定义及衡量方法见表 6-8-2。

（三）描述性统计

本节首先对相关的变量进行描述性统计（见表 6-8-2）。企业创新产出的最小值为 0，均值和标准差都比较小，企业之间的创新水平具有一定的差异。企业的总资产为连续型变

---

① 鉴于模型（1）已经控制年度虚拟变量，$Time$ 单独项的效应就被年度虚拟变量吸收，故在模型中未加入 $Time$ 单独项。Tan et al.（2015）、姜军等（2017）的研究也采取了类似的做法。
② 参见姜军、申丹琳、江轩宇、伊志宏《债权人保护与企业创新》，载《金融研究》2017 年第 11 期。

量,为避免其标准差异常偏大,本节采用总资产的自然对数（$LnAsset$）来衡量企业的规模,类似地,也对企业年龄（$LnAge$）和地区金融服务水平（$LnFinService$）等连续型变量采用取自然对数的形式。其余变量在样本企业间存在一定的差异,反映了企业之间经营能力和治理结构的不同。

表6-8-2 描述性统计

变量名	观测值	均值	标准差	最小值	中位数	最大值
$Ln(1+Pat)$	10518	1.19	1.60	0.00	0.00	8.75
$Ln(1+Inv)$	10518	0.80	1.26	0.00	0.00	8.66
$Ln(1+Uti)$	10518	0.75	1.29	0.00	0.00	7.47
$Ln(1+Des)$	10518	0.30	0.86	0.00	0.00	6.37
$URatio$	10518	0.21	0.33	0.00	0.00	1.00
$IRatio$	10518	0.18	0.30	0.00	0.00	1.00
$LnAge$	10518	2.64	0.35	0.00	2.71	3.30
$LnAsset$	10518	8.27	1.26	4.84	8.12	11.71
ROA	10518	0.05	0.21	-0.69	0.04	20.79
LAZ	10518	1.68	1.56	0.00	1.33	34.12
$State$	10518	0.62	0.49	0.00	1.00	1.00
$Shrholder1$	10518	36.83	15.56	2.20	35.06	89.41
$TanRatio$	10518	0.95	0.08	0.10	0.97	1.00
$Cash\_Asset$	10518	0.05	0.10	-4.27	0.05	0.89
$Mhold$	10518	3.94	11.85	0.00	0.00	80.65
Bus_Asset	10518	0.09	0.07	0.00	0.08	0.62
$TobinQ$	10518	2.07	3.31	0.09	1.43	232.59
$Growth$	10518	0.15	13.21	-0.01	0.00	1346.07
Ins	10518	5.69	5.81	0.00	3.85	74.99
$PubFixExp$	267	0.31	0.10	0.11	0.30	0.69
$Import\_GDP$	267	0.00	0.01	0.00	0.00	0.03
$LnFinService$	267	1.03	0.13	0.27	1.05	1.29

三、实证检验与分析

（一）基准回归结果

根据以上假设,接下来我们将分别检验《专利权质押登记办法》颁布后对企业创新各指标的影响。采用OLS回归方法进行基准回归估计,得到的结果如表6-8-3所示。由第一和第三列可知,$Dep \times Time$ 的回归系数均在1%的水平下显著为正。这表明在其他因素相同的情况下,《专利权质押登记办法》实施后,随着债权人保护程度的提高以及专利权质押登记服务效率的改进,外部融资需求程度较大的企业的融资约束得到缓解,相应促进了企业专利申请总量以及实用新型专利申请量的增加;在第二列和第六列中,$Dep \times Time$ 的回归系数均在5%的水平下显著为正,这表明,该办法的实施增加了发明专利申请量,提高了实用新型专利申请量占比。

表6-8-3 专利权质押制度改革对企业创新的影响

	$Ln(1+Pat)$	$Ln(1+Inv)$	$Ln(1+Uti)$	$Ln(1+Des)$	IRatio	URatio
	(1)	(2)	(3)	(4)	(5)	(6)
Dep	0.249***	0.220***	0.185***	0.012	0.047***	0.031**
	(3.29)	(3.73)	(3.00)	(0.23)	(3.09)	(2.26)
$Dep \times Time$	0.149***	0.116**	0.142***	0.013	0.003	0.025**
	(2.75)	(2.58)	(3.11)	(0.43)	(0.26)	(2.23)
LnAge	-0.133	-0.108	-0.090	0.116	-0.062***	-0.049**
	(-1.09)	(-1.11)	(-0.88)	(1.60)	(-2.91)	(-2.34)
LnAsset	0.268***	0.244***	0.230***	0.079***	0.015***	0.013**
	(7.18)	(7.33)	(7.32)	(3.35)	(2.79)	(2.54)
ROA	0.210***	0.112*	0.127***	0.186***	0.013	0.012**
	(2.58)	(1.81)	(4.75)	(2.72)	(0.77)	(2.13)
LAZ	-0.021	-0.020	-0.028	0.001	-0.004	-0.009***
	(-0.88)	(-0.98)	(-1.55)	(0.05)	(-1.08)	(-2.68)
State	-0.020	0.045	-0.027	-0.074	0.044***	-0.010
	(-0.28)	(0.78)	(-0.48)	(-1.60)	(3.19)	(-0.78)
Shrholder1	-0.003	-0.003**	-0.002	-0.000	-0.001**	-0.000
	(-1.22)	(-1.98)	(-0.99)	(-0.23)	(-2.36)	(-0.52)
TanRatio	0.381	0.376*	0.338	-0.185	0.067	0.082
	(1.39)	(1.75)	(1.53)	(-1.23)	(1.21)	(1.56)
Cash_Asset	0.531***	0.379***	0.093	0.361***	0.083**	-0.014
	(3.12)	(2.77)	(0.72)	(3.06)	(2.30)	(-0.45)
Mhold	0.011***	0.007***	0.008***	0.002	0.002***	0.002***
	(3.94)	(3.15)	(3.60)	(1.34)	(2.83)	(3.65)
Bus_Asset	3.478***	2.024***	3.788***	1.979***	-0.163**	0.638***
	(7.00)	(5.17)	(9.05)	(5.75)	(-2.03)	(8.11)
TobinQ	0.009	0.010	0.003	0.010*	-0.000	-0.003
	(1.55)	(1.64)	(0.84)	(1.80)	(-0.35)	(-1.49)
Growth	-0.000	-0.000	-0.000**	-0.000***	0.000	-0.000*
	(-1.49)	(-0.66)	(-2.03)	(-2.68)	(1.20)	(-1.74)
Ins	0.010***	0.008***	-0.000	0.006**	0.003***	-0.001
	(2.59)	(2.75)	(-0.15)	(2.22)	(2.82)	(-0.76)

续表 6-8-3

	Ln (1+Pat)	Ln (1+Inv)	Ln (1+Uti)	Ln (1+Des)	IRatio	URatio
	(1)	(2)	(3)	(4)	(5)	(6)
PubFixExp	-1.785***	-1.238***	-1.353***	-0.809***	-0.179**	-0.231***
	(-4.85)	(-4.31)	(-4.36)	(-3.50)	(-2.47)	(-3.33)
Import_GDP	6.965	10.760***	2.879	0.524	2.412***	-0.737
	(1.49)	(2.66)	(0.74)	(0.22)	(2.84)	(-1.14)
LnFinService	0.191	0.106	-0.309	-0.142	0.234***	0.006
	(0.55)	(0.38)	(-1.06)	(-0.64)	(2.86)	(0.09)
常数项	-1.780***	-1.752***	-1.442***	-0.229	-0.109	-0.016
	(-2.73)	(-3.23)	(-2.67)	(-0.57)	(-0.85)	(-0.15)
Year	Yes	Yes	Yes	Yes	Yes	Yes
Industry	Yes	Yes	Yes	Yes	Yes	Yes
R2	0.323	0.276	0.271	0.109	0.189	0.199
N	10518	10518	10518	10518	10518	10518

注：***、**、*代表显著性水平分别为1%、5%与10%；括号中是标准误；$R2$ 为拟合优度，下同。

专利权质押制度改革促进了企业专利申请总量、发明专利申请量、实用新型专利申请量以及实用新型专利申请量占比的增加，然而，对发明专利申请量占比并没有显著的促进作用。实用新型专利比发明专利的申请和授权程序要简捷，专利保护费用较低，获得授权也更快。[1] 企业往往凭借研发周期较短的实用新型专利进行专利权质押，以快速获取更多的专利质押融资。探寻专利权质押制度改革在促进整体创新质量方面还有待进一步深入思考。

随着技术的不断进步，出质人为了提高生产率，对专利可能有进行后续改进的需要。《合同法》第354条的规定实际上确认了专利权人对后续改进专利的所有权。而《专利权质押登记办法》在保障出质人对后续改进专利的权利占有方面存在空白和漏洞，这与《合同法》《专利法》保护专利权人合法权益，促进企业创新的宗旨相悖。这也是当前专利权质押制度使出质人缺乏动力改进技术，投身于发明专利产品研发的重要原因。

（二）作用机制检验

在当前及未来相当长的一段时间内，中国信贷市场依然占据主导地位，创新驱动发展战略的落实尤其需要发挥银行对企业的融资支持作用。[2] 新的《专利权质押登记办法》主要通过强化对债权人的保护来激励银行为债务企业提供更多的信贷资金，缓解企业的融资约束。因此，银行信贷融资应该是专利权质押制度改革促进企业创新的影响渠道。专利权质押制度强化了对债权人的保护，这是否有利于债权人降低银行对放贷的风险预期，增强其提供长期

---

[1] 参见毛昊、尹志锋、张锦《中国创新能够摆脱"实用新型专利制度使用陷阱"吗》，载《中国工业经济》2018年第3期。
[2] 参见王满四、徐朝辉《银行债权、内部治理与企业创新——来自2006—2015年A股技术密集型上市公司的实证分析》，载《会计研究》2018年第3期。

贷款的意愿呢？本节将主要检验贷款期限结构衡量的信贷融资是不是专利权质押制度改革促进企业创新的传导机制。

面临融资约束的企业也有可能为了获得银行贷款才进行创新。为了避免信贷融资与企业创新之间的双向因果效应，本节借鉴姜军等[①]的方法，采用经年度－行业平均调整后的银行信贷融资水平作为中介变量。一般而言，单个企业的创新水平不会对企业所在行业的平均借款融资水平产生影响。本节选取经年度－行业平均调整后的（长期借款[②]＋一年内到期的长期借款）／（长期借款＋短期借款＋一年内到期的长期借款）来衡量企业的长期借款融资水平（$LongloanRatio$，单位:%），用年度－行业平均调整后的短期借款／（长期借款＋短期借款＋一年内到期的长期借款）（$ShortloanRatio$，单位:%）来衡量短期借款融资水平，[③] 采用温忠麟等[④]的中介效应方法来检验长期借款和短期借款融资是不是专利权质押制度改革促进企业创新的影响渠道，得到的结果如表6－8－4和表6－8－5所示。

表6－8－4表明，长期借款融资在该办法促进企业创新的过程中具有部分中介效应，即长期借款融资是专利权质押制度改革促企业创新的影响渠道。

表6－8－4　引入长期借款融资的作用机制检验

	$LongloanRatio$	$Ln(1+Pat)$	$Ln(1+Inv)$	$Ln(1+Uti)$	$URatio$
	(1)	(2)	(3)	(4)	(5)
Dep	-0.018*	0.269***	0.231***	0.205***	0.035***
	(-1.76)	(3.62)	(3.94)	(3.39)	(2.58)
$Dep \times Time$	0.010**	0.137**	0.109**	0.130***	0.023**
	(2.04)	(2.55)	(2.45)	(2.87)	(2.04)
$LongloanRatio$		1.127***	0.590***	1.129***	0.208***
		(6.32)	(3.93)	(7.95)	(6.19)
控制变量	Yes	Yes	Yes	Yes	Yes
R2	0.465	0.337	0.283	0.293	0.213
N	10518	10518	10518	10518	10518

注：限于篇幅，本节未汇报控制变量和常数项，此处控制变量与表6－8－4相同。

同理，表6－8－5显示了短期借款融资水平（$ShortloanRatio$）在专利权质押制度改革对企业创新影响过程中的中介效应检验。这表明，专利权质押制度改革通过降低企业的短期借款占比，进而促进了企业的创新。由于创新的风险较高、周期比较长，因此企业短期债务期限结构使企业在面对较高风险的创新项目时，往往不能为其提供稳定的现金流，造成对创新项目的投资不足，从而不利于企业的研发创新。

---

① 参见姜军、申丹琳、江轩宇、伊志宏《债权人保护与企业创新》，载《金融研究》2017年第11期。
② 长期借款是指借款期限大于一年的借款，一年内到期的长期借款是指借款期限为一年的借款。
③ 数据来源：CSMAR数据库。
④ 参见温忠麟、刘红云、侯杰泰《调节效应和中介效应分析》，教育科学出版社2012年版。

表6-8-5 引入短期借款融资的作用机制检验

	LongloanRatio	Ln(1+Pat)	Ln(1+Inv)	Ln(1+Uti)	URatio
	(1)	(2)	(3)	(4)	(5)
Dep	0.018*	0.269***	0.231***	0.205***	0.035***
	(1.76)	(3.62)	(3.94)	(3.39)	(2.58)
$Dep \times Time$	-0.010**	0.137**	0.109**	0.130***	0.023**
	(-2.04)	(2.55)	(2.45)	(2.87)	(2.04)
ShortloanRatio		-1.127***	-0.590***	-1.129***	-0.208***
		(-6.32)	(-3.93)	(-7.95)	(-6.19)
控制变量	Yes	Yes	Yes	Yes	Yes
R^2	0.465	0.337	0.283	0.293	0.213
N	10518	10518	10518	10518	10518

注：限于篇幅，本节未汇报控制变量和常数项，此处控制变量与表6-8-4相同。

创新的周期比较长，风险较高，这需要企业拥有长期稳定的现金流作保障。图6-8-2显示了2009—2012年"质押期限小于1年"和"质押期限大于等于1年"的专利质押合同增长率。新的办法出台后，知识产权局增加了对专利不予质押的规定，限制了出质人对专利的处分权，不再允许同一专利进行重复质押，这使专利权质押更加规范和完善，质权人的权益得到进一步保障，提高了银行对企业提供长期专利质押借款的意愿。

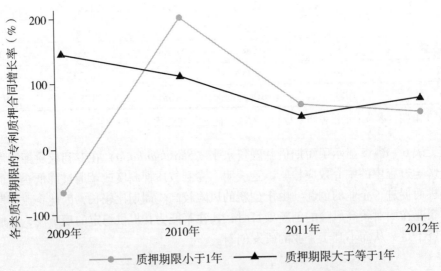

图6-8-2 2009—2012年中国各类质押期限的专利质押合同增长率
数据来源：国家知识产权局。

图6-8-3显示了2007—2014年中国非金融类上市公司短期借款和长期借款各自占借款总额比重的增长率情况。良好的法律环境有助于增强放贷者提供长期贷款的意愿。与短期债务合约相比，若长期债务出现违约，债权人就要承担更高的沉没成本以及被债务人敲竹杠

的风险,因此,长期债务契约的签订和履权人保护的依赖程度更高。① 专利权质押制度的完善使债权人的利益得到了进一步的保障,有助于发挥其银行的债权治理作用,推动长期借款在企业债务期限结构中的比例,为企业创新提供长期稳定的资金支持。

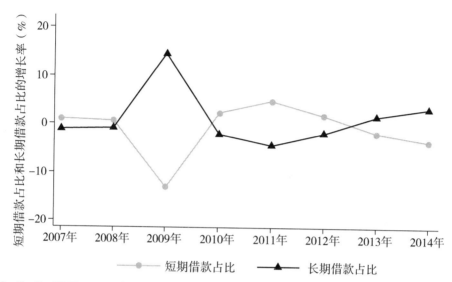

图 6-8-3 2007—2014 年中国 A 股非金融类上市公司短期借款占比和长期借款占比的增长率
数据来源:CSMAR 数据库。

(三) 拓展性研究

专利权质押制度改革对创新的促进是通过债权人对企业内部的监督治理来实现的,专利权质押制度改革也离不开与专利权相关的企业内部治理、外部法律制度作保障,政府对企业的干预也会影响专利权质押制度改革对企业创新作用的发挥。因此,本节用股权制衡度、负债率、商业信用、知识产权保护和政府补贴的高低做分样本检验,进行拓展性研究。

1. 基于股权制衡度的分样本检验

股权制衡度是衡量公司治理水平的重要指标。本节借鉴孙兆斌②和姜军等③的方法,选取第二至第十大股东持股比例之和除以第一大股东持股比例来衡量企业内部的股权制衡程度。股权制衡度大于年度 - 样本企业中位数的为股权制衡度较高企业组,否则为股权制衡度较低企业组。从表 6-8-6 的结果可知,该项制度改革与股权制衡度在促进专利产出方面具有替代作用,而在促进实用新型专利申请量占比方面,二者则具有互补作用。

---

① D. W. Diamond, "Debt maturity structure and liquidity risk", *The Quarterly Journal of Economics*, 1991, 106 (3), pp. 709 – 737.
② 参见孙兆斌《股权集中、股权制衡与上市公司的技术效率》,载《管理世界》2006 年第 7 期。
③ 参见姜军、申丹琳、江轩宇、伊志宏《债权人保护与企业创新》,载《金融研究》2017 年第 11 期。

表6-8-6　基于股权制衡度的分样本检验

	股权制衡度较高				股权制衡度较低			
	$Ln(1+Pat)$	$Ln(1+Inv)$	$Ln(1+Uti)$	$URatio$	$Ln(1+Pat)$	$Ln(1+Inv)$	$Ln(1+Uti)$	$URatio$
Dep	0.287***	0.256***	0.156**	0.016	0.202*	0.183**	0.222**	0.051***
	(2.97)	(3.32)	(2.05)	(0.89)	(1.84)	(2.18)	(2.43)	(2.65)
$Dep \times Time$	0.128	0.068	0.131**	0.038**	0.182**	0.173**	0.149**	0.006
	(1.62)	(1.06)	(1.97)	(2.24)	(2.21)	(2.55)	(2.15)	(0.37)
控制变量	Yes	Yes	Yes	Yes	Yes	Yes	Yes	Yes
$R2$	0.357	0.303	0.304	0.224	0.301	0.264	0.261	0.191
N	5214	5214	5214	5214	5301	5301	5301	5301

注：限于篇幅，本节未汇报控制变量和常数项，此处控制变量与表6-8-4相同。

2. 基于负债率的分样本检验

研发创新具有高投入的特性，企业通过负债的方式适当提高杠杆率，有利于发挥债务融资对创新的资本支持效应，营造稳定的创新环境，促进创新活动的顺利进行。[①] 本节将负债率大于年度-样本企业中位数的作为高负债率组，其余的作为低负债率组，以此检验专利权质押制度改革对不同负债率的企业创新水平的影响，检验的结果见表6-8-7。由此表结果可知，该制度对实用新型专利申请量占比的影响在两类样本中均不显著。可见，一方面，企业通过负债融资引入债权人监督机制，强化对大股东和管理者的经营约束，可以使资金流向更具前景、更高效的创新项目；另一方面，债务融资能够为企业的创新提供较为充足和稳定的现金流，增强企业的创新动力。

表6-8-7　基于负债率的分样本检验

	负债率较高				负债率较低			
	$Ln(1+Pat)$	$Ln(1+Inv)$	$Ln(1+Uti)$	$URatio$	$Ln(1+Pat)$	$Ln(1+Inv)$	$Ln(1+Uti)$	$URatio$
Dep	0.255**	0.191**	0.194**	0.042**	0.252***	0.244***	0.191**	0.024
	(2.47)	(2.37)	(2.24)	(2.24)	(2.63)	(3.28)	(2.48)	(1.34)
$Dep \times Time$	0.235***	0.187***	0.223***	0.026	0.103	0.084	0.090	0.026
	(2.81)	(2.63)	(3.10)	(1.56)	(1.33)	(1.35)	(1.42)	(1.59)
控制变量	Yes	Yes	Yes	Yes	Yes	Yes	Yes	Yes
$R2$	0.341	0.301	0.299	0.201	0.327	0.275	0.269	0.218
N	5195	5195	5195	5195	5318	5318	5318	5318

注：限于篇幅，本节未汇报控制变量和常数项，此处控制变量与表6-8-4相同。

3. 基于商业信用水平的分样本检验

商业信用作为非正式金融，它能够利用供应商对客户所处的行业状况、前景及风险的了解，进一步准确地评估创新项目的风险和价值，进而科学合理地为创新项目融资，提高企业

[①] 参见王玉泽、罗能生、刘文彬《什么样的杠杆率有利于企业创新》，载《中国工业经济》2019年第3期。

的创新效率。本节借鉴石晓军和张顺明的方法,[①] 采用应付账款/总资产来衡量企业商业信用水平,大于年度-样本企业中位数的为商业信用较高组,否则为商业信用较低组。表6-8-8显示,该制度对企业创新的影响并不显著。此外,该制度对实用新型专利申请量占比的影响在两类样本中均不显著。作为非正式金融,商业信用与专利权质押制度在促进企业创新的过程中形成了互补作用。

表6-8-8 基于商业信用水平的分样本检验

	商业信用水平较高				商业信用水平较低			
	$Ln(1+Pat)$	$Ln(1+Inv)$	$Ln(1+Uti)$	$URatio$	$Ln(1+Pat)$	$Ln(1+Inv)$	$Ln(1+Uti)$	$URatio$
Dep	0.192*	0.178**	0.115	0.013	0.301***	0.255***	0.240***	0.038*
	(1.86)	(2.36)	(1.39)	(0.77)	(2.93)	(2.92)	(2.85)	(1.94)
$Dep \times Time$	0.199**	0.190***	0.162**	0.022	0.068	0.017	0.091	0.024
	(2.55)	(3.00)	(2.51)	(1.60)	(0.84)	(0.25)	(1.32)	(1.38)
控制变量	Yes	Yes	Yes	Yes	Yes	Yes	Yes	Yes
$R2$	0.344	0.306	0.300	0.200	0.298	0.256	0.257	0.190
N	5505	5505	5505	5505	5013	5013	5013	5013

注:限于篇幅,本节未汇报控制变量和常数项,此处控制变量与表6-8-4相同。

4. 基于知识产权保护程度的分样本检验

本节使用王小鲁的《中国分省企业经营环境指数2017报告》[②]中的知识产权、技术、品牌保护指数来衡量地区知识产权保护程度,该指数越大,说明地区知识产权保护程度越高。本节将知识产权保护指数高于年度-省份中位数的为知识产权保护程度较高组,否则为知识产权保护程度较低组,得到的结论见表6-8-9。只有在知识产权保护程度较高的地区,专利权质押制度改革对企业创新产出才具有促进作用。但专利权质押制度改革对实用新型专利申请量占比的影响在两类样本中均不显著。

表6-8-9 基于知识产权保护程度的分样本检验

	知识产权保护程度较高				知识产权保护程度较低			
	$Ln(1+Pat)$	$Ln(1+Inv)$	$Ln(1+Uti)$	$URatio$	$Ln(1+Pat)$	$Ln(1+Inv)$	$Ln(1+Uti)$	$URatio$
Dep	0.154	0.170**	0.122	0.028	0.338***	0.270***	0.245***	0.036**
	(1.54)	(2.24)	(1.48)	(1.53)	(3.60)	(3.54)	(3.24)	(2.14)
$Dep \times Time$	0.258***	0.197**	0.202**	0.024	0.026	0.018	0.066	0.021
	(2.73)	(2.55)	(2.57)	(1.36)	(0.32)	(0.26)	(1.00)	(1.31)
控制变量	Yes	Yes	Yes	Yes	Yes	Yes	Yes	Yes
$R2$	0.305	0.267	0.255	0.191	0.353	0.300	0.297	0.213
N	5078	5078	5078	5078	5440	5440	5440	5440

注:限于篇幅,本节未汇报控制变量和常数项,此处控制变量与表6-8-4相同。

[①] 参见石晓军、张顺明《商业信用、融资约束及效率影响》,载《经济研究》2010年第1期。
[②] 参见王小鲁、樊纲、马光荣《中国分省企业经营环境指数2017年报告》,社会科学文献出版社2017年版。

5. 基于获得政府补贴程度的分样本检验

政府补贴是影响制度环境作用于企业创新的一个重要外部因素,在获得政府补贴不同程度的样本企业中,专利权质押制度改革对企业创新的促进作用可能会产生差异。对于不同规模的企业而言,相同数量的政府补贴可能会对企业的经济行为产生不同的效果。因此,为排除企业经营规模对政府创新补贴的影响效果,本节采用上市企业获得的政府补助金额与当期总资产之比来衡量企业获得政府补贴的程度(来源于 CSMAR 数据库),将获得政府补贴大于年度-样本企业中位数的作为获得补贴较高的样本组;否则为获得补贴较低的样本组,以此检验获得不同政府补贴的情况下,专利权质押制度改革对企业创新的影响效果,结果见表 6-8-10。

表 6-8-10 基于获得政府补贴程度的样本分析

	获得政府补贴较多				获得政府补贴较少			
	$Ln(1+Pat)$	$Ln(1+Inv)$	$Ln(1+Uti)$	$URatio$	$Ln(1+Pat)$	$Ln(1+Inv)$	$Ln(1+Uti)$	$URatio$
Dep	0.267***	0.233***	0.168**	0.022	0.216**	0.190***	0.205***	0.045**
	(2.98)	(3.20)	(2.40)	(1.44)	(2.32)	(2.69)	(2.58)	(2.38)
$Dep \times Time$	0.079	0.068	0.111*	0.023	0.220**	0.160**	0.161**	0.024
	(1.04)	(1.04)	(1.70)	(1.56)	(2.48)	(2.20)	(2.15)	(1.29)
控制变量	Yes	Yes	Yes	Yes	Yes	Yes	Yes	Yes
R^2	0.334	0.291	0.285	0.198	0.325	0.279	0.271	0.212
N	6038	6038	6038	6038	4478	4478	4478	4478

注:限于篇幅,在此未汇报控制变量和常数项。控制变量与表 6-8-4 相同。

表 6-8-10 所示的结果表明,总体上,对获得政府补贴较低的样本企业而言,专利权质押制度改革对专利申请总量和发明专利申请量才具有显著的促进作用;对实用新型专利申请量的促进作用,在获得政府补贴较少的样本企业中要大于获得政府补贴较多的样本企业。

四、稳健性检验[①]

(一) 变换创新变量

本节采用研发费用占销售收入的比值($R\&D$)、专利申请授权总量的对数($LnAppGrant$)、发明专利申请授权数量的对数($LnIAppGrant$)、实用新型专利申请授权数量的对数($LnUAppGrant$)、外观设计型专利申请授权数量的对数($LnDAppGrant$)、发明专利申请授权量占比以及实用新型专利申请授权量占比作为衡量企业创新的替代指标[②],并运用 OLS 方法进行检验,主要研究结论并未发生改变。

(二) 加入控制变量

为了进一步验证实证结果的可靠性,本节加入了影响企业创新的微观控制变量,即企业

---

① 限于篇幅,本文未报告稳健性检验结果,感兴趣的读者可发邮件向作者获取。
② 专利申请授权量是指截至当年专利申请并被授权的数量,数据来源于 CSMAR 数据库,并将专利申请授权量加 1 后取自然对数。

负债率（*Debt_Asset*），它代表企业的借贷能力，以及企业管理费用占总资产的比重（*Manage_Asset*）；除此以外，本节还引入了影响企业创新的宏观控制变量，即以地区高等院校在校生总数占常住人口数的比重来衡量的人力资本状况（*HumCap*），以及用于科技事业的财政支出占地区GDP的比重（*Scexp_GDP*），这反映了地区政府对科技创新的投入力度和重视程度，以上数据均来自CSMAR数据库。加入上述控制变量后重新回归，主要研究结论未发生改变。

（三）重构企业外部融资需求程度

由于样本企业每年的外部融资需求程度会有一定的波动，因此，本节采用专利权质押制度改革前的2007—2009年样本企业外部融资需求程度平均值（*DepAvr*）来替换原有的外部融资需求程度指标。若企业外部融资需求程度大于2007—2009年所有样本企业外部融资需求程度平均值的中位数，则*DepAvr*为1，该企业属于处理组；否则为0，即属于控制组，利用改革前三年的外部融资需求程度平均值替换原有的外部融资需求程度（*Dep*），进行重新检验，得到的结果与前文一致。

（四）排除时间趋势干扰的检验

专利权质押制度改革对企业创新的促进作用也可能是随着时间的推移，投资者保护制度和市场化改革不断完善所导致的。为了排除时间趋势的影响，本节采用姜军等①（2017）的做法，根据样本企业外部融资需求程度的高低进行分样本回归。经检验，在外部融资需求程度较低（*Dep*=0）的样本企业中，该办法实施前后的虚拟变量（*Time*）对企业创新产出的影响并不显著；而在外部融资需求程度较高（*Dep*=1）的样本企业中，时间虚拟变量对企业创新产出的影响均在5%水平上显著为正。因此，《专利权质押登记办法》对企业创新的影响不受时间趋势干扰的影响。

（五）改变事件发生时点和缩小时间窗口的检验

考虑到文中结果可能由专利权质押制度改革以外的其他事件所导致，本节调整事件发生的时间点和时间窗口做相关稳健性检验。首先，考虑到本节结果可能由专利权质押制度改革之前的其他事件所导致。因此，我们将《专利权质押登记办法》出台的时间点提前一年，检验前文的实证结果是否在2009年后就已经存在。本节借鉴钱雪松和方胜②（2017）的做法，将事件窗口缩小为2008—2010年，重新设定时间虚拟变量为*Year*2009，该变量在2009年之后取1，否则取0。结果显示，将事件发生的时间点提前至2009年，核心解释变量*Dep* × *Year*2009对专利申请总量、发明专利申请量、实用新型专利申请量、发明专利申请量占比以及实用新型专利申请量占比影响的回归系数并不显著。这说明对外部融资需求程度较高的企业而言，企业创新产出增加的效应在《专利权质押登记办法》出台之前并不存在。

其次，本节结果也可能是由专利权质押制度改革之后的其他事件引起的。2012年11月，党的十八大召开，会议明确提出"科技创新是提高社会生产力和综合国力的战略支撑，必须摆在国家发展全局的核心位置"，强调要坚持走中国特色自主创新道路，实施创新驱动

---

① 参见姜军、申丹琳、江轩宇、伊志宏《债权人保护与企业创新》，载《金融研究》2017年第11期。
② 参见钱雪松、方胜《担保物权制度改革影响了民营企业负债融资吗——来自中国〈物权法〉自然实验的经验证据》，载《经济研究》2017年第5期。

发展战略。因此，我们应尽可能将党的十八大有关创新驱动发展战略的政策影响剔除。具体地，我们将数据时间窗口缩小为2010—2012年，在2010年之后，时间虚拟变量 After 取1，否则为0。结果显示，核心解释变量 Dep ×After 对专利申请总量、发明专利申请量、实用新型专利申请量以及实用新型专利申请量占比的回归系数分别在10%、10%、1%和10%水平上显著为正，而对发明专利占比影响的交乘项系数依然不显著。这表明，在党的十八大有关创新驱动发展战略提出前，《专利权质押登记办法》的出台对企业创新的影响就已经显现。

（六）选取研发投入作为中介变量的稳健性检验

上述作用机制的检验中，本节验证了长期借款融资是专利权质押制度改革促进企业创新的影响渠道。长期借款融资的增加所带来的直接效果很可能是企业研发投入的增加，进而导致企业创新产出的增加。因此，本节使用研发投入（R&D），即研发费用占营业收入的比重（单位:%）作为中介变量，来进一步检验专利权质押制度改革促进企业创新产出增加的影响机制。经检验，R&D 投入是该办法促进企业创新的影响渠道。

（七）倾向得分匹配方法（PSM）的估计结果

考虑到本节结果可能是由于外部融资需求程度高低两组样本之间本身存在的系统性差异所导致，单纯地使用 DID 方法可能会存在选择偏误问题。为了解决这一问题，本节通过倾向得分匹配（PSM）构造其他方面"足够相似"的对照组，结果显示，处理效应（ATT）显著为正。这意味着在处理了模型中的选择偏误之后，专利权质押制度改革对企业创新水平具有显著的正向影响。为了确保匹配结果的可靠性，我们还进行了匹配平衡性检验。结果显示，匹配后所有变量的标准化偏差小于10%，并且，大多数 t 检验的结果不拒绝处理组与控制组无系统差异的原假设（除变量 LAZ、Shrholder1、TobinQ 和 PubFixExp 以外）。对比匹配前的结果，大多数变量的标准化偏差均大幅度缩小（除变量 ROA、LAZ、Bus_Asset 和 Growth 以外），且观测值是在共同取值范围内（Onsupport），进行倾向得分匹配只损失了少量的样本。因此，专利权质押制度改革对企业创新影响并不是由外部融资需求程度所产生的系统性差异而导致的，新的《专利权质押登记办法》对创新的促进作用的结果是较为稳健的。

五、结论及启示

（一）结论

本节将制度环境、外部融资需求和企业创新纳入统一的分析框架内，验证了专利权质押制度改革——《专利权质押登记办法》的实施对企业创新的影响，主要得到以下结论。

第一，专利权质押制度改革能够使外部融资需求较大的企业除外观设计型以外的专利申请量增加，但该制度改革只促进了实用新型专利申请量占比的提高，对发明专利申请量占比并没有显著的促进作用。

第二，专利权质押制度改革对企业创新的促进作用是通过长期借款融资这一"中介效应"实现的。

第三，当股权制衡度较低时，专利权质押制度改革有助于发挥债权人对大股东的监督，增强经营者的创新动力。

第四，该办法对负债率较高的企业更能发挥债权人监督机制对创新的促进作用，商业信用对该制度改革起到了一定的补充作用。

第五，该项改革对创新的促进作用离不开良好的知识产权保护对专利价值的保障，且该项政策对获得政府补贴较少的企业而言，其对创新产出才具有促进作用。本节相关分析和研究结论一定程度上为"法与金融"理论提供了来自中国的经验证据，对研究影响企业创新的外部制度环境也具有一定的启示。

（二）启示

1. 要鼓励企业使用发明专利进行质押登记，保障出质人对后续改进专利的占有权

今后，专利权质押登记的过程中，要多鼓励企业使用发明专利申请质押融资，并不断完善对专利价值的评估，给予使用发明专利进行质押登记的企业更多优惠政策，加大对其专利质押融资支持的力度，促进企业整体创新质量的提高。

对后续改进专利的权利保护也会影响到《专利权质押登记办法》对创新的激励效果。首先，应增加《专利权质押登记办法》对后续改进专利的规定，质押双方有约定的从其约定，没有约定的，后续改进专利权利则应归出质人所有；其次，知识产权局要完善对后续改进专利的鉴定机制，进行质押登记时应当考虑后续改进专利的影响，尽可能保障出质人对后续改进专利的占有权，激励其开展更高水平的创新活动，创造出更多的发明专利产品。

2. 强化专利侵权司法保护，构建专利执行保险制度

专利权很容易被牵扯到专利侵权诉讼的案件纠纷当中，这潜在地增加了专利权价值的不稳定性。加强知识产权的保护力度，逐步建立成熟和完善的技术交易市场，首先要强化专利侵权的司法保护。今后，法院、知识产权局等相关部门应缩短立案时间，加快案件审理进程。此外，还应适当引入专利侵权惩罚性赔偿机制。惩罚性赔偿的数额超出被侵权人实际损害数额，在弥补原告损失的同时，也加大了对被告故意侵权行为的处罚力度，这有助于防止侵权人将来重犯，同时达到惩戒他人的目的。

降低知识产权成果被侵犯的风险，还需要借助保险市场，建立专利侵权执行保险等制度。针对专利被侵权人在诉讼或调解过程中所产生的费用而进行保险，有助于降低维权成本，使专利权得到有效的司法保护，从而更好地增强融资者的信心，增强其接受专利权作为担保物的意愿，对创新企业提供资金支持。

3. 改革银行业对创新企业的监督体制，完善商业信用体系保障机制

当前，银行体系主导的正规金融是专利权质押制度改革促进创新的作用机制。银行作为国家较大的金融机构，其"大贷款人监督"角色还需要进一步发挥，提升专利权质押制度改革对企业创新促进作用的总体效果。今后，国家应相应地改革《商业银行法》，适当允许银行机构持有非金融类上市企业的股份，充分发挥其对企业经营和创新活动的监督激励作用。此外，银行多部门、多层级的科层组织结构造成了委托代理链条较长，这降低了信息传递效率，在处理信息方面还存在不足，改革其组织结构也势在必行。

商业信用这一非正规金融在企业创新过程中对银行信贷融资起到了重要的补充作用。政府可通过综合运用质押、抵押、商会监督担保和法律保护等多种手段，积极建立和健全商业信用的偿债保障机制，进一步发挥商业信用对企业的治理和融资作用，为专利权质押制度改革促进企业创新营造良好的信用环境。

4. 完善政府补贴的退出机制

处理好创新活动中政府、市场与企业之间的关系尤为重要。政府需要完善官员的考核激

励机制,减少出于政绩考核目的而进行的无效率补贴,警惕企业"寻补贴"的逆向选择行为。政府补贴意在培育和引导企业,而创新企业的最终成长还需依托市场这一"无形之手"的作用,要利用市场机制使企业在良性竞争中发展壮大,树立企业的自主创新意识,完善专利权质押、知识产权保护等制度环境,提升企业自主创新能力。

企业创新行为更多还需要以市场运行为基础,对一些财政补贴促进创新程度较低的领域,政府应建立和完善补贴政策的退出机制,通过有形之手完善专利权质押制度,发挥债权人的监督治理作用,激活企业的内在创新动力。

第九节 论物权保护的经济分析[①]

物权,在促进资源的利用效率方面发挥着重要的经济功能。对物权的保护越完备,物权的排他力度就越大;经济激励越强烈,这些经济功能就发挥得越充分。但是,对物权的保护是有成本的,保护措施越完备,保护强度越大,往往意味着保护成本越高。在一个社会资源量既定的情况下,如果将一部分资源用于保护物权,那么这部分资源便不能用于生产性活动,而生产性活动才是创造社会财富的直接源泉。因此,过高的物权保护成本也代表了社会福利的净损失。正因为如此,物权的保护制度应当遵循效率原则。效率原则要求一个社会所采取的物权保护制度应当将权利主体用于保护物权的资源投入减少到最低程度,从而将节省下来的资源用于直接进行社会财富创造的生产性活动。也就是说,物权保护制度的设置,要尽可能达到用最小的投入,实现最强的保护力度,成为一种高效益的制度安排。

一、公力保护与私力保护

私力保护是权利主体利用自身力量对其物权进行的保护,而公力保护则是通过国家公共权力机关来对物权进行的保护。

公力保护的产生物权的保护作为权利制度体系的组成部分,是和权利的初始界定同时建立起来的。在物权的界定、保障和救济制度建立之前,人们对自身财产收益的维护只能依靠一己之力。这是物权制度分析的逻辑起点,也是事实上的历史起点。此时每个社会成员为了获得生存所需的物质资料,都可能从事三种活动:生产活动、掠夺活动、防卫活动。当人们发觉掠夺比生产更有利可图时,机会主义心理会促使其付诸行动,来增加个人收益。因此,对收益的私力保护,更多地借助于暴力。每个人都力图强制对方按照自己的意愿行动,而不被对方所强制;每个人都要扮演执法者的角色,因此必须握有武力。剑、矛等非生产性工具的取得甚至超越了犁、锄等生产工具的地位;"暴力寻租"取得甚至超过"生产创收"的地位。但依靠掠夺获取收益的人越多,从事生产活动的人就越少,这将导致社会生产力的下降,进而是整体福利水平的下降。因此,财产关系的秩序化,既是每个人维护自身收益的需求,也是整个社会的需要。可以想象,一部分人在这种暴力行为中脱颖而出,而具有了公共的权威和影响力。当这个专业的阶层介入整个社会的收益保护时,最初分散的私力保护就开始转变为公共选择过程,开始出现公共性的权利界定与保护。公共权力机构政治上拥有社会赋予的强制力,经济上拥有规模效应与专业化优势,法律上能够提供统一、稳定的规则。在

[①] 本节部分内容曾以论文形式发表,具体出自周林彬《试论物权保护:一种经济分析的思路》,载《山西大学学报》2000年第4期。

《汉穆拉比法典》和罗马法中我们都能看到，最初的物权界定与保护出现有利的在土地这种不动产之上，说明对土地的预期，是物权保护行为的保证。复杂和不确定的物权保护具有可预期的秩序性和稳定性，它节约了大量的保护成本，并使私力保护的外部性内在化；同时，公共权威趋于阻止私人的暴力使用，建立合作的社会关系。"统治权是从私人交易中抽出的暴力制裁，专门集中在一种官员组织手里，受运行法则和习惯设定的指导。"

公共权威的树立，使暴力的使用限制在制度化的范畴内，而较为公正的非暴力的权利分配机制得到极大的加强。公力保护的优势之二，在于提供了私力保护力所不及的效力。当人们通过事实占有就能够保护其权益时，公力保护是多余的。这就是最初的物权保护不是出现在衣服、劳动工具等动产之上的缘故。而当生产力提高后，许多财产已经超越了单凭事实上的占有就能排他的范围。这突出地表现在专利权、商标权、著作权等无形资产上，由于具有易复制性，事实上的占有无法起到保护的作用，而私力保护的成本之高昂，不但无法有效地排他，而且会扼杀权利主体进行创造活动的积极性。这时，便只能通过公力的形式，才能对之进行法律意义上的控制和保护。

尽管公力保护具有优势，但私力保护在一定范围内仍有其存在的合理性。公力保护为确保其公正性，受严格的程序约束。这一方面意味着相应的保护成本，另一方面意味着相应的时间支出。例如，诉请法院要求追夺被他人非法占有的财产，就需要支付一定的诉讼及律师费用，并需要经过合理的审判时间。这就决定私力保护仍有一定的存在必要：一是在时间紧迫、若等待公力保护则成本更高的场合。如对于正在被抢夺的动产，可进行暴力自卫，在来得及的情况下并可进行暴力追夺。此时若只能报案或等候警力保护，显然未尽合理，赋予物权主体对其财产的正当防卫权，对于维护财产安全、稳定财产关系意义重大。二是在标的价值较小、不值得支付公力保护成本的场合。如同居一院的两人就一个花盆的归属之争，完全可以自行或在邻里的协调下解决。除非非理性的因素致使事态急剧扩大（如斗殴伤害），绝大多数情况下，诉诸公力保护皆属多事之举，有悖自身效益最大化的追求。

二、物权的平等保护

权利的平等保护本是物权立法的应有之义，正如马克思做出的经典论断：商品是天生的平等派。我们构建市场经济，就是要在最大程度上实现资源的商品化，发挥市场对资源的配置作用，因此决不能忘记：平等是商品的内在属性，也是财产的内在属性。建立在财产之上的物权制度，责无旁贷地要坚持权利的平等，这其中就包括物权保护的平等。

而在事实上，我国目前的物权制度却带有"身份"的特征。同样的财产，同样的权利，由于其"帽子"不同，便似乎成了不同的财产权利。而这种身份的不平等，主要是源于保护的不平等。例如，国有财产被侵占，首先是一个侵害物权的问题，然后才是一个侵犯国家所有权的问题。然而，社会舆论普遍呼吁的是，谁来制止国有财产的流失，而不是谁来制止对财产权的侵害？形象地说，大家关注的是对"红帽子"的侵害，而不是对权利的侵害。因为只要没有了这项显眼的帽子，也就没有了大家的关注。可是，大家在呼吁的时候，却不曾想到能够制止国有财产流失的，正是这被遗忘了的物权制度。

长期以来，我国对不同的所有制类型的经济主体实行不同的政策，对其财产的保护也是不平等的。一个时期内公有制经济之外的其他经济类型的生存都被剥夺，更何谈保护？改革开放以来，这种计划经济的惯性虽有减弱，但存在至今。这就意味着私营经济要获得物权制度的保护，必须支付更多的保护成本。依照权利的平等性，私营经济获得与国有经济同等的保护力度，本是无可厚非的，但私营经济为了获得这种平等保护，就不得不通过挂靠等手段登记为集体经济，向挂靠单位上缴实属"身份钱"的管理费。也就是说，私营经济为了获取平等保护，需支付额外的保护成本；并且，这种花钱买保护是不合法的对策之举，为日后的产权纠纷埋下了隐患，造成了巨大的社会成本。如在党的十五大之后的"脱帽"现象，人民法院为了审理产权纠纷，进行了大量的追及历史的产权界定工作，耗费了大量的人力物力，这是物权保护制度扭曲于现实之需的沉重代价。目前正在进行的我国物权立法，要实现的一个重要目标就是对物权的平等保护。这涉及以下两项任务：

首先是对合法财产的同等对待。回顾历史，对非公有财产的最大侵害不是由于得不到足够的保护，而是根本得不到制度的认可。法律制度不但不行保护之职，反而否定其存在。因此，我国宪法与物权立法对非公有财产合法性的确认是最起码、最根本的保护，通过物权设置使各类合法财产得到一体的肯认，使各类物权主体都能确立对财产及其收益的同等的、长期稳定的预期。

其次是对法定物权的同等保护。在物权的设置与界定上，已认可了各类财产的存在合法性，就要对其上的物权实行同等的保护，而不再因"身份"的不同而有所差异，突出强调对某类财产的保护强度。具体地说，既不强调"公有财产神圣不可侵犯"，也不强调"私有财产神圣不可侵犯"。至于国有财产的保护如确实需要特殊的措施，可以制定相应的国有资产管理法来实现。

综上两点，现实中对物权的保护，一是要防止法律对私有财产的否定或歧视；二是要防止法律对公有财产的照顾与青睐，唯此才能切实贯彻平等保护的原则。

三、财产规则与责任规则

对于物权的保护，法律经济学认为应当根据效益原则来确定。耶鲁大学法学院的克莱布里斯和麦勒米德提出权利保护的三种方法：一是财产规则；二是责任规则；三是不可剥夺规则。其中，第三种主要适用于自由权、选举权等政治权利，所以我们只讨论与物权保护有直接关系的前两项规则。

1. 财产规则

财产规则（property rules）又称财产法则，系指除非"事前"获得权利人的同意，否则法律禁止他人侵犯这个权利。这一规则的意义有二。第一，物权主体对自己享有的物权有排他干涉的权利。只要权利主体不同意，他人就不能侵犯该物权。第二，赋予当事人约定的自由。权利的相对人可以通过谈判获取权利主体的同意，从而"侵犯"该物权。例如，某广告公司在某临街住户的阳台外设置霓虹灯，这就构成对住户房屋产权的影响。如住户未同意该行为，则广告公司构成侵权；如广告公司事前与住户协商一致，住户在获得一定补偿后同意该行为，则广告公司的行为是合法的。财产规则的经济合理性是值得肯定的。第一，它赋予物权的排他效力，保证了对物权主体的经济激励。这一点已毋庸赘言。第二，它从物的效用的充分发挥出发，没有过分强调排他。当事人可以运用市场谈判手段，对物权进行再界定，使财产某一方面的特殊效用能够不受排他性的阻碍，归属于估价更高的人拥有。如上例中阳台的临街优势，在住户手中并无多大的经济利益，但对广告公司却效用巨大。因此双方对房产"临街属性"的再界定，既增加了双方的福利水平，又更好地发挥了物的效用。

2. 责任规则

责任规则（liability rules）又称责任法则，是指即使未取得权利人的事先同意，相对人仍可侵犯权利人之财产权，但必须依法做出适当的赔偿。这一规则的意义有二。第一，物权主体对未经同意的侵权行为，拥有要求法定赔偿的权利。第二，当事人即使没有约定，权利相对人仍可通过支付法定赔偿而"侵犯"其物权。例如，某人驾驶一辆汽车，下坡路段突然发现刹车失灵，为防止撞伤行人，将汽车驶向路边，撞坏路边住户若干果树苗。一方面，撞坏树苗，显然未经同意，必须支付法定赔偿；另一方面，只要其积极履行支付法定赔偿的义务，就未构成违法行为。责任规则的经济合理性同样值得肯定。第一，法定赔偿的规定，意味着权利相对人必须将其行为的外部成本内部化，因此有效地消除了影响物权激励的外部性问题。第二，在无约定的情况下，由法定赔偿替代，既避免了过高的交易成本，又同样实现了对物权的再界定，使物的部分属性转入效用更高的配置。譬如邻地通行权中，权利人即使没有事先约定，也能够通过支付法定赔偿而在邻地通行，既实现了整体的效用最大化，又避免了可能由于交易垄断形成过高的谈判成本。

3. 财产规则与责任规则的比较

这两个规则初看似乎相互抵触，前者表示权利非经同意不得侵犯，后者又说不同意也能侵犯。但实际上，二者恰恰相辅相成，共同完成既对物权的合理保护又实现物之效用的职能。从物权主体的角度看对物权的保护：财产规则侧重事前保护，通过事前法定的排他来预防侵害的发生；责任规则侧重事后救济，通过事后法定的赔偿来弥补权益损失。一前一后，从预防到补救，可谓天衣无缝。从物权客体的角度看对物的利用：对于促使物的效用更优化配置的权利再界定，财产规则安排了约定的途径，责任规则安排了法定的路径。无论如何，物的经济属性都会流入效用更高的用途。我们再从动态的过程考察两个规则的结合运用：仍以邻地通行权为例，权利人甲为了发挥其土地效用，意图借助权利人乙的邻地通行。第一步，财产规则确保乙的土地不会被甲随意行走，甲不能滥用邻地，随意制造外部成本，乙也不会承担甲滥用土地时的外部成本。第二步，财产规则允许甲和乙约定使用邻地通行，甲乙可以协商"购买"通行权的价格，该价格既大于邻地被通行的损失，又小于因此实现的效用，有利于双方福利的提高。第三步，即使由于交易垄断无法达成约定，责任规则仍允许甲使用邻地通行；若被使用，就无法避免外部成本，所以责任规则要求邻地必须接受通行这一外部成本，但要求甲必须支付补偿；最终甲获取了通行权，乙获得了补偿。两个规则联合实现了对物权的保护与对物的利用，公平与效率兼顾。但从总体上看，责任规则的保护强度偏弱，倾向于对物权的限制，这体现出物权的保护也要面对物权社会化的趋势。在限制排他效力更能实现物的效用之时，财产规则只是设立了当事人约定的自我限制途径，而责任规则考虑到过高交易成本的存在，直接法定了对物权的限制，即允许有条件（给予赔偿）的"侵权"。

4. 财产规则与责任规则的适用

在两个规则的适用上，对物权的侵犯有两种情况：①"侵权"使总体效用更高，如相邻关系中，个人容忍外部成本的存在，能使社会成本最小；②"侵权"使总体效用降低，即随意制造不必要的外部成本，如损坏公共图书馆的书刊等。在交易成本不高的情况下，权利人能够借助财产规则保护其物权。对于①，权利人可以合适的价格接受限制，如出让通行权；对于②，权利相对人会考虑到施加外部成本的不经济后果，放弃侵权。如图书馆能以较低的成本使借阅者充分明白管理和惩戒措施的严格，此时适用财产规则来保护物权。在交易成本过高的情况下，对于①，由于协商受阻，合适的价格难以达成，结果权利人的排他降低了总体效用，增加了社会成本；对于②，权利人的排他成本过高，如增加人员、增加设备等，无法有效防止侵权。此时，财产规则的事前排他，或是加大社会成本，或是加大个人成本，因此应适用责任规则，以事后救济来实现对物权的保护。

四、公共物品的物权保护

由于公共物品在消费上的非排他性，公共物品的权利人很难对其实行排他的占有，因此公共物品的物权保护相对较为复杂。

对公共物品上的物权保护，可以根据其不同的物权类型，分为两种：一是私人所有类型的公共物品；二是国家所有的公益设施。

对于私人产权性质的公共物品、知识资产，产权制度针对其事实上的非排他性，加大权利保护的力度，力图实现法定权利的排他。以著作权为例，针对录音制品已被盗版、复制的特征，法律在著作权中禁止使用人进行商业性复制或传播。也就是说，使用人只取得了使用权，其他利用方式虽然在事实上极易实现，但为法律所禁止。作为音像制品的使用者，虽然成为该音像制品的所有者，但只是取得该音像作品的使用权，就是因为法律赋予著作权人对作品所有权的垄断保护。

另一类公共物品之上难以设立私人产权，如路灯，因此成为国家所有的公益财产。社会每个成员都享有非排他的使用权，大家可以共同使用。由于使用的公共性，国家不能通过对公益设施的排他占有等物权方法来保护其权利，因此国家借助了物权法以外的法律措施，如公共花坛，当公共的使用者有践踏、攀折等侵害公益设施时，国家可动用罚款等经济行政处罚方法来实施公共保护。

五、物权保护与市场效率

《中国物权法草案建议稿》第9条提出："对物权的争议，应以维护物的经济价值和发挥物的效用为基准解释。"[①] 该条规定具有重大意义，即在总则中确立了物权保护的效率原则。众所周知，传统理论中对物权的维护是基于公平的目标诉求，侵权之所以要承担法律责任，是因为破坏了权利的公平，而效率一直受到不应有的忽视。在现实中，为一元钱的争议而不惜起诉、上诉，将官司进行到底的权利主体往往被宣传为保护权利的典型。然而可能事与愿违，当人们从中认识到为了物权的保护、公平的实现竟要支付如此巨大的保护成本时，谁还会津津乐道于保护物权？相比于在一审、二审中投入的时间、财力和精力，一元钱的公平实则恰恰有悖于公平。因此，物权保护的效率问题的确值得重视。再借用我们多次提到的观点，在零交易成本的假定下，物权的保护可以通过市场途径实现；而在交易成本为正的现实中，就需要通过制度。在物权保护中，法律的引入，正是服务于避免过高的交易成本。由此可见，法律对物权的保护不仅仅是公平问题，更是效率问题。物权保护为促进效率的提高，关键在于降低权利人的保护成本。诉讼成本都由侵权人负担，为此才能促成物权保护的机理，促使权利主体积极维护其物权。如相邻妨害关系中，植物越界造成的侵权，在侵权人不主动刈除时，受侵害人可自主刈除，并由侵权人承担由此产生的费用。这一费用分担标准，不仅出于公平，更通过降低保护成本，体现了物权保护的效率追求。

---

① 详见梁慧星主编《中国物权法草案建议稿》，社会科学文献出版社2000年版，第116页。

第十节　数据财产归属的反思：基于卡尔多－希克斯模型①

一、研究背景与意义

笔者曾在论文《大数据确权的法律经济学分析》中按照大数据产业流程的逻辑对大数据挖掘阶段、大数据存储和分析阶段、大数据应用阶段的大数据财产权归属进行了分析。②本节的写作背景包括研究阶段变化和现实关照变化两方面。研究阶段的变化是从整体研究到重点研究。相较于该论文通过整体视角对大数据产业进行梳理性探索，本节中笔者将研究对象进行了限缩，即将研究对象从由（元）数据财产、大数据算法财产、大数据模型财产和大数据应用财产组成的"大数据财产"整体限缩为（元）数据财产，集中探讨数据作为一种财产的归属问题。现实关照变化指的是近几个月来国内外关于大数据财产化的法学研究和法律制定都有了显著进展，需要深化对大数据财产化过程中产生法律问题的探索。这些是本节的研究背景，也是后文中要重点介绍的内容。

具体介绍本节的研究背景。大数据财产化法学研究的进展主要体现在美国公开权制度的引入。所谓公开权（right of publicity），指的是自然人对其人格标志的商业价值所享有的财产权。这一理论早在半个世纪之前就已提出，③最早是为了解决自然人对其人格权产生的财产收益缺乏法律依据的问题。但随着半个多世纪以来的人格权理论发展，人格权的财产利益已经具备了广泛的请求权基础。这些请求权基础广泛分布在民法、知识产权法和侵权责任法等部门法中，比如肖像权、姓名权、著作权和信息网络传播权等。公开权理论虽然传统，但是在解决数据财产的归属这一时新问题上却很有潜力。原因在于大数据是数据组成的，相当多的数据是承载着个人信息的，如果数据财产是一种财产权的保护对象，个人信息却是人身权的保护对象，那么在个人信息转化为数据财产这一财产化的过程中，财产利益归属于谁？这与公开权的产生背景以及逻辑是高度相似的，后文会加以分析。

几个月以来，关于大数据财产化的法律制定也有了重大变化。最新进展主要表现为我国《民法典》在编纂过程中对人格权独立成编的争论，以及《欧盟一般数据保护法案》（GDPR）的生效。④一方面，在《民法总则》颁布后，正在制定的《民法分则》中如何对人格权进行立法安排，是集中化独立成编抑或散见于其他各编之中，成为《民法典》编纂过程中激烈争论的问题。从数据财产归属的角度来看，人格权独立成编具有明显的制度优势，后

---

① 本节部分内容曾以论文形式发表，具体出自周林彬、马恩斯《数据财产归属的反思——基于卡尔多－希克斯模型》，载《制度经济学研究》2018年第4期。
② 参见周林彬、马恩斯《大数据确权的法律经济学分析》，载《东北师大学报（哲学社会科学版）》2018年第2期。
③ 公开权发端于1952年的"Gautierv. Pro-FootfallInc"案，Desmond法官提出原告的诉求之所以是正当的，并非是因为他的隐私受到侵犯，而是他没有从电视转播他的表演中获得报酬。然而当时纽约州的隐私权法案对这一正当维权缺乏法律基础，故而形成了这种"自然人对其人格权享有财产收益的权利"。
④ 参见王利明《使人格权在民法典中独立成编》，载《当代法学》2018年第3期。

文将加以论述。另一方面，国内大数据产业发展呈现出井喷式增长。① 而 2018 年 5 月 25 日正式生效的《欧盟一般数据保护法案》对我国在欧大数据产业的拓展提出了严峻的挑战，业界普遍认为 GDPR 将会大幅度减缓大数据产业的发展速度。之所以业界有此关注，是因为 GDPR 中设置了对"个人数据"的严苛保护。违反个人信息收集和使用规则，侵犯数据主体权利，数据控制人或使用人将克以最高全球年营收 4% 或 2000 万欧元的罚款。但是，个人数据是否属于个人，个人数据的使用权分配给国家、企业还是用户个人更具有经济绩效？这些恐怕是 GDPR 在制度设计时没有充分考虑的。另外，如果数据的使用权属于企业，那么企业与企业之间的数据纠纷如何解决？比如百度和大众点评发生的数据财产权纠纷、腾讯和华为发生的数据财产权纠纷，是否应该适用同样的规则？这些都可以通过法律经济学进行分析和制度设计。以上是本节的研究背景。

按照法律经济学以及产权经济学的观点，"对未来产权的确信度，决定人们对财富种类和数量的积累"②。数据财产的归属问题，从经济学来看是一种资源分配问题，细化到产权经济学来看，则是初始产权界定问题。由于不同的初始产权界定对制度的效率有着重要影响，通过市场的"试错"可能支付高昂的交易成本。在资源总体稀缺的情况下，应该通过制度设计将资源配置给效率最高的主体。③ 这么做可以促进其改进技术，进而提高社会的正外部性，促进社会福利的最大化。比如，大数据模型可以精确预测人类行为，无论是个人的购买行为、投资行为还是企业的生产行为、销售行为，甚至是政治上的选举行为，而这些人类行为无论是对国家发展、社会治理、企业经营还是个人应用而言都意义重大。明确数据财产的归属对于激励大数据技术的革新以及大数据产业的发展，进而推动我国生产力水平的发展和数字中国的建设都具有重要意义。

二、企业与个人间的大数据财产归属

（一）基本概念辨析

1. 个人信息、信息、数据、大数据之间的区别

在目前对数字经济的法学研究和经济学研究中，个人信息、信息、数据与大数据是经常混用的概念，四者之间确有联系，却不能混为一谈。比如，目前法学研究中常用的研究逻辑是"大数据就是大量的数据，数据的内容是信息，信息多是个人信息汇总而来，个人信息属于个人，所以大数据与个人信息密切相关，有可能侵犯个人信息权"，这恐怕也是《欧盟一般数据保护法案》的立法逻辑。但经过实际调研发现：

---

① 参见智研咨询《2017—2023 年中国大数据应用行业市场全景调查及未来前景预测研究报告》："根据 Forrester 的统计，目前我国在线或移动金融近交易、社交媒体、GPS 坐标等数据每天要产生超过 2.5EB（EB = 10243GB）的海量数据。根据 IDC 的预测，全球数据总增长量将维持在 50% 左右，2020 年全球数据总量将达到 40ZB，其中中国占 8.6ZB，全球的 21% 左右。根据中国信息产业研究院的数据显示，2017 年中国的大数据市场规模约为 227.4 亿元，同比增长 39%，预计未来几年还会维持在 40% 左右的高增长。"资料源自中国产业信息网（http://www.chyxx.com/industry/201710/576332.html）。

② 参见阿兰·鲁福斯·华特斯《经济增长与产权制度》，载于［美］詹姆斯·A. 道、史迪夫·H. 汉科、[英] 阿兰·A. 瓦尔特编《发展经济学的革命》，黄祖辉等译，生活·读书·新知三联书店上海分店 2000 年版，第 131 页。

③ 参见周林彬《法律经济学：中国的理论与实践》，北京大学出版社 2008 年版，第 84 页。

第一，大数据不只是大量的数据的总和，① 还包括大数据算法②、大数据模型③和大数据应用。尤其是大数据模型，即所谓"用户画像"，才是大数据产业价值最集中之处。静态的数据本身，再多也不会产生预测力。但是数据经过大数据算法加工成的大数据模型却可以准确预测人类行为，这才是大数据的精髓所在，将大数据仅仅理解为大量数据、数据库是将新问题老问题化了。

第二，数据与信息确是载体和内容的关系，但可识别性不通。信息，是可识别化的数据，但信息本身是不能被计算机记录、存储、分析和处理的，必须经过数字化加工，比如人所共知的二进制"0，1"，才能被计算机处理。固然，数据来自信息，在一定情况下数据也可以还原成信息，但数据本身不能被一般公众识别，言"数据侵犯隐私权"或者将"数据泄露"和"信息泄露"等同起来，在法律上是缺乏严谨性的。

第三，个人信息与信息可以被认为是部分和整体的关系，但正如马克思主义哲学辩证法的表述，整体功能要大于部分之和。大数据产业关注"一类人"的行为习惯，远胜于"一个人"的具体行为。之所以统计工具发展为大数据产业，正是因为数据高度积累，个体数据的价值在大数据时代无限趋近于零。学界在数字经济问题里研究个人信息保护的问题，常常高估了已经被数据化、不能被直接识别的个人信息的价值和损失。

2. 个人信息、信息、数据、大数据之间的联系

个人信息是人身权问题；信息既是人身权问题，也是公共产品问题；信息的数据化是人身权的财产化问题，兼具人身权和财产权两方面特点；数据的大数据化宜被认为是纯粹的财产法问题。本节探讨的是数据财产问题，也即信息的数据化问题、数据的大数据化问题。所谓数据财产，是一个正在形成中的概念，或可以被定义为"以二进制形式存在，固定于一定的载体之上，能够满足人们生产和生活需要的数字化财产"。数据主要存在于两个阶段，分别是信息的数据化阶段和数据的大数据化阶段。由于信息的数据化需要个人让渡个人信息的使用权给企业，因此需要在这一项下探讨数据财产归属于企业还是个人；又由于数据的大数据化涉及企业间的数据挖掘、存储、加工、分析和应用等领域的竞争，权利经常存在竞合，因此需要在这一项下探讨数据财产在企业间的归属问题。

---

① 大数据算法是执行大数据运算的一系列计算机逻辑指令。从信息技术上说，算法是解决问题的一系列明确逻辑指令，与其相关的概念包括软件、程序、语言、代码。以研究人员最常使用的Microsoftoffice中的"Word"为例，Word是软件，也可以称之为程序。VBA（Visual Basic for Application）是Word的编程语言，开发新版本Word时必须使用这一计算机语言。在开发的过程中，"当用户按键盘上的Delete（删除）键时，在光标处向左删除字符"则是算法。在编程中，代码是算法的载体。所以几者之间的关系是，程序等于软件，将代码按照计算机语言写成算法，就成为软件的一项具体功能，若干算法最终组成了软件（程序）。

② 大数据模型即抽象层次上确定系统的静态特征、动态行为和约束条件所构成的预测性框架。从信息技术的角度来说，大数据模型包含大数据结构、大数据操作以及大数据约束三部分。按照法律关系的主体来说，可以分为个人大数据模型、企业大数据模型和公共大数据模型。其中，个人大数据模型也被称为用户画像（Personas）或用户角色，是用以描述、联系、预测目标用户的大数据工具，属目前应用最广的大数据模型种类，无论是淘宝网的购买推荐、百度地图的最优路线导航、大众点评的餐厅推介，本质都是个人大数据模型的应用。企业大数据模型是为知悉、改进企业生产经营活动，依照企业真实情况生成的大数据工具。公共大数据模型是以旨在描述、分析、评估和预测不特定公众行为或公务活动的大数据工具。大数据应用即发挥大数据记录、存储、运算、分析等功能的程序。比如百度地图，即是典型的LBS（基于位置大数据）大数据应用。新浪微博则主要是CRM大数据应用。

③ 大数据应用即发挥大数据记录、存储、运算、分析等功能的程序。比如百度地图，即是典型的LBS（基于位置大数据）大数据应用。新浪微博则主要是CRM（客户关系管理）大数据应用。

（二）法律规范现状

1. 《欧盟一般数据保护法案》

随着无论是数据的海量积累还是大数据产业的高速发展而来的，是严峻的法律风险，这种风险根源于数据的财产权归属问题，要害在于企业是否能合法使用从用户处收集到的数据，以及同样有权收集数据的企业间对数据的财产权如何分配。

法律风险一：企业收集数据非法化。GDPR 言明"个人数据归属于个人所有"，这些个人数据包括姓名、生日、地址、信用卡、银行、医疗信息、位置信息、IP 地址等，其法律约束力采用了属地管辖原则，即任何向欧盟范围内居民提供商品及服务、收集用户信息的全球性企业将无一例外受到新法令的约束。而将个人数据的财产权明确归属于个人后，企业收集数据即面临着严格的转让协议、告知义务、自然人违约等限制，极易被认定为滥用数据进而被宣布为违法。

法律风险二：企业存储数据非法化。GDPR 要求管辖范围内企业只能留存上限为 500 万条的数据，许多企业不得不删除长期积累的大量数据。数据存储上限过低、流量过大，对于与 Google、YouTube、Amazon 等以用户数据、流量为主要企业资产的巨型网络运营公司来说是重大法律风险。

2. 我国的立法现状

我国现行个人信息与数据保护体系中也存在前述部分法律风险，但另有值得注意的区别。

（1）数据财产是否归属于个人所有尚不明确。从《民法总则》第 111 条的规定可以看出以下两方面立法意图：一方面，自然人确是个人信息财产权的主体；另一方面，个人信息的流转虽受到法律限制，但具有流通性。《民法总则》第 127 条规定："法律对数据、网络虚拟财产的保护有规定的，依照其规定。"可见，立法者在 2017 年年初《民法总则》制定时对于上述问题的立法思路尚不完全成熟。而在《网络安全法》中，该法以第 40～48 条细化了《民法总则》对个人信息保护的具体方式，但是对于被加工成数据的个人信息的权属问题仍未明确。

（2）数据财产可以有条件地属于企业所有。《网络安全法》第 42 条："网络运营者不得泄露、篡改、毁损其收集的个人信息；未经被收集者同意，不得向他人提供个人信息。但是，经过处理无法识别特定个人的除外。"这里的"无法识别特定个人的除外"在笔者之前的调研中是企业界关注的核心条款，因为这一"但书"具有可以被理解为"企业对合法收集的个人信息，在有条件的情况下可以依法享有处置权"。

对比《欧盟一般数据保护法案》和我国的《网络安全法》，可以发现两部法律对公开权采取了不同的立法态度，也可表述为对数据财产的权属进行了不同的划分。两者制度安排的不同根源于立法价值取向的侧重不同。《欧盟一般数据保护法案》更侧重于对公平的保障，是在大数据时代个人和企业信息不对称性逐步加大的情况下捍卫个人信息和个人数据安全的立法选择。《网络安全法》兼顾了对效率和公平的保障，是在我国将大数据产业发展上升为国家战略的情况下给予幼稚产业以宽松制度环境，鼓励其快速发展的立法选择。

公开权与隐私权相对，其要义并非在于惩罚人身权的侵权行为，而是赋予请求权主体对不当占有其人身权财产利益的求偿权。引入公开权制度，立法反映即欧盟的立法模式，将数据财产界定为个人所有。部分引入公开权制度，立法反映即我国的立法模式，在有条件的情况下将数据财产界定为企业所有（见图 6-10-1）。显然，这两种制度安排明显有着不同的经济绩效，可以通过卡尔多-希克斯模型进行分析。

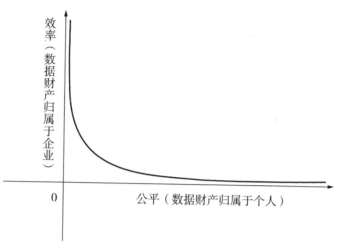

图 6-10-1　法经济学视角下数据权属划分的效率与公平关系

（三）数据财产权属的卡尔多-希克斯效率逻辑

1. 引入公开权制度

我们假设，将作为一种财产的数据归属于用户个人，用户因并未出让数据而降低了企业泄露数据、滥用数据的风险。同时，由于用户未出让数据，企业无法据用户数据提供相应的 GPS（比如百度地图）、CRM（比如微博）服务，降低了用户的生活便利程度（消费者剩余）、企业的经济利润（生产者剩余）和社会总剩余。我们将此种制度设计中用户避免的损失设为 a，将降低的社会总剩余设为 b。

2. 部分引入公开权制度

另假设，将作为一种财产的数据归属于网络运营商，企业从用户处收集到个人信息并加工成为个人数据，达到一定数量形成大数据，并产生经济价值，这一价值同时有利于消费者剩余、企业的经济利润和社会总剩余的提高，数值为 b。企业滥用数据、数据泄露给个人造成的损失，数值为 a。企业为避免法律风险、商业风险和保障数据规范使用所要支付的成本，为 c。

3. 成本收益分析

在数据市场初始状态下，从成本收益分析的角度来看，数据财产应当归属于个人还是企业，是要求 $b-a$ 的差值最大化。也即使得数据产业的社会总剩余最大化、由数据产业发展给个人用户带来的负外部性最小化。在此状态下，企业没有足够的激励去保障个人用户的数据安全，企业所支付的 c 主要是避免数据被竞争对手用于替代性商品或服务开发所支出的成本，[①] 设为 $c1$。

在数据市场发展的过程中，企业滥用数据导致个人数据和公共数据的泄露，进而导致了消费者福利和社会总福利的下降，也就是企业机制失灵产生了负外部，而需要进行政府管

[①] 参见 James T. Graves, Alessandro Acquisti, Nicolas Christin, "Big Data and Bad Data: On the Sensitivity of Security Policy to Imperfect Information", *University of Chicago Law Review*, 2016, 83, Issue1.

制,也即出台法律要求网络运营商支付成本,保障用户数据,这是一种典型的负外部性的内在化。所以此时 c 的内容发生了变化,既包含了排斥竞争而进行的专利注册、商业秘密保护保护开发,又包含了负外部性内在化而进行的用户数据保护措施所支付的成本,设为 c_2,也即此时 $c = c_1 + c_2$。

所以此时的成本收益分析变成了 $b - c - a$ 的差值最大时,社会福利最大化。这样的制度安排显然不符合帕累托最优的标准。按照帕累托最优的制度安排,从一种分配状态到另一种状态的变化中,在没有使任何人境况变坏的前提下,使得至少一个人变得更好。无论是将数据财产归属于个人,实现公平而牺牲了效率,也即固定支出 c_2 去保护个人数据安全;还是将数据财产归属于企业,实现了效率,却牺牲了公平,因为个人将承担 a 数量的、由数据泄露和滥用而带来的风险;或者是两种情况下都要因防范竞争对手而支付的 c_1。总之,c 或 a 是必须要支付之一,不存在没有任何人环境变坏的前提,所以不符合帕累托最优的标准。

但这两种制度安排却有可能满足卡尔多-希克斯效率的要求。卡尔多-希克斯效率是一种由非自愿的财富转移形成的补偿性效率,也即从结果中获得的收益完全可以对所受到的损失进行补偿。在卡尔多-希克斯效率下对数据财产的归属进行制度安排,需要考虑三个要素。

第一,$b - c - a$ 的差值最大时社会福利最大,上文已经论述。

第二,c_2 和 a 呈反比关系,也即随着企业投入个人数据保护的成本越来越高,个人数据被滥用和泄露的风险和损害越来越低。

第三,b、c、a 三者的变化率不同。一方面,企业可以对个人信息进行清洗、锁定个人数据、还原权限等方式使得个人数据不可识别为个人信息,进而很大程度上消除数据活动的负外部性,这对于企业而言,技术成本很低,对于降低个人数据的风险却很有效;另一方面,滥用个人数据的实害后果与数字产业对市场的贡献也不尽相同。

(四) 制度改进

1. 总体制度改进策略

总的来说,对数据财产的权属进行制度设计要兼顾考虑效率和公平两方面要素,[1]也即要在保障个人数据安全的前提下尽可能促进数据的流动和大数据产业的发展,以提高经济效率、增加正外部性溢出,进而促进整体社会福利的提升。考虑在卡尔多-希克斯效率下对数据财产的归属进行制度安排的三个要素,有如下设计。

一方面,将数据财产完全归属于个人,将使得企业难以取得数据,这样的制度安排虽然很大程度上消除了因数据滥用或数据泄露带来的灾害损失 a,但却也同时削弱了数据产业能够提升的社会福利 b,毕竟个人对个人数据的使用缺乏效率,难以产生经济价值进而提升社会福利。按照波斯纳定理,资源应该分配给最珍视它的人。所以数据财产不能够如欧盟《欧盟一般数据保护法案》般规定,完全归属于个人。即使数据财产的"所有权"归属于个人,也需要在有条件下尽可能开放数据财产的使用权,如《网络安全法》第 42 条中的"无法识别特定个人的除外"即是在"无法识别特定个人"的条件下开放了企业对合法收集到的数据进行合法、合理范围内使用权。

---

[1] 参见 Elizabeth E Joh, "The New Surveillance Discretion: Automated Suspicion, Big Data, and Policing", *Harvard Law & Policy Review*, 2016, 10 (1)。

另一方面，因为企业投入少量的个人数据保护成本 c_2 即可以有效地降低数据滥用和数据泄露给个人带来的损失 a，由企业承担个人数据保障的义务更有效率，所以结论是，应该在现行的制度下一方面强化企业对个人数据保护的责任，另一方面不赋予个人以个人数据权或至少在有条件的情况下开放个人数据的使用权给企业。

2. 具体制度改进策略

可以从以下五方面进行法律制度设计：企业私法自治、首次权限列表、敏感信息特别授权、一般个人信息月报和权限一键关闭。

（1）企业私法自治，即在交易成本较低的情况下由企业自发进行私人谈判，在交易成本较高的情况下由政府主导促成企业的私人谈判，最终实现对个人数据保护、利用的制度安排。从动力上来看，通过比较《淘宝法律声明及隐私权政策》（2017 年 8 月 21 日版）、《Google 法律声明及隐私政策》[1] 和《新加坡航空隐私声明》等文件可知，企业界对于个人信息保护以及个人对个人信息享有人身权并无意见，且体现了充分保护的态度。从实例来看，2017 年 11 月 7 日，在工信部、互联网协会牵头下，移动终端厂商、互联网厂商及应用商店相关企业在北京共同签署了《移动智能终端应用软件分发服务自律公约》（以下称"自律公约"），用以规范企业对个人数据的使用、企业间数据归属等问题。这说明在数据财产权属问题上，企业私法自治具有良好的自我改进潜力。

（2）首次权限列表，即按照正面清单的方式以电子格式呈现的合同界面的个人信息使用权转让协议，并设置最低同意标准。[2] 最低同意标准包括运行程序所必需的信息，比如导航软件必需位置信息，否则无法正常运行；但是对订票软件来说，位置信息就未必是必需的。这一最低同意标准由国家与行业协会按照 App 的类型进行划分后分别制定，亦可由行业协会制定后由国家予以授权。当用户同意最低标准后，App 即应允许使用。

（3）敏感信息特别授权，[3] 是用户首次未同意的使用选项中涉及财产、位置等敏感信息，如用户确实要求，可以在点选时进行弹窗提示，作为主合同的补充协议内容，由用户选择是否接受。比如大众点评等生活服务网站，在初次通知时不应要求位置信息作为最低同意标准，但用户若要查找"我身边的餐馆"，则属于主动邀约，大众点评 App 在此时弹出要求用户授权使用位置信息，即可作为合法承诺。

（4）一般个人信息月报，即将用户已经授权使用的信息按月发给用户。由于过于频繁的通知既降低企业效益也伤害用户体验，不符合经济绩效标准，故而按月通知，如信用卡等月度账单，较为合理。这一月报的内容应当包括信息的具体用途、使用信息的具体部门、企业，是否尽到了去身份化义务等内容。具体应由国家与行业协会共同制定。

（5）权限一键关闭，即用户有权在显眼位置找到一键取消授权给企业的一切权限之权利，并承担不能使用部分或全部功能的后果。

三、企业间的数据财产归属

同样是网络服务巨头，大众点评与百度的数据纠纷和华为与腾讯的数据纠纷有何区别？

---

[1] 载谷歌中国网（http://www.google.cn/intl/zh-CN/policies/terms/regional.html）。
[2] 参见 Andrew Guthrie Ferguson, "Big Data Distortions: Exploring the Limits of the ABALEATPRS tandards", *Oklahoma Law Review*, 2014, 66 (4), pp. 841 - 844。
[3] 参见 D. Zwart, Melissa, Humphreys, et al, "Surveillance, big data and democracy: lessons for Australia from the US and UK", *University of New South Wales Law Journal*, 2014, 37 (2), pp. 713 - 747。

适用规则有何区别?两者对于企业间的数据财产归属制度的设计有何借鉴?

(一) 司法聚焦"实质性替代"

1. 司法现状

近年来,企业数据财产纠纷不断,进入诉讼程序的如"大众点评诉百度""大众点评诉爱帮网"等,未进入诉讼程序的如"华为、微信数据争端""微博、今日头条数据争端"等。从发生的数量上来看,近三年来呈不断激增的态势。综观这些企业数据财产纠纷案,在裁判文书中认定不正当行为时出现频次最高的关键词是"实质性替代",亦即侵权结果是否包括对被侵权方业务的替代。这一判断十分重要,一方面是由于企业数据财产纠纷涉及范围往往是全国甚至是全球的,关于实际损害的衡量举证困难;另一方面企业数据财产侵权影响是巨大的,往往显示为市场份额的下降与经济利润的滑坡。"实质性替代"属于各类损害赔偿请求权的实质构成要件之一。

但是,"实质性替代"并非《反不正当竞争法》中的原文规定,实属企业数据财产纠纷中的新情况。而对这一"实质性替代"的认定,目前存在困难。具体包括实质性替代目的判别、行为判别和结果判别。另外,前述判决和争议虽然广泛引述了《反不正当竞争法》第9条关于侵犯商业秘密的法律规制,但是却未对具体何种行为侵犯商业秘密进行说明,只是泛泛而谈。[①] 此外,这些判决和争议有相当部分发生在 2017 年 11 月《反不正当竞争法》修订之前,对于理论与实务界广泛关注的"互联网条款"也即第 12 条,[②] 未能进行援引。

2. 经济分析

企业之间的数据财产权属纠纷,主要是数据的公共财产性导致的。具体来说,是公共财产的非排他性和非竞争性。与实体财产诸如汽车、房屋不同,数据财产的排他性难以保障。比如一台手机可以搭载 100 个应用,经过用户授权都可以对用户的 LBS 数据进行记录,尽管各应用的流量端口不同,却作用于内容大同小异的数据财产,所以导致数据财产很难具有实体财产的排他性。另外,数据财产也尚不具有虚拟财产的排他性,比如专利、商标是法律通过拟制设立的财产权,专利权人可以依法排他享有专利带来的财产性收益。但是,数据虽在性质上显然属于虚拟财产,却尚未被法律确认为一种财产权,故而也尚不具有虚拟财产的排他性。另外,数据财产也缺乏竞争性。所谓非竞争性,即在某种产品的数量给定的条件下,增加消费者的边际成本为零。一如前例,100 个应用都可以记录用户的 LBS 数据,数据财产的价值却不会因被多次记录而贬损。

但这里需要明确的是,数据作为一种公共财产,可以是政府提供的、企业提供的,也可以是个人用户提供的。本节探讨企业之间的数据财产权属纠纷,所以核心关注点也集中于作为公共财产的、由企业产生的数据。下文所说的"数据"除非特殊注明,皆指企业产生的数据。

[①] 第9条内容为:"经营者不得实施下列侵犯商业秘密的行为:(一)以盗窃、贿赂、欺诈、胁迫或者其他不正当手段获取权利人的商业秘密;(二)披露、使用或者允许他人使用以前项手段获取的权利人的商业秘密;(三)违反约定或者违反权利人有关保守商业秘密的要求,披露、使用或者允许他人使用其所掌握的商业秘密。"

[②] 第12条内容为:"经营者利用网络从事生产经营活动,应当遵守本法的各项规定。经营者不得利用技术手段,通过影响用户选择或者其他方式,实施下列妨碍、破坏其他经营者合法提供的网络产品或者服务正常运行的行为:(一)未经其他经营者同意,在其合法提供的网络产品或者服务中,插入链接、强制进行目标跳转;(二)误导、欺骗、强迫用户修改、关闭、卸载其他经营者合法提供的网络产品或者服务;(三)恶意对其他经营者合法提供的网络产品或者服务实施不兼容;(四)其他妨碍、破坏其他经营者合法提供的网络产品或者服务正常运行的行为。"

因为数据的公共财产属性，导致了"搭便车"问题的产生，而所谓"实质性替代"，即是在企业财产归属纠纷中判定"搭便车"行为责任人的法律表达。我们姑且称以数据为主动财产流转标的市场为数据市场，那么"搭便车"问题的主要不利影响体现在导致数据市场失灵，使得数据市场无法达到效率。如果数据市场中的其他厂商都可以"搭便车"，意味着生产数据的厂商将可能得不到弥补生产成本的收益。长期以往，厂商将不会提供这种产品，从而使得公共物品很难由市场提供，进而造成市场失灵，降低社会福利。

（二）代表性案例的比较分析

通过两则案例的比较说明"实质性替代"的判定将一目了然。这两则案例分别是"大众点评诉百度不正当竞争案"① 和"华为、微信数据争端案"②。

1. 当事人对对方数据抓取行为本身的合法性判定比较

在"大众点评诉百度不正当竞争案"中，百度通过蜘蛛机器人（数据抓取技术的一种）在大众点评 Robots 协议允许的范围内进行数据抓取，且在提起诉讼后，大众点评亦没有通过修改 Robots 协议而禁止百度的数据抓取行为。法院认为"Robots 协议是互联网行业普遍遵守的规则"，依据行业习惯裁定百度在该案中的数据抓取行为本身为合法行为。大众点评亦认可这一观点。在"华为、微信数据争端案"中，腾讯称华为的数据抓取行为本身是侵权行为，因为微信产生的数据是腾讯基于用户同意而产生的，其使用权归属于腾讯集团。而华为称其也得到了用户对数据处理使用的许可，亦属于合法。毕竟用户若要在华为手机上打开微信，需要一并同意华为与腾讯的授权协议。

2. 数据抓取后的使用方式比较

在"大众点评诉百度不正当竞争案"中，百度抓取大众点评数据后，旋即用于本集团的其他大数据应用，如百度地图、百度知道。百度地图援引大众点评内容向用户推荐周遭餐馆，百度知道在回答中使用大众点评中的用户评论进行反映。法院认为此举属于"实质替代大众点评网向用户提供信息""具有明显的搭便车、不劳而获的特点"，故而符合不正当竞争的构成要件。而在"华为、微信数据争端案"中，华为使用微信产生的数据③的具体方式是植入广告，这是明确的商业用途、盈利性用途，与前案中百度公司的做法本质上并无二致。

3. 数据抓取后的结果比较

在"大众点评诉百度不正当竞争案"中，百度败诉，其不正当竞争行为成立，被判令赔偿 300 余万元。而在"华为、微信数据争端案"中，腾讯在对华为提出侵权指控后不久即不再进行后续维权行为。而后，在 2017 年 11 月，与华为等共 16 家主要互联网与大数据

---

① 原告上海汉涛信息咨询有限公司（以下简称"汉涛公司"）与被告北京百度网讯科技有限公司（以下简称"百度公司"）、上海杰图软件技术有限公司（以下简称"杰图公司"）产生不正当竞争纠纷。原告称，百度公司未经许可大量抄袭、复制大众点评网点评信息，直接替代了大众点评网向用户提供内容，损害了被告权利，构成不正当竞争。百度公司称其与原告并非同业竞争关系，符合大众点评网的 Robots 协议，使用"大众点评"等标识是为了标注信息的来源，故不构成不正当竞争。杰图公司称，涉嫌侵权的信息在百度地图上，杰图公司网站通过 API（应用程序编程接口）调用百度地图，杰图公司与百度公司不存在共同故意或过失，不构成不正当竞争。

② 大体经过是 2017 年 8 月，腾讯指控华为集团"荣耀 Magic"手机侵害了腾讯的数据，具体表现为华为集团"荣耀 Magic"手机可以利用用户的微信聊天信息为用户推送相关的服务，比如用户提到了"晚餐"，可能会给用户推送其所在位置附近的餐馆。而这是之前腾讯独有的功能。

③ 当然，这可能存在争议。因为华为手机上搭载的微信软件不能脱离手机产生数据。但至少可以肯定的是，这些微信数据不是华为手机独立产生的。两者对这些数据至少是某种意义上的共同所有关系。

服务企业,签订了《移动智能终端应用软件分发服务自律公约》(以下简称"公约")。[①] 实际上是给予了华为与腾讯同等的数据挖掘权限和广告弹窗权限,属于腾讯方面的让步,因这一权限在 2017 年 7 月华为投放广告前为微信独有。

(三)"实质性替代"认定标准的建构

"实质性替代"的认定标准即数据市场"搭便车"行为的界定标准。主要目的在于确定在数据市场中,对于数据财产这种公共物品,某个厂商消费的资源是否超出他的公允份额或者承担的生产成本,进而影响了公共物品的持续提供与增加提供。如果从主体、行为和结果三方面都在明显过低的成本下超量消费公共产品,进而对公共物品提供者产生了负面激励,则应当认定为不正当竞争。由于认定不正当竞争的结果是通过法律对"搭便车"企业进行超越公允份额的罚款、补偿公共物品提供者的损失,因此此种制度设计属于基于"卡尔多-希克斯效率"的制度改进。具体做法如下:

第一,主体方面:现阶段主营业务相似度。如果现阶段主营业务大相径庭,判定对数据被挖掘方造成"实质性替代"则难以成立。反之,若现阶段主营业务高度相似,则更有可能构成"实质性替代"。

虽然数字经济时代,市场主体从事跨领域经营进而产生广泛交叉的情况十分多见,但双方的主营业务相似度高低应是判定实质性替代与否的初步标准。比如,按照华为和腾讯官网的介绍,"华为技术有限公司是一家生产销售通信设备的民营通信科技公司""深圳市腾讯计算机系统有限公司是目前中国领先的互联网增值服务提供商之一",显然前者是硬件公司,后者是软件公司。虽然在云服务、人工智能(AI)等领域存在交叉,但本质区别甚大,主营业务不同。而百度与大众点评则显然主营业务都集中于软件服务。对此,法官依据常识进行判断的司法成本不高。若是确有困难,需要进行查明,也可以依据双方当事人提供的上一年度的财务报告——主要支出项目和收入项目来判断现阶段主营业务相似度,从而降低司法成本。

第二,行为方面:竞争优势获取途径。按照前文所称,竞争优势获取途径大体包含直接商业竞争与间接商业竞争两种。直接商业竞争如"大众点评诉百度不正当竞争案"中,百度将所挖掘到的大众点评数据直接用于同质化业务,诸如商户推荐、位置服务的竞争之中,这直接侵犯了汉涛公司在"点评模式"中所营造的商业竞争优势。间接商业竞争如"华为、微信数据争端案"中,华为与腾讯对产业的主要关切不在于现阶段的广告推送,而在于中长期云服务、AI 等后续产业的开发。所以,如竞争优势获取途径是直接商业竞争,则更可能构成实质性替代和不正当竞争,反之则不然。

第三,结果方面:流量劫持风险。互联网行业相对大数据产业中最为重要的基础性资源是流量,即用户的访问、使用痕迹。在确定时间内流量总额稀缺的情况下,各运营商之间的流量获取是此消彼长的关系。但由于 App 总量庞大,且难以证明如大众点评获取流量的下降是由于百度的引流行为所引起的,因此在确定"实质替代"时,应该按照风险标准而非结果标准:如果当事人双方争夺的是相同的网络用户群体,即可认定为存在流量替代风险。应用到前述两案,在"大众点评诉百度不正当竞争案"中,两者争夺的是为用户提供商户

[①] 公约在第 17 条中规定:"在下载、安装、升级、使用、卸载应用软件时,不得实施以下行为。"具体包括"滥用自身优势干扰或阻碍其他应用软件分发服务""故意以不开放必要权限的方式干扰或阻碍其他应用软件分发服务"等。

信息和点评信息这一市场，故而具有流量劫持风险，宜认定为实质性替代；而在"华为、微信数据争端案"中，不存在用户访问华为手机即不访问微信，抑或相反情形，故而不具有流量劫持风险，不宜认定为实质性替代。

四、结论

从产业发展的角度来看，数据财产的归属问题在大数据产业的发展中属于基本问题，是后续数据财产流转、保障的前提。数据财产的权属也是新型问题，无论是单纯从法学角度以公平进行制度设计，还是从经济学角度以效率进行制度设计，都难以产生充分适用性的解决办法。在处理企业和个人之间的数据财产归属问题时，应考虑到现阶段大数据产业正的发展阶段，至少对数据财产的使用权不宜规制过于严苛，保护个人数据与促进数据财产的商业化应用是可以并行不悖的。当处理企业间的数据财产归属问题时，主要应考虑规制"搭便车"行为，保护和激励大数据产业的持续发展和创新以更好地服务于"数字中国"的建设。

从法治建设的角度来看，在个人信息的商业化利用越发普遍甚至事实上已经产业化的情况下，无论是在处理哪种数据财产归属的问题上，都应该保证《民法典》对新型权利的开放性与包容性。将人格权打散列入《民法分则》各编都难免法条间彼此掣肘，也会对权利人判断自己人格权的财产利益是否受到侵害造成困难。故而，从数据财产归属的视角，应当支持人格权的独立成编。

第十一节　无形资产出资的法与经济学分析[①]

从法律经济学的角度分析，法律的宗旨在于降低交易成本。我国现行公司资本法律制度未能减少双方当事人的交易成本，反而增加了双方的交易成本。因此，有必要运用法与经济学的方法和理论反思我国公司的无形资产出资制度，完善我国的无形资产出资立法。

一、无形资产出资的适格

（一）资本的本质与适格出资物的扩展

经济学关于资本的解释可以归为三类，即狭义、中义和广义的资本。狭义的资本是指贷款的本金，即"生息金额"；中义的资本是指积储的用来生息的本金和财货；广义的资本是指能带来未来现金流的财富，包括劳动力、技术和物质财货（包括金钱）等。法学界注重从法律关系的角度对资本概念进行剖析，认为资本不是机器或材料那样的物质，而是一种法律关系。

上述经济学界关于资本的"物资论"和法学界关于资本的"关系论"不同观点的"对立"程度随着新制度经济学和分析法学理论的发展正在降低。因为按照经济学的观点，产权的产生取决于对资源采取排他性措施成本收益的大小，产权是一个开放的领域，作为出资的"物"的范围自然是一个不断扩张的过程。因此，不断有新的"物"（商业秘密、商誉、合同权利等无体物）可以成为公司出资的标的物。

[①] 本节部分内容曾以论文形式发表，具体出自周林彬、冯曦《无形资产出资的法与经济学分析》，载《法商研究》2004年第1期。

(二) 无形资产出资立法

在当事人意思自治与公共秩序诉求的平衡在意思自治过程中,当事人考虑更多的是资产所具有的增值性,故基于当事人意思自治产生的出资协议与基于公共秩序诉求产生的关于公司资本制度的强制性规范之间存在冲突是必然的。而公司法规范构成的一般规律和特点是,公司法是最自由的法律规范(如关于公司设立和组织的任意性规范)与最严格的法律规范(如关于公司资本和财务的强制性规范)的有机结合。据此,关于公司无形资产出资立法的合理性,应该充分体现对当事人出资协议之意思自治与公司资本之公共秩序诉求之间的平衡。

关于出资适格物问题,国外立法也不统一,如有的国家承认劳动力可以出资,有的国家则持否定的态度;有的国家肯定合同权利可以出资,而有的国家则否定以合同权利出资。[①]

笔者认为,无形资产出资与人们的观念(财产是共同认可的产物[②])和经济发展水平密切相关。一般的规律是,随着经济的发展以及人们观念的变化,无形资产在公司资本中的比例将逐步提升。《公司法》第24条规定,"以工业产权、非专利技术作出资的金额不得超过有限责任公司注册资本的百分之二十,国家对采用高新技术成果有特别规定的除外";第80条规定,"发起人以工业产权、非专利技术作出资的金额不得超过股份有限公司注册资本的百分之二十"。实践中,我国许多地区以无形资产出资的比例已经大大超过20%,说明《公司法》的规定滞后于现实,有必要进行修改。

(三) 我国无形资产出资法定范围的反思与完善

我国无形资产出资现行制度主要体现在:《公司法》第24条、《关于以高新技术成果出资入股若干问题的规定》(以下简称《规定》)第3条、《资产评估准则——无形资产》(以下简称《准则》)和《独立审计实务公告第1号——验资》(以下简称《验资第1号》)。

在国外公司资本理论和实践中,一般认为无形资产包括商标权、专利权、专有技术、版权、特许权、计算机软件及网络技术、域名权、优惠合同、商业秘密、劳动力组合、商誉、供销网络、土地使用权、租赁权等。相比之下,《公司法》允许作为无形资产投资的要素,只有工业产权和非专利技术。但是,现实中我国的无形资产已经不再局限于工业产权和非专利技术这些无形资产要素。如我国的经济实践中不仅已经产生了大量的著作权、计算机软件著作权、植物新品种权、集成电路专有权这些新的无形资产要素,而且已出现了商业秘密作为无形资产投资的情形。

再从立法技术层面分析,《公司法》中对出资物采用穷尽列举的方式,并且尚未明确规定《准则》中列举的无形资产可以出资,加之我国公司出资制度属于强制性规定,它排除了《公司法》所列举之外的其他现物可以作为出资物。而从经济发展的角度来看,这种"列举式"立法技术必然导致我国出资物立法显得过于保守。如果采用非穷尽列举方式,赋予投资人更多谈判的空间和选择余地,同时,加强无形资产出资程序立法以保障无形资产出资价格公允性的做法更加可取。这也从制度层面实现了当事人意思自治与公共秩序诉求的平衡。

---

① 《美国公司示范法》规定了合同权利、劳务均可出资,而德、法等国公司法则否定合同权利、劳务出资。
② 参见[美] A. 爱伦·斯密顿《财产、权力和公共选择——对法与经济学的进一步思考》,黄祖辉、蒋文华、郭红东、宝贡敏译,生活·读书·新知三联书店上海分店、上海人民出版社1999年版,第40页。

二、无形资产出资的程序

（一）我国无形资产出资程序的规定

《公司法》颁布以前，我国关于无形资产出资的规范主要体现为：《国有资产评估管理办法》（1991年）；《企业财务通则》（1992年）和《企业会计准则》（1992年）；《有限责任公司规范意见》和《股份有限公司规范意见》（1992年）；《国有资产评估管理办法施行细则》（1992年）。这些法规、规章确定了无形资产出资制度的雏形，但缺乏明确的指引和评估的细则，对无形资产的定义、性质和形态缺乏必要的规范，因而关于无形资产的法律、法规缺乏可操作性。

《公司法》颁布后，我国无形资产出资制度有所完善。《公司法》强调公司章程对于无形资产作为现物出资的约束力；在无形资产出资程序方面，主要体现在《公司注册资本登记管理暂行规定》（1995年）中；在验资方面，强调注册会计师的独立性、职能、工作范围等，主要体现在《验资第1号》中；关于无形资产评估，体现在《准则》的相关规定中。

（二）我国无形资产出资程序现行规定的反思与完善

无形资产具有无实物形态性、收益不确定性、不易模仿性、耐久性、不可替代性、优越性等特点，[①] 其价格的确定是主体之间订立契约的结果，所以只有在公开、公平的程序框架下，才能得出公允的价格。

无形资产出资是出资方的合同行为，行政干预应当尽量减少。各国的立法对现物出资的规制也从限制现物出资向以当事人合意选择为基础、加强现物出资的公示和第三方监督制度转变。比较国内外相关制度，笔者认为，我国在无形资产出资监督程序上仍需要在以下方面进行完善。

首先，健全无形资产出资公示制度。国外的立法规定对无形资产的评估状况和验资机构的验资结果都应该向全体股东、投资者和债权人公开。例如，《法国股份公司法》规定，由各现物出资者所做的出资评价及对出资给予的股份数必须予以记载，章程草案必须委托给公司本店所在地的商事法院书记局，供所有申请者阅览。我国公司法规虽然强调公司章程中关于无形资产的登记义务，但没有把无形资产出资的公示明确规定为股东和公司的一项义务，无形资产的公示及其程度成为大股东、公司的任意性行为，增加了股东、投资者和债权人的决策成本。

其次，完善注册会计师的选任制度。虽然我国有关法律强调注册会计师和法定验资机构的重要性，但对注册会计师的选择缺乏必要的规范，对有权选择注册会计师的机构是董事会还是股东会未明确规定。为此，《公司法》可以借鉴《日本公司法》的规定：公司发起设立时，授权公司董事选任注册会计师；募集设立的场合，董事和监事中有由发起人选任者时，股东大会则另选任注册会计师，由该注册会计师进行调查，并在股东大会上报告。

再次，要确立证券监管机构在无形资产出资方面的监督作用。例如可以借鉴日本法的规定，在证券交易委员会认为这种申报文件有形式上的不完备、记载不充分时，或者发现该申

[①] 参见熊熙宝《试论知识经济与无形资产的披露》，载《求实》2000年第11期；李悠诚《企业如何保护核心能力的载体——无形资产》，载《工业企业管理》2000年第10期。

报文件关于重要事项做了虚伪记载、欠缺重要的事项时，可以采取让证券交易委员会经一定程序提出订正申报书等处置方式，并且规定在有虚假和欠缺记载的场合，申报者、在申报书上署名者以及工程师、鉴定人及其他专家，提供了关于有价证券申报书的制作所使用的资料报告或鉴定，证明申报书记载并对其真实性做出保证者负担连带损害赔偿责任。此外，要采用现物出资立法与商法并列的方式加以公示，以便更好地保护一般投资者。

三、无形资产出资的法律责任

（一）我国无形资产出资法律责任现行规定之反思

从我国的司法实践来看，承担出资瑕疵法律责任者包括公司法人、公司发起人，尚未见追究验资机构、验资人员、公司登记机关的法律责任。

根据我国现行的法律规范，公司违规出资的法律责任主要体现在：

（1）股东、发起人的法律责任，包括民事责任和刑事责任。其中，在民事责任方面，主要体现为继续履行责任和违约责任以及赔偿责任。虽然上述继续履行责任和违约责任的归责原则是无过错原则，但赔偿责任则遵循过错责任原则。此外，在刑事责任方面，主要体现在《公司法》第208条的规定中。

（2）公司的法律责任。主要体现为公司虚假出资所应承担的行政责任，包括罚款、撤销公司登记、责令改正。虚假出资情节严重的需要承担刑事责任。

（3）验资、评估等中介机构、验资、评估人员的法律责任。主要表现在三个方面。第一，行政责任。《公司法》规定，上述机构提供虚假证明的，没收违法所得；罚款；责令停业；吊销直接责任人的资格证书。上述机构因过失提供有重大遗漏报告的，责令改正，罚款；情节严重的，责令停业，吊销直接责任人的资格证书。第二，民事责任。《注册会计师法》第24条规定，会计师事务所违反本法规定，给委托人、其他利害关系人造成损失的，应当依法承担赔偿责任。第三，刑事责任。《公司法》《注册会计师法》和《违反注册会计师法处罚暂行办法》规定，注册会计师和事务所的违法行为构成犯罪的，依法追究刑事责任。

上述我国关于出资法律责任规定的主要特点是，重行政和刑事责任，轻民事责任。随着市场经济的发展，这些规定显然与市场规律相悖。因为市场遵循的是等价交换的原则，违规的行政制裁和刑事制裁，并不能对直接受损的当事人进行有效率的补偿，而且随着市场主体的增加，行政制裁和刑事制裁必然导致行政成本和刑事处罚成本的上升，同时过分依靠行政制裁，权力的过分集中容易扭曲市场配置的行为，导致权力的"寻租"行为。

（二）我国无形资产出资法律责任的重置

第一，《公司法》对发起人出资不足继续履行出资义务的责任只做了原则性规定，对继续履行的期限和程序未做具体规定。据此，要规定公司、任何发起人、股东均可要求未履行出资义务的股东承担相关责任。这是因为，一方面，出资不足违反了资本充实原则，使公司权利能力受到限制，出资不足实是对公司权利的侵害，公司据此侵害可以向侵权人提起侵权之诉；另一方面，出资不足的股东、发起人是对出资协议的违反，公司股东、发起人可以据此提起违约之诉。此时，应以无过错责任原则为归责原则。

第二，《公司法》尚未规定公司出资瑕疵时出资人赔偿责任的请求权主体。为此，可考虑由股东大会授权董事会对公司出资瑕疵的出资人行使诉权，而董事会如怠于行使该项权利，则股东大会或股东可以股东代表诉讼为诉由直接对出资瑕疵的出资人提起诉讼。

第三，加强注册会计师的个人责任。《关于明确注册会计师验资报告作用的通知》强调了注册会计师在资产评估、验资中享有相对独立的法律地位，因此，根据权利义务相一致的原则，注册会计师在评估、验资工作中有过错和违反诚信原则时，除应当承担行政法律责任外，还应该承担相应的民事责任，包括违约责任和赔偿责任。

第四，强化董事的个人责任。如前所述，一方面，对资产评估、验资注册会计师的选择可以授权股东大会，也可以授权董事会进行；另一方面，公司增资时，董事会享有决策权。如果增加的资本是无形资产，董事会与无形资产评估、验资程序密切相关；如果董事会违反诚信义务或勤勉义务导致公司设立、增资受阻，应当由公司承担相应的民事赔偿责任。

第五，无形资产具有收益不确定性等特点，所以要明确规定无形资产出资价格变化而导致的公司的注册资本变更的责任承担问题。解决这一问题的基本思路是对公司注册资本依法进行相应的改变，以符合"资本三原则"。概言之，由此引起的公司注册资本的变动问题，有三种解决方法：一是直接通过减资程序，减少公司注册资本；二是直接要求出资方重新缴资，维持原有注册资本；三是对原无形资产重新评估，根据出资各方的合意，相应地通过减资和增资程序重新确定公司的注册资本。否则，因合意不成而导致不能重新确定公司注册资本，有过错的出资人要承担出资瑕疵的民事责任。笔者认为，第三种方法肯定了无形资产的价值，强调当事人的意思自治，因而是可取的。

第七章 企业与金融

本章导读

企业（或称公司）与金融是法经济学研究的老话题——1937年科斯教授即发表了影响显赫的《企业的性质》一文，却也是新问题——作为法经济学研究执牛耳者的《法律与经济学杂志》至今仍每卷都收录相关文章，正因为这两个研究领域虽表面上看是法律问题，但实际上乃经济问题；而即便得出了经济建议，也必须落实于法律建议，可谓法学与经济学"水乳交融"的适恰领域。

我国与企业相关的法律规范，上可追溯至1949年颁布的《关于在国营、公营企业中建立工厂管理委员会与职工代表会议的实施条例》，由于新中国成立前后，企业一般都从事加工制造业，此时"工厂"与"企业"在概念和治理结构上难以区分。① 完成历史性的"社会主义三大改造"后，计划经济体制下的公有制企业模式开始在全国范围内推广，此时"企业"的身份往往与"政府"混同。② 1978年改革开放的号角吹响神州大地，在科斯教授笔下，处在违法和社会"边缘"的乡镇企业、集体企业的繁荣"将市场引入了中国经济"，③ 此时社会上大多数"企业"甚至缺乏法律认可（但也因此得益于法律的管制空缺或放任）。直至1984年开启企业股份制试点改革，④ 1993年颁布的《公司法》才将现代企业制度带到了我们的视野里。

中国特色社会主义市场经济的改革过程中，企业与金融的法治发展进程总体而言可以用"交给市场"这一句时髦话概括，但其蕴含的理论问题中，"如何交给市场"较之"是否交给市场"更有意义，也更具深度。本章各节的文章，既体现了法学学者的经济学直觉，也体现了经济学学者对法律问题的深切关注，两者共同运用法经济学给出了自己关于"如何（更好地）交给市场"的答案。

例如，本章第一节"法律规避的法律经济学新探"是"小故事讲大道理"的典例，其研究思路独辟蹊径，运用了经济学理论，尤其是社会成本理论和非正式规则理论，证成了法律规避在促进某些重要制度创新上的积极价值，并提出立法没有明确规定的具体法律规避行为的效力判断应交予法官的建议，使得法律规避问题回归其司法逻辑。

本章第二节"私人治理、法律规则与金融发展"关注的是供应链金融。与传统金融的"网状"结构不同，供应链金融是"链状"结构，因而涉及的利益主体更少，法律强制理应让位于市场自治。第三方监管条款等私人治理机制以及商业网络的声誉机制确保了供应链金融合同的履行，而供应链金融合同中的自助型法律规则降低了交易成本，有力地解释了供应

---

① 参见吴承明、董至凯《经济史（1949—1952）》，社会科学文献出版社2010年版，第148页。
② 参见李维安等《现代公司治理研究——资本结构、公司治理和国有企业股份制改造》，中国人民大学出版社2002年版，第222页。
③ 参见［美］罗纳德·哈里·科斯、王宁《变革中国：市场经济的中国之路》，中信出版社2013年版，第261页。
④ 参见中国经济体制改革杂志社主编《股份制企业组建和试点政策汇编》，企业管理出版社1992年版，第25－27页。

链金融呈现出来的"一高一低"现象,并为供应链金融的发展指明了方向。

本章第三节"商事担保概念初探"运用法经济学分析,认为商事担保存在许多与民事担保不同的特征,实践中商事担保更发挥着民事担保所不能替代的重要作用。针对《担保法》和《物权法》中的担保规则无法适应市场交易领域担保实践发展的问题,两位作者提出了以减少交易费用、提高交易效率为指导的商事担保法律制度完善建议。

本章第四节"上市公司双层股权结构:创新与监管"基于契约自由、股东"异质化"理论和管理学上的企业家理论,批判了我国《公司法》传统的"同股同权"观点,认为"解禁"法律上的双层股权结构能有效满足企业向市场融资的需求,又满足企业家保持公司控制权的需要,可以实现企业投资与融资的"双赢"。

董事、监事与高管人员的责任与义务是公司治理实践中更为微观的一个问题。本章第五节"忠实义务的比较法律经济学研究"对公司管理人员忠实义务的"书本上的法"与"行动中的法"两个层面进行了比较法律经济学分析,证明了忠实义务仅在各国公司法的制定法层面实现了有限趋同,但在具体规制模式以及法律执行层面仍受制于路径依赖的影响,有力地批判了我国《公司法》修订时盲从其他国家制定法的趋势。

本章第六节"公司高管违反信义义务责任的司法适用研究"通过实证研究,发现我国《公司法》及《侵权法》法律规则在解决公司高管违信责任案件中存在的适用缺陷,进而提出了代理法补充适用的完善思路。

公司治理是公司企业法领域永恒的话题。本章第七节"公司治理水平与多元化纠纷解决机制选择"运用精细的博弈模型和实证研究分析了公司面临纠纷时对纠纷解决机制的选择,研究发现除了不同机制本身的交易成本差异,公司经营水平、代理成本和信息不对称程度也是影响纠纷解决机制选择的重要因素,为公司治理提供了新的外部治理因素视角,颇具创新性。

与此相关的,本章第八节"企业经营环境、公司治理与企业技术创新"关注"企业技术创新的动因"这个问题,通过实证研究得出公司治理发挥的作用和企业经营环境的调节作用对企业技术创新激励存在行业差异。而在企业技术创新中,不同的公司治理与政府行政管理、法制环境间存在替代或互补关系,为企业技术创新动因提供了新的研究视角,也为政府和企业促进技术创新的制度提供了完善方向。

相比一般的公司企业,政府对上市公司的监管相对更为严格,这不仅反映在法律文本的条文中,也体现在具体的行政监管实践中。本章第九节"法律环境差异对上市公司价值的影响研究"通过研究我国2005年《证券法》修订前后法律环境差异对所上市公司价值的影响机制,定量分析了修订后的《证券法》中针对证券公司整体市场价值所造成的影响,肯定了2005年《证券法》修订的经济效果。

本章第十节"证券发行注册制改革的路径选择"基于博弈论剖析证券发行注册制改革的法理根基,以成本收益分析的具体方法定量分析了证券监管部门和上市公司的行为,对我国证券市场注册制改革提出了推行商事权发行改革和强化法定信息披露机制的建议。2020年3月1日实施的《证券法》已正式定调证券市场的注册制发展方向,由此也说明,该文的研究结论本身具有良好前瞻意义。

本章第十一节"公司控制权行使的正当性分析"是从法经济学角度探讨了公司控制权行使的正当性问题,通过模型构建和实证统计,清晰地指出我国公司控制权行使问题的根源在于股权过于集中、控制权行使制衡力量不足。

本章第十二节"合伙规则的经济学分析"从交易成本以及激励角度，论证了合伙债务承担规则选择的合理性，并通过对合伙纠纷司法判决的实证分析，提出了合伙纠纷在程序法上的规则设计建议。

本章第十三节"WTO审慎例外与中国金融监管制度创新"是本章中发表时间最早的文章。2002年我国理论界对WTO金融服务贸易领域审慎例外规则的研究尚属空白，该节创新性地分析了审慎例外规则对我国金融发展的意义。

第一节 法律规避的法律经济学新探[①]

传统法学认为，法律规避是指"以合法的手段掩盖非法目的"的违法行为。从概念看，传统法学对"法律规避"持消极的看法，在词性的认定上也倾向于贬义词。本节认为，尽管法律规避源于罗马法"欺诈使一切归于无效"，但是从制度变迁的角度看，法律规避在促进历史上一些重要制度创新中发挥了重要的作用。历史上的很多制度创新都得益于法律规避。例如，不动产信托投资基金（REITs），其起源于20世纪中叶马萨诸塞州设立的商业信托。当时该州的法律要求是，除非房地产是其整体商业的一部分，否则禁止公司拥有房产，从而禁止公司成为一种投资、交易房地产的工具。针对这一法律限制，人们创新了一种马萨诸塞信托，这是第一种被允许投资房地产的合法实体。这一实体拥有与公司同样的权利：股权可以转让、有限责任以及专业人员集中管理。[②] 在金融领域，法律规避往往伴随着金融创新。例如，20世纪50年代的欧洲债券（1958年）、欧洲美元（1959年），60年代初的平行贷款、自动转账、混合账户、70年代的可转让支付账户命令（NOW）、货币市场互助基金（MMMF）、货币世行存款账户（MMDA）、自动转账服务（ATS）都是通过法律规避进行制度创新的典范。

可见，法律规避不是一个完全消极的概念，至少从词性上说，法律规避应该是一个中性词，既有合理的法律规避行为，也有不合理的法律规避行为。因此，相对于传统法学关于法律规避是违法无效行为的观点，本节关于法律规避的法律经济学的新观点是，法律规避是行为人通过合法的表面手段，绕开强制性规范，以避免与强制性规范直接发生冲突，从而实现自身利益最大化的一种经济理性行为。下面，本节拟结合法律经济学的相关研究成果，以公司融资中的法律规避为例，主要通过对"合理"与"合法"关系的分析，以期赋予法律规避新的含义与内容。

一、法律规避的法学与经济学解读

（一）法学语境下的法律规避

传统法学对法律规避的概念界定，一般从消极的层面出发，认为"法律规避"即指"以表面上合法的手段达到非法目的"。从要件论说，一个行为要认定为"法律规避"，必须满足三个要件：主观上具有规避的目的，手段上使用了迂回的合法手段，行为结果上必须达到了违背强制性规范的目的。

本节认为，法律规避行为具有两面性。从消极意义上看，法律规避是对现有法律的蔑

[①] 本节部分内容曾作为会议论文参加第十届中国法经济学论坛，具体出自周林彬、孙琳玲《法律规避的法律经济学新探：以公司融资的法律规避为例》，载《第十届中国法经济学论坛论文集》，第692-703页。
[②] 参见何小锋、韩广智主编《资本市场运作案例》，中国发展出版社2006年版，第95页。

视，具有伦理上的可责难性，是一种广义上的违法行为。从积极意义上看，法律规避行为具有制度创新的意义。相对于"建构主义"而言，法律规避源于实践，是一种人类寻求自身自发秩序的内在需求。这种秩序表现为一种自下而上、自生自发的秩序，对建构性的立法理念产生了冲击。

（二）经济学语境下的"法律规避"

传统法律逻辑是合法优先于合理，恶法也是法，恶法不能通过规避进行修改或废除；但是，法律经济学的逻辑是合理优先于合法，恶法不是法，恶法能通过规避修改或废除。

在法律经济学视角中，恶法与良法的本质区别是"法律是否合理"。如果一个法律不合理，那么就是恶法。所以法律经济学主张合理优先于合法，一个合理的法律才会得到人们的遵行。否则，人们就会发展出一套与法律这一正式规则相对立的非正式规则，以规避法律。在法律经济学看来，如果人们都选择规避法律规则，那么正式规则就不应被视为"良法"，反而规避行为所发展出的一套行为规则应该被视为"良法"或曰"法外之法"。这一观点已经为制度经济学、博弈论等理论所论证。法律经济学给出的分析逻辑是，不合理的法律是恶法，恶法非法，恶法应该被规避。

从法律经济学角度进一步分析，法律规避的合理性表现为四个方面。

第一，"理"表现为社会经济发展的内在规律。本该是意思自治的领域，但是一些不合理的法律往往成为公权力不当干预的恶法。因此，对不合理法律规避是经济发展内在规律的体现。

第二，"理"表现为减少了不合理法律带来的副作用。比如对商品数量的控制、对交易时间的控制，往往是市场管制者一厢情愿的规定，本身并无经济学的合理性支撑。那么法律规避行为，可以适当减少由于不合理的市场管制法带来的低效率。现实中存在大量不具有效率的管制法律。美国著名法经济学家罗伯特·考特和托马斯·尤伦教授指出"如果法律规则鼓励低效率的行为，人们将低效率地行事"，反之亦然。[①] 如果行为人遵循无效率的立法，只会导致低效率的行为；反之，如果选择法律规避的方式，无意间对促进制度创新与经济增长都起到了积极的效用。

第三，"理"表现为制度创新。诺贝尔经济学奖得主诺斯教授曾指出，随着从改革基础制度环境中获得的利益的增加（由于一些非均衡的经济变化），次级的制度安排创新将以低于改变基础制度安排的成本被诱发、刺激出来，它试图绕过（有时是违反法律的）基础决策原则的限制来获取潜在的利润。[②] 法律规避类似于一种由私人主体发起的"试错机制"，在异常变化频繁的世界中，应对这种异常情况的最好方法是保持那些允许试错试验发生的制度。[③]

第四，"理"表现为一种纳什均衡。在博弈论分析框架下，如果一项立法没有被人们所遵守，即意味着现实中人们的策略选择无法达到立法者所期待的"均衡状态"。因此各个行为人之间的策略会一直发生改变直至达到"纳什均衡"状态。只有在这个状态下，人们才

---

① 参见［美］罗伯特·考特、托马斯·尤伦《法和经济学》，张军等译，生活·读书·新知三联书店上海分店1991年版，第110页。

② 参见［美］道格拉斯·诺斯《制度变迁与经济增长》，载盛洪主编《现代制度经济学（上卷）》，北京大学出版社2003年版，第292页。

③ 参见［美］道格拉斯·诺斯《理解经济变迁过程》，钟正生等译，中国人民大学出版社2008年版，第146页。

会满足于现状（因为如果背离规避规则，行为人的收益会减少），规则才会趋于稳定。当法律规避成为人们的一种信念，制度经济学认为把规避所选择的规则视为一种正式制度更好。正如青木昌彦所举例证，"成文法和政府规制如果没有人把它们当回事就不构成制度。举例来说，政府根据某项法令禁止进口某些物品，但如果人们相信，贿赂海关官员可以绕开此项法令，而且这是普遍现象，那么，与其把这项法令视为制度，还不如把这种贿赂现象视为制度更为合适"①。

总之，主流法学界认为法律规避的是通过表面上合法的手段最终违反强制性规范违法行为，该违法就等于行为无效；而在法律经济学界，法律规避可以被视为一种自下而上、自生自发的制度创新，体现了正式规则与非正式规则的冲突，法律规避的合理性得到了制度经济学、博弈论、行为经济学相关研究成果的验证。

（三）法律规避：社会成本的视角

法律规避的合理性基础来源于制度创新与经济发展。对于促进制度创新与经济发展的法律规避行为，至少从法律经济学上看，具有一定的合理性，值得立法的借鉴。但是，无论是制度创新还是经济发展，其作为合理性基础仍受到各方的质疑。基于此，在探寻法律规避"合理性"时，必须辩证、客观、整体、全面地予以判断。

无论是效率原则还是制度创新，都可以用社会成本的概念予以解释。当社会成本等于私人成本时，意味着法律规避行为并没有产生外部性。也就是说，法律规避行为并没有对第三方（包括国家利益和社会公共利益）造成任何影响，那么，这样的行为最起码是无害的。因此，法律经济学认为，在法律效力的认定上，对于没有造成任何负外部性的法律规避行为的效力判断来说，并没有足够的理由来否定其效力。因此，当社会成本等于私人成本时，认定法律规避行为有效具有经济学的理论支撑。

但是，当社会成本等于私人成本加上交易成本时，此时法律规避行为产生了外部性（当然，也有可能是正外部性）。在法律意义上，也就是一种涉及第三方的行为。哈耶克认为："只有'涉他人的行为'（operationes quae sunt ad alterum）才会引发对法律规则的阐释或制定。那些显然不属于此类涉他的行动（比如一个人在他的家里单独采取行动，甚或几个人之间自愿进行的合作——如果这种合作所采取的方式显然不会影响或损害他人），绝不可能成为法官所关注的行为规则所调整的对象。"②

进一步分析，当法律规避行为产生外部性时，大致上有三种方法加以解决：第一，采取庇古税的方式，即对外部性增加税收；第二，采用政府干预的方式；第三，通过科斯定理予以解决。而传统法学一般采取第二种方式，即政府干预。对于涉他的行为，一般都需要法律的干预，只是干预的程度不同而已。③ 但是，很多经济学实证研究表明，政府干预并不是解决外部性的有效率的唯一好办法。

因此，对于法律规避行为产生的涉他问题，不妨借鉴科斯定理的思路予以解决。当交易

---

① [日] 青木昌彦：《比较制度分析》，周黎安译，上海远东出版社2001年版，第14页。
② [英] 弗里德利希·冯·哈耶克：《法律、立法与自由》，邓正来译，中国大百科全书出版社2002年版，第161页。
③ 行为的涉他性因素愈强，法律干预的手段可能存在较大的区别。对于涉他性较弱的私人行为，法律一般不会以强行法的形式进行干预，最多也是出于节省交易成本的考虑而将当事人的自治行为忠实地条文化——合同法的大多数规则体现了此种思想。此种干预的目的主要在于追求某种经济效率的实现，可称为轻度干预。而对于涉他性较强的私人行为，法律往往采取了强行法的形式进行干预。与轻度干预不同，此种干预的目的主要在于矫正某种利益平衡。

费用足够低时,法律规避产生的外部性不妨通过私人间谈判予以解决,由此赋予法律规避效力以意思自治的空间,即在私法上认定法律规避以可撤销或效力待定的状态;当交易费用比较高,法律规避产生的外部性不能通过私人间谈判予以解决时,可以采取行政干预手段认定法律规避的效力。但是,采取行政干预的手段,必须结合法律规避行为的效率因素与制度创新因素综合考虑。

二、公司融资中的法律规避:特点与类型化

(一) 公司融资中法律规避的特点

目前学界对公司融资尚未有一个统一的定义,但主流观点认为,公司融资的过程就是公司筹集资金的过程。

1. 规避的主体是公司

熊彼特曾预测,企业家是最具有创新意识的人。在市场上,企业作为法律规避的重要主体,具有重要意义。韦伯曾说:"那些出于自己的经济利益不断参与市场交易的人比立法者和无实际利益的法律实施者更懂得市场和利益情势。在完全相互依赖的市场上,有许多情况是立法者始所未料的,因为市场是建立在私人利益基础上的。正是这些怀有私人利益的当事人会千方百计地歪曲法律的真正意义。"[①] 相对于普通私主体来说(以风险厌恶与风险中立为主),公司作为风险偏好者更倾向于选择法律规避。

2. 公司融资中的法律规避的手段表现为专业性与复杂性

作为公司最主要的业务之一,公司融资是公司生存与发展的一条生命线,因此,在公司融资的过程中基于理性经济人的假设,公司会为了实现自己的利益最大化而铤而走险,选择各种法律规避行为。由于公司融资的专业性,公司一般都会聘请专业人士(例如律师)参与,从而在实践中发展了很多专业性的规避手段。

3. 公司融资中法律规避的结果是违反了法律关于公司融资的强制性规定

立法对公司融资的强制性规定主要表现在两方面:一是关于公司融资的市场准入;二是关于公司融资的市场权限。前者是规定哪些公司可以在市场上融资,后者是规定公司该如何融资。

实践中,法律规避较多地体现为规避市场准入的强制性规定。这源于立法规定与融资市场之间的冲突。融资市场具有自身的调节机制,而这种调节机制并不是靠建构性的立法调节的,而是源于市场的自生自发机制。对于融资市场而言,市场要求的准入门槛并不高,以保证更多参与人可以从融资市场获益,从而促进融资市场的健康发展。但由于法律的不合理规定,导致了公司只能选择法律规避才能达到自身利益的最大化。

(二) 公司融资中法律规避的类型化

1. 公法的规避与私法的规避

规避公法的强制性规范与规避私法的强制性规范,在法律效力的认定上,必须予以区别对待。

公法的规避与私法的规避,是按照规避的强制性规范的属性(公法还是私法)进行的

[①] [德] 马克斯·韦伯:《论经济与社会中的法律》,张乃根译,中国大百科全书出版社1998年版,第34页。

分类。基于公法与私法本质属性的不同,从学理上说,规避公法的行为与规避私法的行为在法律效力上的认定是不同的。一般来说,公法的强制性规范调整的是个人与国家之间的关系,而私法的强制性规范调整的则是个人与个人之间的关系。

2. 禁止性规范的规避与赋权性规范的规避

民法中绝大多数条文为赋权规范(enabling rules),赋权规定并不"管制"人民的私法行为,而是提供了一套自治的游戏规则。① 由于赋权规定并不禁止或强制人们为一定行为,对赋权规范并不存在真正"违反"问题,法律行为逾越处分界限者,并非无效而是根本不生效力。需经有权者的许可,始可生效。② 因此,规避赋权性规范的法律后果,并不导致无效,而是合同不生效。而对于规避禁止性规范的行为,在实践中一般认定为无效的居多。

3. 实体法的规避与程序法的规避

实体法的规避与程序法的规避,源于立法对于实体性的国家强制与程序性的国家强制的区分。实体性的国家强制直接配置人们的实体权利义务;而程序性的国家强制规则针对的是人们行为的程序。程序性强制由于并不直接规划人们的生活,而是相当于强制人们自治,较好地保存了人们的自治空间,人们仍能根据自己的情势做出适合自己的安排。③

基于此,规避实体性导致的行为无效较之于规避程序性、强制性规范导致的程度要高。后者更多体现的是私法自治的精神。

4. 资格型规避与权限型规避

实践中,许多规避行为源于资格型规避,即规避市场准入的行为。对于此类规避行为,从私法责任与公法责任的承担看,一般应承担公法责任。但是,当某些规避市场准入的行为损害到社会公共利益时,也会使用私法的惩罚手段。一般来说,资格型规避的法律效力并不认定为绝对无效,而是在一定程度上认可其效力,例如对于欠缺主体经营资格而实施的法律行为,原则上只是向将来的无效,而并不溯及的无效。

而关于权限型的规避行为,立法者是希望行为人在特定的限度内予以行为,对于超过特定的行为,立法予以否定。但是,对于限度内的行为,立法者并没有意图否认其效力。因此,一般认为,只是向阻止不允许的价格的约定,但总的来说,不是为了阻止法律行为的实施。超过允许的价格,原则上并不导致法律行为的全部无效,只是对超过价格的部分使其无效。

三、合理与合法:公司融资中法律规避的两难命题

(一) 公司融资中法律规避的"合理性"分析

公司融资中,法律规避行为的"合理性"主要表现为:源于实践的法律规避行为,间接促进了相关公司立法的修改(或废除),从而优化了公司融资的相关立法。

1. 法律规避与我国《公司法》的创新

以我国《公司法》为例,法律规避对促进《公司法》制度创新的表现主要有:

(1) 公司主体类型。旧《公司法》不允许自然人设立"一人公司"。于是,一些自然人投资者通过"名义股东"的形式(如夫妻公司)规避法律,从而达到设立"一人公司"的目的。2005年修订的《公司法》允许自然人设立"一人有限公司"。

---

① 参见苏永钦《私法自治中的国家强制》,载《中外法学》2001年第1期。
② 参见邓辉《论公司法中的国家强制》,中国政法大学出版社2004年版,第70页。
③ 参见邓辉《论公司法中的国家强制》,中国政法大学出版社2004年版,第171页。

（2）股东出资形式。旧《公司法》仅列举五种出资形式（第24条、第80条）。① 由于公司运营存在多元化需求，有的投资者以法律条文列举之外的其他出资形式投入公司的生产经营。2005年修订的《公司法》允许出资形式多元化。

（3）股东非货币出资的比例。旧《公司法》要求非货币出资比例不得高于20%（第24条、第80条）。于是，股东之间可以约定在章程中尽量压低该财产所占的出资比例以使章程获得登记管理机关认可，但是会另外通过私下协议提高相应的分红比例，以此作为该非货币财产被"低估"的补偿。2005年修订的《公司法》将非货币出资比例上限大幅调高到70%。

（4）公司经营范围。旧《公司法》严格限定公司经营范围（第11条）。有的公司通过隐名股东或者股权信托的形式规避法律，甚至不加任何掩饰地私下从事登记范围之外的营业活动，由此导致了很多法律纠纷。2005年修订的《公司法》规定，除特许经营行业之外，允许公司章程自行约定经营范围。②

2. 法律规避与《证券法》的变迁

以《证券法》为例，法律规避对促进《证券法》制度创新的表现主要有：

（1）信用交易：从禁止到允许。1993年《证券法》第35条、第36条明文禁止"现金交易"及"证券信用交易"。实践中，公司利用三方融资③的方式规避了信用交易的禁止型规定。2005年《证券法》修订时明确废除信用交易的禁止性规定，从而允许证券市场的信用交易。

（2）经营方式：从分业经营到混业经营。1993年的《证券法》第133条规定了分业经营，不允许混业经营。但是实践中，混业经营的现象非常普遍。④ 2005年修订的《证券法》第6条在一定程度上为我国进行混业经营打开了口子。

（3）融资主体：从禁止到宽容。1998年证监会颁布了《关于股票发行工作若干问题的补充通知》，其中规定"同一集团内原则上不得设立多个上市公司"。为了规避该规定，公司在实践中发展出了三种模式。⑤ 之后，该通知被废除。

---

① 关于1993年我国《公司法》第24条、第80条的规定是否构成对股东出资形式的严格限定，学界一直存有争议。主张构成限定的学者认为，上述两个条文仅列举了股东可以作为出资的五种财产形式，不应对其进行扩充解释，即股东不能以这五种形式之外的财产进行出资；但主张不构成限定的学者则认为，上述两个条文在列举之外，并没有明确表示对其他财产形式的出资予以限定，因此根据私法上的"法无明文禁止即为许可"的原则，应当解释为股东可以列举其他的财产形式出资。不过，尽管学界有不同的主张，但是在当时的公司法实践当中，很多地方的工商登记部门还是倾向于将上述两个条文解读为"立法严格限定出资形式"。

② 参见董淳锷《中国公司法制改革：路径检讨与前景展望》，载《中外法学》2011年第4期。

③ 投资者、出资人与证券公司三方发展出了"三方融资"的规避方法。即投资人（借款人）为追求融资的杠杆放大效应，出资人（贷款人）为追求高于银行存款利息的超额报酬，证券公司为争夺或留住大客户、扩大交易量、争取佣金收入，三方在利益驱动下，经证券公司的介绍和撮合，由投资人（借款人）、出资人（贷款人）和证券公司签定一个股票质押借款合同。

④ 比如，我国已建立的金融控股公司，如中国光大集团、中信集团和平安保险公司实际上都是采取混业经营模式，金融工具也出现了"银信通"等形式。目前出现的在集团控股下分设银行、证券、保险机构的模式和国务院已经批准商业银行设立基金管理公司试点，批准保险资金按一定比例直接进入资本市场，其实这些做法都已经突破了分业经营限制。相关说明参见全国人大证券法修改起草工作小组《〈中华人民共和国证券法〉条文释义》，中国金融出版社2006年版，第10页。

⑤ 一是反向吸收模式，此模式的起点是集团公司不是上市公司，而其控股子公司是上市公司，且存在一个控股上市子公司。将集团的非上市资产注入上市公司，从而实现整体上市。二是控股上市公司间合并模式，此模式的起点是一个控股集团公司存在两家或两家以上上市公司，其几乎没有实质性业务，上市子公司之间存在横向或者纵向上下游产业链之间的业务关系，通过控股上市子公司之间实行吸收合并或新设合并，从而实现集团公司的整体上市。三是吸收合并上市公司模式，此模式的起点同样是集团公司不是上市公司，而其控股子公司是上市公司，且存在一个控股上市子公司或多个上市子公司。其操作步骤是集团公司首先完成股份制改造，然后吸收合并其控股上市子公司，并安排整个集团公司的IPO。

(二) 公司融资中法律规避的"合法性"探讨

我国《民法通则》第58条第7项规定"以合法形式掩盖非法目的民事行为无效"。《合同法》第52条第3款规定"以合法形式掩盖非法目的"合同无效。从现有的立法看,我国立法对于规避行为的效力认定上采纳了"无效论"。

立法者否定或打击法律规避行为,目的在于维护法律的权威。立法者预设了一个前提,即任何法律都是合理的,所以当法律规避违反了立法的强制性规定时,立法就必须予以坚决的否定。但是,这一预设前提本身是值得质疑的。因为并非所有的立法都合理,一定会存在不合理的立法,因此也一定存在合理的法律规避行为。进一步说,当立法者对法律规避采取否定态度时,并不一定会达到立法者预期的目的。例如,法律禁止企业间借贷行为,从而企业融资实践中发生了很多规避行为。即使法院对规避企业间借贷的法律规避行为判决无效,结果是返还原物。也就是说,对于双方当事人而言,借贷行为的最终目的虽然达到了,但立法者关于法律规避的无效论目的却没有起到应有的效果。

四、合理与合法的冲突:公司融资中法律规避的效力分析

(一) 合理优先于合法:公司融资中的积极法律规避

1. 多数资格型规避倾向于认定为合理

实践中,对市场准入资格的许多强制性规定是错误的,难以获得人们的遵守。资格型规制的目的在于为参与人进入市场设定一个门槛,这一门槛的高低取决于管制者对市场的认知程度。管制者常常具有"家长主义"的倾向,他们认为保护参与人的最好手段是提高市场准入门槛,但殊不知,市场参与人往往比管制者更具有市场敏感度,也较之其具有更多的信息。因此许多关于资格型的管制实际上是没有效率的,反而增加了行政管制的副作用。但是,立法的改变需要遭遇到很多因素,特别是利益集团的阻碍,废除大量的不合理的资格型规制,在实践中并不具有可行性,必须耗费大量的成本。而资格型的规避行为,通过自生自发、自下而上的演进方式,可以慢慢消除不合理规制带来的副作用。当法律规避逐渐发展成为行业潜规则具有规模性时,此时对于资格型规制给不合理规制带来了实质性的冲击作用。因此,对于大多数资格型规避而言,规避本身是有效率的,具有制度创新的因素。兹举以下例子进一步说明。

(1) 以非公开上市为名、公开上市为实。一般来说,公司上市有两个途径,其一是自己申请上市,其二是借壳上市(backdoor listing)。[1] 现实中,公司为了规避上市准入门槛,采取非公开发行的方式,实质上却达到了公开上市的效果,太平洋证券的上市之路就是典型

---

[1] 有学者认为,借壳上市成为烂公司上市捷径。美国公众公司会计监督委员会(PCAOB)公布的数据显示,在美国上市的200多家中国公司中,近四分之三是通过借壳上市。另据统计,本轮中概股诚信危机中,被停牌或摘牌的中国概念公司,绝大多数借壳上市。参见叶檀《借壳上市非企业长青之道》(http://star.news.sohu.com/20111125/n326887613.shtml)。

案例。①

从公司的角度讲，无论采取公开发行还是非公开发行，其都有自身经济利益的考虑。如果采取公开发行的方式，按照法律规定就必须提交很多资料，这些资料的填写一般要聘请专门的律师、会计师和证券公司的专业人员，相对来说费用比较高。而如果采取非公开发行的方式，市场准入的门槛相对比较低，信息披露的要求相对较低，这样就使得公司的融资成本相对降低。

从公开发行制度与非公开发行制度的演变分析，公开发行与非公开发行之间的界限并没有那么清晰，② 二者的融合趋势日渐明显。从我国现有的立法看，以非公开发行达到公开发行的目的，最大的问题在于信息披露，即虽然发行人通过法律规避的方式达到了目的，却没有对相关的信息做出充分、详尽的披露，由此可能损害到中小投资者的合法利益。如果立法能完善我国的信息披露制度，那么以非公开发行为名、实为公开发行的法律规避行为，即具有了制度创新的意义。

（2）企业间的借贷行为。尽管强制性规范明确规定了企业间不得借贷，但是在实践中，企业间的借贷行为仍无法杜绝且规避手法愈来愈隐蔽（见表7-1-1）。

表7-1-1　企业间借贷规则与规避守法

企业间借贷的规制	规避的手法
1996年颁布的《贷款通则》第61条	联营形式的借贷
证监会③	投资形式的借贷
2005年《公司法》第116条	存单形式的借贷
2005年《公司法》第149条	票据形式的借贷（例如"以委托代开信用证协议的借贷关系"）
《关于企业相互借贷的合同出借方尚未取得约定利息人民法院应当如何裁决的解答》	融资租赁形式的借贷

---

① 太平洋证券的上市之路，就是通过借壳"云大科技"进行上市的。但与一般借壳上市不同，太平洋证券与云大科技股东之间既没有股权上的存续，而且在股票代码上，太平洋证券用的是601099，而云大科技的股票代码（600181）则被停用。因此，太平洋证券表面上看似乎是借壳上市，但实质上是自己申请上市。但是，从已有披露文件看，如果太平洋证券并不符合自己申请公开上市的条件。关键的步骤是太平洋证券与云大科技的增资换股过程。太平洋证券向四公司定向发行股票实现增资扩股，因为是向4名特定对象发行新股，并且是通过私下协议的方式完成，因而不构成公开发行的方式，也就不需要证监会审核。其次，太平洋证券以换股的名义拆细转售给其他投资者。从法律性质上说，换股并不导致太平洋证券的股份总额增加，因此就不构成IPO，也就无须经过证监会核准。但是，从行为结果看，换股过程直接导致了太平洋证券的股东从20人增加到28975人，从而使得增资扩股和换股行为结合在一起构成了《证券法》第10条规定的"向特定对象发行证券累计超过二百人的"，从这个意义上说，又构成了一种公开发行行为。单独来看，任何一步都不构成公开发行股票，但结合起来，其与公开发行股票并无区别。从法律规范来看，它不是公开发行股票，但从实质来看，又是公开发行股票。参见柴兆民《太平洋证券上市路径分析》，载《金融法苑》2008年第4期。

② 其表现为：对冲基金和私募股权基金管理公司的IPO，特定目标收购公司，Rule 144A股权发行。Rule 144可以让一个公司通过承销商向合格的机构投资者发行和销售证券，而无须像IPO中所要求的那样向SEC注册。该规则允许在这种非公开发行中使用与公开发行同样的方式推销和销售证券。特别是Rule 144A发行中公司可以把证券首先销售给辛迪加（Syndicate）承销商们。辛迪加承销商然后向QIBs再推销证券——通过销售电话、投资者会议、路演等方式。此外，辛迪加承销商通过上述方式收集投资者们的各种兴趣信号和价格信息，进行发行定价，然后把证券交付给投资者；非公开发行价格与公开发行价格挂钩；美国对冲基金和私募股权基金在境外公开市场募资。参见徐明、杨柏国《模糊的边界：析美国证券公司公开发行与非公开发行之融合》，载《证券法苑》2010年第2辑。

③ 《关于规范上市公司与关联方资金往来及上市公司对外担保若干问题的通知》规定，上市公司不得有偿或无偿地拆借公司的资金给控股股东及其他关联方使用。

续表 7-1-1

企业间借贷的规制	规避的手法
《关于审理联营合同纠纷案件若干问题的解答》	补偿贸易形式的借贷
《关于对企业借贷合同借款方逾期不归还借款的应如何处理问题的批复》	委托理财形式的借贷；买卖赊欠形式的借贷；空买空卖形式的借贷；虚拟回购形式的借贷；以管理费等名目或者股息派送的方式进行的借贷；① 以投资咨询公司、典当行、寄售行为名，实为借贷②

实践中，中小企业通过商业银行的贷款成本过高。一般来说，公司要寻求贷款，首先向商业银行提出《借款申请书》，商业银行接到申请书后，对企业的申请进行审查，主要包括：借款人的信用等级评估，进行包括借款人信用、借款的合法性、安全性和盈利性等情况的相关调查，贷款的审批，最后签订合同。但实际情况是，银行只倾向于借款给大型企业或国企，在这样的情形下，企业间借贷行为不可避免。

禁止企业间借贷的规定，从经济学的角度并不符合帕累托改善或者卡尔多-希克斯标准。

第一，企业间的借贷风险属于正常的交易风险，并不需要立法进行干预。即使企业的贷款最后无法按时收回贷款，由此造成公司坏账、呆账，但这属于正常的借贷关系产生的交易风险，完全可以通过双方的私下谈判予以解决。

第二，尽管公司间的借贷合同被认定为无效，按照《合同法》第 58 条规定，"合同无效或者被撤销后，因该合同取得的财产应当予以返还；不能返还或者没有必要返还的，应当折价补偿。有过错的一方应当赔偿对方因此所受到的损失，双方都有过错的，应当各自承担相应的责任"。也就是说，如果公司间约定了借贷利息的，利息予以返还。但是对于急切需要融资的公司而言，其融资目的已经达到。由此，禁止企业间贷款的规定并无经济学的支持。

第三，禁止企业间借贷的目的与其说并没有涉及特定利益的保护，不如说这一强制性规

---

① 据市场公开资料显示，截至 2011 年 8 月 31 日，有关上市公司发布委托贷款的公告一共 117 份，涉及 64 家上市公司，其中，超过银行同期贷款利率有 35 家，一共发放 169.35 亿元，同比增长 38.2%。时代出版（600551）近日发布有关委托贷款的公告，将 6000 万元交付交通银行安徽分行进行放贷，年利率为 24.5%，按季息付。时代出版的这一贷款利率是银行贷款利率的 3.88 倍，超越了香溢融通（600830）之前保持的 21.6% 年利率，成为 A 股所有上市公司放高利贷年息最高代表。浏览上市公司委托贷款利率排前十位的数据发现，浙江上市公司占 7 家，分别是香溢融通、卧龙地产、ST 波导、杭州解百、卧龙电气、维科精华、升华拜克，共发放 10.35 亿元贷款。在 64 家涉及委托贷款上市公司中，有九成以上都是国有控股公司，包括中国中铁、中粮地产、杭州解百、现代制药、红日制药等，都是耳熟能详的国有大中型企业。不仅如此，在民间借贷的巨大利益刺激下，一些国企开始以接近合法的途径开设影子银行，参与金融市场。有报道显示："在新加坡上市的中国扬子江船业（控股）有限公司（Yangzijiang Shipbuilding Holdings）第二季度有逾四分之一的税前利润来自于一项出人意料的业务——并非其核心的船厂业务，而是向其他企业放贷。"除此之外，报道称："中国移动（China Mobile）已成立一家金融子公司从事放贷业务，而中石油（Petro China）旗下已拥有一系列金融业务平台。"一个不容忽视的现象是，货币紧缩使得中小企业更加难以通过正规银行渠道融资，越来越多的中国企业正在利用手中多余的现金，间接向中国的影子银行体系投放资金。而通过这种方式，民间利率一再放大。参见屈丽丽《银行监守自盗三模式推高利率国企成贷款中转站》（http://finance.sina.com.cn/money/bank/bank_hydt/20110910/094510464644.shtml）。

② 高息民间借贷正呈现出全国蔓延的趋势。业内人士表示，在信贷紧缩、楼市调控背景下，民间资金缺乏投资渠道，同时，中小制造类企业、房地产、矿业等行业资金需求量大，民间借贷空间迅速扩大。目前仅浙江民间资本就高达万亿元，通过小额贷款公司、担保公司、典当行和个人之间放贷，成为民间借贷流通的主要途径，月息回报普遍在 2 分以上，最高的甚至达 5 分，即年利率 60%。

范是为了维护银行的垄断体制。"当时央行主要考虑到国有资产负债率高,企业的贷款大多来自银行资金,由此导致企业先从银行获得贷款,转而借给其他企业,获得利差。"[①] 从时代的发展看,该立法本身已不具有合理性。因此,规避企业间借贷的行为,作为私法自治的体现,应优先于国家干预。企业间借贷的实质是合同,本应由《合同法》予以调整该种法律关系,属于意思自治的范畴。实践表明,禁止企业间的借贷行为是国家权力对经济生活的不当干预。

2. 不涉他的行为倾向于不否定其效力

基于合同双方当事人同意,且不涉及第三方的法律规避行为。不涉他的规避行为并没有对第三人产生影响,此时立法就没有理由对该行为予以否定干预。

(1) 让与担保行为。我国《物权法》与《担保法》关于流质禁止的强制性规定,本质上是手段禁止,因此属于管理性强制性规定。此外,立法只是禁止行为人以流质的手段实现担保,但没有禁止行为人通过其他手段实现担保。

让与担保源于罗马法上的信托行为理论,由司法判例形成的一种担保制度(非典型性)。在大陆法系国家,由于尊崇法条至上的理念,让与担保曾经一度被法学界认为"以合法的手段规避了流质禁止的规定",从而违反了物权法定的原则。如今,让与担保已经成为德国、日本等国的重要担保形式,并被司法判例所认可。日本学者我妻荣教授说:"作为私法领域中私生子的让与担保制度,在长期遭受白眼之后,终于获得判例法的承认而被认领。"[②]

我国担保立法禁止"流质条款"的意图在于保护债务人的利益,避免其在无法清偿债务时被胁迫将高价值之物清偿较低价值之物,从而导致不公平交易。从资本全球化的角度看,流质条款在尊重双方意思自治、降低担保物权成本等方面发挥了积极作用。在证券领域,我国建立融资融券制度,实际上就是在一定程度上认可了让与担保制度的合法性。立法总是滞后于社会发展。《物权法》关于物权法定的规定并未考虑到证券市场的特殊性情况。证券市场是高效率的市场,如果每笔交易都需要通过司法程序来进行清算,则时间过长,费用过高、效率过低。更何况进入证券市场的一般都是理性的人,主体有能力保护自己的利益,无须法律过多的照顾。所以,可以考虑在证券交易中作为例外而允许流质契约的存在。[③] 让与担保制度作为法律规避行为,在制度创新方面起到了积极的作用。

(2) 规避利率管制的行为。国务院于1993年颁布了《企业债券管理条例》,第18条规定"企业债券的利率不得高于银行相同期限居民储蓄定期存款利率的百分之四十"。从经济学上说,利率是借贷资金价格的反映,市场化的利率不但包含了资金供给与需求的信息,而且反映了风险与收益对等的原则。利率的高低直接关系到企业的筹资数量、筹资成本和投资者的利益,一般而言,它受企业的承受能力和社会信誉、市场利率的变化趋势和债务期限的长短、投资者对收益率的接受程度等因素的影响。而"不得超过40%"的利率限制,根本无法起到优

[①] 央行相关人士解释,禁止企业间借贷的主要考虑是:第一,资金短缺,各种基金会、标会、高利贷市场等地下经济盛行,非法借贷关系扰乱金融市场,最终还要国家出面处理;第二,在企业高负债、生产资金主要靠向银行借款,而贷款利率管制的情况下,管制利率低于市场利率,受信贷配额限制,能够从金融机构获得贷款的,在利益动机驱使下,必然会借机转贷牟利;第三,较长时期里,企业间"三角债"侵蚀了信用基础,困扰着经济良性发展,而许多三角债就是因资金借贷形成的。参见余珂《企业间借贷已成融资"暗流" 为什么屡禁不止》(https://business.sohu.com/2003/11/26/97/article216079748.shtml)。

[②] 转引自曹士兵、李琦主编《金融审判与银行债权保护》,法律出版社2006年版,第36页。

[③] 参见王利明《〈物权法〉与证券无纸化》,载《证券法苑》2011年第1辑。

化资源配置的作用。① 为此，实践中企业发展出了诸多规避手法。（见表7-1-2）

表7-1-2 规避《企业债券管理条例》第18条的规避手法

1	设计长期限的债券，因为银行的定期存款最高为5年，如果企业的债券年限超过5年，那么就不用受到第18条"百分之四十"的约束
2	附息债券的出现，使利息的计算走向复利化
3	浮动利率打破了传统的固定利率。如99三峡债约定在银行1年期存款利率的基础上再给予1.75%年利率的利差回报
4	簿记建档确定法律利率的方式，使得利率更趋于市场化。例如：国家开发银行借鉴国际债券的先进做法，在25亿元7年期01广核债券发行中采用了债券批准发行前先确定利率区间、债券获准发行后再通过簿记建档、最终决定发行利率报批后发行额方式，从而真正实现了价格的发现机制②

长期以来，我国的利率都处于国家严格管制之下。1993年的《企业债券条例》在新的社会形势下已无法满足现实的需求。尽管修改的呼声很大，却一直没有予以修改。如此，规避利率管制的行为，在一定程度上体现了制度创新的积极意义。

3. 合理优先于合法的法律规避效力分析

我们认为，法律在对待合理的法律规避行为，具有三种选择：一是认定为效力待定，二是认定为相对无效，三是认定为有效。

效力待定意味着股权转让中的法律规避既不是有效，也不是绝对无效。司法实践中对于规避审批的做法，体现了效力待定的思路。

相对无效的思路针对某些合理的法律规避行为，没有侵害到社会公共利益与国家利益，与其认定其绝对无效，不如宽容认定其相对无效。相对无效意味着合同在双方当事人之间具有效力，但是第三人仍享有主张合同无效的权利。至于第三人是否主张权利，取决于第三人与合同当事人之间能否通过谈判予以解决问题，如果可以，那么法律规避行为可视为有效；如果无法通过私人谈判予以解决，那么第三人可凭借国家公权力起诉合同的当事人，法律规避行为视为无效。可撤销主要是解决公司融资中法律规避行为存在胁迫、显失公平等情形时，赋予债权人可撤销的权利。

有效的法律规避行为针对公司融资中的法律规避行为并没有造成任何第三方损害，且合同本身是双方真实意思的表达，那么此时应认定法律规避行为有效。

（二）合法优先于合理：消极的法律规避

实践中亦有许多法律规避行为是不合理的。不合理的法律规避行为表现为对经济发展具有消极意义，不符合帕累托改进。针对不合理的法律规避，法律认定其无效的态度符合经济学的逻辑。不合理的法律规避主要表现为股权转让中法律规避的结果损害了国家利益与社会公共利益，此时司法裁判应坚持合法优先于合理。兹举以下例子进一步说明。

---

① 参见方媛《基于债权人保护和政府干预的债务融资期限结构研究》，立信会计出版社2010年版，第14页。
② 参见"2009年证券业从业资格考试辅导丛书"编写组主编《证券市场基础知识》，中国财政经济出版社2009年版，第99页。

1. 损害国家利益的法律规避无效

比如，红筹规避中有一种典型的做法，即 VIE（variable interest entities）模式，其规避结果是对我国的经济安全产生了重大影响。VIE 模式涉及规避我国产业政策问题，规避对象是现今我国的《外商投资产业指导目录》。该目录将我国现有产业分为鼓励型、限制型以及禁止型。在这样的背景下，公司在实践中创造了 VIE 模式以规避产业政策的限制。

具体来说，A 企业的资产想转移到境外，但是该资产属于产业政策中的禁止型资产，如何才能规避呢？实践中，律师一般会建议构建如下模式：先由 A 企业在离岸地区如开曼群岛设立一个外资公司 B，然后由 B 公司在国内投资 C 公司（WOFI），C 公司与 A 公司签订服务协议，规定 C 公司为 A 公司提供服务，A 公司将所有的利润支付给 C 公司，实质上掏空了 A 公司的资产。C 公司由此符合"可变量利益实体"（即 VIE），而根据美国会计准则，可实现会计报表合并。新浪、新东方、携程都是 VIE 模式的代表。

VIE 模式涉及两个问题：其一，有些产业政策限制本身是不合理的，《外商投资产业指导目录》本身也要随着我国经济环境的变换不断做出变更。比如互联网行业，一开始是完全禁止，但是慢慢地对某些领域正逐步放开。互联网上市企业基本上都采用了 VIE 模式，既规避了外商投资限制，又使得国内互联网企业获得了发展所必需的资金。因此，从间接上讲，VIE 模式促进了我国互联网的繁荣发展，对经济发展产生了积极作用。其二，VIE 模式将我国的产业政策变为一纸空文，从长远看，对国家的经济安全会构成威胁。如果不对 VIE 模式进行一定的限制，极端地说，外资可以通过 VIE 模式毫无障碍地进入我国经济实体。因此出于维护国家安全、信息安全的考虑，有必要对 VIE 模式加强监管，比如支付宝事件引发的第三方支付问题。①

正当业界翘首以盼执法者出台利好政策重开红筹上市之门时，2011 年 8 月 25 日，商务部公布了《商务部实施外国投资者并购境内企业安全审查制度的规定》（以下简称《规定》），《规定》表示，凡属于上述安全审查范围的企业，外国投资者应向商务部提出并购安全审查申请。外国投资者不得以任何方式实质规避并购安全审查，包括但不限于代持、信托、多层次再投资、租赁、贷款、协议控制、境外交易等方式。如果说，商务部最新《规定》出台前，集合了中国律师智慧的规避手法还是游走在灰色地带的话，那么最新《规定》明确了采取这些法律规避手段的行为属于非法。

2. 损害特殊群体保护的法律规避无效

融资市场的核心价值观之一是中小投资者保护，如果公司融资中的法律规避行为损害到中小投资者利益时，那么后者的价值位阶要高于前者，法律规避行为认定为不合理。

例如，突击入股的问题。一般来说，突击入股的事情发生在创业板市场，即企业在报送申请文件之前，短时间内进行增资或股权转让的现象。从实践看，突击入股的直接结果是某些人获得了高昂的投资回报。为了规避监管，突击入股的形式也会被设计得比较巧妙。

禁止突击入股的目的在于保护中小投资者的权益，属于特定的利益保护。尽管表面上看，突击入股似乎属于意思自治，企业一般的增资行为或转让股份行为只要符合相应的法律

---

① 央行在 2010 年 6 月发布的《非金融机构支付服务管理办法》第 9 条规定："外商投资支付机构的业务范围、境外出资人的资格条件和出资比例等，由中国人民银行另行规定，报国务院批准。"这就意味着，如果保持外资股份，就必须等央行的另行规定，报国务院批准。2011 年一季度，央行特意发函，要求各申请牌照的支付企业声明没有外资直接控制或者协议控制。若有，需申报；若没有，需声明，并盖公章。有消息显示，在此过程中，央行给各家支付公司口头通知，凡是外资控股、参股或协议控制的电子支付企业一概不受理。

程序,是相关各方真实意思的表达。属于民事意思自治的范畴,无须法律监管的多加干预。但现实是,许多私募基金通过突击入股的方式,获得了高额利润,成了一种潜在的上市行为。高市盈率使得公司在二级市场的表现受到了限制,从而间接损害了中小投资者的权益。因此,立法在对待规避突击入股的行为时,必须予以无效对待。从解决问题的本质出发,立法需要完善我国私募法律的规制,但这一难度相当大,是各个利益集团互相博弈的结果。在没有立法相应制度保障的条件下,证监会重点整治突击入股的监管手段是正确且必要的。

3. 合法优先于合理的法律规避效力分析

合法优先于合理的逻辑,在法律规避行为效力的认定上,表现为绝对无效。绝对无效是立法对法律规避行为的彻底否定,从法律责任的认定上看,绝对无效不仅要承担公法的责任,亦要承担私法的责任。(本小节相关规避手段参见表7-1-3)

表7-1-3 规避手段[①]

1	通过投资或设立PE,PE再参股Pre-IPO企业,虽为间接持股,却并不影响其获利
2	保荐代表人互换项目入股
3	以远方亲友身份入股

五、关于法律规避的法律经济学新对策

相对于传统法律关于法律规避为无效行为的法律对策,我们提出以下关于法律规避的法律经济学新对策。

从立法的法律经济学对策方面分析,我们建议:一是要坚持多元化及效率的立法理念;二是要取消我国目前就法律规避的原则性立法模式,将立法没有明确规定的具体法律规避行为的效力判断交予法官,通过法官的司法裁判,认知法律规避的合理之处与不合理之处,较之于立法者,更具有可行性;三是在"合理性"与"合法性"的框架下,立法应重新认定法律规避的行为效力;四是解决法律规避的系统性思路,要真正解决法律规避问题,除了"无效论"的方法以外,更重要的是"疏",即通过相关配套制度的建立与完善来减少发生法律规避的空间。

在司法的法律经济学对策方面:一是通过司法实践充实法律规避的理论,二是明确法律规避的司法判决规则。法官在对待法律规避的态度上,即使实体法没有规定具体法律规避行为后果,但是对于法律规避行为损害到社会利益、个人利益或导致合同显失公平的,必须全部或部分否定其效力。进言之,对于合理的法律规避行为,司法可通过创设例外的新规则来选择法律适用。

在行政执法的法律经济学对策方面,应坚持宽柔并济的理念:一是宏观方面,执法者在对待某些不合理强制性规范方面,通过规避已有的强制性规范,从而适时突破了强制性规范;二是微观层面,针对具体的法律规避行为,执法者在行政处罚方式的选择上可以有所裁量;三是要创立有效率的执法绩效考核模式。从监管的类型上分,我国主要采取事前监管为主、事后监管为辅的模式,本节建议要改变这种模式,以事后监管为主、事前监管为辅。此外,法律规避的一个重要原因是执法不严,因此必须加强对执法者的监管。

---

① 参见何朝丹《从PE腐败问题看后危机时代的中国资本市场监管》,载《证券法苑》2010年第2期。

最后，应该强调，法律规避具有制度创新意义，不宜绝对否定法律规避的效力，而应采取适当的法律适用技术，化消极为积极，促进制度创新。应该将法律规避视为一种"现实的合理存在"，正如孟德斯鸠在《论法的精神》指出的，"当规章成为一种流弊的时候，应当准许人们违背规章；当流弊成为规章的一部分的时候，应当准许流弊"①。从制度层面上讲，法律与法律规避正如制度经济学指出的"正式规则"与"非正式规则"，诺斯指出正式规则和非正式约束的某种组合能够提高经济绩效，而我们的任务就是要找到哪种组合能够在某一时点上或者在不同时期产生合意的结果。②对公司融资中的法律规避，其实可以将其视为应对有关公司融资立法、监管缺陷的润滑剂，对公司融资中合理的法律规避行为，不妨予以宽容对待。对公司融资中不合理的法律规避现象，则通过严刑峻法加大行为人法律规避的违法成本，从而迫使其改变行为，以建立一个健康的公司融资金融市场秩序。

第二节　私人治理、法律规则与金融发展③

近年来，与银行一般性贷款业务相比较，银行的供应链金融贷款业务呈现出高速发展且合同违约率低的现象（以下简称"一高一低"现象）。④ 对此，在中国综合治理水平处于下行通道⑤以及司法机关对于债权保护不利的情况下，⑥ 法与金融理论难以解释。同时，供应链金融通常是银行与大企业以及其供应商与经销商之间的融资协议安排，协议的当事人并不一定是"熟人"关系，更不存在"血缘"关系。可见，现有关于非正式制度对于金融发展的研究结论也难以解释供应链金融的"一高一低"现象。那么，如何解释供应链金融呈现的"一高一低"现象？法律制度对供应链金融发展是否有影响，其作用机制如何？本节试图通过对供应链金融合同进行案例研究回答上述问题，揭示供应链金融发展的制度逻辑，进而挖掘那些对金融发展有影响但被忽视的制度因素及其作用机制。

一、文献综述与理论基础

关于制度对金融发展影响的研究，学者主要从正式制度（法律）与非正式制度两个维度展开。在"法和金融"理论的系列开创性论文中，La Porta 等仔细考察了普通法系国家和大陆法系国家在金融发展方面的差异，并通过构建不同法系国家的投资者保护法律指数体系，采用计量分析方法研究了法律制度对金融发展的影响。结果显示，普通法系国家对投资者的保护程度较高，而大陆法系国家对投资者的保护程度较低；相应地，普通法系国家的金融市场要比大陆法系国家的金融市场发达。因此，他们认为，法律制度对一国的金融发展具

---

① ［法］孟德斯鸠：《论法的精神》，申林译，北京出版社2007年版。
② 参见［美］道格拉斯·诺斯《理解经济变迁过程》，钟正生等译，中国人民大学出版社2008年版，第72页。
③ 本节部分内容曾以论文形式发表，具体出自周林彬、龙强、冯曦《私人治理、法律规则与金融发展——基于供应链金融合同治理的案例研究》，载《南方经济》2013年第4期。
④ 金融理论中关于违约率的一般定义是，贷款合同的违约概率与实际违约不同。黄志豪对我国中小企业信贷违约率测算结果为5.7%。参见黄志豪《信息不对称条件下的中小企业贷款难问题探讨》，载《南方金融》2006年第9期。我们对原S发展银行的供应链金融信贷合同违约率测算为0.65%（见本节附表1）。
⑤ 我们对世界银行公布的各国治理数据（见本节附表2）拟合分析，发现2005—2010年我国的国家综合治理水平处于下行通道。
⑥ 相关研究参见唐应茂《法院执行为什么难：转型国家中的政府、市场与法院》，北京大学出版社2009年版。

有决定性的影响。① La Porta 等在关于证券法实施机制的实证研究中进一步指出，对于金融市场具有决定性影响的是法律规则（包括责任标准等）。原因是，透明的法律规则降低了投资者与管理层之间讨价还价的交易成本，从而促进了金融市场的发展。相比之下，法律执行水平对于金融市场的影响并不显著，原因在于，法律的有效执行水平依赖于高效率的官僚体系以及充足的经济投入，否则法律就难以得到有效执行。② Pistor 等以 La Porta 等的研究思路为基础，研究了新兴市场经济国家的法律制度与金融发展之间的关系。他们指出，由于法律执行能力受到经济发展水平、官员腐败等因素的影响，新兴市场经济国家的法律往往难以得到有效执行，书本上的法律（law in book）也就无法变成行动中的法律（law in action）。因此，他们指出，在新兴市场经济国家，相对于法律规则的改善而言，法律执行能力的提高更加重要。③

Coffee 在分析不同国家的上市公司大股东控制权私利水平（大股东对于公司利益的侵占程度）时，发现了一个 La Porta 等的结论难以解释的现象，即在相同法系的国家当中，大股东控制权私利水平存在显著差异（如果按照 La Porta 等的逻辑，国家间股东保护程度相同的话，大股东控制权私利水平也应该是相同的）。Coffee 认为在相同法系的国家当中，大股东控制权私利水平的差异源于国家间社会规范（social norms）的差异（所谓社会规范，是指无须国家权力保障其实施的约束自利行为的非正式制度）。Coffee 指出，正是社会凝聚和同质性以及对大股东攫取私利行为的认同程度等社会规范影响了相同法系的不同国家大股东控制权私利水平；当一个国家的法律制度对投资者保护程度比较低的时候，社会规范就会发挥替代法律制度的作用，并最终影响金融发展。④ 对此，Guiso 等也提出了社会规范影响到金融发展的类似观点。他们的实证研究表明，以信任为核心的社会资本（social capital）对于金融发展具有关键性的影响。其作用机制是，社会资本通过增进交易双方的信任，从而促进融资合同的履行。当法律执行效率较低的时候，社会资本更加重要；当法律执行效率提高的时候，社会资本的重要性就会降低。⑤ Stulz 和 Williamson 对宗教和文化等非正式制度对于金融发展的影响的实证研究则表明，一国的宗教和文化对该国金融的发展有显著影响。宗教和文化对金融发展的影响途径包括：第一，宗教和文化影响一个国家商业价值的形成和发展，进而传导到金融市场，影响金融发展；第二，宗教和文化渗透法律制度，并传导到金融市场，最终影响金融发展。⑥

关于非正式制度对于中国金融发展的影响，学者们的研究结论比较一致，即认为非正式制度对于中国金融发展有积极的显著影响。比如，Allen 等对温州和昆山的私人企业发展案例研究结果表明，声誉、隐性合约等非正式制度对中国现阶段经济发展起到替代法律等正式

---

① 参见 Rafael La Porta et al., "Legal Determinants of External Finance", *Journal of Finance*, 1997, 52, p.1131; Rafael La Porta et al., "Law and Finance", *Journal of Political Economy*, 1998, 106, p.1113。
② 参见 Rafael La Porta et al., "What Works in Securities Laws?", *Journal of Finance*, 2006, 61, p.1。
③ 参见 Katharina Pistor et al., "Law and Finance in Transition Economies", *Economics of Transition*, 2000, 8, p.325。
④ 参见 John C. Coffee Jr., "Do Norms Matter? A Cross-Country Evaluation", *University of Pennsylvania Law Review*, 2001, 149, p.2151。
⑤ 参见 Luigi Guiso et al., "The Role of Social Capital in Financial Development", *American Economic Review*, 2004, 94, p.526。
⑥ 参见 René M. Stulz, Rohan Williamson, "Culture, Openness, and Finance", *Journal of Financial Economics*, 2003, 70, p.313。

制度的重要作用，正是这些非正式制度提供了融资渠道并促进金融和经济的发展。① 罗党论等对温州苍南龙港镇新渡村的案例研究也指出，中小企业互助融资的正常运行仍然依靠乡土社会的人际信任机制来维持。② 然而，学者们关于中国法律对金融发展的影响的研究结论存在较大差异。卢锋和姚洋以合同案件的结案率作为衡量法治的指标，研究了法治对金融发展的影响。他们得到的结论是，法治的完善会遏制金融漏损效应（即银行贷款从国有部门向私人部门的转移效应），其结果反而损害了金融发展并降低了经济增长率。因此，他们认为，就现阶段而言，法治的完善可能不利于中国金融发展，而在非正式制度中却能寻找到促进金融发展的制度因素。③ Allen 等采用 La Porta 等人建构的投资者保护度量方法和指标体系，对中国投资者保护水平进行度量，结果显示，中国投资者保护水平介于普通法系国家和大陆法系国家之间。但是，中国法律的执行水平由于受到腐败和法治因素的影响显著低于发达市场经济国家的水平。据此，他们认为，法律制度并不是促进中国金融发展的决定因素。④ 与上述研究结论不同的是，沈艺峰等，王鹏、陈炜等关于法律制度对上市公司的价值以及金融市场（证券市场）发展的影响的实证研究表明，法律制度对于对上市公司价值（Tobin'Q）和金融市场（证券市场）有显著的积极作用。⑤ 皮天雷用卢锋和姚洋设计的合同案件结案率以及地区律师人数作为地区法治发展的衡量指标，研究了我国不同地区法治水平对于地区金融发展的影响，得到的结论是，地区法治水平对于地区金融发展有显著影响。⑥ 张世林和才国伟选用世界银行和国际金融公司发布的债权人保护指数作为衡量债权人保护程度指标，对包括中国在内的 133 个国家或地区的债权人保护与私营信贷的关系进行了实证研究，结果表明，一国对债权人保护程度越强、合同执行效率越高，其私营信贷规模越大。这说明改善债权人法律保护环境以及提高司法执行效率对信贷市场发展具有重要意义。⑦

　　综上所述，从 La Porta 等学者提出的"法律是重要"的观点，到 Coffee 等学者提出的"非正式制度同样重要"的观点，人们对于制度与金融发展的研究不断深入；学者们对于非正式制度对中国金融发展影响研究的结论比较一致，而对于法律对中国金融发展影响研究的结论则存在较大的分歧。我们认为，关于制度对中国金融发展影响的研究，存在的问题是：第一，国内的相关研究大都模仿 La Porta 等人的指标体系法，而忽视法律现实的实施机制及它对经济绩效的影响机制；第二，学者建构的关于法治水平的度量指标过于宽泛，加之中国的统计数据（尤其是法律数据）可信程度不高，计量分析结果的可靠性容易受到质疑；第

---

① 参见 Franklin Allen et al., "Law, Finance, and Economic Growth in China", *Journal of Financial Economics*, 2005, 77, p. 57。

② 参见罗党论、黄有松、聂超颖《非正规金融发展、信任与中小企业互助融资机制——基于温州苍南新渡村互助融资的实地调查》，载《南方经济》2011 年第 5 期。

③ 参见卢锋、姚洋《金融压抑下的法治、金融发展和经济增长》，载《中国社会科学》2004 年第 1 期。

④ 参见 Franklin Allen et al., "Law, Finance, and Economic Growth in China", *Journal of Financial Economics*, 2005, 77, p. 57。

⑤ 相关研究参见沈艺峰、许年行、杨熠《我国中小投资者法律保护历史实践的实证检验》，载《经济研究》2004 年第 9 期；沈艺峰、肖珉、黄娟娟《中小投资者法律保护与公司权益资本成本》，载《经济研究》2005 年第 6 期；王鹏《投资者保护、代理成本与公司绩效》，载《经济研究》2007 年第 2 期；陈炜、孔翔、许年行《我国中小投资者法律保护与控制权私利关系实证检验》，载《中国工业经济》2008 年第 1 期。

⑥ 参见皮天雷《经济转型中的法治水平、政府行为与地区金融发展——来自中国的新证据》，载《经济评论》2010 年第 1 期。

⑦ 参见张世林、才国伟《债权人保护能促进私营信贷发展吗？——来自 133 个国家或地区的经验证据》，载《南方经济》2012 年第 4 期。

三，国内学者的研究忽视了法律与私人治理之间的互动关系。梅纳尔指出，国家立法为私人治理提供了博弈的规则，这意味着，法律与私人治理之间并不是完全分离的。① 同时，威廉姆森也认为非标准合同（non-standard contract）中私人治理（比如抵押品）也同样对合同履行以及经济效率具有关键性影响。② 因此，通过对案例的微观研究是克服现有研究的不足，揭示制度对于金融发展作用机制的可行思路。基于此，本节试图把银行的供应链金融合同作为个案，深入分析制度对金融发展的影响机制及其绩效。

二、供应链金融合同的私人治理及其类型

合同理论对金融的研究注重解释诸如信贷配给（credit rationing）对利率水平的影响等经济现象。③ 然而，从本质上说，信贷配给是在信息不对称的状态下，银行担心借款人违约而导致的"囚徒困境"的低效率现象。合同治理机制是消除交易方之间陷入"囚徒困境"从而达成合作、提高资源配置效率的有效措施。④ 同样，合同治理机制也是金融市场得以存在和发展的制度基础。⑤

合同治理理论认为，合同的治理机制具有多样性、复合性和整体性的特征，除了国家提供的司法机关（法庭）这种正式的治理机制（或者称官方治理）外，还存在诸如声誉、互惠、道德准则、私人执法等非正式的治理机制（或者私人治理机制）。⑥ 这些私人治理机制与官方治理是替代或者互补关系。这与制度与金融发展理论关于正式制度（法律）以及非正式制度（社会规范、社会资本等）对于金融发展的影响的研究结论具有高度的一致性。由此可见，合同治理理论是制度与金融发展理论的微观基础。

现有研究侧重于社会规范、社会资本这些具有普遍性的行为准则对于金融发展的影响。比如，基于熟人关系对融资的影响，⑦ 基于乡土社会人际信任机制对融资的影响等。⑧ 在中国司法能力乃至整个治理水平处于下行通道的环境下，供应链金融合同依然被良好地遵守，这意味着，非正式的合同治理机制（私人治理机制）对于供应链金融的发展具有关键性的影响。在供应链金融中，银行与借款企业之间的信贷合同大部分都是在非熟人社会中的签订和履行的。因此，可以推断，基于熟人关系的声誉机制或者隐性契约对供应链金融合同的履

---

① 参见［法］克劳德·梅纳尔《执行程序和治理结构：什么关系?》，载［法］克劳德·梅纳尔主编《制度、契约与组织——从新制度经济学角度的透视》，刘刚等译，经济科学出版社2003年版，第273–295页。
② 参见［美］奥利弗·E. 威廉姆森《资本主义经济制度》，段毅才、王伟译，商务印书馆2002年版。
③ 参见 Dwight M. Jaffee, Thomas Russell, "Imperfect Information, Uncertainty, and Credit Rationing", *Quarterly Journal of Economics*, 1976, 90, p. 651; Joseph E. Stiglitz, Andrew Weiss, "A Credit Rationing in Markets with Imperfect Information", *American Economic Review*, 1981, 71, p. 393。
④ 参见［日］青木昌彦《比较制度分析》，周黎安译，上海远东出版社2001年版。
⑤ 参见 Peter J. Hammond, "On the Impossibility of Perfect Capital Market", P. Dasgupta et al., eds., *Economic Analysis of Markets and Games: Essays in Honor of Frank Hahn*, Cambridge, Mass.: M. I. T. Press, 1992, pp. 527–560。
⑥ 参见 Douglass C. North, *Institutions, Institutional Change and Economic Performance*, Cambridge: Cambridge University Press, 1990; Avner Greif, "Contract Enforceability and Economic Institutions in Early Trade: The Maghribi Traders Coalition", *American Economic Review*, 1993, 93, p. 525;［日］青木昌彦《比较制度分析》，周黎安译，上海远东出版社2001年版;［美］阿维纳什·迪克西特：《法律缺失与经济学：可供选择的经济治理方式》，郑江淮译，中国人民大学出版社2007年版。
⑦ 参见 Franklin Allen et al., "Law, Finance, and Economic Growth in China", *Journal of Financial Economics*, 2005, 77, p. 57。
⑧ 参见罗党论、黄有松、聂超颖《非正规金融发展、信任与中小企业互助融资机制——基于温州苍南新渡村互助融资的实地调查》，载《南方经济》2011年第5期。

行产生的影响并不明显。那么,确保供应链金融合同履行的私人治理机制是什么?对此,威廉姆森关于非标准合同的论述提供了一个研究视角。他指出,人们之所以夸大合同履行的"囚徒困境"问题,是因为缺乏对非标准合同关注;并指出"抵押"对单向贸易和双向贸易的合同履行和效率的影响。① 据此,我们认为,供应链金融合同的条款研究是理解供应链金融合同履行的私人治理机制的切入点。

(一) 商业网络作为供应链金融合同的私人治理机制

一般认为,供应链金融是一种基于供应链的信贷业务。它的基本运作框架是:银行向自己的公司大客户(核心企业)提供融资和其他结算、理财服务,同时向这些核心企业的供应商或者经销商提供货款、预付款或者存货融资服务。供应链金融最为简单的产品是保理和货押,其高级形态则是商业银行针对供应链不同环节的交易结构及其衍生的融资需求的关键节点,有选择地对核心企业上下游的供应商和分销商提供信贷的系统性融资安排(即所谓"N+1"机制)。②

供应链金融合同与传统银行信贷合同相比较,其特殊性在于:第一,在传统银行与借款企业之间的信贷合同中,借款企业提供的担保品通常是固定资产等形态稳定、容易作价评估的动产或者不动产,而供应链金融的担保品则是应收账款、动态存货等债权或者动态所有权;第二,就供应链金融的高级形态而言,供应链金融是在核心企业、供销商、经销商之间订立的信贷合同以及以此为基础的与物流公司等签订的一揽子协议,它区别于"一对一"的传统银行信贷模式。银行也因而构成了供应链这一商业网络上的一个节点。

由此可见,第一,供应链金融合同基于履行的信用担保不是单一的企业信用,而是整个供应链上包括核心大企业在内所有成员企业的信用。比如,作为担保品的应收账款是以供应商对核心大企业的债权信用为基础;又如,预付款是以核心大企业未来对经销商的支付信用为基础。第二,供应链作为一个商业网络为整个链条上的企业的履约提供声誉保障。如果借款企业违反与银行签订的贷款合同,它不仅会失去银行的信赖,也会失去整个供应链上其他企业的信赖。结果是该借款企业将会遭受商业网络的集体惩罚,最终被踢出商业网络。

作为供应链金融合同履行保障机制的商业网络,与一般的社会网络不同的是,社会网络以血缘关系或者熟人关系为基础或者互惠关系为基础,③ 而商业网络通常以各方在该网络的利益关系为基础。对借款企业而言,作为核心大企业的供应商和经销商的中小企业,它们受到自身规模以及管理水平的限制,往往难以获得以严格的信用评估和资产抵押为条件的国有银行的贷款,其主要融资途径通常是熟人关系,但是,这种途径所获得的资金的规模往往是有限的。借助于核心大企业信用的供应链金融超越了一般的熟人关系,确保了借款所企业获得的资金的数量和可持续性。对中小银行而言,在与国有银行的竞争环境下,供应链金融使得中小银行与中小企业率先结盟,并为中小银行争夺市场份额以及发展奠定了基础。对核心大企业而言,供应链金融节省了流动资金,它们乐于接受以自己的信用为基础的、预付款式的经销模式以及赊购式的材料供应模式。总而言之,供应链金融形成的商业网络是银行、核心企业与中小企业之间互利共生的结果。

---

① 参见[美]奥利弗·E. 威廉姆森《资本主义经济制度》,段毅才、王伟译,商务印书馆2002年版。
② 参见深圳发展银行中欧国际工商学院"供应链金融"课题组《供应链金融:新经济下的新金融》,上海远东出版社2009年版,第25-27页、第89页。
③ 参见李胜兰、何朝丹《中国民营企业治理与法律和社会资本互动机制研究》,载《制度经济学研究》2011年第3期。

(二) 保证金条款作为供应链金融合同的私人治理机制

供应链金融合同这一非标准合同的特殊性不仅表现为担保品的特殊性以及由供应链上众多企业形成的商业网络,还表现在其合同条款的特殊性。在供应链存货融资合同中,普遍采用的保证金条款和跌价条款保证了借款企业对供应链金融合同的遵守。

供应链金融合同的保证金条款是指,借款企业提供一定的保证金后,可以从监管人（物流公司）的手中提货;跌价条款则是指当质押货物的市场价格下跌至一定幅度的时候,银行可以要求企业充实保证或者提供新的质押物。与一般的质押物价格调整不同的是,在供应链金融合同中,质押物的价格调整机制类似于期货市场的"盯市"机制,即其价格调整随行就市。比如,原S发展银行《动产监管协议（2009）》第9条关于跌价补偿义务规定:"当监管物的现时市场价格与银行发出的最新《监管物价格确定/调整通知书》中列明的监管物价格相比较跌幅大于一定百分比时,不论甲方是否通知,客户企业应该在约定的工作日内按照市价跌幅的比率追加保证金或追加监管物;逾期未补或未补足的,视为债务人在整个授信项下的违约,甲方有权宣布授信额度提前到期,要求债务人提前偿还已使用的授信,并同时向担保人进行追索。"

供应链金融合同的保证金条款以及跌价条款赋予银行"先发制人"的权利。这一机制确保借款人遵守并履行合同是最优策略。具体分析如下:假定借款企业违约时,银行有两个策略,它可以选择"先发制人"（执行保证金条款）,也可以选择事后诉讼。但是,显然"先发制人"执行合同的方式成本要低得多。因此,对于借款企业而言,银行选择"先发制人"策略是一个可信的威胁。对于借款企业,在获得贷款后,它同样有两个策略,要么违约（拖欠贷款）,要么守约（按期还款）。然而,在银行选择"先发制人"的策略下,如果借款企业违约,中小企业的收益将为0;相反,如果借款企业守约,其收益大于0（尤其是加上借款企业在供应链上的信誉收益）。因此,选择"守约"是借款企业的最优选择。

(三) 第三方监管作为供应链金融合同的私人治理机制

Klein指出,虽然交易当事人签订的合同可能是不完全的,但是,交易当事人还是会选择订立相关条款来降低事后被"敲竹杠"（hold up）的风险。[①] 以存货融资合同为例,如果在合同履行过程中,作为抵押品的货物完全控制在银行手中,那么,借款企业可能会面临被银行"敲竹杠"的风险:银行控制了货物,但是不放款。还有,如果作为抵押品的货物完全控制在借款企业的手中,那么,银行可能会面临被借款企业"敲竹杠"的风险:银行放款,借款企业处理了货物。

物流公司充当供应链金融合同履行的监督方则可以有效降低银行以及借款企业的事后被"敲竹杠"的风险。在借款企业将货物质押给银行,并与银行签订保证金条款和跌价条款的同时,银行、借款企业与物流公司之间还会签订三方协议,约定负责货物运输和货物仓储的物流公司作为存货的实际控制人,同时,物流公司享有对于"出货"以及"放款"的监管权。比如,三方协议通常会约定:借款企业在合作银行开设专门账户,借款企业成为第三方物流公司的会员企业。借款企业采购的原材料或者待售的商品放入融通仓,形成质押,同时

---

① 参见 Benjamin Klein, "Contracts and Incentives: The Role of Contract Terms in Assuring Performance", Lars Werin and Hans Wijkander, eds., *Contract Economics*, Oxford: Blackwell, 1992, pp. 149 – 172.

向银行提出贷款申请；第三方物流公司负责进行货物验收、价值评估以及监管，并据此向商业银行出具动产质押的证明文件。商业银行根据贷款申请以及价值评估报告结果酌情向借款企业发放贷款。借款企业根据生产经营需要使用或者销售其存储在"融通仓"内的产品；第三方物流公司在确保借款企业资金回笼到它在合作银行开设的回款账户的情况下予以放货；借款企业以其销售所得还贷。如果借款企业违约，商业银行将处置质押物，并从中优先受偿。

可见，由于作为利益中立的第三方物流公司控制了"出货"和"放款"的各个环节，从而避免了银行或者借款企业被"敲竹杠"的风险，确保了合同的遵守。

三、法律规则对供应链金融合同私人治理的影响

仔细分析供应链金融合同这一非标准合同，我们还发现，在供应链金融合同中，存在银行、借款企业和物流公司合意选择适用某些法律规则或者排除适用某些法律规则的条款。比如，原 S 银行适用于质押融资业务的格式合同规定，"物流公司同意放弃对仓单项下货物的留置权"。该合同条款实际上排除了物流公司享有的《担保法》上的"留置权"。[①]

又比如，银行与借款企业关于跌价处理时会约定："若出现仓单所记载的商品的市场价格跌价幅度超过质押生效时价格的 5% 时，客户企业应在____个工作日之内将市场价格与质押生效时价格之间的差价补齐，补齐差价的方式为追加保证金或追加新的质押。逾期未补或未补足的，视为对本协议及相关其他合同或协议的违约，银行有权行使不安抗辩权，宣布授信额度提前到期，要求乙方提前偿还已使用授信额度；同时，银行有权依法以拍卖或变卖的方式处置仓单所记载的商品，变卖或拍卖所得的款项用于提前清偿所担保的债权。"该条款实际上赋予了银行享有《合同法》的"不安抗辩权"。[②]

再如，原 S 银行《先票后货标准模式合作协议书（2009）》格式合同第 10 条第 7 款规定，"客户企业、物流公司在本协议项下及与本协议有关的贸易合同项下的债权债务禁止抵销"。该条款实际上排除物流公司与借款企业之间适用《合同法》的债务抵销规则。[③]

这些现象说明，国家提供的法律规则并不是没有对交易产生影响，而是事实上降低了交易方讨价还价和执行合同的交易成本。首先，在"私法自治"的法律原则下，当事人可以通过排除适用（opt-out）或者选择适用（opt-in）法律提供的交易规则，并形成满足自身需要的交易规则。在供应链金融合同中，银行通过切断第三人（作为监管方的物流公司）的留置权以及否定其对借款人的抵销权，并确定自己的不安抗辩权来获得对借款企业的质押货物的优先权；其次，国家提供的法律规则，免除了当事人通过谈判缔结的相关规则成本。我国《合同法》和《担保法》采用的不可抗辩权、抵销权、留置权相关交易规则，实际上降低了银行、借款企业和物流公司之间就相关权利义务进行条款谈判和起草合同的交易成本；再次，供应链金融合同中的不可抗辩权、留置权、抵销权等法律规则都具有自助实施（self-enforcement）而不需要法院或者其他第三方实施的特征；最后，它们具有的替代国家司法能

[①] 留置权是指债权人按照合同的约定占有债务人的动产，当债务人不按照合同约定的期限履行债务时，债权人有权依照法律规定留置财产，以该财产折价或者以拍卖、变卖该财产的价款优先受偿。

[②] 不安抗辩权是指当事人互负债务，有先后履行顺序的，先履行的一方有确切证据表明另一方丧失履行债务能力时，在对方没有履行或者没有提供担保之前，有权中止合同履行的权利。

[③] 债务抵销是指双方互负到期债务，且该债务的标的物种类、品质相同的，任何一方可以自己的债务与对方的债务抵销。

力的功能,实质上降低了当事人执行合同的交易成本。

四、供应链金融的治理绩效:金融发展的经验数据

学者通常用 FIR(金融资产总值/GDP)[①]、M2/GDP(广义货币与 GDP 的比值)[②]、LLY(金融中介的流动负债占 GDP 的百分比)以及 BANK(商业银行和中央银行在总的信用余额中所占的相对份额)、PRIVATE(提供给非金融私人企业或者非金融私人部门的信贷与扣除提供给存款货币银行的信贷后的总信贷的比率)、PRIVY(提供给非金融私人企业或者非金融私人部门的信贷与 GDP 的比率)[③] 等指标来衡量金融发展。然而,由于中国金融市场的结构以及发展的特殊性,学者对能否采用这些指标来衡量中国金融发展存在较大的争议,在实际研究过程中,学者对中国金融发展衡量指标的选择也具有较大差异。[④] 基于 Levine 金融系统功能的论述,[⑤] 本节采用企业融资成本、银行经营收益以及风险收益率等微观指标来衡量金融发展。这三个指标的可行性在于:首先,供应链金融是在我国银行业竞争的环境下,中小银行采取的一种金融创新,供应链金融业务的发展本身就反映了我国中小银行的竞争力和生存能力以及我国金融市场的活跃程度和金融效率;其次,在供应链金融中,中小企业融资成本的大小,体现了金融系统的资金资源配置功能以及便利交易的功能;最后,风险收益率指标体现了金融系统的规避和分散风险的功能。

(一)供应链金融对企业融资成本的影响

Barro 指出,借款企业提供的担保品执行成本对信贷利率产生影响,执行成本越高,银行贷款利率将会越高,反之就会越低。[⑥] 对于供应链金融而言,一方面,由于供应链金融的抵押品通常是应收账款或者其他动产,因此,抵押品资产专用性较小。另一方面,供应链金融的私人治理机制(商业网络、保证金、第三方监管以及优先权等)有效降低了抵押品的执行成本,因此,可以预测,供应链金融的贷款利率水平会较低。

经验数据验证了上述理论分析。我们对原 S 发展银行的供应链金融的产品的利率浮动水平进行了整理。结果显示,该类产品的利率浮动水平在 0~30% 之间。此外,如果企业采用票据结算支付货款替代了原来的银行贷款支付贷款方式,那么企业就节省了财务费用的额度

[①] 参见 Raymond W. Goldsmith, *Financial Structure and Economic Development*, New Haven: Yale University Press, 1969, pp. 155 – 213。

[②] 参见 Ronald I. McKinnon, *Money and Capital in Economic Development*, Washington, DC.: Brookings Institution, 1973, pp. 121 – 145。

[③] 参见 Robert G. King, Ross Levine, "Finance and Growth: Schumpeter Might Be Right", *Quarterly Journal of Economics*, 1993, 108, p. 717。

[④] 比如,卢锋、姚洋用银行年末总贷款余额除以 GDP、除四大国有银行以外的其他银行的信贷份额、私人部门的信贷额占各省总信贷额的比例作为衡量金融发展的指标。参见卢锋、姚洋《金融压抑下的法治、金融发展和经济增长》,载《中国社会科学》2004 年第 1 期。白钦先、张志文用债券市场规模发展、银行对私人信贷扩张和股市场流动性来衡量金融发展。参见白钦先、张志文《金融发展与经济增长:中国的经验研究》,载《南方经济》2008 年第 9 期。李猛用成年人的借款人数的百分比以及私营部门的国内信贷占 GDP 的百分比来衡量金融发展。参见李猛《金融宽度和金融深度的影响因素:一个跨国分析》,载《南方经济》2008 年第 5 期。

[⑤] 参见 Ross Levine, "Financial Development and Economic Growth: Views and Agenda", *Journal of Economic Literature*, 1997, 35, p. 688。

[⑥] 参见 Robert J. Barro, "The Loan Market, Collateral and Rates of Interest", *Journal of Money, Credit and Banking*, 1976, 8, p. 439。

为贷款成本的 30%。① 据此，我们可以进一步估算供应链金融产品的利率水平。估算结果表明，采用供应链融资的方式，贷款利率相当于基准利率（r）0.70～0.91 倍。

(二) 供应链金融的效益

1. 银行供应链金融的收益

以原 S 发展银行为例，其统计数据显示，供应链金融在银行贷款、存款和中间业务等方面都产生了积极的影响：第一，在贷款方面，2005—2009 年期间，年均增长率为 24%（见表 7-2-1）。② 截至 2010 年第一季度末，原 S 发展银行全行供应链金融融资规模达 1 297 亿元，客户数达 6 247 户，是 2007 年客户数的 2.5 倍，约占全行公司授信客户的 40%。同时，信贷资产质量表现良好，不良资产率 0.38%，大部分不良资产均可以执行抵质押物变现，损失风险可控；第二，在存款方面，供应链金融融资带来保证金存款 538 亿元，约占全行保证金存款的 50%；第三，在中间业务方面，供应链金融融资中间业务收入是全行中间业务收入的重要来源，主要体现为国际及离岸中间业务收入、开票手续费及供应链金融融资财务顾问费，其中 2009 年公司中间业务收入为 10.01 亿元，国际及离岸中间业务收入为 4.06 亿元。

表 7-2-1　2005—2009 年供应链金融授信额增长率

年份	2005	2006	2007	2008	2009
信贷额增长率（%）	10.93	22.48	39.79	-3.38	51.67

2. 供应链金融产品的风险收益率

原 S 发展银行年报显示，2008—2010 年的全行平均不良资产率分别为 1%、0.68% 和 0.58%。我们用 2010 年存款和贷款利率的利差作为银行的收益率，同时分别以"不良贷款率"和"违约率"③ 作为风险的度量指标，来估算供应链金融贷款和一般性贷款的风险收益率。结果显示，当以不良资产率作为风险衡量指标时，供应链金融贷款的收益率是一般性贷款风险收益率的 1.5 倍；当以违约率作为风险衡量指标的时候，供应链金融贷款的风险收益率大概是一般性贷款的风险收益率的 8.8 倍（见表 7-2-2）。显然，供应链金融贷款的风险收益率要高于一般性贷款的风险收益率。

表 7-2-2　风险-收益：一般性贷款与供应链金融贷款的比较

序号	比较的项目	一般性贷款	供应链金融贷款
①	收益率（平均基准贷款利率）	4.44%	4.44%
②	不良贷款率	0.58%	0.38%
③	违约率	5.7%	0.65%
④（=①/②）	风险-收益率（A）	7.65	11.68
⑤（=①/③）	风险-收益率（B）	0.78	6.83

---

① 对某石化公司企业的调查发现，该企业正常的流动资金贷款是 50 亿元。2003 年，在银行的积极动员下，该企业采用了票据结算支付货款替代了原来的银行贷款支付货款方式，当年该企业贴现 60 亿元，节省了财务费用 4000 万元，成本支出与 2000 年相比，降低了 30%，票据结算支付节省了 1/3 的融资成本。参见深圳发展银行中欧国际工商学院"供应链金融"课题组《供应链金融：新经济下的新金融》，上海远东出版社 2009 年版，第 86 页。

② 2008 年，由于全球金融危机影响，供应链金融业务的增速有所减缓。

③ 本节采用黄志豪测定的中小企业信贷违约率，即 5.7%。

五、结论与政策建议

对供应链金融合同的案例研究表明,供应链金融呈现出来的"一高一低"现象的原因在于:一方面,银行和借款企业以及物流公司缔约的保证金条款、优先权条款、第三方监管条款等私人治理机制以及供应链商业网络的声誉机制确保了供应链金融合同的履行;另一方面,自助型法律规则通过嵌入银行、借款企业与物流公司缔结的供应链金融合同,降低了交易方讨价还价的成本以及合同执行的成本,从而促进了合同履行。因此,供应链金融合同的违约率较低,并因此促进了银行供应链金融业务的高速发展。此外,从供应链金融的治理绩效来看,以企业融资成本、银行经营收益以及供应链金融的风险收益率作为金融发展的衡量指标的经验数据进一步表明,供应链金融合同中私人治理机制以及自助型法律规则的嵌入促进了金融发展。由此,我们可以进一步得到如下结论:第一,私人(交易方)之间可以通过缔约非标准合同的方式,选择适应性的合同治理机制,因此,合同履行不一定依赖具有普遍性的法律或者非正式的治理机制;第二,"法律规则是重要的"。法律中的自助型法律规则对第三方实施具有替代功能,它不仅降低了私人之间讨价还价的交易成本,也降低了合同执行的交易成本。

以上结论对未来的制度改革启示在于以下三方面。第一,促进金融业的竞争。实践证明,一方面,供应链金融是中小银行在竞争的压力下与中小企业结盟的结果;另一方面,在竞争的环境下,供应链金融的合同条款治理的有效性证明了市场的"自我调节"功能,解决"中小企业融资难"的问题,不一定依赖于对中小企业的政府补贴等政府干预措施。因此,修订的《商业银行法》中银行的准入制度、促进金融竞争是金融发展的基础。第二,在法律规则设计上,应该扩大自助型法律规则的适用(比如应当完善保障银行执行质押权的法律制度)[①] 以及扩大"私人自治"的空间(比如在经过质押登记机关登记的前提下,应该允许当事人通过合同的方式约定流质条款等)。第三,供应链金融的实践表明,供应链金融私人治理机制并不是孤立存在的,它与法律制度也存在互动关系,比如银行、银行的客户企业和物流公司之间合同的执行在某些情况下也需要享有公权力的法院介入,[②] 因而司法能力的提高可以促进借贷合同履行,进而促进金融发展。

附表1 供应链金融合同违约率

年份	供应链金融合同违约率(%)
2005	0.00
2006	0.80
2007	0.50

---

① 比如,《税收征收管理法》第45条规定,纳税人欠缴的税款发生在纳税人以其财产设定质押之前的,税收优先于质押权执行。在政府的优先权的压力之下,银行的质押权往往难以实现。此外,《企业破产法》规定,质押权人对质物享有优先受偿权,当质押权人未能完全受偿时,未受偿的部分债权作为普通债权,其清偿顺序排列在破产企业欠缴的社会保险费用和所欠税款之后。据此,对于供应链金融中的动产质押融资而言,如果质物市场价格下跌,银行的动产质押贷款损失难以避免。这些都阻碍了质押权这种自助型法律规则的有效执行。

② 在原深圳发展银行佛山分行诉佛山区南鹏贸易有限公司案中,由于物流公司台账管理漏洞,银行与其他企业就质押的货物发生争议,法院的判决直接影响了银行债权的实现。参见广东省高级人民法院(2008)粤高法民二终字第83号民事判决书。

续附表1

年份	供应链金融合同违约率（%）
2008	1.20
2009	1.25
2010	0.35
均值	0.68

数据来源：原S发展银行广州分行。

附表2　世界银行关于中国治理发展的评分

项目	年份					
	2005	2006	2007	2008	2009	2010
行政效率	-0.17	0.06	0.23	0.19	0.14	0.12
管制质量	-0.14	-0.22	-0.19	-0.16	-0.21	-0.23
法治	-0.41	-0.54	-0.47	-0.34	-0.34	-0.35
腐败控制	-0.64	-0.50	-0.59	-0.44	-0.50	-0.60
拟合值（主成分析法）	-0.37	-0.42	-0.60	-0.47	-0.48	-0.55

数据来源：世界银行关于世界各国治理指数报告（2005—2010年）。

第三节　商事担保概念初探[①]

我国担保制度在原则、灵活、务实的立法思想指导下逐渐趋向完善。但是，系统梳理我国担保制度，我们认为，作为民事基本法的《担保法》和《物权法》中有关担保的规则操作性不强，不能适应市场交易领域担保实践的发展。以金融领域的担保为例，由于《担保法》和《物权法》的原则规定不能应对金融担保的现实问题，由此衍生出大量操作性行政规章。[②] 这种行政法规在民事担保领域的泛化，不仅助长了政府通过下位法的行政法规对上位法的民事法律的替代现象，客观上导致政府对市场交易的不当干预，也导致担保法律适用规则的矛盾与不统一。这一问题固然与民事基本法有关担保的一般条款操作性不强有关，但作为民事特别法的商事担保制度的缺失，也是诱因之一，而"商事担保"概念的缺失是核心的问题。这里所言的商事担保是指商人以营利为目的提供的或为商行为提供的担保，法律另有规定的除外。上述商事担保的概念属于商法范畴的学理概念。

我国没有商法典，也没有民法典，属于民商法范畴的担保法律，多以单行法的形式存在，如《担保法》《物权法》《商业银行法》《票据法》《证券法》《保险法》《信托法》等。虽然我国没有商事担保的法定概念和成熟与统一的学理概念，但是比较成熟与统一的商法概

[①] 本节部分内容曾以论文形式发表，具体出自周林彬、王爽《商事担保概念初探》，载《法学》2013年第3期。
[②] 根据初步统计，担保所涉及的行政规章有《中小企业融资担保机构风险管理暂行办法》《中国人民银行个人住房担保贷款管理试行办法》《纳税担保试行办法》《融资性担保公司管理暂行办法》《中小企业信用担保资金管理暂行办法》《关于进一步加强信贷结构调整促进国民经济平稳发展的指导意见》《关于跨省区或规模较大的中小企业信用担保机构设立与变更有关事项的通知》等。

念、逐步成熟的商法理论与实践是存在的。按照商法逻辑和上述商事担保概念审视我国的担保法律现状,我们注意到《物权法》和《担保法》涉及商事担保元素①的条文各有 19 条,《海商法》涉及商事担保元素的条文有 7 条,《最高人民法院关于适用〈中华人民共和国担保法〉若干问题的解释》涉及商事担保元素的条文有 22 条。因此,建立商事担保的学理概念有相应的商事法律基础和商事法学基础。

一、商事担保的特征:比较法的结论

为了对商事担保概念做进一步的论证,有必要从比较法的角度分析商事担保的特征,以利于准确把握商事担保概念的内涵。从我国的实际出发,结合国外立法例,商事担保具有以下特征。

(一)商事担保是商人提供的担保

1. 商事担保人以"从事担保营业的特殊商人"为典型

"从事担保营业"主要是指担保活动具有商法意义上的"营业性",即指担保活动是以营利为目的的担保营业活动。例如,我国各类商业银行从事的独立保函业务、各类担保公司从事的有偿担保业务等。这些金融机构和担保公司将担保作为营利事业,因其担保营业属于金融服务业范畴,所以与金融服务关系密切的营业担保依法需要获得政府特许,由此不同于不以担保为营业且不需要政府特许的其他民商事主体提供的非营业性担保,故商事担保主体以从事担保营业的特殊商人为典型。例如,法国最高司法法院商事庭在 1982 年 12 月 20 日认定,银行对某一公司承诺见票即付之义务,并不是保证,而是特殊商人的"独立担保"。②法国的独立担保制度虽然出自《法国民法典》第 2321 条,但是学理认为"独立担保制度"是一项商法制度。③

2. 商事担保人可以是提供担保的"一般商人"

商事担保人可以是非金融机构或无须特许经营的"一般商人",如在我国,各类公司主要依据《合同法》《担保法》及《物权法》有关担保的规定,为自己、其他商人或非商人向债权人提供各类人保(如保证)和物保(如抵押)的担保行为(如一般担保、联保、互保以及公司的对外担保),是实践中最多、最常见的担保主体的担保行为。

按照德国法的有关规定,如果被担保债权的债权人和债务人都是商人,可以认定该担保为商事担保。④ 例如《德国商法典》第 369 条第 1 款规定,"一个商人因自己对另外一个商人由二人之间所订立的双方商行为所享有的届期债权……享有留置权"。德国法认为商事担保成立的前提是商事担保主合同(基础合同)的主体双方必须是商人,此为德国法划分商事担保与民事担保的标准之一,这一标准与德国主观主义的商法标准有关。德国法关于商事担保主体标准的又一例证是,对于《德国商法典》中规定的有名合同,基于商人默认的方式,推定其营业过程中所做的担保行为为商事担保,适用商法典有关商事担保的相关规定。如《德国商法典》第 368 条关于质物变卖的第 2 款规定,对于运输代理人和承运人的

---

① 由于我国学界并没有商事担保的概念,在进行法条整理时,担保制度中涉及商法"商人""营利""商品"和"企业"等概念因素的法条均视为涉及商事担保元素。
② 参见《法国民法典》,罗结珍译,北京大学出版社 2010 年版,第 505 页,脚注 1。
③ 参见李世刚《法国担保法改革》,法律出版社 2011 年版,第 75 页。
④ 参见[德] C. W. 卡纳里斯《德国商法》,杨继译,法律出版社 2006 年版,第 666 页,脚注 4。

质权,即使运输代理合同或者货运合同仅在运输代理人或者承运人一方为商行为时,适用"以1周的时间,取代《德国民法典》第1234条中所指定的期间"。《日本商法典》也有与德国类似的规定,以该法典第521条对商人之间留置权的规定为例,① 商事留置权中的债权和留置物之间不需要存在关联(牵连),只要求债权的成立和取得留置物的占有因商人间商行为而发生。

在我国担保法律实践中,有将所担保的主合同的主体是商人的担保作为商事担保的相关规定。如中国人民银行、中国证券监督管理委员会在《关于〈券商股票质押贷款办法〉的通知》中规定:"在质押股票市值与贷款本金之比降至平仓线时,贷款人应及时出售质押股票,所得款项用于还本付息,余款清退给借款人,不足部分由借款人清偿。"此规定明确了在出质人不履行债务时,质权人可以直接行使质权的效力。其不同于我国《物权法》关于禁止质权人在出质人不履行债务时直接行使流质的规定,② 而在上述中国人民银行、中国证券监督管理委员会的规定中,贷款人依法享有不同于民事质权的商事质权,是基于在基础借贷合同的主体中贷款人是银行,借款人是券商,即双方均是商事主体的缘故。

从我国民商合一的立法模式以及对商事担保和相关担保市场较为严格的政府管制实际出发,我们认为,我国应将一般商人提供的担保纳入商事担保的范畴加以限定,即将担保人及主合同债权人和债务人均限定为商人,以免商事担保规则法律适用的泛化,导致商事担保市场的混乱。

(二) 商事担保是具有商行为性质的担保

1. 商事担保行为主要是商人提供的有偿担保行为

按照德国法,如果担保行为能够满足商行为的要件,即担保行为以营利为目的,即使担保人或担保基础合同当事人不是商人,该担保也将被视为商事担保。《德国商法典》第349条规定:"保证对于保证人构成商行为的,保证人不享有先诉抗辩的权利。"因此,此类商事担保的性质不由主体而定,也不由基础合同的性质而定,而是仅由担保行为是否为商行为而定,即担保人的担保行为属于商行为,则担保性质为商事担保;反之,则担保性质为民事担保。类似的规定还有《德国商法典》第350条、③《西班牙商法典》第9章"商事担保"第442条对"担保的解除时限"的规定。④

以营利为目的有偿担保是商事担保行为,属于商行为的典型例证。由于有偿担保改变了传统民事担保中被担保人有权利无义务、担保人有义务无权利的不对等状态,因此在商事担保人提供有偿担保的条件下,其不仅负有代债务人(被担保人)偿还逾期债务的义务,还应当承担比一般民事担保更为严格的担保责任等。例如,在认定无效担保合同当事人的过错赔偿责任的司法实践中,一般认为提供有偿担保的担保人的过错程度相对重于提供无偿担

---

① 《日本商法典》第521条:商人双方间商行为所产生的债权有清偿期时,在该债权被清偿之前,债权人可以留置基于与债务人间商行为而由自己占有的债务人所有物或有价证券。但当事人间有特别的意思表示时,不在此限。

② 我国《物权法》第211条:质权人在债务履行期届满前,不得与出质人约定债务人不履行到期债务时质押财产归债权人所有。

③ 《德国商法典》第350条规定,对于保证、债务允诺或者债务承认,以保证在保证人一方、允诺或者承认在债务人一方构成商行为为限,不适用《德国民法典》第766条第1句和第2句、第780条以及第781条第1句和第2句的方式规定。

④ 《西班牙商法典》,潘灯、高远译,中国政法大学出版社2008年版,第114页。该条用了"未规定时限的有偿担保合同"这一表述,可以理解为"有偿担保合同"作为营利事业,被归类为"商事担保"。

的担保人的过错程度。又如我国原建设部、中国人民银行《住房置业担保管理试行办法》第 7 条规定:"担保公司是为借款人办理个人住房贷款提供专业担保,收取服务费用,具有法人地位的房地产中介服务企业。"如果一般民事主体提供住房置业担保,并且收取了担保服务费用,担保的有偿性导致担保将适用特有的交易规则。因此,若一般民事主体有偿提供住房置业担保,则责任的确定、分配应当比照《住房置业担保管理试行办法》的特别规定,而不是依照一般民事规则。

2. 商事担保是担保的基础合同(主合同),具有商行为性质的担保

此类商事担保以被担保的基础合同的商行为性质作为商事担保的确定标准,即被担保的基础合同具有商行为性质时,则该担保为商事担保,如果基础合同不属于商行为,则该担保非为商事担保。例如,《日本商法典》第 55 条规定,"当为因商行为发生的债权提供担保而设立质权时,可以约定流质",该规定突破了"禁止流质"的传统民法规则。作为立法理由,其基于商行为的当事人在经济地位上不会有过大的差异,因此,尊重商人之间自由交易的意思为妥当判断。① 日本法对商事流质的效力判定不依据担保行为是否为商行为,可能是考虑到依据质权人的商主体要件或者质权的商行为要件判断流质效力,对出质人保护不周,依据质权建立的基础合同的商行为性质判断商事担保有公平的考虑。相关立法例还有《日本商法典》第 511 条第 2 款有关"若该债务产生于主债务人的商行为"的规定以及第 515 条有关"担保商行为所生债权而设定的质权"的规定等。

与上述日本立法相类似,《西班牙商法典》第 9 章专章规定了"商事担保"制度,其第 439 条规定:"对商事合同的履行提供担保的合同均为商事担保合同,担保人可为非商人。"② 因此,商事担保的界定不以担保合同或基础合同的主体身份为判断要件,仅依基础合同的性质而定:若基础合同为商事合同,则为其提供的担保就是商事担保;若基础合同是民事合同,则担保合同性质即为民事担保。

我们认为,从我国担保法律实际出发,不宜照搬上述国外立法例。结合我国实际,非商人对具有商行为性质的基础合同提供担保所构成的商事担保类型,其提供担保的主体应限定为除国家机关、公益法人以外的非商人主体为宜。

(三) 商事担保主体的除外行为

商事担保作为民事担保的特殊担保类型,适用相关的商事单行法和特别法的专门规定,这些规定属于私法范畴,与有关担保的公法性规定不同,故以下几类公法规定的担保规则,虽有类似于商事担保的特征,但并未纳入商事担保的范畴,谓之商事担保主体的除外行为。

第一,虽然从事担保营业的是特殊商人,但是法律和法规另有规定的,则不纳入商事担保的范畴。例如,在贷款担保机构对下岗失业人员承诺担保,商业银行或其分支机构对下岗人员发放担保贷款③的情况下,虽然担保的主体是贷款担保机构,但是其依据的是国家为保障下岗失业人员就业而做出的政策性担保规定,则此类由特殊商人依据有公法性质的特别法提供的政策性担保不属于商事担保。又如,根据有关部门规章和地方法规关于工程建设保证担保的规定,该保证担保包括投标保证担保、承包履约保证担保、工程款支付保证担保、劳

---

① 参见 [日] 我妻荣《民法讲义Ⅲ:新订担保物权法》,申政武、封涛、郑芙蓉译,中国法制出版社 2008 年版,第 135 页。
② 《西班牙商法典》,潘灯、高远译,中国政法大学出版社 2008 年版,第 114 页。
③ 参见《下岗失业人员小额担保贷款管理办法》第 1 条。

务分包付款保证担保、劳务分包履约保证担保、预付款保证担保和保修金保证担保。① 其中，对于劳务分包付款保证担保和劳务分包履约保证担保两类担保，即使基础合同当事人均为商人，因为涉及对劳工利益的保护，也不应当适用商事担保的相关规则。

第二，虽然担保行为是商行为，但是法律另有规定的，不纳入商事担保的范畴。例如，依照《境内机构对外担保管理办法》的相关规定，境内机构对外担保是指我国境内机构以保函、备用信用证、本票、汇票等形式对外保证、对外抵押、对外质押以促进劳务出口和引进国外先进技术、设备及资金，顺利开展对外金融活动的担保。因此，即使担保行为表面上符合商行为的构成要件，但因为此类担保具有涉外性，且出于对经济主权安全的需要而对担保主体有特别要求（如为获得外国政府或者国际经济组织贷款，由特别机构做出的担保），所以也不应当将此类由公法性质的特别法规定的担保认定为商事担保。

第三，虽然担保的基础合同是商行为，但是法律另有规定的，不纳入商事担保的范畴。如按照《关于全面推进农村金融产品和服务方式创新的指导意见》开展的农村土地承包经营权和宅基地使用权抵押贷款业务，即使这些基础合同具有商行为属性，但是基于全面推进农村金融产品和服务方式创新的政策担保导向，这些政策型担保也不宜纳入商事担保的范畴。

二、商事担保的经济意义：法经济学的解释

美国经济学家罗伯特·巴罗（Robert J. Barro）在其信贷融资担保交易成本理论中提出了巴罗模型的一个关键性假定，即担保品的价值对贷款者而言要比借款者低。② 据此，我们假设担保关系中所涉及的经济资源包括：用于借贷的资金 A；用于担保的资产价值 B；签订和执行贷款合同、担保合同的交易费用 X。债权不能实现时，通常存在确保担保债权实现而产生的法律文件、监督或保险的成本③以及破产清算时收回和出售抵押品的成本④，所以 X 必然大于 0。为了保证债权得以全面实现，债权人会保证借贷的资金价值 A 小于担保的资产价值 B。

我们认为，虽然 A < B 公式在商事担保和民事担保中都是成立的，但是依据巴罗模型的经济逻辑，商事担保与民事担保的重要区别在于 A 在多大范围内小于 B 这个问题及其解决上。

在民事领域，基于消费性借贷的属性，一般债务人或担保人并不介意担保资产价值远远大于债权价值，因为借贷是因消费引起的，一般不存在经营风险，债务人因为相信自己具有完全的偿债能力、担保物不会基于债务不履行而被优先受偿，所以，债务人或者担保人会接受担保价值远远大于债权价值的合同条件。

但是，在商事领域，担保资产的实质价值对债权人和债务人都具有非常重要的意义。一方面，当借贷的资金价值远远大于担保资产价值时，逆向选择担保理论认为会出现债务贬

---

① 参见《关于工程建设保证担保的若干规定》第 3 条。
② 参见 Robert J. Barro, "The Loan Market, Collateral and Rates of Interest", *Journal of Money, Credit and Banking*, 1976, 8, p. 439。
③ 参见 Yuk-Shee Chan, George Kanatas, "Asymmetric Valuation and the Role of Collateral in Loan Agreements", *Journal of Money, Credit and Banking*, 1985, 17, p. 84。
④ 参见 Robert J. Barro, "The Loan Market, Collateral and Rates of Interest", *Journal of Money, Credit and Banking*, 1976, 8, p. 439。

值、股权升值,资产替代的效应。① 当借贷的资金价值远远小于担保的资产价值时,代理成本担保理论则认为会出现债权资金对股东利益的置换,可能存在代理成本的问题。② 另一方面,即使不关注借贷的资金价值与担保的资产价值之间的关系,基于商业经营的风险性,债务人通常都不会愿意将资产价值很大的一项财产用于担保一个价值很小的债权,因为一旦经营失败,将意味着以价值大的担保物换取了价值小的债权。即使在承担担保责任后担保物的剩余价值被归还给担保人,但是对于担保人而言,其毕竟失去了担保物的所有权,更何况,担保物对于担保人而言可能还有特别的经营价值。

因此,商事担保区别于民事担保的经济动因在于担保物定价机制不同。虽然民事担保标的物也存在定价机制,如房屋价值的确定,但是并没有形成担保物价值的市场价格,仅仅存在于简单定价的样态。基于商业交易的复杂性、快捷性、公平性以及大规模交易的可能性,商事担保物定价机制存在市场价格的一般交易特征。

商事担保物的第一种定价机制是市场价格机制。例如《德国民法典》第1221条规定,质物有交易所价格或市场价格的,质权人可以通过商业居间人或有公开拍卖权的人按时价任意出卖质物。此项规定虽然出自《德国民法典》,但是依据德国学者的解释,却是一项对商事担保的规定,理由在于:第一,此条文规定了质权的流质效力,规定了质物可以由质权人任意出卖,而流质效力一般只存在于商事担保领域;第二,此条文要求必须由"商业居间人或有公开拍卖权的人"卖出,必须以商事主体为中介。

商事担保物的第二种定价机制是担保标的物等值化机制。商事担保实现了对担保标的物价值的一般等价化,以商业保函为例,其实现了对保证的担保价值的货币一般化。民事担保是对债权价值的总括性担保,即债权不能实现时,以担保物优先受偿或担保人代为清偿。但是,商业保函完成了对债权价值的抽象化过程,其实质并不是对债权提供担保,而是支付与债权相对应的保证金,以实现担保标的物价值的货币化确定。当债权不能实现时,商业保函所需要承担的责任并不是债权责任本身,而是支付保函合同所规定的固定货币额,以实现对商业风险的有效控制。

回归到上述 A < B 的公式。在实践中,民事担保债权人对于担保物 B 的价值要求大于 A,而且是越大越好,商事担保债权人也有 B 大于 A 的期望,但是对于商事担保,债权人、债务人甚至是担保人都是商事主体,因此,商事担保物的价值不可能过多地大于债权价值,否则这就不是一个公平的合同。商事担保债务人可以接受支付一定的担保费用,但是决不能接受担保物价值远远大于债权额,否则等于在担保合同中债务人做了一笔亏本的买卖。

从实践上看,自20世纪80年代起,各国金融经济发生了重大变化,资本自由流动并带动各国经济、贸易和金融进一步开放发展。金融创新更加密集,新的金融工具不断被创造出来,证券交易量猛增。基于商事担保关系和商事担保标的物的流通特质,以及其技术性的不断加强,商事担保比民事担保更有利于在担保二级市场上流通。基于担保物价值和债权价值之间有一个价值比例关系,商事担保促进了社会融资的顺畅进行,推动了各实体经济部门的

---

① 参见 David Besanko, Anjan V. Thakor, "Collateral and Rationing: Sorting Equilibria in Monopolistic and Competitive Markets", *International Economic Review*, 1987, 28, p. 671; Yuk-Shee Chan, George Kanatas, "A Symmetric Valuation and the Role of Collateral in Loan Agreements", *Journal of Money, Credit and Banking*, 1985, 17, p. 84; Joseph E. Stiglitz, Andrew M Weiss, "Asymmetric Information in Credit Markets and Its Implications for Macro-economics", Oxford Economic Papers, New Series, Vol. 44, No. 4, Special Issue on Financial Markets, Institutions and Policy (Oct., 1992), pp. 694 – 724。

② 参见 Michael C. Jensen, William H. Meckling, "Theory of the Firm: Managerial Behavior, Agency Costs and Ownership Structure", *Journal of Financial Economics*, 1976, 4, p. 305。

发展。担保费用的"营利"空间使得商事担保的构成要件、责任分配等与民事担保有明显的区别。

伴随着金融活动的深化，商事担保与民事担保的区别日趋明显，商事担保功能从最初保证债权实现拓展到便利支付结算，并逐步延伸到信息生产、降低参与成本和风险管理等。商事担保正在发挥民事担保所不能替代的重要作用。当然，基于担保制度与金融法体系的高度相关性，需要正确处理对平等主体之间担保关系的私法调整和基于金融管制需要对担保关系所做的公法调整之间的关系。

三、商事担保的具体规则举要：法律适用的视角

商事交易对灵活性和形式多样性具有更强烈的需求，商人的交易习惯使交易规则开始脱离传统民法规则。为尊重商人的交易习惯，考虑避免对私法自治强加过分的限制，商法对商行为给予了较大的自由。但是，鼓励交易的后果之一是，一些关于商事担保行为的规则与传统民法的有关规定不符，因此，在法律适用层面，应该依据"商事担保"的特点，从我国实际出发，借鉴国外相关法律理论和实践，运用相应的法律技术，设计相关的法律适用规则，以减少交易费用，提高交易效率。试举例说明如下。

（一）商业往来账的商事担保适用规则

连续性交易是商事交易与民事交易的一个重要区别，商事合同的目的往往是为买而卖或是为卖而买，因此，对于往来账中有担保的单笔债权经过相互抵销后的余额，原有担保是否继续承担责任的问题，商法思维的解决方式有别于民法思维的解决方式。

商业往来账担保制度是基于商业经营特征而规定的一项法定商事担保优先受偿制度。按照商法适用规则，在往来账的余额承认之后，担保出于法定债权更替而对抽象余额债权继续负责，只要这一担保的数额在连续计算的结存额和债权的范围内。[①]《德国商法典》第356条第1款规定："一项债权，以其由质物、保证或者以其他方法被担保为限，被外人继续性计算的，在债权人由继续性计算产生的结存额与该项债权相互抵偿的限度之内，债权人不因结算的承认而在由担保受到清偿上受到妨碍。"

相比较而言，民事担保理论通常认为担保人只对被担保的有因债权的清偿负责，而不对抽象的余额债权负责，所以记入往来账的原有债权因为相互间的多次抵销而消灭，债权对应的担保是从属性的，它们因为债权更新而消灭，无法成为担保的标的。虽然该民事担保理论在法教义学上符合"担保合同是主债权债务合同的从合同"这一逻辑，也符合民事担保法律制度的逻辑自足，但是其在经济上是错误的。因为在核对往来账时，须将涉及一个往来客户的所有科目放在一起，其经过相互抵销和对冲以后的余额，将被确定为最终应付或应收对应客户的金额。如果不承认由于往来账的债权更替而产生的抽象余额债权的担保责任，将导致原本就很严重的企业间拖欠现象更加严重，企业往来账款不断累积增加，甚至形成呆账、坏账，造成资产的不当流失，不利于企业的资金周转，从而对企业的经营活动和内部管理产生极大的消极作用。

需要说明的是，我国没有采纳商业往来账担保制度，商业往来账担保制度和我国现行法

[①] 基本内容参见 ［德］马丁·沃尔夫、埃伦贝格《商法手册》（第4卷），第1、66页；［德］鲍姆巴赫、霍普特《商法典评论》第365条，边码2；［德］尔西特、瓦格纳《商法典评论》第356条，边码8。转引自 ［德］C.W. 卡纳里斯《德国商法》，杨继译，法律出版社2006年版，第619页。

规定的最高额担保不是一个制度。以最高额抵押为例，根据我国《物权法》第203条和第205条的规定，债务人或者第三人对一定期间内将要连续发生的债权提供担保财产的，债务人不履行到期债务或者发生当事人约定的实现抵押权的情形，抵押权人有权在最高债权额限度内就该担保财产优先受偿。在最高额抵押担保的债权确定前，抵押权人与抵押人可以通过协议变更债权确定的期间、债权范围以及最高债权额，但变更的内容不得对其他抵押权人产生不利影响。因此，在我国必须是特别约定才能适用最高额担保制度中的债权余额优先受偿，如果没有特别约定，商业往来账的担保规则不能直接予以适用。

在商业往来账中，存在原有担保是否对抽象余额债权继续负责任的法律适用问题。市场交易的发展使得商业往来账成为我国商业经营活动中的普遍结算方式。完善往来账管理是企业亟待解决的问题，对减少企业资金占压、降低企业经营风险有重要意义。往来账管理并不单纯是一个企业内部经营管理的问题，商法应当为往来账的顺利实现提供一个良好的法治环境。因此，在商业往来账中，如果担保人对抽象余额债权承担责任，在保护债权人利益的同时并没有加剧担保人的责任，其就不仅应对被担保的有因债权负有清偿责任，对有因债权范围内的抽象余额债权也负有清偿责任。由此，在商事担保意义上的商业往来账规则应当是：在商事担保期间，记入往来账的原有债权经过相互间的多次抵销而部分消灭，如果债权余额减轻了债务人债务的，担保人仍应当对变更后的债权余额承担责任，有多个担保人的，债权人可以请求任意担保人在其担保额内承担担保责任。承担了担保责任的担保人，可以向债务人追偿，也可以要求其他担保人清偿其应当分担的份额；如果债权余额加重了债务人的债务，担保人对加重的部分不承担担保责任。

（二）善意取得范围扩展的商事担保适用规则

我国《物权法》第230条规定："债务人不履行到期债务，债权人可以留置已经合法占有的债务人的动产，并有权就该动产优先受偿。"关于对债权人合法占有"债务人的动产"的理解，我国担保法理论和实务中有三种不同的观点：第一种观点认为，债权人占有的财产仅以属于债务人所有为限；第二种观点认为，债权人占有第三人之物也得成立留置权；第三种观点认为，债权人得留置的占有物须为债务人之物或债权人信之为属于债务人之物。[①] 上述第一种和第三种观点对于留置权标的物的认识局限于债务人所有或对债务人所有的信任，第二种观点则是基于对留置权标的物的合法占有，其分析的基点也是对动产物权变动的公示效力的尊重。可见，在民事担保领域，理论上我国仅仅保护留置权人对债务人所有权的善意认知，即只有在留置权人对"债务人的动产"的认识具有善意时，才对留置权人的留置权给予保护。反之，如果留置权人明知留置标的物不是"债务人的动产"，则是否应对留置权予以保护？比如，行纪人通常不是他所出让的物品的所有权人，但他对于此物有处分权，留置权人在明知行纪人没有所有权的情况下是否可以对该物享有留置权？对于商人来说，处分权的存在具有特别的可能性和独特的商业价值，在商事担保中是否有必要对留置权人对债务人处分权的善意给予特别保护？即债权人是否对债务人具有处分权的标的物享有留置权？

我们注意到《德国商法典》已将民法对所有权善意取得的保护扩展至在商事领域对处分权的善意保护。《德国商法典》第366条第1款规定："商人在其商事营业的经营中对不属于他的动产出让或设质……即使取得人的善意涉及出让人或者出质人为所有权人处分该物

[①] 参见郭明瑞《担保法》，法律出版社2010年版，第217页。

的权限,非权利人得到权利人的利益。"这是因为商业领域的行纪人(或者其他类似商事营业人)没有商品的所有权,仅仅具有商品的销售或者租赁等处分权,如果商事留置权不对处分权的善意予以承认,则商业行纪人对所有权的缺失将导致债权人不能获得留置权。这不仅是对商事交易的便捷性和安全性要求的背离,更是基于法律自身逻辑的错误导致对法律公平原则的背离。我们认为,商事担保意义上的留置权法律适用规则应当借鉴德国法,确立商事留置权人对债务人处分权的善意给予保护的规则,具体规则应当是:即使担保权人明知担保人不具有标的物的所有权,只要商人在其营业中对担保物具有合法的处分权,则处分权上的担保权利有效成立,但是所有权上的担保权利不能成立,原则上仅承认在正常营业范围内的处分权上的担保权利的善意取得。例如,一个房产价值100万元,商业承租人享有未来10年的每年1万元低价承租的权利,商业承租人对外借债10万元,将租赁权设置为担保权利,商业承租人债务到期不能清偿,此时,担保权人可以对商业承租权上的财产权利(拍卖未来10年每年1万元低价承租的权利)实现担保权利,但是不能用所有权价值(房产的拍卖价值100万元)实现担保权利。

(三)明确规定担保债权行使期间的商事担保规则

以商事质权的履行债务期间为例,《德国商法典》第371条第2款规定:"清偿依《德国民法典》关于质权的规定进行。以1周的期间取代《德国民法典》第1234条中所指定的1个月的期间。"我国《物权法》第220条规定:"出质人可以请求质权人在债务履行期届满后及时行使质权;质权人不行使的,出质人可以请求人民法院拍卖、变卖质押财产。"我国《物权法》对行使质权请求权的具体期间未明确规定。

北京市第一中级人民法院在2012年审理的乾通典当有限公司违约金支付案中认为,为避免典当行怠于行使权利,故意拖延当物的变现时间,造成当户多支付违约金,损害当户利益,乾通公司应在绝当后的合理诉讼准备期(1个月)后积极提起诉讼来主张权利。[①] 对比《物权法》第236条关于"留置权人应当给债务人两个月以上履行债务的期间"的规定可以发现,该案实际上是对商事担保的请求权行使期间与民事担保法定期间进行了明确区分,法院要求典当行积极、快速行使权利的目的是更好地保护担保人的利益。该案说明应在商事担保实践中规定比民事担保权行使期间更短的商事担保权行使期间,这样不仅能够起到加快交易的作用,还具有平衡交易利益、促进交易公平的功能,体现了商事担保制度以自己特有的方式阐释法律公平的意义,即以便捷的方式实现交易的公平。

第四节 上市公司双层股权结构:创新与监管[②]

一、"一股一票"与双层股权结构

公司创始人在考虑是否向市场公开融资时常常会面临一个难题:为获得外部投资者的投资,他们需要向其让渡等比例的表决权,从而导致股权被稀释,表决权比例下降;但是他们又不想因此失去对公司的控制权。解决这个矛盾的方法之一是发行具有不同表决权的类别

---

① 参见北京市第一中级人民法院(2012)一中民终字第3188号民事判决书。
② 本节部分内容曾以论文形式发表,具体出自高菲、周林彬《上市公司双层股权结构:创新与监管》,载《中山大学学报(社会科学版)》2017年第3期。

股,公司向公众投资者发行低级表决权的普通股,而向公司内部人①发行高级表决权的普通股。这样既满足了向市场融资的需求,又满足了保持公司控制权的需要,从而形成双层股权结构。

传统观点认为,公平及平等对待股东是公司法的基本原则,具体表现为股东权利的平等,即"同股同权"。因此,在传统公司治理结构下,公司发行的是具有平等表决权的普通股,所有股东均按照"一股一票"行使表决权。例如,我国《公司法》第 103 条规定,股东出席股东大会会议,所持每一股份有一表决权。

然而,"一股一票"是股东表决权的强制性规则或唯一规则吗?事实上并非如此。随着公司融资多元化,单一的普通股制度已经不能满足投资者的差异化需求。为适应客观需求,公司法实行类别股制度,允许公司发行不同类别的股份,例如允许公司发行在盈余分配和剩余财产分配上优先于普通股的优先股。②

双层股权结构(dual class share structure),又称双重股权结构、二元股权结构,③是相对于单一股权结构而言的一种非常规股权结构。双层股权结构通常发行两种以上类别的股份,较为常见的做法是向公众投资者发行普通股,并按照"一股一票"的原则行使表决权,而向公司内部人发行超级表决权股,并附着数倍于 A 类股的表决权。④ 另外,公司还可以向普通股股东发行无表决权股或限制表决权股,而向公司内部人发行"一股一票"的普通股;又或者规定公司内部人持有的股份在某些事项上享有特殊的表决权。⑤ 无论上述何种形式,双层股权结构的实质就是具有不同表决权的类别股。

2013 年,阿里巴巴集团在与香港联合交易所(以下简称"港交所")就上市方案的沟通中,提出了上市后公司内部人保持控制权的"合伙人"结构,该制度允许包括公司创始人马云在内的"合伙人"在公司上市后享有更多的董事提名权。港交所认为"合伙人"结构属于双层股权结构,违背了"同股同权"的基本原则,否决了阿里巴巴的上市申请。最后,阿里巴巴只能到允许双层股权结构的纽约交易所(以下简称"纽交所")上市。

当今,互联网和科技主导的改革浪潮席卷全球,一大批代表经济转型方向的战略新兴企业迅速崛起。在公司发展壮大的过程中,早已有多轮创业投资、风险投资的资本参与其中,公司创始人及其管理团队的股权也因此被稀释。双层股权结构在满足创业者融资需求的同时,又保持了他们对公司的控制权,与战略新兴产业轻资产、重人力资本的特点相契合。同时,还能够帮助企业更有效地防范恶意收购的风险,从而使管理团队可以实施有利于公司长远利益的长期战略。

双层股权结构是适应市场需求下的公司治理创新,它最早产生于美国,20 世纪初曾盛极一时,由于产生较大的争议,纽交所曾一度禁止上市公司采用双层股权结构。80 年代起,双层股权结构作为防御敌意收购的重要手段,受到了上市公司的欢迎,纽交所和纳斯达克又

---

① 这里的"内部人"指的是包括公司创始人在内的公司董事及管理层。
② 2013 年国务院发布了《关于开展优先股试点的指导意见》,允许公司发行优先股。
③ 国内部分学者将其翻译为"双重股权结构"或"二元股权结构",但实际上表达的是同一个概念,本节取"双层股权结构"的译法。
④ 需要说明的是,有的公司不仅发行两类不同表决权的股份,甚至发行三种或以上类别表决权的股份。例如著名公司 Zynga,就发行了三种类别表决权的股份。按照这种股权结构,Zynga 的 CEO 马克·平卡斯拥有的股份每股有 70 个投票权,控制公司投票权利的 36.2%,IPO 前的投资人和其他持股人的股票每股拥有 7 个投票权,而普通股东的股票每股仅拥有一个投票权。参见胡学文《"双层股权结构"距离 A 股有多远》,载《证券时报》2014 年 5 月 28 日,第 A11 版。
⑤ 基于双层股权结构的不同表现形式,本节将双层股权结构发行的股份统一称为低级表决权股和高级表决权股。

允许了双层股权结构。近年来，在各国证券交易所"底线竞争"的形势下，许多新兴资本市场国家开始修改有关"一股一票"的法律规则。例如，新加坡于2014年修改《新加坡公司法》，允许公众公司发行无表决权股和超级表决权股。2012年，《韩国公司法》也做出修订，允许股份公司发行无表决权股。目前，美国、加拿大、法国、荷兰、瑞典等国家允许双层股权结构，但也有部分国家，如德国和西班牙禁止双层股权结构。随着资本市场的国际化，未来我国是否允许上市公司采用双层股权结构，也引起了许多学者的关注和讨论。[1]

二、双层股权结构在我国的实践

改革是对旧制度的突破和创新，它总是领先于立法。正如伊斯特布鲁克和费希尔指出的那样，最好的公司治理结构不是来源于理论，它只能从实践中发展而来。虽然国内立法及交易所上市规则均禁止采用双层股权结构的公司在中国境内上市，但是，国内企业除在境内上市外，还可以赴境外上市。[2] 2004年，艺龙旅行网成为我国首个采用双层股权结构在美国上市的公司。根据其公司章程规定，持有超级表决权的股东享有超过普通股股东15倍的表决权。[3] 此后，陆续有采用双层股权结构的公司赴美国上市。据统计，截至2014年12月31日，在美国上市的168家中国内地公司中，共34家（20.24%）采用双层股权结构，他们的市值已超过所有美国上市的中国内地公司市值的70%。这些公司遍布互联网、媒体、医疗、教育等行业，并以"互联网+"为主，有29家，占总数的85.29%。并且，采用双层股权结构在美国上市日趋普遍，仅2014年一年间，在美国纽交所和纳斯达克上市的15家中国内地公司中，有11家（超过2/3）采用双层股权结构，其中不乏著名企业，如京东商城、阿里巴巴等（见表7-4-1）。

表7-4-1　在美国上市并采用双层股权结构的中国内地公司[4]

序号	公司名称	上市年份	上市地	所处行业	表决权倍数
1	京东商城	2014	纳斯达克	互联网+	20
2	途牛旅游网	2014	纳斯达克	互联网+	10
3	新浪微博	2014	纳斯达克	互联网+	3
4	爱康国宾	2014	纳斯达克	体检医疗	15
5	达内科技	2014	纳斯达克	教育培训	10
6	迅雷	2014	纳斯达克	互联网+	10
7	陌陌	2014	纳斯达克	互联网+	5
8	创梦天地	2014	纳斯达克	互联网+	10

---

[1] 根据《公司法》第131条规定，国务院可以对公司发行本法规定以外的其他种类的股份另行做出规定。理论上而言，现行立法并没有禁止公司发行"超级表决权股""无表决权股"等不同表决权的股份。既然《公司法》将同意发行不同表决权股的权利授权给了国务院，那么，只要国务院以行政法规等形式另行做出规定，公司就可以发行不同表决权股，这就为上市公司采用双层股权结构预留了制度空间。

[2] 这些境外上市公司因其主要经营业务在中国境内，因此境外资本市场通常称其为"中国概念股"。

[3] 参见《艺龙旅行网公司章程（2004年10月7日存档的F-1表格附件EX-3.1）》，载美国SEC Next-Generation EDGAR System：https://www.sec.gov/Archives/edgar/data/1290903/000119312504168413/dex31.htm）。

[4] 部分数据参见《有关不同投票权架构概念文件》，载香港联交所网站（https://www.hkex.com.hk/-/media/HKEX-Market/News/Market-Consultations/2011-to-2015/August-2014-Weighted-Voting-Rights/Consultation-paper/cp2014082_c.pdf）。

续表 7-4-1

序号	公司名称	上市年份	上市地	所处行业	表决权倍数
9	久邦数码	2013	纳斯达克	互联网+	10
10	去哪儿网	2013	纳斯达克	互联网+	3
11	欢聚时代	2012	纳斯达克	互联网+	10
12	中国手游	2012	纳斯达克	互联网+	5
13	世纪互联	2011	纳斯达克	互联网+	10
14	盛大游戏	2009	纳斯达克	互联网+	10
15	畅游	2009	纳斯达克	互联网+	10
16	完美世界	2007	纳斯达克	互联网+	10
17	百度	2005	纳斯达克	互联网+	10
18	艺龙	2004	纳斯达克	互联网+	15
19	阿里巴巴	2014	纽交所	互联网+	1
20	聚美优品	2014	纽交所	互联网+	10
21	猎豹移动	2014	纽交所	互联网+	10
22	汽车之家	2013	纽交所	互联网+	1
23	500彩票网	2013	纽交所	互联网+	10
24	58同城	2013	纽交所	互联网+	10
25	兰亭集势	2013	纽交所	互联网+	3
26	优酷土豆网	2012	纽交所	互联网+	4
27	凤凰新媒体	2011	纽交所	新闻媒体	1.3
28	网秦	2011	纽交所	互联网+	10
29	人人网	2011	纽交所	互联网+	10
30	奇虎360	2011	纽交所	互联网+	5
31	当当网	2010	纽交所	互联网+	10
32	学而思教育	2010	纽交所	教育培训	10
33	搜房网	2010	纽交所	互联网+	10
34	迈瑞医疗	2006	纽交所	医疗设备	5

分析上述公司有关双层股权结构的制度设计，我们发现，大部分公司（32家）发行的是超级表决权股：最常见的是"一股10票"，有20家公司，占62.5%；"一股5票"的有4家，占12.5%；"一股3票"的有3家，占9.38%；表决权倍数大于10倍的也有3家，比例最大的是京东商城，创始人刘强东持有的股份享有20倍的表决权。还有2家公司（阿里巴巴和汽车之家）发行的是在董事选任问题上的超级表决权股。另外，没有公司发行限制表决权股和无表决权股。

最近，我国已经注意到上市公司采用双层股权结构的趋势，并讨论其在境内应用的可行性。2014年5月，国务院印发了《关于进一步促进资本市场健康发展的若干意见》，明确提出加快发展多层次资本市场，加快创业板市场改革，健全适合创新型、成长型企业发展的制度安排。创业板区别于主板市场，是创新型、初创型企业的融资平台。这些企业具有高成长性、低规模性等共同特点，在公司创立初期普遍缺乏资金，需要不断向市场融资，从而带来股权稀释及控制权难题。在美国，纳斯达克作为战略新兴企业的融资平台，因为允许上市公司采用双层股权结构，吸引了大量高科技、创新型企业在纳斯达克上市，并推动纳斯达克成为全球五大交易所之一。双层股权结构的复兴正是从纳斯达克开始，继而扩展至纽交所。在我国鼓励"大众创业、万众创新"的背景下，资本市场可以考虑为创新型、成长型企业量身定做专门的制度体系，允许其在一定条件下采用双层股权结构，以促进资本与创新的对接，推动经济转型升级。

三、双层股权结构的合理性分析

反对双层股权结构的意见认为它背离了传统的股份平等、股东民主等公司法基本原则，然而，在股份平等和股东民主基础上产生的"资本多数决"原则存在天然的缺憾，大股东的意志并不能代表全体股东的意志，甚至还会出现大股东侵害小股东利益的情形。双层股权结构给公司融资带来了更大的灵活性，同时也为市场投资者提供了更广阔的投资机会。在不损害低级表决权股东利益的前提下，双层股权结构既满足了公司内部人在对外融资过程中保持公司控制权的需求，又满足了公众投资者的投资需求，实现了投资与融资"双赢"的结果，是一种符合效率的公司治理结构。并且，经济学中的契约理论、企业家理论等也为双层股权结构提供了合理性基础。

（一）契约自由与双层股权结构

契约理论认为，公司本身也是一个契约，股东可以通过公司章程，自由协商确定股权的各项权能及其行使方式，更加灵活地安排公司的内部权力配置，自主选择符合公司实际的治理结构，从而实现股东自治。公司法的私法属性决定了其制度设计应当更多地重视股东之间意思自治的安排，只要股东协商一致，除非涉及社会公众利益，否则，法律不应过多地干预。虽然在双层股权结构下，公司内部人员牢牢地掌握了公司控制权，公司内部监督机制很难发挥作用，增加了公司内部人谋取控制权私利的风险。然而，这些风险在充分信息披露的市场环境下，股东是可以预见的。显然，股东通过认购股份的行为，表明他同意并接受了双层股权结构。同时，在一个成熟理性的证券市场上，公司的价值可以通过市场机制得到反映。通过公平的交易平台和竞价机制，公司股价可能因双层股权结构得不到投资者的认同而下跌，也有可能因得到投资者的认同而上升。并且，如果股东认为该公司具有投资价值，就会购买该公司的股票，如果认为双层股权结构影响公司价值，也可以选择"用脚投票"，卖掉公司股票，这本来就是一个市场选择的过程。在公司法尊重自治、放松管制改革的国际趋势下，通过发行不同表决权股，满足不同类别股东的需求，实际上是尊重市场选择、尊重股东意思自治的有效安排。

（二）股东"异质化"与双层股权结构

传统公司法理论对股份公司"资合性"特质的强调，实际上体现了对股东的一种"同质化"的假定，即忽略股东之间的实际差异，而仅仅将他们视为无差异资本的载体。[①] 然而，在融资多元化的趋势下，即使所有投资者都以追求利润最大化为最终目标，但是他们的

[①] 参见汪青松《股份公司股东权利配置的多元模式研究》，中国政法大学出版社2015年版，第104页。

实现方式也是不一样的。一般而言，上市公司的股东可以分为投资性股东、投机性股东和经营性股东。投机性股东关注的是股票的价格，主要通过短线操作的低买高卖赚取收益。我国证券市场中的散户就是典型的投机性股东，他们并不在乎自己是否享有表决权，即使拥有表决权，实际参与投票的比例也非常低。投资性股东则更关注公司的现金分红以及如何尽快地实现高额投资回报。例如，私募基金作为典型的投资性股东，他们更希望尽快通过上市、并购等方式"退出"公司，以尽快实现高额投资回报。同时，投资性股东还有月度、季度考核的要求，导致投资行为的短视化。他们往往通过手中的表决权，要求公司增加分红，削减长期投资，这也许不利于公司的长期利益。事实上，只有经营性股东才真正关心公司的长远发展，把公司经营当作终身事业来对待，甚至愿意牺牲部分现金收益以保持公司控制权。双层股权结构将所有权和表决权分离，使得经营性股东通过拥有较多的表决权，锁定对公司的控制权，免受一些短视投资者的压力，采用真正符合效率原则的决策，有利于保证公司的长期投资，实现公司的长远利益。在公司融资方式多元化的趋势下，法律需要多元化的制度设计，以满足"异质化"股东的不同需求。

（三）企业家理论与双层股权结构

著名经济学家熊彼特提出的企业家理论认为，企业家的任务是"创造性的破坏"，是生产要素重新组合的实现者；如果没有企业家，经济职能将处于"循环流转"的均衡状态。[①] 企业家可以通过经营土地、资本、生产资料等生产要素，实现生产要素的不同组合，推动生产力的发展。同样的生产要素，在不同的企业家经营之下，可能出现不同的经济效益。双层股权结构的出现，也正是在信任企业家的能力基础上产生的一种特殊的代理。基于公司创始人富有远见，具有良好的经营管理能力和道德水平，他们对公司有着特殊的感情，在经营的过程中投入了比常人更多的精力，更关心公司的发展，普通股股东信任创始人的经营判断，选择购买公司股份，从而在创始人和普通股股东间形成一种特殊的代理。它使得上市公司脱离单纯的"资合"特征，而具有了"人合"的特点。投资者在投资公司未来发展之外，还"投资"了创始人的能力，从而形成了特殊的人身信任关系。如果不是因为信任公司创始人及其管理团队的治理能力，股东可能不会投资公司，如果公司控制权发生变化，创始人及其管理团队丧失了控制权，股东也有可能放弃投资。因此，赋予公司内部人高级表决权，从而保持公司控制权，是投资者的本意。在香港有关双层股权结构的争议中，港交所行政总裁李小加特别撰文指出："创新型公司与传统公司最大的不同在于，它取得成功的关键不是靠资本、资产或政策，而是靠创始人独特的梦想和远见。"[②]

前述实证也表明，目前我国采用双层股权结构的上市公司，大多是轻资产、重人力资本的战略新兴产业。双层股权结构契合了战略新兴产业对公司治理结构创新的需求，促进了资本与创新的对接，成为推动"大众创业，万众创新"的动力。

四、双层股权结构的监管应对

虽然双层股权结构有利于促进股权结构与创新的融合，是一种有效的公司治理结构，但在双层股权结构下，公司内部人锁定了公司控制权，如果缺乏监督与约束，内部人谋求控制

---

① 相关著作参见［奥地利］约瑟夫·熊彼特《经济发展理论》，何畏、易家详译，商务印书馆2019年版。
② 李小加：《股权结构八问八答》，载香港联交所网（http://www.hkex.com.hk/chi/newsconsul/blog/131024blog_c.htm）。

权私利的风险就会上升。特别是上市公司股权分散，投资者人数多、持股少，在利益受到侵害时往往因为诉讼成本高而放弃救济。因此，在是否允许上市公司采用双层股权结构的争议中，证券监管部门面临的最大难题是应当鼓励制度创新，允许上市公司采用双层股权结构，还是坚持"公众利益优先"，优先考虑保护投资者利益。事实上，公众投资者和公司内部人之间的利益冲突虽然不可避免，但也可以通过相关的配套机制，对双层股权结构进行监管，在加强投资者保护的前提下，允许上市公司采用双层股权结构。

（一）事前限制

双层股权结构通过赋予公司内部人更多的表决权，创设了表决权上的"特殊阶级"。为平衡不同表决权股东间的利益，保护公众投资者，在允许上市公司采用双层股权结构的同时，公司法及公司章程可以对其实施一定的限制。

1. 立法限制——双层股权结构的实现方式

公司在最初成立时，向全体股东发行的通常是具有平等表决权的普通股。然而，公司在经营过程中，需要不断对外融资。为避免公司内部人的控制权因对外融资而被稀释，公司需要发行高级表决权股，从而使原来的单一股权结构转变为双层股权结构。目前，双层股权结构可以通过股权重置和新股发行两种方式实现。股权重置是指公司修改公司章程，通过交换要约[①]、特别分红[②]、投票权转换[③]等补偿方式，将公司内部人持有的股份从"一股一票"转变为"一股多票"的股份，而其他股东则维持"一股一票"的表决权规则不变。股权重置的方式遭到许多学者的批评。因为股权重置前，外部投资者可能拥有大部分的表决权，他们甚至可以通过购买公司内部人的股份或增发股份等方式获得更多的表决权。但是，股权重置后，外部投资者的表决权被"剥夺"了，公司控制权彻底转移给了公司内部人。并且，由于外部投资者缺乏讨价还价的能力，他们只能接受或者拒绝公司内部人提出的方案，从而形成一种事实上的强制。虽然公司内部人答应给予一定的补偿，但是这也会产生许多问题。例如，补偿是否充分，补偿的标准和方式如何确定等。因此，许多国家均禁止通过股权重置的方式实现双层股权结构。美国证监会（SEC）曾颁布 19C-4 规则，禁止公司通过股权重置的方式稀释当前股东的表决权。[④] 加拿大多伦多证券交易所上市规则规定，不允许公司于上市后发行投票权大于其他已上市具投票权证券类别的证券，除非有关证券向现已上市具投票权证券的所有持有人按持股比例发售。[⑤] 但是，新股发行则不同，认购股份的股东是公司的新股东，在完全信息披露的条件下，他们在购买股票时就已经知道，其购买并持有的股份拥有的是低级表决权，不愿意接受低级表决权的投资者不购买该公司的股票即可。并且，购买低级表决权的公众投资者还可能因此获得补偿，例如较低的股票价格、更多的分红等。由

[①] 换股要约是通过股东大会表决创设超级表决权股，即 B 类普通股。A 类普通股在规定的时间内可以按 1∶1 的比例转换成 B 类普通股。B 类股不得任意转让，为补偿表决权减让的损失，A 类股的分红权利将按比例增加。由于公众投资者大多不愿意减少分红权，B 类股最终集中于公司内部人手中。

[②] 公司直接将高级表决权以特别分红的方式，并按照 1∶1 的比例发放给公司现有股东。最初，公司所有股东都获得了高级表决权股，但是随着部分公众股东转让这些高级表决权股，表决权最终集中公司内部人手中。

[③] 公司将股份分为"长期持有股"和"短期持有股"。当一个股东持有的股份达到长期持有股标准时，就自动获得超级表决权。反之，未达到该标准的股份则为短期持有股，按照"一股一票"的原则行使表决权。

[④] 该规则禁止已上市的公司采用股权重置方式稀释当前股东的投票权。不过，该规则后因 SEC 无权就公司治理事项做出具体规定，被哥伦比亚特区上诉法院判决撤销。

[⑤] 参见《多伦多交易公司手册》第Ⅵ（H）部分第 624（m）条。

于新股东从未拥有过高级表决权,也就不存在权利被"剥夺"的情况,从这个角度看,低级表决权股股东的利益并没有受到损害。大部分的国家,如美国、加拿大、瑞典允许公司在新股发行时,通过发行新的高级表决权股,将单一股权结构转变为双层股权结构。香港地区在公开咨询时,多数人也建议,仅允许公司在新股发行时实现双层股权结构。因此,未来我国立法可以借鉴这些经验,禁止公司通过股权重置的方式实现双层股权结构,仅允许公司通过新股发行的方式实现双层股权结构。

2. 公司章程限制——双层股权结构转变为单一股权结构

公司创设双层股权结构的初衷,是在满足创业者融资需求的同时,又保持了他们对公司的控制权,从而保证公司在成长过程中能够始终沿着创始人设定的方向发展,保证公司的长远利益。但是,当公司发展到一定时期和规模时,公司创始人及其管理团队的角色和地位将逐渐淡化,公司也无须永远保持双层股权结构。这时,应当以平等对待所有股东为原则,将双层股权结构转变为单一股权结构。通常来说,公司在实施双层股权结构时,股东会就双层股权结构的设置及其限制条件展开谈判,并通过公司章程约定双层股权结构转变为单一股权结构的情况,这是不同类别股东之间"讨价还价"的结果。例如,规定当高级表决权股转让给公司内部人以外的其他股东时,必须转为"一股一票"的普通股,当当网、奇虎360、京东商城、谷歌、Facebook 等公司规定了此限制。又如最低持股数量的限制,若公司内部人于任何时间持有高级表决权股的数量少于一定比例(如5%)时,所有已发行的高级表决权股必须转为"一股一票"的普通股,百度、当当网、人人网、微博等规定了此限制。还有的公司章程规定了"日落条款",如国外著名团购网站 Groupon 规定,公司上市 5 年后,高级表决权股须转换为"一股一票"的普通股。

(二) 事后救济——团体诉讼

加强投资者保护的另一个途径是完善事后救济手段。双层股权结构加剧了公司内部人的道德风险,由于公司内部人掌握了绝对的控制权,他们不需要顾及其他股东的利益进行决策和经营,即使决策错误或者滥用权力,其他股东也很难通过行使表决权将其"踢"出管理层。在内部监督机制失灵的情况下,公众投资者只能寻求诉讼等事后救济方式。

由于我国证券市场的投资者以散户居多,他们大多通过短线的低买高卖交易获利,具有分散性、专业性较差等特点。相较于上市公司而言,公众投资者多处于弱势地位,当其权益受损时,往往因信息不足、能力有限、举证困难、诉讼成本过高等因素,而放弃行使救济权。并且,因证券违法行为而受到损害的公众投资者往往不只一人,而是大规模的,其受到的损害大多数也是基于相同的原因和事实。若受到损害的公众投资者放弃救济,除损害无法填补外,也会纵容实施证券违法行为的上市公司逍遥法外。但是,如果由公众投资者个别提起诉讼,不但耗费其时间和费用,在我国目前的诉讼体制下,还有可能产生矛盾的判决。

为解决这个问题,美国采用集体诉讼制度,对于存在多个受害人的证券违法案件,允许受害股东以集体的方式提起诉讼。并且,美国允许律师采用风险代理的方式,接受公众投资者的委托,代理其参加诉讼。受害投资者不需要预支任何诉讼费用,而是由律师先行承担。若投资者胜诉,他只需要将法院判决的赔偿金额,按照一定的比例分配给律师,作为律师代理费及诉讼费即可。集体诉讼与风险代理相结合的做法不但能够降低公众投资者的诉讼成本,提高股东诉讼的积极性,而且能够使投资者得到专业人士(如律师)的帮助,增加了胜诉的可能性,从而督促上市公司遵守法律,是有效的事后救济手段。但是,美国式集体诉讼也会带来滥诉的问题,从而提高上市公司的诉讼成本,造成资源浪费。有学者认为,美国式集团诉讼在补偿证券欺诈受害人、惩罚违法行为、执行法律规定和节约法院资源等方面起到了积极作用,但基于政治、社会、司法制度、诉讼文化等方面的原因,其引入中国大陆的时机还未到来。①

即便我国尚不具备引入美国式集体诉讼制度的条件,然而,除美国式集体诉讼这种事后救济方式外,还有其他事后救济途径,例如我国台湾地区实施的团体诉讼制度。团体诉讼是台湾地区借鉴美国集体诉讼制度而采取的投资者保护措施,由证券投资人及期货交易人保护中心(以下简称"投保中心")统一接受权益受到侵害的投资者的委托,代表投资者对证券违法案件进行诉讼求偿。根据《证券投资人及期货交易人保护法》(以下简称"投保法")第 28 条规定,投保中心为保护公益,于本法及其捐助章程所定目的范围内,对于造成多数证券投资人或期货交易人受损害之同一原因所引起之证券、期货事件,得由 20 人以上证券投资人或期货交易人授予诉讼或仲裁实施权后,以保护中心之名义起诉或提付仲裁。这意味着,当 20 个以上的投资者因同一证券违法行为遭受损失,向投保中心提出诉讼申请,并向投保中心做出授权时,投保中心即可代表权益受到侵害的投资者向上市公司提起诉讼或仲裁,从而实现提高股东诉讼积极性、节省诉讼成本的目的。投保法还规定,因同一原因受到损害的其他投资者,在第一审言词辩论终结前或询问终结前,仍然可以加入诉讼或仲裁。反之,投资者也可以在上述时段前撤销诉讼或仲裁的授权,从而保障公众投资者参加或退出团体诉讼的自主权。而在诉讼费用方面,投保法规定,案件胜诉后,投保中心应当将法院或仲裁机构判决的赔偿额,在扣除诉讼或仲裁必要费用后,按照登记的股权比例支付给投资者,并不得请求报酬,从而实现投保中心保护投资者权益、促进资本市场健康发展的公益目的。若案件败诉,则诉讼费用由投保中心承担。

我国台湾地区团体诉讼与美国式集体诉讼制度的区别有四点。第一,团体诉讼要求 20 个以上的投资者提出诉讼申请与授权,这说明因证券违法行为而遭受损害的受害人必须达到一定的规模,以保证团体诉讼之必要。第二,投保中心是一个具有一定的官方背景的公益性组织,其目的在于保护投资者权益,即使案件胜诉,投保中心也不能向投资者请求任何的报酬,从而保证投保中心的公益性质。而在美国式集体诉讼制度下,律师可能出于赚取高额律师费的目的,鼓动投资者提起诉讼,从而带来滥诉的风险。第三,投保中心是被动提起诉讼或仲裁的,只有在受害投资者主动向其表示诉讼申请与授权后,它才有权代表他们提起诉讼。而在美国,投资者及其代理律师通常是主动发起诉讼的。由于抗辩费用过于昂贵,大多数上市公司会选择和解。根据 NERA 的数据,在 1991 年到 2001 年间,证券集体诉讼中平均有 81% 在开庭前达成和解,而法院驳回案件占 18%,全部完成一审诉讼程序的只占 1%。②这也是集体诉讼制度遭受诟病的主要原因。第四,投保中心在证据收集方面具有较大的优势。投保法规定,为提起诉讼或仲裁,投保中心得请求相关单位协助或提出文件、资料,以减轻证据收集之困难,这就增强了投资者胜诉的可能性。根据投保中心统计,截至 2015 年年底,投保中心总计协助投资人进行 201 件团体诉讼求偿案件,其中有 60 件经法院判决全部或部分胜诉,判赔金额达 197 亿余元;其中 28 件并已胜诉判决确定,已替投资人取得累计 30.1 亿余元的和解金以及透过强制执行等程序取得 3.1 亿元款项,使投资人损害能够获

---

① 参见汤欣《论证券集团诉讼的替代性机制——比较法角度的初步考察》,载《证券法苑》2011 年第 1 辑。
② 参见黄臻《双层股权结构有效运作的条件——基于美国与香港的实证研究》,载《上海金融》2015 年第 6 期。

得实质的补偿。① 因此，团体诉讼是一种成本低、效率高的事后救济手段，可以成为集体诉讼的有效替代。

目前，我国公众投资者针对证券违法行为提起的诉讼，多采取单独立案、合并审理的方式（偶见共同诉讼）。由于受害投资者人数众多，同一被告名下往往集结多数案件，其中往往具有相同或至少同类的事实和法律问题。为适当降低诉讼成本，法院可能先行就一个典型案件形成判决或裁定，嗣后以之指导同类案件的判决或者促成其和解。② 2014年12月，中国证监会成立了中证中小投资者服务中心有限责任公司（以下简称"投服中心"）。它是证监会直接管理的一家非营利、公益性机构，其主要职责是为中小投资者自主维权提供教育、法律、信息、技术等服务。但可惜的是，目前，它仅仅接受中小投资者委托，提供调解等纠纷解决服务，或代表中小投资者，向政府机构、监管部门反映诉求，却不能代表受害投资者对上市公司提起诉讼或仲裁，投资者"索赔难"的问题仍然不能得到有效解决。

台湾地区证券市场的特点是，散户投资者的比例高达80%，证券交易的换手率一直居高不下。大陆的情况与之类似。根据我国沪深交易所调研显示，上海证券交易所100万元市值持有以下账户占持股总账户的98.8%，持有市值占总市值的40.9%；深圳证券交易所类似，分别为99.3%和45.9%；2006年和2007年持股期限小于3个月的账户占总账户的70%（基本为中小投资者），而中小投资者的换手率是机构投资者的两倍以上。③ 并且，在机构设置上，投服中心与投保中心类似，都是证券监管部门下属保护投资者利益的非营利机构。再从诉讼主体资格来看，台湾地区规定了代表人诉讼制度，并通过"投保法"指定投保中心作为证券侵权案件的法定诉讼代表人，代表受害投资者向上市公司提起诉讼或仲裁。我国《民事诉讼法》同样规定了代表人诉讼制度，未来《证券法》也可以指定投服中心作为证券侵权案件的法定诉讼代表人，赋予投服中心合法的诉讼主体资格。④ 因此，我国大陆可以借鉴台湾地区的经验，建立团体诉讼制度，赋予投服中心法定的诉讼主体资格，代表投资者提起诉讼或仲裁，加强投资者保护。

随着资本市场的国际化，各国企业正在不断进行"监管套利"，各国资本市场也正在上演着激烈的制度竞争。从阿里巴巴集团的上市争议可以看出，立法需要适应市场的变化与需求，通过制度完善与创新，推动市场的健康发展。双层股权结构符合契约自由的基本原则，满足了"异质化"股东的不同偏好，是基于对公司创始人人身信任基础上产生的特殊的代理。我国已有不少境外上市公司采用双层股权结构，因此，立法需要及时填补《公司法》第131条预留的制度空间，允许公司发行具有不同表决权的类别股。同时，完善投资者保护的相关制度配套，例如通过《公司法》限制双层股权结构的适用，通过公司章程规定双层股权结构转化为单一股权结构的条件，完善团体诉讼制度等事后救济手段，在保护投资者利益的前提下，允许上市公司采用双层股权结构，促进资本与创新的对接，实现投资与融资的"双赢"。

---

① 上述金额均为台币。参见陈永吉《投保中心13年来替投资人争取30亿元和解金》，载《自由时报》2016年1月21日。
② 参见汤欣《论证券集团诉讼的替代性机制——比较法角度的初步考察》，载《证券法苑》2011年第1辑。
③ 参见郭建军《注册制下上市公司信息披露制度的价值取向与实现》，载《河北法学》2015年第9期。
④ 第十三届全国人民代表大会常务委员会第十五次会议于2019年12月28日修订通过并于2020年3月1日起施行的《证券法》第95条已设立与本节建议之团体诉讼制度非常相似的中国式集体诉讼制度。

第五节 忠实义务的比较法律经济学研究①

近年来,日益激烈的全球竞争促使各国加大了公司治理与公司法的改革力度。从全球范围来看,改革呈现了趋同(一体化)与路径依赖②(本国特色)并存的特征引起了各国政治、商业与学术精英的关注。③

竞争性压力会推动公司趋同于有效率的公司治理体制。由于所有权与控制权分离导致的代理问题是公司治理的核心问题,遏制管理层机会主义行为,降低代理成本自然成为各国公司法改革的重点。我国在借鉴发达国家公司法的基础上,于2005年修改《公司法》,设立了管理层的忠实义务规范,可谓进步之举。然而,近年来爆发的多起管理层与股东的利益纷争,说明如果不能发挥忠实义务规范在公司治理中的作用,任由公司管理人背信弃义,谋求私利,投资者必然望而却步,公司亦会因过高的代理成本失去竞争优势。因此,本节以忠实义务为研究对象,通过比较法律经济学的理论与实证分析④探讨我国《公司法》的改革方向与思路。

一、忠实义务的经济结构

根据科斯的洞见,企业能够取代市场组织生产,在于其可节约市场的交易费用,然而,随着企业扩张,其内部组织成本也会随之增加。⑤ 公司内部的组织成本主要是源于本人和代理人利益分歧的代理成本,根据詹森和梅克林的研究,代理成本可细分为:监督成本,即委托人激励和监控代理人,使后者为其利益服务的成本;担保成本,即代理人用以保证不采取

---

① 本节部分内容曾以论文形式发表,具体出自周林彬、方斯远《忠实义务:趋同抑或路径依赖——比较法律经济学的视角》,载《中山大学学报(社会科学版)》2012年第4期。

② 依诺贝尔经济学奖得主诺斯教授的观点,路径依赖是指,当人们选择的制度变迁路径是正确的,那么沿着既定的路径,经济和政治制度的变迁可能进入良性循环的轨道,并迅速优化之;反之,则可能顺着最初选择的错误路径走下去,并造成制度被锁定在某种无效率状态之中,而制度一旦被锁定在无效率状态之中,除非借助强有力的外力推进,否则人们要想选择新的制度就会变得十分困难。参见[美]诺斯、戴维斯《制度变迁的理论:概念和原因》,陈剑波译,载[美] R. 科斯、A. 阿尔钦、D. 诺斯等《财产权利与制度变迁:产权学派与新制度学派译文集》,刘守英等译,生活·读书·新知三联书店上海分店、上海人民出版社1994年版,第266-294页。

③ 持趋同论的主要代表人物有亨利·汉斯曼与莱尼尔·克拉克曼,其主要观点是,市场竞争的压力会促使公司治理趋向最有效率的股东导向模式,而后续学者多从公司治理与公司法之各项制度,分析及验证趋同之原因、现象及限制;持路径依赖论的代表学者有卢西恩·阿伊·拜伯切克和马克·丁·罗,其认为公司治理的趋同与存续,并不单纯是一个市场竞争的问题,政治经济因素对公司治理也有很大影响,根据路径依赖理论,决策在时间序列上做出,导致顺序决策关系会产生转轨的困难。具体来说,沉没成本、网络外部性、互补性、转轨的不确定性都制约着规则进化,使趋同并不可行,后续学者主要从政治、文化、社会等之体制结构出发,认为公司法之发展最终仍将受多重因素的制约,在进化路径上呈现多样化的特点。参见 Henry Hansmann, Reinier Kraakman, "The End of History for Corporate Law", *Georgetown Law Journal*, 2001, 89, p. 439; Lucian Arye Bebchuck and Mark J. Roe, "A Theory of Path Dependence in Corporate Ownership and Governance", *Stanford Law Review*, 1999, 52, p. 127; 邓峰《中国公司治理的路径依赖》,载《中外法学》2008年第1期。

④ 比较法律经济学是比较法学和法律经济学的结合。作为当代法学研究的前沿领域,比较法律经济学核心方法是运用法律经济学的分析工具来识别不同法律体系下那些具有不同称谓、构造的法律概念及其在实际中解决类似问题的相似性。比较法律经济学以经济学手段来预测、评价法律形成因素之间以及各国法律秩序之间的关系,它并不限于分析各国不同的立法规范,比较不同法律制度之间的相似与差异,而是注重运用所谓的"事实路径"来架起不同的法律概念、抽象教条以及法律构造技术所造成的分类学鸿沟,通过关注行动中的法,侧重于实际中的问题导向和功能分析来探究和分析不同法律制度体系的差异。相关著作参见[美]乌戈·马太《比较法律经济学》,沈宗灵译,北京大学出版社2005年版。

⑤ 参见 Ronald H. Coase, "The Nature of the Firm", *Economica*, 1937, 4, p. 386。

损害委托人行为的成本；剩余损失，即在前述两种成本均得以最小化的情形下，由于本人和代理人之间利益不一致而导致的损失。①

降低代理成本的困难在于，代理人掌握了公司经营的信息优势，股东难以通过事前（ex ante）的契约条款获得完善的保护，②因此，包括公司法在内的事后（ex post）治理结构不可或缺。《公司法》在此具有双重作用：其一是以强制或任意规定提供公司治理的基本结构，其二是对管理人课以信义义务。③

信义义务包括注意义务与忠实义务。在违反上述义务的公司诉讼中，是否违反注意义务的着重点在于确定公司管理人员人为商业决策的审慎程度，但是由于各国经济、政治与法律条件迥异，由非商业专家的法官在事后判断管理人员的商业决策是否达到审慎程度，难度较大；而违反忠实义务的着重点在于管理人的品德，多为消极义务，以无过错责任为主，因此具有"趋同"的可能，而且效率上的考虑以及共同政策目标有利于忠实义务实体法和执行层面的趋同化，④进一步形成稳定的市场预期，营造良好的投资环境，吸引国外投资者。⑤但是，趋同化往往受到多重因素，包括初始规则的限制⑥、制度的互补性，以及商人法律规避⑦等的制约，因此，从比较法角度考察忠实义务的趋同与存续，应当综合考察制定法与法律实施两个层面。

二、忠实义务趋同与存续的制定法比较分析

（一）经济分析的框架

忠实义务的核心功能在于保护股东免受公司管理人机会主义行为的危害，因此制度设计的着重点在于解决利益冲突的问题。⑧尽管各国公司法均规定公司经理须承担忠实义务，⑨但相同的政策目标并不必然导致相同的规制模式，判断这一制度是否已经在实体法层面实现趋同，需要对各国公司法的实体法进行比较分析。为避免传统的比较法研究拘泥于法条罗列与文义解释可能导致"望文生义"，本部分侧重从经济分析角度进行功能主义的比较，即从

---

① 参见 Michael C. Jensen, William H. Meckling, "Theory of the Firm: Managerial Behavior, Agency Costs and Ownership Structure", *Journal of Financial Economics*, 1976, 4, p. 305。

② 参见 Oliver Hart, "An Economist's View of Fiduciary Duty", *The University of Toronto Law Journal* 1993, 3, p. 299。

③ 参见郭锐《法律和中国国有企业的兴起》，2010年台湾法经济学研讨会论文。

④ 阻碍趋同化的一个重要因素是国家政治精英与公司精英的分歧，然而二者在敦促代理人忠于职守这一方面总是能达成共识。

⑤ 忠实义务的作用并不仅仅限于对意欲自我交易的管理人起到威慑作用，从美国的实践来看，自卡多佐法官在 Meinhard v. Salmon 案中提出"合伙人要承担的责任远比一般市场交易的道德要求为高"这一著名判词以来，很多关于忠实义务的判决都反映了法官意欲通过个案推动一种诚实信用的社会规范（social norms）的形成。参见 Stephen Bainbridge, *Corporate Law*, New York: Foundation Press, 2009, p. 142。

⑥ 举例来说，同样面对内部人控制的问题，以控制股东为主的法律体系会倾向于将决策权向上收拢，而以经理为中心的法律体系则会加强诚信义务（fiduciary duty）。参见邓峰《中国公司治理的路径依赖》，载《中外法学》2008 年第 1 期。

⑦ 制定法的规则在实践中常常为商人的行为消解。参见蒋大兴《公司法的政治约束：一种政治解释的路径》，载《吉林大学社会科学学报》2009 年第 5 期；董淳锷《公司法改革的路径检讨和展望：制度变迁的视角》，载《中外法学》2011 年第 4 期。

⑧ 参见 Robert Clark, *Corporate Law*, New York: Little, Brown and Company, 1986, p. 141。

⑨ 参见 Gerard Hertig, "Convergence of Substantive Law and Convergence of Enforcement: A Comparison, in Convergence and Persistence in Corporate Governance", Jeffrey N. Gordon, Mark J. Roe, eds., *Convergence and Persistence in Corporate Governance*, Cambridge: Cambridge University Press, 2004, p. 338。

"降低代理成本"这一经济目的入手探讨不同的公司法制度设计的效率优势。

在经济分析的框架下,公司法降低代理成本的制度设计可分为两种:① 首先是规制型策略,其通过实体规则直接调整代理人和委托人之间的关系;其次是治理型策略,其建立在代理关系的层级和从属的基础上,通过强化委托人的权力,重塑代理人的动机,间接实现保护委托人的目的。规制型策略按照发挥作用的阶段,又分为规则(事前)与标准(事后)两种,② 前者一般用于保护公司的债权人以及公众投资者,但是很少被当作调整复杂公司内部关系的主要手段,因为公司内部事项过于复杂,仅靠禁止与豁免的模式来规制很容易留下法律漏洞,而规制效果会因为法律规避而大打折扣;后者一般适用于公司内部事务,需要赋予裁判者事后认定是否已经发生违规行为的自由裁量权。在实施特征上,规则一般可以自我实施,而标准则依赖于事后评估。③

(二)比较法上忠实义务的考察

在经济分析框架下考察各发达国家与地区对忠实义务的法律规定,初步分析结果见表7-5-1、表7-5-2。

表7-5-1 忠实义务一般条款在各国(地区)立法中的规定

国别/地区	规定位置	规定内容
英国	《公司法》第172条	董事应当诚信地依照其认为最有利于促进公司整体利益的方式行事,并且要尽量避免其与公司利益冲突的情形
美国④	《模范商事公司法典》8.30(a)	董事应当为公司的最佳利益善意行事
德国⑤	《民法典》第242条	债务人应考虑交易习惯,并以诚实与信用方式来履行其义务
日本	《公司法典》第355条	董事必须遵守法令及章程和股东大会的决议,为股份公司忠实地执行其义务
韩国	《商法典》第382条第3款	董事应按照法令和章程的规定,为公司忠实履行其职务
中国台湾	《公司法》第23条	公司负责人应忠实执行业务并尽善良管理人之注意义务,如有违反致公司受有损害者,负损害赔偿责任

---

① 参见[美]汉斯曼《公司法剖析:比较与功能的视角》,刘俊海等译,北京大学出版社2007年版,第24-34页。
② Kaplow Louis, "Rules versus Standards: An Economic Analysis", *Duke Law Journal*, 1992, 42, p.557。
③ 参见[美]汉斯曼《公司法剖析:比较与功能的视角》,刘俊海等译,北京大学出版社2007年版,第27-28页。
④ 美国各州的公司法近年来的改革都在不同程度上接受或借鉴了《标准商事公司法》的相关规定,因此本部分以之作为例证。
⑤ 《德国股份公司法》(AktG)用"注意义务"(Sorgfaltspflicht)这一术语涵盖了英美法之中注意义务与忠实义务的内容,并没有明确规定"忠实义务",但通说认为忠实义务的一般性规范是《德国民法典》(BGB)第242条的诚信原则,但也有反对意见认为,董事被赋予职权是基于一种信赖关系,因此其忠实义务应当超越民法典诚实信用原则对于债务关系的要求与范围,考虑到德国制定法体系严密的特点以及商法作为民法特别法的立法原则,本节在此采纳德国通说。参见杨继《公司董事"注意义务"与"忠实义务"辨》,载《比较法研究》2003年第3期;陈彦良《董事义务责任的解构与建构——德国法制之借镜》,载《月旦法学杂志》2011年第198期;洪秀芬《德国法之董事忠实义务》,载《月旦法学杂志》2011年第194期。

表7-5-2 忠实义务具体的行为规范和规制模式在各国（地区）立法中的规定

禁止行为	规制模式					
	英国	美国	德国	日本	韩国	中国台湾
侵占	相对禁止					
独立判断	绝对禁止					
自我交易	相对禁止	相对禁止	相对禁止	相对禁止	相对禁止	相对禁止
竞业禁止	相对禁止		相对禁止	相对禁止	相对禁止	相对禁止
第三人利益	绝对禁止		绝对禁止			
公司机会		相对禁止				
泄密			绝对禁止			
董事报酬						相对禁止
兼职禁止			相对禁止			

从全球范围看，各国对忠实义务的制度设计均运用规则策略与标准策略，放松管制，加大市场力量在规制利益冲突中的作用，这印证了趋同论的主张。比如，早期公司法采取严格的事前规制，实际上源于公司因两权分离程度不高被视为股东财产的延伸，以致立法者直接将信托法严格规制利益冲突的制度适用于公司法中。① 然而，这一类推忽视了公司的资产分割程度比信托更为彻底（股东得享有有限责任的保护），公司管理层应当比（信托）受托人享有更大的经营裁量权的事实，更漠视了这种规制模式之下效益的损失。② 因此，通过相对禁止的方式（信托策略），将决策权交给公司机关（在事先就消除利益冲突），是尊重企业自治、符合效率的做法。

从两大法系代表国家来看，呈现的趋势是英美法规则逐渐占据主导地位，为大陆法系国家借鉴。明显例证是德国制定的《公司治理规则》，主要借鉴英美法的规定明确了忠实义务的内容，③ 这同样印证了趋同论的主张。首先，主流的规范分析与实证分析均证明英美法系更有效率，④ 而这一优势很大程度上源于衡平法的灵活性；⑤ 其次，英美法系国家相对发达的资本市场扩大了所有权与经营权的分离程度，加剧了代理问题，也促进了忠实义务规则不断进化。相比之下，德国公司治理模式以银行控股为主，两权分离的程度并不如英美法系国家，因此忠实义务的立法规定较为简陋。

---

① 在信托法中，受托人必须严格为委托人利益行事，不得有自身利益考量。参见邓峰《普通公司法》，中国人民大学出版社2009年版，第442页；Harold Marsh, "Are Directors Trustees? Conflict of Interest and Corporate Morality", *Business Lawyer*, 1966, 22, p. 35.

② 这种事先的严格规制实际上是用立法者的判断代替公司经营者的商业判断，尽管可以降低代理成本，但是却剥夺了公司取得一些虽有利益冲突嫌疑，但预期收益可观交易的机会，难谓合理。

③ 如德国法的竞业禁止与英美法的公司机会规则存在较大重合，在《德国股份公司法》之中仅有竞业禁止的规定，但是在《公司治理规则》中引入公司机会规则，就是借鉴英美法的典型例子。

④ 规范研究参见 Paul H. Rubin, "Why Is the Common Law Efficient?", *The Journal of Legal Studies*, 1977, 6, p. 51. 实证研究参见 Rafael La Porta et al., "Law and Finance", *Journal of Political Economy*, 1998, 106, p. 1113.

⑤ 在普通法上，忠实义务是由衡平法院发展起来的。正是由于英美法系的国家通过判例法，不断通过个案发展忠实义务的具体规则，才保证了公司法对商业社会的适应性。参见 C. Annex, "Modern Company Law for A Competitive Economy: The Strategic Framework" (https://webarchive.nationalarchives.gov.uk/20121205101718/http://www.bis.gov.uk/files/file23279.pdf).

上述英、美、德三国的公司立法变迁更多地印证了趋同论的主张。但是，从日本、韩国以及我国台湾地区的立法来看，路径依赖的作用更为明显。

"二战"后，日本的商法修改由美国军事占领委员会主持。为了加强小股东保护，委员会将美国法的忠实义务移植入《日本商法典》第254条第3款。立法者认为这一制度能够发挥重要作用。然而，在很长一段时间内，学界与实务界认为忠实义务无法与注意义务区分，在日本最高裁判所的一个案例中，法官甚至认为《日本商法典》第254条第3款并没有独立创设一个董事义务，其只是注意义务的"重述"。① 在《日本公司法典》通过后，学界仍坚持注意义务与忠实义务"同质说"。

忠实义务在日本移植失败主要源于起点敏感型路径依赖。首先，日本对美国法忠实义务的继受，并非基于国内经济的需求，而是由美国官员"想当然"地移入《日本商法典》之中，从一开始这一制度就欠缺了现实基础，导致其在内涵上含混不清，这点与韩国和我国台湾基于金融危机的压力主动引入忠实义务条款是不同的；其次，并无历史资料显示忠实义务所要规制的利益冲突问题在日本具有普遍性，对经济发展构成威胁；最后，这也和日本沿袭大陆法系的传统、法官更倾向于适用明确的规则而非标准的司法传统密切相关。

相比之下，韩国和我国台湾地区更多地受制于信息不完备的路径依赖。与日本不同，韩国和我国台湾地区移植忠实义务有着现实的经济动因，即由于亚洲金融危机的影响，遏制代理人机会主义行为成了法律改革的重点。但是，英美法的忠实义务规则建立在许多判例基础之上，无法通过惜字如金的法典的一般性表述涵盖，也无法在短期内被理论界和实务界吸收，因此在韩国与我国台湾地区出现了如日本一般"同质说"与"异质说"的争论也就不足为奇。② 在韩国，由于《韩国商法典》规定了具体的竞业禁止与自我交易条款，忠实义务条款起到的是兜底条款作用，与英美法的忠实义务相差较远，在实践中的意义也并不大。③ 在我国台湾地区，尽管立法明确区分了注意义务与忠实义务，在晚近的一些案例却认为二者无法区分，也凸显了忠实义务在实践中运行的困境。④

另外，制度互补性也在一定程度上妨碍了趋同化，典型是英国法要求董事必须亲自行使裁量权，主要源于在英国替换董事的困难，相比之下，美国法上股东可以通过选举来更换不谋其职的董事，因此并不需要单独规定这一制度。⑤

（三）中国法上的忠实义务

我国《公司法》在第148条第1款规定了忠实义务的一般条款，并通过第149条第8款的兜底条款"违反对公司忠实义务的其他行为"，为法官在个案中进行法律创新留下了空间。尽管缺乏忠实义务内涵上的界定，但1993年《公司法》第59条和123条的规定可视为立法者对内涵的理解，即"董事、监事、经理应当遵守公司章程，忠实履行职务，维护公司利益，不得利用在公司的地位和职权为自己谋取私利"。我国《公司法》在第149条以及其他条款规定了具体的禁止行为与规制模式（见表7-5-3）。

---

① 参见 Hideki Kanda, Curtis J. Milhaupt, "Re-examining Legal Transplants: The Director's Fiduciary Duty in Japanese Corporate Law", *The American Journal of Comparative Law*, 2003, 51, p. 887。
② 参见［韩］周基钟《韩国股份公司管理中董事的善管注意义务和忠实义务》，刘红梅译，载《山东经济》2009年第5期；刘连煜《现代公司法》，新学林出版公司2011年版，第108页。
③ 参见杨继《公司董事"注意义务"与"忠实义务"辨》，载《比较法研究》2003年第3期。
④ 参见刘连煜《现代公司法》，新学林出版公司2011年版，第109页。
⑤ 参见邓峰《普通公司法》，中国人民大学出版社2009年版，第463页。

表7-5-3 我国《公司法》规定的具体的禁止行为与规制模式

禁止行为	规制模式	免责方式
挪用与侵占	绝对禁止	无
财务协助（资金借贷，担保）	相对禁止	按照章程取得股东（大）会，董事会同意
财务协助（股份公司借款）	绝对禁止	无
保密	相对禁止	按照公司章程取得授权
自我交易	相对禁止	章程事先授权；股东（大）会同意
公司机会	相对禁止	股东（大）会同意
竞业禁止	相对禁止	股东（大）会同意
第三人利益	绝对禁止	无

在责任形式上，我国《公司法》较为明确的规定是第149条的归入权以及第21条的关联交易的损害赔偿责任，第150条的管理人损害赔偿责任以及第20条的股东滥用股权责任是否能够适用，从法条的表述难以看出。①

我国《公司法》对忠实义务的规定可谓继往开来，在1993年《公司法》的基础上，对发达国家的相关规则进行了"一揽子"的继受。然而，修法依旧无法逃脱路径依赖的制约：首先，沿袭了我国立法规制的模式（如对"财务协助"行为的严格限制，这也体现了制度互补性的影响，与我国一贯对金融业的严格规制以及法定资本制的维持密切相关）；其次，表现出了对国外制度的囫囵吞枣（如不加区分地吸收了竞业禁止与公司机会两个规则）；最后，大多相关条文仅有原则性的规则，而欠缺具体的认定标准，在救济方式上也不甚明了。

综上所述，我们认为，在忠实义务的立法层面，各国公司法有向英美公司法靠拢的趋同化趋势，然而，路径依赖的因素仍在不同层面制约着趋同化的进程，各国公司法对忠实义务的理解并不一致，在规制模式上也各具特点。

三、忠实义务趋同与存续的实证分析

在法律实施方面，英美公司法的忠实义务建立在衡平法之上，法官享有较大的自由裁量权，得根据具体情形实现个案正义；大陆法系公司法尽管强调法定义务，但由于其强调董事地位源于委任关系，得援引民法上委任契约有关规定以及法律原则，弥补制定法的不足，在一定程度上克服了僵化性。② 相比之下，多种因素对我国忠实义务规范的实施构成了制约：首先，我国并无衡平法体系；其次，我国立法规定得较为简陋；③ 再次，欠缺得援引委任契约的准用条款；最后，我国司法模式一向被认为过于僵化，缺乏能动性。在这些制约下，似乎难以期待忠实义务的法律实施能够与发达国家实现趋同化。④

然而，我国法律与经济发展过程中的一个特殊现象在于"司法先行"，即在法律不完备

---

① 参见邓峰《普通公司法》，中国人民大学出版社2009年版，第490页。
② 如我国台湾地区"公司法"第192条Ⅳ规定，公司与董事间之关系，除本法另有规定外，依民法关于委任之规定。
③ 我国《公司法》仅在第148条模糊地规定了"遵守法律、行政法规和公司章程"，这种表述更多反映了我国立法语言上的惯例，其是独立构成了注意义务和忠实义务之外的第三义务"合规义务"，还是仅仅表达忠实义务的内容应当以法定为限，并不清楚。
④ 有学者即指出，缺少富有灵活性的衡平法的支撑，中国法官又拘泥于法条，不擅长、不愿意灵活解释法律，故概括性的忠实和勤勉义务恐怕会沦为空洞而没有实际效用的条文。参见 Rebecca Lee, "Fiduciary Duty without Equity: Fiduciary Duties of Directors under the Revised Company Law of the PRC", *Virginia Journal of International Law*, 2007, 47, p.897.

的情形下,法官在个案中突破成文法的限制,在实现纠纷解决的同时,提出了新的裁判规则,在实践中成为准法律渊源,推动立法更新。① 实证研究也证明,实体法趋同与法律执行趋同之间,存在波动性。② 由此,学者的悲观预期未必反映了忠实义务在我国的执行效果。

本小节通过对中国司法判例的裁判规则的梳理,考察裁判的特征,进而通过比较法的考察分析其中的异同。

(一) 忠实义务在中国的执行——宏观层面的观察

王军在《公司经营者忠实和勤勉义务诉讼研究——以14省、直辖市的137件判决书为样本》一文中(以下简称"王文")对我国2007年以来关于忠实义务的判决进行了严谨的梳理,从中我们可以对忠实义务规范在我国的执行情况有个宏观的印象。③ 依据王军的说明,其案例主要来源于三个网站,可以看出,影响其数据精确性最大的因素在于地域,④ 因此剔除地域因素对数据的影响。在宏观层面,可以得出两个结论。

1. 忠实义务标准与规则的执行概况

从实证研究的结果来看,我国忠实义务的"规则"部分得到了较好的自我执行。王文中的数据反映,案例中以列举事由起诉的并不多。而在列举的事由之中,引起较多纠纷的是"竞业禁止",这很大程度上源于我国立法缺乏对竞业禁止与公司机会规则的适用规则,需要法官的个案判断,因此违法成本处于不确定状态,增加了管理人机会主义行为的激励。⑤ 由此我们得出结论,忠实义务规范在我国得到了较好执行。

2. 公司类型对忠实义务标准与规则执行的影响

公开公司由于所有权与经营权分离程度更高,代理问题远较闭锁公司严重,在保持其他条件不变的情形下,合理推论是忠实义务诉讼更多发生于公开公司。然而,从实证数据来看,我国忠实义务诉讼涉及的几乎全部是有限责任公司。这与美国的情况完全不同,劳伦斯教授早在1990年即宣告"闭锁公司之中的信义义务已经死亡",其认为,在闭锁公司的纠纷中,法院很难适用信义义务。因为从严格执行忠实义务,到平衡控股股东和其他小股东之间的合法利益,最后仅仅适用于故意的错误行为,实际上与法定义务并无二致。⑥

---

① 这一中国特色与我国经济发展的特点相关,我国改革开放以来的经济发展一个重要特点在于"县际竞争"。由于各地初始禀赋的不同,中央级别的立法难以顾及各地状况,只能制定一些原则性的条款,留待法官根据具体案件情况适用。在很多情形下,法官必须在个案中"创设"裁判规则,当中的一部分通过最高院公报,各省法院的内部文件等形式,发挥着准法律渊源的作用,在修法时也得到不同程度的考虑。参见张五常《中国的经济制度》,中信出版社2011年版;周林彬主编《法律与中国经济发展的广东经验》,中国民主法制出版社2011年版,第119-135页。
② 参见 Gerard Hertig, "Convergence of Substantive Law and Convergence of Enforcement: A Comparison, in Convergence and Persistence in Corporate Governance", Jeffrey N. Gordon, Mark J. Roe, eds., *Convergence and Persistence in Corporate Governance*, Cambridge: Cambridge University Press, 2004, p. 338。
③ 王军博士在文中介绍案例搜集的来源时坦言我国判决书并未公开,因此仅能通过部分网站和数据库进行搜集,难免有所疏漏。根据笔者的调研,仅以广东省的数据为例,便存在较大偏差。但本部分的目的仅是从宏观的角度归纳忠实义务裁判的特色,因此尽可能选取王文中受地域影响较小,更具有代表性的数据,作出较为谨慎的结论。参见王军《公司经营者忠实和勤勉义务诉讼研究——以14省、直辖市的137件判决书为样本》,载《北方法学》2011年第4期。
④ 在三个数据库之中,北大法宝相对综合,但北京法院网和上海法院网均只有本市案例,因此在王文中,北京和上海的案例数明显高于其他省市,相对之下,如广东省仅有6份判例,样本明显过少。
⑤ 参见王军《公司经营者忠实和勤勉义务诉讼研究——以14省、直辖市的137件判决书为样本》,载《北方法学》2011年第4期。
⑥ 参见 Lawrence E. Mitchell, "The Death of Fiduciary Duty in Close Corporation", *University of Pennsylvania Law Review*, 1990, 138, p. 1675。

我们认为,上述差异源于三种原因。首先是忠实义务的功能。从我国司法对于忠实义务一般条款的运用情况来看,与美国司法实践中忠实义务适用范围的不断限缩,最终几乎退化到等同于合规义务的情形相比,忠实义务在我国依旧有其与合规义务不同的独立价值。[①] 其次是路径依赖的影响。在我国,股份公司多由国企改制而来,股权高度集中,其内部的管理机制仍然带有较为浓厚的行政色彩,对于管理人机会主义行为的遏制,忠实义务并无太大的发挥空间。[②] 最后是制度互补性的因素。普通法侵权中的反压榨及对被压迫的法定救济比含糊不清的忠实义务更为清晰,相比之下,我国并没有对遭受压迫的小股东提供足够的救济措施,异议回购权受到了定价问题的困扰,公司司法解散制度较为严格的前置程序以及法院慎重的态度也不利于小股东寻求救济,故忠实义务在我国有限责任公司对小股东保护更为重要。

(二) 忠实义务标准与规则在中国的执行——司法裁判的微观层面观察

宏观层面的考察更多地揭示了忠实义务这一制度对于股东、管理人的意义,却无法揭示运行中的法究竟为何,是否与发达国家一致,是否确实发挥了降低代理成本的功能,因此,我们结合对司法裁判的微观层面的考察做进一步分析。

1. 公司利益的司法界定

忠实义务的核心在于解决利益冲突问题,因此其司法适用的一个前提就是明确"公司利益"的构成。公司作为一个经济组织,牵涉利益非常广,何种利益得归入"公司利益"的范畴,决定了忠实义务的具体适用方式和范围,对法律实施至关重要。

我国《公司法》修订前后均未界定公司利益,在司法实践中,法官倾向于将公司利益等同于股东利益。如朱传林诉赵建平案中原告和一审法院均认为被告侵犯的是"股东财产权利",隐含逻辑是将公司资产作为股东财产,如此,公司利益与股东利益就画了等号,体现了法官对公司组织特性的忽视,而衍生的结果就是过度依赖财产规则,即将董事会的担保视为对股东财产权利的侵害,而非通过忠实义务对董事会进行追责。上述现象的形成可能有三种原因。首先是立法的制约。即1993年《公司法》对忠实义务的规定较为简陋,可操作性不强;其次是法官思维习惯的影响。我国法官惯于形式主义的司法调整模式,严格区分公司的内部关系与外部关系,并不重视公司内部治理机制对外部交易的影响;[③] 最后也是最重要的是,制度路径依赖的影响。我国在国企改制过程中,国有资产流失的问题是重点规制对象,因此形成了强调公司财产属性、忽视组织属性的制度惯性,公司利益往往被视同于股东利益,法官判决直接适用财产规则,依赖物权请求权来处理,[④] 而非援引忠实义务,这在一

---

① 尽管实践中也有将忠实义务等同于合规义务的案例,但毕竟是少数。
② 进一步分析原因:一是股权高度集中使得先进的公司法工具(例如,一股一票、内部制衡机制)流于形式;二是内部人高度控制(比如,在政府控制的上市公司中,政府对公司管理层的直接任命;在私人控制的上市公司中,实际控制人担任董事长等重要的管理职务)导致《公司法》对管理层的忠实勤勉义务的目标追求落空(此时,公司管理层追求的是维护利益集团的"租金"而不是公司利益和股东利益)。
③ 参见邓峰《普通公司法》,中国人民大学出版社2009年版,第51页。
④ 根据王军博士的总结,最常见但判决观点极不一致的一类是,原告公司指控被告(通常是已被撤职的前董事或前高管)非法占有公司公章、营业执照或者财务资料甚至办公室钥匙等物品。多数判决不认为这类纠纷与忠实或勤勉义务有关,而是将其当作普通侵权纠纷处理。有的认为,被告被撤职后已非高管,继续占有涉案财物即非法占有;有的认为被告构成侵占公司财产,责令其返还相关物品。参见王军《公司经营者忠实和勤勉义务诉讼研究——以14省、直辖市的137件判决书为样本》,载《北方法学》2011年第4期。

定程度上减损了忠实义务的规制能力。①

公司利益最大化在司法中的裁判标准可以从忠实义务一般条款的适用得到反映。根据王军博士总结，援引忠实义务一般条款判决需要承担责任的事由大致存在以下几种：董事长等高管违法经营，偷税、漏税导致公司受到行政处罚或刑事罚金；经理拒不执行董事会决议给公司造成损失；董事将本公司研制的技术成果以其他公司的名义申请科学技术鉴定；未经董事会同意，也未经中外合营双方书面协议，董事长令公司向本人支付工资；法定代表人擅自用公司资金代第三人支付工程款，并不记载在公司账目中，致使公司无法向第三人追偿款项；未经公司股东会、董事会决议，总经理擅自撤回公司的商标注册申请，同时又以其他企业名义申请注册该商标；董事长代表公司与其持有98.8%股份的另一公司进行交易。② 这些情形之中，更多的是合规义务的范畴，不属于忠实义务，属于侵占公司资源，属于董事报酬，属于财务协助，属于关联交易。在这当中，公司利益的范围既包含有形资产，也包含无形资产，既有直接损失，也有间接损失。可见，我国司法对公司利益的界定在内涵上侧重财产利益，外延过窄。

这是否可以归咎于立法不完备？从我国台湾地区的案例来看，似乎可以得到类似的结论。与我国大陆相似，台湾地区的立法也没有回答何为公司利益，同样的困境反映在智达案中。在该案中，法官从员工离职自由的理念以及经理人职权范围出发，认为经理人核准公司全部职工分次辞职并无不妥。然而，其明知这种离职行为对公司利益影响巨大，非但没有加以劝阻，或改善工作环境挽留职工，反而告诉职工其将于日后设立新公司的信息，间接鼓励其离职以为自己将设立的新公司吸纳人才，实际上已经违反了忠实义务。③ 法院判决在此凸显了对公司利益与员工利益的权衡不当，甚至可以说无视公司自身利益。

但是德国的情况却表明，立法不完备并非决定性因素。德国立法没有对公司利益进行界定，但学理上一般将与公司有利益关系的主体分为企业的利益承受者与对企业有利益之承受者，前者为股东和员工这些对公司的构成和运营有贡献者，后者为与公司有利害关系而对公司发展存有利益者，如客户、供应商等。学界和实务界的主流观点认为促进企业的利益承受者的利益为公司运营的目标，即公司利益原则上等于股东利益与员工利益，但二者均不具备公司利益上的普遍优先权，而要根据具体情况权衡。此外，对企业有利益之承受者的利益仅在个别与其有关的企业活动中才予以考虑，纳入公司利益。故德国法之中，股东利益并非公司利益的唯一构成要素，董事所为的有利于员工或社会的行为，并不当然被认定为违反忠实义务。④ 在实务上，公司利益具体构成依据具体情形进行排序而在法益保护上有所区分。⑤

我们认为，由于我国立法明文规定的几种违反义务行为均侧重财产利益，而竞业禁止与公司机会却又缺乏明确界定，法官在援引一般条款判断某一行为是否违反忠实义务的时候，其法律推理自然会以条文列举的具体行为为基础，因此侧重财产利益也就不足为奇。这也制约了忠实义务的规制功能，使之几乎退缩为合规义务。

---

① 有学者将此现象形容为"公司利益的缺失"。参见邓峰《公司利益缺失下的利益冲突规则——基于法律文本和实践的反思》，载《法学家》2009年第4期。

② 参见王军《公司经营者忠实和勤勉义务诉讼研究——以14省、直辖市的137件判决书为样本》，载《北方法学》2011年第4期。

③ 参见刘连煜《董事忠实义务与独立性之司法审查》，载《月旦法学杂志》2009年第173期。

④ 参见洪秀芬《德国法之董事忠实义务》，载《月旦法学杂志》2011年第194期。

⑤ 参见陈彦良《企业社会责任与公司治理于股份有限公司中交错实践之可行性——德国股份法中企业利益对董事会职权影响之初探》，载《台湾法学杂志》2008年第111期。

上述退缩现象的原因,在于对于沿袭大陆法系传统的国家来说,标准(在此处即指忠实义务一般条款)的司法适用成本较高,因为其内涵的不确定性,法官必须对个案进行解释,这给法官增加了额外的负担,并且还增加了案件被发回重审的概率。这一问题可以从日本的经验中得到印证:《日本商法典》中忠实义务条款沉睡了30多年,主要是因为缺乏能动性的司法。①

2. 利益冲突交易裁判规则的比较分析

对于直接利益冲突交易,我国法律规定必须有章程规定或者股东(大)会的同意,由此排除了司法进行实质审查的空间,而对于间接利益冲突交易,则采取了"损失标准"。

我国司法对于利益冲突交易的规制高度形式化,最明显的例证就是北京市一中院报告的一则案例。甲公司诉乙公司履行合同,清偿欠款,乙公司辩称:甲公司的股东贾 A 与乙公司原董事长贾 B 是夫妻关系;贾 B 代表乙公司与甲公司订立合同,约定的工程造价过高,损害了乙公司的利益,违反了1993年《公司法》第61条第2款关于公司董事不得同本公司订立合同的强制性规定,合同应属无效。法院拒绝了乙公司关于对合同约定的工程造价是否合理进行鉴定的要求,判决认为:系争合同的当事人是甲公司和乙公司,而非贾 A 和乙公司,同时乙公司也未证明甲公司是代表贾 A 与乙公司签约,故系争合同不属于公司董事同本公司订立合同的情形。② 上述案例体现了我国法院不愿涉入交易对价是否公平的审查,而对于当事人的认定,即便在法理上仍然有解释空间,也倾向于严格依照法律文义进行解释。

从比较法的角度看,避免实质审查是自我交易规则的主流做法。我国台湾地区"公司法"在制度设计上认为只要由监察人代表公司,便可以避免利益冲突,这点也为司法界普遍接受。③ 然而,我国台湾地区"最高法院"在一个案例中,认为董事代表公司向自己无偿借用土地,但是借贷行为实际上有利于公司,无利害冲突之弊,虽然没有经过监察人代表,仍然可因公司的许诺或承诺生效。本案中,法院实际上对利益冲突交易进行了实质审查,在认定其"有利于公司"的前提下,再援引委任契约有关规定补正行为之效力。

前引我国台湾地区案例并没有阐明具体的审查标准,而只是含糊用了"有利于"。相比之下,部分美国法院以公平标准进行实质审查。特拉华州最高法院在 Orman v. Cullman 一案中就表示,由于相关诉讼数量众多,法院应当能够积累足够的经验应对。只有通过实质性的审查,才能对忠实义务违反与否做出判断。在纽约州,法院对交易公平性的认定甚至能够修正披露或批准欠缺对交易产生的影响。④ 依据 Lewis v. Vogelstein 的判词,公平原则可以概括为"对价合理"。

实际上,我国对间接利益冲突交易的规定,在法理上并未完全排除法院的实质审查(即损害性标准),但在司法实践中,法官仍然坚持形式审查。这与我国法院对"定价"之经济问题的调控能力不足有关。⑤

---

① 参见 Hideki Kanda, Curtis J. Milhaupt, "Re-examining Legal Transplants: The Director's Fiduciary Duty in Japanese Corporate Law", *The American Journal of Comparative Law*, 2003, 51, p. 887。
② 参见北京市第一中级人民法院民四庭主编《公司法审判实务与典型案例评析》,中国检察出版社2006年版,第380-386页。
③ 参见曾宛如《董事忠实义务于台湾法上之实践——相关判决之观察》,载《月旦民商法杂志》2010年第29期。
④ 参见李燕《透视美国公司法上的董事忠实义务——兼评我国〈公司法〉对董事忠实义务之规定》,载《现代法学》2008年第1期;邓峰《普通公司法》,中国人民大学出版社2009年版,第470页。
⑤ 参见许德风《论私法上财产的定价——以交易中的估值机制为中心》,载《中国法学》2009年第6期。

3. 竞业禁止与公司机会裁判规则

我国将竞业禁止与公司机会纳入同一条文，但对两者的关系以及具体适用没有规定。从我国审判实践来看，竞业禁止与公司机会的相关判例呈现出以下几个特点。

首先，法官认为竞业禁止包含公司机会。在黄岳峰与上海德坤国际贸易有限公司董事、高级管理人员损害股东利益赔偿纠纷案中，法官认为："黄岳峰不能从事与公司营业有竞争性的活动，尤其是利用掌握的公司商业信息，篡夺本应属于公司的商业机会。"在上海星耘房地产咨询有限公司等与上海联基投资咨询有限公司等董事、监事、经理损害公司利益纠纷案中，法官也指出："刘长山仍应履行竞业禁止义务，不能从事与公司营业有竞争性的活动，尤其是利用掌握的公司商业信息，篡夺本应属于公司的商业机会。"[①] 可以看到两个案件中，法官用了"尤其"指代两者的关系，即认为公司机会是竞业禁止的特殊形式。德国同样是竞业禁止与公司机会并存。对于两者的关系，理论界有三种看法，有的认为竞业禁止包含公司机会，也有人持相反观点，还有人认为竞业禁止部分广于、部分狭于公司机会。但是实务界一般认为竞业禁止的前提要件和法律后果可以在适用公司机会条款时谨慎类推适用，似乎表达了二者具有各自独立价值的观点。[②]

其次，"竞业"的认定标准较为混乱。对竞业禁止义务期间，有案例认为一定条件下，管理人离职后依旧需要承担，[③] 有案例则表达相反意见，[④] 另有案例则暗示原公司暂停营业期间董事无须承担义务，论据不会对公司造成损失；[⑤] 对投资关系是否应当被禁止，相关案例意见完全相反；对于承担义务的主体，有案例通过文义解释认为监事无须承担竞业禁止义务。[⑥]

英美法上，董事一般不需要遵守竞业禁止的规定，这与其履行职责的商业习惯和作为议事机构的特性相关。[⑦] 在德国法上，"同业"的认定不仅包括章程规定的营业范围，还包括公司实际从事的营业，即便暂时停业也不例外。[⑧] 相比之下，我国法院的裁判规则似乎过于宽松，容易为人规避。

上述以我国法院判例为例，考察了忠实义务在我国的执行状况，从中可以总结出以下几个特点：首先，忠实义务规则得到了较好的自我执行，标准主要依赖司法执行；其次，大部分判决中，司法明显带有形式化的倾向，避免实质审查，而在少数进行了实质审查的判决中，可以看到法官对制度的理解并不一致，因此欠缺统一的司法裁判规则；最后，法官对于忠实义务各项具体制度之间的关系以及救济方式的理解不一致。

四、忠实义务趋同与存续的解释：我国的特殊局限

通过前文的考察，可以看到，即便是在发达资本主义国家和地区，忠实义务的规定也仅在制定法层面实现了有限的趋同，相比之下，我国无论是在制定法层面还是法律实施层面，都呈现出转型市场经济国家的特色，规则的进化在很大程度上受到路径依赖的制约。

---

① 参见上海市第二中级人民法院（2008）沪二中民三（商）终字第283号民事判决书。
② 参见洪秀芬《德国法之董事忠实义务》，载《月旦法学杂志》2011年第194期。
③ 参见上海市第二中级人民法院（2008）沪二中民三（商）终字第29号民事判决书。
④ 参见北京市第一中级人民法院（2009）一中民终字第13800号民事判决书。
⑤ 参见北京市第二中级人民法院（2009）二中民终字第02263号民事判决书。
⑥ 参见北京市第一中级人民法院（2010）一中民终字第1099号民事判决书。
⑦ 参见邓峰《普通公司法》，中国人民大学出版社2009年版，第484页。
⑧ 参见［日］神作裕之《商法における競業禁止の法理》，载《法協》（第107卷）1991年第8期，第1645页。

首先是公司治理模式的路径依赖。尽管改革开放已经有30多年，我国的市场经济建设也取得了丰硕的成果，但我国公司治理模式仍然与发达市场经济国家存在很大差别，表现在两权分离程度不高、控股股东权力过大以及资本市场的不发达，[①]这都呈现出转型市场经济国家的特色。在这样的前提之下，我国对以发达资本市场以及高度两权分离为基础的美国公司法，或者以银行控股为主的德国公司法特定制度的移植，可谓缺乏现实根基。

其次是立法模式的路径依赖。我国沿袭了大陆法系重规制的立法模式，总是希望通过严格的事前规范来达到规制效果，因此呈现了对一般条款缺乏界定，而具体规范繁多的奇特现象。实践中，大量未被具体行为规范界定的机会主义行为只能通过一般条款来规制，这实际上增加了司法成本。

最后是司法模式的路径依赖。我国高速发展的商业、欠缺根基的法律移植以及不完备立法的混合，导致我国商事审判从一开始就注定了能动与克制并存的模式。面对模糊的法律规定，法官不得不进行解释以填补漏洞。然而，为避免"违背上位法"带来的不利后果，法官倾向于在案件中尽量避免实质性审查，这是一种具有中国特色的"司法慎入"。从忠实义务的执行来看，呈现了三种走向：第一，一些禁止性规则得到较好的自我执行，并未进入司法程序；第二，相关的公司诉讼中，大多数法官趋于保守，侧重形式审查以及文义解释；第三，在涉案纠纷超越法律明确规定的禁止行为时，法院也进行了实质审查，通过一般条款进行了规则续造。法官得超越条文注重实质正义，固然是一种进步，但是由于缺乏立法对忠实义务的统一界定，法官的规则续造呈现出一定的混乱，这进一步削弱了司法对管理人机会主义行为的制约，也影响了市场主体的预期。

然而，我国的境遇并非唯一。日本、韩国均遇到类似的问题。这进一步印证了公司治理模式、立法与司法传统均对继受制度构成了制约，导致了表面趋同下的多样性存续。而从目前的情形来看，这种趋同与存续并存的局面在很长的时间内不会消失。

近年来，公司治理趋同化的呼声日趋高涨，然而对于我国这种转型市场经济国家来说，一味追求与他国在制定法层面上的趋同并不能实现规制目的趋同，反而可能会导致司法上的无所适从，进而影响司法对代理成本的降低作用。可取的做法是，进一步总结我国公司治理的现状，加强对于司法规则运行的实证研究，了解规则运行的现状，以重估规则背后的价值，进而在下一步修法的时候更好地将本土资源与域外经验结合。

第六节　公司高管违反信义义务责任的司法适用研究[②]

一、公司高管违信责任司法适用的概述

（一）数据来源

2005年10月27日，第十届全国人民代表大会常务委员会第十八次会议通过了《公司法》修订案，并自2006年1月1日起施行，笔者以"北大法宝"2006—2012年间案由分类为"损害公司利益责任纠纷"的75个二审案件为统计，试分析我国公司高管违信责任司法

[①] 参见邓峰《中国公司治理的路径依赖》，载《中外法学》2008年第1期。
[②] 本节部分内容曾以论文形式发表，具体出自周林彬、文雅靖《公司高管违反信义义务责任的司法适用现状与完善》，载《求是学刊》2014年第4期。

适用的究责现状，并据此检验《公司法》第148～150条信义义务规则的司法实施效果。

（二）公司经营者[①]违信责任司法适用中的被究责率

实证分析中，我们首先调查了公司经营者违信责任被究责的总体比率。统计表明，在"损害公司利益责任纠纷"的75个二审案件中，45.20%（33例）的原告（通常为企业）能够得到法官支持追究公司高管违信责任，47.95%（35例）的原告被驳回诉讼请求，5.48%（4例）被调解，1.37%（1例）发回重审。以上结果同时证明了修订后的《公司法》关于信义义务的规范已被适用于司法实践。

进一步地，我们希望了解法官在具体案件中如何适用信义义务规则，因此，我们排除调解和发回重审案件，对68个有效案件进行深入分析。统计表明，法官"支持或部分支持原告诉讼请求"案件所占比例约为48.53%（33例），而"驳回原告诉讼请求"案件所占比例约为51.47%（35例）。其中，法官适用信义规则（包括修订后的《公司法》第149～159条以及修订前的《公司法》第60～63条信义规则）支持或部分支持原告诉讼请求的比例约为33.32%（23例），适用信义规则驳回原告诉讼请求的比例为25%（17例）；两者合计所占比例为58.32%，比例过半，即法官主要适用《公司法》信义义务规则追究公司高管违信责任。在不适用《公司法》信义义务规则而要求公司高管承担责任的案件中，法院主要依据《民法通则》第92条（1例）、第106条过错条款（4例）、第117条侵权损害赔偿条款（2例）以及《公司法》第20条（3例）要求被告承担违信责任。[②]

（三）被究责的公司经营者身份

我们对68个案件的被告（第一被告）主体身份进行分析后发现，仅45.59%（31例）的被告属于《公司法》第217条规定的"高级管理人员"身份。个别案件中，有的被告虽不是典型的公司高管，但法官不只依据《公司法》第217条，而是依据综合标准认定被告身份。由此，实践中，法官认定被告身份为"公司高管"的比例远高于根据《公司法》第217条统计之公司高管比例，约为73.53%（50例）。我们认为，以上统计表明了实践中损害公司利益的主体主要为公司高管。因此，本节以"公司高管"而非公司经营者为研究对象，具有典型意义。

二、公司高管违信责任适用公司法的现状与缺陷

（一）公司高管违信责任的《公司法》规范适用现状

我们对《公司法》第148～150条的司法适用具体情况进行统计后发现，法官追究公司高管违信责任的法条适用情况如下：其一，单独适用《公司法》信义义务规则（如单独适用《公司法》第148条）；其二，结合适用《公司法》信义义务规则（如适用《公司法》第148条和第150条）；其三，结合适用《公司法》信义义务规则与其他民商事法律规则（如适用《公司法》第148条和《民法通则》第106条）。

[①] 本节主要研究对象为公司高级管理人员违反信义义务的责任，本部分的统计对象除公司高级管理人员外，还包括股东、董事及实际控制人，笔者统称为"公司经营者"。

[②] 在没有适用《公司法》信义规则驳回原告诉讼请求的案件中，8个案例适用《民法通则》第106条，5个案例适用《民法通则》第117条，还有6个案例适用《公司法》第152条。其他案例有适用《物权法》《担保法》等法律。

我们对法官在"支持或部分支持原告诉讼请求"案件进行深入剖析后发现：第一，法官单独适用《公司法》信义规则所占比例约为41.18%。其中，单独适用第148条的比例约为17.65%，单独适用第149条的比例约为5.88%，结合适用第148条和第150条的比例约为17.65%。第二，法官结合《公司法》信义规则及其他非信义规则进行法律适用的比例约为58.82%。其中，结合第148条及其他法条进行法律适用所占比例约为17.65%，结合第150条及其他法条进行法律适用所占比例约为23.53%，结合第148条、第150条及其他法条进行法律适用所占比例约为11.75%，结合第148条、第149条、第150条及其他法条进行法律适用所占比例约为5.88%。

在驳回原告诉讼请求案件中，法官主要依据《公司法》信义义务规则进行认定，所占比例约为61.54%。其中，单独适用第148条所占比例约为7.69%，单独适用第149条所占比例为7.69%，单独适用第150条所占比例约为23.08%；结合适用第148条及第149条所占比例约为7.69%，结合适用第148条及第150条所占比例约为7.69%，结合适用第148条、第149条及第150条所占比例约为7.69%。以上统计说明法官在判决公司高管承担违信责任时，倾向于在《公司法》之外的其他规范尤其是民事基本法规范（如《民法通则》）中寻找依据，由此说明我国《公司法》第148～150条虽然具有可诉性，但缺乏操作性规范指引。

我们对"法官单独适用《公司法》第148～150条或配合适用其他法律规范追究公司高管承担违信责任"的16个具体案例进行分析后发现以下三点。第一，单独适用《公司法》第148条的3例案件中，均涉及公司高管不当侵占公司非资金财产，包括公章、财务账册等。法官依据《公司法》第148条要求公司高管履行返还财产义务，但不要求公司高管承担赔偿责任。第二，暂未发现单独适用《公司法》第149条要求公司高管承担个人责任的案例。第三，要求公司高管承担违信责任的案件中，所涉金额颇高。①

（二）公司高管违信责任的公司法规范适用缺陷

1. 忽视公司高管的"代理人"地位

英美公司法学者一般认为，公司高管（特别是不具有股东及董事身份的公司高管）的法律地位为代理人。② 从我国的司法实践看，在"损害公司利益赔偿责任纠纷"的二审案件中，法官没有明确公司高管为代理人。公司高管的代理人地位被忽视的结果是：公司高管承担了超越代理法规定的严格责任。需要强调的是，公司高管代理区别于民事自然人之代理，应归于广义之商事代理范畴，具有商事代理特征。③ 我国司法实践未区分作为商事代理人之义务与作为一般民事代理人之义务，这是我国《公司法》适用缺陷之一。

2. 未区分公司高管中董事与高级管理人员违反义务之责任标准

《公司法》第148～150条的适用对象是公司高管与董事，但是立法与司法实践对两者

---

① 如（2011）二中民终字第16710号案例中判决被告赔偿公司159 193.12元，（2010）潭中民一终字第282号案例中判决被告赔偿公司1 234 612.18元。

② 参见 James J. Hanks Jr., "Evaluating Recent State Legislation on Director and Officer Liability Limitation and Indemnification", *Business Lawyer*, 1988, 43, p.1207; Timothy P. Glynn, "Beyond Unlimiting Shareholder Liability: Vicarious Tort Liability for Corporate Officers", *Vanderbilt Law Review*, 2004, 57, p.329; Lyman P. Q. Johnson, "Corporate Officers and the Business Judgment Rule", *Business Lawyer*, 2005, 60, p.439. 也有英美法学者和法官均强调公司高级管理人员与公司董事法律地位的区别。参见 Paul Graf, "A Realistic Approach to Officer Liability", *Business Lawyer*, 2011, 66, p.315.

③ 商事代理在特定行为方式、效果归属及法律关系构成上均与民事代理有所区别。参见段亚林《商务代理》，中国经济出版社1995年版；张楚《论商事代理》，载《法律科学》1997年第4期；赵万一《商法学》，中国法制出版社2002年版，第45-57页。

违反义务责任的标准却不予区分。

从英美公司法实践看，公司董事与公司高管对公司的控制力、享有的信息资源、议价能力以及风险承担均具有差异。这种差异决定了不同身份的公司高管应具有不同的法律地位。① 虽然公司董事和公司高管同样对公司负有信托法意义上之"受信义务"，但公司高管是公司的代理人，而董事却不具有代理人法律地位。

我国《公司法》第 148～150 条没有对公司董事和高级管理人员的义务进行区分，且在司法适用中法官亦未明确两者法律地位之差别。

3. 商业判断规则缺失

商业判断规则的核心是对董事经营行为进行评价。董事如果履行了其应履行的义务，那么借助商业判断规则，不仅法院不会介入公司的经营，而且董事也可以避免对公司或者股东承担个人责任；它是一项司法上对董事行为的评价标准。② 而今，商业判断规则可适用于董事，还可适用于公司高管。

商业判断规则被英美法官用于识别公司董事与高管是否应当承担个人责任。在商业判断规则指引下，鲜见公司高管因违反信义义务而承担责任案件。③ 就实证统计看，仅有 5 个案例法官适用了商业判断规则，适用率仅为 7.35%。我们认为，我国《公司法》仅借鉴英美公司法关于董监高信义义务规则，对商业判断规则适用则是疏忽的。而商业判断规则的缺失，使我国相关司法实践中公司高管承担个人责任的比例偏高，违信责任制度适用有滥用之嫌。

4. 所谓"向一般条款逃避"

对《公司法》第 148 条的定性，有学者谓之"经营者义务之概括性（一般）条款"，以对应第 149 条的禁止性条款。④ 对于法律有具体规定可适用不适用而越过具体规则优先适用一般条款构成所谓"向一般条款逃避"的问题，⑤ 王泽鉴认为，一般条款的遁入可能引发立法、司法及法律适用危机，因此对一般条款的适用应当予以限制。⑥

《公司法》第 148 条之概括条款在我国公司高管违信义务案件中较多适用，既有法官在法律推理过程中用之以说理，也有法官将其作为判决的直接法律依据。与此相对，英美法法官一般不会直接适用公司高管违反义务的公司法一般条款，进而要求其承担违反义务的赔偿责任。我国司法实践不乏直接地、单独地适用《公司法》第 148 条一般条款以认定公司高管违反义务个人责任之例子。如在（2009）二民终字第 13966 号案例中，法院径直依据《公司法》第 148 条判决被告承担责任，但本案原被告实际上因保管合同产生纠纷，法官不适用《合同法》相关规定而直接适用《公司法》第 149 条不免落入"向一般条款逃避"之嫌。

---

① 参见 Lyman P. Q. Johnson, "Corporate Officers and the Business Judgment Rule", *Business Lawyer*, 2005, 60, p. 439。
② 参见容缨《论美国公司法上的商业判断规则》，载《比较法研究》2008 年第 2 期。
③ 在商业判断规则指导下，英美法官对公司高管违反义务之责任的认定是谨慎的。对于注意义务，"法官们了解对高级主管已经行使的注意义务进行事后判断具有内在的危险，……很少有案例判定个人承担损害赔偿责任"。对于公平交易义务，英美法官加入公平性测试作为判断依据，"如果法院支持了某项交易对公司是公平的举证，高级主管就不会承担有关赔偿金的个人责任"。参见美国法律研究院通过并颁布、许传玺主编《公司治理原则：分析与建议》（上卷），楼建波等译，法律出版社 2006 年版，第 255 页。
④ 参见王军《公司经营者忠实和勤勉义务诉讼研究——以 14 省、直辖市的 137 件判决书为样本》，载《北方法学》2011 年第 4 期。
⑤ 有学者认为，有具体法律规则可适用时，不得适用法律原则，除非适用法律的具体规定会导致明显不公平、不公正的结果，即适用法律"禁止向一般条款逃避"。参见刘治斌《论法律原则的可诉性》，载《法商研究》2003 年第 4 期。
⑥ 参见王泽鉴《法律思维与民法实例》，中国政法大学出版社 2001 年版，第 245 页。

三、公司高管违信责任适用侵权法的现状与缺陷

（一）公司高管违信责任的侵权法适用现状

我们对法官适用侵权法规范追究公司高管违信责任的比例进行统计发现，26.47%（18例）的法官认为公司高管损害公司利益责任为侵权责任，可以适用侵权法规则追究公司高管违信责任。这类案件中，法官以侵权行为构成要件作为衡量公司经营者是否构成侵权的认定标准。此外，虽然有法官认为损害公司利益责任实质上为侵权责任，但暂未发现法官结合《公司法》信义规则与我国《侵权责任法》相关规定进行判决。

承前所述，我们对"公司经营者违信责任被究责的总体比率"进行实证发现，适用信义义务规则驳回原告诉讼请求的比率约为47.95%。而法官认定公司高管损害公司利益责任为侵权责任且适用侵权法规则进行适用的案例中（18例），驳回率高达61.11%（11例）。这一对比恰恰表明了适用侵权法规范有利于公司经营者"逃脱"违信责任。

（二）公司高管违信责任的侵权法规范适用缺陷

1.《公司法》规范与侵权法规范适用的冲突

源于200年前英国衡平法中信托法及代理法之信义义务，是法官在洞悉公司管理层与公司之间关系、结合商业判断规则发展而产生的法律术语。① 虽然有美国法官把受托人违反信义义务视为故意侵权，但信义义务作为普通法司法结晶，其内涵仍未能被精确总结。

在缺乏普通法相关规则指导的背景下，大陆法系法官倾向于在现有成文规则中寻找信义义务的"替代解释"，其中又以民法中的委任制度关于代理人注意义务的条款最为受众。我国法律中并没有对公司与董事、高管间关系做出规定，法官对公司高管代理人法律地位的忽视导致《民法通则》代理人之义务规则以及《合同法》中委托合同相关规则在司法实践中并未被适用。此外，最高人民法院把公司高管违信纠纷归入"损害公司利益责任纠纷"的案由，容易将此类案件定性为侵权纠纷，造成"中国特色"司法适用现状。

我们认为，违信责任是否等同侵权责任值得推敲。若认定为侵权责任，对于公司高管代理这一商事代理形式，其侵权责任认定标准是否与传统民事侵权有所区别，是应当继续深究的问题。

2. 公司高管侵权责任构成要件不明确

在认定公司高管侵害公司利益为侵权之诉的案件中，法官一般依据侵权责任认定的"三要件"或"四要件"，认定公司高管是否承担第150条规定之赔偿责任。然而，由于我国《公司法》第150条仅对"损害"及"违法性"做出规定，因此部分法官没有严格遵循侵权责任构成要件的逻辑追究公司高管违反义务责任，仅考量"损害"及"违法性"要件。但也有法官考虑到"过错"及"违法行为及损害事之间的因果关系"（以下简称"因果关系"）要件。②

---

① 参见 Byron F. Egan, "How Recent Fiduciary Duty Cases Affect Advice to Directors and Officers of Delaware and Texas Corporations"（https://ssrn.com/abstract=2408036）。

② 如（2009）浙台商终字第545号案例中，法官认为，"公司董事、监事损害公司利益赔偿应当具备损害赔偿的基本要件。首先，有损害之事实；其次，有违法行为"。另如（2008）苏民三终字第0017号案例中，一审法官认为，"被告没有办理交接手续，对此被告作为董事和高级管理人员显然有过错，起码未尽忠实和勤勉义务，但该过错与资产短少是否具有法律上的因果关系，原告不能举证证明"。

可见，对于公司高管违反义务之责任的构成要件上，司法实践中的裁判规则不统一。一个值得深思的问题是：应当依据《公司法》第150条采"损害"及"违法性"之"两要件"，还是依据侵权责任认定采"损害、过错及因果关系"的"三要件"，还是采"损害、违法性、过错及因果关系"之"四要件"？若公司高管损害公司利益诉讼采"三要件"标准，则扩大解释了《合同法》第150条；若采"两要件"标准，则打破了侵权法"把不法行为与损失间的因果关系规定为不法行为人承担责任的一个必要前提条件"。①

从实践看，其一，若严格适用侵权法规则，则公司高管承担责任的可能性较低。因为公司高管违反义务侵害公司利益纠纷属侵权之诉，公司的举证责任至少还应包括公司高管违反义务致公司损害"因果关系"的举证责任，而实践中，举证困难可能使公司陷于举证不能之境地（适用侵权法规则的高驳回率即为例证）。其二，若完全舍弃"因果关系"，则有悖侵权责任认定的基本原则，加上法官对公司高管代理人地位之疏忽，使公司高管承担较重个人责任的可能性过大。

四、公司高管违信责任司法适用完善的代理法补充适用思路

（一）代理法规则及代理法基本法理的补充适用

在公司高管违信责任的《公司法》和侵权法适用存在缺陷的客观背景下，代理法一般条款的补充适用，有助于克服上述司法适用的缺陷。

第一，代理法一般条款在《公司法》适用存在缺陷时发挥补充适用功能。代理法与《公司法》有着渊源关系，最初《公司法》体系是以代理法为蓝本进行构建，公司内部法律关系是代理关系的体现。②虽然根据"特别法优于一般法"之基本法理，公司高管违信责任之条款时应当适用《公司法》，但若实践中特别法规则不明确时，作为《公司法》上位法的代理法规则可以通过补充适用"查漏补缺"（容后详述）。

第二，代理法一般条款在侵权法适用存在缺陷时发挥补充适用功能。在商业判断规则未被成熟运用、信义义务内涵外延未被充分释义之际，把违信责任认定为侵权责任是具有"中国特色"的权宜之计。然而，公司高管违信责任的侵权责任认定标准区别于一般侵权，而代理法基本规则能够为公司高管违信侵权类型案件的构成认定标准提供指引（容后详述）。

第三，"代理不利后果由被代理人承担"代理法规则的适用。公司与公司高管的关系为被代理人与代理人之关系，代理人为被代理人进行代理行为，行为后果归于被代理人。按照代理法这一逻辑，代理人原则上不承担代理行为的后果，特别情况下，代理人承担代理行为后果的条件是严格的，特别是公司高管这一特殊商事代理人类型，该代理人的代理行为仅在违反商业判断、未对公司"尽忠"且损害公司利益之情况下才承担个人责任。

第四，"可归责性"代理法规则的适用。代理责任之认定，包括"损失""代理人过错"以及"被代理人可归责性"（以下简称"可归责性"）三者。被代理人可归责性，指是否存在可归责于被代理人之过错。英美代理法强调的观点是：被代理人应当为使用代理人承

---

① 参见美国法律研究院通过并颁发布的《公司治理原则：分析与建议》，中文版由许传玺主编，楼建波等译，法律出版社2006年版，第799页。

② 参见 Donald C. Langevoort, "Agency Law Inside the Corporation: Problems of Candor and Knowledge", *University of Cincinnati Law Review*, 2003, 71, p. 1189。

担不利风险。也就是说，当被代理人选择委任代理人为自己经营事务时，应当预计到可能发生因代理人不当行为损害自身利益的后果；被代理人自我"消化"代理不利后果，是被代理人获得代理收益的代价。

（二）公司高管类型与代理法补充适用的对象

代理法补充适用的对象是特定的，即具有代理人法律地位之公司高管，并不类推适用于公司内部所有人员。我们认为，公司高管违反义务责任的代理法补充适用对象，应限定为《公司法》第217条规定的"公司的经理、副经理、财务负责人，上市公司董事会秘书和公司章程规定的其他人员"。结合实践，对于兼任董事或（及）具有股东身份的公司高管以及不兼任董事及不具有股东身份的公司高管，应区别其违反信义义务的个人赔偿责任的裁判标准。

第一，对于非董事、股东身份的公司高管违反信义义务之责任认定，首先应当正视其"代理人"身份。对于公司高管因违反信义义务中的勤勉义务的案件，可依据《民法通则》第66条第2款①认定公司高管的代理责任，以避免《公司法》第148条一般条款的滥用。因为相对于信义义务中之忠实义务强调的公司与公司高管之间存在的利益冲突，勤勉义务强调公司高管应忠于职责。公司高管勤勉义务主要指向"作为"，包括按时上班、及时报税等善意经营行为。因此，对于公司高管不作为致公司损害的，不应要求公司高管承担责任。公司高管"承担责任"并不等同于"承担赔偿责任"，对于非董事或股东的公司高管违反义务之赔偿责任，以所得利益或所得薪金为限。对此观点，我国已有法官用于实践。②

第二，董事高管与股东高管，他们既有可能以代理人身份履行代理行为，也有可能以董事身份履行决策职能，又有可能利用股东优势地位介入公司治理。对于这两类高管违反义务损害公司利益，是否可以适用代理法规则？我们认为，若董事高管或股东高管在公司中的主要职能仍为对公司的代理经营行为，亦可适用代理法认定其违反义务之责任。

（三）公司高管违反义务的危险程度与举证责任分配

公司高管违反义务情形不同，则违反义务之责任不同，这种不同与违反义务导致损害公司利益之危险程度的大小密切相关。③ 法官在分配举证责任时，应当考虑公司高管违反义务的危险程度，对于危险程度高的义务违反行为，应当加重公司高管举证责任以平衡公司利益；反之，加重公司举证责任以减少"被代理人承担不利代理后果"。

据表7-6-1显示，进一步说明以下几点：

---

① 代理人不履行职责而给被代理人造成损害的，应当承担民事责任。
② 如在（2010）浙商终字第37号案例中，二审法官认为，"西山汞业公司（原告）的经营是管理虽实际由吴小虎（被告、高管）一人控制，但考虑其在公司所获得的报酬与其造成的公司损失比例悬殊，判令其对所有损失承担赔偿责任，有失公平"。
③ 比如，公司高管不按时上下班和篡夺公司商业机会同为信义义务之违反，但两者危险性有明显的区别。危险程度不同，决定了公司高管对企业可能造成的伤害强弱。

表 7-6-1　危险程度与举证作用之划分

行为类型	危险等级	侧重保护对象或法益	公司高管个人责任标准	代理法补充适用作用
违反《公司法》第148条下勤勉义务之一般条款	1	公司高管之"合理"职务行为	违法性、过错、损害、因果关系	公司高管以公司具有可归责性为对抗
违反《公司法》第148条下信义义务之一般条款	2	公司高管之"合理"商业判断	违法性、过错、损害、因果关系	公司高管以公司具有可归责性为对抗
违反《公司法》第149条第1、2、6款	3	公司固定资产及可得利益	过错、损害、因果关系	可归责性原则作为利益平衡工具
违反《公司法》第149条第4、5款	4	公司商业机会	公平性、损害、因果关系	可归责性原则作为利益平衡工具
违反《公司法》第149条第3、7款	5	公司固定资产、商业机会及可得利益	违反程序或披露商业秘密事实、损害（或过错、损害）	公司以不具有可归责性为"因果关系"的替代

第一，原告依据《公司法》第148条诉请法院追究公司高管违反义务个人责任的，应就"公司高管违反义务""公司高管有过错""公司损失"及"因果关系"进行举证。

鉴于公司高管"代理人"之身份并结合代理法基本规则，公司高管"合理"的职务行为应当受到法律保护；公司高管因合理职务行为致公司损害的，该不利后果归于公司，不得要求公司高管承担个人责任。结合"不能以事后眼光判断公司高管行为"以及"不能以法律判断替代商业判断"的商事审判理念，法官在审理公司诉公司高管违反第148条信义义务之案件时，应当关注公司高管的代理行为性质。对于公司提出的非赔偿请求，如归还公章等，可对公司高管是否"履行职责"做形式性审查；但对于公司基于公司高管违反信义义务提出的赔偿请求，应当慎重考量。只有在原告对"违反义务""过错""损害事实"及"因果关系"（以下简称"四要件"）做出充分举证，且高管不能提出"公司具有可归责性"时，才可考虑突破"代理不利后果归于被代理人"的基本规则要求公司高管承担赔偿责任。

第二，原告依据《公司法》第149条第1、2、6款诉请法院追究公司高管个人责任的，应就"公司高管有过错""公司损失"及"因果关系"举证。

从危险程度看，《公司法》第149条第1、2、6款关于公司高管违反上诉禁止性行为可能造成的危险程度为"中"，原因在于：其一，公司高管上述违反信义义务行为侵害的是公司的固定资产或固有利益；其二，公司对高管此类违反信义义务行为具有可观察性及可监督性。

根据代理法规则，代理人有过错是代理人承担责任的基本要件。结合公司高管违反第149条第1、2、6款的中度危险性，法官对公司举证责任之要求应当低于《公司法》第148条一般条款之举证要求。公司应对公司高管有过错、公司有损害以及因果关系进行举证。

第三，原告依据《公司法》第149条第4、5款诉请法院追究公司高管个人责任的，公司高管应就"公平性""公司损失"及"因果关系"举证。

《公司法》第149条第4款禁止公司高管违反法定程序自我交易、第5款关于公司高管竞业禁止义务可能造成的危险程度为"中强"，其原因如下：

首先，公司高管违反第149条第4、5款主要侵害的是公司的商业机会。公司高管篡夺公司机会是长期性的，可能产生使企业慢慢消亡的情况，其严重性强于违反第1、2、6款之情况；其次，公司高管违反第149条第4、5款的违信行为可被企业监督及观察。

对于公司高管自我交易之情况，美国公司法认为，如果有关高级主管或董事在与公司交易时行为公正，部分观点允许高级主管或董事与公司进行交易，[①] 因此，只要公司高管举证证明该自我交易是公平的、有利于企业的，则公司高管不用承担个人责任。因此，对于公司高管未经股东会、股东大会或董事会同意以及事后没有得到追认而做自我交易之情况，若高管能够举证该交易对公司是"公平的"，则交易有效，公司高管不承担个人责任。公司依据第149条第4款主张公司高管违反义务自我交易致公司损害的，公司高管必须就"没有违反义务""没有损害"及"违反义务与损害没有因果关系"进行举证。不能举证的，公司高管应承担《公司法》意义上之赔偿责任。对于经过股东会、股东大会或董事会同意的自我交易，即便该交易在日后发现是不利于企业的，公司高管也无须承担代理责任，代理不利后果归于公司。

对于公司高管违反竞业禁止义务的情况，代理法也有代理人竞业禁止之规定，根据特别法优于一般法，应适用《公司法》规定。公司高管应就"没有违反义务""没有损害"及"违反义务与损害没有因果关系"进行举证，不能举证的，公司高管应承担《公司法》意义上之赔偿责任。同理，在此类类型中，法官也应考虑公司是否存在"可归责性"，并以此作为说理或作出结论的依据。

第四，原告依据《公司法》第149条第3、7款诉请法院追究公司高管个人责任的，应就"违法性"或"损害"举证。

对这两项信义义务的危险等级定义为"高"的原因在于：首先，公司高管违反程序为他人担保的，公司损害的风险是不确定的；[②] 其次，公司商业秘密，属公司重要资产。公司商业秘密只有在秘密状态时，才能为公司带来经济效益；一旦被披露并为市场其他竞争企业得悉时，该秘密即不具有经济价值。对于依靠商业秘密作为公司主要经济来源的情况，公司高管擅自披露公司秘密的，会直接影响公司产能。

代理人必须为被代理人的利益而做出代理行为，公司高管违反合法程序为他人担保或擅自披露公司秘密的，不属于"为被代理人的利益"之行为。同时，违反合法程序为他人担保及擅自披露公司秘密，本身构成了代理责任的过错要件。代理人过错致被代理人损害的，应当承担民事责任。公司诉高管违反《公司法》第149条第3、7款要求其承担责任的，只需就公司高管违反法定程序或披露商业秘密之事实，以及公司受到损害两个要件进行举证，同时以自己不具有可归责性替代"因果关系"的证明。

（四）完善的方法与思路

我国《公司法》第148～150条虽然被列为公司经营者信义义务主要规则，但上述规则仍有很大修正空间，具体如下：

首先，作为董事的信义义务应当区别于作为公司高级管理人员的信义义务，其根本原因

---

① 参见美国法律研究院通过并颁发布的《公司治理原则：分析与建议》，中文版由许传玺主编，楼建波等译，法律出版社2006年版。

② 公司风险包括经营风险与非经营风险，而担保属于典型的非经营风险。经营风险可以通过整理内部组织架构、规范管理人员及雇员行为等控制风险，而担保人风险不能内部控制，因此该风险是不确定的。

在于公司高级管理人员是公司的代理人,而公司董事则否。公司董事与高级管理人员法律地位的区别决定了两者信义义务构成之不同。我国《公司法》第 148 条作为信义义务的一般条款,把公司董事、监事以及高级管理人员的忠实义务和勤勉义务等同,但从三者在公司中的角色、地位以及影响力等各种客观因素考虑,三者的忠实义务和勤勉义务范围并不相同。我国法院可通过司法解释或指导判例指出公司董事、监事以及高级管理人的信义义务范围之不同,为法官司法适用提供方向性的指引。

其次,我国《公司法》第 148 条为概括性条款,并无具体可供法官适用的实操性、细则性条款。对此缺陷,可以通过司法解释予以解决。由于信义义务在当今《公司法》研究领域是一个不断发展的新问题,因此,信义义务边界正逐渐扩张。为此,不宜把信义义务的细则性条款写入《公司法》,而应当根据损害公司利益纠纷的形势发展,通过出台司法解释或者完善司法裁判规则两种方法完善我国信义义务规则。而我国《公司法》第 150 条违信赔偿责任认定的唯一标准仅仅为"违反法律、行政法规或公司章程的规定",而违反《公司法》第 148 条概括性条款也属于违反法律,由此使我国法官认定公司高级管理人员个人赔偿责任标准过于泛滥,可能导致公司经营者"无为而治"的非效率情况发生。因此,笔者认为,今后如对我国《公司法》进行修订,其中第 150 条可修订为:"董事、监事、高级管理人员执行职务时违反法律、行政法规或者公司规章的规定,明显不符合商业判断给公司造成损失的,应当承担赔偿责任。"除《公司法》外,金融法、保险法等商事特别法涉及公司经营者信义义务规则的,均根据各部门法特征、参考上述《公司法》修正建议予以修订。

最后,我国代理法久未修订,《民法通则》《合同法》以及一些单行立法中代理法规则严重滞后。而商事交易中涉及的代理纠纷日益新型化,因此,在日后民法典的编纂和《公司法》的修订中,应当考虑到代理法在公司高管违反义务之责任律适用方面的重要补充作用,结合商事代理特征,通过相应的立法和司法技术,进一步完善我国的代理法与《公司法》。

第七节 公司治理水平与多元化纠纷解决机制选择[①]

一、研究背景及其意义

深化司法体制综合配套改革,是新时代加快社会治理法制建设的核心要求。在司法改革措施中,多元化纠纷解决机制改革是党的十八届四中全会确定的一项改革任务。多元化纠纷解决机制是国家治理体系和治理能力现代化的重要内容,是贯彻落实"四个全面"战略布局的全局性、基础性、长期性改革工作。[②] 在我国,随着市场经济和法治社会的发展,商事主体运用法律手段解决纠纷的案例快速增长(见图 7-7-1)。多元化纠纷解决机制的优势也被逐渐认知,越来越多的不同领域的商事主体开始选择非诉讼的纠纷解决方式来处理纠纷。以仲裁为例,我国上市公司公布的重大仲裁案件数量从 2007 年到 2017 年增长近 15 倍。研究资本市场中如何多元化地解决纠纷,对公司治理研究和推进司法改革具有极其重要的理论和现实意义。

[①] 本节部分内容曾以论文形式发表,具体出自李胜兰、张一帆《公司治理水平与多元化纠纷机制选择》,载《金融学季刊》2019 年第 3 期。
[②] 参见胡仕浩《多元化纠纷解决机制的"中国方案"》,载《中国应用法学》2017 年第 3 期。

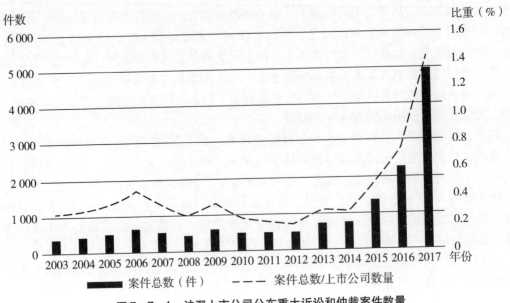

图7-7-1 沪深上市公司公布重大诉讼和仲裁案件数量

数据来源：CSMAR专题统计。

本节从法律上的"公力—私力救济"视角，对在公司治理影响公司决策的过程中，不同纠纷解决机制的作用和企业纠纷解决机制的选择依据进行比较。在程序法的经济分析框架中运用交易成本理论，将纠纷解决机制的选择作为分析公司治理的新切入点。法律上的多元化纠纷解决机制一般有三种：公力救济，即司法诉讼；替代性纠纷解决方案（alternative dispute resolutions，以下简称"ADR"），如调解、仲裁；私力救济，如私下协商。① 公力救济在多元化纠纷解决机制下虽具有重要地位，但并非唯一、万能的纠纷解决机制。在非诉讼机制中，程序简单、裁决高效的仲裁制度是各国普遍采用的典型ADR。Stipanowich 和 Lamare 对"财富1000"②的调查显示，从1997—2011年，优先使用ADR的公司数量比重从25%增长到38%，只进行诉讼的公司数量从比重5%下降到0.6%，且在40%的案件中是公司主动做出这样的选择（非诉讼）。③ 我国尚没有类似的调查，但我们应该注意到替代性纠纷解决机制得到更普遍应用的现象，应该把多元纠纷解决机制纳入公司治理研究的范畴中。

通常我们可以将仲裁和诉讼理解为两种平行的、具有法律约束力的纠纷解决机制，较之诉讼，非诉讼机制通常成本更低、时间更短，执行更加灵活。例如，深圳仲裁委员会规定，国内普通程序审理期限为4个月，国内简易程序审理期限为2个月，金融纠纷仲裁程序审理期限只有1个月，相较于至少3个月的诉讼程序，可以节省大量的时间。仲裁更强调当事人的意思自治，仲裁机构、仲裁员、仲裁规则、庭审方式、仲裁地、证据规则等的选择均可协商决定，程序简单、具有更多的灵活性，而且不强制公开，保密性和专业性强。

有关法与金融的研究在法源、制度立法和投资者保护方面取得了大量的成果，但在司法过程方面的研究还较少，也很少有文献对司法程序进行经济分析。监管机构可以通过立法来

---

① 参见谢晖《论民间法与纠纷解决》，载《法律科学（西北政法大学学报）》2011年第6期。
② 美国最大的1000家公司。
③ 参见Thomas J. Stipanowich, J. Ryan Lamare, "Living with ADR: Evolving Perceptions and Use of Mediation, Arbitration and Conflict Management in Fortune 1000 Corporations", *Harvard Negotiation Law Review*, 2014, 19, p. 1。

完善投资者保护体系，而司法环节将直接决定法律的实施效果。[①] 法与金融方面的文献在研究公司诉讼时，很少区分不同的司法救济方式的区别和联系。有关公司治理影响公司决策的研究一般从董事会结构、股权集中度、管理层激励等机制入手，较少关注公司涉诉与司法纠纷，也很少讨论司法过程是如何作用于公司治理的。司法纠纷对公司是有风险的，公司陷入官司（涉诉）会导致声誉受损，不确定性增加，对生产和经营产生一系列的负面影响。[②] 司法纠纷风险逐渐成为影响公司经营乃至资本市场发展的重要因素，也逐渐成为公司治理研究的热点话题。不同纠纷解决机制的过程和成本有什么区别？公司如何选择不同的纠纷解决机制？本节的研究将结合规范研究和实证研究两种范式，试图回答这些问题，为提高公司治理效率，促进资本市场司法体制改革提供新的研究视角。

现有研究呈现出以下特点：第一，关于司法纠纷的救济机制的研究主要集中在法学领域，从程序设计的角度对比研究不同机制的成本，很少有经济学的分析；第二，不同解决机制之间的成本收益分析一般是基于个案的定性研究，很少用大量的数据进行实证分析；第三，关于公司涉诉的实证研究很少去区分解决方法的异同，这些关于司法过程与公司治理的研究并没有研究司法过程本身与公司治理之间的作用机制，没有看到委托代理问题和信息不对称问题会影响纠纷解决过程，仅关注了企业治理、绩效方面的笼统结果；第四，公司涉诉和公司治理之间会互相影响，我们需要通过对司法纠纷解决过程的分析，找到产生影响的路径，区分短期内公司治理水平影响涉诉的机制和长期内涉诉影响公司治理的机制，在实证策略上处理可能产生的内生性问题。

本节的边际贡献表现在两个方面。一是理清了公司治理与多元纠纷解决机制之间的关系实质上就是对纠纷解决的交易成本的权衡。公司纠纷解决的交易成本可以分为双方违约的直接成本和签约前后的间接成本。违约的直接成本包括纠纷解决的程序费用、律师成本、赔偿、公司内部管理费用等，这些成本和公司的绩效直接相关。选择不同的解决机制，付出的直接成本不同。一般而言，正式的诉讼程序越复杂、耗时越长，公司的成本消耗就越大。除此之外，公司在不同机制中的处理能力和议价能力将影响判决的结果。间接成本包括谈判成本、签订契约的投入成本、监督成本等，这部分成本和公司治理有关。具体而言，委托代理问题和信息不对称问题是造成这部分成本的主要原因。在信息不对称和存在代理成本的情况下，公司所有者和管理层目标不一致，会使决策水平受影响。公司与公司之间的信息不对等，造成了对交易对手的违约概率预判失误的可能性提高。对纠纷解决过程中信息的获取程度不同，会影响签订合同时或纠纷发生后对纠纷解决机制的选择。二是尝试把纠纷解决的司法救济方式作为变量代入供需模型的均衡分析中，以交易成本分析为理论基础，把公司治理常用理论和多元纠纷解决机制联系起来，比较诉讼和非诉讼方式的优缺点，再用上市公司的数据，验证诉讼和非诉讼解决机制如何在司法实践中被选择使用，为公司治理研究提供新的视角。

二、模型分析

本节的模型刻画了公司治理因素影响纠纷解决机制选择的作用机制。法律经济学家库特指出，用经济学解释纠纷解决机制，就是在不同的法律规则之间进行效率均衡的分析。纠纷

---

① 参见王彦超、游鸿、樊帅《法律诉讼与资本市场：实证研究综述》，载《中央财经大学学报》2017年第10期。
② 参见潘越、潘健平、戴亦一《公司诉讼风险、司法地方保护主义与企业创新》，载《经济研究》2015年第3期。

产生和解决一般分为四个步骤：产生违约、发起追究、谈判过程和判决。[①] 当一方发生违约行为时，受害的一方要考虑追究方式的参与成本和预期收益，选择合适的方式发起追究，本节讨论的就是如何从公司治理的角度分析这个选择的过程。

从公力救济到私力救济，各种方式的纠纷解决机制不同，相应的成本也自然不同。一般而言，在最终结果相同的情况下，私力救济的成本会低于公力救济的成本。从程序上来说（见图7-7-2），诉讼是程序最复杂的机制，包括起诉、立案、应诉、调解、一审判决、上诉、二审判决等步骤。仲裁的步骤简单很多，且不受司法管辖权限制，只需要双方提出申请，共同组建仲裁庭审理，且仅有一次判决。调解是纠纷双方自愿选择、自觉执行的救济方式，只要双方达成一致，便可立即结束纠纷。从耗时上来说，诉讼的每个步骤都需要花费大量的时间，判决也要等待上诉期过了之后才能生效；仲裁一裁终局，立刻生效，节约了时间成本；调解达成时，双方当事人、审判人员、书记员在笔录上签章即完成协议。[②]

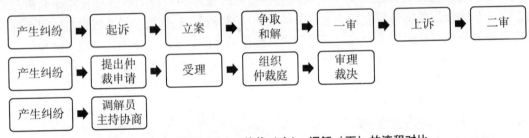

图7-7-2　诉讼（上）、仲裁（中）、调解（下）的流程对比

不同的救济方式，其效力、收益也不同。调解虽然有独立的第三方作为调停方，调解协议经双方签收后具有法律效力，但还是要靠当事人双方的自觉执行来实现结果。仲裁必须是双方共同签订仲裁协议时才可使用，而在对方不配合时，受害方可以自行向法院提起诉讼；仲裁结果具有法律效力，不过其运行过程依旧要依靠民间力量，只有在一方拒绝执行裁决结果时，另一方才可申请法院强制执行。诉讼作为公力救济方式，由国家暴力来保证整个机制的运转和判决的实现，整个过程的运作都建立在国家强制力之上，具有最强的威慑作用。

纠纷形成后，当事人选择纠纷解决方式的过程就是在预期的交易成本和救济收益中寻找均衡。我们可以将不同的纠纷解决方式视作一种司法服务商品，产生纠纷的双方是商品的购买者，双方约定了在违约发生的时候损失方会通过这种第三方商品来维权，那么采购哪一件就取决于购买所付出的成本和购买纠纷解决服务后预期获得的收益。根据交易成本理论，公司纠纷解决的交易成本可以分为双方违约的直接成本和签约前后的间接成本。直接成本取决于公司选择何种纠纷解决机制、解决过程中的议价能力和判决的执行情况；间接成本与双方的违约概率、履约能力和信息不对称水平有关。不同机制对应的直接成本是公司需要考虑的外部成本因素。使用国家强制力需要付出更多的成本，所以在纠纷解决过程中，使用的国家强制力越多，付出的直接成本越高，因此诉讼是成本最高的纠纷解决机制。而对于公司内部而言，公司经营水平和治理能力决定了签订合同

[①] 参见 Robert D. Cooter, Daniel L. Rubinfeld, "Economic Analysis of Legal Disputes and their Resolution", *Journal of Economic Literature*, 1989, 27, p.1067。

[②] 在我国司法实践中，法院开庭前、仲裁机构裁决前，都会尝试根据自愿和合法的原则进行调解，以节约司法成本。

时对方对违约概率的判断、纠纷产生时对对方选择解决方式的判断、裁决后对对方履约能力的判断等。具体来说，公司经营水平主要看公司有没有足够的资金来支付纠纷解决成本，有没有对抗判决风险的能力；公司治理的影响主要通过委托代理成本和信息不对称成本体现在纠纷解决过程中，所有者和经理人、律师团队之间的委托代理问题影响了管理团队选择解决方式时的目标和行为，委托人和代理人之间的信息不对称、当事人双方之间的信息不对称都影响了对对方行为的判断能力，进而影响对间接成本的计算，也就影响了最终购买哪件商品，即选择哪种纠纷解决方式的决定。

基于上文的分析，本节在 Wickelgren 对诉讼和仲裁进行对比分析的模型基础上，① 分析两个参与者在两期交易下的博弈情形。参与者 A 和 B 分别是签订交易合同的卖方和买方。参与者 A 提供价值为 v 的商品或服务，售价为 p。β（$0<\beta<1$）是实际交易中 A 出现违约纠纷的概率，纠纷可能来自产品质量问题、未按时偿债问题、产权纠纷等。A 的违约会给参与者 B 造成价值为 Q 的损失，双方约定在发生纠纷的情况下，按合同约定的形式选择纠纷解决机制，如诉讼、仲裁或其他机制，这将为双方分别带来 c_a 和 c_b 的费用成本。假设经过裁决 A 将给予赔偿 $Q-q$，q 是不同纠纷解决机制带来的差异，具体而言，包括不同情形下对 B 所损失价值的认定，纠纷解决当事人的判断偏差，审理者的倾向等。除了直接的费用成本 c_a，A 还将产生预期损失成本 $C = \alpha [-(1-\beta) - \log\beta]$，② 其中成本系数 α 使企业纠纷解决的间接交易成本差异化，这些因素导致了实际处理纠纷成本的差异。当资金充足、经营状况良好时，企业有较强的履约能力，预期的损失对公司影响不大；当资金不足、杠杆风险较大、委托代理问题较严重时，预期的损失对公司影响较大。记 $c = Q - q + c_a$，需求函数为 $x(p)$，这个过程可以用图 7-7-3 的博弈矩阵表示。

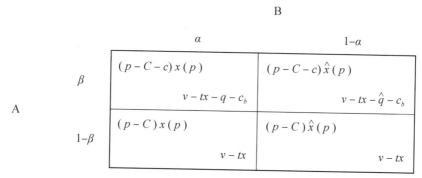

图 7-7-3 A、B 双方博弈矩阵

基于以上假设，本节的模型分析从供需平衡入手，对比不同纠纷解决机制的成本与收益。在第一期交易中，双方按假设的参数和概率行动，所得收益等同于博弈矩阵左下格的支付。在第二期，双方根据上一期获得的信息进行行动决策，这时将加入参数 α，α 使公司治理能力差异化，衡量了公司间信息不对称程度；A 判断 α 的大小，B 对 q 的期望记为 $\hat{q}$，产生了新的需求函数 $\hat{x}(p)$。最后，综合两期决策，得到均衡时的最优解，发现影响均衡水平的因素和作用方向，为下文实证检验打下基础。

---

① 参见 Abraham L. Wickelgren, "An Economic Analysis of Arbitration versus Litigation for Contractual Disputes", *The Journal of Law and Economics*, 2016, 59, p.393。

② 这个形式保证了这部分额外成本是一个随着 β 增长边际成本递减的函数。

（一）需求函数和利润函数

1. 最小化成本

卖方 A 首先要最小化纠纷解决成本。成本包括固定支出、赔偿和额外支出三部分：

$$\text{Min}\beta(Q - q + ca) + a[-(1-\beta) - \log\beta] \tag{1}$$

根据最小化一阶条件得到 $\beta = a/(a - q + Q + ca)$。

2. 需求函数

我们根据买方 B 的效用函数推算需求函数 $x(p)$。假设买方是连续均匀分布在 $[0, v/t]$ 的消费者，单位交通成本为 t，则买方的效用函数 V0：

$$V_0 = (1-\beta)(v - tx) + \beta(v - Q + Q - q - cb - tx) = v - tx + \beta(-q - cb) \tag{2}$$

将 $\beta = a/(a - q + Q + ca)$ 代入，可得需求函数：

$$x(p) = [v - p + \beta(-q - cb)]/t \tag{3}$$

3. 利润函数

根据需求函数，利润函数 π 的基本形式为：

$$\pi_0 = [(1-\beta)(p-C) + \beta(p-C-c)]\left[\frac{v-p+\beta(-q-c_b)}{t}\right] =$$

$$\{p - \beta(Q-q+c_a) - a[-(1-\beta) - \log\beta]\}\left[\frac{v-p+\beta(-q-c_b)}{t}\right] \tag{4}$$

（二）两阶段模型

在第一期交易，假设双方按照合同约定的内容生产和购买，双方按照本模型假定的概率和支付行动。那么根据一阶条件，p 在最优点取值为：

$$p_0^* = 1/2[(v - a - a\log\beta) + \beta(a - 2q + Q + ca - cb)] \tag{5}$$

在这一点上，

$$\pi_0^* = \frac{[a + v + a\log\beta - \beta(a + Q + c_a + c_b)]^2}{4t} \tag{6}$$

第二期，对彼此的信誉和能力有一定的认知后，B 以 α 的概率和 A 信息对称（能准确观察到 A 的行动和成本），预期获得 $Q - q$ 的赔偿；以 $1 - \alpha$ 的概率信息有误，预期获得 $Q - \hat{q}$ 的赔偿。A 的违约概率 β 也随之调整为 $\hat{\beta} = a/(a - \hat{q} + Q + c_a)$。那么第二期的利润函数：

$$\pi_2 = \alpha\{p - \beta(Q-q+c_a) - a[-(1-\beta) - \log\beta]\}\left[\frac{v-p+\beta(-q-c_b)}{t}\right] =$$

$$(1-\alpha)\{p - \beta(Q-q+c_a) - a[-(1-\beta) - \log\beta]\}\left[\frac{v-p+\hat{\beta}(-\hat{q}-c_b)}{t}\right] \tag{7}$$

通过一阶条件解得第二期 p 的极值点：

$$p_2^* = \frac{1}{2}[(v - a - a\log\beta) + \beta(a - q + Q - q\alpha + c_a - \alpha c_b) + \hat{\beta}(\alpha\hat{q} - \hat{q} - c_b + \alpha c_b)] \tag{8}$$

可以解出第二期利润的最优点为：

$$\pi_2^* = \frac{\{v + a(1 + \log\beta) + \beta(q - a - Q - q\alpha - c_a - \alpha c_b) + \hat{\beta}[(\alpha-1)\hat{q} - c_b + \alpha c_b]\}^2}{4t} \tag{9}$$

将 π_2^* 对 q 求偏导数，并设均衡时 $\hat{q} = q$，得到第二期最优的 q 为：

$$q_2^* = Q + c_a + a(1-\alpha) - \alpha(Q + c_a + c_b) \tag{10}$$

在这一点上，由 $\beta = a/(a - q + Q + c_a)$，可知 $\beta_2^* = a/\alpha(a + Q + c_a + c_b)$，所以：

$$\pi_2^* = \frac{\{v\alpha + a[\alpha(1 + \log\beta_2^*) - 1]\}2}{4t\,\alpha_2} \tag{11}$$

（三）均衡结果

假设折现因子为 $\delta(0 < \delta < 1)$，两期的利润之和为：$\pi = \pi_0 + \delta\pi_2$，则总利润函数为：

$$\pi = (1+\delta\alpha)\{p - \beta(Q - q + c_a) - a[-(1-\beta) - \log\beta]\}\left[\frac{v - p + \beta(-q - c_b)}{t}\right] +$$

$$(1-\alpha)\{p - \beta(Q - q + c_a) - a[-(1-\beta) - \log\beta]\}\left[\frac{v - p + \hat{\beta}(-\hat{q} - c_b)}{t}\right] \tag{12}$$

根据 p 的一阶条件求得 π^*，再对 q 取一阶条件，可得到 q 的最优解为：

$$q^* = \frac{\delta[a + Q + c_a - \alpha(a + Q + c_a + c_b)] - c_b}{1+\delta} = \frac{\delta q_2^* - c_b}{1+\delta} \tag{13}$$

在这一点的 $\beta^* = \frac{a(1+\delta)}{(1+\alpha\delta)(a + Q + c_a + c_b)}$，化简 π^* 可得：

$$\pi^* = \frac{(1+\delta)\{v(1+\alpha\delta) + a[\delta(\alpha-1) + (1+\alpha\delta)\log\beta^*]\}^2}{4t(1+\alpha\delta)^2} \tag{14}$$

基于以上分析，我们可以总结出本节的假设 1。

假设 1：公司治理水平，包括信息获取能力、委托代理问题、决策能力、运营能力等，影响了公司对纠纷解决机制的选择。

假设 1 说明，公司涉诉时选择不同解决机制的差异 q 不仅取决于机制本身的成本差异，还和公司的治理水平相关，认识到这一点，可以帮助公司在签订合同时做出更有利于增加利润的决策。参数 α 是 B 对 A 的行为的准确判断的概率，它可以被视作信息不对称程度的衡量。信息不对称来自参与者 B 的信息获取能力、判断能力、决策能力，和参与者 A 的成本参数 a 一样，这些能力的差距来自公司治理水平的差异。

（四）解决机制的比较

π^* 是一个与 $\{a, \alpha, \delta, \beta^*\}$ 的变化有关的函数，其他变量可以视为常参数。为了比较不同纠纷解决机制的利弊，假设使用另一种解决机制将产生 $\bar{q}$ 的赔偿差异，并伴随双方新的 $\{\bar{\alpha}, \bar{c}_a, \bar{c}_b, \bar{\beta}^*\}$。同理，可知：

$$\bar{\pi}^* = \frac{(1+\delta)\{v(1+\bar{\alpha}\delta) + a[\delta(\bar{\alpha}-1) + (1+\bar{\alpha}\delta)\log\bar{\beta}^*]\}_2}{4t(1+\bar{\alpha}\delta)^2} \tag{15}$$

假设式（14）、（15）中，分子括号中的内容同号，我们就可以化简两式之差进行比较：

$$\Delta\pi = \sqrt{\pi^*} - \sqrt{\bar{\pi}^*} = \frac{a\sqrt{1+\delta}\left[(\alpha - \bar{\alpha})(\delta + \delta2) + (1+\alpha\delta)(1+\bar{\alpha}\delta)\log\left(\frac{\beta}{\bar{\beta}^*}\right)\right]}{2\sqrt{t}(1+\alpha\delta)(1+\bar{\alpha}\delta)}$$

$$\tag{16}$$

从式（16）中，我们并不能简单地判断仲裁、诉讼或是其他解决机制孰优孰劣，对各参数的比较将在实证分析中具体问题具体分析。不过，我们可以得到一些显然的结论：在折现因子既定的条件下,式(16)含加号的各项由参数定义可知都是正数,$(\alpha - \bar{\alpha})$ 和 $\text{Log}\left(\frac{\beta}{\beta^*}\right)$ 的符号不确定。假设其他条件相同,当成本 $\{c_{\bar{a}}, c_{\bar{b}}\}$ 比 $\{c_a, c_b\}$ 大时,$\text{Log}\left(\frac{\beta}{\beta^*}\right)$ 增大,$\pi^* > \bar{\pi}^*$,原解决机制更好,这也符合直觉上的判断。参数 a 在式中起到了放大作用:公司应对涉诉的信息不对称程度越大,额外成本越高,不同机制的差异就越大,选择正确的机制就更加重要。

三、实证分析

本章在理论分析的基础上,用上市公司公布的涉诉数据进行实证分析。本章将先介绍计量模型的设计,然后对样本进行统计描述,最后分四部分汇报实证分析结果。实证思路是先根据博弈模型验证公司治理影响纠纷解决机制选择的机制,再对不同地区和不同性质的原告被告方展开进一步讨论,最后比较分析不同的解决机制对公司价值的影响。

(一) 实证设计

实证过程分为四个部分。第一部分,为了验证假设 1,用诉讼和非诉讼分别对应 q 和 $\bar{q}$,验证公司治理水平如何影响涉诉处理机制的选择。本节使用如下模型进行回归分析。

$$Arbit_{itj} = \theta_0 \sum_{q \geq 1} \theta q\, Corp_{itj} + \sum_{q \geq 1} \lambda q\, Controls_{itj} + \varepsilon \tag{17}$$

被解释变量 $Arbit_{itj}$ 是纠纷解决机制的虚拟变量,当 i 公司在 t 年的 j 案件采用非诉讼解决机制时是 1,采用诉讼时为 0。由于被解释变量是二值变量,因此采用 Logit 回归来判断选择解决机制(对应模型中 q)的概率与公司治理要素之间的关系。同时,采用工具变量法处理内生性问题。公司当前的经营状况影响了对当期纠纷解决方式的选择,以长期来看,公司涉诉也会对公司治理结构产生影响。公司以往的经营状况会影响公司当期的治理水平和经营状况,却不会直接影响公司当期纠纷解决的过程,因此,对货币资金、债务杠杆等内生性的解释变量取滞后项作为工具变量是一种合理的处理办法,而对反映委托代理问题的治理结构相关变量就不需在这种当期决策中处理内生性问题。需要说明的是,本节没有对解释变量直接取滞后期,是因为根据上交所和深交所上市规则,必须公布的涉诉事项是涉及金额占公司最近一期净资产 10% 以上的重大诉讼、仲裁事项,所以公布的涉诉是和当期公司指标直接相关的。不过,公司的涉诉时间在年初或年末时,或持续时间较长时,仅用当期指标可能无法反映实际情况,所以在后文稳健性讨论中也考虑了工具变量和解释变量取滞后项的情形。为了检验工具变量的外生性质,本节汇报了外生性检验的 Wald 统计量和弱工具变量检验的 AR 统计量及其 p 值。

等式的右边有解释变量和控制变量两部分。解释变量($Corp_{i,t,j}$)包括以下几类公司治理变量(对应模型中的 a 和 α):货币资金与总资产之比(Cash),反映当前公司资金状况;长期借款与总资产之比(Lev)和有形资产负债率(Debt),反映长期的资金状况和杠杆经营风险;董事长和总经理是否由一人兼任(Plur)[①] 和董事、监事及高管年薪总额(Sal),反映委托代理问题。控制变量($Controls_{i,t,j}$)中,前十大股东持股占流通股比例(CRio)反映股权集中度,是控制公司治理的股权结构变量。实际控制人性质(State)区分了国有性质

[①] 由同一人担任,指标取 1;反之,取 0,以下简称两职兼任。

控制人和非国有控制人。总资产规模（Asset）、流动比率（CR）和净资产收益率（ROE）控制公司规模和经营能力，公司成立年数（Age）控制了公司经营的经验，这些变量对应模型中的 β，是违约概率的体现。

第一部分我们用 Heckman 的两步估计法[①]来检验和纠正可能存在的样本选择偏差问题。上市公司的违规处罚作为一种市场监管手段，是合约双方都能观察到的信息，是外生于涉诉样本的对公司信誉和涉诉概率判断的一个变量。由于（17）式中使用的是涉诉公司的样本，而公司是否涉诉是和公司本身特征（涉诉概率）相关的，为了检验是否存在这样的样本选择偏差，我们用公司上一年度因违规被监管机构通告处罚的数量来衡量该公司的涉诉概率，计算出涉诉样本的逆米尔斯比率（Mills），再把该比率加入回归方程中作为控制变量控制可能存在的样本选择偏误。

第二部分，根据案件特征对样本进行分类，区分不同案件类型的样本，区分当事人双方的角色，进一步探究影响机制。首先，参考谢红军等人的方法，[②] 我们根据案件的案由进行关键词检索，分为资金与债、产品与市场、合同与权益三类。其中，资金与债类包括借贷、赔偿款、费用等和资产有关的关键词；产品与市场类包括竞争、质量、知识产权、商标等与市场规则有关的关键词；合同与权益类包括合同、协议、合作、委托等与合同履行和维护权益相关的关键词，分别得到5107、583、5271 个样本，第二类样本数太少，所以我们在第二部分只对第一类和第三类进行分析。其次，对当事人双方的角色进行进一步讨论。在实证分析的第一部分，被告和原告变量是作为控制变量，第二部分更细致地讨论了原告和被告的性质。先根据原/被告方与上市公司关系，区分我方与对方角色是原告或被告；然后用上市公司所有曾用名和现用名作为名录，与样本中的原/被告方进行模糊匹配，根据匹配得分和手工整理，识别出对手方是上市公司的样本；除此之外，我们还标记出了对手方是政府机构或银行的样本。这是因为上市公司信息公开程度高，比较容易获取其偿债能力和声誉水平的信息，上市公司也更加在乎声誉；政府部门有政务公开的信息，有人民监督的声誉；上市公司许多涉诉案例与银行有关，如债务问题、担保问题等，而企业的杠杆经营离不开与银行良好的关系和合作，因此公司经营者可能比较重视对与银行间纠纷的处理。所以，我们把这几类主体区分出来与其他主体进行比较。

第三部分进行一些稳健性的讨论。首先，对解释变量和工具变量选取不同的滞后期，检验工具变量的稳健性。其次，考虑到地区制度环境差异，对不同地区进行分类。我们根据公司注册地址区分公司所在省份，结合《中国分省企业经营环境指数2017 年报告》中司法公正与效率指标（2006—2016 年，缺失年份取前后期平均值），[③] 将得分高于当年平均值的省份记为司法效率较高的地区，低于平均值的记为司法效率较低地区来区分样本。事实上，上市公司注册地和案件发生地、审理机构所在地往往不在同一地区，以注册地来区分样本，只能体现影响公司主要经营者的司法制度情况，我们假设在司法效率较高的地区成长起来的公司经营者会拥有更多的信息来源和法律资源，因此更有可能多元化地处理和解决纠纷。

第四部分使用倾向评分匹配方法（简称PSM）进行反事实推断，验证假设2。我们在控制主要公司特征变量的前提下，按公司选择仲裁的比例是否高于同年度平均水平把样本分成处理组和对照组，来判断选择不同的司法救济方式对公司价值的影响。我们用式（17）中

[①] 参见 James J. Heckman, "Sample Selection Bias Specification Error", *Econo-metrica*, 1979, 47, p. 153。
[②] 参见谢红军、蒋殿春、包群《官司、声誉与上市企业更名》，载《经济研究》2017 年第 1 期。
[③] 相关数据参见王小鲁、樊纲、马光荣《中国分省企业经营环境指数2017 年报告》，社会科学文献出版社2018 年版。

的解释变量作为匹配变量,公司市值作为目标变量。由于选择仲裁的公司数量较少,为了获得稳健的检验结果,参考连玉君等的处理办法,对匹配后计算的平均处理效应(ATT)用Bootstrap自抽样500次获得 p 值。①

(二) 样本描述

本节使用的上市公司重大诉讼仲裁数据、公司治理数据和财务指标来自CSMAR数据库,覆盖的时间段是2003—2017年。在对连续变量进行上下各1%的缩尾处理后,最终样本包含1 320家上市公司,共10 998条涉诉数据。所有涉诉样本中,仲裁的共810条,各年度涉诉样本中仲裁的比例如图7-7-4所示。从图7-7-4中可以看出,每年仅公布的涉案金额就达到数百亿元,研究上市公司涉诉情况对金融市场司法改革和促进公司治理改进都有重要的意义。仲裁作为一种替代性纠纷解决手段,发挥了越来越重要的作用。自2011年起,仲裁案件的涉案金额占比不断增长,2016年,涉案金额占比是案件数占比的2倍多,2017年,仲裁案件数量较2016年增长120%,涉案金额增长70%,可见,越来越多的公司选择通过仲裁手段处理重大案件,仲裁作为一种高效的非诉讼纠纷解决方式,正在受到更加广泛的关注和应用。

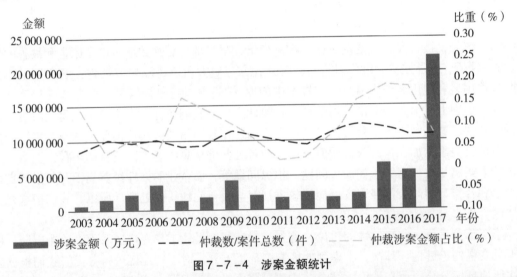

图7-7-4 涉案金额统计

表7-7-1展示了实证中使用的主要变量的描述性统计。本节中的被解释变量为非诉讼(仲裁)② 和诉讼的哑变量(Arbit)。货币资金与总资产之比(Cash)常被视作偿债能力指标,显示的是企业流动性的水平,拥有良好的流动性是企业稳定经营的保障,也是企业能否承担纠纷解决费用、能否及时支出费用、付出赔偿的最重要的因素。长期借款与总资产之比(Lev)和有形资产负债率(Debt)反映公司杠杆经营的情况,适度的杠杆经营为公司未来增长带来活力,但过高的负债率使公司面临更高的风险,公司在处理纠纷时,要考虑到自己的风险承受能力。债务融资给公司带来长短期不同的风险也是股东和管理层间代理成本的体

---

① 参见连玉君、苏治、谷月东《股权激励有效吗?——来自PSM的新证据》,2009年中国金融学年会论文。
② 根据《仲裁法》,婚姻、收养、监护、扶养、继承纠纷和应当由行政机关处理的行政争议不能仲裁,上市公司公布的诉讼和仲裁不包含这些纠纷,所以不会有适用性问题造成的样本偏误。

现,债务的风险在股东、债权人之间的转移是债务代理成本的体现。[①] 董事长和总经理是否由一人兼任($Plur$)和董事、监事及高管年薪总额(Sal)直接反映委托代理问题,从数据可以看出,董事长和总经理两职兼任在我国上市公司是一个常见现象,从公司治理的角度来说,这样会导致权责模糊,影响企业的科学决策水平。董事、监事及高管年薪总额作为衡量激励政策的指标,可以反映企业委托代理问题。较高的薪酬可以让管理者满足个人需要,做有利于公司长期发展的决策。十大股东持股占流通股比例($CRio$)反映股权集中度,该指标的波动范围很大,是公司治理结构的体现。其他变量是常用的公司治理研究中的控制变量,用于控制公司性质、规模和经营状况的差异。是否为被告($Defendant$)或原告($Plaintiff$)的哑变量是作者根据当事人双方与样本公司关系整理所得。

表7-7-1 本节使用的主要变量的描述性统计[②]

变量	含义	数量	平均值	标准差	最小值	最大值
$Cash$	货币资金与总资产之比	10 998	0.144	0.125	0.002	0.688
Lev	长期借款与总资产之比	10 998	0.044	0.075	0	0.386
$Debt$	有形资产负债率	10 998	0.773	0.597	0.052	3.294
$Plur$	董事长和总经理是否兼任	10 998	0.242	0.428	0	1
Sal	董事、监事及高管年薪总额	10 998	14.756	1.071	12.055	17.118
$CRio$	前十大股东占股比例	10 998	55.040	16.638	1.310	99.477
$State$	实际控制人是否为国有	10 998	0.336	0.472	0	1
Age	公司成立年数	10 998	15.538	5.611	1	36
CR	流动比率	10 998	1.718	2.283	0.105	16.615
$Asset$	总资产规模	10 998	21.864	1.659	10.842	28.505
ROE	净资产收益率	10 998	1.749	51.398	-29.881	1389.551
$Arbit$	是否采用非诉讼	10 998	0.074	0.261	0	1
$Defendant$	是否为被告	10 998	0.559	0.496	0	1
$Plaintiff$	是否为原告	10 998	0.208	0.406	0	1

(三)实证结果

1. 全样本结果

表7-7-2的列(1)给出了式(17)的回归结果,列(2)增加控制了逆米尔斯比率、行业固定效应和年度固定效应,在此基础上,列(3)和列(4)分别控制是否为被告($Defendant$)或原告($Plaintiff$)的哑变量,列(5)给出了不使用工具变量而直接使用Logit回归的结果。可以看出,不论在哪种情况下,多数解释变量都在5%以内的水平上显著,工具变量在10%的显著性水平上拒绝解释变量内生的原假设,在弱工具变量检验中,在1%显著性水平上拒绝弱工具变量原假设。从系数的方向来看,货币资金系数为正,说明拥有较强的资金储备的公司更倾向于选择仲裁;债务指标中,长期借款多的公司倾向于仲裁,而考虑所

---

① 参见党印《公司治理中的代理成本问题研究综述》,载《中南财经政法大学学报》2011年第4期。
② 其中,Sal和$Asset$单位为元,表中是自然对数值。

有负债的偿还风险时，有形资产负债率的系数为负；公司治理结构指标中，两职兼任的公司更倾向于选择诉讼，相比之下，管理层薪酬更高的公司则倾向于选择仲裁，不过该结果并不显著。

表7-7-2 全样本回归结果

变量	(1)	(2)	(3)	(4)	(5)
Cash	0.398	1.251***	1.293***	1.180**	0.256
	(0.27)	(0.460)	(0.457)	(0.463)	(0.383)
Lev	0.939***	1.665***	1.706***	1.615***	0.549
	(0.34)	(0.585)	(0.582)	(0.587)	(0.566)
Debt	-0.171**	-0.777***	-0.833***	-0.723**	-0.463***
	(0.07)	(0.290)	(0.288)	(0.291)	(0.120)
Plur	-0.080*	-0.133**	-0.141**	-0.124**	-0.109
	(0.05)	(0.056)	(0.056)	(0.056)	(0.095)
Sal	0.039	-0.007	-0.007	-0.005	0.091*
	(0.03)	(0.038)	(0.038)	(0.038)	(0.054)
CRio	-0.002	-9.17E-05	3.58E-06	-1.94E-05	-0.004
	(0.00)	(0.002)	(0.002)	(0.002)	(0.003)
State	-0.251***	-0.132**	-0.118**	-0.140**	-0.434***
	(0.04)	(0.057)	(0.056)	(0.057)	(0.093)
Age	-0.024***	-0.031***	-0.032***	-0.030***	-0.051***
	(0.00)	(0.005)	(0.005)	(0.005)	(0.009)
Asset	0.115***	0.139***	0.141***	0.141***	0.286***
	(0.02)	(0.020)	(0.020)	(0.020)	(0.038)
CR	-0.029**	-0.033**	-0.033**	-0.034**	-0.092***
	(0.01)	(0.015)	(0.015)	(0.015)	(0.030)
ROE	0.001***	0.000338	0.000246	0.000363	0.002***
	(0.00)	(0.000)	(0.000)	(0.000)	(0.000)
Mills		-1.221**	-1.274**	-1.158**	
		(0.504)	(0.501)	(0.506)	
Defendant			0.154***		
			(0.041)		
Plaintiff				0.123***	
				(0.045)	
cons	-3.932***	-1.731	-1.774	-1.951	-8.877***
	(0.38)	(1.367)	(1.380)	(1.367)	(0.886)
行业和年度	否	是	是	是	是

续表 7-7-2

变量	(1)	(2)	(3)	(4)	(5)
N	10 985	10 985	10 985	10 985	11 334
Wald（p值）	7.50（0.11）	8.34（0.08）	9.05（0.06）	7.86（0.10）	虚拟 R20.06
AR（p值）	14.60（0.01）	12.53（0.01）	15.17（0.00）	11.63（0.02）	—

注：表中的显著水平，＊＊＊表示1%，＊＊表示5%，＊表示10%；如无标注，则括号内是标准误。下同。

在选择处理纠纷的方式时，直接成本是最基本的问题。表7-7-2结果中前三个解释变量体现了公司资金状况的不同层面的影响。首先，资金充足的公司更倾向于选择非诉讼的方式，鉴于货币资金是即刻可以支配的现金，我们可以从两种角度解释这个现象：其一，公司本身有充足的资金应对纠纷解决过程，对方在观察到这个信息后，对其赔付能力也有信心，所以在约定如何解决纠纷时，会倾向于成本更低的非诉讼方式；其二，能在处理纠纷时利用多元机制的优势节约直接成本投入，是这些公司能保持较好的货币资金水平的经营之道。在使用工具变量控制内生性后，我们依旧能得到类似的正系数，验证了我们的假设。

公司利用债务杠杆经营时，可支配的资金状况就有了风险，这种风险影响了纠纷解决方式的决策。长期借款通常来自银行等金融机构，公司能获得长期借款，说明其有长远的投资项目，预期经营状况良好，对方观察到这样的信息后，会倾向于采用耗时短、成本低的非诉讼方式解决可能产生的纠纷。但是，当杠杆经营风险更大时，从有形资产负债率的指标我们看到，选择非诉讼的概率降低了，面对更高的债务比率和更大的赔付风险，拥有国家强制力的正式诉讼方式更受偏好。

两职兼任和高管薪酬两个指标反映出委托代理问题的存在不利于公司选择多元化的纠纷解决方案。两职兼任时，可能造成公司信息不足，决策能力下降，α降低，是不利于公司做出科学判断的；高管薪酬指标的系数较小，且只有一项得到显著的结果，我们会在下文中进一步讨论。系数显著为正说明管理层的高薪水可以减轻委托代理问题，使管理层更为公司利益着想，愿意付出精力学习和听取团队的意见，更有可能接纳和采用多元的方式处理纠纷，带领团队做出有利于公司提高利润的决策，选择交易成本更低的方式来解决纠纷。

交易双方如何解决纠纷是一个双方协商的过程，所以在列（3）和列（4）中我们分别控制了公司作为被告或原告的虚拟变量。结果显示，无论作为原告当事人还是被告当事人，选择非诉讼的概率都更高。对原告方来说，如果可以和对方通过非诉讼手段达成一致，可为公司节约时间成本和制度成本。被告公司作为违约的一方，被诉讼不仅有承担诉讼费用、加倍赔偿对方损失的压力，而且会对公司声誉产生不利的影响，为了节约成本，作为被告的公司应积极调解，争取非诉讼解决方式，并且仲裁不会公开审理，对维持公司声誉也有益。

2. 根据案件特征分类

（1）分案由讨论。

根据案件的案由进行关键词检索，我们把涉诉样本分为资金与债、产品与市场、合同与权益三类，其中，资金与债务类（简称"资金类"）和合同与权益类（简称"权益类"）样本较多，是纠纷案件的主要类型。相关结果见表7-7-3。

表7-7-3 分案由回归结果①

变量	(1) 资金类	(2) 权益类
Cash	0.576	0.850**
	(0.580)	(0.415)
Lev	1.085*	0.321
	(0.669)	(0.531)
Debt	0.064	-0.193*
	(0.102)	(0.114)
Plur	-0.045	-0.011
	(0.084)	(0.064)
Sal	0.135***	-0.024
	(0.049)	(0.036)
cons	-4.690***	-5.071***
	(0.861)	(0.639)
控制变量	是	是
行业和年度	是	是
N	5 107	5 271
Wald（p值）	12.59 (0.01)	8.39 (0.08)
AR（p值）	5.04 (0.28)	8.41 (0.08)

从表7-7-3我们可以发现，与全样本结果比较，显著项系数的正负方向没有改变，但是不同类型案件中指标显著性不同。资金和债务结构的影响主要体现在了权益类案件中，而高管薪酬所代表的代理成本主要体现在了资金类案件中。关于资金和债务案件的特殊性，我们在下文中将结合当事人角色进行进一步的分类和分析。

（2）区分原告和被告。

本节对被告和原告的特征进行进一步讨论。首先是区分样本中的公司在案件中的角色，将本公司或与本公司的子公司等密切相关方作为原告方的标为原告，相应的，与本公司有上述关系的作为被告方的标为被告，表7-7-4的列（1）和列（2）分别展示了这两组样本的结果。然后用名称匹配的方法检索出对方当事人是上市公司的样本，以及对方是政府部门或银行的样本，单独进行了分析。这样做是为了考虑对方的性质和特征。上市公司因为有信息披露的要求，可获取的信息更多，当对方不是上市公司时，一方面我方可获取的对方资产、过往历史等方面的信息较少，另一方面因为对方没有强制披露涉诉事项的义务，所以非诉讼方式保密性好、成本低的特点更适合双方协商，并尽量保护我方声誉；政府部门和其他商事主体相比，有其特殊性。虽然按照《合同法》，政府部门作为交易主体可以和对方缔结仲裁条款，但在现实中，通常政府部门还是会习惯约定采用公力救济方式，这样也更体现出

---

① 为节约篇幅，控制变量未在正文汇报，下同。

公信力。很多银行在本节样本中以支行或分行的身份出现，在进行上市公司名称匹配时会因相似得分低而被舍去，因此对银行样本进行了单独的检索。对方含银行的样本一般是因为债务纠纷或担保纠纷等资金问题，且涉案金额巨大，对公司和银行来说，在常规的催促和协商方法无效时，最终选择司法途径，有强制力的执行资金追缴是该类案件的核心任务，所以ADR或私力救济可能不适合这些案件。排除这些特殊样本后，在列（5）和列（6）中，我们对原告和被告两种样本再一次进行了分析。

表7-7-4 区分原告和被告回归结果①

	(1)	(2)	(3)	(4)	(5)	(6)
我方角色	被告	原告	被告	原告	被告	原告
对手是上市公司/政府/银行			是	是	否	否
$Cash$	0.042	0.743***	-2.096	0.578	0.266	0.879**
	(0.424)	(0.413)	(1.971)	(0.790)	(0.445)	(0.429)
Lev	1.282**	0.528	2.427	2.750**	1.171*	0.616
	(0.546)	(0.522)	(2.415)	(1.079)	(0.617)	(0.557)
$Debt$	-0.306***	0.190*	-0.064	-0.185	-0.273***	0.249**
	(0.092)	(0.115)	(0.366)	(0.361)	(0.102)	(0.121)
$Plur$	-0.071	-0.101	-0.325	0.135	-0.061	-0.050
	(0.061)	(0.077)	(0.410)	(0.215)	(0.067)	(0.080)
Sal	0.082**	0.021	0.537**	-0.116	0.054	0.048
	(0.034)	(0.046)	(0.170)	(0.107)	(0.038)	(0.049)
$cons$	-3.543***	-5.309***	-10.46***	-10.10***	-3.064***	-5.630***
	(0.618)	(0.712)	(3.116)	(2.075)	(0.676)	(0.774)
控制变量	是	是	是	是	是	是
行业和年度	是	是	是	是	是	是
N	6 145	4 635	1 412	2 355	4 543	4 247
Wald（p值）	11.92	8.25	虚拟R2	虚拟R2	8.29	7.98
	(0.02)	(0.08)	0.17	0.11	(0.08)	(0.09)
AR（p值）	13.70	9.07			10.22	10.66
	(0.01)	(0.09)			(0.04)	(0.03)

在表7-7-5中，多数的系数保持了和全样本分析同样的正负方向和显著性，我们注意到，只有列（2）和列（6）中有两个变化。第一个变化是当我方作为原告时，有形资产负债率的系数变为正。也就是说，杠杆经营的风险提高时，选择非诉讼方式的概率更高。在这

---

① 为了清晰地区分原告和被告，本表删去了部分公司与案件关联较复杂的样本（如双方都与本公司有关）。列（3）和列（4）的样本在内生性检验中不能拒绝没有内生性的原假设，因此改用不含工具变量的Logit回归，汇报虚拟R2，其他列仍使用工具变量法。

一组中,我方已知自己的风险水平较高,为了尽快争取到合理的赔偿,会倾向于选择时效快、成本低的非诉讼方式。而对于被告来说,这也是节约成本且保护声誉的方式,所以更容易达成选择非诉讼方式的协议。第二个变化是当我方是原告,并排除了对方是特殊的三类样本时,有形资产负债率的系数也为正。如上文所分析的,在区分双方角色和特征之后,这样的系数变化也是符合本模型的原理和预期的。

表7-7-5 工具变量的稳健性讨论

项目	(1) 工具变量滞后	(2) 内生变量滞后	(3) 解释变量滞后
$Cash$	2.172***	0.131	1.087**
	(0.817)	(0.325)	(0.479)
Lev	2.594***	0.851*	1.675**
	(0.776)	(0.444)	(0.666)
$Debt$	-2.337***	-0.327***	-0.108
	(0.675)	(0.125)	(0.109)
$Plur$	-0.325***	-0.131***	-0.169**
	(0.071)	(0.050)	(0.069)
Sal	-0.127*	0.0581**	0.136***
	(0.070)	(0.029)	(0.038)
$cons$	5.554	-3.839***	-4.508***
	(3.426)	(0.627)	(0.666)
$Mills$	-3.690***	-0.268*	
	(1.135)	(0.149)	
控制变量	是	是	是
行业和年度	是	是	是
N	10 238	10 238	6 930
$Wald$(p值)	6.60 (0.16)	8.22 (0.08)	9.20 (0.06)
AR(p值)	11.60 (0.02)	10.92 (0.03)	15.11 (0.00)

3. 稳健性讨论

(1) 工具变量的选取。

考虑到违约案件发生的时间、纠纷解决的时间与财务统计的时间可能不完全一致,本节调整滞后阶数进行稳健性检验。表7-7-5的列(1)在全样本回归的基础上,取二阶滞后项作为工具变量;列(2)是在第一阶段用内生解释变量的一阶滞后项,工具变量取二阶滞后项;列(3)在第一阶段取全部解释变量的滞后项,相应的工具变量取二阶滞后项。可以看出,通过滞后期调整和样本自选择的偏误纠正,各变量依旧获得与全样本相同正负性且显著的检验结果,本模型具有较好的稳健性。

(2) 按地区分类。

我国不同省份的营商环境不同,法律服务业发展程度不同,在司法和执法层面上不同地区也通常会有差异。考虑到这个问题，本节控制样本公司所在地区及地区制度环境差异。表7-7-6的列（1）在全样本的基础上控制了省份固定效应。列（2）列（3）分别是司法效率环境较好和较差地区样本的回归结果。根据各省份 2006—2016 年司法公正与效率指数划分，高于当年全国平均值的省份标记为较好地区，低于平均值的为较差地区。

表7-7-6 分地区制度环境回归结果

	（1）	（2）	（3）
	控制省份	较好地区	较差地区
Cash	0.330	0.510	-0.785
	(0.30)	(0.45)	(0.85)
Lev	1.264***	1.054**	-3.133*
	(0.41)	(0.53)	(1.73)
Debt	-0.174**	-0.123	0.0280
	(0.08)	(0.10)	(0.15)
Plur	-0.050	-0.118*	-0.147
	(0.05)	(0.07)	(0.13)
Sal	0.027	0.079*	-0.029
	(0.03)	(0.04)	(0.07)
cons	-3.550***	-4.911***	-2.358*
	(0.50)	(0.65)	(1.33)
控制变量	是	是	是
行业和年度	是	是	是
N	10896	5278	1986
Wald（p 值）	16.30 (0.00)	7.98 (0.09)	6.37 (0.17)
AR（p 值）	16.31 (0.00)	6.83 (0.15)	6.43 (0.17)

在控制了公司注册地所在省份的情况下，全样本的各项系数依旧显示出各变量对选择非诉讼方式相同的影响。在区分地区制度环境后，司法公正和效率较高的地区显著的变量更多。而效率较低的地区，在长期借款多、负债率高的情况下，该项系数为负，意味着选择非诉讼的概率更低，其他系数也都为负值，与制度较好地区的产生了对比。对这个结果可以从两方面进行解释：第一，在较好的地区，可选择的非诉讼机构更多，以仲裁机构为例，东部的河北、江苏等省已经实现在全部地级市设立仲裁委员会，在样本中，较好地区的仲裁案件比例是较差地区的 1.4 倍，所以，在司法效率较高的地区，公司选择非诉讼手段的概率更高；第二，司法环境差的地区，采用正式的公力救济手段有执行强制性的保障，但非诉讼手段所需要的自愿参与、双方协商等条件在这些地区较难实现，所以，他们选择非诉讼方式的概率更低。

4. 对公司价值的影响

本节采用匹配样本分析的办法来验证选择不同的纠纷解决方式对公司价值的影响。处理变量是公司选择仲裁的倾向性高的示性变量，我们首先用全样本计算每个年度各公司使用仲裁的平均比率,将高于均值的公司记为倾向性高,低于均值的记为倾向性低。目标变量为公司市值,市值作为一种衡量公司价值的指标,可以直接地反映公司涉诉在资本市场上的投资者反应和对公司造成的影响,也能减轻直接使用盈利指标比较带来的内生性问题。我们以式(17)中的解释变量作为匹配变量,控制了资产规模、经营状况等匹配因素,使用 Logit 回归估计倾向得分,采用近邻匹配法(nearest neighbor hunting)进行 PSM 匹配。有超过 90% 的处理组找到了匹配样本,匹配变量通过了均衡性检验。更换近邻个数(2 个或 3 个)或者允许误差范围对结果没有显著的影响,此处不做汇报。得到的参与者平均处理效应(ATT)反映了处理组和控制组在市值上的差异。由于作为处理组的仲裁样本数量较少,进行匹配后,我们通过 Bootstrap 自抽样 500 次获得 ATT 的 p 值及其显著性,结果如表 7-7-7 所示。

表 7-7-7 匹配样本分析

匹配指标	样本	处理组	对照组	系数差异	标准误	p 值
当期	ATT	13.390	11.084	2.3057	1.1355	0.009***
	未匹配	27.978	17.095	10.883	2.2911	
滞后	ATT	13.746	10.929	2.8169	1.2846	0.098*
	未匹配	28.824	17.726	11.098	2.3762	

注:系数单位亿元。p 值为 500 次 Bootstrap 后的稳健值。

为了结果的稳健性,如同前文提到的,由于案件发生在年初、年末或者持续时间较长时,用年末指标或许不足以反映当时的状况,我们把匹配变量滞后一期再次进行比较。相关指标都得到了相似的结果:处理组的系数大于控制组的系数,且它们的差异是显著的。仲裁作为一种时间短、成本低、高效率的纠纷解决机制,在纠纷处理中为企业降低涉诉给企业带来的损失,带来更好的业绩可能。

四、结论和启示

本节从程序法的经济分析视角,对多元纠纷解决机制进行比较,并分析了纠纷解决机制的选择与公司治理的关系。除了解决机制本身的成本和收益不同,公司在面临纠纷、选择解决机制时还会受到委托代理问题和信息不对称程度的影响。本节尝试在博弈模型和实证分析中对这一问题进行机制分析和验证。

本节为公司治理研究提供了新的外部治理要素视角。从实证分析的结果来看,本节选取的解释变量指标展现了公司治理如何影响纠纷解决机制的选择。资金状况、债务风险和代理成本通过交易成本的途径影响了公司纠纷解决机制的选择。仲裁以其比诉讼成本低、时间短等特点,成为运营状况良好的公司降低交易成本的一种途径。债务结构代表了风险,杠杆经营对公司既可能是机遇,也可能是挑战,杠杆经营水平过高的公司面临的经营风险更高,风险高时,公司涉诉对公司产生的冲击效果更大,对方当事人对我方违约的预期更大,对赔付能力的预期更低,使用正式的诉讼机制可更好地获得国家强制力的保障。在程序上,虽然非诉讼机制程序更加简单高效,但正式诉讼也有其优点:一方面,公司面对相对来说传统的诉讼程序会有更丰富的经验;另一方面,在诉讼进行的过程中,公司可以有多次谈判和辩护的机会,获得搜集信息的时间,还可以通过上诉来争取自己满意的结果,而仲裁一裁终局,虽然节约了时间,却也带来了不确定性,如果一方不服裁决结果,反而需要更多的时间和成本来处理。公司管理层的代理成本也会影响包括纠纷解决的各种决策。面对成本收益的权衡，管理层的代理成本决定了管理层能否尽量减少信息不对称，做出最符合公司利益的决策。

本节为配合党的十九大以来"深化司法体制综合配套改革"提供了思路和建议。在司法资源有限的国情下，只有把多元化纠纷解决机制都调动起来，合理分配社会资源，才能提高司法效率和市场效率，实现治理体系和治理能力的现代化。发挥替代性纠纷解决方案在资本市场纠纷中的作用，鼓励多元化纠纷解决机制的发展，也必将带来法治观念增强、法治环境改善的变化，为实现党的十九大以来"建设法治文化"的目标添砖加瓦。

第八节 企业经营环境、公司治理与企业技术创新[①]

一、研究背景及其意义

企业是一国最重要的创新主体。2013年，各类企业研究与试验发展（R&D）经费为9 075.8亿元，比2012年增长15.7%；政府属研究机构经费为1 781.4亿元，增长15%；高等学校经费为856.7亿元，增长9.8%。企业、政府属研究机构、高等学校经费占全国经费总量的比重分别为76.6%、15%和7.2%。企业R&D经费投入占全国比重较2012年的76.2%提高约0.4%，显示企业作为R&D经费投入主体地位继续巩固强化。已有的研究表明，企业创新活动决策受到很多因素影响，既包括一个国家的社会资本存量、知识产权保护力度、金融发展水平，也包括公司所在行业的竞争程度、公司本身的市场势力、资产规模、经营风险，还涉及公司内部治理。[②]

近年来，学者从多个角度研究了公司治理要素对技术创新的影响，如股权结构[③]、激励

[①] 本节部分内容曾以论文形式发表，具体出自李胜兰、麦景琦、张一帆《企业经营环境、公司治理与企业技术创新》，载《中山大学学报（社会科学版）》2016年第5期。

[②] 相关研究有：Semih Akçomak, Baster Weel, "Social Capital, Innovation and Growth: Evidence From Europe", *European Economic Review*, 2009, 53, p. 544; Chen Yongmin, Thitima Puttitanun, "Intellectual Property Rights and Innovation in Developing Countries", *Journal of Development Economics*, 2005, 78, p. 474; Sudheer Chava et al., "Banking Deregulation and Innovation", *Journal of Financial Economics*, 2013, 109, p. 759; Philip G. Gayle, "Market Concentration and Innovation: New Empirical Evidence on the Schumpeterian Hypothesis" (https://www.researchgate.net/publication/228586113_Market_concentration_and_innovation_New_empirical_evidence_on_the_Schumpeterian_hypothesis); Blundell Richard et al., "Market Share, Market Value and Innovation in a Panel of British Manufacturing Firms", *The Review of Economic Studies*, 1999, 66, p. 529; Zoltan J. Acs, David B. Audretsch, "Innovation in Large and Small Firms: An Empirical Analysis", *The American Economic Review*, 1988, 78, p. 678; 朱恒鹏《企业规模、市场力量与民营企业创新行为》，载《世界经济》2006年第12期；Andrea Cagges, "Entrepreneurial Risk, Investment and Innovation", *Journal of Financial Economics*, 2012, 106, p. 287; Lin Chen et al., "Managerial Incentives, CEO Characteristics and Corporate Innovation in China's Private Sector", *Journal of Comparative Economics*, 2011, 39, p. 176; 李春涛、宋敏：《中国制造业企业的创新活动：所有制和CEO激励的作用》，载《经济研究》2010年第5期；冯根福、温军：《中国上市公司治理与企业技术创新关系的实证分析》，载《中国工业经济》2008年第7期；鲁桐、党印：《公司治理与技术创新：分行业比较》，载《经济研究》2014年第6期。

[③] 参见Jennifer Francis, Abbie Smith, "Agency Costs and Innovation Some Empirical Evidence", *Journal of Accounting and Economics*, 1995, 19, p. 383。

机制①、外部治理环境②、国家间公司治理差异③、行业间要素需求差异④等,但对于公司治理要素和企业经营环境如何互动并对企业技术创新投入产生的影响却尚无深入讨论。鉴于此,本节试图回答如下问题:企业经营环境是否直接影响企业创新活动的预期收益?不同行业的企业对资本、劳动力等要素需求存在明显差异,对制度要素的需求是否也会因行业而异?在不同的企业经营环境下,有利于企业进行技术创新的公司治理机制是什么?公司治理机制与企业经营环境是如何互动的?两者对企业技术创新产生的影响是互补性的还是替代性的?分析这些问题有助于加深对技术创新来源微观机制的理解,并对我国经济转型和产业结构升级、引导供给侧改革具有参考意义。

以往的研究文献呈现以下特点:第一,在研究对象上,大多数文献都注意到行业异质性会导致经营环境与公司治理要素影响效果的变化,但缺乏严格的分类依据对行业进行分类,以反映行业特征的异同;第二,相关文献一般只关注企业经营环境中某一方面的因素,或者只关注公司内部治理因素,极少研究关注企业经营环境如何作用于公司治理要素对技术创新的影响,使我们对公司治理影响技术创新机制的理解有所欠缺。

我们认为,不同行业对技术创新的需求不同,其对企业经营环境的需求也有所差异,公司内部治理制度的构建必定处于外部经营环境的约束之下。对于处于不同行业、规模相当的公司,公司治理层面因素可以解释企业研发投入的差异,但公司治理要素的作用受到公司所处经营环境的调节。

二、理论假设

(一) 企业经营环境与公司治理的替代作用对企业技术创新的影响

企业经营环境由如下制度构成:一是法律制度,特别是知识产权制度的健全和完善,并通过司法、执法的公正和有效率的落实使知识产权得到有效的保护,这是促进企业技术创新的最主要的制度保障;二是政府行政管理,政府行为在弥补市场激励企业技术创新的缺陷、提供企业获取创新利益的法律保障、营造化解企业技术创新风险软环境等方面,对企业技术创新具有正向作用。鉴于此,本节将政府行政管理和企业经营的法制环境作为衡量企业经营环境的主要变量。

法律与经济增长的主流观点认为,法律在经济增长中的作用主要在于保护产权、确保契约实施并约束政府、防止政府侵占私人财产,从而有效地激励个体投资,增加要素投入并促进要素配置及生产效率的提高,最终实现经济增长。⑤ La Porta、Lopez-de-Silanes、Shleifer 和 Vishny(以下简称"LLSV")的经典论文证明,不同的法律体系决定着投资者和债权人权利保护程度的不同,从而影响金融发展水平,最终导致不同的经济绩效,印证了法律在经济增

---

① 参见 Bengt Holmstrom, "Agency Costs and Innovation", *Journal of Economic Behavior & Organization*, 1989, 12, p. 305。
② 参见 Haresh Sapra et al., "Corporate Governance and Innovation: Theory and Evidence", *Journal of Financial and Quantitative Analysis*, 2014, 49, p. 957。
③ 参见 Peggy M. Lee, Hugh M. O'Neill, "Ownership Structures and R&D Investments of US and Japanese Firms: Agency and Stewardship Perspectives", *The Academy of Management Journal*, 2003, 46, p. 212。
④ 参见鲁桐、党印《公司治理与技术创新:分行业比较》,载《经济研究》2014 年第 6 期。
⑤ 参见 Douglass C. North, *Institutions, Institutional Change and Economic Performance*, Cambridge: Cambridge University Press, 1990; Douglass C. North, "Economic Performance Through Time", *The American Economic Review*, 1994, 84, p. 359。

长中的产权保护作用。① Fabio Manca 指出，经济体制度的健全程度与技术水平提高速度正相关，只有达到一定的制度水平，跟随者国家（follower country）才有可能实现技术差距的缩小。② 我们认为，在法律制度不完善、政府过度干预时，产权保护制度在促进经济主体有效配置资源方面的作用弱化，在外部经营环境向经济主体提供的创新激励不足的情况下，会降低企业的研发投入强度。在此情况下，公司内部治理制度可能为外部激励不足提供一定的替代效应。例如，通过加强独立董事的作用，一方面防止经理人因短视而推动高风险项目，另一方面提供专业化的咨询，鼓励开展有利于企业长远发展的项目来提高创新效率；通过薪酬、股票等激励措施提高管理层和核心技术人员的创新激励，减轻代理问题，加大研发投入以促进企业发展。③ 此外，机构投资者能够通过降低高风险项目带给经理人的职业风险，提高经理人的创新激励，④ 加强机构投资者在公司治理中发挥的作用，也能弥补外部制度环境的缺陷。

基于以上论述，我们提出本节的第一个假设：

假设1：在一定条件下，公司治理会替代企业经营环境为技术创新活动提供激励，二者作用存在替代性。

（二）企业经营环境与公司治理的互补作用对企业技术创新的影响

从另一角度看，企业的经营活动所依赖的产权制度等基础条件需要由政府提供，公司治理制度的制定与运作都处于法律与政府行政管理的约束下。North 所提出的"国家悖论"，就阐释了有效约束政府在经济增长中的重要性：一方面，企业需要政府提供产权安排等制度；另一方面，有效约束政府，是确保产权安全、契约有效实施的核心，也是防止政府掠夺私人财富、提高政府效率的关键；⑤ LLSV 的研究也表明，公司治理制度、金融市场与资本市场的结构、运作方式都与其所处的制度环境相适应。⑥ 提高公司效率的关键，在于根据不同公司的技术和经济特性合理确定其资本结构（包括股权结构），并根据其所处的具体的制度环境设计治理结构。⑦ 脱离相对高效的政府以及完善的产权保护措施，即便有先进的公司治理制度，也无法保障企业经营活动的顺利进行。

基于此，我们提出本节的第二个假设：

假设2：一定条件下，公司治理因素对企业技术创新活动的正向影响需要以良好的外部经营环境为前提，二者作用存在互补性。

---

① 参见 Rafael La Porta et al., "Legal Determinants of External Finance", *Journal of Finance*, 1997, 52, p.1131; Rafael La Porta et al., "Law and Finance", *Journal of Political Economy*, 1998, 106, p.1113。
② 参见 Fabio Manca, "Technology Catch-up and the Role of Institutions", *Journal of Macroeconomics*, 2010, 32, p.1041。
③ 参见鲁桐、党印《公司治理与技术创新：分行业比较》，载《经济研究》2014年第6期。
④ 参见 Philippe Aghion et al., "Innovation and Institutional Ownership", *The American Economic Review*, 2013, 103, p.277。
⑤ 参见 Douglass C. North, *Structure and Change in Economic History*, New York: W. W. Norton & Company, 1981; Douglass C. North, *Institutions, Institutional Change and Economic Performance*, Cambridge: Cambridge University Press, 1990。
⑥ 参见 Rafael La Porta et al., "Legal Determinants of External Finance", *Journal of Finance*, 1997, 52, p.1131; Rafael La Porta et al., "Law and Finance", *Journal of Political Economy*, 1998, 106, p.1113。
⑦ 参见刘汉民《所有制、制度环境与公司治理效率》，载《经济研究》2002年第6期。

三、实证结果与分析

(一) 模型设定

综合以上分析,在鲁桐、党印的基础上,我们构建以下计量回归模型(1)[①]:

$$rdin_{it} = \alpha_0 + \alpha_1 corpo_{it} + \alpha_2 corpo_{it} \cdot environ_{it} + \sum_{j\geqslant 1} \beta_j controls_{it} + \varepsilon_{it}$$

被解释变量是企业研发强度。一般衡量技术创新投入可以采用研发资金投入、研发员工数量、专利数量等指标。本节要研究的是制度环境差异是否导致公司治理因素对企业技术创新投入决策的影响发生改变。采用研发强度可以体现经营决策,研发强度即研发费用占营业收入的比重($rdin$)。因为研发费用最小值为0,没有负值,研发强度是以研发费用为分子的一个比值,所以本节的因变量是以0为下限的截尾变量,因而要采用Tobit模型进行估计。[②]

解释变量包括两类。一类是公司治理变量。公司治理变量用以衡量关乎企业经营决策的公司治理特征。根据以往的研究,公司治理变量主要包括股权结构、激励机制和董事会结构三类。在股东层面,股权集中度会影响公司治理中委托代理问题程度;薪酬激励、股票激励以及期权激励等形式的激励机制,一般用于防止高层管理人员的逆向选择和道德风险问题,通过设立期权激励,高管会更加关注企业的长期发展,从而做出加大企业技术创新投入的决策。在董事会结构层面,一个规模适度的董事会有助于提高决策效率,独立董事由于其独立性和对内部董事的制衡性,有助于防止经理人因短视而进行高风险项目。而独立董事提供的专业化咨询意见还有助于企业制订更加合理的研发策略,有助于技术创新活动的开展。[③] 在股权性质层面,有研究认为国有性质的企业技术创新投入会少于民营企业。[④] 此外还加入了企业资产负债率作为企业日常经营水平的控制变量,[⑤] 并控制企业总资产水平和企业年龄。[⑥]

另一类解释变量是企业经营环境。环境指数数据来自王小鲁等编著的《中国分省企业经营环境指数2013年报告》。该指数统计了2008年、2010年和2012年我国多数省份的企业经营环境指数,是在以往研究中经常使用的樊纲等的地区市场化指数[⑦]基础上改进和更新的指数体系。本节假定经营环境在短期内不会变化,2008年和2009年使用2008年的指数,2010年和2011年使用2010年的指数,2012年和2013年使用2012年的指数。该指数是分省变量,企业所处的法律环境、行政管理环境、税收政策环境等和其所在地政策直接相关,因此,本节按照各上市公司注册地所在省份匹配指数。基于理论分析,本节选取了政府行政管理和法制环境两类指数。为了便于找到互动的机制,并出于稳健性考虑,作者将两类指数的总指数和各项分指数分别纳入回归模型。这些指数以交互项的方式作为解释变量,以检验经营环境与公司治理变量在影响企业技术创新决策中的互动作用。本节将指数高于当年该指标平均数的省份赋值为1,低于平均数的赋值为0,得到反映各省份经营环境水平的哑变量。公司治理的各变量与

---

① controls代表全部控制变量。
② 参见潘越、潘健平、戴亦一《公司诉讼风险、司法地方保护主义与企业创新》,载《经济研究》2015年第3期。
③ 参见Shaker A. Zahra et al., "Entrepreneurship in Medium-size Companies: Exploring the Effects of Ownership and Governance Systems", Journal of Management, 2000, 26, p. 947。
④ 参见赵洪江、陈学华、夏晖《公司自主创新投入与治理结构特征实证研究》,载《中国软科学》2008年第7期。
⑤ 参见冯根福、温军《中国上市公司治理与企业技术创新关系的实证分析》,载《中国工业经济》2008年第7期。
⑥ 参见解维敏、唐清泉、陆姗姗《政府R&D资助,企业R&D支出与自主创新——来自中国上市公司的经验证据》,载《金融研究》2009年第6期。
⑦ 参见樊纲、王小鲁、马光荣《中国市场化进程对经济增长的贡献》,载《经济研究》2011年第9期。

各哑变量相乘的交互项系数与公司治理变量系数比较,即可得到二者关系的结论。

(二) 样本选择和数据来源

本节选取沪深 A 股所有上市公司作为研究样本,数据来自国泰安数据库和 Wind 数据库。从 2007 年起,新会计准则规定上市公司必须在财务报表附注的无形资产条目下,反映计入当期损益和确认为无形资产的研究开发支出金额,从那时起,上市公司的研发费用披露更加规范化。因此,本节选取 2008—2013 年的样本进行研究,所有统计截止日期为每年的 12 月 31 日,并做了如下处理:按证监会《上市公司行业分类指引》行业分类首字母判断,① 剔除了没有研发费用的金融保险行业(I);剔除了上市不满一年和中途退市的公司;剔除了变量缺失的公司;由于数据可得性,剔除了西藏和青海的企业;为了防止个别极端值的影响,对连续型变量按照上下 1% 进行缩尾处理,得到 2008—2013 年 2176 家企业共 11059 个观测值。(见表 7-8-1)

表 7-8-1 变量符号和含义

变量名称	变量符号		变量描述
被解释变量			
研发投入强度	$rdin$		研发费用/营业收入
解释变量			
企业经营环境(environ)	$v1$:政府行政管理	$v2$—$v5$ 的算术平均数	数据来自王小鲁等《中国分省企业经营环境指数 2013 年报告》,按公司注册地所在省赋值
	$v2$:公开公平公正		
	$v3$:政府效率		
	$v4$:减少不必要干预		
	$v5$:政府廉洁		
	$v6$:法制环境	$v7$—$v8$ 的算术平均数	
	$v7$:司法公正与效率		
	$v8$:经营者合法权益的保障		
公司治理变量(corpo)	企业经营水平	$lever$	总负债/总资本
	股权结构	$shrcr1$	第一大股东持股比例
		$shrs$	第二到第十大股东比持股比例
		$holdperct$	基金持股占总股本比例
		$djgholdper$	董监高持股比例
		$djgsalary$	董监高年薪总额
	激励机制	$tech1$	核心技术人员激励占总激励比例。来自企业半年报、年报等公告,作者对每年公告进行合并计数;公告数据来自国泰安数据库

---

① 按 2001 年中国证监会公布的《上市公司行业分类指引》,共 13 类。

续表 7-8-1

变量名称	变量符号	变量描述	
公司治理变量（corpo）	董事会结构	$plur$	董事长和总经理兼任取 0，不兼任取 1，只有一项的默认为兼任
	实际控制人性质	$direc$	董事会人数
		$indep$	独立董事比例
		$control$	国有性质取 1，否则取 0
控制变量			
企业资产	$asset$	企业年末总资产	
企业年龄	age	企业年龄	
行业虚拟变量	$industry$		
年份虚拟变量	$year$		

各变量描述性统计见表 7-8-2。

表 7-8-2 各变量描述性统计

变量符号	观测值数量	平均值	标准差	最小值	最大值
$rdin$	11 059	0.0029	0.0113	0	0.0818
$v1$	11 059	3.1941	0.1441	2.83	3.65
$v2$	11 059	3.0437	0.1519	2.72	3.45
$v3$	11 059	2.9805	0.1997	2.34	3.51
$v4$	11 059	3.4786	0.1617	3.06	3.77
$v5$	11 059	3.2704	0.2348	2.72	3.89
$v6$	11 059	3.2073	0.1197	2.9	3.63
$v7$	11 059	2.9596	0.1535	2.52	3.47
$v8$	11 059	3.4536	0.1002	3.13	3.79
$lever$	11 059	0.5139	1.3302	-0.1947	96.9593
$shrcr1$	11 059	36.2642	15.7301	2.1969	89.4086
$shrs$	11 059	21.0096	13.8167	0.5597	65.6145
$holdperct$	11 059	4.3431	7.0163	0	32.8562
$djgholdper$	11 059	0.1424	0.2948	0	1.2300
$djgsalary$	11 059	3 699 969	3 381 357	358 400	2.14E+07
$tech1$	11 059	0.0184	0.1911	0	7.0669
$plur$	11 059	0.7685	0.4218	0	1
$direc$	11 059	8.9452	1.7951	4	18
$indep$	11 059	0.3694	0.0553	0.0909	0.8
$control$	11 059	0.4404	0.4965	0	1
$asset$	11 059	1.07E+10	5.90E+10	4 963 990	2.34E+12
age	11 059	13.1056	6.2078	1.9151	24.7041

从描述性统计可以看出，研发强度最小值是没有研发费用的企业，研发强度为0；最大值的研发费用占营业收入8%以上，平均值只有0.3%，可见企业研发强度差异较大。企业经营环境指数范围在1~5之间，不同省份间存在差异，同类指数的各分项指数也略有差异。大股东持股比例、基金持股比例、独立董事比例、董监高持股和薪酬等公司治理变量标准差较大，可见公司之间治理架构的差异，不同行业的特征也可能有不同的互动机制，所以实证中将对行业特征进行区分和控制。对核心技术人员的激励也可以体现公司对技术创新的重视程度，不同公司之间也存在很大差异。实际控制人性质的均值反映出当前我国A股市场上，接近一半的企业是国有性质。

（三）实证结果

1. 全样本回归

为了与以往的研究对比，我们先通过全样本回归来检验公司治理对企业技术创新的影响以及公司治理各指标与环境指数的互动关系。回归结果如表7-8-5。从回归结果可以看出，企业的高负债率不利于企业技术创新，并且政府行政管理和法制环境较好时，交互项系数为负，这种不利影响将会扩大。与以往的研究相似，股权集中不利于企业的创新，不过，在政府效率较高、不必要的干预较少时，股权集中的影响会降低；基金持股能在一定程度上平衡股权结构，解决委托代理问题，促进企业技术创新，并且在企业经营环境较好时，这种激励的作用更强；独立董事的存在可以帮助企业更理性地分析决策，减少短期行为，促进企业技术创新；更高的政府行政管理效率能显著强化这一作用，但当法制环境改善时，独立董事的作用会减弱。国有性质的系数显著为正，交互项系数也显著为正，表明总体上当政府行政管理和法制环境较好时，国有性质是促进企业技术创新的重要因素。

2. 分行业回归

不同行业的经营方式有差异，对研发创新的需求也不同，参考鲁桐、党印的做法，通过固定资产比重和研发支出比重对行业的要素密集情况进行聚类分析，并将制造业的二级细分行业与其他行业并列，将行业划分为劳动密集型、资本密集型和技术密集型三类。分类结果见表7-8-3。

表7-8-3 按要素密集度的行业分类①

劳动密集型		资本密集型	技术密集型
A 农林牧渔业	E 建筑业	C3 造纸、印刷	C5 电子
B 采掘业	F 交通运输仓储业	C4 石油、化学、塑胶、塑料	C7 机械、设备、仪表
C0 食品、饮料	H 批发和零售贸易	C6 金属、非金属	C8 医药、生物制品
C1 纺织、服装、皮毛	L 传播与文化产业	J 房地产业	C9 其他制造业
C2 木材、家具	M 综合类	K 社会服务业	G 信息技术业
D 电力、燃气及水的生产和供应业			

我们按行业分类将全部样本分为三组，分别进行回归，不再控制行业虚拟变量。回归结果见表7-8-4到表7-8-8。

---

① 参见鲁桐、党印《公司治理与技术创新：分行业比较》，载《经济研究》2014年第6期。

表 7-8-4 公司治理与环境因素的交互作用总结①

经营环境	政府行政管理			法制环境		
公司治理	劳动密集型	资本密集型	技术密集型	劳动密集型	资本密集型	技术密集型
lever	互补	替代	互补	互补	替代	互补
shrcr1	替代	互补	替代	互补	替代	互补
shrs	替代	替代	替代	互补	替代	替代
holdper	互补	互补	互补	替代	互补	互补
djghold	替代	替代	替代	替代	替代	替代
djgsal	替代	替代	互补	替代	互补	替代
tech1	替代	替代	替代	替代	互补	替代
plur	替代	替代	互补	替代	互补	替代
direc	替代	替代	替代	替代	互补	替代
indep	替代	替代	互补	替代	替代	互补
control	替代	替代	互补	替代	替代	互补

不同行业中公司治理要素的重要性差异显现出来。在不考虑经营环境的情况下，从各表列（1）可以看出：

第一，与全样本结果相同的是，不论在哪种行业，企业的高负债率和第一大股权的过于集中都不利于企业技术创新投入，这种负向影响在科研要素最为重要的技术密集型行业中尤其显著。基金持股和董监高薪酬激励都对企业技术创新有正向的促进作用。在全样本与分样本回归中对核心科研人员的股权激励的作用均不显著。

第二，不同行业的激励机制作用不同。劳动密集型行业和技术密集型行业的董监高的持股和薪酬有正向的系数，对企业技术创新决策有明显的促进作用，但在资本密集型行业里，董监高持股比例越高反而越不利于企业的创新投入。

第三，技术密集型行业的董事会结构影响与其他行业不同。和全样本结果相似，董事长和总经理两职兼任在劳动密集型和资本密集型行业的负影响更加显著，不利于公司的创新决策，但在技术密集型行业中却是正向影响，不过该系数不显著，有待进一步分析；独立董事比例对劳动密集型和资本密集型行业的影响较低，对技术密集型行业的影响却很大且显著；董事会规模的作用在分样本中都不显著，只有技术密集型行业的系数是正数。

第四，国有性质只对劳动密集型行业不利。国有性质的系数只在劳动密集型行业中为负，在技术密集型行业中，这一系数是显著正向，这与以往研究有所差别。

政府行政管理和法制环境这两种企业制度环境的改善的影响，在三个类型的行业中也不尽相同。从各表列（2）～（9）可以看出：

第一，政府行政管理环境的影响在三类行业中有诸多共性。政府管理改善时，第二到第十大股东的集中度的交互项符号与公司治理项的系数相反，说明其影响将减弱；技术人员激励、董事会规模的交互项也呈现出同样的替代作用。基金持股的作用同向放大，呈现互补作用。

---

① 限于篇幅，回归结果表 7-8-4 至表 7-8-7 中均没有汇报有交叉项时公司治理变量的系数和显著性。完整结果备索。环境指数各项分指标系数符号不同时，以政府行政管理和法制环境两个平均指数符号为判断依据。

表7-8-5 全样本回归结果

公司治理变量	无交互项	vi 与公司治理变量交互项 (i=1-8)							
	(1)	(2)	(3)	(4)	(5)	(6)	(7)	(8)	(9)
		v1	v2	v3	v4	v5	v6	v7	v8
lever	-0.0162***	-0.0112***	-0.0142***	-0.0134***	-0.0061	0.0120***	-0.0074*	-0.0047	-0.0043
	(-7.32)	(-2.91)	(-3.68)	(-3.64)	(-1.48)	(-3.23)	(-1.89)	(-1.15)	(-1.04)
shrcr1	-0.0003***	-0.000132*	0.000144**	-7.64E-05	-7.89E-05	-6.98E-05	-3.12E-05	-7.61E-05	-2.78E-05
	(-7.62)	(-1.93)	(-2.13)	(-1.11)	(-1.14)	(-0.99)	(-0.44)	(-1.10)	(-0.41)
shrs	-0.0002***	-6.81E-05	-1.29E-04	4.61E-05	1.31E-05	8.84E-06	-7.09E-05	4.68E-05	-1.22E-04
	(-4.72)	(-0.71)	(-1.40)	(0.48)	(0.14)	(0.08)	(-0.70)	(0.46)	(-1.38)
holdper	0.0006***	0.000325**	8.46E-05	0.000322**	0.000332**	1.74E-04	1.77E-04	1.67E-04	2.11E-04
	(8.59)	(2.40)	(0.63)	(2.37)	(2.40)	(1.22)	(1.26)	(1.23)	(1.62)
djghold	-0.0006	0.0093*	0.0138***	0.003	0.0035	0.0038	0.0074	0.0067	0.0086**
	(-0.26)	(1.68)	(2.63)	(0.54)	(0.61)	(0.65)	(1.30)	(1.15)	(2.01)
djgsal	1.12E-09***	-9.98E-11	2.24E-10	-2.77E-10	-1.91E-10	-1.82E-10	-5.65E-11	-2.99E-10	-2.48E-10
	(8.12)	(-0.37)	(0.83)	(-1.01)	(-0.69)	(-0.64)	(-0.19)	(-1.04)	(-0.96)
tech1	-0.0003	-0.0057	-0.0073	-0.0037	-0.006	-0.0092	-0.0096	-0.0149*	0.0004
	(-0.79)	(-1.07)	(-1.39)	(-0.70)	(-1.12)	(-1.16)	(-1.19)	(-1.92)	(0.08)
plur	-0.0006	-0.0033	-0.0026	-0.0053**	0.0006	0.0003	0.0028	-0.0044	-0.0002
	(-0.42)	(-1.28)	(-1.03)	(-2.01)	(0.21)	(0.13)	(-1.03)	(-1.65)	(-0.09)
direc	-0.0003	0.0007	1.78E-05	0.0006	0.0004	0.0006	0.0013**	0.0009*	0.0007
	(-0.79)	(1.46)	(0.04)	(1.22)	(0.86)	(1.15)	(2.48)	(1.87)	(1.44)

续表 7-8-5

	无交互项	vi 与公司治理变量交互项（i=1-8）							
		v1	v2	v3	v4	v5	v6	v7	v8
indep	0.0378***	0.0094	0.0341***	0.0146	-0.0044	0.0075	-0.0086	-0.0061	-0.0077
	(4.24)	(0.81)	(2.96)	(1.26)	(-0.38)	(0.64)	(-0.74)	(-0.52)	(-0.69)
control	0.0044***	0.0052**	0.003	0.0046*	0.0018	0.0037	0.0013	0.0045*	0.0056**
	(3.57)	(2.14)	(1.28)	(1.87)	(0.74)	(1.48)	(0.53)	(1.81)	(2.36)
year	控制	控制	控制	控制	控制	控制	控制	控制	控制
industry	控制	控制	控制	控制	控制	控制	控制	控制	控制
N	11 059	11 059	11 059	11 059	11 059	11 059	11 059	11 059	11 059

注：表中的显著水平，***表示1%，**表示5%，*表示10%；所有变量使用稳健标准误；列（1）中公司治理变量交互项的系数，列（2）~（9）是v1~v8分别与列（1）公司治理变量交互时模型（1）中交互项的系数。

表 7-8-6 劳动密集型行业回归结果

公司治理变量	无交互项	vi 与公司治理变量交互项（i=1-8）							
	(1)	(2)	(3)	(4)	(5)	(6)	(7)	(8)	(9)
		v1	v2	v3	v4	v5	v6	v7	v8
lever	-0.0079**	-0.0057	-0.0063	-0.0094***	-0.0087***	-0.0073	-0.006	0.0007	-0.0003
	(-2.26)	(-0.99)	(-1.12)	(-8.56)	(-8.14)	(-1.26)	(-1.10)	(0.11)	(-0.05)
shrcr1	-0.0002***	0.0002*	0.0002*	0.0001***	0.0001***	-0.0002	-5.36E-07	-0.0001	0.0000348
	(-3.01)	(1.73)	(2.23)	(6.95)	(4.60)	(-2.16)	(-0.01)	(-1.08)	(0.38)
shrs	-0.0003***	0.0000381	0.000127	0.000116***	0.000113***	-0.000130	-0.000147	-0.000189	-0.000278**
	(-3.79)	(0.26)	(0.89)	(5.15)	(5.12)	(-0.85)	(-0.92)	(-1.26)	(-2.07)

续表 7-8-6

	无交互项	\multicolumn{8}{c}{vi 与公司治理变量交互项（i=1-8）}							
	无交互项	v1	v2	v3	v4	v5	v6	v7	v8
holdper	0.0004***	9.03E-05	7.24E-05	1.66E-05	0.0000769**	-1.40E-04	-9.62E-05	7.35E-05	-0.000429**
	(4.28)	(0.49)	(0.40)	(0.47)	(-2.17)	(-0.76)	(-0.52)	(0.42)	(-2.42)
djghold	0.0130***	0.0241***	0.0248***	0.0224***	0.0339***	0.0292***	0.0268***	0.0317***	0.0286***
	(3.43)	(3.02)	(2.97)	(18.88)	(28.35)	(3.46)	(3.29)	(3.77)	(3.89)
djgsal	9.26E-10***	-4.52E-10	-4.74E-10	-5.57E-10***	-2.64E-10***	-3.03E-10	-8.88E-10***	-1.18E-09***	-1.45E-10
	(4.30)	(-1.16)	(-1.25)	(-6.40)	(-3.14)	(-0.77)	(-2.14)	(-2.89)	(-0.40)
tech1	-0.0069	0.0165	0.0205*	0.1764***	0.4959***	0.0124	0.0169	0.0178	-0.5317
	(-1.38)	(1.51)	(1.77)	(121.61)	(344.25)	(1.18)	(1.52)	(1.54)	(.)
plur	-0.0042**	-0.0095**	0.0131***	-0.0074***	-0.0065***	-0.0016	-0.0059	-0.0074*	0.005
	(-2.16)	(-2.44)	(-3.20)	(-11.95)	(-10.87)	(-0.40)	(-1.51)	(-1.84)	(1.38)
direc	-0.0001	0.0008	0.0002	0.0004***	0.0008***	-0.0005	0.0020**	0.0013*	0.0008
	(-0.24)	(1.14)	(0.37)	(5.71)	(11.62)	(-0.84)	(2.55)	(1.87)	(1.14)
indep	0.0252*	-0.0104	0.000249	0.00735***	-0.0121***	0.0584***	-0.00332	0.00361	-0.00802
	(1.71)	(-0.60)	(0.02)	(4.28)	(-7.22)	(3.25)	(-0.19)	(0.21)	(-0.52)
control	-0.0041**	0.005	0.0044	0.0035***	0.0079***	0.0076**	0.0012	0.0063*	0.0003
	(-2.56)	(1.57)	(1.41)	(5.48)	(12.94)	(2.17)	(0.36)	(1.89)	(0.09)
year	控制	控制	控制	控制	控制	控制	控制	控制	控制
N	3562	3562	3562	3562	3562	3562	3562	3562	3562

注：表中的显著水平，*** 表示 1%，** 表示 5%，* 表示 10%；所有变量使用稳健标准误；列（1）中公司治理变量的系数，列（2）～（9）是 v1～v8 分别与列（1）公司治理变量交互时模型（1）中交互项的系数。以下模型（1）是无交互项情况下模型（1）中公司治理变量的系数。

表7-8-7 资本密集型行业回归结果

v_i 与公司治理变量交互项（i = 1 - 8）

公司治理变量		无交互项 (1)	(2) v1	(3) v2	(4) v3	(5) v4	(6) v5	(7) v6	(8) v7	(9) v8
lever		-0.0087***	0.007	0.0111*	0.0107*	0.0142**	0.0115*	0.0155***	0.0106*	0.0028
		(-2.90)	(1.25)	(1.90)	(1.96)	(2.57)	(1.94)	(2.74)	(1.93)	(0.50)
shrcr1		-0.0001**	-7.49E-05	-1.49E-05	6.02E-05	3.54E-05	-3.55E-05	7.48E-05	3.75E-05	8.13E-05
		(-1.97)	(-0.77)	(-0.15)	(0.61)	(0.36)	(-0.36)	(0.74)	(0.38)	(0.85)
shrs		0.0000203	-1.05E-04	-1.30E-04	-9.10E-05	-1.43E-04	-1.22E-05	-2.68E-04	-1.29E-04	-3.23E-05
		(0.27)	(-0.64)	(-0.80)	(-0.55)	(-0.85)	(-0.07)	(-1.48)	(-0.73)	(-0.21)
holdper		0.0005***	0.0005**	0.0004*	0.0007***	0.0006***	0.0005**	0.0004*	0.0005**	0.0002
		(4.08)	(2.39)	(1.90)	(2.93)	(2.77)	(1.98)	(1.83)	(2.30)	(0.75)
djghold		-0.0105**	0.0095	0.0062	0.0115	0.0271**	0.0092	0.0121	0.0059	-0.0016
		(-2.34)	(1.01)	(0.66)	(1.15)	(2.35)	(0.84)	(1.13)	(0.57)	(-0.21)
djgsal		5.64E-11	1.41E-10	5.89E-10	-6.06E-11	-1.34E-10	2.62E-10	6.79E-10	3.77E-10	6.25E-11
		(0.25)	(0.31)	(1.23)	(-0.13)	(-0.29)	(0.52)	(1.25)	(0.76)	(0.16)
tech1		0.0031	-0.0083	-0.0102	-0.0091	-0.0119*	0.0024	0.0043	0.0027	0.0038
		(0.84)	(-1.17)	(-1.43)	(-1.29)	(-1.72)	(0.30)	(0.55)	(0.34)	(0.52)
plur		-0.0040**	-0.0140***	-0.0188***	-0.0141***	-0.0053	-0.0101**	-0.0131***	-0.0177***	-0.0087**
		(-2.02)	(-3.34)	(-4.12)	(-3.28)	(-1.27)	(-2.24)	(-3.00)	(-3.95)	(-2.32)
direc		-0.0002	0.0020***	0.0017**	0.0019***	0.0010	0.0013*	0.0028***	0.0023***	0.0028***
		(-0.34)	(2.87)	(2.41)	(2.64)	(1.48)	(1.73)	(3.58)	(3.00)	(3.88)

续表 7-8-7

	无交互项		vi 与公司治理变量交互项（i=1-8）						
		(1)	(2)	(3)	(4)	(5)	(6)	(7)	(8)
indep	0.0303**	-0.0173	0.00142	-0.0280*	-0.0258	-0.0292	-0.0599***	-0.0356**	-0.0563***
	(2.31)	(-1.06)	(0.08)	(-1.73)	(-1.64)	(-1.64)	(-3.51)	(-2.12)	(-3.41)
control	0.0021	-0.0117***	-0.0160***	-0.0125***	-0.0131***	-0.0043	-0.0092**	-0.0062*	-0.0052
	(1.13)	(-3.01)	(-3.92)	(-3.15)	(-3.31)	(-1.13)	(-2.41)	(-1.68)	(-1.45)
year	控制	控制	控制	控制	控制	控制	控制	控制	控制
N	3146	3146	3146	3146	3146	3146	3146	3146	3146

注：表中的显著水平，***表示 1%，**表示 5%，*表示 10%；所有变量使用稳健标准误；列（1）中公司治理变量的系数，列（2）～（9）是 v1～v8 分别与列（1）公司治理变量交互时模型（1）中交互项的系数。

表 7-8-8 技术密集型行业回归结果

公司治理变量	无交互项		vi 与公司治理变量交互项（i=1-8）						
		(1)	(2)	(3)	(4)	(5)	(6)	(7)	(8)	(9)
		v1	v2	v3	v4	v5	v6	v7	v8
lever	-0.0229***	-0.0243***	-0.0292***	-0.0257***	-0.0179***	-0.0253***	-0.0218***	-0.0189***	-0.00818
	(-6.36)	(-4.33)	(-5.13)	(-4.74)	(-2.97)	(-4.74)	(-4.02)	(-3.26)	(-1.20)
shrcr1	-0.0004***	-1.81E-04	-0.0003**	-1.02E-04	-1.55E-04	1.97E-05	-4.36E-05	-5.42E-05	-6.03E-06
	(-7.29)	(-1.64)	(-2.52)	(-0.92)	(-1.35)	(0.17)	(-0.38)	(-0.48)	(-0.06)
shrs	-0.0004***	1.23E-04	-1.73E-05	0.0003**	0.0002*	0.0003*	0.0003*	0.0004***	0.0001
	(-4.79)	(0.89)	(-0.13)	(2.42)	(1.68)	(1.83)	(1.79)	(2.82)	(0.54)
holdper	0.0006***	3.17E-04	1.08E-05	0.0003*	0.0004*	2.68E-04	2.80E-04	9.66E-05	0.0006***
	(5.50)	(1.57)	(0.05)	(1.65)	(1.75)	(1.25)	(1.32)	(0.46)	(3.06)

续表 7-8-8

	无交互项	vi 与公司治理变量交互项 (i = 1~8)							
djghold	0.0017	0.0042	0.0147**	-0.0042	-0.0074	-0.0024	0.0019	-0.0017	0.0073
	(0.55)	(0.57)	(2.13)	(-0.57)	(-0.99)	(-0.31)	(0.25)	(-0.21)	(1.20)
djgsal	1.31E-09***	1.76E-10	6.09E-10*	1.35E-11	-4.95E-12	-2.01E-10	5.37E-11	-7.03E-11	-2.72E-10
	(6.75)	(0.48)	(1.65)	(0.04)	(-0.01)	(-0.51)	(0.14)	(-0.18)	(-0.72)
tech1	0.002	-0.0027	-0.0041	-0.0007	-0.0031	-0.0103	-0.011	-0.0171*	0.0058
	(0.66)	(-0.44)	(-0.67)	(-0.12)	(-0.52)	(-1.05)	(-1.11)	(-1.85)	(0.76)
plur	0.0023	0.0014	0.0073*	-0.0027	0.0041	0.0032	-0.0021	-0.0031	-0.0005
	(1.25)	(0.36)	(1.96)	(-0.69)	(1.04)	(0.79)	(-0.54)	(-0.78)	(-0.12)
direc	0.0002	-0.0009	-0.0016**	-0.0011	-0.0007	-0.0002	-0.0007	-0.0006	-0.001
	(0.29)	(-1.14)	(-2.14)	(-1.45)	(-0.92)	(-0.27)	(-0.92)	(-0.73)	(-1.36)
indep	0.0376***	0.0408**	0.0655***	0.0437**	0.0188	0.012	0.0295	0.0194	0.0145
	(2.79)	(2.20)	(3.64)	(2.35)	(1.00)	(0.64)	(1.60)	(1.05)	(0.84)
control	0.0089***	0.0129***	0.0106***	0.0131***	0.0067*	0.0059	0.0079**	0.0095**	0.0125***
	(4.80)	(3.48)	(2.97)	(3.50)	(1.80)	(1.56)	(2.09)	(2.54)	(3.51)
year	控制	控制	控制	控制	控制	控制	控制	控制	控制
N	4351	4351	4351	4351	4351	4351	4351	4351	4351

注：表中的显著水平，*** 表示 1%，** 表示 5%，* 表示 10%；所有变量使用稳健标准误；列 (1) 是无交互项情况下模型 (1) 中公司治理变量的系数，列 (2) ~ (9) 是 v1 ~ v8 分别与列 (1) 公司治理变量交互时模型 (1) 中交互项的系数。

第二,法制环境的改善对各类行业的影响差异很大。除了董事会规模之外,其他公司治理因素对法制环境改善的反应都是不同的。以独立董事比例为例,劳动密集型和资本密集型行业都是替代作用,技术密集型行业是互补作用。独立董事比例的提高本来有利于资本密集型和技术密集型行业的创新投入,但法制环境较好时,资本密集型行业中这个作用显著下降,对技术密集型企业却反而更有利。

第三,两类环境因素的影响具有共性。在负债率、董监高激励、董事会结构和企业性质等多个方面,两类环境因素的改善对各类型行业有相同的作用。例如,政府管理或法制环境改善时,企业的国有性质作用在劳动和资本密集型行业中都会减弱,在技术密集型行业中都会增强,并且都是至少在5%水平上显著。

第四,部分表现不同且统计性显著的变量值得关注。如基金持股和董监高持股、独立董事比例、国有性质等指标,在不同的行业、不同的环境背景下会有相异的表现,这对企业技术创新的激励因素带来启示,我们将在下一部分进一步分析这些结果。

基于分样本回归的实证结果,我们将公司治理变量系数与交互项系数同号的称为互补作用,异号的称为替代作用。综合以上结论,总结成表7-8-4。

3. 稳健性检验

为了考察以上结果的稳健性,结合以往文献的做法,我们做了多项稳健性检验。主要包括:将被解释变量替换为研发费用与企业总资产的比值,将核心技术人员的激励水平指标替换为核心技术人员激励占总股本比例,将被解释变量滞后一期,在全样本回归中稳健标准误控制聚类等。本节的时间节点选取已经比政策颁布晚了一年有余,给了企业反应的时间,所以将被解释变量再滞后一期没有对结果产生明显影响;其他做法对本节主要研究结论也没有明显的影响。限于篇幅,此处不再汇报统计检验结果。

(四) 对实证结果的进一步讨论

本节侧重分析了公司治理因素在不同行业、不同制度环境下对技术创新影响的差异,并将影响企业技术创新的内外部因素结合起来,总结了它们之间的互动,进一步扩展了 Klapper 等以及鲁桐、党印的研究:Klapper 等指出,相对于在制度完善地区的企业,处于制度不完善地区企业的公司治理因素对企业绩效的影响更加显著;[①] 鲁桐、党印则指出,不同行业中公司治理对企业技术创新的影响既有相同点,也有差异,公司治理应与行业特点相匹配,以发挥其对创新的促进作用。本节的实证结果表明,针对不同行业,有利于创新的公司治理因素作用不尽相同;同时,在不同制度环境下,同行业企业公司治理因素对创新产生的影响也存在着差异。具体如下:

首先,从行业特点看,技术密集型行业的公司治理因素与企业经营环境因素之间更多地表现为互补关系,技术密集型企业对技术创新的依赖程度最高,反映出相比于劳动密集型和资本密集型行业,要促进技术密集型企业的技术创新,不仅需要发挥良好的公司治理机制对创新的促进作用,还要对政府行政管理水平和法制环境有更高的要求。例如,独立董事占董事会比例的提高对所有行业技术创新均有促进作用,但劳动密集型和资本密集型行业独立董事比例与政府行政管理水平或法制环境在一定程度上呈现相互替代的作用。依赖技术创新创

---

① 参见 Leora F. Klapper, Inessa Love, "Corporate Governance, Investor Protection and Performance in Emerging Markets", *Journal of Corporate Finance*, 2004, 10, p. 703。

造核心价值的技术密集型企业在经营环境良好时,企业的技术创新投入有产权保护的保障,独立董事的意见能够更有效、顺畅地实现,因此独立董事可以发挥更好的效果。对劳动密集型和资本密集型行业来说,制度环境良好时,企业在良好秩序的市场中即可做出创新决策,独立董事的意见对企业技术创新方面没有更多的帮助。又如,董监高薪酬对劳动密集型与技术密集型行业技术创新均有促进作用,但劳动密集型行业董监高薪酬与政府行政管理和法制环境呈现替代关系,说明在经营环境较好时,劳动密集型企业并不需要提高董监高薪酬来激励创新。

其次,股权结构方面,大股东持股比例(所有行业)以及第二至第十大股东持股比例(除资本密集型行业外)越高,越不利于公司创新,表明股权分散有助于减轻大股东侵害中小股东利益的行为,有利于公司立足长远发展,加大创新投入;机构持股比例越高,公司创新投入越大,这与已有研究的结论是类似的。特别地,对某些特定行业,提高政府行政管理水平(对劳动密集型行业)或改善法制环境(对资本密集型行业)则可以减轻股权集中对创新带来的不利影响。而机构投资者对此创新的促进作用在几乎所有行业中均与政府行政管理以及法制环境呈现互补关系,表明充分发挥机构投资者促进公司创新的作用是以良好的政府行政管理以及法制环境为前提的。

最后,实际控制人性质对不同行业技术创新的影响有显著差异。对于劳动密集型行业,国有性质的企业创新动力更低,而对于技术密集型行业,实际控制人的国有性质显著提高了公司技术创新力度。这一结果说明,国家对高科技行业的关注,使国有资本向技术密集型行业集中,而在高风险的研发活动中,国有资本表现出比民营资本更高的抗风险能力。此外,政府行政管理与法制环境的改善能降低国有控制人对劳动密集型行业企业技术创新的不利影响,并有助于提高其对技术密集型企业技术创新的正面作用。这表明国有企业更容易受到政府过度行政干预的影响,承担非经营性目标而弱化公司技术创新投入。通过减少政府对经营活动的过度干预以及提高地方法制水平约束政府行为,有利于国有公司建立合理的经营目标,提高创新动力。

四、结论与建议

本节丰富并完善了公司治理与企业技术创新关系的研究。现有的公司治理与企业创新研究中,企业所处的外部环境通常作为控制变量,极少研究环境变量如何通过公司治理变量影响企业创新决策以及环境变量与公司治理变量之间存在什么样的关系。本节发现,公司治理要素发挥的作用因行业而异,经营环境中的制度因素对公司治理要素影响企业技术创新的调节作用也存在行业差异。本节通过实证研究,检验了影响企业技术创新决策的内部治理因素与经营环境中制度因素的互动关系,验证了在企业技术创新激励机制中,不同的公司治理因素与政府行政管理、法制环境间存在替代或互补的关系。

本节的实证结果表明:

第一,可能促进企业技术创新的公司治理要素在不同类型的行业中发挥的作用不同,制定创新激励政策时要考虑行业的差异。大股东过于集中不利于企业创新投入,基金持股和独立董事的存在可以平衡股权和董事会结构,促进企业做出有利于创新的决策。激励机制中,董监高持股对资本密集型企业的创新投入存在负作用,提高董监高薪酬对资本密集型行业的创新激励作用也不显著。在董事会结构方面,两职兼任和董事会规模的扩大不利于劳动和资本密集型企业的创新,实际控制人的国有性质特征对资本和技术密集型企业的创新投入都呈现正向作用。

第二，在不同的政府行政管理和法制环境下，不同行业中的公司治理因素对激励创新的效果存在差异。良好的政府行政管理和法制环境可以替代部分内部的公司治理因素的作用，也可能使公司治理发挥更好的效果；在较差的政府行政管理和法制环境下，企业要通过公司内部治理的调整来激励创新投入，根据所在行业的特点做出调整治理结构的选择。

本节研究结果对公司治理与企业技术创新有如下建议：

第一，从企业层面看，企业要因应所处行业及经营环境制定公司治理制度以促进企业技术创新。一方面，当企业所在地的经营环境较差时，劳动密集型行业可采用平衡股权结构、加强董监高的激励、提高董事会独立董事比例等方式；资本密集型行业需要采用平衡股权结构、控制董事会规模等方式，同时减少使用董监高股权激励手段；技术密集型行业主要以提高基金持股比例和董监高薪酬、发挥独立董事作用、发挥国有性质的控制人作用等方式促进企业技术创新。另一方面，当企业所在地的经营环境较好时，以上的政策选择需要进行调整。企业所在地政府行政管理水平较高时，所有行业基金持股对企业技术创新的正向作用都会进一步放大；大股东股权过于集中的负向作用会被放大，第二到第十大股东股权集中产生的负向作用被减弱。法制环境较好时，技术密集型行业可以进一步加强管理层激励以及国有控制人对技术创新的正向作用。

第二，从宏观经济角度看，要转变我国过度依赖劳动力和资本的发展方式，提高技术创新水平，政府除了可以使用财政补贴、税收优惠等手段对企业进行激励，还应考虑不同制度环境对不同行业的影响，有针对性地通过加快政企分开步伐，减少政府对企业的过度干预，通过司法改革提高司法的公正性和独立性等方式，提高政府行政管理水平，改善法制环境，强化公司治理因素对技术创新的促进作用。

第九节 法律环境差异对上市公司价值的影响研究[①]

法律环境与公司发展的关系问题一直备受学界的关注。历史告诉我们，通过提供一个促进公司发展的法律机制来鼓励经济增长是每种政体形式下政府的首要目标。随着社会的发展，经济学家们通常强调的社会福利增殖中的效率角色逐渐改变，而在创造社会财富过程中扮演公平角色的法律逐渐被重视。人们开始逐渐重视法律在推动企业发展以及相关利益方面所起的作用，这也是法律和公平的根本目的和精髓所在。审视中国证券市场的发展历程，上市公司数量和股票市值成倍增长。该奇迹的出现既脱胎于改革开放和经济发展的大环境，又离不开中国特色的"股权分置改革"和"发行体制改革"。那么，法律制度是影响证券市场发展的本质因素吗？目前，国内学界对该领域有一定的研究，但是该领域相关的理论模型和方法还比较缺乏。本节通过建立法律与上市公司发展的理论机制模型并通过倍差法（DID）定量审视 2005 修订后的《证券法》对上市公司价值产生的实际影响。

事实上，法律环境差异对上市公司价值影响的研究基础主要是学界的"法与金融"理论。从国际研究范围来看，La Porta、Lopez-de-Silanes、Shleifer 和 Vishny（以下简称"LLSV"）研究范式认为，可以用法律起源的不同来解释各国上市公司发展的差异，即法律起源决定着

---

① 本节部分内容曾以论文形式发表，具体出自冯锐、李胜兰《法律环境差异对上市公司价值的影响——基于中国〈证券法〉的分析》，载《武汉大学学报》2016 年第 7 期。

证券市场的发展,[①] Levine 的研究进一步印证了该观点。[②] 基于 LLSV 的研究成果,国外很多学者进行了一系列很有意义的研究。例如,Claessens 等和 Caprio 等研究了投资者保护法、私人产权保护与公司价值的正向关联。[③]

从国内研究范围来看,学者研究了执法机构的作为对证券市场上市公司财务报表披露情况的影响。例如,耿建新考察了公司因操纵会计质量信息而受到监管部门处罚前后的净利润现金流差异,发现监管部门的处罚减少了违规公司的业绩水分,改善了信息披露真实性,从而保护了投资者的利益,有利于证券市场的长期发展。[④] 但也有学者指出,由于我国证券市场发展时间短,监管执法经验不足等,使得我国证券市场的监管效率低下而不能有效地惩处存在机会主义的上市公司,进而导致我国证券的投资者保护水平较差。该情况说明证券监管执法体系有待完善。[⑤] 此外,我国司法独立性对投资者保护、上市公司成长和证券市场的发展具有积极的影响。[⑥] 综上可以看出"法与金融"理论对于中国当前正在积极推进的法制建设和证券市场改革有重要的理论指导意义。然而,针对中国特殊的国情,法律制度对中国上市公司发展的作用机制绝不仅是西方国家传统"法与金融"理论中明晰产权、保护契约和约束政府等。同时,在研究法律制度与上市公司发展经验的分析中,虽然设置了研究对象的控制变量,但缺乏一定的综合性考虑。本节基于我国的《证券法》,对上市公司发展的作用机制进行分析,并通过倍差法(DID)进行实证分析。

一、作用机制与理论模型

理解法律环境差异对证券市场中上市公司价值的影响机制可以从法律制度的经济价值开始。法律的作用体现在其能在一定程度上影响上市公司的行为选择和带有机会主义的交易行为。假设一个国家有 M 个相同的公司,每个公司的员工数量是 L_i,初始固定资本(fixed capital)是 FC_i,其中 $i \in \{1,2,\cdots,M\}$,且 $FC_1 = FC_2 = \cdots = FC_M$。另外,这个国家第 $M+1$ 个公司有员工数量 L_{M+1},且初始固定资本是 $F_{M+1} > FC_1$。国内一定时期内的自由资本假定为 $\bar{K}$,且能够在 $M+1$ 个公司之间自由流动。此外,$M+1$ 个公司按照经济状况可以分为两种类型:优质公司(H)和劣质公司(L),且对于每个公司有:$j \in \{1,2,\cdots,M,M+1\}$,$S_j \in \{H,L\}$。对于优质公司而言,在相同的技术水平下,其技术生产力应高于劣质公司的技术生产力,即 $A(H) > A(L)$。

影响公司资本总量的因素很多,Tomasz Michalski 等曾指出实体经济的状况类型和优质

[①] 参见 Rafael La Porta et al., "Law and Finance", *Journal of Political Economy*, 1998, 106, p. 1113。

[②] 参见 Ross Levine, "Law, Finance, and Economic Growth", *Journal of Financial Intermediation*, 1999, 8, p. 36; Ross Levine, "Bank-based or Market-based Financial Systems: Which is Better", *Journal of Financial Intermediation*, 11, 2003, p. 398。

[③] 参见 Stijn Claessens et al., "Disentangling the Incentive and Entrenchment Effects of Large Shareholdings", *Journal of Finance*, 2002, 57, p. 2741; Gerard Caprio Jr. et al., "Governance and Bank Valuation", *Journal of Financial Intermediation*, 2007, 16, p. 584。

[④] 参见耿建新、肖泽忠、续芹《报表收益与现金流量数据之间关系的实证分析——信息不实公司的预警信号》,载《会计研究》2002 年第 12 期。

[⑤] 参见张宗新、朱伟骅《证券监管、执法效率与投资者保护——基于国际经验的一种实证分析》,载《贸易经济》2007 年第 11 期。

[⑥] 参见陈信元、李莫愁、芮萌、夏立军《司法独立性与投资者保护法律实施——最高人民法院"1/15 通知"的市场反应》,载《经济学(季刊)》2010 年第 1 期。

经济实体的数量决定该实体经济的总资本数量。[1] LLSV 指出，法律环境的保护程度会影响公司的资本总量。[2] 基于本节模型的分析目的，假定每个公司最终的资本总量取决于三个主要因素：该公司的经济状况类型（S_j）、该国国内优质公司的数量（n）和每个公司的信用法律环境（P_j），而其他相关因素均相同。此外，如果该公司的资本总量（total capital）记为 TK_j，那么 $TC_j = TC_j(S_j, n, P_j)$。

我们采用 Cobb-Douglas 生产函数公式进行分析，即每个公司的产出是：

$$j = A(S_j) F[tc_j(S_j, n, P_j), L_j]$$

令 $y_j = Y_j/L_j$ 和 $tc_j = TC_j/L_j$，且生产函数中资本弹性 $0 < \alpha < 1$，$y_j = A(S_j)[tc_j(S_j, n, P_j)]\alpha$

假设公司的投资者均是理性的，当这个国家的资本分布达到一般均衡时，不论某个公司的经济状况类型是优质公司还是劣质公司，该公司与其他公司的资本回报率均相同，即有：

$$\left\{\frac{\partial y_j}{\partial tc_j} | S_j = H\right\} = \left\{\frac{\partial y_j}{\partial tc_j} | S_j = L\right\}$$

现在我们考虑第 N + 1 公司，由上面的假设我们可以得知 $TC_{N+1} = TC_{N+1}(S_{N+1}, n, P_{N+1})$。那么，如果该 N + 1 公司是优质公司的话，即 $S_j = H$，我们可得到：

方程 1：$TC_{M+1}(H, n, P_{M+1}) - C_{M+1} + (n-1)\{[TC_i(S_i, n, P_i) | S_j = H] - C_1\} + (M - n + 1)\{[TC_i(S_i, n, P_i) | S_j = L] - C_1\} = \bar{K}$

相反，如果该家公司是劣质公司的话，我们可得到：

方程 2：$TC_{M+1}(L, n, P_{M+1}) - C_{M+1} + n\{[TC_i(S_i, n, P_i) | S_j = H] - C_1\} + (M - n)\{[TC_i(S_i, n, P_i) | S_j = L] - C_1\} = \bar{K}$

情况一：公司的经济状况类型是可观测的，且信用法律环境相同。

基于情况一，我们知道 $S_j \in \{H, L\}$ 的确切情况，而且 $P_{M+1} = P_M = \cdots = P_1 = P$，那么通过上面两个方程联立解得 M + 1 公司的资本总量是：

$$TC_{M+1}(H, n, P) = \frac{\bar{K} + M \cdot FC_1 + FC_{M+1}}{n + (M + 1 - n)\mu}$$

$$TC_{M+1}(L, n, P) = \mu \cdot \frac{\bar{K} + M \cdot FC_1 + FC_{M+1}}{n + (M + 1 - n)\mu}$$

其中，$\mu = \left[\frac{A(H)}{A(L)}\right]^{1/(\alpha-1)}$，$0 < \mu < 1$

情况一的结论：在所有公司的经济状况类型可以观测且每个公司的综合法律环境相同的情况下，公司的资本总量将会随着一个国家中优质公司的数量增加而递减。

情况二：公司的经济状况类型是不可观测的，且信用法律环境相同。

如果公司的经济状况类型是不可观测的，则需要采用要素价值理论来定性衡量公司的行为。另外，公司的信用法律环境相同意味着 $P_{M+1} = P_M = \cdots = P_1 = P$。公司 j 的生产总值可以表示为：$wL_j + rFC_j$ 且 $\omega = \frac{\partial Y_j}{\partial L_j} = (1-\alpha)[tc_j(S_j, n, P)]^\alpha$，资本报酬率 $r = \frac{\partial Y_j}{\partial K_j} = \alpha A(S_j)[tc_j(S_j, n, P_j)]^{(\alpha-1)}$。因此，公司 j 的总支出成本是：

---

[1] 参见 Tomasz Michalski, Gilles Stoltz, "Do Countries Falsify Economic Data Strategically?", *Review of Economics and Statistics*, 2010, 4, p. 591。

[2] 参见 Rafael La Porta et al., "Law and Finance", *Journal of Political Economy*, 1998, 106, p. 1113。

$$R_j(S_j,n,P_j) = R_j(S_j,n,P) = A(S_j)\{(1-\alpha)[tc_j(S_j,n,P)]\alpha\} \cdot L_j + \alpha[tc_j(S_j,n,P)]^{(\alpha-1)} \cdot C_j$$

当公司的经济状况类型是不可观测型时，即公司的财务信息是私人信息时，公司管理者是否会有动机去隐匿本公司的财务状况以期获得更多的投资呢？为了说明公司可能的后续行为，不妨假设 $M+1$ 个公司中，只有一个公司进行了欺诈行为，即第 j 个公司本来属于劣质公司，那么公司 j 是否有动机通过隐匿公司经济状况或者伪造财务信息等方式让投资者误判其为优质公司呢？显然，一个劣质公司的资本总量本应该是 $TC_j(L,n,P)$，而该公司如果伪装成优质公司，则资本总量为 $TC_j(H,n+1,P)$。在信用法律环境相同的情况下，理性的投资者会倾向于伪装成的优质公司，即 $TC_j(H,n+1,P) > TC_j(L,n,P)$。假设 $\beta = TC_j(L,n,P)/TC_j(H,n+1,P)$，那么 $\beta < 1$。此时该公司风险行为前后的收益之差为：

$$A(L)\{(1-\alpha)[tc_j(H,n+1,P)]^{(\alpha-1)} \cdot L_j + \alpha[tc_j(H,n+1,P)]^{(\alpha-1)} \cdot C_j\} -$$
$$A(L)\{(1-\alpha)[tc_j(L,n,P)]^{(\alpha-1)} \cdot L_j + \alpha[tc_j(L,n,P)]^{(\alpha-1)} \cdot C_j\} =$$
$$A(L)[tc_j(L,n,P)]\alpha\{(1-\alpha)(1-\beta^\alpha) + \alpha \cdot \frac{C_{M+1}}{tc_j(L,n,P)}(1-\beta^{\alpha-1})\} \geq$$
$$A(L)[tc_j(L,n,P)]\alpha\{(1-\alpha)(1-\beta^\alpha) + \alpha\beta(1-\beta^{\alpha-1})\} > 0$$

由于 $0 < \beta < 1$，因此有 $(1-\alpha)(1-\beta^\alpha) + \alpha\beta(1-\beta^{\alpha-1}) = 1 - \alpha - \beta^\alpha + \alpha\beta > 0$

情况二的结论：在所有公司的经济状况类型是不可观测，且每个公司的信用法律环境相同的情况下，为了提升本公司的资本总量，公司有动机去实施一系列风险行为从而达到误导投资者的目的。

情况三：公司的经济状况类型是不可观测的，且信用法律环境不相同。

当公司的经济状况类型不可观测时，假设隐匿财务状况的公司的综合法律环境是 P_1，资本存量是 $tc_j(H,n+1,P_1)$，真实财务状况的综合法律环境是 P_2，资本存量是 $tc_j(L,n,P_2)$。因为本节主要是基于证券法的分析，而该法律的核心是信息披露原则和财务透明原则，所以可以认为 $P_2 > P_1$。此时，通过 ΔP 来衡量两者综合法律环境的差别，即 $\Delta P = P_2 - P_1$。在此基础上，我们用 $C(\Delta P)$ 来表示综合法律环境较差的公司相对于综合法律环境较好的公司而言所面临的机会成本。

在执法完全的情况下，依据法律确保证券市场公平、公开、公正的基本原则，可以得到：

$$A(L)\{(1-\alpha)[tc_j(H,n+1,P_1)]^\alpha\}) \cdot L_j + \alpha[tc_j(H,n+1,P_1)]^{(\alpha-1)} \cdot C_j\} -$$
$$A(L)\{(1-\alpha)[tc_j(L,n,P_2)]^\alpha\}) \cdot L_j + \alpha[tc_j(L,n,P_2)]^{(\alpha-1)} \cdot C_j\} < C(\Delta P)$$

情形三的结论：从上述分析可以看出，通过提升公司的信用法律环境，可以有效改善管理者隐匿本公司的财务状况以期获得更多的投资者的动机，最终减少公司风险行为的发生。

通过以上分析可以看出：改善公司内部的信用法律环境、提升公司外部的监管力度，有利于降低管理者隐匿本公司的财务状况以期获得更多投资者的动机，从而利于我国整体企业的健康运营。

二、实证分析

基于上述理论分析，笔者考察《证券法》的修改是否对上市公司的市场价值有直接的积极影响。新修改的《证券法》主要变化之一是在证券公司监管和规范运作及其交易品种方面，而该变化的影响对象显然是证券市场中最具敏感性和代表性的证券公司，所以需要考察针对证券业务的上市公司修改的《证券法》部分对该类上市公司市场价值的影响效果。

（一）研究命题的提出

本研究的核心问题是：修订后的《证券法》一旦开始实施，其中关于证券公司的法律准则对这些机构的市场价值有何影响？这不仅需要考察《证券法》修订案实施前后相同证券上市公司的市场价值变化（处理组），还需要考察同时期非证券上市公司的市场价值变化（参照组）。利用 CSMAR 数据库（2004—2006 年）中国 1140 家上市公司的数据，动态地考察《证券法》修订案的通过并实施对证券上市公司市场价值的影响。

（二）估计模型

1. 估计模型与变量选取

将证券上市公司集合视为处理组，将非证券上市公司集合视为对照组，构造一个二元虚拟变量 du_i，设 $du_i = 1$ 表示企业 i 为证券上市公司，$du_i = 0$ 则表示企业 i 为非证券上市公司，同时构造另一个二元时间虚拟变量 d_t，设 $d_t = 0$ 表示在《证券法》修订案实施前的上市企业，$d_t = 1$ 表示在《证券法》修订案实施后的上市公司。令 v_{it} 表示企业 i 在时期 t 的市场价值，Δv_i 表示企业 i 在 $d_t = 0$ 与 $d_t = 1$ 两个时期间市场价值的变化：对于上市公司而言，企业两个时期之间的市场价值变化记为 ΔV_i^1；对于非上市企业而言，企业两个时期之间的市场价值变化记为 ΔV_i^0。因此，《证券法》修订案的实施对上市公司的实际影响 γ 为：

$$\gamma = E(\gamma_i \mid du_i = 1) = E(\Delta V_i^1 \mid du_i = 1) - E(\Delta V_i^0 \mid du_i = 1) \tag{1}$$

基于倍差法的思想：如果存在样本期内始终未受《证券法》中针对证券公司改革条例影响的非证券上市公司，则可以用其公司市场价值的变化 ΔV_i^0 来度量受到《证券法》影响的证券上市公司的市值变化，即 $E(\Delta V_i^0 \mid du_i = 1) = E(\Delta V_i^0 \mid du_i = 0)$，因此公式（1）可以转化为：

$$\gamma = E(\gamma_i \mid du_i = 1) = E(\Delta V_i^1 \mid du_i = 1) - E(\Delta V_i^0 \mid du_i = 0) \tag{2}$$

具体估计方程设定如下：

$$\ln(w_{it}) = \alpha_0 + \alpha_1 \cdot d_u + \alpha_2 \cdot d_t + \gamma \cdot d_u \times d_t + X\beta + \varepsilon_{it} \tag{3}$$

上式中，虚拟变量 du 和 d_t 的设置方法及其含义与前文相同；其中 i 和 t 分别表示企业和时间，v 和 ε 分别表示市场价值和扰动项，且有 $E(\varepsilon it) = 0$。（3）式中对于处理组即 $du = 1$，企业在 $d_t = 0$ 与 $d_t = 1$ 两个时期的市场价值。交互项 $du \times d_t$ 的估计系数 γ 即度量了《证券法》修订案的实施对于上市公司市场价值的真实影响。在运用（3）式进行估计时，有以下问题需要特别注意：（3）式估计结果很大程度上受到对照组企业选择的影响，由于我们缺乏 $E(\Delta v_i^0 \mid du_i = 1)$ 这一反事实的真实数据，因此无法对这一关键假设进行检验。后文基于样本配对的想法，首先采用一些配对指标来挑选适当的对照组企业。其次，由于倍差法分析结果的有效性可能受到变量缺失的破坏，我们在（3）式中加入影响收入的其他控制变量 cv（见表 7-9-1）。

2. 数据来源

利用国泰安数据库（2004—2006 年）对我国 2656 家上市公司进行数据统计分析，剔除 64 家样本期间内从事综合类经营业务的上市公司，同时剔除被解释变量或控制变量数据缺失的 1452 家上市公司，最终参与估计模型的样本量是 1140 家。笔者得到 1124 家非证券上市公司和 16 家证券上市企业的面板数据集。国泰安数据库提供了上市公司在度量企业市场价值方面和控制变量方面的指标。另外，在地区虚拟变量方面，主要加入我国 33 个地区的虚拟变量。在行业虚拟变量方面,因为证券机构上市公司归属于金融行业,所以只设定公用事业、房地产业、综合也、工业和商业5个证监会行业分类的虚拟变量(见表7-9-1)。

表7-9-1 主要变量的定义

被解释变量	$lnvalue$	股权市值和净债务市值之和的对数,反映该公司的整体市场价值和规模
	$lnrevenue$	企业经营的营业收入合计的对数,反映该公司的整体营业收入和规模
解释变量	fc	证券机构取1,非证券机构取0,反映该机构是否受到修订后的《证券法》中针对证券机构的管理条例影响
	d	2006年1月1日之前取0,该时间点之后取1,反映修订后的《证券法》实施的时间效应
	$fc*d$	虚拟变量的交乘项
控制变量	$lntotal\_asset$	上市公司各资产项目总和的对数,反映该公司的规模大小
	$datedif$	企业经营的时间,反映该公司经营时期的长短
	pe_ratio	每股市价/每股收益,反映该公司的股东盈利能力
	$total\_leverage\_factor$	负债总额/资产总额,反映该公司的偿债能力
	$capital\_earning\_rate$	(本年净利润-期初净利润)/期初净利润,反映该公司的发展能力
	$capital\_intensity$	总资产/营业收入,反映该公司的营运能力
	roe	净利润/股东权益余额,反映该公司的盈利能力
	$region$	地区虚拟变量,反映由于我国不同区域经济发展不平衡导致的区域公司价值的差异
	$industry$	行业虚拟变量,反映由于我国不同行业经济发展水平差异所导致的行业间公司价值的差异

3. 实证结果和分析

对样本数据进行倍差法估计,结果见表7-9-2。从估计结果来看,上市公司的市场价值受到公司的资产规模、资产负债率、股权收益率的显著影响。其中,公司的资产规模和股权收益率对上市公司的市场价值的影响是正向、积极的,而资产负债率对上市公司的市场价值的影响则是负向、消极的。此外,公司经营时间的长短、市盈率、净利润增长率和资本密集度对上市公司的市场价值影响并不是非常显著。笔者的估计结果也表明了上市公司的市场价值存在着显著的地域与行业差异。

表7-9-2 上市公司市场价值的估计结果

	MODEL0	MODEL1	MODEL2	MODEL3
$cons$	5.285***	-14.619***	4.927***	-14.596***
fc	2.086***	0.226***	2.251***	0.240***
d	0.227***	0.103***	0.231***	0.102***

续表 7-9-2

	MODEL0	MODEL1	MODEL2	MODEL3
$fc*d$	1.096*	0.115**	1.003*	0.118**
$lntotal\_asset$		0.936***		0.930***
$datedif$		0.003**		0.002*
pe_ratio		0.000***		0.000***
$total\ leverage\ rate$		-0.301***		-0.278***
$capital\ earning\ rate$		0.009		0.013*
$capital\ intensity$		-0.001		-0.001
roe		0.767***		0.750***
$dum\ industry$			显著	显著
$dum\ local$			显著	显著
N	2 280	2 280	2 280	2 280
调整 R2	0.28	0.767	0.363	0.817

注:*表示 $p<0.1$,**表示 $p<0.05$,***表示 $p<0.01$。

然而,修订后的《证券法》中针对证券公司的监管条例对证券公司市场价值有何影响?通过表 7-9-2 的所有估计结果可以看出,在控制了公司的资产规模、盈利能力、股东获利能力、营运能力、发展能力、偿债能力和所处地域与行业差异等诸多特质之后,虚拟变量的交乘项 fc*d 的系数在 10% 的水平上是显著的,这表明修订后的《证券法》中针对证券从业机构的监管条例对其公司市值有积极影响。此外,回归结果的数据表明证券公司的市场价值相对于非证券公司的市场价值有更大的增幅,而且相对于 2004 年的市场价值,2006 年的市场价值随时间的推移上升,即无论是受到新《证券法》中针对证券公司的监管条例影响的证券公司,还是不受其影响的非证券公司,其市场价值都呈现出随时间增加的变化趋势。

三、结论

修订后的《证券法》中关于对证券上市公司的管制条例有助于促进证券上市公司的发展,不但对其市场价值有积极影响,还对其营业收入的增长有促进作用。法律对资本市场的发展起到重要作用,通过完善资本市场的相关法律能够建立上市公司内部和外部的良好的信用环境,促进公司市场价值的提升;同时,该领域法律的完善能推动上市公司的创新机制,实现企业的长远高效发展。

第十节 证券发行注册制改革的路径选择①

一、研究背景与意义

我国证券市场的剧烈震荡引发各方人士的争论,市场的反思主要集中在股票市场融资杠杆和金融衍生品的监管等交易制度层面,鲜有人关注我国资本市场实现资源配置的基础性制度——证券发行制度。显然,资本市场的本源是将资本配置给优质的企业,而我国"父爱式"的行政监管所导致的资源错配将目前证券市场暴露的一系列问题放大数倍。注册制已经成为证券发行制度变革的必然趋势。

党的第十八届三中全会审议通过的《中共中央关于全面深化改革若干重大问题的决定》中明确提出"推进股票发行注册制改革"的要求。2014年5月8日印发的《国务院关于进一步促进资本市场健康发展的若干意见》再次提出"积极稳妥推进股票发行注册制改革"。顺应中央政府对我国证券发行市场改革的决心,学术界一直探索在目前我国证券发行制度存在改革障碍的情况下,如何借鉴发达国家资本市场的宝贵经验,结合我国自身的法治文明和市场生态,探寻中国特色的证券发行注册制改革的实现路径。部分学者植根于我国本土化的制度变迁,以我国证券市场历次发行制度改革的历史经验为着眼点,审视注册制改革的实现路径。如顾连书等认为应遵循自上而下的渐进性制度变迁过程,推进发行机制的市场化,确立市场机制对资本市场资源配置的决定性作用,政府只负责为投资者和融资方提供公平高效的制度环境。② 俞俊利和章立军以证券监管部门和中介机构在证券发行审批制和核准制中的角色功能为研究对象,指出证券监管部门过度介入资本市场,干扰市场资源配置,容易诱发权力寻租,建议侧重于证券市场的事后监管,而非事前干预。③ 相比于本土化的研究,部分学者则专注于证券发行注册制改革的移植和创生,以比较研究的视角直接移植发达国家注册制改革的成功经验。如曹凤岐研究以英美证券市场为代表的股票发行和上市审核制度,指出推进注册制需要采取一系列制度性改革措施,主要包括证券监督管理委员会职能转变、证券交易所功能改制和信息披露质量提升等。④ 李燕和杨淦参照美国注册制改革中的核心三要素,即多元化的审核主体和分离的审核程序、实质性审核的信息披露监管和相配套的其他制度系统,提出我国多元化分权监管和有效性信息披露的改革路径。⑤

追根溯源,证券发行权和上市权的权力属性与信息披露理念是注册制改革的法理根基,前者决定了证券发行上市根植于市场机制,后者决定了证券监管根植于法定审核机制。以往的研究主要以纯粹的制度视角对证券发行注册制改革的理想路径进行研究,而对这些制度能否有效变迁及其变迁效率的研究不足。因此,本节基于法经济学视角,对证券发行注册制的法理根基进行分析,探寻其在我国的实现路径,以期为证券发行注册制改革提供建议。

---

① 本节部分内容曾以论文形式发表,具体出自冯锐、周林彬《证券发行注册制改革:法经济学分析与路径选择》,载《财经问题研究》2016年第7期。
② 参见顾连书、王宏利、王海霞《我国新股发行审核由核准制向注册制转型的路径选择》,载《中央财经大学学报》2012年第11期。
③ 参见俞俊利、章立军《推进股票发行注册制改革的路径探讨》,载《经济纵横》2015年第5期。
④ 参见曹凤岐《推进我国股票发行注册制改革》,载《南开学报(哲学社会科学版)》2014年第2期。
⑤ 参见李燕、杨淦《美国法上的IPO"注册制":起源、构造与争论——兼论我国注册制改革的移植与创生》,载《比较法研究》2014年第6期。

二、注册制权利属性的法经济学分析

我国股票发行审核制度的变迁历程经历了基于"额度控制"和"指标管理"的审批制和基于"通道制"和"保荐制"的核准制,并逐步向国际上普遍实行的基于"自律监管"和"事后管理"的注册制。针对适应于不同市场发展状况的股票发行制度,蒋大兴认为,证券发行的权利属性是判别审批制、核准制和注册制的关键因素之一。[①] 结合上述股票发行制度自身的特点,证券发行权利的实质属性取决于该权利的来源,即是行政授予还是法律授予。具体而言,如果证券发行需要经过法律授权才能实施,那么,法律许可的商事权限构成证券发行的前提和基础;如果证券发行需要经过政府授权才能实施,那么,行政许可的特许权限构成证券发行的前提和基础。因此,证券发行的权利属性可以被认定为特许权和商事权,特许权属性构成审批制和核准制的权利基础,商事权则构成注册制的权利基础。

相比证券发行审批制和核准制,证券发行注册制改革可以视为一种新的制度变迁。从法经济学的角度看,North 认为,制度变迁是效率更高的制度对原有低效率制度的替代过程,是帕累托改进的过程。[②] 事实上,制度变迁的效率改进可以通过成本收益分析的方法进行理解,即原有制度中行为主体的经济收益或交易成本在新制度的激励和约束下是否发生本质性的改善?预期的经济收益或交易成本是否增加或减少?以权利属性为视角,证券发行注册制改革的制度变迁是否意味着行为主体在商事权下的制度成本优于特许权下的制度成本?证券发行注册制改革不仅涉及证券发行市场,而且牵动证券交易市场,本节对证券发行注册制改革中权利属性的制度成本分析分为两部分:一是证券发行市场中行为主体的制度成本分析;二是证券交易市场中行为主体的制度成本分析。一般情况下,依据宋晓燕的分类标准,证券市场的行为主体分为监管主体和市场参与主体,前者指监管机构(中国证券监督管理委员会和证券交易所),后者包括发行人(上市公司)和相关联的市场参与人(证券公司、审计机构、律师事务所、机构投资者和中小投资者)。[③] 为了便于分析,本节将通过博弈论考察不同权利属性对行为主体支付矩阵的影响。

(一)证券发行市场的博弈分析

针对证券发行市场中行为主体的制度成本分析,本节主要通过博弈论量化分析监管部门和上市公司的支付成本,对比商事权和特许权的制度成本。一般情况下,监管部门的策略选择是不监管或监管,上市公司的策略选择是优质公司上市或劣质公司上市。

为了便于分析,假定劣质公司上市需要经过包装,包装费用为 C_1。当监管部门不监管时,劣质公司上市成功获得正效用 U_1,而给监管部门带来负效用 U_3;当监管部门监管时,它将支付监管费用 C_2,通过监管发现劣质公司获得正效用 U_2。需要说明的是,因为是一级市场,所以针对优质公司上市和劣质公司上市的审查和监管程序一样。因此,监管成本可以视为等同。

假设监管部门和上市公司是完全信息静态博弈,即博弈双方对彼此的收益函数和战略完

[①] 参见蒋大兴《隐退中的"权力型"证监会——注册制改革与证券监管权之重整》,载《法学评论》2014 年第 2 期。

[②] 参见 Douglass C. North, *Institutions, Institutional Change and Economic Performance*, Cambridge: Cambridge University Press, 1990, pp. 19–26。

[③] 参见宋晓燕《证券监管的目标和路径》,载《法学研究》2009 年第 6 期。

全了解，而且是一次性的同时行动，行为主体的收益矩阵如表 7-10-1 所示。

表 7-10-1　证券发行市场行为主体的收益矩阵

策略	监管	不监管
优质公司上市	$0, -C_2$	$0, -C_2$
劣质公司上市	$-C_1, U_2-C_2$	$U_1-C_1, -U_3$

从表 7-10-1 可以看出，在 U_2 大于 C_2 的情况下，$U_2-C_2>0$ 意味着监管部门的合理决策是选择监管。基于监管部门的监管策略，劣质公司不会选择上市，那么博弈组合是"优质公司上市，监管"。相反，在 U_2 小于 C_2 的情况下，当 $U_2-C_2<-U_3$ 时，监管部门的合理决策是选择不监管。基于监管部门的不监管策略，劣质公司一定会选择上市，那么博弈组合是"劣质公司上市，不监管"。显然，必须保证 $U_2-C_2>-U_3$，才能确保上市公司做出正确的选择。

在特许权属性的审批制和核准制下，公司上市实质上实行额度控制。由于公司上市是基于特许权的选择机制，必然造就监管部门和上市公司（优质公司和劣质公司）之间的策略博弈。当监管部门成本过高时，它会选择不作为的策略，这就给劣质公司进行业绩包装提供了可能。另外，基于历史因素，沈朝晖认为，股票市场设立的初衷是帮助国有企业融资，那么，监管部门扮演"运动员"和"裁判员"的双重角色必然会产生矛盾，[①] 对待劣质国有企业的上市评价可能存在和优质国有企业相同的情况，因而可能出现 $U_2=0$ 或很小的情形。

在商事权属性的注册制下，公司上市采取市场选择机制。市场选择机制下证券监管将会更多地发挥自律监管功能，也就是充分发挥证券交易所的自律监管，必要时择机选择政府监管。显然，自律监管的实质是股东、券商、上市公司和其他相关市场参与者相互监管，该监管不但可以得到市场参与者的充分理解和配合，而且可以深入政府监管鞭长莫及的商业伦理层面对市场参与主体提出道德约束。因此，具有商事权属性的注册制能够很大程度地降低监管成本 C_2。此外，针对商事权属性的注册制，证券交易所对进场交易的证券公司收取费用，即证券交易所以盈利为目的。基于权利与义务的统一性，证券交易所为了提升自身竞争力，必须通过不断的有效监管树立其在广大证券投资者心目中的信誉和公信力，所以监管效用 U_2 也必然会上升。

（二）证券交易市场的博弈分析

针对证券交易市场中行为主体的制度成本分析，本节也主要通过博弈论量化分析监管部门和上市公司的支付成本，对比商事权和特许权的制度成本。本节假定监管部门和上市公司都是风险中性的理性经济人。一般情况下，监管部门的策略选择是不监管或监管，上市公司的策略选择是违法或守法。监管部门和上市公司彼此了解对方的策略空间和效用函数，但不知道对方的监管概率或违法概率。同时，双方均以自身效用最大化决定选择哪种策略。因此，该博弈属于不完全信息的不合作博弈。

在证券交易市场上，当监管部门不监管时，上市公司守法使得监管部门获得正效用 U，上市公司违法导致监管部门获得负效用 C。当监管部门监管时，对违法上市公司的监管成本

[①] 参见沈朝晖《监管的市场分权理论与演化中的行政治理：从中国证监会与保荐人的法律关系切入》，载《中外法学》2011 年第 4 期。

是 C_1，对守法上市公司的监管成本是 C_2。监管部门对上市公司进行监管时，监管成功的概率是 α，监管失败的概率是 $1-\alpha$，监管成功时，监管部门获得正效用 N。上市公司选择违法行为被监管部门发现获得负效用 U_1，而不被监管部门发现获得正效用 U_2。上市公司守法经营获得正效用 U_3。

监管部门进行监管的收益与成本决定了监管部门对违法行为查处的效果。事实上，基于特许权的监管成本与基于商事权的监管成本存在显著差别。因此，基于不同权利属性的监管部门所付出的监管成本是决定上市公司违法行为查处效果的关键因素。假设监管部门和上市公司是纯策略博弈，而且博弈双方对彼此的收益函数和战略完全了解，行为主体的收益矩阵如表 7-10-2 所示。

表 7-10-2　证券交易市场行为主体的收益矩阵

策略	监管	不监管
上市公司违法	$U-C_1+\alpha N$，$-U_1$	$U-C$，U_2
上市公司守法	$U-C_2$，U_3	U，$-U_3$

从表 7-10-2 可以看出，监管部门进行监管的条件是监管获得的效用大于不监管获得的效用：

$$U-C_1+\alpha N>U-C_2>U-C$$

整理得：

$$\alpha N>C_1-C_2,U>C_2$$

此时，监管部门进行监管获得的效用大于上市公司违法行为的成本和该行为给监管部门带来的负效用。同时，上市公司违法行为导致的损失大于监管部门的监管成本。显然，监管部门具有监管的经济动机，上市公司选择守法经营。

在特许权属性的审批制和核准制下，监管部门的核心权力通过中国证券监督管理委员会的行政权力实施，而且该监管权力具有一定的垄断性，为确保对证券流通市场的有效监管，中国证券监督管理委员会必须投入可观的人力、物力和财力，包括各个领域具有专业知识和丰富监管经验的人才，这必然使得特许权属性下监管部门的监管成本高昂，尤其是在上市公司违法手段和方式日益隐蔽的情况下。此时，C_1 显著增加，使得监管部门的监管动力不足，放纵违法行为的发生，即 $\alpha N<C_1-C_2$。

在商事权属性的注册制下，监管部门的核心权力通过非政府组织的证券交易所的商事权利实施，而且基于公司制的证券交易所具有财务独立、人才荟萃、信息直接和市场熟悉的特征，可以大大降低监管部门的监管成本。此时，C_1 显著降低，更加容易确保 $\alpha N>C_1-C_2$ 的条件成立。

三、注册制信息披露理念的法经济学分析

信息披露是成熟市场投资者关注的焦点，充分而准确的信息披露是保护投资者最为有效的方式，也是我国股票发行审核制度不断演变而追求的重要目标。针对信息披露的程度，相比审批制和核准制，注册制的要求更高，不但要对发行人申请文件、营业性质、财务状况、发展前景、发行数量和价格进行严格披露，而且要求发行人提供关于股票发行的一切相关信息。显然，信息披露是注册制的灵魂和核心。

结合发达国家证券市场的发展历程,学者们研究的证券发行信息披露理念总体上包括两类:法定信息披露和自愿信息披露。对于法定信息披露理念,Brandeis 在 19 世纪末期提出了法定信息披露理论,在谈到法律和监管的作用时,他认为现代意义的证券监管不能代替投资者对证券发行做出判断,而是要通过法定信息公开让投资者了解真相后做出独立的判断。[①] 后续 Douglas 丰富了法定信息披露理论,他指出静态的法定信息披露不能适应非理性或投资能力较差的交易者,只有持续的法定信息披露才有可能帮助缺乏证券信息的投资者。[②] 对于自愿信息披露理念,Benston、Stigler 和 Manne 在 19 世纪中后期提出了自愿信息披露理论,他们认为上市公司的管理层具有足够的动机去披露与公司证券发行有关的重大信息,而不需要法定信息披露制度去约束。[③] 对于自愿信息披露的动机,Healy 和 Palepu 总结为五个方面:控制权竞争、资本市场交易、股票报酬、诉讼成本和管理能力信号。[④] 基于这些动机,上市公司越来越多地披露利益相关者所需要的信息,能够有效降低监管成本。

证券发行注册制改革到底是采用法定信息披露还是自愿信息披露?一方面,本节基于一系列假定,通过成本与收益分析来考察上市公司在证券发行市场的行为;另一方面,基于上市公司的行为分析,通过剖析法定信息披露和自愿信息披露的适应条件来化解证券发行注册制改革的信息披露理念之争。借鉴冯锐、李胜兰的做法,[⑤] 假设一个国家证券市场中有 M 个相同的公司,每个公司的员工数量是 L_i,初始固定资本是 FC_i,其中 $i \in (1, 2, \cdots, M)$,且 $FC_1 = FC_2 = \cdots = FC_M$。这个国家第 $M+1$ 个公司的员工数量是 L_{M+1},初始固定资本是 $FC_{M+1} > FC_1$。国内证券市场一定时期内的自由资本假定为 K,能够在 $M+1$ 个公司之间自由流动,不考虑国内证券市场与其他市场之间的资本流动。此外,$M+1$ 个公司按照经济状况可以分为两种类型:优质公司 H 和劣质公司 L,对于每个公司有,$j \in (1, 2, \cdots, M+1)$,$S_j \in (H, L)$;对于优质公司,在相同技术水平下,其技术生产力应高于劣质公司的技术生产力,即 $A(H) > A(L)$。

影响证券市场中公司资本总量的因素很多,但基于模型分析目标的需要,假定每个公司最终的资本总量取决于两个主要因素:该公司的经济状况类型 S_j 和该市场中优质公司的数量 n,而其他相关因素均相同。此外,如果该公司的资本总量记为 TK_j,那么 $TC_j = TC_j(S_j, n)$。

本节采用柯布-道格拉斯生产函数公式进行分析,每个公司的产出是:

$$Y_j = A(S_j) F[TC_j(S_j, n), L_j]$$

令 $y_j = Y_j/L_j$,$tc_j = TC_j/L_j$,且生产函数中资本弹性 $0 < \alpha < 1$,则有:

$$y_j = A(S_j)[tc_j(S_j, n)]^\alpha$$

假设公司投资者均是理性的,当这个国家证券市场中的金融资本分布达到一般均衡时,不论某个公司的经济状况类型是优质公司还是劣质公司,该公司与其他公司的资本回报率均

[①] 参见 Louis D. Brandeis, *Other People's Money*, Louisville: University of Louisville Press, 1914, pp. 67–68。

[②] 参见 William O. Douglas, "Protecting the Investor", *Yale Review*, 1934, 23, p. 522。

[③] 参见 George J. Benston, "Required Disclosure and the Stock Market: An Evaluation of the Securities Exchange Act of 1934", The *American Economic Review*, 1973, 63, p. 132; George J. Stigler, "Public Regulation of the Securities Market", Journal of Business 37, 1964, p. 117; Henry C. Manne, "Insider Trading and Property Rights in New Information", *Cato Journal*, 1985, 4, p. 933。

[④] 参见 Paul M. Healy, Krishna G. Palepu, "Information Asymmetry, Corporate Disclosure, and the Capital Markets: A Review of Empirical Disclosure Literature", *Journal of Accounting and Economics*, 2010, 31, p. 405。

[⑤] 参见冯锐、李胜兰《法律环境差异对上市公司价值的影响研究——基于中国〈证券法〉的分析》,载《武汉大学学报(哲学社会科学版)》2015 年第 2 期。

相同：

$$\left\{\frac{\partial y_j}{\partial tc_j} \mid S_j = H\right\} = \left\{\frac{\partial y_j}{\partial tc_j} \mid S_j = L\right\}$$

经整理得：$\{\alpha A(S_j)[tc_j(S_j,n)]^{\alpha-1} \mid S_j = H\} = \{\alpha A(S_j)[tc_j(S_j,n)]^{\alpha-1} \mid S_j = L\}$。现在考虑第 $M+1$ 个公司，由上面的假设可以得知 $TC_{M+1} = TC_{M+1}(S_{M+1}, n)$。如果第 $M+1$ 个公司是优质公司，即 $S_j = H$，得到以下方程：

$$TC_{M+1}(H,n) - FC_{M+1} + (n-1)\{TC_j(S_j,n) \mid S_j = H\} - FC_1 + (M-n+1)$$
$$\{TC_j(S_j,n) \mid S_j = L\} - FC_1 = K$$

相反，如果第 $M+1$ 个公司是劣质公司，得到以下方程：

$$TC_{M+1}(L,n) - FC_{M+1} + n\{TC_j(S_j,n) \mid S_j = H\} - FC_1 + (M-n)$$
$$\{TC_j(S_j,n) \mid S_j = L\} - FC_1 = K$$

如果公司的经济状况类型是不可观测的，需要采用要素价值理论来定性地衡量公司行为。公司 j 的生产总值可以表示为：$wL_j + rFC_j$ 且 $\omega = \frac{\partial Y_j}{\partial L_j} = (1-\alpha)[tc_j(S_j,n)]^{\alpha}$，资本报酬率 $r = \frac{\partial Y_j}{\partial K_j} = \alpha A(S_j)[tc_j(S_j,n)]^{(\alpha-1)}$。因此，公司 j 的总支出成本是：

$$R_j(S_j,n) = A(S_j)\{(1-\alpha)[tc_j(S_j,n)]^{\alpha} \cdot L_j + \alpha[tc_j(S_j,n)]^{(\alpha-1)} \cdot FC_j\}$$

当公司的经济状况类型不可观测时，即公司的财务信息是私人信息时，公司管理者是否有动机隐匿本公司的财务状况以获得更多的投资者？为了说明公司可能的后续行为，我们不妨假设 $M+1$ 个公司中，只有一个公司进行了欺诈行为，即公司 j 本来属于劣质公司，那么公司 j 是否有动机通过隐匿公司经济状况或伪造财务信息等方式让投资者误判断其为优质公司？事实上，如果一个公司通过隐匿公司经济状况或伪造财务信息等方式成功误导投资者，那么可以断定该公司存在这样的风险行为。

劣质公司的资本总量是 $TC_j(L,n)$，如果其伪装成优质公司，则资本总量为 $TC_j(H,n+1)$，该公司风险行为前后的收益差为：

$$A(L)\{(1-\alpha)[tc_j(H,n+1)]^{\alpha} \cdot L_j + \alpha[tc_j(H,n+1)]^{(\alpha-1)} \cdot FC_j\} - A(L)$$
$$\{(1-\alpha)[tc_j(L,n)]^{\alpha} \cdot L_j + \alpha[tc_j(L,n)]^{(\alpha-1)} \cdot FC_j\} > 0$$

基于上述分析可以得出如下结论：在所有公司的经济状况类型不可观测时，为了提升金融资本总量，公司有动机实施一系列风险行为从而达到误导投资者的目的。

综上所述，在完全无约束的市场环境下，真实、准确、完整、及时的信息披露是不现实的。为有效地保护投资者，信息披露始终是市场监管的核心。对于法定信息披露理念，监管机构将法律规范作为调整上市公司与利益相关者之间信息沟通的有效工具，而且所有制度和监管措施都以建立强制信息披露为基础。显然，在法制相对完善和健全的情况下，法定信息披露理念是以事前约束为定位对证券市场投资者进行保护。对于自愿信息披露理念，监管机构将经济利益作为调整上市公司与其他利益相关之间信息沟通的有效工具，而且经济利益的确立完全取决于成熟的法治体系。在市场机制发达的情况下，自愿信息披露理念更加强调以事后治理的定位对证券市场投资者进行保护。目前对域外各国和地区证券发行制度的研究也支持上述分析。LLSV 从法律因素方面揭示法律渊源对信息披露的影响差异，结果显示，法律执行效率低的国家更倾向于采取法定信息披露的预防性措施。[①] Ball 等通过对比成文法系国家和普通法系国家,研究不同法系对信息披露的影响,表明普通法系国家选择主动的自愿披露信息更加可靠。[②]

四、注册制改革的路径选择及政策建议

通过对我国证券发行注册制改革中关于权力属性和信息披露理念的法经济学分析,可以明确证券发行注册制改革的法理逻辑在于商事权授予下的法定信息披露理念。事实上,该法理逻辑恰恰符合我国股票发行审核制度长期改革的目标,即全力推行市场化的证券发行机制,确定市场机制对资本市场资源配置的决定性作用。然而,目前我国证券发行市场依然属于政府主导,还未达到完全商事权准许的金融生态环境。因此,需要选择一条符合我国现阶段发展情况的改革路径。

结合我国股票发行审核制度的历史改革经验,以政府为主导的强制性变迁一直贯穿始终。受制于制度变迁路径依赖规律,我国股票发行审核制度的路径选择有必要遵循以往自上而下的渐进性制度变迁路径,以推行"发行商事权改革"和强化"法定信息披露机制"为突破口,由当前核准制逐步过渡到注册制。因此,笔者给出如下政策建议。

首先,逐步推进我国证券发行的商事权改革,发挥市场机制在证券定价中的决定性作用。针对证券发行的商事权改革,鉴于证券交易所在证券市场中具有证券交易平台、证券交易心脏、证券交易枢纽以及上市公司与证券公司自律组织的重要地位,证券交易所的独立主体地位需要完全确立,逐步摆脱政府监管部门的强力控制,尤其要转变目前"强政府、弱交易所,强行政权、弱自治权"的趋势。针对证券发行的定价机制,改革询价制度,完善定价约束机制。基于充分信息披露的前提,证券发行人与投资者通过信息对称下的市场化博弈确定证券的发行价格,不断减少人为因素的影响。

其次,继续完善证券法定信息披露机制,强化不同责任主体的责任与义务。针对证券法定信息披露,确保公司招股说明书、上市公告书、定期报告和临时报告等相关文件公开的信息全面、精准和及时,尽量构建不同市场参与主体信息对称的金融生态环境。针对市场参与主体的责任,进一步明确利益相关机构的独立主体的权责,例如严格界定保荐机构、会计师事务所、律师事务所和资产评估机构等证券服务机构及从业人员的责任边界。对于存在虚假陈述、重大遗漏等重大违法行为的发行人,一经确认其行为与投资者损失存在直接因果关系,利益相关机构必须依法进行相应的民事赔偿。

最后,不断丰富证券发行监管细则,明确投资者保护的救济途径。针对证券发行监管细则,借鉴北京大学课题组的研究成果,必须对现行《证券法》《证券交易所管理办法》做出相应修改,强化证券交易所的证券交易活动监管权和上市公司治理监督权。[③] 此外,鉴于证券争议仲裁是交易成本较低的诉讼解决方式,修改《仲裁法》且允许证券交易所作为仲裁机构,鼓励上市公司、会员券商及其他证券市场参与主体通过证券交易所章程、上市协议等自治文件方式约定仲裁方式和仲裁机构。针对投资者保护的救济途径,一方面,建立集体诉

[①] 参见 Rafael La Porta et al. , "Legal Determinants of External Finance", *Journal of Finance*, 1997, 52, p. 1131; Rafael La Porta et al. , "Law and Finance", *Journal of Political Economy*, 1998, 106, p. 1113。

[②] 参见 Ray Ball et al. , "The Effect of International Institutional Factors on Properties Classification of Earnings", *Journal of Accounting and Economics*, 2000, 72, p. 21。

[③] 参见北京大学课题组、吴志攀《证券发行法律制度完善研究》,载《证券法苑》2014 年第 1 辑。

讼制度，为中小投资者提供诉讼的实现手段。另一方面，完善司法惩戒机制，通过赋予证券监管部门享有请求法院通过司法程序对证券违法行为予以裁判的权利来有效制止和预防证券违法行为的发生。

第十一节　公司控制权行使的正当性分析[①]

《公司法》修订草案在理论界、实务界的万千瞩目下正式进入全国人大审议阶段，在2005年2月25日至28日举行的第十届全国人大常委会第十四次会议上已经对其进行了首次审议，《公司法》修订案可谓呼之欲出。这次修改多达11章共263条的草案，将大部分重点放在强化股东权益保护以及规范上市公司治理上。[②] 无论是高管报酬要公开、强化小股东权益、赋予股东诉讼权，还是专门做出上市公司组织机构的特别规定，其核心在于公司治理的控制权配置及行使的正当性。但在为何需正当行使公司控制权以及如何从正当性方面完善我国公司治理结构等问题上，学界仍语焉不详。本节将在理论与实证分析基础上，从法律经济学角度对上述相关问题进行探讨。

一、研究背景

无论从何种角度研究公司治理，公司控制权的配置与行使都是关键，其中控制权行使的正当性与公司治理效率息息相关。

首先，从公司治理研究的起源来看，公司治理问题的根源在于所有权与经营权的分离。无论从法律角度还是从经济学角度定义所有权，其实质是由股东控制，而经营权则是管理者控制。解决这两种控制权分离所引致的一系列公司治理问题的核心，便是如何配置和行使这两种公司控制权。

其次，从公司治理的不同定义看，其根本点还在于公司控制权的有效配置与正当行使。从委托代理与契约角度分析公司治理，[③] 最终解决问题的关键在于激励机制与约束机制。无论从激励机制还是约束机制入手，控制权如何在内部利益相关者、外部利益相关者之间有效分配以及控制权行使的正当性，都是公司治理的目标，订立契约是实现目标的途径，而控制权行使的正当与否决定着治理效率。而在制度安排视角下，公司治理归结为一系列的制度安排。科斯、阿尔钦、威廉姆森、德姆塞茨、巴泽尔、斯瓦茨等新制度主义学者关于企业的理论，从制度安排、交易费用理论、不完全契约等方面探讨了公司治理问题。其中，制度安排中的权利配置（例如产权安排），更是新制度主义强调的重点之一。无论是国外学者还是国内学者的研究，公司治理的制度安排所要界定的不仅仅是公司与其所有者（shareholders）之间的关系，还包括公司与所有相关利益集团（例如雇员、顾客、供货商、所在社区等，统称stakeholders）之间的关系。这种制度安排决定公司为谁服务、由谁控制、风险和利益如何在各利益集团之间分配等一系列问题，即决定控制权配置的最终目的——确保控制权行

[①] 本节部分内容曾以论文形式发表，具体出自李胜兰、黄健梅《公司控制权行使的正当性分析——一种法律经济学视角》，载《中山大学学报（社会科学版）》2005年第3期。
[②] 参见关金《公司法修订草案获五大突破》（http://finance.sina.com.cn/g/20050224/01281378782.shtml）。
[③] 该研究角度最早可追溯到伯利和米恩斯，随后詹森和梅克林、法玛等学者从理论或实证角度不断扩展和完善了委托代理、契约理论的研究。参见 Michael C. Jensen, William H. Meckling, "Theory of the Firm: Managerial Behavior, Agency Costs and Ownership Structure", *Journal of Financial Economics*, 1976, 4, p.305; Eugene F. Fama and Michael C. Jensen, "Agency Problems and Residual Claims", *Journal of Law and Economics*, 1983, 26, p.327。

使的正当性、实现治理目标。

最后，从法学角度看，公司治理的核心在于权、责、利的界定与权利行使的正当性之间的衡平。而权、责、利的界定，在经济学语言里就是权利的配置。公司治理的法律意义主要体现在一定的控制条件下，通过法律规章，最大限度地减少控制给公司股东及其他利益相关者造成的损害，构建公司股东、管理层以公司价值最大化为目标的激励机制及有效的管理和监督机制，确保权利行使的正当性。可见，法学范畴的研究更注重控制权配置与行使效率的结合，控制权行使的正当性直接关系到投资者保护程度。

从上述分析不难看出，控制权的配置及其行使的正当性是我们研究公司治理问题的核心。正如阿图尔·考夫曼强调法是"实然与应然的适应",[①] 公司控制权的配置与行使也涉及公司治理法规的"实然"与"应然"——"配置"对应着应然状态，而"行使"则是实然状态，两者结合度的决定因素之一便是行使的正当性。显然，控制权行使的正当性乃公司治理研究的重头戏。

而我国在这方面的研究差强人意。从内容上看，大部分已有研究集中在公司控制权市场上，主要涉及控制权的转让、并购。[②] 此外，还有大量关于股权结构方面的研究，这些研究只是隐含地讨论了股东控制权的问题。对内部人控制（即管理层控制）的探讨以及法学中关于公司治理的文献也仅停留在控制权的配置方面。[③] 对控制权行使的正当性问题进行直接研究的文献鲜见，大部分研究局限于从实证角度分析股权结构、董事会结构与公司绩效的关系,[④] 却没有回答何种控制权结构有助于确保控制权行使的正当性。从研究方法上，我国现有研究在定性分析与实证分析方面都有所成就。经济学分析、法学分析皆有，但法律经济学这一交叉学科研究方法的出现率极低。本节则试图运用法律经济学研究方法，明确分析公司控制权行使的正当性问题。

二、公司控制权行使正当性的理论分析

（一）公司控制权的内涵

在学术界，公司控制权已被广泛运用，就其概念本身而言，其内涵具有多样性。广义地说，公司控制权指的是对公司决策的决定性影响力。公司决策包括经营、管理、监督方面的决策。不少学者都只从某些角度对公司控制权进行具体定义，或从董事会管理与监督决策角度，或从股东会管理决策角度，或从公司经营决策角度，或从以上的部分组合角度来定义公司控制权。我们认为，完整的公司控制权定义应从内部控制权与外部控制权两方面入手。前者主要指股东、董事、经理层的管理层控制，后者指的是接管市场、债权人等控制。从控制手段来说，也可划分为管理控制与金融控制。完整的公司控制权表现为在股东、董事、经理层层次的控制，以及接管市场、债券人层次的控制，其实质为决策控制权。无论从"剩余

---

① 参见[德] U. 诺伊曼、郑永流《考夫曼的生平与思想》，载《比较法研究》2002年第1期。
② 参见冯根福、吴林江《我国上市公司并购绩效的实证研究》，载《经济研究》2001年第1期；瞿宝忠、刘涛海：《上市公司控制权让渡的定价问题研究》，载《上海金融》2003年第2期；朱琪、黄祖辉：《我国上市公司并购中控制权变更市场效应的实证研究》，载《中国管理科学》2004年第3期。
③ 参见陈湘永、张剑文、张伟文《我国上市公司"内部人控制"研究》，载《管理世界》2000年第4期。
④ 参见周建波、孙菊生《经营者股权激励的治理效应研究——来自中国上市公司的经验证据》，载《经济研究》2003年第5期；于东智、池国华《董事会规模、稳定性与公司绩效：理论与经验分析》，载《经济研究》2004年第4期。

控制权"① 还是"资本结构控制权"② 来解释控制权，归根结底，都是决策控制权，其差别主要在于决策的类型不同。

（二）公司控制权行使

伯利和米恩斯在《现代公司与私有财产》一书中描述了公司控制权行使的内容：一是控制公司所拥有的全部财产的处置权，而这是公司控制权的核心内容；二是对董事会的成员和董事的任命具有决定权。伯利和米恩斯关于控制权内容的第二种情况的描述我们也可以理解为控制权具有委任公司管理者的权能。③ 但是，他们在20世纪30年代的论述显然没有完全包容公司控制权行使模式的发展事实，董事控制公司以及CEO（包括各种不同称呼的经理人）控制公司的情况实际上形成了现实趋势，并且控制活动除了占有和支配公司财产、任免董事以外，另一项重要的职能就是对公司的重大事务做出决策，它当然包括设计和实施公司运营中的财务结构和金融计划。这一点被许多学者概括为对公司的重大事项和经营政策具有不同寻常的影响力。

（三）公司控制权正当行使

1. 法学视角的正当行使

权利行使的正当性（legitimacy）问题，涉及权利形成和表达的全过程，涉及文明社会的普遍性的理性价值——如公平、正义、合理、制衡、公开、民主等，特别是涉及利益在相关主体之间的平衡分配和权利拥有者对相关利益者应当承担的信义义务和勤勉义务的制度设定。

权利行使的正当性是指权利在被利用、发挥效力和产生结果时须符合法律规定的条件和程序，符合正义、公平及不损害他人利益和社会公共利益的原则，满足上述条件的权利行使行为必受法律保护，滥权的行为应当承担法律责任，负有义务的权利主体不得放弃或者懈怠权利，为了重大的社会公共利益的紧迫、现实的需要（如城市中公共工程的兴建对房屋产权人的影响等），权利人有义务通过自律、协商补偿、迫不得已的法律强制力施行等途径接受牺牲。上述定义中隐含了权利行使的正当性的前提以及理念，其理念内涵丰富，充分映射了人类社会的理性价值——正义、公平、和平等。

公司控制权作为一种特定权利，其行使的正当性表现为公司利益相关者权利行使、义务履行的合理性和有效性，分为内部控制权与外部控制权的正当性。传统法学主要对股东、董事、经理层三个层次进行分析，研究方法仍以规范分析为主。大部分学者都从理论上强调控制权行使正当性的重要性，但在我国实践中却缺乏行之有效的正当性标准：在股东层次上，虽然我国《公司法》第102条至第111条赋予了股东表决权、审阅权和信息获取权、异议股东的股份价值评估权、股利分派请求权、诉讼提起权以及股份自由转让权、优先认股权、剩余财产收益权等权利，但没有明确提出股东控制权行使的正当性标准。目前学术界围绕"一股独大"、大股东掠夺小股东权益展开的讨论，都提出要防止控制股东滥用权利、保护

---

① 参见 Sanford J. Grossman, Oliver D. Hart, "The Costs and Benefits of Ownership: A Theory of Vertical and Lateral Integration", *Journal of Political Economy*, 1986, 94, p. 691。
② 参见 Oliver E. Williamson, "Corporate Governance", *The Yale Law Journal*, 1984, 93, p. 1197。
③ 参见［美］阿道夫·A. 伯利、加德纳·C. 米恩斯《现代公司与私有财产》，甘华鸣、罗锐韧、蔡如海译，商务印书馆2005版。

中小股东权益。其实质就是对大股东控制权的约束、在股东层次确保控制权的正当性。2004年12月7日中国证监会出台的《关于加强社会公众股股东权益保护的若干规定》、2005年《公司法》修订草案中对中小股东权益保护的条款，都证明我国亟待建立确保股东控制权正当行使的制度；在董事层次上，董事的义务充当董事会控制权的正当性标准。正当的董事会控制基于董事信托义务的履行程度，具体包括注意义务和忠实义务。但当下《公司法》中这些只停滞在"书本上"的标准，均为原则性的标准，因而现实中董事违背信托义务而引发上市公司丑闻的情况屡见不鲜。中国证监会颁布的《关于在上市公司建立独立董事制度的指导意见》开始建议引入1/3的独立董事来保障董事层次控制权行使的正当性。但内部人控制、独立董事不"独立"、相关立法滞后等问题的存在，使得独立董事这一措施难以为"正当性"护航；在经理层次上，我国经理层次的公司控制权行使也仅以其注意义务与忠实义务来建立正当性标准，同样存在可行性、效率性问题。虽然，股东（大）会、董事会是它的监督者，但内部人控制（例如董事长与CEO职位重合）、上市公司信息透明度不足、我国控制权市场发展滞后以及股东诉讼制度不健全等外部治理机制缺乏，都使得我国公司这一层次控制权行使的正当性无法得到保证。此外，我国《企业破产法》等相关法律法规、《证券法》对上市公司信息披露的监管等都较好地保障了债券人层次控制权行使的正当性。

2. 法律经济学角度的正当行使

公司控制权属于社会经济性权利的一种。公司作为一种经济组织，承载了众多主体的利益要求和期望，公司控制权的行使必然会触动每一个相关利益主体的利益。在"一股一票"的公司决策体制下，小股东疏于监督、搭便车，大股东借助资本力量左右股东会的决议，并且通过包揽公司董事会成员的全部或多数使董事会成为大股东的"橡皮图章"。除非公司讨论的重大问题需要更多比例的股权的支持意见，否则在某些公司中少数股东的投票权几乎失去了意义。如此一来，公司控制权从其自然属性上就存在着随时伤害他人利益的可能。此外，公司控制权的正当行使不仅牵涉到公司内部和外部以契约方式连接的种种利益相关者的利益，而且与国家的利益息息相关。从权利存在形式的活性能力看，公司控制权乃一种动态性经济权利，其"一动则全局动"。

从公司控制权权利存在与表现的动态性、公司控制权的运作牵扯利益的广泛性、公司控制权容易产生利己损人行为的倾向性等情况来看，其正当行使是非常现实的需要。随着公司治理结构的逐步改善和中小股东维权意识的提高，公司控制权的行使必然越来越倚重于正当性的价值，以使这种权利的利用所产生的福利为更多的社会成员享受，公司管理中的经济民主得以张扬，公司的长远利益才会巩固和延伸。

概括来说，权利行使的正当性的价值必然表现在正当性的社会标准的普遍确认和制度选择上。对于处在利益交织和冲突中的公司控制权，行使的正当性所具有的标准主要包括以下的内容：第一，公司控制权的掌管者不能为了自己的私利滥用权力，他们的行为的出发点应是为公司的最高利益和全体股东的利益。竭力避免自己的利益与公司利益发生冲突，对公司怀有忠诚；第二，控制权行使应保障中小股东的权利和其他相关者的利益；第三，控制权行使应保障公司的绩效不断提高，这是控制权正当行使的基础；第四，力求提高管理效率。可见，正当行使公司控制权自然体现的不仅仅是中小股东的信赖和利益依归，而且体现社会文明和进步的整体期望。

从法律经济学角度切入，公司控制权行使的正当性以效率为主要含义、以效率为衡量正当性的"度"。根据法律经济学集大成者波斯纳的观点，效益原则是评判法规的主要原则之一。这就要求我们在分析公司治理中控制权行使问题时,要以控制权配置的实际效率、公司绩效为标准。独立董事比例的规定或股权结构的改革,不应仅仅取决于理论分析、语言与规范分析,还取决于效率分析、实证分析。以实践中最有利于改善公司绩效、实现公司价值最大化的独立董事比例和股权结构为立法依据,施行实践中而非理论中正当性的保障措施。当然,"效率"这一原则,并不能替代其他人类社会的理性价值原则——公平、正义等。与泽伯所言一致,效率原则的最终目的不在于成为压倒性的决策原则,而在于为决策者提供有用的信息。[①]

三、实证分析

正当性的规范分析与实证分析的结合,才能设计出"应然"与"实然"适当契合的公司治理法规。接下来,将对控制权正当行使的"度"进行实证分析,借助实证模型建立行使的正当性标准。值得注意的是,基于我国实际情况,实证部分的控制权暂时限于股东层次与董事层次。概括地说,我国当下《公司法》的相关规定、市场经济改革的特殊性以及证券市场中国有企业的高比例,都表明股东和董事层次的公司控制权是当前公司治理相关立法关注的中心。因此,这里主要分析这两类控制权,经理层面控制权以及其他利益相关者的控制权行使问题则成为日后实证研究的方向之一。

(一)模型

蒲自立、刘芍佳探讨了股东会层次控制权行使的"度"——有效控股权的阈值问题。[②] 他们运用库宾和利奇的控制度指标[③]对每个样本公司控股权的阈值进行了实证估算,在一定程度上弥补了目前大部分研究以事前设定的阈值去分析公司股权结构与公司绩效的关系之不足。但他们仅提出我国上市公司的控股权阈值较高、获得公司控制权有利于公司绩效的基本结论,没有具体回答我国有关公司控制权行使正当性立法所关注的问题——上市公司的最优控股权阈值。至于董事会层次控制权的阈值,目前仍是有待开拓的处女地。阈值的实证指标除了库宾和利奇的控制度指标外,还有 Shapley-Shubik 指数、Banzhaf 指数。基于这些"舶来品"指标的局限性,对于我国而言,它们都不是最佳实证指标。我们利用非连续、不可微条件下的全局优化算法,通过以下优化方程分别求出对公司绩效影响最佳的最大股东控股比例阈值 γ 以及内外董事比例的阈值 λ。

$$Min(\sum_{i,t} Sit^2)$$

$$Sit = \{ROAit - [\alpha + c1^*Grit + c2^*ln(Asit) + c3^*Deit + c4^*Heit + c5^*(Wit - \gamma) + c6^*Wnit]\}$$

(1)

$$Min(\sum_{i,t} Sit^2)$$

$$Sit = \{ROAit - [\alpha + c1^*Grit + c2^*ln(Asit) + c3^*Deit + c4^*Heit + c5^*Wit + c6^*(Wit - \gamma)]\}$$

(2)

---

① 参见 Richard O. Zerbe Jr., "Is Cost-Benefit Analysis Legal? Three Rules", *Journal of Policy Analysis and Management*, 1998, 17, p. 419。
② 参见蒲自立、刘芍佳《论公司控制权及对公司绩效的影响分析》,载《财经研究》2004 年第 10 期。
③ 参见 John Cubbin, Dennis Leech, "The Effects of Shareholding Dispersion on the Degree of Control in British Companies", *The Economic Journal*, 1983, 93, p. 351。

这里，i、t分别表示个体、年份，ln表示对变量取对数我们以资产收益率（ROA）为公司绩效的衡量指标，以公司成长性指标——资产增长率（Gr）、公司规模指标——资产（As）、资产负债率（De）、股权集中度衡量指标——Herfindahl指数（He）、外部董事比例（Wn）为公司业绩的解释变量。

为检验这些阈值与公司绩效之间的关系，我们利用实证模型（3）、（4）进行非平衡面板数据分析。模型（3）中分别引入阈值γ、λ的虚拟变量，利用它们分析第一大股东持股比例以及外部董事比例偏离阈值时对公司绩效产生何种效应。模型（4）则引入虚拟变量$D1$（$Wn \geq \lambda$，$D1=1$；否则为0）、$D2$（$W \geq \gamma$，$D2=1$；否则为=0）具体剖析第一大股东持股比例以及外部董事比例偏离阈值的多少对公司绩效有影响。利用模型（3）、（4）实证结果，为控制权行使的正当性标准提供实证依据。

$$ROA_{it} = \alpha + c_1{}^*Gr_{it} + c_2{}^*ln(As_{it}) + c_3{}^*De_{it} + c_4{}^*He_{it} + c_5{}^*Wn_{it} + c_6{}^*Wn_{it} + c_7{}^*D1 + c_8{}^*D2 \quad (3)$$

$$ROA_{it} = \alpha + c_1{}^*Gr_{it} + c_2{}^*ln(As_{it}) + c_3{}^*De_{it} + c_4{}^*He_{it} + c_5{}^*(Wn_{it} - \gamma) + c_6{}^*(Wn_{it} - \lambda) \quad (4)$$

（二）样本确定

受数据来源限制，我们只选取上海证券交易所交易750家A股上市公司为样本公司。遵循国内外实证分析的通常做法，剔除金融类上市公司。此外，为避免公司上市时间先后以及特别处理类上司公司（ST、PT）的特殊性对估计结果的无偏性、稳健性的影响，我们只选取1999年以前上市的公司（423家），并剔除ST、PT类公司（25家），最终样本范围确定为398家公司。样本期为2000—2003年。所用数据来源于深圳市国泰安信息技术有限公司的CSMAR数据库。

（三）实证结果

1. 描述性指标

我们分别统计各变量最大值、最小值、平均值、标准差，结果表明，我国上市公司的股权集中度偏高，虽然呈现递减趋势，但Herfindahl指数在2000年最高达到0.7847，2003年为0.7015；所有样本公司的Herfindahl指数平均值在0.22上下波动。最大股东的持股比例仍处于较高水平，2000—2003年的平均值高达42.82%。这两个指标显示我国上市公司中"一股独大"情况较普遍，从另一角度揭示我国股东会层次控制权受到相应制衡的可能性降低。外部董事比例日趋上升，自2001年正式颁布规定以来，均值迅速地从2000年的3.21%增加到2003年的23.26%，增幅为626.88%。与法规要求的1/3仍有差距，但2003年有16%的样本公司外部董事比例达到1/3以上，远高于2000年的3.3%。从描述统计指标看，我国外部董事的发展态势良好。

2. 实证结果分析

利用MATLAB软件解决非连续、不可微条件下的全局优化问题，根据模型（1）、（2），我们得出在收敛情况下的估计值，它们分别为37.03%、20.20%。模型（3）、（4）的回归结果如表7-11-1所示。各个模型的F统计量以及Durbin-Watson统计量均拒绝零假设，不存在系数值相同、自相关问题。我们从表中看到下面这几点。一是总体估计弥补了单组数据不足的缺陷，外部董事比例的虚拟变量D1在10%的水平上显著为负，P的系数为负，但在10%水平上部显著。目前我国上市公司中外部董事比例高于阈值20.20%时，对公司绩效产生一定的负效应，但负面影响不大（系数值分别为 -0.0220、-0.0135）。虽然外部董事比例在总体估计与时间效应估计中的系数估计值不显著，但皆为正数。以上情况说明，在实践中，我国独立董事比例并没有法规中所说的1/3，但分析结果印证了理论上所说的独立董事的积极作用；然而，这些积极作用在目前表现不明显。二是第一大股东持股比例的虚拟变量D2以及K的系数分别为 -0.0150、-0.0767，在1%水平上显著。此外，第一大股东的持股比例系数值为 -0.0153，与公司绩效负相关。负的系数估计值印证了"一股独大"容易导致大股东权利滥用问题。三是表1中时间效应分析结果将不同年份对系数值估计的影响细化，我们不难看到在2000—2003年中，D1与P均显著，除了在2003年系数表现为较小的正数外，其余均显著为负。而D2、K在这4个不同年份中的系数估计值基本为负。结果基本支持了上面关于目前我国上市公司外部董事以及第一大股东控制权行使的非正当性的结论。四是无论是总体估计还是时间效应估计，公司资产、公司成长能力与公司绩效显著正相关，这与财务理论相符。而公司的资产负债率的变动方向与公司业绩相反，这一方面表明目前我国上市公司负债率偏高、财务杠杆效应产生负作用，另一方面表明大股东或经营层利用控制权过度追求私利等不正当行使控制权的概率增加。Herfindahl指数始终为正，在一定程度上揭示了适当的股权集中对公司发展有利。

综合来看，Panel Data估计的结论基本与前面理论分析的结论相符合：股东会层次以及董事会层次的控制权行使需要建立有效的正当性标准。第一大股东持股比例偏离阈值超出阈值的程度越高，对公司绩效的负效应越大，滥用控制权的概率也越大。由于外部董事不独立等问题，目前我国外部董事比例增加而公司控制权不当行使的可能性并没有因此而降低。

四、结论与政策建议

综合关于公司控制权行使正当性的理论分析与实证分析，我们不难发现：一是无论从法学视角、经济学视角还是法律经济学视角分析，控制权行使的正当性是保障中小股东的信赖和利益的根本，更是社会文明和进步的整体期望所在；二是公司控制权行使的正当性除了表现在控制权权利主体不滥用权利外，还表现在中小股东和其他利益相关者的权益得到保护、公司绩效不断改善、管理效率得以提高；三是理论分析与实证分析都表明控制权的不正当行使导致公司绩效、治理效率下降；四是关于第一大股东持股比例与外部董事比例阈值与公司绩效的实证分析显示，目前我国大股东滥用控制权侵占中小股东利益、内部人控制等不正当行使控制权行为对公司绩效产生负影响，而独立董事在约束股东、经理层以及内部董事的控制权上作用不大；五是分别为37.03%与20.20%的第一大股东持股比例与外部董事比例阈值，一针见血地指出我国公司控制权行使的正当性缺乏有效性保障的根源——股权过于集中、控制权行使制衡力量不足。

针对目前我国公司控制权行使的状况，我们应该从以下几方面去建立有效的控制权行使正当性保障体系。一是分解国有大股东的股份以培养公司股权结构中的制衡机制。通过拍卖、划拨方法分解国有股大股东所持股份，改变大部分上市公司"一股独大"的局面，在不转换不流通股的前提下分解原大股东的持股份额，使得原大股东持股比例在25%～35%，让更多的国有投资主体或其他有实力的投资者成为上市公司的较大股东，从而在股权配置上趋向平衡，形成公司控制权的分配和较大股东之间的相互制约。二是对独立董事责权利做出强制安排以强化公司控制权正当行使的约束力。此外，证监会可着手推动外部董事的声誉市场的建立，以此来解决"不独立"问题，保障外部董事真正发挥其职能。三是彻底改造监事会制度。

表 7-11-1 模型 (3)、(4) 总体估计、时间效应估计结果

自变量	模型 (3) 总体估计		模型 (3) 时间效应估计		自变量	模型 (4) 总体估计		模型 (4) 时间效应估计	
	系数	标准差	系数	标准差		系数	标准差	系数	标准差
C	-0.0311	0.0281	-0.0802***	0.0312	C	-0.0460*	0.0238	-0.0760***	0.0238
Ln (As)	0.0105***	0.0025	0.0113***	0.0026	Ln (As)	0.0099***	0.0025	0.0105***	0.0025
De	-0.1632**	0.0729	-0.1598**	0.0698	De	-0.1633*	0.0695	-0.1588***	0.0695
Gr	0.0323*	0.0192	0.0281	0.0187	Gr	0.0333*	0.0187	0.0289	0.0187
He	0.0714*	0.0433	0.0718*	0.0433	He	0.1026***	0.0313	0.0977***	0.0313
W	-0.0153	0.0399	-0.0184	0.0381	K/2000	-0.0767***	0.027	-0.0872***	0.0239
Wn	0.0199	0.025	0.0437**	0.0193	2001	-0.0767***	0.0273		
D1/2000	-0.0220*	0.012	-0.0490***	0.0164	2002	0.2452***	0.0545		
2001			-0.0351***	0.0105	2003			-0.0264	0.0695
2002			-0.0703***	0.0061	P/2000	-0.0135	0.0111	-0.0225***	0.0088
2003			0.0253***	0.0035	2001			-0.0004	0.0027
D2/2000	-0.0150***	0.0047	-0.0184***	0.0054	2002			0.0783***	0.0028
2001			-0.0150***	0.0043	2003			0.1069***	0.0368
2002	-0.0604***	0.0106		0.0151					
2003			0.0003						

注:*、**、*** 分别表示在 10%、5%、1%水平上显著。其中 K = W - γ, P = Wn - λ; 估计方法为 Pooled EGLS (时间加权), 利用 white 方法克服横截面异方差; 调整的 R2 分别为 0.2725、0.2849、0.2712、0.2837。D-W 值分别为 2.6488、2.2139、2.2237、2.2040。

笔者认为可以从以下四个方面去改造现有的监事会制度。一是彻底改变监事会集体负责的制度，明确监事的个人独立工作性质及个人责任。二是明确监事对公司的代表权、支配公司资金权、公司临时股东大会的召集权、公司财务情况和决策活动调查权。三是限制控股股东对监事的提名权，由控股股东提名选出的监事不得超过监事总数的1/3。四是明确国资委真正定位。目前国资委更多的是将自己定位为国有企业"董事会"，监管国有企业的具体运行。鉴于国资委所监管的国企范围过大，我们认为股东会地位更有利于国资委发挥其职能，有利于控制权的行使受到合理、有效的制衡。

第十二节 合伙规则的经济学分析[①]

围绕我国《合伙企业法》的修改，国家立法机关就我国合伙企业出资制度、有限合伙制度、退伙制度、债务承担制度、风险基金制度以及纠纷解决制度等进行了全面的讨论。[②] 目前，关于合伙的主体地位，有两种不同的观点：一种观点认为合伙具有民事主体地位；另一种观点认为合伙不具有民事主体地位。关于合伙人的资格的争议焦点集中表现为法人是否可以作为合伙人。关于合伙人和合伙的债务清偿争议主要表现为应该采用双重优先权原则还是合伙债权优先原则。[③] 另外，与人大代表提出的"合伙纠纷往往很难得到法院的正确处理"的观点基本一致，[④] 我们所做的合伙纠纷的调查显示：其一，虽然某些合伙纠纷涉案金额不大，但是涉及的诉讼程序却较为复杂，需要经过二审程序，甚至再审程序；其二，一般认为，基于信任关系而发生的纠纷以调解、和解结案方式概率较高。为什么法院难以处理合伙纠纷？如何才能减少合伙纠纷？[⑤] 经济学是选择的科学，它弥补了传统概念法学方法在面对规则选择问题时权衡能力不足的缺陷。我们拟从法经济学角度对上述问题进行分析，基本思路如下：首先，从企业的契约本质出发，阐明了合伙的价值，并就合伙的法律主体地位、法人合伙人资格、隐名合伙等合伙的基本法律问题展开讨论；其次，从规则的交易成本以及激励角度，论证了合伙债务承担规则的选择；最后，通过对法院的合伙纠纷的司法判决的实证分析，提出建立合伙纠纷仲裁前置程序以及确立举证责任倒置原则的建议。

一、合伙的价值及基本法律问题

（一）合伙的契约维度及相关制度安排

科斯认为企业的本质在于用长期契约代替了短期契约，用科层的权威代替了市场的讨价

[①] 本节部分内容曾以论文形式发表，具体出自李胜兰、冯曦《合伙规则的经济学分析》，载《学术研究》2006年第10期。

[②] 参见《关于〈中华人民共和国合伙企业法（修订草案）〉的说明》，载中国人大网（http://www.npc.gov.cn/wxzl/gongbao/2006-09/26/content_5354974.htm）。

[③] 相关论述参见王明锁、梁向锋《关于合伙的独立民商主体地位的思考》，载《河南大学学报（社会科学版）》2002第1期；李建伟《论合伙的主体地位》，载《中州大学学报》2004年第1期；江伟、王国征《合伙不具备民事主体地位》，载《法商研究》1999第1期；刘邓军《论合伙不应成为独立民事主体》，载《重庆社会科学》2005年第12期；阮兴文《合伙企业债务与合伙人个人债务清偿顺序研究》，载《云南大学学报（法学版）》2005年第1期；马强《合伙法律制度研究》，人民法院出版社2000年版。

[④] 参见《分组审议合伙企业法修订草案》，载法律快车网（https://www.lawtime.cn/info/hehuo/hehuoqiyejiufen/20100602960.html）。

[⑤] 在现实的生活中，合伙纠纷主要表现为：一是合伙关系认定；二是合伙企业财务纠纷；三是解散、退伙纠纷。

还价，从而节省了交易成本获得收益。① 威廉姆森在科斯的基础上进一步分析了交易成本的决定因素（资产专用性、不确定性和频率）以及它们决定的治理结构，并指出，企业对应于一体化的或者统一的治理结构，企业是一个法律实体，它控制一系列的资产，并用自己的名字完成交易。因此，从契约维度，作为短期契约的市场与作为长期契约的企业具有同质性，它们之间的转化取决于交易成本的大小。作为一种事实状态，市场和企业形成了"契约"谱系的两个极端。当人们为了一定的经营目的，组合在一起进行相应的分工合作，形成了"关系契约"，从而达到优势互补、降低交易费用的目的。② 由此可见，"合伙"并不以"法定"为必要，法律也只是对事实状态的一种认可，对当事人契约缝隙的填补。

根据以上结论，合伙法意义有四点。第一，可以进一步认为，合伙可区分为事实合伙和法定合伙，它们在本质上没有区别，③ 应该肯定事实合伙在实体法上的主体地位。第二，从诉讼成本的角度看，程序法应该综合考量实体法规范以及诉讼成本的大小。如果事实合伙有字号，该字号可以作为诉讼参与人。当事实合伙没有字号，外观上也难以确定其负责人的时候，允许采用共同诉讼的方式。④ 可见，现行法律具有合理性。⑤ 第三，在法律适用上，我们主张关于事实合伙的有关事项，合伙人没有约定，《民法通则》也没有规定的，可以适用《合伙企业法》的规定。在立法技术上，应该在《合伙企业法》中规定上述法律适用原则。第四，在立法理念上强调《合伙企业法》中包含的更多应是任意性而非强制性规范，例如在合伙协议方面不应该对其内容做出"应当"的强制性规定。⑥

此外，从契约自由的角度看，在当事人之间的契约不存在外部性（externality）的情况下，法律不应禁止。因此，合伙人之间约定，一方仅提供资金，并享受盈余，但不参与合伙经营管理的情形时（所谓隐名合伙），该种契约对第三方（债权人）并没有产生实质的影响（从另外一个角度看，由于合伙资金的增加，合伙盈利的概率增加，反而有利于债权人的债权实现）。因此，隐名合伙的地位应该予以认定，即认定该合伙契约的有效性以及隐名合伙人的有限责任，隐名合伙人须承担合伙损失等。

(二) 合伙的优势及法人合伙人资格

著名企业经济学家阿尔钦和德姆塞茨认为，从团队生产（team work）的交易成本（监督成本）的角度，建立在家庭、朋友等信任关系基础上的合伙企业降低了监督成本。同时又指出，随着合伙人的增加，合伙人偷懒的激励也在增加，监督成本上升，因此，合伙企业的规模只能限制在一定范围之内。相比而言，股份有限责任公司由于股东之间的监督成本降低，可以比合伙企业的规模大得多，但是由于所有权和经营权分离所带来的代理成本也会上升。因此，在现代经济中，由于交易成本的存在，脱胎于合伙企业的股份公司并没有取代合

---

① 参见 Ronald H. Coase, "The Nature of the Firm", *Economica*, 1937, 4, p. 386。
② 参见［美］奥利弗·E. 威廉姆森《资本主义经济制度》，段毅才、王伟译，商务印书馆 2002 年版。
③ 根据美国法律，合伙通常被视为一种默示的或者非注册类型的商业组织。当一个组织符合法律关于合伙的定义，又没有选择其他类型的商业组织形式的时候，通常被认为是合伙。参见 Larry E. Ribstein, "Statutory Forms for Closely Held Firms: Theories and Evidence from LLCs", *Washington University Law Review*, 1995, 73, p. 369. 关于事实合伙的论述还可参见王泽鉴《民法学说与判例研究》，中国政法大学出版社 2005 年版，第 104 页。
④ 对于该类合伙，我国立法上称为"个人合伙"。我们认为"事实合伙"的称谓更为合理，因为在《合伙企业法》中存在自然人合伙，"个人合伙"称谓没有揭示两种类型合伙的本质。
⑤ 不同观点参见江伟、王国征《合伙不具备民事主体地位》，载《法商研究》1999 年第 1 期。
⑥ 参见《合伙企业法》第 13 条。

伙企业,而是在一定的范围之内"分疆而治"。① 詹森和梅克林进一步给出了合伙企业优势得以存在的条件:一是资本劳动的比率较小;二是劳动附加值对所有非劳动成本的比率较高;三是队生产存在规模经济;四是外部监督成本很高,并且队生产成员之间的内部监督成本较低;五是队规模较小;六是队生产成员个人人力资本收益远远偏离完全的正相关水平;七是有关未来劳动收入资本化的代理成本甚高。②

由此可见,合伙存在的原因,除了以合伙人之间的信任为基础带来了较低的代理成本外,还取决于规模经济等因素。③ 虽然法人之间并不如同自然人之间存在心理上的信任关系,但是由于规模经济的存在,合伙也是一种节约成本的选择。因此,赋予法人以合伙人资格具有合理性。④ 需要指出的是,由于我国法人种类繁多,并且其尚未得到很好的界定,特别是机关法人和某些事业法人承担了公共管理职能,因而享有一定的公权力,如果允许这些法人成为合伙人,就会增加公权与私权合谋的可能性,损害市场的健康发展。因此,我们认为,规定企业法人(即公司法人)享有合伙人资格较为妥当。⑤

二、合伙债务承担规则

合伙债务承担规则包括合伙内部债务承担规则和合伙外部债务承担规则。合伙内部债务承担规则是指合伙人之间对于合伙债务的分担规则,合伙外部债务承担规则是指当合伙债权人与合伙人个人债权人的受偿发生冲突时所采用的债务承担规则。

(一) 合伙内部债务承担规则

目前流行的合伙内部债务承担主要有四种方式:一是按约定承担;二是按出资比例承担;三是平均承担;四是按盈利分配比例分担。它们又可以通过不同的组合得到不同的承担形成不同的规则。根据合同自由的原则,当事人对债务的承担做了约定,首先应该依照约定。根据合伙协议的默示规则,⑥ 合伙人对合伙的工作应该负担勤勉、注意审慎的义务。我们发现,当没有约定的时候,不同的规则对合伙人的工作(勤勉、注意审慎)的激励不同。

假定,合伙人 Ai 勤勉、审慎工作的预期效用为 EU_{Ai},不勤勉、审慎工作的预期效用为 EU'_{Ai},勤勉、审慎工作成本为 c,Ai 的自有的财产为 X',不同方式分配债务的比例为 θ_i,p、q 分别为不同的努力程度所导致的"好"的结果概率,则有:

$$EU_{Ai} = p^* U(R\beta_i + X' - c) + (1-p)^* U\{Max[(X' - L\theta_i), 0] - c\}$$
$$EU'_{Ai} = q^* U(R\beta_i + X') + (1-q)^* U\{Max[(X' - L\theta_i), 0]\}$$

可见,这与 Jensen 所指出"当信息不对称时,经理会出于最大化个人利益的目的制定

---

① 参见 Armen A. Alchian, Harold Demsetz, "Production, Information Costs, and Economic Organization", *American Economic Review*, 1972, 62, p. 777。
② 参见 Michael C. Jensen, William H. Meckling, "Theory of the Firm: Managerial Behavior, Agency Costs and Ownership Structure", *Journal of Financial Economics*, 1976, 4, p. 305。
③ 另外,从金融工具的角度考虑,合伙企业与其他企业组织形式都属于一种金融商品,投资者选择不同的金融商品具有分散风险、实现投资目标最大化目的。
④ 关于法人是否具有合伙人资格的讨论,达成共识的观点是,合伙人承担无限连带责任,这与我国《民法通则》关于法人承担无限责任的制度并不矛盾。
⑤ 应该允许不享有公共管理权力或者公益性事业法人(比如福利机构和学校)也可依法设立合伙,成为合伙人。
⑥ 更多关于合伙默示条款的论述参见 Larry E. Ribstein, Peter Letsou, *Business Associations*, Gloucestershire: Clarendon Press, 1995; Larry E. Ribstein, "Statutory Forms for Closely Held Firms: Theories and Evidence from LLCs", *Washington University Law Review*, 1995, 73, p. 369。

投资政策，从而导致公司投资过度"[①]的情形相类似，由于合伙人之间承担连带责任，当收益和责任不对称时，自有的财产 X' 较少的合伙人更具有冒险的激励，从而导致合伙的过度投资。又由于合伙人勤勉、审慎工作通常是难以观察的，必须在规则上选择合伙人勤勉、审慎的约束机制，使得合伙人的自有财产与其合伙盈余直接"挂钩"，因此，按盈余比例分配债务的方式更能达到要求合伙人履行勤勉、审慎义务的目的。

根据合伙内部债务承担方式组合而成的四种不同的规则是：一是按合伙人协议约定的债务分配比例承担。如果未约定债务分配比例，但约定了利益（盈余）分配比例的，按利益分配比例分担；如果既没有约定债务分配比例，又没有约定利益分配比例的，则由各合伙人平均分担（Ⅰ规则）。[②] 二是合伙合同约定了损益分配比例，则从约定。如果未约定损益分配比例，则按出资比例负担损失（Ⅱ规则）。[③] 三是法定比例优先于合伙人的约定比例适用（Ⅲ规则）。[④] 四是按照协议约定的债务承担比例或出资比例分担；如果没有约定，可以按照约定的或实际的盈余分配比例承担（Ⅳ规则）。[⑤]

首先，根据科斯定理，明晰的产权配置更能降低交易成本。若根据Ⅱ规则和Ⅳ规则，合伙人在内部债务承担上存在较大的不确定性：一是上述规则给出的是"或可"选择，当合伙债务承担有"约定"，同时存在"出资比例"情形，便产生权利冲突；二是上述规则给出的承担方式不周延。其表现为当"约定"或者"出资比例"同时缺失的情形下，责任承担方式不明确。

其次，根据前文分析的结论，按盈余分配的债务承担方式效率更高。我们认为，在没有约定的情形下，该债务承当方式应该被首先选择。因此，我国《合伙企业法》关于合伙人内部债务承担的规则更为合理，《民法通则》关于合伙内部债务承担的规则应该做出相应修改。

（二）合伙外部债务承担规则分析

合伙外部债务承担规则是指当合伙债权人与合伙人个人债权人的受偿发生冲突的时候所采用的债务承担规则。根据我国现行法律的规定，合伙债务应该用合伙财产清偿，不足部分由合伙人个人财产清偿，但是对于当合伙债务与合伙人个人债务发生冲突时并没有规定。合伙外部债务承担规则主要有两种原则：一是合伙债权优先原则；二是双重优先权原则。所谓合伙债权人优先原则，指的是合伙债权人就合伙财产优先受偿，不足部分，与合伙人个人债权人就合伙人的财产共同受偿。所谓双重优先权原则，指的是合伙财产优先用于清偿合伙债务，个人财产优先用于清偿个人债务。

假设，合伙 A 的合伙人分别为 A1、A2 和 A3。合伙债权人 B，合伙人 A1 的债权人（侵权债权人或者合同债权人）为 C。B 对合伙债权为 1000，C 对 A1 债权为 100，合伙财产 （Y）为 800，按照上述原则以及合伙责任连带承担原则，B 向 A1 主张 200 债权，A1 承担的债务为 100，如果其拥有的财产（X）大于 100，则 B、C 同时得到清偿；如果小于 100，那

[①] 参见 Michael C. Jensen, "Agency Costs of Free Cash Flow, Corporate Finance, and Takeovers", *American Economic Review*, 1986, 76, p. 323。
[②] 采取该规则的主要以德国为代表，《合伙企业法》也基本采用该规则。
[③] 采用该规则的主要有法国、日本、我国台湾地区。
[④] 例如《民法通则》第 35 条第 1 款规定："合伙的债务，由合伙人按照出资比例或协议的约定，以各自的财产承担清偿责任。"
[⑤] 《最高人民法院关于贯彻执行〈中华人民共和国民法通则〉若干问题的意见（试行）》采用了该规则。

么 B 优先受偿，C 不能受偿或者部分受偿。

在合伙债权优先原则下：

当 Y > 1000 时，全部清偿的条件是 X' + (1000 - Y)θ - 100 > Q，即 X' > 100 - (1000 - Y)θ；部分清偿的条件是 X' + (1000 - Y)θ - 100 < 0，即 0 < X' < 100 - (1000 - Y)θ。①

当 Y < 1000 时，全部清偿的条件是 [X' - (1000 - Y)] - 100 > 0 即 X' > (1000 - Y) + 100；部分清偿的条件是 0 < X' - (1000 - Y) < 100，即 1000 - Y < X' < 100 + (1000 - Y)。

在双重优先权原则下：

当 Y > 1000 时，全部清偿的条件是 X' - 100 > 0，即 X' > 100；部分清偿的条件是 X' - 100 < 0，即 0 < X' < 100。

当 Y < 1000 时，全部清偿的条件是 (X' - 100) - (1000 - Y) > 0，即 X' > (1000 - Y) + 100；部分清偿的条件是 (X' - 100) > 0 且 (X' - 100) - (1000 - Y) < 0，即 100 < X' < (1000 - Y) + 100。

可见，第一，从纯财富分配的角度看，不同的规则对社会财富不会产生影响。第二，只有在合伙财产大于合伙债务的时候，不同规则才对合伙人个人债务清偿产生影响，其中，在合伙债权优先原则下，合伙人个人债务清偿更容易实现，因为 100 - (1000 - Y)θ < 100。第三，关于合伙内部债务和外部债务的关联性。由于双重优先权割裂了个人债务和合伙债务、个人财产和合伙财产的关系，因此合伙内外部债务之间不具有关联性；而由于合伙债权优先原则并没有割裂上述关系，因此合伙内外部债务之间具有关联性，其表现为上述的 θ，合伙债权原则更容易产生烦琐的债务链条。因此从诉讼成本的角度看，双重优先权对于清偿财产的认定成本更低。第四，从激励的角度看，由于合伙债权优先原则倾向于保护合伙债权，从而使得交易（合同债权）更多地在合伙之间发生，这似乎与商业交往中"有限责任"的优势地位不相符。

综上所述，我们认为，我国采用双重优先权原则更为合理。② 需要指出的是，从动态的角度看，双重优先权规则容易对合伙人个人向合伙转移财产的激励，其结果对合伙人个人债权人保护不利。因此，当采用该规则的时候，法律应该对合伙人个人财产向合伙转移做出限制。

三、合伙纠纷的解决规则：重点讨论事实合伙

通常，事实合伙是基于双方的信任而形成的关系契约，关于关系契约的治理，威廉姆森更加推崇"私人法庭"（仲裁）而不是"公共法庭"（诉讼）。③ 其原因是，关系契约是一种心理默契，当事人并没有就契约条款做出过细的考虑（因为这种考虑本身就需要成本，过多考虑则失去了合伙本身的意义）。观察合伙纠纷的样本发现，事实合伙契约具有明显不完全特征。因此，一方面，事实合伙纠纷的解决应该更倾向于强调当事人之间充分"交往"

---

① θ 是约定或者法定合伙内部债务承担比例。
② 有学者从民法基本原则的角度否定了双重优先权原则，主张采用债权发生顺序原则。参见阮兴文《合伙企业债务与合伙人个人债务清偿顺序研究》，载《云南大学学报（法学版）》2005 年第 1 期。我们认为债权发生顺序原则值得商榷，原因是：第一，可能只有在信息对称的时候才有效（比如银行对企业的贷款），但是现实生活中很多交易是处于信息不对称状态的，要求交易方了解相互之间的债务承担的成本很高，该规则可能导致信用交易的减少和现货交易的增加；第二，对于同时存在合同债权以及侵权债权而言，顺序说也不能实现公平的目的，因为顺序并没有将侵权债权的风险内部化；第三，从诉讼成本的角度，理清债权发生的顺序成本较高。
③ 参见[美] 奥利弗·E. 威廉姆森《治理机制》，王健等译，中国社会科学出版社 2001 年版。

的"私人法庭。①另一方面，应该纠正由于契约不完全而带来的合伙人之间举证能力不对等的地位，实现实质正义以及减少诉讼。基于以上理由，我们认为，事实合伙纠纷的解决应该建立仲裁前置程序以及举证责任倒置原则。

（一）仲裁前置原则

诉讼通常是对抗性和破坏性的，它对于纠纷的解决通常并不以双方当事人的合意为依归。② 因此，诉讼可以解决纠纷，但是结果可能是当事人的效用偏离了契约曲线，因此是非帕雷托效率的。对于合伙而言，诉讼机制的机制具有的负面效应更为明显：一方面，如前所述，合伙人事前难以规划未来事件的发生，因此，对于诉讼证据规则，他们往往处于被动的地位，诉讼对于纠纷的解决并非达致实质正义；另一方面，合伙一般发生在家族、朋友等熟人之间，诉讼机制的公开性和对抗性使得合伙纠纷的当事人撕破脸皮，后续的合作变得困难。因此，把合伙纠纷提交诉讼，即意味着合伙关系的终止，由此所形成的社会财富（包括商誉等）也会丧失殆尽。总之，合伙纠纷更应该倡导通过非正式纠纷解决机制得到解决。我们主张把仲裁机制作为我国事实合伙纠纷的前置程序，其理由有三。第一，仲裁强调的是当事人之间的多方位的商谈和交往。因此，确切地说，它是一种沟通机制。第二，如果合伙人积累了一定的财富，包括商业网络、商誉等，双方都有合作的激励，那么通过相互之间以信任为基础的信息的交换，可能会获得一致的意见，而最终使得纠纷合意解决，合伙事业也得以继续。第三，仲裁员的裁决除了要认真对待当事人提供的证据外，还要注意从"良心"的角度衡量，以及注重裁决结果的合理性。因此，仲裁的方式更有可能保障实质正义的实现。

（二）举证责任倒置

如前所述，事实合伙很大程度上是合伙人基于双方的信任关系，因此在相关的合伙协议中，对于以后合伙经营事务的规定不会过于仔细，这一方面节省了当事人谈判的成本，另一方面也增加了履约的成本以及纠纷解决的成本。通常，掌握了合伙经营事务管理权的合伙人对于合伙事务包括资金往来、业务往来等有较为清楚的了解，虽然法律也规定了当其他合伙人不信任委托人时，有撤销委托的权利，以及查阅往来账目的权利。但是，由于账目的技术性较强，一般的合伙人查阅账目通常需要借助专业机构，成本较高，且对于事实合伙而言，其账目并非一定按照法定的标准或者规范的标准编制，从而增加了事实合伙人了解账目信息的难度。

因此，当纠纷发生的时候，合伙事务管理者掌握的证据和相关的信息较为充分，而非事务管理者掌握的证据稀缺，从而处于被动的地位。其导致的可能结果是，一方面，增加了纠纷通过诉讼解决机会的可能性。因为，倚重于证据的诉讼程序，对于处于证据优势的合伙人而言，其对胜诉的预期较大，对于处于道德优势的合伙人而言，在于"讨个公道"，其对胜诉的预期也较大。另一方面，破坏了实质正义以及合伙人之间的信任机制。实际判决的结果可能对具有证据优势的一方更为有利，而处于道德优势的一方往往败诉。

我们认为，在有关合伙治理事务，包括资金的往来、利润的计算和分配等方面，非管理

---

① 体现了哲学家哈贝马斯所倡导的交往理性。
② 相关论述参见［日］棚濑孝雄《纠纷的解决与审判制度》，王亚新译，中国政法大学出版社1994年版。

合伙人有异议而对管理合伙人提起诉讼的，应当由管理合伙人举证。如果管理合伙人不能举证推翻非管理合伙人的诉讼理由以及请求的，应当由管理合伙人承担不利的后果。通过上述举证责任倒置的方式，一方面平衡了合伙管理者与非合伙管理者的信息地位，从而保障了实质正义的实现。另一方面也可以促使合伙管理者提高管理水平，做好资金流动等方面的记录工作，从保证信义义务的履行。

四、结论

本节从法经济学角度，特别是交易成本角度，围绕合伙的基本法律问题、合伙债务承担规则以及纠纷解决规则等展开较为详细的讨论。我们认为：第一，合伙企业法应是以任意性规则为主的法律规范，应该在实体法的层面给予合伙（包括事实合伙和法定合伙）以法律主体的地位。第二，关于合伙内部债务承担应该以约定优先，按盈余分配次之，其他方式为补充。关于合伙外部债务承担，应该采用双重优先权原则。第三，合伙是基于当事人信任关系而建立的关系契约，因此，诸如仲裁这种"私人法庭"对合伙纠纷的解决更为可取。同时，由于合伙管理人更具有证据优势，更涉及合伙人之间的诉讼时，应该由合伙管理人对其不利的请求来举证，即实行举证责任倒置。

第十三节　WTO审慎例外与中国金融监管制度创新[①]

一般认为，中国"入世"利大于弊。但正如我国"入世"谈判的首席谈判代表龙永图所言，"这不是自然出现的。必须努力，才能争取到利大于弊。如果不做出努力，则不一定"，我国金融业长期处于政府强力监管和保护下，"入世"后面临的压力巨大。金融在现代经济中的作用举足轻重，1997年东南亚金融危机几乎使该地区近一二十年来的经济发展成就化为乌有就是最好的例证。鉴于此，我国急需在金融领域争取到"利大于弊"的有效对策。

目前理论界和实务界热烈讨论的对策集中在利用过渡期保护和扶持我国金融产业这一方面。过渡期当然是我国金融业在重压下获得短时喘息和调整的良机，但作为一个幼稚产业，奢望它在短短几年内获得与发达国家实力雄厚、管理科学的金融业相匹敌的竞争力是不现实的。因此，从长远来看，寻找即使在过渡期后仍可在不违反WTO规则的前提下给我国金融业提供适度保护的对策，是我国金融监管所面临的更为重大而影响深远的课题。事实上，WTO已经给我们提供了这样一条道路。崇尚务实精神的WTO为了避免其成员迫于自由化进程中的巨大压力而终止自由化努力的情形，设置了诸多例外条款，允许其成员借此适当保护国内幼稚产业。在货物贸易领域，这些例外条款，比如保障措施、补贴、反倾销和反补贴等，已经得到了理论界的高度重视，并付诸实践。[②] 但在金融服务领域，相应的例外条款——审慎例外，却没有得到足够重视。本节主旨即在于弥补我国理论界对这一重要问题的不恰当的忽视。

[①] 本节部分内容曾以论文形式发表，具体出自李胜兰、郑远远《WTO审慎例外与中国金融监管制度创新》，载《现代国际关系》2002年第11期。

[②] 我国已制定了《反倾销条例》《反补贴条例》《保障措施条例》，并已启动了若干反倾销调查案件。

一、定义与判断标准

审慎例外（Prudential Carve-out）是《服务贸易总协定》（General Agreement on Trade in Service，以下简称"GATS"）、《金融服务附件》（以下简称《附件》）的中心条款，是GATS在金融领域的最重要的例外。根据GATS的规定，我们可以概括出一个初步定义：审慎例外是WTO允许成员方政府出于审慎的原因（包括保护本国金融体系的安全和存款人、投资者的利益），采取背离GATS其他条款所规定的成员方的承诺和义务的措施的例外。成员方援引审慎例外而采取的金融监管措施就是审慎措施。

应指出的是，该定义并非最终的、确定的定义。因为WTO实际上并未能为审慎例外下一个准确的定义。许多国家曾为如何对审慎例外做一个明确的界定，以便建立一套多边纪律，避免成员方滥用而发生激烈争吵，但最终没能达成除上述定义外的其他有实质意义的共识。[①] 随着金融自由化的深化，强化例外规则、防止滥用的呼声必然会越来越强烈，WTO各成员方很可能在审慎例外的规则方面达成新的共识，从而进一步丰富审慎例外的定义。这个论断，可以从WTO的前身GATT（General Agreement on Tariffs and Trade）的历史得到支持，很多货物贸易多边规则的例外，如补贴、反补贴、反倾销等，一开始也是定义简单、界定模糊，但在后来的谈判中逐渐得到了明确。因此，我们认为，审慎例外目前这种定义应该被看作一个未终的、开放的定义。在这种情况下，为把握审慎例外，我们必须借助一定的判断标准。

根据GATS特别是《附件》的有关规定，WTO成员方的一项监管措施是否符合审慎例外的要求，可以根据以下标准进行判断。

第一，目的正当标准。即援引审慎例外必须是出于审慎的目的。所谓"审慎的目的"，是指防范金融风险、保证国内金融体系的稳健和安全以及保护存款人、投资人等有正当理由的、"非变相逃避承诺和义务"的目的。[②] 审慎的目的必须是监管措施的直接的、主要的目的，因为法律上的因果关系通常是直接的因果关系。而就各国规制金融业的法规和政策的内容来看，大多包含审慎的成分，如果将所有包含审慎成分的措施都作为审慎措施，审慎措施与金融法规政策几乎别无二致，通过规制各国法规政策来推进金融自由化将成为一句空话。

第二，自觉认定标准。即对于某项措施是否出于审慎目的从而是否构成审慎例外，应该由采取措施的成员方认定。该标准由金融监管的复杂性所决定：各国金融市场结构、发展水平、传统等横向比较复杂，纵向的不同时期的监管要求也会随着形势变化而变化，这就使各国的监管机构需要保有采取适当监管措施的足够的灵活性，特别是在金融危机期间更是如此。马来西亚代表曾在金融服务贸易委员会会议上指出，马来西亚从金融危机中得到的经验教训即当需要采取措施时却因受制而不能采取措施，这将产生很大的负面作用。[③]

第三，接受审查标准。即审慎措施必须接受WTO的审查。GATS既然已经将审慎措施纳入WTO多边纪律之中，就不可能不对各成员方产生一定的约束。首先，审慎措施的载

[①] 参见 Joseph Windsor, "The WTO Committee on Trade in Financial Services: The Exercise of Public Authority within an Informational Forum", in Armin von Bogdandy et al., eds., *The Exercise of Public Authority by International Institutions Law* (*Beiträge zum ausländischen öffentlichen Recht und Völkerrecht*), New York: Springer, 2009, pp. 405–435。

[②] 参见 GATS《金融服务附件》第2条。

[③] 参见 REPORT OF THE MEETING HELD ON 13 APRIL 2000（S/FIN/M/25）（https://docs.wto.org/dol2fe/Pages/FE_Search/FE_S_S009 - DP.aspx? language = E&CatalogueIdList = 53129, 60268, 44621, 56265, 25956, 6858, 28283, 21789, 603, 34332&CurrentCatalogueIdIndex = 2&FullTextHash = &HasEnglishRecord = True&HasFrenchRecord = True&HasSpanishRecord = True）。

体——法律、法规和措施，根据 WTO 的透明度原则，都必须公开，接受 WTO 和其他成员的监督。其次，WTO 其他成员方可以就某一成员方采取的审慎措施提出异议，通过争议解决程序来确定有关审慎措施是否违反了相关的纪律。

第四，照顾弱小标准。该标准指审慎措施的标准必须照顾到发展中国家需要更多的灵活性这一情况。GATS 第 19 条公开声明，自由化的进程要反映各国的发展水平和政策目标，应给予发展中国家适当的灵活性，其所指当然包括了审慎例外的标准。

二、特点分析

以上分析主要是从 WTO 的文本出发，但鉴于 WTO 对审慎例外的规定是开放的和未终的，因此，我们必须超越文本，结合 WTO 例外和国际金融的基本理论，进一步探究审慎例外更深层次的、没有在文本中反映出来的特点，以期对审慎例外有一个更为准确的把握。

根据笔者的理解，审慎例外至少有以下几个特点值得我们注意。

第一，审慎例外是 WTO 努力在由于金融自由化扩张而产生或激化的诸多矛盾中寻得平衡点的结果。所谓"平衡"，有两层含义：一是寻找矛盾双方的利益共同点；二是在确实无法调和时，选择较大的利益，舍弃较小的利益。WTO 例外有个形象的比喻叫 WTO 的"安全阀"（Safety-valve）。① "安全阀"的工作原理是"平衡"。审慎例外作为 WTO 例外中的一个，也是 WTO 平衡理念的产物。具体表现为审慎例外是经济全球化和各成员方经济主权的平衡。金融等服务贸易是借助于国内法进行规制的。WTO 把服务贸易纳入多边体系，这就意味着成员方的国内法律、措施必须受 WTO 约束。WTO 的触角伸入一向被认为与关税等边境措施有着本质不同的、为一国经济主权核心的国内法中，这必然在经济全球化和各成员方经济主权之间产生矛盾。审慎例外承认在一定条件下，各成员方有实行金融监管且不受自身承诺和义务的限制的权利，这就在冲突的双方——经济全球化和各成员方经济主权之间划出了一道安全地带，获得了某种程度的平衡。其次，审慎例外是金融自由和金融监管的平衡。金融监管和金融自由无疑是对立的，监管对自由有一定的约束，但两者也是统一的。金融自由要起到促进经济增长、金融稳定以及提高社会福利的预期作用，必须以宏观经济的稳定和监管制度的健全与有效为条件。② 审慎措施本质即在于以监管来保障自由的秩序。

第二，审慎措施和非审慎措施之间有某种重叠，存在一条灰色地带。如前所述，根据 WTO 规则，审慎措施与非审慎措施的分界线在于是否直接地、主要地出于审慎的目的。但实践中的情况远比理论的教条复杂，很多时候，某一项政府措施并非只是单纯地出于或主要出于一个政策目的，而往往是数个政策目的的综合。③ 这就必然导致审慎措施和非审慎措施之间有某一领域的重叠，存在一条灰色地带。现有研究多将影响金融业的政策（广义的金融监管政策）分为四类，除审慎措施外，还有宏观经济政策、追求除市场准入或国民待遇的贸易限制目标以外的公共政策目标的非审慎措施，以及对市场准入或国民待遇的贸易限制。④

---

① 参见 Orin Krishner, Edward M. Berstein, "The Bretton Woods-GATT System: Retrospect and Prospect Offer 50 Year", Armonk, M. E. Sharpe, 1996, p. 9。

② 参见 Masamichi Kono et al., "Opening Markets in Financial Service and the Role of the GATS", WTO Special Studies, 1997, p. 23。

③ 参见［英］伯纳德·霍克曼、迈克尔·考斯泰基《世界贸易体制的政治经济学——从关贸总协定到世界贸易组织》，刘平等译，法律出版社 1999 年版，第 16 页。

④ 参见 WTO Council for Trade in Service, (2 Dec. 1998), Background Noted by the Secretariat, in Financial Services, WTO publication, 1999, p. 10。

后三种措施都或多或少与审慎措施有一定程度的重叠。比如，货币政策和外汇政策就效果而言属于宏观经济政策，但它们往往是出于确保金融体系的统一和稳定的目的，因此，就目的性而言属于审慎措施。又如，根据 GATS 的规定，成员方一般不得对与其具体承诺有关的经常性交易实施国际支付与划拨的限制，① 因此，这类限制就属于追求除市场准入或国民待遇的贸易限制目标以外的公共政策目标的非审慎措施，但有些国际资本交易的限制措施（如限制短期资本流入等）也不能排除是出于确保金融体系的统一和稳定的目的，也可能认为是审慎措施。

第三，有争议的审慎措施会受到争端解决机构的严格审查。WTO 与其他国际组织的不同正在于通过争端解决机制来适用规则。② 争端解决机构对 WTO 例外进行严格审查的传统源于国际法的"对一般原则的例外应作狭义解释"的法理。③ 根据以往的经验，如果成员方之间就 WTO 例外产生争议，专家组的意见书往往通过严格按照条约文字解释并探讨立法宗旨等途径来缩小例外的适用范围。此外，专家组也通过由引用例外的一方承担举证责任，来加重引用例外的缔约方的责任，防止例外的滥用。作为 WTO 的例外措施，审慎措施也具有所有 WTO 例外措施的共性，即如果因为其他成员方的异议而被提交到争端解决机构，则必然受到争端解决机构的严格审查。

三、对中国的意义

"入世"前，中国对外资银行和保险企业进入中国市场采取了税收优惠但严格市场准入条件的措施；"入世"后，市场准入限制放宽，外资银行的发展空间迅速扩大。虽然中国的银行和保险企业具有本土化优势，并享有 3～5 年的保护期，但受到外资银行和保险企业的竞争压力将逐步增大。据初步估计，"入世" 5 年后，外资银行将占外币存款份额的 15%，人民币存款的 10%，外币贷款的 20%～30%，人民币贷款的 15%，中间业务的 50%，以及绝大多数衍生产品和投资银行业务。"入世" 10 年后，外资银行的市场份额可接近 1/3 左右。在人才方面，有 20% 以上的金融人才会流向条件及待遇较好的外资银行。④ 作为特殊市场的金融市场，如果在放开后监管失控，发生紊乱，或者中资机构抵御不了外资机构的冲击纷纷倒闭，将对中国经济造成无法弥补的伤害。东南亚、阿根廷由金融危机引发的经济、社会危机可谓前车之鉴。

面对如此严峻的形势，审慎例外作为 WTO 赋予各成员方维护金融体系稳定的重要例外，就成了我国金融业开放的"安全阀"，具有极其重要的意义。首先，审慎例外为我国拓展了金融监管的空间。我国金融发展水平低，监管体系不完善，缺乏经验，在金融自由化过程中迫切需要足够的监管空间，以根据我国的具体情况实施监管，而审慎例外为我国在采取金融监管措施时避免触犯 GATS 规则提供了必要的工具。"入世"后，我国的很多金融监管措施都要受 WTO 规则的约束，但由于 GATS 第 3 条"确认"了对成员方审慎措施的承认，按照法律适用中特殊优于一般的原则，《附件》中的审慎例外应得到优先运用；而且《附件》中"无论本协定其他条款如何规定"的措辞表明，成员方为保护金融体系的稳定而实施监管措

---

① 参见 GATS 第 11 条及其注释、第 12 条。
② 参见［英］迈克·麦克威尔《WTO 与国际经济法》，载《法制日报》2000 年 9 月 24 日，第 4 版。
③ 参见李小年主编《WTO 法律规则与争端解决机制》，上海财经大学出版社 2000 年版，第 36 页。
④ 参见米建国、李扬、黄金老《中资银行在竞争中发展》，载国务院发展研究中心网站（http://www.drc.gov.cn/zjsd/20060705/4-4-2869193.htm）。

施不受 GATS 自由化条款的约束且优先于 GATS 的相关规定。因此，在维护金融体系稳定统一时，我国可以毫不犹豫地采取措施而不必担忧 GATS 的义务和已做出的承诺。再者，虽然审慎例外对审慎措施设置了若干规则以限制滥用，但辨别的依据是措施的目的性而不是客观效果，而目的应根据采取措施的国家的情况来认定，采取措施的国家具有相当大的发言权。另外，发展中国家在审慎措施的标准上享有与发达国家不同的、更多的灵活性，这也是对我国有利的一个因素。

其次，审慎例外为我国保护本国金融产业的措施增加了灵活性和弹性。据统计，我国国有商业银行 2001 年不良贷款总额为 17655.6 亿元，比率高达 25.37%，银行利润严重受损，① 在金融市场全面开放后，很可能抵御不了实力雄厚、盈利能力强的外资金融机构的冲击，需要得到保护。如前所述，审慎措施与非审慎措施之间存有灰色区域，借此一些出于保护本国金融产业的非审慎措施可以合理地解释为审慎措施，从而使某些与 WTO 规则冲突的监管措施合法化。比如，我国金融法规中，限制外资金融机构市场准入和限制外国资本在当地金融机构参股比率等措施，从表现上看违反了国民待遇原则，但也可以解释为是出于审慎目的的监管措施，因为对外国金融分支机构的监管比对当地注册的机构要困难得多，当东道国的监管机制不发达时更是如此。② 鉴于国有商业银行在我国金融体系中的重要地位，适当给予特殊的保护，是维护国内金融体系稳健和安全的题中应有之意。这也符合审慎例外的目的正当性要求。

最后，审慎例外的利用和应用可以提高我国金融监管的水平。金融业的开放会增加金融体系的不稳定性和金融风险，利用审慎例外所进行的审慎监管的最根本目的是防范风险、保障安全，审慎监管本质上是风险监管。我国目前的监管模式，对中资机构带有行政命令甚至干预色彩，对外资机构还停留在"合规性"监管阶段，即严格准入条件，但进入后的后续监管极不完善。利用审慎例外进行审慎监管有利于纠正我国目前这种抑制竞争、限制竞争的监管模式，提高我国金融监管的水平。实际上，遵循审慎监管改善中国的金融监管模式已经有了可喜的前景：中国代表在"入世"谈判中表示，对于包含在"中国具体承诺清单"中的服务（包括金融服务），管理部门应该与它们所监管的所有服务提供商分离，并且不对它们负责。

四、金融监管制度创新的思路

尽管 WTO 赋予了包括我国在内的成员方审慎例外这一"安全阀"以保护本国金融体系的安全，但要使审慎例外充分发挥作用，我国必须在公法和私法、立法和行政执法、国内法和国际法等多个层面完善我国的金融监管法律制度。

公法和私法兼容是完善和创新我国金融监管法律制度的基本思路。WTO 在金融贸易领域的目标是金融服务贸易自由化，按传统的公私法划分属私法目标。但以自由化为宗旨的 WTO 也承认必要的金融监管——审慎措施的合理性和合法性。WTO 前总干事鲁杰罗曾指出，贸易和投资一体化程度越深，就越需要加强全球市场的规则、结构和治理，加强监管与

---

① 参见姜业庆《银行上市酝酿提速 建行望在内地和香港同上市》，载中国新闻网（http://www.chinanews.com/2002-11-15/26/244131.html）。

② 参见 WTO Council for Trade in Service，(2 Dec. 1998)，Background Noted by the Secretariat，in Financial Services，WTO publication，1999，p.10。

开放市场应提到同等重要的议事日程上,重点放在健全的规则架构上。[①] 我国完善金融监管法律体系,应该学习 WTO 的思路,走以公法手段实现私法目标、公私法兼容的道路。具体而言,我国要改变现行金融监管模式,建立金融自由化环境下的科学监管模式。对中资金融机构,重在减少公法的行政干预,加强私法的调整。其中,当务之急是加快国有商业银行的内部结构改革,明晰产权。人民银行关于国有银行的产权改革已经明确将分三步走,即公司化改造—股份制改造—上市。对外资金融机构,应着重公法调整,建立一套风险监管体制,监管的范围应包括资本充足率、流动性、清偿力、呆账与坏账损失、贷款集中性、内部控制、衍生交易等。在监管方法上,应将规范化监管与灵活性监管手段相结合,综合运用日常报表分析、现场检查与非现场稽核以及定期召开监管当局、外资金融机构和外部审计师的三方会议等手段,实现对外资金融机构的有效监管。

立法和行政执法并举是完善和创新我国金融监管法律制度的基本手段。审慎例外要求成员方在采取审慎措施时须出于审慎目的,禁止用作逃避金融自由化的承诺和义务的手段。目的虽然是主观的,但总能通过一定的客观因素如各国的金融体系、传统、发展水平、采取措施时的金融态势、措施与目的对应性等来衡量,这就为对采取措施的国家进行必要的约束提供了条件和基础。因此,如果我们不是沿着规则的轨道对金融业进行监管,而是随意采取审慎措施,那么就容易引起其他成员方的异议。鉴于此,我们应当加强法制和规章体系建设,并且强化和规范这些法律法规的执行过程。根据《巴塞尔协议》的核心原则,适当的银行监督的法律框架是必要的,其各项条款应包括对银行组织的授权、持续监督和保护。照此要求,我国的金融立法还很不完善,已出台的几部金融大法中有关监管方面的条文过于遵守原则,可操作性不强,导致实践中多以行政指导代替法律监督,因此"入世"后我国银行监管法制建设的迫切任务是修改《商业银行法》《保险法》和《证券法》,为加强金融机构的竞争和业务创新提供制度基础;提高《境外金融机构管理办法》的立法层次,强化法律效力;出台《金融机构市场退出法》和《银行存款保险法》等。在加强立法的同时,也要强化行政执法,尤其是 WTO 对行政执法的透明度要求,要注意法律法规的公开原则,要注意对行政执法相对人的权利的保护,包括知情的权利、听证的权利以及申述的权利等。

国际法和国内法同步是我国完善和创新金融监管法律制度的基本战略。以上两点基本只涉及国内法的内容,但是审慎例外作为 WTO 规则这一国际法的规则的一个部分,不可能不涉及国际法的问题。无论是从 WTO 例外的发展历史看,还是就审慎例外本身的规定和需求看,各成员方在以后的多边谈判中必然要进一步明确和细化它的规则。我国在以后 WTO 各成员方对审慎例外规定进一步的规则和纪律时,一定要据理力争,争取于我有利的规则,特别是我国作为发展中国家的特殊权利,维护我国在国际金融领域的合法权益。特别是在我国金融业形势严峻的局面下,如果采取审慎措施的权利得不到保障,就意味着我国对金融业控制的最后一道闸门失效,对此我国应给予高度的重视。

最后要指出的是,虽然审慎例外能够为我国金融业提供必要的保障,但保障不是目的,也不是长久之计,我国金融业走出困境的根本之路是提高经营和管理水平,否则任何保障都将失去意义。为此,我国应以"入世"为契机,在充分利用审慎例外争取改革时间和减少改革成本的同时,深化改革,促进我国金融业健康、快速的发展。

---

① 参见 WTO Council for Trade in Service,(2 Dec. 1998), Background Noted by the Secretariat, in Financial Services, WTO publication, 1999, p. 10。

第八章 资源与环境

本章导读

在法律框架下,完善劳动力、能源和环境等要素的市场化配置,提高资源配置效率,是建设统一开放、竞争有序市场体系的内在要求,是坚持和完善社会主义基本经济制度、加快完善社会主义市场经济体制的重要内容,也是我国加快生态文明体制改革、建设美丽中国的应有之义。资源的配置和环境的保护既是法律问题,也是经济问题。改革开放 40 多年来,法律经济学作为法律和经济的交叉学科,运用其学科理论和研究方法的优势,在我国资源与环境现实问题的解决上发挥了重要的作用。

本章聚焦于劳动力和资源环境这两个重要的要素。其中,劳动力是重要的生产要素,而环境则是土地、劳动力、资本、技术和数据五大要素的重要补充。当把目光集中在中国资源与环境命题上时,我们发现,政府、企业和社会各界都对这个领域给予了前所未有的关注,现实中急需解答的问题非常多,而法律经济学学科真正把法治经济的理论体系构建与实务对策研究密切结合的相关文献却极度缺乏。在我国改革开放的大背景下,本章试图从理论与实证角度对劳动歧视、人力资本、自然资源产权、绿色贸易壁垒、区域生态效率、环境规制与地区减排和经济增长等重要的课题进行针对性的研究。

引导劳动力要素合理畅通有序流动,是整个国家发展的战略问题。目前,全国外来人口在城市生活的人数大概有 3 亿人。要推进外来人口的市民化,就得解决地方政府歧视立法的问题,本章第一节"对劳动歧视的法律经济学分析"对我国劳动歧视存在的原因、表现和造成的后果进行了全面的分析,提出应从平等就业权的角度审视我国的就业政策,保障外来人员平等就业和平等获得报酬的权利。2020 年 3 月,中共中央、国务院发布了《关于构建更加完善的要素市场化配置体制机制的意见》,明确提出要营造公平的就业环境,依法纠正身份、性别等就业歧视现象,保障城乡劳动者享有平等就业的权利。就此而言,本章第一节"对劳动歧视的法律经济学分析"所提出的研究结论和对策建议显然具有良好的前瞻性、必要性与可行性。

要促进人力资本增长,除了要消除劳动歧视外,还需要完善以《劳动合同法》为核心的整个劳动法律制度体系,通过保障劳动者的各项权利,提高区域的劳动力供给、人力资本就业率及产出率。本章第二节"劳动法律制度与人力资本水平"利用 2007—2010 年的省级面板数据实证分析发现,劳动法律制度的完善对人力资本水平的提高有显著的促进作用。这种作用是通过影响人力资本投资和人力资本实现效率两个方面实现的。作者从人力资本角度探讨"法律—劳动力—经济增长"的具体作用机制,为法律在中国经济中作用的有效发挥、建立有助于经济增长的中国劳动力法律体系提供依据和思路。

自然资源资产产权制度是构成生态文明制度体系的一项基本制度,具有基础性和重要性。本章第三节"构建有中国特色的自然资源产权制度"立足于法律经济学的经典理论,不仅分析了构建我国自然资源产权制度的应用价值及障碍,还提出了构建我国自然资源产权制度的目标和思路。作者提出的建立不同的自然资源产权制度、建立和健全具有权威性的自然资源管理机构和规范自然资源产权市场等措施，和《生态文明体制改革总体方案》对于自然资源资产产权制度的规划方案的思路是基本吻合的，体现出了研究的前瞻性。

绿色国际贸易在经济全球化和贸易自由化的大趋势下，日益成为各个国家贸易竞争的热点和焦点，并且催生了绿色贸易壁垒。国际市场绿色壁垒的不断增强，给我国外贸造成了很大的影响。如何有效应对绿色壁垒带来的限制，本章第四节"绿色贸易壁垒机制下的环保策略与法律措施"从法律经济学角度进行了回答。作者运用成本收益分析的方法，在分析绿色贸易壁垒措施及其合法性的基础上，提出符合国际环保标准是我国环境保护的优势策略，并且为具体的环保策略与法律完善提供了基本思路。

确保生态环境损害及时得到司法救济，是新时代环境司法的突出挑战。本章第五节"我国环境侵害司法救济制度的完善"是法律经济学的数理方法以及案例研究在我国环境法研究中的初步应用，提供了完善环境治理，尤其是建立环境预防诉讼机制的若干思路。作者具体分析了我国的水污染侵权民事责任的经济绩效，提出法官可以在现行法律框架下适用社会财富最大化原则解决环境纠纷。作者的结论与当时流行的观点是相悖的，但是法律经济学近十几年的研究证明，经济分析和效率测算在环境司法救济领域是完全可行的。

本章第六、七节的研究环境规制对中国区域经济增长影响的实证文献，其共同点是运用规范的法律经济学研究方法，从多个角度全面探讨中国环境规制能否实现经济增长和环境保护的双赢。环境规制不仅包括立法，还包括执法和监督；不仅包括传统的命令控制型工具，也包括灵活的市场型环境政策工具。环境规制对经济增长和环境保护的影响，有直接和间接之分，有正面和负面之别，而且受到很多其他因素和变量的影响。法律经济学在资源与环境领域研究深入和推进的过程，既是对环境规制及其影响认识拓展和深化的过程，也是中国环境治理体系发展和完善的过程。2020年3月，中共中央办公厅、国务院办公厅印发了《关于构建现代环境治理体系的指导意见》。法律经济学理论、方法和工具的创新，可以为新阶段中国环境治理体系的构建提供重要的理论指导和政策启示。

具体而言，本章第六节"地方政府竞争、环境规制与区域生态效率"从可持续发展角度探讨"法律—生态效率—经济增长"的具体作用机制。作者从地方分权的视角切入分析并检验地区环境规制强度与区域生态效率的关系以及地方政府竞争行为对环境规制强度的影响。作者利用1997—2010年全样本期以及1997—2003年和2004—2010年两个时段的省级面板数据，从立法、执法和监督三个层面进行了实证检验，指出环境规制对生态效率有显著影响。本章第七节"环境规制与地区经济增长效应分析"，基于环境规制对经济增长作用机制的理论分析，使用1997—2010年30个省份的面板数据进行实证检验。研究表明，全国范围内环境规制强度与经济增长之间不存在统计意义上的显著关系，但东部和中部地区分别呈现倒"U"形和"U"形关系，西部地区环境规制在执行过程中失效。规制工具还可通过限制环境污染物的排放与资源的消耗间接促进经济绩效提升。

第一节 对劳动歧视的法律经济学分析[①]

一、劳动歧视的认定

（一）劳动歧视的立法界定

国际劳工组织、美国、德国、我国台湾和大陆等地区都分别对劳动歧视进行了立法界定。1958年国际劳工组织通过的《就业和职业方面的歧视公约》将就业歧视界定为，"基于种族、肤色、性别、宗教、政见、民族血统、社会出身等原因而实行的具有取消或损害就业的职业方面的机会和待遇平等作用的任何差别、排斥或优惠"的歧视。1964年美国法的《民权法案》将就业歧视界定为，"雇主因为任何个人的种族、肤色、宗教信仰、性别或祖籍来源等原因而拒绝雇佣之或解雇之，或在工资、待遇、工作条件或就业优惠权利等方面对个人进行的歧视"。德国《职业场所组织条例》将就业歧视界定为，"禁止对任何员工以其种族、宗教信仰、国籍、出身、政治或工会活动及其理念为由给予差别待遇"。《德国民法典》第611条规定："雇主不得因受雇人的性别，而对其为不利益的约定或措施，特别是在劳动关系的成立、职业上的升迁、指示命令或解雇等不得因性别而有所差异。"我国台湾地区和大陆的劳动立法对就业歧视做了禁止性规定，但未界定就业歧视。我国的《劳动法》第12条规定："劳动者就业，不因民族、种族、性别、宗教信仰不同而受歧视。"我国台湾地区"就业服务法"的第5条也规定："为保障国民就业机会平等，雇主对求职人或所雇佣员工，不得以种族、阶级、语言、思想、宗教、党派、籍贯、性别、容貌、五官、残障或以往工会会员身份为由予以歧视。"

（二）关于劳动歧视的例外：合理的"差别性待遇"

并非所有的"差别性待遇"都是非法的，在某些特定的情况下，法律承认对劳动者差别对待是合理且合法的。联合国《经济、社会和文化权利国际公约》对劳动歧视问题也规定了三种例外。第一，根据工作本身内在的特殊要求，对这种特定工作在就业上实行有所区别、排斥或优惠，不应被认为是歧视。例如，限制女工从事某些重体力劳动。第二，对从事危害国家安全活动的人，或有理由怀疑其从事危害国家安全活动的人，在就业上采取任何措施，不应被认为是歧视，只要这种人有权向本国依法设立的主管机关提出申诉。第三，国际劳工大会通过的其他公约或建议书中规定的各种特殊的保护性措施或帮助，不应该被认为是实行歧视，如关于妇女就业、土著居民就业规定的一些保护性帮助措施。

德国法关于劳动歧视例外的"正当理由说"认为，如果雇主对相同或相似的劳动者给予不平等待遇具有正当事由，则为合法行为。只要雇主在追求合法的目的下，并且其对劳动者不同待遇的分类标准和该目的之间保持着一定的合理的关系，那么这种不平等的待遇即为合法。正当理由主要是为了防止当事人，特别是雇主借由劳动契约中条件的订立，而规避有关终止劳动契约保护法律规定中雇主所应承担的义务。

[①] 本节部分内容曾作为会议论文参加中国法经济学论坛，具体出自周林彬、冯曦《对劳动歧视的法律经济学分析》，载《中国法经济学论坛论文集》，2005年。

根据美国关于劳动歧视例外的"业务必要性说",美国《民权法案》规定"在宗教信仰、性别或祖籍来源确实是企业业务正常进行所必须的真实职业资格(bona fide occupational qualification)要求下"可以出现例外,也即劳动歧视例外的"业务必要性说"。它是指雇主给予歧视待遇完全是基于职业本身正常运作要求的缘故,例如必须雇佣特定性别的演员或模特的情形。①

(三)劳动歧视的实质与构成要件

劳动歧视的实质是一种对待行为,即人们在就业机会或劳动报酬上遭受的差别待遇,这些差别待遇是由于劳动者个人特征如种族、性别、国籍或宗教信仰等而产生的,与该劳动者的劳动生产能力无关;它损害公民平等就业权利和平等获得报酬权。

劳动歧视的构成要件包括:

首先,存在两个或两个以上的求职者或雇员。劳动歧视的法律效果,就是一种差别对待,而这种"差别",是经过一番比较之后才能得出的结论,是否受到劳动歧视,应该有一个比较的对象,只有与该对象相比较,被歧视者受到了低于该对象的对待,才有差别对待的"歧视"可言。

其次,求职者或雇员劳动能力相同或相类似。劳动法上的平等待遇并非在所有劳动者之间实行平均主义,也并非所有劳动者在机会和待遇上一律相同。它以存在着劳动能力相同或相类似的求职者或劳动者为前提。劳动经济学者认为,如果具有相同生产率特征的劳动者仅仅因为他们所属的人口群体不同而受到不同的对待,那么就可以说当前存在劳动力市场歧视。

再次,遭受不平等的差别待遇且与劳动能力没有关联性。雇主对相同或相类似的雇员给予不公平的对待,一般表现为拒绝雇佣妇女或少数群体(如少数民族),即使他们本身胜任该工作;或者以较低的工资雇佣他们;或以和其他雇员相同的工资雇佣他们但对该特定群体的入职要求更高。至于是否构成不平等的待遇,"乃应依照社会一般通念、兼顾雇主透过该处遇所追求之目的加以决之"。经济上的不平等并不必然意味着歧视的存在,收入上的差异也许直接与性别、种族、民族以及其他情况相关,但收入的变化反映着边际生产力和工作时数的变化,教育程度、工作技能和工作经验等因素都会造成这种变化。排除了这些因素的余项才是劳动力市场的歧视。两个被比较的劳动者的生产率相同,当雇主为既定生产率特征所支付的价格依据人口群体的不同而表现出系统性差别的时候,就可以认定在劳动力市场上存在歧视。

---

① 值得指出的是,在实践中美国法院对"真实职业资格"的界定采取了非常审慎的态度。在 Dothard v. Rawlinson 一案中,联邦最高院曾经判决,阿里巴马州禁止女性在监禁性男性罪犯监狱内担任警卫的雇佣决定,是符合真实职业资格的。因为在这种必须紧密接触的情形下,单单是她们具有妇女的身份,即足以对监狱的安全构成威胁,而对这种安全的维护,也正是狱政业务的核心所在。但是,在该案中,法官仍然表明这样一种立场,即如果雇主有关身高和体重的要求使得不成比例的女性无法担任监狱警卫工作,则该雇佣措施属于违法。一般来说,不是特定行业,用人单位不得对求职者的自然属性例如性别、年龄、身高等因素进行限制,因为此类属性是人自然生成并且无法选择的,不是特定行业不得对此进行限制。例如,在 Albemarle Paper Co. v. Mood 一案中,法院判定雇主采用的才能测试笔试违法;在 Dothard v. Rawlinson 一案中,法院判定雇主身高及体重的规定违法。对于有特定要求的行业,若确实需要对求职者的年龄、性别、身高、身体健康状况有特殊要求,它应该履行公示的原则,把其所限制内容的合理性和必要性予以充分说明。换言之,用人单位必须证明其所限制求职者的资格是与工作有关联性的。例如服装店招收服装模特是可以限制其性别、体重、身高、年龄的,食品卫生行业可以排除雇用属于乙肝携带者的求职者。然而,政府招收公务员,或者银行招收从业人员却对其身高做出限制就显得毫无道理了,难以自圆其说。

最后，求职者或雇员遭受客观损害。劳动歧视并不以雇主主观上有故意或过失为前提，只要雇主的行为客观上造成了不平等的差别待遇的效果，劳动者即可主张自己应享有的平等就业权。在美国劳动歧视领域中最重要的案例——Griggs v. Duke Power Co.——一案中，联邦最高法院也以全体无异议的方式判决，在确定有无违反就业歧视法律规定的情形时，无须证明雇主有歧视意图的存在。

二、外来务工人员劳动歧视的认定、特殊性及成本分析

（一）外来务工人员劳动歧视的认定

依据上述关于劳动歧视的界定和构成要件，外来务工人员遭受的差别待遇是多方面的，概括起来，有以下几种情况。第一，劳动报酬差别待遇。"许多外来劳务工的工资其实是低于所在市职工月均工资60%的"，劳动报酬的差异一方面是由工人的熟练程度或者岗位决定的，属于合理的范围；另一方面是由对于城镇职工的特别补贴造成的。第二，社会保险差别待遇。外来务工人员一般无法享受与城镇职工一样的保险待遇，视为劳动歧视。第三，市场准入的差别待遇。用人单位在招工时，明确要求本地户口或本地生源，被视为劳动歧视；用人单位个别岗位明确户籍的要求，比如财务岗位，是否构成劳动歧视，则应视具体情况而定。第四，工种的差别待遇，由于外来务工人员多数务农为主，到城镇后只能从事体力工作，例如保安、建筑工人、清洁工人，如果由于工作性质的需要，外来务工人员不能胜任，根据劳动歧视的构成要件，则不构成劳动歧视。第五，劳动管理方面的差别待遇。例如对于外来务工人员，需要办理暂住证、劳动手册等，如果出于城市管理的方便，并不必然构成劳动歧视，只有当这些手续的收费不合理时，才构成劳动歧视。而属于劳动歧视的差别待遇是社会保险差别待遇、市场准入的差别待遇。

劳动歧视构成要件中诸如"劳动能力相同或相类""关联性""客观损害"的含义就具有模糊性，可见，外来务工人员劳动歧视的认定并不像政治歧视、性别歧视、宗教歧视等那样明显，各种差别待遇都存在歧视的可能性，关键是看其是否符合劳动歧视构成要件，这也就决定在设置认定外来务工人员劳动歧视时程序的特殊性。

（二）特殊性及其根源

我国劳动歧视并不像西方国家那样，是由于雇主的原因引起的，反而更多的是由地方强制性立法造成的。我国的外来务工人员劳动歧视不完全如同贝克尔所说的"身心不悦"所致，更多的是因为经济因素。我国存在资本所有者歧视情况，但基本不影响外来务工人员的就业，资本对劳动力的歧视整体影响不明显。

外来务工人员劳动歧视的产生与我国的劳动政策有关。一是我国长期实行的户籍制度使城乡劳动力隔离，从而造成劳动歧视。外来务工人员的劳动歧视是计划体制就业制度"路径依赖"。二是改革开放后，外来务工人员，特别是农村劳动力大量涌向开放城市，增加了城镇劳动力人口的就业压力，在稳定是大局的情况下，出台各种保护本地城镇工人的就业机会措施，造成不平等；并实行不同保险制度以保护本地工人，并非出自雇主对外来务工人员的不悦；实际情况是外来务工人员提高了工作效率，提高了原城镇居民福利。三是我国开放城市的大量资本是由外地进入，包括内地到开放城市投资，形成的各种联合企业，也包括外商投资。资本具有外来性，并且以追求利润为目标，劳动力的价格是投资者考虑的主要因

素,因此,除了公有制企业对外来务工人员有歧视外,其他性质的企业则不明显。

(三) 外来务工人员劳动歧视成本分析

歧视经济学认为劳动歧视导致社会福利的损失。外来务工人员劳动歧视导致了人力资本与非人力资本合作剩余的损失、社会整体福利减少。

1. 外来务工人员的成本

外来务工人员的成本是指由于歧视的存在给外来务工人员带来的额外支出,其可能包括的项目有:不合理的劳动管理费用;由于市场准入进入的限制而增加的工作搜寻成本;由于工资差异、社会保险存在的隐性成本,外来务工人员工作一小时的收益少于本地职工收益,那么外来务工人员要取得与本地职工相当的收入必须付出额外的劳动;由于外来务工人员社会保险覆盖面不够广泛,为应对风险,一部分外来务工人员必须预留风险防范金,而风险防范金是隐性成本。

2. 雇主的成本

对于本身没有劳动力来源偏见的非公有制企业,其成本主要是由于地方立法引致的歧视成本,包括:外来务工人员数量减少,企业雇佣本地职工,导致用工成本上升;本地工人缺乏约束,从而导致生产力降低。而对于公有制企业,其成本表现为劳动力成本占的比重增大,不能反映劳动力配置的市场机制,在位工人的约束减少,导致工作效率降低。可见,由于地方立法的普适性,因此对地方企业具有普遍约束力,地方立法提高了劳动力均衡价格。

3. 外部成本

外部成本指不用雇主和外来务工人员承担,而由社会承担的成本。由于外来务工人员涌入城市后,城市拥挤,社会治安问题突出,社会治理的成本上升。另外,由于对外来务工人员的限制,引起国家人力资本投资的浪费。根据调查统计资料显示,1990年,劳动力开始可以有限制地流动,这一政策的改变,造成农业劳动力机会成本显著下降,从1990年相当于GDP的24.9%~45.5%下降至2000年的19.9%~33.5%。[①]

三、反外来务工人员劳动歧视立法之建构

(一) 关于外来务工人员劳动歧视的法律定性及传统认识的误区

通常认为,企业是一个劳动力与资本的契约,在自由的市场经济体制下,资本凭其所有权享有选择结合的劳动力的权利,即用工自主权,但歧视构成了滥用所有权行为。而对所有权滥用的限制便是反劳动歧视。如前所述,外来务工人员劳动歧视除了资本对于外来务工人员劳动歧视以外,更有"在位者"(城镇职工)的歧视,法律救济途径的匮乏,受害者通常是"忍受"。而事实上,外来务工人员劳动歧视问题远远超出民事立法的范围,外来务工人员与雇主签订合同时,便接受了区别于城镇职工的"不平等条款",因此,劳动歧视无法通过诸如诉诸合同违约的方式获得救济,也无法通过民事侵权获得救济。各国的立法也表明,平等劳动权本质上是一种宪法权利,外来务工人员劳动歧视侵犯了公民基本权利。

美国保障求职者和雇员平等劳动权的重要法律和行政法规以宪法先行,1791年的《联邦宪法》第5修正案的正当程序(due process clause)条款就规定禁止联邦雇主在雇佣中有

---

① 参见杨韵新《中国的劳动力资源》,载《劳动保障通讯》2002年第5期。

任何的歧视行为。1964 年的《民权法案》（第 7 章）是美国所有禁止劳动歧视法律中范围最广而且影响最为深远的法律。它禁止雇主因雇员的种族、肤色、宗教信仰、性别或原始国籍等因素，而拒绝雇佣或解雇，或在薪资、工作条件、工作待遇或优待等雇佣条件上，有任何的歧视待遇。我国在 1954 年第一部宪法以后的各部宪法中均规定了公民有劳动的权利和义务，但在以后的国家政策中，更多的是"隔离"城市与乡村人口，禁止或限制乡村人口向城市转移，以保障城市人口就业机会，关注的也是城镇人口的问题（1990 年后就业政策才开始考虑城乡统筹）。

我国对待外来务工人员问题通常是以一种政府就业政策对待，我国的立法（《劳动法》）对劳动歧视关注的也是诸如性别、民族、宗教的有限规定。这种认识误区是导致地方政策劳动歧视的根源所在。国家政策的目的是实现充分就业、经济增长和社会稳定。地方政府以本地充分就业、社会稳定为理由，实施对外来务工人员的歧视政策，例如一些大城市的地方规章中多有对外来务工人员限制的规定。从权利等级角度看，平等就业权是公民的一项基本权利，非地方政府规章可以剥夺，但出于保障社会政治经济目标的需要，国家对差别对待公民基本权利的有些地方政府保持容忍态度。最后，这些地方政府政策导致了劳动歧视，而不是反劳动歧视。因此，我国的反劳动歧视立法首先是对政府行为进行的监督，然后才是对雇主行为的监督。

（二）外来务工人员劳动歧视法律救济途径的设置

1. 纠纷解决的机关设置及程序

如前所述，平等就业权是公民的一项基本权利，目前我国宪法的权利救济途径是缺乏的。在部门法，特别是劳动法律规范中，我国基本建立了一套劳动纠纷的解决机制，包括调解、仲裁、诉讼途径，但上述解决机制均是以劳动合同和事实劳动关系为基础的解决纠纷的方式，当劳动歧视不以劳动合同和事实劳动关系为前提时，劳动歧视无法通过上述机制获得救济，因此，以原有机制为基础，在法院设立一个如同美国"平等就业委员会"的机构是必要的。由于我国外来务工人员劳动歧视具有的特殊性，平等就业委员应具有审查地方劳动规章、监督地方政府就业政策的职权。

在程序方面，作为先置程序，受到劳动歧视侵害的外来务工人员，可以先向平等就业委员会提出申诉，由平等就业委员会做出裁决；对裁决不服的，可向法院提起诉讼。

2. 反外来务工人员劳动歧视的举证责任的配置

举证责任配置关乎劳动歧视认定，即对劳动歧视的构成要件认定。从信息经济学角度，劳动能力是雇员所固有而不可见的信息，雇员具有隐藏信息的激励，雇主与雇员信息不对称，在缺乏精确的鉴别仪器的情况下，雇员应该对劳动能力负有举证责任；"关联性"是直接与工作性质相关，雇主通常应该对"无关联性"负举证责任；雇员还应对侵害的客观事实负举证责任。但事实上，劳动歧视纠纷的举证责任是一直有争议的。

根据美国的劳动歧视理论以及联邦最高法院审判的关于劳动歧视的重要案例，可将劳动歧视分成两种不同的形态：差别影响和差别待遇。差别影响是指雇主的某些雇佣措施虽然表面上完全公平正当，但实际上会对少数族裔、女性或其他某些受到特别保护群体成员产生不成比例的负面影响。由于这种歧视案件是针对雇主所采用雇佣措施的后果（effect），而非其歧视的意图（intent），因此在认定上较为困难。

差别待遇是指雇主直接而故意的歧视行为，最典型的情形是因为求职者或雇员的种族、肤色、宗教信仰、性别或原始国籍等因素而给予差别待遇。差别待遇歧视具有两种表现形式，一种是表面或公然的歧视行为，即雇主明显对某一受1964年《民权法案》第7章所保障群体成员给予差别待遇。另一种差别待遇是所谓托词式待遇歧视（pretextual treatment discrimination），即雇主对某一受保障群体的成员给予差别待遇，但宣称这种差别待遇并非基于该雇员或求职者属于受保障群体的身份，而是另有其他理由存在的缘故。但实质上，雇主的理由只是其歧视行为的借口（pretext）而已。

差别待遇歧视与差别影响歧视最大的区别在于对举证责任的承担上。根据联邦最高法院对McDonnell Douglas Corporation v. Green一案的判决，原告如希望确立一表面证据的差别待遇歧视案件，必须先证明以下事实：他/她属于1964年《民权法案》第7章所明确规定的保护团体的成员；他/她对所申请的职务，确属可以适格承当；虽然他/她确属适格，却未被雇主所雇佣；当他/她被拒绝录用之后，该职位依然空缺，而且该雇主仍在继续招募与他/她资格相当或更低的求职者。应该说，要原告承担以上的举证责任，是比较困难的。随后，联邦最高法院又裁决，若原告已经确立一个表面证据之差别待遇歧视案件，则举证责任转向雇主被告，他必须提出反驳，指出所以拒绝任用原告或优先录取他人，完全是基于一个合法而非歧视性理由（a legitimate and nondiscriminatory reason），通常这项理由只需与涉讼之雇佣本身有一重要关系（a manifest relationship）即可，而无须是前述之业务上必要。而原告对于被告所提出之反驳，则尚须提出另外的反证（burden of persuasion），举出被告所提出之非歧视性之理由，在事实上仅属于借口，仅是一项企图隐瞒其真正歧视意图（discriminatory intent）之虚构（fabrication）。

与差别影响和差别待遇歧视相关的是混合性动机歧视，即雇主在做成某项雇佣决定时，同时含有合法及不合法的动机。举例而言，一黑人受雇者因工作表现不佳而遭解雇，若他有充分证据相信自己被解雇，并不是由于工作表现问题（合法的解雇理由），而是由于其肤色问题（不合法的理由），则属于混合性动机的差别待遇歧视。有关这种类型的歧视案件最重要的争议点也在于举证责任的配置上。在Price Waterhouse v. Hophins一案中，法院认为被告在原告指出性别是其做雇佣决定时列入考虑之一的动机时，仅须负担较轻的举证责任。同时，法院也特别准许雇主将所谓真实职业资格列入是否雇佣的考虑范围，以决定是否应雇佣少数族裔或女性求职者。因此，对于一般雇主而言，他们的雇佣决定权实际上并未受到限制。由于法院在该判例的态度相当含混，引起美国学者较多的争议和抨击。美国国会在1990年对《民权法案》做出重大修改时，特别对有关混合性歧视的问题做出规定。该修改案第5条（a）第1款规定，原告若能证明自己符合某一受特别保护群体成员的要件，如种族、肤色、宗教信仰、性别或原始国籍等是被告雇主在做任何雇佣决定所特别列入考虑之一的动机因素时，则足以构成一项不合法的雇佣措施，即使雇主这种决定还受其他合法性动机因素的影响。同时，该条款（b）又规定，虽然原告已证明被告雇主采取不合法的雇佣措施，但雇主如能证明其在没有任何歧视性动机的情况下，仍会采取完全相同的雇佣措施时，则原告就无法获得任何赔偿。这一规定对混合性动机劳动歧视案件举证责任的配置设定了一项较为明确的分配标准。

不难看出，无论是在差别影响、差别待遇还是在混合性动机劳动歧视的案件中，尽管法官关于举证责任的配置的态度并非很清晰和明确，但有一点可以确定，就是法官并没有采用通常为保护处于弱势地位的相对方惯用的做法——举证责任倒置，将所有的举证责任推向雇主。相反，在劳动歧视案件中，更多采用的是"谁主张谁举证"的原则，将举证责任在雇员和雇主之间进行合理的配置。

一般而言，雇员须对歧视的表面证据的成立负举证责任，而雇主则须反证其差别对待不构成法律禁止的歧视行为，同时兼顾两者的利益。可以说，法官在劳动歧视案件的审判中自觉或不自觉运用了效益原则，灵活应用法律以增加社会整体的经济效益。"当市场交易成本是如此之高以至于难以改变法律已经确定的权利安排时，情况就完全不同了。此时，法院直接影响着经济行为。因此，看来法院应该了解其判决的经济后果，并在判决中考虑这些后果，只要这不会给法律本身带来过多的不确定性就行。"在雇主和雇员之间对举证责任进行合理的配置，有利于解决权利最初分配的低效率性。可见，外来务工人员劳动歧视的认定具有明显的个案特性，更多地依赖法官的智慧和自由裁量权。

四、结束语

外来务工人员可以促进地方经济的增长，但由于国家政策的"路径依赖"，我国地方政府依然存在对外来务工人员的歧视立法。外来务工人员的劳动歧视已使我国的社会福利损失，善待外来务工人员已成为共识。我们应从平等就业权的角度审视我国的就业政策。劳动歧视实质是一种对待行为，即人们在就业机会或劳动报酬上遭受的差别待遇；这些差别待遇与该劳动者的劳动生产能力无关；它损害公民平等就业权利和平等获得报酬权。外来务工人员遭受的差别待遇是多方面的，概括起来有以下几种情况：劳动报酬差别待遇、社会保险差别待遇、市场准入的差别待遇、工种的差别待遇、劳动管理方面的差别待遇。外来务工人员劳动歧视认定标准的模糊性需要合理配置举证责任和发挥法官的自由裁量权，保障外来务工人员的基本权利。

第二节 劳动法律制度与人力资本水平[①]

作为推动经济增长的要素之一，人力资本的作用是巨大的。日本和德国近几十年的经济腾飞明显地例证了人力资本在经济增长中的重要作用。继 Jacob Mincer、T. W. Schultz、Gary Becker、Edward F. Denison、John Kenneth Galbraith 等经济学家开创并完善人力资本理论以来，学界对人力资本对经济增长的影响及其作用机制、人力资本对企业发展的影响乃至不同人力资本类型的区别进行了深入研究。然而，关于制度与人力资本的探讨，目前尚未形成体系，只有部分学者在其著作中或多或少地提及制度特别是法律制度对人力资本的作用。人力资本理论奠基人之一 Gary Becker 在其《人力资本》一书中明确提到："有三种国家政策会改变家庭结构，一为单单补助单亲母亲的福利政策；二为没有理由亦可离婚的婚姻法律制度；三为对贫穷孩子不公的教育制度。"Becker 通过分析这三种法律制度对家庭结构的影响，进而总结出法律制度对人力资本培养会造成消极影响。[②] James J. Heckman 通过实证研究我国 20 世纪 90 年代教育回报率发现，当时扭曲的劳动力政策和缺乏激励机制的教育政策导致劳动力缺乏学习技能的欲望以及形成低边际生产率。[③][④] 此外，姚洪亮与小八重祥一郎

[①] 本节部分内容曾以论文形式发表，具体出自李胜兰、赵达三《劳动法律制度与人力资本：基于省级面板数据实证研究》，载《学术研究》2014年第2期。

[②] 参见 Gary S. Becker, "Investment in Human Capital: A Theoretical Analysis", *Journal of Economy*, 1962, 70 (5), pp. 9–49。

[③] 参见 James J. Heckman, "China's Human Capital Investment", *China Economic Review*, 2005, 16 (1), pp. 50–70。

[④] 参见 James J. Heckman, "Bas Jacobs. Policies to Create and Destroy Human Capital in Europe", *NBER Working Paper*, 2010。

(1998)①，Cooter、Raja 和 Schafer（2005）②，DiasandMc-Dermott（2009）③ 等学者的研究也体现了类似观点。

现有关于法律制度如何影响人力资本水平的作用机制研究较少，相关研究主要集中于工资制度、税收与补贴制度、劳动者保护制度、户籍制度、产权制度等比较具体的方面。在我国，影响人力资本最为重要的法律制度是以《劳动合同法》为核心的劳动法律制度，它直接影响区域人力资本存量（劳动力供给）、人力资本就业率及人力资本产出效率等。本节试图从较为宏观的视角出发，研究劳动法律制度的完善程度对我国人力资本水平的影响，对促进人力资本水平增长的动因提出有别于以往研究的新思路。

一、劳动法律制度影响人力资本水平的理论分析

一般认为，人力资本是存在于人体之中由投资形成的具有经济价值的知识、技能和健康状况等质量因素之总和。笼统的人力资本的概念最早可以追溯到古希腊时期。然而，尽管当时的学者已经在一定程度上认识到用于提高人的素质的投资有益于促进经济增长，但他们认为教育仍仅是消费品，其经济作用也是间接的。直到近现代，Adam Smith 首先较为系统地论述了人力资本思想，他认为劳动力是解决进步的主要力量，全体国民"后天取得的有用能力"都应被看作资本的一部分。早期经济学一直把人视为一种单纯的自然禀赋，由此导致在经济理论体系中，人力资本投资一方面被当作一个均质且外生的变量。这种传统理论观念在 20 世纪 50 年代中后期遇到了挑战，新古典经济学坚持资本同质、劳动力同质假设的增长理论和资本理论对许多经济现象不能够给予解释，从而产生了一系列"经济之谜"。现代人力资本理论的核心观点在于，人力资本是由对劳动者进行投资而形成的，是将会对经济增长产生驱动作用的外生变量，并且在经济增长中，人力资本的作用大于物质资本的作用；人力资本的核心是提高人口质量，教育投资是人力投资的主要部分。

从人力资本的概念来看，其构成范围十分宽泛。具体到个体而言，人力资本即为一切因人力资本投资形成的对经济产出有促进作用的个人能力；而从一定区域来看，地区的人力资本水平不但包括劳动者的个人能力（即质量），还包括劳动者数量以及实际产出的效率等方面。人力资本分初级和高级两个层次，前者是指健康人的体力、经验、生产知识和技能，后者是指人的天赋、才能和资源被发掘出来的潜能的集中体现——智慧。④ 正因此，法律制度对人力资本的影响是复杂、多元的，具体的某一条或某一部法律影响的一般是人力资本内涵中某一个或某几个方面。也就是说，各个具体法律以形成一个完整体系的方式贯穿于人力资本的各个方面，其作用是整体性而非割裂的。而无论从影响范围还是影响程度而言，劳动法律制度是尤为重要的一个方面。它直接影响了区域人力资本存量（劳动力供给）、人力资本就业率以及人力资本产出效率等，影响涵盖了人力资本内涵的绝大部分；同时，劳动者作为人力资本的载体，其在经济运行中涉及的最为重要的法律关系就是劳动法律关系，而调整这一法律关系最为直接有力的法律制度即为劳动法律制度。

---

① 参见姚洪亮、[日]小八重祥一郎《日本农业劳动力结构及流向分析》，载《农业科技管理》1998 年第 6 期。
② 参见 Robert D. Cooter, Angara Raja, Hans-Bernd Schafer, "Workshop on Law and Economic Development", *International Review of Law and Economics*, 2005, 25, pp. 62–64.
③ 参见 Joilson Dias, John McDermott, "Institutions, Education, and Development: The Role of Entrepreneurs", *Journal of Development Economics*, 2006, 80 (2), pp. 299–328.
④ 参见周坤《论人力资本的特征及其价值实现》，载《中国科技论坛》1997 年第 3 期。

自 1994 年《劳动法》颁布以来，如何完善劳动合同法律制度、促进企业与劳动者之间的有机结合一直是我国劳动法律制度改革的重点。劳动合同制度改革，特别是 2007 年的新《劳动合同法》对我国人力资本水平的提升是否有积极影响，是近年来争议最多的话题之一。以张五常为代表的观点认为，新《劳动合同法》规定的无固定合同将"维护懒人，导致铁饭碗；该法的实施把改革得大有看头的中国经济搞垮"。不少企业主在接受采访时认为，新《劳动合同法》增加了用工成本，将进行裁员或减少招聘。但也有学者认为，无固定合同的确立能够保护劳动者通过长期学习形成竞争优势，还能促进企业培养专有性人力资本以形成企业核心竞争力；① 新《劳动合同法》有利于雇佣关系的稳定性，是促使劳动者与企业实现合作双赢的政府的理性行为。② 本节研究认为，劳动法律制度与人力资本水平之间存在内在的联系。

第一，劳动法律制度影响着劳动者对自身人力资本的投资行为。劳动法律制度在认定劳动关系是否有效、确定劳动报酬及经济补偿细则、分配举证责任等方面的规定对人力资本的积累产生了重要的作用，这种作用是通过影响人力资本投资和人力资本实现效率两个方面来实现的。清晰的法律规定有利于降低交易成本，进而提高人力资本投资收益率。例如，《劳动合同法》对于劳动合同长度的规定，尤其是无固定期合同的规定，以法律形式促进了企业与人力资本间合同长度的增加。这一方面使得劳动关系更为稳定，劳动者对自身进行人力资本投资的预期回报率增加，激励了人力资本投资的动机，同时也使企业更愿意对员工进行培训，使得"干中学"更容易实现；另一方面由于长期雇佣关系在许多情形下是有效率的，③ 因此劳动合同期限的增加也使得同质的劳动力对产出有更高的贡献，也即人力资本的实现效率得以提升。相似地，法律对于劳动者的保护程度也影响了劳动者对于自己的权利受到侵害时可能得到的补偿的预期。在良好的劳动者保护环境下，劳动者获得收益的不确定性降低，且其收益与其创造的价值更为接近，使得增加人力资本投资是有利的。因此，完善的劳动法律制度有助于人力资本的积累。

第二，立法、司法和执法上的区间差异导致各地区劳动法律制度完善程度不一，影响了该地区的人力资本实现效率。以《劳动合同法》为核心的国家立法虽然在全国范围内是一致的，体现了国家通过强制性规范保护劳动者的国家意志，但各地区的立法和司法导致了各地区的具体劳动法律环境存在差异。从立法上来看，各省、直辖市及自治区可以根据上位法制定切合本地经济发展的地方法律法规。相比《劳动合同法》，地方法规具有更大的灵活性及可操作性。地方立法可以通过"选掉"或"改造"《劳动合同法》这一上位法的某些规则以在劳动者保护与经济发展之间做平衡。各省、直辖市、自治区及其辖下地区制定的劳动相关地方法规可操作性越强、调整对象越具体，其对劳动法律关系的调节能力也就越强。此外，尽管作用相对次要，但地方劳动保障部门出台的部门规章为劳动者保护提供指导作用，同样对劳动者保护发挥着积极作用，某一地区劳动保障部门规章立法越多，对劳动者的保护就越充分。从司法上来看，地方司法意见为统一裁判规则、提高法律确定性奠定制度基础，其关于劳动关系的界定、劳动报酬计算以及程序性举证责任分配等方面的细化规则为法官更

---

① 参见李金静《基于新劳动合同法下的无固定期限劳动合同的解析》，载《科技信息》2010 年第 14 期。
② 参见张凤林、李晓颖《无定期劳动合同促进雇佣双方合作双赢的思考——对〈劳动合同法〉的一种人力资本视角分析》，载《辽宁大学学报（哲学社会科学版）》2010 年第 1 期。
③ 参见 Buchtemann, Walwei, "Employment Security and Dismissal Protection", *International Handbook of Labour Market Policy and Evaluation*, 1996, pp. 652 – 693。

好适用《劳动合同法》提供了指导性规则。地方司法意见对案件结果具有直接的影响力,因此,这类司法意见对劳动者保护水平有十分重要的意义,并因此影响了地区内的劳动法律制度的完善程度。从执法上来看,行政机关对违反劳动法律制度的民商事主体的稽查力度及对司法判定后案件的执行强度也影响了行为人对于纠纷结果的判断,对劳动关系的规范同样具有较为重要的影响。良好的劳动法律环境有助于劳动法律关系的稳定,减少不确定性风险,降低交易成本,进而使得原本蕴含于劳动者当中的人力资本得以更有效率地实现到经济生产当中。这样,也就使得一个地区人力资本水平的观测值有所增加。

根据以上分析,我们使用2007—2010年省级数据,以劳动法律制度完善程度为X轴、人力资本水平为Y轴做散点图(见图8-2-1)。可以看到,散点图表现了明显的趋向性:在我国劳动法律制度完善的地区,人力资本水平一般也较高。基于理论分析和对现实情况的观察,我们提出如下命题:劳动法律制度的完善对我国人力资本水平的提高有显著促进作用。

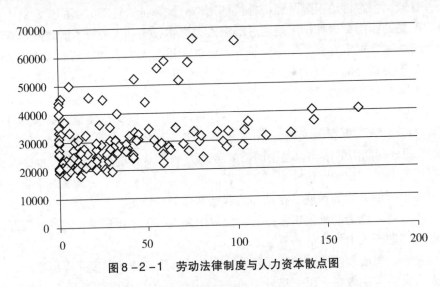

图8-2-1 劳动法律制度与人力资本散点图

二、劳动法律制度影响人力资本水平的实证分析

(一)实证模型

为了检验上述命题,提出以下实证模型:

$$hc = c + \alpha \cdot law + \beta X_i + \varepsilon$$

其中,hc为人力资本水平,law为劳动制度完善程度,X_i为控制变量,ε为扰动项。

法律变量的加入主要依据上文的理论分析,参考Acemoglu、Johnson和Robinson(2001)[①]的方法,将法律制度与其他控制变量并列为人力资本水平的重要影响因素。

关于影响人力资本水平的控制变量,现有研究已经形成了基本统一的观点:人力资本的形成来源于对人力资本进行的投资。最早在人力资本理论领域取得瞩目成果的学者T. W. Schultz认为,人力资本是通过后天的投资形成的,他认为人力资本的投资主要有以下几种方式:用于正规学校教育的费用、用于在职人员培训的费用、用于医疗保健的费用和在择业

[①] 参见Acemoglu, Johnson, Robinson, "The Colonial Origins of Comparative Development: An Empirical Investigation", *American Economic Review*, 2001, 91 (5), pp. 1369–1401。

过程中产生的流动和迁移的费用。同为人力资本理论的奠基人之一的 Gery Becker 也认为，所有用于增加人的资源并影响其未来货币收入和消费的投资为人力资本投资，并指出对于人力资本的投资是多方面的，其中最主要的是教育支出、保健支出、劳动力国内流动的支出或用于移民入境的支出等。这一说法得到了广泛的认同并沿用至今。在相关实证研究中，Kendrick（1976）[1]、Eisner（1985）[2]、张帆（2010）[3] 等学者均选取了类似的变量作为影响人力资本形成的因素。综合分析现有文献，考虑到变量设置的合理性和数据的可取得性，从目前常见的影响人力资本水平的变量中选取以下三个变量作为控制变量：教育投入、卫生及社保投入、文体及娱乐业投入。此外，由于本节实证采用省级数据进行研究，为避免各省区经济发达水平对研究结果造成影响，将这一因素也列入控制变量。

（二）指标选取及数据来源

1. 人力资本指标

关于人力资本水平的衡量，学术界普遍存在成本法、收益法、教育指标法、整合法等方式。成本法采用货币指标核算人力资本存量，它认为人力资本的价值等于花费于对人的一切支出的总和；收益法的基本思想是一个人价值的大小应与其所能获得的收入多少成正比，因此，人力资本的货币价值等于未来每年预期收益的现值总和。收益法强调价值是由收益来体现的，因此通过对未来收入流的精准确定来估算人力资本存量，在理论上具有较强的信服力，故西方学者多用收益法来估算人力资本的价值；教育指标法用于测算人力资本的指标，主要有成人识字率、学校入学率、劳动人口教育获得水平、教育总年限等。人力资本的形成最主要的途径就是接受教育，因此教育指标同样存在较强的信服力。对于本节实证而言，成本法的缺陷是较难弥补的：首先，由于不同劳动者的资质存在差异，导致投资和产出之间没有必然联系；其次，各种作为人力资本投资的成分往往难以确定，具有很大的主观性。因此，本节选取以下两种指标分别衡量人力资本水平。第一，首选指标：各省区城镇单位就业人员平均工资。这一指标基于收入法选取。本节实证的目的并非测量人力资本存量的精确水平，而是分析制度与人力资本水平之间的关系。而在样本数量较大的情况下，尽管存在着个人收入与付出不对等的现象，但其趋势可以认为是一致的。此外，通过增加各省区经济发达水平这一控制变量，也将地区差异的问题剔除。因此，使用平均工资作为人力资本水平的指标是可行的。第二，替代指标：中专及高中以上学历人数占总人口数量的比例。这一指标基于教育指标法选取。由于我国存在关于九年义务教育的法律规定，个人在初中以前教育水平选择的自主性是较小的。因此，选取中专及高中以上学历作为指标的分界线，以其所占百分比来衡量人力资本水平。

2. 法律指标

2007 年《劳动合同法》颁布后，各省市的各级法院、政府、部门均针对《劳动合同法》制定了相关的法律法规及规章，而在与上位法一致的前提下，下位法的出台作为上位法的细化和补充，无疑有助于明确法律适用过程中的问题如何处理，提高法律适用效率，完善劳动法律制度。因此，我们选取各省区就《劳动合同法》累计出台的相关法律（广义概念）数量进行加权打分作为衡量该地区劳动法律制度完善程度的指标。

---

[1] 参见 John W. Kendrick, "Total Capital and Economic Growth", *Atlantic Economic Journal*, 1994, 22 (1), pp. 1 – 18。
[2] 参见 Elliot W. Eisner, *The Art Of Educational Evaluation: A Personal View*, London: Falmer Press, 1985。
[3] 参见张帆《中国的物质资本和人力资本估算》，载《经济研究》2000 年第 8 期。

值得注意的是，不同的法律法规的实际影响力是不一样的。法律位阶的划分可以通过三个准则来确定：第一，权力的等级性，是指法律位阶的高低以权力的不同等级为确立基准；第二，事项的包容性，是指法律位阶关系以立法事项的包容性为标准，由此形成法律与法律之间的层层递进关系；第三，权力的同质性，指法律位阶的划分以权力的同质性为基础。① 制定法律的主体层级不同，其适用范围和约束力也相应不同。下位法必须在上位法的规则范围内制定，并不得与上位法相冲突，因此，上位法的影响力无疑要大很多。同时，立法主体的性质不同，也会对其制定的法律效力造成一定的影响。法院出台的司法解释等法律文件对指导司法的作用最为直接有效，因此对完善法律制度具有最显著的作用。各级政府出台的法规等法律文件一定程度上具有原则性的指导意义，尽管其作用不及法院的立法，但对于法律制度的完善仍具有较强的作用。各级劳动部门出台的规范性法律文件主要规范一些相对次要的细节问题，或者是对法院和政府出台的法律文件使用做出说明，因此作用比较次要。

综上，按照法律位阶的高低和实际作用的大小进行加权打分。具体加权方式为：法院颁布的法律计10分，重要条例和通知计9分，省政府颁布的法律法规计6分，省行政机关颁布的法律法规计4分，省劳动部门颁布的法规计3分，市政府颁布的法律法规计2分，市劳动部门颁布的法规计1分。用最终得分表示该省区的劳动法律制度完善程度（见表8-2-1）。

表8-2-1 2007—2010年各省区法律指标得分情况

省区	2007年	2008年	2009年	2010年	省区	2007年	2008年	2009年	2010年
北京	17	56	73	99	湖北	30	59	73	80
天津	6	33	49	68	湖南	15	30	73	92
河北	27	81	94	116	广东	21	95	106	142
山西	15	42	62	89	广西	2	9	21	32
内蒙古	12	16	29	29	海南	0	8	27	45
辽宁	2	8	32	51	重庆	6	38	54	66
吉林	21	28	40	70	四川	0	22	31	45
黑龙江	4	21	21	39	贵州	0	10	29	44
上海	25	43	60	76	云南	6	21	33	38
江苏	0	0	0	0	西藏	0	0	1	6
浙江	11	104	143	168	陕西	0	0	0	0
安徽	6	27	34	43	甘肃	0	4	12	24
福建	18	59	103	130	青海	0	9	15	23
江西	12	26	42	56	宁夏	0	0	1	3
山东	6	12	58	76	新疆	4	8	14	40
河南	10	42	63	79					

---

① 参见胡玉鸿《试论法律位阶划分的标准——兼及行政法规与地方性法规之间的位阶问题》，载《中国法学》2004年第3期。

3. 其他指标

综合考虑指标选择的合理性和数据的可获得性,选取如下指标:教育投入用人均地区教育经费衡量,卫生及社保投入用人均地区卫生、社会保障和社会福利固定资产投资衡量,文体及娱乐投入用人均文化、体育和娱乐业固定资产投资衡量,各地区经济发达水平用人均区域生产总值衡量。

本节采用 2007—2010 年省级面板数据进行实证研究,数据除法律制度变量外均来源于相关年份的《中国统计年鉴》,法律制度变量由作者自行收集。

(三) 回归结果分析

首先对模型进行固定效应的 hausman 检验,统计结果显示 Prob > chi2 = 0.0000,即模型应采用固定效应模型进行回归。用收入法衡量人力资本水平,结果见表 8 – 2 – 2。其中,模型 (1) 仅对人力资本水平和法律制度变量进行回归,模型 (2) 中加入主流研究中认为对人力资本形成具有重要作用的控制变量,模型 (3) 在前者的基础上进一步增加了地区经济发展水平这一控制变量。

表 8 – 2 – 2 回归结果 1

人力资本(收入)	(1)	(2)	(3)
法律制度	144.7973***	58.52347***	27.53641***
教育投入		11.61608***	3.802419**
卫生及社保投入		18.55744**	22.72357***
文体及娱乐投入		0.1188751	-4.269864
经济发达水平			0.5630912***
_cons	25 087.5	14 310.22	7 991.494

注:表中的显著水平,*** 表示 1%,** 表示 5%,* 表示 10%,下同。

首先,在三个模型中,法律制度变量都表现出良好的显著性(1% 水平),且系数为正。这一结果有力地支持了前文提出的命题:完善的劳动法律制度对人力资本水平有促进作用。

其次,主流观点认为,教育投入、卫生及社保投入、文体及娱乐投入均为促进人力资本增长的重要原因。就前两者而言,我们的结论与之一致。这是因为:从人力资本的形成来说,获取教育是提升其质量的最重要的原因,而卫生及社保投入提升了个人的健康水平和福利,使得固有的人力资本水平得以在生产过程中实现。实证的结果显示,文体及娱乐投入并未对人力资本水平形成显著影响。这可能是因为,在我国,文体及娱乐投入并未直接促进劳动者知识水平特别是劳动相关技能水平的增长,对个人健康的促进作用也不显著。

最后,经济发达水平这一控制变量表现出良好的显著性(1% 水平),这意味着地区的经济发展对人力资本水平也存在促进作用,这一结论与我们的直观感受是相符的。一方面,经济越发达,对高技术型劳动者的需求就越强烈,这也促使个人和政府增加人力资本投资;另一方面,发达经济提供了更好的物质条件,使得个人的人力资本投资更有效率,并使其技能在工作中得以更好的发挥。

为进行稳健性检验,我们换用教育指标法来衡量人力资本,使用与前文一致的固定效应模型进行回归分析。由于个体对自身教育程度的选择一般无法立即实现,因此对于法律制度的变化造成的影响来说，教育指标的反应较为迟缓。为减轻这一影响，我们尝试将2007年法律制度变量滞后3期，与2010年其他指标数据构成截面数据，使用OLS回归，结果见表8-2-3。

表8-2-3 回归结果2

人力资本（教育）	(1)	(2)	(3)
法律制度	0.3461476**	0.3031142***	0.1368679*
教育投入		0.0122947***	0.0056387**
卫生及社保投入		0.0484207	0.0511998**
文体及娱乐投入		0.0072395	-0.0051504
经济发达水平			0.0002929***
_cons	22.74893	-0.7864793	1.568751

可以看到，回归结果与表8-2-2中的结果是极为相似的。法律制度及教育投入在所有模型中均显著，尽管显著水平略有下降；卫生及社保投入在模型（2）中不显著，但在模型（3）中达到了5%的显著水平；经济发达水平依然表现出良好的显著性，达到0.3%的显著水平。稳健性检验的实证结果支持了表8-2-3中得到的结论，并且说明教育指标滞后性的猜想很可能是正确的。可以预见，随着时间的推移，完善的劳动法律制度对人力资本水平的促进将会更明显地通过教育指标体现出来。

三、结论与对策建议

本节通过对于劳动法律制度影响人力资本的途径和方式进行研究，提出"完善的劳动法律制度对人力资本水平的提高具有促进作用"这一命题。而后基于法理学关于法律位阶的理论，选取各省区就《劳动合同法》累计出台的相关法律（广义概念）数量进行加权打分，作为衡量该地区劳动法律制度完善程度的指标。在此基础上，采用2007—2010年的省级数据进行实证分析，验证了命题。实证结果还表明，与主流观点相一致，教育投入和卫生及社保投入同样是促进人力资本增长的重要原因，而文体及娱乐投入并未对人力资本水平形成显著影响。基于本节分析，我们提出以下对策建议。

第一，鼓励各地区根据实际情况颁布司法意见。理论分析表明，各地区颁布的司法意见对劳动者的保护是最为直接的。由于各地区经济情况、工业布局及劳动密集程度等因素均不相同，最高法院颁布的司法解释不能"放之四海而皆准"，因此，各省法院在面对劳动争议纠纷时除严格恪守形式逻辑法律推理外，还必须考虑到地方特色，在明确《劳动合同法》劳动者保护的立法宗旨、明确依法进行劳动合同案件法律适用、明确司法审判的实体与程序争议的"三明确"基础上，应当鼓励各地区根据实际情况颁布适用于本地区的内部司法意见。

第二，在法律层面督促企业对劳动者保护的社会责任。企业出于降低成本的目的，采用"劳务派遣"等方式规避《劳动合同法》中的不利规则是目前亟待解决的问题。而事实上，这种"钻空子"的行为是制度不完善造成的。构建企业社会责任监督及惩罚机制，通过法律使得企业的侵犯劳动者权益的预期成本增加，从而促使其自发地履行对劳动者保护的社会责任，是政府应当考虑的重点问题之一。

第三,重视劳动调解机制的构建。与司法诉讼相比,劳动争议调解具有便捷性、及时性及经济性等突出优点。然而调查发现,劳动者对于这一争议处理机制的了解和使用率很低。其主要原因是宣传和教育的不足,以及具体制度设计的不完善。因此,政府应当学习发达国家的先进经验,提升劳动调解的可操作性以及结果的合理性,并通过多种手段加强宣传,使这一制度为劳动者所熟知。

第三节 构建有中国特色的自然资源产权制度[①]

进入20世纪90年代以来,许多自然资源的产权已经或正在界定,自然资源市场体系已在建立并完善的过程中。然而,目前我国在自然资源管理中应用产权途径存在着重大的障碍,主要表现在国家行政管理权限之间界限的不清晰而导致的产权制度的障碍以及实践中存在对资源滥采滥伐、资源分割管理、资源浪费等影响我国经济永续发展的严重问题。所以,构建有中国特色的自然资源产权制度就成为自然资源管理理论和实践中迫切需要解决的问题。

一、自然资源产权制度的应用价值与构建障碍

明确的产权是"保证每一经济主体追求自利最大化并为此强化自身管理、提高生产技术、参与市场竞争的全部经济活动的基础"[②],也是自然资源发挥其最佳效用的关键,产权制度的完善与创新有着极大的应用价值,主要表现为以下三方面。首先,有助于我国自然资源市场的建立。产权制度对自然资源开发、利用、保护的影响是市场机制的作用,这无疑对自然资源市场的建立是一个强有力的促进。其次,促进自然资源的优化配置。明确自然资源所有者与使用者的地位,使其在使用有限的自然资源时,必须慎重比较机会成本,使资源使用的收益达到最大化。有助于减少自然资源开发、利用、保护中的纠纷,减少自然资源的无谓浪费。最后,补充政府干预。产权制度的引入,可以使政府避免许多产权已明确界定的自然资源管理问题,使政府加强力量行使必要的干预。

目前,自然资源产权改革的滞后和管理体制的不健全,使构建我国自然资源产权制度存在着十分严重的障碍。一是产权主体的单一。根据法律规定,我国的自然资源属于国家和集体,个人与其他组织不能成为自然资源的所有者。这一规定使自然资源难以得到合理配置,出现了个人悉心投入自然资源经营活动而培育出的植物、动物归属国家和集体的矛盾,挫伤了市场主体的积极性。自然资源的效用也难以通过充分流转而实现最大化。二是使用权与所有权的混淆。我国的自然资源立法多是以"如果确保国家对资源的有效、充分利用"[③]为出发点。规定自然资源属于国家和集体所有的同时,并未从物权角度对自然资源使用权的先例做出明确规范。自然资源所有人与使用者在利用过程中权利与义务的不同,没有在法律中体现出来,造成对使用者缺乏必要的约束和限制,肆意侵犯了国家和集体的所有权。三是自然资源国家所有权的行使问题不明确。国家所有权应归属国务院。但在所有权行使中,作为主体代表的国务院无法全面履行自然资源的国家所有权,而是将部分国家所有权委托给地方政

[①] 本节部分内容曾以论文形式发表,具体出自李胜兰、曹志兴《构建有中国治理特色的自然资源产权制度》,载《资源科学》2000年第3期。

[②] 田培炎、蒋兆康:《论权利与效率——一种法律经济学观点》,载《法学研究》1992年第6期,第16页。

[③] 谢次昌、王修经:《关于产权的若干理论问题》,载《法学研究》1994年第1期,第42页。

府行使。由此形成了一元制下的"单一代表，多级行使"的制度。这对减轻中央政府的负担，促进国家所有权的全面履行起到了重要作用，也取得了一定的资源收益，但对地方政府与中央政府在利益分配关系上应该如何协调亦乏问津，挫伤了地方政府的积极性，也影响了我国自然资源开发利用效率的提高。

二、构建我国自然资源产权制度的目标

以我国经济体制改革已取得的成果为基础和前提，结合我国目前经济改革的状况，构建自然资源产权制度。

（一）自然资源产权关系明确，责、权、利对称合理

在确立自然资源产权制度时，必须明确以下三个层次的自然资源产权关系：第一，在国家层次上，实行自然资源经济管理职能和所有权职能分离；政府只行使自然资源宏观经济管理权的职能，国家国有资产管理部门行使自然资源所有权管理职能。第二，在国家和企业层次上，实现自然资源所有权（最终所有权）和经济上的所有权分离。其实质是：自然资源属于全体人民所有，由国家国有资产管理部门行使这种所有权；经济所有权属于企业，这样就实现了产权的分散化，适应了市场经济的要求。第三，在企业层次上，实现自然资源所有权和经营权分离。其实质是：自然资源经营企业——法人行使自然资源经济所有权的职能，决定企业的经营方针，承担盈亏责任；企业经营者只执行日常管理职能，承担经营责任。

以上三个层次的两种职能、两种权利的分离，使自然资源产权关系明确，责、权、利对称。这不仅能适应社会主义市场经济客观要求，还能从制度上保证自然资源产权主体和职能部门各司其职、各尽其力、多尽其责，为提高自然资源的效率提供了条件。

（二）自然资源财产权体系多样化、多层次化

根据自然资源自身特征，应根据不同情况建立不同的产权体系：对于产权界限比较清晰的自然资源，如森林、草原、矿山等，应在平衡公共利益和所有者与使用者利益的前提下，将自然资源的权益分配给不同的产权主体，包括国家、地方政府、企业和个人。对于产权界定不十分清晰、作为准公共物品的自然资源，如海洋水产资源、地下水、大气等，应改变目前政出多头的产权结构，由某个利益相对统一的经济组织作为单一的所有者来管理该自然资源，以减少相互危害的外部性。其间，可考虑建立政府监督管理和委托代理制度，从而实现对各类型自然资源的有效管理。

三、构建中国特色的自然资源产权制度

根据自然资源的特性，结合我国的实情，目前我国自然资源产权制度构建表现在以下几方面。

（一）建立不同的自然资源产权制度

自然资源类型不同，在设计产权制度时亦应有所区别。常见的自然资源分类是以其是否具有再生性而分为可再生自然资源和不可再生自然资源两大类。其中，可再生自然资源又分为生物性可再生自然资源和非生物性可再生自然资源。现将三者的产权制度分述如下。

1. 非生物性可再生自然资源的产权制度

这类资源主要包括土地和水等，其基本特点是虽然没有生命，但具有可以恢复和循环使

用的规律。只要人类活动遵循这些规律的要求，它们就能成为人类永远利用的自然财富。这类资源构成了人类生存的基本条件，也是一切生物如森林、草原、鱼类、野生动植物得以繁衍生息的基础。由于这类自然资源对人类的社会生产生活有着特殊重要的意义，国家对其产权的界定要从社会整体利益出发去配置其所有权。确认非生物性可再生自然资源的国有和集体所有的性质，而不宜由其他主体享有所有权。主要原因有三方面。

第一，随着我国改革开放的逐步深入，对于土地以及水资源使用权的确认已基本完成，如强制性地引进个人和社会组织所有权，将会打乱已形成的经济关系，导致利益格局尤其是农村承包关系的大调整，不利于社会的稳定。

第二，土地和水资源的非公有化，不利于国家对其实施统一的用途管制。拥有土地和水资源所有权的个人和组织为获得最大的经济利益，往往会擅自改变土地与水资源的原有用途，如将耕地改为建设用地，围湖造田等。这样不但不会起到维护自然资源和环境的作用，反而会进一步加剧人与土地和水等资源的矛盾。

第三，国有和集体所有既能体现国家的资源权益，又不会妨碍土地的商品化和市场配置。在现代市场经济发达的国家，一向存在着两种土地以及水资源的所有制模式：其一是以私有制为支柱的完全自由市场模式，为美国、日本等国采用；其二是以国有制为支柱的有效控制下的市场模式，为许多英联邦国家以及我国香港采用。按照后一种模式，土地、水等非生物性可再生自然资源所有权属于国家，国家将其使用权出让给使用者。土地或被作为一种财产权，按照法律规定的条件和方式投入市场交易。实践证明，后一种制度的效率并不亚于前一种。结合我国社会的传统，现有条件下继续坚持该类资源所有权归属于国家和集体的制度是更为稳妥和可行的。在这一前提下，依法确认使用该类资源的使用者的权利，完善使用权制度，应是今后我国自然资源产权制度构建的重要任务。一方面，应汲取改革中形成的一些新经验，促进使用权的实现。山东桓台县邢家村的股田制①、南方山林的联营形式②都值得立法者加以借鉴。另一方面，在明确所有权主体的基础上，必须确保自然资源使用权的稳定性。③ 为此，法律应建立使用权续展制度，即国家和集体所有的土地和水资源可由自然资源使用权人在法定的期限内使用。如果公民或有关社会组织对土地或水资源的使用是合理的，而且所有权人的权益依法获得了实现，自然资源的使用权人可通过履行续展期限的手续，继续获得该土地或水资源的使用权。所有权人在提不出相反理由的情况下，不得转让土地或水资源的使用权给原使用人以外的其他人。这样既保证了所有权人的权益得到实现，又使使用权人的利益具有较强的稳定性。这一制度同样适用于下述两类自然资源。

2. 生物性可再生自然资源的产权制度

这类资源主要包括各种动物、植物、微生物及其周围环境组成的各种生态系统。如森林、草原、鱼类、野生动植物。它们富有生命，以土地、水等非生物性可再生自然资源为基础得以繁衍，对其有较强的依赖性。从其特性看，这类资源具有循环再生能力。只要人类合

---

① 该村将土地分为机动地和口粮田。对口粮田实行股份制：按村民人数分成若干股份，一人一股，通过持股可获得股息（粮食和农产品）。股地分离，动股不动地。这一做法既解决了部分农民外出务工无法耕作土地的问题，又使得那些希望耕种更多土地的农民有地可种。参见1999年3月26日《午间半小时》。

② 南方林区农民在分户经营以后，已经在实践中创造了许多新的联合经营形式。诸如，联户经、合作林场、股份制林场等。参见朱国宏《通向可持续发展的道路》，复旦大学出版社1999年版，第225页。

③ 杜润生先生在讨论土地使用权问题时，有过类似的表述："当前的工作目标是明确所有权、稳定承包权、搞活使用权、尊重处置权、保护收益权，建立一个稳定的法权法治秩序。"《关于农民土地使用权的长期化》，载《经济学参考消息报》1999年4月2日第三版。

理利用，生物性可再生自然资源即可周而复始地生长，为人类永续利用。除天然生成的生物性可再生自然资源，它们多是人类对土地、水等资源合理使用的收益，与土地、水等非生物性可再生自然资源有着较强的关联性。从和人类生活的关系看，它们可以满足不同主体的不同需求，表现出较强的竞争性特点。在市场经济的国家里这类资源所有权常具有鲜明的多元化特征。国家可以法律形式确认草原、森林、鱼类、野生动植物等生物性可再生自然资源归属于不同的主体所有。如对森林资源中涉及国家利益、公共利益和生态效益的森林，可由国家所有；与集体生产和生活关系密切的森林可为集体所有；而其他林区则可由私人和社会组织在取得土地使用权的基础上进行经营和所有。在我国建设社会主义市场经济的过程中，应当不断推进生物性可再生自然资源所有权的多元化，逐步构造国家所有、集体所有、个人所有、社会组织所有多种形式并存的所有权结构。其优越性在于：

第一，能够充分调动多方面的积极性，促进资源的充分有效利用。

第二，不至于造成资源的滥用。该类资源由个人和社会组织所有仅仅及于生物资源本身，而对生物资源所占用的土地或者水面等非生物可再生自然资源并不拥有所有权，而仅仅拥有使用权。这样，国家就可从总体上控制土地、水等资源的用途，并可对使用者依法加以限制，让其承担维护自然资源持续性和生态环境的义务，从而确保国家整体利益的实现。

第三，与此同时，还能较好地平衡国家和个人及有关社会组织之间的经济利益关系；国家可通过收取不同地租和水资源使用费来实现其利益，个人及社会组织则可通过行使对森林等资源的所有权，获得更充分的预期利润，并且还可通过使用权期限的续展持续地获得土地及水资源的使用权，来保持其权益的稳定。对于生物性可再生自然资源，应从两方面明确其产权关系：一是在明确规定其所有权形式，包括国有、集体所有、个人所有、社会组织所有等，对个人及社会组织的所有权应给予同等的保护；二是完善使用权制度，确保获得自然资源使用权的法律主体的合法权益得到保障。

3. 不可再生自然资源的产权制度

不可再生自然资源是指包括铁、煤、石油等各种金属和非金属矿物在内的矿产资源。不可再生自然资源具有鲜明的耗竭特性。对于这类特殊的资源，世界上绝大多数国家都通过立法确认其为社会财富归国家所有。个人与社会组织可以取得矿产资源的探矿权和采矿权，国家依法保护矿业权人的合法权益，在我国亦然。法律明确规定矿产资源的所有权一律归属国家，"地表或地下的矿产资源的国家所有权，不因其所依附的土地的所有权的不同而改变"①。这种规定对于统一管理和保护矿产资源、减少矿产资源的浪费起到了重要的作用。面对我国矿产资源数量不多、耗竭速度加快的严峻形势，应继续坚持矿产资源的国家所有，并以此为前提逐步完善现行的矿业权制度，有效克服矿产资源开采、利用中的低效浪费现象。而不能像有些学者所主张的矿产资源所有权应当多元化，那样不仅会提高矿产资源的利益速率，还会进一步加快矿产资源的浪费的耗竭速度。

（二）建立和健全具有权威性的自然资源管理机构

现有的国有资产管理机构，与各自然资源专业管理部门关系不顺。主要表现在，自然资源所有人格化代表不明确，旧体制的影响在各部门之中仍占主导地位。不少机构和部门及其工作人员一般缺乏全局性观点，眼光仅盯在部门权力的根本上。国有资产管理部门也同样存

---

① 参见《矿产资源法》第3条。

在着错误的认识,以为其作为总代表就要管理一切,不能正确对待分代表地位,往往表现在和专业管理部门争权,分不清自己应当管什么,从而影响了工作的推进,给各自然资源产业部门造成一种误解,以为资产管理部门是抢权。

从我国国家性质的经济运行的本质来说,我国已建立了国务院下属的国土资源部,其主要职能是:①代表国家行使国有资源的终极所有权管理;②统一管理和协调各自然资源管理部门的工作;③统筹规划自然资源开发、保护和利用的各项重大战略的中长期计划;④统一制定有关自然资源综合管理的全面性政策和行政法规;⑤负责考察和统一掌握全国自然资源的基本状况、定期发布信息;⑥协调行政、经济、法律、科技部门对自然资源的管理;⑦处理和解决关系全局的自然资源开发、保护和利用的重大问题。

在各省(市、自治区)建立自然资源行政管理综合性机构,其职能在各省(市、自治区)范围内与国土资源部相一致。另外,在条件成熟时,对现有中央和地方自然资源管理部门按经营性资源和非经营性资源的不同特点进行分类改组。将经营性资源管理部门改组为开发总公司,纳入自然资源经营管理体制。对非经营性资源管理部门进行原有各部门的改组和经营,设立环保局、国土资源局、海洋资源局等,纳入自然资源行政管理体系。

(三) 规范自然资源产权市场

社会主义自然资源市场由两级市场构成。一级是自然资源的出让市场。在这种市场上,国家或国有资产管理部门把自然资源一定年限的使用权或开发利用权出让或出租给大型的国有公司中其他企业,收取地租或自然资源出让费,自然资源所有权在经济上得到实现。二级市场是取得自然资源使用权或开发权的公司或企业,再把这种使用权转让给别的企业,在这里只是两个使用者之间的关系。利用产权制度规范自然资源产权市场的建立和运行。

第四节　绿色贸易壁垒机制下的环保策略与法律措施[①]

贸易壁垒包括关税壁垒和非关税壁垒,绿色贸易壁垒属于非关税壁垒,它主要体现为WTO成员方基于环境保护原因而采取的贸易限制措施。绿色贸易壁垒是一个动态的概念,因为随着技术的进步,昔日的措施可能不再具有限制的功能,而新的限制措施将构成新的壁垒。WTO协定关于允许成员方基于环境保护原因而采取限制措施的例外规则和原则、各成员方采取的措施以及WTO对各成员方所采取措施的认可程序(包括事前程序和事后程序。事前程序是指WTO的贸易政策审查机制,事后程序是指WTO争端解决机构的争端解决程序)等一系列制度构成了绿色贸易壁垒体制。

一、绿色贸易壁垒措施及其合法性基础

(一) 成员方采取的绿色贸易壁垒措施

成员方采取的绿色贸易壁垒措施包括以下六条。第一,课征环境进口附加税。进口国以

---

① 本节部分内容曾作为会议论文提交,具体出自周林彬、冯曦《绿色贸易壁垒机制下的环保策略与法律措施——一种法律经济学的分析思路》,载《中国法学会世贸组织法研究会第二届年会论文汇编》,2003年。

保护环境为理由，对某项产品的进口，除了征收一般进口关税外，另外加征税款①。第二，限制或禁止进出口。进口国以保护环境为理由，限制或禁止进口或出口某项产品。这是采用最多的环境管制措施。② 第三，环境贸易制裁。即一国针对另一国违反国际环境条约的行为而采取的强制性贸易限制措施。③ 第四，推行国内加工和生产方法以及其他标准。即一国以保护环境为理由，要求另一国家实行前者的国内加工和生产方法，否则采取贸易限制措施。④ 第五，推行国际标准。即利用国际组织制定的环境标准，对未达到该标准的产品拒绝或限制进口。⑤ 第六，政府环境补贴。政府以政治原因或经济原因而对企业予以环境补贴。

（二）WTO 协定由于环境保护原因而确立的例外规则

上述例外规则以及原则构成了绿色贸易壁垒措施的合法性基础，主要包括如下方面。第一，《建立世界贸易组织的协定》规定："按照可持续发展目标使世界资源得到最合理利用，维护和保护环境，并根据各成员不同需要和不同经济发展水平的情况，加强采取措施。"体现了"可持续发展"的精神，制定了贸易自由化和环境保护的双重目标。第二，1994 年总协定的第 20 条"一般例外"中（b）款和（g）款在实践中通常被作为采取环境保护措施的基本条款。第 20 条规定："只要不对情况相同的成员构成武断的或不合理的差别待遇"或"不对国际贸易构成隐蔽的限制"，任何成员方都有权采取（b）"保障人类、动植物的生命或健康所必需的措施"和（g）"与国内限制生产与消费的措施相配合，为有效保护可能用竭的天然资源的有关措施"。第三，《贸易技术壁垒协议》规定：各成员为了"保护人类、动植物的生命或健康及环境保护"，有权在不超越保护所需程度的情况下采取适当的贸易技术壁垒措施。第四，《卫生与动植物检疫措施协议》规定：各成员方有权采取卫生和动植物检疫措施，但应以保护人类、牲畜和植物的生命或健康为限，且不应违反非歧视原则。第五，《补贴与反补贴协议》第 8 条第 2 款（c）项与环境保护有关的补贴列为"不可申诉的补贴"。第六，《农产品协议》附件 2 规定了"绿盒子政策"，其中涉及与环境规则项目有关的国内支持措施不在削减之列。第七，《服务贸易总协议》第 14 条规定："为保护公共道德或维持公共秩序的需要"和"保障人类、动植物的生命或健康所必需的需要"，可以例外地采取必要的服务贸易限制措施。第八，《与贸易有关的知识产权协议》规定，在下列情况下，可不授予专利权：（a）对人类或动物医学诊断、治疗和外科方法；（b）有关生产植物和动物（不包括微生物）的生物学方法，但对植物品种则必须给予专利保护；（c）为保护国家的公共秩序或维护公共道德，包括保护人类、动植物的生命或健康，或防止对环境造成的严重污染，可拒绝授予专利权，以阻止其商业利用。

---

① 如《关税与贸易总协定》1987 年 6 月通过的关于美国对原油和某些进口石油化学品征税的工作组报告，检查的即是加拿大、原欧共体及墨西哥对美国用原油和石油化学品的加料税来重修有毒废料垃圾场的申诉。该案中，美国对进口石油产品课征进口附加税——其税率比国内同类产品高出 3.5 美分/桶。

② 从 1980 年至 1991 年以 GATT 程序解决的五起关于环境与贸易的争端中，有四起就是因为采取此类环境管制措施引起的：1980 年美国禁止从加拿大进口金枪鱼及其产品，1987 年加拿大限制出口未经加工的鲱鱼和鲑鱼，1980 年至 1990 年泰国限制从美国进口卷烟，1991 年美国禁止从墨西哥进口金枪鱼等案件。

③ 如美国培利修正案规定对违反联合国暂停使用流网条款的国家进行强制贸易制裁。目前该修正案的制裁内容已从针对野生动植物的产制品，发展到对所有具有违反国际资源保护行为的国家都可以进行贸易制裁。

④ 例如，欧共体限制从允许使用残酷诱捕野兽方法的国家进口毛皮；近年来，绿色产品风靡全球，许多国家对无环境标志的商品拒绝或限制进口。

⑤ 例如，国际标准化组织已决定从 1995 年 4 月开始实施"国际环境监察标准制度"，许多国家可以利用此项标准限制和拒绝不合标准的产品进口。

结合上述规则和 WTO 的判例，我们可以看出，WTO 贸易规则允许成员方在一定的条件下自由采取环境保护政策和法律，同时要遵守非歧视性原则和善意原则，其中非歧视性原则包括国民待遇原则（给予本国产品和外国产品同样的待遇）和最惠国待遇原则（给予来自不同贸易伙伴的产品同等待遇）。

从成本收益的角度分析，绿色贸易壁垒措施的合法性基础强调的是任一成员方政府措施都不应该给其他成员方国民造成"不合理"的成本负担，而所谓"不合理"的标准，主要表现在以下几方面。

（1）这种成本的不可预见性。成员方政府采取的措施尚未经过有关方的协商而单方面采取的措施通常被认为具有不可预见性，例如，1998 年海龟案中，上诉机构认为："第 609 条款（1989 年美国在其《濒危物种法》里增设的第 609 条款）实行的另一个方面问题，在评价是有道理的歧视还是无端的歧视上占有重要分量的是，美国作为上诉人在对其他成员方出口的海虾下令禁止进口之前，没有与这些出口国进行过严肃和全面的协商，以期达成缔结保护与养护海龟目的双边或多边协定"（1998 年海龟案上诉机构报告第 166 段）。

（2）这种成本承担的不平衡性，即这种成本在本成员方国民与其他成员方国民之间的分担是不平衡的。其他成员方国民采取相同的措施防止环境污染问题的时候付出的费用大于本方国民负担，这是由于政策本身的倾向性造成的。

（3）尽管一项政策在本成员方是合理的，但在国际范围内则可能是不合理的，例如，1998 海龟案中上诉机构认为，"就一国政府来说，在全国范围采取与执行一种国内政策，对其全体公民适用一种标准，是完全可以接受的。但是，在国际贸易关系中一个 WTO 成员方用一种经济禁令要求其他成员方必须采用相同的综合性管理办法，以达到某种政策目标，如同在该成员方国内做法一样，而不考虑其他成员方域内会出现的不同情况，则是不可接受的"（1998 年海龟案上诉机构报告第 164 段），因此而采取的措施造成的成本负担也应视为不合理的。而当采取措施导致的成本负担为"合理"，满足 WTO 协定的相关例外规则和原则的时候，即构成了成员方的绿色贸易壁垒。

二、符合国际环保标准是我国环境保护的优势策略

（一）在绿色贸易壁垒的体制下，成员方提高环境保护水平是一个有效策略

当代环境保护具有全球化的特点。首先，诸如河流、大气、海洋等环境污染具有流动性，危害后果可能在不同国家或区域出现；其次，当代出现的一些环境问题，例如"温室效应"、臭氧层破坏等，其影响范围，包括气候变暖、海平面上升、紫外线辐射增强等危害是全球性的；最后，环境污染也可以通过疾疫或国际贸易例如禽流感、进出口转基因食品等扩散。

环境保护又具有公共产品的特性，具有很强的外部性。通常外部性内部化的办法之一是向污染生产者征收税收，即"庇古税"；同时，根据科斯在《社会成本问题》一文中的观点，当污染生产者与受污染侵害者能自由达成协议的时候，应采取的内部化的措施是污染权的交易制度，而不是政府的干预行为（例如征税）。因此对国际的环境问题的解决途径也同样面临这两种选择：向污染生产国家"征税"，或者"污染权"交易。显然，由于各成员方不同的文化、经济、社会等背景，依赖一方成员或某一国际性组织通过强制的方法（比如"征税"）实现环境保护的目标都会带来巨额的交易成本，这种权利的配置是无效率的。而

绿色贸易壁垒体制是一种类似污染权交易的制度,虽然由于各成员方的经济发展和国民对环境保护的需求不一致,各成员方政府对环境保护的偏好也不一致,某一成员方采用的环境保护标准并不必然导致另一成员方也同时采用。换言之,该成员方的环境保护标准提高,只能说在该成员方的范围内环境存在改善的可能,各成员方建立的绿色贸易壁垒成理论上并不必然改善全球的环境。但是,通过各成员方政府在自身成本收益原则约束下,采取不同的环境政策和标准,而各方均有在共同的环境保护和贸易规则下进行讨价还价的权利,从而形成一种合理的环境保护和环境保护贸易的秩序,有效减少环境保护的"搭便车"行为,增加成员方之间采取策略行为的约束。从长期来看,在绿色贸易壁垒的体制下,成员方提高环境保护水平是一个有效策略。

(二)符合国际环保标准是完善我国环境保护法的基本策略

在绿色贸易壁垒体制下,完善我国环境保护法的策略有:因为在 WTO 框架内,绿色贸易壁垒措施存在合法合理性,因此我国可以依法(主要是环保法和标准化法)提高环境保护标准,营造本国绿色贸易壁垒;符合国际环保标准,逐步应用国际标准;保持本国的环境保护标准。下面结合我国清洁生产法和清洁生产的实践,分析完善我国环境保护法的若干措施。

1.《清洁生产促进法》[①] 规范的清洁生产主要措施包括禁止性措施和鼓励性措施

(1)禁止性措施主要体现在对工业、农业、建筑业、服务业等行业的生产服务过程采用的设备、技术、工艺和原材料等方面进行规范。比如该法第 21 条规定:"生产大型机电设备、机动运输工具以及国务院经济贸易行政主管部门指定的其他产品的企业,应当按照国务院标准化行政主管部门或者其授权机构制定的技术规范,在产品的主体构件上注明材料成分的标准牌号。"

(2)鼓励性措施主要体现在鼓励企业优先采用资源利用率高以及污染物产生量少的清洁生产技术、工艺和设备,国家对采用清洁生产措施的企业进行资金的扶持和税收优惠等。例如该法第 7 条规定:"国务院应当制定有利于实施清洁生产的财政税收政策。"又如该法第 35 条规定:"对利用废物生产产品的和从废物中回收原料的,税务机关按照国家有关规定,减征或者免征增值税。"

2.《清洁生产促进法》将有利于我国环境保护和对外贸易的发展

在清洁生产促进的成本方面的考虑,主要包括:生产过程中的政府制定、执行法律的成本,包括公务员的工资,计量检测等设备的费用等;促进清洁生产过程中,政府由于采取鼓励措施而产生的机会成本,比如用于清洁生产的促进资金扶持而失去了扶持其他方面而得到的收益;企业应采取先进的生产工艺、生产设备而增加的投资;不符合标准的企业被淘汰后的政府对失业工人的社会保障支出等。

在清洁生产促进的收益方面的考虑,主要包括:企业通过开展清洁生产降低产品中的有毒害物质,生产出清洁的产品,减少对人体和环境的危害,从而提高产品的国际竞争能力;企业通过开展清洁生产达到国际绿色技术标准、获得环境标志认证,扩大产品的出口量;企业可以通过开展清洁生产降低生产成本,获得经济与环境双效益;采用清洁生产企业的节能降耗效益和潜在效益。

---

① 2002 年 6 月 29 日,第九届全国人民代表大会常务委员会第二十八次会议通过《清洁生产促进法》。

虽然缺乏充分的成本收益数据表明提高清洁生产的积极意义，但从我国的实践来看，清洁生产创造的效益是明显的。首先，从国际市场的角度考察，国际市场过环境保护产品的需求旺盛，例如，海尔集团，作为第一家通过ISO14000国际环境管理体系的认证的中国企业，其绿色无氟环境保护冰箱获得"欧洲环境标志"，成为向欧美等发达国家和地区出口电冰箱最多的厂家。① 其次，从经济与环境效益的角度考察，我国于1999年开展对清洁生产的示范试点工作，选择了北京、上海、天津、重庆、沈阳、太原、济南、昆明、兰州和阜阳10个城市作为全国清洁生产试点城市；选择石化、冶金、化工、轻工、船舶5个行业作为全国清洁生产试点行业。以济南钢铁集团总公司、安徽阜阳化工总厂、北京燕山石化总公司、太原太化集团公司等众多企业10多年的试点经验表明，实施清洁生产可以降低物耗、节水、节能，提高产品质量，降低生产成本，提高产品的竞争能力。② 再次，采用ISO14001认证企业的节能效益（见表8-4-1）和潜在效益（见表8-4-2）也说明清洁生产的企业增加的收益③，这将烫平高标准带来的成本。

表8-4-1 部分认证企业实施ISO14001环境管理体系的经济效益（节录）

序号	企业名称	运行时间	节能降耗效益	主要途径
1	科龙集团	1年半	6 594万元/年	（1）加强节能管理；（2）改进设备
2	苏州精细化工	1年	4 000万元/年	提高糖精的收获率5个百分点
3	美蓓亚	1年	*700万元/年	（1）节电20%；（2）节约清洗剂13%（102万元）；（3）电子化办公，节约纸1 000包/年
4	嘉陵	6个月	660万元/6个月	（1）降低原辅材料；（2）废物综合利用
5	华录松下录像	8个月	980万元/年	（1）节能145万元；（2）塑料再生利用251万元；（3）工艺改革237万元；（4）包装改进160万元
6	施贵宝制药	6个月	*316万元/年	（1）包装改进节约198吨年，节约棉80万元；（2）降低包衣过剩量10%
7	海尔冰箱	2年	*1 400万元/年	（1）辅助材料节省34.96%（899万元）；（2）单台冰箱生产能耗降低27.6%（1 000度）
8	宝钢	11个月	3.49亿元	（1）节能1.25亿元；（2）综合利用1.87亿元；（3）降低原材料消耗0.37亿元

表8-4-2 环境改善的潜在利益

序号	环境改善的潜在利益	序号	环境改善的潜在利益
（1）	通过更充分的反应过程、材料替代、回收利用及再循环技术实现原材料的节约	（9）	改变生产过程带来的产品改进，带来更高的质量和更加稳定的产品

---

① 参见《保护环境保护环境呼唤绿色营销》，载《中国环境报》2001年8月30日第4版。
② 参见国家经贸委资源节约与综合利用司《清洁生产案例选编与分析》，中国检察出版社2000年版，第23页。
③ 参见中关村科技园区丰台园管理委员会《ISO14000的绿色浪潮为何涌动全球》，载中关村科技园区丰台园管理委员会网（http://www.zgc-ft.gov.cn/ISO14000_1.asp#）。

续表 8-4-2

序号	环境改善的潜在利益	序号	环境改善的潜在利益
(2)	增加过程的产出效率	(10)	改进产品设计,提高能耗比,降低生产成本
(3)	通过更加细致的监测和维护活动减少不必要的故障性停工	(11)	降低包装成本
(4)	改进副产品的利用、实行综合利用	(12)	更加有效的资源利用
(5)	在过程中将污染物在化学性能上转化为有用的形式	(13)	提高产品和废弃物的回收利用价值（如适当的分类）
(6)	降低能源消耗	(14)	更加安全的产品和由此带来的产品责任和资金损失的减少
(7)	减少原材料储存量和降低仓储成本		
(8)	更加安全的工作条件带来的节约,包括医疗负担、人身伤害赔偿及财产损失	(15)	排污费、资源税以及与废弃物处理、运输和处置有关费用的降低

3. 我国《清洁生产促进法》没有明示将对国际贸易采取的环境保护措施

我国《清洁生产促进法》采用了相对较低的标准清洁生产措施,对国际贸易的影响是间接的。这些影响主要体现在两方面。第一,由于该法适用于我国生产服务的企业（包括外资企业）,根据该法第十二条国家对浪费资源和严重污染环境的落后生产技术、工艺、设备和产品实行限期淘汰制度,故对我国企业采用的生产技术、设备浪费资源和污染严重的产品将会禁止进口。第二,政府进行清洁生产的补贴措施,主要包括税收减免、资金扶持、基金帮助等。以上措施在一定的程度、一定范围（比如对技术标准低于我国的其他成员方）构成我国的绿色贸易壁垒。

综合以上分析,因为我国目前的环保水平依然比较落后,从国际贸易的角度看,构建绿色贸易壁垒还不能形成我国进行环保贸易的有效策略,同时从前文分析可知,提高本国环境保护水平是有效的策略,因此,策略3、策略1不是优势策略,而策略2,即应和国际环保标准则是我国在国际贸易中环保政策的优势策略。

三、绿色贸易壁垒体制下我国环境保护政策选择

（一）环境保护政策目标：缩短环保技术创新周期,促进我国企业向环保型企业转变

分析以上绿色贸易壁垒措施,我们不难发现,一方采用绿色贸易壁垒措施主要是提高进口产品的成本,降低该产品在本国的市场占有率,而这种标准在WTO相关规则和原则下都有合法合理的可能,因此成员方的标准有可能影响到其他成员方标准和环境保护经济决策,进而影响该成员方的经济战略和发展部署。成员方应该根据国际标准和贸易方的标准做出正确的判断,制定本成员方的环境保护政策。

从成本收益的角度分析,环境保护措施带来的成本主要表现在三方面：增加了企业的成本和政府落实环境保护措施的成本；由于产品价格的上升,需求下降,政府的税收减少,产品出口减少,机会成本加大；企业转型,不符合环境保护标准的企业淘汰,工人失业,政府

在社会保障方面的支出加大。一项环境保护措施收益方面可能是：由于环境保护标准提高，根据非歧视性原则，实现了对本国企业的保护的目标，同类产品的进口减少，本国企业的收益增加；出口收益增加。

应和国际环保标准是我国在绿色贸易壁垒体制下环保的优势策略，但环保政策仍应符合收益大于成本的原则。从环境保护的收益来看，具有短期收益不明显、不易衡量等特征，因此不宜采取一次性大规模投资的做法，应该将环境保护的成本分散在不同时间段，在每一时间段采取的环境保护措施符合收益大于成本的原则约束下，逐步建立和完善相关的环境保护措施，促使企业转型。虽然由于企业转型带来工人失业、社会保障成本上升、企业倒闭，但是从企业和产品的生命周期来看，企业转型是时间的函数，由于环境保护的需要会催生新型企业，在一个合理的时间段内，新生企业将会烫平工人失业而带来的成本，同时增加企业的收益，从而有效降低环保标准的提高带来的负面效应。因此，我国环境保护政策选择是缩短环保技术创新周期，促进企业向环保型转变。技术创新周期的缩短是当今世界技术发展的趋势，而技术开发经费投入过低是我国技术创新的主要障碍之一，[①] 从环境保护的资金需求来看，我国环境保护资金缺口巨大（据统计，我国未来5年环保资金需求达7 000亿元[②]）。因此，政府必须提供有效的制度解决技术创新和企业转型的资金缺口问题。

（二）制度支持

1. 税收、金融激励措施的法律化

我国目前有关环境保护的税收、金融的鼓励措施不足主要表现在四方面。第一，鼓励措施覆盖面小。例如财政部、国家税务总局《关于促进企业技术进步有关财务税收问题的通知》中有关优惠措施只适用于国有企业和集体企业。第二，规范的层次较低，多为国家政策和部门法规，[③] 约束力低、稳定性较差。第三，政策往往注重宏观性、重要性和必要性的论述，如果没有与之相配合的实施细则，这些条文和要求将成为一纸空文。第四，目前虽然有一些税种的规定中直接或间接地含有环保因素，[④] 但我国目前尚未建立专项的环保税种。因此，有必要在扩大我国环境保护鼓励措施覆盖面的同时，将我国环保的税收、金融促进措施系统化和法律化，以保证鼓励措施的持续性和可操作性。

2. 建立社会化的投融资机制

目前我国环境资金主要来源有：国际金融组织（主要是国际货币基金组织、世界银行和亚洲开发银行）的贷款、政府投资和企业投资。其中，政府投资仍占较大比重。由于企业对技术发展的敏感度优于政府，并且政府投资具有投资效率差、成本高的缺点，因此企业应该成为投资和技术创新的主体。同时通过风险投资和建立创业板股票市场环境彩票等建立社会化的投融资机制，充分发动社会资本在环境保护方面的效应，包括筹措实施环境措施资金的经济效应和提高全民环境保护意识的社会效应。政府也可以通过发展风险投资和建立创业板股票市场在一定时间内将在高科技投资股份化或市场化。

---

① 参见赵学锋、张金隆、蔡淑琴、雷文强《我国企业技术创新问题分析及对策建议》，载《科技进步与对策》2000年第3期，第51—53页。

② 参见《5年7000亿：我国环保资金需求量巨大》，载《长江日报》2001年11月1日。

③ 例如财政部、国家税务总局的《关于企业所得税若干优惠政策的通知》《关于促进科技成果转化有关税收政策的通知》等。

④ 例如环保项目的固定资产投资方向调节税税率为零，对"三废"综合利用产品在所得税、流转税方面给予一定的优惠政策。

第五节 我国环境侵害司法救济制度的完善[①]

我国法学界在研究环境保护问题方面的局限性主要表现在：民法学者大都局限于传统的概念法学，在某些环境保护相关的法律概念方面做局部的修饰，显然这种研究路径难以满足正在经历着大规模制度变迁的中国的现实需要；经济法学者虽然能够吸取经济学某些有意义的素养，但也仅局限于从如何加强政府规制的角度，从而使得我国的环境法研究和实践难以摆脱依靠"行政执法"的路径依赖。环境法的经济学分析在国外（特别是英美）已经进行了深层次的研究并收到较好的效果，法律经济学创始人之一科斯，在其《社会成本问题》中即从妨害法的角度论述政府干预的边界以及普通法的效率问题；成本收益分析方法广为政府环境政策选择所采用；环境侵权法的经济学研究也取得深入进展。实践证明，法经济分析的方法对环境法的理性剖析可以超越传统研究方法的局限，合理配置环境治理资源，提高环境治理的效率。

基于此，我们试图从法经济学的角度对我国的环境保护制度特别是司法救济制度进行分析，为完善我国环境治理提供若干思路。文章思路大致是：首先，分析环境侵害的实质，从民法的角度提出在现行法律框架下，法院在审理"环境权利冲突"这类特殊的环境侵害（诸如"不可量物侵入"）案件时所应遵循的原则；其次，分别从总体和个案的角度分析我国环境侵权归责原则的绩效，并提出完善措施；最后，我们建议建立环境预防诉讼机制，以完善我国目前的环境评估制度。

一、环境权利冲突救济机制的完善

（一）问题的缘起

一般而言，环境侵害包括公害和私害两种形式。所谓"公害"，是指由于日常的人为活动带来的环境污染致使不特定的人和物的遭受损害。所谓"私害"，是指以由于日常的人为活动带来的环境污染致使特定的人和物的遭受损害。[②] 我国现行环境侵害救济法律规范如下。第一，民法规范，我国《民法通则》第 124 条规定，"违反国家保护环境防治污染的规

[①] 本节部分内容曾以论文形式发表，具体出自周林彬、冯曦《我国环境侵害司法救济制度的完善——法经济分析的思路》，载《中山大学学报（社会科学版）》2005 年第 5 期。

[②] 由于法律传统的差异，英美法和大陆法对于环境侵害的治理也有所区别：在英美法中，环境侵害又称"妨害"（Nuisance），泛指对他人土地利用或占有等权益的各种间接性、非排他性的干扰现象，包括煤烟、灰尘、臭气、噪声、高热、阻碍阳光、污水、电流以及对土地利用造成不便的其他类似侵扰等，至于其性质，总体上属于侵权行为之一种。它可分为公共妨害（public nuisance）和私人妨害（private nuisance）两种。所谓公共妨害（《侵权法（第 2 版）重述第 821B 条》），是指对一般大众公共权利的不合理干扰，所谓私人妨害（《侵权法（第 2 版）重述第 821D 条》），是指非以侵犯他人土地的方式而干扰他人私有土地的使用和享有的利益。在大陆法上，通常以"生态损害"（Dommage Ecologique）或"近邻妨害"（Troublesde Voisinage）来表述因环境污染或生态破坏所造成的损害，即"环境侵权"。此处所谓的"生态损害"，是"环境破坏"的代名词，意指污染所引起的特定或可认定之人的生命、身体、健康、财产的损害以及自然资源、环境要素的不良影响、生态失衡。而民法上的"近邻妨害"，则是指相邻土地的所有人或利用人之间发生的一种特殊意义的侵害状态，包括烟雾、音响、噪声、振动、声、光、电、热、辐射、粉尘等"不可量物"侵入邻地所造成的干扰性侵害，对邻地日照、通风、电波的干扰以及因挖掘、排水等导致的邻人侵害等，与环境侵权现象相似。参见曹明德《环境侵权法》，法律出版社 2000 年版；王明远《美国妨害法在环境侵权救济中的运用和发展》，载《政法论》2003 年第 5 期；王明远《法国环境侵权救济法研究》，载《清华大学学报（哲学社会科学版）》2000 年第 1 期。

定，污染环境造成损害的，应当依法承担民事责任"。第二，环境法规范，包括《环境保护法》《固体废物污染环境防治法》《环境噪声污染防治法》《水污染防治法》《大气污染防治法》《海洋环境保护法》和《放射性污染防治法》等单行法律规范。

根据我国侵权法理论，"违法"是构成侵权的要素之一。① 因此，我国以民法和环境法为一体的环境侵害救济模式解决的仅仅是因"法定公害"产生的纠纷，而对德、日、法等其他大陆法系国家所称的"不可计量物"侵入或者英、美妨害法所规范的私害（我们称这类侵害为"环境权利冲突"② 的特殊侵害）未能提供相应的救济。该种救济模式的一个直接后果是，造成了我国法官对于"环境权利冲突"的特殊侵害"感觉无法可依"而通常判决"权利"受到侵害的一方败诉，从而导致权利配置的不公。③ 因此，我们有必要探讨该类环境侵害行为的性质以及治理原则，从而为解决该类纠纷提供基本思路。

（二）经济分析

诺贝尔经济学奖获得者、美国芝加哥大学 R. 科斯教授其经典性论文《社会成本问题》中指出，在决定允许甲损害乙还是允许乙损害甲的问题上，关键在于避免较为严重的损害（此即科斯的相互性问题）。该论点表明：甲或者乙并不具有损害或者避免损害的自然权利，在决定配置权利之前他们都享有同样的自由，而关键在于考虑哪种权利的配置更能增进社会财富。科斯进而分析指出，从财富最大化角度看，妨害治理的关键，取决于治理模式的交易费用的大小。科斯批评了成文法对环境妨害的规制，指出，"真正的危险是，政府对经济制度的全面干预会使那些对有害后果负有责任的人得到保护"。普通法的效率即能够在于通过妨害人和受害人的讨价还价过程，从而达到效率配置，避免了国家强制性立法的低效率。④

由此可见，第一，对诸如噪声、空气、光等侵害的处理并不以法律的明文规定为前提，而是法官根据情势行使自由裁量权做出判决从而确定侵害是否合理，或者是否应承担相应的责任。"合法的侵害"是大量存在的，因此在民法典中，对该类侵害只能做出诸如"应避免噪音、空气等对他人造成不当侵害"的原则性规定。第二，确定是否构成应当承担责任的侵害的关键取决于何种权利的配置更有利于社会财富最大化。因此，社会财富最大化原则是

---

① 参见王利明等《民法新论》，中国政法大学出版社1988年版，第463页。
② 所谓权利冲突，就是指两个或者两个以上具有同样法律上之依据的权利之间，因法律未对它们之间的关系做出明确地界定所导致的权利边界的不确定性、模糊性，而引起的它们之间的不和谐状态、矛盾状态（参见王克金《权利冲突论——一个法律实证主义的分析》，载《法制与社会发展》2004年第2期，第43-61页）。国内学者关于权利冲突更多的个案讨论可以参见刘作翔《权利冲突：一个应该重视的法律现象》，载《法学》2002年第3期。
③ 明显的例证是我国法院对"光污染"案件审理和裁判。例如，1998年建成的宁波电业大厦装饰了玻璃幕墙。玻璃幕墙像一面巨大的反光镜，反射光照到距电业大厦西面19户居民居室中，严重影响了居民的正常生活。19户居民在1998年6月，以宁波市电业局和开发商——宁波市建设开发公司为共同被告诉诸法庭。宁波市海曙区人民法院一审判决19户居民败诉，居民们不服上诉，但仍以败诉告终。法院认为，环境污染行为的认定须以违反国家有关环境保护的法律、法规为前提，原告方提出电业大厦西立面的玻璃幕墙反射阳光至其居室系事实，但由于我国目前尚无鉴定光污染的手段和标准及有关防治光污染的法律、法规，因此难以认定原告方提出的侵害事实，也难以认定光污染对人身健康的侵害事实（转引自张梓太、程雨燕《论光污染纠纷的法律适用》，载《法商研究》2001年第2期）；关于光污染案件的讨论还可以参见《上海首例光污染案又起"无规"话题》，载《经济参考报》，2004年12月17日；人民网（www.people.com）(2004年11月16日)《以案说法：谁来为"光污染"负责?》《光污染照明灯光应停用》《小区居民遭受"光污染"，目前没有相关法律可循》《小区居民遭受"光污染"》《光污染不容忽视，应尽快制定相关标准》等相关报道。
④ 参见 R. H. Coase, "The Problem of Social Cost", *The Journal of Law and Economics*, 1960, 3, pp. 1-44。

判定不当侵害是否成立的标准。①

(三) 建议

由此可见,如果把权利视为从事实到法律的连续的谱系,那么环境侵害应该包括"环境权利冲突"侵害和环境侵权两种情形。"环境权利冲突"特殊侵害的处理本质上并不依赖于"法律明文规定"。在我国《民法典》尚未出台之前,或者其他成文法尚未规定"环境权利冲突"这类特殊侵害的时候,并不意味着法官不可以判决。鉴于我国是成文法国家,"法官造法"受到严格的限制,因此,作为一种司法策略,法官可以以"相邻关系"的处理方式,适用财富最大化原则解决"环境权利冲突"侵害的纠纷。②其理由主要有三方面。

第一,该类侵害与相邻关系(《民法通则》第 83 条)具有相同的相互依存性。另外,根据我国《民法通则》关于相邻关系的具体规定("不动产的相邻各方,应当按照有利生产、方便生活、团结互助、公平合理的精神,正确处理截水、排水、通行、通风、采光等方面的相邻关系,给相邻方造成妨碍或者损失的,应当停止侵害,排除妨碍,赔偿损失"),法官可以对此做扩大解释,即相邻各方应当正确处理的行为不仅限于截水、排水、通行、通风、采光,还应包括制造的噪音、光线等其他行为,以资适用。

第二,我国在处理该类相互依存性问题纠纷的时候,多数适用"便利"原则采用调解或者和解的方式结案(在我们调查的 80 个案件中,有 63 个是以调解或者和解的方式结案,约占 80%)。我们认为,适用便利原则、采用调解或者和解方式结案与社会财富最大化原则

---

① 关于该类纠纷解决的一般原则,英美法系一般采用社会财富最大化原则。在波斯纳看来,所谓财富,乃是个人为某物进行的自愿的支付或者自愿接受的数额,财富最大化原则就是支配法官所进行的对较高价值的选择原则(参见[美]皮特·纽曼等编《新帕尔格雷夫法经济学大辞典》(第三卷),许明月等译,法律出版社 2003 年版,第 758 页,以及[美]波斯纳《法理学问题》,中国政法大学出版社 2002 年版)。例如,英国上诉法院在审理"安德烈亚诉塞尔弗里奇有限公司"一案中,法官认为,"就防止妨害而言,要求人们工作进度如此之慢,或代价如此之高,而且其成本和带来的麻烦令人望而却步,这是不合理的。"结果,判决的损害赔偿费从 4500 英镑减到 1000 英镑(转引自 R. H. Coase, "The Problem of Social Cost", *The Journal of Law and Economics*, 1960, 3, pp. 1 – 44)。大陆法系一般采用忍受原则,所谓忍受原则,是指损害的发生不论在主观上是否具有预见可能性,也不论加害人能否防止损害的发生,更不论加害人是否遵守该国家的限制标准,均直接认为过失成立,并令加害人负赔偿责任(参见陈泉生《环境法原理》,法律出版社 1997 年版,第 68 页)。例如,2004 年法院对上海首起"光污染"案件法院审理后确认:被告在其经营场所设置的照明路灯与周边居民小区距离很近,光照强度较高,且灯光彻底开启,超出了一般公众普遍可忍受的限度,对小区内居民晚上的正常生活环境造成了不利影响,已构成由强光引起的环境污染,应予以排除。参见《上海首例光污染纠纷案件一审宣判》,载中国法院网(https://www.chinacourt.org/article/detail/2004/11/id/138048.shtml)。日本野村好弘教授提出了新忍受限度论,他认为,在判断忍受限度时,应该考虑的情形包括:①被侵害利益的性质及程度;②地域性;③受害人已有的知识;④土地利用的先后关系;⑤最善的实际方法以及相当的防止措施;⑥该活动的社会价值以及必要性;⑦受害方的特殊事情(有关行政部门的许可);⑧基准的遵守等(参见[日]加藤一郎编《公害的生成与展开》,岩波书店 1970 年版)。新忍受理论表明,忍受原则正向财富最大化原则靠拢。因此,我们主张我国相关的司法裁判应适用财富最大化原则。

② 我们认为,我国《民法通则》规定相邻关系与环境侵害都具有相互依存关系,它们的不同之处表现为:采光、通风、日照所导致的是相邻妨碍带来的不便,噪声、空气所导致的是相邻侵害带来的损害。关于我国相邻关系制度、相邻关系与环境侵权关系的其他讨论可以分别参见张鹏、曹诗权《相邻关系的民法调整》,载《法学研究》2000 年第 2 期;王明远《相邻关系制度的调整与环境侵权的救济》,载《法学研究》1999 年第 3 期。

具有一致性。例如，在浙江西塘镇王某诉韩某太阳能安装案中，① 假设王某采用刷油漆的方式收益200元，采用拆除的方式是-300元，韩某接受刷漆或者拆除是无差异的，收益都是150元，刷漆方案的社会财富是350元，拆除方案的社会财富是-150元，显然，根据便利原则调解结案的社会财富较大。

第三，对于该类"环境权利冲突"采用何种责任的承担方式更为合适？根据经济分析结论：当交易成本过高的时候（即主体谈判的成本过高，比如"一对多"的情形），适合采用赔偿方式；当交易成本较低的时候（即主体谈判的成本较低，比如"一对一"的情形），适用禁令②或者停止侵害方式。

二、环境民事责任制度的完善

（一）总体考察：以归责原则为中心

根据一般的民事侵权理论，侵权责任的归责原则一般包括过错责任原则和严格（无过错）责任原则制度。所谓严格责任原则，是指在已对他人造成损害的民事责任不法行为中，不论行为有无过失，均应对已经造成的损害承担民事赔偿责任；由于不可抗力、第三人过错或者受害人自身的过错，侵害方可以免责。所谓过错责任原则，是指加害人对其有过错的行为（包括故意的过错和过失的过错）承担民事责任，过失的归责基础即行为人对于损害的发生。一般认为，我国《民法通则》规定了环境侵权属于特殊侵权类别，其规则原则适用于严格责任原则。

我国理论界和实务界流行的观点是，严格责任原则符合环境侵权归责原则的发展趋势。但经济学分析表明，这一观点过于武断。以我国《水污染防治法》为例，根据免责事由的规定，由于第三方的原因（比如盗窃、损害等）导致污染物质的泄漏导致了周围环境的破坏时，如果损害方可以免责，必然增加了受害人的成本。损害方可以提供低成本的防护措施，可见，这种机制的设置，事实上是把损害方成本转嫁给受害人，从而获得额外的收益，而增加了受害人的成本。可见，该免责事由显然不符合经济理性原则，因此，需要从根本上对我国的环境责任制度进行经济理论梳理，从而确立有效的环境侵权司法救济机制。

侵权法的功能在于在交易成本高的领域，将侵害人施加的负外部性内部化，避免过高的环境事故成本，提供有效的预防激励机制。通过进一步的经济分析可以得出如下结论。

（1）如果法官能够正确地根据确定的标准对过错做出判断，同时侵害方给予受害方的

---

① 2004年4月，家住在浙江省西塘镇的王某将太阳能热水器安装在北面简易房的屋顶上。韩某整日忍受从太阳能贮水罐上反射过来的刺目光线，苦不堪言。韩某遂向法院提起诉讼，要求王先生拆除太阳能热水器或另行安装。王先生答辩称太阳能热水器是群众普遍使用的产品，且自己的房屋坐落在旅游景区，安装太阳能热水器受到景区整体规划的限制，无法移动位置。本案中，该太阳能热水器确实已没有移位的余地，被告又不愿放弃太阳能给自己生活带来的便利，更不愿拆除太阳能蒙受的损失，最终，经过法官的调解，由被告给太阳能热水器表面刷上亚光油漆，从而明显减少了反光，最终达成了比较圆满的解决方案。参见《反射光线影响邻居应否拆除》，载中国法院网（https://www.chinacourt.org/article/detail/2004/11/id/141096.shtml）。

② 禁令是法庭发出的命令做某事或者不做某事的指令。英国法院一般认同侵权方面的救济，金钱赔偿损失并不是最好的，除计算困难外，也常会出现被告赔不出钱的情况。或是，被告不在乎赔钱也要继续侵权，例如，染污环境。所以，采用禁令去禁止被告继续或重复侵犯原告的合法权益会是法院毫不犹豫做出的判决。一经做出，原告受了保护外，也会可能得到被告一大笔钱或其他好处，以交换去允许侵权或者放弃权力（参见杨良宜、杨大明《禁令》，中国政法大学出版社2000年版，第97页）。"禁令"在英美法国家的作为环境侵权救济措施得到广泛的应用，我们认为我国法律在环境侵害的处理方面也应该建立禁令制度。

赔偿是完全的，那么：

结论1，在环境侵害和受害双方都可以预防的情况下，严格责任都无法对受害人提供预防的有效激励。可见，只有在受害方无法提供预防的情况下，严格责任的原则才是有效率的制度安排。

结论2，过错责任原则无论在何种情况下，都可以对当事人双方提供有效地预防方面的激励，且是一个纳什均衡（证明过程见本节附录）。

（2）如果法官未能根据标准对过错做出正确的判断，那么上述结论依然成立。因为根据理性人的原则，如果法院在认定损害或者责任承担方面存在差错（过高或者过低），那么在严格责任原则下，侵害方也会根据对法官的差错调整其预防措施（或者降低或者提高）；在过错责任原则下，法官的差错不会影响理性的侵害方或者受害方采用合理的预防措施，除非法官的判断发生重大的错误，但是这在一个完善司法体系下，这是不可能发生的。

在现实生活中，环境侵害可能是当事人只有侵害方方可预防的（以下称情形一），例如，危险物质的污染。日常生活中，普通人就难以确定射线等物质对人体的伤害或者采取预防措施，比如江苏省南京市李某诉金陵石化炼油厂污染至病案①中要求受害人李某做出预防不符合实际。也有可能是当事人双方均可以预防的（以下称情形二），例如，在孙有礼等18人诉迁安第一造纸厂等企业养殖损害赔偿纠纷案中（后文有较详尽介绍），排污方可以采取必要的排污措施使排污达标，养殖方可以采取必要的措施使对水产的污染损害降低。因此，根据结论1我们知道，在情形一中严格责任才是有效率的，根据结论2我们知道，情形二中采用过错责任的原则是有效率的（显然，前文所述水污染中侵害方的因第三人过错免责，应仅仅限于其采取了合理的预防措施）。

此外，实践表明，我国法院在审理环境侵权案件中，并没有遵循严格责任原则。我们知道，环境侵权归责原则的发展也经历了过失责任、客观过失责任和严格责任的阶段。所谓客观过失责任，有两种表现形式，其中之一即以是否违法界定过失的标准，分析我国污染案件的司法判决文书，我们发现，大部分的司法文书要么考察企业的行为是否违法，要么认定"（侵害方的）行为是错误的"。可见，我国污染案件的审判过程并没有严格适用严格责任原则，而是适用违法即过错的原则客观过错标准责任原则。

因此，我们的结论是，那种认为我国环境法律制度应当采用严格责任原则的观点是片面的。环境侵权归责原则应根据环境侵害中，双方当事人在信息方面的优势以及采取预防措施的便利程度来决定。

（二）个案分析：以水污染案为例

案例：孙有礼等18人诉迁安第一造纸厂等企业养殖损害赔偿纠纷案。②

---

① 江苏省南京市一中学生李某从出生到1989年10月间居住在金陵石化炼油厂西生活区。居住地南边是液化气罐装站，该站经常漏气；东边是制造压力容器的工程队，该队主要是就地进行射线探伤，对容器喷漆；北边是炼油厂的生产装置；西北边是炼油厂火炬，排放出的火炬气含有害物质。2004年，李某被诊断出患了急性混合型白血病，其家人认为是周围环境污染造成的，随将金陵石化炼油厂诉诸法院，该厂辩称：其一直密闭生产，排污监控严格，排放达标；生活区居住了很多人，只有李某患病，具体致病原因可能有多种，与该厂排污不存在必然的因果关系。可见，在种情况下要受害方李某做出预防不符合实际。参见王小龙《如何认定环境污染的侵权责任》，载中国法院网（https://www.chinacourt.org/article/detail/2004/12/id/143801.shtml）。

② 天津海事法院民事判决书（2001）海事初字第6号；2003年3月24日，天津高级人民法院做出终审判决。这是一起特大污染赔偿案件。

2000 年乐亭县王滩镇滦河、大清河入海口月沱等海域发生重大渔业污染事故，造成原告孙有礼等 18 人养殖的滩涂贝类、鱼类出现大面积死亡，经济损失重大。

一审法院认定，此次事故，是滦河中游造纸、化工企业的大量超标工业污水引发有机物污染，养殖水域严重缺氧所致。被告化工公司虽属达标排放，但并不意味着达标排放就不会造成环境污染的损害结果。国家规定的一定时期内的污染物排放标准，只是环境保护部门决定排污者是否需要缴纳超标排污费和进行环境管理的依据，而不是确定排污者是否承担民事赔偿责任的界限。我国现有法律法规并未将污染物的排放是否超过有关的排放标准作为确定排污者是否承担民事赔偿责任的必要条件，化工公司污水排放达标，可以不受行政法规定的处罚，但应依法承担赔偿责任。原告孙有礼等人存在遭受污染损害的事实，被告在事故发生前存在排放含有有害污染物的侵权行为，原告养殖损失的发生与被告排污行为有因果关系，被告的排污行为侵犯了原告的合法权益，具有违法性。判令被告应承担连带赔偿责任。

被告不服一审判决提起上诉，二审法院判决：上诉人存在超标排污的损害事实，是造成损害的直接原因，应承担主要责任。但孙有礼等养殖户在签订承包合同时，应考虑到上述企业多年来生产排污的历史原因，特别是华丰纸厂系国有大型企业，具有百年历史。在靠近排污的河道及入海口从事养殖业，具有一定的风险。孙有礼等养殖户应自行承担由于对养殖环境风险估计不足的相应损失。上诉人河北省迁安化工有限责任公司被当地环保部门确定为达标排放企业，属于国家许可的正常经营活动。应酌情判令其单独承担赔偿责任，不承担连带责任。

在环境纠纷中，水污染案件所占的比重较大，如果合理分配预防责任，从而使资源最优化是值得进一步探讨的问题。

对于该案审理，我们注意到，一审法院认为，污染方应当承担赔偿责任，理由是存在损害的事实，并且损害与污染行为存在因果关系。根据我国海洋污染法的规定，损害方应当承担责任，给予赔偿。二审法院认为，先有排污企业，后有养殖户，养殖户在投产的时候，应该意识到排污可能给水产带来的危险，因此，养殖户也存在过错，也应承担相应的责任。显然二审法院的判决适用了过错责任原则，然而，从以上的经济分析结论看，环境侵权归责原则应根据环境侵害中，双方当事人在信息方面的优势以及采取预防措施的便利程度来决定。我们认为二审法院的判决更符合经济理性原则。

综上，我们可以进一步归纳出在水污染中的归责原则：后来者在预见在位的企业可能带来污染的危险时，应当采取必要的预防措施，否则，若发生污染侵害，应承担相应责任；如果排污方应当预见到在位的可能受污染影响的一方，则也应当采取必要的措施（这一措施不应仅仅满足达标排污的要求）。

由此引申的两个问题是，我国污染案件审判过程中司法考虑的过错标准是什么呢？是否缴纳了排污费就可以免除民事责任，如果不能，排污许可与排污费的意义何在？

根据《水污染防治法实施细则》第 30 条规定，"缴纳排污费或者被处以警告罚款的单位及个人，并不免除消除污染、排除危害和赔偿损失的责任"，前文的经济分析表明，企业排污存在一个合理的排污标准（即预防水平），如果获得排污许可，并不意味已经达到了合理的预防水平，那么何种标准才是合理的水平？在案件的审理过程中，显然，一审法院采用的是"未造成损害"为合理水平，依据此逻辑，企业必须调查清楚每种水产的品性，或者对某种污染物质的承受程度，然后才能提供合理的预防，最终必然导致高昂的"交易成本"，显然这一规则不合经济原则，亦有悖常理。而有后来者（养殖户）从环保部门了解每个企业的排污情况更加便利,交易成本更低。

因此,我们的结论有三。第一,获得排污许可或者尽合理注意义务(主要针对后来者),企业不存在过错,不应承担民事责任。国家应该制定更加详尽的标准,不宜将制定标准的成本转嫁给企业或者公民;企业在评估的时候,应当对周围的环境有更多的论证。第二,排污许可与排污费并不存在必然的联系。排污许可是对企业排污达标的认可;排污费具有将排污企业的外部性行为内部化的功能,是一种预防机制。第三,我国法律应该做出受害人可以从我国排污费中获得赔偿的制度安排。从我国排污费用途来看,它类似于强制性保险制度,这意味着,受害人可以从国家征收的排污费中获得赔偿的制度安排是合理的,也是解决目前我国环境侵权赔偿难问题的有效措施之一。

三、环境侵害预防机制的完善:建立环境预防诉讼机制

环境损害的一般特点是技术性、隐藏性和潜伏性。因此环境治理的一般规律是事前预防和事后治理的结合。相应地,环境治理的成本包括事前预防成本和事后救济的成本,它们的规律是,预防成本增加,事后救济的成本减少;预防成本降低,事后救济成本增加。我们认为在环境预防方面,应提供公民可以提起诉讼事前救济的机制:如果公民认为环境评估不合理或者认为某一项目存在潜在的环境损害,可以向法院提起诉讼,请求法院采用停止侵害或者重新评估等治理措施。

(一)必要性

关于我国环境妨害治理的预防措施,主要表现在环境评价法律制度上,环境评价提供的措施是主动的、单向的(主要依靠政府的强制推行)。我们认为这并不是理想的治理机制,有两方面的理由。

一方面它增加了企业的成本以及政府监督的成本;根据我国法律的规定,所有项目都要进行环境评估,显然更加造成评估的"冗余",更给本不需要进行评估的企业增加了不必要的成本。同时,为了实施该制度,必须增加必要的行政机构和行政人员,从而增加了行政费用。

另一方面由于政府也是"经济人",政府并不一定能进行有效监督,其典型表现是:在执法过程中,行政机关为了部门甚至个人利益,有法不依,或者执法不严甚至枉法裁判时有发生;① 政府所属企业甚至与政府部门、政府官员有密切联系的企业因为有政府背景而成为环境最大的、难以管理的破坏者;等等。

因此,环境治理必须遵循公众参与原则,监督政府行为以及减少政府支出。我们倡导的环境预防的诉讼机制就是实现公众参与的措施之一。

---

① 现实的生活中众多的案例反映了政府治理的低效率。例如,某名牌大学的环境影响评价弄虚作假案(学者尖锐地指出:现在我国环境影响评价的一个困惑就是许多建设单位拿钱买评价报告,谁能做到让他的项目得以批准,就让谁做环评。一些评价单位为了揽到评价项目,往往不顾事实,按照建设单位的要求做评价结论。结果,一些项目虽然做了环评,污染危害照样发生)。又如,天津某某环保部门默许建设单位的违法行为案。再如,河北省某县村民反对污染被拘案。参见王灿发、许可祝《中国环境纠纷的处理与公众监督环境执法》,载《环境保护》2002年第5期。更加明显的是,我国淮河治理耗资百亿,但污染问题依然严重,参见《淮河治理八大关键问题亟待解决》,载中华人民共和国水利部网站(http://www.waternunc.com/cn/Huai-He_01_2004.htm)。

（二）可行性

首先，预防诉讼机制可能会增加事前成本，但是与环境评估法配套减少了事后的治理成本；同时，作为带有民事色彩的治理方式，发生概率比较低，从而事前成本并不会有明显的增加，而由于赋予某些"先知"民事主体权利，反而能降低总体的治理成本（证明过程见附录部分）。

其次，这种预防式诉讼机制，在立法上已有所体现。例如，在反倾销、反补贴之诉中，各国反倾销、反补贴立法（包括WTO反倾销守则）均规定损害的认定不仅仅包括"实质损害"，还包括"实质损害威胁"以及"阻碍国内相关工业的建立"。究其原因，是因为补贴或者倾销对一国的经济影响与环境侵害类似都具有长期性和潜伏性（一种商品价格或者数量的变动对一国整体的宏观经济环境的影响短期内是不明显的，但其一旦爆发，则可能是致命的）。反倾销和反补贴之诉表明这种预防诉讼机制是可行的，也是有效的。

最后，我国社会公民的环境意识的增强，各种环保组织发展更多的公民个人参与到环境保护活动之中，也为预防诉讼机制提供了物质基础和先决条件。①

（三）机制设计

如前所述，环境侵害包括对特定人的损害和不特定多数的损害。因此，当环境侵害的危险指向特定主体时，自然允许其提起诉讼，属于民事诉讼的范畴；当环境侵害的危险指向不特定主体时，应允许并非利益直接相关的公民个人或者组织提起诉讼，属于公益诉讼的范畴。② 对于前者，其机制与普通民事诉讼几无二致，这里不赘述。我们着重讨论后者的机制设计。我们的初步结论是，它在举证责任、诉讼的主体以及责任承担的方式等方面都应做出区别于环境侵权民事诉讼程序规定，具体如下。

在举证责任方面，应采用一般民事诉讼举证责任，即"谁主张谁举证"原则。因为与环境侵权的各方的信息分布不同，就经过环境评估以后的工业项目而言，预防诉讼提起通常是起诉主体掌握了较为充分的潜在危险的信息，具有举证上的便利。同时，赋予起诉主体举证的责任可以有效抑制滥诉行为。

在起诉主体方面，应规定公民个人或者组织均可以提起实质危险之诉讼。其理由：一是如前所述，我国公民环境保护意识增强，各种环保组织也日趋活跃，赋予公民个人和组织监督的权利，赋予他们提起诉讼权利乃情理之中的事情；二是就预防诉讼的性质而言，属于公众参与机制的一部分，当公民个人或者组织发现实质危险的时候，自然可以通过诉讼的形式实现参与的权利。

在法律责任承担方式方面，我们认为可以采用"停止侵害"和"重新评估"等责任方式。所谓停止侵害，即禁止项目的建设，重新评估，即要求项目建设方重新做出环境评估。

---

① 关于我国环境保护民间组织的发展，可以参见蔡守秋《中国的环境保护民间组织》，载中国法律教育网（www.chinalawedu.com）。

② 所谓公益诉讼，是指任何组织和个人都可以根据法律授权，就侵犯国家利益、社会公益的行为提起诉讼，由法院依法处理违法之活动。它具有如下特点：诉讼目的的公共性；利益关系的不特定性和广泛性；公益诉讼的发起者不一定与本案有直接利害关系；诉因既可以是现实的损害，也可以是损害的威胁；等等。参见韩志红、阮大强《新型诉讼：经济公益诉讼的理论与实践》，法律出版社1999年版，第27页；颜运秋《公益诉讼理念研究》，中国检察出版社2002年版，第59页。

四、结束语

诉讼方式通过其特有的程序为利益冲突的主体提供了可以"商谈"的机制,从而达到利益平衡、消解社会抱怨的目的。可见,主张司法救济,通过诉讼方式解决环境纠纷与"和谐发展"的理念并不相悖。针对我国环境侵害司法救济资源缺乏的现状,我们着重运用经济学分析方法检视我国现有环境侵害的司法救济制度,围绕"环境权利冲突"的解决方式、我国环境侵权民事责任制度完善以及建立环境预防诉讼机制三个方面展开。

基本的结论有四个。第一,对于"环境权利冲突"这类特殊侵害,我国法院可以适用财富最大化原则做出判决。第二,环境侵权归责原则应根据环境侵害中,双方当事人在信息方面的优势以及采取预防措施的便利程度来决定。第三,由第二点得到的推论是,在水污染侵权责任认定中,后来者在预见在位的企业可能带来污染的危险时,应当采取必要的预防措施,否则,若发生污染侵害,应承担相应责任;如果排污方可预见到在位的可能受污染影响的一方,应当采取必要的措施(这一措施不应仅仅满足达标排污的要求);获得排污许可或者尽合理注意义务(主要针对后来者),企业不存在过错,不应承担民事责任;受害人可以从国家征收的排污费中获得赔偿。第四,预防诉讼机制可以降低环境治理的成本,提高治理环境效率,我国应建立相应的机制。

本节是法经济学的方法以及案例研究方法在我国环境法研究中的初步应用,旨在抛砖引玉,以引起更多关注和思考。

附录:有关结论的证明

1. 过错责任原则下当事人提供有效的预防是一个纳什均衡[①]

证明:设:(1)环境事故的损失是 A;(2)预防水平为 x,事故发生的概率是 $p(x)$;(3)单位预防成本 w。

那么:事故成本期望值:$E(cs) = Ap(x) + wx$。

其中:$Ap(x)$、wx 连续可微,$Ap(x)$ 单调递减,wx 单调递增;当事故成本达到最小值时,满足:$w = -p(x)A$。

再设:侵害方的事故成本 $E_i(cs) = Ap(x_i) + w_i x_i$,$Ap(x_i)$ 表示事故损失;$w_i x_i$ 表示预防成本。

受害方的事故成本:$E_v(cs) = Ap(x_v) + w_v x_v$,其中,$w_v x_v$ 表示受害方所承担的预防成本,$Ap(x_v)$ 表示受害方得到的补偿。

用 x^* 表示有效的预防水平(法定标准),那么,侵害方与受害方的博弈支付矩阵可以表示如下。

[①] 所谓纳什均衡,简单地说就是,在一场博弈当中,参与任何方不能单独改变策略从而获得额外好处的一组策略。例如,警方抓到两个犯罪嫌疑人甲和乙,由地方检察官分别和每个人单独谈话。检察官说:"由于你们的偷盗罪已有确凿的证据,所以可以判你们一年刑期。但是,我可以和你做个交易。如果你单独坦白杀人的罪行,我只判你三个月的监禁,但你的同伙要被判十年刑。如果你拒不坦白,而被同伙检举,那么你就将被判十年刑,他只判三个月的监禁。但是,如果你们两人都坦白交代,那么,你们都要被判 5 年刑。"在两人处于隔离的情况下无法串供。所以,两人合理的选择是坦白,这样两人都选择坦白的这一组策略即纳什均衡。

		侵害方		
受害方		$x_i > x_{i*}$	$x_i = x_{i*}$	$x_i < x_{i*}$
	$x_v > x_{v*}$	$Ap(x_v)+w_v x_v, w_i x_i$	$Ap(x_v)+w_v x_v, w_i x_i$	$w_v x_v, Ap(x_i)+w_i x_i$
	$x_v = x_{v*}$	$Ap(x_v)+w_v x_v, w_i x_i$	$Ap(x_v)+w_v x_v, w_i x_i$	$w_v x_v, Ap(x_i)+w_i x_i$
	$x_v < x_{v*}$	$Ap(x_v)+w_v x_v, w_i x_i$	$Ap(x_v)+w_v x_v, w_i x_i$	$w_v x_v, Ap(x_i)+w_i x_i$

容易得到 $(Ap(x_v)+w_v x_v|x_v=x_{v*}, w_i x_i|x_i=x_{i*})$ 是一个纳什均衡。

2. 引入诉讼预防机制的环境治理成本低于诉讼机制缺失的环境治理成本

证明：设：环境评估的成本为 c_v，预防诉讼成本为 c_s，事故发生的概率为 p，事故损失为 W。

则有：预防诉讼机制缺失下的总治理成本：$C_1 = c_v + wp$。
预防诉讼机制下的总治理成本：$C_2 = c_v + c_s - wp$。
由 $C_1 - C_2 = 2wp - c_s$，并根据理性经济人原则，只有在 $wp > c_s$ 时，才会发生诉讼。
得到：$C_1 > C_2$。

第六节 地方政府竞争、环境规制与区域生态效率[①]

一、研究背景与意义

经济发展伴随着环境问题的加重，已被不同国家的历史经验所证实。[②] 中国作为近年来经济增长速度最快的国家，同样受到这一问题的困扰。尽管近年来中国各级政府出台了一系列旨在改善环境状况的法律法规，建立和制定了较为完备的环境制度和政策，但对环境问题的治理仍难以奏效。有研究将环境治理的低效归因于分权治理结构和政绩考核机制导致的地方政府在环境规制制定与实施过程中的"逐底竞争"（race-to-the-bottom）行为。在以经济增长为核心的政绩考核机制的"鞭策"下，拥有一定经济和财政自主权的地方政府，以各种手段保证经济实现增长；地方政府有动机通过弱化环境规制强度来降低当地企业的"合规成本"（compliance cost），以实现招商引资、追求经济增长的目标，最终可能导致环境状况的普遍恶化。[③]

在科学发展观理念的指引下，中国的发展政策导向中开始出现"生态文明"的因素，各地开始将环境质量改善状况纳入政绩考核体系，环境规制的制定和环保政策的执行不仅要为经济发展留有适当空间，更要以生态环境的持续改善为终极目标。在执政理念的转变过程中，地方政府在环境规制的制定、实施和监督过程中是否依然存在"逐底竞争"的策略行为特征？规制竞争下环境规制的治理效果是否会有所改变？在经济发展与环境保护的两难境地中，单纯考虑其中一个方面无助于问题的解决，因此，这些问题的回答需要从经济和环境

---

① 本节部分内容曾以论文形式发表，具体出自李胜兰、初善冰、申晨《地方政府竞争、环境规制与区域生态效率》，载《世界经济》2014年第4期。
② 参见彭水军、包群《经济增长与环境污染——环境库兹涅茨曲线假说的中国检验》，载《财经问题研究》2006年第8期。
③ 参见杨海生、陈少凌、周永章《地方政府竞争与环境政策——来自中国省份数据的证据》，载《南方经济》2008年第6期；王文普《环境规制竞争对经济增长效率的影响：基于省级面板数据分析》，载《当代财经》2011年第9期。

协调性的角度,予以统筹考虑。

基于此,本节以能够同时反映经济发展和生态环境状况的"生态效率"作为衡量指标,在考虑地方政府竞争导致的各地环境规制的制定、实施和监督状况的条件下,验证环境规制对中国区域生态效率的影响。本节对已有研究的进一步发展表现在:第一,以生态效率为指标验证环境规制的治理效果,统筹考虑环境规制对经济发展和生态环境状况的影响;第二,将地方政府竞争因素考虑到环境规制状况的实现过程中,反映了地方环境规制的形成机制,控制了影响环境规制形成的重要因素;第三,考虑了环境规制和生态效率相互决定造成的环境规制的内生性,通过设定空间面板联立方程模型,运用广义空间二阶段最小二乘法(generalized spatial three-stage least square, GS3SLS)得到一致、有效的估计。

二、文献综述与理论分析

(一)地方政府竞争与环境规制

Breton 给出了关于"地方政府竞争"的一个较全面的定义,它指的是某个区域内部不同经济体的政府利用包括税收、环境政策、教育、医疗福利等手段,吸引资本、劳动力和其他流动性要素进入,以增强经济体自身竞争优势的行为。[1] 众多学者认为,在地方政府竞争的背景下,各地环境规制存在相互竞争的特征,其形成原因主要有两个:一是跨行政区的资本竞争(interjurisdiction capital competition);二是跨境污染问题(transboundary pollution problems)。Wheeler 与 Konisky 对国家间环境规制"逐底竞争"的逻辑进行了详细阐述,认为高收入国家环境规制相对严格,企业特别是高污染企业的环境规制成本较高,低收入国家为了吸引外国投资、促进经济增长、提高就业水平,倾向于维持较低的环境规制水平;高收入国家较高的环境规制成本促使跨国企业到低收入国家投资以规避环境规制,而低收入国家为了留住投资,则竞相降低环境规制水平;各国环境规制普遍降低导致生态环境的普遍恶化。[2][3] Fredriksson 和 Millimet 与 Woods 对美国各州环境规制的研究,也认为州际环境规制竞争的原因是各州为留住并吸引更多的产业进入本州而采取各种措施降低本地区的经营成本。同时,他们认为相比于其他政策和规制,环境规制更易引发"逐底竞争"行为:由于环境污染具有外部性,能够在地区之间传递(跨境污染问题),即使本地区实行严格的环境规制也不一定会减少环境污染带来的损失,因此地方政府倾向于通过大力推动产业发展来获取经济收益,而与其他地区共同承担环境污染的成本。[4][5]

在对环境规制竞争行为的验证方面,已有研究大多通过构建"战略互动模型"、使用"反映函数"(reaction function)描述环境规制的战略互动行为,将某行政区的环境规制行为

---

[1] 参见 A. Breton, "Competitive Governments: An Economic Theory of Politics and Public Finance", Cambridge: Cambridge University Press, 1998。

[2] 参见 D. Wheeler, "Racing to the Bottom? Foreign Investment and Air Pollution in Developing Countries", *The Journal of Environment & Development*, 2001, 10, pp. 225–245。

[3] 参见 D. Konisky, "Regulatory Competition and Environmental Enforcement: Is There a Race to the Bottom?" *American Journal of Political Science*, 2007, 51 (4), pp. 853–872。

[4] 参见 P. Fredriksson, D. Millimet, "Strategic Interaction and the Determination of Environmental Policy across US States", *Journal of Urban Economics*, 2002, 51 (1), pp. 101–122。

[5] 参见 N. Woods, "Interstate Competition and Environmental Regulation: A Test of the Race-to-the-Bottom Thesis", *Social Science Quarterly*, 2006, 87, pp. 174–189。

设定为与其有竞争关系的其他行政区的环境规制行为的函数;在此基础上应用空间计量方法,以空间滞后项刻画具有竞争关系的其他行政区的环境规制行为,将当地对环境规制有重要影响的因素设置为控制变量,以对空间滞后项系数的估计结果判断是否存在战略互动行为及行为方向。[1]

针对中国分权治理结构下的地方政府竞争行为,杨海生等与张文彬等分别对中国省际环境规制竞争行为特征进行了经验检验。杨海生等的研究显示,中国存在省际环境规制竞争行为,各省在制定和实施环境规制时更易向规制相对宽松的地区看齐。[2] 张文彬等则使用不对称战略互动模型对环境规制战略互动行为特征的关系做了详细描述,将样本分为1998—2002年和2004—2008年两个阶段,发现在前一阶段环境规制的战略互动行为以差异化策略为主,未显示出规制竞争的特征;后一阶段环境规制的战略互动行为发生了显著变化,呈现出"逐顶竞争"的特征,作者认为这与政府的科学发展理念和环境绩效考核作用的发挥密不可分。[3]

(二) 环境规制与经济发展、环境状况

环境规制对区域生态效率的影响,通过其对经济发展水平和生态环境状况两方面的作用实现,尽管现有文献没有对环境规制的生态效率影响进行系统研究,但分别研究环境规制对经济发展和环境状况影响的文献较为丰富。

关于环境规制水平对经济发展的影响,有三种代表性的观点。

第一种是"不利论",其核心是"合规成本说",Gollop 和 Roberts[4]、Barbera 和 McConnell[5]、Jorgenson 和 Wilcoxen[6] 及 Walley 和 Whitehead[7] 等是这一观点的代表人物。他们认为在环境规制的约束下,企业需要为消耗自然资源和排放污染物支付一定的额外费用,从而导致生产成本的增加,这一部分成本称为"合规成本"。在技术和需求条件不变的情况下,合规成本的存在一方面将导致生产率降低和利润率下降;另一方面,为遵循环境规制而进行的污染治理投资,可能挤占企业的其他生产性、盈利性投资,使得企业生产的机会成本提高,也会导致潜在的产出和利润损失。其中,Jorgenson 和 Wilcoxen 的研究发现环境规制导致 GNP 水平下降 2.59%;Barbera 和 McConnell 研究了环境规制对 1960—1980 年美国化工、钢铁、有色金属、非金属矿物制品以及造纸等产业绩效的影响,发现 10%、30% 的生产率下降可归因于治理污染的投资。

---

[1] 参见 A. Levinson "Environmental regulatory competition: A status report and some new evidence", *National Tax Journal*, 2003, pp. 91 – 106; Woods, 2006; Konisky, 2007、2009; Konisky D M. "Assessing US state susceptibility to environmental regulatory competition", *State Politics & Policy Quarterly*, 2009, 9 (4), pp. 404 – 428。

[2] 参见杨海生、陈少陵、周永章《地方政府竞争与环境政策——来自中国省份数据的证据》,载《南方经济》2008年第6期。

[3] 参见张文彬、张理芃、张可云《中国环境规制强度省际竞争形态及其演变——基于两区制空间 Durbin 固定效应模型的分析》,载《管理世界》2010 第 12 期,第 34 – 44 页。

[4] 参见 F. M. Gollop, M. J. Roberts "Environmental regulations and productivity growth: the case of fossil-fueled electric power generation", *The Journal of Political Economy*, 1983, pp. 654 – 674。

[5] 参见 A. J. Barbera, V. D. McConnell, "The impact of environmental regulations on industry productivity: direct and indirect effects", *Journal of environmental economics and management*, 1990, 18 (1), pp. 50 – 65。

[6] 参见 D. W. Jorgenson, P. J. Wilcoxen, "Environmental regulation and US economic growth", *The Rand Journal of Economics*, 1990, pp. 314 – 340。

[7] 参见 N. Walley, B. Whitehead, "It's not easy being green", *Reader In Business And The Environment*, 1994, 36, p. 81。

第二种观点称为"有利论",该观点从动态视角出发,认为合理设置的环境规制能够刺激企业投资于环境技术的改造和环境管理的创新,从而催生产品和生产过程的"创新补偿"(innovation offsets)效应,弥补甚至超过合规成本,使产业达到经济绩效和环境绩效的同时达到"双赢"状态,并在国际市场上获得"先动优势"(first-mover advantage),提升产业的国际竞争力,这一观点也被称为"波特假说"(Porter Hypothesis)。[1] "波特假说"有两个前提条件:从静态模型走向动态模型;环境规制工具必须是"恰当设计的"。

第三种为"综合观点",该观点认为环境规制对经济发展的影响受到产业特点、产业发展状况、环境规制质量、环境壁垒等众多因素的影响,因此其综合效应的结果不确定或对不同的市场主体不一致。例如,某些国家通过设定较高的环境规制壁垒,阻碍其他国家企业的进入,较高的进入门槛降低了行业内的竞争程度,对国内企业形成保护作用,使之获得垄断利润。但这种垄断利润是以较高的合规成本和牺牲竞争活力为代价的,有可能造成受保护产业的弱质。随着国际环境管理标准的施行,产品被要求贴上"绿色"的标签,未达到环境规制标准的出口产品在规制严格国家的市场准入和市场销售上举步维艰,对该国的经济发展形成阻碍作用。[2]

在生态环境方面,大部分学者的研究结果显示,正式的环境规制与环境质量呈正相关。然而,也有一些学者的研究得出不同的观点。Magat 和 Viscusi,Laplante 和 Rilstone 分别以加拿大魁北克省与美国的纸浆和纸制品行业为研究对象,将生物需氧量和固体悬浮物的排放量作为环境质量的代理变量,运用最小二乘法检验了环境规制对污染物排放的影响,结果表明,前者能促使企业减少约20%的排放量,后者能够减少约28%的污染排放量。[3] 然而,Goldar 和 Banerjee 却发现一系列针对印度集群产业的环境规制行为与其下游水质只呈现了微弱的关系。[4] Blackman 和 Kildegaard 的研究证实,墨西哥环境保护机构执行更多的环境监察次数并不能刺激企业采用"净化"技术,因而他们认为正式的环境规制缺乏真正的实施效力。[5]

综合以上文献观点,可以将"地方政府竞争—环境规制水平—区域生态效率"的逻辑关系整理成图8-6-1。

国内对这一问题的研究开展较晚,在环境规制协调经济增长和环境保护关系的研究中,一些学者开始使用生态效率或环境效率指标,综合评价经济增长和环境质量之间的协调关系,考察包含环境污染变量的经济效率状况。[6] 中国环境规制的施行与生态效率之间呈现何

---

[1] 参见 M. E. Porter, C. Van der Linde, "Toward a new conception of the environment-competitiveness relationship", *The journal of economic perspectives*, 1995, pp. 97-118; 参见 M. Porter, "America's green strategy". *Business and the Environment: A Reader*, 1996, p. 33。

[2] 参见 P. West, P. Senez, "Environmental assessment of the NAFTA: the Mexican environmental regulation position". Report prepared for the Province of British Columbia, Ministry of Economic Development, Small Business and Trade, 1992。

[3] 参见 W. A. Magat, W. K. Viscusi "Effectiveness of the EPA's regulatory enforcement: The case of industrial effluent standards", *Journal of Law and Economics*, 1990, pp. 331-360; B. Laplante, P. Rilstone, "Environmental Inspections and Emissions of the Pulp and Paper Industry in Quebec", *Journal of Environmental Economics and Management*, 1996, 31 (1), pp. 19-36。

[4] 参见 B. Goldar, N. Banerjee "Impact of informal regulation of pollution on water quality in rivers in India". *Journal of Environmental Management*, 2004, 73 (2), pp. 117-130。

[5] 参见 A. Blackman, A. Kildegaard "Clean technological change in developing-country industrial clusters: Mexican leather tanning". *Resources for the Future*, 2003。

[6] 胡鞍钢、郑京海、高宇宁等:《考虑环境因素的省级技术效率排名(1999—2005)》,载《经济学(季刊)》2008年第3期;程丹润、李静:《环境约束下的中国省区效率差异研究:1990—2006》,载《财贸研究》2009年第1期;王兵、吴延瑞、颜鹏飞:《中国区域环境效率与环境全要素生产率增长》,载《经济研究》2010年第5期。

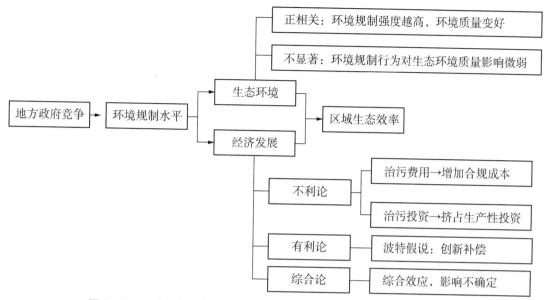

图8-6-1 "地方政府竞争—环境规制水平—区域生态效率"逻辑关系

种关系？目前已有少许文献对该问题进行探讨。如李静和饶梅先使用方向性环境距离函数模型来分析非期望产出问题，选取相应指标对中国各省份在四种环境管制政策下的环境效率状况进行了测算，通过分析发现：中国东部发达地区不仅在经济上优于中西部地区，而且在环境污染治理和保持较少的污染方面也要明显好于中西部落后地区，东部发达地区效率水平优于中西部地区。[①] 沈能进一步对环境效率与规制强度间的关系进行了经验检验，发现工业环境规制与环境效率正相关，在一定程度上验证了"波特假说"的正确性；同时他还基于异质性行业假定检验了中国环境规制与环境效率的非线性关系，并确定了行业最优规制水平。[②]

总体来看，尽管现有国内外研究已经对"环境规制的生态环境影响"有了较为深入的理论研究，并利用中国的环境规制和环境质量数据进行了经验检验，但在以下方面仍有欠缺。第一，对环境规制影响的研究，或者主要探讨其对生态环境质量的影响，或者集中考虑其对经济发展的影响，少有研究从经济与生态环境协调发展的角度研究环境规制的影响。第二，在研究环境规制对生态环境的影响时，并未将地方政府竞争行为及其可能产生的影响纳入分析中，导致对环境规制制定、实施过程的片面理解，不能对环境规制的影响做出有效估计。第三，单方向研究环境规制对生态环境的影响，忽略了生态环境状况对政府环境规制制定、实施行为的反作用，也就不能合理解释地方政府的环境规制竞争行为。

为了更为全面有效地解释环境规制对生态环境的影响，本节在三个方面对现有研究方法进行改进。一是统筹考虑经济发展与生态环境，以"生态效率"测度区域经济、环境协调状况作为解释环境规制影响的目标变量。[③] 二是将地方政府竞争纳入环境规制行为框架，在

---

① 李静、饶梅先：《中国工业的环境效率与规制研究》，载《生态经济》2011年第2期。
② 沈能：《环境效率、行业异质性与最优规制强度——中国工业行业面板数据的非线性检验》，载《中国工业经济》2012年第3期。
③ 参见 H. Dyckhoff, K. Allen, "Measuring ecological efficiency with data envelopment analysis (DEA)", *European Journal of Operational Research*, 2001, 132 (2), pp. 312-325; P. J. Korhonen, M. Luptacik, "Eco-efficiency analysis of power plants: an extension of data envelopment analysis", *European Journal of Operational Research*, 2004, 154 (2), pp. 437-446.

模型中加入环境规制的空间加权项,以有效控制不同地方政府环境规制竞争行为的交互性。① 三是考虑环境规制与生态效率同时相互决定的特征,构建包括环境规制方程和生态效率方程的联立方程模型(spatial panel simultaneous-equations model),以控制环境规制与生态效率的内生性问题。基于此,本节构建空间面板联立方程模型,以中国省际数据对环境规制的区域生态效率影响进行经验检验。

三、中国区域生态效率的测算

(一)区域生态效率的概念

Schaltegger 和 Sturm 首次提出了"生态效率"(eco-efficiency)的概念,② 即指一定时期内增加的经济价值与增加的生态环境负荷的比值。③

区域生态效率是指在某个经济区域内"以较少的资源消耗和环境污染,生产具有竞争力的产品和服务以满足人类需要和改善生活",④ 其核心是少投入、少排放、多产出,是在不对生态环境构成威胁的前提下努力发展区域经济,因而符合可持续发展有关经济、资源和环境协调发展的核心理念,成为测度可持续发展的重要概念和工具。⑤

世界可持续发展工商理事会(World Business Council for Sustainable Development,WBCSD)根据生态效率的含义,在 1992 年里约地球峰会上构建了生态效率的测度指标:生态效率=产品和服务价值/生态环境负荷。由此,可将生态效率描述成单位生态环境负荷所对应的产品和服务价值。在区域范围内,"产品和服务价值"主要为该区域经济活动的产出和服务的市场价值,可使用地区生产总值或地区总产出等指标衡量;"生态环境负荷"包含两个部分:资源消耗与污染排放。⑥ 资源消耗可以各种直接原料投入(direct material input,DMI)衡量,污染排放则可以各种污染物的排放量衡量,主要包括废气和废水的排放量等。⑦

(二)区域生态效率的测算方法

现有测算生态效率的方法主要为数据包络分析(DEA)方法,使用 DEA 方法可以解决生态效率指标中"生态环境影响"项的多种资源消耗和污染排放的单位不一致问题。应用 DEA 方法测算生态效率相较于测算其他效率的特殊之处在于需要考虑环境污染这种"非合

---

① 参见 D. Ktmisky, "Regulatory Competition and Environmental Enforcement: Is There a Race to the Bottom?" American Journal of Political Sciencet, 2007, 51 (4), pp. 853–872; D. Konisky, "Assessing US State Susceptibility to Environmental Regulatory Competition", State Politics & Policy Quarterly, 2009, 9 (4), pp. 404–428。

② 参见 S. Schaltegger, A. Sturm, "Kökologische Rationalität", Die Unternehmung, 1990, 4, pp. 273–290。

③ 参见 S. Schmidheiny, Changing Course: A Global Business Perspective on Development and the Environment, MIT press, 1992。

④ 参见 F. Hinterberger, K. Bamberger, C. Manstein, et al. "Eco-efficiency of Regions: How to Improve Competitiveness and Create Jobs by Reducing Environmental Pressure, Government of Carinthia, Austrian Ministry of Agriculture", Forestry, Environment and Water, SERI, Vienna, 2000。

⑤ 参见 A. M. Fet, "Eco-efficiency reporting exemplified by case studies", Clean technologies and environmental policy, 2003, 5, pp. 232–239。

⑥ 参见 K. Müller, A. Sturm, "Standardized eco-efficiency indicators". Basel: Ellipson, 2001; UNCTAD, "A Manual for the Preparers and Users of Eco-efficiency Indicators", 2003。

⑦ 参见 J. Seppälää, M. Melanen, I. Mäenpää, et al, "How Can the Eco-efficiency of a Region be Measured and Monitored?", Journal of Industrial Ecology, 2005, 9, pp. 117–130; B. Zhang, J. Bi, Z. Fan, et al, "Eco-efficiency analysis of industrial system in China: A data envelopment analysis approach". Ecological Economics, 2008, 68, pp. 306–316。

意产出"（undesirable outputs）的情况。Färe 等最早提出存在"非合意要素的 DEA 模型"，并将环境污染视为一种非合意产出纳入 DEA 的分析框架，用来估计环境效率。[①] 由于环境污染被视作经济活动的代价，Dyckhoff 和 Allen 与 Korhonen 和 Luptacik 直接将非合意产出作为 DEA 模型中的投入项来计算环境效率。[②] 根据生态效率指标公式，我们借鉴该方法，将环境污染这一"非合意产出"与资源消耗作为 DEA 模型的投入项，而将产出和服务价值作为 DEA 模型的产出项，设定模型如下：

假设存在 d 个同质的 DMU，每个 DMU 有 m 种资源投入 x_1^r，……，x_m^r，得到 s 种合意产出即产品和服务 y_1，……，y_s 以及 n 种非合意产出即环境污染 x_1^p，……，x_n^p[③]。对于每个 DMU 而言，投入和产出都是非负的，即有 $(x,y) \in R_{m+n+s}^+$，所有可行的投入产出组合所形成的集合为生产可能性集 P。同时，设定规模报酬不变的生产技术，若 $(x_i, y_i) \in P$，则对任意的数 $t \geq 0$，都有 $(tx_i, ty_i) \in P$，在该条件下得到的 DEA 模型即所谓的"CCR 模型"（Cooper 和 Seiford 等，2007）。

DEA 模型假设，每一个 DMU 都在既定技术水平下通过调整对资源消耗、环境污染和产品服务的权重来最大化自己的效率，即求解以下最优化问题：

$$max\delta_0 = \frac{\sum_{t=1}^{s} \mu_t y_{t0}}{\sum_{i=1}^{m} v_i^r x_{i0}^r + \sum_{j=1}^{n} v_j^p x_{j0}^p}$$

$$s.t. \quad \frac{\sum_{t=1}^{s} \mu_t y_{tk}}{\sum_{i=1}^{m} v_i^r x_{ik}^r + \sum_{j=1}^{n} v_j^p x_{jk}^p}$$

$$\mu_t, v_i^r, v_j^p \geq \epsilon; t = 1,\cdots,s; i = 1,\cdots,m; j = 1,\cdots,n; k = 1,\cdots,d$$

$$\epsilon > 0$$

(1)

μ_t、v_i^r 和 v_j^p 分别为第 t 种产品服务、第 i 种资源消耗和第 j 种环境污染物的权重，下标 0 表示当前的决策单位 DMU。

根据线性规划原理，可将上述分式规划问题转化为以下等价的线性规划问题：

$$max\delta_0 = \frac{\sum_{t=1}^{s} \mu_t y_{t0}}{\sum_{i=1}^{m} v_i^r x_{i0}^r + \sum_{j=1}^{n} v_j^p x_{j0}^p}$$

$$s.t. \quad \sum_{i=1}^{m} v_i^r x_{i0}^r + \sum_{j=1}^{n} v_j^p x_{j0}^p = 1$$

$$\mu_t, v_i^r, v_j^p \geq \epsilon; t = 1,\cdots,s; i = 1,\cdots,m; j = 1,\cdots,n; k = 1,\cdots,d$$

[①] 参见 R. Färe, S. Grosskopf, C. A. K. Lovell, et al. "Multilateral productivity comparisons when some outputs are undesirable: a nonparametric approach", *The Review of Economics and Statistics*, 1989, pp. 90–98。

[②] 参见 H. Dyckhoff, K. Allen, "Measuring Ecological Efficiency with Data Envelopment Analysis (DEA)", European Journal of Operational Research, 2001, 132 (2), pp. 312–325; P. Korhonen, M. Luptacik, "Eco-efficiency Analysis of Power Plants: An Extension of Data Envelopment Analysis", European Journal of Operational Research, 2004, 154 (2), pp. 437–446。

[③] 由于将非合意产出环境污染视作投入项的一部分，为便于理解，使用与资源投入相同的符号 x 表示环境污染，但取不同的上标以示区别。

$$\epsilon > 0 \tag{2}$$

将其写为向量 - 矩阵形式为：

$$\begin{aligned}
&\max \mu y_0 \\
s.t.\ & v x_0 = 1 \\
& -vX + \mu Y \leq 0 \\
& v \geq 0, \mu \geq 0
\end{aligned} \tag{3}$$

该问题的对偶问题为

$$\begin{aligned}
&\max \theta \\
s.t.\ & \theta x_0 - X\lambda \geq 0 \\
& -Y\lambda \geq y_0 \\
& \lambda \geq 0
\end{aligned} \tag{4}$$

该最优化问题的解 θ^* 即测算的生态效率值，其取值范围为 $0 < \theta^* \leq 1$。

（三）中国区域生态效率的测算结果

为了更加全面地反映中国省际区域生态效率及其变动状况，我们选取了1997—2010年期间除西藏和港、澳、台外的中国30个省、区、市的相关资源消耗、环境污染和经济数据，进行区域生态效率测算，① 同时主要关注工业领域。对应上一节中的模型，具体的资源消耗变量包括：工业用水总量和折算为标准煤单位的能源消耗量；环境污染变量（即非合意产出）包括工业废水排放量、工业二氧化硫排放量、工业烟尘排放量、工业粉尘排放量和工业固体废弃物排放量；产品服务（即合意产出）变量为工业增加值。数据来源为1998—2011年各省区市统计年鉴、《中国能源统计年鉴》和《中国环境年鉴》。经过测算，我们得到了1997—2010年各省区市的区域生态效率值。从空间和时间两个维度观察，可以发现中国区域生态效率整体呈现"东高西低，逐渐收敛"的状态。首先，东部地区始终保持区域生态效率最高的状态；其次，中西部地区的区域生态效率在逐步改善，与东部地区的差距逐渐缩小，东、中、西部的区域生态效率有收敛趋势。

四、经验分析

（一）模型和方法

在进行模型设定时，必须考虑以下两个制约因素。

首先，环境规制与区域生态效率是同时相互决定的：地方政府的环境规制行为必须考虑当地的经济发展水平和生态环境状况，因而受到区域生态效率的制约；同时，环境规制行为状况又会对当地的经济发展和环境状况，进而对区域生态效率产生"促进"或"制约"作用。因此，需要建立环境规制和区域生态效率同时决定的联立方程模型。

其次，在地方政府竞争背景下，当地政府对环境规制水平的设定，是对周围省区市的环境规制行为及其变动所采取的或"模仿"或"差异化"的战略反应（张文彬等，2010）。根据第三部分中国区域生态效率的测算结果，各省区市的区域生态效率也呈现出空间集聚的特

---

① 近年来，经济发展迅速的重庆市从1997年开始直辖，为保证完整性，我们的测算从1997年开始。另外，西藏自治区的部分数据缺失，港、澳、台的统计制度体系与中国大陆存在较大差别，因此测算不考虑这些地区。

征。因此,需要分别考虑环境规制和区域生态效率的空间相关性(spatial correlation),建立空间计量模型。

据此,为了检验环境规制对区域生态效率的影响,本节建立包含环境规制方程和生态效率方程的空间面板联立方程模型进行估计:在环境规制方程中,加入周边省区市环境规制的空间加权项以说明环境规制战略互动状况;在生态效率方程中,加入周边省区市区域生态效率的空间集聚特征,模型设定如下:

$$ER_{it} = \alpha_1 + \lambda_1 \overline{ER_{it}} + \gamma EE_{it} + X_{1it}\beta_1 + u_{1i} + v_{1t} + \varepsilon_{1it} \quad (5)$$

$$\varepsilon_{1it} = \rho_1 \sum_{j=1}^{n} w_{ij}\varepsilon_{1jt} + \mu_{1it} \quad (6)$$

$$EE_{it} = \alpha_2 + \lambda_2 \overline{EE_{it}} + \varphi ER_{it} + X_{2it}\beta_2 + u_{2i} + v_{2t} + \varepsilon_{2it} \quad (7)$$

$$\varepsilon_{2it} = \rho_2 \sum_{j=1}^{n} w_{ij}\varepsilon_{2jt} + \mu_{2it} \quad (8)$$

$$\Sigma = \mathrm{Var}\begin{pmatrix}\mu_{1it}\\\mu_{2it}\end{pmatrix} = E\begin{pmatrix}\mu_{1it}^2 & \mu_{1it}\mu_{2it}\\\mu_{1it}\mu_{2it} & \mu_{2it}^2\end{pmatrix} = \begin{pmatrix}\sigma_{11} & \sigma_{12}\\\sigma_{12} & \sigma_{22}\end{pmatrix} \quad (9)$$

其中,ER_{it} 为环境规制,EE_{it} 为区域生态效率;$\overline{ER_{it}} = \sum_{j=1}^{n} w_{ij}ER_{jt}$,$\overline{EE_{it}} = \sum_{j=1}^{n} w_{ij}EE_{jt}$,$w_{ij}$ 为 $N \times N$ 维空间加权矩阵 W_N 第 i 行第 j 列的元素,表示第 i 个空间个体与第 j 个空间个体的空间相关性,N 为空间个体样本总数,因此,$\sum_{j=1}^{n} w_{ij}ER_{jt}$ 和 $\sum_{j=1}^{n} w_{ij}EE_{jt}$ 分别为周边省区市的环境规制和区域生态效率的空间加权项①;X_{1it} 和 X_{2it} 分别为环境规制方程和生态效率方程的外生控制变量。

空间面板联立方程模型可能产生以下导致非一致或非有效估计的问题。

第一,联立问题。联立方程组一方面可能产生"联立内生性":由于环境规制变量和区域生态效率变量同时相互决定,导致两个变量与误差项的关系不满足严格外生性假设,OLS估计量丧失一致性。解决该问题需要寻找合适的工具变量(以下称"IV"),以消除内生性的影响,本节以模型内的所有外生控制变量 X 作为 IV。另一方面,同时相互决定的内生变量可能同时受到其他因素影响,误差项具有跨方程的相关性,形成如(9)式的方差结构,导致估计量非有效。解决该问题需要使用 GLS 方法估计,以 $\Sigma^{-1/2}$ 为权重,左乘原方程各变量消除跨方程相关性。

第二,空间相关性。空间相关性可能以两种形式存在于模型中(Anselin,等,2008):一种称为"空间滞后模型"(spatial lag model),解释变量中包含被解释变量的空间加权项(即空间滞后项),以说明其他个体的空间分布状况对当前个体该变量的影响,本节环境规制和区域生态效率变量均具有该特征。由于空间加权项实际上是被解释变量的线性组合,因此空间加权项与误差项存在相关性,导致"空间内生性",OLS 估计量不一致,解决这一问题同样需要寻找合适的 IV。本节以 Kelejian 和 Prucha 的模型内的外生控制变量的空间加权项 $W_N X$ 为 IV 进行估计。另一种称为"空间自回归模型"(spatial autoregressive model),误差项中存在空间加权项,这一设定认为可能对被解释变量具有影响的无法观测的其他因素的

---

① 下文对于变量的空间加权项,均采取在变量上面加横线的处理方式,$\overline{CELAW}$、$\overline{PAIAV}$、$\overline{PCIAV}$ 变量分别是 CELAW、PAIAV、PCIAV 变量的空间加权项。

空间相关性，将进入误差项结构中，导致误差项不再具有球形扰动特征，因而 OLS 估计量不是有效的。解决这一问题同样可以使用 GLS 方法：首先利用 Kelejian 和 Prucha 的原方程一致估计得到的残差，使用 GMM 方法估计误差项空间自回归系数 ρ_1 和 ρ_2，再对原方程进行 Cochran-Orcutt 变换（左乘权重 $I - \rho W_N$）消除误差项的空间相关性。

总结以上两个方面，可将问题归为两类：一类是内生性问题，需要通过 IV 方法解决，本节使用的全 IV 集为 $(X, W_N X)$；另一类是非球形扰动问题，需要通过 GLS 方法解决。

第三，面板数据异质性。为了使估计包含更多信息并具有动态性，本节使用中国省际面板数据进行估计。因面板数据包含个体和时间异质性，所以有必要对估计方法做些改动，使用固定效应方法对异质性进行控制，对此本节通过加入个体和时间虚拟变量的方式实现。两个方程的个体效应和时间效应分别以 u_{1i}、u_{2i} 和 v_{1t}、v_{2t} 表示。

基于以上分析，为克服空间面板联立方程模型估计中的问题，得到一致、有效的估计量，本节根据 Kelejian 和 Prucha 对空间截面联立方程模型给出的一致且渐近正态分布的广义空间三阶段最小二乘（generalized spatial three-stage least square, GS3SLS）估计方法，使用面板数据固定效应设定对模型进行估计。具体估计步骤如下。

第一步，不考虑误差项的结构，使用 2SLS 方法分别对环境规制方程和生态效率方程进行估计，其步骤为：首先将各个方程的各内生变量（包括联立内生变量和空间内生变量）对 IV 集回归，得到预测值；再将被解释变量对预测值和外生控制变量回归，得到变量系数 λ、γ、φ、β 的一致估计，并计算残差 $\hat{\varepsilon}$。

第二步，利用第一步得到的残差 $\hat{\varepsilon}$，使用 GMM 方法分别对两个方程的误差项空间自回归系数 ρ 和 Σ 进行估计，得到一致估计量 $\hat{\rho}$、$\hat{\Sigma}$；利用 $\hat{\rho}$ 对各方程进行 Cochran-Orcutt 变换，分别得到去除误差项空间自相关的模型方程。

第三步，考虑误差项的跨方程相关，对去除误差项空间自相关的模型方程再次进行 2SLS 估计，其步骤为：首先将经过 Cochran-Orcutt 变换的所有解释变量（包括内生变量和外生控制变量）对 IV 集回归，得到预测值；再将经过 Cochran-Orcutt 变换的被解释变量对预测值做 GLS 估计，其权重为一致估计得到的 $\hat{\Sigma}^{-1/2}$，由此得到变量系数 λ、γ、φ、β 的一致、有效估计量。

对于估计结果，我们主要关注两点。一是地方政府在环境规制水平的设定上是否存在"模仿"或者"差异化"的战略互动行为。当周边省区市提高或降低环境水平规制时，本省、区、市相应提高或降低环境规制水平的战略互动行为，即为"模仿"行为，反之则为"差异化"行为。二是由规制竞争形成的环境规制水平对区域生态效率的作用是促进还是制约。环境规制水平与区域生态效率呈正向变动说明环境规制对生态效率具有促进作用，反之则为制约作用。两者组合可以得到九种作用形态，具体见表 8-6-1。

表 8-6-1 环境规制对区域生态效率影响的作用形态

	$\varphi > 0$	$\varphi < 0$	φ 不显著
$\lambda_1 > 0$	模仿促进	模仿制约	模仿无效
$\lambda_1 < 0$	差异促进	差异制约	差异无效
λ_1 不显著	独立促进	独立制约	独立无效

(二) 变量和数据

本节使用 1997—2010 年中国各省区市的面板数据,数据来源为 1998—2011 年各省区市统计年鉴、《中国统计年鉴》《中国环境年鉴》《中国劳动统计年鉴》和《新中国六十年统计资料汇编》,使用现价统计的变量均剔除价格因素,抵减为 1991 年的不变价。

在待估计的空间面板联立方程模型中,设置的变量包括区域生态效率(EE)和环境规制(ER)以及其他控制变量。区域生态效率的测度使用第三部分测算得到的数据。

我们分别设定三个变量来代表环境规制的制定、实施和监督状况,其中,规制制定变量($CELAW$)由累计设立的地方环保法规数测度,规制实施变量($PAIAV$)由工业污染治理投资完成额与工业增加值的比例测度,规制监督变量($PCIAV$)由排污费收入与工业增加值的比例测度。

我们将影响区域生态效率的控制变量分为三类。第一类为收入变量,包括人均地区生产总值($GPRRC$)及其二次项($GPRRC^2$),用来验证"环境库兹涅茨曲线(EKC)"的存在性。[1] 第二类为结构变量,分别为对数资本劳动比($LNKL$),表示区域要素禀赋结构;工业增加值占地区生产总值的比重($IAVGPR$),表示区域产业结构;国有及国有控股企业工业增加值占全部工业增加值的比重($SOIR$),表示区域所有制结构。[2] 第三类为开放程度变量,包括进出口贸易总额占地区生产总值的比重($TRADE$),用来表示贸易开放度;实际利用外商直接投资额占地区生产总值的比重(FDI),用来表示投资开放度。

环境规制则不仅受到地区收入和经济结构的影响,还与政府的财政能力、人口状况以及其他政策目标相关。因此,在环境规制方程中,设定的控制变量包括人均地区生产总值($GPRRC$),对数资本劳动比($LNKL$),反映地方政府财政能力的财政赤字变量(FD),表示人口状况的人口密度变量(PD),以年末人口数与区域面积的比值测度,以及表示就业政策目标的失业率变量(UR)。[3]

空间加权矩阵描述了变量空间相关性的来源和大小,一般的设定方法,或者从地理空间角度,又或者从经济差别角度,考虑两个空间个体的空间距离,并设定相应空间加权矩阵。本节具有空间相关性的变量为环境规制和生态效率,空间加权矩阵的设定反映出地方政府对竞争对手的选择及其对自身影响程度的判断。因此,地方政府在根据周边省区市的行为设定当地环境规制时,周边省区市的影响强弱既与其地理距离有关,即距离越近的省区市其环境规制状况越具有示范意义[使用地理距离加权的如 Madariaga 和 Poncet[4]、李涛等[5]],也与其经济距离有关,即经济发展水平越相近的省区市其环境规制状况越具有可比较性。基于这样的考虑,空间加权矩阵应当能够同时体现地理距离和经济距离的影响,因此,我们使用具有地理距离和经济距离交互性质的空间加权矩阵设定方法。首先分别计算两省区市省会或首

---

[1] 参见 G. Grossman, A. Krueger, "Environmental Impacts of a North American Free Trade Agreement", National Bureau of Economic Research, 1991; J. Baek, W. W. Koo, "A Dynamic Approach to the FDI – environment Nexus: The Case of China and India", Journal of International Economic Studies, 2009, 13 (2), pp. 87 – 109。

[2] 参见王兵、吴延瑞、颜鹏飞《中国区域环境效率与环境全要素生产率增长》,载《经济研究》2010 年第 5 期。

[3] 参见杨海生、陈少陵、周永章《地方政府竞争与环境政策——来自中国省份数据的证据》,载《南方经济》2008 年第 6 期。

[4] 参见 N. Madariaga, S. Poncet, "FDI in Chinese cities: Spillovers and impact on growth", The World Economy, 2007, 30 (5), pp. 837 – 862。

[5] 参见李涛、黄纯纯、周业安《税收,税收竞争与中国经济增长》,载《世界经济》2011 年第 4 期。

府之间的直线距离的倒数 $1/gd_{ij}$，作为地理距离的衡量；再分别计算两省区市人均地区生产总值的差别的倒数 $1/ed_{ij} = 1/|GRPPC_i - GRPPC_j|$，作为经济距离的衡量；最后将两者相乘得到 $d_{ij} = 1/(ed_{ij} * gd_{ij})$，再做行标准化作为空间个体的权重。需要注意的是，由于人均地区生产总值的动态性，本节构建的空间加权矩阵是随时间而变化的。

（三）检验结果分析

本节选取样本期间，中国正处于工业化和城市化加速发展的阶段，同时也是环境问题集中爆发、越来越引起民众和政府重视的阶段。随着发展理念的转变，中央政府在对各地方政府及其主要官员的政绩考核体系中加入了"科学发展"和"生态文明"的因素，促使地方政府加大环境治理的举措和投入，对环境规制的制定和实施更加严格。基于此，本节的分析首先进行全样本期的估计；进而根据中央政策的变动将样本期分为两个阶段，进行分别估计，试图说明政绩考核体系变动导致的环境规制作用形态的变化。

1. 全样本期检验结果分析

我们在表 8-6-2 中报告了 1997—2010 年全样本期的估计结果，每一列分别对应规制制定变量（CELAW）、规制实施变量（PAIAV）和规制监督变量（PCIAV）的估计结果。对于规制制定变量，环境规制方程中，空间自回归系数为 0.067，显著为正，表明当地环境规制的制定具有"模仿"周边省区市的行为特征，这与我们的预期一致；生态效率方程中规制制定变量的系数显著为负，这意味着环境规制对区域生态效率具有制约作用，制定环境规制数量较多的地区其生态效率较低，而制定环境规制数量较少的地区其生态效率较高。形成这种制约作用的原因一方面可能是环境规制较为严格的地区，政府和企业生态环境保护的成本较高，一定程度上抑制了产出扩张和经济增长，说明环境规制在保护生态环境的同时付出了较高的经济发展代价；另一方面，对于环境规制较为松懈的地区，企业生产经营的外部环境约束较少，企业发展尚处于粗放扩张阶段，经济扩张的速度快于资源消耗和环境污染的恶化速度，反而具有较高的生态效率，这也正是地方政府在环境规制方面进行"逐底竞争"的表现。

规制实施变量的作用形态与规制制定变量类似，也呈现出"模仿制约"的特征，从系数大小来看，规制实施变量的"模仿"特征更加明显，显著性水平更高。当周边省区市工业污染治理投资额占工业增加值的比重加权平均数增加或减少1%时，当地的该比重即增加或减少 0.336%；同时环境规制的实施对生态效率的制约作用也非常明显，地方政府倾向于竞相降低环境规制的实施力度，来确保当地的经济发展。与此不同的是，规制监督变量的作用形态则表现出"独立无效"的状况，尽管系数方向与前两者相同，但都未呈现出显著性。综合环境规制制定、实施和监督过程，中国各省区市的环境规制行为呈现"逐底竞争"的特征。

表 8-6-2　1997—2010 年环境规制与区域生态效率空间面板联立方程估计结果

环境规制方程	CELAW	PAIAV	PCIAV
CELAW	0.067*		
	(1.69)		
PAIAV		0.336***	
		(3.88)	

续表 8-6-2

$\overline{PCIAV}$			0.044
			(0.46)
EE	-42.040***	-0.359*	-0.029
	(-4.90)	(-1.68)	(-0.59)
GPRRC	-3.975	-0.123	-0.051**
	(-0.97)	(-1.20)	(-2.19)
LNKL	-9.431***	0.104	0.072***
	(-3.13)	(1.38)	(4.30)
FD	-0.028***	3.540E-05	8.720E-05**
	(-3.61)	(0.18)	(1.98)
PD	-0.016**	1.410E-06	4.700E-05
	(-2.02)	(0.01)	(1.06)
UR	-1.749	0.045	0.008
	(-1.42)	(1.44)	(1.12)
α - CONS	58.670***	0.713***	0.092
	(5.56)	(2.67)	(1.53)
生态效率方程	EE	EE	EE
$\overline{EE}$	0.121***	0.107***	0.086**
	(2.96)	(2.72)	(2.12)
CELAW	-0.002***		
	(-3.93)		
PAIAV		-0.059**	
		(-2.13)	
PCIAV			-0.160
			(-1.54)
GPRRC	0.047	0.015	0.012
	(0.56)	(0.18)	(0.15)
$GPRRC^2$	0.007	0.025	0.029
	(0.33)	(1.18)	(1.38)
LNKL	-0.089***	-0.064**	-0.060**
	(-3.07)	(-2.21)	(-2.06)
IAVGPR	0.007***	0.008***	0.008***
	(3.91)	(4.30)	(4.42)
SOIR	-0.024	-0.028	-0.048
	(-0.42)	(-0.47)	(-0.80)

续表 8-6-2

生态效率方程	EE	EE	EE
TRADE	-0.001**	-0.001**	-0.001**
	(-2.50)	(-2.55)	(-2.56)
FDI	0.008**	0.008**	0.008**
	(2.25)	(2.23)	(2.22)
α-CONS	0.775***	0.782***	0.760***
	(7.82)	(7.78)	(7.51)
样本数		420	
调整后的 R² 环境规制方程	0.9190	0.4505	0.5899
调整后的 R² 生态效率方程	0.8908	0.9018	0.9029
调整后的 R² 方程系统	0.9174	0.6161	0.8726

注：括号内报告 t 统计量，*、**和***分别表示在10%、5%和1%水平上统计显著。下表同。

环境规制方程的其他变量中，生态效率对环境规制的制定和实施呈现制约作用，生态效率较低的地区，地方政府倾向于更严格的环境规制，以遏制资源消耗和环境污染的恶化状况，改善当地生态环境；资本劳动比例对环境规制的作用则有正有负，对于环境规制的制定，其表现出制约作用，而对环境规制的实施和监督，则呈现促进作用，这说明在资本密集型污染严重的企业较为集中的地区，为了保证当地企业顺利生产经营从而实现经济增长目标，当地政府在制定环境规制时趋向于"松绑"，但是这种松绑政策造成的环境问题加重却又促使环境规制的实施和监督不得不趋向于更加严格，反映了地方政府既要保证经济发展又要确保环境友好的矛盾状态。这种矛盾状态同样反映在财政赤字、人口密度和失业率等变量中，财政赤字较高、人口密度较大、失业状况较严重的地区，地方政府在制定环境规制时，都以保证经济增长从而缓解政府财政紧张、人口压力和就业压力为目标，因此环境规制的制定都较为松懈；由此造成的大量资源消耗和严重环境污染反过来又促使政府在执行和实施环境规制时趋于严格，因而出现其对规制制定变量作用为负，对规制实施和监督变量作用为正的状况。

在影响生态效率的其他变量中，周边省区市的生态效率越高，当地的生态效率也越高，这意味着生态效率存在着空间集聚现象；人均地区生产总值及其二次项均不显著，说明 EKC 形态在生态效率中并不明显；资本劳动比与区域生态效率负相关，资本密集型企业集中地区资源消耗和污染排放状况较严重，这种负面作用超过了经济增长的正面作用；工业增加值比重较高的地区生态效率较高，这说明工业发展成熟的地区，产业结构更趋于合理、技术水平更高，因而在节能环保方面具有更优的绩效；国有经济比例对区域生态效率的影响并不显著，但其方向为负，没有足够的证据证明其对生态效率的抑制作用；贸易和投资的开放状况对区域生态效率的影响均显著为负，贸易开放程度越高则生态效率较低，这说明贸易对当地经济发展的促进作用可能是通过生产并出口资源消耗较多、污染排放严重的产品实现的；外资较为密集的地区则呈现较好的生态效率状况，这说明"污染天堂"（pollution heaven）假说可能并不成立，原因在于外资在促进当地经济规模扩张的同时，其技术效应和结构效应会促进当地生产技术和产业结构向绿色环保方向改变，因而促进当地生态效率提升

(He, 2006)①。

2. 分时段检验分析结果

中央政策变动及其引发的官员政绩考核体系的变化，使得地方政府竞争的行为特征和作用形态有所改变，环境规制对区域生态效率的作用也有可能向更积极的方向转变。2003年第十六届三中全会对"科学发展观"的全面阐述和推动实施，使各地逐渐开始将节能减排标准纳入官员政绩考核体系中，进而促使地方政府调整环境规制的制定、实施与监督行为，以促进当地经济增长和环境保护的协调发展。基于此，我们将全样本期以2003年年底为界，分为两个时段，试图说明政绩考核体系变化前后环境规制作用形态的转变，以提出相应的政策建议。

表8-6-3 分时段环境规制与区域生态效率空间面板联立方程估计结果

环境规制		1997—2003年			2004—2010年		
		CELAW	PAIAV	PCIAV	CELAW	PAIAV	PCIAV
$\overline{CELAW}$		0.118**			0.015		
		(1.98)			(0.83)		
$\overline{PAIAV}$			0.477***			0.244***	
			(2.88)			(2.63)	
$\overline{PCIAV}$				0.065			0.026
				(0.80)			(0.24)
EE		-37.470***	-0.749***	-0.129***	4.393	0.499*	-0.191***
		(-3.90)	(-2.63)	(-4.98)	(1.05)	(1.86)	(-3.64)
生态效率		EE	EE	EE	EE	EE	EE
$\overline{EE}$		-0.041	-0.003	-0.002	0.042	0.034	0.052
		(-0.60)	(-0.05)	(-0.03)	(0.87)	(0.75)	(1.14)
CELAW		-0.002***			0.001		
		(-3.37)			(0.81)		
PAIAV			-0.067**			0.042*	
			(-2.49)			(1.81)	
PCIAV				-1.312***			-0.492***
				(-4.76)			(-3.48)
N		210	210	210	210	210	210
调后的 R^2	环境规制	0.9061	0.3668	0.7695	0.9933	0.5344	0.8356
	生态效率	0.9040	0.9105	0.9024	0.9402	0.9384	0.9373
	方程系统	0.9052	0.5697	0.8968	0.9930	0.6620	0.9148

表8-6-3报告了1997—2003年和2004—2010年两个时段分别估计的结果。分时段估计可能会导致数据期限不足引发的估计问题，而本研究之所以仍然确认分时段估计的稳健

---

① 参见 J. He, "Pollution haven hypothesis and environmental impacts of foreign direct investment: the case of industrial emission of sulfur dioxide (SO2) in Chinese provinces", *Ecological economics*, 2006, 60 (1), pp. 228–245。

性,一是由于本节在空间模型中加入了扰动项中的空间自相关项,能够一定程度上克服截面相关问题;二是在估计时,作者选用了 Newey 和 West 的稳健方法来消除"小 T"数据可能存在的异方差和自相关问题,使估计结果保持稳定。同时,作者查阅文献发现,不少国内学者在研究环境规制和环境效率相关问题时,也使用了较短期限长度的数据进行估计,如朱平芳等[1]、张文彬等。两个时段相比较,可以发现环境规制的作用形态发生了重要变化。一方面,无论是环境规制的制定、实施或监督,均呈现"模仿"周边省区市的行为特征,但后一时段相比于前一时段,模仿行为的反应程度减弱,规制制定的空间自回归系数由 0.118 下降至 0.015,并且由显著变得不再显著;规制实施的系数均显著,但系数由 0.477 下降至 0.244,下降幅度接近 50%;规制监督变量则保持了与全时段相同的不显著状态,但其系数也明显下降,由 0.065 降至 0.026。模仿特征的减弱,表明在重视环境保护并将其纳入政绩考核体系的过程中,地方政府面临的考核标准由单一的 GDP 目标转变为包含经济和环境的多维综合目标,导致其对环境规制的制定行为发生分化,更多地考虑当地自然环境特点和经济结构特征,较为独立地对环境规制进行制定、实施和监督。

另一方面,环境规制对区域生态效率的作用由"制约"转为"促进",规制制定和规制实施变量的系数由负转正。其中,规制实施的促进作用还表现出显著性,呈现"逐顶竞争"行为特征;环境监督变量的系数尽管仍然为负,但其系数绝对值由 1.312 减小到 0.492,说明其制约作用明显减弱。环境规制作用的改变,体现出政绩考核机制的变化,促使地方政府重视生态环境问题,采取措施协调经济发展和环境保护之间的矛盾,这些举措正在发挥积极作用,更加严格的环境规制使得区域生态效率提高,经济发展与环境保护的协调性正在提升。由于环境规制趋于严格,对经济发展往往呈现遏制作用,区域生态效率的提升多源自当地资源消耗和污染排放的减少,因此环境规制的积极作用主要是通过环境状况的改善来实现的。

总结起来,在地方政府政绩考核体系融入"绿色环保"的因素后,环境规制对区域生态效率的作用形态呈现出由"模仿制约"向"模仿促进"的积极转变,地方政府通过更趋独立的环境规制的制定、实施和监督,减少资源消耗和环境污染,增强了区域经济发展和环境保护的协调性,说明地方政府的环境规制竞争行为由"逐底竞争"向"逐顶竞争"方向转变。

五、结论和政策建议

本节基于地方政府竞争的视角,分析并检验了中国省际环境规制对区域生态效率的影响,得到的主要结论为:

第一,中国各省区市的环境规制行为在样本期内呈现"逐底竞争"特征。地方政府在环境规制的制定和实施行为中存在明显的相互"模仿"特征,同时环境规制的制定和实施对区域生态效率具有制约作用。这意味着,在以经济增长为核心竞争目标的政绩考核机制激励下,地方政府存在饮鸩止渴的动机,以生态环境为代价换取短期经济利益,其竞相降低环境规制水平的行为导致区域经济与环境的协调性较低。

第二,政绩考核机制的调整,促使中国各省区市的环境规制行为由"逐底竞争"向"逐顶竞争"转变。2003 年之后,相比之前,地方政府的环境规制制定、实施和监督行为由

---

[1] 参见朱平芳、张征宇、姜国麟《FDI 与环境规制:基于地方分权视角的实证研究》,载《经济研究》2011 年第 6 期,第 133—145 页。

相互"模仿"向"独立"施行转变,环境规制行为对区域生态效率的作用也由制约转变为促进,或者制约作用减弱。这说明随着"科学发展观"的全面阐述和推动实施,各地逐渐将"绿色环保"标准纳入官员政绩考核体系,促使地方政府较为独立地设定环境规制水平,同时注重环境规制的治理效果。

以上分析结论给我们带来的政策启示主要有:

第一,加快转变地方政府考核体系,促进政绩考核多元化、绿色化。政绩考核体系是推动地方政府发挥职能的重要导向。在"可持续发展"与"生态文明"理念指导下,应当注重地方政府经济绩效与生态绩效的协调统一,逐渐调整对GDP的单一追求。在政绩考核体系中,加入生态开发、环境保护和循环经济发展等方面的考核指标,建立完善的环境保护状况评价体系,形成地方政府、企业单位和社会群体均能有效参与的环境保护考核制度,从而全面、客观、有效地评价地方政府的环境规制行为,以多元化、绿色化的政绩考核体系推动地方政府环境规制行为向"逐顶竞争"转变。

第二,推进主体功能区建设,根据区域核心功能构建环境规制与政绩考核制度。由于不同区域生态承载力不同,区域生态效率状况具有较大差别。主体功能区的规划与建设考虑了不同区域的生态承载力状况,有助于因地制宜地制订区域发展规划、环境保护政策和人口福利制度。应当针对主体功能区的核心功能和定位,引导地方政府实行不同的绩效评价指标和政绩考核办法;对于优化开发区域、重点开发区域、限制开发区域和禁止开发区域,分别制定适应的发展战略和环境规制,以促进区域间生态效率的收敛与平衡。

第三,环境规制立法、执法、监督全方位推进,综合发挥环境规制的积极作用。立法、执法和监督是保证环境规制有效实施的三个重要环节,缺一不可。立法是加强环境法制建设的基础,地方政府应依据地方特色、产业特性和产业发展特点,合理确定适当的环境规制水平,充分发挥"波特假说"中的"创新补偿"效应,借助环境规制的"倒逼机制"加快高污染企业末端治理向清洁生产的转变。执法监督是法律实现的主要途径,"徒法不能以自行",应当强化各级领导的环境法治意识,切实做到依法行政,努力造就一个执法必严、违法必究的法治局面。在实践中,则应当减少政府审批手续,完善各项制度的管理程序和具体实施办法,同时建立实行"执法责任制"和"评议考核机制",强调制度间的互动性,推动社会监督的制度化、规范化。

第七节 环境规制与地区经济增长效应分析[①]

一、研究背景与意义

经济发展伴随着环境问题的加重,已被不同国家的历史经验所证实,[②] 中国近年来历经的环境问题也日益成为经济发展的焦点。面对资源约束趋紧、环境污染严重、生态系统退化的严峻形势,中国"十一五"规划纲要提出建设资源节约型、环境友好型社会的目标,"十七大"报告首次提出"生态文明"的理念,"十八大"进一步提倡"加大生态文明建设",

---

[①] 本节部分内容曾以论文形式发表,具体出自李胜兰、申晨、林沛娜《环境规制与地区经济增长效应分析》,载《财经论丛》2014年第4期。

[②] 参见彭水军、包群《中国经济增长与环境污染——基于广义脉冲响应函数法的实证研究》,载《中国工业经济》2006年第5期。

十八届三中全会更是将生态文明建设作为"五位一体"总布局中的重要一环,要求建立系统完整的生态文明制度体系。国家的一系列政策无疑要求环境保护与经济发展相辅相成,二者走可持续发展之路。然而,在市场经济实践中,环境保护与经济发展常表现为矛盾统一体,呈现出两难格局。① 鉴于环境资源的公共物品性质和环境问题的负外部性,以及微观经济主体机会主义的存在,环境问题靠市场机制自身难以解决,因而环境规制被视为矫正市场失灵的重要工具。但是,在微观层面上,基于减排导向的环境规制虽然能控制企业的污染排放行为,却不可避免地增加了治污成本,影响企业的竞争力,② 从而束缚经济绩效的提升。我国现行的环境规制能否使得经济增长和生态环境保护在此消彼长中达到某种均衡?在降低环境污染、提升环境质量的同时,促进产业结构升级、经济转型与可持续发展?笔者认为,分析环境规制对经济增长的作用机理以及实证检验环境规制的经济效应等问题具有较强的理论和现实意义。

二、文献综述

现有文献中,环境规制强度与经济发展水平之间的关系主要有三种观点。

第一,"不利论"。其理论基础是"合规成本说",以 Gollop 和 Roberts③、Barbera 和 McConnell④、Walley 和 Whitehead⑤ 等为代表。持"不利论"观点的学者认为,环境规制给企业造成新的成本因素,称之为"合规成本",为企业带来"额外"负担,降低产出和利润水平,削弱企业竞争力。除此以外,企业的污染控制支出可能会挤占其他生产性投资,在资源有限的情况下,环境规制将间接增加企业的机会成本。

第二,"有利论"。其理论基础是"波特假说"。⑥ 该派学者认为,选择适度的环境规制强度,能够激发企业创新,催生生产过程与产品的"创新补偿"效应(即工艺创新补偿和产品创新补偿),进而降低企业成本,并能进一步带来技术扩散效应,提升企业的生产率,同时实现企业自身结构和产业结构的优化升级,最终提升产业的市场竞争力。然而,"波特假说"有两个前提条件:一是资源配置、技术和消费需求等条件是可变的动态模型;二是环境规制工具必须是"恰当设计的"。

第三,不确定的"综合观点"。持"综合观点"者认为,综合效应的结果是不确定的,或者说对不同的市场主体是不一致的。

近年来,国内学者分别从国家、地区、产业或企业等层面对环境规制与经济发展的关系问题进行了实证检验,结果不尽相同。王文普认为,中国的环境规制总体上并未阻碍经济增

---

① 参见张红凤、周峰、杨慧、郭庆《环境保护与经济发展双赢的规制绩效实证分析》,载《经济研究》2009 年第 3 期。
② 参见沈能《环境效率,行业异质性与最优规制强度——中国工业行业面板数据的非线性检验》,载《中国工业经济》2012 年第 3 期。
③ 参见 Roberts Gollop, "Environmental regulations and productivity growth: the case of fossil-fueled electric power generation", The Journal of Political Economy, 1983, pp. 654 – 674。
④ 参见 McConnell Barbera, "The impact of environmental regulations on industry productivity: direct and indirect effects", Journal of environmental economics and management, 1990, 18 (1), pp. 50 – 65。
⑤ 参见 Whitehead Walley, "It's not easy being green", The Earthscan reader in business and the environment, 1994, pp. 36 – 44。
⑥ 参见 Van der Linde, Porter, "Toward a new conception of the environment-competitiveness relationship", The journal of economic perspectives, 1995, 9 (4), pp. 97 – 118; Porter. "America's green strategy", Business and the Environment, London: Earthscan, 1996, p. 33。

长，竞相降低环境标准反而会阻碍地区经济的良性发展。[1] 熊艳指出，中国的环境规制与经济增长从长短期看都呈"U"形关系，显著性随时间推移而上升。[2] 为避免国家或地区层面的研究可能存在数据加总问题，一些学者将研究视角延伸至产业部门甚至是微观企业。傅京燕和李丽莎对制造业的研究发现，中国的污染密集型产品并无比较优势，且环境规制对比较优势的影响呈"U"形。[3] 涂红星、肖序的实证检验发现，环境管制也没有降低水污染密集型行业的经济绩效。[4]

尽管围绕环境规制与经济发展的关系进行研究的文献很多，但是并未获得一致的实证结论，这可能是由于缺少对环境规制影响经济绩效传导机制的系统性总结，使用的环境效果变量也比较单一。本节试图在已有研究的基础上做出以下贡献：第一，基于环境规制影响经济增长的作用机制设定实证模型进行验证；第二，使用主成分分析从多个环境污染和资源消耗指标中选取公共因子，综合衡量生态效应；第三，结合东、中、西部的区域特征，对环境规制的作用差异进行原因剖析，并提出相应的政策建议。

三、环境规制影响经济增长的作用机制

由理论分析可知，环境规制直接影响公司绩效，对控排企业的净效应总和构成了其对部门经济的净作用力，并最终形成对地区和国家经济绩效的净影响。环境规制对企业的影响根据作用渠道又可分为直接和间接两种传导机制（见图8-7-1）。

（一）直接传导机制

直接效应具有积极与消极两面性。积极效应表现在两个方面。

第一，刺激企业技术创新，确立竞争优势。随着环境规制强度的提高，政府对相关产业的政策倾斜将为企业带来创新契机，推动新型环保材料和设备的开发以及生产工艺的完善，这种产品（创新）补偿效应使得产品价值增加或生产成本降低。环境规制还会促使企业开发污染控制技术以优化其生产过程或废物管理，提高资源的生产率，这种效应被称为过程（补偿）效应。产品补偿和过程补偿效应的共同作用，有助于企业通过创新确立和保持竞争优势。

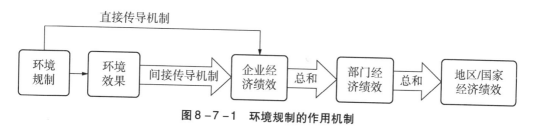

图8-7-1 环境规制的作用机制

第二，提高市场准入门槛，防止新竞争对手进入。环境规制政策实施后，现有企业由于治污技术成熟和规模经济享有更大的成本优势，这种阻碍新企业进入、减少行业竞争的作用

---

[1] 参见王文普《环境规制的经济效应研究》，山东大学2012年博士学位论文。
[2] 参见熊艳《环境规制对经济增长的影响》，东北财经大学2012年博士学位论文。
[3] 参见傅京燕、李丽莎《环境规制，要素禀赋与产业国际竞争力的实证研究——基于中国制造业的面板数据》，载《管理世界》2010年第10期。
[4] 参见涂红星、肖序《环境管制会影响公司绩效吗？——以中国6大水污染密集型行业为例》，载《财经论丛》2013年第5期。

被称为进入壁垒效应。企业也可能受制于环境约束进行减污投资，从而造成绩效下降。首先，提高企业的生产成本和交易成本，导致需求下降。环境规制致使排污税/费、排污许可证、投入品价格等直接生产成本和污染测量监控、与政府和供应商谈判等交易成本提高，不利于简单再生产与扩大再生产，由此导致的销售价格上升也可能会降低产品的需求。其次，占用稀缺资源，挤占生产性投资。新的减污设备和生产工艺的开发使用需要大量前期投资和人员培训，向新设备的过渡也需要一定的转换成本和报废成本，同时企业的稀缺资源，如高素质的人才等被用于改善环境质量，导致生产性投资被挤占，资源利用效率也受到限制。

（二）间接传导机制

环境规制产生的外部压力会迫使企业改善环境质量，向社会传达"责任投资"和"绿色投资"的信息，从而给企业带来各方利益相关者的反馈效应。环境规制影响企业经济绩效的间接传导机制如下。

第一，促进产品差异化，创造新的需求。随着消费者对环境保护的重视，绿色产业和环境责任履行程度较高的企业越发受到市场的青睐。环境规制可促使企业把被动的减污转化为主动的环境治理投资，带来难以被模仿的产品差异化特征，在竞争中脱颖而出，提高产品的销量和附加值。

第二，提高企业的品牌和声誉，培育无形资产。利益相关者理论和企业社会责任理论揭示了企业文化、声誉等无形资产的重要性，提高环境质量为企业赢得品牌和声誉，扩大社会认可度和影响力，无形资产价值的上升还可改善公司在资本市场上的表现。

第三，提高利益相关者的忠诚度，降低风险和营运成本。企业减少环境污染的努力有利于提高消费者、供应商、员工等利益相关者的忠诚度，降低企业的风险和营运成本，例如减少高素质员工的流动，降低融资难度和成本，减少原材料价格和保险费等。与政府当局的良好关系还可以减少企业的合规成本，如税费、许可证成本、罚金和诉讼成本等。

由此可见，环境规制对企业经济绩效的影响具有很大的不确定性，其净效果取决于企业特征、环境问题、政策工具、产业结构和区位特征等多种因素作用下的直接和间接传导机制影响程度的相对大小以及机制间的相互作用（见图8-7-2）。

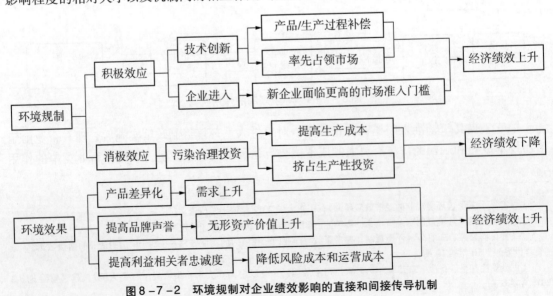

图8-7-2　环境规制对企业绩效影响的直接和间接传导机制

四、实证分析

（一）模型

基于上述机制分析，本节参照目前相关学者的主要研究思路，将实证方程设定如下：

$$IAVPC_{it} = \alpha + \beta_1 ER_{it} + \beta_2 ER_{it}^2 + \beta_3 ER_{it} * F_{it} + \lambda_1 F_{it} + \lambda_2 F_{it}^2 + X_{it}\delta + u_i + \gamma_t + \varepsilon_{it} \quad (1)$$

$IAVPC$ 为经济增长的代理变量，ER 为环境规制强度的变量，F 为反映生态环境质量的变量，X 为其他相关控制变量，u_i 和 γ_t 分别代表个体效应和时间效应，ε_{it} 是随机扰动项。

对于模型的估计结果，我们主要关注以下几点：第一，环境规制变量与经济增长的直接关系呈现何种规律，即系数 β_1 与 β_2；第二，在我国，环境规制对于经济增长的间接作用效应，即系数 β_3；第三，东、中、西部是否会由于区域性差异而呈现出不同的结果表现。

（二）变量和数据

本节使用 1997—2010 年中国各省区市的面板数据，数据来源为 1998—2011 年各省区市统计年鉴、《中国统计年鉴》《中国环境年鉴》《中国劳动统计年鉴》和《新中国六十年统计资料汇编》，使用现价统计的变量均剔除价格因素，抵减为 1991 年的不变价。

对于被解释变量的选取，以人均工业净产值（万元）（$IAVPC$）作为经济增长指标的代理变量。因为工业的发展是影响环境问题的最主要因素，且我们在测算环境质量的变量指标时，主要选取了工业废水、废气和废物等排放量以及工业资源使用量作为地区资源环境指标的刻画，因而以人均工业净产值作为被解释变量能确保回归方程的一致性。

如何准确度量环境规制强度（ER）在当前仍是难题，国内外学者设计的衡量标准主要遵循五个思路：环境规制政策的数量和质量，基于数据可得性，学者通常以环境规制法律政策的多少考察环境规制强度的高低，[1] 如 Low 以绿色指数即地方政府颁布的法令数量来度量环境规制强度；[2] 环境规制政策的执行力度，包含规制机构对企业排污的检测次数[3]、排污费收入[4]等代理指标；企业的遵循行为，如污染治理和控制支出占生产成本或产值的比重；[5] 污染控制的实际效果，包括污染物排放量的变化[6]和不同污染物排放密度[7]等；人均 GDP

---

[1] 参见王兵、吴延瑞、颜鹏飞《中国区域环境效率与环境全要素生产率增长》，载《经济研究》2010 年第 5 期。

[2] 参见 P. Low, A. Yeats, "Do 'dirty' industries migrate?". World Bank Discussion Papers (WORLD BANK DISCUSSION PAPER.). 1992。

[3] 参见 S. B. Brunnermeier, M. A. Cohen "Determinants of Environmental Innovation in US Manufacturing industries", *Journal of environmental economics and management*, 2003, 45 (2), pp. 278 – 293。

[4] 参见 A. Levinson, "Environmental regulations and manufacturers' location choices: Evidence from the Census of Manufactures", *Journal of Public Economics*, 1996, 62 (1), pp. 5 – 29。

[5] 参见 E. Berman, L. T. M. Bui "Environmental regulation and productivity: evidence from oil refineries", *Review of Economics and Statistics*, 2001, 83 (3), pp. 498 – 510；沈能《环境效率，行业异质性与最优规制强度——中国工业行业面板数据的非线性检验》，载《中国工业经济》2012 年第 3 期。

[6] 参见傅京燕、李丽莎《环境规制，要素禀赋与产业国际竞争力的实证研究——基于中国制造业的面板数据》，载《管理世界》2010 年第 10 期；李玲、陶锋《中国制造业最优环境规制强度的选择——基于绿色全要素生产率的视角》，载《中国工业经济》2012 年第 5 期。

[7] 参见 M. A. Cole, R. J. R. Elliott, K. Shimamoto, "Industrial characteristics, environmental regulations and air pollution: an analysis of the UK manufacturing sector", *Journal of environmental economics and management*, 2005, 50 (1), pp. 121 – 143；张文彬、张理芃、张可云《中国环境规制强度省际竞争形态及其演变——基于两区制空间 Durbin 固定效应模型的分析》，载《管理世界》2011 年第 12 期。

(收入)[①] 等)。

据此,为综合考量地区环境规制强度,本节分别用"当期设立的地方环保法规、规章和标准量(LAW)和滞后一期的累计设立的地方环境规制政策的数量($CELAW_{-1}$)"以及"工业污染治理投资完成额占工业增加值的比重($PCIAV$)"两类指标作为衡量政府环境立法和实施状况的代理变量。

对于环境效果的测度,采用各指标的混合衡量,本节选取 1997—2010 年期间除西藏和港澳台外的中国 30 个省区市的相关环境污染[工业废水排放量(industrial wastewater)、工业二氧化硫排放量(industrial sulfur)、工业烟尘排放量(industrial fume)、工业粉尘排放量(industrial dust)和工业固体废弃物(industrial solid)]和资源消耗[工业用水总量(water usage)和折算为标准煤单位的能源消耗量(energy usage)]的数据。为了在降低"维度"的同时尽可能保留原有数据的信息,本节采取主成分分析法。运用 Stata12,首先将上述 7 个指标标准化后得到无量纲数据;其次,通过主成分分析的方法,赋予各指标相应的权重,现有研究一般根据前几个主成分的累积贡献率大于某一特定值(如 85%)来确定主成分个数(见表 8-7-1)。

表 8-7-1 R 的特征值和特征向量

主成分	特征值	方差贡献率	累积贡献率
第 1 主成分	3.91149	2.2389	0.5588
第 2 主成分	1.6726	1.06282	0.7977
第 3 主成分	0.60978	0.225172	0.8848
第 4 主成分	0.384608	0.200356	0.9398
第 5 主成分	0.184252	0.0194832	0.9661
第 6 主成分	0.164769	0.0922657	0.9896
第 7 主成分	0.0725031		1.0000

结果显示,前三两个主成分的解释力度达到了 88.48%,由此作为回归选取因子个数的依据,其基本上保留了原有指标的信息,因而可以用它们来代替原有的 7 个指标,且由表 8-7-2 中的 KMO 值可见,7 个变量指标都在可接受范围内。

[①] 参见 M. Mani, D. Wheeler, "In Search of Pollution Havens?", *Trade, global policy, and the environment*, 1999, 402: 115;韩玉军、陆旸《经济增长与环境的关系》,载《经济理论与经济管理》2009 年第 3 期。中国环境法制体系包括环境法律体系以及国家和地方环境保护标准体系。环境法律体系又称立法体系,我国主要由宪法、环境法律、环境行政法规、环境部门规章、地方环境法规、地方政府环境规章和其他环境规范性文件 7 个层次构成。环境规制政策从颁布到施行一般都历经数月,环境规制效应通常亦具有滞后性,因而本节在考察环境立法效应时,在模型中同时加入了当期设立的地方环境法规、规章和标准数和累计设立的地方环境规制政策的数量(滞后一期)。

表 8-7-2　第一、二、三特征向量及 KMO 值

环境指标	第一特征向量	第二特征向量	第三特征向量	KMO 值①
wastewater	0.3847	-0.2508	-0.3186	0.8923
sulfur	0.4677	0.0155	0.0193	0.8763
fume	0.3785	0.4331	-0.0391	0.7278
dust	0.3477	0.3839	-0.5840	0.7529
solid	0.0899	0.6375	0.5766	0.6124
waterusage	0.4306	-0.3072	0.2760	0.7568
energyusage	0.4190	-0.3179	0.3834	0.7222
合计				0.7761

假设第一主成分、第二主成分和第三主成分分别用 F_1, F_2 和 F_3 表示②：

$$F_1 = 0.3847\overline{wastewater} + 0.4677\overline{sulfur} + 0.3785\overline{fume} + 0.3477\overline{dust} + 0.0899\overline{solid} + 0.4306\overline{waterusage} + 0.4190\overline{energyusage} \tag{2}$$

$$F_2 = -0.2508\overline{wastewater} + 0.0155\overline{sulfur} + 0.4331\overline{fume} + 0.3839\overline{dust} + 0.6375\overline{solid} - 0.3072\overline{waterusage} - 0.3179\overline{energyusage} \tag{3}$$

$$F_3 = -0.3186\overline{wastewater} + 0.0193\overline{sulfur} - 0.0391\overline{fume} - 0.5840\overline{dust} + 0.5766\overline{solid} + 0.2760\overline{waterusage} + 0.3834\overline{energyusage} \tag{4}$$

以各个主成分所对应的特征值占所提取主成分的特征值之和的比重作为权重，因而得到如下主成分的综合指标。

$$F = \frac{\lambda_1}{\lambda_1+\lambda_2+\lambda_3}F_1 + \frac{\lambda_2}{\lambda_1+\lambda_2+\lambda_3}F_2 + \frac{\lambda_3}{\lambda_1+\lambda_2+\lambda_3}F_3 = 0.6315F_1 + 0.2701F_2 + 0.0984F_3 \tag{5}$$

将影响经济增长的控制变量设定如下：①实物资本投资增长率（$\ln K$）③；②人力资本投资 H，以六岁以上人口每十万人中大专以上学历人数（万人）衡量；③结构变量，用工业增加值占地区生产总值的比重（IAVGPR）表示区域产业结构；④开放程度变量，以出口贸易总额占地区生产总值的比重（TRADE）衡量；⑤财政分权变量，用各地区的财政赤字占财政支出的比重（FISCAL）表示，体现地方政府的财政自主度。

（三）实证结果分析

表 8-7-3 和表 8-7-4 分别报告了 1997—2010 年的全国样本和分样本的估计结果。模型（1/3）与模型（2/4）分别是普通的固定效应模型与随机效应模型的回归，本节运用考虑了扰动项非 i.i.d 下的 Robust Hausman 检验，结果选择固定效应模型。由于本节采用了

---

① KMO 值介于 0～1 之间，KMO 越高，表明变量的共性越强。根据 Kaiser（1997）的判断标准：0.00～0.29（不能接受）；0.50～0.59（非常差）；0.60～0.69（勉强接受）；0.70～0.79（可以接受）；0.80～0.89（比较好）；0.90～1.00（非常好）。

② $\overline{wastewater}$、$\overline{sulfur}$、$\overline{fume}$、$\overline{dust}$、$\overline{solid}$、$\overline{waterusage}$ 和 $\overline{energyusage}$ 分别为 7 个指标标准化后得到的无量纲数据。

③ $k_t = (1-\delta)k_{t-1} + I_t$，此处 k 是资本存量，δ 为资本折旧率。本节参考张军等（2004）的方法，假定折旧率 $\delta 9.6\%$，I 是用 1991 年价格来衡量的各年实际固定资产投资（万元）。

典型的"大N小T"的短面板数据,因而无须考虑数据的动态特征进行单位根及协整检验。在双维固定效应模型下,运用修正的Wald统计量和CD统计量分别检验截面异方差与截面相关,结果显示均拒绝原假设,说明扰动项方差阵既存在截面异方差也存在截面相关,所以运用PCSE的Robust方差对固定效应模型的估计进行修正。

表8-7-3 环境规制强度对全国经济增长效应的实证结果

解释变量	模型(1)	模型(2)	模型(3)	模型(4)	模型(5)	模型(6)	模型(7)
	全国_FE	全国_REgls	全国_FE	全国_REgls	全国_FE-PCSE		
LAW	-0.01008	-0.01091			-0.00552		
	(0.01027)	(0.01001)			(0.00758)		
LAW^2	0.00011	0.00010			0.00004		
	(0.00012)	(0.00012)			(0.00009)		
$LAW*F$	0.00527	0.00552			0.00613		
	(0.00526)	(0.00516)			(0.00401)		
$CELAW_{-1}$	-0.01075*	-0.00974*			0.00388	0.00562	
	(0.00640)	(0.00503)			(0.00406)	(0.00428)	
$CELAW^2_{-1}$	0.00001	0.00000			-0.0000**	-0.0000**	
	(0.00002)	(0.00002)			(0.00002)	(0.00002)	
$CELAW_{-1}*F$	0.00789***	0.0081***			0.0087***	0.0080***	
	(0.00143)	(0.00129)			(0.00187)	(0.00177)	
$PCIAV$			-0.30100	-0.25400			0.08283
			(0.25131)	(0.2475)			(0.18768)
$PCIAV^2$			0.00751	0.00749			-0.08276
			(0.12396)	(0.1236)			(0.08064)
$PCIAV*F$			-0.23717***	-0.211**			0.19384**
			(0.09038)	(0.08863)			(0.09630)
F	-0.24260	-0.427***	0.25528**	0.10116	-0.20692*	-0.15494	0.4435***
	(0.15632)	(0.11840)	(0.10955)	(0.0941)	(0.11554)	(0.10670)	(0.11831)
F^2	-0.01800	0.00723	-0.01201	0.02128	-0.03422	-0.02450	-0.03896
	(0.02694)	(0.02474)	(0.02547)	(0.0232)	(0.02720)	(0.02649)	(0.02390)
$\ln K$	0.98305***	0.8755***	0.64018***	0.541***	0.950***	0.9865***	0.5982***
	(0.13651)	(0.11417)	(0.10620)	(0.0915)	(0.18774)	(0.18352)	(0.15209)
H	1.23760***	1.307***	1.27039***	1.404***	1.1962***	1.1825***	1.1742***
	(0.24515)	(0.20495)	(0.24298)	(0.2007)	(0.24099)	(0.24037)	(0.21857)
$IAVGPR$	0.00187	0.02006*	0.02195**	0.037***	0.00578	0.00448	0.01033
	(0.01197)	(0.01032)	(0.01107)	(0.0097)	(0.01568)	(0.01504)	(0.01420)
$TRADE$	-0.00172	-0.00161	0.00195	0.00120	0.00444	0.00455	0.00652
	(0.00300)	(0.00240)	(0.00293)	(0.0023)	(0.00403)	(0.00410)	(0.00473)

续表 8-7-3

解释变量	模型（1） 全国_FE	模型（2） 全国_REgls	模型（3） 全国_FE	模型（4） 全国_REgls	模型（5） 全国_FE-PCSE	模型（6）	模型（7）
$FISCAL$	-1.11732***	-0.9969**	-0.39352	-0.30270	-1.481***	-1.461***	-0.755***
	(0.40178)	(0.39282)	(0.28547)	(0.280)	(0.37216)	(0.37078)	(0.19245)
$CELAW_{-1}$	F(13,29)=3.34		F(10,29)=15.68				
	Prob>F=0.0033		Prob>F=0.0000				
截面异方差检验-修正的Wald统计量	Prob>F=0.0000		Wald=2805.88 Prob>chi2=0.00				
Pesaran(2004)CD	CD=17.36 p-value=0.000		CD=15.22 p-value=0.000				
R^2	0.5456	0.6180	0.5471	0.6066	0.9423	0.9420	0.9281

注：各变量系数值下括号里为标准误差，***、**、* 分别表示在1%、5%、10%水平上显著；FE 为固定效应模型，REgls 为随机效应模型，FE-PCSE 为采用 PCSE 方法估计的固定效应模型。

表 8-7-4 环境规制强度对地区经济增长效应的实证结果

解释变量	模型（8） 东部_FE-PCSE	模型（9）	模型（10） 中部_FE-PCSE	模型（11）	模型（12） 西部_FE-PCSE	模型（13）
$CELAW_{-1}$	0.0872***		-0.0128***		-0.020***	
	(0.03215)		(0.00367)		(0.00701)	
$CELAW_{-1}^2$	-0.0003**		0.00004***		0.00017***	
	(0.00012)		(0.00001)		(0.00005)	
$CELAW_{-1}*F$	0.00976**		0.00138**		-0.00027	
	(0.00403)		(0.00064)		(0.00096)	
$PCIAV$		1.6458***		-0.35902*		0.12532
		(0.59863)		(0.20026)		(0.14246)
$PCIAV^2$		-0.8613**		0.23420**		-0.01217
		(0.36093)		(0.11615)		(0.06401)
$PCIAV*F$		-0.21054		0.12282**		0.02983
		(0.17020)		(0.05571)		(0.08637)
F	-0.61589	-0.71519*	-0.4398***	-0.27021**	0.35765***	0.25673***
	(0.61426)	(0.37994)	(0.16880)	(0.11357)	(0.11696)	(0.09880)

注：各变量系数值下括号里为标准误差，***、**、* 分别表示在1%、5%、10%水平上显著；FE 为固定效应模型，FE-PCSE 为采用 PCSE 方法估计的固定效应模型。

模型（5）中，变量 LAW、LAW^2 和 $LAW*F$ 三个变量的系数都不显著，说明各地当期颁布的环境政策制度没有立竿见影的效果，因而在模型（6）中舍去该变量再次进行回归。结果显示，代表环境立法强度的变量 $CELAW_{-1}$ 和 $CELAW^2_{-1}$ 的系数一正一负，但一次项的系数不显著；而模型（7）中代表环境规制实施强度的变量 $PCIAV$，结果与 $CELAW_{-1}$ 一致。为节约篇幅，分样本估计只列出关键变量的结果。表 8-7-4 可见，东部地区表现出与全国样本趋同的倒"U"形关系，且非常显著；中部地区 β_1 与 β_2 的符号却是一负一正，显著地呈现"U"形特征；西部地区虽然环境立法强度与经济增长也呈现出显著的"U"形关系，但执行过程中似乎并无产生实际效果，变量 $PCIAV$ 的系数并不显著。笔者认为，东部地区经济起飞快、基础好，政府开始制定实施的环境规制与当地的企业承载力严格吻合，加之环境法律法规、政策规章日趋完善，环境规制的合理形式为企业提供了良好的法制环境，施行严格的环境法规政策有利于刺激企业快速实现技术创新，带来经济与生态绩效的双赢。然而，环境规制亦不能无限制的严格，否则会提早倒"U"形拐点的出现，事倍功半。中部地区的表现与传统理论研究直接作用中的"遵循成本说"和"创新补偿说"相一致。为治理环境污染外部性，早期在严格的环境政策下，企业需要支付一定的污染治理费用，这增加了企业的成本负担，同时又没有能力通过自身的技术创新弥补治污成本、提升竞争优势，必然导致生产率和利润率下降。而当经济发展走向成长期趋于成熟时，合理的环境规制却能刺激企业创新，技术扩散和结构升级效应足以补偿抵销遵循成本的损耗，提高企业生产率和竞争力，由此既可减少污染排放，改善环境质量，又能促进经济的健康发展，即环境规制与经济增长出现"U"形结构关系。在中央的政策引导下，虽然西部地区的环境立法有较为显著的效应，但实施过程中失效。表 8-7-4 中代表环境污染强度指标的 F，只有西部地区的系数符号显著为正，即污染越大经济增长越快。这意味着西部地区仍存在动力维持以牺牲环境资源为代价的经济发展模式，致使环境规制停留于立法形式而无实际执行效力。模型（6/7）中的交互项 $CELAW_{-1}*F$ 与 $PCIAV*F$ 系数显著为正，表明通过环境规制通过约束企业排污行为、提升环境质量会促进经济的增长，与前文间接传导机制的理论分析一致。

模型（6/7）影响经济增长的其他变量中，实物资本投资增长率（lnK）及人力资本投资（H）和人均工业净产值（$IAVPC$）之间存在着显著的正相关关系，这与经济增长理论中的结论一致。物质资本的快速积累是解释中国经济 30 多年来持续快速增长的一个重要因素，同时，基础教育的普及、教育结构的改善及与之相辅相成、齐头并进的科技事业的发展为中国经济提供了不竭的人才资源，对经济增长的贡献作用不言而喻。区域产业结构（$IAVGPR$）与开放程度变量（$TRADE$）对经济增长的作用表现为正，但不显著。第二产业比重的提升并不能显著导致人均工业净产值（$IAVPC$）的增加，我国当前粗放型的工业化路径以及规模的一味扩张并不能促使价值链的快速提升，因此，我国应进一步考虑三产结构及第二产业内部结构的优化升级。目前，中国对外贸易依存度高达 70%，然而由于国际市场的波动及国家间的政策变化，必然导致这种高度依赖进出口贸易的外向型经济模式对经济增长的持续推动力甚微。指标（$FISCAL$）反映了地方政府在当地经济发展中的参与度，政府通过招商引资、基础设施建设、科教教育投资等可助推经济增速。但若大搞政绩工程、盲目扩张项目、压制民营企业、破坏市场经济，则将造成资源耗竭、环境污染、增长乏力、泡沫膨胀，从而从根本上损害地方经济的可持续发展。回归结果显著为负，说明当前我国地方政府参与地方经济发展的负面效应更重，参与方式有待转变调整。

五、结论与启示

本节的理论和实证分析表明,环境规制可通过直接和间接两种渠道影响企业的经济绩效,进而带来部门、地区和国家的经济效应。在全国范围内,环境规制强度与经济增长之间不存在统计意义上显著的规律关系,但东部和中部地区则分别呈现出明显的倒"U"形和"U"形关系,西部地区虽然环境立法强度与经济增长也呈现出显著的"U"形关系,但执行过程中似乎并无明显实效。上述研究结果具有较强的政策含义,地方政府应依据各地产业特性和行业特点,因地制宜地制定施行差异化的环境规制政策。

第一,在东部地区,政府切忌走入盲目提高环境规制强度的误区,应适时修订环境法规标准,调整至环境与经济协调发展的合理水平。学习欧盟、美国、日本等发达国家的先进经验,探索尝试新型规制工具,更好地激励企业进行绿色技术研发,创新治污技术,以此来提高企业生产率和国际竞争力。支持环境增值产业的发展,做好生态经济的示范工作。

第二,中部地区短期内处于"U"形曲线的下降阶段,为了使其尽快突破"U"形曲线的拐点,平稳地过渡到环境规制促进经济加速发展的阶段,政府应综合运用命令-控制型和以市场为基础的激励型市场规制等多种环境规制手段,赋予企业一定的灵活性,刺激企业进行排污技术创新,使环境规制的"创新补偿"效应尽快超过"遵循成本"效应,促进地区经济的增长。

第三,虽然西部地区经济基础较为薄弱,但也不可延续现有的粗放型发展模式,理应使环境政策行之有效,充分发挥环境规制的直接和间接传导机制的共同作用。因地制宜、取长补短、求同存异、发展特色,利用西部的环境优势创造更高经济价值,早日步入生态保护与经济增长"双赢"的轨道。

第四,通过环境规制约束企业行为而带来的环境质量的提升能促进企业绩效的提高,因此政府应该鼓励企业主动加大环境责任投资,履行企业的社会责任,实现我国环境质量和经济发展的双赢。

第九章 国家法与民间法

本章导读

"国家法"是国家制定和认可的,依靠国家强制力保证实施的行为规范总和。然而,社会的复杂性决定了社会上存在一个广阔的区域是国家法无法涉足的,这就给民间法的存在留下了空间——与国家法同作为规范社会中规范人们行为的"规则"。这里所谓的"民间法"主要是指由民事主体自我约定、制定的,或者在长期的民事生活中自发形成的,可用于调整社会关系的规范的总称(例如习俗、民事习惯、商事惯例、乡规民约等)。国家法和民间法都将最大化社会总福利作为目标。但囿于两者所处的地位、规范的对象、规范的内容以及执行的效力不同,国家法和民间法的演进过程、发展现状、存在问题和创新思路皆大为不同。

在国家法方面,本章第一节"法律经济分析与中国经济法基础理论创新"以法律经济分析为方法,以经济法为研究对象,强调经济法理论创新要以法律经济分析作为重要的切入方法和研究手段:可以用交易费用理论、博弈论、交替关系原理、非均衡经济理论和制度变迁理论等对经济法的调整对象、方法、地位、体系和发展等重大问题进行创新。本章第二节"WTO规则的经济性与中国经济法的改革"同样研究经济法问题,但在思路上有所不同的是,该节是在"国际法—国内法"的对话中展开论述的。其核心观点是,WTO规则不应归属于国际公法,而应归属于国际经济法,改革我国经济法的基本思路是建立独立于行政立法和司法的新的经济法立法和司法机制。

在民间法方面,本章的主要关注点是非正式制度与正式制度的关系、非正式制度在社会规范中的作用和非正式制度的完善和扩大使用,等等。其中,本章第四节"法律与社会网络在契约执行中的互动关系"认为,在脆弱的法律制度环境下,社会网络成为经济个体保障契约执行的重要替代机制,然而,社会网络在促进合作、降低交易成本的同时却又对法治秩序的构建形成了冲突。因此需要进一步思考如何建立法律与社会网络良性互补的市场经济秩序。本章第七节"非正式制度与产业集群发展研究综述"注意到非正式制度对产业集群发展既有积极作用也有消极作用,故此主张今后的研究应该更注重从动态的视角全面考察非正式制度对产业发展集群的影响。本章第五节"民间规范、地方立法与社会治理效率"则是通过构建博弈模型分析了地方立法与民间规范之间的互动关系与社会治理效率,其研究发现,民间规范和地方立法在社会治理中的作用发挥,取决于与地方立法相关的法律执行成本。本章第六节"我国私力救济制度的实证分析:从定性到定量"利用二元选择模型等定量分析工具,定量探讨了私力救济的需求与供给,实证结果表明私力救济存在合理性与必要性。

行业自治规范与民商事习惯是典型的民间法。在本章中,第八节"行业自治规范在我国自贸区的扩大适用初探"所要提出的观点是,行业自治组织应通过制定符合行业发展的自治规范,并将其扩大到其他领域,从而逐渐承担行政机关对于行业标准、行业准入等方面的监管权力。与此相关的第九节"中国商会立法刍议:从契约的视角"则认为,中国商会立法应该从义务本位向权利本位转型,应该为商会自治规范建立提供有效依据,并关注商会职能履行程序和内部成员权利救济问题。第三节"物权法中'习惯'研究:从'物权习惯'到'习惯物权'"首先从理论上区分了"物权习惯"和"习惯物权"的概念,进而以实证分析(尤其是田野调查)为主要方法,对社会实践中存在的物权习惯和习惯物权的形态进行了考察,其研究结论认为,对民事习惯的限制适用既不利于物权关系的调整,也不利于习惯物权经济功能的发挥。在现有的法律制度框架下,法官应该灵活地把握物权关系背后的"习惯"因素,提高物权法律实践的效率。

第一节 法律经济分析与中国经济法基础理论创新[①]

一、交易费用理论与中国经济法调整对象理论的创新

交易费用理论是法律经济分析的核心理论之一。交易费用作为制度运行的费用,它的存在是市场价格机制失灵亦即市场供求关系失衡的一个重要经济来源。法律以节约交易费用为己任,而依法节约交易费用的法学语言,就是法律以调整社会关系为己任。

科斯第一定律表明,在交易费用为零或接近零的"零交易费用"条件下,法律权利的分配与效率无关。因此,在"零交易费用"条件下(交易自由状态),不需要国家通过经济法这一国家干预(主要通过政府干预)经济的法律形式调整市场经济关系,保护市场经济自由的民法的调整就足够了。因为此间民法强调的私法自治,表明市场主体能够通过自由、自主谈判达成交易,而民法规则(如合同、物权规则)不过是交易规则的法律表现形式而已。

科斯第二定律表明,如果存在实在的交易成本,有效率的结果不可能在每个法律权利规则下发生,所以在此"正交易费用"条件下,理想的法律规则是选择那些使交易成本降至最低而使效率大化的规则。据此,在交易费用为正数的条件下,国家有必要通经济法调整市场经济关系。因为此间民法调整市场经济关系的失败,诸如因各类经济侵权(不正当竞争、垄断、公害等)蒙受损害的民事主体得不到及时、有效的私法救济等,迫切需要市场主体以外的力量——主要是国家干预的力量即经济法的调整,降低交易费用并"重现和复制"自主、自由的交易市场。

法律尤其是国家干预市场的经济法调整市场经济关系,会产生交易费用,这种交易费用会增加自主、自由的障碍,并导致干预的失败(非市场失灵),因此有必要通过依法设立国家干预市场的规则将经济法调整经济关系产生的交易费用降低。

经济法调整的特定经济关系,特指"正交易费用"条件下的市场失灵和非市场失灵所引起的市场失衡经济关系(如市场主体交易中的不公平)和非市场失衡经济关系(如政府对市场主体自主交易的不当限制),这两类失衡经济关系可以统称为非均衡经济关系。

非均衡经济关系包括微观和宏观经济关系,故经济法的调整对象定位,应跳出纵向经济关系的思路。非均衡经济关系不是国家(政府)依法干预经济的充足必要条件,因为国家依法干预也会产生非均衡经济关系,而现代市经济及其法律理论和实践充分证明,国家依法

[①] 本节部分内容曾以论文形式发表,具体出自周林彬《法律经济分析与中国经济法基础理论创新》,载《法治研究》2000年9月。

协调经济关系才能全面、客观反映法律对市场失衡和非市场失衡经济关系的"矫正"。

经济法的调整对象，就是国家协调市场经济活动中发生的经济关系。第一，协调关系能够更好地体现经济法在降低市场经济活动的因市场失衡及非市场失衡产生的交易费用关系。第二，协调关系能够更好地体现法律通过其特有的权利和义务规范，协调市场主体之间关系和市场主体与国家之间关系的调整关系之功能。第三，协调关系有利于克服政府干预经济关系所产生的各种缺陷。第四，协调关系可以将微观经济关系和宏观经济关系中需要国家协调的经济关系纳入经济法统一调整。第五，协调关系体现了对立统一的辩证关系，因而有助于我们将经济法的经济理性上升为经济法的哲学理性。

二、博弈论与中国经济法性质和方法理论的创新

博弈论是研究主体之间相互作用时的行为决策理论，该理论的核心观点是主体相互作用时的合作（合力）效率一定大于不合作（分力）的效率。现实经济生活中出现的不合作，根源于较高的交易费用所引起的合作障碍，所以克服或减少合作障碍是法律调整经济关系的一个根本宗旨。

依博弈论的思路，经济法是国家与市场主体博弈的合作均衡体。合作是国家经济职能的一个主要目的——协调社会集团经济利益的冲突。民商法是市场主体合作的结果，其法律运作的基本特点是私法自治、契约自由，意思表示一致，它实质是上一种主体博弈中的私人选择，该私人选择决定了民商法的私法性质。经济法是国家与市场主体合作的结果，其法律运作的基本特点是主体博弈中的公共选择，即由公众通过一定的投票规则（如少数服从多数）进行公共选择，将公共选择的法律交由国家执法机构强制执行，并不允许私人选择。

经济法是国家与市场主体博弈过程中公共选择的结果，它反映的是公众利益，该公众利益与国家利益与私人利益往往不一致，由此决定经济法不能单纯定性为公法或私法，而应定性为兼顾公法和私法的"中性法"，即社会法。

不能将经济法简单归结为政府干预的法律手段，因为"政府干预说"将政府对市场经济活动的经济法干预理想化（事实上干预在很大程度上不合理），将经济法调整范围狭义化（仅限于非均衡的市场关系），将经济法调整方法行政化（容易使政府随意采用行政手段干预市场正常运行合法化）。

传统经济法所关注的政府与市场主体之间的合作规则，是一种行政化合作，该合作有悖于经济合作规律。为此，依据博弈论原理，要弱化经济法的行政法性质，基本思路是在经济法规范中依公法规范（特别是行政程序法规则，该规则可以演进为经济法的程序法）加大制约政府合作权力的规范内容，并努力通过民商法的私法合作规范重新定位政府与市场主体之间的合作关系。

经济法是主体合作博弈的结果，这一结论要求我们反思经济法传统的强制性方法的低效率，该低效率的典型就是经济法领域普遍存在的"法不责众"和"群体违法"现象，随着政府依法干预市场的强度加大而有增无减。依主体之间的利益协调这一合作博弈的效率规则，应将协调方法作为经济法诸方法中的首要方法，该协调方法（是否可以概括为管理和调控两种基本协调方法）的法律表现形式及其法学抽象，是经济法方法理论研究中的一个重要问题。

三、交替关系原理与中国经济法地位理论的创新

交替关系原理也是一种决策论。做出决策要求我们在一个目标与另一个目标之间有所取

舍。市场与法律之间存在着交替关系,如企业减少污染的法律会增加市场主体生产商品与劳务的成本。

经济法与市场之间的交替关系是一种补充关系。民法作为商品交易的基本规则,与市场的交替关系之规律,表现为商品与其互补品之间的互补关系,诸如汽车与汽油之互补关系,因此,扩大市场调节就意味着扩大民法的调整范围,从而民法的立法超前于市场交易活动。

商法(以商事主体即公司企业为标准的主体论商法)作为商事主体(公司企业为主)的"特权法",依科斯定律,商事主体的经济实质是用"企业内部的行政协调替代市场上通过契约完成的交易,说明企业(公司)与市场是两个相互替代的手段"。据此说明商法与市场交替关系之规律,表现为商品与其替代品之间的关系,诸如火车与汽车之间的替代关系,是一种此消彼长的关系,因此,扩大市场调节的范围则意味着相应减少商法尤其是商事组织法的立法规模,商事立法与市场交易活动要同步进行。

经济法作为国家协调市场经济活动的基本法律形式,不同于克服市场失灵,节约交易费用的市场主体"内部化"法律方法即民商法方法,后者是依法确保市场主体通过的自身力量,本着私法自治原则来实现主体交易合作;前者则是依法确保市场主体以外的主体(政府)通过的力量,本着协调为主、强制为辅原则来实现主体交易合作,这一作用的实质在于经济法是市场的补充形式,其补充的含义在于运用经济法和市场方法配置资源,后者优于前者。

现代市场体制是由市场交易、企业经营、国家协调三种机制组成,所以市场经济法律机制则相应由主要反映市场交易、企业经营、国家协调关系的民法、商法、经济法机制构成,由此形成了稳定的市场结构,该稳定性之典型可谓之市场经济法律体制的"三角结构"(见图9-1-1)。

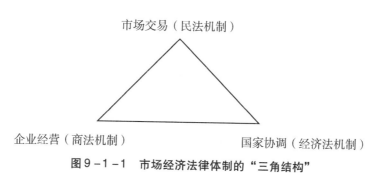

图9-1-1 市场经济法律体制的"三角结构"

有疑问的是,该"三角结构"是直角三角形还是其他三角形。这取决于市场、企业、国家及其法律表现形式之间交替关系的变化,但万变不离其宗——国家协调及其经济法机制是构成稳定的市场机制的三角结构中的不可缺少的要素机制,因此,经济法是一个独立的法律部门。

从市场机制规律和市场机制"三角结构"稳定规则分析,那种将商法归于民法或经济法或为经济法和民法共有,否认商法独立地位的主张,有悖于市场机制规律,也不利于经济法地位之稳定。

四、非均衡经济理论与中国经济法体系理论的创新

非均衡经济理论的核心观点之一是,由于市场的不完全性与外部性等因素(也就是交

易费用因素）的存在，市场经济在大多数场合是不均衡的，该不均衡导致市场机制的失败，而为了实现市场经济的均衡，需要国家通过一定的参与来协调经济关系，从而实现经济的相对均衡。

从微观经济看，市场失衡产生于市场供大于求或供不应求；从中观经济看，市场失衡表现为区域经济不平衡和产业结构失衡；从宏观经济看，市场失衡表现为社会总需求和社会总供给的失衡，如周期性出现失业和通货膨胀以及经济上的滞胀。

微观、中观、宏观经济领域的市场失衡，决定了国家有必要从微观、中观、宏观经济角度参与和调控经济，从而国家也作为一个经济主体进入经济体系，利用国家自身的权威体系（法律体系）参与和调控经济，并对市场运行做出新的制度安排、影响供求关系和资源配置状况。

国家对经济的参与和调控经济的目的是促进改变市场失衡的条件，引导市场走向均衡发展，因此决定了国家参与和调控微观经济活动的主要目的是改善市场条件、拓展市场；参与和调控中观和宏观经济的目的是促进经济增长和经济稳定。

国家参与和调控经济的目标，可概括为微观经济管理和宏观经济调控的目标。据此针对市场失衡的原因和类型，国家一般采取宏观经济政策和微观经济政策两种手段。其中，宏观经济政策主要是针对维持物价稳定和充分就业、促进经济增长的政策，主要包括财政政策、货币政策、税收政策、收入政策；微观经济政策主要是改善市场均衡条件，提高资源配置效率和企业内部效率，主要包括"间接规制"政策和"直接规制"政策。

国家参与和调控经济，在绝大多数场合是通过政府干预具体实施的，而由于政府的缺陷会导致国家参与和调控经济的失败，为此，要确保政府干预准确而有效，这是非均衡经济理论的又一核心观点。具体而言，需要依法对政府干预经济的领域与范围加以必要的限制；要依法保证政府干预经济的质量与效率；从经济管理的角度分析，经济法不仅是管理市场主体之法，更是管理政府之法。

法律通过其特有的权利义务平衡结构，有利于实现对市场失衡和非市场失衡的矫正，由此决定了法律是实现国家参与和协调经济重要的有时甚至是唯一的微观经济管理和宏观经济调控政策的工具。

经济法作为国家协调经济关系的法律形式，它的法律体系构建应以政府对微观经济的管理和宏观经济调控政策为基本依据，故经济法体系以微观经济管理法（市场管理法）和宏观经济调控法这两个部门经济法为基本构成。经济法体系构成限于市场管理法和宏观调控法，根源于经济法调整对象的范围限于市场失衡和非市场失衡的经济关系。市场主体经济关系主要由民商法调整，其中涉及主体资格审查及监管的经济法规，可以纳入市场管理法体系中有关市场准入规则的范畴。社会保障法是否纳入经济法体系，主要取决于该法的社会法性质与经济法的社会法性质的兼容程度，以及社会保障法的独立性与否和经济法的社会法性质与否。由于经济法是社会法，故有必要将社会保障法纳入经济法体系之中，并作为宏观调控法体系下的一项基本经济法制度。

将市场管理法和宏观调控法作为经济法体系的部门经济法构成，是从狭义角度认识经济法体系，这种"狭义说"不仅有益于经济法体系"消肿"，而且有利于经济法体系与相关法体系（如民法体系，行政法体系，刑事法体系）的和平共处。

依法体系理论，经济法体系可划分为两个层面的体系：一是法制层面体系，即包括立法、执法及司法体系，该体系因其部门法体系特点不明显而易混同于一般法制体系，不宜成为经济法体系的基本层面；二是部门法层面体系，即包括市场管理法和宏观调控法的实体法与程序法制度和规范体系，该体系因其明显的部门法体系特点而成为市场经济法律体系中的一个相对独立的法体系，并成为经济法体系中的基本法体系。

经济法体系的完善和发展的基本思路是，经济法体系外部结构和内部结构的协调发展，该协调发展不仅要求两个部门经济法体系中基本法及相配套法律、法规健全和协调一致，而且要求在有关经济法的立法方面做到纲目有序和结构均衡。其中，纲目有序主要涉及经济法体系中的基本经济法（如经济法纲要，其地位类似于国民经济和社会计划发展纲要的地位，但不同于法典编纂）的确立问题；而结构均衡主要涉及市场管理法和宏观调控法中基本经济法律及其配套的特别法规，以及经济法的实体法与程序法的平衡发展问题。

针对市场失衡及非市场失衡经济关系失衡的原因和类型而采取的微观经济管理和宏观经济调控政策，经济法体系的具体制度构成如下：保证以分配公平、经济政策的稳定为目标的经济法基本制度，如财政法、金融法、税法、计划法、社会保障法等制度；提供公共产品和解决外部性的经济法基本制度，如公共投资法、环保法等制度；处理市场不完全竞争的经济法基本制度，如反不正当竞争法和反垄断法等制度；处理自然垄断的经济法基本制度，如自然资源法、公用事业管理法等制度；处理信息不对称的经济法基本制度，如消费者权益保护法、产品质量法等制度；与多样化的市场失衡相关的经济法基本制度，如产业法制度等。

上述基本经济法制度依据相关国家协调经济政策即宏观经济调控政策和微观管理经济政策的划分标准，大体可分为市场管理法即 B、C、D、E 所及的经济法制度和宏观调控法即 A、F 所及的经济法制度。据此，经济法体系的部门法和制度构成可总结为图 9-1-2。

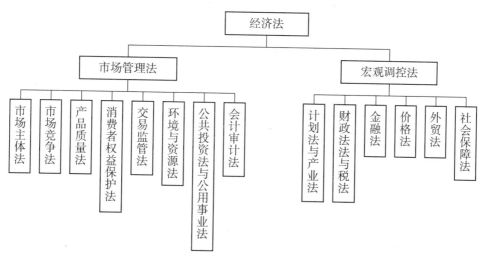

图 9-1-2 经济法体系的部门法和制度构成

对图示的几点说明：

第一，市场管理法与微观市场规制法称谓不同，但从实质内容即国家对微观经济关系的协调意义上看，二者基本一致；只是考虑到较之规制，管理更好地体现国家对微观经济关系协调的经济和法律规律，故用市场管理法取代微观经济规制法较为适宜。

第二，经济法的部门经济法为市场管理法和宏观调控法，据此，经济法学体系可以划分为经济法总论和经济法分论两个基本理论体系，市场管理法和宏观调控法是经济法分论的基本内容。

第三，部门经济法项下的单项的经济法制度，谓之基本经济法制度，基本的意义在于各单项经济法制度是构成市场管理法或宏观调控法的基本制度内容。基本制度的法律形式，应该是由全国人大及其常委会制定的基本法律，而与基本经济法制度相配套的国务院行政法规和地方法规，虽属于基本经济法制度的特别法规范畴，但不属于经济法的基本制度范畴，从而也不应纳入以基本经济法制度为研究对象的经济法学范畴。

第四，由于现代市场经济学理论中对将环境与资源法和公共投资及公用事业经营管理是否纳入市场管理和宏观调控范畴有所争论，因此这里依占优势的观点将环境与资源法，公用事业经营管理法纳入市场管理法范畴，只是一家之说。

第五，从理论体系分类标准角度，一些基本经济法制度（如反不正当竞争法、反垄断法、预算法、国有资产管理法、银行法等）被归入某一类基本经济法制度之中，更多的是从经济法及其学科体系完整、精炼角度而进行一种法学抽象。

第六，经济法及其学科体系的建立，应学习民法、刑法及其学科体系建设之思路，应相对稳定，体现法学的逻辑性和规范性，防止因强调体系的开放性而导致体系的混乱和庞杂。

五、制度变迁理论与中国经济法的发展

制度变迁是指制度的替代、转换与交易过程。在经济发展落后国家的制度变迁中，国家承担着制度设计、规划与组织的重要职能。我国的经济体制改革和市场经济法制建设，是经济落后国家制度变迁的典型。因此，以政府协调经济关系为基本制度和规范设计的经济法，在现代中国的正式制度变迁中的地位举足轻重。

制度变迁包括自下而上的诱致性制度变迁和自上而下的强制性制度变迁两个基本类型。其中，诱致性制度变迁的主体以市民为主，且以自发性为基本特征；强制性制度变迁的主体以国家且以强制性为基本特征。据此，在市场经济法制建设的制度变迁中，民商法的主体以市民（公民和法人）为主及其约定大于法定的规范特征，使民商法制建设类似于诱致性制度变迁。经济法的主体以政府为主及法定大于约定的规范特征，使经济法制建设类似于强制性制度变迁，因此经济法的制度发展模式要比照强制性制度变迁的模式，更注意发挥该模式在加速市场经济法制建设的步伐的优势，克服该模式中政府的有限理性、官僚主义等消极因素对经济法制度建设阻碍的问题。

中国市场经济法制建设这一制度变迁，应该以体现强制性制度变迁模式特点的经济法制度建设为主要模式，因此中国经济法较之中国民商法，前者对于中国市场经济法制建设的作用更大；加之中国民商法制度理论主要来源于建立在私有制基础上的罗马法和德国法理论体系，而中国经济法制度理论主要创立于建立在公有制基础上的社会主义法理论体系。因此，中国经济法是具有中国特色社会主义市场经济法制度的核心内容，而中国经济法制度和理论的建立与完善，是中国社会主义市场经济法律体系是否完备的决定性因素。

公有制和政府运用经济和行政权力对经济的强有力干预，是我国社会主义市场经济体制的"中国特色"的核心内容，由此产生了建立在公有制基础上的中国共产党及其政府在我国市场经济体制建设中的核心作用，从而使以政府为主导的自上而下的强制性制度变迁，成为中国市场制度变迁的主导模式。

公有制和政府干预，是以国家协调经济关系为基本宗旨的中国经济法产生和发展的强有力的经济基础和政治基础，这一基础大于以私有制（非公有制）和市民自治为其经济和政治基础的私法，即民法，从而导致中国经济法强大于中国民法的现实力量，这一现实决定了

要建立适应市场经济发展的非公有制经济和市民社会所急需的民法（私法）制度，必须以中国经济法为其发展的基本"制度环境"。那种限制和排斥经济法的民法发展策略，将使民法走上失去自己生存环境的可悲之路。

中国经济法是具有中国特色的经济法律制度，其中国特色之意要一分为二。中国经济法制度创新是一种从公有制和共产党执政并决定经济发展道路这一实际出发的现实法律选择，所以中国经济法要立足于中国实际，并切忌照搬建立在私有制和多党执政背景条件下的外国经济法模式（如中国企业法中的反摊派制度，中国反垄断法中的反行政垄断制度的设计，绝不能局限于外国立法模式）。较之中国民法制度及其理论，中国经济法制度及其理论具有更大的挑战和创新压力，并在此压力基础上形成更伟大的制度创新成果。中国经济法的浓厚中国政治、经济、文化特色，较之具有浓厚西方政治、经济、文化特色的中国民法，虽然前者具有实事求是方面的巨大优势，但是中国经济法所具有的中国特色中的一些带有有悖于市场经济规律的旧体制、旧文化、旧传统，如果不倍加注意克服，则中国经济法就可能成为落入实用主义俗套，以及承认并保护旧体制和旧传统的落后之法。因此，较之中国民法的制度及理论建设，中国经济法的制度及理论创新的革命意义远远超乎其上。

制度变迁中的路径依赖与经济法的发展之路。路径依赖的核心内容是，当人们选择的制度变迁路径是正确的，那么沿着既定的路径，经济和政治制度的变迁可能进入良性循环的轨道，并迅速优化之；反之，则可能顺着最初选择的错误路径走下去，并造成制度被锁定在某种无效率状态之中，而制度一旦被锁定在无效率状态，除非借助强有力的外力推进，否则人们要想选择新的制度就会变得十分困难。应该正视经济法（这里特指中国经济法）产生和发展过程中因路径依赖导致的一些无效率的锁定状态，诸如：

在经济法产生之初，经济法对民法的路径依赖，如经济法将属于民法调整对象的经济关系也纳入经济法的调整对象范围，用民法范畴构造经济法范畴，许多民法制度（如合同制度）成为经济法制度，由此产生了经济法体系混乱和经济法调整民事关系的失败现象，而政府依法管理经济活动中屡屡出现的"一放就乱"，就是市场管理法无效率的典型。

在经济法产生之初，经济法对行政法的路径依赖，如经济法将行政法所反映的行政手段作为调整经济关系的主要手段，由此产生了经济法体系混乱和经济法调整经济关系（如企业经济关系）的行政干预失败现象，而政府依法管理经济活动中屡屡出现的"一统就死"也是市场管理法无效率的典型。

在经济法产生之初，经济法对经济政策的路径依赖，如经济法成为政策的同义语即典型的政策法，由此产生经济法体系的混乱和经济法调整经济关系的政策混同于法律的失败现象，而政府依法调控经济活动中令行不禁止的失控现象，即为宏观调控法无效率的典型。

上述经济法的路径依赖之所以谓之有悖经济和法律规律的失败现象，主要是从经济法的调整对象范围与民法、行政法、经济政策调整对象的混淆所产生的体系混乱，以及经济法的调整方法与民法、行政法、经济政策的调整方法混淆所产生的方法混乱的角度观察，从而使经济法因在法律体系和规范构建上过分依赖民法、行政法、经济政策而失去其独立法律部门的特色，任其发展，不仅国家在协调市场经济关系过程中难以走出"一统就死，一放就乱"和"令行不禁止"的恶性循环，而且经济法将锁定在非部门法的法制低效率的学科经济法状态之中，而这一低效率的状态至今仍是困扰经济法发展的最大障碍。

显然，导致上述经济法低效率状态的一个根本原因，是经济法产生之初错误选择了民法、行政法、经济政策的路径，而且至今仍在不同程度上被锁定在民法、行政法、经济政策的低效率状态之中,从而使经济法摆脱传统民法、行政法、经济政策模式的困扰并谋求自己独立的新发展变得十分困难。

认真分析上述经济法路径依赖的产生根源,是摆脱经济法发展道路上重大障碍的基本前提。经济法对民法、行政法、经济政策的路径依赖,主要根源于民法、行政法、经济政策在制度规范上的先占优势,以及由此使经济法采取了民法、行政法、经济政策合而为一的综合法律调整模式("纵横统一说"是其理论基础),在以计划商品经济体制为主导模式的初始改革模式选择作用下,而陷入被动的"锁定"状态。

特别应强调,经济体制改革开放以来,特别是在市场经济体制目标模式确立后,中国经济法以政府经济管理法作为经济法制度模式初始选择,加之在此模式下的经济法成为强化政府权威和维护部门利益的工具,因此使经济法在政府依法管理的自身报酬递增和利益集团的作用下,经济法虽然在计划体制转型为市场经济体制的制度变迁背景下逐渐从民法中解放出来,但是经济法至今仍被锁定在行政法和经济政策的双重困扰状态之中。

经济法从民法、行政法、经济政策的锁定状态之中摆脱出来的基本思路和途径。作为经济法制度的制定和实施者,国家在经济法促进经济增长的制度创新中发挥着举足轻重的作用,加之经济法作为一种以国家为主体的强制性制度变迁,决定了通过国家力量促使经济法摆脱上述对民法、行政法、经济政策路径依赖的法制低效率状态,是经济法创新和发展的基本思路。因此,促使国家机关尤其是国家权力机关承认经济法是一个独立的法律部门,至关重要。

上述经济法产生之初形成对民法、行政法、经济政策的路径依赖的一个主观原因,是国家在信息不完全(如经济体制改革信息不完全,特别是有关市场经济体制信息不完全)基础上构造了经济法制度,所以在加快市场经济体制改革的基础上,加强对市场经济法律体系中的经济法的理论研究,特别是从部门法名义上明确经济法这一独立法律部门的调整对象、方法、体系的基本制度和规范,并运用新的研究方法(如法律经济分析方法)和传统法学研究方法(特别是法理学研究方法)创立符合经济学和法学规律的全新经济法范畴,对于国家抛弃经济法体系中的无效率制度,保留借鉴好的制度并理性地进行经济法的制度创新至关重要。

虽然上述经济法理论研究和学习是经济法摆脱路径依赖的一个有效途径,但是由于经济法因其强烈的政府性特征,而在体制改革过程中成为一些政府部门巩固和扩张自身权力并谋取部门利益的工具,所以在政治体制,特别是立法体制上打破利益集团对经济法制度创新的干扰,推动经济法从传统的经济行政法模式下的"恶性循环"中彻底解放出来,是摆脱经济法对行政法和经济政策路径依赖的重要途径。

在市场经济法律体系的建立和完善过程中,作为一种强制性制度变迁,较之以诱致性制度变迁为基本特征的民商法,经济法的制度创新、设计和实施成本要更高。为此,要将降低经济法制度变迁成本作为经济法制度创新的一个关键环节。从经济法的制度和实施方面坚持效率优先、兼顾公平的原则,对现有的以政府经济管理体制为依据构成的庞大经济法体系进行"消肿",以反映和遵循市场经济规律和法律规律的新经济法制度体系(市场管理法和宏观调控法)的更高收益,来抵销经济法采取经济行政法和经济政策模式的旧经济法制度体系被废除而失去的利益,推进经济法制度的创新。

六、法律经济分析与经济法基础理论的创新

法律经济分析作为法学研究的一个重要方法,其方法论意义决定法律经济分析的理论体

系和内容，首先属于法理学范畴。作为法理学范畴的法律经济分析方法，因经济法强烈的经济性特点，使其首先能够成为经济法基础理论研究的一个重要方案。相对于传统的部门法学（如民法学、刑法学、行政法学等），经济法学基础理论研究的薄弱是导致经济法学地位低的根本原因之一。法律经济分析的理论方法、体系和内容，有益于经济法基础理论在基本范畴方面进行经济学范畴向法学范畴的演进，演进的基本思路就是用法学基础理论中的一些基本范畴来改造经济学范畴，改造的基本方法就是法学与经济学相结合的方法，即法律经济分析的方法。

法律经济分析理论对经济法基础理论的创新体现在以下方面。第一，可以用交易费用理论对经济法的调整对象进行重新定位，即定位于国家协调经济活动中的经济关系。第二，可以用博弈论对经济法的性质和方法进行反思，将经济法定性为社会法，将协调方法作为经济法的首要调整方法。第三，可以用交替关系原理对经济法的地位重新定位，将经济法定位于市场机制的补充形式，确定市场经济法制建设中民商法法制建设优先于经济法的法制建设的思路，这是经济法发展进程中的退一步、进两步发展策略。第四，以用非均衡经济理论对经济法体系进行重构，将市场管理法和宏观调控法作为经济法的基本部门法体系构成，而将有关的基本经济法制度分别纳入这两个部门经济法范畴，以达到经济法体系中的部门经济法、经济法制度和规范，在"消肿"基础上的优化组合。第五，可以用制度变迁理论对中国经济法的发展道路及其模式选择进行反思，并在重视中国经济法的中国特色制度变迁优势和创新意义的基础上，认真反思中国经济法对民法、行政法、经济政策的"路径依赖"这一法制低效率现象，提出中国经济法从民法、行政法、经济政策的传统模式束缚下解放出来的思路和途径，进而在此基础上使中国经济法及其经济法学在新世纪走上一条独立、健康和创新发展之路。

总之，上述经济法的调整对象、方法、地位、体系、发展均为经济法基础理论中的重大问题，对此重大问题的理论探索，不仅需要巨大的勇气，更需要先进的方法。而法律经济分析作为一种新方法，尽管有许多令正统学者指责的叛逆思想，但对于经济法学基础理论的知识创新这一伟大的学术活动而言，逆向思维也许比传统思维更为重要。

第二节　WTO规则的经济性与中国经济法的改革[①]

我国法学界近乎一致的看法是，WTO规则主要是规范政府涉外经济管理的多边国际条约。又依据我国立法机关有关经济法概念的一个最新见解，政府涉外经济管理法律规范的部门法归属，主要归属于经济法，而非民商法和行政法。[②] 因此，在依法消除成员政府设立和实施的有关国际贸易的各种关税及非关税壁垒障碍方面，以克服传统民商法重"私权"轻"公权"和传统行政法重"公权"轻"私权"双重缺陷为目的，以兼顾传统公法与私法机

[①] 本节部分内容曾以论文形式发表，具体出自周林彬《WTO规则的经济性与中国经济法的改革》，载《中山大学学报（社会科学版）》2002年第4期。

[②] 全国人大法律委员会主任王维澄在全国人大常委会法制讲座第八讲《关于有中国特色社会主义法律体系的几个问题》的讲稿中指出，"经济法是调整因国家从社会整体利益出发时经济活动实行管理所产生的社会经济关系的法律规范的总和。经济法大体包含两个部分：一是创造平等竞争环境、维护市场秩序方面的法律，主要是有关反垄断、反不正当竞争、反倾销和反补贴等方面的法律；二是国家宏观调控和经济管理方面的法律，主要是有关计划、财政、税务、金融、审计、统计、物价、技术监督、工商管理、对外贸易和经济合作等方面的法律"。

制为特点的我国经济法的作用,① 大于我国民商法和行政法的作用。所以,"入世"后我国国内法改革的第一重点,是国内经济法改革。这就是本节论题得以展开论述的基础。

一、WTO 规则不会成为行政法规则

WTO 规则是否因主要调整政府管理关系而成为行政法规则呢?对此,许多国内行政法学者持肯定态度,并根据 WTO 规则的行政法性质,认为 WTO 规则的实际内容是行政权力在涉外经济关系中的运作,所以 WTO 规则实施的国内法基础是行政法,并构成国际行政法体系的内容。

但是,且不论国际行政法这个概念是否为成熟的国际法概念,只要分析 WTO 规则,单从达近千页的关贸总协定乌拉圭回合谈判结果的最后文件来看,涉及领域就包括了诸如关税、金融服务、知识产权、反倾销措施、例外和保障措施、纺织品贸易、农产品贸易以及其他国际贸易中的重要经济权利和义务关系问题,而非单纯的政治和行政问题。换言之,WTO 规则把成员政府的涉外经济管理关系,直接规定为具有约束力的、体现经济权利和义务关系内容的国际条约,使得 WTO 规则的内容具有强烈的经济性。这一特点决定了 WTO 规则不能完全等同于以调整政治性和行政性的国际关系为主要内容的国际公法,更不等于调整行政关系的行政法。

进一步而言,WTO 虽然是一个政府合作组织,但是合作的主要内容是国际经济关系,而不是政治和行政关系。联合国是一个主要解决国际政治利益冲突关系的政府政治性合作组织,而 WTO 是一个专门解决国际经济利益冲突关系的政府经济性合作组织,即所谓"经济联合国"。WTO 的这一政府经济合作组织特点,决定了 WTO 规则将国际经济关系及其规律作为其调整国际贸易管理关系的一个主要依据。

国际法学者一般认为,WTO 规则与传统国际法的最大区别是,传统国际法注重外交手段解决国与国之间的利益冲突,而 WTO 规则注重用法律手段解决国与国之间的利益冲突。WTO 争端解决机制的确立,就是多边贸易争端解决机制由"经济和政治实力取向"向"规则和法律取向"转变的典型例证。"对于发展中国家来说,它的意义在于,和大国发生贸易摩擦,可以不通过双边渠道解决,而由相对独立的多边机构裁决。判断对错的标准是 WTO 的规则,而不单纯是某一成员国的经济实力和国内法律法规。"② 作者则认为,如果从 WTO 规则的经济性角度进一步分析上述流行观点,就会发现,WTO 规则法律价值取向的确立,绝不仅仅在于政府合作组织和准司法机制的建立,它更取决于以 WTO 各成员的经济利益平衡为核心内容的经济合作的实现。因为只有在经济平等者之间才有真正的法律平等。仅仅依传统国际法确立的国家主权平等的原则是不够的。按照弗里德曼的观点,"经济全球化时代,国家的行为规范也发生了变化,过去是靠条约来规范,现在靠交易来规范。实际上,今天的世界仍然是靠实力,只不过冷战前更多依靠军事实力,现在更多依靠经济实力"③。

WTO 的实践也充分证明,WTO 的决策,不仅依据诸如最惠国待遇、非歧视等原则,而且取决于 WTO 各个成员的经济力量对比,从而使 WTO 各项协定反映的是各成员相互间经济利益与意志的妥协。虽然建构在"妥协"基础上的 WTO 规则是不稳定的,但因"妥协"

---

① 我国经济法学界一般认为,传统民法强调"私法优先",传统行政法强调"公法优先",而经济法则是将私法和公法放在"互为优先"的地位。
② 中宣部理论局编:《九部委领导谈中国入世》,学习出版社 2002 年版,第 5 页。
③ [美]希姆斯·L.多蒂、德威特·R.李:《市场经济:大师们的思考》,江苏人民出版社 2001 年版,第 203 页。

而产生的 WTO 规则本身就是成员经济实力较量的产物，所以一旦成员经济实力对比发生变化，WTO 规则就会发生变化。WTO 一轮又一轮谈判议题的变化过程，以及各成员之间"讨价还价"的过程本身就说明了这一点。也正如一位国际经济评论家指出的："工业化国家目前对外政策发生了转变，即经济方面的考虑已占据了外交事务决策的中心位置。这是财政部部长的时代。"①

显然，世界经济的现实状况与 WTO 规则的逐渐完善，远未达到能够支持以纯粹的法律规则为评判标准的 WTO 机制运行的阶段。事实上，WTO 规则也不能仅从静态的、纯法律角度加以界定，它取决于 WTO 规则在不同贸易阶段的运作情况，所以 WTO 规则的法律取向，必须更多从动态的经济角度加以考虑，才是有效的。

虽然国际经济与国际政治之间的关系密切，而且任何国际政治问题都有其国际经济根源，但是，WTO"强调成员的经济规则的一致性，而不要求成员的政治、行政体制的一致性，以满足不同社会制度国家加入 WTO 的需要"②。WTO 这种政治与经济相分离的思路，为摆脱不同政治和法律体制背景下的 WTO 成员，在市场经济体制及其经济规则方面的统一，创造了便利条件。所谓便利条件，是指只要成员国采取市场经济体制，而不问其是社会主义国家还是资本主义国家，是发展中国家还是发达国家，是大陆法系国家还是英美法系国家，都有资格加入 WTO。因为创造这种便利条件和资格的前提条件，不是政治条件，也不是法律条件，而是体现经济关系内容的基本经济条件，即市场体制和开放市场。

正是由于 WTO 规则重视国际经济关系规则统一，而轻视国际政治关系规则统一，因此不能因为 WTO 规则调整的成员政府涉外经济管理关系与政府的行政管理关系密切，就将 WTO 规则纳入以调整非经济关系的国际政治和外交关系为主的国际公法范畴，更不能纳入所谓国际行政法的范畴。因为，政府性不等于行政性，行政性不等于公法性，公法性更不等于经济性。正如著名社会学家马克斯·韦伯所言，"行政"不完全是公法概念。③ 我们必须承认私人行政的存在，如家庭、厂商内部的行政。

二、WTO 规则主要通过市场经济调节方法实施

产生 WTO 规则经济性特征的原因，不仅在于前述成员政府的涉外经济管理规则，在国际统一方面的便利和有效因素，还在于 WTO 规则主要通过市场经济调节方法（如关税壁垒），而非行政调节方法（如非关税壁垒）的广泛运用，来有效克服成员政府涉外经济管理活动中的各种非关税壁垒的必要性与可能性。但是，令人遗憾的是，WTO 成员目下使用最多的仍是非关税壁垒。更为严重的是，一些成员政府（特别是发达国家的成员政府），往往出于政治目的（如选举）而违反 WTO 规则的现象频繁出现，使得 WTO 规则处于两难境地：一方面创制了具有可预见性和稳定性的经济和法律规则，另一方面，有关成员政府出于解决燃眉之急的政治和外交暂时问题而千方百计制造各种"例外"。④ 所以，如何克服这些因重视政治关系、轻视经济关系而引起的 WTO 规则与成员政府的国内政治和法律规则的矛盾，

---

① ［美］托马斯：《美国维持对中国的贸易特权》，载《纽约时报》1998 年 5 月 26 日 AI 版。
② ［美］费里德里克·艾博克：《世界贸易体制下的中国》，法律出版社 2001 年版，第 38 页。
③ 参见［德］马克斯·韦伯《论经济与社会中的法律》，中国大百科全书出版社 1998 年版，第 18 页。
④ 大多数国际经济和政治评论家认为，美国政府依据其国内贸易法案中的 201 条款，于 2002 年 3 月 20 日起对进口欧盟、日本、俄罗斯、中国等钢铁征收 30% 的关税和实施数量限制的一个主要原因，是美国小布什政府为了赢得下一届总统选举而取悦美国钢铁生产地区选民的一个重视政治需要、轻视经济规律的一个选举策略。

以及由此矛盾产生的非关税壁垒这类国际贸易中的非市场缺陷，是今后 WTO 制度改革与创新的一个重要内容。

笔者认为，传统国际公法虽然有利于将政府作为法律关系的主体，但是传统国际公法一直是重政治关系的调整、轻经济关系的调整，把政府对外交权的控制与约束作为其主旨，其无视政府涉外经济管理中行政权力的行使方式、管理范围和管理力度等变化的事实，特别是未能将这一行政管理的经济过程和效果纳入研究的范围内，所以沿用传统国际公法的模式去解决成员政府涉外经济管理行为的市场效率问题，就十分困难。因此，那种将 WTO 成员政府涉外经济管理行为，仅仅与国际公法或国际行政法相联系，主张它不过是一种专属于成员政府的政府行政管理职能，是一种认识相当浮浅和片面的观点。

现代国际贸易理论和实践也充分证明，克服由各种非关税壁垒措施导致的非市场缺陷的一个有效方法，是将市场经济方法作为政府涉外经济管理的主要方法。这种方法的主要内容，就是运用经济方法即经济杠杆（如价格、关税等手段）的调节方法，约束各国政府对国际贸易活动的管理行为。据此，WTO 规则将通过影响成员经济利益的市场经济方法作为影响成员政府涉外经济管理行为的主要方法，主张关税基本上是唯一得到 WTO 允许的贸易保护手段。因为对关税的偏好的理由与市场经济学的原理是一致的，所以关税的效率要高于对贸易数量限制的效率。

进一步分析，即使当成员间发生贸易纠纷时，WTO 争端解决机构及其所属专家小组，强调的是实际经济利益和机会的丧失或损害，而并非抽象的或者一般性的法律原则。特别是 WTO 规则中的"非违法之诉"，使成员政府在不违反 WTO 规则的条件下，只要对其他成员造成了经济利益方面的损害，根据 WTO 规则也需承担责任。而且，WTO 争端解决机构及其所属专家小组，也倾向于对违反 WTO 规则的成员的制裁，以赔偿这一传统私法的民事方法为主，以报复这一传统公法的行政方法为辅的态度。因为从经济学角度分析，"从违规者那里得到的赔偿显然比采取报复的措施要好得多。后者通常意味着搬起石头砸自己的脚，因为不适当的贸易限制将降低国家的福利"①。

上述 WTO 规则重视经济关系的经济调节的思路，体现了国家、国际组织相互间属于经济领域的各种国际贸易关系的形式和内容。这种国际贸易管理关系的本质，是经济关系，而不是外交和政治关系。据此，应该将以调整成员政府涉外经济管理关系的 WTO 规则，纳入国际经济法体系之中。而且，WTO 规则的经济性特征，使法律经济学成为 WTO 成员制定和实施 WTO 规则的一种主要方法。② 这种法律经济学思路，也是 WTO 规则归属于国际经济法的一个方法论方面的依据。如最惠国待遇原则，它的含义就是你对一个国家做出的承诺如果比对其他国家做出的承诺要优惠，那么，这个更优惠的承诺也要适用于其他国家。它的重要之处就在于节省多边贸易的谈判成本。谈判中，为了有效解决成员在各自经济利益上讨价还价形成的谈判难题，往往将经济利益的"权衡表"作为解决谈判难题的基本途径，这"颇有点像近年来兴起的'法经济学'的风格"③。

比如，在反倾销的实践中，WTO 规则没有把违反规则当作违法行为认定的唯一标准，

---

① ［英］伯纳德·霍克曼：《世界贸易体制的的政治经济学》，法律出版社 2000 年版，第 42 页。
② 所谓法律经济学，是指用经济学的理论研究并解释法律现象的一种经济学与法学相互融合的方法，该方法运用于经济学的研究领域，属于制度经济学的一个分支，谓之"法与经济学"；而该方法运用于法学的研究领域，属于法理学的一个分支，谓之"经济分析法学"。
③ 赵维田：《世界贸易组织的法律制度》，吉林人民出版社 2000 年版，第 21 页。

而是将成员损害或抵消规则利益作为违法行为的认定标准。也就是说，只要WTO成员认为其他成员的某项法律和政策造成对他们的不公而提出上诉时，才会出现成员的法律和政策是否符合WTO规则的问题。因此，有关WTO规则的实际运作，就与利益或曰"算账"紧密联系在一起，它要求成员在有关WTO规则的贸易争端中的诉求，不仅要有法律依据，更要有经济依据，才是有效的诉求。

三、WTO规则重视经济关系内容的经济调节合理合法

在对上述WTO规则经济性特征进行分析之后，笔者注意到，WTO规则重视经济关系内容的经济调节，轻视行政关系形式的行政调节的思路，与我国法学界中那种以行政法律关系的形式标准为据，将我国经济法的模式定位于经济行政法模式这一"重行政、轻经济"的思路完全不一致。究竟孰是孰非？

笔者认为，WTO规则重视经济关系内容的经济调节、轻视行政关系的行政调节的思路，合理合法。其合理性在于成员政府的国际贸易管理方法，运用市场经济的方法及其相关的传统私法方法，比行政管理的方法及其相关的传统公法方法更有效率；其合法性在于成员政府的涉外经济管理规则，在有关经济关系规则统一方面的国内法障碍，大大小于有关政治关系规则统一方面的国内法障碍，所以在不涉及成员的政治和法律体制改变的前提下，WTO规则强调成员政府涉外经济管理规则的统一，不违反国际法的主权原则。于是，在WTO的法律框架中，传统国际公法让位于现代国际经济法的调整对象思路，具体表现为传统国际公法所调整的国际政治与外交关系，让位于现代国际经济法所调整的国际经济与贸易关系，以及与此相关的传统国际公法所常用的公法方法，让位于现代国际经济法所常用的私法方法。这一"让位"的思路反映的经济现实，就是适应经济全球化的规律要求和现代国际贸易管理体制由政府主导型的国际贸易保护体制，让位于市场主导型的国际贸易自由体制的改革思路。

因此，为了更好地履行WTO义务，我国经济法改革的一个基本思路就是：由重视对经济关系行政调节及其行政法措施运用的经济行政法模式，转变为重视经济关系内容的经济调节及其经济法措施运用的经济法模式。

笔者认为，如果以经济行政法作为我国经济法模式选择的思路，不仅出现了与WTO市场化价值取向相悖的以强化行政管制为宗旨的政府经济管理法规的泛化现象，而且使行政法这一部门法的划分丧失意义。因为不能将行政法等同于行政性法律规范的总和。"行政法是公法的一部分，它规定行政机关的组织和职权，并规定公民在受到行政行为侵害时的行政救济。"[1] 美国行政法学家施瓦茨更是明确指出，"行政法的要害是程序法，而非实体法"[2]，所以行政法应以程序法为核心展开研究，其精髓在于控权，在于维持公权力与私权利的力量平衡。

依据上述WTO规则的经济性规律，我国经济法应该从在形式上类似于传统行政法的经济行政法模式，转化为在内容上不同于传统行政法的经济法模式。这一转化，反映了"入世"后我国经济法模式选择的重点转移，即由重视对行政管理关系调整的经济行政法模式，转向重视对经济管理关系调整的经济法模式。这种重点转移，也符合WTO法律关系由重视

---

[1] ［美］古德诺：《比较行政法》，白作霖译，中国政法大学出版社2006年版，第19页。
[2] ［美］施瓦茨：《行政法》，群众出版社1986年版，第2页。

政治关系的传统国际公法形式,向重视经济关系的国际经济法内容转变这一"政治与外交规则向法律与经济规则"演进的现代国际法发展规律的客观要求。而且,依据我国经济法学界关于宏观调控和市场管理权利义务规范的市场化正确主张,设立政府与市场主体之间因宏观调控和市场管理产生的法律关系的基本思路,应该以协商为基本特征的平等法律关系为主,以命令与服从为基本特征的不平等法律关系为辅。这种主张对于依据 WTO 规则重经济调节方法、轻行政管理方法的经济性特征,实现我国经济法调整对象由行政关系转向经济关系,具有重要的方法论意义。①

但是,不得不承认,由于我国经济法学界在经济法的立法科学性方面的探索,至今仍然停留于行政法律层面或行政部门管理层面,相关问题的研究和立法措施仍局限于行政法的理论和体制。造成我国经济法至今仍局限于行政法体制之中这一"路径依赖"的一个主要原因,② 是我国经济法在初创阶段过多地依赖政府法律行为的推动,从而在区分经济关系与行政关系的不同本质的过程中,没有在立法特别是司法上与行政法明确分开,使得经济行政法理论和实践至今仍大行其道。虽然我国经济法已基本摆脱了传统民商法的困扰,但至今仍处于行政法的"锁定状态"。③

与此相比较,WTO 规则建立之初,就选择了一条在立法与司法上不同于传统国际公法的国际经济法的发展路径,即通过建立独立于传统国际公法的立法、司法体制(如联合国、国际法院),形成了自己独特的立法司法体制即 WTO 这一"经济联合国"体制。这一体制与国际公法体制的本质区别在于,前者注重运用经济和法律手段调整国际关系,后者注重运用政治外交手段调整国际关系。

因此,我国经济法应该借鉴 WTO 规则,通过建立独立的立法和司法体制使 WTO 规则成为独立于传统国际公法的国际经济法体制创新思路,探索并建立独立于行政立法和司法的经济法的立法和司法机制,使我国经济法从对行政法"路径依赖"中彻底解放出来。④ 其中,独立于行政法的经济法的立法机制的一个具体改革思路,就是限制政府的授权立法,加强对政府行政立法的司法审查,并将更多政府制定的经济管理法规,上升为人大制定的经济管理法律。独立于行政法的经济法的司法机制的一个改革思路,就是建立独立于传统民事和行政诉讼的我国经济法的诉讼机制。

还应该指出,在我国加入 WTO 后,一方面,私人的经济行为的影响超过了其自身和一时一地的损益,诸如许多大公司尤其是跨国公司(如美国微软公司)的产品数量、质量的

---

① 典型例证如下:其一,我国环保立法从"谁污染、谁治理"、限期治理、限期达标,到征收超标排污费,"谁污染、谁付费",污染治理逐步社会化、市场化;其二,我国国土及其他资源立法从单纯的禁止保护向开发保护的转变,我国资本市场与其他要素市场从非法到合法,国家对证券交易从打击、限制到支持、保护的转变。

② "路径依赖"是诺贝尔经济学奖得主、美国经济学家诺斯教授的一个著名论断。"路径依赖"的核心内容是:当人们最初选择的制度变迁路径是正确的,那么沿着既定的路径,经济和政治制度的变迁可能进入良性循环的轨道,并迅速优化之;反之,则有可能顺着最初选择的错误路径一直走下去,并造成制度陷入无效率的状态中。这种无效率的路径依赖,是导致一些发展中国家政治与经济长期停滞不前的一个主要原因。据此,笔者认为,由于我国经济法产生之初,受政府主导型改革政策法律化这一我国经济法最初实践依据的影响,我国经济法产生了对行政法的"路径依赖"。

③ "锁定状态":按照诺斯教授的观点,一旦制度陷入无效率的状态中,除非借助强有力的外力推进,否则人们要选择有效率的新制度就会变得十分困难。对于这种"想改又不能改"的状态,诺斯教授形容为由"路径依赖"导致的"锁定"状态。据此,笔者认为,正是由于我国经济法产生之初对行政法的"路径依赖",才导致我国经济法至今仍陷入"经济行政法"的无效率的、无独立性的"锁定"状态中。

④ 正如国际经济法从传统国际公法中独立出来成为国际经济法独立的根本途径一样的道理,国内经济法从传统行政法独立出来,是国内经济法独立的根本途径。

变化，会使我国整个特定行业为之波动，均可能引起我国政府的行政干预。原本界限清晰的民事行为，如今有了行政意义，需要"行政法"的力量给予关注和介入。另一方面，消费者等弱势群体权益的特别保护，公共物品的生产效率的提高，特别是公共服务生产经营的社会化、市场化和国际化，使得"公共部门"和"私人部门"紧密结合，原本界限清晰的行政行为如今有了民事行为意义，也需要"民商法"的力量给予关注和介入。在这个意义上，即在 WTO 背景下的传统行政法与民商法相互融合的意义上，那种执着地用传统的行政法与民商法观念看待经济关系及其法律调整中的行政法与民商法相互交融的现象，并对此现象用非此即彼方式贴上"行政法模式"与"民商法模式"标签的主张，进而否定"行政法"与"民商法"相互交融的混合法即国内经济法作为独立的部门法存在的主张，与我国加入 WTO 后国内经济法律的发展趋势相悖。

诚然，在经济与行政、政府与市场不能截然分开的意义上，将我国经济法谓之经济行政法有其合理性。这里，笔者反对的是，用经济行政法当作否定经济法作为独立部门法地位的依据，而赞同的是，用经济行政法当作肯定经济法作为独立部门法地位的依据。经济法与政府经济管理行为紧紧相连，而政府经济管理与行政法密切相关，这就决定了经济法与行政法有千丝万缕的联系。所以借鉴行政法，与行政法合作，与行政法同行，是我国经济法所应有的现实态度。这一态度类似于 WTO 规则这一国际经济法借鉴国际公法，与国际公法合作、与国际公法同行的务实态度。

现代市场经济发展的历史，是一个从个人本位到政府本位再到个人本位与政府干预相结合，以及从国内本位到国际本位再到国内本位与国际本位相结合的混合和开放经济体制的历史。与其相适应，现代市场经济法律和法律体系的发展也经历了从民商法到行政法再到民商法与行政法相结合的国内经济法，以及从国内法到国际法再到国内法与国际法相结合的国际经济法创新的历史，在这个历史进程中，国内经济法及国际经济法的创新思路如出一辙：它们是从传统民商法、行政法、国际公法中分化独立出来的一个法律部门。

第三节 物权法中"习惯"研究：从"物权习惯"到"习惯物权"[①]

一、问题的提出

在强调自治、平等、效率与和谐的私法领域，民间法、习惯（法）[②]的适用对于界定产权[③]归属、解决产权纠纷以及促进产权流转等问题具有重要的价值和意义。因为经济改革的

[①] 本节部分内容曾以论文形式发表，具体出自周林彬、董淳锷《物权法中"习惯"的法经济学分析：从"物权习惯"到"习惯物权"》，载《民间法》2008 年第 7 期。

[②] 一般认为，"习惯法"与"习惯"在法律性质上存在区别："习惯法"是被国家立法或司法所认可或引用的"习惯"；"习惯"一经转变为"习惯法"，即具有法律强制力和约束力。"习惯法"与"民间法"在内涵和外延上也存在区别："习惯法"的内涵一般是从法律渊源的角度进行阐述的，它与"制定法"概念相对应；而"民间法"的内涵一般是从制定主体和适用领域来理解的，它与"国家法"概念相对应。民间法的外延一般大于习惯法，因为它还包括习惯法之外的其他社会规范，如行业自治规范等。

[③] 本节在某些场合将"产权"和"物权"两个概念交替使用，这并非有意混淆两者的区别，而是笔者基于法经济学研究思路的需要，对于某些涉及两者共性的问题（比如法律制度和社会习惯对财产关系的界定和调整等），交替使用法学和经济学的思路予以论证。应该指出，"产权"和"物权"是两个不同的概念，它们至少在以下两个方面存在差别："产权"概念多用于经济学（特别是制度经济学）领域，而"物权"概念主要用于法学（特别是大陆法）领域；"产权"概念的外延比"物权"更广，它不仅包括"物权"所指向的有形财产（动产和不动产），也包括债权、知识产权等无形财产。

理论和实践证明，一个和谐高效的产权秩序既得益于正式制度（如法律、法规和政策等）的调整安排，同时也有赖于非正式制度（如习俗、习惯和惯例等）的配套支撑。① "产权变革的时候总有人得到有人失去。但是有理由认为，新旧体制配合得越好，分配上的不公正越少。"②

法经济学的思路，在近年来我国的物权法理论和实践中得到了一定的重视。其表现一是在物权法定原则问题上，学界和实务界对于立法可否采取"物权法定缓和"③、是否允许习惯（法）设定物权类型，甚至是否允许物权自由设定等问题都曾有过较为深入的探讨和争论；二是在物权法的具体制度问题上，几次不同的物权法草案建议稿对于如何将民事习惯引入物权法以及如何适用习惯（法）来调整物权关系等问题也都予以了充分的关注（本节第三部分有详述）。

但是，学术研究上的"习惯热情"和立法过程中的"习惯情结"并未在最后公布的《物权法》条文中得到充分体现。出于立法的保守、谨慎，以及法制传统连贯性和统一性的考虑④，我国《物权法》一方面仅在不动产相邻关系以及法定孳息取得等问题上表明对物权习惯的尊重和采纳；另一方面，对于"习惯物权"问题，《物权法》又坚定地继承了大陆法系传统的"物权法定原则"，排除了习惯（法）对物权的创设功能。《物权法》的这一立法现状，不仅给理论研究留下了争论和反思，而且也将给此后的司法实践造成一定的困境和疑惑——例如，我国的《民法通则》并未以"总则"形式规定民事习惯可以作为法律的补充适用依据，而《物权法》所规定的可适用民事习惯的情形也仅有两种，这是否意味着在其他物权关系中，物权习惯都无从适用？又如，物权法定原则对社会生活中广泛存在的习惯物权进行了严格排斥，这对非法定物权关系的调整是否合理？等等。

本节正是在反思和探讨上述问题的基础上而形成的。笔者将主要尝试运用法（如民商法）经济学（如制度经济学）的理论和方法（如实证研究的），从法经济学强调的制度研究、案例研究和比较法研究的角度，对本节主题进行多层次的深入研究。我们认为，尽管"习惯要素"在整个物权制度体系当中只是一个"具体而微"的"规范问题"，但其背后却隐含着非常重要的经济、政治、社会、文化和法律的"大问题"。因而，本节的目的不仅在于将物权法的基础理论研究放大到背景更为广阔的社会科学层面进行探讨和深化，更希望通过对物权法中"习惯要素"的研究，为此后的物权法配套立法（如物权特别法）和物权司法（如物权法司法解释及物权习惯的认定和适用等）提供若干具有可操作性的建议。

本节的内容将分为以下三个部分。

第一，"物权立法与民事习惯的引入"。在这一部分，我们将从比较法研究的视角，分析"习惯引入"对民事立法特别是物权法和债权法（合同法）的不同意义；同时我们还将

---

① 例如独具中国特色的农村土地承包经营制度，其最初就来源于民间非正式的制度安排。由于具备经济效率上的优势，土地承包经营制度最终被国家认可，并通过《民法通则》《物权法》《土地管理法》《农业法》和《农村土地承包法》等正式制度予以规定。

② 参见［美］简·恩斯明格（Jean Ensminger）《变更产权：非洲正式和非正式土地产权的协调》，载［美］约翰·N. 德勒巴克（Jogn N. Drobak）和约翰·V. C. 奈（Jogn V. C. Nye）主编《新制度经济学前沿》，张宇燕等译，经济科学出版社2003年出版。

③ 所谓的物权法定的缓和，即立法上允许法官在裁量物权设定时，对于不违反物权法定主义的立法宗旨，且符合一定的公示公信原则的新物权类型（如习惯法意义上的物权），可以从宽解释物权法定的内容，承认其为新型的物权，并确认其物权效力。后文对此将有详述。

④ 必须承认，物权设定原则的改革并不是一项单一的工程，它还需要立法者对物权变动、物权公示、物权救济等方面做出制度配套建设，否则无法支撑起物权法定缓和原则或物权设定自由原则的适用。

进一步对物权法领域的习惯条款进行区分,把"物权习惯"和"习惯物权"界定为物权立法与民事习惯结合而成的两种制度产物,并初步比较两者在内涵、外延、特征和适用要件等方面的不同点以及阐明区分的实践意义。

第二,"法定物权与物权习惯的适用"。在这一部分,我们将通过若干现实案例来详细阐述法定物权关系中相关主体如何利用依据和习惯(习俗)对物权关系进行具体的构建;同时,还将探讨法官在物权司法实践当中,如何认定物权习惯并将其运用到日常审判实践当中。

第三,"物权法定与习惯物权的认定"。在这一部分,我们将尝试对物权法定原则的优势和缺陷进行比较研究,同时探讨物权缓和主义以及物权自由主义在理论和实践上的可能性,以及民事习惯对物权类型进行创设(即产生法定物权类型之外的其他新型"物权")的可能性。

二、物权立法与民事习惯的引入:体系、意义及其不足

尽管近年来学术界对于民间法、民事习惯(法)的认定及适用一直保有较大的研究热情,[①] 且实务界亦已基本认可民事审判中适用习惯(法)的必要性和可行性,[②] 但在实际审判当中,法官对于"民事习惯(法)"的适用却仍然相当克制和谨慎,其主要原因就在于我国现有的民事立法当中,对于"习惯"法律地位和适用规则的规定仍然缺乏一定的系统性,由此造成法官在引用法律时依据不足。

[①] 关于民间法和习惯法的研究,笔者对近年来国内各种文献的综合评价是:法理学领域的研究较部门法(民商法)的研究成熟,理论研究较实证研究成熟,民法(狭义)领域的研究(物权、婚姻、继承等)较商法领域(交易习惯)的研究成熟,宏观层面的理论研究较微观层面的问题研究成熟。具体而言,在法理学领域,近年来出现了不少关于民间习惯、习俗的系统性专著和论文,其中代表性的著作包括:梁治平的《清代习惯法:社会与国家》,朱苏力的《法律规避和法律多元》《再论法律规避》《中国当代法律中的习惯——从司法个案透视》《当代中国法律中的习惯——一个制定法的透视》等论著,谢晖、陈金钊所主编的《民间法》论文集系列,田成有的《法律社会学的学理与运用》《乡土社会中的国家法与民间法》,高其才的《中国习惯法》,王学辉的《国家法与民间法对话和思考》,周勇的《习惯法在中国法律体系中的历史地位》,李可的《习惯法——一个正在发生的制度事实》,等等。而在民商法学领域,现有关于习惯(法)的研究大致有两个方向:结合法史学的研究,例如民国南京国民政府司法行政部主编的《民事习惯的调查报告录》、赵晓力的《中国近代农村土地交易中的契约、习惯与国家法》、李卫东的《民初民法中的民事习惯与习惯法:观念、文本和实践》、眭鸿明的《清末民初民商事习惯调查之研究》、张家镇等编的《中国商事习惯与商法立法理由书》;结合我国民法典立法问题进行的探讨性研究,例如俞江的《民事习惯调查与中国民法典编纂》、徐国栋的《认真地反思民间习惯与民法典的关系》。但是,对于司法实践迫切需要的当代民商事领域中的习惯和惯例问题,目前却仍缺乏较为系统而成型的研究。在笔者收集到的文献中,比较有代表性的关于商事惯例的研究仅有少数论文,例如,房绍坤、王洪平的《我国合同法上交易习惯之研究》,罗筱琦的《交易习惯研究》,贺小平、邱海洋、田洪昌的《商人习惯法在商法发展中的地位和作用》,袁敏殊、朱克鹏的《论商事习惯法的性质与地位》;此外还有国外的少数译著,例如日本学者千叶正士的论文《法律多元》、美国学者理查德·克拉斯韦尔的论文《行业习惯存在吗?》、美国学者埃里克森的专著《无须法律的秩序》等。如果单就物权立法中的习惯(法)而言,目前较为成型的研究成果是渠涛的《中国民法典立法中习惯法应有的位置——以物权立法为中心》。该文的日文版发表于早稻田大学的《比较法研究》第36卷第2号(2002年12月),中文版载《中日民商法研究》第一卷,法律出版社2003年出版。此外,常鹏翱在《物权法的展开与反思》(法律出版社2007年出版)一书当中也提及"习惯物权"问题,作者将其作为与"国法物权"并列的一种物权类型进行比较研究。

[②] 我国的民事立法和司法实践中是否承认习惯法,目前尚有争议。有学者认为,"无论宪法、行政法还是民事法,我国均是承认习惯法的。例如,人民法院和人民检察院向产生它的人民代表大会报告工作的做法,是未见诸宪法规定的,该做法是经长期演化而成,且为立法机关所认可,实际上属于宪法习惯法……我国《民法通则》第7条规定民事活动应当尊重社会公德,不得损害社会公共利益,破坏国家经济计划,扰乱社会经济秩序。这里的社会公德,显然是包括国家认可的习惯的,也即善良的习惯本身,可以成为社会公德的组成部分"。参见孔祥俊《法律规范冲突的选择适用与漏洞填补》,人民法院出版社2004年出版,第120-121页。

作为我国民商事基本法的《民法通则》及其司法解释，其条文并未明确涉及习惯（法）的补充适用功能。相反，在《民法通则》的总则部分，立法者却赋予了"政策"具有补充适用的功能，该法第6条规定："民事活动应当遵守法律，法律没有规定的，应当遵守国家政策。"这与大陆法系其他国家的民事立法形成了鲜明的对比。①《民法通则》的立法缺陷在1999年出台的《合同法》中得到了初步的弥补，该法在合同承诺、合同履行、合同终止、合同解释等问题上都明确了"交易习惯"的司法适用问题。②

《物权法》延续了《合同法》的立法思路，为民事习惯的司法适用提供了另一个立法依据。

该法第85条规定，"法律、法规对处理相邻关系有规定的，依照其规定；法律、法规没有规定的，可以按照当地习惯"。

第116条又规定，"天然孳息，由所有权人取得；既有所有权人又有用益物权人的，由用益物权人取得。当事人另有约定的，按照约定。法定孳息，当事人有约定的，按照约定取得；没有约定或者约定不明确的，按照交易习惯取得"。

至此，作为民法领域最为重要的两个法律制度，《合同法》和《物权法》共同为产权交易当中广泛存在的非正式制度③的适用确立了法律地位。这为此后我国《民法典》引入习惯条款做好了立法准备（见图9-3-1）。

然而这里有两个问题（不足）必须强调。

其一，就立法实践而言，尽管"习惯"已进入立法者的视野，但与大陆法系其他国家和地区的相关立法相比较，我国《物权法》对民事习惯的引入还显为不足。比如，我国台湾地区"民法典"的"物权编"，其关于物权习惯的条款总数即多达14条，《日本民法典》关于物权习惯也有9项规定，内容涉及多种物权制度（容后详述）。

---

① 在大陆法系各个国家和地区现行的民事立法中，基本上都有关于"习惯"司法适用的规定，例如，我国台湾地区的"民法典"第1条规定："民事，法律所未规定者，依习惯；无习惯者，依法理。"《瑞士民法典》第1条第2款规定："无法从本法得出相应规定时，法官应依据习惯法裁判，如无习惯时，依据自己如作为立法者应提出的规则裁判。"《日本民法典》第92条规定："惯习如与法令中无关公共秩序之规定有异，关于法律行为，依其情况，得认当事人有依坝习者，从其关系。"《意大利民法典》第8条规定："在法律和条例调整的范围内，惯例只有在法律和条例援引的情况下才发生效力。"但是，除了中国以外，在民事立法中明确以"政策"作为法律补充适用依据的立法例，却较为少见。

② 《合同法》第22条规定："承诺应当以通知的方式作出，但根据交易习惯或者要约表明可以通过行为作出承诺的除外。"《合同法》第26条规定："承诺通知到达要约人时生效。承诺不需要通知的，根据交易习惯或者要约的要求作出承诺的行为时生效。"《合同法》第60条规定："当事人应当遵循诚实信用原则，根据合同的性质、目的和交易习惯履行通知、协助、保密等义务。"《合同法》第61条规定："合同生效后，当事人就质量、价款或者报酬、履行地点等内容没有约定或者约定不明确的，可以协议补充；不能协议补充的，按照合同有关条款或者交易习惯确定。"《合同法》第92条规定："合同的权利义务终止后，当事人应当遵循诚实信用原则，根据交易习惯履行通知、协助、保密等义务。"《合同法》第125条规定："当事人对合同条款的理解有争议的，应当按照合同所使用的词句、合同的有关条款、合同的目的、交易习惯以及诚实信用原则，确定该条款的真实意思。"需要强调的是，《合同法》关于交易习惯司法适用最为重要的一个条文应该是第61条，因为在《合同法》后续的条文中，还有许多条款间接与此有关，包括第26、61、62、111、139、141、154、156、159、160、161、170、205、206、217、226、232、250、261、263、310、312、338、341、354、366、379、418、426条。上述条文的共同点都是规定了在合同约定和交易习惯缺位情况下，法官如何界定主体各方权利义务关系的问题。

③ 必须指出，产权交易中的非正式制度包括但不限于"习惯"。根据经济学家道格拉斯·C.诺斯在《制度、制度变迁与经济绩效》一书中的定义，"制度是一个社会的游戏规则，更规范地说，它们是决定人们的相互关系的系列约束。制度是由非正式约束（道德的约束、禁忌、习惯、传统和行为准则）和正式的法规（宪法、法令、产权）组成的"。参见［美］道格拉斯·C.诺斯《制度、制度变迁与经济绩效》，生活·读书·新知三联书店上海分店1994年出版，第3页。

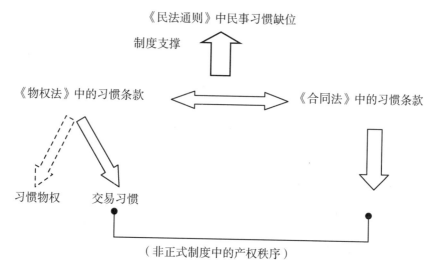

图 9-3-1 《民法通则》《物权法》《合同法》中习惯条款的关系

事实上，产权经济学强调"先产权后交易""先界定后流转"的思路，[①] 不仅深刻地体现在正式制度层面的物权立法与合同立法当中，也全面反映于非正式制度层面的"交易习惯"和"物权习惯"领域。而且，如果从转型中国的经济实践和法律实践来审视，后者对于提高效率和稳定秩序的贡献似乎更高。我们的依据在于：

（1）转型期的中国法制尽管在统一化和现代化进程中取得了进步，但由于长期以来城乡格局明显的两分性，客观上决定了我国市场经济法制体系无法完全由国家法来统摄。这一点在物权制度和合同制度领域表现尤为突出。那些广泛存在于乡镇村居、边远山区和少数民族地区的物权习惯和交易习惯作为与民商法律制度"并行"的另一个社会规范系统，在相当长的时期内仍将继续发挥秩序协调的功能。立法如果能够妥善地对其进行吸收、改造和利用，将大大节约法律资源。

（2）重视物权习惯有利于推进我国市场经济的持续发展。改革开放以来，我国经济持续高速增长的重要经验之一是确立了渐进式改革方向，以及与之相匹配的诱致性制度变迁模式。实际上这一经验同样应该为物权法律制度所借鉴。因为作为推动市场经济发展的核心制度，物权（产权）观念的深入推广和物权（产权）秩序的有效构建，不仅需要有国家层面的立法，还要求这些立法能够与早已广泛存在于社会生活当中的物权习惯规范体系相融合，并善于对其进行吸收和改造。

（3）即使我们暂时抛开转型期宏观法制环境而仅就我国地理状况和民族构成这一特殊性而言，由于物权纠纷大多与地域特点、地理构造以及居民生活习惯密切相关，且物权关系（特别是不动产关系、相邻关系）又普遍地"镶嵌"在社会日常生活谱系当中，因而这些纠纷的背后都可能与物权习惯相勾连（特别是农村地区）。在此背景下，那些孕育于本土地域的物权习惯对于调整各种物权关系也仍具有相当的合理性和重要性。这是立法和司法实践无法回避的客观事实。

（4）从构建和谐社会的时代背景来看，由于物权纠纷更多地与人们的衣食住行和邻里

---

① 产权经济学理论认为，产权交易是在一定的财产权制度约束下进行的。在市场经济当中，产权交易的成功与否以及交易效率的高低，除了需要有专业化的交易场所之外，更重要的是取决于是否有明晰的产权界定。从著名的科斯定理我们也可以推断出，在交易成本为正的客观世界里，只有产权清晰界定，市场交易才能使资源达到最优配制。

关系等日常问题息息相关,因此无论是出于纠纷解决成本的考虑,还是出于维持长久和谐的相邻关系来考虑,物权纠纷的解决路径并不一定以严格适用国家制定法为优。因为"产权的界定和实施包括非正式的私人行为和正式的法律。非正式的和正式的行为是不可分割的;也就是说,根据正式界定和实施的标准,个人选择相应程度的私人行动来要求资产活保护自己的财产"①。因此,物权习惯作为社会民众解决产权纠纷的一种自我实施机制,更易为当事人所预期和接受,也有利于纠纷的快速解决和执行。

其二,就司法实践而言,我国《物权法》所规定的"习惯"问题属于"物权习惯",而不包括"习惯物权";对于后者,《物权法》的立法态度仍相当保守。在此背景下,如何在司法实践中妥善调整习惯物权关系,又是另一个重要问题。

与以往研究文献所不同的是②,笔者主张对"物权习惯"和"习惯物权"进行区别研究。其中,"物权习惯"用以定义人们解决法定物权关系过程中约定俗成的一些习惯和惯例,其适用的前提是物权法定原则。例如在解决相邻关系过程中,《物权法》规定法律缺位时可以习惯为依据。在这里,相邻权(涉及截水、排水、通行、通风、采光等)作为一种法定物权,其类型、内容和效力是既定的,所不同的只是在具体的权利义务界定时,依据的是习惯而不是法律。换言之,在适用物权习惯情形下,并未出现不同于法定物权的新型物权。当然,尽管物权习惯所涉及的法律关系属于法定物权关系,但这并不意味着物权习惯是在国家法设定某些法定物权类型之后才依据其形成的;相反,物权习惯之所以与物权法律制度存在吻合之处,原因是后者大多数来源于最初的物权习惯。

与"物权习惯"所不同的是,我们主张将"习惯物权"界定为人们在长期的社会生活中所形成的,用于界定和表征相关主体之间财产归属或流转关系的非法定物权类型。亦即,习惯物权本身具有类似于法定物权的一些特征,诸如在一定范围对物的排他性、支配性、追及性和可转让性,但在产生方式、适用范围、公示方法③等方面与法定物权又存在本质的差别。

本节之所以强调区分物权习惯和习惯物权,目的在于澄清以下与物权立法和司法实践密切相关的几个问题。

(1) 物权习惯和习惯物权适用的法律前提不同。对于物权习惯而言,法官在《物权法》实施之后的司法审判中可以直接用相应的习惯对所涉及的物权关系进行界定和调整;而对于

---

① 参见[美]李·J.奥尔斯顿(Lee J. Alson)、加里·D.利贝卡普(Gary D. Libecap)、伯纳多·缪勒(Bernardo Mueller)《巴西亚马孙河留于暴力和土地产权制度的变迁》,载[美]约翰·N.德勒巴克(Jogn N. Drobak)和约翰·V. C.奈(Jogn V. C. Nye)主编《新制度经济学前沿》。

② 在目前仅有的关于"物权法习惯问题"的文献当中,著者都未对"物权习惯"和"习惯物权"进行区别研究,这对于物权理论研究和物权司法实践来说都是一种缺陷。例如,在前南京国民政府司法行政部主编的《民事习惯的调查报告录》中,仅有关于"物权习惯"的记录,但其内容实际上也包括了"习惯物权"问题;渠涛在《中国民法典立法中习惯法应有的位置——以物权立法为中心》(载渠涛主编《中日民商法研究》,法律出版社2003年版,第44-82页)一文中,仅从"习惯(法)"与"物权(法)"相结合的角度提出物权立法应该重视民事习惯,但未明确使用"物权习惯"或者"习惯物权"的概念。而在常鹏翱所著的《物权法的展开与反思》一书当中,作者虽有提及"习惯物权",并将其与"国法物权"进行比较研究,但也并未结合物权法定原则对"物权习惯"和"习惯物权"进行区别研究。

③ 通过统一的法定公示和登记方法取得物权(尤其是不动产物权),是物权与债权的一个本质区别,而且物权法定原则的固有之义就包括财产公示方法统一化和法定化。就法定物权来讲,动产以给付为公示方法,而不动产则以登记为公示方法;但是,习惯物权的公示方法因不同地区不同当事人的不同财产关系而具有不同的财产公示方式。例如在没有脱离刀耕火种的独龙族地区存在着一种称为"水冬瓜地"的习惯公示方法,即为了标示开垦人的先占权,要在开垦土地周围种上几棵特殊的树木即水冬瓜树。参见渠涛《中国民法典立法中习惯法应有的位置——以物权立法为中心》,载渠涛主编《中日民商法研究》,法律出版社2003年版,第44-82页。

习惯物权，由于其适用的前提往往需要对"物权法定原则"做出从宽解释（物权法定缓和主义），即承认习惯法对物权类型的创设功能；因此限于《物权法》物权法定原则的规定，目前仍无法直接将其认定为物权种类。

（2）物权习惯和习惯物权在司法审判中的操作程序不同。对于物权习惯，法官既可以将其作为判决的依据，也可以将其作为法官说理的内容，或者将其作为某种财产关系存在的法定证据而适用；而对于习惯物权，依据现有的《物权法》，法官仅能将其转化为债权关系进行处理，即在没有相反证据的前提下，法律承认相关当事人之间存在关于物权问题的合同，但不认可当事人之间依据习惯物权所设定的有悖于法定物权的物权关系。因此，如果出现违约，权利人仅能要求义务人承担相对性的债权责任。

（3）物权习惯和习惯物权司法适用的法律后果不同。前者经过司法程序的认定和适用之后即具备"习惯法"的地位，法官可以依据习惯赋予当事人享有物权的效力（对世性、优先性）；而后者即使经过法官的转化适用，也仅能具备债权效力（相对性、平等性）。除非在诉讼调解当中，当事人各方自愿认可原有合同所构建的物权关系，并承担相应的物权法律义务（如恢复原状、原物返还等）。当然，由调解来认可习惯物权的效力存在一个前提，即该习惯物权关系可以在当事人内部进行消化，不产生权利义务的"外部性"。

由此看来，我国物权立法对于民事习惯的初步引入尽管具有重要意义，但是与社会生活当中"习惯要素"广泛存在的现状相比，今后的物权配套立法和物权司法实践却仍然任重而道远。

三、法定物权与物权习惯的适用：类型、功能及其效力

前文已经初步阐述了"物权习惯"的概念及其意义，它是人们用以解决法定物权关系的一些约定俗成的习惯或惯例。但是对于物权习惯的司法适用，还有几个基本问题需要进一步探讨。

第一，物权习惯存在于哪些领域？对于立法条文未做规定而案件又涉及的物权习惯，法官在司法实践中如何运用？这里引申的问题还在于，物权立法究竟应以"一般条款"的模式，还是以具体类型认定的模式来规定物权习惯的适用？

第二，法官如何选择、认定和过滤物权习惯？当《物权法》已经从实体法角度规定了物权习惯的法律地位之后，我们应如何从程序法的角度对物权习惯的司法操作制定统一的规则？

第三，如何审视物权习惯和制定法的关系？因为对"在制定法缺位的情形下，可以适用物权习惯"这一观点已经争议不大；但是如果面对同一物权关系同时存在制定法和物权习惯，法官可否"摒弃"制定法而优先适用物权习惯？

（一）物权习惯的类型：立法如何囊括

从实证分析的角度而言，寻找和发现物权习惯的途径有两个，一是已经进入立法者视野的立法例，二是生活中广泛存在并尚待总结和发现的实例。为此，我们首先归纳和总结了在民事立法当中涉及物权习惯的有代表性的一些立法例。[①]

（1）关于土地所有权的，例如，我国台湾地区的"民法典"第786、790、793、800

---

① 下述法律条文的详细内容参见本节最后的附录部分。

条,《日本民法典》第219、228条,《瑞士民法典》第699条。

(2) 关于土地使用权的,例如,我国台湾地区的"民法典"第834、836、838、846条,《法国民法典》第590、591条,《日本民法典》第268、269、277、278条。

(3) 关于共有关系的,例如,《日本民法典》第263、284条。

(4) 关于相邻关系的,例如,我国台湾地区的"民法典"第776、778、781、784、785条,《瑞士民法典》第684条,《法国民法典》第663、671、674条,《日本民法典》第236条。

(5) 关于担保物权的,例如我国台湾地区的"民法典"第915条。

需要指出的是,虽然上述立法对于物权习惯类型的"引用"尚未遍及各种物权制度,但是由于这些国家和地区的民法典大多有关于民事习惯司法适用的"一般条款"作为兜底规定,因此,在司法实践中,那些尚未被物权法律所认定的民事习惯(物权习惯)实际上仍有适用的可能性。例如,我国台湾地区的"民法典"第1条就规定:"民事,法律所为规定者,依习惯;无习惯者,依法理。"《瑞士民法典》第1条第2款规定:"无法从本法得出相应规定时,法官应依据习惯法裁判,如无习惯时,依据自己如作为立法者应提出的规则裁判。"《日本民法典》第92条也规定:"惯习如与法令中无关公共秩序之规定有异,关于法律行为,依其情况,得认当事人有依惯习者,从其关系。"

由此从比较法的角度我们可以发现,目前我国立法对于物权习惯的认定仍然相当狭隘。在《民法通则》未对民事习惯适用进行原则性规定的前提下,《物权法》仅在相邻关系和孳息获取这两方面规定可以适用物权习惯,这与中国的社会现实存在较大的差距。因为诚如前文所指出的,物权习惯经由长期集体生活的磨合并得到广泛认可,且往往与当地的地理特点、人口状况和生活习俗密切相关,因而对于幅员辽阔且民族构成众多的中国而言,物权习惯内容之丰富多彩,类型之纷繁芜杂,绝非立法通过少数具体条文的列举式规定即可囊括。在以往的司法实践当中,物权习惯之所以未受到普遍重视,并非现实生活不存在涉及物权关系的习惯和惯例,而是立法并未对其进行系统总结并从制度层面对其地位予以确认,也未对物权习惯的认定标准进行统一的规定,由此导致在司法判决时物权习惯长期未能进入法官的视野(调解过程可能存在对民事习惯的运用),许多相关的法律关系也长期没有被当作物权习惯来对待。

我们仅从以下例子即可大致说明问题。

中国家庭(特别是农村地区)长期以来都有分家析产的习惯。儿子成家立业之前,一般作为家庭的劳动成员之一一起参与家庭生产(如农业耕作),也一起分享家庭劳动成果,这可视为一种简单的财产共有关系;而当子女成家立业之后,家长将对家庭财产进行分配,除了留下自己养老必需的财产份额之外,其余部分一般平均分配给各个儿子,这是许多地区的习惯做法。但笔者在广东、台湾等省份做相关调研时却发现,这些省份的农村地区在分配家庭共有财产过程中存在一种独特的惯例,即如果家庭的长子已经育有儿子(当地称之为长子长孙),则长孙在分家析产过程将作为一个分配名额而参与平分家庭共有财产,而其他的孙子孙女则无此权利。这就意味着,长子一家在分家析产中将分得两份等额的财产。如果严格按照物权法关于共有关系的规定来看,这一惯例似乎是不符合法律逻辑的——因为长孙往往从未参与过家庭生产,也未成承担过相应的财产义务,他所享有的是"不对等"的权利。然而,在当地的传统观念中,这却是天经地义的做法,因为长孙在家庭中具有"支柱"的地位,当年老的家长去世后,长孙将代表众多孙辈持"竹杖"参与悼念仪式。

在此案例中，物权习惯所涉及的既不是相邻关系，也与孳息取得无关，却可纳入物权共有关系的范畴。类似的例子我们还可以列举很多，比如近年来各地广泛存在的"外嫁女"现象，① 其问题的性质就既涉及财产继承，也与物权流转和物权保护有关。只是由于物权习惯长期未能进入司法者的视野，因此对于此类问题，法官和当事人往往只能转而寻求其他民事法律（如继承法）进行解决。又例如，在商品交易中，目前还大量存在诸如"按揭""所有权保留""商品试用"之类的特殊物权流转习惯，这在目前也不属于《物权法》所承认的物权习惯类型。

由此看来，《物权法》仅在某一具体条文中针对少数具体情形来规定物权习惯的适用，这在立法效果上似有"挂一漏万"之嫌。因此，在此后制定司法解释和其他配套立法时，立法机关应尽量考虑从"一般条款"的角度来确认物权习惯的地位，并对其认定标准做出规定。

（二）物权习惯的适用：程序及其效力

由于民事习惯长期未能获得立法的重视，目前在司法实践中，各地法院对于如何具体适用民事习惯仍未有统一的操作规则，因此，虽然《物权法》规定了对民事习惯的适用，但是在具体实践中如何将物权习惯与国家制定法进行有机结合，则仍是一个需要重视的问题。

从传统民事习惯法律适用的理论与实践来看，物权习惯（民事习惯）的运用大致需要经过四个环节（见图9-3-2）。

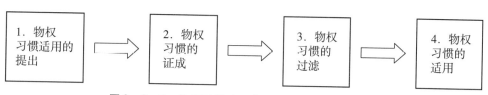

图9-3-2 物权习惯（民事习惯）运用的四个环节

对此进一步的分析如下。

1. 物权习惯适用的提出

虽然此前的立法缺乏适用民事习惯的依据，但是在实际操作中，法官基于平息纠纷和提高效率的考虑，仍然有主动运用民事习惯的意识。比如，在诉讼调解环节，结合民俗习惯对双方当事人的纠纷进行调解；或者在司法判决时，借助民俗习惯（公序良俗原则）进行辅助说理，等等。因而，物权习惯司法适用的"启动"机制并不仅仅限于当事人要求适用的模式（特别是在《物权法》肯定了物权习惯法律地位之后）（见图9-3-3）。

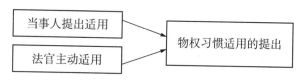

图9-3-3 物权习惯司法适用的"启动"机制

---

① 所谓的"外嫁女"问题，是指在农村地区，女儿一旦出嫁，即基本与娘家脱离了财产关系，不能参与分家析产。特别是土地的分割、房屋的继承等，只能由儿子享有。

但是，对于物权习惯适用的启动机制，仍有一个问题需要探讨：如果当事人没有主张适用物权习惯，而且也存在与该物权关系相关的物权法律法规，此时法官可否出于对其他法律价值（例如效率）的考虑而主动、优先的适用物权习惯？这作为一种理论探讨，我们将在后文根据案例并结合物权习惯的经济效率问题进行详细分析。

2. 物权习惯的证成

物权习惯的证成涉及两方面内容：其一是在程序意义上应该由谁来论证物权习惯的存在，其二是在实体意义上应该以什么标准来证明物权习惯可以作为司法意义上的"习惯法"（见图9-3-4）。

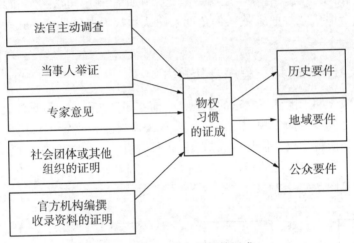

图9-3-4 物权习惯的证成

当然，对于物权习惯的证成，同样有一个"棘手"的问题需要考虑，即，虽然存在多种可以证明物权习惯是否存在的渠道，但是如果当事人双方对于"物权习惯是否存在"存有争议，且各自都能找到不同的渠道来证明自己的主张，此时法官如何比较和采纳证据意见？物权习惯证成的标准是什么？或者说，各种证成渠道和证据的效力次序如何安排？

3. 物权习惯的过滤

所谓"过滤"，是指法官在适用物权习惯时，从"合法性"的角度对那些不符合立法精神和规定的"陋习"或"恶俗"进行排除，以保证司法审判的公正性和权威性。综合现有的理论和实践来看，司法意义上对"习惯"的过滤一般需要考虑四方面的标准（见图9-3-5）。

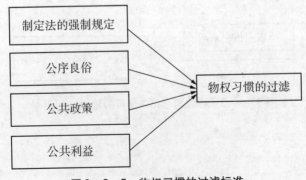

图9-3-5 物权习惯的过滤标准

对于上述传统观点，笔者认为需要检讨和反思。因为在司法审判工作当中，诸如公序良俗、公共利益之类的标准，本身就已经较难把握；而习惯法具有地域性、灵活性、多样性等特点，这客观上决定了物权习惯在价值理念上将与上述标准存在更多的"潜在冲突"。正如前文"分家析产"的案例所表明的，在分配财产过程中，长孙即使从未对共有财产做出任何贡献，也仍然可作为分割共有财产的一分子，这显然与传统法律价值和民法理念中的"平等""公平""权利义务相对等"等原则不相符合。但是无法否认和轻视的是，这一物权习惯在该地区一直受到普遍的认可。因而一旦由此发生法律纠纷，如果法官单纯套用传统民法原则来排斥物权习惯的适用恐怕仍将存在执行的困难。

4. 物权习惯的适用模式

物权习惯既已写入条文，则在此后的司法审判当中，它将不再仅仅"屈居"于"辅助说理"的地位，而可以在适当的情形下"理直气壮"地成为司法判决的依据。

但对于物权习惯的适用模式，笔者进一步的考虑是：司法审判是否可以考虑建立一种类似于"判例指导制度"的模式，即对于之前已经被司法审判所认定的物权习惯，此后在同一地域内，其他相类似的司法判决都可以直接引用，而不再需要进行烦琐的证成？我们提出这一问题的依据在于，以往的民事审判没有引入物权习惯，因而在判决中，法官多是直接引用法律条文。但是物权习惯毕竟不同于法律法规，它往往没有成文化。因此，如果没有一种类似于判例制度的操作模式，则法官在面对同一地域、适用同一民俗习惯的当事人时，可能每次都需要对物权习惯进行证成，这种重复行为对司法资源将是一种很大的浪费（见图9-3-6）。

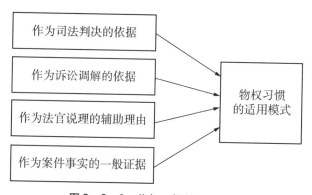

图9-3-6　物权习惯的适用模式

分析至此，我们再回头对第一个问题（即物权习惯可否优先适用）进行分析。

民事习惯之所以日益受到立法者和司法者的重视，其中一个重要的原因在于其本身具有制定法所无法具备的某些效率优势。一方面，习惯作为一种"制度存量"，只要它仍然可以调整民事关系，则将相应地减少法律的生产和消费，即抑止制度增量，减少立法成本；另一方面，习惯作为一种自生自发的"内生性变量"，其产生和实施的效力来源于不特定个体（经济人）的认可和遵守，此一过程即表明了习惯在很大程度上经受过成本效益的检验，因而除非法律能够根本上改变该习惯生存的"制度环境"并提供效率上的激励，否则法律很难完全替代习惯的地位，相反却可能受制于习惯。

但是对于物权习惯的适用，我国《物权法》并没有在一般条款层面对物权习惯的效力进行过单独规定，而仅仅是在某些具体法律关系中将物权习惯视为制定法的一种补充渊源，即立法并没有赋予物权习惯以优先适用的效力。我们认为，这对于物权习惯效率优势的发挥存在较大的制约。

我们可以结合以下案例进行分析。

根据笔者的调研，在粤东的一些农村地区，长期以来，村民在宅基地上建房都习惯以排列式来集中规划和建造村居民房（见图9-3-7）。

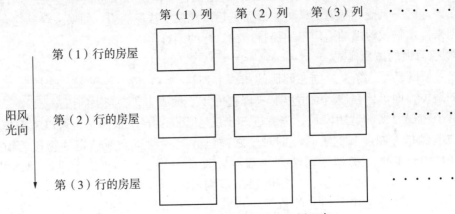

图9-3-7 粤东农村居民房规划示意

由于该地区人口众多，建房密度较大，因此这种规划建设方式隐含的问题是：房屋的建设规划很难满足一般的"隔距要求"，因此处于第一排的房屋将获得很好的采光和通风效果，而后续的房屋则很可能被前排的房屋所遮蔽。如果不能很好地解决建房过程中的相邻关系，则在宅基地分配过程中，所有村民可能都会想方设法争夺前排的位置而荒废后排的用地。

但是上述纠纷一直以来却几乎没有出现，原因是村民们在长期的集体生活中形成了一种不成文的惯例，即每一个获得前排宅基地的农户（特别是第一排）在建造房屋时，有"义务"比照一般的建房标准，自觉将自己的房屋高度降低，以便于后排的房屋采光和通风，而每一个后排的农户在建造房屋时，则自动获得将房屋高度提高一定比例的"权利"，以此类推，从而使房屋建造成"梯状"排列（见图9-3-8）。

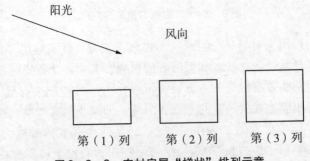

图9-3-8 农村房屋"梯状"排列示意

由此案例我们可以看出：

其一，尽管案例中民房建造所涉及的物权类型（相邻权）及内容始终没有超出《民法通则》①和《物权法》所界定的范畴（即截水、排水、通行、通风、采光等），但是在实际的权利义务配置中（前建者承担"低建"义务，后建者享有"高建"权利），却是"习惯"而非法律起到了核心的制度功能。而且，在这一情形中，习惯对权利义务的界定远比法律细致和有效——因为物权法没有也不可能对农村民房建造中的高度配置问题做出统一的规定。因此，如果从制度功能层面来考量，物权习惯并不一定只能居于制定法的从属地位。在此意义上，法官在界定相关物权关系时，不应呆板地将"物权习惯"仅仅视为法律缺位时"可以适用"的补充依据，而应灵活地使其与制定法具有同样地位甚至"优先适用"效力的地位。

其二，由于物权习惯潜在的经济效率优势，司法者应积极结合法律经济分析的视角来认识和适用物权习惯，而不仅仅将其视为一种制定法的补充渊源。这与当前司法改革进程中重视"效率"的思路是一致的。这一点在前述案例中表现尤为明显。因为如果严格按照物权法来界定村民建房的相邻关系，则很可能出现两种结果：一是处于前排的屋主认为其"依法"没有义务降低建房高度，这样后排的宅基地将很难分配，其他村民将继续要求另寻空地分配宅基地，这将造成土地的闲置和浪费，或者造成后座宅基地价值的较大贬值；而第二种结果则可能是通过政府强制规划或村民之间的协商，将前后座的房屋间距拉大，已达到后座房屋足以采光和通风的程度，这样，同一面积的宅基地上房屋建造数量将大大减少，其结果仍将导致农村房屋建设用地扩大和农用地的减少。但是，村民长期以来形成的物权习惯既缓解了房屋建造的采光和通风困难，也使建房密度增加成为可能，从而节约了农村的非农用地，这是国家法律所未能达到的效果。

四、物权法定与习惯物权的认定：价值、困境及其出路

与上述物权习惯不同，习惯物权是物权法与民事习惯相结合的另一种制度产物。它与法定物权相对应，而又与物权法定原则相关联。在坚持严格物权法定主义的国家（如我国），"习惯物权"更多的是一个学理上的概念——因为尽管其广泛存在于社会生活，但一旦付诸司法实践，却往往无法真正获得法律上的物权效力。

（一）习惯物权：一种并不陌生的权利结构

本节在第一部分已对习惯物权的基本内涵、性质和基本特征做了初步的界定，根据以往学界仅有的一些研究文献，习惯物权大致可总结为以下三种类型。

一是区域性习惯物权。例如，少数民族习惯物权，少数民族由于其地理环境和资源利用方式的不同，可分为渔猎采集性经济类型、畜牧经济类型、农耕经济类型，相应地形成了如山林土地所有、占有、使用权习惯物权（如壮族、苗族、白族等），如牧场、草场占有权习惯物权（如鄂温族、蒙古族、藏族、哈萨克族等），如渔场占有、使用权习惯物权（如高山族等）。如赫哲族的习惯法中规定渔场为公共所有，没有私人占有。②

二是传统性习惯物权。与民法的其他法律部门相比，物权法更带有较强的本土特色。不

---

① 《民法通则》第83条规定：不动产的相邻各方，应当按照有利生产、方便生活、团结互助、公平合理的精神，正确处理截水、排水、通行、通风、采光等方面的相邻关系。给相邻方造成妨碍或者损失的，应当停止侵害，排除妨碍，赔偿损失。

② 对少数民族地区习惯法包括习惯物权研究的详细论述，可参阅高其才《中国少数民族习惯法研究》，清华大学出版社2003年版。

同国家都有其传统特色的习惯物权制度。如韩国的传贳权、日本的入会权、我国的典权制度。传统习惯物权一经物权法律确认和认可，即就成为法定物权。如典权制度，中国台湾地区民法将其纳入物权法定类型。

三是交易性习惯物权。即在交易中被普遍接受和适用，内容上又不违反法律和公序良俗，同时也具有相应可行的公示方法的新的物权形态。典型的交易性习惯完全例如让与担保等。如何面对这种类型的习惯物权，是采取物权法定主义原则的国家物权立法和司法所关注的重点。①

需要指出的是，由于习惯物权比物权习惯更少为立法和司法实践所关注，因而传统文献从理论研究的角度对习惯物权类型进行的上述总结，尽管有利于认识和辨析其特点，却未能涵盖习惯物权的所有类型，而且容易将习惯物权上升为"形而上"的范畴。事实上，"习惯物权"这一抽象概念所指向的具体权利结构，本身即具有丰富的日常生活气息和易于理解的关系内涵。

对此我们可结合以下案例进行分析。

在广东的不少农村地区，至今还存在许多非正式的农贸市场，其运作模式的特点有三个。第一，市场规模很小，且没有正式的市场硬件建设；但有固定的地点（买卖集散地），一般都是靠近村民聚居点的一些暂时闲置的"空地"，即既不是农耕地，也不是建设用地，从产权归属上应该属于农村集体所有土地。第二，市场经营比较稳定，一般都有长期固定的"经营者"，但这些"经营者"几乎都未经过工商登记，从法律上讲，这些"经营者"只能认定为一般民事买卖活动的主体，而非商主体。他们也从未缴纳过"市场"摊位的租用费，用经济学的语言表述，即他们都在免费消费着"集体土地"这一公共物品。第三，最为重要的，也是笔者观察到与本节关系最密切的一个问题，在这些农贸市场中，虽然没有经过任何管理者的规定和安排，但经营者的"摊位"基本上都是固定的，相互之间也极少为抢摊位发生纠纷。或许在临时市场形成的最初阶段，"经营者"之间很可能通过先占原则或协商原则来获得各自的摊位，一经固定下来，此后则不再依靠先占原则来重新配置摊位的占有使用权。如果哪一天某一"经营者"经常使用的摊位突然被外人占用，则"摊主"可以理直气壮地要求"非法占用者"搬离摊位，恢复原状。换言之，"经营者"们依据"市场摊位使用的习惯"，对"市场"这一"潜产权"进行了"界定"。

通过这一案例，我们准备揭示的观点在于：

第一，习惯物权并不神秘，它是一种存在于日常生活各个角落的权利关系类型。当社会生活中各种各样的财产归属关系和流转关系尚未得到法律关注和确认时，习惯物权起到了主要的制度功能。而且，习惯物权虽然不是经由国家制定法所构建，而且也具有自我实施的惯性，但这并不表明它与国家制定法泾渭分明；相反，正是由于在诸多方面具有共同的调整对象，因而两者呈现出相互勾连的制度结构状态。

第二，习惯物权经过自生自发的长期发展，一旦作为非正式制度稳定下来，即具有较强的社会认同性，而不管这种非正式制度是否得到了制定法的承认。其具体表现正如案例所展

---

① 比如日本的担保制度在民法典实施不到 7 年，就面临市场主体不断创造出进而被普遍确认的新的担保形态如财团抵押、动产抵押等的挑战，于是催生了特别法的出台，从此以后，触及民法典担保构造基础的大改革包括由各种特别法以及判例所创造的担保法律规范不断持续到现在。参见［日］近江幸治《日本民法的展开——特别法担保法》，段匡、杨永庄译，原载《民商法论丛》第 17 卷。王利明教授认为，承认依交易习惯所创设的物权，以补充物权法定的不足有一定的合理性。对其观点的详细论述，参见王利明《物权法论》，中国政法大学出版社 1998 年版，第 95 页。

示的,虽然国家法和公权力并未介入农村小型农贸市场的经营秩序,而且也从未以"法律强制力"的途径赋予经营者以一定的土地(摊位)使用权,然而这并不妨碍经营者以一定的"强制状态"长期独占各自的摊位,也并不妨碍此中经营秩序长期和谐存在。由此可见,"习惯物权"这一权利结构在特定地域内也具有与法定物权相类似的绝对性、优先性、对世性等效力。当然,习惯物权的这种效力并不是来自立法(除非国家法采取物权法定缓和原则,即允许习惯设定物权,容后详述)。在此,我们将其效力来源初步解释为一种类似于"公意"的意识强制和舆论强制。

第三,从法律经济学的角度而言,习惯物权之所以可以萌芽、产生、发展并得以长期存在甚至为国家立法所吸收而成为法定物权,其重要原因还在于许多习惯物权不仅可以妥善地界定相关主体的财产关系,而且在特定的地域内几乎很少产生制度功能上的负外部性。正如案例所揭示的,小型农贸市场的存在以及市场商贩对摊位的"自主设定",不仅解决了农村居民的日常生活来源,而且并未对农村正常的生产和生活秩序构成不良影响,因而作为习惯物权,虽然国家法并未对其权利结构予以认可,但这并不妨碍其长期存在并积极发挥非正式制度的调整功能。

(二) 习惯物权司法适用的困境和出路

尽管我国的《物权法》尚未允许以习惯来设定物权类型和内容,但是基于习惯物权独特的实践价值,本节从理论角度对其司法适用的可能性进行初步探讨,仍然具有重要意义。

习惯物权与立法实践中的物权设定问题息息相关。在大陆法传统中,关于物权设定问题,历来有三种不同的主张。一是主张坚持严格的物权法定,即认为物权立法应该排除物权缓和主义和物权自由主义的干扰而坚持由国家制定法来规定物权的类型、内容、效力和公示方法①。二是主张物权法定缓和,即认为法官在裁量物权设定时,如果新出现的习惯不违反物权法定主义的立法宗旨,且符合一定的公示公信原则,则可以从宽解释物权法定的内容,承认其为新型的物权。② 三是主张彻底的物权设定自由,即允许私人通过契约自由设定物权。在这种比物权法定缓和更为自由的主张下,习惯物权自然有其存在和适用的空间。③ 但在中国大陆地区,目前很少有学者主张物权设定自由的观点并进行有说服力的论证。

---

① 如梁慧星教授认为:"迄今各国物权法上,'物权法定原则'的地位,并未发生任何动摇,且不说没有哪一个国家以'物权自由原则'取而代之,甚至没有哪一个民法学者提出过这样的主张。可以断言,中国物权法否定'物权法定原则',而代之以'物权自由原则',必将导致中国物权秩序乃至整个法律秩序的极大混乱!"参见梁慧星《是"物权法定"还是"物权自由"》,载《中国民商法网》"民事法学——学者论坛"栏目。

② 例如,我国台湾学者王泽鉴教授认为,为缓和物权法定原则的僵硬,宜为新成长的物具有一定公示方法时,宜将其纳入现行物权体系,承认其效力。如最高限额抵押,台湾地区实务界认为系就将来应发生债权所设定的抵押权,而承认其仍系民法所定的抵押权。参见王泽鉴《民法物权(1)通则·所有权》,中国政法大学出版社2001年版,第47页。郑玉波教授也曾指出,物权法定主义过于僵化,难以适应现时社会经济的发展,倘习惯能有适宜的公示方法的新物权的生成,自不妨予以承认。参见郑玉波《民法物权》,三民书局1995出版,第16页。另外还有学者提出将物权划分为基础性物权和功能性物权,并认为基础性物权依然贯彻物权法定主义,而功能性物权实行物权自由,这是近年来具有一定创新性的见解。参见梁上上《物权法定主义:在自由与强制之间》,载《法学研究》2003年第3期。

③ 如日本学者我妻荣先生就认为,应该从根本上无视物权法定主义的规定,因为物权法定是为了整理旧物权制度,以防止封建时代旧物权的复辟。而习惯在生活中是自然发生的,不仅没有阻止的必要,而且如果横加干涉或者阻止,还将有害社会的发展。参见[日]我妻荣《物权》(Ⅱ),第27页,转引自谢在全《民法物权论》(上),中国政法大学出版社1999年版,第46页。我国台湾地区的学者苏永钦教授通过法经济学分析的思路,也主张应该实行物权设定自由主义,即允许私人通过自由契约来设定物权的种类、内容和效力,法律不得进行过多干预。参见苏永钦《物权法定主义的再思考——从民事财产法的发展经济观点分析》,载《私法自治中的经济理性》,中国人民出版社2004年版。

物权设定的争议同样出现在我国物权立法的过程中。

首先，在全国人大法工委所公布的征求意见稿，以及梁慧星教授和王利明教授主持的两份专家意见稿中，都一致倾向于采纳"物权法定原则"。其中，梁慧星教授主持的《物权法草案》第3条规定，"除本法和其他法律有明确规定者外，不得创设物权"。该草案第4条还进一步规定，"非依本法或者其他法律规定的物权种类而设定的物权，不得认可其为物权。非依本法规定的物权内容而设定的物权，无物权的效力。物权的设定虽然无效，但该行为符合其他法律行为的生效条件的，许可其产生相应的法律后果。本法施行前依原来的物权法规设定的物权，到原设定期限届满之前有效"。而王利明教授主持的《物权法草案》第3条则规定了，"当事人非依本法和其他法律的规定，不得创设物权。非依本法或者其他法律规定的物权种类、内容而设定的权利，不具有物权的效力。依法规、司法解释而形成的物权，如具有相应的公示方法可以认定其效力"。与此类似的，全国人大法工委公布的物权法征求意见稿第4条也简明扼要地规定了"物权的种类及其内容，由本法或者其他有关物权的法律规定"。

与上述不同的，2006年下半年的两次物权法草案创新性地出现了物权法定缓和的规定。其中，8月的《物权法草案》（五次审议稿）第3条曾规定："物权的种类和内容，由法律规定；法律未作规定的，符合物权特征的权利，视为物权。"同年10月的《物权法草案》（六次审议稿）第5条则规定："物权的种类和内容，由法律规定；法律未作规定的，符合物权性质的权利，视为物权。"这两个规定为习惯物权的适用留下了充分的空间。

然而，最终出台的《物权法》却放弃了"物权法定缓和"的尝试，转而回归严格的物权法定主义，即规定"物权的种类和内容，由法律规定"（《物权法》第5条）。这就意味着在今后物权配套立法和物权司法实践当中，以下两个问题将显得尤为重要。

一方面，严格的物权法定原则意味着对于未被《物权法》所采纳而又在社会生活中被广泛运用的典权、优先权、居住权、让与担保等习惯物权（广义上还包括少数民族地区和广大农村地区存在的其他非典型的习惯物权类型），将不能当然地获得"物权"法律地位，相关权利人亦将无法通过行使物权请求权的途径来获得权利保护。对此，法官应如何认定相关财产法律关系的性质？如何界定当事人的权利义务？如何妥善地处理上述物权关系中的"习惯因素"？而且，如果限于物权法定原则而一概将涉诉的习惯物权关系全部转化为债权关系进行处理，这是否符合物权立法的初衷？

另一方面，"物权法定"之"法"如何理解？它是否包括全国人大制定的其他法律？是否包括法规、规章或者司法解释？如果不包括，《物权法》又如何克服立法滞后性的缺陷？在物权法定的框架下，上述若干类习惯物权可否通过其他途径（如特别立法）获得物权效力？等等。

习惯物权司法适用的这些困境，将是今后立法和司法实践当中诚需关注和解决的问题。在此，作为一种理论上的初步探讨，我们提出以下几个观点。

第一，虽然严格的物权法定原则在大陆法系具有正统的历史，而且在技术操作上也有一定的效率优势（容后详述），但是不能由于其"根正苗红"的身份特征和简便、统一的制度功能而得到过分的固守。物权设定原则的选择，应该立足于中国的本土国情。此处的原因与前文我们分析的物权习惯的重要性和合理性是一致的，这里不再赘述。崔建远教授曾指出，"在相当长的历史时期，全国人大及其常委会制定的法律欠缺典权等规范，但是典权早已经被习惯所承认，随之又被最高法院的司法解释所认可。于此场合，就不宜再固守物权法定主义之'法'非成文法不可的观念。在一定条件下承认习惯创设物权，符合人们的认识规律，符合经济关系法律化的过程，没有必要僵化地固守严格的物权法定主义"①。由此可见，物权法定原则的坚守与否，实际上是法律本土资源和法律移植问题在私法领域又一个需要协调的例子。

第二，在物权法定缓和原则尚未在实务界形成统一认识，且相关的配套立法也尚未成熟的背景下，贸然地主张物权设定自由主义，也不符合中国法律实践的现状。应该强调，物权设定原则的改革并不是一项单一的工程，它还需要立法者对物权变动、物权公示、物权救济等方面做出制度配套建设。如果其他配套制度尚未成熟，将无法支撑起物权设定自由原则的适用。

第三，由于习惯物权具有自身特殊的功能特性和实践价值，而且它在社会生活当中长期、广泛的存在也是不争事实，物权立法如果一味忽视习惯物权的存在，无疑将导致掩耳盗铃式的实践后果。因而，物权法定缓和原则，应是一种折中的出路。杨立新教授曾指出，"由于市场经济的迅速发展，在坚持物权法定的原则下，实行物权法定的缓和也是物权立法的趋势，否则，严格固守物权法定原则，物权法就会脱离市场经济发展的需求，对应当确认为物权的权利，由于立法的滞后而无法承认其为物权，可能会扼杀新兴的物权，阻碍市场经济的发展。因此，物权法奉行物权法定原则，同时，也应当实行物权法定的缓和"②。

第四，就立法技术层面而言，今后物权配套立法和物权司法所应考虑的问题不仅在于认识习惯物权的重要性，而且应该从可操作性的角度来处理好物权法定原则与习惯物权的矛盾冲突。

（1）通过单行立法的形式，逐步将一些适用范围广、公众认可度较高的习惯物权类型增加为法定物权类型。这一思路的依据在于，《物权法》虽然规定了物权法定，但并未将"法定"之"法"限定为《物权法》本身，这可作为条文扩大解释的一个途径。

（2）在司法审判中，对于习惯物权所涉及的法律关系如确实未能认定为物权法律关系，则在将其转化为债权关系处理的过程中，可考虑尽量参照物权的特殊效力对债权关系进行调整（可用"债权物权化"或"物权债权化"立法与司法思路和技术），例如适当赋予一定的权利优先性，或者在执行中建立一种针对习惯物权（转化后为债权）的优先执行程序，等等。此途径的目的是通过司法的反复实践，逐步促使一些习惯物权的效力特征在司法中得到"识记"和确认，最终争取为立法所认可，成为法定物权。这在其他国家也有一些先例。如让与担保问题，日本、德国等国经过理论界长期的争论以及司法的反复实践，最后在判例中明确承认了这种"法定"物权之外的新型担保物权种类。③

（3）利用司法解释的渠道。例如在《物权法》出台之前，我国就存在许多关于典权的

---

① 崔建远：《物权法定主义及物权种类》，载《人民法院报》2005年7月20日。
② 杨立新：《物权法定缓和：价值不可低估》，载《中国民商法律网》"民事法学——学者论坛"栏目。
③ 参见李东辉《所有权保留制度研究》，载《民商法论丛》第18卷，金桥文化出版有限公司2001年版，第75页。

司法解释，它们对典权的物权效力问题做出了间接规定①。由于司法解释在近年来的法律实践中已具备相当高的效力级别，且在司法审判中早已成为引用率较高的法律依据，因而通过司法解释的灵活性来解决习惯物权问题，也应是一种可行之策。

（4）由地方法院依照本地风俗习惯制定相应的司法指导意见，试行成功后再纳入更高层次的立法。在这方面，可借鉴江苏省的实验性做法。江苏省泰州市中级人民法院曾专门制定过《关于民事审判运用善良习俗的若干意见（试行）》，姜堰市人民法院也曾制定过《关于将善良风俗习惯引入民事审判工作的指导意见（试行）》，这些指导意见在司法实践中都发挥了良好作用。②

（5）更远一步的考虑，民商事立法应该从系统性的角度重新审视其与社会习惯的关系，并在此基础上选择合理的立法技术。一般而言，习惯获得法律效力（习惯法）主要有两种途径，一是将习惯内容直接吸收为法律条文的实体内容，二是把法律作为类似于冲突法形式的制度对习惯适用进行指引。前文列举的我国现有的一些立法例主要是采取后者的模式。其实单就前者而言，该立法模式在技术上并非无法操作。在20世纪前期，南京国民政府司法行政部就曾对当时各地带有普适性、典型性的民事习惯进行了调查整理，并汇编成册。③ 我们认为，通过立法机关汇编民事习惯并赋予其法律效力的立法模式对于解决习惯物权的效力问题具有重要的参考价值———一方面与现行的物权法定原则不相违背，另一方面又能正面回应社会生活中广泛存在的习惯物权问题。

五、总结和延伸

本节遵循"小题大做"的思路，结合相关法律条文、实践案例以及调查访谈资料，从制度研究、案例研究和比较法研究的角度对物权法领域的"习惯"问题进行了详细分析。应该强调的是，物权习惯和习惯物权尽管在内容、性质、特征等方面都存在本质区别，但是两者作为一种内生制度，都是社会大众经过长期的历史践行而逐渐形成的关于主体直接支配特定物并排他性地享受其利益的惯常做法，其本身蕴涵了人们在社会交往中得来的实践理

---

① 这些司法解释包括：《最高人民法院关于处理房屋典当期满后逾期十年未赎，出典人及其继承人下落不明的案件的批复》（1962年9月28日）、《最高人民法院关于姜兴基与阎进才房屋典当回赎案的批复》（1963年6月11日）、《最高人民法院关于雷龙江与雷济川房屋典当关系应予承认的批复》（1979年11月5日）、《最高人民法院关于对房屋典当回赎案的批复》（1980年12月2日）、《最高人民法院关于地主家庭出身的能否回赎土改前典当给劳动人民的房屋的请示的复函》（1981年6月22日）（该复函提及1951年11月9日中央人民政府司法部司一通字1057号《关于典当处理问题的批复》第2项规定："一般的农村典当关系，今天仍应准其存在……"）《最高人民法院关于房屋典当回赎问题的批复》（1984年12月2日）、《最高人民法院关于适用〈关于贯彻执行民事政策法律若干问题的意见〉第58条的批复》（1984年12月3日）、《最高人民法院关于执行〈民事政策法律若干问题的意见〉中的几个问题的函》（1985年2月24日）、《最高人民法院关于典当房屋在"文革"期间未能按期回赎，应作时效中止处理的批复》（1986年4月11日）、《最高人民法院关于典当房屋回赎中几个有关问题的批复》（1986年5月27日）、《最高人民法院关于典当房屋回赎期限计算问题的批复》（1986年5月27日）、《关于处理私房社会主义改造中房屋典当回赎案件中的两个问题的批复》（1988年9月8日）、《关于典当房屋被视为绝卖以后确认产权程序问题的批复》（1989年7月24日）、《最高人民法院关于黄金珠等与张顺芬房屋典当回赎纠纷一案的函》（1989年10月17日）、《最高人民法院关于公私合营中典权入股的房屋应如何处理问题的函》（1990年4月9日）、《最高人民法院关于罗超华与王辉明房屋典当纠纷案的函》（1991年7月9日）、《最高人民法院关于金德辉诉佳木斯市永恒典当商行房屋典当案件应如何处理问题的复函》（1992年3月16日）、《最高人民法院关于谢元福、王琪与黄长明房屋典当纠纷一案适用法律政策问题的复函》（1992年6月5日）、《最高人民法院关于郑松宽与郑道濂、吴惠芳等房屋典当卖断纠纷案如何处理的复函》（1992年9月14日）、《最高人民法院关于吴连胜等诉烟台市房地产管理局房屋典当回赎一案如何处理的复函》（1993年2月16日），等等。
② 参见蒋飞、陈益群《民俗习惯司法运用的理论和实践》，载《人民法院报》2007年9月4日第6版。
③ 参见前南京国民政府司法行政部编《民事习惯调查报告录》，胡旭晟等点校，中国政法大学出版社2000年版。

性，是社会大众在生活或者交易中践行的利益选择和公平衡量机制。

与国家正式法律确定的物权制度相比，无论是物权习惯还是习惯物权，都具有灵活性和开放性，同时也因其强调当事人意思自治而具有先天的自治特性，它的产生到履行以及制裁约束机制都包含着对当事人意思自治的尊重。因而，强调物权法中的习惯因素，即强调物权概念体系应适应财产权客体的丰富性和多元化的趋势，不因物权法定原则的过于僵化而扼杀新型物权的产生和发展，这无疑有利于保持物权概念的开放性和自治性。

第四节 法律与社会网络在契约执行中的互动关系[①]

雷丁认为，在亚洲特别是中国，个人之间的关系网络构成了社会和商业活动的基础。在中国传统的乡土社会中，尽管没有法律的干预，社会仍然能保持稳定的交易秩序，不仅是买卖关系，诸如借贷、租佃、租赁等，总是在乡土社会的关系网络中发生，这些关系靠人情维系，而"面子"在其中可以最大限度地发挥效力。美国学者汉密尔顿也从中西方社会文化背景出发，提出华人经济交往逻辑与西方经济交往逻辑的最大差异在于，西方是依靠正式契约来组合和调节的，而华人是依靠私人关系来组合和调节的，关系主义是华人企业组织的基本逻辑。然而，随着中国的经济转型和社会变迁，原有的乡土社会结构正在发生变化，市场的交易范围在不断扩大，市场经济的发展对法律秩序产生了内在的强烈需求。此时，法律和社会网络作为两种不同的交易合作机制和社会秩序系统又会产生怎样的争斗态势和互动关系？它们对中国转轨经济中的交易合作、契约执行又会带来怎样的影响？本节试图从法律经济学的研究视角，通过探讨法律与社会网络在契约执行层面的互动关系，来对上述疑问予以解答。

一、法律与社会网络的互动关系类型

从制度构造来看，法律是影响个体经济行为决策的典型的正式制度因素，社会网络是影响个体行为决策的典型的非正式制度因素，两者以完全不同的行为约束机制促进着人们之间的交易和合作。社会网络（social networks）是新经济社会学的一个重要概念，而作为一种分析方法，其现已超越了社会学的研究范畴而向各个社会科学领域延伸。经济社会学家认为，整个社会就是由一个相互交错或平行的网络所构成的大系统，社会网络的结构及其对社会行为的影响模式成为社会网络的研究重点。如果说人们对社会网络这一洋名词还有少许陌生的话，那么对社会网络在中国的对应版本"关系"，人们就会再熟悉不过了。关系一般被认为是基于互利互益之上的社会关系，它通过一种互惠的义务约束交易双方通过不断的合作和相互提供帮助来获取资源。[②] 在中国，关系是一门精心计算的学问，甚至在某种程度上被认为是一种"不成文"的规矩，它在中国社会中广泛存在，构成人们日常生活中必不可少的部分，无数的关系网络成为当今中国社会一个重要的秩序要素。

作为制度系统的两个重要构成部分，法律和社会网络之间又会存在怎样的互动关系呢？下面我们将对法律和社会网络之间的内在联系予以简要的剖析。

[①] 本节部分内容曾以论文形式发表，具体出自周林彬、何朝丹《法律与社会网络在契约执行中的互动关系》，载《广东社会科学》2008年第5期。

[②] 参见 M. M. Yang, *Gifts, favors, banquets: Theart of social relationship in China*, Ithaca: NY'Cornel University Press, 1994.

1. 法律与社会网络的相互替代

Randall Peerenboom 认为，尽管私人秩序、关系网络等非正式规范对法律有一定的补充作用，而在各种社会经济环境下都会存在，例如，即便在美国，也并不是所有的商业纠纷都会诉诸法院，而是通过道德、社会信任、市场机制的自我执行发挥作用，但对于社会转型阶段而言，市场的不完善和制度的脆弱使得非正式制度和社会网络的替代作用更为明显。① 在转轨时期的特殊背景下，在新兴经济发展初期，市场经济的正式规则尚没有建立，社会制度结构呈现断裂的特征，制度断裂损害了交易个体间信任的制度基础，为了减少风险和不确定性，人们在交易过程中就尽量利用社会网络所提供的特殊信任关系在经济交易中发挥作用，社会网络降低了人们的合作交易成本，维系着法律缺失下的交易秩序。Tom Ginsburg 提出，在中国的弱法律保护下，解决信任问题和促成交易更多的是通过嵌入社会关系网络的经济活动来实现的，而并非依赖于正式的法律体制。② 然而，随着现代市场经济的发展，在工业化、城市化的进程中，由于人口的流动迁徙，依靠血缘和地缘关系的熟人社会交往规则受到瓦解和冲击，传统的乡土经济中的人格化的交易不具有交易扩展的潜能，不能成为一般的社会关系准则，经济的发展就越加需要正式的法律机制作为秩序的主导和替代。

2. 法律与社会网络的内在互补

在繁杂的社会经济生活事务中，法律是一项重要和基础的秩序系统，但并不是唯一的，作为非正式制度的社会网络，在社会生活的各个方面填补法律机制缺失的空白。法律和社会网络作为两个并行不悖的调节系统，好似处于两极的"阴""阳"，有着各自的支配领域。缺乏社会网络的润滑剂作用，法律秩序就像一个死板、僵硬的机器，只能步履蹒跚地运行；而缺乏法律的正义和公平保障，社会网络秩序就只能上演一幕幕混乱、寻租、腐败、特权、谄媚的"浮世绘"。在人们的日常生活和社会交往中，非正式制度的社会网络机制和私人秩序有可能比正式法律制度的公共秩序对人们的行为有更大范围的实际约束作用，而法律机制也只是在非正式机制在对市场运行调节产生故障或问题时才予以维系、支撑和补救。

3. 法律与社会网络的内在冲突

社会网络虽然在缺乏正式制度稳固保障的交易环境中充当一种机制替代，但它却有着自身发展的局限性，它往往会给社会的经济发展带来各种损失和低效率。在市场经济转轨过程中，社会网络削弱了法律实施的基础和作用，侵蚀着法治秩序的基石。市场经济是一个开放、平等、竞争的商品经济，而关系网络则以关系远近、身份亲疏为界施以不同的交易规则，形成的是一个封闭、特权、垄断的关系经济；市场经济是一个强调秩序、公平的法制经济，而在关系网络中，人情代替了法律，面子掩盖了规则，公平和正义的天平向关系倾斜。Edwards 和 Lawrence 指出，关系网络会造成对政治、经济权力滥用的倾向，增加腐败，破坏开放的市场经济发展。③ 而在中国，长期以来的历史文化浸染，已经使关系网络成为中国社会构造的重要组成部分，成为社会的一个内在基础，关系网络持久、广泛的影响力的积重难返不仅压缩和排挤着正式法律制度的生存空间，而且其与法律秩序的内在不相容还会造成法律在实施中的规避、扭曲使社会秩序陷入低效率的"锁定"状态。

---

① 参见 Randall Peerenboom, "Social Networks, Rule of Law and Economic Growth in China: The Elusive Pursuit of the Right Combination of Private and Public Ordering", *Global Economic Review*, 2002, 31 (2), pp. 1 – 19。

② 参见 Tom Ginsburg, Review, "Does Law Matter for Economic Development? Evidence From East Asia", *Law & Society Review*, 2000, 34 (3), pp. 829 – 856。

③ 参见 V. Edwards, P. Lawrence, *Management in Eastern Europe*, New York: Palgrave, 2000。

二、法律与社会网络在契约执行中的替代：关系型商业模式的盛行

在中国，人们认为一件事情的成功取决于三个条件，即天时、地利、人和。而在这三个成功要素中，天时不如地利，地利不如人和，人和是至为重要的。这就是为什么说中国企业与西方企业在商业实践中最大的区别就是对于"关系"的重视，中国企业认为关系是商业成功的关键，只要能成功地建立了关系，生意自然接踵而来。中国商人还通常把做生意看作和人打交道的过程，因而有"七分人情，三分生意"之说。因而，研究者一般认为中国的生意法则和经营哲学是一种典型的"关系型商业模式"，各种实证研究也表明中国的企业管理者更加重视关系的作用，更加依赖关系网来开展成功的商业活动，并在关系的建立和保持上投入更多的时间和精力。特别是在相对脆弱的法律制度和充满不确定的商业环境下，关系是企业成功地寻找、发展合作伙伴的重要机制。①

"关系"在中国甚至被置于商业活动的基础和核心的地位，企业常常依靠关系来获得资源以求得生存和发展，因而在商业实践中表现出极为浓厚的关系特点。例如，企业家创业时对行业的选择和进入，就倾向于进入自己有广泛社会关系网络的行业。企业家谈生意、求合作时，如果自己的社会网络触角能延伸搭得上边的话，就先找中间人进行引荐，让对方感觉自己是自家人，相对可靠放心；如果确实是陌生人，就通过吃喝宴请、寻找共同点等各种方式把"生人变成熟人"，然后谋求生意上的合作。企业在合约的确立和履行中，对承诺的信守靠的不是白纸黑字的契约约束力而凭的是一个"信"字，是对商业伙伴较高的个人尊重，面子和声誉成了重要的履约机制；企业在商业关系的维持中，往往认为商业利益如果不掺入感情因素，则建立的关系必然不能长久，因而在建立商业利益的同时也极为重视感情的投资；企业家在日常经营、管理之余，经常要花费大量的时间和精力用于应酬和社交活动，来扩展自己的社会网络、结交和进入各种圈子，如目前的EMBA热，大量民营企业家之所以积极参与，所看重的并不是能学到多少知识，而是认为花几十万进入这样一个圈子是值得的。

为什么中国会形成典型的关系型商业模式呢？一方面是因为中国传统文化中对宗族、乡土、人情、关系的看重，几千年的文化基因在无形中塑造和影响着人们的行为模式乃至经商模式。例如，中国的海外华商就是自发地依靠宗族和乡土关系的牵引而发展起来的。对于那些侨居海外的华人，当他们初到国外，没有什么近亲可投靠时，他们往往寻找同乡来解决吃住甚至工作问题。他们按照不同的籍贯区域成群地聚集在一起，逐渐形成了以方言和地域为主体的群体，并结成商帮，如广东帮、潮州帮、福建帮、客家帮、晋帮、徽帮、宁波帮等。另一方面，在中国转型经济的脆弱法律制度环境下，各种法律制度尚不健全，全社会范围内的制度信任尚未建立，人们对法律的执行效力和司法的公正判决仍缺乏足够的信心。面对这样一个不确定性和商业风险较高的外界环境，关系网络不仅能使企业获得关键性的资源和信息，更能保障契约的执行，降低商业交往中的交易成本，企业自然会更多地将交易建立在个人的信任和关系基础之上。许多实证研究也同样表明，在法律制度脆弱的地区和国家，关系的作用就会更加凸显。如 Standifird 和 Marshall 从交易成本的视角分析了以关系为基础的商业活动，认为关系交易相对于传统西方交易模式具有更强的交易成本优势，可以被视为在脆

---

① 参见 K. R. Xin, J. L. Pearce, "Guanxi: Connections as Substitutes for Formal Institutional Support", *The Academy of Management Journal*, 1996, 39 (6).

弱环境下对契约法的制度替代。① McMillan 和 Woodruff 研究发现，在转型经济中，关系契约是相当重要的，当法律执行机制较差时，人们就会对非正式的关系契约有更多的依赖。②

由于关系契约适用范围的有限性和社会网络人格信任的封闭性，它与开放的市场经济发展要求并不内在相容，因而需要用普遍的制度信任的法律执行机制予以替代。市场经济本身就是一种非人格化交易的契约经济，以法律作为契约执行的保障是市场经济良好运行的制度基础。在中国的经济转轨过程中，随着法律制度的发展完善，一些以关系为基础的社会结构条件将会逐渐消失，关系的重要性将会逐渐下降。但我们需要注意的是，关系并不会不再重要，关系作为一种根深蒂固的文化传统在未来仍然会长期存在。Chow 和 Ng 的研究就表明，在香港这样一个更加现代和法治化的社会中，仍然到处有着关系的踪影，只是与传统的儒家文化相比，家族亲缘关系的影响力逐渐弱化。③

三、法律与社会网络在契约执行中的互补：契约执行的相互促进

尽管随着交易范围的扩大、市场经济的转型，法律保障的正式契约有取代关系契约主导地位的趋势，但这并不意味着两者就是针锋相对、互不相容的，在实践中，两者还存在着相互依存、相互促进的互动态势。Galanter 曾提出，即便在有效的法律制度和成熟的市场经济国家中，契约的执行也并不是全部通过法院，而在很大程度上还依赖于企业之间的相互关系。④ 而在中国的转型经济中，尽管关系网络在契约执行中发挥着至关重要的作用，但学者们发现企业对正式法律契约的运用比例也非常之高。Whiting 在其对中国企业的调查研究中发现，企业与供应商之间采用书面契约的比例占到了 90.5%，与销售客户之间采用书面契约的占到了 98.6%。那么，为什么在一个经济体中，正式契约和关系契约会被同时大量运用，企业为什么既要依赖于关系契约又同时迫切需要法律对契约的执行？关系契约和法律保障的正式契约存在着怎样的一种互补、促进关系？

首先，法律契约和关系契约在商业合作的交易成本、信息获取和进入壁垒方面存在着优势互补的关系。法律的运行并不是毫无成本的，当契约执行的争议通过法院解决时，它会产生诉讼成本、律师服务成本、证据保全成本、申请执行成本等一系列法律执行成本，而且诉讼过程烦琐、周期冗长，这对于那些小额交易纠纷来说，往往是得不偿失的。因此，企业会针对不同重要程度、标的额度和合作类型的交易事项来选择不同的契约执行机制。此外，关系契约相对于法律执行的优势在于参与人往往比第三方了解更多的信息，对于法院而言，契约执行中的一些信息经常是事后无法观察也难以证实的，由此而造成的结果是法院对赔偿金额的认定往往不能足够弥补守约方的损失并对违约方形成足够的威慑。另外，关系契约的一个重要局限就是它会使企业限于巩固已有的关系而不是与新的交易方开展合作，从而增加了进入的壁垒，而法律的执行则能够有效降低这种进入壁垒。Johnson、McMillan 和 Woodruff 考察了俄罗斯、乌克兰、波兰、斯洛伐克等转轨国家企业之间的关系契约，他们发现法院对

---

① 参见 R. Scott Marshall, Stephen S Standifird. "The transaction cost advantage of guanxi-based business practices", *Journal of World Business*, 2000, 35 (1), pp. 21–43。

② 参见 McMillan, John, Christopher Woodruff, "The Central Role of Entrepreneurs in Transitional Economics", *Journal of Economic Perspectives*, 2002, 16 (3), pp. 153–170。

③ 参见 Irene Hau-Siu Chow, Ignace Ng, "The Characteristics of Chinese Personal Ties (Guanxi): Evidence from Hong Kong", *Organization Studies*, 2004. 25, p. 1075。

④ 参见 Marc Galanter, "Justice in Many Rooms: Courts, Private Ordering, and Indigenous Law", *Journal of Legal Pluralism*, 1981, 19, pp. 1–47。

于提升客户关系的信用水平有着显著的作用,法院并不影响已建立的关系,而是鼓励企业发展新的商业关系,即便是执行力较弱的法院,对于鼓励进入和创新也有积极的正面效果,法律执行通过培育建立新的商业关系而改善了市场的运行效率。[1]

其次,正式契约和关系契约不仅作为两种不同的治理结构分别适用于不同的交易类型,而且在复杂的商业交往中,两种机制的共同使用和相互补充能更好地促进契约的履行。一方面,法律正式契约的实施并不必然会阻碍或取代关系契约,实际上还会促进更多值得信任的长期合作交易关系的建立,因为法律的强制保障缩减了交易的风险范围,特别是与陌生人之间的交易风险,因而会鼓励人们开展和建立新合作与信任。另一方面,交易双方已有的合作信任关系会降低之后的法律契约的谈判、签订、监督、履约成本,从而进一步支持更多的后续合作。Poppo 和 Zenger 通过实证研究证明了关系治理与正式契约之间的互补关系。他们发现,在复杂的、风险很大的交易关系中,正式和非正式措施一起采取会比只采取一种产生更好的交易绩效。[2]

再者,从增强行为人的履约激励来看,法律契约和关系契约构成了外部压力和内在动力的相互配合机制。人们之所以要通过各种机制来保障契约的履行,是因为经济个体追逐自利的本性会产生机会主义的背叛行为,法律规则就承担着对机会主义行为实施可置信惩罚的威慑作用。但是,制裁、惩戒这种外在压力机制并非对抗机会主义的万能良药,因为人的本性中除了机会主义外,还有值得信赖的一面。嵌入社会网络之中的个体,除了有趋利避害的"经济人"本能外,同样受归属感、认同感、荣誉感等精神动力的左右,他渴望着社会交往中的信任与互惠。因此,法律对机会主义的惩罚只能对人们的行为抉择构成一种外在约束,而无法形成自愿、深厚的内在动力。Ribstein 认为法律强制性规则的运用甚至会削弱人们创造信任的动力,它会对人们自愿合作中的信任产生一种"挤出效应",人们是以何种动机进行自愿合作被模糊化了,信任感也随之冲淡。[3] 因此,基于互惠、个人关系和社会资本基础上的信任可以为契约的执行提供重要的辅助和支撑。

在中国的转轨经济中,由于正式的法律制度尚不健全,因而我们更要特别重视社会网络在维持人们交易合作中所发挥的重要作用,寻求一种不同机制互替、互补的多元混合社会控制秩序。例如,现实中私力救济的大量兴起,一方面是因为受到关系文化下"以和为贵"的心理偏好的影响,另一方面是因为私力救济相对于公力救济而言具有交易成本节约的优势,刺激了当事人对私力救济的需求。[4] 另外,目前日益受到人们青睐的非诉讼解决方式 ADR(Alternative Dispute Resolution),即通过妥协而非对抗的解决方式来更好地维系长期的商业交往和人际关系。对于转轨时期的中国而言,法治秩序的建立是一个循序渐进的过程,单纯依靠司法诉讼资源必然难以应对纷繁复杂的各种社会纠纷,只有充分利用我们已有的本土资源,寻求法律与社会网络纠纷解决的良性互补,才能真正实现公平与和谐的平衡。

四、法律与社会网络在契约执行中的冲突:从商业贿赂看关系的社会成本

由于法律制度环境的脆弱和社会网络影响力的强大,中国的商业经营模式具有典型的关

---

[1] 参见 J. Simon, M. M. John, W. Christopher, "Courts and Relational Contracts", *Journal of Law Economics & Organization*, 2002, 57, pp. 221–277。

[2] 参见 L. Poppo, T. Zenger, "Do formal contracts and relational governance function as substitutes or complements?", *Strategic Management Journal*, 2002, 23 (8), pp. 707–725。

[3] 参见 Larry E. Ribstein, "Law v. Trust", *Boston University Law Review*, 2001, 81. p. 553。

[4] 关于私力救济的法律经济学分析可参见周林彬《法律经济学:中国的理论与实践》,北京大学出版社 2008 年版。

系型导向,然而,建立在关系基础上的商业成功是一种以牺牲社会利益为代价的个人成功,在个体受益的同时却使社会蒙受了巨大的损失。以关系为导向的商业文化一直以来在商业伦理上备受质疑,虽然关系并不等同于腐败、贿赂,关系的真正本义原是亲友之间的守望相助,包含的是义理、互惠和信任,但在市场经济的转型阶段,在金钱、利益、欲望的冲击之下,情感型的人际关系逐渐让位于利益型和工具型的人际关系,关系和人情也就成了利益和交易的砝码。可以说,关系就像一把双刃剑,它在充当商业交易"润滑剂"的同时,也在滋生和蔓延着损害平等、竞争市场秩序的"毒瘤"。

商业贿赂就是关系型商业模式所衍生的一项恶果,由于缺乏健全的市场经济规则体系,再加上商业运营中对关系网络的过度依赖,造成商业贿赂深入各行各业,可谓无孔不入。根据中央治理商业贿赂领导小组办公室的统计,2005年8月至2007年8月,全国共查结商业贿赂案件31 119件,涉案总金额70.79亿元。[1] 此外,2006年10月"透明国际"组织发布了全球行贿指数排名,对全球30个经济体的商人境外行贿情况做了披露。中国排在30个经济体中的第29位,仅次于印度,居倒数第二。[2]

为什么商业贿赂会在关系型商业社会中泛滥?在中国的转轨经济阶段,商业贿赂又具有什么样的特点呢?如果说通过商业贿赂来开拓市场,中外企业都概莫能外的话,中国的商业贿赂却有其特点,那就是人情与贿赂相融,关系与腐败相通。西方人行贿通常不用红包,常见方式是向指定账户打款或支付现钞,然后受贿者做该做的事情,彼此遵循生意法则,先付定金,事毕付讫,主要表现为一种经济交易。而在中国,即使进行贿赂,大家也不会这么"冷漠"交易,不懂做人,而是竭力把贿赂包装进朋友之间的人情往来之中。平时多以朋友名义加强交往,年节人情则必不可少,不断的小贿赂无处不在,行贿者总是将其扮作人情往来,受贿者自然坦然受之,双方不做现收现报,也不以明细结算,看似不求回报,实则心知肚明。而另一方面,受贿者也并非谁的钱都收,就像一个自曝内幕者所言:"回扣绝不是简单的送与收的问题,如果关系不到位,对方信不过你,你有再多的钱也送不出去!"收受双方在关系和人情中交易,寻求的是长期的结盟与合作,以加强隐蔽性和提高交易安全。一旦东窗事发,受贿者也往往会拿"人情"说事,矢口否认自己进行的是权钱交易,把别人送钱送礼辩解成自己"人缘关系好",受贿得来的款物都是"人情往来",自己"收钱时并没有打算给他人谋私利"。这种基于人情运作而建立起来的关系网,会使腐败、贿赂行为具有一种天然的蒙蔽性和迷惑性,它容易使公共关系中的行贿和受贿被"温情脉脉"的人情外衣所遮蔽,从而为腐败行为的"合理化"大开方便之门。此外,由于转轨阶段对权力约束、监督的法律制度并不健全,形成了权力的异化和公权私用,出现了所谓的"国家权力部门化、部门权力个人化、个人权力商品化"的现象,权力的可交易性更加剧了商业贿赂的盛行。

建立在人情、关系网络上的商业腐败不仅扰乱了公平竞争的市场秩序,更发出了错误的市场信号,企业不再致力于提高产品质量、进行产品创新,而是忙于拉关系、走后门、攀人情,商业贿赂便愈演愈烈,从而成为商业社会的一种常态和"潜规则"。而这种普遍性的商业贿赂一方面使社会公共利益严重受损,产生了巨额的社会成本。根据国际透明组织的

---

[1] 参见《全国查结商业贿赂案件三万多件涉案七十多亿元》,载《法制日报》2007年9月30日(http://news.cnfol.com/070930/101,1277,3395077,00.shtml)。

[2] 参见《透明国际发布全球行贿指数排名 中国位列第29位》,载《环球》2006年10月24日(http://news.sohu.com/20061024/n245976713.shtml)。

《2001年全球腐败报告》中的统计，中国每年大约将近20％的公共项目支出渗漏私人手中，中国经济的腐败总成本大约占GDP总量的13％～16％。另一方面，对于企业本身而言也是负担沉重、"欲罢不能"，由于竞争者众，贿赂的砝码自然水涨船高，商业贿赂原本能带来的成本节约和额外收益的空间也被大大压缩，企业好不容易跨越的关系门槛又不能弃之不顾，只好勉强维系。香港廉政公署在1993年的一项调查中发现，在中国做生意的关系支出约占经商总成本的5％，高达每年40亿美元。可见，要建立法治、公平、竞争的市场交易秩序，就必须打破支撑商业腐败的关系网络和潜规则，警惕和消除社会网络的负面影响，通过完善法律规则、加强法律执行来建立长效的治理机制，为经济秩序和交易规则的转型创造良好的环境和条件。

五、结论

从对契约执行中的法律与社会网络互动关系的分析我们可以看到，中国的经济转轨过程中有一个特殊的社会制度背景，那就是法律的孱弱和社会网络的强大，特别是受中国数千年关系本位文化的影响，对关系的重视已经渗透每个中国人的骨髓。在转轨初期，当制度结构出现断裂和空白的时候，社会网络充当制度替代在维持经济的增长和社会秩序的运转。然而，随着市场经济的深化和交易范围的不断扩大，原有的社会网络封闭性弊端日趋明显，已难以适应开放的市场经济的内在需求。因此，要建立规范、健康的法治市场经济秩序就必须努力消减法律与社会网络之间的对立冲突，以实现两者的良性互补。

第五节　民间规范、地方立法与社会治理效率[①]

一、文献综述与理论基础

改革开放以来，中国经济持续高速增长的一个重要原因，是中央政府通过向地方政府下放经济社会管理方面的事权、财政权及相关的地方立法权，充分调动了地方政府通过创新改革政策、创新地方立法来发展地方经济的积极性。此原因被国内外学界归纳为在法治不完备条件下法律与经济增长的"中国经验"（"北京共识"）。党的十八届四中全会发布的《中共中央关于全面推进依法治国若干重大问题的决定》强调，要"推进多层次多领域依法治理，提高社会治理法治化管理水平"，尤其应"发挥市民公约、乡规民约、行业规章、团体章程等社会规范在社会治理中的积极作用"。因此，在新的形势下如何协调民间规范与地方立法权的作用功能，合理划分两者的权力界限，减少两者的冲突，促使两者相辅相成，共同促进地方经济社会发展，是当代中国法律经济学理论在实践中亟待解决的一个重大问题。国内外学界对此问题研究的文献主要集中在以下方面。

（一）对社会治理的研究

（1）社会治理内涵的研究。"治理"（governance）的概念最早产生于1989年，世界银行讨论非洲发展时首次使用"治理危机"的概念，随后，"社会治理"（social governance）、

[①] 本节部分内容曾以论文形式发表，具体出自李胜兰、黎天元、黄晓光《民间规范、地方立法与社会治理效率》，载《社会科学战线》2018年第1期。

"地方治理"（local governance）、"全球治理"（global governance）等概念相继产生，但学界对"社会治理"始终没有统一的界定。国内学者对社会治理从不同学科提出了不同的界定和学说。有学者从政治学视角提出"政治动员论"的解释：社会治理体现在由精英领导的政治动员之中。① 还有张康之从哲学视角提出"实用主义治理观"的解释：实用主义治理观直接来源于与经济计划相关的国家干预主义和崇尚市场经济的新自由主义之间的讨论，其出现的标志是公共部门和私人部门行为体之间的经验主义合作。②

（2）社会治理内容的研究。学界还对社会治理的内容展开了广泛的讨论，主要包括横向和纵向两个维度的研究。从横向维度看，格里·斯托克认为社会治理包括政府治理与社会自治。③ 中国学者强调了政府治理职能的发挥。从纵向维度看，社会治理包括顶层设计与底层设计。④ 张文显主张"不仅要搞好国家法治，还要搞好地方法治、行业法治，促进国家法治、地方法治、行业法治协调发展"⑤。

（3）社会治理模式的研究。学界归纳出三种主要模式。第一，周本顺认为的国家主导模式。该模式主要主张政府在社会治理体系中发挥核心作用，强调社会发展的进程应处于国家主导掌控之中，推进多层次多领域依法治理的内容重点是"建立一种党政本位的社会管理体制"。⑥ 第二，马全中认为的社会自治模式。该模式主张政府从社会领域中退出，还市民社会以自治的空间，同时，政府需要保护公民的基本权利，培养社会自治组织以实现社会自我治理和形成对国家的制衡。⑦ 第三，罗豪才、宋功德、杨慧认为的合作治理模式。该模式主张多元主体共同合作进行社会管理。从公法的角度来看，从国家管理模式拓展为公共管理模式，在管理理念、管理主体、管理导向、管理层次、管理方式等诸多方面都发生显著变化。⑧

（二）民间规范与地方立法内涵的研究

（1）民间规范基本内涵的研究。国外对民间规范的称谓因各国文化传统不同呈现多样态，如英美法系常用的概念有 social norms、customary law、gradual tightening of laws，等等。国内法学学者对"民间规范"的研究以 2000 年为界，大体可以分为两个阶段：前一阶段以梁治平的知识传统论、朱苏力的本土资源论等研究为代表。这一时期，研究使用的概念主要有习惯法、民间法、乡规民约等，⑨ 后一阶段以谢晖等行为规则说研究为代表，逐步有论文和著作专门涉及"民间规范"。⑩ 概括学者们的观点，"民间规范"的内涵是指，由社会组织或基层自治组织制定的，或者在长期民事生活或商事活动综合中自发形成的那些社会

---

① 参见张成福、李丹婷《公共利益与公共治理》，载《中国人民大学学报》2012 年第 2 期。
② 参见张康之《论政府的非管理化——关于"新公共管理"的趋势预测》，载《教学与研究》2000 年第 7 期。
③ 参见 G. Stoker, "The New Management of British Local Governance". Macmillan Education UK, 1999.
④ 参见张玉《论"尚公重私"的公私观在当代社会治理中的作用》，载《天津社会科学》2004 年第 6 期。
⑤ 参见张文显《法理：法理学的中心主题和法学的共同关注》，载《清华法学》2017 年第 4 期。
⑥ 参见周本顺《走中国特色社会管理创新之路》，载《传承》2011 年第 6 期。
⑦ 参见马全中《社会管理创新的三种战略——从社会自治，国家主导到合作治理》，载《中国劳动关系学院学报》2013 年第 3 期。
⑧ 参见罗豪才、宋功德《公域之治的转型——对公共治理与公法互动关系的一种透视》，载《中国法学》，2005 年第 5 期；杨慧：《统治·管理·治理：公共行政核心理念的变迁》，载《云南行政学院学报》2003 年第 2 期。
⑨ 参见梁治平《习惯法、社会与国家》，载《读书》1996 年第 9 期。
⑩ 参见谢晖《当代中国的乡民社会、乡规民约及其遭遇》，载《东岳论丛》2004 年第 4 期；谢晖《民间规范与习惯权利》，载《现代法学》2005 年第 2 期；谢晖《论民间规则与司法能动》，载《学习与探索》2010 年第 5 期。

规范。

（2）地方立法基本内涵的研究。根据《立法法》的规定，学界对我国地方立法的内涵理解基本一致，"所谓地方立法，指由宪法、地方组织法、民族区域自治法、特别行政区基本法确定的，或有关法律、法规授权，或有权机关委托或授权的省、自治地方、直辖市、省级政府所在地的市和经国务院批准的较大市的国家权力机关和政府及特别行政区立法机关，制定、认可、修改、补充和废止包括地方性法规、地方政府规章、自治条例、单行条例、特别行政区的法律，以及被授权主体制定的效力及于一定地方行政区域的规范性法律文件的活动"。桂宇石、柴瑶认为地方立法对推进社会治理法治化具有举足轻重的作用，尽管其内涵清晰，但对于地方与中央的界限、自治与统一的界限仍然存在争议。[①] 程庆栋特别研究了地方内部不同层级立法权力的划分，论述了省与其下设区的市之间的立法权划分所应遵循的原则和思路。[②] 马得华研究了中国的"反多数难题"，即最高人民法院司法审查与地方立法权之间的冲突，并指出了地方立法权的扩大加剧了这种冲突的可能。[③] 张淑芳研究了地方立法客体的各项选择条件，认为地方立法客体应当是中央立法留有空隙而属于次级性的事务、行政性的事务、区域性的事务、具体性的事务、实施性的事务。[④] 李少文研究了中国地方立法扩张在当前阶段的合宪性问题。地方立法对推进社会治理法治化，具有举足轻重的作用。尽管其内涵清晰，但对于地方与中央的界限、自治与统一的界限仍然存在争议。[⑤] 如葛洪义提出法治的确与分权有关，但是，分权不仅仅是横向上的，也是纵向上的。[⑥] 张殿军则提出："自治权是一个复杂的系统工程，立法自治权、行政自治权的设置应考虑自治地方行使自治权的能力、水平以及与自治权相关的其他制度因素，增强自治权的实效。"[⑦]

（三）民间规范与地方立法的相互关系研究

（1）认为民间规范与地方立法之间存在相互替代关系。埃里克·A. 波斯纳、梁治平、顾建光认为，民间规范是在正式法律缺位状况下的必要替代品，在各种社会经济环境下都会存在。[⑧] Tom Ginsburg（2000）提出，在中国弱法律保护下，解决信任问题和促成交易更多的是通过嵌入民间规范的经济活动中来实现的，而并非依赖于正式的法律体制。[⑨]

（2）认为民间规范与地方立法之间存在互补关系。谢晖以及贾焕银研究了民间规范在正式法律以及司法审判过程中的地位、作用及其局限性，强调了在一定条件下民间规范对正式法律体系的补充和促进作用。作者还认为，民间法弥补了国家法调整范围和运行机制的不足，可以作为国家司法裁判的补充性资源，并提出国家法对民间法进行整合、吸收，进而转

---

① 参见桂宇石、柴瑶《关于我国地方立法的几个问题》，载《法学评论》2004 年第 5 期。
② 参见程庆栋《论设区的市的立法权：权限范围与权力行使》，载《政治与法律》2015 年第 8 期。
③ 参见马得华《"反多数难题"在中国：法院有权审查地方性法规吗》，载《政治与法律》2016 年第 10 期。
④ 参见张淑芳《地方立法客体的选择条件及基本范畴研究》，载《法律科学（西北政法大学学报）》2015 年第 1 期。
⑤ 参见李少文《地方立法权扩张的合宪性与宪法发展》，载《华东政法大学学报》2016 年第 2 期。
⑥ 参见葛洪义《法治建设的中国道路——自地方法制视角的观察》，载《中国法学》2010 年第 2 期。
⑦ 张殿军：《民族自治地方自治权的功能、限度及价值取向》，载《学术界》2013 年第 9 期。
⑧ 参见埃里克·A. 波斯纳《法律与社会规范》，中国政法大学出版社 2004 年版；梁治平《习惯法、社会与国家》，载《读书》1996 年第 9 期；顾建光《现代公共管理学》，上海人民出版社 2007 年版。
⑨ 参见 Tom Ginsburg, "Does Law Matter for Economic Development? Evidence From East Asia", *Law & Society Review*, 2000, 34 (3), pp. 829–856.

化为国家法是民间法与国家法互动关系的最高层次。①

(四) 文献评述

目前学界研究的局限性主要有两方面。第一，现有探讨民间规范与地方立法的研究一般采取较为单一的视角，分别从"民间规范"或"地方立法"等微观层面进行探讨，少有将二者结合起来进行比较研究。第二，现有的文献多数是从社会学、法学以及政治学等学科视角出发，论述地方立法、民间规范对社会治理发挥的作用。而对社会治理中的地方立法与民间规范权力界定、作用机制的经济学分析仍比较欠缺。其中一个重要的原因在于，关于立法和自发的规则形成，经济学上仍缺乏有效的微观理论模型来对其进行刻画。针对已有研究的不足，本节通过构建博弈模型来分析民间规范与地方立法之间的互动关系。

本节将从以下方面进行论述：从交易成本理论的视角，定性地分析民间规范与地方立法的有效性，指出两者之间可能由于权利界定不清导致潜在效率缺失，为后面的数学建模提供基础；通过构建动态博弈模型来分析民间规范与地方立法之间的互动关系，并找出影响两者效率差异以及权限划分的关键因素；总结和提出相关建议。

二、民间规范、地方立法对社会治理有效性

民间规范与地方立法都属于制度范畴，制度最终是由一系列道德的、伦理的和行为的规范组成的规则，并制约着人们的行为。② 在制度分类中，民间规范属于非正式制度，而地方立法属于正式制度。从两种制度的形成来看，正式制度一般是由政府确认、创制和监督实施的，以国家强制力为保障；而非正式制度产生于民间个体互动，并被演进变化中的社会关系所强化的乡规民约。作为正式制度形成的基础和前提，非正式制度通过对正式制度的补充、拓展、修正、说明和支持，成为得到社会认可的行为规范和内心行为标准。合适、有效的制度安排必定是正式制度和非正式制度的有机统一。从两种制度发挥作用的途径来看，Leach 等人认为，正式制度通常以法律为支撑，由政府通过强制规则来实施，表现为外生实施规则；而非正式制度往往是由相互的协议、权力关系和权威来维持，表现为内生实施规则。③ 柯武刚、史漫飞认为两者的区分还与实施惩罚的方式有关，即与惩罚究竟是自发地还是有组织地发生有关，对违反正式制度的惩罚，由正式制度的制定者或代理者来执行，由国家或政府权力来保证；而非正式制度主要依靠社会舆论、道德约束、良心谴责和来自社会的不规则的"自发性强制"来保证执行。④

在地方治理中，民间规范与地方立法的权限界定和作用发挥都会影响到两种制度的交易成本付出，进一步会影响到两种制度作用的效率。

首先，民间规范和地方立法都具有提高地方治理效率的功能。第一，民间规范治理的经

---

① 参见谢晖《论民间规范司法适用的前提和场域》，载《法学论坛》2011年第3期；谢晖《论民间法与纠纷解决》，载《法律科学（西北政法大学学报）》2011年第6期；谢晖《论民间法结构于正式秩序的方式》，载《政法论坛》2016年第1期；贾焕银《规范建构框架中漏洞补充的路径取向与民间规范》，载《法律科学（西北政法大学学报）》2008年第1期；贾焕银《民间规范司法运用程序研究》，载《西南民族大学学报（人文社科版）》2015年第3期。

② 参见［美］道格拉斯·诺思《制度、制度变迁与经济绩效》，刘守英译，生活·读书·新知三联书店上海分店1994年版。

③ 参见 V. Lowndes, S. Leach, "Understanding Local Political Leadership: Constitutions, Contexts and Capabilities", Local Government Studies, 2004, 30, pp. 557–575。

④ 参见杜威漩《非正式制度对村民自治的负效应及创新》，载《广东外语外贸大学学报》2011年第3期。

济效率。Streeck、Schmitter 和 Hollingsworth 等经济学家将行业协会看作与市场、企业、国家、非正式网络并列的第五种制度机制，共同参与资本主义经济治理，并通过组织和（强制）成员间的合作行为、与其他协会组织订立集体性合约、变通或影响政府公共政策以及提供能够影响交易行为和效果的各类信息等方式发挥作用。① 国内学者认为，民间规范作为一种私序，是对正式法律体系的补充或局部替代，通过自发形成的自我约束机制，减少经济主体在行为过程中进行欺骗的激励，降低信息成本、交易成本、正式法律制度的运行成本，从而最终推动经济增长与社会经济的发展。② 第二，地方立法治理的经济效率。国内学者认为，地方立法通过界定产权，降低交易费用，从而提高经济效率。③ 国内学者虽然在地方立法的一致性和差异性上有分歧，但都认为必须对各地方立法实行协调性的约束，从而达到既充分利用地方独特优势，又能够协调各地方的经济，加强地方之间的经济、文化的交流，从而更好地促进地方经济发展。④ 因此，从理论上来总结，不论是民间规范还是地方立法，作为公共规则或制度，在其各自产生功能的范围内，都能够降低交易成本，约束人们的获租行为以及相应的获租投入，从而减少租值消散。⑤

其次，在民间规范和地方立法权限界定不清晰的情况下，民间规范与地方立法之间会产生冲突，此时，即使两者都具有提高经济效率的潜在能力，但冲突所导致的一系列协商成本，反而会导致经济效率的降低，增加租值的消散。一方面，虽然民间规范参与地方社会治理的范围不断拓展，但由于利益诉求日益多元、各类社会矛盾日益突出，加上法律意识和法制观念的缺失，特别是由于民间规范缺乏系统的法律引导与规范，因此民间规范在社会治理的多个方面显示出无序失范的违法倾向。一些无序失范的民间规范，甚至成为侵犯公民权利、妨碍基层民主、破坏市场竞争、扰乱行业秩序的"恶法"。典型的案例如 2014 年浙江省保险业行业协会曾出台严重限制行业竞争的行业规范，后来监管部门依据《反垄断法》对其进行高额罚款。另一方面，随着社会治理方面地方立法权的改革，一些地方立法未能正确理解民间规范的价值，未能妥善处理地方立法与民间规范的关系，限制或侵占了民间规范参与地方社会治理的"空间"，进而成为地方政府部门扩大部门权力与利益、妨碍市场机制运作、排挤行业自律管理、侵犯公民权利、妨碍基层民主的"制度障碍"。由此导致的结果是：民间规范在参与地方社会治理过程中"自治"空间显得不够充分；地方立法既不能为民间规范参与社会治理提供有效的规范和足够的平台，也不能有效通过民间规范完善地方立

---

① 参见 J. R. Hollingsworth, P. C. Schmitter, W. Streeck, "Capitalism, Sectors, Institutions, and Performance", *Governing Capitalist Economies: Performance and Control of Economic Sectors*, New York/Oxford: Oxford University Press, 1994, pp. 3–16。

② 参见陶金国《反倾销：地方行业协会的优势及功能》，载《国际贸易问题》2006 年第 2 期；杨慧宇、蒋超：《中小企业融资的行业协会模式：基于南京市下关区商会的实证研究》，载《新金融》2010 年第 10 期；覃扬庆：《行业协会：中小企业信用研究的新视角》载《湖南科技学院学报》2014 年第 6 期；朱国华、张君强：《行业协会信用担保制度研究》，载《天府新论》2014 年第 5 期。

③ 参见董和平《市场经济与地方立法观念转变》，载《南京社会科学》1994 年第 12 期；刘若昕《我国区域经济发展差异的法治因素研究》，载《长春市委党校学报》2012 年第 4 期。

④ 参见陈希《区域经济合作法律制度研究》，浙江财经学院 2011 年硕士学位论文。

⑤ 参见 A. Armen Alchain, Harold Demsetz, "Production, Information Costs, and Economic Organization", *The American Economic Review*, 1972, 62 (5), pp. 777–795；巴泽尔《产权的经济分析》，上海人民出版社 1997 年版，第 110–128 页；H. Ronald Coase, "The Nature of the Firm", *Economica*, 1937, 4 (16), pp. 386–405；H. Ronald Coase, "The Problem of SocialCost", *The Journal of Law and Economics*, 1969. 3, pp. 1–44；H. Ronald Coase, "The Federal Communications Commission", *The Journal of Law & Economics*, 1959. 56 (4), pp. 1–40；诺斯《经济史上的结构和变革》，厉以平译，商务印书馆 1992 年版，第 56–87 页。

法参与社会治理的内容和形式。

因此,当前我国民间规范与地方立法在社会治理中的作用发挥,主要存在两个问题。

一是如何通过地方立法引导民间规范的合法形成、合法适用,促进民间规范的合法发展,弥补民间规范的不足与缺陷,真正实现民间规范与地方立法的"(优势)互补关系",进而促进民间规范参与地方社会治理的法治化。

二是如何防止地方立法对民间规范参与地方社会管理"自治空间"的侵占,合理定位和处理民间规范与地方立法的"替代关系",有效化解民间规范的"冲突关系",进而通过民间规范完善地方立法,实现民间规范与地方立法在地方社会治理中的协调发展。

解决上述问题的关键就在于找出决定民间规范和地方立法最优规模的关键因素。这也就意味着必须更加具体地进行比较研究,指出在什么样的交易成本条件下,民间规范具有更高的经济效率,而另外又在怎样的交易成本条件下,地方立法具有更高的经济效率,而非如已有的研究那样,仅仅指出两者分别在其适用的条件下具有降低交易成本和租值消散的功能。接下来的章节将通过构建多阶段的博弈模型来分析这一问题。

三、民间规范下的社会治理效率

为了研究民间规范与地方立法之间的关系,本小节参考 Ethan Bueno de Mesquita 和 Matthew Stephenson 的模型,[①] 拟构建一个两阶段的博弈模型。在本小节的基础模型中,参与者在只有民间规范的环境下进行博弈,而在下一小节,则引入法律对参与者的约束,研究民间规范与法律之间的关系,并考察参与者在两者共同作用下的行为。

假设一个社会有 W 个参与者,每个参与者在一个规模为 $n+1$ 的"关系网络"中。在本节的模型中,由于只受到民间规范的约束,参与者只在其"关系网络"中挑选一名成员进行交易;而在下一节的模型中,则加入法律的因素,参与者可以通过法律途径签订正式的合同与"关系网络"外的人进行交易。需要澄清的是,在本节的模型中,所谓"民间规范"和"正式法律",仅仅是指一种理想的类型划分,前者指的是单纯以"声誉机制"维持规则的状况,而后者则是通过正式的立法制定的法律,以法律的强制性来维持规则的状况。

交易每一轮发生一次,每一次交易的发生分为两个阶段。首先,社会中随机选出一名参与者 i,称为"先选者";接着,先选者在其"关系网络"中选择一名成员进行交易。整个博弈发生无数轮,参与者以 d 折现未来的收益。由于交易只受到民间规范的约束,每一次交易使用囚徒困境进行刻画:当双方"合作"时,双方获得收益 $V_i^t(j) = V_j^t(i) \sim U[0,1]$;当只有一方"欺骗"时,欺骗者获得额外收益 h,而被欺骗者获得收益 $-f(f>0)$;当双方皆"欺骗"时,双方收益都为 0。

需要强调的是,先选者挑选合作伙伴所需要的信息得知于第二阶段。这表明在每一轮开始之前,与每一个伙伴交易的收益对于先选者而言是一个随机变量。只有当参与者被选中作为先选者时,先选者与"关系网络"内每一成员谈判后,先选者才知道每一交易的收益信息。先选者得到信息后,选择其中收益最大的交易伙伴进行交易。

由于民间规范不能强制约束参与者的行为,"关系网络"内的非正式交易只能通过声誉机制限制参与者。声誉机制是指所有的参与者都使用"以牙还牙"的策略:当某个参与者 j

---

[①] 参见 Ethan Bueno de Mesquita, Matthew Stephenson, "Legal Institutions and the Structure of Informal Networks", *Journal of Theoretical Politics*, 2013, 18 (1), pp. 40 – 67。

欺骗了参与者 i 后，i 在以后所有与 j 的交易都使用"欺骗"策略。为了简化模型，假设第三方参与者不能获知其他参与者在交易时是否进行了欺骗，所有参与者都能记住之前所有交易伙伴的行为。也就是说，当参与者 i 欺骗了参与者 j 后，i 永久地离开了 j 的"关系网络"。

基于上述假设，下面开始模型均衡的求解。均衡被定义为稳定的"关系网络"，也即在边际上，所有参与者对于留在原有"关系网络"和离开一个"关系网络"之间的期望收益是一致的。对于一个参与者 i 而言，其参加一个团体的期望收益为 $\frac{n}{n+1}$，因此，他留在原有"关系网络"即拟永远实行"合作"策略的期望收益为：

$$EU_i(S, S_{-i}) = \frac{2\beta}{1-d} \frac{n}{n+1} \tag{1}$$

当 i 假设在其原有"关系网络"中的参与都不会欺骗他时，他实行"欺骗"策略的期望收益为：

$$EU_i(DS, S_{-i}) = \frac{n}{n+1} + h + \left(\frac{\beta d}{1-d}\right)\left(\frac{n-1}{n} + \frac{n-1}{n+1}\right) \tag{2}$$

均衡发生在以上两式相等，即：

$$EU_i(DS, S_{-i}) - EU_i(S, S_{-i}) = \frac{n(1-2\beta)}{n+1} + h - \frac{\beta d}{n(1-d)} = 0 \tag{3}$$

上式表明，在均衡时，所有的参与者有共同大小的"关系网络"规模。从数学上看，当"关系网络"规模很小时，留在"关系网络"中交易的期望收益很大，欺骗带来的一次性收益对于参与者来说并没有多少吸引力。随着"关系网络"规模的增大，尽管留在原有的"关系网络"中的期望收益更大，但欺骗带来损失变得更小，这是因为对于一个庞大的"关系网络"而言，减少一个参与者带来的影响十分有限。因此，随着"关系网络"规模的增大，参与者更倾向于欺骗。最终，在这两种力量下，对于每一个参与者而言，存在一个可持续的"关系网络"规模。

从现实意义的角度来看，在没有法律仅有民间规范的环境下，交易仅能在各自的"关系网络"内发生。而在"关系网络"外的交易则充斥着欺骗带来的无效率。因而，有必要引进法律的强约束力，使交易能在更广阔的范围中进行，充分发挥市场"看不见的手"对于资源的分配效率。

四、法律与民间规范共同作用下的社会治理效率

在上一节的基础模型中，参与者只能在其"关系网络"中选择一人进行交易，而在本节的扩展模型中，我们将引入法律因素，并允许参与者通过正式合同与"关系网络"以外的人进行交易，从而探讨法律因素对均衡小团体规模的影响。模型具体构建如下。

对于任一参与者 i 而言，他有两种选择：一是仍旧在其"关系网络"中选择一人进行交易，交易过程用"囚徒困境"描述，即交易对手既有可能"合作"也有可能"欺骗"；二是通过正式交易的方式与"关系网络"以外的人进行交易，正式交易的期望收益为 $\frac{W-n-1}{W-n}$[①]。由于正式交易需要签订正式的交易合同，故交易双方均需要支付一个固定的法律执行成本 $L \in [0,1]$。一旦签订了交易合同，我们假设法律对交易双方施加强有力的约

---

① 计算方法与基础模型中计算参与人期望收益时类似。

束，保证交易双方不能做出违约行为。为了保证均衡解的存在，我们进一步假设正式合同不能在"关系网络"中的非正式交易中签订。此假设也符合现实情况：以"关系"为基础的交易一般不签订正式合同。

值得注意的是，扩展模型中参与人与基础模型中参与人所获得的信息是一致的。在基础模型中，参与人了解"关系网络"内参与者的信息，选择进行"关系网络"内的非正式交易，但不了解"关系网络"外人群的信息。而在此拓展模型中，参与人同样不清楚"关系网络"外人群的信息。因此，参与人不能比较每一个正式交易与非正式交易的收益大小从而决定交易对手。参与人仅能通过先验概率分布将与所有"关系网络"外的正式交易打包成一个"交易包"，并比较该"交易包"与所有"关系网络"内非正式交易的收益大小，进而选择是否进行正式交易或与"关系网络"内某参与者进行非正式交易。

博弈的整体流程与基础模型类似。参与者选择进行正式交易的条件和对称博弈均衡的条件为：

$$\max_{j \in W} V_i^t(j) - L > \max_{j \in N_{-i}} V_i^t(j) \tag{4}$$

$$EU_i(S, S_{-i}) = EU_{-i}(DS, S_{-i}) \tag{5}$$

对于参与者 i 而言，当其假定"关系网络"内参与者都会"合作"时，其期望收益包括首轮收益 R 加上后续收益的折现。当 i 实施"合作"策略时，其后续收益包括以下四种情况。

（1）当 i 作为先选者并选择非正式交易时，期望收益为以下3项的乘积：i 被选为先选者的概率、"关系网络"中存在非正式交易比正式交易收益更大收益的概率和非正式交易的期望收益。公式表示为：

$$\beta \sum_{m=1}^{n} \left[C_n^m \left(L + \frac{1}{W-n} \right)^m \left(1 - L - \frac{1}{W-n} \right)^{n-m} \left(\frac{m+1-L-\frac{1}{W-n}}{m+1} \right) \right] \tag{6}$$

（2）当 i 作为先选者并选择正式交易时，期望收益为以下三项的乘积：i 被选为先选者的概率、i 选择正式交易的概率和正式交易的期望收益。公式表示为：

$$\beta \left(1 - L - \frac{1}{W-n} \right)^{n+1} \tag{7}$$

（3）当"关系网络"内某人 j 作为先选者并选择 i 作为交易对象时，期望收益为以下四项的乘积：j 被选为先选者的概率、j 选择非正式交易的概率、i 作为 j 最优选择的概率和非正式交易的期望收益。公式表示为：

$$\beta \sum_{m=1}^{n} \left[C_n^m \left(L + \frac{1}{W-n} \right)^m \left(1 - L - \frac{1}{W-n} \right)^{n-m} \left(\frac{m+1-L-\frac{1}{W-n}}{m+1} \right) \right] \tag{8}$$

（4）当"关系网络"外某人 j 作为先选者并选择 i 作为交易对象时，期望收益为以下四项的乘积：j 被选为先选者的概率、j 选择正式交易的概率、i 作为 j 最优选择的概率和正式交易的期望收益。公式表示为：

$$\beta \left(1 - L - \frac{1}{W-n} \right)^{n+1} \tag{9}$$

因此，参与者 i 实施"合作"策略的期望收益为：

$$EU_i^{Law}(S_i, S_{-i}) = R + \frac{2\beta d}{1-d}$$

$$\left[\begin{array}{c}\left(1-L-\dfrac{1}{W-n}\right)^{n+1}+\\ \sum_{m=1}^{n}\binom{n}{m}\left(L+\dfrac{1}{W-n}\right)^{m}\left(1-L-\dfrac{1}{W-n}\right)^{n-m}\left(\dfrac{m+1-L-\dfrac{1}{W-n}}{m+1}\right)\end{array}\right] \quad (10)$$

与上述过程类似，我们可以计算 i 实施"欺骗"策略的期望收益。该期望收益包括五种情况，比上述计算过程增加的一种情况为：i "欺骗"的对象成为先选者。"欺骗"策略的期望收益为：

$$EU_i^{Law}(DS_i, S_{-i}) = R + h + \frac{\beta d}{1-d}$$

$$\left\{\begin{array}{c}\left[\begin{array}{c}\sum_{m=1}^{n}\binom{n-1}{m}\left(L+\dfrac{1}{W-n}\right)^{m}\\ \left(1-L-\dfrac{1}{W-n+1}\right)^{n-1-m}\left(\dfrac{m+1-L-\dfrac{1}{W-n+1}}{m+1}\right)\end{array}\right]+\\ \sum_{m=1}^{n}\binom{n}{m}\left(L+\dfrac{1}{W-n}\right)^{m}\left(1-L-\dfrac{1}{W-n}\right)^{n-m}\left(\dfrac{m+1-L-\dfrac{1}{W-n}}{m+1}\right)+\\ \dfrac{W-n+1}{W-n}\left(1-L-\dfrac{1}{W-n+1}\right)^{n}+\left(1-L-\dfrac{1}{W-n}\right)^{n+1}\end{array}\right\} \quad (11)$$

与基础模型类似，均衡情况在（10）和（11）相等时：

$$EU_i^{Law}(DS_i, S_{-i}) - EU_i^{Law}(S_i, S_{-i}) =$$

$$h + \frac{\beta d}{1-d}\sum_{m=1}^{n}\left[\binom{n-1}{m}\left(L+\frac{1}{W-n+1}\right)^{m}\left(1-L-\frac{1}{W-n+1}\right)^{n-1-m}\left(\frac{m+1-L-\frac{1}{W-n+1}}{m+1}\right)\right]-$$

$$\frac{n+1}{n}\sum_{m=1}^{n}\left[\binom{n-1}{m}\left(L+\frac{1}{W-n}\right)^{m}\left(1-L-\frac{1}{W-n}\right)^{n-m}\left(\frac{m+1-L-\frac{1}{W-n}}{m+1}\right)\right]+$$

$$\frac{W-n+1}{W-n}\left(1-L-\frac{1}{W-n+1}\right)^{n} + \left(1-L-\frac{1}{W-n}\right)^{n+1} \quad (12)$$

由于形式过于复杂，求出解析解十分困难，且难以看清其中的性质。为了直观地比较各参数对于均衡 n^* 的影响，本节给出数值模拟结果见表 9-5-1。

表 9-5-1 数值模拟（W=1000）

h	L	n^*	d	h	L	n^*	d
0.20	0.02	0	0.85	0.20	0.02	80	0.95
0.20	0.04	12	0.85	0.20	0.04	98	0.95
0.20	0.06	24	0.85	0.20	0.06	99	0.95
0.20	0.08	28	0.85	0.20	0.08	100	0.95
0.20	0.10	30	0.85	0.20	0.10	100	0.95
0.20	0.12	30	0.85	0.20	0.12	100	0.95
0.20	0.14	31	0.85	0.20	0.14	100	0.95

续表 9-5-1

h	L	n^*	d	h	L	n^*	d
0.20	0.16	31	0.85	0.20	0.16	100	0.95
0.20	0.18	31	0.85	0.20	0.18	100	0.95
0.20	0.99	31	0.85	0.20	0.99	100	0.95
0.30	0.02	0	0.85	0.30	0.02	31	0.95
0.30	0.04	0	0.85	0.30	0.04	61	0.95
0.30	0.06	8	0.85	0.30	0.06	65	0.95
0.30	0.08	14	0.85	0.30	0.08	66	0.95
0.30	0.10	17	0.85	0.30	0.10	66	0.95
0.30	0.12	19	0.85	0.30	0.12	66	0.95
0.30	0.14	19	0.85	0.30	0.14	66	0.95
0.30	0.16	20	0.85	0.30	0.16	66	0.95
0.30	0.18	20	0.85	0.30	0.18	66	0.95
0.30	0.20	20	0.85	0.30	0.20	66	0.95
0.30	0.22	20	0.85	0.30	0.22	66	0.95
0.30	0.24	20	0.85	0.30	0.24	66	0.95
0.30	0.26	20	0.85	0.30	0.26	66	0.95
0.30	0.28	20	0.85	0.30	0.28	66	0.95
0.30	0.99	20	0.85	0.30	0.99	66	0.95

上述比较静态包含了本节所要阐述的几个重要结论。

第一，从单个参数的角度看，d、L 的增加和 h 的减小会导致均衡 n^* 的增大，即随着折现系数和法律执行成本的增大，均衡的非正式的"关系网络"规模会增大；随着每一次非正式交易时"欺骗"带来的额外收益的增大，均衡的非正式的"关系网络"规模会变小。

第二，L 与 n^* 的关系表明民间规范可以与法律同时发挥作用。从数值模拟的结果看，随着法律执行成本的下降，均衡的"关系网络"规模会变小，但总会取一个正值。也就是说，在一个参与者可自由选择民间非正式交易和正式交易的环境下，"关系网络"并不会消失，民间规范和法律可以在此环境下同时发挥作用。

第三，L 与 n^* 的关系还表明，只有当执法成本下降到足够低时，法律才会替代民间规范，缩小"关系网络"的规模。从表 9-5-1 我们可以发现，降低执法成本 L 对均衡 n^* 的影响并不是线性的。当执法成本很高时，执法成本的下降并不会带来 n^* 的减小，随着执法成本的降低，单位执法成本的下降会导致越来越大的"关系网络"规模的萎缩。以 $d = 0.85$、$h = 0.2$ 的情况为例，当 L 从 0.99 下降到 0.14 时，n^* 仍保持 31 不变；当 L 从 0.14 下降到 0.08 时，n^* 就从 31 下降到 28；当 L 从 0.08 下降到 0.04 时，n^* 就从 28 下降到 12，均衡规模萎缩速度随着执法成本的降低而加快。因此，降低执法成本的确有利于法律对民间规范的替代，但这种替代只有在执法成本低于某一个阈值时才会出现，并且随着执法成本的降低，这种替代效应会越加明显。更进一步，在本模型中，该阈值受折现系数受到 d 和"欺骗"的额外收益 h 的影响，当折现系数 δ 更低和额外收益 b 更高时，阈值会更高，降低执法成本的效果会越早出现。然而，在现实生活中，执法成本受到科技技术和具体事件特殊性的限制，并不一定能降低到阈值之下，此时"关系网络"内的非正式交易就是最有效的。

第四，随着执法成本的降低，法律被运用的频率会上升。从模型上看，参与者会选择正式交易当且仅当所有在"关系网络"内交易的收益均小于 $\frac{W}{W+1} - L$，此时的概率为 $\left(\frac{W}{W+1} - L\right)^{n^*}$。显然，该概率与 L 和 n^* 均成反比，而 L 与 n^* 也成正比。因此，该概率与 c 成反比，即随着执法成本的降低，法律被运用得越加频繁。更进一步，随着执法成本的降低，法律被运用的频率会提高得越来越快，这来源于 L 对 n^* 的非线性影响。也就是说，随着执法成本的降低，参与者更愿意进行正式交易，不仅因为执法成本降低带来的直接获益，更因为降低的执法成本缩小了"关系网络"的规模，使通过"关系网络"进行的非正式交易的期望收益更低。

综上所述，拓展模型为我们提供了一个理解法律与民间规范的基本框架。模型推导结果表明，政府提供的法律环境与民间规范可以在大部分环境下共同发挥作用。随着执法成本的下降，法律可以替代民间规范的功能，但这种替代只有当执法成本低于某个阈值时才会发生。同时，执法成本的下降会带来法律运用频率的上升，进而引起整个法律系统成本的上升。因此，政府可能面临这样一种权衡：法律系统的更全面适用和法律系统的巨额成本负担。

五、结论及政策建议

通过构建博弈模型，本节揭示了地方立法与民间规范之间的互动机制。通过对上述研究的分析可知，民间规范和地方立法在社会治理中的作用发挥取决于与地方立法相关的法律执行成本。当法律执行成本较低时，地方立法相比民间规范能够更好地施加集体惩罚，从而约束个人的行为；反之，则民间规范能够更好地实现对个人的行为约束。此外，当体制转变成本较高时，社会可能会停滞在民间规范的潜在低效率均衡中。

对于完善社会治理中有效发挥民间规范与地方立法的作用，提高政府治理效率，我们提出如下政策建议。

（1）在处理地方立法与民间规范之间的关系时，我们既要充分认识到正式法律的重要性，也要避免"法律的虚无主义"与"法律的万能主义"两种极端观念。法律是一种重要的社会治理方式，但它并不是社会秩序的全部内容。因此，在推动地方立法、促进地方社会法治化的同时，必须重视民间规范的作用，增强两者之间的互补性和相容性。

（2）在推动地方法治化、避免民间规范可能的低效率均衡陷阱时，既要努力降低地方法律制度的运行成本，提高司法及立法效率，又要从观念上提高社会公众对法治理念的尊重，以及对法律价值的认同，引导社会向法治化的帕累托均衡改进。

第六节 我国私力救济制度的实证分析：从定性到定量[①]

2003年12月，北京首例民间调查者黄伟在偷拍活动中死于非命一案，引发了民众及法律界对"私家侦探"这一社会现象的关注；法院判决执行难导致众多"民间讨债公司"应运而生，随之也引发了不少法律争议。这些现象的焦点都落在"灰色"的私力救济上。现实生活中，不少人选择私力救济而不是公力救济来保护及实现自身的权利。无论是私家侦探还是民间讨债公司，这些带着灰色调的私力救济方式至今处于我国现行法制的"真空"地带。究竟何为私力救济制度？私力救济的需求和供给如何？这些都是学术界急需探讨的问题。

回顾已有文献，国内学界对私力救济的研究主要集中在定性分析上，不同学者从不同角度对我国私力救济制度进行了定性和规范分析。如彭庆伟从民事权利角度分析了我国私力救济的法律和社会价值；[②] 赵峰从法理上对私力救济的价值进行研究；[③] 刘德龙、赵阳则从私力救济的历史与渊源着手，探讨了私力救济的价值及现状，指出我国私力救济存在失范现象；[④] 徐昕从成本、收益、效率、机制、功能等角度对私力和公力救济进行较全面的比较，解释了为什么要私力救济，提出私力救济行动包含着一种经济逻辑等。[⑤] 这些研究文献中，虽然有的学者部分运用了经济理论来论证，但分析方法仍以定性和规范分析为主，即绝大部分研究限于对私力救济的传统法学研究。据此，在笔者对我国私力救济制度已有的法学与经济学定性研究的基础上，本节试图利用统计分析、二元选择模型等实证分析和定量分析工具，全面、深入地探讨私力救济的需求与供给及相关个案问题，其重要的理论与实践意义在于，不仅对我国法律经济学研究中的运用定量分析方法产生示范效应，而且为完善我国私力救济制度提供理论上及实证上的政策依据。

一、私力救济的含义及其存在的合理性

（一）私力救济的含义

在市场经济条件下，权利是一种经济资源。同其他资源一样，权利也有稀缺性，其必然导致市场主体在日益激烈的市场竞争中因"争权夺利"而引发权利冲突或曰纠纷，并因此增加了交易费用。因此，以节约交易费用为宗旨的权利救济制度（如各类经济纠纷的诉讼和仲裁制度）就显得尤为重要。所谓无救济无权利，是自罗马法以来公认的权利救济原则。

按照实行救济的方式不同，法律对权利救济有公力救济与私力救济之分。其中，公力救济是权利救济法律体系中的主导型方式，指权利人的权利受到侵害时请求国家机关（如公、检、法和政府机关）用国家公权力（如司法权和行政权）来救济权利。私力救济，泛指权利人的权利受到侵害时权利人通过公力救济之外的方式（如私权）来救济权利，包括有关

[①] 本节部分内容曾以论文形式发表，具体出自周林彬《我国私力救济制度的实证分析：从定性到定量》，载《制度经济学研究》2004年第10期。
[②] 参见彭庆伟《试论民事权利的私力救济制度》，载《法学评论》1994年第2期。
[③] 参见赵峰《私力救济的法理分析》，载《北京理工大学学报（社会科学版）》2001年第3期。
[④] 参见刘德龙、赵阳《略论私力救济》，载《天津法学》2003年第1期。
[⑤] 参见徐昕《为什么私力救济》，载《中国法学》2003年第6期；徐昕：《通过私力救济实现正义——兼论报应正义》，载《法学评论》2003年第5期。

论者所称的"私力救济"和"公助救济"。公力救济以公权力为基础,私力救济以私权利为基础。比如,就经济纠纷而言,公力救济的方式主要体现为诉讼,而私力救济则体现为诉讼以外的救济方式,比如自卫行为、自助行为、民间仲裁、人民调解、"私了"等。

还应指出,从是否合法的角度分析,私力救济分为规范的私力救济、准规范的私力救济和失范的私力救济。比如,自卫行为、自助行为、仲裁属于规范的私力救济;依情理、道德风尚、社会习俗等进行的和解、协商与调解,以及人民调解委员会调解都属于准规范的私力救济;而私设公堂、超市保安对顾客的非法搜身和拘禁,以及依赖于黑势力收费保护等违法救济则为失范的私力救济。本节主要探讨规范和准规范的私力救济。

进一步分析,在我国现行法律体制下,权利主体解决经济纠纷的基本方式可分为公力救济和私力救济(见图9-6-1)。而通过公力救济和私力救济方式解决经济纠纷的方式又可以进一步分为三种方式,即诉讼、仲裁、调解。其中,调解可分为国家机关参与的调解,诸如诉讼调解和行政调解;非国家机关参与的调解,诸如民间仲裁机关和人民调解委员会参与的调解;无论何种调解,因其遵循的原则是合法和自愿,体现了纠纷当事人意思自治的本质,故可以将主要由纠纷当事人解决其纠纷的调解和私了,纳入私力救济的范畴。

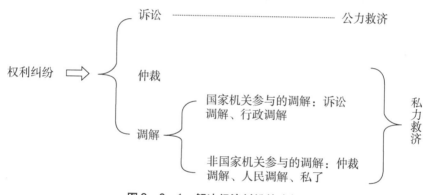

图9-6-1 解决经济纠纷的途径

据此,本节有关私力救济的相关数据主要以仲裁和人民调解委员会调解的数据为代表,有关公力救济的相关数据主要以诉讼为代表。

(二)私力救济存在的合理性

虽然,自国家和法产生以来,作为政治国家和法伴生物的公力救济,是权利救济法律体系中的主导型方式,一直受到传统法学研究的关注。但是,在现实生活中,特别是在强调市场主体在市场机制下自主追求利益最大化的市场经济背景下,私力救济作为一种权利救济途径,发挥着权利资源配置的作用,常常成为权利主体首先面对的选择。

这是因为,在市场经济下,个体始终追求效用最大化目标。个体选择私力救济还是公力救济来解决权利纠纷,主要取决于个体对两种方式的效用权衡。比如,随着我国市场经济体制建设及其法制化的深入,各类经济纠纷在增加的同时,相伴而生的是各类经济诉讼活动的减少。因为自1996年以来,全国经济纠纷一审数呈下降趋势,1996年一审数为1 515 848件,到2002年则减少为80 728件,降幅为1 700%;还有一些地方在假冒伪劣产品增多的同时,相伴而生的是举报案件的减少;以及前面提到的"私家侦探""民间讨债公司"等"灰色"私力救济的社会需求大量存在。这些现象表明,现实中许多个体倾向于选择私力救济作为权利救济方式。这其中暗示着理性人个体所选择的私力救济有相对高的效用,私力救济的存在具有合理性,即个体对私力救济的需求存在且要求社会提供足够的私力救济供给。

笔者认为,导致上述市场主体"重私(私力救济)轻公(公力救济)"现象的一个主要原因是,许多被他人侵犯权利的市场经济主体——企业或个人怕诉诸法院或行政执法机关查处侵权行为人,断了与侵权人的业务往来,或是忌于诉讼成本和其他究责成本过高,或是因法院判决执行难、公力救济效果差而情愿私了或转向于私力救济。

对于上述私力救济日趋增加的现象,我国法学界与实务界不仅未引起足够的重视并加以认真研究,有的法院反而以妨害公力救济为由对私力救济者横加指责。而且,在法学界和法律实务界对越来越多的市场主体放弃或规避公力救济方式,且通过私力救济方式来救济权利的做法,以法律意识不强和易增强市场主体对国家离心力为由,否定或怀疑私力救济者。

但是,即使是在具有长期法治传统和深厚法治社会基础的"诉讼大国"如美国,运用非诉讼手段解决市场主体经济纠纷即所谓"代替性纠纷解决方式"(Alternative Dispute Resolution, ADR),也成为现代法治国家权利救济的一种时代潮流。此外,从历史的纬度看,私力救济是最原始的救济方式,自人类社会存在以来便有之。可见,私力救济的存在具有合理性,我们不能片面地仅从审视公力救济的角度来研究市场主体权利救济,要充分重视从经济学角度、从需求与供给分析角度来研究私力救济存在的必要性。

二、私力救济的需求分析

(一)个体对私力救济的需求分析

由于我国市场机制正在不断地完善,因此个体决策已基本按照市场经济的法则进行。在此可以假设个体是经济理性人,追求自身效用最大化。根据消费者选择理论可知,个体选择何种方式进行权利救济,取决于何种救济方式能带来最大的效用。

1. 二元选择模型的构建

私力救济与公力救济方式在不同条件下能够满足个体权利救济需求。在同一时间,权利主体只能选择其中一种救济方式,并有所取舍。私力救济和公力救济之间存在由于效率和效用比较而产生一定的替代关系。作为理性的经济人,个体将选择带来效用最大化的救济方式。在此构建二元选择模型来分析个体对私力救济的需求:

$$Y = 1 \ if \ Us > Ug$$
$$Y = 0 \ if \ Us < Ug \quad (1)$$
$$s.t. \ US = \beta S'x + \varepsilon s$$
$$Ug = \beta g'x + \varepsilon g$$

其中,"1"代表选择私力救济、"0"代表选择公力救济;下标 s、g 分别表示私力救济、公力救济。U 为解决纠纷的效用;X 向量为影响 U 的变量集。

从该模型不难发现,个体在权衡两种救济方式带来的效用的基础上,决定选择实现效用最大化的救济方式。结合实际情况,理性个体将在权衡两种不同救济方式产生成本收益的基础上做出决策。此外,由于受传统文化、社会习俗等影响,个体对两种救济方式的主观评价不一,即个体偏好不同,其选择也会有所不同。可见,影响 U 的主要因素为救济成本 C、收益 R、个体需求偏好 P,即 $X = (C, R, P)$。具体分析如下。

(1)救济成本分析。救济成本,指一项对权利寻求救济的交易活动(如诉讼、仲裁和调解）所需的成本，泛指纠纷当事人为维护自身权利而准备、进行和监督、履行有关交易的费用。从当事人角度看，救济成本可划分为法定成本、私人成本和机会成本。法定成本是指有关权利救济法律制度规定当事人进行权利救济所需支付的费用；私人成本为当事人参与权利救济过程中所耗费的时间、人力、财力；机会成本则指因选择某一种救济方式而放弃其他救济方式所产生的成本。私力救济和公力救济的制度安排不同，其救济成本的具体含义不同（见表9-6-1）。

表9-6-1 公力救济和私力救济的成本构成

	公力救济	私力救济
法定成本	如诉讼成本：案件受理费、司法鉴定费、执行费等	如请他人（机构）进行仲裁和调解所支付的费用
私人成本	如时间、人力、律师费	时间、人力、律师费（可选择）
机会成本	放弃私力救济的成本	放弃公力救济的成本
其他	寻租成本产生的概率高	寻租成本产生的概率低

权利主体有充分的成本最小化动机，当公力救济成本超过私力救济成本时，权利主体则会选择私力救济。从成本项目看，公力救济的成本项目较私力救济的多，比如，一般情况下，律师费用对于公力救济而言是必不可少的（特殊情况下，民事诉讼当事人也可以不聘请律师），而对于私力救济而言则是可供选择的（一般情况下，纠纷当事人调解和私了不需要聘请律师）。可见，公力救济所要负担成本的概率明显高于私力救济。

更重要的是，公力救济借助公权力实现权利救济，而现实中公权力的行使往往容易引发寻租行为——包括权力设租和权力寻租。其中，权力设租，如国家行政执法机关自立名目的各种滥收费，司法机关人员的"吃、拿、卡、要"等违纪违法行为，都加重了当事人的公力救济成本负担。权力寻租，如部分诉讼当事人凭借贿赂手段或行政干预谋求法院审判人员做出对其有力的判决，也需要相当的投入。即使不讨论寻租行为对权利合理配置可能的扭曲，单从寻租的非生产性投入，如诉讼当事人为各种寻租活动花费的成本，就已成为社会资源的非生产性损耗。相比而言，私力救济由于避开了公权力而借助平等谈判界定权益，避免了寻租成本耗费。因此，私力救济的成本节约优势，刺激了当事人对私力救济的需求。

再以诉讼、人民调解分别作为公力救济和私力救济的典型，进行具体成本分析。从表9-6-2的数据来看，当事人诉讼的成本远远高于人民调解委员会调解的成本。以财产标的为10万元的民事纠纷为例，人民调解委员会调解无须交纳任何费用，而诉讼则需交纳规定的费用为立案费3 510元、律师费1 500元，共5 010元。尽管目前法院统计的诉讼的一审案件数比人民调解委员会调解的纠纷案多，但是考虑到该诉讼中撤诉的数目（3.5%），则实际上选择法院诉讼的公力救济的比例为47.5%，比人民调解委员会调解的低1.5%，若加上民间仲裁、私了部分，则选择私力救济的纠纷案件数比公力救济的纠纷案件数多。加之诉讼历时（如一审、二审和特殊情况下的再审及申诉）又远比人民调解委员会调解长，可见，诉讼成本远高于人民调解委员会调解的成本。这些数据都证实了私力救济具有相对成本节约优势。

表 9-6-2 诉讼、人民调解费用

	诉讼	人民调解
①规定成本（按纠纷类型）		
离婚及继承的民事诉讼案件	每件 10～50 元，财产总额超过 10 000 元的部分收 1%	
侵害姓名权、名称权、肖像权、名誉权、荣誉权的民事诉讼案件	每件 50～100 元，有争议金额的按财产案件收费标准交纳	
其他非财产案件	每件 10～50 元，有争议金额的按财产案件收费标准交纳	
劳动争议的民事诉讼案件	每件 30～100 元	
知识产权的民事诉讼案件	每件 500～1 000 元，有争议金额的按财产案件收费标准交纳	不分类型，人民调解委员会进行调解不收费
破产的民事诉讼案件	按破产企业财产总值依照财产案件收费标准计算，减半交纳，最高不超过 10 万元	
治安行政诉讼案件	每件 5～30 元	
专利行政诉讼案件	每件 30～100 元，有争议金额的按财产案件收费标准交纳	
给付财产的民事诉讼案件收费（按争议标的计算，以元为单位）	1 000 元以下：50 1 000～50 000 元：标的 ×4% +10 50 000～100 000 元：标的 ×3% +510 100 000～200 000 元：标的 ×2% +1 510 200 000～500 000 元：标的 ×1.5% +2 510 500 000～1 000 000 元：标的 ×1% +5 010 1 000 000 元以上：标的 ×0.5% +10 010	
②私人成本		
时间	长	短
民事诉讼律师费	民事诉讼的财产争议标的金额 10 万元以下：3%，10 万～100 万元：1.5%，100 万～1 000 万元：1%，1 000 万元以上：0.05%；行政诉讼类案件 +2 000 元；刑事咨询辩护类案件 +3 000 元；风险代理可协商收费；跨地区、涉外、疑难复杂案件加费；审理、执行为不同阶段各自收费	0
③机会成本：诉讼一审数（调解数）/总纠纷数①	51%；47.5%（剔除撤诉部分）	49%
④寻租成本	高	低（无）

注：资料来源于《人民法院诉讼费收费标准》，载《中国法律年鉴》及有关规定。

---

① 1995—2002 年的平均数，数据来源于 1995—2002 年的《中国法律年鉴》。

（2）救济收益分析。权利主体对权利救济方式的选择，除考虑成本负担外，还要进行收益比较。这种比较主要是对私力救济和公力救济的救济力的衡量，即权衡预期收益的实现是否确有保证、救济的成果概率如何，具体可从结案率、执行率、收益预期风险三方面来分析。

一个初步计算的结果是，由于民事诉讼结案率为93%、执行率为41%，而人民调解委员会调解的各类民事纠纷案的结案率为96%、执行率高达99%，因此，权利主体对人民调解委员会调解的收益预期也明显比诉讼的高。究其原因，在于人民调解委员会调解私力救济方式能提高个体参与纠纷解决的自主性，达成的协议往往比法院判决更具可行性、认可性，从而调解协议执行的成功率也随之增高。而我国司法体系中普遍存在的"执行难""诉讼难"等问题，进一步增加了诉讼的收益预期风险。由于人们普遍为风险规避者，因此，在预期收益相近的条件下，个体趋向于采取风险小的权利救济方式。可见，从救济收益角度，权利主体一定会有选择私力救济而不是选择公力救济的倾向（见表9-6-3）。

表9-6-3 公力救济和私力救济收益比较

	公力救济	私力救济	诉讼（平均数）	人民调解（平均数）
结案率	低	高	93%	96%
执行率①	低	高	41%	99%
收益预期风险	高	低	高	低

（3）个体需求偏好。不仅仅救济成本、收益这些经济因素会影响权利个体对救济方式的选择，个体需求偏好这一非经济因素也会影响救济需求。对私力救济的需求偏好，就是权利主体受"经济人"之外的其他社会属性的影响。偏好往往决定于权利主体的心理特质和他秉承的社会文化观念。

首先，在主观心理上，区别于西方一些法治国家中公民热衷于诉讼的现象，中国公民总体上有一种"厌诉"的心理倾向，比起西方几个世纪以前的《权利法案》与《人权宣言》，"为权利而斗争"对于我们毕竟还算是一个新鲜话题。

其次，在社会规范上，"私了"在一定程度上是传统的"关系本位"或"秩序本位"的社会伦理观对"权利本位"的法制观念的拒斥，是东方文化中人际和谐对西方文化的个人主义的拒斥。

最后，在文化传统上，西方的法治传统植根于其市民社会土壤，与社会文化血肉相连，而我们则表现出对以儒家为代表的东方文化的尊崇，强调传统道德、民俗文化对社会的规范。因此，较之为了捍卫权利而聚讼缠身的异域景观，"退一步，海阔天空"不仅仅是权利意识的"淡漠"，也体现了权利主体对"和为贵"的价值追求，道出了对私力救济的需求偏好。

从有关统计数据看，各类诉讼案件数量基本稳定，如1995—2002年平均每年法院受理的一审案件数平均为526万；而人民调解委员会调解解决纠纷的案件数则呈下降趋势，1995—2002年的平均数为511万件，2002年比1995年减少了289万件（见图9-6-2）。上述数据可能说明的问题：一方面，人们对私力救济的需求上升，越来越多地选择"私

---

① 根据1997—2002年《中国法律年鉴》上公布的每年法院执行案件数与法院一审收案算出的平均数，不包括执行中止等非正常执行的纠纷数。

了"方式而不是通过诉讼等公力救济来解决权利纠纷，这在一定程度上反映了人们对私力救济（尤其是私了）方式的偏好；另一方面，这也在一定程度上解释了随着近年来"私家侦探""民间讨债公司"等"灰色"私力救济方式的兴起，我国权利救济制度则亟待改革。而人们对私力救济需求不断上升，在某种意义上反映了个体需求偏好对私力救济需求的影响。

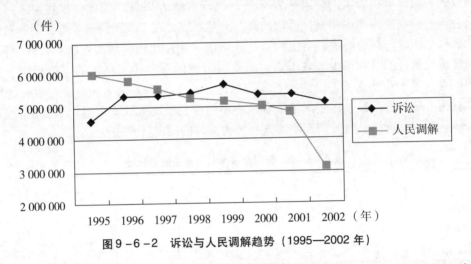

图9-6-2 诉讼与人民调解趋势（1995—2002年）

综上，无论是救济成本分析、救济收益分析还是个体需求偏好分析，都不难得到这样一个结论：虽然公力救济具有权威性和强制性，但在现实生活中，私力救济——充分体现私权与私法自治的一种救济方式——更具有比较优势，能够实现更大的效用，即私力救济是有效率的，其结果必然是提高 U_g，从而增加对私力救济的需求。

2. 实证模型分析

为进一步研究个体对私力救济的需求，我们利用二元选择模型中的 Logit 模型进行实证分析，探讨个体决策与影响效用的因素 x 之间的关系。

$$US = \beta S'x + \varepsilon s$$
$$U_s - U_g = (\beta s - \beta g)'x + (\varepsilon s - \varepsilon g) = \beta'x + \varepsilon \tag{2}$$
$$Ug = \beta g'x + \varepsilon g$$

我们从（2）式可推导出 Logit 模型：

$$Prob(Y = 1) = \frac{e^{\beta'x}}{1 + e^{\beta'x}} = \Lambda(\beta'x) = Prob(U_s - U_g > 0)$$
$$= Prob(\beta'x + \varepsilon > 0) = F(\beta'x) \tag{3}$$

其中，$\Lambda(.)$ 表示逻辑累积分布函数（Logistic cumulative distribution function），$F(.)$ 为分布函数。在此选取解释变量 $X = (R - C, T, A)$：即 R 为当事人得到的货币赔偿（收入）；C 为当事人为进行权利救济所支付的货币成本，包括规定成本及私人成本中的律师费；$R - C$ 为某种救济方式的净货币收益；T 为衡量当事人私人成本中的时间成本；由于私人成本中的人力成本、机会成本、寻租成本难以量化，因而将其排除在解释变量之外；个体需求偏好则在因变量 Y 的取值及常数项 A 上有所体现，当 $Y = 1$ 时，当事人选择私力救济，$Y = 0$ 时，当事人选择公力救济。因此，实际回归的模型如下：

$$Prob(Y = 1) = Prob[b_1^* A + b_2^* (R - C) + b_3^* T + \varepsilon > 0]$$
$$= F(\beta'x) \tag{4}$$

笔者随机从网上案例中选取 40 件民事纠纷为样本，样本数据从原告（申请人）角度进行统计，其中以民事调解解决纠纷的有 16 件，以民事判决解决纠纷的有 24 件，样本情况如表 9-6-4 所示。样本情况表明，民事判决费用远远比民事调解的费用高，民事判决平均所耗费的时间是民事调解的 4.6 倍，而民事调解的收益则是民事判决的 3.7 倍。虽然样本存在一定的局限性，但这也一定程度上证明私力救济是有效率的。

表 9-6-4　样本情况表（单位：万元）

		均值	标准差	最大值	最小值
Y=0	货币成本 c	0.6156	0.4796	1.85	0.109
	货币收益 R	4.896	7.7816	19.1082	0
	时间成本 T（天）	174.81	150.1303	694	21
Y=1	货币成本 c	0	0	0	0
	货币收益 R	18.13	21.2	83.25	0.82
	时间成本 T（天）	38.25	61.1199	220	0.54

诉讼收益是判决书上所规定的被告必须支付给原告的金额，在实际生活中存在"执行难"的问题，即被告以种种理由不执行判决，故原告不一定能 100% 拿到判决书上的诉讼收益。因此，为真实反映执行率高低、收益预期风险大小对个体决策的影响，我们分别按照 100%、80%、60%、50% 的执行率来调整诉讼中的 L，Logit 模型回归结果见表 9-6-5。

表 9-6-5　Logit 模型回归结果

项目	模型 1：R*100%		模型 2：R**80%		模型 3：R***60%		模型 4：R*50%	
	系数	Z 统计量	系数	Z 统计量	系数	Z 统计量	系数	z 统计量
A	0.6992	1.051	0.5069	0.7638	0.2067	0.3026	-0.0265	-0.0373
R-C	0.0728	0.9444	0.1346*	1.4403	0.2507**	1.9924	0.3580**	2.2597
T	-0.0209***	-2.7244*	-0.0214***	-2.7789	-0.0221***	-2.8085	-0.0225***	-2.7834

LR 检验情况表明，无论是以 100% 还是以 80%、60%、50% 执行率来调整诉讼中的 R_g，LR 统计量的概率均显著小于 0.01，即在 1% 的水平上显著拒绝联合零假设，一定程度上说明模型回归效果良好（见表 9-6-6）。

表 9-6-6　统计检验

项目	模型 1	模型 2	模型 3	模型 4
LR 统计量	17.6949	18.986	21.6190	23.8768
P-value	0.0001	0.00002	0.0000	0.0000
自由度	2		2	2

从系数显著度来看，当判决书执行率达到 100% 时，救济净货币收益对个体选择哪种救济方式没有影响，(R-C) 的系数不显著；当执行率降低到 80% 时，救济净货币收益与个体选择在 10% 的水平上成正相关，救济净货币收益越高，个体选择私力救济（Y=1）的

概率越高；执行率越低，(R-C) 的系数越显著，当执行率为 60%、50% 时，(R-C) 的系数值均在 5% 水平上显著，表示执行率越低，个体选择调解与 (R-C) 的正相关性越强；而个体选择与时间成本 T 负相关，系数值在 1% 水平下显著，表明权利救济所耗费的时间越少，其越倾向于选择调解，即调解与低时间成本相对应、诉讼则与高时间成本相对应；常数项系数虽然不显著，但基本上为正数，反映了个体偏好等其他因素导致权利个体更倾向于选择私力救济。

从系数值大小看，执行率越低，救济净货币收益与个体选择人民调解的正相关度越高；随着执行率不断下降，(R-C) 的系数值逐渐从 0.0728 升高到 0.3580，升高幅度达 4 倍。这表明当人们预期判决的执行率低时，人们越倾向于选择调解（私力救济）来实现权利救济。

可见，实证结果证实了我们前面的分析结论：私力救济具有相对优势——私力救济与高救济净货币收益、低时间成本相对应。

（二）社会需求分析

个体对私力救济需求分析表明，私力救济在救济成本与收益、个体需求偏好上有一定的优势，并刺激了个体对私力救济需求。从社会角度看，社会对私力救济的需求呈上升趋势。

一般而言，权利纠纷与经济增长正相关。即，随着社会的不断进步、经济的不断增长、人们私权意识的不断增强，人们之间的权利纠纷呈不断上升趋势。美国诉讼增长史即说明了该点。但是，不仅如图 9-6-2 所示，而且从图 9-6-3、图 9-6-4 来看，在我国，通过诉讼、人民调解、仲裁来解决的总纠纷数却呈现出下降趋势，其中，人民调解解决纠纷数逐年减少，这与总纠纷数不断上升这一通常的结论相悖。其唯一解释是：人们比以往更多地选择"私了"等私力救济方式来解决纠纷——私力救济的社会需求呈上升趋势，现行公力救济制度和国家规范的私力救济制度——仲裁、人民调解制度已无法满足权利主体进行权利救济的需求。

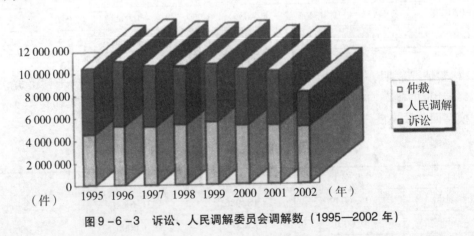

图 9-6-3 诉讼、人民调解委员会调解数（1995—2002 年）

（三）小结

综上所述，通过个体对私力救济的需求分析与社会需求分析、历史数据分析与 Logit 模型实证分析，我们不难得出以下结论。

（1）私力救济具有相对成本节约优势。

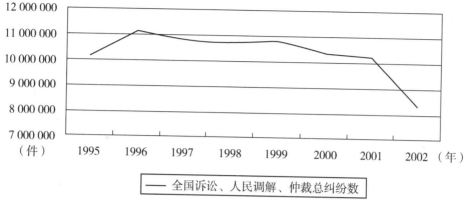

图 9-6-4　全国诉讼、人民调解、仲裁纠纷数（1995—2002 年）
注：数据来源于 1995—2002 年《中国法律年鉴》。

（2）私力救济具有相对救济收益优势。
（3）社会对私力救济的需求增加，社会存在私力救济的供给缺口。

三、私力救济的供给分析

（一）现状——公力救济范围有限，私力救济供给不足

公力救济让当事人借助公权力来解决纠纷、实现权利救济。然而，任何制度都不是万能的，公力救济存在局限性，可概括为以下四方面。第一，强调程序的规范性，有时会与实体正义冲突。第二，适用范围有限，许多纠纷如突发事件、时效性极强的事件等都无法寻求公力救济。第三，判决实施高度依赖于被告（被申请人）的主动性，权利救济的最终实现难以得到保障。如债务纠纷中，即使法院判决债务人必须在规定期限内偿还债务，但债务人却可以以种种借口来拖延甚至逃避执行判决书，法院"执行难"问题就凸显了公力救济的局限。第四，由于当前法制处于逐步完善时期，权力设租和权力寻租等司法腐败、司法不独立现象在一定范围内存在，这极大地减少了人们对公力救济的预期收益，引致人们更多地寻求私力救济的帮助。

如前所列统计数据，诉讼、仲裁、人民调解（委员会调解）的纠纷案件数从 1995 年的 1 016.11 万件下降到 2002 年的 829.12 万件，7 年间减少了近 200 万件。而按照发达国家的经验，权利纠纷数随着社会经济发展将不断上升。这说明我国现行救济制度无法满足权利主体的救济需求，制度供给缺口在不断加大。因此，公力救济的局限性说明了公力救济供给不足，需要私力救济来填补供求缺口。

正当防卫、紧急避险、自助行为，是"自助"形式的私力救济，也是法定形式之一。"公助"形式的私力救济，代表了私力救济向社会化、专业化方向的发展，是私力救济的一个较高的层次。但由于起步较晚，诸如律师事务所、仲裁委员会、消费者协会和行业协会等救济服务机构，其制度建设、素质建设和机构发展远远落后于社会经济需要。仅以律师服务为例，2002 年全国执业律师仅 13.67 万人，共代理民事、经济、行政案件 1 527 744 件，从事非诉讼法律事务 827 057 件。原本就有限的律师资源，在权利救济中又主要投入了对公力救济的参与，削弱了从事诸如非诉讼事务等私力救济的法律服务供给。同样的供需缺口也存在于仲裁、调解等各种社会中介救济服务中。救济资源的缺乏严重影响了私力救济的供给能

力,必然导致供给不足。因此需加大救济资源的投入,并优化其配置。

私家侦探、民间讨债公司等"处在法律边缘"的私力救济的存在,在实际生活中能缩小私力救济的供给缺口,但在法律上却因其缺乏法律地位而排除在正统的私力救济范围外;人民调解协议缺乏应有的法律效力,双方达成的合意协议无强制执行力,这导致许多人民调解协议被破坏。以2002年为例,全国人民调解纠纷数为314.1万件,以90%的执行率算,全国就有31.4万个调解协议没被执行。现行私力救济制度有待进一步完善,尤其是人民调解协议具有何种法律效力、私家侦探等"灰色"私力救济的法律地位等问题亟待解决。最近最高人民法院就我国调解制度改革相继出台了有关规定,其目的就在于完善我国人民调解制度,逐步赋予人民调解协议相应的法律效力。

(二)私力救济制度建设的意义

在公力救济范围有限、国家对公力救济的投入有限且相对短缺的情况下,选择增加相对的成本、高效率的私力救济的供给来解决权利救济供需缺口,不失为一个最佳途径。

1. 福利经济学视角

从福利经济学角度看,加大对私力救济制度的投入、增加私力救济供给,能实现帕累托改善。假设社会对公力救济和私力救济的偏好满足经典条件,社会生产公力救济、私力救济这两种产品的生产曲线具有凹性。增加对私力救济的投入,将使社会生产可能性边界外移,效用最大化点将从点A外移到点B,最终实现了帕累托改善(见图9-6-5)。

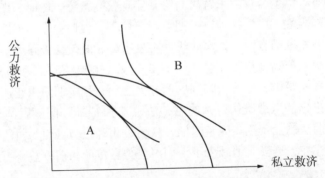

图9-6-5 社会无差异曲线、生产可能性边界与帕累托改善

2. 政府经济学视角

无论是公力救济还是私力救济,均存在一定的运行成本。私力救济的公共成本却低于公力救济的公共成本。从政府财政支出看,公力救济的财政支出在飞速增长(见图9-6-6)。1995年,公、检、法、司的财政支出仅为277 552万元,到了2002年变为10 411 631万,增长了36倍,远远高于经济增长速度,也偏离了正常的支出增长路径。而当事人在不违反有关法律规定的情况下通过"私了"解决纠纷,公共成本为0;仲裁的组织运行费用基本为自收自支;人民调解委员会的经费由地方政府负担,且其调解员大部分为兼职人员,充分利用了现有资源,从而实现了范围经济,减少了公共成本。从全国人民调解员、专职司法助理员情况看(见表9-6-7),专职司法助理员平均只占总人民调解员的0.6%。虽然私力救济也有一定的公共成本,但与公力救济相比,其成本节约性、高效性可见一斑,而私力救济,如私了、人民调解、仲裁的社会收益则不言而喻。

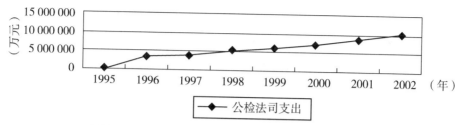

图9-6-6 公检法财政支出趋势图（1995—2002年）

表9-6-7 全国人民调解员、专职司法助理员情况（1995—2002年）

年份	人民调解员（万人）	专职司法助理员（人）	专职司法助理员与总人民调解员比例
1995	1 025.9	53 922	0.005256
1996	1 035.4	56 173	0.005425
1997	1 027.4	57 029	0.005551
1998	917.5	52 875	0.005763
1999	880.3	54 987	0.006246
2000	844.5	54 638	0.006470
2001	779.3	48 682	0.006247
2002	716.2	47 173	0.006587

如果增加私力救济的供给，一方面可借助私力救济供给的提高来满足人们权利救济的需求，节约国家资源，缓解司法压力，弥补公力救济的局限；另一方面能在一定程度上形成竞争格局，促进公力救济制度的完善，提高诉讼效率。此外，私力救济供给增加，有利于解决纠纷，维护社会秩序，保障良好的社会环境。比如人民调解，人民调解平均每年解决的纠纷数高达510万件，几乎与诉讼的相一致（见图9-6-3），正因为人民调解化解了大量纠纷，所以才没有出现诉讼"大爆炸"现象，司法系统的负担得到了极大的缓和。

3. 交易成本视角

从交易成本看，人民调解、私了等私力救济方式通过私人谈判来实现合作，其交易成本低。谈判理论告诉我们，双方谈判，通过合作实现的合作剩余远远大于非合作的剩余。调解、私了等私力救济正试图减少谈判障碍、达成谈判，而诉讼等公力救济则是在无法实现谈判的情况下诉诸法院，即交易成本过高的时候，寻求强制性"谈判"。规范的科斯定理指出，制度旨在于消除私人谈判（合作）的障碍。建立、完善私力救济制度，正是为了在更大的范围内促使更多的纠纷当事人实现合作，减少他们的谈判障碍。其收益不言而喻。

（三）私力救济制度建设的现实途径

（1）促进私力救济的供给投入。扩大权利救济的供给，需要救济资源外延式的扩大投入。公力救济供给的扩大，必须基于法院等公力救济机构的扩编，办案人员的增加，即财政投入的增加。我国自1992年以来财政赤字不断增大，到2002年中央财政赤字已高达3 092亿。限于政府财政赤字的压力，增加公力救济供给的境况较为窘迫。而私力救济的投入，无须国家财政承担，而依靠市场手段筹集。如律师资源的投入，国家仅付出较小的监管成本，律师的人员培养、机构建设都由社会依据需求自行投入。其律师的救济成本也由当事人承担。兼职性仲裁、调解机构与民间协商、和解更是如此。私力救济在不增加国家财政投入的情况下，能够有效调动社会救济资源，增加权利救济的供给。因此应在宏观上加大私力救济制度的创制力度，如进行各种有关私力救济及中介组织立法，为私力救济的发展提供保障。以此促进社会资源对私力救济供给的投入，弥补公力救济的不足，并替代公力救济的高成本供给，提高权利救济效率，满足权利救济需求。

（2）充分运用私力救济的资源配置。扩大权利救济的供给，更要通过内涵式的优化资源配置来实现。应从整个社会资源的角度进行宏观配置，将私力救济的资源配置纳入宏观制度体系。一方面，私力救济属于竞争性供给，救济资源遵循市场化的配置方式。如律师事务所能够依照市场需求，灵活调整其业务方向，而自身业务素质不够、无法胜任救济需求的律师也将不得不寻求提高，或接受淘汰。另一方面，许多私力救济机构的兼职性，使其即使供给过剩也不会闲置，造成资源浪费。如仲裁机构，由专家学者兼任的仲裁员在不受理案件时，依旧可从事其本职工作。在救济资源配置方面，由单纯的国家财政分配转向通过市场方式引入社会救济资源，将大大减少资源的无效率占用或闲置，提高资源利用率。

（3）提高私力救济的供给效率。权利救济的宏观制度体系不应听任私力救济游离在外。譬如，私家侦探、民间讨债公司等徘徊于法律边缘的私力救济，急需从法律制度上给予相应的规范和解释。良好的制度设计可有效引导私力救济的市场供给，提高其供给效率。本节在供给分析时已论述，私力救济供给的增加，有赖于供给能力的提高，而供给能力则意味着各种要素的投入。作为要素的物质资源、人力资源、制度资源和信息资源，都源于社会生产。提高供给效率，就是分析各种要素由谁提供成本更低，然后通过制度设置确立要素的投入方式。

（4）从法律上构建自力救济权。正如市场交易也需要规则，私力救济同样不排斥法律约束，使规范及准规范的私力救济方式受到法律的保护，使失范的私力救济诸如借助黑势力的救济方式得到遏制，从而有助于私力救济的健康发展。为了有效保障和规范私力救济，笔者提出设置"自力救济权"的概念。承认公民有权利在法定范围内对其合法权利进行自力救济。由于自力救济权性质为私权，因而主要根源于私法的自力救济权的形式，还可以进一步细分为："自由"形式的自力救济权，即当事人可以自由地实施某种行为以保护自己的正当利益，这一类救济权主要表现为自助行为、紧急避险和正当防卫；"请求权"形式的自力救济权，即当事人有权利要求他人做什么或不做什么；"形成权"形式的自力救济权，即当事人有权力消灭、变更和创设一种特定的对己不利的法律关系；"豁免权"形式的自力救济权，即当事人的特定的法律关系不因他人的法律行为而改变。

此外，应通过建立自力救济权的主体制度、权利结构、实施方式来保证自力救济权的正常运行，从而完善我国私力救济制度。

四、私力救济的个案分析：商会与"私家侦探"

（一）商会

公共产品的提供并不一定需要国家提供，这是一个已为博弈论证明的结论；哈耶克认为，在人们的交往过程中，会形成一种自生自发秩序，其原因在于"比较理性个体"的存在，从经济学的角度，正是"比较理性个体"克服了公共产品的外部性，从而使得"不需要国家的正义"成为可能。私力救济作为一种权利救济的形式，其本身就含有自生自发的秩序和非正式制度规则的因素。而商会则是这种因素的典型表现形式。从商法的发展来看，商事法院源于解决商人之间纠纷的商会的行规，只是到了后来，国家才将这种商会及其行规纳入法律范畴，建立商事法院。在中国历史上同样存在商会的行规这种非正式制度规则，如清代浙江一带商会，以及商会所定"民从私契"在处理商人纠纷方面发挥重要作用。

目前，我国各大中城市都成立了商会。各地商会在信息服务、协调管理、商事纠纷解决等方面发挥重要作用。例如，温州的小商品在发展之初曾经一度陷入"一品走俏、仿效蜂起、伪劣辈出、倾轧杀价"的混乱局面。对于这些小商品，通过专利来保护其知识产权显然是不现实的。温州商会在政府的授权下制定如下措施：需要维权的产品由会员企业向商会提出申请，经过审核后予以登报确认，发给维权证书；在维权有效期内，如发现侵权行为，经商会查实，将就地销毁侵权产品的模具，没收其专用零配件，情节严重者，商会还将提请工商管理部门吊销其营业执照。维权工作得到了广大会员的拥护。

可见，往通常情况下属于公权力范畴的诸如没收财产、吊销营业执照等行政处罚权为商会所享有，商会可以根据内部的行规（民间法）处罚"肇事者"。由于信息成本的存在，且公权力机关进行伪劣识别成本高，以致难以有效打击"肇事者"；更由于商人之间知根知底，信息成本相对较低，因此依靠商会的行规（如需要维权的产品，由会员企业向商会提出申请，经过审核后予以登报确认，发给维权证书，对侵权者进行惩罚）打假是有效率的。

（二）私家侦探

"私家侦探"一般是指通过公开的或秘密的调查活动去获得各种情报或证据（的人或组织），但是，不包括律师、公证员及其所实施的为法律所明确许可的调查活动。由于"谁主张谁举证"是民事诉讼制度一般原则，因此在公民权益受到侵害，且依靠当事人所有技术和能力往往难以获得有效证据时，对具有规模效应和专业化功能私家侦探的需求由此产生。如在债权债务中，由于信息不对称，民事债务人有隐藏信息的激励，具体表现为隐匿财产、转移财产等而使法院的判决难以执行，而国家机关一般不会介入此类调查和举证，于是私家侦探所具有的专业化优势则可以提供帮助。又如在知识产权打假方面，众多商家出高额酬金聘请私家侦探明察暗访获取证据也是典型例证。

需要指出的是，私家侦探是现行立法所禁止的。其根据是1993年9月7日我国公安部《关于禁止开设私人侦探所性质的民间机构的通知》。但是，在法院审判实践中，一个相反的规定是：2001年3月16日《最高人民法院关于民事诉讼证据的若干规定》，将私人录制的录音和录像作为"呈堂证供"。又根据世界商标知识产权专业组织——尼斯联盟的要求，国家工商总局商标局将"侦探公司"列入了新的《商品和服务商标注册区分表》中，允许注册"侦探公司"商标。可见，我国已开始承认私家侦探的法律地位。

如前所述，当私人之间交易成本较低的时候，可以通过当事人之间谈判解决权利的配置；当交易成本太高时，需要国家（公权）的介入以降低交易成本。虽然交易成本提供了权利救济成本的宏观衡量标准（如信息成本标准、激励标准），但我们有时却很难计算和衡量权利救济的交易成本大小，于是就会提出的问题是：在何种程度上可以把这些公权私权化？或者，公权私权化的界限在哪里？这里，笔者试图结合私家侦探所享有的私人调查权与公力侦查权的关系回答上述问题。

私人调查权限于"私域"。私人调查限于"私域"的原因是进行党政官员调查，在法律上、政策上有着严格的标准和要求，也往往涉及政府内部机构的运作以及国家秘密，因此，法律和政策将这项权力赋予专门的党政和司法机关。虽然社会组织和公民个人有权对党政腐败官员进行控告，但无权进行调查。而如果民间调查机构协助官方（公安、检察机关）共同进行，则应允许。

私人调查权与隐私权。有学者认为："私家侦探"对被调查人进行跟踪，以及使用窃听、窃照等技侦手段，从法律和政策层面上讲是"违法"的。因为跟踪活动必然影响到公民的生活安宁和个人隐私，客观上构成对公民个人权益的危害，因而否定私人调查的合法性。① 而我们的问题是：当个体由于现有手段无法提供有效证据而寻求公力救济的时候，被侵害私人权利如何得到及时和有效的救济？这岂不又是一种"不公正"？因此，问题的实质不在于否定私人调查的合法性，而在于如何在私人调查权与隐私权之间取得平衡。结论是，现行立法不应回避和否定私人调查权而赋予相应的私人侦探享有该项权利，同时对该项权利做出必要的限制，如依法规定私人调查的方式、手段和范围，规定私人调查侵权赔偿责任等。

五、结束语

上述实证分析结果表明私力救济存在的合理性与必要性，其具有相对成本节约优势、预期收益确定性优势。我们应加大对私力救济的投入力度，规范、引导私力救济，利用私力救济补充、完善公力救济，减少供求缺口、满足社会对权利救济的需求，实现帕累托改善。我们看到私力救济在对公力救济的替代、补充上体现了自主性、高效率等相对优势，但也应该注意到私力救济能够充分发挥作用，正是得益于公力救济制度的存在与实施。因此，我们从多方面增加私力救济供给的同时，也要强化公力救济的供给，从而实现多元化权利救济机制共同健康发展，维护社会秩序，体现公平、正义与效率。

如前文所述，公力救济与私力救济是替代关系，私力救济的效率性不能否定公力救济的效率性，两者的合理配置取决于交易成本的高低。我们强调的是，当私人谈判的成本较低的时候，适用私力救济，尊重当事人的选择，国家的关键在于提供或认同私力救济解决纠纷的途径。当私人谈判的成本较高的时候，适用公力救济，国家的关键在于提供公力救济以及时有效地解决纠纷。因此，在充分肯定私力救济的相对效率优势的同时，也要充分意识到公力救济在一定范围内也具有相对效率性。

以我国进城务工人员追讨欠薪为例。笔者认为，包工头与进城务工人员之间是劳务合同关系。根据相关的合同法和劳动法规，进城务工人员可以选择如下救济途径：一是与包工头协商，可能的结果是达成一致或者降低劳动力价格，如果是自愿的，则是帕累托改善；二是仲裁机制或者诉讼手段，或者投诉上访寻求行政干预。但是，由于我国法律制度完善有待时日，以及行政化司法体制的路径依赖，对进城务工人员而言，通过行政干预（如总理为进城务工人员讨工钱之举引发的全国各级政府部门为进城务工人员讨工钱的全国运动）之类的公力救济，不仅较之进城务工人员通过法院诉讼讨工钱的效率高，而且公力救济的效率大大高于进城务工人员通过调解、仲裁和私了等私力救济的方式讨工钱的效率。如据建设部初步统计，截至 2004 年 1 月 18 日，已偿付历年拖欠进城务工人员工资 215 亿元，清欠率 68%，耗时仅为春节前的两个月；其中，2003 年发生的欠款已兑付 89%。短短的两个月时

---

① 参见田晋宁《从私人侦探业的两元价值看对其立法的必要性》，载《安徽警官职业学院学报》2004 年第 3 期，第 59－61 页。

间内，借助行政干预力量就解决了进城务工人员与包工头长达1年或数年的工资纠纷，无论从时间上还是从货币成本上说，其效率远比诉讼、私力救济高。

当然，从另一个角度分析，行政手段不仅可能会导致行政成本增加，而且，过多地通过行政手段而非法院诉讼或当事人协商方式为进城务工人员讨工钱，有可能造成进城务工人员劳动力价格的扭曲，进而导致劳动力的供求失衡。这时，行政干预这一公力救济方式则是低效率的；相反，如果进一步健全我国的行会和工会制度，增强行会和工会代表工人对资方的谈判能力，并采用"协商"这种私力救济的方式，其结果往往是帕累托改善。

第七节 非正式制度与产业集群发展研究综述[①]

本节探索非正式制度在产业集群形成与发展中的作用的问题，已成为当前国内外经济学、管理学、社会学、经济地理学等学科研究产业集群发展的热点。无论是在巴格那斯科（Bagnasco）的"第三意大利"研究中，还是在欧洲创新小组（GREMI）的"创新环境"研究以及国内学者又小非正式制度在集群发展演进中的作用的研究中，都强调或暗含着这样的基本观点：产业集群所在的地区、所具有的不可模仿性和历史继承性的风俗、文化、社会关系等非正式制度，已成为促进集群企业合作并由此产生促进集群发展的主要动力。

一、非正式制度对产业集群发展的积极作用

（一）国外学者的研究综述

1. 新产业区学派

谈到新产业区学派，不能不谈到产业区学派的创始人——著名新古典经济学代表人物马歇尔（Alfred Marshall）。他继承了亚当·斯密（Adam Smith）对劳动分工的开创性理论，是第一个比较系统研究产业集聚现象的人，并提出了产业区理论。马歇尔从新古典经济学的角度，通过研究工业组织，间接表明了企业为追求外部规模经济而集聚。马歇尔（1890）把经济规模划分为两类：第一类是产业发展导致的经济规模，这类经济规模和产业的地区性集中有很大关系；第二类经济规模则取决于从事工业的单个企业和资源、它们的组织以及管理的效率。马歇尔把第一类经济规模称为外部规模经济[②]，把第二类经济规模称为内部规模经济。马歇尔发现了外部规模经济与产业集群之间的密切关系，他认为产业集聚主要是外部规模经济所致，生产和销售同类产品的企业或存在产业关联的上、中、下游企业集中于特定的地方，易于使用专门人才、专门机构、原材料，并因此产生很高的效率，而这种效率是处于分散状态下的企业所不能达到的。正是这种效率形成的外部规模经济，促进企业集中在一起，并形成了产业集聚。因此，马歇尔认为产业集聚的本质就是把性质相同的中小厂商集合起来，对生产过程的各个阶段进行专业化分工，实现作为巨型企业特征的规模经济生产。[③]

马歇尔（1890）还最早认识到了社会文化因素在地区经济发展中的作用。他认为，产

[①] 本节部分内容曾以论文形式发表，具体出自李胜兰《非正式制度与产业集群发展研究综述》，载《制度经济学研究》2008年第2期。

[②] 马歇尔认为，外部规模经济是指企业利用地理接近性，通过规模经济使企业生产成本处于或接近最低状态，使无法获得内部规模经济的单个企业通过外部合作获得规模经济。

[③] 参见［美］马歇尔《经济学原理》（上册），商务印书馆1964年版，第324-331页。

业区内的经济主体一般具有相同的文化背景、价值观念和行为规范,这促成了经济主体间的相互信任,对于形成高度合作的"产业空气"十分重要。因此,马歇尔认为社会文化等因素在产业区内经济发展过程中有一定的作用,指出产业区的发展是区域的社会力量和经济力量合作的结果。①

继承马歇尔传统,新产业区学派对产业集群发展过程中的社会、文化因素倾注了大量精力。新产业区的首要标志是紧密的本地化网络,即产业区内经济主体在长期交往中所形成的非正式合作关系。"新产业区"概念的提出,引起了对产业集群的社会根植性(embeddedness)② 和文化、制度因素的研究趋向。新产业区的研究起源于国外学界20世纪70年代末对"第三意大利"③ 经济增长的考察。因为当时受经济危机的影响,意大利西北部传统工业区出现衰退,而东北部以及中部一带却欣欣向荣,呈现增长势头。学者们通过研究发现,导致东北部以及中部一带工业区经济增长势头不减的一个重要原因,是东北部以及中部一带工业区内企业规模以中小企业为主;企业之间基于互相信任,有稳定的合作联系。由于这些工业区既具有马歇尔产业区类似的特征,又具有某些新的特征,故被称为"新产业区"。"新产业区"理论强调企业嵌入社区和社会—文化的联系中,指出社会关系、规则、传统等非正式制度因素影响着作为经济主体的人的决策活动,进而影响到他的经济行为。④

研究"第三意大利"的意大利学者巴格纳斯科强调社会文化结构对该地区企业间互动的支持,认为共同的社会起源以及在某些情况下政治上的同质性都能够促成合作环境的形成,而这种合作环境则主要是以深入的、面对面的联系,价值观、行为和语言的共享为特征的。⑤ 贝卡提尼(Becattini)对意大利佛罗伦萨附近的普拉托(Prato)毛织品产业区进行了细致的分析,认为新产业区是具有共同社会背景的人们和企业在一定的自然地域上形成的社会—地域生产综合体,并指出新产业区的经济特点是劳动分工的外部性,产业区内企业间的互动是有社会文化支持的。⑥ 而屈吉利尔(Trigilia, 1981)则强调,在"第三意大利"地区,当地价值系统在形成凝聚力以及解决合作潜在的利益冲突的过程中起到重要作用。

1984年,皮埃尔(Piore)和赛博(Sabol)首次将"第三意大利"地区及欧美其他国家的新产业区引进英语国家。他们认为,这些新产业区是西方发达国家的制造业自20世纪60

---

① 参见[美]马歇尔《经济学原理》(上册),商务印书馆1964年版,第279-280页。
② 新经济社会学的代表格兰诺维特(Cranovetter, 1985)提出了"根植性"的概念,指出人们的经济活动是嵌入网络与制度之中的,这种网络与制度是由社会构筑并有文化意义的。这一概念强调了企业集群对当地文化、价值观念以及制度环境等的高度依赖性。
③ "第三意大利"的概念来自经济社会学家巴格纳斯科(Bagnasco, 1997),是指意大利东北部以及中部一带的地区,有别于历史上经济发达但目前逐渐衰落的西北部(第一意大利)和经济落后的南方(第二意大利),具体包括翁布里亚、马尔凯、艾米利亚—罗马格纳、弗留利—威尼斯、朱利亚、威尼托、特兰提诺—阿尔托、阿迪杰和托斯卡纳7个大区。第二次世界大战结束后,尤其是进入20世纪70年代,这些地区依托集群建设使区域经济得到了长足发展。
④ 哈里逊(Harrison, 1992)认为,新产业区与传统产业区的根本区别在于:企业之间的信任即经济关系在地方社会文化等非正式制度中的根植。加拿大学者海特(Hayter, 1997)指出,在一定区域内,具有相同的、相近的或相关的社会文化背景、共同的价值观念的企业家集聚,对于区域内知和技术扩散非常重要,有利于区域内企业之间、企业与其他组织机构之间的密切合作。
⑤ 参见 A. Bagnasco, "The Theory of Development and the Italian Case" (http://www.vanzolini.org.br/seminariousp2000/bagnasco.pdf)。
⑥ 参见 G. Becattini, "the Marshallian Industrial Districts as a Socio-Economic Notion"; Pyke F., G Becattini, W. Sengenberger, eds., *Industrial Districts and Inter-firm Cooperation in Italy*, Geneva: ILQ, 1990。

年代末开始由"大规模生产"时代进入"柔性专业化"时代。① 皮埃尔和赛博在《第二次产业分工》中指出,柔性专业化必然导致新的产业的空间组织形式,这种空间组织不同于传统的产业区或工业区。随着建立在现代科学技术与垂直分离基础之上的多品种、少批量、定制式柔性生产方式的诞生,企业间与物质联系相伴的信息沟通越发重要,即时生产更使得供应商、生产商、顾客三位一体,相互靠近,产业聚集的目的不再是运费的顾虑,而是交易费用减少,这种空间组织是以中小型企业为主导的、在专业化分工基础上的既竞争又联合的一种新型的产业区。②

20世纪90年代,学者们的研究发现,"新产业区"不仅存在于意大利,在欧洲其他发达国家以及美国都存在类似于"第三意大利"的地区。所以与"第三意大利"地区一样,特定地区的社会文化也是促进该地区内企业的合作、创新及当地经济发展的一个重要原因。派克和森根博格认为,新产业区的特点之一就是它们应被视为社会和经济的统一,指出在产业区内,密切的社区联系与文化、政治因素一起作用,保持了当地的一致同意和共同的价值观,并促进了社会妥协,因此成为促进企业的合作、弹性和创新的重要原因。③ 此外,麦克唐纳德和沃特瓦将产业区之间的差异归结为社会资本的差异。他们指出,一方面,在社会资本缺乏的产业区内,企业来自具有不同文化背景的国家或地区,它们之间缺少长期交往形成的社会关系网络以及由此而来的相互信任,从而导致区内企业的集体行动较少;另一方面,共同的人文背景使得企业之间形成了建立在长期交往基础上的社会关系网络,并因此与各种俱乐部、行业协会、工会和地方银行等组织之间建立了相互信任关系,在此相互信任关系作用下产生的产业区内集体行动,被看成社会资本丰富的产业区内的集体行动。④

2. 新产业空间学派

产业区位理论的代表人物,德国经济学家阿尔弗雷德·韦伯(Alfred Weber)在其1909年《工业区位论》著作中,从产业集聚带来的成本节约的角度讨论了产业集群形成的动因。他认为费用最少的区位是最好的区位,而聚集能使企业节约成本。一个企业规模的增大能给工厂带来利益或节约成本,而若干个企业集群在一个地点同样也能给各个企业带来更多的收益或节省更多的成本,技术设备发展的专业化、搜寻劳动力的相关成本的降低,也都促进了企业集聚。他把集聚带来的好处视为成本的节省和收益的增加,正是成本的节约促使企业产生了集聚的动因。专业市场的发展可以提高批量购买的规模和销售的规模,使企业享有购买原材料的便利和顺利实现产品交易,从而降低了企业成本,提高了效率。企业集聚有利于道路、煤气、自来水等基础设施的建设和共享,从而减少经常性开支成本,促进了企业

---

① 柔性生产方式就是对应工业化后期以及信息社会的生产方式。柔性意味着在不可预见的、连续改变的环境中企业生存的能力,是对所面临的内外部环境变化的应变能力。柔性生产方式能提高企业生产率、改善产品质量、降低产品成本、缩短产品交货期,有助于企业在激烈的国际竞争中保持或获得优势。柔性制造企业的核心是强调企业间的动态集成和进行各种形式合作,其最高形式为虚拟企业。也就是建立以专业化为基础的协作生产方式,以产品为龙头组织协作生产。除设计和装配外,其他生产过程转包给"插入兼容式企业",这样就可以实现企业的集成。这种动态集成或虚拟企业,当一种机遇产品的生命结束时,其寿命也结束。这种生产方式显然不同于今天的集团公司,也不同于大批量的标准化产品生产的刚性生产方式。柔性生产方式强调的是专业化分工的灵敏企业的动态集成,这又与企业规模的小型化、企业之间的分工与协作、企业之间的密切的联网有关,这就要求企业之间必须建立密切而稳定的联系,也就是企业之间的网络。企业之间是既竞争又联合,既分工又合作的关系。
② M. Piore, C. Sable, "The Second Industrial Divide: Possibilities for Prosperity", New York: Basic Book, 1984。
③ F. Pyke, G. Becattini, W. Sengenberger, *Indusrial Districts and Inter-firm Cooperation in Italy*, Geneva: ILO, 1990。
④ 赵祥:《非正式制度与企业集群发展的研究述评》,载《中国软科学》2005年第9期。

集聚。①

新产业空间理论从企业与其所处的社会环境之间的互动关系入手研究集群的形成动因。该理论认为，决定一个国家、一个地区乃至一个企业高新技术产业发展状况最主要的因素，不是物资资本的数量与质量，而是与发挥人力资本潜力相关的经济组织结构和文化传统等社会环境因素。该学派代表人物斯科特沿袭了"柔性专业化"导致劳动社会分工加强的观点，并运用交易费用理论，解释产业集群的形成机理，认为在劳动社会分工日益加深的前提下，企业间的交易频率增加，并进而导致交易总费用上升。② 由于交易费用与地理距离呈正相关，企业通常在本地寻找交易对象，从而促成地方企业群的形成。斯科特还认为，在任何情况下，现代产业系统中的竞争都不可能是纯粹市场化的，而是要受到非正式制度框架的影响。这些制度框架把买卖双方企业按照他们熟悉和互惠的交易惯例联系起来，这反过来又促进多种合作形式，因此加强了特定产业区的比较经济优势。斯科特在理论和实践的基础上总结出，最具有发展动力的集群通常需要以现有的社会文化准则为基础的集体制度安排，以此来克服市场失效。此外，斯多波也提出，交易的规则、"社会邻近"（social proximity）以及在特定的聚集体中适当的非正式制度，对于成功的企业间合作行为是非常重要的。③

3. 创新环境学派

创新环境理论认为产业的本地化包括提升整个产业区的技术和专业化水平，提供丰富的高素质劳动力，增加辅助的贸易和专业化服务，满足众多公司的需求，为采用更加专业化的机构创造条件。企业聚集使大家可以共享单个企业无法实现的大规模生产和技术以及组织创新的好处。创新环境研究强调产业区内创新主体的集体效率（collective efficiency），强调创新行为的协同作用，强调社会根植性。例如，卡玛格尼认为，创新是企业—客户—供货商之间集体学习的过程。④ 区域集体学习主要依靠企业间的联系和合作，以及通过地方劳动力市场内部的熟练劳动力流动来完成。这种集体学习通常受到共同文化、心理以及政治背景所激励，有时会因为具有某些地方共同心理而增强。而具有文化根基的行动、参与和合作准则以及已被接受的个体与企业间的隐性行动准则，有利于建立信任机制，从而成为提高区域集体学习能力的一个重要的先决条件。⑤

罗森费尔德（Rosenfeld）认为，在一个有效的中小企业集群中，信息的流动十分重要，因为广泛的社会联系和信任在很大程度上促进了信息的流动和知识的传播，所以不可忽视作为信息交流平台的社会关系网络的作用。⑥ 萨克森尼的研究生动地揭示了一些非正式社会联系对产业集群内知识流动和技术创新的影响，认为美国硅谷的成功是由于硅谷内的企业、大学、研究机构和行业协会等形成了一个高效的区域创新网络，而硅谷内密切的社会关系和非

---

① 参见［德］阿尔弗雷德·韦伯：《工业区位论》，商务印书馆1997年版，第122页。
② 参见 A. Scott, "The Collective Order of Flexible Production Agglomeration: Lessons for Local Economic Development Policy and Strategic Choice", *Economic Geography*, 1992, 68, pp. 219 – 233。
③ 参见 M. Storper, "Regional Technology Coalitions: an Essential Dimension of National Technology Policy", *Research Policy*, 1995, 24, pp. 895 – 911。
④ 参见 R. Camagni "Local 'milieu', Uncertainty and Innovation Networks: Towards A New Dynamic Theory of Economic Space". Innovation Networks Special Perspectives, 1991。
⑤ 参见孙沛东、徐建牛《国外产业集群技术创新研究综述》，载《广州大学学报（社会科学版）》2004年第7期。
⑥ 参见 S. Rosenfeld, "Bringing Business Clusters into the Mainstream of Economic Development". European Planning Studies, 1997 (5), pp. 3 – 23。

正式人际交流，对硅谷的高效运行又起到了十分关键的作用。① 可见，紧密的社会关系网络形成了高度的信任，而高度信任又促进了知识的扩散和共享。

欧洲创新小组以及区域创新系统（Regional Innovation System）的研究结论也认为：

（1）正如企业不能独立进行生产经营活动一样，企业创新不可能由单一的个别企业完成。创新环境是企业进行创新的约束系统，是一个学习系统。这个学习系统有助于企业进行研究和创新，并有助于企业生产新产品、提供新服务，并将这些产品或服务成功地推向市场。

（2）区域环境的网络特征在企业创新中起着重要作用。区域内企业的发展是依赖于该企业在区域内结成的网络，这种区域的网络不仅仅包括同一产业或相关链条上的企业之间正式的一些产业和经济网络，而且还包括企业在创新与发展过程中，与当地的大学、研究机构、行会等中介服务组织以及地方政府等公共组织机构之间合作基础上而结成的一些非正式的研究和开发合作网、社会关系网、企业家间的个人关系网络等。②

（3）创新环境对创新具有重要的影响。环境是创新赖以进行的一个重要背景，是创新的过程。环境不是人们获得供应品的一个仓库，而是一个有能力创造协作过程的复杂系统。

（二）国内学者研究的综述

近十几年来，我国的集群迅速发展壮大。不少国内集群案例研究都表明，在自下而上、自发形成的集群中，特定地区的历史文化传统、社会关系等非正式制度因素在集群发展过程中的作用越来越大。

王缉慈对河北省清河羊绒集群的案例研究中发现，聚集在产业集群中的企业在生产、销售和采购等环节上，存在着各式各样的合作。特别是以家庭为单位的企业，相互之间合作关系比较密切。此外，有家族关系、朋友关系、邻居关系的人要么成为合伙人，要么在资金、技术等方面互相帮助，相互提供信息。这种合作的基础是基于社会关系网络的，它使得具有社会关系的家庭之间在生产、销售等各个环节上产生了非常密切的合作。③

汪少华和汪佳蕾（2002）在研究温州产业群落及其演进的相关案例研究专题中指出，从温州农村产业群落的传播路径看，基本上是沿着血缘、亲缘、地缘和朋友关系向外扩散的。"信用网络"是支撑温州集群成长的基础，观念创新是制度创新的前提。他们将浙江省企业集群成长模式纳入改革开放以后的"两个转型"之中进行历史的考察后发现，民众的诱致性制度创新是集群创新的原动力，而民众的制度创新又来自民众的观念创新，即观念创新是制度创新的前提。在调查中还发现，企业集群形成的基础性因素，例如，某一地区的地理环境、资源禀赋等，在很大程度上影响了当地民众的观念，而且这些因素往往会通过历史、文化的沉淀来逐步起作用。这一点，浙江温州表现得十分明显。故有学者认为，温州企业以"业主之间的信任和承诺为主要内容的协作精神"④，业主间的"信用网络"是支撑企

---

① 参见 A. Saxenian, "Regional Advantage: Culture and Competition in Silicon Valley and Route 128", Cambridge, Mass.: Harvard University Press, 1994。

② 参见 B. Asheim, "Industrial Districts as 'Learning Regions'. A Condition for Prosperity", *European Planning Studies*, 1996, pp. 379–400; K. Morgan, "The learning region: Institutions, Innovations and Regional Renewal", *Regional Studies*, 1997 (31), pp. 491–503; P. Cooke, et al., "Reginal Innovation Systems: Institutional and Organizational Dimensions", *Research Policy*, 1997 (26), pp. 475–491。

③ 参见王缉慈等《创新的空间——企业集群与区域发展》，北京大学版社2001年版。

④ 汪少华、汪佳蕾：《浙江省企业集群成长的创新模式》，载《中国农村经济》2002年第8期。

业集群的基础网络。只有在适当的人文环境下,才能在集群内激发"价值链与技术传递链"的整合机制,造成企业间关系的高度合作与协同,实现企业集群内的资源禀赋提升、企业—产业组织提升和技术水平提升。

谢思全、黄玖立对天津王庆坨自行车集群的研究认为,作为一种需求约束下的制度创新,王庆坨自行车集群的成功无疑是源于其对市场环境的适应。① 然而,与日本、硅谷和意大利等成熟工业区有所不同,王庆坨自行车集群中的企业均为乡村小企业,它对乡村社区规范等非正式制度的依赖性更强,从而表现出有别于其他成熟企业集群的特征。进一步剖析王庆坨自行车企业集群成功的原因,揭示其不足和缺陷,并指明其进一步发展的方向,这对于我国乡村企业方兴未艾的集群化趋势和传统农村的转型具有更一般的指导意义。

史晋川等人在浙江的调查表明,家族性联系越远的两个企业家之间发展起纵向分工合作关系的可能性比较大,而血缘、亲缘或地缘关系较近的企业家则倾向于发展横向合作的关系。因为,在企业之间的纵向分工合作关系中,拥有专用性较强的资源的各方存在着强烈的利益上的合作动机,但是机会主义倾向的成本较高。通过企业间的密切合作,容易克服各种交易费用限制而形成长期性合作关系。而在企业之间的横向合作关系中,拥有通用性资本的各个企业家彼此之间缺乏经济上互相合作的动因,彼此之间的合作主要因为存在着超经济的联系。纵向分工合作稳定的原因是没有血缘或亲缘的影响,彼此比较容易达成纯粹经济利益导向的合约,而且易于根据不断发生的变化来随时修订合约。②

卞芸芸等选取广东省中山市沙溪镇休闲服装产业集群作为研究对象,在对该产业集群的发展轨迹进行分析后得出结论,认为沙溪休闲服装产业集群的形成与成长依托于本地社会网络。③ 这个社会网络是由血缘、地缘及人情等各种社会关系交织而成的一个个网络社区组成的,企业是网络中的节点。在这个社会网络中,相同文化背景和心理习惯、相近的社会关系以及共同的社会准则使得企业家之间关系密切,有利于增强企业在沙溪的"根植性"。企业之间由于企业家的血缘、亲缘或是私人朋友关系,彼此相互熟悉,自然形成了一种信任和承诺,通常是先有了人际交往关系,然后才有生意上的合作关系。在"对企业转包业务关系建立的渠道"进行调查时,可以发现转包业务100%是发生在相识的企业之间的,他们或是本来就与企业家是亲朋好友的关系,或是亲戚朋友介绍的。也就是说,为了降低经营风险和生产风险,沙溪本地的休闲服装制衣企业家在力求保存企业核心竞争力的前提下,大多数是将部分或全部半成品、成品转包给相识的专业环节加工商,或委托给相识的其他同类服装生产商。企业家通过朋友关系,不断结识新的客户,建立相对稳定的业务联系。沙溪的企业由此被组织在产业集群的分工与协作网络之中。因此,正是社会网络在沙溪的存在,使企业信任机制得以建立;企业形成了所谓的行规,如布厂买纱和制衣厂买布都是可以先取货,赊一个月后才付清款项,印花出现制版错误时,要赔原料钱,等等;企业之间交易活动才会变得更加顺畅,生产的柔性化得以实现,不但可以节省交通费用,减少交易成本,保证自己的经营活动取得成功,还可以达到持续增长。

朱华晟(2003)在研究浙江省产业群的发展动力时指出,社会网络是浙江产业群发展

---

① 参见谢思全、黄玖立《乡镇企业集群的交易治理结构分析》,载《南开学报(哲学社会科学版)》2005年第7期。
② 参见史晋川、金祥荣等《制度变迁与经济发展:温州模式研究》,浙江大学出版社2002年版。
③ 参见卞芸芸、陈烈、周锐波等《中山市沙溪镇产业集群形成机理研究》,载《商业研究》2007年第4期。

的三大核心因素之一。① 传统的血缘、亲缘和地缘关系构成了浙江农村地区基本的社会网络关系，尤其是家族关系是社会网络关系的核心。在笔者所调研的三个地区——大唐袜业、嵊州领带业和宁波服装业三个集群中，均存在着以家族联系、社区意识为特征的社会网络，它们对于建立地方合作与信任具有重要的积极作用。姚海林（2005）认为，尽管社会网络的作用会随时间变化，尤其是家族联系的重要性被削弱，但这并不意味着产业的快速增长破坏了企业间的信任关系，以及强烈的家族联系被更弱的社会联系所取代。

曹群在研究广东省东莞集群形成原因时指出，东莞的集群是由港澳台投资为主。东莞市有港澳台同胞80多万和20多万海外侨胞，具有社会资本的比较优势，提供先天的社会网络。而东莞产业集群具有地缘和血缘的特征，华人共同的社会文化背景和价值观念形成产业集群的初始的社会网络和社会资本。② 社会资本和社会网络为东莞吸引海外直接投资起着重要作用，而外资来源的社会背景强化东莞产业集群中社会网络与社会资本，所以，东莞IT信息产业集群的社会网络的形成与发展与其外资来源密切相关。东莞的厚街镇一度是台商聚集最多的乡镇。20世纪80年代末第一批台商向大陆转移，就是在厚街镇落脚，于是厚街镇有了另一个名字——"小台北"。与之媲美的是另一个叫"樟木头"的镇，这里因港人聚集而被称为"小香港"。所以，东莞的集群是建立在共同的社会文化背景和组织（企业）间长期合作的基础上，完善社会网络和丰富社会资本弥补市场和企业的失灵，解决管理困境的问题，降低交易成本，避免基于信息不对称和有限理性的机会主义行为。初始社会网络和社会资本促进了东莞产业集群的形成和发展。

二、非正式制度对产业集群发展的消极作用

国外学者关于制度分析和经济社会学文献中，不仅注意到非正式制度对经济与社会发展的积极作用，而且也比较早地注意到了非正式制度对经济与社会发展的消极作用，亦即它的局限性。

诺斯发现，在经济发展初期的乡村地区通常具有运转良好的非正式制度，而且在一定范围内基于社会交换而起作用。因为乡村大部分交易都是高度人格化的，人们相互之间比较熟悉，非正式制度可以较多地作用于经济交易，保证契约实施。但是，赵祥认为，随着经济的发展和交易范围的扩展，匿名交易的比重越来越大，人们之间的交易关系便越来越受到市场的影响，市场深化削弱了非正式制度的交易治理功能。③ 波茨就指出，社会资本通常会排斥群体之外的他人获得为该群体所控制的社会资源，同时，共同体的成员身份对个体也提出了服从要求，压抑了个人自由和事业开拓。青木昌彦也认为，封闭的社会结构是社会资本发挥作用的条件，也是社会资本产生消极功能的根本原因。经济发展和环境变化导致社区成员的流动性越来越大，创建和维持社会资本的成本越来越高，必然导致社会资本的经济价值下降。斯蒂格利茨、卡费和雪莉强调市场的扩展会进一步增加对能够普遍地保证产权确定性和交易一致性的正式规则的需求，非正式制度不足以支撑持续的经济增长。正是在以上认识的

---

① 朱华晟总结，浙江产业群发展的三大核心因素是社会网络、地方企业家和地方政府。参见朱华晟《浙江产业群——产业网络、成长轨迹与发展动力》，浙江大学出版社2003年版。
② 参见曹群《东莞IT产业集群的可持续发展对策探析》，载《哈尔滨商业大学学报（社会科学版）》2005年第3期。
③ 参见［美］道格拉斯·诺斯《制度、制度变迁与经济绩效》，生活·读书·新知三联书店上海分店、上海人民出版社1994年版。

基础上，部分学者在有关产业集群的研究中也分析了非正式制度的角色变化和局限性。[1]

诺瑞格发现某些特殊的社会和种族体制妨碍了企业之间的交易活动，对产业集群发展有着较大的负面影响。他对印度安卡拉（Agra）制鞋企业集群的研究发现，生产商大多属于印度种姓加塔伍斯（Jatavs）和贫穷的穆斯林，而多数贸易商是印度种姓巴尼亚斯（Banias）和较富裕的穆斯林。正是由于种姓制度造成的不信任和歧视，阻碍了属于不同种姓的企业家之间的合作，生产商和贸易商之间的分工因为社会分化而加深。这种由等级制划分所造成的社会对立在印度尼西亚中爪哇地区的一个瓦片制造企业集群中也十分突出，社会对立不利于企业之间长期交易关系的建立和保持，限制了集群企业交易关系的扩展。[2]

哈理森以动态的眼光看待非正式制度在集群发展过程中的角色变化，他指出，20世纪80年代以来，"第三意大利"地区受到了内部企业大型化和外部大型财团兼并的冲击。随着市场的扩展，以社会同构、家族和种族关系为基础的中小企业合作网络在全球竞争面前显得十分脆弱，信任与合作的基石已遭到了破坏。

巴泽和施密茨在研究巴西赛诺谷鞋业集群中的社会—文化联系时指出，在集群发展的不同阶段，非经济联系的重要性会发生改变。他们认为，随着集群面向国际化，企业间信任关系的建立越来越符合经济理性的需要，信任关系逐渐从以特征为基础向以过程为基础转化，从社会关系纽带过渡到商业纽带，社会关系对集群发展的影响将逐步弱化。[3] 纳德维观察到巴基斯坦锡尔科特不锈钢手术器械企业集群中存在着三种社会关系网络："拜尔德里"、家庭关系和地缘关系的局限性，指出当地"拜尔德里"种族的手工业传统对集群的最初形成起到了巨大作用，但是随着集群的发展，其作用已经逐渐消失。家庭联系虽然有利于企业间的横向合作，但对成品制造商与配套企业之间的纵向分工几乎没有影响。除了上述既有的三种交易关系以外，在经济全球化的影响下，集群与外部组织的社会以及经济联系日益重要，本地企业更多地与以往没有社会联系的外部企业建立了合作关系。[4]

国内学者也注意到了非正式制度因素在集群发展过程中的负面作用和局限性。仇保兴指出，建立在血缘、地缘等关系基础上的非正式规范不能平等地对待每个人，导致"爱有差等"，这会使得最初集群内的交易的活动局限于某个特定的空间范围（如村落或乡镇）。[5] 陈守明认为，基于地缘联系的合作秩序难以扩展到地缘联系以外的地方。[6] 朱华晟也认为，随着市场的发展，社会网络的功能也处于动态变化之中，有三种力量导致社会网络功能的动态变化：企业追求利润最大化的动机加强；社会关系网络本身责权不清晰的缺陷；市场竞争的加剧。基于以上三方面因素，在集群发展的过程中，社会关系网络的作用会在一个特定的阶段发生逆转，其作用强度趋于减弱，甚至发生副作用。[7] 王春晓与和丕禅还从博弈论的视角对集群内部企业间的信任机制及其变迁进行了分析，揭示了集群内企业间的信任从基于个人

---

[1] 参见赵祥《非正式制度与企业集群发展的研究述评》，载《中国软科学》2005年第9期。

[2] 参见H. Sandee, P. Reitveld, "Upgrading Traditional Technologies in Small-Scale Industry Clusters: Collaboration and Innovation Adoption in Indonesi", *The Journal of Development Studies*, 2001, 37 (4), pp. 150 – 172。

[3] 参见L. Bazan, H. Schmitz, "Social Capital and Export Growth. An Industrial Community in Southern Brazil. IDS Discussion Paper", Brighton: Institute of Development Studies, 1997, p. 361。

[4] 参见K. Nadivi, "Shifting Ties: Social Networks in the Surgical Instrument Cluster of Sialkot, Pakistan", *Development and Change*, 1999 (30), pp. 141 – 175。

[5] 参见仇保兴《小企业集群研究》，复旦大学出版社1999年版。

[6] 参见陈守明《现代企业网络》，上海人民出版社2002年版。

[7] 参见朱华晟《浙江产业群——产业网络、成长轨迹与发展动力》，浙江大学出版社2003年版。

的信任向基于制度的信任转变的过程,阐述了非正式制度的局限性以及非正式制度向正式制度演变的必然趋势。①

三、简要评述

笔者认为,非正式制度是近年来集群研究的一个重要视角。大量的国内外文献讨论了文化传统、价值观、社会关系、社会资本、信任等非正式制度因素在集群形成和发展过程中所扮演的角色,体现了经济学、管理学和社会学等在集群研究上的多学科综合优势。从已有的文献中可以看出,学者们都十分重视研究非正式制度对集群发展的促进作用,同时也注意到了非正式制度对集群作用的局限性。这些研究不仅使丰富多彩的集群发展的实践得以梳理和总结,而且使非正式制度对集群发展的作用研究提升到了系统的理论分析和构建比较完整的理论体系的程度,丰富和发展了集群研究的理论。

但是,笔者也注意到,国内外学者关于非正式制度对集群发展中作用的研究还存在以下几个方面的不足或局限性,这也是我们今后研究非正式制度对集群作用的新的空间。

(1) 大多数文献对非正式制度对集群作用研究视角是静态的,对非正式制度在集群形成和发展中的作用缺乏动态的研究。

笔者认为,静态研究方法会导致结论的绝对化。例如,过于强调非正式制度对集群的积极作用而忽视其消极影响,认为在任何情况下都将非正式制度的作用看成集群竞争优势的一个重要来源,这一绝对化的观点不利于对非正式制度在集群发展中的作用做出全面客观的分析。因为在新制度经济学的成熟理论体系中,已经注意到非正式制度的局限性,所以在集群的发展过程中,非正式制度的积极作用也不会是一成不变的,它并不总是集群竞争优势的来源。正如弗罗门所指出的:"经济学家应该远离人类自然是静止不变的这一假定,而聚焦于制度的变化和经济社会中思想习惯的变化。"② 因此,笔者认为,对非正式制度作用所进行的静态分析,应该被真正的动态分析所取代,即从动态视角(集群形成、发展、锁定的整个演进过程)考察非正式制度在集群发展中的作用。

(2) 大多数文献过多注重非正式制度对集群的正面作用研究,而对非正式制度对集群负面作用研究不够。

已有的文献对集群发展过程中非正式制度的局限性和动态变化的关注显得不够,这方面的文献不仅数量较少,有关分析也不深入。极少数研究还只停留在对非正式制度作用减弱的现象描述上,并没有深入分析引起这种变化的约束条件。事实上,集群的健康成长必然伴随着一个制度演化的过程,即如果没有正式制度对非正式制度的替代,集群会走向衰落。另外,集群的健康成长是以资源流动为基础的,资源流动瓦解了非正式制度的社会基础。集群与外部的资源流动包括三个层次:一是以自己的资源生产,并在外部市场上出售产品;二是使用外部原材料等资源生产,并到外部市场上出售,即所谓的"大进大出";三是吸引外部的成品制造企业和配套厂商进入集群,延伸本地集群的专业化分工网络。而非正式制度只能支撑第一个层次的发展,难以支撑后面两个阶段的发展。因此,在集群发展过程中的制度演化应是今后的研究重点。

---

① 参见王春晓、和丕禅《信任、契约与规制:集群内企业间信任机制动态变迁研究》,载《中国农业大学学报(社会科学版)》2003 年第 2 期。

② 杰克·J. 弗罗门:《经济演化——探究新制度经济学的理论基础》,经济科学出版社 2003 年版,第 2—5 页。

第八节 行业自治规范在我国自贸区的扩大适用初探[①]

一、行业自治规范在自贸区扩大适用的具体含义

2017年《民法总则》确立了习惯的法律渊源地位，这里所指的习惯不仅包括民事习惯，还包括商事习惯。而行业协会所制定的行业自治规范的法律属性可以认定为商事习惯，针对此类商事习惯的识别与法律适用是目前需要重点讨论的问题。自贸区是我国商事制度改革重点实施的地区，也是各种创新性、高科技型、专业性的商事行为聚集地，因此行业自治在自贸区将发挥重要作用。针对我国目前行业治理中的重行政管制、轻行业自治的情况，笔者通过分析我国现存的行业治理过程中出现的三大共性问题：行政法律法规对行业发展的不利影响；行业发展过程中出现的专业性纠纷的裁决不公平、不及时；行业自治组织内部惩罚机制缺乏权威性，进而提出通过扩大行业自治规范在行业治理过程中的适用来解决行业发展中的疑难问题。行业自治组织通过制定符合行业发展的自治规范，并将其扩大到司法领域、仲裁领域以及行业组织内部的广泛适用，从而提高行业自治组织的公信力，逐渐承担行政机关对于行业标准、行业准入等方面的监管权力，从而真正实现"小政府、大社会"的治理模式。

行业自治规范的产生发展是一个渐进的过程，是商人在实践中形成和逐步发展起来的，之后经行业组织协会、国际商事组织等行业自治机构编纂成文或者行业内部自觉遵守，主要以行业自治规范、行业标准、行业协会章程、行规行约、国际惯例、行业习惯等形式存在。因其制定机关、立法技术、利益所属等因素的影响，使行业自治规范在司法适用中缺乏统一的标准，加之我国属大陆法系，对于行业协会，企业内部制定的自治规范不作为法律渊源，导致多数行业自治规范形同虚设，对行业发展非常不利。另外，有些垄断性的行业自治规范却在行业内部被滥用，而缺乏相应的监管和救济，损害了社会的公共利益。

行业自治规范在自贸区扩大适用的具体含义，是指将自贸区行业发展管理，贸易监管等适合行业自治组织执行的行政管理权限移交给行业自治组织，并通过行业自治规范进行规则管理；自贸区商事规则的适用从主要适用国内民商事法律扩大到适用国际行业自治规范和国内行业自治规范，从实体法上保证充分尊重商人的意思自治；自贸区商事纠纷的解决从主要由法院审判与机构仲裁，扩大到由行业自治组织调解以及行业仲裁等多种纠纷解决方式。自贸区发展过程中商事案件纠纷的处理和裁决从某种程度上折射出自贸区法治环境的优劣，从而直接影响自贸区企业的选择与发展，充分尊重自贸区商人自治，将行业自治规范在自贸区的扩大适用作为自贸区"制度创新"的大胆尝试，保障自贸区良好的法商环境在自贸区发展过程中尤为重要。

[①] 本节部分内容曾以论文形式发表，具体出自周林彬、陈晶《行业自治规范在我国自贸区的扩大适用初探》，载《法治论坛》2018年第1期。

二、行业自治规范在自贸区扩大适用的必要性与可行性分析

(一) 必要性分析

1. 根据治理理论分析行业自治规范在自贸区扩大适用的必要性

西方资本主义在发展过程中经历了以市场调节为主要手段的自由主义范式,也经历了以政府干预为主要手段的垄断资本主义范式。然而,无论是市场自行调节还是政府强行干预,都出现了不同程度的"失灵"。这样的社会背景下,治理和善治,"第三条道路"成为广为关注的热点问题。① 治理理论的学者罗西瑙认为,治理是一系列活动领域里的管理机制,它们虽未得到正式授权,却能有效发挥作用。与统治不同,治理指的是一种由共同的目标支持的活动,这些管理活动的主题未必是政府,也无须依靠国家的强制力量来实现。② 治理理论强调充分发挥民间社会组织的作用,而行业协会、国际商事组织等行业自治组织正好充当这一角色,其优于市场的志愿性、非营利性、行业发展的前瞻性、消费者保护性,优于政府的专业性、民主参与性、商事自治性、多元代表性,有效弥补市场失灵与政府失灵的弊端,成为解决相关行业复杂问题的重要补充。自贸区由于其国际化、自由化、专业化程度高,经常出现市场与政府难以解决的问题,行业自治规范在自贸区的扩大适用甚至优先适用是自贸区先行先试的制度创新,可以很好地解决自贸区的各种商事纠纷,从而维护自贸区自由、平等、高效、公正的法商环境。

2. 根据法经济学分析行业自治规范在自贸区扩大适用的必要性

行业自治规范的专业性和职业性能够使市场竞争更有效率,让制度真正成为经济发展的生产力。近年来,法经济学从"契约经济分析""非正式制度分析""产权分析"等不同角度共同研究"制度"对经济发展的作用,虽然学者的角度不同,侧重点不同,甚至某些观点也不同,但是普遍的观点都强调"制度"本身也具有"生产性",它与"土地""劳动力""资本"以及"技术"一样,都是促进经济发展的重要因素。③ 制度经济学理论认为,在现代制度完善的国家中,当出现经济或非经济纠纷时,双方未必希望通过法律的方式解决,而且由市场产生的治理机制可在一定程度上维持生产中的秩序与平衡。制度经济学还从博弈论的角度分析正式制度与非正式制度的演化与实施。日本学者青木昌彦认为,制度是关于博弈重复进行的主要方式的共有信念的自我维系系统。制度既是因为参与人持续不断的战略互动的产物,又稳定地独立于个体参与人的行动选择。博弈规则由参与人互动产生,并且可以自我实施,特别是惯例,可以由参与人的行为习惯自我形成,不需要第三方实施或设计。④ 行业自治规范作为商人在交易过程中博弈形成的规则制度,其产生与发展完全符合经济发展的规律,对于追求效率与利益的商人来讲,运用自我形成的行业自治规范交易行为,解决商事纠纷更有助于降低交易成本,对商业社会具有积极意义。

3. 根据自贸区设立宗旨分析行业自治规范在自贸区扩大适用的必要性

行业自治规范可以弥补法律对于自贸区市场竞争规制的不足,又为成文法的制定、修改

---

① 参见马长山《西方法治产生的深层历史根源、当代挑战及其启示:对国家与市民社会关系视角的重新审视》,载《法律科学》2001年第6期。
② 参见俞可平《治理与善治》,社会科学文献出版社2000年版,第2页。
③ 参见董淳锷《论商事自治规范》,载《中山大学学报(社会科学版)》2011年第6期。
④ 参见[日]青木昌彦《均衡点演进的制度变迁》,载[法]克劳德·梅纳尔编《制度、契约与组织》,经济科学出版社2003年版。

与完善提供了试错的平台与空间,减少了自贸区因正式法律频繁变动带来的营商环境的不稳定。此外,行业协会的内部惩罚机制不仅可以更有效地解决行业市场发展中的纠纷,而且符合自贸区创建多元化替代性纠纷解决的主要原则。创新是自贸区的特征,自贸区改革创新出现了很多新类型案件,如商业保理、金融衍生品种交易、跨境电子商务等,然而法律通常是滞后的,不可能事先顾及创新出现的各类新问题。所有的争议解决任务均赋予人民法院显然不现实,对于新型的案件,纠纷的处理将会出现"无法可依"的情况,法院只能从现有的法律法规中寻找一般性规定,必然使案件的审理无法达到预期的效果。另外,有些商事纠纷进入严格复杂、公开透明的诉讼程序,用对抗式的方式解决也非最佳的解决办法。自贸区应该借鉴国际经验,推动商事行业仲裁制度创新,推进行业协会和商会自治,培育新型商事调解组织,充分发挥行业自治规范在私力救济领域内的扩大适用,使更多的商事纠纷能以高效、便捷、经济的非诉讼方式解决。面对自贸区出现的各类新型的、国际性、专业性、前沿性的商事纠纷,人民法院在审理涉自贸试验区案件时必须遵循商法思维,尊重商事营利性和商人职业特点,将法律适用的范围从国内制定法扩大到体现商人自治意志的行业自治规范。

(二) 可行性分析

1. 历史层面分析

西方国家商法的产生与形成的过程充分说明商人意思自治的重要性。中世纪商人在长期的商业实践中不断总结归纳,从商业实践的实际需要出发,通过各种商人组织确立商事行为的标准规则以及管理,其宗旨是尽量降低交易成本、尊重各方利益需求、避免冲突以及最大限度地赢得消费者的信任。中世纪商人不仅依靠商人自治规范指导商人行为,而且设有专门的商人法庭。商业知识的背景以及商业活动的实践是商人法庭选任法官的重要参考因素,法官通过利用专业知识做出公平、公正的判决,从而逐渐建立自己的声望,并获得商人的认可。这种商人自治精神以及解决纠纷的方法一直沿用至今,法国等国家依然有在商人自治的基础上形成的商法法院,根据商法和商事惯例处理纠纷。而全世界普遍认可的商事仲裁制度,其基本精神亦来自中世界西方国家的商人自治行为。

中国历史上也有行业自治,中国自唐代以来就有行,各行都有各自的行首,负责"检校"一行实务,共同约定规约,并且负责协调同行之间的活动以及对行外一切事务的接洽与商谈,维持本行业的稳定发展,并且维护本行业在整个商业领域中的利益。宋代的行会制度日渐成熟,通过对城市工商业的自治管理,避免行业内部不正当竞争,促进了行业专业化程度的提高,并通过对官府苛政的抵制与协商,一定程度上保护了工商业的健康发展。[①] 民国初期的商会公断不断规范化,商事公断处成为商会的重要组成部分,商会还制定了公断规则和固定的公断书格式,商人解决纠纷、实现自治的理念在程序上得到确定,并逐渐完善。通过对古今中外的商人活动研究与分析,体现商人意思自治的行业自治规范的适用能够维护商事活动健康发展,保护商人合法利益,保障社会公共利益,从而使工商业得以蓬勃发展。

2. 比较法层面分析

行业自治组织在西方发达国家一直都扮演着十分重要的角色,在促进社会经济发展方面发挥了不可替代的作用。英美法系的行业自治组织是完全独立于政府,甚至对抗政府的自治性社团。各协会大都按照私法中的公司法设立,在不违反反垄断法、反不正当竞争法、税法

---

① 参见徐鼎新、钱小明《上海总商会史》,上海社会科学院出版社1991年版,第62页。

等强制性法律规范的前提下,可以制定行业自治规范,由行业自治组织裁决相关纠纷。例如,美国"国家谷类和饲料协会"(NGFA)自治规则,提出美国棉花产业几乎完全脱离了公共法律体系,商主体之间合同的建立以及纠纷的解决已不再依据《美国统一商法典》,亦不依赖法院的裁决,取而代之的是一套完全符合棉花产业发展的私人法律体系,其中包括棉花交易规则、标准以及争议解决方式。大陆法系国家,行业自治组织更多的是被当作政府的组成部分或者延伸机构,其主要功能是与政府一起完成对行业发展、社会成员的管理,而不是对政府的制约与对抗。再如,日本的行业协会与政府的关系非常紧密,但并不受制于政府的领导,而与政府之间是合作与补充的关系。日本的各个行业协会在日常事务的管理运行中具有很强的独立性、自治性和民主性,政府通过制定法律对行业协会进行监督与管理,同时授予行业协会制定行业标准、行业监管规范等权力,行业协会在日常管理中以行业健康有序发展为主要宗旨,协调行业与政府之间的关系,在专业领域形成了符合行业发展的自治规则,成为国家法律框架的重要补充。日本行业协会通过民间仲裁体系解决市场纠纷,大大提高了商事行为的效率,节约法律成本,而且能有效地弥补法律的"真空"范围,其专业性也得到商事主体的认可。无论是英美法系与政府"对抗式"的行业自治形式,还是大陆法系与政府"合作式"的行业自治组织,其所制定的行业自治规范都得到行业内部的广泛认可,并自觉执行,商事组织之间的市场纠纷也通过自治组织的仲裁或者调解得以解决。政府只需要通过立法对行业自治组织进行管理和监督,形成良好的生态循环。

3. 自贸区商事环境比较分析

随着全球经济一体化的发展,各个国家、各个区域为了进一步加大开放的力度,吸引更多的国际贸易业务,先后成立了多个自由贸易区。虽然各个自由贸易区的职能不同,形式多样,但都有共同的目标,即提供更加开放、更加宽松、更加有利于贸易往来的商事环境以及法律制度。其中,北美自由贸易区成立时间较早,在促进美、加、墨三国的贸易发展、改善其投资环境、提高其国际竞争力等方面均取得了显著的成效。北美自由贸易区是在《北美自由贸易协定》的基础上设立的,其主要特征可以概括为弱化机构框架、强化法律规则、多种形式并存的争端解决方式。《北美自由贸易协定》在行业惯例、服务贸易、投资规则、争议解决方面都有详细的规定,有利于在法律制度的层面上增强北美地区投资人的信心并保障他们的利益。[①] 正如美国专家弗里德里克 M. 阿波特(Frederick M. Abbott)教授评价的:《北美自由贸易协定》并不是将北美大陆的政治、社会一体化作为设计目标,而主要是想将其作为在成员国领土内促进经济发展的手段。[②] 我们设立自贸区的目的同样也是建立自由、平等、互利、公平的营商环境,我国政府实行"负面清单制度"充分表明国家对于自贸区各项制度创新的鼓励与支持,通过对典型国家自贸区法律制度的分析,行业自治规范(包括国际商事惯例)在自贸区的扩大适用甚至优先适用,这不仅是自贸区法律制度的大胆创新,也完全符合自贸区设立的宗旨。

---

① 参见沈四宝、王秉乾《北美自由贸易区的经验及对我国的启示》,载《法学杂志》2005 年第 6 期。
② 参见王春婕《区域经济一体化的组织模式比较》,载《山东经济》2005 年第 6 期。

三、行业自治规范在自贸区扩大适用的实践路径

（一）自贸区贸易监管的法律适用，从主要适用行政管理规范，扩大到主要适用行业自治规范

综观世界各国，行业自治组织在行业领域发展的作用是非常重要的，政府、企业、行业自治组织共同推动社会的发展。而我国历史上，行业自治组织也发挥了重要的作用。然而，我国目前现有的某些行业领域的法律由于是政府部门起草，只重视管理权，不重视行业自治权，不重视行业主体权利，某种程度上把"行业领域法律"变为"行业管理法"，严重阻碍了行业的发展。在充分尊重商人自治权利的自贸区，我们可以尝试将政府部分对行业的管理权授予行业自治组织行使，转变政府对行业的管理方式，将行业标准的制定、行业惯例的确认等权利赋予行业自治组织，而政府只对行业垄断、不正当竞争等行业领域的不当行为进行立法监督，保证国家强制法律与社会规范的共同治理，以应对自贸区不断出现的专业性、国际性、前沿性的商事纠纷，最终保障自贸区良好的法治环境。

针对以往我国市场监管立法和执法中"重政府的行政立法和执法，轻行业组织的立法和执法"的缺陷，为了克服自贸区市场监管中不能沿用"负面清单"以外的现行监管行政法规所表现出的监管行政法规的"失灵"，也为了弥补自贸区市场监管的"法律空白"，有关自贸区市场监管的立法和执法，应该由市场监管行政规范适用为主，扩大到市场监管行业自治规范适用为主。首先，行业自治规范不仅可以有效防止恶性竞争和竞争的不必要重复，同时也可以适时适度地提高产品标准以及许可条件，从而进一步改善行业的技术水平，推进社会福利的提高。其次，行业自治规范的专业性保证对行业监管的有效性和针对性，从法经济学角度考虑，能够更加有效地进行市场规制和管理，使得自贸区的商事主体将更多的精力投入产品标准的提高以及企业的健康发展，而不再需要应对行政机关的各种形式上的监督与审查。最后，自贸区的贸易往来多数涉及各个国家的不同主体，行业协会可以根据本国国情，同时参照国家贸易惯例适时适当地进行贸易监管。有许多行政管制过严，或者缺乏法律法规的相关规定的地方。

（二）商事纠纷案件的实体法规范适用，从主要适用国家制定的商事成文法规范适用，扩大到主要适用国际商事组织制定的国际贸易惯例

自贸区的商事纠纷案件主要是涉外商事纠纷案件，特别是跨国、跨境的商事案件不断增多。虽然我国对涉外商事纠纷案件的实体法适用允许适用国外法，但由于公共秩序保留原则的制约，使得适用外国实体法对国家经济安全（尤其是金融安全）的风险高于适用国际商事惯例对国家经济安全的风险，因此在涉外贸易纠纷中，按照"先行先试"的自贸区制度创新原则，应当率先在自贸区的相关法律或者司法判例中，明确商事自治规范的法律渊源地位，在自贸区商事案件的审理中，经过行政部门备案审查的正式行业自治规范的适用顺位优先于民事法律，涉外商事案件适用国际惯例优先于适用民事法律。四大自贸区的涉外商事案件主要涉及新型金融纠纷、跨境电子商务纠纷、海上货物运输合同纠纷、国际船舶管理、航运运价指数衍生品交易、船舶登记等新型案件，上述案件都会涉及外国法律、国际条约、国际惯例的适用。但是，由于对法官的激励机制不够，适用外国法查明案件通常需要很长时间，而法官的精力有限，又有结案率的压力存在，因此法官在适用外国法时常常会以公共秩

序保留，或者以外国法无法查明等简单原因排除外国法的适用，结果必然会导致外国企业在选择进驻我国自贸区时对于法律适用方面有所顾虑。然而，国际惯例相对于外国法来讲，一般是某一领域的行业惯例，比较方便查明，而且因为公共秩序保留而被排除适用的风险较低。例如，国际贸易领域已经通用的《2000年国际贸易术语解释通则》《跟单信用证统一惯例》等已经成为世界贸易领域共同认可的国际惯例，为国际贸易的顺利进行提供了重要的规则保障。因此，法院和仲裁机关审理有关涉外商事纠纷案件，涉及实体法适用时，不仅要在有效地查明外国法的基础上更多地适用外国法，而且要在有效地查明国际商事惯例的基础上更多地适用国际商事惯例。

针对以往我国涉外商事审判和仲裁在法律适用上重国内法、轻国际法，重国家制定的法律、轻国际性行业组织制定的国际商事惯例适用的缺陷，特别是在因现行立法法和民事基本法不承认行业自治规范的法渊地位，以及对行业自治规范整理与权威发布缺乏相关法律依据的情况下，为克服自贸区法院和仲裁机构审理涉外商事纠纷案件不能沿用已有国内法和外国法适用规则从而表现出的许多"有法不能适用"或"无法可以适用"的法律适用难题，有关自贸区商事纠纷案件的审判和仲裁，应该由国内法和外国法规范适用为主，扩大到国际贸易惯例适用为主。

（三）自贸区商事纠纷案件的程序规范适用，由适用法院审判和仲裁机构的程序规范，扩大到适用行业协会的调解和仲裁规范

利用多元化替代性纠纷解决方式解决商事纠纷，是自贸区贸易纠纷解决制度改革的一个主要思路。就商事诉讼案件的程序规则扩大适用行业内程序规则而言，在不违反民诉法基本原则的前提下，对符合行业规律且经当事人同意适用的有关行业组织处理行业内部纠纷的程序性规则，法院可以参照适用并据此完善相对独立的商事审判规则，并在此基础上建立相对独立的依现行《法院组织法》和《民事诉讼法》设立的具有大民事审判性质的民事审判机关，且设立具有商事审判专业性质的商事法院。利用多元化替代性纠纷解决方式化解商事纠纷，是自贸区贸易纠纷解决的主要制度改革思路。如上海、天津相继成立了自贸区诉前调解和仲裁前调解对接中心，将商事调解引入自贸区法庭和仲裁庭，经当事人同意，启动非诉讼和非仲裁调解程序，法院和仲裁庭按照有关规定审查确认调解协议的法律效力。但是，多元化纠纷不仅指法院和仲裁机构按有关诉讼与仲裁的程序性规则审理商事纠纷案件，还包括行业组织按有关行业内程序性规则调解与仲裁商事纠纷案件。将全部商事纠纷交由法院和仲裁机构处理不符合现实，特别是有些专业性及技术性很强的商事纠纷，交由以法律专业人士组成的法院和仲裁机构处理，不如交由以专业技术人士组成的行业调解和行业仲裁机构进行调解和仲裁更有效率。

四、行业自治规范在自贸区扩大适用的制度完善

（一）确立行业自治规范在自贸区法律适用的习惯法渊源地位

2017年《民法总则》将习惯作为正式的法律渊源写入法律中，这是对民商事习惯的充分肯定与尊重。无论是民间自发行为而形成的民事习惯，还是商人在商业往来中形成的商事习惯，都应该成为司法审判中判断当事人行为的审判依据。哈耶克的自发秩序理论认为，人类在长期商业行为的博弈中已经形成有序的秩序，这些秩序符合商事行为的规律，同时也符

合商人对商事活动的利益追求,我们应当尊重这些自发形成的规律。[1]而行业自治规范是指商事主体在从事商业行为中形成的本行业的自治规则,包括在长期的商业活动中,经由商人或者社会团体反复使用,并且为他人或者团体认可的商业惯例,也包括行业内部制定颁布的行规等自治性规范。行业自治规范符合自发秩序理论,其法律属性可以看作商事习惯,虽然《民法总则》中已经确认了其法律渊源的地位,然而并非所有的行业自治规范都可以成为法律渊源。《美国统一商法典》认为交易习惯是某地区、某行业中人们所遵守的,甚至可以预期在相关商事纠纷中可以作为裁判依据的惯常做法。[2]我国学者张松也提出,商事习惯是人们在长期的商事行为中反复使用并经过认可的商业习俗。[3]二者都认为反复使用、长期使用并经过认可才能使商事自治规范成为可以作为法律适用的习惯。因此,我们在确认行业自治规范可以成为民法渊源的同时,需要在司法实践中进一步明确行业自治规范成为正式法律渊源的适用条件与适用程序。

(二)确立行业自治规范在自贸区法律适用的效力审查,识别与查明机制

行业自治组织通过制定行业自治规范保障健康的行业发展秩序,协调行业内成员之间的利益关系,从而保护利益相关者和社会公众利益。然而,实践中的行业自治规范以不合理、公平的规定损害社会公共利益甚至自治组织内部成员利益的情况屡见不鲜。行业标准作为行业自治的一种重要的形式,对于行业的健康发展有积极的影响。然而,如果行业标准被不合理地设置和使用,可能导致限制竞争或者垄断的结果,从而影响消费者的判断和社会公共利益。《反垄断法》实施五年来,工商行政部门查处的垄断协议案件中,有一半以上是由行业协会达成的垄断协议构成的。由于行业协会身份性质不明确以及外部监管的缺失,使其成为构成行业垄断和不正当竞争的推手,因此,有必要建立行业自治规范在自贸区扩大适用的效力审查机制。因此,有些国家并不是直接认定行业自治规范的效力,而是需要通过国家或者行政机关的认可方能生效。例如,美国的行业协会自治规章虽然具有指导意义,但是如果要产生法律效力,必须经过行政机关的认可。法国的行业自治规范则需要接受政府的各种监督,有些需要得到政府的批准才生效,有些需要经过政府部门的备案方可生效。我国没有专门的行业立法,对行业的规范主要依靠部门规章和行政法规,行业协会的特殊性质使行业自治组织无法真正独立自治,行业自治规章无法发挥其应有的作用。随着自贸区的"负面清单"管理模式的推行,新型的、专业的、技术性更强的行业领域不断出现,对于这些领域的规范和惯例,应该授权由行业自治组织规范其行为,而政府只需充当监督行业自治组织的角色,对行业自治规范实行行政备案和审查机制,使其更加符合法律、法规和国家的经济政策。同时,建立行业自治规范的司法审查机制,通过公益诉讼或者利害关系人的起诉被动地提起法院对于行业自治规范的司法审查权。

(三)行业自治规范在自贸区扩大适用的程序法制度完善

一是完善自贸区法院对于行业自治规范扩大适用的司法程序。行业自治规范在司法程序中的扩大适用需要符合相应的程序,包括启动程序、举证程序、限制程序。由于行业自治规

---

[1] 参见[英]弗里德利·冯·哈耶克《自由秩序原理》,邓正来译,生活·读书·新知三联书店1997年版,第12页。

[2] 参见孙新强《美国〈统一商法典〉及其正式评述》,中国人民大学出版社2006年版,第29页。

[3] 参见张松《变与常》,中国社会科学出版社2010年版,第11页。

范不是国家制定的强制性法律，其成立的依据是当事人自愿和当事人的意志，因此司法程序中对于行业自治规范的启动程序应当遵循当事人的选择适用，法院不得擅自决定适用行业自治规范。另外，在行业自治规范已经备案合法的基础上，法院应当充分尊重当事人对于行业自治规范的选择适用。因行业自治规范是准法律，依据"谁主张，谁举证"的诉讼原理，故主张适用行业自治规范的当事人有举证的责任。对于审判中行业自治规范的限制，主要是指当事人应当在证据交换环节提出适用行业自治规范的主张，以及其他诉讼环节对行业自治规范适用方面的限制性规定。

二是完善自贸区仲裁庭对于行业自治规范扩大适用的仲裁程序。行业仲裁在争端解决方面具有专业性与信息全面的优势。行业仲裁由行业协会的专家组成，他们是行业自治规范的制定者、规则的倡议者，熟知行业的交易规则，并且具有行业相关的专业知识与背景，对纠纷处理的专业判断具有权威作用。而且行业仲裁有利于提高仲裁效率，仲裁员不仅了解行业相关知识，对于本行业自治规范的惩罚措施也比较熟悉，相对于只熟悉法律程序的法官与非行业仲裁员来说具有较大的优势。此外，行业仲裁员都是业内的专家、学者或者企业家，行业协会的成员对他们比较尊重、信任，这对于防止行业仲裁的腐败或者不公平也有监督作用，可以有效防止不公平的裁决。因此，我们应该借鉴国际经验，推动商事行业仲裁制度创新，推进行业协会和商会自治，充分发挥行业自治规范的在仲裁领域内的扩大适用，使更多的商事纠纷能以高效、便捷、经济的非诉讼方式解决。

三是完善行业自治组织对于行业自治规范扩大适用的调解程序。利用多元化替代性纠纷解决方式化解商事纠纷，在自贸区各个法院已经达成共识。上海、天津相继成立了自贸区诉调对接法律中心，将商事调解组织引入自贸区法庭，经当事人同意，启动非诉调解程序，法院按照有关规定审查确认调解协议的法律效力。行业自治规范在调解过程中的扩大适用更加符合自贸区建立合理的审判规则，引导健康的市场秩序的目标。行业自治规范不仅包含行业章程、行业标准、行业惯例，还包含自治组织的惩罚规则。行业自治规范的惩罚权是指行业自治组织对组织成员违反行业自治规范的行为，采取警告、罚款、暂停营业、取消会员资格等权利。惩罚权的来源既可以是行政机关委托行业自治组织行使的行政权力，也可以是行业自治组织成员之间约定行使的权利。行业内部私力救济解决商事纠纷是行业自治的重要组成部分，因具有成本低廉、程序灵活、规则统一的优点而值得广泛推广。上海自贸区公布的典型案例——"深圳幸福久久珠宝有限公司与1号店"一案中，原告的行为触犯了《1号店网络交易平台服务合作协议》而被被告关闭店铺。原告认为，原、被告之间是平等主体之间的合作关系，被告无权处罚。但《1号店网络交易平台服务合作协议》亦规定，商家违反协议，1号店有权对商家进行包括但不限于关闭店铺、冻结账号、冻结资金、终止合作等处罚。自贸区法院承认了1号店对幸福久久珠宝有限公司的处罚决定。该案明确网络交易平台服务提供商为有效管理平台入驻商户制定一系列平台运营管理的规则制度，对入驻商户具有约束力。通过肯定网络交易平台内部纠纷解决机制，充分尊重新兴业态的行业自治规范，保证交易的效率和交易安全。

第九节　中国商会立法刍议：从契约的视角[①]

商会立法是当前我国市场经济立法实践和理论研究中的热点问题，理论界近年来对商会的"对象性"研究，从更大范畴的非政府组织、社会团体等角度进行的"类型化"研究较多，横跨社会科学多个领域。[②]但是从法学研究意义上看，这些论著甚少涉及"立法"主题，即使在已有的少数文献中，也普遍存在"就法论法"或"就经济论经济"的"两张皮"现象。我们认为，商会不仅是一个法律问题，也是一个经济问题。从某种意义上讲，目前困扰商会立法的若干因素大多都源于政府经济政策的选择。因此，对商会立法的理论研究需要加强学科之间尤其是法学和经济学之间的沟通。本节将尝试从法律经济学角度对商会立法问题及其解决提出新的研究思路。其中，在实体论上我们认为，商会是商人（企业）为维护自身利益以及协调行业内的生产经营秩序，降低市场活动中的各种交易成本而构建的自治自律组织，其本质是一种"关系型契约"。而在方法论上，本节的"契约观"分析有三种进路：一是新制度经济学关于企业契约性质和交易成本的思路；二是传统国家起源契约学说中有关"契约自由"和"权利平等"的思想；三是从合同法意义上的契约来具体考察各种权利义务关系。

一、商会性质与商会法的基本定位：从身份到契约

我国商会发展正处于转型期，表现为"体制内生成""体制外生成"和"混合生成"三种类型同时并存。因此，理论和实践中对商会性质究竟如何界定存有争议，其焦点是商会的民间化改革问题。但是，我们注意到，目前对商会性质的争论大多带有"意识形态"的痕迹，多数观点倾向于采用"半官半民""半官方性"或者"民间性""官方性"等词语来描述商会的性质，其结果是容易产生逻辑上的悖论：一方面基于"商会民间化趋势"和"民主改革的理念"，如果用"民间性"来界定商会的性质，则理论上政府必须和商会脱钩，因此不少观点都高呼商会独立要摆脱政府的干预；另一方面，许多现实状况却显示了并非所有的商会都愿意脱离政府的"扶持"（事实上商会的发展也不可能完全与政府干预绝缘）。

要真正从改革意义上认识商会性质必须从相对中立和理性的角度来进行。对此我们提出商会具有"关系型契约"的性质，其基本含义是：商会将成员企业在行业自治中需要缔结的若干种（次）契约"内部化"在一个长期的契约框架当中，例如选举代表参与反倾销诉讼，或者集中提供行业信息，或者协议进行价格自律，等等，从而减少了每次缔结合同中的讨价还价，降低了交易成本。

[①] 本节部分内容曾以论文形式发表，具体出自周林彬、董淳锷《中国商会立法刍议：从契约的视角》，载《南开学报》2007年第3期。

[②] 国内现有的代表性文献，从政治学角度研究的代表著作有张静的《社团主义》（中国社会科学出版社1998年版）、俞建兴等《在政府与企业之间——以温州商会为研究对象》（浙江人民出版社2004年版）等；从经济学角度研究的代表著作有余晖的《行业协会及其在中国的发展》（经济管理出版社2002年版）、陈清泰《商会发展与制度规范》（中国经济出版社1995年版）等；从管理学角度研究的代表著作有王名等《中国社团改革》（社会科学文献出版社2001年版）、贾西津等《转型时期的行业协会》（社会科学出版社2004年版）等；从历史学角度研究的代表著作有虞和平《商会与中国早期现代化》（上海人民出版社1993年版）等；从法学角度研究的代表著作有金晓晨《商会与行业协会法律制度研究》（气象出版社2003年版）、黎军《行业组织的行政法问题研究》（北京大学出版社2002年版）、鲁篱《行业协会经济自治权研究》（法律出版社2003年版）等。此外还有数量繁多的若干论文。

商会契约的基本特点有三个。一是关系内嵌性。根据美国法学家从 macneil 对关系型契约的分析，契约关系性的标准之一就是"私人关系的嵌入"。商会契约依靠博弈论意义上的"共同信念"的维系和共享，紧密地构建了成员企业之间的平等性关系。有学者指出，行业协会可以把成员团结起来，实现从陌生到熟人的转换，协会成员相互平等，彼此没有封闭森严的登记制度，它是通过对集体资源的共享来搭建的一个交流平台，并将各个成员吸引到这样一个互助性的网络组织体中。因此，在这个意义上行业协会是一种关系网络。二是不完备性（框架性）。不完备性研究是新制度经济学与旧制度经济学的一个重要差别，前者的理论往往假设契约具有完备性，即缔约时主体可以清晰地预见并约定履约状况。但是，与一次性契约不同的，由于商会契约的履约期限较为稳定和漫长、缔约主体信息不对称，以及履约过程中的不可预测性，使得商会这一关系型契约并不具备一次性契约的完整形态。因此，成员企业并不可能仅仅通过缔结章程来解决所有问题，应该允许成员企业对后期出现的不可预期的问题进行补充和细化。三是自治性。关系型契约强调缔约主体对契约履行机制的自我实施和自我约束，即通过约定某些惩罚性机制来保证契约的履行，尽量减少第三方（例如法院、仲裁庭）的强制。在商会契约中，只要主体是平等的、交易是持续的，当事人就可以通过谈判形成某些共识性履约规则，这些规则可以容纳当事人解决纠纷的行为，涵盖了主体的自治能力。

上述性质分析的最终目的是为商会立法的基本定位提供一种新视角。

其一，商会的契约性质要求实现立法本位的转型。因为从私法立场来看，主体关系契约化应该与立法上的权利本位相对应。但是，我国现有立法对于商会权利义务的规定却严重失衡。不少立法似乎还在延续《社会团体登记管理条例》的模式而将其界定为"管理条例"或"管理办法"。而且，具体的法律条文也很少涉及商会权利的享有。相比之下，国外的商会立法少有管理法的定位。如《法国商会法》总共只有 27 条规定，但从该法的第 13 条到 25 条几乎都是关于商会基本权利的规定，占了一半篇幅，而且该法其他条文中关于商会义务性、限制性规定也相当少。《德国工商会法》对商会义务和职责的限制和规定也不多，特别是对于商会内部问题，一般只做原则性规定。因此，要在立法精神上真正促成商会的民间化，商会立法应该实现从传统义务本位到权利本位的转变，任何关于商会民间化或者商会自治的"宣言"最终都必须落实为具体的权利来实现。

其二，基于关系内嵌性和不完备性，立法应该为商会契约履行机制的完善提供配套法律依据。因为商会作为关系契约在强有力的履约制度即硬性的实施制度保障下，具有降低交易成本的功效。但是，商会与我国的关系经济特点有相吻合之处，由于关系经济具有信息隐蔽、交易成本高（如制度实施成本）、重关系轻制度等弊端，因此商会契约的履行必须有完善的制度约束，即通过法律将契约硬化，以屏蔽其潜在的非效率性。

其三，基于自治性，立法必须妥善解决商会与政府的关系。"民间化"可以视为商会从传统"身份关系"向"契约关系"的过渡。在"体制内生成"模式下，不管是政府与其直属的商会还是商会与成员企业，几乎都是按照行政性的"身份差异"来构建彼此关系，商会也因其"行政性身份"而被企业形容为"二政府"，一个最常见的例子就是政府部门的人事安排与商会相混同。但是从"身份"向"契约"的过渡并不必然排斥政府对商会管理的参与，而且从商会自身的意愿来看，也并非所有商会都愿意将政府完全排除在契约关系之外。因此，一种务实的做法是在立法制度上改革政府参与商会的模式：规范参与缔结商会契约的政府部门主体资格，明确哪些职能部门是协调管理商会的主体，防止在人事安排等方面与商会混同；规范政府部门参与缔结商会契约的程序，从积极方面防止政府利用其优势地位强制参与商会契约；规范商会在与政府缔结契约过程中的权利救济途径，从消极方面限制政府的权力优势，保障商会的平等地位。

二、商会法的立法体例：从分立到统一

目前理论上对商会、行业协会内涵和外延的界定并不清晰，加之我国现有协会组织包括民间商会、行业协会、贸易促进会、进出口商会、外国在华商会，以及工商联合会等多种形式，因此现行商会立法体例较为繁杂。概言之，其包括三种形式：一是行业协会法形式，即各地普遍采用的"行业协会管理条例""行业协会管理办法"等，但是即使同为行业协会法，各地对"行业协会"的界定也仍有差异，例如《深圳经济特区行业协会条例》《上海市行业协会暂行办法》等法规所规定的"行业协会"仅限于"经济类"的行业协会；而《温州市行业协会管理办法》所规定的"行业协会"则是指"各类行业协会"，其适用范围明显更为广泛。二是狭义商会法的形式，例如《深圳市民间商会条例（草案）》。三是合并立法的形式，即把商会和行业协会并列规定在一部法律中，如原国家经贸委曾起草过《商会与行业协会法》就是例证。

我们认为商会立法有必要整合现有体例，采取"合并式"立法。理由是：

第一，在商会发展尚未成熟的阶段，国家允许各地分别立法具有合理性。但经过若干年来地方立法的实践经历，再加上商会发展已经成为带有全国普遍性意义的问题，采取国家统一立法就具有了可行性和必要性。如若继续固守"分立式"，则可能造成立法工程重复建设，增加法律制定和实施的成本。例如，深圳市1999年已经出台了《深圳经济特区行业协会条例》，但最近又在酝酿制定《深圳市民间商会条例》，由于两者适用对象并不兼容，届时可能出现并行实施的局面。

第二，商会的"契约性"强调主体地位的平等性以及权利、义务关系的协商一致性，因此商会契约性质的转型，有利于消除行业自治中的身份特权，由于转型期社会上还存在着多种体制形态的商会，因此过分强调以"体制差别"的形式进行立法无疑将加大商会之间的"身份差别"，影响商会平等契约的缔结和履行。例如，上述深圳市的两个立法中，对行业协会和民间商会在登记管理机制、监督机制等制度就明显不同，这种做法有悖于市场经济主体立法中"废除身份特权"的改革思路。

第三，合并式立法符合商会发展传统。因为不管是传统的商会还是行会，都起源于具有共同知识的协调、诚信和契约的强制，其机能主要在于弥补国家困境的存在。在近现代意义上，随着资本主义经济因素的介入，传统的商会已经演变为包括工商领域内的民间商会、行业协会、同业公会等众多组织形式在内的广义上的组织形态，而且在工商领域中这些组织的法律地位、管理形式、设立模式和监督机制等问题都具有相当大的共同性。因此，商会立法完全可以考虑以广义上的商会为适用主体，单纯的"行业协会法"或者"民间商会法"都不能全面涵盖其内涵。

第四，从比较法的角度看，我国近代有关工商领域自治团体的立法几乎都是以"商会法"的形式出现的，目前许多商会比较发达的国家（例如德国、法国、日本等）也大多采取商会法的形式。这无疑具有借鉴意义。

采取"合并式"立法的相关问题如下：

一是要对现有的行业协会进行区分。广义上，行业协会，包括非工商领域的一些行业组

织,例如律师协会、会计师协会等,这些组织在生成途径、职能作用、管理模式等方面与商会或者工商领域的行业协会均有较大的差别,因此不适合纳入商会法的范畴。德国现有的体制内也是商会和行业协会并存,但是立法上有区别,对于商会有专门的《工商会法》调整,对于行业协会则主要由民法等法律进行调整。借鉴这种做法,我国非工商领域的行业协会可以排除在商会法的适用范围之外而单独由《民法通则》以及其他法律进行调整。

二是要区别对待贸易促进会、工商联合会这些带有政治性和政策性的商会组织。由于工商联的作用是维持党和工商界的联系,体现为统战作用;而贸促会设立的最初目的是打破西方势力对新中国的经济封锁以及代表中国工商界与世界进行交流,因此设立它们的初衷与一般商会不同。此外,这些组织一般由政府进行直接领导,具有较强的"身份优势",其组成方式和管理模式也有区别,因此商会法不便于将其纳入调整范畴。

同样的还有外国在华商会的问题。由于外国在华商会是外国在中国境内的商业机构及人员在中国境内成立的不从事商业活动的非营利性团体,它们在宗旨、性质、组织设立、人员编制、内部管理等问题上与国内商会不尽相同,因此也不应将其纳入统一商会法。

三、商会的设立模式:从单一到复合

目前的商会发展存在一种"悖论"——从"法律合法性"来讲,各地商会的成立应该严格依照"一地一会"和"一业一会"的法定模式。因为《社会团体登记管理条例》规定,如果在同一行政区域内已有业务范围相同或者相似的社会团体,没有必要成立的,登记管理机关一般不予批准设立。但是,从"社会合法性"来讲,目前各地经过依法登记处于"垄断地位"的商会并不一定比那些因无法登记而处于"边缘地位"的商会更具有"社会认可性"。由此就产生了关于商会设立模式的争议问题:立法应该采取"一地一会"和"一业一会"的传统模式,还是应该允许"一地多会"和"一业多会"?此问题不仅会影响同一地区同一行业内商会的发展规模以及商会与成员企业的关系,而且还将影响商会之间的利益竞争,以及商会对地区内和行业内经济秩序协调作用的发挥。

我们认为,商会立法可考虑采用"复合式"。

第一,"契约观"的核心思想表明,"自由"是契约平等和权利平等的前提,主体只有在可以自由决定"是否缔约""如何缔约"的状态下,才能基于"投机理性"做出最有利于自身利益的选择(即便可能是非效率性的),否则契约的缔结模式已定,则无所谓商会的民间化和自治化。这种理论上的倡导并非理想主义的"口号"——目前中国的商会和行业协会很多都是由原来的政府部门以类似于"行政合同"的方式组建或者改制而来,具有强烈的"强制性质"和"垄断性质",许多成员企业为了避免被孤立和排挤,即使无法从商会中获得利益,也不敢轻易解除商会契约,这无异于一种"格式条款"甚至是"霸王条款"。因此,建立"复合式"的设立模式有助于私法领域契约自由和契约自治原则的回归。

第二,"商会服务"是一种稀缺资源,因此必须通过自由契约和市场竞争使商会资源配置趋于高效率。"复合式"有助于实现这一目标。我们可以用以下案例说明问题。

由于受到"一地一会""一业一会"的政策限制,温州市美容化妆品业商会不能进行社团登记获得法人地位,但有关部门默认其以工商联直属行业会员组织的形式存在,即挂名为"温州市工商两美容化妆品业商会"。该商会的实际运作方式和作用与其他商会没有明显区别。由于该商会在技术培训等方面工作较为出色,得到了行业内外的赞誉,因此温州市消费者委员会业批准了在该商会设立消费者权益投诉联络站。

可见，单一制所造成的后果很可能是"存在的不合理，合理的不存在"，资源配置总体呈现低效率。此外，从长期效益来看，复合式并不必然增加成员企业缔约的交易成本。反对复合式的主要观点是复合式容易导致商会泛滥，企业无所适从，甚至加重企业负担。虽然单一制看似减少了企业在缔约前搜寻和甄别信息的成本（因为无须搜寻），但是实质上这种"没有选择的选择"所导致的是企业要么不愿意加入商会，要么必须忍受可能出现的履约低效率。

第三，复合式符合商会的发展趋势。从比较法角度，目前世界各国的商会类型大致可分为三种：一是大陆法型，以法、德等国家为代表，其特点是官方性质较强；二是英美法型，以英、美等国家为代表，其特点是民间性质较强；三是介于上述两者之间的日韩型，以日本与韩国为代表，其特点即所谓的"半官方性"。尽管上述三者各有特点，但是在设立模式上区别却较为模糊。传统的英美国家采取复合式，其商会的成立和运作一般不是基于政府的授意或推动，而是基于市场发展需求以及企业的共同利益，政府对商会的注册登记等管理也比较宽松，因此这些国家的商会数量较多。而在大陆法型和日韩型的国家中，即使他们对商会的管理向来较为严格，也仍有不少国家采取复合式的设立模式，例如在德国，除工商大会所有企业必须加入外，其他全国性的商会和协会企业都可自主选择是否加入。而在日本，其最有影响的商会性组织包括经营者团体联盟、经济团体联合会、经济同友会和商工会议所四种。四者的功能和作用都不相同，企业可以根据需要自愿选择是否加入。在近现代两大法系相互融合的背景中，对商会等中介组织的立法管理和引导，两大法系的各个国家呈现出相互借鉴、日趋一致的趋势。

第四，立法对商会设立模式应重在引导而不是强制。我国宪法规定公民有结社的自由，因此复合式具有宪法合法性。在同一地区和同一行业，到底如何设立商会，更多的是一种行业内部的自治行为——因为企业具有"投机性"，在意思自治的状态下最清楚自己需要哪一个商会。政府在此问题上应体现出宏观引导和总体协调的作用，而不是强行限制，因此合理的做法是：严格规定商会设立的资质认定、严格规定商会运作的监督管理、严格规定商会违规的法律责任等，以此限制和减少"不合格商会契约"的缔结。此外，还应设立完善的退出机制，让那些在竞争中被淘汰的商会妥善退出市场。目前《深圳市民间商会条例（草案）》已经准备突破传统的单一式，实现复合式改革，值得关注。

四、商会的外部管理机制：从多元到一元

商会契约具有不完备性，其根源之一是契约主体的"有限理性"。威廉姆森指出，只要不确定性或者复杂性的存在达到了必要的程度，有限理性就会产生。因而即使是通过私人协商一致而缔结的商会契约，也可能由于主体的有限理性而导致契约不完备。此时立法如何确立有效的政府管理机制来规制和防止由此产生的外部性，就显得尤为重要。

依据《社会团体登记管理条例》规定，目前政府对商会的外部管理机制是：商会应接受民政机关作为登记管理机关和行业主管部门作为审批机关的"二元"管理。在其影响下，我国的地方立法也大多采取这种形式。除此之外，近年来各地还出现了若干改革模式，具体如下。

一是"三元制"。如上海市在全国率先构建起一套行业协会和市场中介组织改革、发展和管理的政策框架，成立了行业协会发展署作为市政府授权的行业协会主管单位，对协会进行总体规划和管理，形成"行业管理部门—业务主管单位—社团登记机关"的三元管理

体制。

二是"新二元制"。如江苏、广东等省市改变了过去由政府行业主管部门进行登记管理的模式,改为确定工商联作为主管单位,从而形成新的"二元制"。

三是"一元制"。如《深圳市民间商会条例(草案)》则直接取消行业协会必须有业务主管单位的规定,新成立的行业协会将不需要挂靠单位的事前审批,可以直接到民政部门申请注册,形成了创新性的"一元制"。《广东省行业协会条例(征求意见稿)》也采用了"一元制"的形式。

可见,我国商会管理模式的立法现状极不统一。由此产生的问题是,商会法究竟应确立何种管理模式?我们认为,从经济学一般理论来看,"政府不干预"和"政府过度干预"都是低效率的行为,下述函数模型(见图9-9-1)可以表达这种关系。

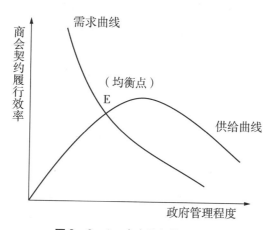

图9-9-1 商会外部管理示意

坐标横轴表示"政府管理程度",纵轴表示"商会契约履行效率",即商会契约履行效率=f(政府管理)。从需求曲线来看,其变化规律是单向的,因为商会契约自我履行的效率越高,对政府外来干预的需求就越少。从供给曲线来看,其变化是先上升后下降,即随着政府主动干预的增加(例如优惠条件或扶持政策),最初可以不断提高商会契约的履行效率,但此后由于干预过度,反而可能导致商会契约履行效率的下降。

进一步分析是,影响上述函数关系变化的因素主要在于政府实施管理前后商会契约履行交易费用的变化——只有在政府管理所产生的收益大于其带来的额外交易成本时,政府管理机制才是有效率的。

理论分析至此回到商会立法的现实问题。

传统"二元制"的管理模式并不适应形势发展。在此模式下,企业成立商会首先需要确定一个主管单位,但是因为有的行业本身涉及很多生产经营环节,主管单位众多,此时如何确定主管单位?是由企业自己选择还是由行政机关指定?不能确定时商会如何登记?这些问题可能导致已经成立的商会契约因为缺乏登记要件而无法生效,这并非没有先例。相反,也有不少商会由于找不到行业主管部门而不得不采取"脱离登记""二级社团"或者"挂靠管理"等方式规避现有管理体制,从而导致了大量"非法商会"的存在,反过来,这又给政府增加了额外的管理成本。

"新二元制"商会管理模式有利于清晰界定商会、行业协会与政府的关系,摆脱政府部门对商会的直接干预。但是,由于我国工商联是统战性质的人民团体,其经费来源、职能活动都与政府有直接的领导关系,因此工商联和商会的结合更多的是政策作用的体现,可将其视为从"二元制"到"一元制"的一种过渡模式。

"三元制"改革的初衷是增强对商会和行业协会远景发展的指导和规划。有学者认为,此模式"实际上由于发展署统合了业务主管单位合登记管理机关,相当于形成了准一元管理体制,在一定意义上就突破了双重管理体制"。但是,从改革后的实际效果来看,"三元制"至少在目前仍旧没有跳出传统"二元制"的思维,政府部门仍旧充当着主管单位的角色。

相对而言,"一元制"比较符合商会管理体制改革的趋势。当然,在确立减少政府管理层次之后,如何具体构建"一元制"的管理制度仍需进一步探讨,例如应该确定哪个部门为管理机关,该机关的管理职能范围有多大,等等。一个初步的构想是建立"登记管理机关的备案监督和行业指导单位的业务指导"相结合的管理机制,其作用在于:既保证了政府对商会契约主体有限理性的必要限制,又可以减少商会日常的外监管成本,同时减少可能出现的"寻租源"和"腐败源"。有观点指出,"要使行业协会真正自治,必须尽快出台《行业协会和商会法》,其中最为关键的是要取消行业主管部门审批制,改由单独核准或登记"。

五、商会的内部惩罚机制:从约定到法定

商会契约的自治性表现为三方面:一是自治机构的设置和运作;二是自治规范的制定和实施;三是违约机制的实施和限制。

目前多数商会立法都对前两个问题做出了较为一致的规定,而对于商会内部强制性措施的规范和约束则被普遍忽视。这种做法并不合理。因为商会内部机构的设置以及内部规范的实施属于"契约履行方式"的范畴,立法只需做出指引而不必过多干涉。但是,正如前文所讲,由于商会的关系契约性质与我国传统的关系经济特点相吻合,其本身又具有不完备性,且商会的内部强制措施涉及成员企业实际权利的限制甚至是"剥夺",可能导致对"契约平等"精神的破坏,因此商会法应该予以足够的重视。

在这一方面,日本以及我国台湾地区的立法可以提供借鉴。例如日本《商工会议所法》规定,在会员不缴纳会费、不履行会员义务或者有损害商会的行为等情况下,商会可以对其实施滞纳罚款、暂停资格或者开除出会的惩罚措施,但该法同时也规定了在上述情况下惩罚措施的实施程序和会员的抗辩权。我国台湾地区的"商业团体法"和"工业团体法"也有类似规定,但只涉及会员不缴纳会费以及不加入团体情况下的惩罚措施。有鉴于此,我国商会立法需要探讨以下两个问题。

第一,立法如何界定内部惩罚机制的性质和边界?

关系契约的属性决定了商会内部强制应该有两种形态。一种是维持契约履行的道德强制,类似于市场信用。有学者指出,行会因为具有文化信仰的依托,能够广泛地在不同商人集团之间建立信息名誉机制,并对成员产生诚信和道德强制。在多边名誉机制形成中,长距离贸易成为可能,并形成了分散化的信息交流网络,最终促使产权的形成。另一种内部强制是"内部惩罚机制",类似于合同法的违约责任,其特点:一是机制的创设来源于约定,即成员企业通过协商一致,将惩罚机制的种类、限度和实施程序以组织章程或者内部规章的形式确定下来;二是惩罚机制的权利追诉者和责任承担者都是商会契约的主体,具有合同相对性的特征;三是这种惩罚机制的强制力和执行力来源于合同条款,即成员企业事先对于惩罚

责任后果的一致认同。

应该强调,道德约束并不是立法调整的重点,商会法所关注的主要是作为制度形态存在的"内部惩罚机制",因此,立法可以借鉴合同违约责任的有关原则对商会内部惩罚机制进行制度设计。此中的重点是如何确定这种惩罚机制的责任类型?依据传统合同法理论,违约责任是财产性责任,它包括继续履行、采取补救措施、支付违约金、定金罚则以及解除合同等形式。此外,在出现(或即将出现)违约行为的时候,非违约方还可以行使合同抗辩权。据此,商会法可以规定以下几种惩罚措施。

(1)要求继续履行和采取补救措施的形式,即对违规的成员企业提出告诫,责令停止违规行为并消除不良影响。这通常表现为商会内部的"警告"或者"通报批评"。

(2)支付违约金,即要求违规的成员企业向商会缴纳一定的金钱作为惩罚。这通常表现为各种形式的"惩罚金"。

(3)行使履行抗辩权,即暂时中止违规企业享有商会提供的各种服务,待企业做出更正行为之后再行恢复。这一般表现为"暂停会员资格"。

(4)合同解除,这是内部惩罚机制最为严重的责任形式,表现为商会对成员企业的"开除"。

当然,基于合同相对性原则,商会内部在确立上述惩罚机制的时候,不得对非会员的其他组织或者个人设定义务或造成其他损害,否则将可能构成对第三人的侵权行为。此外,立法还应该对惩罚机制提供申辩、复议和救济的措施,即规定在惩罚措施实施之前,商会应充分赋予成员企业提出抗辩理由以及申请复议的机会。同时,在出现惩罚措施不当而导致成员企业权利受损时,应该赋予成员企业要求权利救济的权利。

第二,商会立法如何处理内部惩罚机制与法律责任机制的关系?

商会内部惩罚机制与国家制定法确定的法律责任机制经常发生交叉,表现为三种情况:既违反法律,也违反商会内部规范的责任;仅违反内部规范,尚未构成违法的责任;仅违法法律,但未构成违反内部规范的责任(主要是因为内部规范未做规定)。

对此我们认为:一方面,内部惩罚机制可以成为法律责任机制的"互补品",即内部惩罚机制可以与法律并存成为调整商会内部法律关系以及行业内部法律关系的规范依据,内部规范以其执行上的成本优势成为法律责任"不及之处"的一种补充措施,因此对于仅违反内部规范而未违法的行为,当然不必追求其法律责任。另一方面,内部惩罚机制不能作为法律责任机制的"替代品",即内部惩罚措施的规定不得与国家的法律法规相抵触,如果出现了违反法律法规的情形,责任主体必须依法受到法律责任的追究,不能以任何内部惩罚机制来取代法律责任。

六、商会的职能界定:从实体到程序

商会职能是商会契约的履行标的,其外在表现为各种行业服务。目前商会职能的履行普遍存在缺陷。一是服务型产品供应不足。许多商会契约仅仅约定了组织行业培训、沟通政府与企业、收集发布行业信息等职能,而对于政府机构改革过程中政府下放的职能,以及随着中国涉外经贸活动的发展需要完善的一些涉外管理职能则较少涉及。二是管理型产品供应过剩。许多商会超出了契约规定的范畴而与行政机关职能相混同,将成员企业作为下属机构进行垂直管理,从而将本为横向的契约关系异变为纵向的身份关系。

对上述问题的一般解释是:职能缺陷首先与目前商会自身建设不健全有关;其次是立法

对商会与政府各自的行业管理职能划分不清和规定不明；再次是与当代我国行业协会多为体制内生成有关。此外，实践中，各地对于如何划分两者的职能界限也有不同的认识，例如有观点认为政府应该将行业管理的主要职能下放给商会，即商会"权利回归"；而反对观点则认为目前中国商会发展还不成熟，政府放松行业管理职能会造成经济秩序混乱，商会职能扩张是"权力争夺"。

我们认为，上述解释有其合理之处，但并不透彻。因为商会职能缺陷问题的根源并不仅仅在于立法规定了"多少职能"或者"是什么职能"，而是在于"职能产生的合法依据是什么"以及"如何规范职能的产生和履行程序"。简言之，前者关注的是职能的实体问题，而后者关注的是职能产生的程序问题，程序不清晰才是造成目前职能界定不清而且需要立法予以规范的因素。为此，根据商会职能产生依据的不同，我们将商会职能及其相关制度设计分为以下三类。

一是约定职能，主要规定在商会章程之中。成员企业通过协商一致，以类似于委托代理合同的形式赋予商会提供某些服务产品的权力。约定职能一般比较具体，例如为企业的生产经营提供信息情报服务、职业培训服务、技术开发服务，等等。约定职能的边界具有可变性和时效性，成员企业基于短期内的成本收益分析可以增加、减少或者改变约定职能的内容和种类，这是商会契约不完备性的一种体现。

对于约定职能，立法的重点在于指引而不是强制，因此对于前文提到的"商会服务功能缺失"的问题，应该留给商会通过内部契约来解决。立法只需对约定职能的产生和变更程序做出规定，目的是保证商会的内部民主，防止弱小成员企业丧失决策参与权。

二是法定职能，即立法机关将商会普遍具有的约定职能抽象出来，并通过条文将其固定作为以后商会契约缔结的蓝本，从而减少了重复博弈的费用。这些职能包括代表职能、参政议政职能、管理职能、自律职能、服务职能，等等。

法定职能具有"类型化"意义，可视为国家对商会服务产品生产能力的一种资格认定，类似于合同的格式条款。因此，立法可以将其作为"商会市场准入"的强制性的标准之一，即商会如不具有法定职能的生产能力，则应承担国家强制性法律责任，例如被责令改正、停业整顿等形式。也正是在这一意义上，立法规定法定职能应该严格控制数量，不能因此而变相增加商会契约的缔结成本。

三是授权职能和委托职能，即政府将本应由自己履行的一些职能通过授权合同或委托合同赋予商会执行。例如行业准入条件评估、行业标准认定、行业竞争秩序协调、行业规范制定，等等。授权职能和委托职能的区别在于商会履行职能过程中法律责任的最终归属不同。

授权职能和委托职能的本质是政府作为缔约主体参与商会契约。但是，由于传统行业协会大多产生于政府体制内部，其职能的赋予往往是行政命令式的，这在无形中助长了行业协会管理职能的越界，从而产生前述职能界定不清的问题。因此，作为商会改革的一个重要举措，立法应该将授权和委托从"依身份赋予"转变为"依契约赋予"。同时，对于政府这一特殊的契约主体，立法还应该特别明确："缔约的主体资格是什么"，"什么情况下政府可以进行授权和委托"，"授权和委托程序如何"，"应该建立怎样的监督机制和法律责任机制"等问题。这一点对商会改革尤其重要。

七、商会反竞争性：从政府规制到行业自律

按照奥尔森在《集体行动的逻辑》中的观点，我们注意到，历史上的商会、行会、工

会及议会院外集团之所以阻碍经济增长，主要是由于这些利益集团具有排他性。他们阻碍技术进步和资源配置，降低生产活动的报酬，而提高了利用法律、政治与官僚主义进行讨价还价的利润，从而导致了社会交易成本的上升和社会经济效益的下降。据此，历史和现实中无效或低效的产权或多或少与这些组织有关，而这些产权问题又直接影响了市场竞争的效率。在契约意义上，"商会利益集团化"的实质是成员企业基于投机理性而以契约形式确定和实施的反竞争行为。此情况实属合同法意义上的"以合法形式掩盖非法目的"，立法应予以规制。

然而，对于如何规制商会的反竞争行为，目前理论和实践上仍有诸多争议。理论研究中，多数观点主张从竞争法和商会法相结合的角度对商会的反竞争行为进行规制。立法实践中，国外大都以竞争法作为商会反竞争性的规制法，在商会立法中进行规制的例子很少。其中，大陆法系国家和地区主要有三种类型：一是在反不正当竞争法或反托拉斯法中对商会和行业协会的反竞争行为做出原则性规定；二是将商会、行业协会、企业协会或者同业公会纳入反不正当竞争法意义上的市场竞争主体范畴；三是在反不正当竞争法的具体制度中明文列举商会或者行业协会的反竞争性行为并予以禁止。相比较而言，英美法系国家主要通过判例形式做出规定，例如美国的"硬木生产商协会案""枫木地板制造商协会案""联合媒体协会抵制交易案"等案例都是此类问题的指导性判例。此外，英美法系国家的反托拉斯法也对商会等经济组织的反竞争行为做出规制。

我国《反不正当竞争法》没有涉及商会反竞争行为，存有漏洞。该法第2条所称的经营者是指从事商品经营或者营利性服务的法人、其他经济组织和个人。这里经济组织的性质必须"从事商品经营或者营利性服务"。商会并不是直接从事生产经营活动的经济组织，也不具有"营利性"，因此严格来说该法并不适用于商会。值得关注的是，近年各地的商会立法开始涉及了对反竞争行为的规制。

我们认为，仅仅在国家立法的范畴中解决商会反竞争性的规制问题是片面的。解决问题的关键是要培育商会通过行业规范来实现自律自治，同时由国家立法予以监督和保障。理由有以下几点。

其一，行业自治规范符合商会契约意思自治的逻辑要求。企业缔结商会契约的基本目标是实现行业自治和自律，如果纯粹通过国家立法的外在强制来规范行业竞争秩序，其结果并不符合商会建立的初衷——因为不管是反不正当竞争法、反垄断法还是商会法，都是国家运用纯粹的公权力从外界干预行业经济秩序的途径，它并不是严格的行业自治自律。

其二，行业自治规范理应成为商会"自觉追求"独立法律地位的一个重要措施。我们一直呼吁政府赋予商会充分独立的法律地位，呼吁减少政府干预；但是如果商会不能通过有效的自治自律机制来约束自身潜在的反竞争性等弊端，则必将给国家的外在强制"留下借口"。简言之，在行业自治领域商会应该努力促使行业自治规范成为国家立法的有效替代机制。

其三，行业自治规范可以解决信息不对称问题。因为不管是反不正当竞争法还是反垄断法，它们对商会反竞争性的规制大多属于原则性规定，其针对性和操作性不足。但是商会对本行业或本地区的经济情况和行业秩序所掌握的信息比立法机关更为快捷和充分，因此相对于国家立法的滞后性和稳定性，行业规范可以及时、灵活地对反竞争行为做出反馈，这是国家外在强制所不能及的。

当然，上述分析并不在于否定国家立法的规制作用。正如前文所述，反竞争行为可能给商会本身(或者商会内某一集团)带来垄断利润,因此由商会自我制定行业规范来规制自己的反竞争行为可能存在"情理上的悖论";再加上行业自治规范的强制性和执行性弱于国家立法,因此需要国家立法以"兜底保障"的角色出现。据此我们的建议是:第一,商会法应该充分肯定商会自治规范的地位,在不违背法律法规的前提下,为自治规范的权威性和执行力提供保障。第二,作为专门性法律,商会法本身应当对商会反竞争性行为做出规定,即在总则中对商会的反竞争行为做出原则性禁止规定,在其他分则具体条文中对商会一些重要的反竞争行为做出列举性禁止规定。第三,商会法还应该对竞争法、垄断法和行业规范的适用做出指引,起到类似于"冲突规范"的作用。

八、商会成员企业的权利救济:从内部到外部

请先看一下案例。2005年年初,广州市一家名为"××直通车"的店铺以其标称的平价打破了眼镜高价的"行规"。广州市眼镜商会认为,××直通车在经营中存在发布虚假市场信息、进行虚假宣传及不正当竞争等行为,以所谓的低价误导消费者,严重扰乱了正常的市场秩序,损害了广大眼镜经营者的利益,因此商会于2月1日公开发出了《致全体零售商和批发商的一封信》,号召抵制××直通车,以维护同业人士的正当权益。××直通车则认为该信充斥着对××直通车的名誉诽谤,于是以"侵害名誉权"为由将商会告上法庭。广州市越秀区人民法院经过两次开庭,最终判定信件内容没有构成对直通车眼镜店名誉权的损害。对于法院的判决,××直通车表示将继续上诉或另行起诉。

对于上述案例,我们的关注点不在于实体的审判情况,而是此中揭示的被普遍忽视的若干立法问题:基于契约相对性原则,商会与成员企业的纠纷本属于内部问题,但是由此导致的法律责任是否仅为内部责任?立法对成员企业权利的救济应该如何规定?进一步说,商会侵权行为的后果是哪种类型的法律责任?其"可诉性"如何界定?商会应如何对成员企业承担责任?

首先,就成员企业权利救济的可诉性而言,我国现有地方立法普遍对会员权利进行了列举规定,但是对权利救济程序则少有涉及。例外的是《大连市行业协会管理办法》和《广东省行业协会条例(征求意见稿)》有相关规定。但是,上述立法存在很大的"模糊性"——因为按照对条文的字面理解(特别是广东省《条例》在成员和非成员之间的两种不同规定),立法者似乎暗示了成员企业的权利救济只是商会契约的内部治理问题。

我们认为,基于商会的契约本质和自治特性,立法当然应该赋予商会对成员企业纠纷进行调解或者复议的权利,其实质是将行业纠纷所产生的外部性内部化,因此相对于高昂的诉讼费用而言,调解具有较大的成本优势。但是从立法学的角度来讲,诉讼程序设置属于严格法定主义,地方性立法不能任意改变,因此成员企业提请商会复核和调解,或者要求政府行政救济的做法只是解决问题的途径之一,不能排除诉讼的适用,也不是诉讼必然的前置阶段。况且商会本身具有法人资格,可以独立的承担法律责任,成员企业对商会的侵权行为提起诉讼也具有可行性。

其次,就商会侵权行为的责任性质而言,商会的侵权行为一般有:依照优势企业的意愿划分市场,排挤弱小企业的发展;滥用权力,限制会员开展正当的经营活动或者参与其他社会活动;对不同的成员企业实行差别待遇;侵犯弱小成员表决权和参与商会事务的权利;等等。这些行为既可能损害特定企业的权利而构成民事侵权行为,也可能同时损害整体的市场经济秩序,构成经济法上的违法行为。因此,商会契约的"外部性"既包含私法上的法律

责任，也包括公法上的法律责任。

进一步分析，经济法领域和行政法领域都有不可诉行为，例如政府的经济宏观调控行为、国家行为、抽象行政行为等。而商会在某些情况下依据授权合同或者委托合同，可能承担政府赋予的部分宏观经济指导职能和行业行政管理职能，此时如何界定行为的可诉性？我们认为，商会的宏观指导行为一般不具有可诉性，因为它没有对成员企业造成直接利益侵害。对于商会在宏观指导行为中的不合理行为，最好通过授权主体或委托主体即政府部门来纠正。但是对于具体涉及特定成员企业利益的某些"管理性"行为，则应区别对待，如果该职能的履行是政府的授权或者委托行为，则按照行政诉讼法的有关规定处理；如果是立法赋予商会法定职能，则可以考虑从民事诉讼的途径解决。因此，商会侵权行为并不一定只是"不告不理"的民事侵权行为，它也可能导致经济法或行政法上的法律责任，此时政府应该突破商会契约相对性原则的"面纱"而主动追究其法律责任。

最后是商会如何承担法律责任的问题。由于成员企业是以缔约主体的身份参与商会契约，因此商会的侵权行为对于成员企业来说实属"履约目的无法实现"情形，此时应该允许成员企业无条件解约，商会同时负有财产返还义务（成员会费）。此外，民法上还规定了法人由于侵权行为所导致的两种法律责任，一是法人整体作为责任主体以其财产承担有限责任，二是法人行为的直接责任人在故意或者重大过失的情况下承担个人责任。商会立法可以借鉴此制度设计。

后 记

　　本书是我们主持广东省社会科学"领军人才"资助项目"法律经济学研究"的最终研究成果之一。本书不仅是我们几十年来从事法律经济学教学与科研的心得，也是与合作编著本书的其他作者——我们指导的法学与经济学专业博士生和硕士生诸位同学与我们一起为中国法律经济学学科建设做出的一份新的努力。本书的作者简介及编著分工如下：

　　全书各章编著及统稿人：周林彬（中山大学法学院教授、博士生导师）、李胜兰（中山大学岭南学院教授、博士生导师）。协助全书编著及统稿人：董淳锷（中山大学法学院副教授）、高菲（广东金融学院法学院助理教授）、黄晓光（中山大学博士后研究人员）。

　　第一章导读协助编著人：冯曦（南方医科大学法律系副教授）。
　　第二章导读协助编著人：程钰舒（中山大学博士后研究人员）。
　　第三章导读协助编著人：陈胜蓝（暨南大学法学院助理教授）。
　　第四章导读协助编著人：黄健梅（华南理工大学经济与金融学院副教授）。
　　第五章导读协助编著人：张瀚（华南理工大学法学院副教授）。
　　第六章导读协助编著人：王睿（中山大学法学院博士生）。
　　第七章导读协助编著人：吴劲文（中山大学法学院博士生）。
　　第八章导读协助编著人：林沛娜（中山大学岭南学院博士生）。
　　第九章导读协助编著人：黎天元（中山大学岭南学院博士生）。

　　此外，编入各章论文的合著者也是本书当然的编著人。

　　在本书出版之际，对于上述编著者以及对在本书内容注释中编著者指名或因疏忽而未能指名的国内外法学界和经济学界诸位学者，对本书的编写思路、结构安排、重要观点形成给予的直接或间接的帮助，我们表示衷心的感谢！

周林彬　李胜兰
2021 年 1 月 30 日于广州中山大学康乐园